범죄의 소굴,
진원지가 된 한국 국회

범죄의 소굴, 진원지가 된 한국 국회

초판 1쇄 펴낸날 2024년 3월 7일
지은이 최돈호
펴낸이 노소영
펴낸곳 월송

출판등록 제2017-000080호
주소 서울 강서구 마곡중앙로 171
전화 031-855-7995
팩스 0504-070-7995
이메일 editgarden@naver.com
블로그 blog.naver.com/wolsongbook

ⓒ 최돈호, 2024

ISBN 979-11-92534-34-3 03300

범죄의소굴,
진원지가 된 한국 국회

도서출판
월송

머리말

2022년 1월 21일 <선장의 지혜> 발간 이후 2년이 지나갔다. 그간의 한국사회의 변천과 정치적 혼란(混亂)상태와 질곡(桎梏)의 난맥상(亂脈相)을 사례별로 드러내어 그 일부나마 역사(歷史)의 생생한 기록(記錄)으로 남기고자하는 사명감(使命感)으로 제2판에 수록(收錄)했다. 역사(歷史)란 인류사회(人類社會)의 변천(變遷)과 발전(發展)의 과정을 기록한 학문(學問)으로 오늘에 이르는 동안 변화된 역사의 자취를 배우고 익히는 것으로 과거에 있어서의 인간의 행위를 대상으로 한다.

역사는 "과거와 현재의 끊임없는 대화(對話)"로서, 한 시대에서 다음 시대로 역동적(力動的)인 발전을 하면서 오늘에 이른다. 역사를 어떻게 파악(把握)하는가 하는데서 역사의 이론과 법칙이 생겨났다. 역사에 있어서의 법칙(法則)이란 고도의 개연성(蓋然性), 가능성(可能性), 경향(傾向)의 별명(別名)으로 되어 있는 것이 현실이다.

영국의 역사가로 <새로운 사회(The New Society)> <역사란 무엇인가(What is History?)> 등 다수의 저작을 남긴 카(Edward Hallett Carr)는 "역사는 과거와 현재의 끊임없는 대화(對話)"라고 말했다. 역사가 과거와 현재의 대화라면, 누구나 함부로 하고 싶은 대로 대화를 한다면 그것은 '올바른 역사'라고 할 수 없다. 역사를 올바로 이해하기 위한 기본조건(基本條件)은 사실(事實)을 있는 그대로 이해하고 설명하려는 '과학적(科學的) 방법'이다.

"슬기로운 사람은 경험에서 지혜(智慧)를 배우며, 지혜 있는 민족은 역사에서 교훈(教訓)을 얻는다"고 했다. 역사는 단절(斷折)과 단죄(斷罪)가 아니라 과거의 아픔을 안고 미래를 향해 발전하는 대승적(大乘的) 역사가 되어 과거를 긍정(肯定)과 승화(昇華)의 대상으로 보아야 발전한다. 우리의 역사를 바르게 이해(理解)하고 분석(分析)함으로써 우리의 역사를 '바른 길'로 개척(開拓)해 나가기위해 가장 중요한 과제가 "올바른 역사관(歷史觀)의 정립(正立)"이다.

영국의 정치가, 수상으로 <제2차 세계대전(The Second World War)>으로 1953년 노벨문학상을 수상한 처칠(Sir Winston Leonard Spencer Churchill)의 "역사를 잊은 민족(民族)에게 미래(未來)는 없다"라는 천고(千古)의 명언(名言)을 우리는 되새겨야 한다. 역사를 왜곡(歪曲), 조작(造作), 날조(捏造)하는 정권은 후세의 엄중한 심판을 받게 될 것이다. 문재인 정권과 같이 역사를 왜곡(歪曲), 조작(造作)하는 것은 역사의 연구·서술에 대한 중대한 범죄요, 죄악이다.

서구(西歐)에선 한국의 민주주의 가능성에 대해 "쓰레기통에서 장미가 피는 걸 기대하는 꼴"이라고 회의적(懷疑的)이었다. 그러나 이번 대선 과정은 혼탁(混濁)했으나 선거 결과를 놓고는 모든 정파(政派)와 국민이 힘을 합쳐 갈등(葛藤)을 치유(治癒)하고, 승자는 아량(雅量)과 통합(統合)으로 진영(陣營)의 대통령이 아닌 '국민의 대통령'으로 변신(變身)해야 한다. 패자는 승복(承服)함으로서 통합(統合)과 미래를 새 정부의 시대정신(時代精神)으로 승화(昇華)시켜 한국민주주의의 성숙도(成熟度)를 전 세계에 보여줌으로써 '쓰레기통에서 향기로운 장미가 활짝 피어나게' 해야 한다.

북한 김정은은 한국 새 정부 출범에 맞춰 도발(挑發)을 일삼고 있으며, 코로나 봉쇄(封鎖)와 국제제재(國際制裁)가 장기화하면서 경제는 파탄(破綻) 직전이다. 이런 상황에서 김정은이 내세울 건 핵과 ICBM 뿐이다. 한국정부는 북한에 대한 환상(幻想)은 금물(禁物)이다. 북한에 선의(善意)를 베풀면 '핵을 버릴 것'이라는 생각은 망상(妄想)일뿐이다. 망상을 그럴듯하게 포장해 국민의 눈을 가리고 국내정치에 이용해온 것이 문재인 정권 5년의 패착(敗着)이었다.

새 정부가 당면한 안보환경(安保環境)도 불리하다. 러시아의 우크라이나 침공과 미·중 패권경쟁(覇權競爭)이 불러온 신냉전(新冷戰)이 대북제재의 국제공조(國際共助)를 흔들고 있다. 북한의 도발(挑發)은 새 정부 출범전후로 한반도(韓半島) 정세(政勢)를 요동(搖動)치게 만들 뇌관(雷管)이다. 윤석열 정부는 북한의 도발에는 반드시 '대가(代價)가 따른다'는 것을 보여줄 필요가 있다. 윤 대통령은 공약(公約)으로 내놨던 대북정책(對北政策)을 정교(精巧)하게 다듬어야 한다. 한반도 안보를 뒤 흔드는 위협 앞에서는 한국과 미국, 일본이 단합된 모습을 보여줘야 한다.

윤석열 대통령의 시대적 사명(使命)은 문재인 정권 5년간의 적폐(積弊)를 청산(淸算)하는 것이다. 이것은 정치보복(政治報復)이 아니라 진정한 의미의 적폐청산(積弊淸算)이요, 국가개조(國家改造)요, 헌법수호(憲法守護)다. 적폐가 반복되지 않는 새로운 풍토(風土)의 조성(造成)은 '밝은 미래'를 위해 절실한 과제다. 국민통합이라는 미명(美名)하에 불법(不法)을 그냥 넘기는 것은 문재인 정권의 적폐를 반복(反復)하는 것과 다를 것이 없다. 헌법과 법률에 따라 대통령으로서의 직책(職責)을 성실히 수행하며 윤석열 다운 정치를 하면 "위대한 통치자"로 역사에 기록될 것이다.

역사는 인간의 자기인식(自己認識)을 목적으로 하고 있다. 인간에게 있어 가장 중요한 것은 '자기 자신을 아는 일'이다. 이 말은 인간으로서의 자기의 본질(本質)을 안다는 의미다. 따라서 역사의 가치(價値)는 '인간이 무엇을 해왔는가' 그리하여 '인간이란 무엇인가'를 우리에게 가르쳐 주는 데 있다. 역사교육의 목적은 사료(史料)를 접하는 경험을 통하여 역사적(歷史的) 상상력(想像力), 추리력(推理力), 통찰력(洞察力)을 키우고, 올바른 역사의식(歷史意識)을 형성해 주어야 한다.

이런 관점에서 문재인 정권 5년의 부패상(腐敗相)을 재조명(再照明)하여 후세에 그 일부라도 올바르게 알리고자 한 것이다. 지금까지 내 생애(生涯)에서 직접 겪고 보고 듣고 느낀 것을 바탕으로 진솔(眞率)하고 소박(素朴)하게 평가하고자 노력했다. 대한민국 정부수립 이래 우리나라의 공직사회는 부패하지 않은 시대가 없었고, 부패하지 않은 공직사회가 없었다. 그 중에서 가장 부패(腐敗)하고 부정(不正)이 심한 곳이 정권(政權)과 정치권(政治圈) 특히 국회라고 한다. 우리나라는 2013년 국제투명성기구에서 측정하는 국가청렴도지수(國家淸廉度指數)에서 10점 만점에 5.5점을 받아 세계 46위를 기록했다.

문재인 정권 5년 동안 최저임금인상에 따른 소득주도정책·탈 원전정책·세금 퍼주기 식 복지정책·반(反) 시장 및 반(反) 기업정책에 의한 개인과 기업의 경제상의 자유와 창의성(創意性)침해 등에 의한 경제파탄, 국가안보(國家安保)의 파괴, 외교무능에 의한 국제사회에서의 고립무원(孤立無援), 국가의 백년대계(百年大計)인 교육정책의 실패 등으로 전대미문(前代未聞)의 헌정질서파탄

(憲政秩序破綻)과 총체적(總體的) 국정파탄(國政破綻)을 자초(自招)했다.

문재인 정권 5년 동안 인간의 존엄성(尊嚴性)과 가치(價値)를 훼손(毀損)하고 사유와 기본인권(基本人權)과 정의(正義)를 억압(抑壓)하고, 적폐청산(積弊淸算)을 빙자한 인권침해(人權侵害)와 인권유린(人權蹂躪) 등에 대한 엄정(嚴正)한 비판과 평가가 필요했다. 과거의 역사에서 옳고 그른 일을 있는 그대로 보고 느끼고 판단하는 것이 '올바른 역사인식(歷史認識)'이다. 역사에 대한 엄정한 비판으로 다시는 이처럼 잘못된 정치가 반복되지 않는 "역사의 거울"로 삼기 위해 그동안 수집해 놓은 자료를 토대로 관련 법률과 대법원 판례 및 저자의 견해를 추가하여 '사적(史的)'인 관점에서 재조명(再照明)하고자 노력했다.

2024년 새봄을 맞이하여
저자 최돈호 씀

총 목차

제1장 6.25 한국전쟁이 남긴 역사적 교훈　　　　　　　　25

제2장 한국의 자주국방과 자주방위를 지향하는 길　　　　53

제3장 전국에 뿌리 내린 간첩단 지하조직을 발본색원하라
　　　 -국가정보원의 대공수사권 복원-　　　　　　　　93

제4장 '세계 7대 우주강국'으로 도약과 '세계 8번째로
　　　 초음속 전투기 띄운 한국'　　　　　　　　　　121

제5장 러시아의 우크라이나 침공이 한국인에게 주는
　　　 역사적 교훈　　　　　　　　　　　　　　　　131

제6장 윤석열 대통령의 책무와 사명　　　　　　　　　145

제7장 '한동훈 비대위' 성공을 염원하는 국민의 간절한 소망　295

제8장 조희대 대법원장의 책무와 사명　　　　　　　　317

제9장 문재인 정권 부패상의 민낯　　　　　　　　　　325

제10장 북한군에 의해 피살된 해양수산부 공무원을
　　　 '월북몰이'로 매도한 사건의 진상규명과 관련자 처벌　445

제11장 귀순의사를 밝힌 탈북어민을 강제북송한 문재인의
　　　 반(反)인도적 만행　　　　　　　　　　　　　467

제12장 공수처는 검찰과 법원을 장악하기 위한 정권친위대　489

제13장 '검수완박' 법안은 헌정질서와 법치주의 근간을
　　　 파괴하는 의회 쿠데타　　　　　　　　　　　505

제14장 입법자에서 위법자로 전락한 더불어민주당의 폭거(暴擧)　537

제15장 '이태원 압사사고'를 정치적으로 악용하려고 혈안이 된
　　　 사람과 정치집단　　　　　　　　　　　　　　717

제16장 대장동 게이트와 불법 대북송금사건의 실체　　　745

제17장 김명수 사법부의 현주소　　　　　　　　　　　849

제18장 인생의 지혜　　　　　　　　　　　　　　　　955

제1장 6.25 한국전쟁이 남긴 역사적 교훈

1. 6.25 한국전쟁은 북한 공산군에 의한 침략전쟁 27
2. 전쟁의 경과 및 UN의 조치 28
3. 6.25 사변과 국제연합군의 탄생 28
4. 맥아더 UN군 총사령관의 인천상륙작전 29
5. 9. 28 수복에서 압록강까지 진격 30
6. 중공군 투입에 의한 1.4 후퇴 및 휴전성립 32
7. 한국전쟁의 피해상황 33
8. 전쟁의 분류 34
9. 전쟁범죄·전쟁범죄인 34
10. 한국전쟁은 과연 국군·미군·경찰에 의한 전쟁범죄인가? 36
11. '6.25 전쟁영웅' 백선엽 장군 동상 제막식 38
12. 6.25전쟁 정전협정 70년을 기념하는 뜻 42
13. 이승만과 트루먼 두 대통령의 동상 제막식 45
14. 6.25 한국 전란(戰亂)이 남겨준 역사적 교훈 46

제2장 한국의 자주국방과 자주방위를 지향하는 길

1. 북한의 핵과 미사일 위협에 대응하여 대한민국이 자주국방을 지향하는 길
   (핵무기 보유) 55
2. 전쟁은 "죽음의 잔치(War is death's feast.)" 59

3. 핵·핵무기 확산 방지·핵실험·핵우산·핵전쟁·핵확산 방지조약 62

4. 전범의 후예 김정은에 대한 경고 65

5. 북한 미사일 자금줄 된 암호 화폐 해킹을 차단하기 위한 국제 제재망의 구축 66

6. 북한도발에 대응할 우리군의 미사일개발시스템의 시급한 재정비 68

7. 미국 학계의 "한국의 핵무장 찬성" 의견 70

8. 한국의 자체 핵보유의 필요성 72

9. 북한의 핵무력 헌법화 75

10. 윤석열 대통령·조 바이든 미 대통령 한미 '핵 협의그룹' 창설 78

11. 로켓은 김정은이 발사하고, 욕은 우리 정부가 먹는 것이 우리의 자화상 83

12. UN군 사령부 회원 17국 "한국 공격 땐 공동대응" 성명 채택 86

13. 우리만 지키는 '9.19남북군사합의' 파기하라 88

제3장 전국에 뿌리 내린 간첩단 지하조직을 발본색원하라 –국가정보원의 대공수사권 복원–

1. 전국에 북한 간첩단 지하조직이 활개 치는 나라 95

2. 간첩, 간첩행위, 국가기밀, 간첩방조, 불고지죄의 의미 및 간첩행위의
   착수와 기수 시기 99

   가. 간첩·간첩행위의 개념 99

   나. 국가기밀의 의의 99

   다. 간첩 방조·불고지죄의 개념 100

   라. 간첩행위의 착수와 기수 시기 100

3. 국가보안법의 위헌여부 및 북한지역에 대한민국의 주권이 미치는지 여부 101

4. 전국에 뿌리내린 간첩단 지하조직의 발본색원 102

5. 민주노총 핵심부에 북한 지하조직 침투 105

6. '북이 화낼까 간첩수사 막았다'는 전 국정원 방첩국장의 폭로 107

7. 창원 간첩단 혐의 4명 구속 기소 109

8. 민주노총통진당 인사들의 수차례 방북과 간첩활동 여부 112

9. 간첩단 사건 피고인들의 사법방해와 증거인멸을 위한 꼼수 114

10. 간첩사건 피고인들의 재판 농락에 끌려 다닌 판사들의 책임 118

제4장 '세계 7대 우주강국'으로 도약과 '세계 8번째로 초음속 전투기 띄운 한국'

1. 한국형 우주 발사체 누리호 발사 성공 123
   가. 세계 일곱 번째 달 탐사국이 된 한국 123
   나. '한국판 NASA' 설립계획의 추진 124
   다. 세계 7대 우주강국으로 도약 125
   라. 뉴스페이스 시대의 시작 125
   마. 한미 우주동맹 본격화와 국회에 발목 잡힌 '우주항공청 특별법' 127
2. 세계 8번째 초음속 전투기 KF-21 개발국 128
   가. 세계 8번째 초음속 전투기 KF-21 개발국 128
   나. 한국 우주항공 산업의 쾌거 129

제5장 러시아의 우크라이나 침공이 한국인에게 주는 역사적 교훈

1. 푸틴을 전범으로 역사에 기록해야 한다. 133
2. 소련의 유엔 안전보장이사회의 상임이사국 및 유엔 회원국 자격박탈 135
3. 대한민국의 국격 137
4. 한국이 제2의 우크라이나가 되는 것을 막는 길 139
5. 국제형사재판소 푸틴에 대한 체포영장 발부 141

제6장 윤석열 대통령의 책무와 사명

1. 떠나는 대통령과 대통령 당선인의 책무와 사명 149
2. 정치인과 정상배 155
3. 헌법이 대통령에게 공무원 임면권을 부여한 취지 157
4. 제왕적 대통령제의 폐단 161
5. 대통령이 정치적 위기를 벗어날 수 있는 힘의 원천 164
6. 불순세력 및 체제전복기도 세력의 불법집회 발본색원 166
7. 노동운동을 빙자한 민노총의 정치파업 및 민간단체의 국고보조금 부정·비리 일벌백계 171
   가. 민노총은 공권력의 사각지대에서 이득을 챙기고 세력을 확장한 조폭 집단 173
   나. 화물연대의 파업철회는 백기투항 176

다. 귀족노조의 거액자금의 용도를 파헤쳐 노동개혁을 하라 177

라. 전국장애인차별철폐연대의 지하철 출근길 시위 180

마. 2023년은 노동개혁추진의 원년(元年)이 돼야 182

바. 경제의 민주화를 위한 경제 질서의 기본을 확립해야 183

사. 노조의 갑질로 무법천지가 된 건설현장의 노동개혁 185

아. 민노총 간부의 간첩단 활동 188

자. 고용노동부의 '노사부조리 신고센터'에 접수된 부당행위 사례 190

차. 사회의 암적 존재가 된 '조폭 노조' '귀족 노조'의 비리척결 191

카. 조폭이 이 노조의 탈을 쓰고 끼어든 건설현장의 불법과 비리 194

타. 민노총 조직국장의 대북 '보고문'과 '지령문' 196

파. 민노총의 도심 술판방뇨·노숙, 시위를 허가하는 판사, 수수방관하는 경찰 198

하. 민간단체에 지원된 국고보조금의 부정비리의 일벌백계 201

거. 건폭(建暴)의 불법파업 1심서 100% 유죄 선고 204

8. 국민을 섬기는 '정직한 머슴'(위대한 통치자) 205

9. 대통령의 헌법상의 지위와 의무, 통치자의 자질 및 대통령의
   가장 어려운 임무 207

   가. 대통령의 헌법상의 지위와 의무 207

   나. 위대한 전 대통령의 업적 208

       (1) 이승만 전 대통령 208

       (2) 박정희 전 대통령 211

   다. 망국의 길로 가는 문재인 정권의 자살행위 215

   라. 통치자의 자질 217

   마. 대통령의 가장 어려운 임무 218

10. 윤석열 대통령의 "미래지향적 결단"과 한일간 협력의 필요성 219

11. 경제와 안보를 위한 국가외교에 오로지 적의(敵意)를 품은 선동과 헐뜯기에
    광분(狂奔)하는 야권 226

12. 윤석열 대통령의 한일 정상회담 및 징용해법에 대한 세계의 평가 227

13. 한미 '핵 협의그룹' 창설과 외교의 성공 230

14. 윤 대통령 취임 1년을 축하함 235

15. 남북공동연락사무소 폭파에 대한 447억 원 손해배상청구소송 제기 239

16. 한국 병(病)이 된 '사교육 지옥' 해소 241

    가. 사교육 개혁('킬러 문항' 배제) 241

    나. 입시지옥을 이용해 부자가 된 일타 강사들 242

    다. 사교육문제 해결 243

    라. 더불어민주당의 '제 얼굴에 침 뱉기' 244

    마. 대학 서열화와 간판주의 사회의 개혁 245

바. 수능출제 위원의 '이권(利權) 카르텔' 타파 246

사. 대형 입시학원 돈 받은 교사 130명의 사교육 카르텔 247

아. 교육이념 249

17. 조직적 허위선동과 가짜뉴스, 괴담으로부터 대한민국 정체성의 확립 250

18. 유럽연합의 후쿠시마 산 농수산물에 대한 수입규제 철폐 251

19. 윤석열 대통령, 우크라이나 전격 방문 '자유 연대(連帶)' 행동으로 보여주다 254

20. 윤석열 대통령의 우크라이나 방문이 "전쟁의 불씨"라는 민주당의
  궤변과 패악 257

21. LH 아파트 15곳 철근 누락, 건설현장의 "이권 카르텔, 부패 카르텔"을
  혁파해야 259

22. '새만금 세계스카우트잼버리'에 들어간 1171억 원 사용처의 철저한 규명 262

23. 지난 대선은 사상(史上) 최악의 가짜 뉴스의 결정판 266

24. 검찰 '대선개입 여론조작' 특별수사팀 구성 274

25. 국회 시정연설에서 고개 숙인 윤 대통령과 야당 의원의 오만불손한 경거망동 277

26. 이재용 '불법 승계' 19개 혐의 다 무죄 선고 280

27. 특검법의 입법취지에 반하는 '김건희 특검법' 282

28. 이상적인 대통령의 요건 285

29. 윤석열 대통령의 책무와 사명 287

제7장 '한동훈 비대위' 성공을 염원하는
국민의 간절한 소망

1. 한동훈 법무부 장관의 사임 297

2. 정치경험이 많은 정치인들의 부패상 298

3. 적재적소는 인사의 요체 299

4. 정치는 예술 중의 예술 300

5. 국사혼(國士魂)을 가진 국회의원이 국사도(國士道)를 실천하는 국회 301

6. 문재인 전 대통령의 추미애 법무부장관 임명 302

7. 고뇌는 행복의 근원 303

8. 대장부란? 305

9. 용자(勇者)의 진정한 용기(勇氣) 307

10. 한동훈 국민의힘 비상대책위원장의 취임 308

11. 한동훈 비상대책위원장의 국회개혁 공약 310

12. 대통령실 사퇴요구, 한동훈 "할 일 하겠다" 312

13. 한동훈 비대위원장의 성공을 염원하는 국민 315

제8장 조희대 대법원장의 책무와 사명

제9장 문재인 정권 부패상의 민낯

1. 경제파탄 329
2. 인권탄압과 인권유린 332
3. 국가안보 파탄 336
4. 외교참사 339
5. 역사 조작·왜곡 342
6. '알 박기' 인사 참사 346
7. 연금개혁 외면 351
8. 대통령 부인의 옷과 장신구에 든 비용이 '국가기밀'이라는 나라 352
   가. 영부인의 옷차림이 외교이며 국격(國格)인가? 352
   나. 문 대통령 부인의 단골 디자이너의 딸의 '영리업무 및 겸직금지의무 위반'
      행위 355
   다. 올바른 삶의 태도(가치 있는 일에 몰두하는 삶) 356
   라. 영부인의 의상비가 국가안보 및 국가기밀이라는 청와대의 궤변 358
   마. 인간의 탐욕(충만)과 참된 성숙(비움) 359
   바. 인생을 아름답게 수(繡)놓는 마지막 길 361
9. 선거만 의식한 포퓰리즘에 따른 요금인상 청구서 362
10. 국고보조금 5조 원 민간단체 뿌리기 365
11. 유죄 판결 받은 조국 가족의 놀라운 죄의식 결핍 369
12. 문재인이 해체하려던 이명박 정부 4대강사업이 호남일대 가뭄극복 379
13. "5년간의 성취 순식간에 무너져 허망"하다는 문재인의 적반하장의 궤변 380
14. '점심 줄 테니 공짜로 일해 달라'는 무급 자원봉사자 공개모집 384
15. 돌아온 김관진 385
16. '그들만의 세상' '아빠 찬스' 선관위 사무총장·차장 사퇴 390
   가. 선관위 고위직의 자녀특혜채용에 의한 고용세습 390
   나. 선관위의 감사원 감사 및 국가정보원의 보안점검 거부 391
   다. '그들만의 세상'인 '고용세습 위원회'로 전락 392
   라. 선관위의 정치적 중립성 파괴 393
   마. 감사원법 제24조 제1항 1호의 규정은 헌법 제97조를 위배한 위헌 규정 394
   바. 선관위가 과연 헌법상 독립기관인가 396
   사. 선관위의 정상화 398
   아. 선관위 '사무총장·차장 등 4명, 특혜채용 의혹 수사의뢰' 400

사항별 목차

　　자. 엽관주의 및 족벌주의 타파 402

　　차. 선관위 직원의 '자기소개서'는 '아빠 소개서' 403

　　카. 선관위 직원 128명 무더기 청탁금지법 위반 406

　　타. 선거 해킹 위험 드러나도 경각심 대신 축소 급급한 선관위 408

　　파. '셀프 채용'부터 '지인 찬스'까지 채용비리 44건 적발 409

　　하. '청백리의 길' '탐관오리의 길' 410

17. 국민권익(國民權益)을 침해한 전현희 국민권익 위원장 411

18. 문재인 정권 산업통상자원부의 태양광 비리 415

19. '한 번도 경험해 보지 못한 세상' 418

20. '사드 전자파 무해(無害)' 알고도 숨긴 문재인 정부의 안보 자해극 420

21. 문재인 정권의 대한민국 파괴, 국정파탄 범죄행위 421

22. 중국 방문을 위해 군사 주권을 중국에 내준 문재인 정권의 매국행위 425

23. 문재인 뻐꾸기 427

24. 새만금 잼버리 '남 탓'하며 정쟁에 뛰어든 문재인의 후안무치한 적반하장 430

25. 문재인 정권 최대 불법혐의인 '울산시장 선거공작' 재판지연으로
　　사라진 정의 434

26. 전무후무할 '통계조작 정권'과 '진짜 공직자' 438

27. 9.19 남북군사합의를 폐기하라 442

제10장 북한군에 의해 피살된 해양수산부 공무원을 '월북몰이'로 매도한 사건의 진상규명과 관련자 처벌

1. 문재인 정부의 월북 몰이 447

2. 진상규명 거부 449

3. 더불어민주당의 유가족 회유(2차 가해행위) 451

4. 감사원의 감사 452

5. 월북조작과 증거 왜곡자료 삭제 (국민 두 번 죽인 조직적 범죄) 452

6. 월북을 조작한 국방부 장관과 해양경찰청장 구속 455

7. 서해 공무원 피살사건 '월북몰이' 진상규명을 '안보무력화'라는 문재인의 궤변 456

8. 서훈 전 국정원장 이어 김연철 전 통일부장관의 출국에 대한 인터폴 수배와 여권
　　무효조치 458

9. 서훈 전 국가안보실장 구속 460

10. 문재인은 답하라 461

11. UN총회에서 북한 인권결의안 채택 463

12. 서해 공무원 피살 감사결과 드러난 문재인 정부의 '월북 몰이' 464

제11장 귀순의사를 밝힌 탈북어민을 강제북송한 문재인의 반(反)인도적 만행

1. 귀순의사를 표시한 탈북어민은 북한이탈주민법(약칭)의 적용대상 469
2. 귀순어민 강제북송은 헌법과 국제법위반의 반(反)인도적 만행 470
3. 속지주의와 속인주의·보호주의 472
4. 귀순어민을 김정은에게 제물로 바친 문재인 정권 (문재인 정부의 북한어민 2명의 귀순의사 은폐조작 사례) 473
5. '조국반역죄'로 처형당한 강제북송 어민 477
6. "대한민국에서 살고 싶다"는 북한어민들의 보호신청서와 자기소개서 478
7. 귀순어민의 강제북송에 반대하며 사표까지 낸 국정원 직원 479
8. 3월 8일 북방한계선을 넘어온 북한선박을 대선 당일 돌려보낸 문재인 정권 481
9. 천벌(天罰)은 늦으나 반드시 온다 482
10. 행복추구권 485

제12장 공수처는 검찰과 법원을 장악하기 위한 정권친위대

1. 고위공직자범죄수사처(공수처)는 문재인 정권의 친위대 491
2. 진정한 검찰개혁의 방향 492
3. 공수처의 중립성과 독립성의 문제 494
   (1) 고위공직자범죄 등에 관한 수사(공수처법 제3조 제1항 1호) 494
   (2) 제2조 제1호 중 대법원장 및 대법관, 검찰총장, 판사 및 검사, 경무관 이상 경찰공무원에 해당하는 고위공직자로 재직 중에 본인 또는 본인의 가족이 범한 고위공직자범죄 및 관련범죄의 공소제기와 그 유지(공수처법 제3조 제1항 2호) 494
4. 대통령의 친인척 등의 비위행위 감찰을 위한 "특별감찰관법" 496
5. 김진욱 공수처장의 자리 버티기 498
6. 한 해 200억 원의 혈세를 낭비하는 공수처는 문을 닫아야 501
7. 예산 280억 쓰고도 기소는 2년간 3건, 황당한 공수처 성적표 502

제13장 '검수완박' 법안은 헌정질서와 법치주의 근간을 파괴하는 의회 쿠데타

1. 문재인 정권의 비리은폐를 위한 '셀프 방탄법' 507
2. '검수완박' 법안은 헌법의 영장주의에 위배되는 위헌법률 511
3. 피의자, 피고인, 전과자 등이 '검수완박' 법안을 발의한 부끄러운 나라 513
4. 형사법체계의 근간을 파괴하는 여당의 쿠데타 514
5. '검수완박' 법안에 대한 여야 합의는 정상배들의 야합 515
6. '검찰수사권' 완전박탈이 아니라 '국회의원 특권' 완전박탈이 선결문제이다 517
7. 헌법을 수호할 책무를 진 대통령이 헌법을 위반한 사례 520
8. 법무부와 검찰의 헌법재판소에 권한쟁의심판청구 및 가처분신청 523
9. 헌정질서회복을 위한 국민의 저항권 행사 525
10. '검수완박' 악법 시행 전에 위헌여부 결론을 내야할 헌법재판소의 책무 527
11. '경찰국 신설'에 반대하는 경찰간부의 집단행동 529
12. '간첩천국' '마약천국'에 대응할 수사력 강화 532

제14장 입법자에서 위법자로 전락한 더불어민주당의 폭거(暴擧) -대한민국 국회의원의 자화상-

1. "한일 위안부 합의" 알고도 숨긴 윤미향의 위선 539
2. 민주당 선거용 추경 기습처리(돈 뿌리기 매표공작) 542
3. 놀며 싸움만하며 연봉 1억5426만 원과 의원실 운영비로 국민혈세 7억5000여만 원이 투입되는 여의도 정치판 546
4. 제1야당인 민주당의 윤석열 대통령 부인에 대한 악의적 스토킹 548
5. 김정은의 핵 선제공격 법제화를 규탄하는 결의안도 막는 더불어민주당 550
6. '입법자'에서 '위법자'로 전락해 새 정부의 발목만 잡는 더불어민주당 553
7. 정부의 세법개정안에 대한 더불어민주당의 반대 558
8. 유권자를 무시하는 '복지 포퓰리즘'을 투표로 심판해야 562
9. "청담동 술집의혹"은 정쟁과 선동정치에 몰두한 제1야당의 현주소 565
10. 국회의 오석준 대법관 후보자 임명동의안 지연 568
11. 더불어민주당은 "국가이익을 우선하여 일하는 선량(選良)"이 되라 570
12. 부패한 국회를 개혁할 최후의 방책 573
13. 여의도 개사육장(故 金東吉 교수님의 글) 578

14. 정부 예산안 놓고 치고받는 여야, 제 밥그릇 챙기기엔 대동단결하는 "광견들의 잔치판" 579

15. '노란봉투법'을 '합법파업보장법'으로 부르자는 이재명 대표 582

16. 세금으로 운동권 카르텔 지원하는 '사회적 경제 3법'은 반사회적 악법 585

17. "어게인 세월호, 광우병"은 망국좌파의 몽상 587

18. 자기정치를 위해 닥터카를 콜택시로 쓴 더불어민주당 신현영 의원 589

19. 시대착오적 국회의원의 불체포특권, 발언·표결의 면책특권을 폐지하라 591

20. 뇌물혐의 노웅래 의원 체포동의안 부결 594

21. 민주당의 법안편법처리 꼼수입법에 범죄혐의 윤미향을 동원한 후안무치 596

22. 민주주의를 파괴한 집단이 "민주주의 후퇴"를 막겠다는 후안무치 598

23. 북한 무인기 맞대응(對應)이 '정전협정 위반'이라는 민주당의 궤변 599

24. '방탄 정당'된 민주당의 '방탄 출두' 및 '방탄 국회' 개원(開院)꼼수 601

25. 이 대표 개인의 범죄에 대해 '장외투쟁'을 선언한 169석의 민주당 603

26. 내편은 '방탄' 네 편은 '체포'라는 거야(巨野)의 적반하장의 내로남불 606

27. 포퓰리즘 법안으로 헌법을 파괴하는 더불어민주당의 입법폭주 608

28. 더불어꼼수당의 몰염치한 입법폭주에 국민이 거부권을 행사해 권력 상호간의 억제와 균형을 실현해야 613

29. 대한민국 전복을 시도한 세력의 국회 재진입 길을 터준 문 정권과 민주당 616

30. 2021년 5월 더불어민주당 '전당대회' 비리수사 622

31. "편 갈라야 표(票)" 싸움만 부추겨 갈등을 먹고 사는 이전투구의 한국 정치판 628

32. 6.25 동란 때 한국을 도와 참전한 UN 16개국의 야당이 더불어민주당 같았다면 지금의 대한민국은 없을 것 630

33. '꼼수 탈당'한 민형배 의원, 더불어꼼수당으로 '꼼수 복당' 633

34. '묻지 마 지지층'이 한국정치를 양심의 파산으로 몰고 간다 635

35. 민주당의 이재명 방탄 소급입법은 법치파괴 행위 636

36. 60억 코인 감추고 "돈 없다"는 호소로 후원금 1위를 차지한 김남국 의원의 적반하장 642

37. 김남국 의원의 파렴치한 '방탄 탈당' 쇼 646

38. 국회의원의 국민혈세 해외여행을 금지해야 649

39. '이재명의' '이재명에 의한' '이재명을 위한' 민주당의 현주소 651

40. 중국 55기원전 삼중수소량 50배를 방출하는 중국과 손잡고 후쿠시마 방류수 반대하는 이 대표의 꼴불견 652

41. 돈 봉투 사건의 체포동의안을 4연속 부결시킨 '방탄 정당' 656

42. 피의자 송영길에게 '검찰 비판'의 판을 깔아준 KBS 659

43. 괴담 정당으로 전락한 더불어민주당 661

44. 중국 정권의 앵무새로 이용된 더불어민주당 의원들 666

45. IAEA 대표를 당혹스럽게 만든 괴담정치로 국제적 망신을 자초한 민주당 667

46. "우리 바다는 깨끗한데 정치인들의 말이 오염됐다" 669

47. 이재명과 친명계, 비리혐의 의원들 간의 '방탄 공동체' 빼고 모두 동의한
    불체포특권 포기 671

48. 국회 회의 중 코인거래 200회 넘게 한 김남국, 당장 사퇴하라 673

49. 거야(巨野)의 습관성 탄핵 중독과 헌법재판소의 기각결정 674

50. 민주당 중진(重鎭) 의원 보좌관 유출혐의 군사정보 700건 677

51. 온갖 특권을 누리며 부정부패와 비리의 진원지가 된 국회 679

52. '돈 봉투' 만들고 전달한 사람 모두 인정하는데 받아간 의원들만 부인하는
    후안무치 687

53. 대통령이 지명한 이균용 대법원장 후보 35년 만에 인준 부결 689

54. 더불어민주당의 검사 탄핵소추 재(再)발의는 초유의 사법방해 692

55. 송영길, 법무장관에 "건방진 놈" "어린놈"이라고 천박한 언사 남발 696

56. 입법 권력을 사유화해 폭주하는 민주당의 후진 정치 697

57. 난장판 선거를 막을 책임자인 더불어민주당이 야바위 선거법 개정에
    왜 미적거리나 699

58. 정당해산 심판 700

59. "부동산 개발 당(黨)"으로 전락한 한국 의회정치의 현 주소 702

60. 더불어민주당의 노안·청년·여성 3종 비하 발언 파문 704

61. 피의자·피고안·전과자 마다 방탄 출마를 선언하는 후안무치들의 세상 708

62. 피의자와 피고인이 총선 후보자로 적격이라는 더불어민주당 709

63. 이재명 대표의 "우리 북한 김정일, 김일성의 노력"이란 발언 논란 711

64. 민주당의 '5대 혐오범죄' 공천기준, 이재명 대표에겐 내로남불 713

제15장 '이태원 압사사고'를 정치적으로 악용하려고 혈안이 된 사람과 정치집단

1. 이태원 압사사고에 대한 전 세계인과 언론의 관심 719

2. 이태원 압사사고를 정치적으로 악용하는 정치의 재난화(災難化) 721

3. 헌정질서를 위태롭게 하는 세력의 정치적 망령행위 722

4. 사전적 의미의 '사고' '희생' 및 '사망자' '희생자' 724

5. 선박에서 발생한 '사람의 사망'에 관한 책임자(선박소유자) 725

6. 세월호 참사를 정치적으로 악용한 결과 726

7. 이태원 참사로 쓰러진 청년 희망주고 떠나(장기기증) 728

8. 이태원 참사 희생자 지원 명분으로 '재난의 정치화'를 재연시키는 불순 세력 집단의
   정략과 패륜 729
9. 인터넷 매체의 유가족 동의 없는 희생자 명단공개는 범죄 730
10. 이재명 대표의 경기지사 재직시 대북 밀가루 지원비 15억 원 가운데 8억 원의
    행방묘연 732
11. 이태원 참사를 정치싸움판의 도구로 악용하는 더불어민주당과 헌법 수호를 위한
    국민의 저항권 행사 734
12. 세월호 지원원금을 '김정은 신년사' 학습에 쓴 시민단체(혈세 도둑고양이
    발본색원) 738
13. 핼러윈 참사 때 "尹 퇴진이 추모다"란 구호는 북한이 민노총에 하달한
    지령문 742

제16장 대장동 게이트와 불법 대북송금사건의 실체

1. 김만배 로비 표적된 조재연 대법관 사상 초유의 기자회견 747
2. 백현동 3대 특혜의 배후 규명 750
3. 권력형 부정, 비리의혹에 대한 수사를 '국기문란'이라는 궤변 751
4. 이재명 의원의 "7만8000원 사건" 754
5. 쌍방울 그룹의 '대북송금의혹', 더불어민주당 이재명 대표는 몰랐나 757
6. "이재명에 쌍방울의 방북비용 대납 사전보고" (이화영 전 경기도 평화부지사
   검찰 진술) 761
7. 이재명 대표 '분신'도 대장동 일당에게 수뢰혐의로 체포 765
8. 대장동 비리 수사가 '정치탄압'이라는 궤변 767
9. 대장동 게이트 수사 맞불 놓는다고 이태원 참사 '국정조사 국민서명운동'을 시작한
   더불어민주당 769
10. 정진상 구속한 검찰, 이재명 배임혐의 본격수사 771
11. 문재인 정권 검찰의 꼬리 자르기 '대장동 수사' 772
12. 이재명과 김성태는 "모른다"는데 김성태 비서실장은 "가까운 관계(아는 사이)"라
    고 증언 775
13. 이재명 대표, "대장동 지분 받기로 승인" 했다는 검찰 공소장 777
    가. 사후수뢰죄 778
    나. 뇌물의 몰수추징 및 공무원의 직무상 범죄에 대한 형의 가중 779
14. '사법정의' 외쳤던 이재명 대표의 사법정의를 파괴하는 적반하장 779
15. "이재명 방북위해 북한에 300만 달러 보냈다" 783
16. 말은 지성(知性)의 덕(德) 〈이재명 대표의 황당한 말장난〉 788
17. 검찰수사를 받는 이재명 대표가 '검수완박 2' 법안을 직접지시 792

18. 고소 왕, 욕설 왕, 결석 왕, 특권 왕 796
19. "천문학적 개발이익 챙겨준 토착비리"(제1 야당대표 헌정사상 초유의
    구속영장청구) 798
20. 이 대표의 용도변경허가에 대한 "인허가 장사"로 인한 "뇌물천국" 801
21. 이 대표는 불체포특권을 내려놓고 법원 영장실질심사를 받으라. 802
22. 다섯 번째 비극, "이제 정치를 내려놓으라"는 유언 808
23. 이재명의 천인공노(天人共怒)할 만행(蠻行)을 규탄(糾彈)한다 810
24. 이재명 대표의 교활한 "대국민 사기극" 813
25. 이재명이 고른 혁신위원장, 9시간 만에 자진사퇴 816
26. 대장동 게이트에 관련된 법조인들의 윤리의식 실종 818
27. 이재명 대표와 관련된 사건에서 끊이지 않는 '사법 방해' 821
28. '쌍방울 불법 대북송금 사건'을 직접 결재 뒤 "수고했다"고 격려하고
    '부지사가 몰래했다'는 파렴치한 825
29. '불체포특권 포기' 약속 깬 이재명의 방탄용 단식 828
30. 헌정 사상 첫 야당 대표 체포동의안 국회 본회의 통과와 '배신자' 색출 및
    '영장 판사' 겁박 830
31. 이재명 구속영장 기각과 대통령 사과 및 법무부 장관 파면 요구 833
32. 이재명, 뉴스타파 가짜 뉴스 20대 대선 전날 475만 명에 뿌렸다 839
33. '경기도 법인카드 불법유용 의혹'을 공익 신고한 전직 공무원의
    국회 기자회견 842
34. 이화영의 법관 기피신청 등 이재명 사건 재판 요지경 845
35. 이재명의 "위증 교사 사건, 대장동과 분리 재판" 당연한 결정 847

제17장 김명수 사법부의 현주소

1. 대통령 풍자 대자보에 건조물 침입으로 벌금 50만 원을 선고 받은 20대 청년
   (항소심의 무죄판결 확정) 851
2. 재판연구관에 민노총활동 전과자 채용 853
3. 사법권 독립과 대법원장의 권한 및 책무 856
4. '대법원장이 징계 감' 858
5. 신속한 재판을 받을 권리를 뭉개는 사법부의 재판지연 860
6. 법과의 독립과 합리성이 보장되는 법관인사 867
7. 김명수 대법원장의 거짓말 868
8. 거짓말로 수사 받으며 부끄러움도 모르는 김명수 대법원장 871
9. 김명수 거짓말 의혹수사 '키맨(key man)' 김인겸, 검찰 소환불응 875

10. 김명수 대법원장의 사법 포퓰리즘과 '알 박기' 877

11. 사법권의 독립은 왜 필요한가? 879

12. 김명수 대법원장의 지휘감독을 받는 사법부의 현주소 882

13. 김명수 대법원장의 지법원장 '알 박기' 실패 886

14. 검찰의 '김만배 로비'의혹 수사 지지부진(遲遲不進) 887

15. 검찰은 대법원 '재판거래' 의혹의 실체적 진실을 밝혀야한다 890

16. 대법관 후보 제청권을 교묘하게 남용한 대법원장의 이중성 895

17. 자신을 보호하기 위한 '셀프 방탄' 추진 897

18. 문재인 정권 부패, 비리를 언론에 알렸다고 공무상 비밀누설죄로 유죄 판결 한
    대법원 900

19. 사건에 따라 속전속결, 백년하청하는 대법원의 정치재판 903

20. 판례로 '노란봉투법'을 만든 대법원 909

21. 하급심이 뒤집는 '김명수 대법원 판결'의 권위 추락 913

22. 법원의 현실성 없는 집회허용은 시민의 이동권(移動權) 방해 행위 918

23. 성 매수 판사, 사법연수원에서 '성(性) 인지(人智) 교육' 수강 921

24. 법조인의 자세 (권순일 전 대법관의 변호사등록은 '사법정의'와
    '사법권 독립'의 농단) 923

25. 대법원은 "소극적 거짓말도 무죄", 헌법재판소는 "적법절차를 어긴
    검수완박법도 유효"라는 이율배반적 논리의 심판 929

26. 법원의 권위와 신뢰를 상실한 면죄부성 윤미향곽상도 판결 936

27. 정치 편향 드러낸 판사의 사법부 요직 독차지 941

28. 대한민국 사법사상 최악의 김명수 대법원의 흑(黑)역사 944

29. 이화영의 '법관기피' 신청에 대한 판단을 미루는 대법원의 사법정의 파괴 947

30. 김명수 사법부 판사들의 무책임한 재판지연 전략 949

31. '사법행정권 남용' 사건의 47개 혐의 모두 무죄선고 953

제18장 인생의 지혜

1. 이 세상에서 가장 중요한 일 957

2. 인생을 보람 있게 사는 지혜 962

3. 때(時)를 아는 지혜 966

4. 시간은 생명이다 969

5. 첫 단추를 잘 못 끼우면 972

6. 희망을 가진 삶 974

7. 겸허한 마음으로 배우기 978

8. 물(水)은 자연의 위대한 철학자 983

9. 지혜는 인생의 등불 987

10. 지혜의 그릇 989

11. 성실한 삶 993

12. 환경의 창조자 997

13. 고난은 행복으로 향하는 동기 1001

14. 사랑과 헌신 1003

15. 인생과 일 1011

16. 인재양성 1016

17. 인간의 세 가지 싸움 1018

18. 생각하는 갈대 1020

19. 책(인간 최대의 유산) 1024

20. 독서(훌륭한 사람과의 만남이요, 대화) 1028

21. 인생의 광산 1031

22. 이름에 손색이 없는 사람, 제 자리를 빛내는 사람 1033

23. 선택의 지혜(방향감각) 1036

24. 행복은 능력의 나무에 피는 향기로운 꽃 1039

25. 인생은 여행, 인간은 나그네 1044

26. 인생의 지혜 1049

제1장

6.25 한국전쟁이 남긴 역사적 교훈

제1장

6.25 한국전쟁이 남긴 역사적 교훈

1. 6.25 한국전쟁은 북한 공산군에 의한 침략전쟁

1950년 6월 25일, 잔인무도(殘忍無道)하고 비인간적인 공산도배(共産徒輩)는 평화롭고 아름다운 강토에 침입, 동족상잔(同族相殘)이란 역사상 그 유례가 없는 오점(汚點)을 기록하게 하였다. 하늘도 울고 땅도 울고 전 인류가 가슴을 치며 탄식했다. 공산도배가 차마 눈뜨고 볼 수 없는 숱한 참극(慘劇)을 빚어냈기 때문이다. 이 순간에도 재침(再侵) 준비에 광분(狂奔)하고 있는 북괴(北傀)에 대한 경각심(警覺心)을 드높여야 한다.

새벽을 기해 북한 공산군이 38선 전역에 걸쳐 불법 남침함으로써 야기된 한국에의 전쟁이나 북한 김일성은 <대한민국이 공격해왔으므로 부득이 반격 한다>라는 허위선전을 하면서 불법남침을 개시한 " 전쟁범죄인(전범)"이다. 북괴군은 1950년 6월 25일 새벽 4시경 서해안의 옹진반도로부터 동해안에 이르는 38선 전역에 걸쳐 국군의 방어진지에 맹렬한 포화를 집중시키면서 기습공격을 한 침략전쟁을 야기(惹起)했다.

2. 전쟁의 경과 및 UN의 조치

미국 정부는 남한에 대한 북괴의 남침을 평화의 파괴·침략행위로 보고 6월 25일 안전보장이사회의 즉시 소집을 요구하여 미국이 제출한 결의안의 채택 및 평화의 파괴를 선언하고, 적대행위의 중지와 북괴군의 38선까지의 철수를 요구하였다. 동 결의안은 모든 회원국이 동 결의안의 집행에 있어 유엔에 대하여 모든 원조를 제공하며, 북괴집단에 원조를 하지 않도록 촉구했다.

6월 27일 안전보장이사회에서 미국 대표 W.R.오스틴 대사는 6월 25일 안전보장이사회결의를 무시한 북괴군의 계속적인 대한민국 침략은 <국제연합 자체에 대한 공격임>을 천명하고, 국제평화 회복을 위하여 강력한 제재를 취하는 것이 안전보장이사회의 임무라고 선언, 안전보장이사회는 결의안을 채택했다.

미국을 비롯한 영국·호주·뉴질랜드·프랑스·캐나다 등 16개국이 육·해·공군의 병력과 장비를 지원했으며, 그 밖에 많은 나라들도 각종의 경제적·인도적 지원을 우리나라에 제공했다.

3. 6.25 사변과 국제연합군의 탄생

'국제연합군'(國際聯合軍 : United Nations Forces)이라 함은 UN 헌장 제7장에 규정된 병력. 즉, UN 헌장 제43조의 특별협정에 입각하여 가맹국이 안전보장이사회의 이용에 제공하는 병력을 의미하는 것으로서 'UN군'이라고도 한다. 헌장 제42조에 의하면 평화에 대한 위협, 평화의 파괴 및 침략행위에 대처하기 위해 안전보장이사회가 비군사적 조치로는 불충분하다고 인정할 경우 <국제평화 및 안전의 유지 또는 회복에 필요한 육.해.공의 군사적 행동을 취할 수 있다>고 규정되어 있다.

1950년의 6.25 사변에 있어서 <국제평화와 안전의 회복>을 임무로 하는 국제연합군이 처음으로 탄생하였다. 북한 괴뢰군의 무력공격을 격퇴하기 위하여 필요한 원조를 한국에 행할 것을 가맹국에 권고하는 안전보장이사회의 결의에 따라서, 북한에 대한 강제조치를 위하여 편성된 군대가 곧 '국제연합군'이다. 한국에 있어서의 국제연합군은 안전보장이사회의 권고에 따라 15개국의 군대와 국제연합 결의에 앞서 군사행동을 취한 미군으로써 구성되었는데, 이것은 UN헌장이 본래적으로 예정한 국제연합군이 아니라 안전보장이사회의 권고에 임의로 응한 가맹국의 강제행동이라고 할 수 있다.

이름은 국제연합군이라고 하지만, 미국 정부가 임명한 맥아더 사령관이 국제연합군을 지휘하였으며, 국제연합 기관의 직접적인 통제에 따르지는 않았다. 이 군대와 국제연합군과의 연관관계는 그것이 안전보장이사회의 결의에 입각한 것이라는 사실 이외에는 없는 것이다.

4. 맥아더 UN군 총사령관의 인천상륙작전

맥아더(Douglas MacArthur. 1880~1964) : 미국 육군 원수(元帥). 1903년 웨스트포인트 육군사관학교를 수석으로 졸업 후, 육군에 근무하여 1930년에 대장으로 승진하였다. 1930년~35년 육군참모총장, 1937년 퇴역, 1941년 복귀, 제2차 대전 중 연합군 총사령관, 1945년 연합군 총사령관으로 일본에 주둔, 6.25 한국동란 당시 UN군 총사령관, 극동정책에 관하여 정부수뇌부와 대립, 1951년 퇴임했다.

1950년 6.25 동란(動亂)이 일어나자, UN군 총사령관으로 부임하였고, 특히 인천상륙작전(仁川上陸作戰)을 감행(敢行), 지휘(指揮)하며 우리 국군을 도와 공산침략군을 격퇴(擊退)시키면서 북진을 계속하여 전세(戰勢)를 역전(逆轉)시켜 적을 한만국경(韓滿國境)까지 몰아내는데 성공하였다. 그러나 중공군의 개입으로 다시 후퇴를 하게 되자, 그는 만주폭격과 중공 연안봉쇄, 대만의 국부군(國府軍)의 사용 등을 주장하였고, 이로 인한 트루만 대통령과의 대립으로 1951년 4월 사령관의 지위에서 물러나게 되었다.

귀국 후에는 레밍턴(Remington)회사 사장으로 취임하였고 정치적으로는 공화당 보수파(保守派)에 속하여 공화당의 대통령후보로 지명된 적도 있다. <노병(老兵)은 죽지 않고, 사라질 뿐이다>라고 한 말이 유명하다. 저서(著書)로 자서전(自敍傳) <The Reminiscence(64)>가 있다.

5. 9. 28 수복에서 압록강까지 진격

당시 미8군 사령관이던 워커(Walker) 중장은 9월 12일 담화를 발표하여 "한국전선 최대의 위기는 지나갔다"고 말했다. 이로써 적의 남침공세는 결정적으로 꺾이고 아군의 북진(北進)이 있을 뿐이었다. 아군이 육전(陸戰)에서 전과(戰果)를 올리기까지에는 공군의 지원폭격(支援爆擊)이 주효(奏效)했다. UN공군은 개전(開戰) 20일 만에 제공권(制空權)을 장악, B29. B26 등 중폭격기는 적 후방의 교통로를 파괴하는 한편, 평양·진남포·함흥·청진 등지의 군수품 공장을 완파했으며, 쎄이버 전투기·F51 전투기·영국기·호주기(濠洲機)등이 공습작전을 전개했다.

해군도 개전 직후부터 제해권(制海權)을 장악했으나 지상 작전이 후퇴를 거듭하므로 큰 활약을 못하고 있던 중, 낙동강 전선에서 육군의 반격이 개시되자 전격적(電擊的) 북진을 기도하는 맥아더 유엔군 총사령관의 명령에 의해 중대한 작전임무를 맡게 되었다. 그것이 바로 9월 13일에 개시된 "인천 상륙작전(上陸作戰)"이었다. 38선 이남의 공산군은 사실상 퇴로(退路)마저 끊긴 채 마비상태에 빠졌다.

9월 30일 유엔군 총사령관 맥아더 장군은 북한 공산군 총사령관 김일성에게 "이 이상 유혈과 파괴를 없게 하기 위해 적대행위(敵對行爲)를 정지하라"는 항복 권고문을 보냈으나 김일성은 이를 거부하고 다만 남한 지역에 있는 공산군의 전면 퇴각(退却)만을 명령했다. 따라서 같은 날 유엔군 사령부는 전 장병에게 38선을 돌파하여 북진할 것을 명령했다.

한편 서부전선에서는 10월 20일 청천강 이 남 일대에 미제11공정사단 약 4천명이 낙하산을 타고 내려 적의 후방을 공격했으며, 국군 제6사단이 미제24사단과 영국 여단의 서해안 진격과 보조를 같이 하여 26일 오후 5시 50분 6사단 제7연대 수색대가 압록강(鴨綠江)에 이르렀다. 11월 25일 수도사단은 함경북도 도청소재지 청진에 진격했다. 이로써 국토의 전역이 거의 수복(收復)되고 조국통일이 목전(目前)에 다달 했었다.

6. 중공군 투입에 의한 1.4 후퇴 및 휴전성립

북한 공산군이 거의 섬멸(殲滅)될 상태에 이르자 중공군 4개 군 약 50만 명은 아무런 통고도 없이 고원지대를 타고 몰려 내려왔다. 11월 24일 맥아더 장군 자신이 지휘에 나서 총공격을 시도했으나 실패로 돌아가고 29일까지 서부전선의 아군은 청천강 이남으로 후퇴하고 12월 1일부터는 동부 전선에서도 철퇴(撤退)를 개시했다. 12월 4일 맥아더 장군은 "중공군 백만이 북한에 투입되었으며, 새로운 전쟁이 시작되었다"고 발표했다.

적의 유일한 전략(戰略)은 인해전술(人海戰術)이었다. 중공군이 일선(一線)을 담당하는 동안 북한 공산군 5개 군단의 병력을 정비하여 12월 말일까지 38선에 집결한 적의 병력은 중공군 약 17만, 북괴군 약 6만 합계 23만 명으로, 이날 밤 자정을 기해 일제히 38선을 넘어섰다. 1월 3일 영국군이 의정부에서 격전(激戰) 끝에 철수했고, 1월 4일 서울이 두 번째로 적의 수중에 넘어갔다. 아군은 3월 2일 비로소 한강을 넘어섰고, 14일에 국군 제1사단이 다시 서울에 진주했다.

3월 24일 맥아더 장군은 38선 재 월경(再 越境)을 명령, 이날 서부와 중부 전선은 4월 5일에 소양강을 건너 38선 이북의 수개 고지(高地)를 점령했다. 만주를 폭격하여 중공군의 기동(機動)을 분쇄(粉碎)하고 한국의 완전통일을 주장한 맥아더 장군이 4월 11일 유엔군 총사령관 직을 퇴임하고 릿지웨이 장군이 신임 사령관으로 부임했다. 공산측은 전세(戰勢)가 불리함을 알아차리고 6월 23일 소련의 유엔대사 마리크(Marik)로 하여금 한국전쟁의 정전을 제의하고 미국이 이에 호응함으로써 7월 8일 개성에서 정전회담 예비회담이 개최되고 10월 25일 회담장소를 판문점으로 옮겨 회담을 진행했다.

드디어 1953년 7월 27일 오전 10시, 정전협정(停戰協定)이 정식 조인(調印)됨으로써, 3년 1개월에 걸쳐 참담(慘憺)을 극했던 북괴의 무력남침에 의한 한국전쟁은 종전(終戰)이 아닌 휴전(休戰)으로 막을 내리고, 한국 국민은 제2의 38선인 휴전선(休戰線)으로 하여 민족분단(民族分斷)의 비운(悲運)을 다시 맞이하게 되었다.

7. 한국전쟁의 피해상황

　3년간에 걸친 동족상잔의 전화(戰禍)는 남북한을 막론하고 전국토를 폐허로 만들었으며, 막대한 인명피해를 내었다. 전투 병력의 손실만 해도 유엔군이 한국군을 포함하여 18만 명이 생명을 잃었고, 공산군 측에서는 북괴군 52만 명, 중공군 90만 명의 병력을 잃었다. 또한 전쟁기간 중 대한민국의 경우 99만 명의 민간인이 목숨을 잃거나 부상을 입었다. 이 가운데 상당수는 남한지역을 북괴군이 점령하고 있는 동안 인민재판 등의 무자비한 방법으로 <반동계급>으로 몰려 처형당한 억울한 희생이었다. 전쟁기간 중 북괴는 8만 5,000명에 달하는 각계각층의 지도급 인사들을 대한민국으로부터 납치해갔다.

　한국전쟁에 참전한 대한민국의 국군과 경찰, 학도병의 국토방위의 신성한 의무수행과 자유민주주의를 사랑하는 유엔군의 희생으로 한국은 오늘의 눈부신 경제발전과 행복을 누리고 우리는 이 땅에 살고 있다. 이들의 숭고한 죽음과 희생을 영원히 기리고 추모하는 것은 '전쟁에서 살아남은 우리들의 책무'다.

8. 전쟁의 분류

국제법상 전쟁을 합법적인 것과 위법적인 것으로 나눌 수 있다. 정당한 사유 없이 외국에 대하여 무력공격을 하는 것은 '불법적인 전쟁'이며, 일반적으로 이러한 전쟁을 <**침략전쟁**>이라고 한다. 이에 반해서 불법적인 공격을 받은 국가가 자위(自衛)를 위해서 수행하는 전쟁은 합법이며, 국제법상 이와 같은 전쟁을 <**자위전쟁**(自衛戰爭)>이라고 한다. 합법적인 전쟁에는 자위전쟁을 수행하는 국가를 돕고, 침략 국가를 응징하기 위해 제3국이 전쟁에 가담하여 실시하는 <**제재전쟁**(制裁戰爭)>이 있다.

1950년 6월 25일 북한 공산군이 38선 전역에 걸쳐 불법 남침함으로써 야기된 한국전쟁은 전쟁범죄인 북한 김일성에 의한 **"침략전쟁"**이며, 북한 공산군의 불법남침을 받은 한국이 자위를 위해서 수행한 한국전쟁은 **"자위전쟁"**이다. 또한 미국을 비롯한 16개국이 육.해.공군의 병력과 장비를 지원한 것은 자위전쟁을 수행하는 한국을 돕고 침략국가인 북한을 응징하기 위해 전쟁에 가담한 **"제재전쟁"**임이 명백하다.

9. 전쟁범죄 · 전쟁범죄인

전쟁범죄(戰爭犯罪 : war crime)라 함은 전쟁법(戰爭法)을 위반한 행위를 말한다. 종래 전쟁범죄에 제2차 세계대전 후 전쟁범죄의 불법화·범죄와 관련하여 <통상의 전쟁범죄>의 범위가 확대되어 <평화에 대한 죄> <인도(人道)에 대한 죄>가 새로 포함되었다.

<통상의 전쟁범죄>라 함은 전투법규에 위배되는 행위로 교전국은 행위자를 체포하여 처벌할 수 있다. <평화에 대한 죄>라 함은 침략전쟁 또는 국제법·조약·협정·서약에 위배되는 전쟁을 계획하고, 준비하고, 실행한 일, 또는 이들 행위를 달성하기 위한 공동계획이나 모의에 참가한 행위를 말한다. <인도(人道)에 대한 죄>라 함은 전쟁 전 또는 전쟁 중에 일반인민에 대하여 이루어진 살해, 절멸적(絕滅的)인 대량살인, 노예화, 강제적 이동, 그 밖의 비인도적 행위를 말한다.

전쟁범죄인(戰爭犯罪人 : war criminal)이라 함은 전범(戰犯)이라 약칭하기도 한다. 제2차 세계대전 후 연합국의 국제군사 재판소에서 전쟁범죄에 대하여 뉘른베르크 재판, 도오쿄(東京) 재판에서 소추되어 처벌된 자로 A급·B급·C급의 구별이 있다. <A급>은 침략전쟁을 계획·준비·수행하고, 공동모의(共同謀議)를 한 자, 즉 평화에 대한 죄를 범한 자이며, <B급>은 전투법규나 관례를 위반한 살인·포로학대·약탈 등을 저지른 자이며, <C급>은 인도(人道)에 위배되는 살인·학살을 한 자 또는 국적이나 종교가 다르다는 이유로 주민을 학대하거나 노예화한 자이다.

1950년 6월 25일 새벽을 기해 선전포고나 최후통첩의 사전고지도 없이 북한 공산군이 38선 전역에 걸쳐 불법 남침함으로써 야기된 한국전쟁은 북괴군에 의한 침략전쟁으로, 이러한 전쟁을 수행한 북괴군은 <전쟁범죄 집단>이며, 북한 김일성은 침략전쟁을 계획·준비·수행하고, 공동모의를 한 자로서 평화에 대한 죄를 범한 <A급 전쟁범죄인>이라는 사실은 역사가 증명하고 있다.

10. 한국전쟁은 과연 국군·미군·경찰에 의한 전쟁범죄인가?

<월간 "법무사" 2022년 6월호 (한국전쟁, 어떻게 기억되어야 하는가? 평화학 1호 박사가 쓰는 평화 이야기·평화갈등연구소장, 민주평화통일자문회의 상임위원 -정주진- P.16~21)에 대한 반론>

첫째, <**한국전쟁의 가장 중요한 기억, 사람**(p18~19)>이라는 제목에서 <......한국전쟁 동안 곳곳에서 '국군'과 '경찰'에 의해 학살이 자행됐고, 그것은 국민을 보호해야 할 국가에 의해 저질러진 폭력이었다. 한국을 돕겠다고 온 '미군'에 의한 학살도 여전히 많은 사례가 규명되지 못하고 있다>라고 기술하고 있다.

둘째, <**한국전쟁, 어떻게 기억되어야 하나?**(p20~21)>라는 제목에서 <한국전쟁...... 곳곳에서 있었던 '국군'과 '미군' '경찰' 등에 의한 "전쟁범죄"는 제대로 규명되지 않았고, 오히려 국가를 지키는 전쟁에서 불가피하게 발생한 일로 여겨지기도 했다.>라고 기술하고 있다. 위 글의 핵심은 한국전쟁이 대한민국의 국군과 경찰 및 참전한 미군에 의한 전쟁범죄라는 것이다.

셋째, <**한국전쟁도 보편적 전쟁과 같아**(p21)>라는 제목에서 <북한의 '핵무기실험'과 '미사일 개발'에 대해 '한국'과 '국제사회'가 '문제를 제기'했고, 군사적 긴장은 높아졌다.>라고 기술했다.

위 글의 요지는 "한국전쟁은 대한민국의 국군과 경찰에 의하여 자행된 국민에 대한 학살로 국가(한국정부)에 의한 폭력이며, 국군과 경찰 및 미군에 의한 학살로서 대한민국 국군과 경찰 및 참전한 미군 등에 의한 <전쟁범

죄>이나 이것이 현재까지 규명되지 않고 있다"는 것으로서 이것은 역사의 조작, 왜곡이다.

"우리는 역사(歷史)에서 도피(逃避)할 수는 없다"(-Abraham Lincoln-). 적(敵)이오면 도피할 수 있고, 질병이 창궐하면 산속에 들어가 일시 피신할 수 있으나 우리는 역사에서 도피할 수는 없다. 우리는 역사에서 도피하려는 비겁한 민족이 되어서는 안 된다. 우리는 역사에 도전(挑戰)하고 응전(應戰)하기 위해 투철한 주체적 자세를 확립해야 한다.

한국전쟁 수행과정에서 국군과 경찰에 의한 일부지역에서의 양민피해의 원인을 제공한 원초적 책임은, 침략전쟁을 야기한 전쟁범죄인 북한 김일성과 괴뢰군에 있다는 것을 명심해야 한다. 또한 북한의 핵무기실험과 미사일개발에 대해 한국과 국제사회가 문제를 제기해 군사적 긴장은 높아졌다는 것도 망언으로서 북한의 핵실험과 미사일개발에 대해 한국과 국제사회가 침묵하라는 것으로 헌법 제3조·제4조·제5조 등에 위배되는 위헌적 주장으로 망발(妄發)이다.

정주진은 위 글에서 거창양민학살, 미 해병대의 월미도 폭격, 노근리 학살사건, 한강 인도교폭파 등을 거론하며 국군과 경찰 및 미군에 의한 학살이라고 주장했으나 KAL기 피격사건, 무장간첩의 청와대 기습사건, 울진.삼척 간첩침투사건, 아웅산 정부요인 암살사건, 연평도 포격사건, 천안함 폭침사건 등에 침묵하고 있다.

11. '6.25 전쟁영웅' 백선엽 장군 동상 제막식

백선엽 장군은 6.25전쟁에서 기념비적(記念碑的)인 업적(業績)으로 승리(勝利)를 이끈 '대승(大勝)의 명장(名將)'이다. 6.25전쟁 초기 인민군의 공세에 밀려 대한민국이 경남과 경북 일부만을 남겨두고 있던 낙동강전선에서 1사단을 지휘하며 대구 북방의 '다부동 전투'에서 기적적인 승리를 거뒀다. 이 전투는 북한군의 예봉(銳鋒)을 꺾고 국군이 공세(攻勢)로 전환하는 계기를 마련한 승리였다. 김일성 치하(治下)의 북한 수도인 평양에 처음 입성(入城)한 군대도 그가 이끈 1사단이다.

전쟁 중 드와이트 아이젠하워 전 미국 대통령, 더글러스 맥아더 장군을 비롯한 전쟁 영웅들을 만나 미국의 선진화된 군사지식(軍事知識)을 익혔다. 이후 두 차례 대한민국 육군참모총장을 역임하면서 국군의 정예화(精銳化)에 크게 이바지했다. 그가 기라성(綺羅星) 같은 여러 장군 중 '6.25전쟁의 영웅'으로 칭송(稱頌)받는 이유다.

휴전회담 초대 한국대표, 한국군 2군단 재창설 등 주어진 임무를 훌륭히 수행한 공로(功勞)로 한국군 역사상 첫 4성 장군에 오른다. 그의 나이 33세 때다. 예편(豫編) 후 중화민국, 프랑스, 캐나다 대사 등 외교관을 지냈고, 1970년 초반에는 교통부 장관으로 서울 지하철 1호선 건설의 토대를 만들기도 했다.

1971년부터 1980년까지 충주, 호남 비료 사장과 한국종합화학 사장을 역임하면서 이 땅에 화학공업이 뿌리내리는 기반(基盤)을 다졌다. 국방부 군사편찬연구소 자문위원장과 한국전쟁 60주년 기념사업위원회 위원장을 맡아 6.25전쟁의 교훈과 의미를 알리는데 힘쓰며, 2007년 2. 22일 사단법인 대한민국 육군발전협회를 설립하여 초대 회장이 되었다.

2년 전 영면(永眠)한 '6.25 전쟁영웅' 백선엽 장군을 기리는 추모식이 2022년 6월 25일 경북 칠곡의 다부동 전적기념관에서 열렸다. 국가원로회의와 백선엽 장군 기념사업회가 주최한 이날 행사엔 좌석 300개가 마련됐으나 800여명이 참석했다. 여당대표를 비롯한 정권 관계자들이 대참석했고, 군에서도 처음으로 군악대와 의장병을 지원했다. 2년 전 백선엽 장군이 100세로 별세했을 땐 문재인 정부와 민주당은 애도논평 한 줄 내지 않았고, 문재인 대통령은 조문도 하지 않았다.

　　'친일몰이'에 여념이 없었던 문재인 정권은 백선엽 장군이 일제강점기 간도 특설대에 배치됐다는 이유만으로 '친일 반역자(親日 叛逆者)'로 매도(罵倒)했다. 그러나 미 백악관과 국무부, 전 주한미군 사령관들이 애도성명을 내 문재인 정부가 해야 할 일을 대신했다. 이제 그 부끄러움을 조금이나마 씻을 수 있게 됐다. 정상적인 민주주의 국가라면 전쟁영웅에게 최고의 예우(禮遇)를 바친다. 나라를 위하여 목숨을 바친 애국선열과 국군장병 및 6.25전쟁에 참전한 유엔군의 넋을 위로하고, 그 충절(忠節)을 추모하는 것은 6.25전쟁에서 살아남은 자들의 책무(責務)다.

　　오늘날 대한민국의 번영과 발전 및 성공은 6.25전쟁에서 산화(散華)한 국군과 경찰, 학도병, 유엔군 등의 희생에 의한 것이다. 특히 유엔군의 참전이 있었기에 오늘날 한국인들은 자유·민주·인권·법치 등 인류의 보편적 가치와 인간의 존엄성과 기본적 인권을 보장받을 수 있다. 6.25전쟁은 북한 공산주의 침략에 맞서 자유와 인권을 지켜낸 대한민국 헌정사(憲政史)의 가장 중요한 역사적 사건이기 때문에 헌법을 개정한다면 헌법전문(憲法前文)에 넣어야 할 것이다.

6.25 전쟁 영웅 백선엽 장군의 동상이 5일 경북 칠곡군 다부동 전적기념관에 세워졌다. 동상은 높이 4.2m, 너비 1.56m 크기로 제작됐다. 동상건립 추진위원회가 국민성금으로 3억5000만원을 모았고, 국가보훈부도 예산 1억5000만원을 투입했다. 1950년 다부동 전투가 벌어진지 73년 만에 승리의 주역(主役)을 현장에 모신 것이다. 문재인 정권은 그를 친일(親日)로 매도하고 홀대했다.

  경북 다부동은 6.25 전쟁의 향방(向方)을 바꾼 최대 격전지(激戰地)였다. 백선엽 장군은 제1사단장으로 8000여명의 군군을 이끌고 북한괴뢰군 3개 사단 2만여 명의 총공세(總攻勢)를 막아냈다. 만일 다부동 전투에서 국군이 무너졌다면 오늘의 대한민국은 존재하지 않았을 것이다. 북한군의 공세에 밀려 부하들이 후퇴하려 하자 백선엽 장군은 "우리가 밀리면 나라도 끝장이다. 내가 앞장서겠다. 내가 물러서면 너희가 나를 쏴라"고 했다. 그가 권총을 뽑고 앞장서자 부하들이 적진으로 돌격(突擊)해 빼앗긴 고지를 탈환했다.

  백 장군이 지휘하는 1사단은 한 달 넘는 공방전(攻防戰)에서 북괴군을 물리치고 낙동강 방어선을 지켜냈다. 6.25 동란에서 한국군이 거둔 가장 중요한 승리였고, 전세(戰勢) 역전(逆轉)의 결정적 발판이 됐다. 백 장군은 이후 북진해 가장 먼저 평양에 입성했고, 1.4후퇴 뒤에도 서울을 최 선봉대(最先鋒隊)로서 탈환했다. 미군은 백 장군을 "유일하게 신뢰할 수 있는 한국군 장교" "최상의 야전 사령관"이라고 격찬(激讚)을 아끼지 않았다.

  하지만 문재인 정부는 백 장군을 '독립군 토벌 친일파'라고 매도(罵倒)했다. '간도 특설대에 복무했다'는 이유였지만 당시엔 '만주에 독립군이 없었다'는 게 정설(定說)이다. 문재인 전 대통령은 백선엽 장군이 아니라 남침공로로 북에서 훈장을 받은 김원봉을 '국군의 뿌리'라고 했다. 더불어민주당은 백 장군의 훈장을 박탈하자고 했고, 현충원 안장도 막으려했다. 배은망덕(背恩忘德) 유분수다.

백선엽 대장은 <육군의 미래지향적 정책· 전략· 전술의 발전, 연구 활동· 육군정책의 이해 및 가치에 대한 홍보· 민.군 간의 친화도모를 위한 상호협력· 회원 간의 친목, 국가안보와 자주독립사상의 고취(鼓吹)> 등의 목적으로 한 우국충정(憂國衷情)에서 2007년 2월 22일 <사단법인 대한민국 육군발전협회>를 설립하고 '초대 회장'에 취임했다. 필자는 위 사단법인 설립등기사건을 의뢰받아 정관· 의사록 작성 등 사단법인 설립등기신청사건 관련업무 일체를 무료로 처리한 공로를 인정받아 초대 회장 백선엽으로부터 다음과 같은 내용의 감사패를 수여받았다.

감 사 패

제2007-01호   법무사 최돈호

귀하께서는 육군발전협회의 설립에 뜻을 함께
하고 큰 힘을 모아 주셨습니다. 이에 귀하의 고귀한
뜻과 기여한 공로를 육군발전협회의 역사에 남기고
감사의 마음을 모아 이 패를 드립니다.

2007. 2. 22.

사) 대한민국 육군발전협회
회장 예) 대장 백 선 엽

필자는 2020년 7월 31일 백선엽 장군으로부터 < 내가 물러서면 *나를 쏴라*(지은이 백선엽 펴낸곳 중앙일보 2020년 7월 23일 발간) >를 증정(贈呈)받았다.

백선엽 장군이 100세로 영면(永眠)하자 미 백악관과 국무부, 전 주한미군사령관들은 모두 애도(哀悼)메시지를 냈고, '한국의 조지 워싱턴'이라고 추앙(推仰)했다. 시민분향소엔 수만 명의 시민이 장대비를 맞으며 조문(弔問)했으나 문재인 대통령과 민주당 지도부는 조문은커녕 애도 메시지도 내지 않았다. 6.25 참전 12만 명의 전우(戰友)가 묻힌 서울 현충원이 아닌 대전 현충원에 안장했다. 문재인 정권 보훈처는 장례 다음 날 그를 "친일 반민족 행위자"라고 낙인(烙印)찍었다. 천벌(天罰)을 받아 마땅한 악행(惡行)이다.

백선엽 장군의 명예회복은 문재인 정권이 끝나고서야 이뤄졌다. 이번 동상 제막식에선 다부동 전투에서 포탄, 식량 등을 실어 나른 민간인 '지게부대원'들도 함께 조명 받았다. 오는 27일엔 한미동맹을 맺은 이승만 전 대통령과 해리 트루먼 전 미국 대통령의 동상도 다부동에 세워진다. 나라를 위해 희생한 분들을 예우(禮遇)하지 않는 나라는 존립(存立)할 수 없다. 백선엽 장군 같은 호국영웅(護國英雄)을 홀대하고 매도하는 배은망덕(背恩忘德)은 더 이상 없어야 한다.

12. 6.25전쟁 정전협정 70년을 기념하는 뜻

오늘(2023년 7월 27일)이 6.25 전쟁 정전협정(停戰協定) 70년이다. 1953년 7월 27일 오전 10시 판문점에서 UN군 사령관 클라크(Mark Wayne Clark)와 공산군(북괴군과 중공군)간에 휴전(休戰)이 조인(調印)됨으로써, 3년 1개월에 걸쳐 참담(慘憺)을 극했던 한국전쟁은 종전(終戰)이 아닌 휴전(休戰)으로 막을 내리고, 한국은 제2의 38선인 휴전선(休戰線)으로 하여 민족분단(民族分斷)의 비운(悲運)을 다시 맞이하게 되었다.

정전협정 이후 남과 북이 걸어온 상반(相反)된 길로 역사의 승패(勝敗)는 너무나 분명하게 갈라졌다. 대한민국은 자유민주주의를 바탕으로 산업화·민주화에 성공하여 세계 주요 7국(G7) 가입을 거론할 정도로 부상(浮上)했다. '단군 이래 최고 극성기(極盛期)'라고 해도 과언(過言)이 아니다. 북한은 김일성 왕조 독재(獨裁)로 주민이 굶어 죽는 세계 최빈국(最貧國)으로 전락(轉落)했다. 영국 BBC방송이 최근 평양에서 굶어죽는 사람이 나왔다고 보도했다.

10년 전 정전 60주년 행사에서 오바마 미국 대통령은 "한국전(韓國戰)은 승리한 전쟁이었다. 한국인 5000만 명이 활력 있는 민주제도와 세계에서 가장 역동적(力動的)인 경제대국에서 자유롭게 살고 있기 때문"이라고 했다. 그 말 그대로다. 그러나 침략전쟁을 일으킨 북한, 중국, 러시아는 이날을 '전승절(戰勝節)'로 부르며 성대한 기념식을 한다고 한다. 세르게이 쇼이구 국방장관이 이끄는 러시아 군사대표단이 25일 평양에 도착했다.

6.25전쟁 정전(停戰) 70주년을 맞아 27일 평양에서 개최될 '전승절 기념식'에 참석하고 김정은도 만나려고 사흘 일정으로 북한을 찾은 것이다. 우크라이나와 1년 넘게 전쟁 중인 러시아 국방수장의 북한 방문은 이례적인 일이다. 이 때문에 북·러 간 무기거래를 논의하기 위한 방문이 아니냐는

의혹이 제기됐다. 외교가(外交家)에서는 "이번 방문을 계기로 북·러 간 무기거래가 가시화(可視化)할 수 있다"는 관측이 많다.

불리해진 전황(戰況) 속에서 비빌 언덕이 사라진 러시아가 북한에 돈, 식량, 에너지를 조건으로 무기지원 확대를 요구할 수 있다는 것이다. 이런 가운데 6.25 정전 70주년을 계기로 동북아에서 '한·미·일 대 북.중.러' 진영 구도(陣營構圖)가 다시 고착화(固着化)되고 있다는 분석도 나온다. 중국에선 리홍중 공산당 정치국 위원이 대표단을 이끌고 26일 방북했다. 이들이 모인 가운데 북한 열병식이 열릴 것이다. 북·중·러 3국의 이런 움직임은 한반도의 현실을 보여주고 있다.

6.25전쟁에서 대한민국이 생존한 것은 미국을 비롯한 UN 참전국(參戰國)들의 희생 덕분이다. 미국의 주도로 UN이 적시(適時)에 참전(參戰)하는 결정을 내리지 못했다면 한반도 전역이 적화(赤化)됐을 것이다. 정전협정 직후 한국 이승만 대통령과 미국 트루먼 대통령은 1954년 11월 18일 조약 제34호로 발효한 한미 양국 간의 "한미상호방위조약(韓美相互防衛條約)"이 조인(調印: 한국 측 전권위원 변영태와 미국 측 전권위원 덜레스에 이해 조인된 전문 6조) 됐다.

한미상호방위조약의 조인으로 "국제평화와 안전과 정의를 위태롭게 하는 외부로부터의 무력공격을 방위하고 포괄적이고 효과적인 지역적 안전보장을 유지하고 집단적 방위를 위한 노력을 공고(鞏固)히 했다. 또한 대한민국을 북한·소련·중공의 위협으로부터 지키고 나라를 개방(開放)과 번영(繁榮)으로 이끈 주춧돌이 됐다. 6.25전쟁 정전(停戰) 70주년을 기념하는 뜻은 인간이 인간답게 살 수 있는 기본 조건인 '자유를 지켜낸 기적(奇蹟)'을 기리는 것과 대한민국과 북한이 '앞으로 걸어갈 경로(經路)'가 사실상 정해졌다'는 것이다.

13. 이승만과 트루먼 두 대통령의 동상 제막식

2023년 7월 27일 경북 칠곡군 다부동 전적기념관(戰績記念館)에서 이승만(李承晩)과 트루먼(Harry Shippe Truman) 두 대통령의 동상(銅像) 제막식(除幕式)이 거행(擧行)됐다. 이날은 6.25전쟁 정전(停戰) 70주년이자 UN군 참전(參戰)의 날이며, 이승만 대통령의 유해(遺骸)가 하와이에서 와서 국립현충원에 안장(安葬)된 날이다. 이날 제막식에는 정부 및 지자체 관계자와 시민 등 500여 명이 참석했다.

윤석열 대통령은 축사를 보내 "이승만·트루먼 대통령의 동상은 자유민주주의와 한미동맹의 표상(表象)"이라고 했다. 트루먼 대통령은 6.25전쟁 발발(勃發) 직후 미군을 파병했고, 이승만 대통령과 함께 한미동맹의 토대를 만들었다. 동상은 2016년 고(故) 박근 전 UN대사와 조갑제 전 월간조선 대표 등으로 구성된 동상건립추진모임이 주도해 제작했다. 두 동상(銅像)은 2017년 완성됐으나 마땅히 세울 곳을 찾지 못하다가, 제작 6년 만에 다부동 전적기념관으로 오게 됐다.

이승만 대통령은 한복차림에 대통령 취임 선서문(宣誓文)을 들고, 트루먼 대통령은 UN헌장을 든 모습이다. 트루먼 대통령 동상 뒤편엔 <딘(Dean

Gooderham Acheson), 무슨 수를 써서라도 저 개자식들을 막아야 합니다>라는 문구(文句)가 새겨졌다. 6.25전쟁이 발발(勃發)했다는 딘 애치슨 당시 미 국무장관의 보고를 받은 그가 한 말로 알려져 있다.

1950년 6월 25일 새벽 북한 공산군이 남침을 개시한 즉시 한국 정부는 주미 한국대사 장면(張勉)에게 긴급훈령을 내려 미 국무성에 사태의 절박성(切迫性)을 알렸고, 미국은 이날 오후 2시 UN 안전보장이사회를 열어 한국 문제에 대한 대책을 건의, 북한군의 즉각 철퇴촉구를 결의케 했다.

27일 재개된 UN 안전보장이사회는 다시 <공산군의 무력침략을 배제(排除)하는데 필요한 원조를 한국에 보낼 것을 모든 UN 가입국에 권고하자>는 미국 대표의 제안을 7대1로 가결했다. 이에 미국은 28일 트루먼 대통령의 명령으로 맥아더 전투사령부를 한국에 설치하고 해군과 공군을 우선 한국전선에 파견했다. 29일에 영국과 홀랜드의 해군이 출동하고 30일까지에 총 32개국이 한국을 원조하기로 결의했다.

무엇보다도 북한 괴뢰군의 불법남침으로 3년 동안 민족 전체가 겪어야 했던 비극(悲劇)과 참상(慘狀)을 되새기고, 다시는 당하지 않겠다고 다짐하는 것이 정전 70년을 맞는 우리 자세(姿勢)의 기본(基本)이 되어야 한다.

14. 6.25 한국 전란(戰亂)이 남겨준 역사적 교훈

"6.25 전쟁은 무엇을 우리에게 가르치고 있는가?" "6.25 한국 전란(戰亂)

이 남긴 역사적 교훈은 무엇인가?" 6.25 한국 전란(戰亂)으로 인해 우리는 세계적으로 일어설 수 있는 토대(土臺)를 마련했다. 미국과 UN 여러 국가들의 참전(參戰)과 지원(支援)이 있었기 때문이다. 먼저 나라를 지키기 위해 목숨을 바친 군인과 경찰, 민간인들에게 감사해야 하고, 외국인으로서 한반도의 전쟁에 뛰어든 미군과 UN군들에게 진정(眞正)으로 감사하는 마음을 가져야 한다. 이런 희생(犧牲)과 노력(努力)이 있었기 때문에 오늘날의 대한민국이 발전했고, 존재한다.

국군은 죽어서 말 한다

산 옆 외 따른 골짜기에
혼자 누워있는 국군을 본다.
아무 말, 아무 움직임 없이
하늘을 향해 눈을 감은 국군을 본다.

누른 유니폼 햇빛에 반짝이는 어깨의 표지
그대는 자랑스런 대한민국의 소위(少尉)였구나.
가슴에선 아직도 더운 피가 뿜어 나온다.

장미 냄새보다 더 짙은 향기여!
엎드려 그 젊은 주검을 통곡하며
나는 듣노라! 그대가 주고 간 마지막 말을.....

나는 죽었노라, 스물다섯 젊은 나이에
대한민국의 아들로 나는 숨을 마치었노라.
질식(窒息)하는 구름과 바람이 미쳐 날뛰는 조국의 산맥(山脈)을
지키다가 드디어 드디어 나는 숨지었노라.

나는 조국의 군복(軍服)을 입은 채
골짜기 풀숲에 유쾌히 쉬노라.
이제 나는 잠에 피곤한 몸을 쉬이고
저 하늘에 나는 바람을 마시게 되었노라.
나는 자랑스런 내 어머니 조국을 위해 싸웠고
내 조국을 위해 또한 영광스리 숨지었노니
여기 내 몸 누운 곳 이름 모를 골짜기에
밤이슬 내리는 풀숲에 나는 아무도 모르게 우는
나이팅게일의 영원한 짝이 되었노라.

....

__ 모윤숙(毛允淑)

6.25 전란에서 살아남은 우리는 나라를 지키기 위해 삶의 모든 것을 바쳤던 분들의 숭고(崇高)한 희생(犧牲)과 애국심(愛國心)을 이어받아 나라를 사랑해야 한다. 자유(自由)가 어떻게 내게 주어졌는지를 생각하고 우리가 누리는 자유를 감사해야 한다. 자유는 인간의 생명 다음으로 소중한 가치(價値)다. 자유는 자유를 갈구(渴求)하는 자가 정의감(正義感)과 용기(勇氣)로 스스로 쟁취(爭取)하는 것이다. 행복(幸福)은 자유에서 오고, 자유(自由)는 용기에서 온다.

자유는 그 누구에게서 받아서 가지게 되는 것이 아니라 오직 자기 힘으로 얻어야 하며, 또 얻을 수 있는 것이다. 자유는 공(空)짜가 아니다(Freedom is not free.). 투철(透徹)한 사생관(死生觀)의 확립은 자유인(自由人)이 되는 중요한 자격의 하나다. 전쟁 영웅의 눈빛에서 '내가 지켜냈던 대한민국을 너희에게 맡긴다'는 뜻을 읽어야 한다. 나라를 지킨 영웅의 애국심(愛國心)과 인생철학(人生哲學)을 배우고 닦고 소중히 간직해야 한다.

학도병 이우근은 6.25 전쟁 당시 16세의 나이에 학도병으로 참전하여 1950년 8월 11일 포항 여중 전투 중 포항여자중학교 앞 벌판에서 전사했다. 당시 동성중학교 3학년이던 이우근 학도병(1934~1950)의 옷 속 수첩에서 핏자국에 얼룩진 그의 일기와 어머니께 전하는 편지가 발견되었다. 그의 일기와 편지는 전쟁이 가져오는 파괴에 대한 두려움, 언제 목숨을 잃을지 모른다는 불안감, 조국을 위해 담대(膽大)히 전쟁 속에 몸을 던진 어린 학도병의 당시 심경을 고스란히 담고 있다. 그 편지를 소개한다.

> < 어머니!
> 나는 사람을 죽였습니다. 돌담 하나를 사이에 두고 10여 명은 될 것입니다. 적은 다리가 떨어져 나가고, 팔이 떨어져 나갔습니다. 어머니! 전쟁은 왜 해야 하나요? 어제 내복을 빨아 입었습니다. 물 내 나는 청결한 내복을 입으면서 저는 왜 수의(壽衣)를 생각해 냈는지 모릅니다. 어쩌면 제가 오늘 죽을 지도 모릅니다. 꼭 살아서 가겠습니다.
>
> 어머니! 상추쌈이 먹고 싶습니다. 찬 옹달샘에서 이가 시리도록 차가운 냉수를 한없이 들이 키고 싶습니다. 아! 놈들이 다가오고 있습니다. 다시 또 쓰겠습니다. 어머니 안녕! 안녕! 아, 안녕은 아닙니다. 다시 쓸 테니까요. >
>
> ＿ 이우근(李佑根) 학도병(學徒兵)의 편지

전쟁은 언제나 죄 없고 선량한 인류의 발달을 파괴하고, 정의(正義)를 짓밟고 진화(進化)를 방해해 왔다. 전쟁이 가져오는 모든 불행과 공포(恐怖), 그밖의 가장 저주(咀呪)로운 결과의 하나는, 인간의 두뇌(頭腦)가 사악(邪惡)한

일에 사용되고 있다는 그것이다.

전쟁이란 적(敵)이 너무 강(强)하기 때문에 일어나기도 하며, 약(弱)하기 때문에 일어나기도 한다. 전쟁의 필연성(必然性)을 증명할만한 아무런 방법도 있을 수 없다. "전쟁의 최종 목적은 승리이지, 질질 끄는 우유부단(優柔不斷)이 아니다. 전쟁에는 승리에 대신할만한 것은 있을 수 없는 것이다 (Douglas Mac Arthur)."

"우리는 언제나 최악(最惡)의 사태에 대비하고 있지 않으면 안 되며, 또 언제나 최선(最善)의 사태를 목표로 행동하지 않으면 안 된다. 즉 전쟁을 충분히 이겨낼 만큼 강하고, 전쟁을 충분히 막을 만큼 현명하지 않으면 안 된다((L.B. Johnson)." "우리에게 공통된 군사적 노력의 목적은 전쟁이 아니라 평화다. 국가의 파괴가 아니라 자유의 수호(守護)인 것이다(J.F. Kennedy)." "전쟁이란 죽음의 잔치다(War is death's feast.)"

조국의 민주개혁과 평화적 통일의 사명에 입각하여 자유민주적 기본질서를 확고히 하여 우리들과 우리들의 자손의 안전과 자유와 행복을 영원히 확보하기 위하여 대한민국의 핵심적 가치인 자유민주주의를 외부의 지속적 위협으로부터 지키기 위해 우리는 6.25 전쟁에서 소중한 역사적 교훈을 진지하게 배워야 할 절실한 이유가 있다. 우리 사회에서 자유민주주의가 성장한 역사적 과정을 살펴야 앞날을 기약(期約)할 수 있고 대비(對備)할 수 있다. 그것이 우리가 앞으로 맞을 상황을 예상하고 대책(對策)을 마련해 자유 민주주의를 수호(守護)하고 누리는 길이다.

전쟁범죄인 북한 김일성과 북괴군의 불법침략에 의한 6.25 한국전쟁이 남긴 역사적 교훈은 한국을 위시한 모든 자유애호 국가들로 하여금 정의(正義)에 도전하는 침략자인 북한 김일성 집단에 대하여 과감한 반격과 철저한 응징을 가할 결의를 갖게 한 것이다. 6.25동란을 계기로 공산주의의 침략성과 잔혹성을 감지함과 동시에 반(反)공산주사상의 확립으로 대한민국은 5.16혁명을 맞이하면서 반공(反共)이 '국시(國是) 제1호'로 강조되었다.

유월은 <호국보훈의 달>이며, 6월 6일은 '현충일'이다. 현충일은 나라를 위하여 목숨을 바친 애국선열과 국군장병 등의 넋을 위로하고, 그 충절을 추모하는 날이다. 6.25한국전쟁에서 살아남은 우리들은 나라를 지키기 위하여 싸우다 전사한 국군, 경찰, 유엔군 등의 희생으로 행복을 누리며 살고 있다. 우리는 이들의 숭고한 희생에 감사하고, 그 은혜에 보답하려는 심정으로 살아야 한다. 은혜를 알고 은혜에 감사하고 은혜에 보답하는 것은 "사람다워지는 근본"이며, 그 시작이다. 고기는 물로서 헤엄을 치나 물을 잊고, 새는 바람을 타고 날건만 바람 있음을 모른다. 우리는 보은적(報恩的) 인간이 되어야 한다.

제2장

한국의 자주국방과 자주방위를 지향하는 길

제2장
한국의 자주국방과 자주방위를 지향하는 길

1. 북한의 핵과 미사일 위협에 대응하여 대한민국이
자주국방을 지향하는 길(핵무기 보유)

북한이 2022년 11월 3일 화성-17형으로 추정되는 ICBM(inter continental ballistic missile)을 발사했으나 최종성공은 하지 못한 것으로 추정된다. 그러나 시험발사를 거듭하며 성능이 개선되고 있다. 괴물 ICBM으로 불리는 화성-17형은 사정거리가 1만5000㎞에 달해 미국 전역이 사정권에 들어간다. 특히 2~3개의 다탄두를 탑재해 워싱턴과 뉴욕을 동시에 핵으로 타격할 수 있다는 점에서 위협적이다.

북한은 2020년 10월 열병식 때 처음 선보인 이 미사일을 2022년 2월부터 총 6차례 시험 발사했다. 2단 분리까지 성공한 건 이번이 처음이다. 최고고도도 처음으로 2000㎞에 육박했다. 다음 발사 때 정점고도 6000㎞, 최고속도 마하 20을 기록하는 완성품이 나온다 해도 이상할 게 없다. 북한이 핵탄두를 열 개 실은 사거리 1만5000㎞ ICBM을 갖게 되면 북한 입장에선 게임 체인저가 된다.

미국은 자국의 영토를 핵으로 때릴 수 있는 나라엔 다르게 대응한다. 북한이 핵으로 한국을 공격해도 미국이 반격하려면 미국 본토가 핵 공격을 받을 각오를 해야 한다. 그러한 결정을 내릴 미국 대통령은 없다고 보는 것이 현실적이다. 북한은 7차 핵실험도 곧 강행할 것이다. 이제 목전으로 다가온 미국 중간선거 직전에 7차 핵실험을 실행할 가능성이 높다. 7차 핵실험은 과거 6차례 핵실험과는 차원이 다르다. 대남 타격용 단거리미사일에 탑재할 소형 전술핵탄두 양산을 위한 것일 수 있기 때문이다.

2017년 김정은은 모든 자원과 역량을 핵과 미사일 개발에 동원해 위기를 최고조로 끌어올리다가 2018년 초 돌연 '평화공세'로 전환했다. 북한은 이번에도 미 본토를 공격할 수 있는 핵 ICBM을 완성한 후 미국과 협상을 벌여 핵을 보유한 상태에서 대북제재를 해제하려는 꼼수를 부릴 것이다. 미국 국민에겐 안전을 주는 대신 한국 국민을 핵으로 깔고 앉겠다는 전략이다.

북한이 미사일 25발을 쏟아낸 지난 11월 2일 우리 공군이 훈련으로 대공미사일 3발을 발사했으나 이 중 2발이 실패했다. 국산 지대공 미사일 '천궁' 1발은 발사 후 약 25㎞를 날아가다가 교신불안으로 자폭했다. '패트리엇(PAC2)' 미사일은 2발 중 1발은 성공했으나 다른 1발은 발사 직전 레이더에 오류가 포착돼 발사를 아예 못했다. 어떤 무기체계도 완벽할 수는 없다. 미사일 오작동도 드문 일은 아니며, 미사일과 같은 무기들을 관리, 운용함에 문제가 발생할 가능성은 있다. 그러나 북한의 핵과 미사일 위협이 날로 고도화하는데 우리 군에서 이런 실패를 반복하지 않도록 완벽한 준비태세가 필요하다.

핵과 미사일로 "서울을 불바다로 만든다"고 위협하는 전범(戰犯)집단인 북한 김정은의 하수인이 되어 '한반도 비핵화'와 '종전선언' 및 북한에 대한 '제재완화'를 주장하여 국제사회에서 고립무원(孤立無援), 고립무의(孤立無依)가 된 문재인 정권과 달리, 북핵에 대해 혹독한 대가를 치르게 하고 그 효용성(效用性)을 차단하는 유일한 방법은 <**한국의 핵보유**>라고 본다. 그것만이 북핵과 미사일 위협으로부터 <**한국의 자주국방**(自主國防)**과 자주방위**(自主防衛)**를 지향**(志向)**하는 길**>이며, 윤석열 대통령이 "국가의 독립·영토의 보전·국가의 계속성과 헌법을 수호할 책무(헌법 제66조 제2항)"를 다하는 것이라고 본다.

'자주국방(自主國防:self-defence)'이란 자국의 국방태세를 타국에 의존(依存)하지 않고, 자주성(自主性)을 가지고 자기 책임 하에 실시하는 것을 말하며, '자주방위(自主防衛)'라고도 한다. 오늘날의 자주국방이라는 개념은 집단안전보장체제를 전제로 아니 할 수 없게 되어 있다. 그러므로 한국가의 자주방위란, 자국의 국방에 관한 자국의 국력(國力)을 골간(骨幹)으로 하고, 집단안전보장체제에 의한 우방(友邦)의 국력을 자위력(自衛力)의 보완수단으로 할 수 있도록 상당한 수준의 자기 군비(軍備)를 갖추어서 국방에 관한 독립성(獨立性)을 유지하는 것이라 할 수 있다.

국가의 안전보장정책은 국가의 대외적 불안이나 위협, 나아가 대외적 침략으로부터 국가의 안전을 보장하기 위한 정책이다. 따라서 '안전보장'의 개념은 국방이나 방위의 개념보다도 포괄적이며 현실성 있는 차원 높은 것이야 한다.

자국의 국방태세를 타국에 의존하지 않고, 자주성(自主性)을 가지고 자기 책임하에 실시하는 것을 '자주국방(自主國防:self-defence)' 또는 '자주방위(自主防衛)'라고 한다.

따라서 군사력의 조직, 무기의 개발 및 생산, 경제, 국민의 사상 등을 포함한 국력 전체가 가상적국의 침공능력(侵攻能力)을 능가할 수 있는 수준에 도달 되었을 때, 비로소 자주국방과 자주방위를 이룩할 수 있게 되며, 또한 그것은 타국의 원조나 협력 없이 자력으로 독립과 국민의 자유를 보장할 수 있는 이른바 자력국방(自力國防)을 지향(志向)하는 것이어야 한다.

북한이 18일 오전 화성-17형으로 추정되는 ICBM을 발사했다. 최고 고도 6100㎞, 비행 거리 1000㎞, 최고 속도 마하 22를 기록했다. 이 정도면 정상 각도로 발사하면 사거리가 1만5000㎞로 미국 전역에 도달하는 거리다. 이 미사일은 다탄두탑재 형으로 설계돼 완성되면 워싱턴과 뉴욕을 동시에 핵 타격할 수 있다. 북한이 미국 대도시를 핵으로 공격할 수 있게 되면 미국의 '대(對)한반도 정책'은 달라질 수밖에 없다.

무엇보다 미국 '핵우산의 신뢰성'에 의문이 생길 수밖에 없기 때문이다. 미국이 자국민의 대량 희생가능성을 무릅쓰고 한국을 위해 '핵우산을 제공할 미국 대통령'은 없을 것이라고 보는 것이 현실적이다. 북한이 기(氣)를 쓰고 미 본토를 핵 공격할 미사일을 개발한 것도 바로 이를 노린 것이다. 북한은 바보가 아니다.

우리 군(國軍)은 이날 F-35A스텔스 전투기를 띄워 북 이동식 발사대 타격훈련을 최초로 실시했다. 하지만 은폐해 있다가 갑자기 발사하는 북·미 사일을 발사 전에 타격한다는 것은 비현실적이다. 핵을 가진 북한을 '선제 타격한다'는 것 자체가 비현실적으로 미국이 당장 이를 막고 나설 것이다. 미국이 '확장 억제'를 강화한다는 것도 근본대책이 아닌 '한국에 대한 무마 용(撫摩用)'에 가깝다고 보는 것이 냉정한 현실인식이라고 했다.

문제를 직시하지 않고 외면(外面)하면서 현실을 회피해왔으나 이젠 더이상 그럴 수 없는 순간이 다가오고 있다. "호랑이 등을 타고 힘을 얻으려는 사람들이 결국은 호랑이에게 먹혀버렸다(those who foolishly sought power by riding the back of the tiger ended up inside.)"는 말을 기억해야 한다.

2. 전쟁은 "죽음의 잔치(War is death's feast.)"

한미 양국이 3일(현지 시각) 제54차 한미 안보협의회의(SCM)를 개최한 뒤 발표한 공동성명에는 '북한의 핵 공격 시 김정은 정권의 종말이 초래'된다는 문구가 들어갔다. SCM 공동성명에 '북한 정권의 종말'을 명시하는 문구가 들어간 것은 이번이 처음이다. 한·미 국방장관은 2022년 11월 4일 핵 보복훈련의 공동실시, 북한의 핵공격과 관련한 정보공유, 보복공격을 위한 공동협의 실행절차구체화 등을 합의했다.

우리 정부는 이번 한·미 국방장관회담을 통해 NATO식 핵 공유에 버금 가는 '핵우산 체제로 가는 길'을 열었다고 평가한다. 그러나 공동성명엔 선 언적 수준의 말만 있을 뿐 구체적이고 실질적인 방안이 없다. 북 핵을 머리에 이고 살아야 할 한국인으로선 안보불안을 덜었다고 하기는 힘들다고 보도됐다. 로이드 오스틴 미 국방장관은 이날 "북한이 핵을 쓰면 김정은 정권의 종말을 초래할 것"이라고 했으나 북한이 핵을 썼다는 것은 이미 우리국민 수십만이 사망했다는 의미다. 그러므로 반드시 사전(事前)에 북한이 핵을 쓸 수 없도록 해야 한다.

앞으로 북한이 미국의 대도시를 핵 공격할 ICBM(대륙간탄도탄) 개발까지 완전히 성공한다면 상황은 크게 달라질 것이다. 미국의 어떠한 말도 '핵 있는 북한'과 '핵 없는 한국'의 근본문제를 해결 할 수는 없다. 현인택 전 통일부 장관은 이날 열린 '국방안보포럼'에서 "북한의 핵개발이 임계점(臨界點)을 넘었고, 이제 완전한 비핵화는 거의 실현 불가능한 목표가 됐다"며 "대화와 제재라는 기존수단의 효용이 다한 만큼 완벽한 핵 억지(抑止)가 최상의 목표"라고 했다. 이를 위해 미국의 핵 자산이든 독자적 수단이든 '의심할 바 없는 확실한 핵 억지력(抑止力)을 가져야 한다'고 했다.

북한이 핵보유국임을 헌법에 명시하고 '핵사용 법제화를 통해 핵 선제공격을 하겠다'는 의지를 강력하게 보인 이상 '한반도의 완벽한 핵 억지(抑止)'로 한국의 전략목표를 수정해야 한다. 이를 위해 한국의 독자적 핵무장과 NATO식 핵 공유, 핵무장 잠재력 확보 등 모든 수단을 강구해야 한다. 모든 핵 억지수단과 창의적 방안을 다 찾아야 한다. 이번 SCM 공동성명은 북한이 미국의 대한 방위공약을 과소평가하거나 핵공격을 통해 원하는 목적을 이룰 수 있다는 생각을 갖지 못하도록 분명한 메시지를 담았다.

한반도 비핵화(非核化)가 아닌 '한반도 핵 억지(抑止)'가 발등의 불이다.

그러한 발등의 불을 끄는 유일한 방법은 <**한국의 핵보유**>다. 핵 시대(核時代)에 있어 자유와 독립이 보장되는 국가를 수호하고 여하히 발전시킬 것인가는 커다란 수수께끼이다. 우리가 이 수수께끼에 대처할 수 있는 선례(先例)가 없기 때문에 그 문제를 풀 행동의 명백한 지침(指針)이 없다. '핵 없는 나라'는 진정한 의미의 '**자유와 독립이 보장되는 나라**'라고 볼 수 없다고 했다.

오직 핵으로 세계평화를 위협하며 자살광증(自殺狂症)을 가진 어리석은 정신병자인 북한 김정은이 핵전쟁을 유발시킬 단추를 누를 위험성이 상존하고 있다. 우리는 이러한 핵전쟁이 발발(勃發)할 위험의 여파(餘波) 속에서 살아가고 있다. 전쟁이란 '미친 수작(酬酌)'이며, '**죽음의 잔치**(War is death's feast.)'다. 우리는 여전히 죽음의 잔치라는 핵전쟁의 위험이 상존(尙存)하는 가능성 속에서 살고 있다. 그러나 오늘날 세계평화를 유지할 가장 큰 희망은, 전 세계의 인민이나 각국 정부들이 '핵전쟁이 무용(無用)하다'는 것을 자각하고 있다는 사실이다.

전쟁이 악(惡)이라는 것은 인간의 생명을 제물(祭物)로 요구한데서가 아니라 전쟁을 낳게 하는 인간의 성격 속에 있는 '폭력(暴力)'이 '국가와 사회를 파괴'하기 때문이다. 세계의 자유와 평화를 가져올 수 있는 유일한 힘은 '사랑'이다. 우리는 세계평화를 위하여 이러한 사랑의 가치를 재인식하고 사랑을 실천하기 위하여 노력하는 것이 우리의 의무이며, 지금은 사랑을 실천할 절호(絶好)의 기회라는 것을 인식해야 한다.

3. 핵·핵무기 확산 방지·핵실험·핵우산·
핵전쟁·핵확산 방지조약

"핵(核: nucleus)"은 원자핵의 약칭이다. 핵무기(nuclear weapon)는 원자핵의 분열반응 또는 융합반응에 의해서 일어나는 방대한 에너지를 살상 및 파괴효과에 이용하는 무기의 총칭이다. 핵공격에 대한 방어에는, 핵무기가 폭발되기 전에 그 운반수단이나 무기 자체를 요격 격추하는 '적극적 방어'와 핵무기의 살상·파괴효과를 최소한으로 막기 위한 '소극적 방어'가 있다.

"핵무기 확산방지문제"로 인한 '핵실험금지회의'는 각국의 이해관계에 얽혀 중단되었으나 이 문제에 대한 국제간의 노력은 계속되어 1963년 8월 5일에 '핵실험금지조약'이 미국·영국·소련 간에 체결되었다. 이때부터 그 다음해에 달성하여야 할 군축문제로서 핵무기의 '확산방지문제'가 크게 부각되었다. 1965년에 '핵무기확산방지조약'의 미국 초안이 제출되어 18개국 군축위원회와 UN총회에서 심의를 하게 되었다. 처음 미·소 간에 의견대립이 있었으나 그 다음해에 NATO의 핵전력창설문제가 논의의 대상이 되면서 양국 간의 의견이 접근하게 되어 1967년 7월 1일에 핵무기확산방지조약이 조인되고 1970년 3월에 발효하게 되었다.

"핵실험(nuclear testing)"이란 원자폭탄·수소폭탄 등 핵무기의 효과를 확인하기 위한 폭발실험을 말한다. 핵의 평화이용을 위한 폭발실험 혹은 새초(超) 플루토늄 원소의 생성 등 과학연구실험도 포함된다. 최초의 핵실험은 1945년 7월 16일 미국 뉴멕시코의 앨라모고르도에서 행해졌고, 이 때 사용된 것과 동형의 원자폭탄이 일본의 나가사키에 투하되었다. 핵실험은 지표실험 · 공중실험 · 대기권외 실험 · 지하실험 · 수중실험 등으로 구분된다.

핵무기의 개발과 발달에 따라서 1950년대에 미 · 소의 핵실험이 잦아지고, 특히 중기(中期) 이후에 대형 열핵무기의 실험에 따라 지구의 대기오염, 지표에 누적되는 방사능은 무시할 수 없게 되었기 때문에, '핵실험금지'에 대한 여론도 점차 높아져 왔다. 1963년에 이르러 지하실험을 제외한 부분적 '핵실험금지조약'이 주요국 사이에 이루어져 많은 나라들이 조인하였다. 다만 프랑스와 중공은 조인하지 않고 있다. 지하실험이 제외된 것은 금지를 위반했을 경우의 지진과의 구분식별이 곤란한 것과 대기 및 지표에 방사능 오염을 일으키지 않기 때문이다.

"핵우산(核雨傘)"이라 함은 핵무기 보유국의 핵전력(核戰力)에 의하여 국가의 안전보장을 도모하는 것을 말한다. 이것을 '<핵우산> 밑에 들어간다'고 한다. 여기서<우산>이란, 핵무기의 보복력(報復力) 때문에 가상적국(假想敵國)의 핵공격을 막을 수 있다는 의미에서, '핵에 대한 방패'라는 뜻을 말하는 것인데, 우리나라는 한미상호방위조약에 의하여 실질적으로는 미국의 핵우산 밑에 들어가 있다고 할 수 있다.

"핵전쟁(核戰爭 : nuclear warfare)"이라 함은 교전국의 쌍방 또는 일방이 핵무기를 사용하는 전쟁을 말한다. 핵전쟁은 전면핵전쟁과 제한핵전쟁으로 구분된다.

<전면핵전쟁>은 핵보유국 및 그 동맹국이 핵무기를 전면적으로 동원 · 사용하는 전쟁을 가리키며, 그 특성은 각 교전국의 본토에 대한 핵공격이

이루어지는 점에 있다. 전면핵전쟁에는 ICBM(대륙간탄도탄)·SLBM(잠수함 발사 탄도미가일)·IRBM(중거리탄도탄) 및 장거리 폭격기 등이 사용되며, 여기서는 메가톤급의 전략용 핵무기가 투입된다. 이에 대비하는 ABM(탄도탄 요격 미사일)을 주체로 하는 방위망은 충분한 것이 못되며 기술상으로도 어려운 면이 있다.

<제한핵전쟁>은 핵무기의 사용에 있어서 지역·목표 및 핵무기의 사용규모(위력 및 사용수량)에 어떤 제한이 가해진 형태에서 수행되는 전쟁을 말한다. 전면사용과 제한사용의 차이는 상대적인 것으로서 그 사이에 명확한 구별을 둘 수는 없다. 현재 재래식 무기와 전술용 핵무기 사이에는 분명한 구별이 있고 재래식 전쟁에서 제한핵전쟁에로의 이행이 대체적으로 억제되는 경향에 있는 것은 사실이지만 그렇다고 전혀 발생하지 않는다는 보장은 없다.

핵전쟁의 발발을 방지하고, 국가에 대한 핵 보장을 어떻게 확보하는가는 한 국가의 안전보장상 긴요한 문제이며, 비핵보유국은 물론, 미국과 소련을 비롯한 핵보유국에서도 진지한 노력이 경주되고 있다. 제2차 세계대전에서 일본의 히로시마와 나가사키에 원자폭탄이 투하된 이래 핵무기는 전쟁에 사용된바 없었으며, 또 그 거대한 파괴력 때문에 핵전쟁은 정책수행의 합리적 수단이 될 수 없는 것으로 생각되고 있다.

그러나 전후 핵무기는 국제연합에서의 중심과제이면서도 군비 컨트롤의 면에서 일부의 진전을 볼 수 있었을 뿐, 핵무기의 삭감·폐지에 관해서 실질적으로 유효한 협정의 성립은 난할을 거듭해 온 것이 현실이다. 따라서 세계는 당분간은 핵 보복력의 유지에 의해서 핵무기의 사용을 억제하며, 핵전쟁의 방지, 나아가서는 평화의 유지를 도모함과 함께 앞으로도 핵군비의 축소 내지 삭감의 진전에 노력을 계속하게 될 것이다.

<핵확산방지조약(The Treaty on the Non Proliferation of Nuclear Weapons)>이라함은 비핵보유국이 새로 핵무기를 보유하는 것과, 보유국이 비보유국에 대하여 핵무기를 양여(讓與)하는 것을 동시에 금지하려는 조약을 말한다. 1966년 후반부터 미·소의 타협이 진전되어, 1967년 초에는 미·소간에 기본적인 합의가 이루어졌다. 그 결과 1969년 6월 12일 국제연합총회는 95대 4, 기권13으로 이 조약의 지지결의를 채택하였다. 1970년 3월 5일에 발효되었다. 1981년 6월 현재의 가맹국은 114개국으로 프랑스·중공은 가맹하고 있지 않다.

4. 전범의 후예 김정은에 대한 경고

"전쟁의 최종 목적은 승리이며, 질질 끄는 우유부단(優柔不斷)이 아니다. 전쟁에는 승리에 대신할만한 것은 있을 수 없는 것이다(War's very object is victory-not prolonged indecision. In war, indeed, there can be no substitute for victory. -Douglas MacArthur-)." "우리가 전취(戰取)한 승리의 첫째는 싸움을 피하는 것이고, 둘째는 싸움을 피할 수 없으면 이기는 일이다(The first victory we have to win is to avoid a battle; the second, if we cannot avoid it, to win it. -Winston Churchill-)."라고 했다.

"우리는 언제나 최악의 사태에 대비하고 있지 않으면 안 되며, 또 언제나 최선의 사태를 목표로 행동하지 않으면 안 된다. 즉 전쟁을 충분히 이겨 낼 만큼 강하고, 전쟁을 충분히 막을 만큼 현명하지 않으면 안 된다(We must be constantly prepared for the worst and constantly acting for the best-strong enough to win a war and wise enough to prevent one. -L.B. Johnson-)."라고 말했다.

"우리에게 공통된 군사적 노력의 목적은 전쟁이 아니라 평화다. 국가의 파괴가 아니라 자유의 수호다(The purpose of our common military effort is not war but peace-not the destruction of nations but the protection of freedom. -J. F. Kennedy-)." "칼을 쥐는 자는 칼로 망하리라(All they take the sword shall perish with the sword. -Matthew, xxvi, 52.-)."라고 했다. 핵과 미사일로 세계평화를 위협하는 전범의 후예(後裔) 북한 김정은에 대한 준엄한 경고다.

5. 북한 미사일 자금줄 된 암호 화폐 해킹을
차단하기 위한 국제 제재망의 구축

북한이 올해 들어서만 암호 화폐를 탈취해 약 1조7000억 원 이상 확보한 것으로 2022년 11월 6일 알려졌다. 한미 정보당국은 북한이 이런 암호 화폐 해킹을 통해 벌어들인 외화를 핵무기 개발과 최근의 연쇄미사일 도발에 사용한 것으로 파악하고 자금줄 차단에 나섰다. 한미는 북한의 암호 화폐 해킹을 차단하기 위해 독자 제재방안을 마련해 곧 발표할 예정이다. 유력 정보소식통은 이날 "북한이 비트코인, 이더리움 같은 암호 화폐를 해킹해 확보한 돈은 한미 정보당국이 현재까지 확인한 것만 최소 1조7000억원"이라며 "북한이 열악한 경제상황에도 꾸준히 도발할 수 있는 이유가 여기에 있다"고 했다.

북한이 한·미 연합공중훈련 '비질런트 스톰' 마지막 날인 2022년 11월 5일에도 단거리 탄도미사일 4발을 발사했다. 지난 2일 하루에만 25발을 난사(亂射)하고, 다음 날엔 ICBM 1발을 발사하는 등 이달에만 35발의 미사일을 퍼부었다. 북한이 올해 발사한 미사일은 총 100발에 육박(肉薄)하는 것으로 물량 면에서 전례 없는 수준이다. 미국의 군사 전문가는 지난 2일의 미사일 발사비용만 최대 7500만 달러로 추산했다. 이 자금으로 북한이 미사일 프로그램 재원의 최대 3분의 1일을 충당했다고 미 백악관은 밝혔다. 한미는 북한의 신종 외화벌이 수단으로 '해킹'에 주목(注目)하고 있다.

북한은 대북 제재가 본격화된 2016년 직후부터 세계각지의 거래소에서 암호 화폐를 탈취(奪取)했다. 북한이 암호 화폐 해킹에 몰두하는 것은 대북 제재 망이 갈수록 촘촘해지고 코로나로 국경까지 봉쇄되면서 마약거래나 '수퍼 노트(초정밀 위조지폐)' 같은 기존의 음성적 외화벌이 수단들이 잘 먹혀들지 않고 있기 때문이다. 또 암호 화폐생태계가 최근 몇 년간 비약적으로 성장한 것과 달리 관련 거래소·플랫폼 들은 상대적으로 보안(保安)이 취약(脆弱)하다는 점도 작용했다.

한미는 북한이 7차 핵실험 등 중대 도발을 감행하는 대로 그동안 준비한 독자 대북제재조치를 발표할 전망이다. 올해 8월 한미 북핵 차석대표가 참석하는 '북한 사이버 위협대응을 위한 실무그룹'이 결성돼 북한이 암호화폐 해킹을 통해 제재를 회피하고 핵·미사일 자금을 조달하는 것을 차단하기 위한 조치를 집중 논의해왔다. 미국은 이미 재무부 해외자산통제국

(OFAC)이 중심이 돼 북한의 암호 화폐 탈취와 불법적 활용을 저지할 제재를 발표해왔다. 북한의 암호 화폐 해킹에 국내 거래소도 피해를 본 적이 있어 대책 마련의 필요성이 커지고 있다.

추가제재를 통해 북한의 암호 화폐해킹을 막는 것이 시급하므로 한·미가 독자제재조치를 마련하는 방안이 거론된다고 한다. 북한이 탈취한 암호 화폐를 중국 업체들이 '세탁'해주는 것으로 알려졌기 때문에 중국에 대한 경고도 필요하다. 북한의 미사일 자금줄이 된 암호 화폐 해킹을 차단하기 위한 새로운 "국제제재(國際制裁) 망(網)"을 시급히 구축해야 한다.

6. 북한도발에 대응할 우리군의 미사일개발시스템의 시급한 재정비

미사일(missile)은 어떤 방법에 의해서 목표에 도달할 때까지 유도(誘導)되는 장치를 가진 무기로, 현재는 유도무기로서의 '유도미사일'(guided missile)을 가리킨다. 소련에서는 서방측에서 말하는 미사일을 '로켓'이라고 부르고 있다. 미사일은 그 체계(體系) 안에서 사람의 감각·신경·두뇌에 상당하는 장치를 가지고 지상·함상·기상(機上)으로부터의 지령(指令)에 의해서, 또는 미사일 자체 내의 기구에 의해서 발사된 후에도 속도 및 방향을 수정하여 목표에 도달해서 명중시키는 기능을 가지고 있다.

제2차 세계대전 후 미사일은 로켓공학·전자기술·정밀기계공업·정보이론·사이버네틱스 등이 진보함에 따라 급속히 발달하여 원거리 도달성·명중률 등 무기로서의 성능이 획기적으로 향상되었다. 그 결과 무기의 사용효과 향상과 인명손실을 방지하기 위해서 육해공(陸海空)의 모든 분야로 보급되었다. 미사일은 용도·유도방식·장비장소·목표·추진방식 등에 따라 '전략미사일'(ICBM, SLBM, 항공기탑재 미사일, FOBS 등), '전략방어 미사일'{ABM(antiballistic missile), PENAID} '전술용 미사일' '방공(防空) 미사일' '대전차 미사일'로 분류된다. 기술의 진보와 국제정세를 반영하여 제2차 세계대전 후 진보 발달한 미사일은 더욱 고성능화하고 세련되어 가고 있다.

최근 북한도발에 대응한 우리 군의 미사일이 잇따라 발사에 실패한 것으로 드러났다. 2022년 11월 2일 북한이 동해(NLL)남쪽으로 탄도미사일을 쏘자 우리 군은 전투기를 출격시켜 북쪽으로 공대지 미사일 5발을 사격했으나 그 중 2발이 오류로 발사되지 못했다. KF-16 전투기가 정밀 유도탄 '스파이스 2000' 두 발을 쏘려 했으나 한 발이 나가지 않았다. 이어 F-15K 전투기가 장거리 공대지 미사일 '슬램-ER'을 쏘았으나 한 발만 발사됐다. 뒤따르던 예비기가 나머지 한 발을 쐈다고 한다. 미사일 장착(裝着)과정의 오류(誤謬)일 가능성이 높다고 하나 군은 '정밀타격에 성공했다'고만 발표했다.

지난달 북한이 중거리 탄도미사일을 발사했을 때 우리 군이 응징용(膺懲用)으로 쏜 '현무-2' 미사일은 발사방향과 반대로 날아가 강릉 군부대에 떨어지는 아찔한 사고가 났다. 곧이어 발사한 '에이태큼스' 미사일도 두 발 중 한 발이 비행 도중 신호가 끊겨 실종됐으나 군은 '가상 표적을 정밀 타격했다'고 했다. 북한이 미사일 25발을 쏜 지난 2일 군은 유도탄 사격대회를 열었다. 국산 지대공 미사일인 '천궁-1'은 발사 후 약 25㎞를 날아가다 교신(交信) 불안으로 자폭(自爆)했다. '패트리엇(PAC2)' 미사일 두 발 중 한 발은 레이더 오류로 아예 발사하지 못했다고 한다.

실전(實戰) 배치된 6발의 미사일 중 2발만 제대로 발사되고 나머지 4발은 오폭·실종·불발된 것이다. 2일 공대지 미사일 실패까지 합치면 총 11발 중 5발만이 성공하고 6발은 실패했다고 한다. 발사 성공률이 45%에 불과하다. 이런 상황에서 어떻게 북미사일을 요격(邀擊)하고 응징(膺懲)하겠다는 것인가? 발사실패가 이어지자 군은 9일 예정됐던 2차 유도탄 사격대회를 취소했다고 한다. 국산 요격미사일 '천궁-2'는 아랍에미리트에 4조 원대 수출계약이 체결 됐다. 잇단 발사실패가 수출에도 악영향을 줄 수 있다. 미사일 개발 기술의 진보와 고성능화 시스템의 재정비가 시급(時急)하게 해결되어야 할 과제다.

7. 미국 학계의 "한국의 핵무장 찬성" 의견

윤석열 대통령이 지난주 한국의 자체 핵무장 관련 언급을 한 것을 두고 미국 학계에서 "현실적인 고민" "찬성 한다"는 얘기가 나왔다. 미국 조야(朝野) 일각에서도 미국의 확장억제(핵우산)에 대한 의구심(疑懼心)과 함께 한국의 안보위협에 대한 공감대(共感帶)가 형성, 확산되고 있다.

아서 왈드론 펜실베이니아 대 교수는 13일(현지시각) 자유아시아방송(RFA)에 "한국의 자체 핵무장을 찬성한다(I am in favor)"며 "동시에 일본 등 다른 민주주의 국가들과 더욱 긴밀한 동맹을 맺어야 한다"고 했다. 제니퍼 린드 다트머스 대 교수도 "미국의 도시들과 수많은 미국인이 북한 핵 공격에 위협받는 상황 속 '과연 미국이 한국에 핵우산을 제공할 수 있을까'에 의문을 제기할 수 있다"며 "한국이 자체적으로 핵무기를 보유하려는 것을 이해할 수 있다"고 했다.

다트머스 대 국제안보연구소 책임자인 데릴 프레스 교수는 "미국이 한국에 핵우산 약속을 지킬지에 대해 한국 지도자들이 걱정하는 것은 옳다"며 "핵우산 신뢰도 문제는 현실이고 이런 우려가 커지고 있다"고 했다. 프레스 교수는 지난해 "자국 이익을 중대한 위기에 빠뜨리는 아주 예외적인 사건이 발생한다면 핵확산금지조약(NPT)을 탈퇴할 수 있다"며 "한국의 핵 개발이 합법적이고 정당하다"고 주장해 주목받았다.

미국 연방의회 중진이 한반도 전술핵 재배치 문제를 직접 제기하고 나선 것은 바이든 행정부 들어 처음 있는 일이다. 2023년 3월 25일 미국의 소리(VOA) 방송보도에 따르면 제임스 리시 의원은 이 방송에 이메일을 보내 "북한의 잦은 미사일 시험이 바이든 행정부를 안이 하게 만들었지만 이 시험을 보통일로 봐서는 안 된다"면서 "최근의 장거리 미사일 발사는 여러 단·중거리 미사일 시험과 동반해 이뤄졌고 이 무기 중 다수는 핵탄두를 탑재할 수 있다"고 우려했다.

제임스 리시 의원은 "이런 시험들의 속도와 다양성은 북한이 '전시 사용(wartime use)'을 모의시험하고 있으며, 미국의 동맹국들에 자신이 무력충돌의 확대를 주도할 수 있다는 신호를 보내려 한다는 사실을 시사(示唆)한다"고 하면서 "북한의 이런 목적을 허용하지 않으려면 바이든 행정부가 동맹과의 핵 기획·작전 메커니즘만 확대하는데서 그치지 않고, 미국 핵무기의 한반도 재배치 역시 고려해야한다"고 했다.

미국 3대 싱크탱크 중 하나인 '전략국제문제연구소(CSIS)'는 지난 1월 발표한 '미국의 대북정책 및 확장억제에 대한 제언'이란 보고서에서 "저위력(low-yield) 핵무기의 한반도 재배치를 위한 토대를 마련해야 한다"며 "이를 위한 준비작업과 관련한 운용연습(TTX)등을 검토할 필요가 있다"고 했다. 당장 전술핵 재배치를 하지는 않더라도 그 가능성에 대한 준비 작업을 시작할 필요는 있다는 뜻이었다.

북한의 핵위협에 대해 혹독(酷毒)한 대가(代價)를 치르게 하고, 그 효용성(效用性)을 차단하는 유일한 방법은 "한국의 핵보유"라고 본다. 그것만이 북한의 핵 위협으로부터 한국의 자주국방(自主國防)과 자주방위(自主防衛)를 지향(志向)하는 길이며, 윤석열 대통령이 <국가의 독립·영토의 보전·국가의 계속성과 헌법을 수호할 책무(헌법 제66조 제2항)>를 다하는 길이다. 자주국방과 자주방위는 타국의 원조나 협력 없이 자력갱생(自力更生)의 정신으로 국가의 독립과 국민의 생명과 자유를 보장할 수 있는 자력국방(自力國防)을 지향(志向)하는 것이어야 한다.

8. 한국의 자체 핵보유의 필요성

북한이 2023년 2월 18일 미국 전역(全域)을 사정권(射程圈)에 넣는 화성-15형 ICBM(intercontinental ballistic missile 대륙간탄도탄)을 발사했다. 올 들어 첫 ICBM 도발이다. 북한은 이번 발사가 계획 없이 김정은의 명령에 따라 이뤄졌다고 했다. 19일 오후 한미는 미 B-B1 전략폭격기를 한반도로 긴급 출동시켜 우리 공군의 F-15K 전투기 등과 연합 공중훈련을 실시해 북한의 도발에 맞대응했다.

북한 조선중앙통신은 ICBM을 발사한 제1 붉은 기 영웅중대가 "2022년 11월 18일 신형 대륙간탄도사일 '화성 17형'을 발사한 구 분대"라며 "전략적 임무를 전담하는 구 분대들 중 가장 우수한 전투력을 지닌 중대"라고 밝혔다. 최근 열병식에서 북한은 '괴물 ICBM'으로 불리는 화성-17형을 역대 최다인 12기(예비 1기포함)나 등장시키는 등 ICBM 총17기를 공개했다. 김정은의 명령이 떨어진 뒤 실제 미사일 발사까지 9시간 22분가량 걸린 것도 주목할 만한 대목이다. 액체연료 주입(注入)에 시간이 든 것으로 해석된다.

그동안 미국 등 국제사회는 북한이 탄두 대기권(大氣圈) 재진입 같은 고난도 기술을 확보하는데 적잖은 어려움을 겪을 것으로 예상했으나 실전배치가 사실이라면 이 같은 기술적 난제(難題)들을 상당부분 해결했다는 것이 된다. 분명한 건 김정은이 모든 역량과 자원을 핵·미사일 개발에 집중 투입하고 있으며, 그 결과 놀라운 속도로 기술진전을 이뤘다는 점이다. 북은 이번 발사가 불시(不時)에 이뤄진 기습훈련임을 강조했다. 북한의 계획은 모든 미사일에 고체연료 엔진을 탑재(搭載)하는 것이다. 이 목표가 달성되면 사전탐지에서 시작되는 한미의 '북 미사일 방어계획'이 송두리째 흔들릴 수밖에 없다.

북한이 핵 무력 완성을 향해 폭주하고 있으나 한미의 대응책(對應策)은 더디기만 하다. 19일 미국은 전략폭격기 B-1B 편대(編隊)를 출격(出擊)시켜 우리 공군과 연합훈련을 실시했다. B-1B가 북한에 위협적이긴 하지만 핵 도발 야욕(野慾)을 원천적(源泉的)으로 붕괴(崩壞)시키지는 못한다. 한국 정부는 북에 '혹독한 대가'를 경고했지만 한계가 분명하다.

북핵과 미사일의 효용성(效用性)을 한 순간에 '0'으로 만들 수 있는 방법은 오로지 <**자체 핵 보유**>밖에 길이 없다. 다른 선택지가 의미 없어지는 순간이 시시각각(時時刻刻)으로 다가오고 있다. 윤석열 정부의 결단(決斷)이 필요한 순간이다. "전쟁에서 이기느냐 지느냐, 사느냐 죽느냐, 그것은 단지 속눈썹 하나의 차이일 뿐이다(You win or lose, live or die- and the difference is just an eyelash. - Douglas Macarthur-)."

지금의 후쿠시마 오염 처리수 대응방식이 한국의 핵무기 보유 노력에 어떤 파장(波長)을 미칠 것인가? 한국은 자주국방(自主國防)을 위해 '핵무기를 보유(保有)'해야 한다. 한국이 핵무기를 보유함으로서 북핵의 위협 아래서 살아남을 수 있고, 한국이 안부(安保)면에서 보장받을 수 있다. 한국의 핵 보유만이 한반도에서 전쟁을 예방할 수 있다.

국제적 안정성 보장에도 불구하고 한국이 원전(原電)의 부작용 문제에 집착하는 것처럼 보이는 것은 한국에서 '핵의 이용'을 멀리하게 하려는 북한, 중국 등에 악용(惡用) 당할 우려가 있다. 세상에서 가장 위험한 <평화론(平和論)>이 있다. "평화는 아무리 비싸도, 아무리 기분 나빠도, 어떤 대가를 치르더라도 전쟁보다 낫다"는 '이재명의 평화론'이다. 하지만 평화도 두 가지가 있다. 아무리 비싸도 어떤 대가를 치르더라도 살아남으면 된다는 "굴종(屈從)과 굴욕(屈辱)의 평화"가 있고, 어떤 대가를 치르더라도, 아니 설혹

전쟁과 희생을 치르고라도 지켜야 하는 "자유의 평화"가 있다. 인류의 역사는 후자의 역사다.

지금 야당과 좌파세력이 후쿠시마 오염 처리수를 갖고 맹렬(猛烈)히 대시(dash)하는 것은 두 가지 목표를 갖고 있다. 단기적(短期的)으로는 반일감정(反日感情)을 부추겨 일본과 관계개선(關係改善)을 도모하고 있는 '윤석열 정부를 곤궁(困窮)에 빠뜨리려는 것'이고, 장기적(長期的)으로는 때마침 한국 내에 일고 있는 '자체 핵무기 보유(保有) 여론'에 찬물을 끼얹으려는 것이다(2023년 7월 18일 "후쿠시마, 정말 '오염' 때문인가?" 金大中 칼럼) >.

9. 북한의 핵무력 헌법화

북한이 헌법에 '핵무기 발전의 고도화'를 명시했다고 발표했다. 지난해 '핵 선제 사용'을 법제화(法制化)한지 1년 만에 헌법에까지 핵 협박 카드를 반영했다. '핵의 제도화(制度化)'를 통해 위협수위를 더욱 고조시킨 것이다. 이번 조치는 북한 핵 문제가 새로운 단계로 진입하고 있음을 의미한다. 미 국방부는 며칠 전 발간한 '2023 WMD 대응전략' 보고서에서 북한이 "물리적 충돌의 어느 단계에서든 핵을 사용할 수 있는 선택지"를 확보했다고 명시했다. 전쟁 초기 단계부터 핵을 쓸 가능성이 있음을 이례적으로 인정한 것이다.

북한의 핵 무력 헌법화(憲法化)와 속전속결식(速戰速決式) 핵개발은 '협상으로 비핵화를 이룰 수 있다'며 김씨 일가에게 시간을 벌어준 세력에게 엄중한 책임을 묻는 계기가 돼야 한다. 북한이 비핵화 가면(假面)을 완전히 벗어던진 이상 우리도 비상할 정도의 경각심(警覺心)과 대응책(對應策)을 갖고 북한을 대해야 한다. 김정은의 핵 일변도(一邊倒) 전략이 완전한 오판(誤判)임을 분명히 깨닫게 해야 한다. 북한의 경거망동(輕擧妄動)을 제어(制御)하기 위해서는 한·미·일 3국의 강력한 대응과 함께 북한이 굴종(屈從)할 정도의 국제사회 압박을 가하는 것이 필수적이다.

올해 창설된 '한미 핵 협의그룹(NCG)'의 치밀한 가동을 통해 핵우산이 확고하게 작동하도록 하고 "핵사용 시 북한 정권은 종말을 맞이할 것"이라는 경고가 허언(虛言)이 아님을 분명히 인식시켜야 한다. 레드라인(red-line: 위험선)을 넘은 북한의 핵 위협은 핵확산금지조약(NPT : nonproliferation treaty)에서 규정한 '비상사태'에 해당한다. NPT는 회원국이 핵으로 위협받는 '비상사태'에서 생존을 위한 '방어권(防禦權)'을 인정하고 있다. 유사시 우리도 NPT 규정에 따라 NPT를 탈퇴, 북핵 위협에 맞서 방어권을 행사할 수 있는 "플랜 B" 검토에 착수해야 한다. 북핵 위협에는 비상한 조치로 맞설 수밖에 없다는 냉엄한 현실을 정부와 정치권이 인식해야 한다.

북한 김정은이 노동당 중앙위 전원회의에서 "대한민국 것들과는 그 언제가도 통일이 성사될 수 없다"며 "유사시 핵무력을 동원해 남조선 전 영토를 평정하기 위한 대사변 준비에 박차를 가하라"고 지시했다. 그는 "북남관계는 더 이상 동족관계, 동질관계가 아닌 적대적인 두 국가관계, 교전국관계"라고 하며 남북관계의 민족적 특수성을 부정한 망발(妄發)을 했다.

김정은은 입으로는 '우리 민족끼리'를 말하면서 민족을 공멸(共滅)시킬 핵무기 개발에 몰두해왔다. 그러나 주사파를 비롯한 좌파와 진보세력은 '대미 협상용' '민족의 핵'이란 궤변(詭辯)으로 북한의 핵 개발을 두둔했다. 이를 비웃듯 김정은은 대남 공격용 전술핵 개발을 공개 지시하고 핵 선제 공격을 법제화·헌법화 했다. 김정은은 한국 정부의 모든 대북·통일 정책을 싸잡아 "우리를 붕괴시키겠다는 흉악한 야망"이라고 했다.

이것은 햇볕정책에 대한 사망선고다. 애당초 북에 선의(善意)를 베풀면 핵을 버리고 개혁과 개방에 나설 것이란 가설(假說) 자체가 동화 속에서나 가능한 순진한 발상이었다. 이런 세력이 '같은 민족에게 핵을 쓸 리 없다'는 망상(妄想)에 사로잡혀 대북 퍼주기에 몰두했다. 문재인 정부는 존재하지도 않는 김정은의 '비핵화 의지'를 대신 선전해주며 전 세계를 속이고 트럼프에게 보증까지 섰다.

그 결과가 미 본토를 공격할 ICBM과 한국을 잿더미로 만들 전술핵의 완성이었다. 대북·통일 정책은 북한의 실체를 냉철히 파악하는 것에서 시작해야 한다. "여우와 사귀거든 그의 간계(奸計)를 잊지 말라(If thou dealest with a fox, think of his tricks.)."고 했다. 북한이 유화정책(宥和政策)을 구사(驅使)하는 것은 고강도 제재로 조여드는 숨통을 틔우거나 핵무력 고도화(高度化)의 시간을 벌기 위한 위장평화공세(偽裝平和攻勢)일 뿐이다. 그러나 간계를 꾸미는 북한이지만 협상을 피할 순 없다. 다만 '남북 쇼'나 '눈물 쇼'를 하는 TV용 이벤트 협상이 아니라, 김정은이 핵을 고집하면 죽고, 핵을 버리면 살 수 있는 조건을 만드는 현명한 협상이어야 한다.

10. 윤석열 대통령 · 조 바이든 미 대통령
한미 '핵 협의그룹' 창설

윤석열 대통령과 조 바이든 미 대통령이 26일 백악관 정상회담에서 한미 간 '핵 협의그룹(Nuclear Consultative Group : NCG)'을 창설하기로 합의하고, 이런 내용을 담은 '워싱턴 선언'을 발표했다. 핵 협의그룹은 북한 핵위협에 맞서 미국의 핵우산(확장 억제) 제공과 관련한 정보를 양국이 공유하고, 핵전력 운용과 관련한 기획, 실행에도 한국이 참여하는 방안을 논의하는 협의체(協議體)다. 북핵 위협이 고도화(高度化)하는 상황에서 한미가 나토(NATO)의 '핵 기획 그룹'과 비견(比肩)되는 핵 협의 그룹을 만들기로 한 것은 커다란 의미가 있다.

한미 양국 '핵 협의그룹'을 만들어 미국의 핵우산(核雨傘) 제공 계획을 공유, 논의하고 핵무기를 탑재(搭載)한 전략(戰略) 핵 잠수함(SSBN), 항모(航母), 폭격기 같은 미 전략자산(戰略資産)을 더 자주 전개(展開)한다는 것이 핵심내용이다. 한·미 정상회담의 화두(話頭)가 되고 있는 '확장억제(Extended Deterrence)'는 미국이 동맹국에 대한 핵공격을 막아주는 다양한 수단을 말한다. 전략자산은 주로 미국이 동맹국에 확장억제력을 제공할 수 있는 무기(대륙간탄도미사일, B-1.2.52등 전략폭격기, 원자력추진 잠수함 및 항공모함, 전술핵무기를 운반할 수 있는 F-35 스텔스기 등)를 말한다.

정상회담에서 양 정상은 또 핵무기를 탑재한 탄도미사일, 전략핵잠수함(SSBN)등 미군 전략자산을 정기적으로 한반도 주변에 전개하기로 했다. 이에 따라 한국의 자체 핵무장(核武裝)은 당분간 어렵게 됐다. 한미 핵 협의

그룹 창설로 한국 국민의 핵 불안을 근원적(根源的)으로 해소할 조치는 이번에도 없었다. 나토 식 핵 공유의 기본은 핵탄두가 나토 국 공군기지에 있다는 것으로, 이번 한미 협의와는 완전히 다르다. 한미가 26일 정상회담을 통해 '핵우산(확장 억제)' 강화방안을 담은 '워싱턴 선언'을 채택했지만 외교가(外交家)에선 "한국이 핵우산을 강화하는 대신, 자체 '핵무장이라는 카드'를 버린 것 아니냐"는 말이 나왔다.

한미 간에 어떤 문서나 약속을 해도 미국이 워싱턴과 뉴욕이 핵 공격을 당할 위험을 무릅쓰고 '서울을 보호해줄 것이냐'는 물음에 대한 답(答)은 되지 못한다. 올 초 최종현 학술원 여론조사에 따르면, 한국 응답자의 절반은 미국이 한반도 유사시 '핵 억지력(核抑止力)'을 행사하리라고 생각하지 않는다'고 답했다. 현실적이고 상식적인 견해다.

한미 정상의 워싱턴 선언문에는 이례적(異例的)으로 한국의 핵확산금지조약(NPT : Nuclear Nonproliferation Treaty) 회원국의 의무를 강조했다. 한국은 핵무장을 하지 않는다는 뜻이다. 윤석열 대통령은 지난 1월 "북핵문제가 심각해지면 자체 핵을 보유할 수도 있다"고 말했으나 미국이 이를 막기 위해 이 문구를 넣었을 것이다.

미국은 고위당국자의 브리핑을 통해 전술핵이나 어떤 형태의 핵무기도 한반도에 복귀(復歸)시킬 계획이 없다고 했다. 전략자산의 한반도 주변 영구배치(永久配置)도 하지 않는다고 했다. 결국 워싱턴 선언을 통해 '핵 협의 그룹 창설'을, '한국 핵무장'과 '전술핵 재배치 포기'와 맞바꾼 모양이 됐다. 한국의 핵무장은 현실적으로 지난(至難)한 과제(課題)다.

그러나 북한이 우리를 '핵으로 공격 하겠다'고 공언(公言)하는 상황에서 주권국가(主權國家)가 국민을 지킬 수단에 대해 모호(模糊)하게 처리하지 않고 명시적(明示的)으로 포기하는 것은 곤란하다. 한미동맹은 한국 안보(安保)의 초석(礎石)으로 이는 앞으로도 바꿀 수 없다. 다만 우리를 지키는 쪽은 궁극적(窮極的)으로 '우리 자신일 수밖에 없다'는 엄연(儼然)한 현실만은 잊지 말아야 한다.

한미 정상은 26일 정상회담에서 "철통(鐵桶)같은 양국관계를 확장해 21세기의 가장 어려운 과제들에 정면대응(正面對應)해 나갈 것"이라고 했다. 한미동맹 70년을 맞아 북핵 등 안보문제에 집중했던 '지역동맹(地域同盟)'에서 우크라이나 전쟁과 대만, 공급 망(供給網)과 기후변화 등 글로벌(global) 현안(懸案)에 공조(共助)하는 '글로벌(global) 동맹'으로의 전환을 선포한 것이다.

앞서 한미 정상은 정상회담 직후 기자회견에서 "핵(核) 도발(挑發)을 하면 종말(終末)을 맞을 것"이라며 북한 정권을 향해 경고 메시지를 보냈다. 바이든 대통령이 북한을 향해 '정권의 종말(end of regime)'을 언급한 것은 처음이다. 대통령 실도 "사실상의 한미 핵 공유"라고 평가했다. 윤 대통령은 "한미는 북한의 핵공격 시 즉각적인 정상간 협의를 갖기로 했으며 이를 통해 미국의 핵무기를 포함해 동맹의 모든 전력(戰力)을 사용한 신속하고 압도적이고 결정적인 대응(對應)을 취하기로 약속했다"고 했다. 양 정상은 '워싱턴 선언'에도 이런 내용을 담았다.

전략핵잠수함(SSBN)은 핵탄두 장착(裝着) 잠수함발사탄도미사일(SLBM)을 탑재(搭載)한 핵 추진(核推進) 잠수함이다. 생존성(生存性)이 뛰어나기 때문에 유사시 상대방의 핵 기습공격에 대한 반격(제2격)을 가하는 전략무기다. 이런 전략 핵잠수함을 미국이 한미정상회담 '워싱턴 선언'에서 '한국 항구에 기항(寄港)하는 등 자주 전개(展開)하겠다'고 밝혔다.

미 전략 핵잠수함의 한국기항은 1980년대 이후 40여년 만에 처음으로, 외국 기지기항(基地寄港)은 세계적으로도 유례를 찾기 힘든 일이다. 미 정부 당국자는 앞으로 한반도에 수시로 전개될 미 전략 핵잠수함이 '오하이오 급(級)'이라고 했다. '오하이오 급'은 냉전 시절 구소련에 맞서기 위해 트라이던트 SLBM 24기를 탑재하는 전략 잠수함으로 만들어졌다.

길이 170m, 폭 12.8m, 수중 배수량 1만8750t에 달하는 대형 잠수함으로, 미 해군 잠수함 중 가장 크다. 오하이오 급 한 척(隻)에 실리는 트라이던트 II 미사일 24기의 총 위력은 히로시마에 투하(投下)된 원폭(原爆) 1600발의 위력에 버금가는 것으로 평가된다. 북한의 주요시설을 파괴하는 수준이 아니라 '북한을 아예 지도에서 지워버릴 수 있는 위력(威力)'이라는 얘기가 나오는 이유다.

미국은 최근 미 육군의 핵 불능화팀(NDT : Nuclear Disablement Teams)과 한국군 핵특성화팀(NCT : Nuclear Characterization Teams)이 한반도에서 연합훈련을 한 사실을 한미 정상회담 당일인 27일 공개했다. '불능화(不能化)'란 핵 기폭장치(起爆裝置)를 제거하는 방법 등으로 핵무기가 폭발하지 않도록 무력화(無力化)하는 조치를 말한다. 미국이 본토의 핵불능화팀을 한국에 파견해 우리 군과 연합 훈련을 한 사실을 공개한 것은 이번이 처음이다. 핵과 미사일도발을 이어가고 있는 북한에 강력한 경고 메시지를 보낸 것이다.

한미가 올해 채택한 '워싱턴 선언'이 미국의 핵우산을 보장하기 위한 구체적인 조치가 부족하다며 미 전술핵을 4단계에 걸쳐 배치하는 방안이 필요하다는 보고서가 나왔다. 한국의 아산정책연구원과 미국 랜드연구소는 2023년 10월 30일 '한국에 대한 핵 보장강화방안' 공동연구보고서에서 이같이 밝혔다. 이 보고서는 미국 핵우산의 '전략적 모호성(模糊性)'이 한국에 대한 안전보장 차원에선 더 이상 적절하지 않다고 지적했다. 보고서에서 가장 눈길을 끄는 것은 미국의 전술핵 100기를 '한국 안보지원용'으로 지정하자는 것이다.

미국이 전술핵무기 100기를 한국을 위해 실전태세를 갖추고 있다는 사실은 단순한 상징적 차원만이 아니다. 지난 4월 윤석열 대통령의 방미를 계기로 나온 워싱턴 선언은 확장억제(핵우산)의 실행력을 높이는 '한미 핵협의그룹(NCG)'을 만들었다는 점에서 진일보한 것은 분명하지만 NCG가 어떻게 실행되는지 명확하지 않다는 지적이 계속돼 왔다. 이 보고서는 북한이 최대 500개까지의 핵탄두를 보유할 수 있고, 미 국방부는 중국이 곧 1000개 이상의 핵탄두를 보유하게 될 것으로 전망했다.

한국을 둘러싼 중국·러시아·북한이 국제사회의 우려는 아랑곳하지 않고 핵무장에 진력(盡力)하고 있는 가운데 최전선에 있는 한국만 비무장(非武裝) 상태로 있다. 이 보고서가 지적했듯이 "점증(漸增)하는 핵 위협에 미국이 핵무기를 사용할 수 있는 태세를 갖추지 못하면 미래 한국은 자체적으로 핵무기 보유(保有)를 추진할 수 있다."고 했다. 세상에 그렇게 하지 않을 국민이 어디에 있겠나(2023.10.31. 조선일보사설).

자유는 갈구(渴求)하는 자가 정의감(正義感)과 용기(勇氣)로서 스스로 쟁취(爭取)하는 것이다. "행복은 자유에서 오고, 자유는 용기에서 온다(Perikles)."고 했다. 용기와 신념과 지혜가 부족할 때 자유의 나무는 성장하기 어렵다. "언제나 죽을 각오로 있는 사람만이 정말 자유로운 인간이다(Diogenes)." 투철한 사생관(死生觀)의 확립은 자유인(自由人)이 되는 인생의 소중한 보배(寶貝)배요, 가치(價値)다.

11. 로켓은 김정은이 발사하고, 욕은 우리 정부가 먹는 것이 우리의 자화상

2023년 6월 8일 조선일보 A34면 양상훈 칼럼 <로켓은 김정은이 쏘고 욕은 우리 쪽이 먹고>를 아래에 소개한다.

< 얼마 전 김정은이 로켓을 발사했을 때 서울에 경계경보가 울렸다. 경보가 왜 울렸는지, 어떻게 하라는 건지 설명이 없어 놀란 사람들이 화를 냈다. 더구나 새벽 시간이었으니 화가 더 났을 것이다. 그런데 카카오톡 등에 '당국에 대한 비난이 빗발쳤다'는 얘기를 듣고 '로켓 도발(挑發)'을 한 것은 김정은'인데 욕(辱)먹는 것은 김정은이 아니라 '경보를 발령한 우리 쪽'이라는 생각이 들었다. 경보 내용이 허술했다고 해도 나중에 북 로켓 때문이란 것을 알게 됐다면 원인 제공자인 김정은에 대한 비판이 먼저일 텐데 경보 발령에 대한 비난이 이를 압도했다.

김정은은 멀리 있고 우리 당국은 눈앞에 있다. 김정은 도발은 늘 하는 익

숙한 것이고, 우리 당국 실수는 사람을 놀라게 해서 화(禍)를 돋운다. 그래서 그러려니 하지만 마음에 걸리는 부분이 있다. 도발은 북한이 했는데 비난은 우리 쪽으로 하는 일이 이번이 처음이 아니기 때문이다.

2010년 천안함이 북한에 침폭(侵暴)당하자 우리 사회 다수는 북한 비판이 아니라 우리 정부 비난에 열(熱)을 올렸다. 폭침 직후인 그해 4월 여론조사에서 '북한 도발'이라는 정부 발표를 믿지 않는다는 사람이 무려 60%에 달했다. 천안함 침몰이 북한이 아닌 우리 정부 때문이라는 것이다. 아무리 사건 초기 혼란스러운 상황이었다고 해도 그런 일을 벌일 곳이 북한 말고 어디 있는가.

우리 군인이 46명이나 죽고 이들을 구조하는 과정에서 다시 10명이 사망하는 비극 앞에서 드러난 '우리 자화상(自畵像)'이다. 당시 지식인들 중에는 "손에 장을 지진다 해도 북한 소행이란 걸 안 믿는다"는 풍조(風潮)가 만연(蔓延)했다. 또 다른 의미에서 우리는 정말 놀라운 사람들이라는 생각이 들 때가 있다. 지금 여론조사를 하면 북한 소행이라고 답하는 국민이 더 많을 것으로 생각한다. 하지만 여전히 믿지 않는 사람도 꽤 있을 것이다.

며칠 전 민주당 혁신위원장으로 임명됐던 사람이 그중 한 명이다. 심지어 이 사람은 천안함이 '자폭(自爆)'했다고 했다. 천안함 장병 누군가 배에 폭탄을 심어 터뜨렸다는 것인데 이 황당한 주장에 우리 국민 상당수가 동조(同調)할 수 있다고 본다. 대장동 사건이 '윤석열 게이트'라는 국민이 40%에 달하는 지경이다. '(자폭은) 아니겠지만, 그랬으면 좋겠다'라고 바라는 사람도 많을지 모른다. 이 사람을 추천했다는 정의구현사제단 신부도 그런 생각일 것으로 본다.

민주당 수석대변인이 천안함 함장을 향해 "부하를 다 죽여 놓고 무슨 낯짝으로……"라고 비난한 것도 다르지 않다. 천안함 장병을 죽인 것은 북한인데 우리 해군함장이 죽였다고 한다. 함장이 배와 함께 침몰해 죽지 않았다는 비난도 한다. 더 올라가 보면 6.25 남침은 북한이 했는데 원인제공을 한국이 했다는 주장이 '수정주의 학설'이라면서 한때 국내에서 인기를 끌기도 했다. 지금도 운동권들은 꼬리를 머리로 만든 이 본말전도(本末顛倒)의 이론을 신봉(信奉)하고 있다.

이런 식이면 침략을 당한 모든 나라가 원인제공을 했다고 만들 수 있다. 이들은 핵 위협을 하는 것은 북한인데도, 사드를 배치한 우리 정부를 비난한다. 중국 경호원들에게 우리 사진 기자가 집단폭행을 당해 실명위기를 겪었는데, 우리 기자가 잘못한 것이라고 한다. 이제는 침략은 러시아가 했는데 원인제공을 우크라이나가 했다고 한다. 코로나는 중국에서 번졌는데 미국이 만든 것이라고 한다. 민주당 혁신위원장이란 사람이 이런 주장을 거의 빼놓지 않고 다 했다. 그는 그런 생각을 가진 많은 사람들 중 한 명일 뿐이다.

이런 사람들이 우리 사회의 다수가 될 수 없고 돼서도 안 되지만 부지불식(不知不識間)에 이들의 사고방식(思考方式)이 꽤 퍼져 있는 것은 사실이다. 북핵 위협 때문에 2016년 반입(搬入)한 사드에 대해서도 거의 40%여론이 반대했다. 가해자와 피해자가 뒤바뀌고 책임이 누구에게 있는지 흐려지는 일은 북한 관련 문제에선 거의 예외 없이 벌어지고 있다. 그래서 이번 북한

로켓 발사 때 '북 로켓 발사 때문'이라고 경계경보에서 밝혔어도 "정부가
불안을 조성해 안보장사를 했다"는 비난이 상당했을 것으로 생각한다. 실
제 인터넷 여론 상당수가 이런 투였다고 한다.

글로벌 기업에서 한국에 발령을 내면 '생명수당'을 준다. 치안불안이 아
닌 전쟁위험 때문에 생명수당을 주는 대상국은 한국, 대만 등 극소수라고
한다. 우리에겐 이상하지만 세계는 한국이 처한 지정학(地政學)을 그렇게
본다. 우리의 현실은 우리가 생각하는 것이 아니라 '세계가 보는 것'이 더
정확할 수 있다. 다른 일은 몰라도 안보문제(安保問題)만큼은 본말(本末)과
전후(前後) 경중(輕重)을 생각했으면 한다. >

12. UN군 사령부 회원 17국 "한국 공격 땐 공동대응" 성명 채택

한국과 6.25전쟁 참전국인 UN군사령부 회원 17국의 국방장관 및 대표
가 참여하는 국제회의가 2023년 11월 14일 처음으로 개최됐다. 이 회의는
올해 정전(停戰) 70주년을 맞아 우리 정부가 주도해 신설한 것이다. 우리 정
부는 회의를 정례화(定例化)해 6.25전쟁 당시 "하나의 깃 발 아래(Under One
Flag)" 함께 싸운 정신을 재확인하고 회원국 간 협력과 연대를 강화하는 "국
방외교의 틀"로 삼겠다는 계획이다.

참가국들은 북한의 불법적인 핵·미사일 프로그램 중단을 요구하며
"UN의 원칙에 반하여 한반도에서 대한민국의 안보를 위협하는 적대행위

나 무력공격이 재개될 경우 공동으로 대응할 것"이라고 선언했다. 또 한미 동맹과 유엔사 회원국 사이의 연합훈련을 활성화, 상호 교류와 협력을 지속적으로 증대하기로 합의했다. 73년 전 북한의 기습남침 직후 UN결의에 따라 "자유 대한민국"을 지키기 위해 참전했듯이 앞으로도 유사시(有事時) 함께 싸우겠다는 유엔사 회원국으로서 의지를 재확인한 것이다.

유엔사 회원국은 6.25전쟁 때 전투병을 파견한 미국·영국·프랑스·캐나다·벨기에·네덜란드·그리스·튀르키예·필리핀·태국·콜롬비아·호주·뉴질랜드·남아공14국과 의료지원단을 보낸 이탈리아·노르웨이·덴마크3국이다. 북한이 또다시 남침할 경우, 대한민국만이 아니라 유엔사 회원국 17국까지 상대해야한다는 사실을 김정은에게 상기시킨 것이다.

북한이 끊임없이 유엔사 해체를 주장하는 상황에서 유엔사 17국 대표들이 모여 공개적으로 북한에 경고한 것이다. 유엔사 창설 73년 만에 유엔사의 존재감을 알리는 회의가 처음 열린 것은 만시지탄(晚時之歎)이다. 1950년 6월 25일 북한의 남침 직후 UN결의로 창설된 후, 정전협정을 관리해 온 유엔사는 한국방위에 필수적 조직이다.

윤석열 대통령은 이날 용산 국방부 청사에서 열린 한·유엔사 회의에서 국방부 정책실장의 대독 축전을 통해 "유엔사는 대한민국을 방위하는 강력한 힘의 원천"이라고 밝혔다. 윤 대통령은 "유엔사는 정전협정 이행은 물론 유사시(有事時) 별도 유엔 안전보장이사회 결의 없이도 우방국 전력을 통합해 한미연합군에 제공하고 있다"면서 "북한의 핵·미사일 위협과 도발 속에 개최되는 이번 회의는 가치를 공유하는 자유 우방국의 협력과 연대를 강화하는 출발점이자 미래를 향한 이정표(里程標)가 될 것"이라고 했다.

1950년의 6.25 사변에 있어서 <국제평화와 안전의 회복>을 임무로 하는 국제연합군이 처음으로 탄생하였다. 북한의 무력공격을 격퇴하기 위하여 필요한 원조를 행할 것을 가맹국에게 권고하려는 안전보장이사회의 결의에 따라서, 북한에 대한 강제조치를 위하여 편성된 군대가 곧 "국제연합군(國際聯合軍 : United Nations Forces)"이다. 유엔사는 1950년 6월 25일 북한의 무력남침 이후 UN결의로 결성된 다국적 연합군이다. 6.25전쟁 당시 국군과 함께 북·중공군에 맞서 싸웠고, 1953년 7월 27일 정전협정 체결 이후에는 정전협정관리와 유사시 한미연합군 사령부 전력지원 임무를 맡고 있다.

문재인 정부 여권에서는 "남북관계에 간섭 못하도록 통제해야한다"며 "유엔사 축소"를 시도해 동맹·우방국과 갈등을 빚었다. 당시 국회 외통위원장이었던 송영길 의원은 "유엔사는 족보도 없다"면서 비하(卑下) 발언을 해 논란이 일기도 했다. 윤석열 대통령은 지난 8월 "일본 유엔사 후방기지" 등을 언급하고 이날 축전을 보낸 것도 유엔사 정상화 및 확대방안에 대한 강한 의지가 반영됐다는 것이다.

13. 우리만 지키는 '9.19남북군사합의' 파기하라

우리 정부가 북한의 군 정찰위성발사에 대응하기 위해 군사분계선(MDL) 정찰활동을 복원하도록 9.19합의 일부사항을 일시 효력정지하자, 북한이 이를 비난하며 23일 9.19남북군사합의 전면 파기선언을 했다. "군사분계선 지역에 더 강력한 무력과 신형 군사장비들을 전진 배치할 것"이라고도 했다. 그러면서 "합의서는 '대한민국'의 고의적이고 도발적인 행동으로 이미 사문화돼 빈껍데기로 된 지 오래됐다"고 합의파기의 책임을 한국에 돌렸다. 북한의 정찰위성 발사에 대응해 우리 정부가 9.19합의 일부를 효력 정지시킨데 대한 반발이다. 9.19합의는 우리만이 지켜왔다.

북한은 2018년 9.19남북 군사합의체결 이후 지난 5년간 서해 창린도 포격, 비무장지대 GP(감시초소) 총격, 포문 개방 등 총 3600여 차례에 걸쳐 반복해서 저지른 위반사항은 언급하지 않고 오히려 지난 5년간 합의를 위반하지 않은 우리 정부를 적반하장(賊反荷杖)으로 비난했다. 우리 정부는 즉각 반박했다. 국방부 대변인은 이에 대해 "사실관계를 오도(誤導)하고 있다"면서 "적반하장 행태를 보이는 것에 엄중히 경고 한다"고 밝혔다. 그러면서 "군은 향후 북한의 조치를 예의주시(銳意注視)하면서 우리 국민을 보호하는 대응조치를 강구해 나갈 것"이라고 말했다.

북한의 정찰위성 발사에 맞서 대북 감시.정찰 활동을 위해 9.19남북군사합의 일부조항의 효력을 중지시킨 것은 최소한의 방어조치이다. 그러나 민주당은 정부가 '전쟁 불사' 태세를 만들어 위기를 조장한다고 비난하고 있고, 이재명 대표는 22일 "일각에선 혹시 과거 '북풍'처럼 휴전선에 군사 도발을 유도하거나 충돌을 방치하는 상황이 오지 않을까 걱정 한다"고 했다. 주적(主敵)이 지키지 않는 9.19남북군사합의를 우리만 지키자고 하는 망발(妄發)은 명백한 자해행위(自害行爲)일 뿐이다. 전 세계 어디에도 이런 무책임한 야당은 없을 것이다.

북한과 같은 전범집단에 대처(對處)하는 최악(最惡)의 방법이 그들의 선의(善意)에 기대는 어리석음으로 더 큰 화(禍)를 자초(自招)할 뿐이다. 우리의 주적인 북한에 대해선 협상을 하되 강력한 억지력(抑止力)을 바탕으로 최악의 상황에 대비해야 한다. 북한의 9.19합의 파기(破棄)와 함께 기습도발(奇襲挑發)에 신속하고 단호하게 응징(膺懲)해 도발(挑發)로는 결코 이득을 볼 수 없다는 사실을 확실히 인식하게 해야 한다.

대한민국의 자주국방(自主國防 : self defence), 자주방위(自主防衛)는 국력 전체가 우리의 주적인 북한의 침공능력(侵攻能力)을 능가할 수 있는 수준에 도달되었을 때, 비로소 이룩할 수 있게 되며, 또한 그것은 타국의 원조나 협력 없이 자력(自力)으로 국가의 독립과 국민의 자유와 생명을 보호하며, 자유민주적 기본질서에 입각한 평화적 통일정책을 수립하고 추진할 수 있는 자력국방(自力國防)을 지향(志向)하는 길이다.

"국군은 국가의 안전보장(安全保障)과 국토방위(國土防衛)의 신성한 의무를 수행함을 사명으로 하며, 그 정치적 중립성은 준수된다(헌법 제5조 제2항)." "국가안전보장에 관련되는 대외정책·군사정책과 국내정책의 수립에 관하여 국무회의의 심의에 앞서 대통령의 자문(諮問)에 응하기 위하여 국가안전보장회의(國家安全保障會議)를 둔다(헌법 제91조 제1항)."

국가안전보장(國家安全保障 : national security)이라 함은 외부로부터의 군사·비군사적 위협이나 침략을 억제 또는 배제함으로써 국가의 평화와 독립을 수호하고 안전을 보장하는 일을 말한다. 국가정책(國家政策)에는 2 가지 측면이 있다. 하나는 국민의 경제적 발전과 문화적 가치향상을 도모하는 일이고, 다른 하나는 국내의 치안을 유지하고 외적(外敵)으로부터 나라를 수호(守護)하는 일이다. 전자를 국가의 '적극적 작용'이라고 하고, 후자를 국가의 '소극적 작용'이라고 한다.

국가안전보장이나 국방정책 등은 후자에 속한다. 국가안전보장정책(國家安全保障政策)이란 국가의 대외적 불안이나 위협, 나아가 대외적 침략으로부터 국가의 안전을 보장하기 위하여 채택된 정책이다. 국가안전보장은 국가의 대외적 소극기능 가운데 가장 넓은 뜻을 지닌 것으로 보고 있다. 따라서 안전보장의 개념은 국방이나 방위의 개념보다도 포괄적이며 차원이 높은 것으로 보아야 할 것이다.

제3장

전국에 뿌리 내린 간첩단 지하조직을 발본색원하라

- 국가정보원의 대공수사권 복원 -

제3장

전국에 뿌리 내린 간첩단 지하조직을 발본색원하라
- 국가정보원의 대공수사권 복원 -

1. 전국에 북한 간첩단 지하조직이 활개 치는 나라

　제주 간첩단 혐의 <ㅎㄱㅎ(한길회)> 사건을 수사 중인 국가정보원과 경찰은 북한 연계 지하조직이 경남 창원과 진주, 전북 전주 등 전국 각지에 결성된 정황을 포착하고 수사를 확대하는 것으로 9일 알려졌다. 지역별 지하조직을 총괄하는 상부 조직의 명칭은 이적(利敵) 단체인 <자주통일 민중전위(이하 '자통위')>로 전해졌다. 국정원은 이들 조직들이 각 지역 정치, 사회단체나 건설, 화물 등 부문별 노조에 침투했을 가능성에 대해 수사하고 있다. 1992년 조선노동당 중부지역 당 이후 최대 규모의 간첩사건이 될 것이란 관측도 나온다.

　수사 당국에 따르면, 국정원과 경찰은 작년 말 제주에 이어 창원, 진주, 전주에서도 북한지령을 받은 혐의 등으로 관련자들의 거주지와 사무실을 압수수색했다. 이들은 'ㅎㄱㅎ'과 마찬가지로 북한 노동당직속 대남공작부서인 문화교류국의 지령을 받아 지하조직을 설립하고 이를 통해 반정부 및 이적활동을 한 혐의를 받고 있다. 이들은 북한 대남공작원과 외국 이메일 계정이나 클라우드의 아이디와 비밀번호를 공유해 교신하는 일명 '사이버 드보크(Cyber Dvoke)'같은 신종 수법으로 수년간 북측과 교신해 온 것으로 알려졌다.

수사 당국은 '자통위'가 전국 각지에 흩어진 북한 지하조직을 총괄하는 중앙조직으로 판단하는 것으로 알려졌다. 이와 관련, 지난 11월 창원에서 활동하는 진보. 좌파단체 관계자 최소 4명의 거주지 등을 압수수색한 것으로 전해졌다. 압수수색영장 등에 따르면, 이들은 2016년 무렵 창원에 '자통위'를 설립하고 수시로 북측 지령문을 받은 뒤 반미집회, 반 보수투쟁시위 등을 벌려온 혐의를 받고 있다. 자통위는 'ㅎㄱㅎ' 등 제주· 진주. 전주 등 각지에 있는 지하조직과 연계해 민주노총 등 합법단체를 장악하는데 주력해 온 것으로 알려졌다.

북한은 실제 'ㅎㅣㅎ'에 발신한 시령문에서 "민노총산하 제주 4.3통일위원회를 장악하라"고 지시한 것으로 나타났다. 최근 북 지하조직들은 노조, 정당 등 합법적인 단체에 침투해 조직을 장악하는 행태를 보이고 있다. 방첩당국은 북한이 이번 지하조직의 거점을 창원에 설립한 것에 주목하고 있다. 비수도권 지역이라 노조 등에 침투가 상대적으로 용이했기 때문으로 분석한 것으로 알려졌다. 특히 창원은 한화디펜스, LIG넥스원, 현대 로템 등 주요 방산 업체와 국방과학연구소 제5기술연구본부, 육군종합정비창 등 국방·방산관련 기관이 모여 있는 도시다.

진보정당과 노동계 간부 등이 해외에서 접선한 북한 공작원의 지시를 받고 제주 등에서 지하조직을 결성해 반미활동 등을 해온 혐의로 공안당국의 수사를 받고 있다. 지금까지 혐의가 포착된 지역은 제주·창원·진주·전주 등 4곳이지만, 공안당국은 지하조직이 전국에 걸쳐 구축된 것으로 보고 있다. 국정원과 경찰의 제주 지하조직 압수수색 영장에 따르면, 진보정당 간부 A씨는 2017년 7월 캄보디아에서 북한 대남공작원을 만나 지하조직 설립방안과 암호통신법 등을 교육받았다. 이후 국내로 돌아와 노동계 간부 B씨, 농민운동가 C씨 등을 포섭해 제주에 'ㅎㄱㅎ'이란 지하조직을 만들었다.

제주도에 지하조직 'ㅎㄱㅎ'을 설립한 국내 진보정당 간부는 2017년 7월 캄보디아 앙코르와트에서 북한 공작원과 접촉한 것을 시작으로 지난해 11월까지 대남공작부서와 수시로 교신했다. 5년 넘게 국가정보원 등의 눈에 띄지 않고 대북보고와 지령을 주고받았는데, 이 과정에서 신종 연락수단인 '스테가노그래피(Steganography)'와 '사이버 드보크(Cyber Dvoke)'를 사용한 것으로 알려졌다.

'스테가노그래피'는 전달하려는 기밀정보를 이미지(jpg), 오디오(mp3), 비디오(mp4), 텍스트(txt) 등 이른바 '커버'라 부르는 다른 미디어에 숨겨서 전송하는 암호화 기법이다. 메시지 자체를 숨기는 것은 물론 메시지 전송 여부도 알지 못하게 하는 것이 목적이다. 2001년 오사마빈 라덴이 9.11 테러를 준비하면서 사용한 스테가노그래피가 대표적이다.

제주도 조직이 사용한 '사이버 드보크'는 문자 그대로 '사이버 무인 매설함'이란 뜻이다. 과거 간첩들은 접선과정에서 적발되는 위험을 피하기 위해 한 사람이 제3장소(무인 포스트)에 지령문 등을 놓고 가면 그다음 사람이 시간차를 두고 나타나 챙겨가는 식으로 교신했다. 사이버드보크는 이런 교신방식을 사이버공간으로 옮긴 것이다.

문재인 정부 시절엔 '한미군사훈련 중단, 미제무기 도입반대운동을 전개하라'는 지령이, 윤석열 정부출범 즈음엔 '진보·촛불 세력과 연대하고 중도 층을 규합해 반정부 투쟁에 나서라'는 지령 등이 내려왔다. 일부지령은 실제 '이행했다'고 북에 보고했다. 비슷한 일들이 창원·전주 등에서도 연쇄적으로 일어났다. 모두 해외접선-지하조직 구축-반미·반정부 투쟁의 수순을 밟았다. 이번 사건은 2021년 8월 적발된 '자주통일 충북동지회' 사건을 연상시킨다.

대부분 문재인 정부시절 벌어진 일이다. 북한과의 '평화 쇼'에 집착하던 문재인 정부는 국정원을 남북대화 창구로 전락시켜 사실상 대공수사를 봉쇄했다. 군의 방첩기능과 검찰의 내공수사 기능도 대폭 축소하는 등 대공수사기관을 무력화 해 북한간첩과 국내 종북세력들에게 활동공간을 제공했다. 지금까지 드러난 것은 빙산의 일각일 것이다. 이들 사건은 모두 국정원의 베테랑 대공수사 요원들이 10년 이상 추적해왔다.

국정원의 해외 방첩 망이 가동되지 않았다면 해외 접선증거를 확보하기 어려웠다는 공통점도 있다. 수십 년간 쌓인 국정원의 대공수사 노하우가 1년 뒤 사장(死藏)될 위기다. 문재인 정부시절 강행처리한 '국정원법 개정안'에 따라 국정원의 대공수사권이 내년 1월 경찰로 이관되기 때문이다. 대공수사의 경험 없는 경찰에 국정원 수준의 대공수사 역량(力量)을 기대하긴 어렵다. 하루빨리 바로잡아야 한다.

2. 간첩, 간첩행위, 국가기밀, 간첩방조, 불고지죄의 의미 및 간첩행위의 착수와 기수 시기

가. 간첩·간첩행위의 개념

'간첩(間諜)'이란 적국을 위하여 국가 기밀사항을 탐지, 모집하는 행위를 말말하며(1960. 7. 30. 4293 刑上67), 이러한 기밀에 속하는 이상 국내에서 비록 신문, 잡지, 라디오 등에 보도되고 알려진 사항이라고 하더라도 북괴집단에 유리한 자료가 될 경우에는 역시 기밀사항이라고 보아야 한다(대판 1987. 9. 8. 87도1446).

'간첩행위(間諜行爲)'란 군사상의 기밀뿐만 아니라 정치, 경제, 문화, 사회 등 각 방면에 걸쳐 우리나라의 국방정책상 북한괴뢰집단에 알리지 아니하거나 확인되지 아니함이 우리나라의 이익이 되는 모든 기밀(機密)사항을 탐지, 모집하는 것을 말 한다(대판 1978. 6. 13. 78도756).

나. 국가기밀의 의의

국가보안법상 간첩죄의 대상이 되는 '국가기밀(國家機密)'이란 순전한 의미에서의 국가기밀에만 국한할 것이 아니고 정치, 경제, 사회, 문화 등 각 방면에 걸쳐서 대한민국의 국방정책상 북한괴뢰집단에게 알리지 아니하거나 확인되지 아니함이 대한민국의 이익이 되는 모든 기밀사항이 포함되고, 이러한 기밀사항이 국내에 일반적으로 알려진 것이고 일상생활을 통해서 경험할 수 있는 것이라 할지라도 북한괴뢰집단에게 유리한 자료가 될 경우에는 이를 탐지, 수집하는 행위는 간첩죄를 구성한다(대판 1987. 5. 26, 87도432).

다. 간첩 방조·불고지죄의 개념

간첩인 정(情)을 알면서 편의(便宜)를 제공하여 이를 방조(幇助)하면 '간첩방조죄(間諜幇助罪)'가 성립한다(1959. 6. 30. 刑上145). 국가보안법 제3조, 제4조, 제5조 제1항·제3항·제4항의 죄를 범한 자라는 정을 알면서 수사기관 또는 정보기관에 고지(告知)하지 아니한 자는 5년 이하의 징역 또는 200만원 이하의 벌금에 처한다.

'불고지죄(不告知罪)'가 성립하기 위하여는 본범의 행위가 반공법 제3조 내지 제7조의 죄를 범한 행위자라는 사실을 확실히 인식하고도 이를 수사 정보기관에 고지하지 아니함으로써 성립한다(대판 1972. 2. 22. 71도2247).

라. 간첩행위의 착수와 기수 시기

간첩의 목적으로 외국 또는 북한에서 국내에 침투 또는 월남하는 경우에는 기밀탐지가 가능한 국내에 침투 상륙(上陸)함으로써 간첩죄의 실행의 '착수(着手)'가 있다고 할 것이다(대판 1984. 9. 11. 84도1381). 간첩으로서 군사기밀을 탐지, 모집하면 그로써 간첩행위는 '기수(旣遂)'가 되고 그 모집한 자료가 지령자에게 도달됨으로써 범죄의 기수가 되는 것은 아니다(대판 1963.12.12. 63도312).

3. 국가보안법의 위헌여부 및 북한지역에 대한민국의 주권이 미치는지 여부

국가보안법 및 반공법(폐지)은 헌법이 지향하는 조국의 평화통일과 자유민주적 기본질서를 부인하면서 공산계열인 북괴 등 불법집단이 우리나라를 적화변란하려는 활동을 봉쇄하고 국가의 안전과 국민의 자유를 확보하기 위하여 제정된 것이므로 헌법에 위배된다고 할 수 없다(대판 1987. 7. 21. 87도1081).

우리 헌법이 전문과 제4조, 제5조에서 천명한 국제평화주의와 평화통일의 원칙은 자유민주적 기본질서라는 우리 헌법의 대전제를 해치지 않는 것을 전제로 하는 것이므로, 아직도 북한이 막강한 군사력으로 우리와 대치하면서 우리사회의 민주적 기본질서를 전복할 것을 포기하였다는 명백한 징후는 보이지 않고 있어 우리의 자유민주적 기본질서에 대한 위협이 되고 있음이 분명한 상황에서 국가의 안전을 위태롭게 하는 반국가활동을 규제함으로써 국가의 안전과 국민의 생존 및 자유를 확보함을 목적으로 하는 국가보안법이 헌법에 위배되는 법률이라고 할 수 없고, 국가보안법의 규정을 그 법률의 목적에 비추어 합리적으로 해석하는 한 같은 법 소정의 각 범죄 구성요건의 개념이 애매모호하고 광범위하여 죄형법정주의의 본질적 내용을 침해하는 것이라고 볼 수도 없다(대판 1997. 5. 16. 96도2696).

북한 지역은 구 헌법(1948. 7. 12. 제정) 제4조에 의하여 대한민국의 영토에 속하는 한반도의 일부를 이루는 것이므로 이 지역에는 대한민국의 주권이 미칠 뿐이요, 대한민국의 주권과 부딪치는 어떠한 주권의 정치도 법리상 인정될 수 없다고 보아야 될 것이다(대판 1961.9.28. 4292 行上48). 북한괴뢰집단은 우리 헌법상 반국가적인 불법단체로서 국가로 볼 수 없으나 간첩죄의 적용에 있어서는 이를 적국(敵國)에 준하여 취급하여야 한다(대판 1983. 3. 22. 82도3036).

북한이 UN에 동시에 가입하였고, 남·북한 총리들이 남북 사이의 화해, 불가침 및 교류협력에 관한 합의서에 서명하였다는 등의 사유가 있었다고 하더라도 북한이 국가보안법상 반국가단체가 아니라고 할 수는 없다(1998. 7. 28. 98도1395).

북한은 조국의 평화적 통일을 위한 대화와 협력의 동반자임과 동시에 적화통일노선을 고수하면서 우리의 자유민주주의 체제를 전복하고자 획책하는 반국가단체라는 성격도 아울러 가지고 있다고 보아야 하고, 남북 정상회담의 성사 등으로 북한의 반국가단체성이 소멸하였다고 볼 수는 없다(대편 2003. 5. 13. 2003도604).

4. 전국에 뿌리내린 간첩단 지하조직의 발본색원

창원·진주와 제주 등지에 지하조직을 건설해 간첩활동을 벌인 혐의로 수사 받고 있는 진보정당과 노동계 인사들이 모두 북한 공작원 한 명의 지시를 받은 것으로 알려졌다. 북한 노동당 문화교류국 소속의 김명성이란 공작원이 2016년 창원 총책을, 2017년엔 제주 총책을 각각 동남아로 불러들여 지하조직 결성을 지시했다. 그 뒤 '윤석열 규탄' '민노총 침투·장악' 같은 지침을 지속적으로 내려 보냈다. 공안당국은 김명성의 지시를 받은 지하조직이 남부지방뿐 아니라 수도권에도 만들어진 정황을 포착했다고 한다.

김명성은 북한 문화교류국 동남아 거점장으로 알려졌다. 문화교류국도 북한의 여러 대남공작 기관 중 하나일 뿐이다. 총본산인 정찰총국, 국정원 격인 국가보위성과 인민군 보위국 등이 저마다 대남공작활동을 하고 있다. 지금까지 드러난 것은 빙산(氷山)의 일각이다. 이번 사건은 국정원 대공수사권의 필요성을 다시 일깨워 주고 있다. 국정원 요원들이 창원.제주 지하조직의 존재를 알아차린 건 10년이 넘었다고 한다. 증거를 축적하는 과정에서 각 지역 총책들이 해외에서 북한 공작원을 접촉한다는 단서를 잡았고, 접선현장에서 사진과 녹음 파일 등 물증을 확보했다.

현실적으로 국정원의 대공수사 시스템이 아니었으면 불가능한 일이다. 2013년 적발된 '이석기 내란음모사건'은 내사만 3년 넘게 했다. 운동권 출신들이 북한 지령에 따라 간첩활동을 한 '왕재산 사건'도 국정원 요원들이 중국 등을 오가며 장기간 축적한 결과였다. 이런 직무를 가장 잘 수행할 수 있는 조직이 국가정보원이다.

문재인 정부는 국가정보원을 간첩 수사나 국외 및 북한에 대한 정보활동이 아닌 '남북대화 창구'로 전락시켰다. 오히려 국정원의 간첩수사를 방해했다는 증언이 많다. 수사팀이 압수수색이나 체포 필요성을 말해도 수뇌부가 결재를 해주지 않았다는 것이다. 그 결과 2011~2017년간 26건이던 간첩적발건수가 문재인 정부 때 3건으로 격감했다.

문재인 정부는 아예 국가정보원의 대공(對共) 수사권(搜査權)을 폐지키로 하고 2020년 더불어민주당 단독으로 국정원의 대공수사권을 폐지하는 '국가정보원법 개정안'을 통과시켰다. 이 개정법에 따라 1년 뒤엔 간첩수사 경험도 없고, 해외 방첩망(防諜網)도 없는 경찰이 대공수사권을 독점한다.

국외 및 북한에 관한 정보, 방첩, 대테러, 국제범죄조직에 관한 정보의 수집 및 수사에 관한 직무수행 능력은 하루아침에 만들어지는 것이 아니라 수십 년간 집적(集積)된 노하우의 결정체(結晶體)다. 그래서 북한이 가장 두려워하는 것이 국가정보원이다.

대공수사권의 경찰 이관(移管)을 앞두고 국정원은 연말까지 검경과 '대공합동수사단'을 상설 운영하기로 했다. 국정원은 합수단을 통해 자신들의 대공수사기법(對共搜査技法)을 경찰에 공유(共有)하겠다고 했다. 그러나 내년이면 간첩이 활개 치는 세상이 올 것이라고 걱정한다. 합수단이 국가안보를 지키는 대책이 되지 못한다는 우려 때문이다.

세계 어디에도 문재인 정권과 같이 간첩이 활개 치도록 방임(放任)하는 나라는 없다. 김정은과 민노총의 눈치나 본 문재인 정권 5년이 간첩천국을 만든 진원지(震源地)가 된 것이다. 간첩이 활개 치는 '간첩천국(間諜天國)'이 되기 전에 전국에 뿌리내린 간첩단 지하조직을 발본색원(拔本塞源)하여 의법조처(依法措處)하기 위하여 내년 총선 이후 국정원의 대공수사권을 복원하여 원(元) 위치(位置)하기 위한 국전원법을 재개정함으로써 우리나라를 지켜야 한다.

5. 민주노총 핵심부에 북한 지하조직 침투

국가정보원과 경찰이 민노총 전·현직 간부 등 4명이 동남아에서 북한 공작원을 접촉한 혐의를 포착해 2023년 1월 18일 민노총 본부 등 10여 곳을 압수수색했다. 민노총 조직국장 A씨는 2017년 캄보디아 프놈펜, 2019년 베트남 하노이에서 북한 노동당 산하 대남공작기구인 문화교류국 공작원을 접촉한 혐의를 받고 있다. 또 민노총 산하 금속노조의 전(前) 부위원장 B 씨는 2019년 베트남 하노이에서, 보건의료노조 조직실장 C씨와 금속노조 출신으로 알려진 제주평화쉼터 대표 D씨는 2017년 캄보디아 프놈펜에서 각각 북한 공작원을 접촉한 혐의가 있다고 한다.

국가정보원은 국가보안법위반 혐의로 수사 중인 민주노총 보건의료노조 조직실장이 2019년 8월 중국 다롄에서도 북한 대남공작원들을 만난 정황이 포착된 것으로 19일 알려졌다. 국정원은 이 간부와 민노총 조직국장, 금속노조 전 부위원장, 제주평화쉼터 대표 등 국보법위반 수사대상인 4명이 접촉한 북한 공작원 5명의 신원도 모두 확보했다. 북한 5명의 공작명은 배성룡·김일진·전지선·리광진 그리고 '40대 공작원'인 것으로 확인됐다.

A씨 등 4명은 폭력, 공무집행방해 등의 전과(前科)가 있는 것으로 전해졌다. A씨는 2000년대 '제1기 반미·반전 민족공조 경기지역 통일선봉대'에서 활동하며 국가보안법 철폐, 주한미군철수 등을 주장했다. B씨는 기업구조조정 저지를 위한 '쇠사슬 투쟁'을 벌였다. C씨는 코로나 국면에서 주로 활동했고, D씨는 국가보안법 폐지를 주장하며 "국가보안법으로 수많은 사람들이 감옥에 가는 등 고통을 받고 있는데 아직 없어지지 않고 있다"

고 했다.

국정원과 경찰은 이날 서울 중구 민노총 사무실과 영등포구 보건의료 노조 사무실, 제주평화쉼터, A씨 주거지 등 10여 곳을 압수수색했다. 국정원은 최근 창원과 제주 지하조직 적발 이후 증거인멸 정황이 포착돼 급히 강제수사로 전환했다고 한다. 법원은 혐의자 4명에 대한 압수수색영장을 모두 발부했다. 민노총 핵심부에 북한 지하조직이 침투한 것이 사실일 가능성이 커지고 있다. 민노총은 '주한미군 철수' '사드배치 철회' 등 반미투쟁에 주력해 왔다. 작년 6월 집회 명칭은 '반미자주노동자대회'였다.

민노총은 이날 "국가보안법을 앞세운 이념, 색깔 덧씌우기 공작, 이를 통한 공안통치의 부활"이라며, "민노총을 음해하고 고립시키려는 윤석열 정권의 폭거에 맞서 강력한 투쟁에 돌입할 것"이라고 반발하며 압수수색 수사관들에게 욕설을 퍼부었다. 이번 압수수색은 국정원과 경찰이 북한 공작원 해외접선 등 수년간 숙석한 물증(物證)을 바탕으로 진행 된 것이다.

국가정보원이 민노총 핵심간부의 북한 공작원 접촉을 확인한 시점은 2017년이었으나 압수수색 등 본격적 수사가 이뤄진 것은 6년이 흐른 2023년이다. 이와 관련, 방첩당국 관계자는 18일 "당시 문재인 국정원의 윗선에서 남북관계 등을 이유로 사실상 수사를 뭉개고 미뤘던 것으로 안다"고 했다. 지난 2018년 문재인 정부는 남북, 미.북 정상회담 등 대북 이벤트에 몰두하고 있었다. 판문점 남북 정상회담, 싱가포르 미.북 회담, 평양 정상회담 등이 이어졌다.

국민의힘은 18일 민노총 핵심간부가 연루된 국가보안법위반 혐의사건에 대해 "철저한 수사"를 촉구했으나 더불어민주당은 별다른 공식입장을 내지 않았다. 정의당 김희서 수석대변인은 브리핑에서 "사전 협의도 없이 곧 바로 체포 작전 하듯 대대적인 공권력을 투입한 건 과도한 공권력 남용"이라며 "매우 유감스럽다"고 했다. 민노총 내부의 북한 지하조직이 적발된 것인지, 공안통치의 부활인지는 수사와 재판을 통해 실체적 진실이 밝혀질 것이다.

6. '북이 화낼까 간첩수사 막았다'는 전 국정원 방첩국장의 폭로

문재인 정부 당시 국가정보원이 민주노총 핵심간부들의 북한 공작원 접촉사실을 확인하고서도 윗선의 반대로 5년간 수사를 하지 못했다는 내부폭로가 나왔다. 간첩수사에 북한이 반발해 남북관계가 악화될까봐 국정원 수뇌부가 수사허가를 내주지 않았다는 것이다. 간첩을 잡고 대북정보를 수집해야 할 국정원이 오히려 간첩수사를 방해하고 북한의 대난공작을 도왔다는 것이다.

국가정보원이 민노총 전·현직 간부들의 북한 공작원 접촉혐의 등을 수사 중인 가운데 김석규 전 국정원 방첩국장이 최근 동료들에게 보낸 글이 주목 받고 있다. 그는 문재인 정부 출범직후 민간인사찰혐의(국정원법위반)로 기소돼 7개월간 복역 후 지난달 27일 사면·복권됐다. 김 전 국장은 "종북 주사파 정권이 정보전쟁 전사(戰士)들을 무장해제(武裝解除)시킨 것을 원상회복(原狀回復)시켜야 한다"며 "대공수사권을 경찰에 이관(移管)하는 건 바보 같은 짓"이라고 했다.

김 전 국장은 국내 간첩활동을 탐지하는 부서장을 지냈으며 재판 당시 "이적(利敵)단체 간부동향 내사(內査)는 민간인 사찰(査察)이 아니라 국정원의 고유한 임무"라고 주장했으나 받아들여지지 않았고, 2018년 8월 법정구속됐다. 그는 "문재인 일당이 정권을 잡은 뒤 국정원 해체작업을 시작했다"며 "(국정)원장 서훈과 정해구(국정원 개혁발전위원장) 일당이 국가 최고정보기관의 메인 서버를 열어 사안들을 선별적으로 끌어냈고, 일체 방어권 허용도 없이 직원 400명을 조사하고 40여명을 사법처리했다"고 말했다.

김 전 국장은 "적화통일(赤化統一) 야욕(野慾)을 한시도 거두지 않는 북한과 대치하는 상황에서 침투간첩을 상대하는 국정원 역할을 약화시킨 것은 자승자박(自繩自縛)이고 어리석은 일"이라며 "정보전쟁 전사(戰士)들을 무장해제(武裝解除)시켜 놓은 것을 원상회복(原狀回復)해야 한다. 분단내치 중 간첩을 상대하는 정보수사기능을 비전문적인 경찰에 넘긴다는 건 바보 같은 짓"이라고 했다.

국가정보원은 2017년 민주노총 조직국장 등 간부들이 캄보디아와 베트남 등지에서 북 공작원 4명과 접촉하는 현장포착 후 영상과 사진 등 증거자료를 확보하고 수사를 확대해야 한다고 수차례 보고했으나 수뇌부는 "남북관계를 지켜보고 하자" "증거를 더 모아야 하지 않느냐"며 결재를 해주지 않았다고 한다. 그 시기 문재인 정부는 남북, 미·북 정상회담 등 대북 이벤트에 정신이 팔려 있었다.

수사팀이 "압수수색을 해야 한다"고 보고서를 올리자 고위간부는 휴가를 내고 수일간 나오지 않았다고 한다. 계속 결재를 안 하면 '직무유기'가 되고, 수사하지 말라고 지시하면 '직권남용'이 문제되기 때문에 아예 자리를 비웠다는 것이다. 문재인 정부는 국정원을 간첩수사나 대북 정보수집기관이 아닌 '남북대화창구'로 전락(轉落)시켰다. 세계에서 '간첩을 봐주고 내버려 두는 나라'는 문재인 정권밖에는 없다. 전 국정원 방첩국장 김석규 씨는 동료들에게 보낸 편지에서 "문 정권이 정보전쟁 전사(戰士)들을 무장해제(武裝解除)시켰다"고 했다. 누가 천인공노(天人共怒)할 이런 만행(蠻行)을 저지른 것인지 그 진상(眞相)을 밝혀야 한다.

7. 창원 간첩단 혐의 4명 구속 기소

검찰이 경남 창원의 이적(利敵)단체인 '자주통일 민중전위(자통)' 총책 황모씨(60) 등 조직원 4명을 15일 국가보안법위반 및 범죄단체활동 혐의로 구속기소했다. 황씨 등은 북한 노동당 대남공작기구인 문화교류국 공작원들과 캄보디아 등에서 접선해 공작금 7000달러를 수수한 뒤 북한지령에 따라 국내에서 반정부 투쟁, 반미활동, 소셜미디어(SNS)를 통한 여론조작 등을 했다는 혐의를 받고 있다. 서울중앙지검 공공수사 1부(부장(이희동)에 따르면, 북한이 내린 수십 개 지령에는 윤석열 대통령을 겨냥한 내용이 다수 포함돼 있었다.

2021년 4월 북한은 '윤석열 후보 대망(大望)론'에 적극 대응하라고 지시했다. 검찰이 15일 '자주통일 민중전위(자통)' 일당을 구속기소하면서 발표한 중간수사 결과에는 북한이 2016년 3월부터 최근까지 포섭해 조직한 자통을 통해 국내정치와 사회에 영향을 미치려한 사실이 자세히 담겨있다. 적화통일을 포기하지 않은 북한이 민노총과 좌파정당에 자통 조직원을 침투시켜 노조파업과 반(反)정부, 반미(反美)활동을 조직화했다는 내용이다. 북한이 내린 지령은 다음과 같다.

첫째, '반미' '한일 갈등조장' 지령이다. 북한은 국내정치 및 대미(對美) 외교 분야와 관련해 2016년부터 김명성 등 북한 대남 공작기구인 문화교류국 공작원 7명을 통해 자통에 지령을 내렸다. 지령은 '스테가노그라피'라는 프로그램을 통해 암호화된 문서로 전달됐다. 북한은 작년 6월 '민노총의 노동자 대회 등을 계기로 윤석열 패당을 통치위기에 몰아넣을 것'이란 지령을 내렸다. 또 자통은 작년 10월 윤 대통령 지지율 하락을 북에 보고했고, 북측은 "윤석열 역적 패당에 대한 불신과 배척분위기가 고조되고 있으니 윤석열 퇴진을 요구하는 제2의 촛불 국민 대항쟁을 일으키는데 목표를 두라"는 지령과 함께 '지역별 촛불 시위 후 상경단 조직' '쌀값안정을 위한 농민투쟁에 촛불집회 도입'등 방안을 하달했다.

둘째, '노동자·농민의 반정부 투쟁 조직화' 지령이다. 북한은 민노총의 노동자 대회를 한 달 앞둔 작년 6월 "민노총이 7월 중에 단체 총파업과 같은 대규모 집중투쟁을 격렬하게 벌여 전반적인 반정부투쟁을 주도해 나가게 하라"는 지령을 내렸다. 북한은 20~30대 젊은 노동자들이 집중된 대기업의 지역 노조원을 포섭하라고도 지시했다. 또 "농민운동 단체들의 미국 쌀 수입문제 등에 대한 투쟁" 지령(2021년 4월), "전국농민회총연맹(전농)을 통해 일본·호주 등 11국 경제협력체인 '포괄적·점진적 환태평양경제동반자협정(CPTPP)' 가입에 저지하는 반미·반보수 투쟁" 지령(2022년 5월) 등도 내렸다.

셋째, '보수 유튜버 고소·고발 공작 지령이다. 북한은 조선일보 폐간(廢刊)운동을 독려(督勵)하는 지시도 내렸다. 북한은 2021년 7월 자통에 '조선일보 폐간을 요구하는 청와대 국민청원 참가자 수가 30만 명을 돌파하고 조선일보 폐간운동본부가 조직되고 있다'면서 '진보운동단체 등을 적극 내세워 여론전 및 내적활동을 벌여 청와대 국민청원 참가자 수를 늘리라'고 했다고 한다. 또 "보수 성향 유튜브 채널에 대해 고소·고발전을 진행하라" "자통 조직원이 보수 유튜브 채널에 들어가 사회적 물의를 일으킬 수 있는 댓글·만평을 올려 법적문제를 일으키는 역공작을 펼칠 것" 등 지령도 보냈다.

검찰은 15일 '자통' 조직원 4명을 국가보안법위반 혐의 등으로 구속기소하면서 "자통은 김일성·김정일 주의, 주체사상을 지도이념으로 삼고 김정은의 영도로 북한의 대남 혁명전략 완수를 목표로 비밀리에 활동하는 범죄 집단"이라고 규정했다. 자통은 활동목표인 강령(綱領)과 행동수칙인 규약(規約)을 북한에서 하달 받은 것으로 조사됐다. 자통 총책인 황모(60)씨와 조직원 정모(44)씨 등은 2016년 캄보디아에서 북한 공작원을 접선하면서 김정은에게 보내는 '충성 결의문'도 작성했다고 한다.

문재인 정부는 국정원의 대공 수사권(對共 搜査權)을 박탈하고 기무사를 해체했다. 최근 간첩혐의 등으로 구속된 민노총 전·현직 간부들과 제주·창원 지역의 간첩 혐의자들이 북한 공작원(工作員)들에게 포섭(包攝)된 것이 대부분 문재인 정부시절이었던 것은 우연(偶然)이 아니다. 특히 민노총 조직 국장 등은 평택·오산 기지(基地)등에 접근해 활주로, 탄약고, LNG 저장시설 뿐아니라 미군 정찰기와 패트리엇 포대 등을 촬영해 북에 보고했다고 한다.

"청와대 등 주요기관에 대한 송전선망(送電線網) 체계를 입수해 마비(痲痹)시킬 수 있도록 준비하라"는 북한 지시도 받았다고 한다. 북한 주민은 굶어 죽어 가는데 김정은은 한국을 공격할 핵폭탄 제조에 광분(狂奔)하고 있다. 아직도 이러한 북한을 추종추앙(追從推仰)하면서 간첩행위를 하는 자들이 늘어나 간첩천국이 되었다고 한다. 방첩(防諜)당국은 간첩혐의자를 적발하여 처벌하는데 그칠 것이 아니라 이들이 북한을 추종하게 되는 과정(過程)을 파악해 근본대책을 수립해야 한다.

8. 민주노총·통진당 인사들의 수차례 방북과 간첩활동 여부

민주노총이 2003년 이후 단체 명의로 북한을 114차례 다녀온 것으로 나타났다. 내란선동 혐의로 해산된 통합진보당 인사들은 101회나 방북했다. 금강산이나 개성공단이 아닌 대부분 평양방문이었다. 민주노총은 전·현직 간부들이 북한 지령에 따라 반(反) 국가·이적 활동을 한 간첩혐의로 수사를 받고 있다. 이런 간첩활동이 방북과 관련 있는 것이 아니냐는 합리적 의심이 들 수밖에 없다.

민주노총은 노무현 정부 시절 87회, 문재인 정부 때 5회 북한을 다녀왔다. 통진당 방북도 노무현 정부 때 집중됐다. '남북 노동자 통일대회' '6.15 남북공동선언 연대 모임' '남북 축구 대회'등 명목이었다. 전세기까지 동원한 방북이 많았다. 하지만 이들의 북한 행적(行績)은 제대로 파악되지 않고 있다. 민주노총 전·현직 간부 4명은 해외에서 북한 공작원과 접촉해 '청와대 등 주요기관에 대해 송전선망 체계를 입수해 마비시키도록 준비하라'는 지시를 받는 등 국가보안법 위반 혐의로 구속됐다. 이들은 북한에서 반미·반정부 시위 지침을 받고 핼러윈 참사 때 '퇴진이 추모다' 등 시위 구호까지 전달받았다.

이들 중 핵심인 민주노총 조직국장은 개인 자격으로만 3차례 방북했다. 민주노총 단체방북 때도 갔을 가능성이 있다고 한다. 그는 이후 100여 차례 북한과 접촉해 대남 지령문과 보고문을 주고받으며 활동자금을 받은 혐의를 받고 있다. 그는 평택·오산 기지 등에 접근해 활주로, 탄약고, 미군 정찰기, 패트리엇 포대, LNG저장시설 등을 촬영해 북한에 보고했다. 통진당을 이끈 이석기 전 의원은 2005년 등 두 차례 방북했다. 당시 이석기 전 의원은 민혁당 사건으로 유죄확정 판결을 받은 뒤 가석방 상태였다. 국가보안법 사범이 형기 중에 북한을 방문하도록 노무현 정부가 허가한 것이다.

좌파 정당과 단체, 노조의 일부 인사들은 북한에서 한편처럼 행동한 것으로 알려졌다. 하지만 정부는 이들이 방북 때 '누구를 접촉'하고 '어떤 활동'을 했는지 실상도 파악하지 못하고 있다. 북한 주민 접촉신고를 하지 않아도 과태료는커녕 서면 경고뿐이다. 민주노총을 비롯해 창원·진주·제주 등 전국에 지하 간첩조직이 판치는 것도 이와 무관치 않을 것이다 (2023.5.3. 조선일보사설)라고 보도됐다.

9. 간첩단 사건 피고인들의 사법방해와
증거인멸을 위한 꼼수

간첩단 사건으로 기소된 '자주통일 민중전위'와 제주 'ㅎㄱㅎ(한길회)' 사건 피고인들이 지난달 24일 법원에 국민참여재판을 신청했다고 한다. 간첩단 사건의 재판이 진행 중인 서울중앙지법과 제주지법에 같은 날 국민참여재판을 신청한 것이다. <국민의 형사재판 참여에 관한 법률(2007년 6월 1일 법률 제8495호)>에 의한 "국민참여재판"이란 배심원(이 법에 따라 형사재판에 참여하도록 선정된 사람)이 참여하는 형사재판을 말 한다.

누구든지 이 법으로 정하는 바에 따라 국민참여재판을 받을 권리를 가진다(제3조 제1항). 배심원은 국민참여재판을 하는 사건에 관하여 사실의 인정, 법령의 적용 및 형(刑)의 양정(量定)에 관한 의견을 제시할 권한이 있다(제12조 제1항). 배심원의 평결과 의견은 법원을 기속(羈束)하지 아니한다(제46조 제5항). 배심원의 평결 결과와 다른 판결을 선고하는 때에는 판결서에 그 '이유'를 기재하여야 한다(제49조 제2항).

배심원 평결은 권고적(勸告的) 효력만 있으나 재판부가 평결 결과와 다른 판결을 선고하는 때에는 판결서에 그 '이유'를 기재해야 하므로 재판부는 배심원 평결을 따르는 경우가 많다. 이 사건 변호인들은 "낡은 국가보안법을 근거로 피고인들을 처벌할 가치가 있는지 국민의 상식적 시각이 필요하다"고 했다. 간첩단 사건에 대해 국민을 상대로 한 '여론 재판'을 하겠다는 꼼수다.

간첩수사 정보가 공개되면 향후 수사에 지장을 초래할 수 있으므로 검찰은 반대 입장을 표명(表明)했다. '자주통일 민중전위'와 제주 'ㅎㄱㅎ' 사건 재판에 증인으로 출석할 수십 명이 간첩수사에 관여한 국정원 직원이다. 이런 간첩단 사건이 국민참여 재판으로 진행된다면 수사기관의 수사방식을 해당 사건의 공범이나 북측에서 실시간(實時間)으로 알게 될 것이다. 이전에 간첩단사건 재판이 비공개(非公開)로 진행되는 경우가 많았던 것도 그런 이유 때문이었다. 재판지연(裁判遲延)과 증거인멸(證據湮滅)의 우려도 있다.

국민참여 재판을 신청한 두 사건 피고인들은 검찰에 송치된 후 검찰의 출석 요구를 모두 거부했고, 일부는 단식투쟁까지 벌였다고 한다. 두 사건의 변호인으로 참여하는 민변소속 변호사는 2011년 간첩단사건 변호 중 핵심 증인에게 묵비권(黙秘權) 행사를 종용(慫慂)했던 사람이다. 두 사건 피고인들은 북한 공작원(工作員)으로부터 지령(指令)을 받고 반정부활동을 한 혐의로 기소됐다. 간첩 혐의를 받는 자들이 국민참여재판법을 이용해 재판을 농락(籠絡)하고 지연(遲延)시키며 증거를 인멸하는 것을 용인(容認)할 수는 없다.

북한 공작원의 지령을 받고 반(反)정부 활동을 한 혐의로 기소된 간첩단 사건의 피고인들이 '사법의 민주적 정당성과 신뢰'를 높이기 위한 국민참여재판을 신청하는 행위 자체가 이율배반(二律背反)이며, 언어도단(言語道斷)의 파렴치(破廉恥)하고 치졸(稚拙)한 작태(作態)로서 재판지연과 증거인멸을 위한 사법방해 꼼수로 적반하장(賊反荷杖)이다.

간첩활동을 한 혐의로 민노총 전직 간부 4명이 구속 기소됐다. 이들의 사무실과 주거지 등에서 발견된 북한 지령문만 90건으로, 역대 간첩사건 중 최다라고 한다. 한국의 대표적 노조간부들이 북한의 지령(指令)을 받고 움직였다. 이들이 북한에 보고한 문건 24건도 적발됐다. 북한 지령은 한국에 정치 이슈(issue)가 있거나 큰 사건이 있을 때마다 하달(下達)됐고, 주로 반정부 투쟁을 선동(煽動)하는 내용이었다.

이들이 기소된 날 민노총은 대통령실 앞에서 '윤석열 정권 퇴진'을 요구하는 어처구니없는 집회를 열며 간첩수사를 '공안탄압(公安彈壓)'이라고 해오면서도 한 번도 제대로 해명한 적이 없다. 북한과 민노총 관계의 실체적 진실을 철저히 규명해 일벌백계(一罰百戒)로 다스려 간첩단을 발본색원(拔本塞源)해야 한다.

청주 지역 노동계 인사들이 북 공작원과 접선한 뒤 반(反) 국가 활동을 했다는 이적(利敵)단체인 '자주통일 충북동지회' 사건 피고인들은 재판 중 위헌심판제청을 했고 변호인을 4차례나 교체했다. 법관 기피신청도 2차례 냈는데 신청이 기각되면 항고·재항고를 반복해 최종 기각까지 210일이 걸려 기소된 지 2년이 넘었지만 아직도 1심 재판이 진행 중이다. 이로서 구속됐던 피고인들은 이미 다 풀려났다.

최근엔 국민참여 재판 신청이 '신종 재판 농락 수법'으로 등장했다. 국민참여 재판신청 심리기간은 구속기간산정에 포함되므로 이를 노리고 지난 3월 기소된 창원의 '자주통일민중전위' 사건 피고인들이 국민참여 재판을 신청한 것이다. 이들은 서울이 아닌 창원에서 재판을 받겠다며 관할이전 신청을 했다가 기각 당하자 국민참여 재판을 신청했다. 그 신청에 불허

당하자 항고·재항고를 반복해 재판을 지연하다 지난 8월 가까스로 재판이 열리자 또 법관 기피신청을 하고 재판장을 고발해 재판이 중단됐다.

"기피(忌避)신청이 소송의 지연을 목적으로 함이 명백한 때에는 신청을 받은 법원 또는 법관은 결정으로 이를 기각한다(형사소송법 제20조 제1항)."고 규정하고 있다. 그러나 간첩사건 피고인들의 법관 기피신청사유는 "위헌심판제청 결정을 신속히 안 했다" "보석을 허가해 주지 않았다" 등 비합리적인 것으로 소송지연 의도가 명백함에도 재판부가 기피신청을 기각하지 않고 판단을 다른 재판부로 넘겨 재판이 지연되는 것이다.

간첩사건 피고인들의 '소송의 지연'을 목적으로 한 기피신청 등 재판농락에 의한 사법방해는 갈수록 집요(執拗)하고 교활(狡猾)해지나 법은 무르고 정치 판사들은 투지(鬪志)도 없고 무기력(無氣力)하고 속수무책(束手無策)으로 질질 끌려 다니고 있다. "정치는 법률에 적용되어야 하지만 법률은 정치에 적용되어서는 아니 된다(Politics are to be adapted to the laws, and not the laws to politics.)."고 했다.

간첩사건 피고인들의 명백한 소송지연에 대해선 재판장의 엄정(嚴正)하고 신속한 소송지휘권(訴訟指揮權 : 형사소송법 제279조) 행사로 제동을 걸어 기피신청을 기각할 의지와 자신감이 있어야 재판농락에 의한 사법방해(司法妨害)를 막을 수 있다. 재판은 허망(虛妄)한 것이어서는 안 된다. 그것은 적당(適當)한 효과를 발휘해야 하는 것이다.

간첩사건의 교활한 피고인들의 재판 농락(籠絡)에 의한 사법방해 공작

(工作)에 판사가 놀아나는 허수아비가 되거나 동조자(同調者) 또는 방조자(幇助者)가 된다면 그것은 '법관에 대한 탄핵사유(헌법 제65조 제1항)'가 될 수 있다. "법률은 정의(正義)의 규범(規範)이다(The law is the rule of right.)" "법률은 정의를 집행하는 것을 태만히 해서는 아니 된다(The law ought not to fail in dispensing justice.)" "범죄를 예방하는데 효과적인 재판은 범죄를 엄벌하는 재판보다 낫다(Justice is better when it prevents rather than punishes with severity.)"고 했다.

10. 간첩사건 피고인들의 재판 농락에 끌려 다닌 판사들의 책임

'창원 간첩단' 사건으로 구속 기소된 피고인 4명이 서울중앙지법의 보석결정으로 석방됐다. 지난 3월 기소된 이들은 창원에서 재판받겠다며 관할이전을 신청했다가 기각 당하자 국민참여재판을 신청했고, 이 역시 불허되자 항고·새항고를 반복해 수개월 동안 재판을 지연시켰다. 지난 8월 첫 공판기일에 피고인들의 인적사항에 대한 진술도 거부하고 법관 기피신청을 하고 재판장을 고발해 재판을 중단시켰다. 결국 1심구속기간이 임박해 보석으로 풀려났다. 간첩 피고인들의 재판 지연 전략에 법원이 속수무책(束手無策)으로 당한 것이다.

지난 4월 구속 기소된 '제주 간첩단' 사건 피고인들은 재판 한번 안 받고 지난 9월 모두 석방됐다. 이들도 국민참여재판 신청 후 항고·재항고를 반복했는데 대법원에서 기각되기까지 187일이 걸렸다. 그사이 재판이 중단됐기 때문이다. 간첩혐의로 지난 5월 기소된 전 민노총 간부들도 같은 수법을 동원해 지난 10월 보석으로 석방됐다. 2년 전 기소된 '충북 동지회' 사건 피고인들도 법관기피 신청, 위헌심판 신청 등 온갖 지연술책을 동원해 이미 다 석방됐다. 새 정부 들어 구속된 간첩사건 피고인들이 재판도 제대로 받지 않고 전원 석방된 것이다.

"지방법원 판사는 국가보안법 제3조 내지 제10조의 죄로서 사법경찰관이 검사에게 신청하여 검사의 청구가 있는 경우에 '수사를 계속함에 상당한 이유가 있다고 인정한 때'에는 형사소송법 제202조의 구속기간을 1차에 한하여 허가할 수 있으며, 검사의 청구에 의하여 수사를 계속함에 상당한 이유가 있다고 인정한 때에는 형사소송법 제203조의 구속기간의 연장을 2차에 한하여 허가할 수 있다. 위 기간의 연장은 각 10일 이내로 한다(국가보안법 제19조)."

간첩사건의 재판은 수사정보 누출, 증거인멸 우려 등으로 국민이 형사재판에 배심원으로 참여하는 제도인 '국민참여재판'으로 하는 것은 부적절하므로 간첩사건으로 구속 기소된 피고인의 국민참여재판 신청에 대하여 법원은 '배제결정'을 해야 할 것이다. "법원은 공소제기 후부터 공판준비기일이 종결된 다음 날까지 '이 법(국민의 형사재판 참여에 관한 법률)에 따른 직무를 공정하게 수행하지 못할 염려가 있다고 인정되는 경우' 또는 '국민참여재판으로 진행하는 것이 적절하지 아니하다고 인정되는 경우' 국민참여재판을 하지 아니하기로 하는 결정을 할 수 있다(제9조 배제결정)."

참여재판 배제조항(제9조)은 국민참여재판의 특성에 비추어 그 절차로 진행함이 '부적당한 사건'에 대하여 법원의 재량으로 국민참여재판을 하지 아니하기로 하는 결정을 할 수 있도록 한 것일 뿐, 피고인에 대한 범죄사실 인정이나 유죄판결을 전제로 하여 불이익을 과하는 것이 아니므로 '무죄추정의 원칙'에 위배된다고 볼 수 없으며, 참여재판 배제조항은 그 절차와 내용에 있어 합리성과 정당성을 갖추었다고 할 것이므로, '적법절차 원칙'에 위배되지 아니한다(헌재결 2014.1.28. 2012헌바298).

법원은 '간첩사건(형법 제98조)'에 대하여는 국민참여재판법 제9조의 규정에 의하여 국민참여재판 신청에 대하여 '배제결정'을 하는 것이 적절(適切)하다고 본다. '형사소송에 관한 특례'로 "판결의 선고는 제1심에서는 공소가 제기된 날부터 '6개월' 이내에, 항소심 및 상고심에서는 기록을 송부받은 날부터 '4개월' 이내에 하여야 한다(소송촉진 등에 관한 특례법 제21조)."는 특례법의 규정에 따라 법원이 판결 선고기간을 준수하는 것이 법원의 책무(責務)요, 사명(使命)이다.

판사들이 위와 같이 관련 법률을 위반하며, 간첩사건 피고인들의 재판 지연 농락에 속수무책(束手無策)으로 끄려 다니다 전원 석방해준 직무유기에 그 모든 책임이 있다고 본다. "법관이 그 직무집행에 있어서 헌법이나 법률을 위배한 때에는 국회는 탄핵의 소추를 의결할 수 있다(헌법 제65조 제1항). 법원이 간첩사건 피고인들의 재판 지연을 위한 사법방해를 방치(放置) 내지 방조(幇助)하다 전원을 석방해준 직무유기에 대한 모든 책임을 져야 할 것이다.

제4장

'세계 7대 우주강국'으로 도약과 '세계 8번째로
초음속 전투기 띄운 한국'

제4장
'세계 7대 우주강국'으로 도약과 '세계 8번째로 초음속 전투기 띄운 한국'

1. 한국형 우주 발사체 누리호 발사 성공

가. 세계 일곱 번째 달 탐사국이 된 한국

우리나라가 독자 개발한 한국형 우주 발사체 누리호가 발사에 성공했다. 누리호에는 12년간 1조9572억 원이 투입됐고, 300여 국내기업이 참여해 개발에 착수한지 12년 3개월만이다. 이번 발사 성공으로 한국은 1t 이상의 실용위성을 쏘아 올리는 발사체 기술을 미국, 러시아, 유럽연합, 인도, 일본, 중국에 이어 세계 7번째 우주 자립국이 됐다. 이로써 한국형 발사체로 우주로 가는 길이 열렸다. 설계에서 제작·시험·발사까지 우리 독자기술로 이뤄낸 첫 주발사체의 성과다.

국내 연구진은 다른 나라 박물관에 전시된 발사체를 찾아다니고, 나로호 발사 당시 방한한 러시아 과학자들이 버린 서류까지 뒤지며 기술을 확보했다고 한다. 이들의 피땀 어린 노력의 결정(結晶)이다. 선진국들은 우주를 미래 산업으로 보고 치열한 경쟁을 펼치고 있다. 우주정거장, 우주호텔, 달기지 등을 짓는 계획이 쏟아져 나오고, 5억 원이 넘는 우주여행 티켓도 수백 장이 팔려나갔다고 한다.

이종호 과학기술정보통신부 장관은 2022년 6월 21일 "오늘은 한국의 과학기술이 위대한 진전을 이뤄낸 날"이라며 "오후 4시 전남 고흥 외나로도 나로 우주센터에서 발사된 누리호는 성능검증 위성을 초속 7.7km로 700km 궤도에 안착시키는데 성공했다"고 밝혔다. 이날 누리호는 1단 엔진 분리, 페어링(위성 덮개) 분리, 2단 엔진 분리, 성능검증위성과 위성 모형 분리 등 정해진 비행계획을 완수했다. 누리호가 쏘아 올린 성능검증 위성과의 첫 교신도 발사 후 42분이 지나 예정대로 남극 세종기지와 이뤄졌다.

나. '한국판 NASA' 설립계획의 추진

한국항공우주연구원은 2027년까지 네 차례 누리호를 더 발사해 신뢰성을 확보한 뒤 기술을 민간에 이전할 계획이다. 올해 8월 5일에는 우리나라 최초의 달 탐사선 '다누리'가 미국에서 발사되고, 2030년에는 우리 발사체로 딜 착륙에 도전한다. 정부는 내년부터 2027년까지 누리호로 실세 위성을 4차례 더 발사해 성능을 검증하고, 누리호를 개량해 2030년 달착륙선 발사 등 심 우주탐사에도 활용한다는 계획이다. 윤석열 대통령의 공약인 '한국판 NASA' 설립을 서두르고, 예산확보와 인력양성 계획도 성공적으로 추진해야 한다.

과거에는 강대국이 정치적, 군사적 목적으로 우주개발을 주도했다면 최근에는 민간 중심의 우주개발이 본격적인 궤도에 오르는 모습이다. 누리호의 성공으로 국내에서도 우주산업 생태계가 더욱 성장할 수 있는 발판이 만들어졌다. 발사체 기술의 민간이전과 공동연구를 통해 우주개발 분야에서 기술력을 갖춘 기업을 육성하는 것이 중요하다. 반도체와 자동차의 성공 사례처럼 우주개발에서도 세계적인 흐름을 주도하는 한국의 기술과 기업이 출현하길 온 국민이 기원한다.

다. 세계 7대 우주강국으로 도약

한국최초 달 궤도선(軌道船) '다누리'가 목표한 달 궤도진입에 성공함으로써 미국, 러시아, 유럽, 일본, 중국, 인도에 이어 세계 일곱 번째 달 탐사국(探査國)이 됐다. 과학기술정보통신부와 한국항공우주연구원은 "27일 다누리가 달 궤도진입에 성공했다"고 28일 밝혔다. 지난 8월 5일 미국 케이프커내버럴 우주군기지에서 발사된 지 145일 만이다. 윤석열 대통령은 "대한민국이 전 세계에 우주과학기술의 우수성을 알리고 세계 7대 우주강국(宇宙强國)으로 도약(跳躍)한 역사적인 순간이다"라고 했다.

다누리는 목표한 달 임무궤도(상공 100㎞)에 진입해 약 2시간 주기로 달을 공전(公轉)하고 있다. 다누리는 앞으로 1개월간 시운전(試運轉)을 거쳐 1년간 탑재한 과학 장비 6종으로 임무를 수행할 예정이다. 2030년대 보낼 달착륙선 후보지탐색과 달 환경·영구음영지역관측, 자원탐사, 우주인터넷통신기술검증 임무를 수행한다. 다누리에 실린 탑재체(搭載體) 6개는 앞으로 1년간 과학임무를 수행할 예정이다. 2030년대 달착륙선 탐사(探査)후보지역을 찾고 달의 환경과 자원탐색을 하는 것이다.

라. 뉴스페이스 시대의 시작

국산 우주발사체 누리호가 실제 인공위성(人工衛星)을 우주(宇宙)로 실어나르는 '첫 실전(實戰) 발사(發射)'에 성공했다. '인공위성 고객'을 무사히 우주 궤도에 올리는 데 성공하면서 민간 기업이 우주개발을 이끄는 '뉴스페이스(New Space)' 시대로의 첫발을 내디뎠다. 국가와 민간이 함께 개발한 기술을 활용해 우리 땅에서 우리 기술로 만든 로켓으로 우리 인공위성을 우주로 쏘아 올리는 '우주강국(宇宙强國)'의 목표를 달성한 것이다. 이로써 한국은 자력으로 위성(衛星)을 발사할 수 있는 일곱 번째 국가가 됐다.

누리호는 2023년 5월 25일 전남 고흥 나로 우주센터에서 오후 6시 24분 75톤급 액체 엔진 4기가 불을 뿜으며 우주로 날아올랐다. 목표 고도 550km에 오른 누리호는 싣고 있던 실용급 인공위성 8기를 차례로 분리했다. 이번 성공으로 국산 로켓의 성능이 확인되면서 한국은 민간 우주시대 경쟁대열에 당당히 한자리를 차지하게 됐다.

우주개발 후발주자(後發走者)인 한국은 지난 2009년부터 1조 9570억 원을 들인 누리호 계획에 성공하면서 글로벌 경쟁에 참여할 토대를 마련했다. 윤 대통령은 "우리나라기 우주강국 G7에 들어갔음을 선언하는 쾌거"라며 "자체 제작한 위성을 자체 제작한 발사체에 탑재해 우주궤도에 올린 나라는 미국, 프랑스, 일본, 러시아, 중국, 인도밖에 없다"고 했다. 이번 3차 누리호 발사로 한국에도 민간 기업이 우주개발을 주도하는 '뉴스페이스' 시대가 시작됐다.

이번 3차 발사에도 지난 2차 때와 마찬가지로 많은 민간 기업들이 참여했다. 주요 대기업 외에 전자 부품이나 시험설비 등에도 많은 중소기업들이 참여했다. 누리호가 3차 발사에 성공하면서 한국은 세계적으로 수요가 급증하고 있는 위성발사 시장에서 한 축(軸)을 담당할 수 있음을 입증했다.

위성을 자력발사(自力發射)할 수 있는 국가는 한국을 포함해 7국뿐이다.

마. 한미 우주동맹 본격화와 국회에 발목 잡힌 '우주항공청 특별법'

미 국무부·상무부와 한국 정부가 공동주최하는 한미 우주포럼과 심포지엄이 서울에서 잇따라 열리고 있다. 오늘(2023.11.8.) 록히드마틴을 비롯한 20개 미국 기업과 31개 국내 기업이 참가해 비공개로 열리는 우주산업 심포지엄은 의미가 깊다. 한미 우주관련 기업이 이처럼 대규모로 모이는 것은 사실상 처음으로 미국 측에선 백악관 국가우주위원회, 국방부, 미 항공우주국(NASA) 등 우주 분야 주요부처가 참가한다. 올해 4월 두 나라 정상이 우주분야 협력을 확대하는 '한미 우주 동맹'에 합의한 이후 후속 논의가 본격화되고 있다.

한국은 첫 우주발사체 누리호 발사 성공으로 중량 1t 이상 위성을 자력발사할 능력을 갖춘 일곱 번째 우주 자립국(自立國)이 됐지만 우주 선진국과 비교하면 걸음마 수준이다. 선진국 우주산업은 국가주도로 기술개발이 이뤄지던 '올드 스페이스'에서 기술혁신을 통해 민간 기업이 적극 뛰어들어 경쟁하는 '뉴 스페이스' 시대로 가고 있다. '우주산업 혁명'이란 말까지 나온다. 우주발사체 비용을 급격히 낮추고 재활용하는 등 우주개척을 통해 과학기술의 비약적인 발전이 일어나고 있다.

우주는 더 이상 과학기술 분야에 국한되지 않고 점점 군사화·무기화되면서 외교·안보·경제를 포괄하는 전략적(戰略的) 공간으로 바뀌고 있다. 우주기술을 이용하면 적국의 군사·정치·경제·사회 동향 탐지는 물론이고 타격목표까지 정확하게 찾아낼 수 있다. 우주기반 통신은 군의 작전능력을 비약적(飛躍的)으로 높여준다. 우리나라는 지금 우주산업을 단숨에 끌어올릴 분기점(分岐點)에 서 있다. 국제적으로는 우주 최강국 미국과 협력을 강화하기로 했고, 미국 주도의 달 탐사 프로그램 '아르테미스'에 10번째 참여국이 됐다.

이 중요한 시기에 정작 우주개발의 컨트롤타워 역할을 할 '우주항공청'은 국회에 발이 묶여 언제 출범(出帆)할지 불확실한 실정이다. 지난 4월 정부가 제출한 '우주항공청 특별법'은 아직 상임위 문턱도 넘지 못하고 있다. 더불어민주당 의원들이 후쿠시마 처리수 문제로 발목 잡아 석 달 넘게 논의조차 못했고 우려곡절(迂餘曲折) 끝에 이견(異見)은 정리됐지만 여야합의 사항을 특별법에 담아 절차를 거치려면 9월 본회의 처리도 불가능하다. 더 늦지 않게 11월내로 '우주항공청 특별법'을 통과시켜야 한다(2023.11.8. 조선일보 사설).

2. 세계 8번째 초음속 전투기 KF-21 개발국

가. 세계 8번째 초음속 전투기 KF-21 개발국

첫 국산 초음속 전투기 KF-21(보라매)이 2022년 7월 19일 오후 33분간의 첫 비행에 성공했다. 2001년 한국형 전투기 개발선언 이후 21년 4개월 만의 쾌거(快擧)로 우리나라는 세계에서 여덟 번째로 초음속 전투기 개발국(開發國)이 된 것이다. 윤석열 대통령은 "자주국방으로 가는 쾌거"라며 "방산수출 확대의 전기가 마련됐다. 그간 개발에 참여한 모든 분들의 노고(勞苦)를 치하(致賀)한다"고 했다. KF-21은 첨단 위상배열(AESA) 레이더를 장착하고 일부 스텔스 성능을 갖춘 4.5세대 전투기다.

방위산업청과 KAI(한국항공우주산업) 관계자는 "KF-21 시제 1호기가 19일 오후 3시 40분쯤 KAI 인근 경남 사천 공군 3훈련비행단 활주로를 이륙해 기본적인 성능을 시험한 뒤 33분 만인 오후 4시 13분 쯤 착륙하는데 성공했다"고 밝혔다. 이로써 한국은 세계에서 여덟 번째로 초음속 전투기 개발국이 됐다. 2001년 3월 한국형 전투기 개발선언 이후 21년 4개월만이다. 이날 KF-21은 유럽 제 '미티어' 최신형 공대공 미사일 4발(비 활성탄)을 동체 아래에 장착하고 시속 약 400㎞로 시험비행을 했다. 지난 6일엔 지상에서 주행하는 지상 활주시험에 성공했다. KF-21 시제기는 총 6대로, 2026년까지 총 2200여 회의 시험비행을 실시할 예정이다.

KF-21은 앞으로 고도, 속도, 기동능력을 단계적으로 높이는 시험비행을 계속하면서 공대공·공대지 미사일 등 각종 무기체계가동을 점검하게 된다. 2026년까지 모든 시험을 통과하면 양산에 들어간다. 국산 초음속 전투기개발은 국방력강화 이상의 의미를 갖는다. 국산 전투기 플랫폼을 갖게 되면 우리가 필요한 성능을 원하는 때에 원하는 만큼 연구·개발하고 항공기 성능을 개량할 수 있다. 주요 부품과 소프트웨어에 대한 지식재산권, 기술소유권을 확보해 항공방산분야 기술독립도 가능해 진다. 전투기 개발 사업은 생산, 부가가치, 고용유발 등 국가경제 기여도 면에서도 주요 방산 사업이다.

나. 한국 우주항공 산업의 쾌거
4.5세대 전투기 KF-21은 5세대 스텔스기에 비해 성능은 다소 떨어지나

가격과 유지.보수 비용면에서 가성비(假性比) 좋은 전투기가 될 수 있다. 2026년 이후 25년간 KF-21을 300~600대 판매할 수 있다는 전망도 나온다. KF-21 시험비행 성공은 지난달 한국형 발사체 누리호의 성공 못지않은 한국 우주항공 산업의 중요한 성취(成就)요, 쾌거(快擧)다.

국산 초음속 전투기 KF-21 시제기(試製機)가 2023년 1월 17일 첫 초음속(超音速) 비행에 성공했다. 지난해 7월 초도 비행 이후 6개월만의 성과다. 이종섭 국방부 장관은 "국내 기술로 개발한 최초의 초음속 항공기를 보유하는 역사적인 성과를 거둘 수 있게 됐다"고 했다. KF-21은 일부 스텔스 성능을 갖춘 4.5세대 전투기로, 총 사업비용이 18조 원에 달해 '단군 이래 최대 규모 무기개발·도입사업'으로 불린다.

방위사업청은 이날 오후 2시 58분 경남 사천 공군 제3훈련비행단에서 이륙한 KF-21 시제 1호기가 오후 3시 15분쯤 첫 초음속 비행을 성공적으로 수행했다고 발표했다. 시제 1호기는 남해 상공 고도 약 4만피트(1만2200m)를 비행하면서 오후 3시 54분 착륙 전까지 세 차례나 음속(마하 1.0 시속 약 1224㎞)을 돌파하는데 성공했다. 우리나라가 독자적으로 개발한 형상의 항공기가 음속(音速)을 돌파한 것은 이번이 처음이다. 2003년 국산 초음속 고등훈련기인 T-50(골든 이글)이 음속을 돌파한 사례가 있지만 이 기종은 미국과의 기술협력을 통해 개발된 것이다.

제5장

러시아의 우크라이나 침공이 한국인에게 주는
역사적 교훈

제5장

러시아의 우크라이나 침공이 한국인에게 주는 역사적 교훈

1. 푸틴을 전범으로 역사에 기록해야 한다.

우크라이나는 독립 30년 만에 러시아군의 침공으로 9시간 만에 수도가 함락될 위기에 처했으나 온 군민이 결사항전(決死抗戰)하고 있다. 미국과 NATO가 파병(派兵)하지 않아 전력면(戰力面)에서 러시아군에 절대적으로 열세(劣勢)인 상황에서도 우크라이나 국민들은 소총과 화염병으로 러시아군의 탱크에 막아서는 육탄저지(肉彈沮止)로 항전하고 있다. 우크라이나의 젤렌스키 대통령이 미국의 피신권유를 뿌리치고 수도 키예프에 남아 항전을 지휘하는 모습은 우리로 하여금 통치자의 지도력을 새로운 눈으로 보게 한다.

러시아군이 점령했던 우크라이나 수도 키이우 외곽의 소도시 부차에서 민간인 복장을 한 시신 100여구가 손과 발이 묶이고 머리에 총알구멍이 난 채 살해되어 암매장된 것이 발견됐다. 우크라이나 키이우 인근마을 부차에 사는 여섯 살 소년 블라드 타뉴크가 2022년 4월 4일 집 마당에 있는 엄마의 무덤 앞에서 울고 있는 모습이 보도됐다. 타뉴크의 엄마는 러시아 침공으로 굶주림에 시달리다 숨졌다. 유엔인권사무소는 지난 2월24일 개전 이후 최근까지 우크라이나에서 최소 3400여명의 민간인 사상자가 나왔다고 집계했으나 실제 사상자는 이보다 훨씬 많은 것으로 추정된다. 부차에서 드러난 러시아군의 학살행위가 '빙산(氷山)의 일각(一角)'이라고 한다.

우크라이나의 사진작가인 올렉산드라 마코비가 지난 1일 자신의 인스타그램에 지저귀를 착용한 어린 딸의 등 사진을 올렸다. 딸의 등에는 이름, 생년월일, 연락처 등이 기재되어 있다. 자신이 사망할 경우에 딸의 신상을 파악해 가족과 연락이 닿을 수 있도록 볼펜으로 개인정보를 적어 놓은 마코비는 "우리 땅에서 일어나는 참상(慘狀)을 보면서 만약의 경우를 생각하지 않을 수 없었다"고 말했다. 러시아군이 한 달여 동안 점령했다가 퇴각한 부차의 참혹한 모습은 인류의 양심과 인간의 존엄성에 대한 믿음에 의문을 던진다. 비무장상태의 민간인을 집단으로 살해한 뒤 암매장한 무덤은 전쟁범죄의 명백한 증거다.

이러한 러시아군의 민간인 집단학살은 전쟁범죄로서 어떠한 이유로서도 용서받을 수 없는 극악무도(極惡無道)한 만행(蠻行)으로 인류의 양심과 인간의 존엄성을 파괴하는 전쟁범죄다. 러시아군은 우크라이나의 필사적 저항으로 패퇴(敗退)하면서 추악한 전쟁범죄자의 증거를 고스란히 남겼다. 러시아군은 전쟁초기부터 병원, 유치원, 아파트 등 민간시설에 미사일과 폭탄을 투하했고, 집속탄과 같은 금지무기를 사용했고, 어린아이를 차량 앞에 태워 인간방패로 쓰기도 했다. 이러한 러시아군의 반인도적 잔학행위에 대해 전 세계는 공분(公憤)을 넘어 응징(膺懲)을 결의(決意)하고 있다.

국제사회에선 유엔의 진상조사와 함께 푸틴 러시아 대통령에 대한 국제체포영장발부를 촉구하는 목소리가 높아지고 있다. 미국과 유럽연합(EU)은 우크라이나에 대한 무기지원을 강화하며 러시아에 대한 강도 높은 경제제재를 예고했다. 푸틴과 러시아군의 반인륜적 전쟁범죄는 전 세계로부터 규탄 받아 마땅하며, 전쟁범죄의 총지휘자인 푸틴 대통령에게 전범(戰犯)의 책임을 물어 단죄(斷罪)함으로써 <**전범(戰犯) 푸틴**>이란 오명(汚名)을 역사에 영원히 기록되도록 해야 한다.

2. 소련의 유엔 안전보장이사회의 상임이사국 및 유엔 회원국 자격박탈

푸틴은 침략전쟁을 계획·준비·수행·공동 모의한 자로써 평화에 대한 죄를 범한 A급 전쟁범죄인으로 보아야 할 것이며, 러시아군은 인도(人道)에 위배되는 민간인을 살인·학살한 C급 전쟁범죄인으로 국제사회의 비난의 대상이 되고 있다. 소련은 국제연합의 주요기관의 하나인 안전보장이사회 상임이사국으로서, '평화에 대한 위협' '평화의 파괴' 및 '침략행위에 대한 조치'를 결정할 수 있다는 UN헌장(제7장)을 각각 위반하여 우크라이나를 침공함으로써 '상임이사국의 자격'을 이미 상실한 것으로 보아야 하므로 러시아의 유엔 '상임이사국' 및 유엔 '회원국'의 자격을 각각 박탈해야 할 것이다.

푸틴 러시아 대통령이 내건 우크라이나 침공 명분이 무엇이든 국제사회는 러시아의 침공 자체를 국제법 및 유엔헌장 위반으로 규정했다. 국제연합헌장 제1조는 '국제연합의 목적'으로서 <국제평화 및 안전을 유지할 것> <여러 국가 간의 우호관계를 발전시킬 것> <경제적·사회적·문화적· 인도적인 문제의 해결을 위하여 국제협력을 달성할 것>등을 규정하고 있다. 지금 세계여론은 푸틴을 전범으로 규정하고 국제 체포영장을 발부해야 한다고 촉구하고 있으나 당장 이를 실행할 수단은 없다.

러시아군의 우크라이나 민간인 집단학살에 분노한 국제사회가 초강경 대응에 돌입((爻人)했다. 유럽연합(EU) 국가들이 러시아 외교관 추방에 나섰고, 미국과 영국은 국제기구에서 러시아를 퇴출시키겠다고 공언하고 있다. 러시아와 국경을 접한 리투아니아는 4일 러시아의 민간인 학살에 대한 항의로 자국주재 러시아 대사를 전격 추방했다. 독일도 이날 베를린 주재 러시아 대사관직원 40명을 '외교상 기피인물'로 지정해 내쫓기로 했고, 프랑스 외교부는 '프랑스 안보이익에 반하는 활동을 하는 러시아 외교관 35명을 추방한다'고 발표했다.

이튿날엔 이탈리아가 '러시아 외교관 30명을 추방한다'고 했고, 스페인은 '25명을 추방하겠다'고 밝혔다. 덴마크는 15명, 스웨덴은 3명을 추방한다고 했다고 보도됐다. 조 바이든 미국 대통령은 "푸틴 대통령은 전범"이라며 "전범재판에 회부해야 한다"고 했다. 국제형사재판소(ICC)는 러시아군의 전범혐의조사를 위해 증거수집에 착수했으며, 국제사법재판소(ICJ)는 러시아의 우크라이나 침공관련 청문회를 예고하고 있다.

권력욕에 눈이 멀어 극악무도(極惡無道)한 전쟁을 수행한 러시아 대통령 푸틴을 "A급 전범"으로 국제형사재판소의 전범재판에 회부하여 "칼을 쥔

자는 칼로 망 한다(All they that take the sword shall perish with the sword.)"는 것을 보여줌으로써 악행(惡行)의 대가를 반드시 치르게 해야 한다. 푸틴은 우크라이나 침공에 실패하자 세계를 향한 핵위협을 계속하고 있다. 세계평화와 안전을 파괴한 전범인 푸틴은 우크라이나 침공으로 푸틴 정권의 붕괴(崩壞)를 자초(自招)할 것이다.

UN은 2022년 4월 7일 긴급특별총회를 열어 러시아의 인권이사회 이사국 자격을 정지하는 결의안을 찬성 93표, 반대 24표, 기권 58표로 가결했다. UN안전보장 이사회 상임이사국이 UN산하기구에서 쫓겨나기는 러시아가 처음이다. 이번 결의안은 러시아엔 전범국가, 푸틴에겐 전범이라는 치욕을 안기고 세계로부터 이를 고립시키기 위한 국제사회의 단합된 노력의 성과다. 국제사회에서 막강한 권한을 가진 러시아의 안전보장이사회 '상임이사국' 지위와 UN '회원국' 자격도 박탈해야 할 것이다. 또한 블라디 미르 푸틴 대통령을 비롯한 학살 책임자를 전쟁범죄인으로 국제 전범재판에 회부함으로써 전쟁범죄 재발을 막을 수 있도록 조치해야 한다.

3. 대한민국의 국격

케네디 대통령은 "우리에게 공통된 군사적 노력의 목적은 전쟁이 아니라 '평화'다. 국가의 파괴가 아니라 '자유의 수호'인 것이다(The purpose of our common military effort is not war but peace-not the destruction of nations but the protection of freedom. -J. F. Kennedy-)"라고 말했다.

1945년 8월 15일 해방으로 한반도의 38도선 이북에 진주한 소련군은 아시아 공산화를 목적으로 북한에 공산정권을 세우고, 한국의 통일을 방해하면서 남침의 기회를 엿보아 왔다. 국외적 정황으로 첫째, 중공이 국부(國府: 현재의 중화민국 정부)를 물리치고 대륙에 '공산정권'을 세웠으며, 둘째, 1949년 6월에 이미 '주한 미군이 철수'를 완료했으며, 셋째, 당시 미국이 설정한 '태평양 방위권'에서 '대만과 한국은 제외'되어 있었다. 이런 주변상황이 1950년 6월 25일 북한공산군에 의한 한국전란 발발(勃發)의 요인(要因)이 되어 우리 역사상 가장 비참한 동족상잔(同族相殘)의 침략전쟁 결행(決行)의 원인이 되었다.

미국의 트루만 행정부의 전 국무장관인 애치슨(Dean Gooderham Acheson)은 1949년~1953년 국무장관을 역임하면서 제2차 세계대전 전후의 외교문제 해결의 중책을 수행하면서 설정한 "애치스 라인"은 1950년 1월 대 중공(對 中共) 정책상 태평양에 있어서의 미국의 방위선을 알류산 열도-일본-오키나와-필리핀을 연결하는 선으로 정하여 우리나라와 대만을 제외함으로써 1950년 6월 25일 6.25동란이 발발하게 되자 공화당으로부터 맹비난을 받았다.

1949년 6월의 '주한미군 철수'가 1950년 6월 25일 6.25동란이라는 동족상잔의 비극을 초래한 원인이 된 역사적 사실을 '종전선언'을 주장하는 문재인 정권은 깊이 명심(銘心)해야 한다. 우리는 역사(歷史)에서 도피(逃避)할 수 없으며, 어느 시대나 그 민족이 해결해야 할 역사적 과제가 있다. 역사를 잊은 민족은 언제나 비참한 역사를 반복하게 된다. 우리나라는 김일성의 6.25남침 이후 UN회원국 16개국의 파병과 원조로 북한의 침공을 막고 경제성장과 민주화를 성취시켰다.

그런 침략전쟁의 비참한 역사를 지닌 나라의 문재인 대통령이 3.1절 기념사에서 독립을 침탈당한 우크라이나에 대해 한마디도 하지 않았다. 지난 4월 젤렌스키 우크라이나 대통령이 한국 국회에서 화상연설을 할 때 국회의원 300명 중 고작 50명이 참석했고, 그 중 일부는 연설장에서 졸거나 전화를 했다고 한다. 젤렌스키 연설에 일본은 총리, 국회의장, 장관을 비롯해 국회의원은 500여명이 참석했다고 한다. 한국 국회의원의 수준을 전 세계에 보여준 것으로서 <대한민국의 국격(國(格)>을 다시 한 번 생각하게 된다.

4. 한국이 제2의 우크라이나가 되는 것을 막는 길

우크라이나가 러시아 침공의 제물이 된 것은, 자주국방이나 자주방위로 자강(自强)하지 못하고 군사동맹도 없는 상황에서 러시아와 서방국가 간에 지혜로운 외교를 하지 못한 탓도 있다. 러시아의 우크라이나 침공(侵攻)이 한국인에게 주는 역사적 교훈은, '자주국방(自主國防)'으로 자국(自國)의 군사력을 증강시켜 국방태세를 완비시키지 않고 '군사동맹(軍事同盟)'도 없는 나라의 운명이 어떠한 비극을 초래하는지를 적나나(赤裸裸)하게 보여준 것이다. 러시아의 침공으로 우크라이나가 국가존망(國家存亡)의 위기에 처한 현실은 강대국의 무력에 의한 지배의 냉혹한 국제정치에서 약소국의 비참한 현실을 잘 보여주고 있는 '역사의 교훈'이다.

<자주국방(自主國防 : self defence)>이란 자국의 국방태세를 타국에 의존하

지 않고, 자주성을 가지고 자기책임 하에 실시하는 것을 말한다. 오늘날의 자주국방이라는 개념은 집단안정보장체제를 전제로 하지 아니 할 수 없게 되어 있다. 그러나 아무리 집단안전보장 체제하에서도 국제정치상의 역학적 변화에 따라 '자국의 이해'와 '우방의 이해'가 완전히 일치되는 경우란 거의 있을 수 없는 것이므로, 국방력 즉 전체적인 '국력의 뒷받침'이 없을 때에는 자국의 방위에 관해서도 자주적인 결정, 자주적인 운영을 할 수 없게 되는 경우가 생기게 된다.

한 국가의 자주방위란, 결국 자국의 국방에 관한 한 '자국의 국력'을 골간(骨幹)으로 하고, 집단안전보장체제에 의한 우방의 군사력을 '자위력(自衛力)의 보완수단'으로 활용할 수 있도록 상당한 수준의 자기 군비(軍備)를 갖추어서 '국방에 관한 독립성'을 유지하는 것이라 할 수 있다. 따라서 군사력의 조직, 무기의 개발 및 생산, 경제, 국민의 자주국방 의지 등을 포함한 국력전체가 가상적국의 침공능력을 능가할 수 있는 수준에 도달되었을 때, 비로소 자주국방을 이룩할 수 있으며, 또한 그것은 타국의 원조나 협력 없이 자력(自力)으로 국가의 독립과 국민의 생명과 자유를 보장할 수 있는 이른바 <**자주국방**(自主國防)>을 지향하는 것이어야 한다.

프랑스의 철학자 베르그송(Henri Bergson)은 <사색인(思索人)으로서 행동하고, 행동인(行動人)으로서 사색하라>고 말했다. 이 말은 지성인에게 드리는 천하의 명언(名言)이요, 위대한 계명(誡命)이다. 지성인은 명석하게 사고하는 총명과 동시에 자기의 생각을 행동화 할 수 있는 신념과 용기를 겸유(兼有)해야 한다. 3월9일 대선은 모든 유권자가 "전략적으로 사고(思考)하고 전략적으로 행동(투표)"함으로써 자유민주적 기본질서에 입각한 헌법을

수호하는 <선거혁명의 날>이 되어야 한다. 그것이 <제2의 광복절(光復節)>
이 될 것이다.

영국의 정치가·수상으로 <제2차 세계대전(The Second World War)>으로
1953년 노벨문학상을 수상한 처칠(Sir Winston Leonard Spencer Churchill)의 <역
사를 잊은 민족에게 미래는 없다>라는 명언을 한국인은 되새겨야 한다. 북
한의 핵과 미사일 위협 속에 살고 있는 우리는 전쟁을 충분히 이겨낼 만큼
강하고, 전쟁을 충분히 막을 만큼 자주국방에 만전을 기하고, 한미동맹을
굳건히 하고 한·미·일 3국의 안보협력 체제를 강화해야 한다. 그것이 <한
국이 제2의 우크라이나가 되는 것을 막는 길>이다.

5. 국제형사재판소 푸틴에 대한 체포영장 발부

국제형사재판소(International Criminal Court)는 국제범죄를 범한 개인을 심
리·처벌하는 국제재판소를 말한다. 국제범죄(international crime)라 함은 국
제사회의 일반적인 법익(法益)을 침해한 위법행위(예를 들면, 해적행위, 노예매
매, 마약의 거래가 국제관습법이나 조약에 의하여 모든 국가에게 공통의 범죄로서 처벌되는
경우, 평화에 대한 죄, 보통의 전쟁범죄, 집단살해 등)를 말한다.

국제형사재판소(ICC)가 전쟁 중 우크라이나 어린이들을 러시아로 강제
이주시킨 혐의로 블라디미르 푸틴 러시아 대통령에 대한 체포영장을 발부
했다. 현직 국가원수에 대한 ICC의 체포영장 발부는 30년 철권통치로 악명
(惡名) 높은 수단의 오마르 알바시르 전 대통령, 리비아 독재자 무아마르 카

다피에 이어 세 번째다. 피오트르 호프만스키 ICC회장은 17일(현지시각) "ICC의 123 회원국은 체포영장을 집행할 의무가 있다"고 밝혔다.

ICC는 이날 성명을 통해 "푸틴 대통령과 마리야 리보바벨로바 러시아 대통령실 아동 인권담당 위원에 대한 체포영장을 발부했다"고 밝혔다. ICC에 따르면, 푸틴 대통령은 직간접적으로 우크라이나 아동들을 불법 이주시킨 혐의, 이 같은 범행을 저지른 민간인과 군 부하들을 제대로 통제하지 못한 혐의 등을 받고 있다. ICC는 집단 살해죄(제노사이드)와 전쟁범죄 등 국제적으로 중대한 범죄를 저지른 개인을 처벌하기 위해 2002년 7월 1일 설립됐다. 본부는 네델란드 헤이그에 있다.

제노사이드조약은 '집단살해범죄의 방지 및 처벌에 관한 조약(Convention on the Prevention and Punishment of the Crime of Genocide)'의 약칭이다. 제노사이드란 특정의 민족·집단의 절멸(絕滅)을 목적으로 하여 그 구성원을 살해하거나 생활조건을 박탈하는 것으로 집단살해 또는 단체적 살해로 번역된다.

이 조약에 의하면, 집단살해란 국민·인종·민족·종교 등의 집단의 전부 또는 일부를 파괴할 목적으로, ① 집단의 구성원을 살해하는 일, ② 중대한 육체적·정신적 위해(危害)를 가하는 일, ③ 육체적 파괴를 가져올 생활조건을 과하는 일 ④ 집단에 속하는 어린이를 다른 집단으로 강제 이송하는 일 등이며, 이상의 집단살해를 행한 자는 전시·평시를 불문하고, 또한 통치자·공무원·사인(私人)의 구별 없이 처벌된다. 또한 이를 위한 공동모의에 참가한자·교사자(敎唆者)·공범자(共犯者)도 함께 처벌된다.

하지만 러시아와 같은 ICC 비회원국에서는 사법권을 갖고 있지 않아 러시아 인사들을 체포·구속하는 것이 현실적으로 어렵다는 한계가 지적돼 왔다. 다만, 푸틴이 ICC회원국을 방문할 경우 체포돼 ICC에 넘겨질 수 있기 때문에 러시아의 외교적 고립이 심화(深化)할 수 있다. 볼로디미르 젤렌스키 우크라이나 대통령은 이날 ICC 결정에 감사를 표하며 "최소 1만 6000명의 우크라이나 어린이가 러시아군에 의해 끌려간 것으로 보고됐다. 국가 최고 지도자의 명령 없이는 불가능 했을 것"이라고 했다. 이에 대해 드미트리 페스코프 크렘린궁 대변인은 "러시아는 ICC 관할권을 인정하지 않으며, ICC의 모든 결정은 법적으로 효력이 없다"고 주장했다.

국제형사재판소(ICC)가 블라디미르 푸틴 러시아 대통령과 함께 체포영장을 발부한 러시아 여성 리보바벨로바에게 관심이 쏠리고 있다. 리보바벨로바는 현재 러시아 대통령실 아동 인권담당 위원이며, 교사출신의 정치가로 알려졌다. 그가 맡은 주요임무는 우크라이나 아동들을 납치해 러시아로 강제 이주시키는 것이었다. '아동정책'에 불과했지만 구조 활동으로 둔갑시켰고, 이 같은 사유로 ICC체포선상에 올랐다는 것이다.

제6장

윤석열 대통령의 책무와 사명

제6장

윤석열 대통령의 책무와 사명

우리나라의 대통령의 헌법상 지위는 건국헌법에서부터 현행헌법에 이르기까지 정부형태가 변경될 때마다 대통령의 헌법상의 지위도 변천해왔다. 우리헌법상 대통령은 국가의 원수(元首)이며, 외국에 대하여 국가를 대표한다. 대통령은 국가의 독립·영토의 보전·국가의 계속성과 헌법을 수호할 책무(責務)를 진다. 대통령은 조국의 평화적 통일을 위한 성실한 의무를 진다. 행정권은 대통령을 수반으로 하는 정부에 속한다(헌법 제66조).

한국을 이끌어갈 지도자의 자질(資質)과 덕목(德目)은 무엇인가. 미국 원온타 하트빅 대학 관리학 교수 존 클레멘스와 리더십세미나 주최자로 유명한 경영컨설턴트 스티브 앨브레히트가 지도자의 자질과 덕목을 논한 <위대한 리더십>이 번역돼 나왔다. 두 사람은 이 책에서 플라톤에서 클레오파트라, 간디, 처칠에 이르기까지 탁월한 리더십을 발휘했거나 리더십에 대해 깊은 통찰을 보여준 인물의 이야기를 그려냈다. 이에 관한 리더십에 관한 경구 몇 가지를 소개한다.

'자기만족은 조직의 말기적 증세다. 지금 곧 안락지대에서 벗어나라'(플라톤), '리더십은 자기변신(自己變身)이란 사실을 잊지 말라'(셰익스피어), '갈등(葛藤)이 존재할 때는 서로가 무엇을 원하는지부터 알아내라'(마틴 루터 킹 목사), '어떻게 리드할것인가를 아는 만큼 어떻게 따르게 할 것인지를 아는 것도 중요하다'(폰 클라우제비츠), '리더의 횃불을 받아 쥔다는 것은 곧 커다란 고통과 함께 한다는 뜻'(마하트마 간디)이다.

두 필자는 역사적 인물의 사례분석을 통해 지도자를 이렇게 정의한다. "융통성 있고, 불확실한 상황에 대해 편안히 생각하고, 장기적인 안목을 지닌 사람·신중하고 위험을 감수하며 근면하고 지치지 않는 일꾼·때때로 규칙을 깨지만 주위에 있는 사람들에게 권한을 주고 이끌며 목표를 설정하는 모험가·재주 있고 카리스마적인 의사(意思) 전달자·이런 사람들이 바로 리더다" 정말 중요한 사실은 이들이 절대로 있는 그대로의 사물에는 만족하지 않는다는 것이다. 아들은 '새로운 경험' '새로운 도전' '새로운 기회'를 찾아다닌다. 결론은 '성공적이고 강력하며 균형 있는 리더십'은 학습 가능한 능력이라는 것이다.

이제 정치는 국민들의 살림살이 곁으로 되돌아와야 한다. 이것이 지도자의 존재이유다. 지도자가 조금만 '자기희생의 모습'을 보여주면 국민은 쉽게 감명한다. 지도층이 조금만 '자기절제'의 노력을 보여주면 국민들은 허리띠를 졸라맬 것이다. 권력층이 조금만 '마음'을 비우면 나라전체가 화목할 수 있다. 국민은 그렇게 순진한 것이다. 그러나 오늘날 현대사회에서의 호랑이는 주권자인 국민이다. 민주국가에서 국민보다 두렵고 무서운게 어디 있는가. 국민들을 더 이상 불안하게 하고 또 진노(震怒)케 해서는 안 된다.

지도자는 '백두산 호랑이'에게 물리지 않도록 해야 할 것이다. 우리의 문제는 통치자의 지도력(指導力)에 있다. 대통령이 선두에 서서 어려움에 직접 맞서는 자세를 보여주기 바란다. 2022년을 우리 정치의 지양(止揚)의 해로, 그리고 민족화해의 전기(轉機)로 삼을 수 있느냐 없느냐는 바로 '통치자의 정신자세'에 달려있다. 정치 때문에 다시 후진국으로 전락하여 나라가 망하지 않도록 여야가 냉정을 되찾아 일보 양보하는 '협치(協治)'를 해야 한다. 국민은 어제나 기다리지만은 않는다는 점을 명심해야 한다. 오만(傲慢)한 권력은 자멸(自滅)한다.

1. 떠나는 대통령과 대통령 당선인의 책무와 사명

코로나19 창궐위기 속에서도 3.9 대통령선거가 유권자 77.1%가 참여하는 헌정사상 최대 규모의 주권행사로 정권교체라는 선거혁명을 이룩했다. 3.9대선은 자유민주적 기본질서에 입각한 헌정수호를 위한 민주정치의 실현에 결정적인 역할을 한 것으로, 한국의 자유민주주의와 윤석열 후보자의 승리이다. 이제 윤석열 당선자는 국가의 대표기관인 대통령이 되어 향후 5년을 책임질 통치자로서 헌법에 규정된 국가권력을 행사하게 된 것이다.

대한민국 20대 대통령은, 조국의 민주개혁과 평화적 통일의 사명에 입각하여 정의(正義)·인도(人道)와 동포애로써 민족의 단결을 공고히 하고, 모든 사회적 폐습과 불의(不義)를 타파하며, 자율과 조화를 바탕으로 자유민주적 기본질서를 확고히 하여 정치·경제·사회·문화의 모든 영역에 있어서 각인의 기회를 균등히 하여, 안으로는 국민생활의 균등한 향상을 기하고 밖으로는 항구적인 세계평화와 인류공영에 이바지함으로써 우리들과 우리들의 자손의 안전과 자유와 행복을 영원히 확보(헌법 前文)할 "사명(使命)"을 다 해야 한다.

우리 헌법의 전문과 본문의 전체에 담겨있는 최고이념은 '국민주권주의'와 '자유민주주의'에 입각한 입헌민주헌법의 본질적 기본원리에 기초하고 있다. 기타 헌법상의 제(諸)원칙(原則)도 여기에서 연루되는 것이므로 이는 헌법전(憲法典)을 비롯한 모든 법령해석의 기준이 되고, 입법형성권 행사의 한계와 정책결정의 방향을 제시하며, 나아가 모든 국가기관과 국민이 존중하고 지켜가야 하는 최고의 가치규범이다(헌재결 1989.9.8. 88헌가6).

문재인 정권의 소득주도정책, 최저인금인상, 주52시간근무제, 탈 원전 정책, 세금 퍼주기 식 복지정책, 반 시장 및 반 기업정책 등에 따른 경제파탄 및 북한의 핵과 미사일위협하의 9.19군사합의, 지소미아 파기, 한반도 비핵화 및 종전선언, 국군의 기강해이 등 국가안보의 파괴, 외교정책의 무능에 따른 국제사회에서의 고립, 국가의 백년대계인 교육정책의 실패 등으로 전대미문(前代未聞)의 총체적 국정파탄(國政破綻)을 자초했다. 한국이 처한 이러한 현실은 대선 승자에게 축배를 권할 여유조차 없다.

국제질서는 탈(脫)냉전에서 신(新)냉전으로 급속히 재편되고 있다. 미국의 패권붕괴(覇權崩壞)를 노리는 중국과 러시아의 도전 속에서 북한 김정은이 틈새를 노리고 핵실험과 미사일발사실험을 재기하기 위한 수순을 밝고 있으나 한미동맹은 '빈껍데기 동맹'으로 전락할 위기에 봉착(逢着)했다. 한국의 20대 대통령은 이러한 현실을 직시하고 겸허한 성찰과 지혜로운 판단으로 사회각층의 갈등을 해소하기 위하여 '진영의 대통령'이 아닌 '국민의 대통령'으로 다시 태어난다는 각오와 결의가 필요하다.

국내외의 어려운 상황 외에 미국과 중국의 신 냉전구도에 러시아의 우크라이나 침공으로 전 세계가 전쟁의 소용돌이에 휩쓸리어 약육강식(弱肉强食)의 사회가 되었다. 또한 사회 각 분야와 이익집단에서 새 정부에 대한 요구가 봇물처럼 쏟아질 것이다. 이러한 모든 난제(難題)가 첩첩산중(疊疊山中)이나 국가재원은 고갈상태이므로 새 정부는 전 정권의 실패를 반면교사(反面敎師)로 삼아 대선공약도 여의(如意)치 않으면 과감히 철회하거나 접어야 할 것이다.

이러한 난제(難題)를 해결하기 위하여 대통령 당선인에게는 뛰어난 영지(英智)와 고매(高邁)한 이념의 뒷받침이 있는 통찰력과 리더십의 혜안(慧眼)이 요구되는 것이다. 통치자는 오로지 진실 · 성실 · 정의감 · 공정으로 일관(一貫)해야 한다. 뛰어난 지도자에게 요청되는 자질(資質)은 용기 · 정의 · 상식 · 관용 · 예의 등이다. 이러한 자질이 발휘되기 위한 불가결한 조건은 "국민과 함께 대화하고, 국민을 위하여 투쟁하다가 국민 속에서 죽어간다"고 하는 결의(決意)로서, 이것이 '지도자로서의 진가(眞價)'를 밝힐 수 있는 것이다.

대통령 당선인은 자유민주적 기본질서에 입각한 평화적 통일정책을 수립하고 이를 추진하며, 국가의 독립 · 영토의 보전.국가의 계속성과 헌법을 수호할 책무를 진다. 이러한 책무를 다 하기 위해 통합과 미래를 향한 진정성을 보일 때 그를 지지하지 않았던 절반 이상의 국민도 마음의 문을 열 것이다. 새 당선인은 지배자가 아닌 통치자로서 제왕적 대통령에서 벗어나 진정성 있는 야당과의 대화로 '국민통합의 정치'를 해야 하며, 더불어민주당은 '다음 선거'만을 생각하는 정상배(Politician)가 아니라 '다음 세대(世代)'를 생각하는 정치가(Statesman)로서 '협치(協治)하는 모습'을 보여야 한다. 이러한 협치와 통합과 쇄신의 모습을 보일 때 윤석열 정부가 국가의 계속성을 토대로 순조롭게 출범할 수 있다.

더불어민주당은 '검찰수사권을 완전박탈'하는 법안을 문 대통령 임기 중에 국회를 통과시켜 윤석열 당선인의 법률안에 대한 거부권행사에 대못을 박아 검찰로 하여금 문 정권의 비리수사를 막으려는 꼼수를 부리고 있다. 그러나 법치를 파괴하는 이러한 악법으로 문 정권5년 동안 쌓인 적폐와 실정(失政)을 덮을 수는 없다. 임기를 코앞에 둔 문 정권의 알 박기 인사(감사위원 지명 및 공공기관장 임명 등)의 탐욕(貪慾)으로 신구권력이 충돌했다. 공공기관 임원자리를 패(牌)거리집단의 전리품(戰利品)으로 여기는 정권이야 말로 적폐 중의 적폐로서 '청산해야 할 적폐대상'이다.

대통령은 '헌법과 법률이 정하는 바'에 의하여 공무원을 임면(任免)한다(헌법 제78조). 즉 대통령의 공무원 임용은 자의(自意)가 아닌 '헌법과 법률이 정하는 바'에 따라 정실임용(情實任用 : spoils system)을 배제하고 능력의 실증에 의한 실적주의(實績主義 : merit system)에 따라 적정하게 행사해야 한다. 다산(茶山)은 "맑은 정신과 청렴함은 수령(首領)의 본무(本務)이니 청렴과 결백함이 모든 선(善)의 근원이요, 덕(德)의 바탕"이라고 했다. 자기의 심복(心腹)이 되는 <내 사람>을 쓰지 않는 목민관만이 청풍명월(淸風明月)처럼 맑고 깨끗한 벼슬아치가 될 수 있다. '도둑에게 도둑을 지키라'는 일이 없어야 나라 일이 잘되어 가리라는 것은 너무도 자명한 일이다.

　나라를 바로다스리는 것은 오로지 사람쓰기(用人)에 달렸다. 적재적소(適材適所)는 인사(人事)의 요체(要諦)임에도 불구하고 인재(人材)고르기란 용이한 일이 아니다. 모든 국사(國事)는 인재를 얻고 못 얻는데서 흥패가 좌우되므로 목자에게는 인재를 고를 줄 아는 현명이 요구되는 것이다. 윤 당선인은 대선 공신그룹이나 사적 인연이 있는 인물을 중용해선 안 되며 창의적이고 진취적 리더십을 가진 청렴한 인재로 '새 정부의 진용(陣容)'을 가다듬어야 한다. 헌법상 대통령은 행정권의 수반((首班)의 지위에서 공무원임명권을 가지나 대통령이 헌법이나 법률을 위배하여 공무원임면권을 남용한 때에는 탄핵사유가 된다.

　민주주의 수호의 핵심은 '상호관용'과 '자제(自制)'다. 문재인 정권과 민주당은 노자(老子)의 <천망회회소이불루(天網(恢恢疎而不漏: 하늘의 그물은 굉장히 넓어서 눈이 성기지만 선(善)한 자에게 선을 주고, 악(惡)한 자에게 악을 주는 일은 조금도 빠뜨리지 않는다는 말)>와 <입법자는 위법자가 되어서는 안 된다(Law makers should not be law breakers.)>을 명심해야 한다. 법은 강자(强者)가 무한의 위력(威力)을 남용하지 못하도록 제정된 것이다. 법의 정의와 공평을 측정하는 근본사상은 여기에 있다.

　문재인 대통령과 윤석열 대통령 당선인 간 16일 첫 오찬회동이 무산되어 국민을 실망시켰으나 대선 후 19일 만인 28일 청와대 상춘재에서 첫 회동을 가졌다. 역대 정권 중 가장 늦게 성사된 회동으로 역대 최장인 2시간 36분간 진행됐다. 양측의 이견(異見)이 가장 첨예했던 대통령 집무실 '용산

이전문제'도 해소됐다고 한다. 대통령직 인수인계를 위한 협치에 시동은 걸렸으나 아직 갈 길은 멀다. 3.9대선 결과 민심이 정권교체를 택한 만큼 문 대통령은 다음 정부의 성공을 위해 대승적(大乘的) 견지에서 '대통령직 인수(引受)'에 적극 협력해야 한다. 그것이 지는 권력의 "대통령이 '국가의 계속성'과 '헌법을 수호'할 책무"를 수행(遂行)하는 것이요, 최후의 도리로 한국 민주주의의 성숙도를 보여주는 척도(尺度)다.

대통령은 국가의 독립·영토의 보전·국가의 계속성과 헌법을 준수할 책무(責務)를 진다(헌법 제66조 제2항). 헌법 제66조 제2항 및 제69조에 규정된 대통령의 **'헌법을 준수하고 수호해야 할 의무'**는 헌법상 법치국가의 원리가 대통령의 직무집행과 관련하여 구체화된 헌법적 표현이다. **'헌법을 준수하고 수호해야 할 의무'**가 이미 법치국가의 원리에서 파생되는 지극히 당연한 것임에도, 헌법은 국가의 원수이자 행정부의 수반이라는 대통령의 막중한 지위를 감안하여 제66조 제2항 및 제69조에서 이를 다시 한 번 강조하고 있다. 이러한 헌법의 정신에 의한다면, 대통령은 국민 모두에 대한 **'법치와 준법의 상징적 존재'**인 것이다(헌재결 2004.5.14. 2004헌나1).

여야는 '통합(統合)'과 '협치(協治)'를 해야 하나 헌정질서(憲政秩序)를 파괴하려는 세력의 처단과 부패한 정권의 적폐의 일소(一掃)는 국가안보 및 법치주의 확립을 위한 기초이다. 북한의 핵위협을 머리에 이고 사는 상황에서 헌정질서를 파괴한 범법자들과 체제전복 기도세력의 처단은 정치보복이 아닌 헌법수호로서 그것이 '자유 민주국가 발전의 초석(礎石)'임을 망각해서는 안 된다. 헌정질서를 파괴해 온 주사파·남파간첩·자유민주주의 체제파괴집단 등을 일소함으로써 헌정질서를 회복하는 것이 "진정한 적폐청산"이다. 이를 위한 윤석열 당선자의 "시대적 사명(使命)"은 좌파정권 5년을 '대청소'하는 것이다.

다만 그 청소는 정치보복이 아닌 진정한 의미의 적폐의 일소(一掃)이어야 하며, 국민통합이라는 미명하(美名下)에 불법과 비리를 은폐하는 것은 허용될 수 없다. 적폐청산은 철저한 사실검증과 엄격한 법절차에 따라 정치권력의 개입 없는 문책(問責)이어야 한다. 이를 위해 윤석열 당선자는 '해야 할 일'의 우선순위를 결정하는 것이 필요하다. <대통령의 가장 어려운 임무는 올바른 일을 하는 것이 아니라, 무엇이 옳은지를 아는 것이다(A President's hardest task is not to do what is right, but to know what is right. -L. B. Johnson-)>라고 했다.

윤석열 정부의 성공을 위해 문 대통령이 진솔(眞率)하게 정권인수에 협조하는 것이 "국가의 계속성 및 헌법을 수호할 책무"를 수행(遂行)하는 것이다. 떠나는 대통령이 대통령 당선인이 순조롭게 정권을 인수할 수 있도록 도와줌으로서 한국 민주주의의 수준과 성숙도를 전 세계에 보여주어야 한다. 그로인해 3.9대선에서 국민이 선택한 정권교체로 윤석열 대통령이 "한 번도 경험해 보지 못한 공정하고 정의로운 나라"를 만들어가는 정도(正道)다. 이것이 <대통령직 인수에 관한 법률>의 입법취지이다.

2. 정치인과 정상배

정치인(政治人)에는 두 종류가 있다. 하나는 정치가(政治家 : Statesman)요,

또 하나는 정상배(政商輩 : Politician)다. '정치가'는 경륜(經綸)을 가지고 공(公)의 정신이 투철하고 의(義)에 밝고 도리(道理)를 신봉(信奉)하며 내일을 바라보며 조국의 장래를 구상하고 앞으로 태어날 후손들을 생각한다. 반면(反面)에 '정상배'는 경륜을 못 가지고 사(私)의 정신이 강하고 이(利)에 밝으며 권모술수(權謀術數)를 신봉하고 오늘만 생각하므로 어떻게 하면 다음선거에서 또 당선될까만을 생각한다. J·프리만·클라크는 "정상배는 '다음 선거'를 생각하고, 정치가는 '다음 세대(世代)'를 생각 한다"고 말했다.

우리나라 정치인에는 정상배는 많아도 정치가는 새벽하늘의 별처럼 드물다고 한다. 정치(政治)는 인생의 '예술(藝術) 중의 예술'이다 정치는 한 사회와 국가를 바로 잡아가는 예술작품이다. 정치는 사회의 올바른 기강(紀綱)을 바로잡고, 국민에게 행복을 주고 민족에게 희망과 이상(理想)을 실현시키는 민주정치여야 한다. 영국의 사상가(思想家) 로버트 오웬은 "정치의 목적은 통치하는 자와 통치를 받는 자를 행복하게 하는데 있다. 그러므로 정치는 이 양자를 포함한 '최대다수(最大多數)'의 '최대행복(最大幸福)'을 실제로 구현하는 것을 지상목표(至上目標)로 삼는다"고 말했다.

정의(正義)는 인간의 사회생활의 기본원리(基本原理)다. 정의(正義)는 흥하는 길이요, 부정(不正)은 망하는 길이다. 권력의 횡포와 부정부패를 막기 위해 권력위에 법이 있고, 정의가 엄존(儼存)해야 한다. 괴테(Goethe)는 "지배(支配)하기는 쉽지만 통치(統治)하기는 어렵다"고 말했다. 국민은 힘으로 지배하는 '지배자'를 원하는 것이 아니라 도리(道理)로서 통치하는 '통치자(統治者)'를 갈망한다. 한국정치의 고질적 병폐(病弊)로 대통령 1인에 의한 권력독점과 권위주의 문화를 들고 있다. 특히 제왕적(帝王的) 대통령과 그의 소수 측근(側根)에 의해 좌우되는 정치체제는 한국의 정치를 후진성에 머물게 하는 병폐다.

3. 헌법이 대통령에게 공무원 임면권을 부여한 취지

"대통령은 헌법과 법률이 정하는 바에 의하여 공무원을 임면(任免)한다"(헌법 제78조). 현행 헌법상 대통령이 행사하는 권한은 실질적인 성질에 따라 대권적(大權的) 권한, 행정에 관한 권한, 국회와 입법에 관한 권한, 사법에 관한 권한으로 분류할 수 있다. '행정에 관한 권한'으로는 행정에 관한 최고 결정권과 최고 지휘권, 법률 집행권, 국가의 대표 및 외교에 관한 권한, 정부구성권과 공무원임명권, 국군통수권, 재정에 관한 권한, 영전 수여권을 들 수 있다.

헌법(제78조)이 대통령에게 '공무원 임면권(任免權)'을 부여한 취지는, 능력과 전문성을 겸비(兼備)한 인재(人才)를 적재적소(適材適所)에 배치해 행정을 민주적이며 능률적으로 수행하여 국민전체에게 봉사하기 위한 것이다. 대통령은 국가의 백년대계(百年大計)를 위해 각계각층(各界各層)의 전문지식을 갖춘 저명인사(著名人士)를 슬기롭게 선별하여 임명해야 한다.

대통령이 임명하는 공직후보자의 자격요건에 대한 철저한 사전검증이 필요한 반면, 후보자 자신에게는 과연 '공직(公職)이 내게 맞는 자리인가' '내게 맞는 옷인가'를 스스로 판단하는 능력이 필요하다. 수신(修身) 후에 제가(齊家)하고 제가 후에 치국(治國)해야 한다. 공직자의 덕목(德目)은 청렴(淸

廉)과 자기절제(節制), 겸손(謙遜)이다.

대통령이 자기의 심복(心腹)이 되는 "내 사람"을 쓰지 않을 때 청풍명월 (淸風明月)같은 통치자가 될 수 있으나 선거공신(功臣)이나 보은(報恩)등에 의해 전문성, 청렴성이 결여된 부적격자를 공직자로 임명한다면 공직사회는 탐관오리(貪官汚吏)들이 창궐(猖獗)하는 '도둑떼의 소굴(巢窟)'이 될 것이다.

대통령에게 필요한 것은 가면(假面) 속에 감추어진 사람의 진실과 내면 적 가치를 찾아낼 줄 아는 '열려 있는 눈'인 것이다. 세종대왕이 위대한 성 군(聖君)이 될 수 있었던 것은 훌륭한 신하가 있었기에 가능했다. 제갈공명 도 혼자서는 독불장군(獨不將軍)에 불과하다는 사실을 역대 대통령들이 모 르는 것 같아 안타깝다.

다산(茶山)은 '청렴결백(淸廉潔白)함은 모든 선(善)의 근원이요, 덕(德)의 바탕이다' '종족(宗族)끼리는 의당 서로 화목(和睦)할 것이나 벼슬살이에 데 리고 가서는 안 된다'고 하였다. 이런 점에서 다산(茶山)은 친척(親戚)을 등용 ((登用)하는 이른바 네포티즘(nepotism)을 배제한 근대화의 선각자(先覺者)였 다. 다산(茶山)은 <청렴(淸廉)이란 목자(牧者)의 본무(本務)요, 갖가지 선행(善 行)의 원천(源泉)이요, 모든 덕행(德行)의 근본이니, 청렴하지 않고서는 절대로 목자가 될 수는 없다)>고 했다.

산속에 있는 중이 고기 맛을 보면 미치듯 하찮은 인간이 권력을 잡으면 미친 듯 권력을 남용하고 부패하기 쉬운 것이다. "중이 고기 맛을 알면 절 에 빈대가 안 남는다"고 했다. 오로지 청렴한 지조(志操)를 지닌 공직자만이 국민을 위해 나라살림을 절제(節制)있게 해 갈수 있다.

새 정부를 구성하기 위한 대통령의 공무원 임면권의 적정한 행사여부에 국가의 운명이 좌우된다. "첫 단추를 잘못 끼면 마지막 단추는 낄 구멍이 없어지고 만다(-Goethe-)." 시작이 중요하며, 모든 일에는 반드시 순서(順序)가 있다.

대통령이 인재(人才)를 적재적소에 임명하는 것은 낙후(落後)된 정치풍토(政治風土)를 정화(淨化)하는 첫 단추를 바로 끼우는 것이다. 사정(私情)이나 정략(政略)에 매달릴 것이 아니라 나라의 운명을 내다보아야 한다. 자신을 희생하는 한이 있더라도 그것이 '나라의 길'이라면 반드시 가야하는 것이 '대통령의 길'이다.

공직자로서 전문성과 능력 또는 청렴성, 국민에 대한 봉사자세 등이 확립되지 아니한 시정잡배(市井雜輩)들이 권력의 단맛과 감투욕으로 공직에 취임하면 결국 탐관오리가 되어 불명예퇴진을 하거나 부정부패로 영어(囹圄)의 신세가 되고 만다. 이러한 인사참사(人事慘事)의 비극을 타산지석(他山之石)으로 삼아야 한다. 사람을 제대로 본다는 것은 쉬운 일이 아니다. 사람의 단점보다 장점을 보고 쓰는 것이 용인(用人)의 기본이다.

총수의 사람 보는 눈이 기업이나 조직의 성패와 운명을 좌우한다. 국가라면 더 말할 나위도 없다. 최고 지도자의 '사람 보는 눈'에 정권은 물론이고, 국가의 명운(命運)과 국민의 행복이 달려 있다. 마키아벨리는 <군주론>에서 "군주가 가진 두뇌의 우열을 측정하려면 군주의 측근을 보면 된다"고 말했다.

통치권자에 대한 평가는 그 주위에 있는 '인재들의 질(質)과 양(量)'으로 결정된다. 대통령 곁에는 다양한 인재가 필요하다. 지장(智將)과 덕장(德將)도 필요하고, 용장(勇將)과 책사(策士)도 필요하다. 누가 됐든 말과 행동이 일치하는 사람, 즉 인티그리티(integrity : 誠實)를 갖춘 사람이 있어야 한다. 치우치거나 모난 성격을 가진 사람은 안 된다. 범재(凡材)의 일예일능(一藝一能)에 홀려 몰래 수첩에 적어둔 인물을 발탁(拔擢)하는 것은 위험하다.

대통령 자신의 '사람 보는 눈'이 바뀌어야 한다. 편견 없는 '밝은 눈'으로 사람을 보고, 주변의 말에 귀 기울인다면 실수를 줄일 수 있다. 공무원 임면권은 대통령의 최고 특권이다. 현자(賢者)와 능자(能者)를 쓸 수 있다는 자체가 위대성의 증거다. 큰 인물만이 '큰 인물'을 쓸 수 있다. 도둑에게 '도둑을 지키라'는 일이 없어야 나라 일이 잘되어 가리라는 것은 너무도 자명(自明)한 일이다.

"나라가 망하는 것은 현인(賢人)이 없기 때문이 아니다. 쓸 줄 모르기 때문이다(戰國策)"라고 했다. 사학자(史學者) 토인비(A·J·Toynbee)는 "한 사회는 외부적 세력의 압력으로 붕괴하는 것이 아니라 내부적 자살행위 때문에 망한다"고 갈파했다. 탐관오리의 소굴이 된 부패한 공직사회는 나라를 망치는 "내부적 자살행위"의 표본이다.

오늘 우리가 당면하고 있는 모든 문제는 대통령의 힘의 부재가 아니라 '정책의 부재' 내지는 정책수행자들의 '무능, 무기력'에서 나왔다고 봐야 옳다. 우리에게 필요한 것은 강력한 대통령이 아니라 강력한 대통령이 필요치 않는 정치적, 사회적 풍토다. 그럼에도 불구하고 우리는 그러한 풍토의 조성에는 힘쓰지 않고 '강력한 통치자'의 등장, 공권력의 강력한 행사만을 바란다. 강력한 통치자를 필요하게 만드는 정치적, 사회적 상황을 탓하지 않고 대통령이 무력하다고만 탓한다.

만약 또다시 강력한 지도자가 나타난다면 그것은 우리가 꼭 독재자를 필요로 하기 때문이라기보다도 그런 지도자 밑에서 살 정도의 자격밖에 없기 때문이다. 히틀러의 망령(妄靈)은 여전히 우리네 주변을 맴돌고 있다. '훌륭한 대통령'은 '훌륭한 국민'이 만들어 내는 것이다. 이제 우리 한국인은 강한 주권의식(主權意識)을 갖고 항상 대통령의 통치행위를 지켜보고 바른 평가를 내리도록 힘써야 할 것이다.

4. 제왕적 대통령제의 폐단

대통령의 말이나 정치적 신념이 법보다 우선(于先)시 되는 제왕적 대통령과 소수 권력집단과 의회 다수당의 횡포와 독주(獨走)는 독재국가로 전락(轉落)한다. 따라서 '제왕적 대통령 체제의 극복'이 선진일류 국가건설의 선결문제(先決問題)다. 현대국가에서 '통치자에게 필요한 덕목(德目)'은 국민의 공복(公僕)으로서 국민전체에 대한 봉사자로서 모든 국민이 인간으로서의 존엄(尊嚴)과 가치(價値)를 가지며 행복을 추구할 수 있는 헌법적 이념을 실현하고 구체화하는 것이다. 법치(法治)와 덕치(德治)는 상충(相衝)되지 않는다. 법과 원칙이 살아 있는 나라를 건설하기기 위해 '제왕적 대통령의 독주(獨走)'를 견제(牽制)야 한다.

'올바른 정치'는 법의 지배가 확립되고 정의에 부합하는 법치주의가 확립 될 때 비로소 가능하게 된다. 법의 가치는 사회정의 실현이다. 이러한 '법에 의한 정치'에서만이 정직하고 성실한 국민들이 꿈과 희망을 가지고 사는 나라를 건설할 수 있다. 모든 국민이 인간으로서의 존엄과 가치를 가지며, 통치자의 권력이 법에 의해 제한되는 나라를 만들어야 한다. 그러므로 대통령은 모름지기 법을 존중해야 한다. 대통령이 법을 따르지 않을 때 사회 공동체의 질서는 파괴되어 '독재국가로 전락(轉落)'한다.

부패한 전 정권은 개혁과 적폐청산을 빙자해 법위에 군림하면서 정책과 국정운영을 포퓰리즘(populism)으로 이끌어 왔다. 정책을 수립하고 집행하기 위해서는 목적과 방향만을 고집할 것이 아니라 현실을 냉정하게 분석하여 정책의 혼란과 혼선이 없도록 해야 한다. 국정(國政)은 정치적 이념이나 논리에만 의존하는 것이 아니라 정치현실을 현명하고 냉정하게 직시(直視)하고 판단하여 정책에 반영해야 한다.

적법절차와 보편타당한 가치판단 및 건전한 상식이 "포퓰리즘 정치의 위험성"을 방지할 수 있다. 포퓰리즘 정책은 '도둑에게 열쇠를 준 것' 또는 '도둑고양이 더러 제물(祭物)지켜 달라'는 격(格)으로 국민의 '혈세(血稅) 도둑질'에 불과한 것이다. 영국의 액튼(Acton) 경(卿)은 "절대 권력은 절대 부패한다"고 말 했고, 프랑스의 몽테스키외(Montesquieu)는 "권력이 있는 사람은 왕왕 권력을 남용한다. 권력남용을 방지하려면 권력을 제한해야 한다"라고 말했다.

한국의 역대 대통령들은 법을 존중하는 것이 아니라 법위에 군림(君臨)하되 통치하지는 못한다고 비난받아 왔다. 법률격언에 "법은 이성(理性)의 명령(命令)이다(Law is the dictate of reason.)." "권력은 정의(正義)에 따라야 하며, 정의를 앞질러서는 안 된다(Power should follow justice, not precede it.)." "최대의 권력이 존재하는 곳에는 최소의 자유만이 존재한다(In the greatest power there is the least liberty.)."라고 했다.

인간은 근본적으로 악(惡)하기 때문에 부패한 정권을 타도하기 위해 민주주의가 필요하고, 또한 인간은 근본적으로 선(善)하기 때문에 국민의 힘으로 부패한 정권을 타도하는 민주주의가 가능하다. 우리는 파괴적이고 허무적인 냉소주의(冷笑主義)와 패배주의(敗北主義)의 음산한 겨울을 보내고 꽃 시샘하는 봄바람을 정면으로 맞이할 민주주의의 힘과 희망이 있는 것이다.

정녕 우리가 앞으로 선진국의 대열에 끼이려면 정치, 경제 ,사회, 문화의 모든 영역에 걸쳐 모든 계층의 국민이 참을 것을 참고, '하면 될 일' '해선 안 될 일'을 준별(峻別)해 나가야 할 것이다. '참을 것을 참는다'는 것은 결코 노예도덕이 아니다. 앞으로 우리들이 참을성 없이 감정을 폭발시키는 나쁜 버릇을 고치지 않는 한 우리 앞날에는 희망이 없다고 단언한다. 참을 것은 참고 기다려야 한다. 로마가 하루에 이루어지지 않은 것처럼 우리의 '바람직한 조국'도 하루에 이루어 질리는 없는 것이다.

역사(歷史)란 명확한 경험이다. 그것은 한판의 승부로 판가름 나지 않는다. 역사는 정직하고 책임질 줄 아는 편의 승리를 참을성 있게 기다려준다.

다가오는 태평양시대에 우리가 주역(主役)으로 등단할 수 있는 길은 두말할 것도 없이 진정한 민주주의 실현과 제2의 경제도약으로 집약된다. 여기에서 전제되는 것은 정치인들의 뼈를 깎는 자기성찰(自己省察)과 함께 민주이념을 개인은 체질화(體質化)하고, 국가는 토양화(土壤化)하는 것이다. "한국의 앞날은 정치발전에 달렸다"

5. 대통령이 정치적 위기를 벗어날 수 있는 힘의 원천

다산(茶山)의 목민사상(牧民思想)은 목양정신(牧羊精神)을 바탕으로 했다. 목양정신은 거해존양(去害存羊)함에 있다고 다산은 지적했다. 양떼 같은 백성들을 위하여 폭력행위의 해독으로부터 그들을 보호하는 것이 목자(牧者) 본연의 임무라는 것이다. 백성이 기대하는 목자의 기질(氣質)은 폭력과 맞설 때는 강하고, 백성과 접할 때는 자애(慈愛)롭길 바라는 것이다. 인간사회에 있어서의 횡포의 원인은 거의가 재화 욕(財貨慾)과 권세 욕(權勢慾) 때문이다.

공자는 "의(義)가 아닌 부귀(富貴)란 내게는 뜬구름과 같다"고 했다. 불의(不義)로써 부(富)와 귀(貴)를 탐내는 사람들의 거의가 집권자 주변에 도사리고 있다는 데에 문제의 심각성이 있는 것이다. 곧 집권자 내부에 있어서의 정의와 불의와의 싸움판이 될 것이기 때문이다. 그러므로 폭력행위의 단속은 급기야 자기정화(自己淨化) 또는 내부숙청(內部肅淸)이라는 의미를 가질 때 비로소 그 성과를 기대할 수 있을 것이다.

역대 대통령들이 어느 시점부터 국민의 신망(信望)을 잃게 된 것도 대부분 민심(民心)에 맞서는 오만(傲慢)과 독선(獨善)에서 비롯됐다는 것을 명심해야 한다. 대통령이 "정치적 위기를 헤치고 벗어날 수 있는 힘의 원천(源泉)"은 오로지 '국민에게서 나온다'는 것을 기억해야 한다. 국민의 절대적 신뢰와 지지를 회복하는 길은 대통령 자신이 스스로 과감하게 변하는 수신제가(修身齊家)에 있다. 그것만이 윤석열 대통령과 그 정부 자신은 물론 윤석열 정부 5년간의 운명을 맡겨야 하는 국가안보와 국민의 안위(安危)가 좌우되는 일이다.

윤석열 대통령은 이제 선량한 국정의 관리자로서, "국가의 독립·영토의 보전·국가의 계속성과 헌법을 수호할 책무(헌법 제66조 제2항)"를 다하는 사명감을 자각하는 '지배자'가 아닌 '통치자'가 되어야 한다. 대통령은 취임에 즈음하여 <나는 헌법을 준수하고 국가를 보위하며 조국의 평화적 통일과 국민의 자유와 복리의 증진 및 민족문화의 창달에 노력하여 대통령으로서의 직책을 성실히 수행할 것을 국민 앞에 엄숙히 선서 합니다>라고 선서를 한다(헌법 제69조).

대통령 선거에서의 패자는 선거결과에 승복하는 성숙한 민주주의 정신을 보여주어야 하며, 윤석열 대통령은 문재인 정권 5년간의 모든 갈등과 상처 난 국민의 마음을 치유(治癒)하는 포용력(包容力)을 발휘해야 한다.

올바른 방법으로 올바른 목적을 추구하며 협치(協治)하는 것이 정치의 대도(大道)다. 정치인들이 유권자의 투표용지를 무서워하게 될 때 부정부패(不正腐敗)가 없어지고 국민에게 봉사(奉仕)하는 정치가 실현될 수 있다. "투표용지는 총알보다도 강하다(The ballot is stronger than the bullet)."라고 링컨은 갈파(喝破)했다.

6. 불순세력 및 체제전복기도 세력의 불법집회 발본색원

윤석열 대통령은 자유 대한민국의 헌정질서를 파괴하며 사회혼란을 부추기는 각종 불순세력 및 체제전복 기도세력(종북 주사파집단, 민노총 등)의 "정치기획파업"에 과감(果敢)한 대응과 의법조치(依法措置)로 법치주의와 헌정질서(憲政秩序)를 확립해야 한다. 노조의 정치적 활동 등과 같이 근로조건 및 경제적 조건의 유지와 향상이라는 '헌법적으로 실정화 된 단결의 목적을 결여(缺如)'한 활동은 단결권에 의해 보호받지 못한다.

헌법 제33조 제1항이 보장하는 근로자의 단결권(團結權), 단체교섭권(團體交涉權), 단체행동권(團體行動權)은 어떠한 제약(制約)도 허용되지 아니하는 절대적인 권리가 아니라 헌법 제37조 제2항에 의하여 '국가의 안전보장·질서유지 또는 공공복리 등의 공익상의 이유로 제한'이 가능하며, 그 제한은 노동기본권의 보장과 공익상의 필요를 구체적인 경우마다 비교 형량(刑量)하여 양자가 서로 적절한 '균형을 유지'하는 선에서 결정된다(헌재결 2004.8.26. 2003헌바28).

2022년8월13일 오후 서울 중구 숭례문 앞에서 열린 '8.15 전국노동자대회'와 '광복 77주년8.15 자주평화통일대회'에 참석한 민노총 조합원 6000여명이 "한미 동맹 해체" "한미 전쟁연습 중단" "미국 반대" 등의 구호를 외쳤다. 양경수(46) 민노총 위원장은 "한반도의 운명을 쥐락펴락하는 미국에 맞서 싸워야한다"며 "노동조합의 힘으로 불평등한 한미동맹을 끝내자"고 했고, "이석기 의원 사면복권"주장도 나왔다.

지난 몇 년 동안 민노총은 산업현장에서 비노조원을 폭행하고, 택배대리점 업주에게 돈을 요구하고, 말을 듣지 않자 집단 괴롭힘으로 대리점 주를 죽음으로 몰고 가는 등 온갖 불법·폭력·갑(甲)질 행위를 자행(恣行)했다. 우리사회 최대의 문제 집단으로 감옥(監獄)도 무섭지 않다는 민노총의 폭주(暴走)를 견제할 유일한 수단이 '손해배상소송'이나 거대야당과 정의당은 이것마저 면책시켜 주겠다며 올 정기국회에서 우선 처리하겠다는 이른바 "노란봉투법"이라는 악법제정을 추진하고 있다.

이 법안은 노동자가 아닌 오로지 '민노총만을 위한 것'으로 이 법안이 국회를 통과되면 만세를 부를 곳은 민노총뿐이다. 노란봉투법은 불법파업을 자행한 노조와 조합원에 대해 기업이 손해배상청구나 가압류 등을 하지 못하도록 제한하고, 하청 근로자가 원청과 직접 대화할 수 있도록 교섭대상을 확대하는 것이 골자다. 민노총의 요구사항에는 '공공부분 민영화 저지' 등 정치적 구호도 포함돼 있다. 더욱 심각한 것은 사회적 갈등을 제도권내로 풀어가야 할 책임 있는 제1야당마저 여기에 편승하고 오히려 총파업과 거리투쟁을 부추기고 있다는 점이다.

국정의 동반자가 되어야 할 제1야당인 더불어민주당이 의회민주주의 핵심인 국회 문을 닫고 거리로 뛰쳐나온 것이다. 민생법안 처리는 완전히 외면한 채 거리정치에 편승(便乘)해 정치적 이익과 정권 탈취만을 노리는 얄팍한 행태야 말로 '민주주의의 적(敵)'이다. 더불어민주당이 대의민주정치를 팽개치고 상습 시위세력과 어울려 새로 출범한 '윤석열 정권 흔들기'에 골몰하는 것은 제1야당이 아니라 "정치기획파업집단"으로 전락했다.

문재인 정권의 적폐를 청산하고 건국 이래 태산 같은 대장동 게이트에 대한 검찰수사로 법치주의와 사법정의를 확립하려는 노력이 '정치보복'이며 '야당탄압'이라는 궤변이다. 반정부 세력의 결집을 위해 세월호 참사, 이태원 참사 등 대형 사고마다 정치적으로 이용하는 것은 국권을 되찾고 자유민주정부를 세우는데 몸 바친 애국선열과 건국의 아버지들에 게 면목(面目) 없는 짓이다. 야권이 걸핏하면 불순세력을 끌어들여 거리정치로 상투적 투쟁을 일삼는데 국민들은 이제 신물이 난다.

야당은 선량한 국민의 자유와 평화를 더 이상 빼앗지 말라. 더불어민주당은 이제라도 윤석열 정부의 '발목잡기'와 다수의석의 힘에 의한 '날치기'에 대해 국민 앞에 진솔(眞率)하게 사과함으로서 정상배집단으로 전락한 부패정치와 패거리정치의 신뢰회복에 나서야 한다. '거리정치' '패거리정치'는 "나라를 망치는 내부적 자살행위"다.

윤석열 대통령은 산업현장에 만연(蔓延)한 강성노조의 불법·폭력투쟁과 핵과 미사일로 한반도 평화와 국가안보를 위협하며 전쟁대결을 선동하는 북한 편을 들면서 반미, 반정부투쟁으로 헌정질서를 파괴하는 반국가단체인 민노총 등의 불법집회에 엄정 대응하여 이들을 의법조처하고, 사회혼란을 부추기며 선동하는 불순세력 집단을 발본색원(拔本塞源)해야 한다. 그래야 나라가 발전하고 국민이 평화롭게 살 수 있다. 건강한 국민과 정도(正道)의 정치가 함께 가야만 대한민국의 꿈과 미래가 있다. 야권과 불순세력의 '거리정치 놀음'에 도끼자루가 썩고 있다.

윤석열 정부가 29일 안전운임제(화물차주의 최저운임 보장제도) 영구시행 등을 요구하며 집단운송거부를 이어가는 민주노총 화물연대 소속 시멘트

운송사업자 및 운수종사자(차주) 2500명에 대해 '업무개시명령'을 발동했다. 윤 대통령은 "물류중단으로 산업기반이 초토화 될 수 있는 상황"이라며 "자신들의 이익을 위해 국민의 삶과 국가경제를 볼모로 삼는 것은 어떠한 명분도, 정당성도 없다" "임기 중에 노사법치주의를 확실하게 세울 것이며, 불법과는 절대로 타협하지 않을 것"이라고 했다.

윤석열 정부의 이러한 불법파업(不法罷業)에 엄정대응(嚴正對應)하는 것은 시의적절(時宜適切)한 조치로 많은 국민들의 지지(支持)를 받고 있다. 정부는 불법파업에 강력하고 엄정하게 대응해야 한다. 업무개시명령으로 인해 화물연대파업이 극한투쟁으로 번질 가능성이 있으나 엄정하게 대응하여 불법시위를 발본색원(拔本塞源)해야 한다. 사회혼란을 부추기는 노조의 불법폭력 파업의 악순환(惡循環)을 끊으려면 국민과 기업이 두려워말고 인내심으로 대응해야 한다.

대통령실은 30일 민노총 소속 화물연대가 정부의 업무개시명령에 불복해 집단운송거부로 이어가자 "불법파업과 타협은 없다"며 원칙대응방침을 거듭 밝혔다. 운송거부가 계속될 경우 '안전운임제 완전폐지'도 검토할 수 있다는 입장이다. 또 운송 거부자에 대한 '유가보조금지급유예 또는 배제', 특정 차종 화물차에 대한 '등록제 전환'이나 '허가요건완화' 등도 검토하는 것으로 알려졌다.

민주노총 총파업이 경제에 타격을 가해 정부를 흔들려는 "정치기획파업"이라는 사실이 드러나고 있다. 국민들과 기업의 경제위기를 해결하기 위해 노력하는 와중에 겉으로는 임금이나 근로조건개선을 내걸고 실제로는 경제 질서파괴에 초점을 맞춘 불법정치파업으로 용납할 수 없다. 화물연대의 운송거부사태로 일주일새 산업계 피해가 1조원이 넘는다고 한다. 우리 경제의 버팀목인 수출이 두 달 연속 마이너스를 기록했다. 이 와중에 화물연대 파업까지 겹쳤으나 국회를 장악한 야당이 파업을 부추기고 나섰고, 심지어 불법파업을 조장할 '노란봉투법'까지 단독처리하려고 한다.

민주노총은 불법과 폭력을 자행(恣行)하고, 거대 야당은 그 뒷배가 돼주고 있다. 이것이 바로 진짜 '국가 위기'다. 정부의 강경(强硬)하고 엄정한 대응만이 해결책((解決策)이다. 민노총이 기획(企劃)한 정치파업에 윤석열 정부가 엄정대응(嚴正對應)함으로써 정상을 되찾고 있다. 역대 정부가 노조의 불법파업에 온정적(溫情的) 태도를 보여 불법집회가 노동현장에 난무(亂舞)했다.

민노총 등 사회혼란을 자초하는 불법 정치파업에 대해 정부는 흔들림 없이 법과 원칙에 따라 엄정 대응함으로써 노동현장의 과격투쟁을 발본색원(拔本塞源)하는 계기(契機)를 마련해야 한다. 정부는 노동현장에 법치(法治)의 원칙이 뿌리내리게 함으로서 국가경쟁력을 훼손하고 개인과 기업의 경제상의 자유와 창의력(創意力)을 파괴하는 투쟁위주(鬪爭爲主)의 소모적(消耗的) 노사문제(勞使問題)의 종지부(終止符)를 찍도록 해야 한다.

윤석열 대통령은 5일 "법과 원칙이 바로서는 나라를 만들 것"이라며 "그것이 사회의 진정한 약자를 돕는 길이고, 지금의 복합위기를 극복해 나가는 길"이라고 했다. 또 "우리국민과 국가를 위하는 길이라면 어려운 길을 마다하지 않고 걸어갈 것"이라며 "불법파업은 북한의 핵위협과 마찬가지"라며 "불법행위와 폭력에 굴복하면 악순환이 반복 된다"고 말했다.

북핵문제에 있어 좌우 정권을 떠나 원칙적 대응을 했더라면 오늘과 같은 상황은 오지 않았을 것이며, 정당성 없는 노조의 불법파업에 대해서도 모든 정권이 원칙을 고수하며 엄격한 법적 대응을 했다면 지금과 같은 불법노조 천국(天國)은 오지 않았을 것이다.

7. 노동운동을 빙자한 민노총의 정치파업 및 민간단체의 국고보조금 부정·비리 일벌백계

노동조합 및 노동관계조정법(이하에서 "노동조합법"이라 함)은 헌법에 의한 근로자의 단결권·단체교섭권·단체행동권을 보장하여 근로조건의 유지·개선과 근로자의 경제적·사회적 지위의 향상을 도모하고 노동관계를 공정하게 조정하여 노동쟁의를 예방·해결함으로써 산업평화의 유지와 국민경제의 발전에 이바지함을 목적으로 한다(동법 제1조).

노동조합의 대표자는 회계연도마다 결산결과와 운영상황을 공표하여야 하며 조합원의 요구가 있을 때에는 이를 열람하게 하여야 한다(동법 제26조). 노동조합은 행정관청이 요구하는 경우에는 결산결과와 운영상황을 보고하여야 한다(동법 제27조).

쟁의행위(爭議行爲)는 그 목적·방법 및 절차에 있어서 법령 기타 사회질서에 위반되어서는 아니 되며, 노동조합은 사용자의 점유를 배제하여 조업을 방해하는 형태로 쟁의행위를 하여서는 아니 된다(동법 제37조). 쟁의행위는 '폭력이나 파괴행위' 또는 산업 기타 주요업무에 관련되는 시설과 이에 준하는 '시설을 점거(占據)'하는 형태로 이를 행할 수 없으며(동법 제42조 제1항), 사업장의 안전보호시설에 대하여 정상적인 유지·운영을 정지·폐지 또는 방해하는 행위는 쟁의행위로서 이를 행할 수 없다(동조 제2항). 노동조합법 제42조 제1항의 규정에 위반한 자는 3년 이하의 징역 또는 3천만 원 이하의 벌금에 처한다.

감사원은 '필요하다고 인정'하거나 '국무총리의 요구'가 있는 경우에는 "국가 또는 지방자치단체가 직접 또는 간접으로 보조금·장려금·조성금 및 출연금 등을 교부(交付)하거나 대부금 등 재정원조를 제공한 자의 회계"에 관한 사항을 감사할 수 있다(감사원법 제23조 2호). 따라서 감사원은 감사원법 제23조 2호의 규정에 의하여 민주노총과 한국노총에 지급된 정부 '지원금'의 적정한 사용여부에 대한 회계감사를 하여야 할 것이며, 그 결과 범죄 혐의가 있다고 인정할 때에는 수사기관에 고발하여야 한다(감사원법 제35조).

한국사회의 최대 기득권세력인 민주노총과 한국노총에 매년 수백억 원의 조합비와 수십억 원의 국민혈세인 정부 지원금에 대한 감사원의 회계감사 결과에 따른 검찰수사로 철의 장막에 싸인 귀족노조의 비리를 발본색원(拔本塞源)하는 것이 진정한 '노동개혁'이요, '적폐청산'이며 윤석열 정부가 시급(時急)히 해결해야할 책무(責務)다.

노동조합법 제2조 5호에서는 '노동쟁의'를 노동조합과 사용자 또는 사용자 단체 간에 임금·근로시간·복지·해고 기타 대우 등 근로조건의 결정에 관한 주장의 불일치로 인하여 발생한 분쟁상태'라고 규정하고 있으므로, '근로조건 이외의 사항'에 관한 노동관계 당사자 사이의 주장의 불일치로 인한 분쟁상태는 근로조건의 결정에 관한 분쟁이 아니어서 현행법상의 노동쟁의라고 할 수 없다(대판 2003.7.25. 2001두4818).

대법원은 "경영권과 노동3권이 충돌하는 경우, 이를 조화시키는 한계를 설정하는 기준"에 관하여 <경영권이 노동3권과 서로 충돌하는 경우 이를 조화시키는 한계를 설정함에 있어서는 기업의 경제상의 창의와 투자의 욕을 훼손시키지 않고 오히려 이를 증진시키며 기업의 경쟁력을 강화하는 방향으로 해결책을 찾아야 한다(2003.11.13. 2003도687)>고 판결했다.

대법원은 "불법쟁의행위의 손해배상책임"에 관하여 <불법쟁의행위에 대한 귀책사유가 있는 노동조합이나 불법쟁의행위를 기획·지시·지도하는 등 이를 주도한 노동조합 간부 개인이 그 배상책임을 지는 배상액의 범위는 불법쟁의행위와 상당인과관계에 있는 모든 손해이고, 그러한 노동조합 간부 개인의 손해배상책임과 노동조합 자체의 손해배상 책임은 부진정 연대채무관계에 있는 것이므로 노동조합의 간부도 불법쟁의행위로 인하여 발생한 손해전부를 배상할 책임이 있다(대판 2006.9.22. 2005다30610)>라고 판결했다.

가. 민노총은 공권력의 사각지대에서 이득을 챙기고 세력을 확장한 조폭 집단

민노총 파업은 노동운동을 빙자(憑藉)한 불법 정치파업(政治罷業)으로 '체제전복(體制顚覆) 기도(企圖)'다. 이러한 민노총 '집행부(執行部)'에 대하여는 국가보안법 및 형법의 내란의 죄, 외환의 죄, 공안(公安)을 해하는 죄, 노동조합법 제8장(벌칙) 등을 적용하여 '기업의 경제상의 자유와 창의(創意)를 존중'하고 '투자의욕을 증진'시키기 위하여 발본색원(拔本塞源)해야 한다. 윤석열 대통령이 "불법과 타협은 없다"며 "업무복귀명령"을 발동하자 파업현장에서 공권력(公權力)이 드디어 살아나고 있다.

윤석열 대통령의 시의적절(時宜適切)한 업무복귀명령은 '윤석열 다운 기상(氣像)'을 보여준 것으로 국민의 절대적 지지(支持)와 환호(歡呼)를 받고 있다. 대통령의 가장 어려운 임무(任務)는 '무엇이 옳은지'를 아는 것이라고 했다. '무엇이 옳은지'를 아는 사고성(思考)이야 말로 통치자의 위대성(偉大性)의 척도(尺度)다.

민노총 산하(傘下) 건설노조가 현장에서 이권(利權)을 강취(强取)해 돈을 뜯는 불법파업 행태(行態)는 조폭(組暴) 그 자체(自體)다. 노조는 소속 노조원 채용과 고용보장, 고용승계, 비노조원 채용금지, 일당 및 수당 인상, 노조에 등록된 기계 및 덤프트럭 사용, 타워크레인 운용권 강요, 금품 뜯어내기 등 부당한 요구를 들어주지 않으면 공사장 진입로를 막아 공사를 방해하는 등 조폭행태를 자행한 것은 노동조합법 제42조 위반으로 형사처벌의 대상이다(노동조합법 제89조 1호).

노조는 건설사에 대한 소음민원을 유도하려고 집회를 열거나 운동권 노래, 장송곡(葬送曲)을 밤새 틀어 인근 주민에게 고통을 줬다. 노조는 건설현장의 사소한 일을 과장 신고하거나 투서하는 방법으로 공사를 방해했고, 비노조원에 대한 폭행을 일삼았다. 전국 도처에서 이러한 무법천지의 조폭행태의 해방구(解放區)와 같은 일이 자행(恣行)됐다. 이런 현상은 경찰이 문재인 정권 출범(出帆)의 일등공신(一等功臣)인 민노총의 눈치만을 봤기 때문이다.

건설업자들은 조폭집단이 된 노조의 이처럼 무리한 요구를 들어줄 수밖에 없었고, 노조는 '공권력의 사각지대(死角地帶)'에서 이득을 챙기고 금품을 뜯고 세력을 확장해 왔다. 민노총 산하 노조의 이러한 폭력과 갈취 등 갑(甲)질 행위는 모든 산업현장에서 일상적(日常的)으로 자행된 현상이다. 이러한 업무방해와 협박 등 민노총 조합원들의 집단적 괴롭힘으로 택배 대리점주가 극단적 선택을 했으나 공권력(公權力)이 제대로 행사된 적이 없다. 노조의 불법 갑(甲)질, 폭력행위에 대한 검찰과 경찰의 엄정한 단속과 법 집행은 모든 산업현장으로 확대되어야 한다.

윤석열 정부의 단호한 결의로 우리사회의 암적 존재인 가짜뉴스와 586화적(火賊)떼를 발본색원(拔本塞源)해야 하며, 근로자(勤勞者)들도 깨어나야 한다. 이제 국민들도 운동권 화적떼의 급진·과격·극단의 노동운동이 정치파업으로 문재인 정권의 비리와 대장동 도둑질의 방탄복 노릇을 한다는 것을 알게 되었다. 민노총의 반(反) 헌법적 정치파업과의 싸움에서 이기는 것만이 기업의 경제상의 자유와 창의(創意)를 존중하는 헌법의 경제질서(經濟秩序)의 기본(基本)을 확립하여 대한민국과 자유민주주의체제가 살며 헌법을 수호하는 길이다.

윤석열 대통령은 강력한 법집행으로 민노총의 불법정치파업을 엄단했다. 좌익정권에 의한 망국적 난치병(難治病)을 치유(治癒)하고 대한민국역사

창조의 주역(主役)이 될 미래세대가 마음껏 꿈을 펼칠 수 있도록 지속가능한 대한민국의 개혁에 나선 윤석열 정부에 온 국민이 큰 힘을 실어주고 절대적으로 지지해야 한다.

나. 화물연대의 파업철회는 백기투항

민주노총 화물연대가 12월 9일 조합원 투표를 거쳐 총파업(집단운송 거부)을 철회하고 업무에 복귀하기로 결정했다. 투표에 참여한 조합원 중 62%가 업무복귀에 찬성한 결과였다. 투표율은 13.7%에 불과했다. 대통령실은 "노사문제에 대해 흔들림 없이 법과 원칙을 지키겠다"는 입장을 다시 한 번 확인했다. 민노총이 이번처럼 정부에 완패한 것은 전례를 찾기 어렵다.

윤석열 정부가 법과 원칙을 지키며 단호히 대응하자 사실상 백기투항(白旗投降)을 했다. 화물연대가 파업을 철회한 것은 정부가 일관되게 법과 원칙을 지켰기 때문이다. 화물연대파업은 처음부터 억지였으며, 물류를 볼모로 자신들의 잇속만 채우겠다는 불법파업으로 국민경제에 막대한 피해만 남겼다. 16일 동안 운송거부로 인한 경제피해만 4조 원에 육박한다고 한다.

정부가 지난달 29일 시멘트, 8일에는 철강·석유화학업종에 차례로 업무개시명령을 내리고 운송방해 행위를 신속하게 추적해 사법처리했다. 화물연대의 떼 법과 폭력이 통하지 않은 것이다. 이해관계가 첨예하게 대립하는 노사현장의 분쟁에서 법과 원칙을 지키는 것만이 분쟁해결의 유일한 기준임을 재확인 한 것이다.

노조의 위세를 이용한 억지와 불법, 폭력과 부당한 요구는 절대로 수용할 수 없다는 확고한 원칙으로 대응해야 한다. 일시적으로 법과 원칙을 양보하면 악순환만 반복될 뿐이다. 법과 원칙에 입각한 엄정한 법집행만이 세계 최악수준이라는 우리사회의 노조폐해를 바로잡고 바람직한 노사관계를 정립할 수 있을 것이다.

다. 귀족노조의 거액자금의 용도를 파헤쳐 노동개혁을 하라

윤석열 정부가 노동조합회계 관행에 대해 비판하고 나서면서 민주노총과 한국노총 예산집행과 정부 지원금문제가 도마에 올랐다. 국무총리실 산하 국무조정실은 2022년 12월 19일 고용노동부 등 관계부처를 대상으로 민노총 등 주요 노조에 지급한 '정부 지원금' 규모를 파악하라고 지시한 것으로 알려졌다. 노동계와 경제계 등이 파악한 바로는 지난해 민주노총본부 예산은 184억 원, 최대 산별 노조 중 하나인 금속노조 550억 원 등 16개 산별 노조예산을 더하면 민노총 전체 1년 예산은 1000억 원대일 것으로 추정한다.

민노총은 이 예산을 어떻게 쓰는지 외부에 공개하지 않는다. 조합원 규모가 민노총이 113만 명(고용노동부 집계. 2020년 기준)이고 한노총이 115만 명인 점을 고려하면 비슷한 수준일 것으로 경영계는 보고 있다. 민노총 등 거대 노조가 억지와 불법, 폭력으로 노동조합법을 위반하여 무소불위(無所不爲)의 행태를 가능하게 한 기반(基盤) 중 하나는 조합비와 정부 지원금 등 거액의 자금(資金)이라고 한다. 그러나 지난 수십 년 동안 거대노조가 거액의 자금을 얼마나 조달해 '누가 어디에 어떻게' 쓰고 있는지 드러난 적이 없었다. 이것이 이들 귀족노조의 특급비밀이었다.

한덕수 국무총리는 18일 "노조활동에 대해 햇빛을 제대로 비춰서 국민이 알 수 있게 해야 한다"면서 "국민이 알아야 할 부분에 있어서 정부가 과단성 있게 요구 하겠다"고 말했다. 이날 정부회의에서는 "(노조 재정운영을) 들여다보면 놀랄 수 있다"는 얘기도 나왔다고 한다. 실제로 그동안 노조의 비리가 세상을 놀라게 한 적이 한두 번이 아니다. 경찰은 지난 6월 2019년부터 노조비 10억 원을 횡령한 혐의로 한국노총 건설노조 진모 전 위원장을 구속 송치했다. 인천지법은 지난 4월 2011년부터 10년 동안 노조 조합비 3억7000만 원을 빼돌려 유흥비 등으로 탕진한 혐의로 민주노총 공공운수노조 지부장에게 징역 2년 6개월을 선고했다.

이렇게 드러난 노조의 비리는 빙산(氷山)의 일각(一角)이다. 노조의 비리와 돈 문제는 외부에서 간여(干與)할 수 없는 성역(聖域)으로 인식돼왔는바, 그 배후에는 노조와 정치동맹을 맺은 좌파정권의 비호(庇護)가 있었기 때문이다. 민노총과 한국노총에 가입한 근로자는 각각 100만 명이 넘는다. 이들 양대 노총에 매년 수백억 원의 조합비가 들어오며, 수십억 원의 정부 지원금도 받고 있다. 국민 혈세까지 들어가는데도 이 돈이 본래의 목적대로 쓰이는지, 불법집회나 시위자금으로 쓰이는지, 간부의 비리로 쓰이는지 검증받은 적이 없다고 한다. 특히 민주노총 같은 상급·거대 노조의 경우 '철(鐵)의 장막(帳幕)'에 싸여있다.

한국의 민노총의 불법파업으로 인하여 외국기업의 한국투자를 막고 있으며, 국내기업은 해외로 진출하고 있다. 양대 노총을 해체해야 나라경제와 기업이 살아날 수 있다. 지금 우리사회에선 노조가 최대 기득권세력(既得權勢力)으로 개혁과 적폐청산의 대상이 된지 오래다. 특이 문재인 정권 동안 민노총은 불법시위와 사업장 점거, 온갖 갑(甲)질과 폭력을 자행(恣行)했다. 이런 횡포를 막는 것이 노동개혁이요, 적폐청산(積弊淸算)이다.

감사원은 '국가나 지방자치단체가 직접 또는 간접으로 보조금·장려금·조성금 및 출연금 등을 교부하거나 대부금 등 재정원조를 제공한 자의 회계'에 관한 사항에 대하여 '필요하다고 인정'하거나 '국무총리의 요구'가 있는 경우에는 감사할 수 있다(감사원법 제23조 2호). 철의 장막에 싸인 거대 귀족노조의 정부 지원금 등 거액의 자금에 대한 감사원의 회계감사와 검찰 수사로 진정한 노동개혁을 이룩하는 계기(契機)로 삼아야 한다.

한국노총과 민주노총이 최근 5년간 정부와 시도(광역자치단체) 17 곳에서 지원받은 금액이 1520억여 원에 달하는 것으로 나타났다. 전국 기초 자치단체 228곳이 두 노총과 산하조직에 지원한 금액은 포함되지 않은 것으로 실제 지원 금액은 더 클 수 있다. 광역단체 중 서울시가 340억9732만원으로 가장 많은 돈을 노총에 지원했고, 울산시(149억7060만원), 경기도(132억7333만원), 인천시(115억7764만원) 등 5년간 100억 원 이상을 지원한 것으로 나타났다.

양대 노총과 산하 노조들이 걷어 쓰는 조합비만도 각각 1000억 원대로 추정되는데 왜 세금지원까지 지원받는지 알 수 없다. 양대 노총산하의 거대 노조만큼 파괴적이고 전투적인 곳은 세계적으로 드물다. 협력과 상생(相生)과는 거리가 먼 강경투쟁과 불법파업을 자행하는 노조에 국민 혈세(血稅)를 퍼붓고 있다. 특히 민노총은 노조 본연(本然)의 활동과는 무관한 반미, 반정부 정치투쟁으로 사회·경제적 손실을 초래해왔으며, 한미동맹해체와 한미훈련중단을 주장하고 "미국에 맞서 싸워야한다"며 북한 입장을 대변하는 이적성(利敵性) 단체다.

자유민주당 고영주 대표는 <민노총 핵심간부들이 북한 직결(直結) 간첩 내지는 종북 주사파 출신 이적단체(利敵團體)로, 이들의 파업은 대한민국 체제전복(體制顚覆) 의도이며, 민노총 조합원의 조합비를 간부들이 횡령하고 대북 불법 송금했을 가능성이 크므로 국가와 국민을 위해 고발해 주십시오! 국민 여러분, 주인(국민)도, 진실도, 사실도 알 필요 없고 약탈만 한다면 미친 '맹견(猛犬)'일 따름입니다. 이런 맹견을 방치하면 국가와 시민공동체의 붕괴입니다. 엄중하게 심판해 주십시오!>라고 호소했다(2023.2. 20. 조선일보 A35면).

양대 노총은 조합비 등 자체 예산이 어디에 쓰였는지 공개하지 않고 있다. 고용노동부가 노동조합법 규정에 따라 대형 노조들에 대해 회계장부를 비치하고 있는지 '증빙자료를 내라'고 요구했으나 63%가 거부했고, 한국노총과 민노총은 산하노조에 '자료제출에 불응하라'는 지침까지 내렸다. 그러고도 매년 평균 300억 원씩 지원금을 받아간다. 법률에 규정된 '회계공개의무'조차 거부하며 망국적 불법파업을 자행하는 노조에 왜 국민혈세를 지원해야 하나.

라. 전국장애인차별철폐연대의 지하철 출근길 시위

지난 1년여 동안 서울지하철에서 출근길 탑승시위를 벌여온 '전국장애인차별철폐연대(전장연)'가 20일 장애인 예산이 국회에서 처리될 때까지 '지하철 선전전'을 중단한다고 밝혔다. 전장연은 이날 아침 서울 지하철 5

호선 광화문역에서 출근길 탑승시위를 벌였고, 21일 시위를 예고했다. 이후 오세훈 서울 시장이 소셜 미디어에 '휴전을 제안 합니다'라는 글을 올려 "국회 예산안처리 시점까지 시위를 중단해 달라"고 요청하자 전장연이 수용하겠다고 한 것이다.

전장연은 자신들의 행위가 '열차운행 방해'가 아닌 '탑승행위'라고 주장해왔으나 궤변(詭辯)이다. 전장연의 탑승행위라는 시위로 출근길 1분1초가 아까운 시민들에게 고충을 준 시위는 심각한 사회문제다. 지난 15일엔 다른 장애인 단체들이 "지하철 운행방해는 전체 장애인에 대한 혐오감만 키운다"며 시위를 막고 나섰다. 전장연의 출근길 시위는 장애인 권리예산 보장을 요구하며 벌인 것으로 1년 동안 50번이 넘는다고 한다.

이들은 출근길 시민들로 붐비는 시간을 이용해 휠체어를 타고 천천히 승차하거나 출입문을 막고 버티면서 지하철 운행을 방해한 것으로 자기들의 주장을 관철시키기 위해 지하철을 이용하는 시민을 괴롭히는 치졸한 방식을 택한 것이다. 지하철을 이용하는 시민들의 시간손실을 감안(勘案)하면 천문학적 사회적 비용을 초래한 것이라고 한다. 고의적인 철도운행방해 행위는 명백한 '철도 안전법'위반이다. 하지만 정부와 경찰은 장애인이라는 이유로 법 적용을 사실상 방치해 왔다.

한국사회는 이런 식으로 묵인 또는 방치되는 불법시위가 한둘이 아니어서 '노조 천국'이라고 한다. 불법폭력 시위가 일상적으로 반복되는 나라는 전 세계에서 유일하게 한국뿐이다. 한국사회에서 불법폭력시위가 일상적으로 반복되는 것은 공권력이 불법시위를 방치했기 때문이다. 장애인

지원도 필요하나 수많은 시민의 지하철 이용을 방해하며 생업에 막대한 지장을 주면서 불법시위를 자행하는 불법행위에 어느 국민이 공감 할 수 있나. 강력한 공권력으로 불법시위를 발본색원(拔本塞源)하여 법치주의를 확립하여 사회질서를 바로 잡아야 한다.

마. 2023년은 노동개혁추진의 원년(元年)이 돼야

윤석열 대통령은 21일 "노조부패도 공직, 기업부패와 함께 우리사회에서 척결(剔抉)해야 할 3대 부패 중의 하나"라고 말하면서 "이제 우리의 성장과 발전을 가로막는 이런 적폐를 청산하고 제도개선을 위한 개혁을 가동(稼動)해야 한다"고 말했다. '노동개혁'을 앞세워 '윤석열 식 적폐청산(積弊淸算)'이 본격화(本格化)한 것이다. 윤 대통령은 이날 청와대 영빈관에서 기획재정부의 '신년업무보고'를 받으며 "사회적 대 합의하에 개혁을 신속, 강력하게 추진해야 한다"고 했다.

윤 대통령은 노동, 교육, 연금 등 3대 개혁 중 최우선 과제로 '노동개혁'을 꼽으며 "노동시장에서의 이중 구조개선, 노노(勞勞)간 착취(搾取) 시스템을 바꿔나가는 것이야말로 노동의 가치를 존중하는 것"이라고 했다. 특히 깜깜이 지적을 받는 민주노총 등 거대노조의 회계문제와 관련해 "기업부패를 막는 첫 번째는 기업회계의 투명성이다. 노조활동도 투명한 회계위에서만 더욱 건강하게 발전할 수 있다"고 강조했다.

대통령실 관계자는 '적폐청산'과 관련해 "견제 받지 않는 귀족·강성노조 등 성장을 가로막는 부패척결을 강조한 것으로, 전임정부의 실체불분명한 보복성 정치적 적폐청산과는 다르다"고 하며, "현행 노동조합법 등이 산업화 패러다임에 갇혀 있어 4차 산업혁명시대에 부적합하다고 보고 개혁이 필요하다는 게 대통령 생각"이라고 했다. 노동개혁을 해야 일자리 확충이나 해외기업·자본투자유치, 국내기업의 해외이전 방지를 이끌어낼 수 있다는 것이다. 지금이야 말로 노동개혁을 할 절호(絶好)의 기회다.

윤 대통령은 "개혁이 인기가 없더라도 미래세대를 위해 반드시 해내야 하고, '2023년은 개혁추진의 원년(元年)'이 되도록 해야 한다"고 했다. 성장의 발목을 잡는 '강성노조의 불법파업'과 정부 지원금을 받는 '노조의 회계 불투명성'의 해소 및 '노동시장의 이중 구조개선'과 '노조간부의 착취시스템' 등을 개선함으로서 노동의 가치를 존중하는 것이 우리 헌법의 "경제질서의 기본(基本)"인 '개인과 기업의 경제상의 자유와 창의(創意)를 존중하는 것'이다.

바. 경제의 민주화를 위한 경제 질서의 기본을 확립해야

정부의 회계 관련서류 제출요구를 거부한 노조에 공공성((公共性)이 강한 지자체 공무원 노조와 각급 교사노조, 은행노조 등 공기업 노조들이 대거(大擧)포함된 것으로 나타났다. 민주노총은 대형 산별노조 87%, 한국노총은 본부에 직접 가입된 대표 가맹조직 85%가 자료제출을 제대로 하지 않아 정부의 노조 회계투명화 요구를 조직적으로 거부했다. 양대 노총본부가 "정부에 협조하지 말라"는 지침을 하달(下達)했다.

이러한 현상은 문재인 정권에서 노조의 강경투쟁과 불법파업, 반미 정치선동, 갑질(甲質)행위 등을 방치하거나 선거에서 득표를 위해 이들의 눈치나 보며 사실상 도와주거나 방조(幇助)하는 바람에 노조의 불법, 탈법행위가 만성화(慢性化)되어 마치 노조천국으로 전락(轉落)해 노동현장이 치외법권(治外法權) 지역이 된 데 기인(起因)한 것으로 본다.

한국노총 산하(傘下) 금속노련, 전국은행 행원들이 조합원인 전국 금융산업노조와 전국 출판노련도 자료제출을 거부했다. 공무원노조는 물론 정부유관기관인 공기업노조들도 예외가 아니었다. 노조회계 투명성정책을 총괄하는 고용노동부 산하기관 노조인 '노동부유관기관노조' 역시 자료를 제대로 내지 않았다. 이 노조에는 노사발전재단, 건설근로자공제회, 한국고용정보원 등 10개 고용부 관련기관 직원들이 참여하고 있다.

윤석열 대통령은 20일 "노동조합 회계투명성이 확보되지 않고는 노동시장 개혁을 이룰 수 없다" "기득권, 강성노조 폐해종식 없이는 대한민국 청년의 미래가 없다" "노동개혁의 출발점은 노사법치"라며 "노사법치는 노조의 민주성, 자주성을 보호하고 조합원들의 알 권리를 보호하는 것"이라며 "궁극적으로 사회적 취약계층(脆弱階層) 전체 노동자에게 도움이 되는 것"이라고 하며 이어 "그런 면에서 회계투명성이 가장 기본이 된다"며 "고용부가 보고한 내용을 차질(蹉跌) 없이 일관되고 강력하게 적극적으로 추진하라"고 지시했다.

민주노총과 한국노총이 조합원들에게 걷는 조합비는 각각 1000억 원대로 추정되며, 정부와 지자체에서 각종 명목으로 지원받는 돈도 최근 5년간 1500억 원이 넘는다. 거대 노조들은 이와 같은 돈을 받아 쓰면서도 '얼마를, 어디에, 어떻게, 썼는지' 제대로 공개한 적이 없다. 일부 노조간부들만이 아는 특급비밀이다. 협력과 상생(相生)의 노사관계를 위한 정부 지원금을 받은 뒤 이들이 한 일은 오로지 강경투쟁과 불법파업, 반미 정치선동, 폭력행위, 갑질(甲質)행위로, 정부가 회계자료 제출을 요구하자 207곳(63%)이 겉표지만 내거나 제출을 거부했다. 양대 노총본부는 산하노조에 '정부에 협조하지 말라'는 지침까지 하달(下達)했다.

정부는 회계자료를 제출하지 않는 노조엔 과태료(500만원)를 부과하고 현장조사를 실시하기로 했다. 그래도 정부의 지시에 불응(不應)하면 지원 사업에서 배제하고 지원금 부정사용 적발시 환수키로 했다. 노조 조합비 세액공제를 재검토하고 회계감사도 강화하겠다고 했다. 기득권 노조의 토착화된 퇴폐풍조(頹廢風潮)를 혁신하기 위하여 노조회계 투명성 강화 등 법률제도 개선방안과 함께 국제기준에 부응(副應)하는 노사제도 개혁의 만전(萬全)을 기함으로써 개인과 기업의 경제상의 자유와 창의(創意)를 존중하는 기업풍토 조성으로 **"경제의 민주화를 위한 경제질서의 기본(基本)"**을 확립해야 한다.

사. 노조의 갑질로 무법천지가 된 건설현장의 노동개혁

정부의 회계증빙서류 제출요구를 거부했거나 부실 제출한 대형노조 207곳에는 공무원 노조가 29곳, 교사 및 교수 노조가 13곳, 공기업 노조가 40여 곳 포함된 것으로 확인됐다. 국민세금으로 월급을 받고 정부정책을 집행하는 공무원, 학생들을 가르치는 교사·교수, 고객 돈을 맡아 굴려 막대한 이득을 보는 은행원으로 구성된 노조라면 정부요구를 떠나 노조 스스로 조합원으로부터 걷은 돈을 정당하게 지출하고 있는지 여부를 투명하게 밝히는 것이 기본이며, 책무(責務)다.

전국의 건설현장은 노조의 폭력 갑질로 무법천지가 된지 오래다. 이러한 건설노조의 불법실태 조사를 한 국토교통부는 이른바 '월례비' 명목으로 뒷돈을 뜯어낸 타워크레인 노조기사 438명을 적발했다. 적발된 월례비 금액은 총 243억 원이며, 기사 1인당 갈취액(喝取額)이 연평균 5560만원에 달했다고 한다. 타워크레인 노조는 비노조원 기사를 쓰면 공사를 방해하는 등 일감을 독식(獨食)하고, 월례비를 안 주면 작업속도를 지연시키는 등 갑질횡포를 일삼아 온 조폭집단과 다를 게 없는 불법노조다.

인천의 한 공사장에선 타워크레인 노조기사 6명이 투입돼 1인당 월례비로 매달 1285만원씩 챙겼다. 평균월급 597만원보다 2배 더 많은 액수를 챙겼다. 공기업인 LH아파트 건설현장 83곳 중 42곳에서도 월례비가 1인당 월평균 711만원씩, 1년에 총 116억 원이 지급됐다. 이런 불법뒷돈은 공사비를 늘려 결국 아파트 입주자와 국민의 세금부담으로 돌아간다. 불투명한 노조회계와 전국 건설현장에서 자행되고 있는 노조의 갑질 행위만을 바로잡아도 노동개혁의 이상이 실현될 것이다.

한국노총 강모 부위원장이 산하 노조였던 전국건설산업노조(건설노조)로부터 수억 원대 돈을 받아, 이 중 일부를 한노총의 또 다른 핵심간부에게 나눠주려 했다는 의혹이 드러났다. 건설노조는 지난해 7월, 진병준 위원장의 10억 원대 횡령·배임사건으로 한노총에서 제명당했다. 당시 한국노총은 "건설노조가 조합비 횡령을 묵인·방조하고 비정상적으로 회계를 운영했으며, 노총본부의 정상화 요구도 따르지 않았다"고 제명이유를 밝혔다.

강씨는 작년 9월 1일 인천의 한 골프장에서 A씨와 골프를 하다 A씨에게 '건설노조에서 3억 원을 준다는데, 너 1억 원, 나 1억 원 갖고, 나머지 1억 원은 (2023년 1월 예정) 총연맹 위원장 선거에 쓰자. (돈이) 깨끗하니까 괜찮다'는 취지로 현금수수를 제안했다고 한다. A씨는 당시 '그 돈 받으면 죽는다'며 제안을 거절했지만 강씨는 일주일쯤 뒤 다시 A씨를 찾아 '건설노조에서 선수금으로 1억 원이 왔으니 너 5000만원, 나 5000만원씩 쓰자'고 재차 제안한 것으로 나타났다. A씨가 이를 다시 거절하자 행주산성으로 불러내 현금 봉투를 주려했다는 것이다.

현대차 노조가 '윤석열 정권 퇴진'을 요구한다면서 파업을 벌였다. 생산라인을 4시간 동안 멈춰 2000대 이상 생산차질이 빚어졌다. 이 파업은 '민노총의 정치파업에 동조(同調)한다'는 것을 보여주려고 벌인 것이라고 한다. 이런 노조의 무법천지가 한국 말고 또 있을까? 현대차 노조의 일탈(逸脫)은 한국이 불법파업을 너무나 쉽게 할 수 있는 나라이기 때문에 가능한 것이다. 국가산업의 중추(中樞)인 거대공장이 이렇게 수시(隨時)로 멈춰 선다.

쉬운 파업, 멋대로 하는 파업, 불법 파업은 국회를 장악한 더불어민주당이 노조와 일체(一體)가 되어 든든한 기둥뿌리가 돼 주고 있기 때문이기도 하다. 이재명 대표는 현대차 노조가 파업을 벌인 날, "파업권 보장을 위한 노조법 개정에 최선을 다하겠다"고 선동(煽動)하면서 '노란 봉투법' 추진을 공언(公言)하는 등 불법파업을 부추기고 있다.

노란 봉투법은 노조의 파업범위를 넓혀 하청(下請)업체 직원이 원청(元請)인 대기업에 단체교섭(團體交涉)을 요구하고, 파업도 할 수 있게 한 법이며, 또한 노조의 파업으로 인한 손해배상청구 때 노조원 개인별로 손해배상 액수를 계산해 제출토록 함으로서 사실상 기업의 손해배상청구소송을 봉쇄한 '불법파업 조장법'이다.

한국 대기업노조는 조합원의 이익증진을 위해 존재하는 것이 아니라 정치집단으로 전락(轉落)해 한미동맹해체, 한미훈련중단 등을 주장하며 정치투쟁을 일삼아왔다. 민노총 위원장은 "한국사회에서 노조활동을 하려면 한미와 남북관계에 대해 목소리를 내야 한다"는 말도 했다. 이런 민노총을 근본적으로 개혁할 수 있는 곳은 근로자뿐이다. 불법파업을 식은 죽 먹기나 장난처럼 할 수 있는 무법천지를 만든 집단이 한국의 노조(勞組)다. 이러한 불법노조를 발본색원(拔本塞源)해야 근로자도 살고 기업도 성장할 수 있다.

아. 민노총 간부의 간첩단 활동

2022년 대우조선해양 하청노조 장기파업을 주도·지원했던 '경남지역 민노총 간부 2명'이 간첩단 혐의를 받는 경남 창원의 '자주통일 민중전위(자통)' 조직원으로 파악돼 방첩 당국이 수사 중인 것으로 23일 전해졌다. 국정원 등은 민노총 간부 2명이 간첩단 혐의를 받는 자통 조직원이라고 보고 압수수색을 벌인 것으로 알려졌다.

해당 간부는 민노총 금속노조의 거제·통영·고성 조선하청지회 부회장 A(55)씨와 민노총 금속노조 경남지부장 B(53)씨라고 한다. 방첩 당국은 A씨를 '자통 경남 남부지역 책임자' B씨는 '자통 노동사업단장'이라고 파악한 것으로 전해졌다. 국정원은 A씨와 B씨가 또 다른 자통 조직원 성모(구속)씨를 통해 북한 공작원의 지령을 여러 차례 전달받은 혐의를 포착한 것으로 전해졌다.

국정원과 경찰은 북한 지령과 대우조선해양 파업간의 연관성을 수사 중이며, 이날 추가증거확보를 위해 A·B씨의 사무실, 차량, 주거지 등을 압수 수색했다. A씨는 대우조선해양 파업준비와 현황, 파업 이후 손해배상 상황 등을 담은 자료를 자통 조직원 성씨에게 건넸는데 방첩 당국은 이 자료를 확보했다고 한다.

성씨를 포함한 자통 조직원 4명은 캄보디아 등에서 북한 공작원을 접촉한 뒤 2016년경 자통을 결성해 반정부활동을 했다는 혐의 등으로 지난 1월 구속됐다.

당시 이들은 '민노총 침투'등의 지령을 받았다고 한다. 이번에 적발된 민노총간부 A·B씨는 북한이 성씨에게 하달한 지령을 전달받은 것으로 전해졌다.

방첩당국은 A씨와 B씨에게 국가보안법상 '편의제공(국가보안법 제9조 제2항)' 혐의를 적용했다. 당시 대우조선해양은 매출손실(6468억 원)등 총 8165억 원의 피해를 입은 것으로 전해졌다.

방첩당국은 자통 조직원이자 경남진보연합 정책위원장 출신의 성모씨가 A·B씨와 북한과의 매개(媒介) 역할을 한 것으로 보고 있다. 북한공작원이 성씨에게 지령을 하달하고, 성씨는 이를 A·B씨에게 전달하는 구조로 해당 지령에는 노조의 '정치투쟁'과 관련된 지침 등이 포함된 것으로 알려졌다.

경남 창원의 자통이 북한노동당 대남 공작기구인 문화교류국에서 강령(綱領)과 규약(規約)을 하달 받고 활동한 혐의를 방첩 당국이 포착했다. 자통 <강령>에는 '미 제국주의 침략세력과 이와 결탁한 친미 예속적 지배세력을 타도하고 노동자, 민중의 지도하에 광범위한 민족자주역량을 묶어세워 자주적 민주정권을 수립 한다'는 내용이 포함됐다. <규약>에는 '위대한(김일성.김정일) 대원수님들의 사상과 주체혁명위업을 계승하신 김정은 원수님을 우리 혁명의 수령으로 높이 받들고 원수님의 유일적 영도(領導)를 무조건 절대적으로 관철(貫徹)한다'는 내용이 들어 있다고 한다.

방첩당국은 자통이 2022년 5월 윤석열 정부 출범이후 북한 측에 '핵심조직원을 가입시킬 때 활용할 수 있도록 강령과 규약을 만들어 달라'고 요청한 혐의를 파악했다고 한다. 이에 2022년 9월 북한 문화교류당국이 강령과 규약을 자통에 하달했다는 것이다. 북한 문화교류국이 자통에 하달한 '강령'이 활동목표라면, '규약'은 행동수칙에 해당한다고 한다. 강령에는 '정치·군사·경제·문화 등 사회 전 영역에서 미 제국주의 잔재와 친미 사대주의적 경향을 철저히 청산하고 완전한 민족자주화를 실현한다'는 내용이 담겼다. 규약의 골자는 '북한식 주체사상 신봉과 김정은 추종'이었다.

자. 고용노동부의 '노사부조리 신고센터'에 접수된 부당행위 사례

고용노동부가 2022년 1월 26일 '노사부조리 신고센터'를 온라인에 열고 기업과 노조 양측의 불법·부당행위 신고를 받았다. 지난달 말까지 34일간 총 301건 신고가 접수됐는데 250건은 임금체불, 직장 내 괴롭힘, 부당해고 등 사측(社側) 잘못이었고, 51건이 노조의 불법·부당행위였다. 노조 부당행위는 다수 노조나 상급단체가 소수 노조나 근로자의 노조활동을 방해하고 있다는 내용이 많았다.

한 건설노조 조합원은 자기가 다니는 건설현장과 관계없는 현장의 파업집회에 강제로 동원되고 있다고 호소했다. 그는 "노조가 집회일정을 일방적으로 통보하고, '참석하지 않으면 조합원에서 제명하겠다. 더 이상 일을 할 수 없게 하겠다'고 위협 한다"고 전했다. 이 노조는 각 형장과 계약을 맺어 소속조합원만 그 현장에서 일할 수 있게 하고 있었기에 노조에서 쫓겨나면 일자리를 잃는다. 노조간부가 폭행과 협박, 금품 갈취를 일삼는다는 신고도 있었고, 노조 회계가 불투명하다는 신고도 여럿이었다.

노조가 조합원들이 열람할 수 있게 관련 장부나 서류를 노조사무실에 비치해야하는 법적의무를 지키지 않고 있다는 신고도 다수였다. 신고 된 노사부조리는, 집회 불참시 제명 등 협박, 노조위원장의 인사 청탁과 금품 및 향응 수수, 위원장의 횡령 등 의혹을 제기한 조합원 제명(除名), 쟁의기금 유용(流用)등 회계 불투명(不透明) 등이다. 경찰이 수억 원대 돈을 받았다는 의혹이 제기된 한국노총 전 수석부위원장 강모씨에 대한 내사(內査)에 착수했다. 강씨 의혹이 불거지자 한노총은 이날 내내 뒤숭숭한 분위기였다고 한다.

차. 사회의 암적 존재가 된 '조폭 노조' '귀족 노조'의 비리척결

지난 3월 2일 보도된 한국노총 간부들끼리의 대화 녹취록을 보면 노조들의 썩은 냄새가 진동할 만큼 부패했다는 놀라움을 감출 수 없다고 보도됐다. 한노총 수석부위원장이라는 사람이 비리로 제명된 건설노조의 한노총 복귀에 협조할 것을 한노총 간부에게 청탁하며 "건설노조에서 3억 준다는데 너 1억, 나 1억 갖고 나머지는 총연맹 위원장 선거에 쓰자"고 설득하는 장면(場面)이다. 이 대화가 오간 것은 평일 인천의 골프장에서였다.

건설노조위원장 진모씨는 조합비 등 7억5000만원을 횡령한 혐의로 재판에서 4년 형을 선고받았다. 진씨는 15년 넘게 건설노조위원장을 했다. 조합원이 8만 명이고 매달 조합비만 수억 원에 달했다는 그 노조는 그의 사유물(私有物)이나 마찬가지였다. 한국노총이건 민주노총이건 산하(傘下) 건설노조들에서 비리, 불법 사실이 끝없이 터져 나오고 있다. 이들은 건설현장에 찾아다니며 자기네 조합원 채용을 강요하거나 월례비(月例費)·전임비(專任費)를 갈취(喝取)해왔다.

두 노총 소속 노조 사이엔 노른자위 '타워크레인 일자리'를 확보하려는 깡패 식 싸움이 되풀이돼왔다. 건설사들은 공기(工期)가 늦어지면 더 큰 피해를 보기 때문에 울며 겨자 먹기로 노조에 돈을 상납했고, 노조 지도부들은 그런 상납금에 조합원 조합비까지 제 돈처럼 쓰며 호의호식(好衣好食)을 누려왔다. '노동자 권익(權益)' 운운(云云)은 이런 부패(腐敗)를 숨기기 위한 속임수였을 뿐이다.

우리 사회의 암적(癌的) 존재인 노조들의 이러한 비리와 횡포의 척결(剔抉) 없이는 개인과 기업(企業)의 경제상의 자유와 창의((創意)를 존중하는 경제질서(經濟秩序)와 경제의 민주화(民主化)를 확립할 수 없으며, 경제도 사회도 선진국으로 발돋움할 수 없다. 조폭 노조와 귀족 노조들이 정부·광역자치단체로부터 최근 5년간 받아간 보조금만 1500억 원이 넘는다.

감사원은 필요하다고 인정하는 경우에는 "국가 또는 지방자치단체가 직접 또는 간접으로 보조금 등을 제공한 자의 회계"를 검사할 수 있다(감사원법 제23조 2호). 감사원은 감사 결과 범죄혐의가 있다고 인정할 때에는 이를 수사기관에 고발하여야 한다(동법 제35조). 검찰의 수사결과 노조의 범죄 혐의가 있다고 인정 될 때에는 이들에 대한 보조금 지급을 중단하고, 이미 지급된 보조금 전액을 환수(還收)해야 한다. 이것이 노조의 갈취(喝取)로부터 '기업(企業)'을 살리는 길'이다.

서울시 의회가 시 소유인 노동자복지관을 노동자단체가 위탁 운영하면서 임의로 사무실로 전용해 쓰던 관행에 제동(制動)을 걸었다. 서울시 의회는 국민의힘 소속 김지향 의원이 대표 발의한 '노동자복지시설의 설치 및 운영에 관한 조례 일부개정안'을 지난 3일 상임위인 기획경제위원회에서 통과시켰다. 개정안 핵심은 한국노총 서울본부가 위탁 운영하는 영등포구 서울시 노동복지관과 민노총 서울본부가 위탁 운영 중인 마포구 강북노동자복지관 안에 있는 노조사무실에 대해 '사용료'를 부과하는 것이다.

사용료는 매년 공시가격과 사무실 면적에 따라 자동 책정되며, 개정 조례안은 다음 위탁 운영자로부터 사용료를 부과한다. 이 개정안이 통과되면 앞으로 노조사무실로 쓰고 있는 전국 노동자복지관 운영도 영향을 받을 것으로 보인다. 서울시는 2018~2022년 5년간 한노총 조합원 자녀 3546명에게 52억3480만원 장학금을 지원했다. 개정안은 서울시가 노조보조금사업에 대한 성과평가를 매년 실시하고, 평가결과를 예산편성에 반영하도록 했다. 노조가 보조금을 거짓신청하거나 부정사용한 경우 받은 돈의 5배까지 반환하도록 하는 처벌규정도 담았다.

카. 조폭이 이 노조의 탈을 쓰고 끼어든 건설현장의 불법과 비리

경찰이 2022년 12월부터 건설현장 불법행위 특별단속에 나선 중간 수사결과를 발표했다. 석 달 동안 2863명을 단속해 29명을 구속했다고 한다. 단속 인원의 77%(2214명)가 민노총과 한국노총 등 양대 노총 소속이었고, 나머지는 군소 노조나 환경단체 소속이었다. 불법행위는 노조 전임비 갈취(喝取), 장비사용 강요, 폭행·협박 등 조폭행태와 다를 게 없었다. 실제 조폭(組暴)이 건설노조 간부로 활동하며 돈을 뜯어낸 사례가 처음으로 적발됐다.

인천의 한 조폭은 지역 건설노조 법률국장으로 활동하면서 노조 전임비 명목으로 1100만원을 받았다고 한다. 충북의 조폭 2명도 허위로 유령노조를 설립한 뒤 건설현장에서 외국인 불법고용을 신고한다고 협박해 월례비 명목으로 8100만원을 챙겼다. 부산·경남 지역에선 장애인 없는 '장애인노조'를 만든 뒤 건설사에서 3400만원의 월례비를 챙겼다.

세종시 지역 환경단체는 건설현장을 돌며 환경관련 민원을 제기하는 방식으로 자신들의 살수차(撒水車) 사용을 압박해 4년간 살수차 사용비용 4억 원을 갈취했다. 인천에선 건설사들이 자신들이 원하는 토사운반업체와 계약하지 않자 "죽여버리겠다"고 협박해 1억여 원을 갈취한 주민단체 간부가 구속되는 등 이들의 행태가 조폭이다.

건설현장의 이러한 불법과 비리는 문재인 정부에서 건설현장의 불법과 비리를 방관(傍觀)해온 책임이 크다. 당시 경찰은 건설현장에서 패싸움이 벌어져도 근처에서 교통정리만 할 때가 많았다. 문재인 정권 출범(出帆)의 일등공신(一等功臣)인 민노총 등 노조눈치를 봤기 때문이다. 그 사각지대(死角地帶)에서 노조가 이득을 챙기고 세력을 확장하는 것을 보면서 조폭에 유령장애인 단체까지 등단(登壇)한 것이다. 감독관청의 단속(團束)이 느슨해지면 불법과 비리는 언제나 기승(氣勝)을 부린다.

윤석열 정부와 건설 회사들이 거대 노조의 조폭(組暴)같은 행태(行態)에 원칙적으로 대응(對應)하자 건설현장의 고질적(痼疾的)인 불법이 자취를 감추고 있다. 노조원들이 건설사에서 뜯어내던 월례비, 노조원 고용압박 등 공사방해 등이 거의 사라졌다는 것이다. 건설사들이 '월례비 지급 거부'라는 원칙을 고수(固守)하자 수입이 줄어든 노조원들이 현장으로 돌아왔다는 것이다. 서울 도심을 난장(亂場)판으로 만들던 민노총 집회 양상이 달라진 것도 경찰의 엄정대응(嚴正對應) 때문이었다.

거대 노조 측은 경찰의 엄정대응을 흔들기 위해 극렬저항(極烈抵抗))하고 있다. 한국노총은 고공농성 노조간부 체포가 "폭력 연행"이라며 "정권 심판 투쟁'을 선언했다. 더불어방탄당 이재명 대표도 "야만의 시대가 도래할 것 같다"고 부추겼다. KBS · MBC 등 노조가 장악한 언론은 경찰의'과잉 진압'만을 부각(浮刻)시켰다.

노조의 불법에 대한 정부의 원칙 대응은 노동계와 정상배, 일부 노영(勞營) 언론 등의 강렬(强烈)한 저항에 직면할 것이다. 한국 사회에는 불법 폭력 시위를 무기로 삼아온 노조와 이들을 비호하는 불순세력(不純勢力)이 상존(常存)하고 있기 때문이다. 이들 집단은 정부의 대응을 시험하며 무력화(無力化)시키려들 것이다. 어려움이 예상되나 정부와 경찰은 국민을 믿고 불법

노조에 엄정대응(嚴正對應)한다는 기조(基調)에서 한 치의 후퇴함이 없이 일벌백계(一罰百戒)로 다스려야 한다.

타. 민노총 조직국장의 대북 '보고문'과 '지령문'

국가보안법 위반혐의로 국가정보원과 경찰 수사를 받고 있는 민주노총 조직국장 A씨가 핼러윈 참사 직후인 지난해 11월 북한으로부터 '참사를 계기로 윤석열 정부에 결정적 타격을 가할 수 있도록 사회 각계각층의 분노를 최대한 분출시키는 활동을 하라'는 지령문을 받은 것으로 확인됐다. 북한은 지난해 11월 15일 A씨에게 보낸 지령문에서 윤석열 정부 공격을 주문했다. 지령문은 "윤석열 퇴진 함성이 서울 시내를 뒤흔들어 놓은 것"이라며 "2014년 박근혜 탄핵을 이끌어낸 세월호 참사 진상규명 투쟁을 연상시킨다"고 평가했다.

국정원은 지난 1월 18일 서울 중구 정동의 민주노총본부, 서울 영등포구 당산동의 민주노총산하 전국보건의료산업노동조합 사무실, 제주 세월호 제주기억관평화쉼터 사무실 등 10여 곳을 압수수색했다. 정보당국은 당시 압수수색 분석을 통해 민주노총 조직국장 A씨가 대북 '지령문'을 여러 번 받고 대북 '보고문'도 여러 건 작성한 것으로 파악하고 있다.

A씨는 2020년 9월 29일 대북 보고문에서 "산별 모임에 사회연대포럼 민주당 세력과 통합노동연대 B씨 등 일부 중앙파(민주노총 내부 강경파)와 현장실천연대가 함께하자는 제안이 들어오고 있다"고 했다. A씨는 자신을 '지사장'으로, 북한 김정은을 '총회장님'으로 지칭하면서 "조만간 기쁜 소식을 총회장님께 보고드릴 수 있도록 노력하겠다"고 했다. 그는 보고문에

서 "지사장(A씨)의 판단은, 선거도 중요하지만 철저히 총회장님이 제시하신 회사 활성화와 진보정당 재편 방향에서 선거를 치를 계획"이라고 했다.

A씨는 2021년 6월 27일 대북 보고문에서 "현장 활동가 조직 확장과 관련한 조직건설 사업이 늦어지고 있다"면서 "대선시기 모인 성원들의 면면이 현장 대중에게 민주당 경향성에 대한 오해로 비칠 수 있는 우려 때문"이라고 했다. A씨는 보고문에 현장 실천연대의 C씨와 D씨 실명을 적시하면서 이들로 인해 대선을 앞둔 조직구성이 지연되고 있다는 취지로 보고했다. 북한은 A씨에게 이태원 참사 이후뿐만 아니라 지방선거와 대선 등 국내 주요 정치일정을 앞두고 진보세력의 영향력을 확대하라는 취지의 지령을 내렸다.

지령문은 당시 남한 정세에 대해 "현재 윤석열 패거리들이 대통령 자리를 차지한 데 이어 민주당 수중에 장악되어 있는 80%의 지방권력까지 빼앗아 보수정치 실현에 유리한 정치구도 구축목적 아래 필사적으로 발악하고 있다"고 했다. 그러면서 "기존 정치권에 대한 민심이 좋지 않은 분위기를 활용해 진보운동세력 확장기회로 활용하라"는 취지의 주문을 했다.

유동열 자유민주연구 원장은 "김정은 시대 대남공작의 당면목표는 윤석열 정부의 정권기반을 무력화하여 적화통일 분위기를 조성하는 것으로 집약 된다"며 "'지하당 구축 공작'과 병행해 이른바 '진보정당' 구축 및 침투를 위해 진력해왔는데 향후 국회의원 총선거 등 권력재편기 등에 대응하여 정치공작을 벌일 것으로 보인다"고 했다.

파. 민노총의 도심 술판·방뇨·노숙, 시위를 허가하는 판사, 수수방관하는 경찰

민주노총은 2023년 5월 16~17일 서울 도심(都心)인 세종대로 일대를 점거(占據)하고 시위(示威)를 벌였다. 집회가 허용되지 않는 밤엔 인도(人道)에 '노숙(露宿)'하며 술판도 벌였다. 1박2일 동안 노조원들이 외친 주요 구호(口號)는 '윤석열 정권 퇴진'이었고, 야당 정치인들도 시위에 동참(同參)했다. 이틀 동안 도심 일대 교통은 마비(痲痺)됐고, 거리에는 쓰레기가 100t가량 쌓였다. 민노총 조합원 일부는 덕수궁 돌담길 인도에 돗자리를 깔고 드러누워 노숙 시위를 벌이며 노상 방뇨(放尿)까지 해 지린내가 코를 찔렀다. 이면(裏面) 도로에 자리를 잡고 오징어를 굽고 술판을 벌렸다.

그러나 경찰관은 이를 제지하지 않았다. 미국은 집회 참가자들이 미리 허가받은 범위를 벗어나거나 현장의 경찰 지시에 불복하면 강력하게 진압하며, 지위고하를 막론하고 현장에서 체포한다. 이 때문에 미국 시위자들이 가장 중시하는 시위 가이드라인이 "경찰 지시에 따르라"이다. 반면 민노총은 16일 경찰의 해산명령에 코웃음을 쳤다. 경찰이 법을 집행할 의지가 전혀 없다는 사실을 잘 알고 있기 때문이다. 우리 경찰이 이 지경까지 된데는 문재인 정권이 경찰 공권력을 무력화(無力化)한 영향이 크다. 문재인 정부는 유죄가 확정된 시위대를 연이어 사면(赦免)하고, 불법시위를 막은 경찰은 징계와 처벌을 받는 황당한 일을 반복했다.

이날 오전 중구 코리아나호텔 앞 인도(人道)에는 노조원들이 먹고 남긴 컵라면 그릇과 빈 술병, 담배꽁초, 음료수 캔, 휴지 등이 즐비했다. 근처 이면 도로에는 이들이 밤새 깔고 잔 은박 돗자리 등이 1.5m가량 쌓였다. 세종대로를 가로지르는 횡단보도에는 각종 술병과 비닐봉지 쓰레기 등이 쌓여 있었고, 출근 차량들이 이를 피해가느라 급정지하기도 했다. 이날 오전 7시 동화 면세점 앞에서 만난 환경미화원은 "쓰레기가 너무 많아서 오전 5시부터 청소했는데도 끝이 없다"며 "우리도 노동자이지만 이건 아닌 것 같다"고 했다.

이화여자고등학교 학생 김모(18) 양은 "오전 7시30분쯤 등굣길이 쓰레기와 토사물(吐瀉物) 범벅이었다"며 "아침부터 지린내, 토(吐) 냄새, 쓰레기 냄새가 겹쳐서 고역(苦役)이었다"고 했다. 이 학교는 노조원들의 민중가요와 고함소리 때문에 잠시 수업을 중단하기도 했다고 한다. 술을 마시고 행패(行悖)를 부리는 노조원들로 인근 파출소에 민원이 들기도 했다. 도심은 이처럼 혼란스러웠으나 경찰은 소극적(消極的)으로 수수방관(袖手傍觀)했다. 이날 집회 발언대에 올라온 한 건설노조 조합원은 "3만 명이 넘는 노동자가 모이면 당연히 쓰레기가 생기고 간단히 밥 먹으면서 약주도 한잔할 수 있다"고 했다. 도심은 민노총의 불법시위장으로 전락(轉落)했다.

집회(集會).결사(結社)의 자유는 기본권의 하나로서 헌법상 보장(헌법 제21조 제1항)되나, 위법한 시위로부터 국민을 보호함으로써 집회 및 시위의 권리보장과 공공의 안녕질서가 적절히 조화를 이루도록 하는 것을 목적으로 '집회 및 시위에 관한 법률'이 시행되고 있다. 집회.시위의 자유는 헌법이 규정한 기본권이나 시민의 평온한 일상생활과 통행권을 과도하게 침해하는 행위까지 허용되는 절대적(絕對的) 기본권이 될 수는 없다.

'권리남용(權利濫用 : "abuse of right")'이라 함은 '외형상으로는 적법한 권리의 행사인 것과 같이 보이나, 구체적인 경우에 실질적으로 검토해 볼 때, 권리 본래의 사회적 목적을 벗어난 것이어서, 정당한 권리의 행사로서 시인할 수 없는 것'을 말한다. 권리의 공공성(公共性)·사회성(社會性)이 인정됨에 따라 권리행사 자유에 대한 수정원칙(修正原則)으로서 '권리남용금지(權利濫用禁止)의 원칙(原則)'이 확립되었다.

"집회·결사의 자유의 보장과 그 한계의 규정 취지 및 헌법 제37조 제2항에 근거한 법률적 제한을 받을 수 있는지 여부"에 관하여, 대법원은 "헌법 제21조 제1항의 취지는 일반 국민들이 행사할 수 있는 집회.결사의 자유를 보장하되, 이러한 자유가 절대적(絶對的)인 자유가 아니고 타인의 권리 또는 공중도덕이나 사회윤리를 침해할 수 없는 자체적인 한계가 있다는 점을 헌법적 차원에서 분명히 한 것으로서, 집회.결사의 자유가 절대적인 기본권이 아닌 이상 개인이 하고자 하는 표현행위가 아무런 제한 없이 허용되는 것이 아니고, 헌법 제37조 제2항에 근거한 법률적 제한을 받을 수도 있다(대판 2006. 5. 26. 2004도62597)"라고 판결했다.

경찰은 "집회를 제한해도 주최 측이 소송을 제기하면 판사가 주최 측의 손을 들어 준다"고 말한다. 실제로 많은 판사들이 집회를 허가하고 있다. 이 때문에 서울 도심은 주말과 평일을 가리지 않고 민노총의 도로점거 등 불법시위로 몸살을 앓고 있다. 급기야 평일에 수만 명이 1박2일 노숙 술판 방뇨((放尿)집회까지 벌이는 불법노조의 시위천국(示威天國)이 되었다. 법원은 민노총의 불법시위로 인한 무법천지(無法天地)를 동조(同調), 방관(傍觀)하고 있다.

불법 집회, 시위를 막을 수 있는 방법은 엄정한 법의 집행밖에 없다. 작년 말 화물연대가 불법파업을 철회한 것도 윤석열 정부가 업무개시명령을 내리고 운송방해 행위를 신속하게 사법처리 하는 등 엄정한 대응을 했기 때문이다. 이번 민노총 불법집회를 계기로 정부차원에서 불법 집회 및 시위는 절대 허용하지 않겠다는 확고한 원칙과 엄정한 법 집행 원칙을 확립해야 한다. 불법 집회 및 시위에 대한 엄정한 법 집행은 최후의 보루(堡壘)이며, 최후의 보루는 반드시 지켜져야 한다.

하. 민간단체에 지원된 국고보조금의 부정·비리의 일벌백계

최근 3년간 시민단체가 수령한 국고보조금 감사결과 총 1865건에서 314억 원의 부정·비리가 확인 됐다. 이쯤 되면 민주, 평등, 정의를 외치는 시민단체의 탈을 쓴 악마로 국민 혈세(血稅) 절도단(竊盜團)이다. 소규모 사업은 제외하고 대형 사업위주로 한 감사였다. 서류를 조작해 보조금을 수령한 후 횡령하거나 사적용도로 쓴 사례가 부지기수(不知其數)로 많았다. '정부 보조금은 먼저 타 먹는 사람이 임자'였다.

통일운동을 한다는 A 단체는 '묻힌 민족영웅 발굴'을 명목으로 작년에 국고 보조금 6260만원을 지원받았다. 이에 대한 현 정부 출범 후 감사 결과 이 단체는 '윤석열 정권 취임 100일 국정난맥 진단과 처방'과 같은 강의를 편성하고 "정권 퇴진운동에 나서겠다"는 내용의 강의를 한 강사에게 강사비를 지급했다. 강의 원고 작성자도 아닌 사람에게 지급한도의 3배를 초과하는 원고료를 지급한 정황도 적발돼 정부는 A 단체를 수사기관에 수사 의뢰하기로 했다.

정부가 지난 1월부터 29개 부처별로 최근 3년간 민간단체에 지원 된 국고보조금 사업(총 9조9000억 원 중 6조80000억 원을 대상)을 감사한 결과, 보조금을 부정사용·집행한 사례가 1865건 적발됐다고 대통령 실(室)이 4일 밝혔다. 부정사용이 적발된 사업의 총사업비는 1조1000억 원, 부정사용이 확인된 금액은 314억 원이었다. 정부 감사결과, 민간단체들은 서류를 조작하는 방식으로 보조금을 횡령하거나 리베이트 수수, 가족 간 내부거래, 사업목적과 무관한 사용 등 온갖 방법으로 보조금을 빼먹은 것으로 나타났다.

현 정부는 작년 12월 문재인 정부 5년간 총 22조4649억 원(연 평균 약 5조 원)에 달하는 국고보조금이 비영리 민간단체에 지급됐으며, 이 기간 보조금 규모가 매년 4000억 원씩 증가한 것으로 파악됐다고 발표했다. 이처럼 보조금 지급이 급증(急增)했으나 어떤 이유인지 문재인 정부는 사후관리(事後管理)에 뒷짐 지고 감시를 소홀히 해왔다. 이번 기회에 국고 보조금을 이렇게 많은 단체에 지원해야 하는지 근본적인 문제부터 시작해 선전과정, 지원체계, 관리규정 등에 대한 전면적 점검에 착수해야 한다. 심각한 부정을 저지른 단체를 일벌백계(一罰百戒)로 다스려야 한다.

윤석열 정부가 4일 발표한 감사결과를 보면 국고 보조금은 '눈먼 돈'이었다. 윤석열 정부는 보조금 신청과정에서 허위 증빙서류 작성과 같은 부정이 드러날 경우, 지급된 보조금 전액에 대한 집행·사용 과정에서 부정이 적발될 경우, 해당 금액을 환수(還收)하기로 했다. 비위 수위(水位)가 심각한 86건은 수사기관에 고발 또는 수사 의뢰하고, 목적 외 사용 등 300여 건에 대해서는 감사원에 추가감사를 의뢰키로 했다. 윤석열 정부는 이번 기회(機會)에 시민단체의 가면(假面)을 벗기고 국민 혈세 흡혈귀(吸血鬼)를 박멸

(撲滅)해야 한다.

　윤석열 대통령이 시민단체 국고보조금 감사결과를 보고받고 "비리에 대한 단죄(斷罪)와 환수조치(還收措置)를 철저히 하라"고 지시했다. 정부의 노동조합 회계 공시요구를 거부하던 한국노총과 민주노총이 결국 회계를 공시하기로 결정했다. 정부가 회계공개제도 도입을 추진하다 두 노총은 "노동 탄압"이라며 강력 반발했으나 정부가 노조 저항에도 원칙을 지키며 단호하게 추진해나가자 결국 노조가 손을 들었다.

　윤석열 대통령은 작년 말 노동개혁을 강조하며 "노조활동도 투명한 회계 위에서만 더욱 건전하게 발전할 수 있다"고 했다. 윤석열 정부는 작년 말부터 노조의 회계투명성 확보를 추진했다. 한국노총과 민주노총에 가입한 근로자는 각각 100만 명이 넘는다. 조합원들로부터 매년 걷는 조합비가 각각 1000억 원이 넘는 것으로 추정되고 정부 지원금까지 받고 있으나 그동안 이 돈이 '어디에 어떻게 쓰이는지' 알 길이 없었다. 노조회계는 일부 노조간부만이 아는 비밀이었다.

　정부가 회계를 공시하지 않는 노조엔 연말정산 때 조합비 15% 세액공제혜택을 주지 않기로 했다. 이러면 조합원들이 노조지부에 반발할 것을 우려한 양대 노총이 회계공시를 받아드리기로 한 것이다. 우리나라 양대 노총산하의 거대 노조만큼 비타협적이고 전투적인 곳은 세계적으로 드물다. 특히 민노총은 노조 본연의 활동과는 무관한 반미·반정부 정치투쟁으로 사회적 경제적 손실을 초래해왔다. 강경투쟁과 불법파업, 폭력, 갑질, 무분별한 집회, 고소·고발·진정 남발 등 노조의 고질적 병폐다. 정부가 원칙을 지키며 노조의 불법행위에 신속하고 엄정하게 법을 집행해나가야 한다.

거. 건폭(建暴)의 불법파업 1심서 100% 유죄 선고

지난 1년간 건설 현장에서 불법파업과 공사방해 등으로 금품을 갈취(喝取)해 '건폭(建暴)'으로 기소되어 1심 재판이 종결된 144명 전원이 유죄판결을 받았다. 윤석열 정부는 작년 말부터 건폭을 집중 단속해 4829명을 입건하고 이들 중 상당수를 공동 공갈 및 강요, 특수강요 미수, 업무방해 등 혐의로 재판에 넘겼다. 이 중 1심이 종결된 전원에 대해 법원이 유죄로 엄벌에 처했다. 당연한 일이다.

'건폭'은 현 정부 들어 특별단속을 시작하기 전까지 수십 년간 자행(恣行) 됐다. 근래에는 건폭들이 노조(勞組)를 결성해 서로 자기 조합원을 쓰라고 강요하며 불법파업과 태업(怠業)은 물론 폭력까지 자행(恣行)했다. 작업을 '빨리 해 달라'며 웃돈을 주고받는 '월례비(月例費)' 관행도 20~30년 이어져온 고질병(痼疾病)이었고 자신들은 노조의 간부(幹部)라며 근로시간 면제자로 등록해 일은 하지 않고 임금을 받아내는 이들도 많았다. 그런데도 경찰은 '노조'라며 수수방관(袖手傍觀)했다.

이번 판결 결과와 건설현장 정상화는 그동안 건설현장에서 수십 년 동안 노조의 불법파업과 태업 같은 범죄가 방치돼 왔다는 사실을 역설적(逆說的)으로 보여주고 있다. 특히 지난 정부는 노조의 불법파업을 눈감아주면서 건폭이 활개 치도록 방조(幇助)했다. 문재인 정부 시절 검찰이 건폭혐의로 구속한 인원은 5년간 16명에 그쳤다. 불법파업 단속 시늉만 했다.

현 정부가 대형노조의 회계를 공개하도록 해 양대 노총 등 90% 이상의 노조가 회계공개에 참여해 투명성이 높아진 것도 긍정적인 변화다. 그러나 야당은 "과도한 건폭 몰이"라며 정부 단속에 비판적이고 노조도 "노동탄압"이라며 저항하고 있다. 노사 법치주의, 건설현장에서의 월례비(月例費) 관행 등 고질병(痼疾病) 퇴치(退治)는 불법파업과 태업에 대한 강력하고 지속적인 단속에 의한 발본색원(拔本塞源)으로만 가능하다.

8. 국민을 섬기는 '정직한 머슴'(위대한 통치자)

윤석열 대통령은 당선 인사에서 "오직 국민만 믿고, 오직 국민 뜻에 따르며 국민만 보고 가겠다"고 하며, 자신의 당선이 "나라의 공정과 상식을 바로 세우라는 개혁의 소리로, 국민을 편 가르지 말고 통합의 정치를 하라는 국민의 간절한 호소"라며 "이런 국민의 뜻을 결코 잊지 않겠다"고 강조했다. 국민만을 생각하는 책임정치야말로 21세기 천하대란(天下大亂)을 뚫고 나가는 <대한민국 대통령의 책무요, 사명>이다.

윤석열 대통령은 자신을 "정치적 무(無)에서 출발한 정치 초심자(初心者)"라고 하며, 주인인 국민을 제대로 섬기는 "정직한 머슴"이 되겠다고 했다. 윤 대통령은 정치 초심자(初心者)로서 정직한 머슴이 되겠다는 말의 진정성을 통치행위로 국민에게 보여줘야 한다. 민주주의는 어디까지나 사회를 운영하는 제도와 기구가 민주주의 원리에 의하여 만들어져야 하며, 민주주의 이념이 확립되어 있어야 한다.

민주적인 지도자에 의한 민주적 정치체제가 만족스럽게 기능하기 위해서는 술책가(術策家)도 아니고 선동가(煽動家)도 아닌 지도자로서, 민중에게 영합(迎合)하기 위하여 자기를 기만(欺瞞)하거나 자신의 신념을 관철시키기 위하여 민중을 기만하여도 안 되며 오로지 '진실'과 '성실'을 근본으로 삼아야 한다. 뛰어난 지도자에게 요청되는 자질(資質)은 용기·정의·상식·관용·예의 등이며, 이러한 자질이 발휘되기 위한 불가결한 조건은 '국민과 함께 대화'하고 '국민을 위하여 투쟁'하다 '국민 속에서 죽어간다'는 결의(決意)다.

문재인 정권 5년 동안의 경제파탄 및 국가안보 해체, 적폐청산을 빙자한 인권탄압과 인권유린, 역사의 왜곡 및 조작, 더 나아가 국가가 보호해야할 국민의 생명을 북한 김정은에게 바치고자 귀순의사를 밝힌 탈북자를 북한으로 강제 추방한 책임자 및 해수부 공무원의 월북 조작행위 관련자 등을 신속·엄정하게 수사하여 법치주의와 사법정의를 확립함으로써 헌법을 수호하는 것이 윤석열 대통령의 책무요, 사명이다.

윤석열 대통령이 헌법의 수호자로서 이러한 부정부패의 사회 암(癌)을, 특히 집권층과 지도층의 심부(深部)에 뿌리박힌 고질적(痼疾的) 적폐를 과감하게 청산할 책무와 사명을 다 할 때 <위대한 통치자>로서 역사에 기록 될 것이다. 대통령은 민족과 역사의 먼 앞날을 내다볼 수 있는 <눈>과 국민의 진솔(眞率)한 소리를 들을 줄 아는 <귀>와 정의와 신념과 용기에 따라 옳은 말을 하는 <입>과 국가와 민족의 장래에 대하여 명석하게 사고(思考)하는 <머리>로서 통치하는 예지(叡智)를 겸비(兼備)해야 한다.

대통령은 국가와 민족의 장래를 책임지는 통치자로서 세계화시대에 적응하는 통치능력을 갖추어야 한다. "대통령은 국가의 독립·영토의 보전·국가의 계속성과 헌법을 수호할 책무(責務)를 진다"(헌법 제66조 제2항). 대통령은 국가라는 거대한 배를 운항하는 선장으로서 급박한 위험에 대비하여 자신이 운항하는 배의 항로(航路)와 바람의 방향을 똑바로 아는 **<선장의 지혜>**가 필요하다.

9. 대통령의 헌법상의 지위와 의무, 통치자의 자질 및 대통령의 가장 어려운 임무

가. 대통령의 헌법상의 지위와 의무

우리 헌법상 대통령은 1) 국가원수의 지위(地位)에서 조약체결 비준권, 외교사절의 신임·접수 또는 파견, 선전포고와 강화(헌법 제73조), 공무원임면권(헌법 제78조, 제104조 제1항, 제2항, 제111조 제2항), 사면권(헌법 제79조), 영전수여권(헌법 제80조), 2) 비상시 국가 수호자(守護者)의 지위에서 긴급처분·명령권(헌법 제76조), 계엄선포권(헌법 제77조) 등을, 3) 평화통일의 책임자의 지위(헌법 제66조 제3항)에서 통일에 관한 중요정책의 국민투표 부의권(헌법 제72조), 4) 행정권의 수반(首班)의 지위에서 정부조직권자로서의 지위와 행정권의 제1인자로서의 지위를 갖는다(헌법 제86조 제2항).

대통령의 헌법상의 의무로는 직무에 관한 의무와 겸직금지(헌법 제83조)의 의무를 들 수 있다. 직무에 관한 의무로는 국가의 독립·영토의 보전·국가의 계속성과 헌법을 수호할 책무(責務), 국가보위(國家保衛)의 의무, 민족문화의 창달(暢達) 및 국민의 자유·권리의 증진(增進)의무, 조국의 평화적 통일을 수행할 의무 등을 들 수 있다.

나. 위대한 전 대통령의 업적

(1) 이승만 전 대통령

이승만(李承晩 1875~1965)전 대통령은 독립운동가·정치가로서 1897년 서재필이 미국에서 돌아와 독립협회(獨立協會)를 조직하고 독립신문(獨立新聞)을 발간하자 가담하여 신문에 논설을 집필하면서 만민공동회(萬民共同會)를 개최하는 등 독립사상 고취(鼓吹)와 민중계몽에 투신했다.

1910년에 한·일 합방이 되자 이해 9월에 귀국, 기독청년회를 중심으로 후진지도에 전력하다가 1012년 다시 도미했다. 이때부터 망명객(亡命客)으로 30여 년간 고국에 돌아오지 못하고 미 대륙과 하와이, 상해 등지로 돌아다니며 동지를 규합, 독립운동에 헌신했다.

이승만은 세계가 안고 있는 여러 가지 난제(難題)들을 해결해 가는 데 뛰어난 영지(英智)와 고매(高邁)한 이념(理念)의 뒷받침이 있는 리더십(leadership)으로 대한민국의 둥지를 서방(西方) 자본주의 자유 진영(陣營)에 틀었고, 대한민국을 북한·소련·중공의 위협으로부터 지키고 나라를 개방(開放)과 번영(繁榮)으로 이끈 초석(礎石)이 되었다.

1948년 5월 제헌국회 의장에 피선되고, 대통령 중심제 헌법을 제정·공포하고, 국회에서 대한민국 초대 대통령에 당선, 그해 8월 15일 정부수립과 동시에 대통령에 취임했다. 철저한 반공주의자로서 국내의 공산주의운동을 분쇄하였으며, 철저한 배일정책(排日政策)을 수행하여 일본에 대해서 강경자세를 견지하였다.

1949년 농지개혁법(農地改革法)에 의해 농지를 농민에게 적절히 분배함으로써 농가경제(農家經濟)의 자립과 농업생산력의 증진으로 농민생활의 향상과 국민경제의 균형발전을 기하기 위한 농지개혁(農地改革)을 실시했다. 대한민국 정부수립 직후, 북한에서 농지를 무상몰수(無償沒收)하여 농민에게 무상분배(無償分配)한 농지개혁이 실시됨에 대응하여, 대한민국에서도 농지개혁을 실시하기 위하여 농지개혁법이 제정되었다. 농지개혁은 1948년 건국 이후 이루어낸 기적의 근본이었다.

대한민국은 자본주의체제하의 자유 민주국가이므로 북한과 같이 무상몰수와 무상분배는 허용되지 않아 소유자가 직접 경작(耕作)하지 않는 농토(소작인이 경작하는 농토)에 한하여 정부가 5년 연부보상(年賦補償)을 조건으로 소유자로부터 유상취득 하여 농민에게 분배해 주고, 농민으로부터 5년 동안 농산물로써 정부에 연부(年賦)로 상환하게 하는 이른바 유상몰수(有償沒收), 유상분배(有償分配)의 농지개혁(農地改革)을 실시하였던 것이다.

이법에 의한 농지개혁으로 종래 심각한 사회문제가 되어왔던 지주(地主)와 소작인(小作人)간의 분쟁 등은 해결되었으나 농가의 농지 소유한도를 3정보(町步)로 제한하여 그 소작·임대차 또는 위탁경영을 금지하고 매매도 제한하였기 때문에 농민의 영세화(零細化)와 농촌근대화의 장애요인(障礙要因)이 되었다. 제5공화국 헌법은 이를 참작하여 제122조에서 농지의 소작제도는 금지하되, 농업생산성의 제고(提高)와 농지의 합리적인 이용을 위한 임대차 및 위탁경영은 법률이 정하는 바에 의하여 인정된다고 규정함으로써 농촌근대화의 길을 도모하고 있다(현행 헌법 제121조).

2023년 7월 15일 한동훈 법무부 장관이 제주 해비치호텔&리조트에서 열린 '제46회 대한상공회의소 제주포럼' 강연에서 "1950년 이승만 정부의 농지개혁이야말로 대한민국이 여기까지 오는 가장 결정적 장면이라고 생각 합니다"라고 발언했다. 이승만 정부의 농지개혁이 지니는 긍정적 의미를 되새기며, 미래를 위한 발전적 제도개혁의 필요성을 역설(力說)한 것이다.

대한민국은 2차 대전 후 독립한 140여 나라 가운데 산업화와 민주화에 동시에 성공한 유일한 나라다. 그 기틀을 닦은 사람이 이승만 전 대통령이란 사실은 부정할 수 없다. 이승만 전 대통령은 자유민주적기본질서(自由民主的基本秩序)를 확고히 하고 개인과 기업의 경제상의 자유와 창의(創意)를 존중하는 경제의 민주화 이룩하였으며, 1950년 6.25 동란을 당해서 미국과 UN의 도움으로 공산군을 격퇴하는데 성공해 나라를 지켰다. 1954년 11월 18일 조약 제34호로 발효한 한미 양국 간의 <한미상호방위조약(韓美相互防衛條約)>을 맺어 오늘의 대한민국의 초석(礎石)이 되어 번영의 주춧돌을 놓은 위대한 업적(業績)을 남겼다.

1960년 자신이 이끈 정부가 부정선거를 감행하여 대통령에 4선되었으나 4.19 의거(義擧)로 사임, 하와이에 망명, 1965년 하와이에서 병사했다. 유해는 국립묘지에 이장(移葬)되었다. 이승만 대통령 기념관 건립 추진위원회가 발족(發足)했다. 이승만 대통령 기념관 건립으로 이승만 전 대통령의 공과(功過)를 국민에게 제대로 알리고, 역사적 화해와 국민통합의 계기를 마련해야 할 것이다.

공산주의에 맞서 국민이 나라의 주인이 되는 자유민주주의 대한민국을 건국하고 북한 괴뢰(傀儡)의 남침으로부터 나라를 지켰으며 한미동맹으로 안보와 번영의 토대를 마련하고 산업입국(産業入國)의 기반을 조성하여 10대 경제대국 오늘의 대한민국이 있게 한 "건국 대통령 이승만 박사 동상 광화문광장 건립추진위원회 출범식"이 2023년 10월 18일 14시 30분 프레스센터 20층 내셔널프레스 클럽에서 출범한다.

(2) 박정희 전 대통령

박정희(朴正熙 : 1917~1979) 전 대통령은 1961년 5.16 혁명을 주도하고 7월에 국가재건최고회의 의장이 되었으며, 1962년 3월 대통령 권한대행을 겸임, 1963년 8월 육군대장으로 예비역에 편입되었다. 이어 민주공화당 총재에 추대되고 그 해 12월 제5대 대통령에 취임한 이래 1967년 7월 제6대, 1971년 7월 제7대 대통령을 역임하고, 1972년 12월 제8대 대통령에 취임하였다.

박정희 전 대통령은 주체적 민족사관(民族史觀)에 입각하여 조국근대화(祖國近代化)를 촉성하고, 근면·자조·협동의 새마을 정신을 고취(鼓吹)하여 국민의 정신혁명(精神革命)을 불러일으키는 데 진력(盡力)하였다. 또한 민족사적 정통성(正統性) 위에 평화통일과 민족중흥을 이룩한다는 명분 아래 10월 유신(維新)을 단행하였으며, 제1,2,3차 경제개발 5개년계획을 추진함으로써 연평균 10%의 경이적(驚異的)인 성장과 경제발전을 이룩하였다.

또한 우리 민족사상 최대의 토목공사인 경부고속도로(京釜高速道路)를 비롯하여 전국의 산업도로망을 우리의 기술과 자본으로 건설하여 전국을 1일 생활권(生活圈)으로 만들었으며, 비약적인 수출진흥(輸出振興)을 이룩하여 연평균 신장률(伸張率) 42.8%의 획기적인 기록을 수립하고 <새마을운동> {1970년 4월 22일 전국 지방장관회의에서 박정희 대통령이 제창함으로써 시작된 근면(勤勉), 자조(自助), 협동(協同) 정신을 바탕으로 한 우리나라의 범(汎)국민적인 지역사회 개발운동}을 전 국민적인 운동으로 전개, 농어촌 근대화에 박차를 가했다.

우리나라는 지난 10여 년간의 새마을운동을 통하여 물질적·정신적으로 조국근대화(祖國近代化)의 기초과업을 완수하는 과정에서, 국민의 개발된 저력(底力)이 얼마만큼 엄청난 힘을 발휘할 수 있는지를 목도(目睹)하였다. 이와 같은 70년대 개발역사(開發歷史)의 대전진(大前進)을 교훈삼아, 새마을운동은 보다 차원 높은 국민운동으로서 정신개혁(精神改革)에 큰 비중을 두고 있다.

평화통일을 위한 기반구축에도 업적을 남겼다. 1970년의 8.15선언을 기점으로 1971년의 남북적십자회담, 1972년의 7.4 남북공동성명, 그리고 남북조절위(南北調節委)의 구성과 그 운영을 주도함으로써 4반세기 동안 단절되었던 남북대화(南北對話)의 실마리를 풀었고, 한반도의 긴장완화와 평화통일정책에 새로운 이정표를 마련하였다.

또한 한미행정협정의 체결, 오랜 현안이었던 한일 간의 국교정상화(國交正常化)와 월남파병(越南派兵) 등 역사적인 결단을 내림으로써 국제협력

체제를 강화하였다. 1979년 10월 당시 중앙정보부장이던 김재규의 저격(狙擊)으로 급서(急逝)하고 11월 3일 국장으로 국립묘지에 안장되었다. 대표적인 저서로는 <우리민족의 나아갈 길> <민족의 저력(底力)>등이 있다.

일제강점기(日帝强占期)의 조선인들에게 이승만은 전설적(傳說的) 지도자였다. 상해 임시정부 초대 대통령이었다는 경력과 미국과 하와이 · 상해(上海)등에서 독립운동에 헌신한 그의 명성을 드높였다. 4.19 혁명으로 이승만 정권이 무너지자, 내각책임제로 바뀌고, 민주당의 장면이 국무총리가 되었으나 집권한 민주당은 신파와 구파로 치열하게 싸우는 상황에서 허약한 장면 정권은 제대로 대응하지 못했다.

마침내 1961년 5월에 5.16 군부 정변이 일어나 성공했다. 장면 정권은 9개월 간 존속했으나 그 기간에 세 차례나 개각을 하는 등 내각이 안정되지 못했고, 뚜렷한 정책을 추진하지 못했다. 반면에 군부 정변으로 들어선 박정희 정권은 18년간 존속하면서 경이적(驚異的)인 경제발전을 이루었다. 따라서 이승만 정권의 실질적 후계자는 박정희였다. 군부 정변으로 권력을 잡은 박정희 대통령은 수출을 통한 경제성장과 경제개발 5개년 계획으로 성공을 거두었다.

박정희 대통령의 통치하에서 대한민국이 '한강의 기적'을 이라할 만큼 성공적인 경제발전을 이루자, 그런 성취의 토대가 된 이승만 대통령의 업적도 따라서 위대해졌다. 그런 뜻에서 박정희 대통령은 이승만 대통령의 진정한 후계자였다. 이승만 대통령은 독립운동가로 일생의 대부분을 해외에서 보냈고, 박정희 대통령은 일본 제국의 장교로 젊은 시절을 살았다.

그러나 중요한 국익(國益)이 걸린 상황에선 자신의 개인적 이익을 선뜻 버렸다는 점에서 두 분이 같았다. 이승만 대통령은 얄타협정(Yalta Conference)의 비밀협약 폭로, 남한 단독정부 수립 주장, 휴전반대와 같은 일이 그의 고귀한 성품의 발로(發露)였다. 박정희 대통령은 한일수교 과정에서 자신의 정치적 파멸을 초래할 수 있는 길을 망설임 없이 선택했다.

이제 누구도 박정희 대통령이 일본과 맺은 <대한민국과 일본국 간의 재산 및 청구권에 관한 문제의 해결과 경제협력에 관한 협정(1965년 12월 18일 조약 제172호)>에 의한 선린우호(善隣友好) 관계가 한국의 안보와 경제의 바탕이라는 점을 부정하지 못할 것이다. 지난 문재인 정권 아래서 북한에 우호적인 세력이 '토착 왜구'라는 구호로 일본과 맺은 선린우호관계를 해치려 시도했지만, 박정희 대통령의 고뇌(苦惱)에 찬 결단이 얼마나 고귀(高貴)한 선택이었나를 새삼 일깨워 주었을 따름이다.

윤석열 대통령은 2023년 10월 26일 오전 중동 순방(巡訪)을 마치고 귀국 직후 첫 일정으로 국립서울현충원에서 열린 '박정희 전 대통령 서거(逝去) 제44주기 추도식'에 참석해 "박정희 대통령의 정신과 위업을 다시 새기고, 이를 발판으로 다시 도약(跳躍)하는 대한민국을 만들어야 한다"고 말 했다. 윤 대통령은 유족대표로 참석한 박근혜 전 대통령을 만나 박정희 전 대통령 묘역(墓域)도 함께 참배(參拜)했다. 현직 대통령이 박정희 추도식에 참석한 것은 처음이다. 박 전 대통령의 추도식 참석도 11년만이다.

윤 대통령은 추도식에서 박근혜 전 대통령을 향해 "그동안 겪으신 슬픔에 대해 심심(心身)한 위로의 말씀을 드린다." "내가 대통령으로 일해 보니 박정희 대통령이 얼마나 위대한 분이었는지 절실히 느낀다."며 "오늘날 대한민국이 먹고사는 걸 쌓아주셨다"고 말했다. 박 전 대통령은 추도식에서 "지금 우리 앞에는 여러 어려움이 놓여있다고 하지만, 저는 우리 정부와 국민께서 잘 극복해 나갈 것이라 생각한다."며 "돌이켜보면 건국 이래 위기가 아니었던 때가 없다. 하지만 위대한 국민은 이 모든 어려움을 이겨냈다."고 했다.

다. 망국의 길로 가는 문재인 정권의 자살행위

문재인 정권의 소득주도정책, 최저임금인상, 주52시간 근무제, 세금 퍼주기식 복지정책, 반(反)시장 및 반(反)기업정책, 친 노동정책의 강화 등으로 국가경제를 파탄(破綻)시켰다. 탈 원전정책으로 국가경제에 막대한 손실을 입혔고, 해외 원전건설 수주의 국익까지 차단시켰으며, 수많은 관련 기업들을 도산키고 핵심시술과 기술자들이 해외로 빠져나가게 했다.

문재인 정부의 무차별 포퓰리즘의 살포(撒布)와 국가의 무상배급(無償配給) 확대에 따른 눈먼 돈 살포로 국민의 근로 의욕마저 상실시켜 일부 국민들로 하여금 공짜에 맛들이게 하는 복지 파라다이스를 초래하여 그리스와 같은 **"망국(亡國)의 길로 가는 자살행위**(自殺行爲)"가 되고 있다. 문재인 정부의 포퓰리즘 정책은 국민을 위한 것이 아니라 오로지 정권의 유지와 그 연장을 위한 선거에서의 승리가 그 목적일 뿐이다. 이러한 포퓰리즘 정책은 경제를 파탄시키고, 공짜만을 좋아하는 거지근성의 '하루살이 국민'을 양산(量産)하여 무려 1,000만 명에 육박하고 있다.

우리도 불과 25년 전에 국가가 부도에 몰리는 외환위기(外換危機)를 겪었다. 온 국민이 눈물 젖은 노력 끝에 위기에서 벗어났는데 포퓰리즘 정치인들이 등장(登場)했다. 선거용 인기 선심정책(善心政策)으로 나라살림을 거덜 내고 있다. 국가부채가 1000조 원을 넘고, 1분마다 1억여 원씩 나랏빚이 늘어나는데도 나라 재정을 파탄 내는 포퓰리즘 법안(法案)들이 눈 덩이처럼 쏟아진다. 재정적자(財政赤字)를 일정 수준으로 묶는 최소한의 장치인 '재정준칙(財政準則)'도 거야(巨野) 국회에서 발목이 잡혀있다. 우리도 그리스 꼴이 되지 않는다는 보장(保障)이 없다.

문재인 정부 집권 5년간 늘어난 국가채무 421조 원을 29세 이하 인구 1540만 명으로 나누면 1인당 2733만 원에 이른다. 이러한 포퓰리즘 정책으로 인하여 나라살림을 거덜 내어 국가를 부채국가로 만들어 사상(史上) 최대의 재정적자(財政赤字)를 기록하였고, 성실한 국민들의 근로의욕과 자립정신을 마비시키는 등으로 '공짜천국'을 만들어 나라는 재정불량국가(財政不良國家)로 전락(轉落)해 경제위기를 자초(自超)했다. 또한 노조의 불법시위와 갈취(喝取)로 무법천지(無法天地)가 되었다.

문재인 정권의 국민혈세를 깨진 독에 물 퍼붓듯 하는 포퓰리즘 정책으로 경제를 파탄시키고, 스스로 "남쪽 대통령"이라고 자칭한 문재인 대통령과 김일성 주체사상으로 무장된 일부 주사파들이 문 정권과 청와대를 장악하고 한반도의 비핵화와 종전선언이라는 위장평화 전술로 국민을 속여 국가안보를 파괴하고, 국제적으로 외교적 고립을 자초하며 교육을 붕괴시키는 등 나라의 근간(根幹)을 무너뜨리면서 국민을 갈기갈기 찢어놓는 분열정치로 헌정질서를 파괴, 유린했다.

문재인 정권은 그 동안 북한의 남한에 대한 적화통일(赤化統一) 야욕(野

慾)을 은폐하고 핵을 포기할 의사가 전혀 없는 북한 김정은의 한반도 비핵
화 및 종전선언이라는 위장평화 쇼에 속아 알맹이 없는 북한의 선언적 말
잔치에 불과한 남·북 회담이 진행되어온 것이 북한의 핵 실험과 단거리 탄
도미사일 개발 및 신형방사포 발사 등으로 입증되었다.

문재인 대통령은 국군의 방어체제인 전방지피의 철수 또는 파괴, 수도
권 상공의 비행금지구역 설정, 한미 군사합동훈련의 중단 등으로 국가안
보는 전례 없는 위기상황에 처해있다. 북한의 핵을 머리에 이고 사는 대한
민국에서 진정으로 국가안보를 걱정하는 사람은 헌법의 수호자로서 국군
통수권자인 대통령이 아니라 국방의무를 다하기 위해 사랑하는 자식을 군
에 입대시킨 국민들뿐이라고 한다. 이것이 '대한민국 안보의 현실'이다.

라. 통치자의 자질

지금 대한민국 국민에게 가장 필요한 통치자(統治者))의 자질(資質)이 과
연 무엇인가? 그것은 위와 같은 문재인 정권 5년간의 눈덩이 같이 쌓인 온
갖 비리와 범죄 등 적폐(積弊)를 과감히 청산할 정의감과 용기를 겸비한 '청
소부(淸掃夫)'다. 이러한 청소부에 의한 적폐청산은 정치보복이 아니라 대
한민국의 헌법을 수호하고 법치주의를 확립하여 자유민주적 기본질서를
확고히 하여 우리들의 자손의 안전과 자유와 행복을 영원히 확보하는데 방
해가 되는 적폐를 과감히 제거할 용맹(勇猛)한 싸움꾼에 의한 국가개조(國家
改造)로서 부패한 공직사회의 기강을 확립하는 첩경(捷徑)이다.

이 나라에 필요한 통치자는 한 사람의 전지전능(全知全能)이 아니라 국
민전체에 대한 봉사자로서 헌법을 수호하며, 자신의 자리(지위)를 빛낼 수

있는 능력과 청렴성, 자유민주적 기본질서에 기조(基調)한 국가관(國家觀)과 안보관(安保觀)을 겸비한 지도자로서 통찰력(洞察力)과 포용력(包容力) 및 영지(英智)와 고매(高邁)한 이념(理念)의 뒷받침이 있는 리더십을 겸비한 지도자이다. 작금의 한국은 경제 3고(고물가·고금리·고환율)의 늪에 빠져있고, 국가의 안전보장과 나라의 존립(存立)과 존망(存亡)이라는 명제(命題)와 맞닿아 있다.

마. 대통령의 가장 어려운 임무

대한민국 국민은 어떤 대통령을 원(願)할까? "이상적(理想的)인 대통령"이 되기 위해서는, 1) 품위(品位) 있게 행동하고, 아량(雅量)을 베푸는 대통령으로 우선 '자기중심적(自己中心的)인 인간'이어야 한다. 2) 사람의 강점과 약점을 감지(感知)해 내는 촉각(觸覺), 즉 '인간에 대한 간파능력(看破能力)'이 있어야 한다. 3) 어떤 고통과 패배에도 끄덕하지 않는 '강심장(强心臟)'이어야 한다. 4) 적절한 시간과 유리한 순간에 대한 '깨어있는 본능'과 기회(機會)를 '냉철(冷徹)하게 포착(捕捉)'해 순발력(瞬發力) 있게 대응(對應)할 수 있는 능력이 있어야 한다. 5) 현실을 간파(看破)하는 '안목(眼目)'이 있어야 한다. 6) 낙천적(樂天的) 사고(思考)의 주인공(主人公)으로서 '유머(humor)'가 있어야 한다. 7) 매스미디어(mass media)를 통해 '대중(大衆)을 쉽게 납득(納得)'시킬 줄 알아야 한다. 8) 국민들에게 밝은 미래의 '비전(vision)을 제시(提示)'해야 한다. 9) 도덕적(道德的)으로 '깨끗해야' 하지만, 한편으로는 '가혹(苛酷)'하고 심지어 '무자비(無慈悲)'해야 한다. 깨끗함과 무자비함이 적절하게 균형(均衡)을 잡아야 한다. 10) '뚝심'과 확고한 '자기신뢰(自己信賴)', 건강한 '공명심(功名心)'이 있어야 한다.

미국의 존슨 대통령은 1965년 1월 4일자 연두 일반교서에서 <**대통령의 가장 어려운 임무는 올바른 일을 하는 것이 아니라, 무엇이 옳은지를 아는 것이다**(A President's hardest task is not to do what is right, but to know what is right.)>라고 갈파 했다. 윤석열 대통령의 가장 어려운 임무는 무엇인가? '올바른 일'을 하는 것이 아니라 '무엇이 옳은지'를 아는 지혜다.

이 세상에서 가장 위대한 것은 우리가 '어디에 서있는가'라기보다는 '어느 곳으로 향(向)하고 있는가'라는 그 방향(方向)을 바로 아는 것이다. 그것이 "인생(人生)의 지혜(智慧)"요, "지혜(智慧)의 근본(根本)"이다. 한 나라의 통치자로서 국정(國政)의 올바른 방향을 향해 용기(勇氣)와 신념(信念)을 가지고 좌절(挫折)하지 않고 끝까지 전진(前進)하는 끈질긴 노력만이 인생의 승리자가 되어 "위대한 통치자"로 역사에 기록될 수 있다.

10. 윤석열 대통령의 "미래지향적 결단"과 한·일간 협력의 필요성

정부가 2023년 3월 6일 일제 강제징용 피해자 배상해법으로 행정안전부 산하 재단의 돈으로 징용피해자와 유족들에게 배상하는 '제3자 변제' 방안을 발표했다. 일본과 미국 정부는 환영한다는 입장을 밝혔다. 2018년 10월 30일 대법원의 배상판결 이후 최악으로 치닫던 한일관계가 정상화의 계기를 마련한 것이다.

박진 외교장관은 이날 정부 해법을 발표하며 "대한민국의 높아진 국격

(國格)과 국력(國力)에 걸맞은 대승적(大乘的) 결단(決斷)으로 우리 주도(主導)의 해결책(解決策)"이라고 했다. 기시다 후미오(岸田文雄) 일본총리는 "일.한 관계를 건전한 상태로 되돌리기 위한 것으로 평가한다"며 "윤석열 대통령과 긴밀하게 의사소통(意思疏通)하면서 일·한 관계를 발전 시키겠다"고 했다. 이어 "역사인식(歷史認識)에 관해 역대 내각의 입장을 전체적으로 계승(繼承)해왔고 앞으로도 이어갈 것"이라고 했다.

윤석열 대통령은 이날 "여러 어려움 속에서 징용해법을 발표한 것은 미래지향적(未來指向)인 한일관계로 나아가기 위한 결단(決斷)"이라며 "새로운 시대로 접어들기 위해 미래세대(未來世代)를 중심으로 양국 정부가 노력해야한다"고 했다. 미래를 바라보고 문제를 해결하기 위한 윤 대통령의 의지(意志)의 표현이다.

미국 조 바이든 대통령도 성명에서 "미국의 가장 가까운 동맹 간 협력에 획기적인 새 장(章)을 장식할 것"이라며 "미국·한국·일본의 3국 관계를 지속적으로 강화하기를 기대한다"고 했다. 윤 대통령은 16~17일 일본 방문을 추진하고 있으며, 5월 히로시마에서 열리는 주요 7국(G7)회의를 계기로 한·미·일 3국 정상회담도 조율(調律) 중인 것으로 알려졌다.

'1965년 한일청구권협정'은 한국과 일본이 국교정상화(國交正常化)와 전후보상(戰後報償)을 논의하며 1965년 6월 22일 동경에서 조인(調印)한 <**대한민국과 일본국 간의 재산 및 청구권에 관한 문제의 해결과 경제협력에 관한 협정**(1965년 12월 18일 條約 제172號)>으로 국제조약(國際條約)이다.

한일청구권협정은 "대한민국과 일본국은, 양국 및 양국국민의 재산과 양국 및 양국국민간의 청구권에 관한 문제를 해결할 것을 희망하고, 양국 간의 경제협력을 증진할 것을 희망하여, 다음과 같이 합의하였다"

제1조 ① 일본국은 대한민국에 대하여 (a) 현재의 1080억 일본 원(圓)(108,000,000,000圓)으로 환산되는 3억($300,000,000)과 동등한 일본 원(圓)의 가치를 가지는 일본국의 생산물 및 일본인의 용역(用役)을, 본 협정의 효력발생일로부터 10년 기간에 걸쳐 무상(無償)으로 제공한다.

제2조 ① 양 체약국은, 양 체약국 및 그 국민의 재산, 권리 및 이익과 양 체약국 및 그 국민간의 청구권에 관한 문제가……'완전히' 그리고 '최종적(最終的)'으로 해결된 것이 된다는 것을 확인한다.

제3조 ① 본 협정의 해석 및 실시에 관한 양 체약국간의 분쟁은 우선 '외교상(外交上)의 경로(經路)'를 통하여 해결한다.

제4조 ② 본 협정은 비준서(批准書)가 교환된 날로부터 '효력을 발생'한다.

<조약법에 관한 비엔나협약(1980년 1월 22일. 1980.1. 27. 대한민국에 대하여 발효)> 제1조(협약의 범위)는 "이 협약은 국가 간의 조약에 적용 된다" 제26조(약속은 준수하여야 한다)는 "유효한 모든 조약은 그 당사국을 구속하며 또한 당사국에 의하여 성실하게 이행되어야 한다." 제27조(국내법과 조약의 준수)는 "어느 당사국도 조약의 불이행에 대하여 정당화의 방법으로 그 국내법규정을 원용(援用)해서는 아니 된다"고 '조약의 준수'를 각각 규정하고 있다.

한일청구권협정은 1965. 8. 14. 대한민국 국회에서 비준동의(批准同意)

되고 1965.11. 12. 일본 중의원 및 1965. 12. 11. 일본 참의원에서 비준동의된 후 그 무렵 양국에서 공포되었고, 양국이 1965. 12. 18. 비준서(批准書)를 교환함으로써 발효되었다. 조약(條約 : treaty)은 국제법 주체(主體)간에 국제법률관계를 설정하기 위한 명시적(문서에 의한) 합의로서 국제관행에 의하여 이루어진 국제관습법을 성문화(成文化)한 것이다.

원고들이 피고 신일철금 주식회사를 상대로 한 손해배상청구에 대하여 대법원의 "상고를 모두 기각 한다"라는 2018. 10. 30. 선고 2013다61381 전원합의체 판결{김명수(재판장), 김소영(주심), 조희대, 권순일(반대의견), 박상옥, 이기택, 김재형(보충의견), 조재연(반대의견), 박정화, 민유숙, 김선수(보충의견), 이동원, 노정희}은 '대한민국과 일본국간의 재산 및 청구권에 관한 문제의 해결과 경제협력에 관한 협정' 제1조 제1항 (a), 제2조 제1항, 제3항, 제3조 제1항 및 '조약법에 관한 비엔나협약' 제26조, 제27조를 각 위반한 것으로 본다.

이번 사태는 2018년 10월 30일 대법원이 강제징용 피해자에 대한 일본 기업 신일철주금㈜의 손해배상책임 판결을 확정하면서 시작됐다. 한일청구권협정 전문(前文)은 "양국 및 양국국민의 재산과 양국 및 양국 국민간의 청구권에 관한 문제를 해결할 것을 희망하고, 다음과 같이 합의 하였다"라고 전제하고, 제2조 ①항은 "청구권에 관한 문제가.....'완전히' 그리고 '최종적'으로 해결된 것이 된다는 것을 확인 한다"라고 규정하고 있으며, ③항은 ".....일방 체약국 및 그 국민의 타방 체약국 및 그 국민에 대한 모든 청구권으로서.....'어떠한 주장'도 할 수 없는 것으로 한다"라고 규정하였다.

한일 청구권협정 제2조 ①항의 "청구권에 관한 문제가 '완전히' 그리고 '최종적'으로 해결된 것이 된다는 것을 확인 한다"라고 규정하고 있고, 제2조 ③항에서 규정하고 있는 '어떠한 주장도 할 수 없는 것으로 한다'라는 문언이 제3조 ①항의 "본 협정의 해석 및 실시에 관한 양 체약국간의 분쟁은 우선 '외교상의 경로'를 통하여 해결 한다"라는 문언에 의하여 실현되었다. '외교상의 경로를 통하여 해결 한다'라는 문언의 의미는 결국 '대한민국 국민이 일본이나 일본 국민을 상대로 소(訴)로써 권리를 행사하는 것이 제한된다'는 뜻으로 해석하여야 한다. 따라서 대법원은 <**사건이 법원의 권한에 속하지 아니한다하여 판결을 파기하는 때**(민사소송법 제437조 2호)>에 해당하여 사건에 대하여 종국판결을 했어야 한다(민사소송법 제 437조 2호).

대법원 판결대로 일본기업의 배상을 받아야 한다는 주장도 적지 않을 것으로 볼 수 있으나 일본 측은 개인배상을 포함한 강제징용문제가 1965년 한일 청구권협정에 의해 완전히 해결됐다는 입장이다. 문제의 위 대법원 판결이 국가의 외교정책에 영향을 미칠 판결을 삼간다는 사법자제(司法自制)를 벗어났기 때문이다. 국가 간의 약속은 신의성실(信義誠實)의 원칙상 반드시 이행되고, 준수되어야 한다.

"헌법에 의하여 체결·공포된 조약과 일반적으로 승인된 국제법규는 국내법과 같은 효력을 가진다(헌법 제6조 제1항)." 한일청구권협정은 양국 간의 조약으로서 이에 관련된 사항은 이른바 "통치행위(統治行爲 : act of state, political questions)"에 해당한다고 보아 "사법적 통제(司法的 統制)를 받지 않는 영역(領域)으로 볼 수 있다. 통치행위란 국가통치의 기본에 관한 고도의 정치성(政治性)을 띤 국가행위로, 사법부에 의한 법률적 판단의 대상으로 하기에는 부적당하다 하여 사법심사권의 적용범위에서 제외되는 행위를 말한다.

국제법(國際法)은 자연의 이성(理性)에 기초를 두고 다수 국가 간에 체결된 조약 또는 국제관습법이다. "약속은 엄수해야한다(Pacta sunt servanda. Contracts are to be kept.)"는 격언은 국제법상의 원칙으로, 조약체결국간의 합의의 법적 타당성(法的 妥當性)의 기초가 되는 근본규범(根本規範)이다. <조약법에 관한 비엔나협약>은 전문(前文)에서 "이 협약의 당사국은, ...자유로운 동의와 신의성실의 원칙 및 약속은 준수하여야한다"라고 선언하고 있으며, 제26조는 "유효한 모든 조약은 그 당사국을 구속하며 또한 당사국에 의하여 성실하게 이행되어야 한다"고 조약의 준수(遵守)를 규정하고 있다.

2018년 10월 30일 대법원이 징용배상판결{2018.10.30. 선고 2013다61381 전원합의체 판결 손해배상(기)}을 내리면서 한일관계는 원점으로 돌아갔다. 윤석열 정부가 6일 징용 피해자 15명에게 약 40억 원을 일본 피고 기업인 신일철주금(주) 대신 변제하는 방안을 발표한 것은 이를 타개(打開)하기 위한 고육지책(苦肉之策)이었다. 일본 정부는 이에 호응(呼應)하고 "1998년 (김대중-오부치) 한일공동선언을 포함해 역사인식(歷史認識)에 대한 역대 내각의 입장을 계승한다"고 했다. 일본 기업들은 한일 청년미래기금조성에 참여한다고 한다.

민주당은 "제2의 경술국치(庚戌國恥)이자 대일 굴종외교(屈從外交)"라고 맹비난했다. 민주당은 김대중·노무현 전 대통령을 계승한다는 정당인데 '김대중-오부치 선언'을 따른 결정을 '친일(親日)' '굴욕(屈辱)'이라고 한다면 김대중 전 대통령을 친일이고 토착왜구(土着倭寇)라는 말이 된다. 민주당은 모든 것을 국내정치에 이용해 서로를 비난만하는 낙후(落後)된 정치풍토(政治風土)로 이제는 자기부정(自己否定)까지 한다.

민주당은 집권하자마자 한일정부가 어렵게 이룬 '위안부 합의'를 파기해 버린 후 5년간 국내정치용 '반일(反日)몰이'에만 열중하더니 집권 말 김정은 이벤트에 일본의 협조가 필요해지자 돌연 '위안부 합의를 파기한 적 없다'고 발뺌을 한 후안무치(厚顔無恥)도 유분수(有分數)지.

북핵 위협과 중국의 패권주의(覇權主義)로 한·미·일, 한일 간 협력 필요성(必要性)은 더욱 강조되고 있다. 더불어민주당이 김대중 계승(繼承) 정당이라면 아무런 대안(代案) 없이 비난만하지 말고 '김대중-오부치 선언'부터 다시 보기 바란다. 통치자(統治者)에게는 적절한 시간과 유리한 순간에 "깨어 있는 본능"이 필요하다. 거기다 그 기회를 냉철하게 포착해서 순발력(瞬發力) 있게 대응할 수 있는 능력도 있어야 한다.

"정치(政治)란 가능성(可能性)의 예술(藝術)"이라고 했다. 어떤 일을 이룰 수 있고 어디에 기회가 있는지 남들보다 빨리 알아차리는 기술이 필요하다. 민주적인 지도자로서 세계가 안고 있는 여러 가지 난제(難題)가 산적(山積)해 있는 것을 해결하여 가는 데는 뛰어난 영지(英智)와 고매(高邁)한 이념(理念)의 뒷받침이 있는 리더십이 요구되는 것이다. 통치자에게 요구되는 자질(資質)은 진실(眞實)과 성실(誠實), 정의감(正義感), 공정(公正)으로 일관(一貫)하는 일이다.

11. 경제와 안보를 위한 국가외교에 오로지 적의(敵意)를 품은 선동과 헐뜯기에 광분(狂奔)하는 야권

야권이 거짓과 극언(極言)을 동원해 일본을 방문한 윤석열 대통령을 맹(猛)비난하고 있다. 문재인 정부의 청와대 의전비서관을 지낸 탁현민씨는 윤 대통령과 기시다 일본총리가 의장대 사열 중 국기에 인사하는 사진을 올린 뒤 "상대국 국기에 고개 숙여 절하는 한국 대통령을 도대체 어떻게 봐야하나. 일장기에 경례를 하는.....어처구니없음"이라고 비판했다. 당시 일장기 뒤편에는 태극기가 나란히 있었는데 일장기에만 경례를 한 것으로 둔갑시킨 것이다. 다른 외국 정상들도 방일 때 기시다 총리와 함께 자국국기와 일장기 앞에서 동시에 묵례를 했다. 탁씨는 의전(儀典)의 기본조차 모르는 망발(妄發)이요, 망언(妄言)이다.

KBS는 뉴스 앵커가 의장대 사열장면을 설명하면서 "윤 대통령이 일장기를 향해 경례하는 모습을 보였다. 의장대가 우리 국기는 들고 있을 것 같지 않다"는 황당한 말을 했다. 나중에 정정하고 사과했지만 무슨 흠집이라도 잡아 헐뜯으려는 생각에 몰입(沒入)되어 상식(常識)밖의 경거망동(輕擧妄動)을 일삼고 있다.

민주당 이재명 대표도 "윤석열 정권이 일본의 하수인이 되는 길을 선택했고, 영업사원이 결국 나라를 판 것"이라는 망언(妄言)을 하면서 "일본에 조공을 받친다" "항복식 같다" "오므라이스에 국가 자존심과 인권, 정의를 맞바꾼 것"이라고 했다. 민주당 지도부는 "친일 정상회담" "망국적 야합" "숭일(崇日)"이라고 했다. 그 당 대표에 그 당 지도부의 걸 맞는 망발(妄發)과 망언(妄言)이 갈수록 점입가경(漸入佳境)이다.

　　이번 정상회담에서 양국은 한·미·일 안보 협력의 주요 내용인 군사정
보보호협정(지소미아)을 완전히 정상화하고 수출규제도 해제해 경제협력
을 대폭강화하기로 했다. 한일 재계는 '미래 파트너십 기금'도 만들기로 했
다. 우리 경제와 안보에 큰 도움이 될 일들이다. 그런데 이게 어떻게 나라를
팔아먹고 조공(朝貢)을 바치는 일인가? 더불어 민주당은 이 기회를 이용해
윤석열 정부를 비판하며 정치적 이득을 취하고자 최후의 발악(發惡)을 하
며 한일 정상회담을 향해 "하수인" "매국" "조공" "항복"등 극언(極言)을 남
발하며 무엇이든 꼬투리를 잡으려고 식사메뉴까지 비난하는 치졸(稚拙)한
수준의 논리를 펼치고 있으나 결국 더불어방탄당의 자해적(自害的)소동(騷
動)으로 이어질 것이다.

12. 윤석열 대통령의 한일 정상회담 및 징용해법에 대한 세계의 평가

　　윤석열 대통령의 한일정상회담 및 징용해법에 대해 다음과 같이 세계
가 격찬(激讚)을 아끼지 않았다. 미국 바이든 대통령은 "윤석열 대통령과 기
시다 총리는 징용해법에서 두 나라 국민이 보다 안전하고 번영하는 미래를
만드는 중차대(重且大)하고 신기원적(新紀元的)인 새 장(場)을 열었습니다. 한
미일 3국관계의 강화를 바랍니다."(3월 6일 성명)라고 했고, 구테흐스 UN사
무총장은 "미래지향적(未來指向的) 한일관계에 새 미래로 가는 모멘텀
(momentum)을 만들었습니다. 윤 대통령의 어려운 결단(決斷)을 높이 평가합

니다."(3월 6일 공식입장)라고 말했다.

윤 대통령은 방미(訪美)에 앞서 한일관계를 주도(主導)했다. 일제 강점기
징용(徵用) 피해자 문제를 한국정부 주도로 해결하는 '제3자 변제(辨濟)' 안
(案)을 제시하고 먼저 일본을 방문했다. 국내에서 많은 논란(論難)을 각오한
대승적(大乘的) 견지(見地)의 결정이었다. 바이든 대통령이 "윤 대통령의 담
대(澹臺)하고 원칙 있는 일본과의 외교적 결단(決斷)에 감사 한다"고 했다.
윤 대통령은 미·일 연쇄외교(連鎖外交)를 통해 우리 안보(安保)의 주춧돌인
한미동맹을 굳건히 하고, 필수적인 한·미·일 3각관계(三角關係)의 토대(土
臺)를 정상화(正常化)시켰다.

독일 공영 도이체벨레는 "윤 대통령의 징용해법 발표와 방일은 역사적
인 새로운 장(場)"이라고 했으며, 미국 뉴욕타임스는 "윤 대통령의 징용해
법 발표와 방일은 양국관계뿐 아니라 미국과의 동맹에서도 중요한 의미."(3
월 15일)라고 했다. 미국 외교협회는 "한국과 일본은 한미일 3자 안보협력을
받아들였다. 이 결단이 자국(自國) 국내정치의 영향으로부터 자유로워야
한다."(3월 16일)고 했다. 터키 공영 TRT는 "북한의 잇따른 도발(挑發)과 중국
의 군사·경제적 위협은 한일양국이 이견(異見)을 해소(解消)하고 역내(域內)
안보협력(安保協力)을 모색(摸索)하는 동력(動力)이 되었다."고 평가했다. 암
참(AMCHAM. 주한 미국기업 800사)은 "우리도 징용재단에 기부하겠다."(3월 14일
기부완료)고 했다.

대한민국과 일본국 양국 및 양국국민의 재산과 청구권에 관한 문제는
<대한민국과 일본국간의 재산 및 청구권에 관한 문제의 해결과 경제협력

에 관한 협정(1965년 12월 18일 조약 제172호)> 제2조 ①은 "兩締約國은, 양체약국 및 그 국민(法人을 포함함)의 재산, 권리 및 이익과 양 체약국 및 그 국민간의 청구권에 관한 문제가, ...'완전'히 그리고 '최종적으로 해결'된 것이 된다는 것을 확인한다." 라고 규정하고 있으며, '완전'하고도 '최종적인 해결'에 이르는 방식은 제2조 ③에서 ....그 국민에 대한 모든 청구권으로서 동일자 이전에 발생한 사유에 기인하는 것에 관하여는, '어떠한 주장도 할 수 없는 것'으로 한다. 라는 문언(文言)에 의하여 실현된다. 따라서 '어떠한 주장도 할 수 없는 것으로 한다'라는 문언의 의미는 결국 '대한민국 국민이 일본이나 일본국민을 상대로 소(訴)로써 권리를 행사하는 것이 제한된다'는 뜻으로 해석할 수밖에 없다.

대일 청구권은 1965년 12월 18일 조약 제172호(대한민국과 일본국간의 재산 및 청구권에 관한 문제의 해결과 경제협력에 관한 협정)에 의한 배상금 지급으로 청산되었다. "유효한 모든 조약은 그 당사국을 구속하며, 또한 당사국에 의하여 성실하게 이행되어어야 한다."(조약법에 관한 비엔나협약 제26조). "어느 당사국도 조약의 불이행에 대한 정당화의 방법으로 그 국내법규정을 원용(援用)해서는 아니 된다."(동 협약 제27조). "헌법에 의하여 체결·공포된 조약과 일반적으로 승인된 국제법규는 국내법과 같은 효력을 가진다(헌법 제6조 제1항)."

윤석열 대통령의 한일정상회담 및 징용해법(徵用解法)에 대하여 세계가 격찬(激讚)을 아끼지 않는 윤 대통령의 결단(決斷)에 대해 일장기(日章旗)를 조작(造作)하며, 전형적(典型的)인 북한의 선전수법(宣傳手法)으로 선량한 국민을 선동(煽動)해 윤석열 정부를 전복하겠다는 내란(內亂)의 예비(豫備), 음모(陰謀), 선동(煽動), 선전(宣傳)에 해당하는 국사범(國事犯 : 형법 제90조)으로 대한민국을 세계의 조롱(嘲弄)거리로 만드는 종북주사파(從北主思派)를 발본색원(拔本塞源)하여 의법조처(依法措處)함으로써 대한민국의 건강한 미래를 창조해야 한다.

윤석열 대통령은 뛰어난 영지(英智)와 고매(高邁)한 이념(理念)의 리더십으로 미래지향적(未來指向的) 한일관계를 획기적(劃期的)으로 정상화(正常化)하여 한일관계를 개선한 대통령으로 대한민국의 역사에 기록 될 것이다. 통치자에게 요망(要望)되는 것은 자기에 대해서도 국민에 대해서도 변함없는 진실(眞實)·정의감(正義感)·공정(公正)함으로 일관(一貫)하는 것이다.

13. 한미 '핵 협의그룹' 창설과 외교의 성공

윤석열 대통령은 26일 바이든 미국 대통령과 정상회담을 열고 북한 핵에 대응(對應)하는 '워싱턴 선언'을 발표했다. 한미 양국 '핵 협의 그룹'을 만들어 미국의 핵우산(核雨傘) 제공계획을 공유(共有), 논의(論議)하고 핵무기를 탑재(搭載)한 전략(戰略) 핵 잠수함, 항모(航母), 폭격기 같은 미 전략자산(戰略資産)을 전개(展開)한다는 것이 핵심내용이다. 북한의 핵 위협이 날로 고도화(高度化)하는 상황에서 한미가 NATO의 '핵 기획 그룹'과 비견(比肩)되는 핵 협의 그룹을 창설(創設)하기로 한 것은 지대(至大)한 공적(功績)을 남긴 것이다.

이를 통해 그동안 실체(實體)를 알지 못했던 미국의 핵우산 계획을 공유

(共有)하고 유사시(有事時) 핵우산이 즉각 작동(作動)하도록 하는 효과가 있을 것이다. 워싱턴 선언을 보면 미국은 북한의 핵 무력화보다는 한국의 핵 개발을 더 우려하는 것 같다. 한미동맹은 한국 안보(安保)의 초석(礎石)이 된다. 다만 우리의 안보를 지키는 것은 궁극적(窮極的)으로 우리 자신일 수밖에 없다는 엄연(儼然)한 현실만은 잊지 말아야 한다.

"자유의 대가(代價)는 언제나 비싸다(The coast of freedom is always high. -John F. Kennedy-)." 인간의 희망은 인간의 자유(自由) 속에 있다. 자유 안에서만 희망은 존재할 수 있다. 그 자유는 인간에게 무상(無償)의 선물로 주어지는 것이 아니라, 그것을 받을만한 공로(功勞)가 있고, 자격(資格)이 있고, 용기(勇氣)와 희생적(犧牲的) 정신(精神)을 가지고 그것을 획득하려는 자, 그리고 언제나 지키려는 자라면 당연히 받을 수 있는 권리요, 책임으로서 주어지는 자유인 것이다.

자유(自由)와 민주주의(民主主義) 등 공동의 핵심 가치를 토대로 진화(進化)하는 한미동맹(韓美同盟) 강화(强化)는 양국 간 경제협력 및 동아시아의 안전과 평화를 위한 강력할 힘의 원천(源泉)이 될 것이다. 한미 양국의 경제와 기술동맹은 우리 경제에 새로운 도약(跳躍)의 계기(契機)로 삼아야 할 것이며, 경제계(經濟界)는 한미공동성명(韓美共同聲明) 정신에 따라 한미경제협력(韓美經濟協力) 강화를 위해 더욱 노력해야 할 것이다.

윤석열 대통령은 한미 핵 협의그룹 창설, 미 상·하원 합동연설을 통해 한미동맹 70주년을 업그레이드(up-grade)시켰다. 윤 대통령의 미 의회 연설에선 미 의원들이 26차례 기립(起立)하고, 56번 박수(拍手)가 나왔다. 우리 대통령의 당당한 모습과 영어 연설은 한국 국민에게 자부심(自負心)을 느끼기에 충분했다. 그러나 귀국(歸國)하는 윤 대통령의 발걸음이 가벼울 수만은 없는 현실이 안타까울 뿐이다.

지난 1년간 외교·안보 사안(事案)과는 달리 내정(內政)에서는 진전(進展)이 없다. 대장동사건 수사의 여파(餘波)로 더불어민주당이 사사건건(事事件件) 윤 대통령의 발목을 잡아온 탓이다. 야당은 검수완박법, 양곡관리법에 이어 대통령의 미국 방문 중에도 간호법, 방송법, 특검 두 건을 강행처리 중이다. 윤 대통령은 다음 달 10일 취임(就任) 1주년을 맞는다. 정부 진용개편(陣容改編) 등 새로운 국정동력(國政動力)을 얻기 위한 계기(契機)를 고민할 필요가 있을 것이다.

그러나 그에 앞서 윤 대통령이 조금 더 국민에게 다가가서 국민정서(國民情緒)를 살피는 자세를 갖는 것이다. "대통령의 가장 어려운 임무(任務)는 올바른 일을 하는 것이 아니라, 무엇이 옳은지를 아는 것이다(A President's hardest task is not to do what is right, but to know what is right. -L. B. Johnson-)."라고 했다.

윤 대통령의 이번 한미 정상회담은 1987년 민주화(民主化) 이후 한국 대통령의 방미(訪美) 중 최고 성과를 얻어냈다는 평가를 받고 있다. 12년 만의 국빈방문(國賓訪問)이라는 형식을 넘어 북한의 핵에 맞서기 위한 한미의 '워싱턴 선언'을 이끌러 냈다. 핵확산금지조약(NPT)이라는 국제사회의 룰(rule)을 지키면서 구두(口頭)에 그쳤던 미국의 핵우산(核雨傘)을 명문화(明文化)해 한 단계 업그레이드(up-grade)했다. 한미동맹(韓美同盟)을 글로벌(global) 가치동맹(價値同盟)으로 격상(格上)했다는 점에서 서방 외교가(外交家)도 성공적이라며 주목(注目)하고 있다. 한국의 야당과 중.러 정도가 비판적이다.

윤 대통령이 5박7일간의 국빈방미(國賓訪美) 일정(日程)을 마치고 귀국(歸國)했다. 대통령 실(室)은 이번에 채택한 '워싱턴 선언'에 대해 "가장 중요한 성과" "제2의 한미상호방위조약"이라고 자평(自評)했다. 여야의 평가는 극단적(極端的)으로 엇갈렸다. 국민의힘은 "한미동맹의 역사적 전환점" "가장 성공적인 정상외교"라고 평가한 반면, 더불어민주당은 "텅 빈 쇼핑백만 들고 돌아왔다" "대국민 사기극(詐欺劇)에 사죄(謝罪)하라"고 했다.

더불어민주당이 윤 대통령의 한미 정상회담에서의 사고(事故)와 실수(失手)를 기대하거나 '워싱턴 선언'과 한미 양국의 '핵 협의 그룹' 창설을 과소평가(過小評價)하고 폄훼(貶毁)한다고 해서 이재명의 '대장동 비리'와 전당대회 '돈 봉투' 의혹이 희석(稀釋)되거나 사라질 수는 없다. 야당은 윤 대통령과 정부가 불구대천(不俱戴天)의 원수(怨讐)가 아니라 국정(國政)에 참여하는 동반자(同伴者)라는 의식(意識)을 가져야 한다.

방미(訪美)를 마치고 귀국한 윤 대통령을 기다리는 건 이처럼 가시밭 길 같은 험난(險難)한 국내정치 상황이다. 이제는 내정(內政)의 시간이다. 윤 대통령이 거둔 외교적 성과를 토대로 관용(寬容)을 베풀고 양보(讓步)의 미덕(美德)을 쌓아 이처럼 악담이나 쏟아내는 야당과도 만나는 등 국정의 난맥상(亂脈相)을 풀며 내정에서 주도권(主導權)을 장악(掌握)할 적기(適期)다. 그러나 한국의 정치현실은 거대 야당의 폭주(暴走)와 극한(極限) 대립과 투쟁으로 출구(出口) 찾지 못하고 있다. 이러한 정치 양극화(兩極化)와 가짜 뉴스를 방치할 경우 경제와 국가 경쟁력(競爭力) 모두를 갉아 먹게 될 뿐이다.

윤 대통령은 하버드대 연설에서 "허위선동과 거짓 뉴스가 디지털, 모바일과 결합해서 진실과 여론을 왜곡(歪曲)하는 일이 다반사(茶飯事)가 되었다"며 "거짓 선동과 가짜 뉴스라는 반 지성주의(反 知性主義)는 자유와 민주주의를 위협하고 위기에 빠뜨린다"고 고 말했다. 윤 대통령의 가짜 뉴스, 선동(煽動)정치에 대한 비판은 미국은 물론 국제사회의 민주진영 전체에서 큰 호응(呼應)을 얻었다. 윤 대통령은 가짜 뉴스의 피해자이기도 하다. 거짓으로 판명된 '청담동 술자리' 의혹에 대해 야당은 아직도 사과(謝過)를 하지 않았고, 방미 기간에도 윤 대통령이 화동(花童)에게 입맞춤한 것을 '성적(性的) 학대(虐待)'라고 맹(猛) 비난하며 황당무계(荒唐無稽)한 말을 했다.

더불어민주당은 윤 대통령 출국 당일부터 "불안과 공포의 한 주(週)가 시작됐다" "또 어떤 사고를 칠지 걱정"이라며 마치 사고·실수가 일어나길 기대하는 듯한 태도를 보였다. 윤 대통령의 방미기간 내내 악담(惡談)을 쏟아낸 더불어민주당의 비열(卑劣)한 작태(作態)는 도(度)를 넘었다. '당파(黨派)정치(政治)는 국경선(國境線)에서 멈춰야 한다'는 외교격언(外交格言)이 있다. 여야가 국내문제론 싸우더라도 국가의 명운(命運)이 걸린 외교(外交)·안보(安保)에서만큼은 정파(政派)를 초월(超越)해 공유(共有)하는 원칙을 고수(固守)해야 한다는 뜻이다.

이처럼 중차대(重且大)한 시점에 이뤄진 한미 정상외교(頂上外交)를 더불어민주당은 오로지 정파적(政派的) 이해(利害)에 따라 재단(裁斷)하는 편협(偏狹)하고 옹졸(壅拙)한 자세로 일관(一貫)했다. 원로(元老)들과 전문가(專門家)들은 윤 대통령에게 경제와 정치, 그리고 리더십(leadership)과 스타일(style)에서의 변화와 혁신을 요구했다.

14. 윤 대통령 취임 1년을 축하함

　　윤석열 대통령은 2023년 5월 9일 국무회의에서 지난 1년간의 국정을 돌아보며 "외교·안보만큼 큰 변화가 이루어진 분야도 없다"고 말했다. 윤 대통령은 문재인 정부의 대일·대북정책 등을 비판하면서 현 정부에서 '비정상(非正常)을 정상화(正常化)하고 있다'고 했다.

　　문재인 정권의 탈 원전정책으로 붕괴된 원전산업 정상화로 에너지 강국으로 복귀, 귀족노조·화물연대 불법파업에 법과 원칙에 입각한 대응으로 국가기강 확립, 청년의 미래를 열기 위한 맞춤형 고용서비스·주거문제 적극적 대처, 좌파 시민단체 젖줄로 전락한 국민혈세 국고보조금의 원칙 집행, 시행령개정에 따른 검찰수사권 복구로 대공수사 및 마약범죄 강력 대처 등이다.

　　윤 대통령은 지난 1년간 거둔 외교성과(外交成果)를 언급하면서 내치문제(內治問題)에 대한 소회(所懷)를 밝혔다. 전 세계가 환호(歡呼)하는 성공적인 외교로 대한민국의 품격(品格)을 드높였다. 12년만의 한미정상 '워싱턴 선언'을 통한 한국형 핵우산(核雨傘) 확보, 선제적(先制的) 대일외교(對日外交)로 한일관계 정상화 및 미래 플랫폼(platform)구축, UAE, 폴란드에 한국형 원자로 수출 등으로 대한민국 위상제고(位相提高) 등이다.

　　그러나 대한민국은 거야(巨野)의 발목잡기로 아직도 갈 길이 멀고 첩첩산중(疊疊山中)이다. 좌편향(左偏向)된 언론 바로세우기, 가짜뉴스 척결에 의한 올바른 여론과 민심 확립, 미래 세대를 위한 노동·교육·연금 개혁, 소외계층(疎外階層)을 위한 지원책 강구로 양극화(兩極化) 해소 등이다. 최근 한 여론조사에 의하면, 더불어민주당 지지가 45.5%, 국민의힘 지지가 34.9%라 한다. 민주당은 그래도 '죽'이라도 쑤는데, 국민의힘은 동냥 쪽박마저 깨고 있다. 한국의 여론조사 기관은 여론 '조사(調査)'기관이 아니라 여론 '조작(造作)' 기관이라고 하며 여론조사 결과를 신뢰(信賴)하지 않는 경향(傾向)이 있다.

윤 대통령은 국가안보를 위해 한·미·일 3국 관계복원 등 시대적 과제 수행에 진력(盡力)하며 워싱턴으로, 도쿄로, 히로시마로 동분서주(東奔西走)하고 있으나 국민의힘은 이에 보조를 맞추기는커녕 따로 놀며 자신이 싸울 주적(主敵)이 누구인지조차 모르고 김재원·태영호를 상대로 내부적 자살 행위를 자행(恣行)하고 있다. 국민의힘은 이재명 사법 리스크, 송영길 돈 봉투 사건, 김남국 코인 스캔들 등 거야의 취약점(脆弱點)을 역(逆)으로 활용할 줄도 모르고 오로지 다음 총선에서 금배지 달기에만 광분(狂奔)하고 있다.

윤 대통령은 문재인 정권 5년의 주요정책이 갖고 온 부작용(副作用)을 조목조목(條目條目)지적하면서 이를 바로잡는데 1년을 보냈다고 했다. 최근의 전세·금융관련 사기사건이 전임정부 때 이념(理念)에 치우친 정책 때문에 잉태(孕胎)됐다는 것이다. 윤 대통령은 이를 바로잡으려 했지만 거대 야당의 벽에 막혀 입법에서 진전을 보지 못했다며 한계도 토로(吐露)했다. 윤 대통령은 "거야입법(巨野立法)에 가로막혀 필요한 제도를 정비하기 어려웠던 점도 솔직히 있다"고 했다.

대통령실은 "비정상을 정상화했다"며 한미동맹 강화, 노동개혁, 탈 원

전 폐기 등을 지난 1년간의 성과로 꼽았다. 윤석열 정부는 전임 정부 때 이완(弛緩)된 한미 동맹을 재건해 '핵 협의그룹'을 창설하고 북핵 억제력(抑制力)을 보다 실질화(實質化)했다. 막혀 있던 대일관계(對日關係)를 전향적(轉向的)으로 풀어 한·미·일 3각 협력토대를 정상화(正常化)시켰다. 거대 귀족노조의 폭력과 횡포를 바로잡고자 나선 것도 문재인 정부는 못한 일이다. 탈원전폐기도 국익(國益)을 위한 결정이었다.

하지만 윤 대통령이 취임 때 약속한 연금·노동·교육 등 '3대 개혁'은 첫발도 못 뗐다. 이것은 입법권을 독점한 거대 야당의 발목잡기 탓이 큰 것이 사실이다. 더불어민주당은 이재명 대표 방탄과 갈라치기 입법에 몰두하면서 윤석열 정부가 국회에 제출한 민생법안은 144건 중 36건만 처리했다. 거대야당의 입법폭주(立法暴走)는 내년 총선까지 계속될 것이다. 나랏빚을 400조 원 늘려놓은 문재인 정권 사람들이 재정준칙(財政準則)도 못 만들게 했다.

지난 대선으로 정권(政權)은 바뀌었으나 여전히 문재인 정부 인사들이 주요 요직에 남아 거야(巨野)와 함께 윤 대통령의 국정수행(國政遂行)에 발목을 잡고 있다. 우리사회 전반에 민주노총, 전교조, 언론 노조들이 활개 치며 선동(煽動)과 모략(謀略), 가짜뉴스를 일삼고 있다. 윤석열 정부를 도와 국정(國政)을 바로 세워야 할 책무(責務)를 진 여·야 정치인들은 '비정상(非正常)을 정상화(正常化)'하려는 윤 대통령의 외교(外交) 및 내치문제(內治問題)를 도외시(度外視)하고 있다.

윤석열 대통령은 21일 주요 7국 회의(G7) 의장국인 일본 초청으로 이번

G7 회의에 참석한 것을 계기로 미국 주도 안보협의체인 '쿼드'(미국·일본·호주·인도)와 안보동맹인 '오커스'(미국·영국·호주) 회원국 정상 모두와 양자 회담을 했다. 윤 대통령은 21일엔 기시다 후미오 일본 총리와 한국인 원폭(原爆) 희생자 위령비(慰靈碑)를 참배(參拜)한 데 이어 한일 정상회담(頂上會談)을 하고, 조 바이든 미 대통령이 참석한 한·미·일 정상회담도 했다.

바이든 대통령은 3국 회의에서 "한·미·일 3국 파트너 십과 인도태평양 지역이 (윤 대통령, 기시다 총리) 두 정상의 노력덕분에 더욱 강력해진다"고 평가했다. 이로써 윤 대통령 취임 1년 만에 한미, 한일 관계가 정상화되고, 문재인 정부 5년간 사라졌던 '한·미·일 3국 협력'이 완전히 복원(復元)됐다. G7은 국제사회의 질서와 규범을 준수(遵守)하는 중요한 회의체(會議體)로 부상(浮上)하고 있다. 한국은 지난해 6월 NATO 정상회의에 이어 이번 G7 회의에 초청받아 국제사회의 중요한 플레이어가 되고 있다는 평가를 받는다.

윤 대통령은 G7확대회의에 참가해 세계시민의 자유, 번영을 확대하는데 한국이 더 큰 역할과 기여를 해 나가겠다는 의지(意志)를 밝혔다. 윤 대통령은 이러한 정상회의를 활용하는 적극적인 외교로 전환, 자유사회의 중요한 축(軸)으로 부상(浮上)하는 교두보(橋頭堡)를 구축(構築)했다. 윤 대통령은 서울로 돌아와서는 용산 대통령 실에서 올라프 숄츠 독일 총리와 정상회담을 하고 양국 협력방안을 논의하는 자리에서 "한독 군사비밀정보협정을 조속히 체결해 방위산업공급 망(網)이 원활히 작동될 수 있도록 협력해나갈 것"이라고 했다.

안보·경제에서 북한·중국·러시아 등 권위주의(權威主義) 진영이 밀착하는 상황에서 윤 대통령이 취임 후 추진해온 자유민주주의 국가 간 '가치연대(價値連帶)' 외교를 확고히 했다는 평가를 받고 있다. G7 정상들은 공동 성명에서 "러시아의 우크라이나 침공(侵攻)은 UN헌장 등 국제법을 심각하게 위반한 것으로 가장 강한 표현으로 다시 한 번 비난 한다"면서 우크라이나 지원을 강화하겠다고 밝혔다. 북한의 핵·미사일 도발(挑發)에 대해서는 "무모(無謀)한 행동은 강력한 국제적 대응에 직면할 것"이라고 경고했다.

앞으로 남은 윤 대통령의 4년 임기 동안 공정(公正)·상식(常識)·정의(正義)를 실현하여 '성공한 정부' '위대한 통치자'로 역사에 기록될 수 있도록 온 국민이 함께 손잡고 나가야 할 위대한 선택의 기로(岐路)에 서있다. 윤 대통령은 '다음 선거'를 생각하는 것이 아니라 '다음 세대(世代)'를 생각하며 민족(民族)의 내일을 걱정하고 조국(祖國)의 장래(將來)를 구상(構想)하고 앞으로 태어날 후손(後孫)들을 생각하고 있다. "하늘은 스스로 돕는 자를 돕는다(Heaven helps those who help themselves.)."

15. 남북공동연락사무소 폭파에 대한 447억 원 손해배상청구소송 제기

북한이 2020년 6월 16일 오후 2시 50분경 4.27 판문점선언에 따라 만든 개성 남북공동연락사무소를 폭파하는 만행에 이어 17일 9.19 남북군사합의 파기를 선언했다. 남북공동연락사무소는 4.27 판문점선언합의에 따라 남북화해와 협력의 상징으로 2018년 9월 문을 열었고, 그 사무소의 건립과 개·보수에 178억 원 및 운영비를 포함해 총 338억 원의 우리 국민의 혈세가 지출됐다.

이러한 북한의 만행(蠻行)은 국제사회의 대북경제제재 속에서 미국의 관심을 끌기 위한 꼼수로 탈 북민 단체의 대북전단 살포는 핑계일 뿐이었다. 김여정이 "남북공동연락사무소가 형체도 없이 무너지는 비참한 광경을 보게 될 것"이라고 겁박(劫迫)하자, 당시 문재인 정부는 김여정을 달래며 "전단금지법"을 만들고 탈 북민을 수사의뢰하고 개성공단과 금강산관광을 재개한다고 굴종(屈從)했다.

김정은 정권의 폭파만행은 대북제재로 경제가 극도로 악화된 상황에서 북한주민의 내부불만을 외부로 돌리지 않으면 정권유지가 위태롭다는 절박감(切迫感)에서 살아남기 위한 도발(挑發)로 미북 정상회담의 중재자(仲裁者) 역할을 자처(自處)해온 문재인 정부를 몰아붙이는 '벼랑 끝 전술'이었다.

이러한 북한의 도발은 한·동맹에 대한 도전이므로 한·미동맹을 굳건히 하고, 한·미·일 등 우방과의 국제공조(國際共助)에 노력하여 국제사회의 강력한 대북 경제제재이행으로 북한의 도발은 국제사회에서의 고립(孤立)과 자멸(自滅)을 자초(自招)해 김정은 정권이 몰락하게 된다는 보여주어야 한다.

윤석열 정부는 2023년 6월 14일 북한의 남북공동연락사무소 폭파만행으로 발생한 국유재산 손해에 대해 북한을 상대로 한 447억 원의 손해배상청구소송을 서울중앙지방법원에 제기했다. 통일부는 "북한이 폭력적인 방식으로 남북공동연락사무를 폭파한 것은 명백한 불법행위이고 남북한

합의를 위반한 것이며, 상호존중과 신뢰의 토대를 근본적으로 훼손하는 행위"라고 지적했다.

이 소송의 원고는 '대한민국 정부'이며, 피고는 '조선민주주의인민공화국'이다. 국가를 당사자로 하는 소송에서는 법무부 장관이 국가를 대표하며, 법무부 장관은 법무부의 직원, 각급 검찰청의 검사 또는 공익 법무관을 지정하여 국가소송을 수행하게 할 수 있다(국가를 당사자로 하는 소송에 관한 법률 제2조, 제3조 제1항). 이 소송에서 승소하더라도 북한에 손해배상이행을 강제할 수단은 현재로선 없다. 이번 소제기의 목적은 손해배상금을 당장 받는 것이 아니라 손해배상청구권이 소멸하는 것을 막기 위한 것으로 본다.

16. 한국 병(病)이 된 '사교육 지옥' 해소

가. 사교육 개혁('킬러 문항' 배제)

국민의힘과 정부는 2023년 6월 19일 대학수학능력(修學能力)시험(수능)에 공교육(公教育)과정에서 다루지 않는 이른바 '킬러(killer)문항' {초고난도(超高難度)문제}을 출제하지 않겠다고 밝혔다. 킬러문항 배제는 올 수능을 두 달여 앞두고 치러지는 9월 모의평가부터 적용될 예정이다. 이주호 교육부 장관은 "대학교수도 풀지 못할 정도로 문제를 배배꼬는 사안이 많았는데, 이런 것들은 정말 없어져야 한다"고 말했다.

이에 따라 오는 9월 모의 평가부터는 전문적인 용어가 다수 등장하는 비문학 국어문제나, 학교에서 가르치지 않는 교과 융합형(融合形) 문제 등은 출제되지 않을 전망이다. 윤석열 대통령이 지난 15일 "공교육 교과과정에서 다루지 않는 분야의 문제는 수능출제에서 배제하라"고 지시한 이후 사교육(私敎育) 개혁논의가 이뤄지고 있다. 윤 대통령은 최근 수능의 이른바 '킬러(초고난도) 문항'을 언급하며 "수십만 명의 학생들을 대상으로 한 부적절하고 불공정한 형태"라며 "약자인 우리 아이들을 가지고 장난치는 것"이라고 말했다.

문재인 정권 때 임명한 것으로 알려진 이규민 한국교육과정평가원 원장은 이날 "지난 6월 모의평가와 관련해 기관장으로서 책임을 지겠다"며 사임했다. 한편 당정(黨政)은 2025년부터 일반고로 전환(轉換)될 예정이었던 자율형 사립고(자사고), 외국어고, 국제고를 존치하기로 했다.

윤 대통령이 작년 말부터 '사교육 경감대책'의 하나로 학원 도움을 받아야 풀 수 있는 '킬러 문항'을 배제하라고 주문했는데 이를 이행하지 못했다는 것이다. 당정이 '사교육 주범(主犯)'으로 꼽는 수능 '킬러 문항'은 정상적 공교육과정을 따라가서는 풀기 어려운 문제를 말한다. 통상 수능과목 당 한두 문항씩 나온다. 특히 최근에 국어 영역 비문학에 킬러 문항이 자주 나왔다.

나. 입시지옥을 이용해 부자가 된 일타 강사들

'킬러 문항'은 학교에선 대비가 어렵기 때문에 사교육 시장으로 아이들을 내모는 핵심 원인이란 지적이다. 최근 대형 입시학원들이 집중하는 분야도 '킬러 문항' 대비다. 수능에 나올법한 문제유형을 뽑아내 학생들에게 판매하고 있다. 이런 사교육 해소(解消) 논의(論議)에 학원들의 이른바 일타 강사들이 일제히 반발하고 나섰다. 이들은 학원 연봉만 100억 원이 넘는 사람들로 알려져 있다. 스스로 2017년 "소득세가 130억 원"이라고 밝힌 사람도 있다.

다른 강사들도 SNS와 유튜브 등에서 수입차와 고급주택을 과시하곤 해왔다. 이들은 입시지옥(入試地獄)에서 고통 받는 학생, 부모들을 대상으로 부자(富者)가 된 사람들이다. 입시지옥이 이들의 시장(市場)인 셈이다. 일부 학원이 학부모들의 불안 심리를 이용해 학원 등록을 부추기는 '불안 마케팅' 전략(戰略)을 사용하는 것도 문제다. '지금 아이를 학원에 보내지 않으면 늦다'는 식으로 선전하는 것이다. '성적이 안 되는데도 받아준다'며 고액을 요구하는 경우도 있다.

다. 사교육문제 해결

작년에 한국 부모들이 사교육에 지출한 돈은 26조 원이나 됐다. 실제로는 더 많을 것이다. 사교육은 부모 허리를 휘게 만들고, 젊은이들이 자녀 갖기도 두렵게 만들고 있다. 사교육비(私敎育費)를 지출하는 부모 능력이 자식들의 '입시경쟁력(入試競爭力)'을 결정하는 상황이다. 사교육(私敎育) 문제는 단순히 학교 교육, 또는 입시(入試)만의 문제가 아니라 우리사회의 여러 결함(缺陷)이 얽혀 있는 깊은 병증(病症)의 하나다. 사교육 지옥(地獄)에서 큰돈을 버는 사람들이 마음의 부담을 느끼는 것이 아니라 도리어 목소리를 높이는 것도 그 한 증상일 것이다.

역대 정권이 사교육 문제 해소에 성공하지 못했다. 모든 국민은 인간으로서의 존엄(尊嚴)과 가치(價値)를 가지며, 행복을 추구(追求)할 권리를 가진다. 국가는 개인이 가지는 불가침(不可侵)의 기본적(基本的) 인권(人權)을 확인하고 이를 보장할 의무(義務)를 진다(헌법 제10조). 모든 국민은 능력(能力)에 따라 균등하게 교육(教育)을 받을 권리(權利)를 가진다(헌법 제31조 제1항). 정부와 '국가의 계속성(繼續性)과 헌법을 수호할 책무(責務)를 진' 대통령은 "사교육(私教育)"에 대해 깊은 논의(論議)를 거쳐 문제해결에 접근해야 할 것이다.

라. 더불어민주당의 '제 얼굴에 침 뱉기'

더불어민주당 박광온 원내대표는 20일 "킬러 문항을 없앤다고 사교육비가 없어진다고 생각한다면 사안을 단순하게 보는 것"이라며 "최악의 교육 참사"라고 했다. 민주당은 '대통령 사과'와 '기존수능 기조유지(基調維持)'도 요구했다. 이재명 대표는 대선 때 사교육 의존도를 줄이기 위해 수능을 개편하고 초고난도 문항, 이른바 '킬러 문항'을 없애겠다고 국민 앞에 공약했다. 그런데 이번에 윤석열 정부가 킬러 문항 폐지를 주장하자 자신들이 공약했던 사실조차 잊고 '최악 참사'라고 하는 궤변(詭辯)은 '제 얼굴에 침 뱉기'다.

윤석열 정부가 수능출제위원을 포함한 교육계인사들과 대형입시학원 사이의 카르텔(cartel)에 대해 실태점검에 나선 것으로 알려졌다. 실제로 수능출제를 했던 한 사람은 해당 경력을 내세우면서 수능모의고사 문제를 만들어 강남 대형학원 등에 판매해온 것으로 알려졌다. 이런 구조가 바로 '입시 카르텔(入試 cartel)'이다. 킬러(killer)문항 대비를 한다고 고액을 요구하는 입시학원이 성행하는 가운데 높은 킬러문항 적중률(的中率)을 홍보해 2010년대 후발주자(後發走者)임에도 연 3000억 원대 매출(賣出)을 기록한 학원이 있다고 한다.

킬러문항을 푼다고 학생들의 학력(學力)이나 창의력(創意力)이 높아지는 것도 아니다. 수능이 어려울수록 떼돈을 버는 세력이 있다면 그 구조부터 혁파(革罷)하는 것이 선결문제다. 지난 한 해 학부모들이 학원이나 과외, 인터넷 강의 등 사교육에 쓴 돈이 무려 26조 원에 육박(肉薄)했다. 부모들은 허리가 휘고, 학생들은 입시와 학원의 노예(奴隸)가 되고, 청년들은 자녀 갖는 것도 두렵게 만드는 지경(地境)이다.

마. 대학 서열화와 간판주의 사회의 개혁

학원들은 당장 사교육을 시작하지 않으면 의대, 명문대에 갈 수 없다는 '공포 마케팅(恐怖 marketing)'으로 학생과 학부모의 불안심리(不安心理)를 자극하고 있다. 수능이 어려울수록 불안심리는 더 잘 먹힌다. 이런 구조를 혁파(革罷)해야 한다. 근본적으로는 지나친 대학 서열화(序列化)와 간판위주(看板爲主) 사회가 바뀌어야 한다. 장기적으로 이런 개혁(改革)을 추진(推進)하되 당장의 입시지옥(入試地獄)에 고통 받는 학생·학부모들을 위한 개선(改善)에도 중지(衆智)를 모아야 한다.

교육부가 대학수학능력시험(수능)뿐 아니라 대입 수시 논술(論述)과 고교 내신(內申) 시험에서도 사교육(私教育) 없이 풀기 어려운 '킬러문항'(超 高難度問項) 26개를 공개하고 이런 문항들을 퇴출(退出)시키겠다고 밝혔다. 공교육(公教育) 내에서 준비할 수 없는 이런 시험문제들이 학생들을 학원으로 내몰고, 학부모는 사교육비(私教育費)로 허리가 휘는 현실을 바로잡겠다는 뜻이다. 교육부는 26일 이 같은 내용의 '사교육 경감대책(私教育 輕減對策)'을 발표했다.

교육부는 윤석열 대통령의 '공정(公正)한 수능(修學能力 : 修能)' 지시에 따라 올해 11월 치러지는 2024학년도 수능부터 공교육 내에서 대비하기 어려운 '킬러 문항(問項)'을 없애기로 하고, 최근 3년간 수능에서 제출된 '킬러 예시(例示)' 26개를 공개했다. 킬러 문항 중에는 수학이 9문제로 가장 많았고, 영어 영역 킬러는 6문제로 내용이 추상적인 지문(地文)이 많았다. 대통령실은 이날 '사교육 이권(利權) 카르텔'과 관련해 "사법적(司法的)인 조치가 필요하다면 그 부분도 생각해볼 수 있을 것"이라고 밝혔다.

바. 수능출제 위원의 '이권(利權) 카르텔' 타파

사교육(私教育)에서 문제풀이 기술을 익히고 반복 훈련한 학생들에게 유리한 수능을 만들지 않겠다는 것이다. 연 26조 원에 달하는 사교육비에 짓눌린 학부모들은 이런 수능을 바랄 것이다. 교육부는 수능만이 아니라 논술(論述), 구술(口述) 등 대학별 고사(考查)도 이런 문항을 배제토록 했다. 교육부는 고교 내신(內申)도 교육과정 내에서 출제하도록 검토를 강화하겠다고 했다. 이런 지침(指針)은 이미 있었으나 교육부가 점검을 제대로 하지 않아 작동하지 않고 있었을 뿐이다.

현재 서울에 있는 학원의 총 숫자는 2만4000여 개로, 편의점 숫자(8500)보다 약 3배 더 많다고 한다. 전 세계 어디에도 없을 병적현상(病的現狀)이다. 이렇게 학생과 학부모에게 입시고통을 안겨서 한국이 과학 선진국이 된 것도 아니다. 학원재벌 탄생만 부른 병리현상(病理現狀)이다. 학교 공부만으로는 도저히 풀 수 없는 문제를 출제하고, 그 때문에 학생들이 사교육을 받게 한다면 교육당국과 학원이 공모(共謀)하는 것으로 볼 수 있다. 수능출제 위원이 사교육업계와 '이권(利權) 카르텔(cartel)'을 구축(構築)하는 고리를 타파(打破)야 한다. 그동안 수능출제 경력을 대놓고 선전하며 문제집 장사 등을 해온 경우가 있기 때문이다.

학생과 학부모들은 이들이 '수능출제 경향'만 아니라 '교내 시험문제 유출'과 같은 범죄행위가 있었던 것은 아닌지 의심하고 있다. 교사들이 학교 시험에 대한 출제 경향이나 문제를 학원에 유출하고, 학원이 일부 학생들에게 이를 전달했다면 차원이 다른 비리(非理)가 된다. 이번 문제는 조사결과에 따라 우리나라 입시제도의 기본원칙인 '공정성(公正性)' 자체가 흔들릴 수 있는 중대 사안이다. 조사대상 학원을 더 넓혀 조사해 '사교육 카르텔'을 발본색원(拔本塞源)해야 한다.

사. 대형 입시학원 돈 받은 교사 130명의 사교육 카르텔

국세청은 최근 세무조사를 통해 대형 입시학원들이 지난 10년간 5000만 원 이상의 돈을 지급한 현직 고교 교사의 규모가 130여 명이라고 파악한 것으로 23일 전해졌다. 교육당국은 교사들이 문제출제나 학원 강의, 입시 컨설팅 등을 해주고 부수입을 올린 것으로 보고 있다. 130여 명 중 1억 원 이상 받은 이는 60여 명이고, 최대 9억3000만원을 받은 교사도 있는 것으로 전해졌다. 이들 중에는 '수능출제'와 '교육과정 연구' 등 한국교육과정평가원 업무에 참여해 수당을 받았던 이들도 여럿 있었다.

국세청의 조사에서 드러나지 않은 것이 더 많을 것이다. 이들 교사들이 사교육 시장에 빨대를 대고 돈을 버는 열성(熱誠) 이상으로 자기 학교 학생을 가르쳤는지 궁금하다. 현직 교사들이 '어떤 일을 한 대가(代價)'로 이 같은 돈을 받았는지 조사해야 한다. 교사들이 구체적으로 어떤 역할(役割)을 했기에 이런 돈이 오갈 수 있었는지 규명(糾明)해야 한다. 입시학원들이 이들 교사들을 통해 '수능출제 경향과 방향' 같은 정보를 파악하고 그 대가로 거액을 제공했다면 '사교육 카르텔'의 일단(一端)이 드러난 것으로 볼 수 있다.

입시학원들이 수능출제 경향 같은 정보를 파악하고 교사에게 금전을 제공하는 식의 '사교육 카르텔'의 실체가 드러났다. 서울 모 고교의 사회교사는 지난 5년간 평가원에서 수당 4000만원을, 입시 학원들로부터는 4억원을 받았다고 한다. 이번 세무조사는 학원가 부조리 단속의 일환(一環)으로 교육부와 경찰청, 공정거래위원회 등 범정부 차원에서 이뤄졌다. 메가스터디, 대성학원, 시대인재, 이강학원, 이투스 등 대형 입시학원 대부분이 지난 10년간 많게는 수십억 원을 특정 교사들에게 지급한 것으로 나타났다. 세무당국은 해당 교사들에게 추가 세금을 부과할 것으로 전해졌다.

대형 학원에서 가장 많은 돈을 받은 교사는 경기도 한 고등학교에서 사회교과를 가르치는 A씨는 메가 스터디 등에서 10년간 총 9억3000만원을 받은 것으로 알려졌고, 진학상담을 하는 경기도 지역 교사 B씨는 이투스 교육 등에서 10년 동안 총 5억9000만원을 벌었다. 서울의 한 고등학교 교사는 대성학원 등에서 4억6000만원을 받았다. 이강학원 등에서 3억6000만원을 경기도 교사, 시대인재 등에서 3억2000만원을 받은 서울지역 교사도 있었다. 경기도의 한 수학교사는 대성학원 등에서 10년간 3억3000만원을 받았다.

아. 교육이념

수능은 물론이고 대학별 고사(考査)를 치르는 대학들도 고교 과정을 벗어나는 출제(出題) 고교 교육, 나아가 우리나라 전체 교육에 미치는 악영향(惡影響)에 대해 숙고(熟考)해야 한다. 사교육을 받아 한두 개 더 문제를 푸는 학생보다 창의력(創意力)과 상상력(想像力)을 키워주는 교육이 필요하다. 대입제도의 근본적(根本的) 수술(手術)이 불가피하다.

교육이 궁극적으로 도달해야 할 이상적인 관념(觀念)이 교육이념(教育理念 : ideals of education)이다. 교육기본법 제2조(교육이념)는 "교육은 홍익인간(弘益人間)의 이념(理念) 아래 모든 국민으로 하여금 인격을 도야(陶冶)하고 자주적(自主的) 생활능력과 민주시민으로서 필요한 자질(資質)을 갖추게 함으로써 인간다운 삶을 영위하게 하고 민주국가의 발전과 인류공영(人類共榮)의 이상(理想)을 실현하는 데에 이바지하게 함을 목적으로 한다"고 규정하고 있다.

교육이념을 향하여 나아갈 방향을 나타내는 것이 '교육목적'이고, 그것을 구체화한 것이 '교육목표'다. 현대의 교육철학(教育哲學)은, 오늘날의 사회변화, 과학·기술혁명, 문화변동 등에 대하여 '교육이 어떻게 대응해야 하는가,' 또 이러한 현대에 사는 인간에 대하여 '교육은 무엇을 해야 하는가' 하는, 지극히 어려운 문제에 직면하고 있다. 교육이념·교육목적·교육목표는 질적(質的)으로 차이가 있는 것이 아니고, 실제로 도달될 성과 또는 지향(志向)하는 바의 현실화(現實化)에 있어서 거리적·시간적 차이를 두고 있을 따름이다.

17. 조직적 허위선동과 가짜뉴스, 괴담으로부터
대한민국 정체성의 확립

윤석열 대통령은 2023년 6월 28일 한국의 자유민주주의가 도전(挑戰)을 맞고 있다고 진단하면서 "올바른 역사관(歷史觀), 책임 있는 국가관(國家觀), 명확한 안보관(安保觀)을 가져야한다"고 역설(力說)했다. 윤 대통령은 이날 서울 장충체육관에서 열린 제69주년 자유총연맹 창립 기념식 연설에서 "현재 조직적, 지속적으로 허위 선동과 조작, 가짜 뉴스와 괴담(怪談)으로 자유 대한민국을 흔들고 위협하며 국가 정체성(正體性)을 부정하는 세력들이 너무나 많이 있다"면서 "돈과 출세 때문에 이들과 한편이 되어 반(反) 국가적 작태(作態)를 일삼는 사람들도 너무나 많다"고 말했다.

현직 대통령으로 자유총연맹 창립 기념식을 찾은 것은 1999년 김대중 대통령 이후 24년 만이다. 윤 대통령은 이어 "왜곡(歪曲)된 역사의식(歷史意識), 무책임한 국가관(國家觀)을 가진 반국가세력들은 북한 공산당 집단에 대해 '유엔 안보리 제재를 풀어 달라'고 요청하고, 유엔사를 해체하는 종전선언(終戰宣言)을 노래 부르고 다녔다"며 "북한이 다시 침략해오면 유엔사와 그 전력(戰力)이 자동으로 작동하는 것을 막기 위한 종전선언 합창이었고, 적(敵)의 선의(善意)를 믿어야 한다는 허황(虛荒)한 가짜평화 주장 이었다"고 했다.

또 윤 대통령은 "자유 대한민국을 무너뜨리려고 하거나 자유 대한민국의 발전을 가로막으려는 세력들이 나라 도처(到處)에 조직과 세력을 구축(構築)하고 있다"며 "이것은 보수·진보의 문제가 아니라 대한민국의 정체성(正體性)을 지켜야 하는 문제"라고 했다. 이것은 문재인 정권이 북한의 비핵화 의지를 선전하면서 종전선언을 추진해 국가 정체성을 흔든 것은 물론, 이들과 '돈과 자리'로 엮인 이권(利權) 카르텔이 자유 대한민국을 위협에 놓이게 했다는 인식을 윤 대통령이 밝힌 것으로 북한과 한국 내 반(反) 자유주의 세력에 맞서 체제(體制)를 수호하겠다는 의지를 강조한 것이다. 윤 대통령은 "자유 대한민국에 대한 확고한 신념(信念)과 뜨거운 사랑을 가진 여러분께서 이 나라를 지켜내야 한다"고 했다.

18. 유럽연합의 후쿠시마 산 농수산물에 대한 수입규제 철폐
(허위선동과 조작죄, 가짜 뉴스와 괴담죄 신설을 위한 형법 개정 건의)

유럽연합(EU)은 일본의 후쿠시마 오염 처리수 방류계획에도 불구하고 후쿠시마 농수산물에 대한 수입규제를 철폐하기로 했다. 2011년 후쿠시마 원전사고 이후 시행해 오던 농수산물수입규제를 12년 만에 완전히 없애는 것이다. 이에 따라 일본은 후쿠시마 현(縣) 등 10개 현(縣)의 농수산물을 EU에 수출할 때 '방사성물질 검사증명서'를 제출할 필요가 없게 된다.

EU의 이런 결정은 소속 27개국 4억5000만 인구의 식생활에 영향을 미치게 된다. EU의 이번 결정도 모든 회원국과의 합의과정을 거쳤다고 했다. 식품안전에 관한 EU의 기준은 전 세계에서 가장 엄격하게 적용된다고 한다. 우르줄라 폰데어라이엔 EU 집행위원장은 "우리는 과학적 증거와 IAEA평가에 근거해 이번 결정을 내렸다"고 밝혔다.

IAEA보고서를 대하는 EU의 이런 조치는 한국의 더불어민주당과 비교될 수밖에 없다. 더불어민주당은 IAEA 보고서가 나오자 전·현직 지도부가 나서서 "검증보고서가 아니라 일본 정부와 도쿄전력의 용역발주 보고서와 거의 같은 수준" "중립성과 객관성을 상실한 일본 편향적(偏向的) 검증" "깡통 보고서"라고 비난했다. 더불어민주당 대변인은 라파엘 그로시 IAEA 사무총장을 향해 "핵 폐수방류 홍보대사"라고 비난하기도 했다. 핵폐수문제에 과학적 지식이 빈약(貧弱)한 더불어민주당의 이처럼 비열(卑劣)한 작태(作態)는 정치적 목적을 가진 막무가내(莫無可奈 : 융통성이 없고 고집이 세어 어찌할 수가 없음)다.

우리 바다는 육지(陸地) 너머의 후쿠시마 바다와는 사실상 동떨어져 있는데도 일본이 후쿠시마 오염 처리수를 방류하기도 전에 천일염 사재기를 하고, 수산시장엔 손님이 없어지고 있다. KBS, MBC 등 TV 방송과 더불어민주당이 만들어내는 '거짓과 괴담(怪談)' 때문이다. 이런 수준의 우리 사회가 보기에 후쿠시마 바다에서 나오는 수산물을 수입해서 먹는 유럽인들은 바보다. 그런 유럽인들은 과연 '정말 바보일까?' 우리가 정말 '바보가 아닐까?'

더불어 민주당을 설득(說得)하기 위해 IAEA 사무총장이 한국을 방문했다가 봉변(逢變)만 당했다. 그는 "대중의 우려를 이해(理解)한다"면서 "선의(善意)의 우려, 정당(正當)한 우려를 가진 사람들이라면 우리의 설명에 열려 있을 것"이라는 기대를 밝혔다. 그러나 더불어민주당 지도부의 모욕(侮辱)에 가까운 면박(面駁)만 당했다. 반기문 전 UN 사무총장은 "IAEA가 일본으로부터 '돈을 받고 보고서를 만들었다'는 등의 이야기는 참으로 무책임하고 국격(國格)을 해치는 것"이라고 했다. 가짜 뉴스와 괴담을 퍼뜨리는 한국의 TV 방송과 더불어민주당에 이 말이 들릴 리 없다. 국제적으로 봉변을 당한 것은 IAEA가 아니라 더불어민주당이다.

우리 보다 더 식품안전에 철저한 유럽인들이 후쿠시마 농수산물을 수입하기로 한 결정과 그들의 합리적(合理的)이고 이성적(理性的)인 태도, 과학에 대한 신뢰(信賴)를 본(本)받아야 한다. 우리사회에 조직적, 지속적으로 허위선동과 조작, 가짜 뉴스와 괴담으로 헌정질서(憲政秩序)를 파괴하며 왜곡(歪曲)된 역사의식(歷史意識)과 무책임한 국가관(國家觀)을 가진 반국가세력을 발본색원(拔本塞源)하여 "공공(公共)의 법질서 및 공공의 안전과 평온"을 위한 조치로, 형법을 개정하여 제2편 <제5장 공안(公安)을 해하는 죄>에 <허위선동과 조작 죄 및 가짜 뉴스와 괴담 죄>를 신설할 것을 건의한다.

아울러 형법 제2편 제5장 '공안(公安)을 해하는 죄'는 공공(公共)의 법질서 또는 공공(公共)의 안전과 평온을 보호하기 위한 범죄이므로 '사회적 법익에 대한 범죄'로 보아야 한다. 현행 형법이 규정하고 있는 '공안을 해(害)하는 죄(제5장)' 가운데 '전시공수계약불이행(제117조)' 및 '공무원자격의 사칭(제118조)' 죄는 국가의 기능을 보호하기 위한 '국가적 법익에 대한 죄'임이 명백하다.

입법론 상 형법이 전시공수계약불이행죄와 공무원자격사칭죄를 '공안을 해하는 죄'의 장(章)에서 규정하고 있는 것은 입법 체계상 타당하다고 할 수 없다. 위 양죄(兩罪)는 국가의 기능을 보호하기 위한 '국가적 법익에 대한 죄'임이 명백하며, 공공의 안전과 평온을 해하는 범죄, 즉 "공안(公安)을 해

(害)하는 죄”라고 할 수 없기 때문이다. 특히 전시공수계약불이행죄(제117조)는 단순한 채무불이행(債務不履行)을 범죄로 규정한 국수주의(國粹主義) 형법의 잔재(殘滓)라는 비판을 면할 수 없다.

19. 윤석열 대통령, 우크라이나 전격 방문 '자유 연대(連帶)' 행동으로 보여주다

윤석열 대통령이 15일 폴란드 방문일정을 마치고 우크라이나 수도 키이우를 방문해 볼로디미르 젤렌스키 대통령과 정상회담을 했다. 윤 대통령의 우크라이나 방문은 무박 3일 일정으로 전격적(電擊的)이고 극비리(極祕裡)에 이뤄졌다. 윤 대통령은 폴란드와 우크라이나 접경 도시까지 비행기로 이동한 후 자동차와 열차를 번갈아 타며 15일 오전 우크라이나 수도 키이우에 도착한 것으로 알려졌다. 바르샤바를 떠나 키이우까지 14시간, 다시 바르샤바로 돌아올 때까지 13시간 등 이동에만 총 27시간이 걸렸다.

윤 대통령은 한국 대통령으로는 처음으로 한국군이 파병되지 않은 외국 전장(戰場)을 찾아 “생즉사(生則死) 사즉생(死則生)의 정신으로 연대(連帶)하겠다”며 우크라이나에 대한 확고한 지지(支持)와 지원(支援)의 뜻을 밝혔다. 윤 대통령은 이날 키이우에 있는 대통령 공관 마린스키 궁에서 젤렌스키 대통령과 110분간 정상회담을 했다. 윤 대통령의 우크라이나 방문은 젤렌스키 대통령 초청으로 이뤄졌다. 젤렌스키 대통령은 지난 5월 방한한 부인 젤렌스카 여사를 통해 우크라이나 방문을 요청한 것으로 전해졌다.

윤 대통령은 회담 후 공동언론 발표에서 "러시아의 불법침입으로 무고(無辜)하게 희생된 우크라이나 시민과 자유를 수호(守護)하기 위해 목숨 바친 젊은이들, 그 유족(遺族)에게 깊은 애도(哀悼)를 표한다"면서 "생즉사 사즉생의 정신으로 우리가 강력히 연대(連帶)해 함께 싸워나간다면 분명 우리의 자유와 민주주의를 지켜낼 수 있을 것"이라고 했다. 이를 위해 군수물자와 1억5000만 달러의 인도적(人道的) 지원 및 각종 재건사업을 추진하기로 했다.

윤 대통령은 이어 우크라이나에 대한 안보(安保)·인도(人道)·재건(再建) 지원 방안을 담은 '우크라이나 평화연대 이니셔티브'를 양국이 함께 추진해 가기로 했다고 밝혔다. 젤렌스키 대통령은 "대한민국이 우크라이나의 주권(主權)을 지키기 위해 도와주고 안보와 인도적 지원을 계속 제공해줘 감사하다"고 했다. 러시아의 침략을 받고 있는 우크라이나는 73년 전 북한 괴뢰군의 6.25 남침으로 나라가 존립위기에 빠지고 온 국토가 초토화(焦土化)됐던 한국과 다르지 않다.

당시 우리를 구원하기 위해 미국을 비롯한 16국 청년들이 이름도 잘 몰랐던 나라로 달려와 피를 흘렸다. 이들의 희생(犧牲)이 없었다면 대한민국은 지도에서 사라졌을 것이다. 이러한 국제사회의 도움으로 전쟁의 폐허(廢墟)를 딛고 일어선 한국은 세계경제 10위권의 자유 민주주의 국가로 거듭났다. 우크라이나는 지금 '한강의 기적'을 교과서에 넣고 한국의 발전을 배우려 하고 있다. 윤 대통령은 " '드니프로강의 기적(奇蹟)'이 반드시 이뤄질 것"이라며 고통 받는 우크라이나 국민들을 위로하고 격려했다.

야권에선 "러시아를 적대국(敵對國) 만들 거냐" "전쟁의 불씨를 한반도로 불러올 것"이라는 궤변(詭辯)으로 비판하고 있다. 6.25 전쟁의 참화(慘禍) 입은 우리가 우크라이나의 고통을 외면(外面)한다면 자유·민주의 가치를 표방하는 중추(中樞) 국가로서의 책무(責務)를 저버리는 배은망덕(背恩忘德)한 일이다. 지금 G7과 NATO 국가들은 모두 우크라이나의 자유와 평화를 지키고 재건하기 위한 국제연대(國際連帶)에 동참하고 있다. 우리가 여기에 힘을 보태는 것은 UN회원국으로서 당연한 책무(責務)라고 본다.

우크라이나를 전격 방문하고 폴란드로 돌아온 윤석열 대통령이 16일 새벽(현지 시각) 현지에서 서울과 화상(畫像)으로 연결해 수해(水害) 상황을 점검하고 총력대응(總力對應)을 지시했다. 윤 대통령은 화상회의(畫像會議) 전 우크라이나 키이우에서 폴란드 바르샤바로 이동하는 기차에서도 대통령실 참모들과 호우대책(豪雨對策)회의를 했다.

<정치(政治)란 가능성(可能性)의 예술(藝術)>이라고 한다. 어떤 일을 이룰 수 있고, 어디에 기회(機會)가 있는지 남들보다 빨리 알아차리는 기술이 이다. 국가 지도자에게는 윤석열 대통령과 같이 '적절(適切)한 시간과 유리(有利)한 순간에 깨어 있는 본능(本能)'이 필요하다. 거기다 그 '기회(機會)'를 냉철(冷徹)하게 포착(捕捉)해서 순발력(瞬發力)있게 대응(對應)할 수 있는 능력(能力)'도 있어야 한다.

국가 지도자에게는 '현실을 간파(看破)하는 안목(眼目)'이 있어야 한다. 즉 어디까지 가능(可能)한지 그 경계(境界)를 직감적(直感的)으로 파악하는 현실감각(現實感覺)이 필요하다. 한편으로는 도덕적(道德的)으로 깨끗해야

하지만, 다른 한편으로는 가혹(苛酷)하고 심지어 무자비(無慈悲)해야 한다. 지도자는 어디까지나 진실(眞實)과 성실(誠實)을 근본(根本)으로 삼아야 한다. 정치가에게 요망(要望)되는 것은 변함없는 진실(眞實)·정의감(正義感)·공정(公正)함으로 일관하는 일이다.

20. 윤석열 대통령의 우크라이나 방문이 "전쟁의 불씨"라는 민주당의 궤변과 패악

윤석열 대통령이 극비리(極祕裡)에 키이우를 방문해 러시아와 전쟁 중인 우크라이나와 연대(連帶)할 뜻을 밝힌 것에 대해 더불어민주당이 일제히 한국이 안보(安保)위험에 처하게 됐다고 호들갑을 떨고 있다. 마치 호떡집에 불 난 것과 같다. 민주당 최고위원은 "한반도를 신 냉전 중심지로 만들었다"고 했다. 민주당의 전 원내대표는 "'전쟁의 불씨'를 한반도로 끌고 왔다"는 궤변(詭辯)과 패악(悖惡)을 떨었다. 국가안보에 관한 민주당의 의식수준(意識水準)이 고작 이 정도에 불과하다는 것을 만천하(滿天下)에 공표(公表)했다.

이러한 민주당의 의식구조(意識構造)에 의하면 마치 전 세계에서 유독(惟獨) 윤 대통령만이 키이우를 방문했으며, 러시아는 이에 대한 보복(報復)으로 한국에 선전포고(宣傳布告)라도 할 것만 같다. 허지만 2022년 2월 러시아의 우크라이나 침략전쟁 발발(勃發) 후 바이든 미국 대통령, 마크롱 프랑스 대통령, 수낙 영국 총리 등 주요 7국(G7)을 비롯한 자유 민주주의 진영 지도자들은 한 명도 빠짐없이 키이우를 방문해 우크라이나 국민에게 응원(應援)

을 보냈다. 비(非) 유럽권의 기시다 후미오 일본총리도 지난 3월 우크라이나를 방문했으며, 트뤼도 캐나다 총리는 두 번이나 키이우 행 기차를 탔다고 한다.

이들 나라의 야당(野黨)이, 자국 수반(首班)이 '전쟁 불씨'를 자국으로 가져와 '안보위험에 빠뜨렸다'고 주장한 사례는 찾기 어렵다. 녹색당 출신 독일 부총리가 지난 4월 키이우를 방문해 '독일 정부의 무기지원이 오래 걸리고 너무 늦어서 부끄럽다'며 당적(黨籍)이 다른 숄츠 총리를 비판한 사례가 눈에 띌 뿐이다. 한국 대통령이 우크라이나를 방문했다고 러시아가 '한반도에서 보복전쟁을 일으킬 수도 있다'는 민주당의 궤변(詭辯)은 삼척동자(三尺童子)라도 그 정도는 알 수 있다.

근래 한국은 G7, NATO회의가 열릴 때 자주 초청(招請)을 받아 주요 현안(懸案)에 대해 의견을 나누는 사실상 준회원국(準會員國)과 같은 위치에 등단(登壇)했다. 세계 자유 민주진영의 모든 나라가 국제법과 전쟁법을 위반한 러시아의 침략전쟁을 규탄하고 우크라이나 국민을 돕고 있는데 한국만이 이러한 현실을 외면(外面)해야 한다는 민주당의 주장은 어불성설(語不成說)이다. 한국이 6.25.남침을 당했을 때 우리와 함께 싸운 참전(參前) 16국 야당(野黨)이 한국의 더불어민주당과 같았다면 대한민국은 지구상에서 사라졌을 것이다.

우크라이나 전쟁은 언젠가 끝날 것이며, 한국은 러시아와도 관계가 계속될 수밖에 없을 것이다. 그런 점에서 러시아를 자극할 필요는 없으나 우크라이나를 침략할 목적으로 수행된 러시아의 침략전쟁(侵略戰爭 : aggressive war)과 이로 인한 민간인 살상(殺傷)을 서슴지 않는 전쟁범죄(戰爭犯罪 : war crime)를 저지른 것은 명백한 국제법위반이다.

러시아의 국제법과 전쟁법(戰爭法)을 위반한 침략전쟁과 전쟁범죄를 규탄(糾彈)하지 않으면 정상 국가가 아니며, UN 회원국이 될 자격도 없다고 본다. 현재 러시아의 침략전쟁을 규탄하지 않는 나라는 북한과 중국 같은 나라다. 한국의 야당인 더불어민주당은 우리나라를 이런 전범국가 대열(隊列)에 끼우려는 망발(妄發)을 제발 거두길 바랄뿐이다.

21. LH 아파트 15곳 철근 누락, 건설현장의 "이권 카르텔, 부패 카르텔"을 혁파해야

LH(한국토지주택공사) 아파트 '철근 누락' 사태로 정부가 같은 건축방식(무량판)으로 시공한 전국 민간 아파트 300여 곳 지하 주차장을 전수조사 하겠다고 밝히면서 파장이 확산되고 있다. LH 아파트는 물론, 민간 아파트 주민들도 "우리 주차장은 안전 하냐"며 불안해하고 있다. '무량판(無梁板) 구조'는 대들보 없이 기둥만으로 천장을 떠받드는 건축방식이다.

무량판 구조는 1995년 불법증축으로 무너진 삼풍백화점에 적용됐다는 사실이 알려지며 국내에선 극소수 주상복합을 제외하곤 거의 쓰지 않았다. 2010년대 후반 들어 원가절감이 중요해지면서 지하 주차장을 중심으로 다시 적용되기 시작했다. 무량판 구조는 기둥으로만 하중(荷重)을 견디는 특성상 설계와 시공(施工), 감리(監理)가 모두 제대로 맞물려 돌아가야 부실시공(不實施工)을 막을 수 있다.

국내 건설시장은 발주처(發注處)와 시공사(施工社), 감리사(監理使)가 이권(利權)으로 엮어 있는 경우가 많다. 최근 국토부 조사에서 철근 누락으로 적발된 LH 아파트 15곳 모두 감리가 제 기능을 하지 못했다. 국토부가 LH 발주 아파트를 전수 조사한 결과 91개 단지 중 15개 단지에서 철근 누락이 적발됐다. 입주가 완료되어 주민이 살고 있는 단지도 5곳이나 됐다. 설계, 시공, 감리 등 건설현장 전반에 총체적(總體的) 부실(不實)이 만연(蔓延)한 것이다.

국민 생명을 위협하는 이런 비리(非理)는 매년 수십조 원 규모의 공사를 발주하는 LH 출신들이 건설업계에 광범위하게 채용돼 '이권 카르텔'을 형성한 결과라고 한다. 국토부는 책임자에 대한 징계와 고발조치를 약속했지만 솜방망이 처벌로는 부패의 먹이사슬을 발본색원(拔本塞源)하기 어렵다. LH 출신을 영입한 건설업체들이 공공사업 수주(受注) 과정에서 특혜를 받아왔고, LH가 이들 업체의 부실설계나 부실감리를 방치해 왔을 가능성이 적지 않다.

철저한 감사와 수사를 통해 'LH 이권 카르텔' 구조를 발본색원해야 한다. 건설현장의 안전 불감증(不感症)과 이권 카르텔, 부패 카르텔을 뿌리 뽑지 못한다면 건물이 무너지는 황당한 후진국형(後進國形) '제2의 삼풍백화점' 사고가 끊이지 않을 것이다. 건축허가(건축법 제11조), 건축시공(동법 제24조), 건축물의 공사감리(동법 제25조), 구조내력(동법 제48조), 건축자재의 품질관리(동법 제52조의4), 건축설비기준(동법 제62조), 감독(동법 제78조) 등에 관한 건축법 위반여부에 대한 감사 및 수사로 건설현장의 '이권 카르텔' '부패 카르텔'을 발본색원(拔本塞源)해야 한다.

윤석열 대통령은 8월 1일 LH 발주(發注) 아파트 지하 주차장 조사에서 '철근 누락'이 무더기로 확인된 것과 관련해 "문제의 근본원인은 건설 산업의 이권 카르텔"이라며 "국민의 안전을 도외시(度外視)한 이권 카르텔은 반드시 깨부수어야 한다"고 말하며 "고질적(痼疾的)인 잘못된 관행(慣行)을 바로 잡겠다"고 했다. 더불어민주당은 "윤 대통령이 사건이 터질 때마다 남탓, 전 정권 탓"이라고 비아냥댔다.

이번 사태가 이른바 '엘피아'로 불리는 LH 출신들의 '전관(前官) 카르텔' 때문이라는 지적도 나온다. 문제가 된 LH 아파트들의 시공사, 감리사 고위직에 LH 출신들이 취업한 사례가 많은데, 이들이 관리부실(管理不實)을 눈감아 줬다는 의혹이다. 윤 대통령은 "안전은 돈보다 중요한 것"이라며 무량판(無梁板) 공법으로 시공한 아파트 지하 주차장에 대해 전수조사를 조속히 추진하라고 했다. 또 관계부처에는 "법령을 위반한 사항에 대해서는 엄정한 행정 및 사법적 제재가 이루어지도록 해야 한다"고 했다.

한국토지주택공사가 5개단지 아파트에서 철근누락을 확인하고도 이를 숨긴 사실이 확인됐다. LH가 무량판 구조 아파트이지만, 조사를 하지 않은 아파트가 10곳 더 있다는 것도 드러났다. 당초 LH는 '91개 단지에서 15개 단지 철근 누락'이라고 발표했으나 현재까지 '102개 단지에서 20개 단지 철근 누락'이 있었던 것이다. LH는 철근 302개 중 126개가 누락된 곳의 보강공사를 하면서 입주민에게는 '페인트 도색공사'인 것처럼 속였다.

보강공사가 적정하게 진행되는지를 투명하게 공개하고, 철근 누락뿐 아니라 기존 기둥의 콘크리트 강도(强度)의 기준치 적합여부도 정밀하게 진단해 부실이 발견될 경우 재시공을 해야 할 것이다. 철근 누락 아파드 15곳 중 8곳의 감리업무를 LH 출신이 영입된 업체가 맡는 등 LH 발주공사의 설계, 시공, 감리 등 각 단계에서 무사안일(無事安逸)과 비리가 드러났다. 2년 전 LH 직원들의 땅 투기 의혹이 불거졌을 때도 '해체수준의 혁신'을 하겠다고 했으나 말로만 그쳤다.

윤 대통령은 특히 "이권 카르텔, 부패 카르텔을 혁파(革罷)하지 않고는 어떠한 혁신도 개혁도 불가능하다"고 했다. 건축허가, 설계(設計), 시공(施工), 건축물의 공사감리(監理), 건축물의 사용승인, 등 건설현장의 총체적 부실(不實)에 대한 감사원의 감사와 검찰수사로 관련자 전원을 의법조처(依法措處)해야 한다.

22. '새만금 세계스카우트잼버리'에 들어간 1171억 원 사용처의 철저한 규명

태풍 '카눈'이 한반도에 상륙할 것으로 예상되면서 세계스카우트연맹이 7일 전북 새만금에서 열리고 있는 '2023 세계스카우트 잼버리대회'에 참가한 청소년들을 야영지(野營地)에서 철수시키기로 했다. 이에 따라 잼버리대회에 참가한 153국 중 새만금 야영지에 머물고 있는 150국 스카우트 대원들은 8일부터 서울 등 수도권지역으로 이동한다.

정부는 서울 등 수도권 대학 기숙사, 공기업 등 기업체 연수시설, 구청 체육관 등을 숙소로 지원하는 비상계획 마련에 들어갔다. 윤석열 대통령은 전날에 이어 이날도 한 총리와 이상민 행정안전부 장관으로부터 관련보고를 받는 등 '비상계획'을 논의했다고 한다. 윤 대통령은 잼버리 참가자들에 대한 수송, 숙식, 문화체험 프로그램 등 비상계획을 시행할 비상대책반을 가동하라고 한 총리에게 지시했다.

잼버리 조직위는 이날 "내일(8일) 오전 10시부터 대피가 순차적으로 이루어질 예정"이라며 "대상 인원은 150국 3만6000여명이며 버스 1000대 이상을 동원할 것"이라고 했다. 스카우트 대원들은 8일 오전 대형버스를 타고 서울과 수도권으로 이동할 것으로 보인다. 이번 새만금 잼버리는 예산 1171억여 원을 쓰고도 폭염에 따른 온열질환자 속출과 비위생적 화장실, 해충 창궐(猖獗), 부실 식사, 조직위의 방만(放漫)한 운영 등으로 개영 초기부터 논란에 휩싸였다.

마찬가지로 폭염 속 간척지(干拓地)에서 열렸지만 성공적으로 마무리된 '2015년 일본 세계잼버리대회' 예산이 380억 원이었다. 일본보다 3배 넘는 돈을 쓴 새만금 잼버리에선 부실한 샤워시설과 지저분한 화장실 등 비위생적 문제가 불거졌고, 1000명 이상 속출한 온열화자들은 의료진과 병상부족으로 방치(放置)되었다. 1171억 원이 어디에 쓰인 것인지 검찰의 엄정한 수사로 밝혀 책임자 전원을 의법조치(依法措置)함으로서 혈세도둑을 발본색원(拔本塞源)해야 한다.

전라북도 등 주최 측은 2017년 대회유치 이후 예산확대를 줄곧 요구한 결과 유치 당시 491억 원이었던 총사업비가 2배 이상 불어났다. 잼버리 사무국 조직위는 각종 실무 팀만 30개로 총인원이 117명이다. 여기에 정부지원위(30명), 실무위원회(19명), 조직위(152명), 집행위(21명) 등 비대한 조직이 됐다. 전북도청 관계자 5명은 2018년 5월 '세계잼버리 성공개최 사례조사'를 명목으로 6박8일간 스위스와 이탈리아 출장을 다녀왔다.

이 밖에도 '호주 스카우트연맹 방문' 미국서 열리는 '세계잼버리 참관' 등 외유성 출장이 잇따랐다. 새만금 잼버리예산 1171억 원 중엔 국비 302억 원과 지방비 418억 원 등 세금이 720억 원을 차지했다. 납세자인 국민은 이 돈이 어떻게 쓰였는지 알 권리가 있다. 1171억 원의 사용처를 감사원의 감사 및 검찰수사로 철저히 규명해야 한다.

'2023 세계 스카우트 잼버리대회'에 참가한 150국 3만6000여 스카우트 대원들은 "아쉽다"면서도 서울, 경기 등에 마련된 새로운 숙소가 기대된다고 했다. 대원들은 떠나기 전 야영장 내 쓰레기를 바구니, 비닐봉지에 주워 모았다. 새만금 야영장에서는 퇴영을 앞둔 대원들이 일렬로 늘어서서 자기들이 묵은 야영장 쓰레기를 샅샅이 수거했다. 대원들이 떠난 야영장엔 페트병 한 개, 휴지 조각 하나도 찾아볼 수 없었다.

예산 1171억 원을 쓰고도 비위생적 화장실, 해충 창궐, 부실 식사 등으로 대한민국의 국격(國格)을 전 세계에 실추(失墜)시킨 전라북도와 부안군, 조직위 등은 야영장의 쓰레기를 청소하는 대원들의 모습을 보고 자성(自省)해야 한다. "어물전(魚物廛) 망신(亡身)은 꼴뚜기가 시킨다"고 했다. 1991년 고성 잼버리 예산은 98억 원, 2023년 새만금 잼버리 예산은 1171억 원 이상이다. 하지만 고성 세계 잼버리는 '88올림픽을 잇는 성공'이라는 극찬(極讚) 속에 끝난 반면, 새만금 세계 잼버리는 천문학적인 세금을 낭비하고 국제적으로 '한국의 위상(位相)만 추락(墜落)'시켰다.

지난 6년간 1000억 원이 넘는 예산을 투입하고도 비위생적 화장실, 해충 창궐, 부실한 샤워시설 및 식사 등 기초적인 문제조차 해결하지 못하고 국제적 망신살이 뻗친 잼버리 사태는 우리 공직사회의 부패상을 만천하에 공표한 것이다. 정부는 잼버리 행사가 끝나면 잼버리 유치를 명분으로 정부에서 거액의 예산을 타낸 전라북도(전북 도지사는 잼버리 조직위 집행위원장이다), 부안군, 여성가족부등에 대한 감사원 감사 및 검찰 수사로 국제적으로 나라 망신시킨 탐관오리(貪官汚吏)들을 엄중 문책해야 한다.

새만금 세계잼버리 대회 부실로 대한민국은 국제적 망신(亡身)살이 뻗쳤는데 전라북도는 총 2조6000억 원 규모의 직간접 예산혜택을 입게 됐다. 전북도는 애초 잼버리 대회의 성공이 목적이 아니라 이를 명분으로 정부에서 거액의 예산을 타내는 것이 주목적이었다. 국제행사를 미끼로 대규모 국가예산을 따내는 지자체의 파렴치한 '한탕주의(主義)' 행태(行態)에 대해 감사원의 감사 및 검찰의 수사로 국제적 망신(亡身)을 자초(自招)한 대형 재난(災難)의 파행(爬行) 책임자를 일벌백계(一罰百戒)로 다스려야 한다.

'2023 세계 스카우트 잼버리 대회'가 11일 폐영식(閉營式)과 K팝 콘서트를 끝으로 마무리 됐다. 이번 대회는 지난 1일 전북 부안군 새만금에서 열린 폭염대비 미흡과 비위생적 환경 등으로 국제적으로 문제가 됐다. 대회가 파행(跛行)으로 치닫자 정부, 기업, 종교계, 시민들이 총력지원에 나섰고

12일 일정(日程)은 예정대로 끝나게 됐다.

153국 4만3000명의 대원은 이날 서울 월드컵경기장에서 30분간 열린 폐영식(閉營式)에 참석했다. 윤석열 대통령은 이날 "폐영식과 K팝 콘서트의 안전에 만전을 기해 달라"고 한덕수 국무총리에게 당부했고, "폐영식 후에도 모든 국가의 스카우트 대원이 마지막으로 출국할 때까지 숙식과 교통, 문화체험, 관광 등 최대한 지원하라"고 했다.

23. 지난 대선은 사상(史上) 최악의 가짜 뉴스의 결정판

대장동 사건을 수사 중인 서울중앙지검이 1일 신학림(65) 전 전국언론노조 위원장의 집과 사무실을 압수수색했다. 신씨는 2021년 9월 15일 김만배 씨와 인터뷰하고, 대선 사흘 전에 당시 윤석열 국민의힘 대선후보에 대한 김씨의 허위인터뷰 내용을 자신이 전문위원으로 있는 뉴스타파를 통해 보도하게 한 혐의를 받고 있다. 신씨는 인터뷰 직후 김만배씨에게 두 차례에 걸쳐 1억6500만원을 수수한 혐의도 받는다.

뉴스타파는 작년 3월 6일 '윤석열 후보가 검사시절 자신의 사무실에서 부산저축은행 사건의 대출 브로커 조우형씨를 만났고, 조씨 수사를 무마했다'는 취지의 '김만배 인터뷰' 녹음파일과 그 내용을 공개했다. 당시 금융사기단으로 전락한 부산은행 대출비리사건의 피해액이 6조 원에 이른다. 당시 문재인 소유 법무법인은 이 사건의 뇌물성(賂物性) 수임료로 59억 원을 받았다고 했다. 당시 부산저축은행 대출비리사건을 은폐한 전 정권과 금융감독원 등에 대하여 공소시효와 관계없이 철저한 재수사로 사건의 진상을 만천하(滿天下)에 밝혀야 한다.

대장동 핵심사업자인 김만배씨가 지난 대선 직전 '가짜 뉴스'를 만들어 정치공작을 벌인 정황을 검찰이 확보했다고 한다. 2021년 9월 김만배씨가 신학림 전 언론노조 위원장과 만나 '윤석열 후보가 2011년 부산저축은행 사건 수사 때 대장동 대출브로커 조우형 만나 커피를 타주고 사건을 무마했다'는 허위 인터뷰를 했다. 그 뒤 김만배씨는 조씨에게 "내가 아주 엉뚱한 방향으로 사건을 끌고 갈 것이니 너는 그냥 모른 척하고 있으면 된다"고 했다는 것이다.

김만배씨는 신학림씨에게 가짜 뉴스를 제보한 후 1억6000여만 원을 주고 조우형게는 입단속을 시켰다. 그러나 조우형씨는 그해 11월 검찰조사에서 "내가 만난 것은 윤석열 검사가 아니라 박모(박길배) 검사"라고 진술했다. 그런데도 당시 '문재인 검찰'은 이 진술을 듣고도 모른 척했고, JTBC와 경향신문은 조씨의 말을 무시하고 가짜 뉴스 날조(捏造)에 가담했다. 모든 언론도 정 반대로 가짜 뉴스를 보도했다.

이재명 후보는 TV 토론에서 윤석열 후보에게 "왜 조모씨에게 커피를 타줬느냐"고 질문해 가짜 뉴스를 기정사실화(旣定事實化)하려 했다. 이재명이 가짜 뉴스를 이미 알고 있었다는 것이다. 대선 3일 전 김만배씨의 가짜 인터뷰 녹음파일을 인터넷 매체 뉴스타파가 보도했고, 이를 KBS · MBC 등이 받아썼다. KBS와 MBC는 언론기관이 아니라 '선동기관(煽動機關)'일뿐이다.

선거가 국민의 자유로운 의사와 민주적인 절차에 의하여 공정히 행하여지도록 하고, 선거와 관련한 부정을 방지함으로써 민주정치의 발전에 기여하기 위해 사이비(似而非) 기자와 JTBC, KBS, MBC, YTN, 한겨레신문, 경향신문 등과 같은 사이비 언론기관이 작당(作黨)한 일종의 정변(政變)으로 일벌백계(一罰百戒)로 다스려 발본색원(拔本塞源)해야 한다. 지금도 '대장동 사건은 윤석열 게이트'라는 황당한 말을 믿는 사람이 국민 40%에 이른다는 조사가 있는데 그 근원(根源)이 바로 '가짜 뉴스'에 있다. 이것이 "윤석열 커피 공작(工作)"의 실체(實體)로서 정권 찬탈(篡奪)을 위한 쿠데타(coupd'etat)적 사건이다.

윤 대통령은 2011년 대검 중수2과장으로 부산저축은행 사건의 주임 검사였고, 조우형씨는 다른 사업자가 대장동 초기 사업을 주도할 때 부산저축은행 대출을 알선한 브로커였다. 이재명 대표 등 민주당은 그동안 이 인터뷰를 근거로 "검찰은 왜 부산저축은행 건은 수사하지 않느냐" "대장동 사건은 윤석열 게이트"라고 주장해왔다. 이 대표는 TV토론에서도 윤 후보에게 "조우형에게 왜 커피를 타줬느냐"고 물었다.

2002년 대통령 선거는 조작된 허구가 선거판을 뒤집을 수 있음을 실증(實證)한 사례다. 사기꾼 김대업의 허위폭로로 지지율 1위를 달리던 이회창 후보가 치명상(致命傷)을 입고 근소한 차이로 패배했다. 법원은 병역의혹이 깎아내린 이회창 후보의 지지율 손해가 "최대 11.8%포인트"에 달한다고 판시했다. 그때도 KBS는 대선기간 중 9시 뉴스 대선보도의 71%를 김대업 관련 내용으로 보도했으나 폭로한 녹음테이프는 조작(造作)된 것으로 드러났다. 김대업 사기극(詐欺劇)에도 찬조 출연한 검사들이 한 둘이 아니었다.

그러나 이회창 후보는 낙선(落選)한 뒤였다. 2007년 이명박 전 대통령의 'BBK 주가 조작설'도 KBS와 MBC가 연일 의혹을 부풀리고 결국 특검까지 했지만 무혐의로 끝났다.

　'윤석열 커피 공작'은 2004년 2월 27일 대법원에서 병풍사건과 관련해 징역 1년 10월의 유죄판결이 확정된 김대업의 "병풍비리사건"과 서울중앙지법 형사합의 23부(재판장 성창호 부장판사)가 2019년 1월 30일 김경수 경남지사가 2017년 5월 대선을 앞두고 드루킹 김동원씨를 중심으로 한 '경공모'의 조직적 댓글조작 작업을 공모한 혐의로 업무 방해죄로 징역 2년, 공직선거법위반으로 징역 10월에 집행유예 2년을 선고하고 법정 구속한 "드루킹 댓글공작" 사건이 총 집결된 사상(史上) 최악(最惡)의 "대선 가짜뉴스 조작사건"의 결정판(決定版)이다.

　2002년 7월 31일 김대업이 기자회견을 갖고 "이회창 후보의 부인 한인옥 여사가 아들 정연 씨의 병역면제 과정에 연류 되어 있다"고 주장한 것을 시작으로 병역비리 의혹의 광풍(光風)이 불기 시작했다. 이날 김대업이 "수사과정에서 한나라당 이회창 후보 부인 한인옥 여사가 아들 정연 씨의 병역면제에 연루되었다는 관계자 증언을 확보했으며 진술이 담긴 4개의 녹음테이프와 녹취록을 가지고 있다"고 주장했다.

　"당시 노무현 후보 측은 김씨의 근거 없는 말을 무작정 부추기고 이를 공영방송을 비롯한 방송들이 확산시켜 많은 국민들이 김씨 주장이 사실인지 아닌지 가려내지 못한 상태에서 투표장에 갈 수밖에 없도록 만들었다. 이것은 국민들의 정상적인 판단을 불가능하게 만듦으로서 국민의 정상적인 정치의사형성을 방해한 사건이다. (…) 무책임한 흑색선전을 부추기고 즐긴 정치세력이 나중에 아무 책임도지지 않는다면 다음 대선에서도 그런 선거가 될 게 뻔하다"고 보도됐다.

그 보도가 지난 대선에서의 '대선사기(大選詐欺)'를 다시 입증했다. 김대 업의 주장은 100% 거짓말이었다. 이 사건은 단순히 개인 김대업이 꾸민 일 이 아니라 정권의 핵심부에서 은밀히 꾸민 기획(企劃)된 정치공작(政治工作) 이며, 김대업은 단순한 하수인(下手人)으로 보아야 한다. 당시 검찰은 2002 년 대선이 끝난 후인 2003년 1월 30일에 이르러서야 김대업이 제기한 병역 면제의혹에 대해 '근거 없음'으로 최종결론을 내렸다.

김대업은 2004년 2월 27일 대법원에서 병풍사건과 관련해 징역 1년 10 월의 유죄판결이 확정되었다. 노무현 대통령은 김대업에 대해 특별사면으 로 가석방했다. 병역비리로 유죄판결을 받은 피고인보다 더 부패한 노무 현 정권의 실상(實狀)이 만천하(滿天下)에 드러났다. 거짓을 뿌리 뽑는 가장 확실한 방법은 거짓을 만들고 퍼트린 자들을 일벌백계(一罰百戒)다스려 발 본색원(拔本塞源)하는 것이다.

'김대업'으로 거머쥔 정권이 5년 만에 넘어지자 '광우병 공작'이 시작되 었다. 2010년 천안함이 폭침되자 민주당은 음모론 전문가 신상철을 조사 위원으로 추천했다. 천안함 침몰이 '북한 소행이 아닐 수 있다'는 취지로 발 언한 설훈은 4선 의원이 되어 "윤석열 탄핵"을 외치고 있다. 성주 사드기지 앞에서 춤추며 '전자파 괴담송'을 부른 박주민·소병훈·김한정 의원, 최순 실 사건 당시 "박정희 통치자금 300조 원" "정유라는 박근혜 딸" 등의 말잔치로 유명세(有名稅)를 탄 안민석 의원, 21대 국회에서 가짜 뉴스계의 새로운 스타로 등극(登極)한 김의겸 의원은 '청담동 술자리' 헛발질 이후에도 왕성하게 활약 중이다. 이러한 음모론(陰謀論)에 편승해 정치적 이득을 얻어온 정당이 제1야당으로 군림하고 있다.

김대업을 "의인(義人)"으로 칭송한 정당, 광우병·천안함·세월호·사드괴담(怪談)에 올라타 혹세무민(惑世誣民)한 정치인·선동가들에게 응당한 책임을 물었다면 가짜 뉴스로 선거판을 뒤집으려는 민주주의 파괴공작은 감히 시도(試圖)도 못했을 것이다. 이러한 거짓 세력을 응징(膺懲)하지 못하는 나라에서 다음 선거 때 또 어떤 아찔한 일이 벌어질지 알 수 없다.

대장동 핵심사업자로 기자출신인 김만배씨가 만든 '윤석열 커피' 가짜 뉴스에 등장하는 당사자 조우형씨가 "윤석열 검사에게 조사받은 적 없고 누군지 알지도 못한다고 수차례 말했는데도 JTBC나 경향신문은 내 말을 무시하고 정반대로 보도했다"고 검찰에 진술했다. 민주당은 이를 받아 '대장동은 윤석열 게이트'라는 황당한 주장을 하기 시작했다. 당시는 사이비(似而非) 기자의 전성기(全盛期)였다.

지난 대선 국면에서 대장동 사건을 수사했던 '문재인 검찰'이 '윤석열 수사 무마' 의혹이 허위라는 점을 파악했으면서도 이를 방치해 일부 언론의 가짜 뉴스 보도로 이어진 정황이 드러나고 있다. 이들의 행위는 대역죄(大逆罪 : high treason)에 해당한다고 보아 일벌백계(一罰百戒)로 다스려야 한다. '대선개입 여론조작사건'을 수사 중인 서울중앙지검 특별수사팀은 이 부분 수사도 진행하고 있다. 당시 서울중앙지검 대장동 수사팀은 '윤석열 수사 무마' 의혹이 사실이 아니라는 걸 이미 파악했던 것으로 전해졌다.

당시 대장동 수사 지휘 라인은 '친(親) 문재인 정권' 성향으로 알려진 김오수 검찰총장, 이정수 서울중앙지검장, 김태훈 4차장검사 등이었다. 2021년 10월 18일 김오수 당시 검찰총장은 대검찰청 국정감사에서 "(대장동 수사팀에) 지난 2011년 부산저축은행 사건 부실수사 의혹을 수사하도록 지시했다"고 밝혔다. 김오수 당시 총장의 지시대로, 이후 '윤석열 수사 무마 의혹' 수사가 이뤄졌다.

사상 최악의 대선여론 조작사건으로 이재명 후보가 지난 대선에서 대통령으로 당선되었다면 대한민국의 운명이 지금 어떻게 되었을까? 앞으로는 대통령 선거가 필요 없는 나라로 전락(轉落)했을 것이다. 이재명 당시 후보는 김만배가 신학림 전 노조위원장과 허위 인터뷰를 한 직후인 2021년 10월부터 '윤석열 커피'를 기정사실처럼 주장했다. 대선 3일 전 뉴스타파가 녹음파일을 보도하자 불과 1시간 만에 자기 페이스북에 가짜 뉴스를 올렸다.

대장동 사건의 '몸통' 중 한 명인 김만배씨가 지난 대선국면에서 '윤석열 커피' 가짜뉴스를 만든 상황이 드러난 가운데, 당시 김씨의 '사주(使嗾)'로 대장동 관련자들이 이재명 대표에게 '면죄부(免罪符)'를 주는 언론 인터뷰를 했다는 증언이 나오고 있다. '허위 인터뷰'는 김만배씨가 가장 먼저 한 것으로 나타났다. 김씨는 2021년 11월 구속된 뒤에도 "이재명이 대통령되면 (감옥을) 나갈 수 있다"며 '대장동 일당'의 입단속을 시도한 것으로 알려졌다.

김만배씨는 이뿐이 아니라 대장동 관련자들에게 "이재명 후보는 이 사건과 관련이 없다고 언론에 얘기하라"는 취지의 말을 했다고 한다. 검찰은 "대장동에서 이재명을 지우라"는 '교시(敎示)'가 내려갔고 이성문, 남욱, 조우형씨 등의 언론인터뷰로 이어졌다고 보는 것으로 전해졌다. 하지만 2022년 9월 이후 남욱씨와 유동규씨는 "사실을 모두 털어 놓겠다"며 검찰수사에 협조하기 시작했다.

대선을 가짜뉴스로 뒤엎는 세력이 성공하는 나라엔 희망이 없다. 해당 언론사가 사과(謝過)한다고 끝날 일도 아니다. 윤석열 후보가 낙선했으면 이 대선사기의 전모(全貌)는 밝혀지지도 않았을 것이고 언론사는 사과(謝過)하지도 않았을 것이다. 가짜 뉴스와 흑색선전(黑色宣傳)이 난무(亂舞)하는 상황에서 천우신조(天佑神助)로 대한민국이 살아난 것이다. 눈앞이 아찔하다.

언론의 자유는 민주주의의 생명선(生命線)으로 인간의 존엄(尊嚴)과 직결(直結)되어 있으며, 사유(思惟)의 자유를 전제로 하고 있는 점에서도 중요성을 가진다. 언론의 자유가 확보되지 않으면 민주주의는 존립할 수 없다. 언론의 자유에 못지않게 언론의 공정성(公正性)도 필수(必須) 불가결(不可缺)한 것이다. 언론의 자유를 빙자한 언론의 불공정한 보도, 악의적 보도가 판을 친다면 이 사회는 사실 왜곡(歪曲)과 상호불신(相互不信), 중상모략(中傷謀略)이 판을 쳐 공동체(共同體)의 도덕기준(道德基準)이 무너지고 갈등과 대립으로 공동체의 연대성(連帶性)이 파괴된다.

공명정대(公明正大)한 선거는 민주정치의 실현에 결정적인 역할을 하는 것으로 국가는 직접민주제·권력분립제·대표민주제에 적합한 선거제도를 채택한다. 따라서 선거는 오늘날 헌법의 요소(要素)로 되었다. 선거는 단순한 선임행위(選任行爲)이나 대표위임(代表委任)으로 선임된 자는 헌법에 의하여 국가 대표기관으로서의 대통령이 되어 헌법에 규정된 국가권력을 행사하게 되는 것이다.

지난 대선의 "가짜뉴스에 의한 선거공작(選擧工作)"은 2002년 7월 31일 김대업의 '병역비리' 의혹의 광풍(狂風)과 김경수 경남지사의 '드루킹 댓글 공작' 사건 등이 총 집결된 건국 이래 경천동지(驚天動地)할 대사건으로서 처음부터 은밀(隱密)하게 조작(造作), 편집(編輯), 기획(企劃)된 최악(最惡)의 천인공노(天人共怒)할 만행(蠻行)의 '대선(大選) 공작(工作) 게이트'로 "윤석열 커피 공작(工作)"의 결정판(決定版)이었다. 이러한 부정선거 상황에서 치러진 지난 대선은 "혹독한 추위를 견뎌낸 장미가 사막에 아름다운 민주주의 꽃을 피운 아찔한 대선승리(大選勝利)"였다.

24. 검찰 '대선개입 여론조작' 특별수사팀 구성

김만배씨가 배후(背後)로 지목된 '윤석열 수사 무마' 가짜뉴스 파문이 '대선개입 여론조작' 사건으로 번지고 있다. 김만배씨는 '대장동 사업 특혜 비리' 뿐 아니라, 지난 대선을 앞두고 이재명 민주당 대표에 대해 제기된 '대장동 의혹'의 방향을 윤석열 후보 쪽으로 돌리려고 한 '대선공작(大選工作)'의 몸통으로 의심받는다. 검찰은 이 배후에 김씨가 있다고 보고 수사 중인 것으로 알려졌다.

대장동 사건의 '몸통'인 김만배씨가 지난 대선을 앞두고 '가짜 뉴스'를 기획(企劃)한 의혹을 수사하는 검찰이 이 사건을 '대선개입 여론조작'으로 규정하고 특별수사팀을 구성했다. 서울중앙지검은 9월7일 "대통령 선거를 목전에 두고 유력 후보에 대한 허위사실을 공표하고 유사한 내용의 허위보도와 관련 고발 등이 이어져 민의를 왜곡(歪曲)하는 시도가 있었다"며 "민주주의의 근간(根幹)인 선거제도를 농단(壟斷)한 중대사건에 대해 신속, 엄정하게 수사해 전모(全貌)를 규명(糾明)하겠다"고 밝혔다.

검찰은 김만배씨가 대장동 의혹이 불거진 직후인 2021년9월15일 신학림 전 언론노조위원장과 '허위 인터뷰'를 했다는 사실을 김씨 진술 등을 통해 확인한 것으로 전해졌다. 당시 인터뷰에서 김씨는 '윤석열 대통령이 2011년 부산저축은행 사건의 주임검사로서 대장동 대출브로커 조우형씨를 만나 수사를 무마해줬다'는 취지로 주장했다.

이재명을 등에 업고 대장동 핵심 사업자로 선정되어 천문학적 개발이익을 챙긴 주범(主犯)으로 "재판거래" 의혹의 정점에 있는 김만배가 가짜뉴스조작에 의한 "대선공작 게이트"의 주범으로 전락(轉落)했다. 검찰은 "배후세력에 대해서도 수사를 진행하고 있다"고 했다. 편향적(偏向的) 매체(媒體)가 가짜뉴스를 만들면 KBS와 MBC 등 공영방송이 사실 확인 없이 퍼날랐다. 이런 매체들도 문제지만 그 과정에서 핵심 연결고리가 된 네이버의 책임이 크다.

네이버가 가짜 뉴스와 여론조작의 매개체가 된 사례는 한두 번이 아니다. 문재인 세력이 벌인 드루킹 댓글조작의 주 무대도 네이버였다. 이런 뉴스는 나중에 거짓으로 드러나도 피해를 수습할 방법이 없고, 각종 블로그에 남아 피해자에게 씻을 수 없는 상처를 남긴다. 네이버는 가짜 뉴스의 숙주(宿主) 역할을 하면서 스스로 언론이 아니라면서 모든 책임을 회피해왔다. 이에 따른 폐해와 인권침해는 심각했다.

네이버의 사회적 책임회피는 더불어민주당과 좌파 시민단체들의 비호(庇護) 아래 이뤄지고 있다. 민주당은 네이버와 카카오 등 포털의 '뉴스 유통 방식을 개선하라'는 요구가 나올 때마다 '포털 규제는 언론 장악'이라며 반대하고 있다. 이번 대선 가짜뉴스에서도 민주당은 네이버 규제를 반대하고 있다. 네이버를 이대로 방치하면 괴담(怪談)과 대선사기(大選詐欺)는 영원히 사라지지 않는다.

민주정치의 실현에 결정적인 역할을 하는 선거가 국민의 자유로운 의사(意思)와 민주적인 절차에 의하여 공정히 행하여지도록 함으로써 민주정치의 발전에 기여하고, 제2의 '병풍비리' 의혹 '드루킹 댓글공작' '대선 가짜 뉴스조작' 사건 등을 예방하기 위해 헌정질서(憲政秩序)를 문란(紊亂)시키고 국민주권(國民主權)을 침탈(侵奪)한 지난 "대선공작 게이트"의 실체적 진실을 밝혀 관련자들을 일벌백계(一罰百戒)로 다스려 가짜뉴스로 대선공작(大選工作)을 일삼는 국기문란사범(國基紊亂事犯)을 발본색원(拔本塞源)해야 한다.

이재명 민주당 대표가 '쌍방울 불법 대북송금' 사건 피의자로 9일 검찰에 출석해 조사받았지만 피의자신문조서에 서명·날인을 거부(형사소송법 제244조 제3항)하고 귀가했다. 이 대표는 8시간에 걸친 조사에 이어 2시간 반가량 조서를 검토한 뒤 "진술이 제대로 반영되지 않았다"며 서명·날인을 거부하고 검찰 청사를 떠났다. 대한민국의 법치(法治)와 공권력이 시정잡배(市井雜輩)와 같은 법꾸라지의 사법방해(司法妨害)로 조롱(嘲弄)거리가 되고 있다.

선거와 관련한 부정을 방지함으로써 민주정치의 발전에 기여하기 위하여 "병풍비리 의혹" "드루킹 댓글공작" 지난 대선의 "가짜 뉴스조작" 사건과 같은 대선공작 게이트 관련자 전원을 헌정질서(憲政秩序)를 파괴하는 국기문란사범을 능지처참(凌遲處斬)할 각오로 헌법과 지방자치법에 의한 선거제도를 근본적으로 개혁함으로서 가짜뉴스를 통한 "대선사기(大選詐欺)"를 발본색원(拔本塞源)해야 한다. 이것이 지난 대선에서 혹독한 추위를 견뎌낸 장미가 사막에 아름다운 민주주의 꽃을 피운 "윤석열 정부의 책무(責務)요, 사명(使命)"이다.

25. 국회 시정연설에서 고개 숙인 윤 대통령과 야당 의원의 오만불손한 경거망동

윤석열 대통령이 31일 시정연설(施政演說)을 위해 국회를 찾아 야당에 전례 없이 유화적(宥和的)인 태도를 보인 것은 향후(向後) '협치(協治)'를 계기로 삼겠다'는 강한 의지의 표현으로 해석된다. 윤 대통령은 이날 본회의장에 입장하면서 맨 뒷줄에 위치한 이재명 민주당 대표와 홍익표 원내대표에게 먼저 악수를 청했다. 작년 10월 시정연설에선 민주당이 검찰의 이재명 대표 관련 수사를 문제 삼으면서 시정연설 자체를 '보이콧' 했다.

윤 대통령은 이날 '협력' '협조'라는 단어도 각각 8회, 5회 사용하며 초당적(超黨的) 협력을 강조했고, 연설을 마무리하면서도 "정부가 마련한 예산안이 차질(蹉跌) 없이 집행돼 민생(民生)의 부담을 덜어드릴 수 있도록 국회의 적극적인 관심과 협조를 다시 한 번 부탁드린다."고 했다. 문재인 정부를 비판하는 내용도 없었다.

민주당 의원들은 윤 대통령이 국회 본회의장에 입장하자, 손뼉을 치지 않고 침묵으로 자리를 지키며 일부는 악수를 청하는 윤 대통령을 쳐다보지 않거나 등을 돌리는 모습도 보였다. 친명 성향(性向) 이형석 의원은 앞만 응시(凝視)하고 있다가 윤 대통령이 다가가 악수를 청하자 쳐다보지 않고 손을 슬쩍 잡기만 했다. 일부는 눈을 감거나 조는 모습을 보이며 적대감(敵對感)을 드러냈다.

강경파 초선인 김용민 의원은 윤 대통령과 악수하면서 "이제 그만두셔야지요"라고 말했다고 자신의 페이스 북을 통해 주장했다. 민주당의 이런 무례(無禮)한 태도는 강성 지지층을 의식한 것으로 '3류 정치'의 추악(醜惡)한 모습을 드러낸 것이다. 본회의장 안에서는 진보당 강성희 의원만 '줄일 건 예산이 아니라 윤의 임기!'라고 적힌 피켓을 들었다.

국가의 원수(元首)인 대통령에 대한 경거망동(輕擧妄動)과 오만불손(傲慢不遜)도 유분수(有分數)다. 그러나 윤 대통령은 참고 넘겼다. 맹자(孟子)는 인자무적(仁者無敵)이라고 했다. 윤 대통령은 이날 간담회에서 "국회에서 우리 의원님들과 많은 얘기를 하게 돼서 저도 아주 취임 이후로 가장 편안하고 기쁜 날이 아닌가 싶다"면서 "위원장님들의 소중한 말씀을 참모들이 다

메모했고, 저도 하나도 잊지 않고 머릿속에 담아두겠다"며 "향후 정부정책을 입안해 나가는 데 여러분의 소중한 의견을 잘 반영하도록 노력 하겠다"고 했다.

힘이나 법보다 '사랑'으로 대하는 것이 가장 '인간다운 길'이다. 사랑은 인간의 가장 높고 가장 강(強)하고 맑은 빛이다. "사랑은 모든 것을 이긴다 (amor omnia vincit)." <행복론(幸福論)>과 <잠 못 이루는 밤을 위하여>의 명저(名著)를 쓴 스위스의 저작가(著作家) 칼 힐티(Carl Hilty)의 묘비명(墓碑銘)이다.

사랑은 모든 것을 이긴다. 사랑은 폭력을 이기고 증오(憎惡)를 이긴다. 간디는 "폭력은 동물의 법칙이요, 비폭력은 인간의 법칙"이라고 했다. 사람의 근본은 사랑이요, 사람의 사람다움은 사랑에 있다. 사랑은 일체(一切)에 승리를 가져온다. 사랑의 승리는 모든 승리 중에서 으뜸가는 승리다.

인간의 생(生)에는 세 가지의 질서(秩序)가 있다. 첫째는 '힘의 질서'다. 폭력으로 모든 것을 해결하려고 한다. 링컨의 말과 같이 폭력은 승리의 기간이 짧다. 둘째는 '법(法)의 질서'다. 법이나 정의(正義)나 조리(條理)로 모든 것을 해결하려고 한다. 이것은 냉랭(冷冷)하고 인간미(人間味)가 없다. 셋째는 '사랑의 질서'다. 사랑의 힘으로 모든 것을 해결하려고 한다. 이것은 가장 높은 차원(次元)이요, 우리의 최고의 이상(理想)이다.

야당 의원의 오만불손(傲慢不遜)한 태도를 보는 국민들은 식상(食傷)했다. 이재명 더불어민주당 대표는 1일 윤 대통령의 국회 시정연설에 대해 "우리가 요구한 국정전환은 없었고 매우 실망스러웠다"며 "국민들을 원숭이로 여기는 것 아닌지 하는 생각까지 들 정도"라고 했다. 전날 윤 대통령을 만나 세 차례 악수하고 환담(歡談)을 나눈 지 하루 만에 강도 높은 비난을 한 것이다. 오히려 실망을 한 것은 야당의 오만불손한 경거망동(輕擧妄動)에 비애(悲哀)를 느낀 국민이며, 국민이 이러한 야당을 원숭이로 여겼을 것이다.

"너 자신을 알라(Gnothi Sauton)"는 이 말은 희랍의 칠대현인(七大賢人) 중의 한 사람이 한 말이다. 네 형편과 처지를 알고 자기 분수에 맞게 살라는 뜻으로 인생의 금언(金言)이다. 이 말은 인생의 지혜로운 좌우명(座右銘)이다. 인간은 먼저 자기 자신을 알아야 한다. 인생의 불행과 비극은 자기 자신을 모르는 데서 시작한다. 더불어민주당 의원들은 위 금언의 참뜻을 되새겨보고 자성(自省)해야 한다.

26. 이재용 '불법 승계' 19개 혐의 다 무죄 선고

이재용 삼성전자 회장이 5일 '경영권 불법승계' 사건의 1심 재판에서 19개 혐의에 대해 무죄를 선고받았다. 이 회장은 2015년 제일모직, 삼성물산 합병과정에서 최소비용으로 경영권을 승계할 목적으로 각종 부정거래와 시세조종, 회계부정 등에 관여한 혐의로 2020년 기소됐다. 이날 서울중앙지법 형사25-2부(재판장 박정제)는 이 회장의 19 혐의 모두에 대해 "범죄의 증명이 없다"며 무죄를 선고했다. 함께 기소된 최지성 전 삼성그룹 미래전력실장, 김종중 미래전략실 전략팀장 등 나머지 피고인 13명 모두 무죄를 선고 받았다.

애당초 검찰의 기소부터가 무리였다. 2020년 6월 외부 전문가로 구성된 검찰 수사심의위원회가 이 회장을 '불기소하고 수사를 중단하라'고 권고 했다. 그러나 검찰은 이를 무시하고 임직원 110여명을 430차례 소환조사 하고 50여 차례 압수수색하는 등 전방위수사로 기소를 강행했다. 이 수사 는 윤석열 서울중앙지검장 때 시작됐지만 실제 수사를 본격화하고 관련자 들을 기소한 것은 문재인 전 대통령의 심복이던 이성윤 서울중앙지검장이 검찰을 장악했을 때였다. 문재인 정부의 적폐몰이와 반(反)기업 풍조가 검 찰의 무리한 기소에 영향을 미친 것이다.

재판부는 "제일모직과 삼성물산 합병은 두 회사 이사회의 합병 필요성 검토 등을 통해 결정됐으며 사업목적도 인정된다"며 "검찰의 주장처럼 이 회장의 경영권 강화와 승계만이 합병의 목적이라고 볼 수 없다"고 판단하 면서 "두 회사 합병이 주주들에게 손해를 줄 의도가 있었다고 보기 어렵다" 며 "분식회계 의도가 있다고 단정할 수도 없다"고 했다. 대한민국을 대표 하는 기업의 총수를 3년 5개월 동안 형사 피의자로 옭아맨 사건의 결말이 이토록 허망(虛妄)하다.

삼성을 비롯한 대기업 없이, 한국인들이 오늘날 같은 의식주(衣食住)와 문화생활을 향유(享有)할 수 있었을까? 그런데도 이 나라 일각(一角)엔 언제 나 대기업을 혁명적 타도의 대상으로 시기, 질투, 증오, 저주가 있었다. 시 정잡배(市井雜輩)보다 추악한 정치잡범들에겐 "범죄혐의가 소명(疏明)됐다" 라고 하면서도 구속영장을 기각하며, 전과4범에 중대범죄 혐의 10개가 넘 는 피고인의 재판을 지연시키는 법관의 직무유기가 법치주의와 사법정의를 구현하는 '사법권 독립'이며 '법관의 독립'인가?

중소기업 위주(爲主)로 가자는 문외한(門外漢) 대통령도 있었다. 박성희 대통령의 근면, 자조(自助), 협동정신을 바탕으로 한 범국민적(汎國民的)인 지역사회 개발운동인 새마을운동과 경제개발 5개년계획으로 조국 근대화를 위한 경제부흥의 성공과 이병철·정주영·이건희 창업주들이 이룩한 5000년 만의 '한강의 기적'을 기억하라!

"대한민국의 경제질서(經濟秩序)는 개인과 기업의 경제상의 자유와 창의(創意)를 존중함을 기본으로 한다(헌법 제119조 제1항)." "헌법 제119조 제2항에 규정된 '경제주체간의 조화를 통한 경제 민주화'의 이념은 경제영역에서 정의로운 사회질서를 형성하기 위하여 추구할 수 있는 국가목표로서 개인의 기본권을 제한하는 국가행위를 정당화하는 헌법규범이다(헌재결 2004.10.28. 99헌바91)."

27. 특검법의 입법취지에 반하는 '김건희 특검법'

더불어민주당이 28일 '김건희 특검법'을 반대하는 여당을 무시하고 국회 본회의에서 단독 처리했다. 특별검사의 수사 대상은 "국회가 정치적 중립성과 공정성 등을 이유로 특별검사의 수사가 필요하다고 본회의에서 의결한 사건"이다(특별검사의 임명 등에 관한 법률 제2조 제1항 1호).

더불어민주당이 여야 합의가 아닌 야당이 임명하는 민변 변호사에게

도이치모터스 주가조작의혹 사건에 김건희 여사 관련 여부를 밝히겠다는 것이다. 그러나 특검 대상인 도이치모터스 주가조작 사건은 윤 대통령이 김 여사와 결혼하기 전인 10여년 전 일이다. 이 사건은 문재인 정부가 윤석열 전 검찰총장을 잡기위해 친문 검사들을 투입해 1년 반 넘게 수사했으나 김 여사 관련 혐의를 찾지 못해 기소(起訴)조차 못했다. 그 후 지금까지 새로운 단서가 나온 것도 없다.

이런 사안(事案)을 더 수사해야 한다며 더불어민주당이 '김건희 특검법'을 단독으로 처리했다. 김 여사 관련이면 뭐든 수사할 수 있도록 '수사대상'을 광범위하게 규정했고, '수사기간'도 총선을 치루는 4월 10일까지 이어지도록 했다. 특별검사의 수사대상은 "정치적 중립성과 공정성 등을 이유로 특별검사의 수사가 필요하다고 국회 본회의에서 의결한 사건"이다.

그러나 '김건희 특검법'은 주가조작 사건의 실체와 전혀 상관없이 내년 총선에서 선거가 국민의 자유로운 의사와 민주적인 절차에 의하여 공정히 행하여지는 것을 방해하려는 악법으로 '제2의 김대업 병역비리' 의혹의 광풍(狂風)을 일으켜 선거의 공정(公正)을 해치려는 치졸(稚拙)한 정치공작이다.

'김건희 특검법'은, 첫째, "법률 없으면 범죄도 없고 형벌도 없다"는 근대 형법의 기본원리인 죄형법정주의(Principle of legality)에 반한다. 죄형법정주의(罪刑法定主義)란 어떤 행위가 범죄로 되고 그 범죄에 대하여 어떤 처벌을 할 것인가는 미리 성문(成文)의 법률에 규정되어 있어야 한다는 원칙을 의미한다. 둘째, 명확성(明確性)의 원칙(Lex certa)에 반한다. 형사처벌은 항상 성문법(成文法) 규범(規範)에 의거할 뿐만 아니라 무엇이 범죄이고 그에 대한 형벌은 어떠한 것인가를 법률로 명확하게 규정되어야 함을 뜻한다.

김건희 여사보다도 더 특별검사의 수사대상이 되어야 할 사건은 문재인 전 대통령 부인 김정숙 여사 관련 의혹이다. 김정숙 여사는 빈번(頻煩)한 문 대통령 해외 출장 동행과 특별활동비 유용의혹 등으로 파문(波紋)을 일으켰다. 해외순방(海外巡訪) 명분으로 유명 관광지를 섭렵(涉獵)한 '버킷 리스트' 논란과 청와대 특활비로 옷·액세서리 등을 구입했다는 의혹이 무성(茂盛)했으나 진상규명(眞相糾明) 없이 덮어버렸다.

김정숙 여사는 2018년 문 대통령 없이 인도를 단독 방문하면서 대통령 전용기를 띄우고 마지막 날에 인도 아그라(Agra)에 있는 이스람 건축을 대표하는 묘당(廟堂) 타지마할(Taj Mahal) 방문일정을 넣었다. 시민단체들이 김정숙 여사를 횡령·강요 등 혐의로 고발했으나 수사는 이뤄지지 않았다. 국민의 혈세(血稅)로 옷과 액세서리 등을 구입하고 대통령 전용기로 인도를 단독 방문하며 3억7000만원의 경비를 지출한 것은 특검의 수사대상이다.

대통령실은 특검법이 통과되자마자 즉각 거부권 행사방침을 밝혔다. 더불어 민주당은 윤 대통령의 거부권행사를 예상하고도 밀어붙인 것이다. 대통령의 '법률안 거부권'은, 법률의 제정에 정부가 관여하지 못하므로 국회가 심히 부당한 입법을 자행(恣行)할 경우 또는 정부가 집행할 수 없는 법률의 제정을 저지·억제하기 위한 것이다. 헌정사상(憲政史上) 이렇게 노골적으로 특검을 선거에 악용(惡用)한 사례(事例)는 없었다. 민주당이 '더불어방탄당' '더불어범죄당'으로 비난받는 이유다.

대통령의 법률안거부권은 정당한 이유와 필요성이 있어야 한다. '정당한 이유'로는 법률안이 ① 집행 불가능하거나, ② 국가이익(國家利益)에 반하는 것이거나, ③ 정부에 대하여 부당한 정치적 압력을 그 내용으로 하는 경우, ④ 법률안이 헌법과 상위법(上位法)에 위반되는 경우를 들 수 있다.

더불어민주당의 내년 총선 정략(政略)인 '김건희 특검법'은 헌법에 위반되는 악법으로 '정치적 중립성과 공정성'과는 무관한 것으로 흘러간 '제2의 김대업 병역비리 정치공작'의 재판(再版)이 될 것이다. 야당이 총선 여론 몰이에 초점을 맞춰 국회에서 단독으로 통과시킨 특검법은 '정부에 대하여 부당한 정치적 압력을 내용으로 하는 것'이므로 대통령이 거부권을 행사해야 한다.

28. 이상적인 대통령의 요건

<타임>지의 편집장과 카터 대통령의 보좌관을 역임한 헤들리 도너번(Hedley Donovan)은 1982년 12월 13일자 <타임>지에 **"이상적(理想的)인 대통령"**가 되기 위한 서른한 가지 요구를 제시했는데, 그중 몇 개를 소개하면 다음과 같다.

(1) 품위(品位)있게 행동하고 아량(雅量)이 넘치는 것으로 보여야 한다.
(2) 육체적(肉體的)으로 충분히 감당(堪當)할 수 있어야 한다.
(3) 똑똑해야 하지만 빼어나게 머리가 좋아서는 안 된다.
(4) 낙천적(樂天的)이어야 하고 유머(humor)가 있어야 한다.

(5) 미디어(media)를 통해 대중(大衆)을 쉽게 납득시킬 줄 알아야 한다.

(6) 국민들에게 밝은 비전(vision)을 제시해야 한다.

(7) 한편으로는 도덕적(道德的)으로 깨끗해야 하지만, 다른 한편으로는 가혹(苛酷)하고 심지어 무자비(無慈悲)해야 한다.

(8) 뚝심과 확고한 자기신뢰(自己信賴), 건강한 공명심(功名心)이 있어야 한다. 하지만 여기서 도너번은 냉소적인 금언(金言)을 상기시킨다. "대통령 후보가 되기 위해 필요한 것이라면 무엇이든 할 만큼 권력과 명예에 대한 욕심이 큰 사람은 도덕적으로 대통령이 될 자격이 없다"

"대통령은 국가의 독립·영토의 보전·국가의 계속성(繼續性)과 헌법을 수호할 책무(責務)를 지며, 조국의 평화적 통일을 위한 성실한 의무를 진다(헌법 제66조제2~3항)." 대통령의 '헌법을 준수하고 수호해야 할 의무'는 헌법상 법치국가원리가 대통령의 직무집행과 관련하여 구체화된 헌법적 표현이다.

"대통령의 가장 어려운 임무(任務)는 올바른 일을 하는 것이 아니라, 무엇이 옳은지를 아는 것이다(A President's hardest task is not to do what is right, but to know what is right. - L. B. Johnson-)." "위대한 개인은 어느 순간에 치고 들어가야 하는지 미리 안다. 반면에 우리는 나중에 신문을 보고서야 그것을 안다(-야코프 부르크하르트-)."

국가 지도자에게는 적절한 시간과 유리한 순간에 대한 깨어있는 본능이 필요하다. 거기다 그 기회를 냉철하게 포착해서 순발력(瞬發力)있게 대응할 수 있는 능력도 있어야 한다. 국가 지도자에게는 "현실을 간파(看破)하는 안목(眼目)이 있어야 한다.

29. 윤석열 대통령의 책무와 사명

윤석열 대통령은 자신을 검찰총장으로 임명한 문재인 정권의 비리를 수사하다 정권의 압력에 반발해 총장직을 던졌다. 그런 용기와 정의감에 국민들이 환호(歡呼)와 박수를 보내 윤석열 검찰총장은 대통령이 되었다. 이러한 국민의 기대 속에서 새로 출범(出帆)한 윤석열 정부는 국가개조 및 공직사회 정화차원에서 문재인 정권 5년 동안 산적(山積)한 적폐인 '권력형 범죄'를 청산해야 한다. 이것은 결코 정치보복이 아닌 법치주의(法治主義)와 헌정질서(憲政秩序)의 확립을 위한 국가개조 및 부패한 정권의 정치풍토(政治風土)를 정화(淨化)하는 '적폐청산(積弊淸算)'이다.

문재인 정권의 소득주도정책, 최저임금인상, 주 52시간 근무제, 탈 원전 정책, 세금퍼주기식 복지정책, 반 시장 및 반 기업정책 등에 의한 "경제파탄" 4.27 판문점선언에 의한 주한미군 전술핵 반입금지, 대북정찰 감시기능 저해(沮害), 한미동맹 군사훈련 무력화(無力化), NNL 무력화, 병력감축, 최전방 특수정예부대 해체 등에 의한 "국가안보위기 자초", 기무사 계엄문건 사건, 탈북민 강제북송사건, 대북전단금지법, 사법행정권 남용사건, 해수부 공무원 월북몰이사건 등 "인권탄압 및 인권유린" 등 문재인 정권 5년은 국민 혈세(血稅)의 약탈정권(掠奪政權)이요, 기생충정권(寄生蟲政權)이요, 친북좌파 정권이었다.

따라서 문재인 정권의 적폐를 신속하게 의법조처(依法措處)하지 않을 경우 윤석열 정부 임기만료 후에 문재인 정권 일당들로부터 무자비(無慈悲)한 정치보복(政治報復)을 당할 수 있다는 엄중한 역사적 사실을 명심(銘心)해야 할 것이다. 건국 이래 최 대형 부동산 개발관련 비리와 범죄의 진원지(震源地)가 된 "대장동 게이트"(대장동, 백현동 특혜, 성남FC, 변호사비 대납, 쌍방울 그룹 대북송금의혹 등)에 대한 검찰 수사로 법치주의와 사법정의를 확립해야 한다.

또한 문재인 정권 말기의 수상한 해외송금액 8조 원에 대해 이복현 금융감독원장이 조사하고 있다. 민주당 대표 이재명 의원에 관련된 "권력형 비리" 의혹 등을 검찰수사로 그 진상을 철저히 규명(糾明)해야 한다. 문재인 정권 5년간의 반역행위(反逆行爲)와 이재명의 산적(山積)한 비리, 부패를 의법조치(依法措置)하고 일벌백계(一罰百戒)로 다스려 부정부패를 발본색원(拔本塞源)해야 한다.

상식(常識)과 정도(正道)를 벗어난 문재인 정부 5년간의 포퓰리즘 정책 등에 의한 국정운영으로 경제파탄 및 국가안보 해체, 인권탄압과 인권유린 등 적폐를 청산해달라는 국민들의 간절하고도 절박(切迫)한 기대와 열망(熱望)으로 윤석열 정부가 출범하게 된 것이다. 문재인 정권 5년간의 약탈행위와 기생충 행위에 따른 적폐를 과감히 청산하고 관련자들을 신속하게 의법조처(依法措處)하는 것이 윤석열 대통령의 "책무(責務)"요, "사명(使命)"이며, "헌법을 수호하는 길"이다.

윤석열 정부가 집권 후 두 번째로 2024년 예산안을 발표했다. 657조 원 규모로 올해보다 18조 원 더 늘렸다. 정부는 예산증가율(2.8%)이 문재인 정부 5년 평균치(8.7%)보다 훨씬 낮다는 점을 들어 "지난 정부의 '재정만능주의(財政萬能主義)'를 배격하고, 건전재정 기조(健全財政 基調)로 전환했다"고 강조한다.

'국가재정법'은 국가의 예산·결산·성과관리 및 국가채무 등 재정에 관한 사항을 정함으로써 효율적이고 성과 지향적이며 투명한 재정운용과 건전재정의 기틀을 확립하고 재전운용의 공공성을 증진하는 것을 목적으로 한다(제1조). 정부는 예산을 편성하거나 집행할 때 ① 재정건전성(財政健全性)의 확보를 위하여 최선을 다하여야 하며, ② 국민부담(國民負擔)의 최소화(最小化)를 위하여 최선을 다하여야 한다(국가재정법 제16조).

재정 중독(中毒)에 빠진 문재인 정부는 집권 5년간 경제성장률이 연평균 2.3%에 불과한 상황에서 정부지출을 10번의 추경(追更)을 포함해 연평균 10.8%나 늘렸다. 그 결과 한 해 예산규모가 집권 초기 400조 원에서 말기엔 600조 원대로 50% 이상 불어났다. 걷히는 세금이 모자라니 국가부채는 천문학적(天文學的)으로 늘어났다. 윤석열 정부는 이런 왜곡(歪曲)된 예산구조를 넘겨받았다.

대규모 적자예산편성 결과 내년에도 국가채무가 62조 원 더 늘어나 1200조 원에 육박하게 된다. 윤석열 정부의 "시대적(時代的) 사명(使命)" 중 하나는 문재인 정부가 망친 '국가재정 건전성(健全性)'을 다시 회복시키는 것이다. 이를 위해 남은 해법(解法)은 선진국처럼 국가 부채·재정적자를 일정수준 이하로 강제 관리하는 '재정준칙(財政準則)을 법제화(法制化)'해 정부의 의무(義務)로 만드는 것뿐이다. 중요한 것은 민생(民生)이고 경제이며, 각자의 삶이다. "좌파는 말로 일하고 우파는 일로 말한다."고 했다.

　국제통화기금(IMF)이 "한국의 긴축재정이 세계 각국에 모범이 되고 있다."며 한국의 "재정 건전화 정책에 찬사를 보낸다."고 했다. 다만, 한국 경제의 뇌관(雷管)으로 꼽히는 가계부채에 대해서는 "상당히 높은 수준"이라며 우려했다. 2023년 10월 29일 IMF가 홈페이지에 공개한 아시아.태평양 지역 경제전망 기자간담회 녹취록에 따르면, 토머스 헬브링 IMF아태 부국장은 "한국의 재정건전화정책에 찬사(praise)를 보낸다."면서 "한국은 팬데믹이 지나자 나랏빚을 줄이고, 이를 더 줄이는데 전념하고 있다."고 했다. 이어 "현재 한국의 국가채무 수준은 작정하고 (이대로) 유지돼야 한다."고 했다. 이 간담회는 지난 18일 싱가포르에서 열렸다.

　한국의 국가부채는 2020년 846조6000억 원에서 2021년 970조7000억 원으로 한해에만 123조5000억 원 급증했다. 지난해에도 96조7000억 원이 늘어 1067조4000억 원으로 불어났다. 총선을 앞두고 여야가 매표용 포퓰리즘 사업을 경쟁적으로 밀어붙이고 있다. 선거용 돈 뿌리기는 문재인 정부와 더불어민주당의 주특기(主特技)였는데, 이제는 국민의힘도 가세(加勢)하고 있다. 강서 구청장 보선패배 이후 정부와 여당이 민생정책 명분으로 각종 선심정책(善心政策)을 쏟아내자 더불어민주당도 뒤질세라 맞불을 놓고 있다.

　놀라운 것은 매일 원수(怨讐)처럼 싸우는 여야가 포퓰리즘정책, 선심성 SOC 사업엔 한 몸이 되어 의기투합(意氣投合)하여 기염(氣焰)을 토하고 있다는 사실이다. 여야의 특별법 남발 탓에 국비가 300억 원이상 들어가는 사업은 경제성을 평가해 추진해야 한다는 '국가재정법'은 있으나 마나 한 법이 됐다. 올해 들어 여야가 예비타당성 조사 없이 추진키로 한 SOC 사업만 그 규모가 44조 원에 달해 마치 둑이 무너져 포퓰리즘 강(江)이 범람하는 것 같다. 이러한 후진정치(後進政治)가 막가파식 포퓰리즘 경쟁을 촉발(觸發)해 나라의 미래를 좀먹고 있다.

대통령이 국민에게 줄 수 있는 가장 큰 선물은 '개혁(改革)'이다. 윤석열 정부는 출범 때부터 노동·교육·연금 개혁을 반드시 이루겠다고 했다. 공공(公共)·재정·산업구조 개혁도 절실(切實)하다. 당면(當面)한 이러한 국가적 과제를 해결하려면 국회에서 최소한의 의석(議席)을 확보해야 한다. 그것이 안 되면 개혁은 시작도 할 수 없다. 그런데 지난 10월 11일 강서 구청장 보궐선거 결과를 보면 국가개혁을 할 수 있을지 의문이다.

윤석열 정부가 성공하려면 국민의 마음을 얻어야 한다. 그래야 국정운영에 필요한 의석을 얻고 개혁도 이룰 수 있다. 대통령은 국정의 책임자로서 사람을 모아야 국민의 지지(支持)를 받는다. 국민은 선거를 통해 의사표시를 한다. 대통령이 이에 응답(應答)하면 국민이 지지를 하며, 응답하지 않으면 등을 돌린다. 윤석열 대통령의 시대적 사명은 문재인 정권이 남긴 산적(山積)한 적폐인 권력형 범죄의 청산과 개혁이다.

2024년 4월 10일 총선거는 22대 국회의원을 선출하는 선거이나 사실상 윤석열 대통령에 대한 국민의 '중간평가'이며 이재명 더불어민주당 대표에 대한 '신임투표'다. 이런 관점에서 내년 총선은 윤석열 대(對) 이재명의 재(再) 대결로 볼 수 있다. 내년 총선에는 윤석열과 이재명의 운명만 걸려 있는 것이 아니라 대한민국의 진로(進路)와 운명이 결정된다.

국민의힘이 국회 과반의석을 얻게 되면 윤석열 정부는 안정을 회복하고 나라를 통치할 동력을 얻게 될 것이나 국민의힘이 선거에서 패배하면 윤석열 정부는 사실상 기능을 상실해 기고만장(氣高萬丈)한 좌파세력의 폭주(暴走)로 대통령은 "선장(船長) 없는 나라"의 혼란과 질곡(桎梏)의 무정부상태(無政府狀態)를 맞게 될 것이다.

따라서 유권자(有權者)는 "윤석열 정부가 더 지속(持續)되기를 바라는가" 아니면 "이재명 체제가 더 바람직하다"고 보는지를 현명하게 심판해야 한다. 내가 던지는 한 표에 국가의 운명이 좌우된다는 절실(切實)한 인식이 필요하다. 내년 4월 10일 총선에서 유권자는 "투표용지는 총알보다도 강하다(The ballot is stronger than the bullet.)"는 것을 현명한 주권행사로 보여주어야 한다.

"대통령은 국가의 독립·영토의 보전·국가의 계속성(繼續性)과 헌법을 수호할 책무(責務)를 진다(헌법 제66조 제2항)." 대통령은 민족과 역사의 먼 앞날을 내다볼 수 있는 '눈'과 국민의 진솔(眞率)한 소리를 들을 줄 아는 '귀'와 정의(正義)와 신념(信念)에 따라 옳은 말을 할 줄 아는 '입'과 국가와 민족의 장래에 대하여 명석(明晳)하게 사고(思考)하는 '머리'로서 통치할 수 있는 예지(叡智)를 겸비한 선장(船長)으로서 자신이 운항(運航)하는 배의 항로(航路)와 바람의 방향을 똑바로 아는 '선장의 지혜'가 필요하다.

윤석열 대통령의 사명(使命)은 국민이 하나로 화합(和合)하고 대한민국

의 미래에 희망을 가질 수 있도록 멋진 청사진(靑寫眞)을 밝혀주고, 대한민
국 국민으로서 한국인의 가치(價値)를 알게 해주고, 문화민족으로서의 긍
지(矜持)를 심어주고, 세계에서 존경받는 대한민국으로 이끌어 주는 "위대
한 지도자"가 되는 것이다.

제1장

'한동훈 비대위' 성공을 염원하는
국민의 간절한 소망

제7장

'한동훈 비대위' 성공을 염원하는 국민의 간절한 소망

1. 한동훈 법무부 장관의 사임

한동훈(韓東勳 : 1973.4.9.생, 서울. 서울현대고, 서울법대 졸업. 제37회 사시합격. 사법연수원 제27기) 법무부장관이 21일 사임하고 국민의힘은 26일 투표를 통해 한 위원장 임명안을 가결했다. 국민의힘이 한동훈 전 법무부 장관을 비상대책위원장으로 지명한 것은 비상대책위원회를 '탈이념(脫理念)' '중도(中道) 확장성(擴張性)'에 초점(焦點)을 둔 지도부로 편성해 86운동권 세력이 주축이 된 더불어민주당과 차별화한다는 전략(戰略)으로 본다.

한 전 장관은 법무장관으로서 더불어민주당의 집중공격을 받았지만 분명한 논리(論理)의 비약(飛躍)과 난제(難題)에 대한 명쾌(明快)한 대응으로 해결해 국민의 절대적 지지를 받아왔다. 윤석열 대통령과 국민의 힘이 이런 점을 높이 평가해 위기에 빠진 여당의 구원투수(救援投手)로 한 전 장관이 등판(登板)한 것이다.

그러나 당내 일부에서 한 위원장이 윤 대통령의 최측근이란 점, 검사 출신이란 점, 논리로 말싸움하는 것과 정치는 다르다는 점, 정치 경험이 없다는 점 등으로 반대도 적지 않다고 한다. 한 위원장이 윤 대통령의 최측근으로 수직상하(垂直上下) 관계가 지속될 위험도 있다고 하나, 한 위원장은 윤석열 대통령과의 관계에 대해 "대통령이든 여당이든 정부든 모두 헌법과 법률 내에서 국민을 위해 협력하는 기관"이라고 답했다. 정치경험이 많은 정상배들보다 정무적(政務的) 감각이 뛰어난 것으로 평가받는 이유다.

2. 정치경험이 많은 정치인들의 부패상

한국의 정치사에서 정치경험이 많은 정치인들의 '고질적(痼疾的) 부패상'을 우리는 너무나 많이 경험해왔다. "살아있는 권력의 눈치도 보지 말라"고 격려한 문재인 대통령이 '살아있는 권력'을 향한 검찰의 칼날이 자신과 청와대로 향하자 검찰개혁을 빙자(憑藉)한 검찰 죽이기로 돌변(突變)한 치졸(稚拙)한 인사학살(人事虐殺)은 "권력의 눈치를 보고 알아서 물러나라"는 암시(暗示)였다.

온갖 위선(僞善)과 변칙(變則), 탈법(脫法)의 종합선물세트로 조롱받고 있는 조국을 법무부 장관 자리에 앉힌 문재인 대통령의 아집(我執)은 공무원임명권의 명백한 남용이었다. 헌법이 대통령에게 공무원임면권(헌법 제78조)을 부여한 취지는, 능력과 전문성을 갖춘 청렴(淸廉)한 인재(人材)를 적재적소(適材適所)에 배치하여 행정을 민주적이며 능률적으로 수행하여 국민 전체에게 봉사하기 위한 것이다.

대통령의 공무원임면권에는 헌법과 법률에 의한 책임과 의무가 따르므로 적정(適正)하고 정당하게 행사되어야 한다. 대통령의 공무원임면권의 행사가 선거공신(選擧功臣)이나 보은(報恩)등에 의해 전문성, 청렴성 등이 결여(缺如)된 부적격자를 임명할 경우 탐관오리(貪官汚吏)의 양산(量産)으로 공직사회는 부정부패의 온상(溫床)이 될 뿐이다. 대통령의 공무원임면권의 적정한 행사는 수신제가치국평천하(修身齊家治國平天下)의 첫 단추를 바로 끼우는 길이다.

문재인 정권의 공무원 임명권 남용은 <탐관(貪官)의 밑은 안반 같고, 염관(廉官)의 밑은 송곳 같다>라는 속담을 생각하게 한다. 탐관은 점점 성하고 염직(廉直)한 관리는 점점 궁해진다는 말이다. 이것이 부패한 문재인 정권의 민낯이다. 전국책(戰國策)은 "나라가 망(亡)하는 것은 현인(賢人)이 없기 때문이 아니다. 쓸 줄 모르기 때문이다"라고 기록하고 있다.

3. 적재적소는 인사의 요체

적재적소(適材適所)는 인사(人事)의 요체(要諦)임에도 불구하고 인재등용(人材登用)이란 용이한 일이 아니다. 국정(國政)은 인재(人材)를 얻고 못 얻는 데서 흥패가 좌우된다. 그러므로 통치자에게는 '인재를 등용할 줄 아는 현명(賢明)'이 요구되는 것이다. 다산(茶山)은 목자(牧者)의 직책(職責)이 "이리를 내쫓고 양을 기르는데 있다(去狼以牧羊)."고 했다.

내년 4월 총선 때까지 국민의힘을 이끌게 된 한동훈 비상대책위원장이 당장 해결해야 할 난문제(難問題) 중 가장 큰 문제는 '참신(斬新)한 비대위원 인선(人選)'이다. 국민의 눈높이에 걸 맞는 혁신적(革新的)이고 참신(斬新)한 인재(人材)를 비대위원에 기용(起用)하느냐에 비대위의 성패(成敗)가 달려 있다.

사람의 강점(强點)과 약점(弱點)을 감지((感知)해 내는 촉각(觸覺), 즉 인간에 대한 간파능력(看破能力)과 그것을 냉철(冷徹)한 계산하(計算下)에 사용하는 의지(意志)가 필요하다. 국민이 비대위에 바라는 것은 집권여당의 참신(斬新)한 모습이다. 또한 분탕(焚蕩)질과 파렴치한 배신(背信) 행위로 국민의 힘에 해당행위(害黨行爲)를 자해(恣行)해온 일당을 당에서 과감히 배척(排斥)하는 것이다.

아울러 정치가(政治家:Statesman)와 정상배(政商輩:Politician)를 엄격히 구별해야 한다. 정상배는 다음 선거만 생각하며 공천권자에 아부(阿附)하고 맹목적(盲目的)으로 추종(追從)한다. 정치가는 민족의 내일을 바라보며 다음 세대(世代)를 생각하고 조국의 장래를 구상(構想)하며 태어날 후손을 생각한다.

4. 정치는 예술 중의 예술

정치는 통치자가 권력을 획득하고 유지하며 그 영토와 국민을 통치하여 한 국가를 바로잡아 나아가는 '예술(藝術) 중의 예술'이다. 정치는 국민에게 행복을 주고 민족에게 희망과 이상(理想)을 실현해주어야 한다. "지배(支配)

하기는 쉽지만 통치(統治)하기는 어렵다"고 괴테(Goethe)는 갈파(喝破)했다.

영국의 사상가(思想家) 로버트 오웬은 "정치의 목적은 통치(統治)하는 자와 통치를 받는 자를 행복하게 하는 데 있다. 그러므로 정치는 이 양자를 포함한 최대다수(最大多數)의 최대행복(最大幸福)을 실제로 구현(具現)하는 것을 지상목표(至上目標)로 삼는다"고 말했다. 국민은 힘으로 지배(支配)하는 것을 원치 않으며 도리(道理)로 통치(統治)하기를 원한다. 국민은 힘에 의한 지배가 아닌 이성(理性)의 정치를 원한다.

공자(孔子)는 <정(政)은 정(正)이다>라고 갈파(喝破)했다. <득민심(得民心)하면 득천하(得天下)하고, 실민심(失民心)하면 실천하(失天下)한다>고 했다. 온고지신(溫故知新)할 필요가 있다. "진리(眞理)는 반드시 따르는 자가 있고, 정의(正義)는 반드시 이기는 날이 있다(島山)."

5. 국사혼(國士魂)을 가진 국회의원이 국사도(國士道)를 실천하는 국회

국회의원은 모름지기 국사(國士 : 온 나라에서 특히 높이는 우수한 선비)라는 자각(自覺)과 기상(氣像)과 책임을 가지고 국사다운 품위(品位)와 인격을 겸비(兼備)해야 한다. 국회의원은 '국사(國士)다운 자격'을 가져야 하며, 국회는 '국사(國事)를 논하는 곳'이 되어야 한다. 국회는 국사(國士)들이 모여서 국사(國事)를 논하는 곳이다. 국회는 '국가이익(國家利益)을 우선'하여, 나라의 살림살이를 염려하고 국리민복(國利民福)을 논하는 장소가 되어야 한다.

한동훈 비상대책위원회는 국사혼(國土魂)을 가진 국회의원이 국사도(國土道)를 실천하는 국회를 만들어야 한다. 한 위원장이 외형(外形)보다 내실(內實) 있는 비대위를 구성한다면 빈사상태(瀕死狀態)에 빠진 국민의힘이 현재의 위기(危機)를 전화위복(轉禍爲福)의 계기(契機)로 삼게 될 것이다.

한 위원장은 "공공선(公共善)을 추구(追求)한다는 한 가지 기준(基準)을 생각하며 살아왔다. 누구에게도 맹종(盲從)한 적 없고, 앞으로도 그럴 것"이라고 했다. 국민이 기대하는 것이 바로 '맹종(盲從)하지 않고 공공선(公共善)을 추구(追求)'하는 비대위 구성이다. 한동훈 비대위가 이 원칙을 고수견지(固守堅持)한다면 난제(難題)의 해답을 찾아 대성(大成)할 것이다.

6. 문재인 전 대통령의 추미애 법무부장관 임명

문재인 대통령은 2020년 1월 2일 추미애 법무부장관을 임명했다. 문 대통령은 추미애 법무장관에게 "법무부장관은 검찰사무의 최종 감독자"라며 "검찰개혁을 잘 이끌어 달라"하자 추미애 법무장관은 "수술 칼을 환자에게 여러 번 찔러 병의 원인을 도려내는 것이 아니라 정확하게 진단하고 정확한 병의 부위를 제대로 도려내는 것이 명의(名醫)"라고 했다.

추미애 장관은 살아 있는 권력에 대한 수사를 하는 검찰을 '환자'로, 살아 있는 권력을 수사하는 검찰조직을 해체하는 자신을 '명의(名醫)'에 비유했다. 명의는 수술 칼로 병의 부위를 도려내는 수술에 앞서 "예방에 주력(注力)하여 병인(病因)을 구축(驅逐)"함에 전력을 다한다.

문재인 전 대통령이 조국 전 법무장관과 추미애 법무장관에 이어 박범계 법무장관 임명으로 법치를 확립하고 엄정한 법집행자가 되어야 할 법무부가 '황야(荒野)의 무법자(無法者)'가 되었다. 조국과 윤석열 검찰의 정치적 생사(生死)가 걸린 정치권력과 검찰권력 간의 생존게임이 시작되자 한동훈 전 법무장관은 2019년 '조국 수사' 이후 한 해 세 차례나 한직(閑職)으로 좌천(左遷)당하는 수모(受侮)를 당했다.

"하늘의 그물은 넓고 성깃성깃하지만 빠져 나아갈 수 없다(天網恢恢疎而不漏 -老子-)"고 했다. 악(惡)한 일은 반드시 천벌(天罰)을 받는다는 뜻이다. 사필귀정(事必歸正)이라고 했다. 인간은 하늘의 그물을 빠져나갈 수 없다. 하늘은 긴 눈으로 인간의 하는 일을 보고 있으므로 인간은 하늘의 그물을 빠져나갈 수는 없다.

법망에 걸린 자는 "천벌은 늦으나 반드시 온다(Heavens vengeance is slow but sure.)."라는 말을 기억하고 스스로 준엄(峻嚴)한 법의 심판을 받을 날을 기다려야 한다. 꼬리가 길면 반드시 밟히며, 악인(惡人)은 언젠가는 망한다. 역사에는 준엄한 심판이 따르므로 "인간은 긴 눈으로 인생을 바라보고 먼눈으로 역사를 관찰"하는 혜안(慧眼)을 겸비(兼備)해야 한다.

7. 고뇌는 행복의 근원

하늘이 어떤 인물(人物)에게 천하의 대임(大任)과 대업(大業)을 맡기려고 할 때에는 반드시 그 사람의 심신(心身)을 괴롭히고, 곤고(困苦)와 궁지(窮地)

의 시련(試鍊)을 겪게 하고 역경(逆境)의 비운(悲運)을 일부러 체험케 한다. 고뇌(苦惱)는 인간의 성장을 위하여 없어서는 안 될 필수요건이다.

고난(苦難)은 인간의 진가(眞價)를 증명하는 것이다. 고난은 인간의 진가(眞價)와 실력(實力)을 판가름하는 엄연(儼然)한 시금석((試金石)이다. 고난에 견디고 이기는 자가 참으로 위대한 인간이다. "고뇌 속에서 정신적인 성장(成長)에 대한 의의(意義)를 찾으라"고 했다. 그러면 고뇌는 사라지고, 환희(歡喜)와 광명(光明)이 새벽하늘처럼 밝아올 것이다.

고뇌(苦惱)의 기쁨을 알지 못하는 사람은, 참다운 지혜, 즉 참다운 인생을 아직 살 수 없는 사람이다. 인류의 위대한 임무(任務)는 오직 고뇌를 겪음으로서 성취(成就)되는 것이다. 정신적인 생활을 하는 사람은 고뇌가 자기완성(自己完成)의 중요한 요소임을 알고 있다. 그러므로 그에게 있어서 고뇌는 '행복의 근원(根源)'으로 생각되는 것이다.

산다는 것은 싸우는 것이다. 인생은 투쟁(鬪爭)이다. 부정부패와 싸우고 침략자와 싸우고, 부정(不正)한 세력과 싸워야 한다. 인생의 싸움 중에서 가장 어려운 싸움은 내가 나하고 싸우는 싸움이요, 인생의 승리 중에서 가장 어려운 승리는 내가 나를 이기는 것이다. "내가 나를 이기는 것이 인간 최대의 승리"라고 플라톤(Platon)은 갈파(喝破)했다.

내가 나를 이기는 것을 '극기(克己)'라고 한다. 극기는 인생의 승리 중에서 최대의 승리다. 위대한 인물(人物)은 자기 자신과 부단히 싸운 사람이요, 자기와 싸워서 승리한 사람이다. 극기는 인생의 승리 중에서 최고의 승리다. 우리는 극기자제(克己自制)의 인간이 되어야 한다. 극기(克己)는 내가 나를 이기는 것이요, 자제(自制)는 자기가 자기를 통제(統制)하는 것이다. 남에게 이기려고 하는 자는 먼저 자기를 이겨야 한다.

8. 대장부란?

폭풍 속에서만, 항해(航海)의 예술미(藝術味)는 충분히 표현된다. 인간의 용기는, 곤란하고 위험한 경우에 떨어졌을 때에만 알 수 있는 것이다. 정신적인 성장을 위하여 끊임없는 인내(忍耐)와 노력이 필요하다. 안일(安逸) 속에서 큰 인물이 나오지 않듯이 잔잔한 바다에서는 훌륭한 뱃사공이 만들어지지 않으며, 거센 파도가 유능한 사공을 만든다.

독일의 작곡가 베토벤은 "고난(苦難)할 때 동요(動搖)하지 않는 것, 이것이야말로 참으로 칭찬해야 할 훌륭한 인물의 증거다(-Beethoven-)."라고 했다. 위대한 인물이란 고난 앞에서 동요(動搖)하지 않고 늠름한 것이다. "행운(幸運)은 용감한 자의 편이다(Fortune favors the brave.)."

악전고투(惡戰苦鬪)의 수련을 수없이 겪어야만 대장부(大丈夫)가 된다고 했다. 대장부란 무엇이냐? "부귀(富貴)에 음(淫)하지 않고 빈천(貧賤)에 굴(屈)하지 않는다. 이것을 대장부(大丈夫)라 일컫는다(孟子)." 무엇이 사내대장부냐? 맹자(孟子)에 의하면 "천하(天下)의 광거(廣居)에 거(居)하고 천하의 정위(正位)에 서서 천하의 대도(大道)를 걷는다. 뜻(志)을 얻으면 백성과 같이 가고 뜻을 얻지 못하면 혼자 그 길을 간다."

한 위원장은 정치 경험이 없기 때문에 오히려 부패한 한국 정치판에 신선한 청량제(淸凉劑) 역할을 할 수 있다. 그런 점에서 국회의원들의 도(度)를 넘은 온갖 특권과 특혜를 없애는 등 과감한 정치개혁을 실천하여 한국의 의회정치사에 새로운 변곡점(變曲點)과 전환점(轉換點)이 될 것으로 기대된다.

인간이란 강물과 같이 흐르고 있는 존재이다. 끊임없이 변화하면서 제각각의 길을 걸어간다. 인간의 내부에는 모든 가능성(可能性)이 내포(內包)되어 있다. 이 점에 '인간의 위대성(偉大性)'이 있는 것이다. 인류는 쉴 새 없이 완성(完成)되어가고 있다. 그러나 아무것도 하지 않고 완성되어 가는 것은 없다. 사람들이 자기 자신의 완성(完成)을 얻고자 노력함으로써 완성되어 가는 것이다.

인생은 하나의 목적(目的)이다. 목적이 없는 인생은 의의(意義)가 없다.
그대의 인생에 있어서 유일한 의의는, 오직 그대가 이 주어진 짧은 생애(生涯)에 있어서, 그대를 지상(地上)으로 보내어주신 신(神)께서 그대에게 원하신 일을 충실히 수행하고 있는가, 어떤가 하는 그 문제 속에만 있는 것이기 때문이다. 그대는 충실히 수행(遂行)하고 있는가? 인생은 그대를 이 지상으로 보내어 주신 신께 대한 봉사(奉仕)임을 알라. 인생의 의의는 자기 자신이 영원(永遠)하며 무한(無限)한 것임을 인식(認識)하는데 있다.

아프리카의 탐험가 리빙스턴은 "사람은 자기가 해야 할 사명(使命)이 있는 때까지는 죽지 않는다(David Livingstone)"고 갈파(喝破)했다. 그는 여러 번 죽을 고비를 겪었지만 그것을 극복하고 아프리카 횡단(橫斷)여행을 달성했다. 그의 투철한 사명감(使命感)이 그로 하여금 초인적(超人的) 활동을 가능케 했다. 인생은 완수(完遂)하지 않으면 아니 되는 의무적(義務的) 과업(課業)이다. 정직하게 끝까지 꾸준히 해나가야 할 과업이다. 인간의 인생은 그의 실천적(實踐的) 결과이다.

9. 용자(勇者)의 진정한 용기(勇氣)

사명(使命)이란 하늘이 나에게 맡기고, 민족이 우리에게 위탁(委託)한 일, 역사가 우리에게 부탁(付託)한 일을 우리는 '사명'이라고 일컫는다. 그러한 사명을 마음속에 느끼는 것을 '사명감(使命感)'이라고 한다. 인간의 진정한 힘의 원천(源泉)은 사명감이다. 난세(亂世)에도 자신의 지조(志操)와 주의(主義)를 고수견지(固守堅持)하는 것이 "용자(勇者)의 진정한 용기(勇氣)"다.

역사는 도전(挑戰)과 응전(應戰)의 긴장된 역학(力學)의 무대이며, 역사에는 냉엄(冷嚴)한 힘의 법칙이 지배한다. '힘이 있으면 살고 힘이 없으면 죽는 것'이 하늘이 정한 원리이다. "하늘은 스스로 돕는 자를 돕는 다(Heaven helps those who help themselves.)."라고 했다.

한동훈 비상대책위원장은 문재인 정권 5년간 독재(獨裁)의 질곡(桎梏)과 부정부패를 과감(果敢)히 일소(一掃)하는 정치개혁에 의한 공공선(公共善)과 사필귀정(事必歸正)을 구현(具現)하여 국민과 보수를 통합할 적임자로 부각(浮刻)되는 출중(出衆)한 인물로서 다음 세대의 새로운 통치자로 전 국민의 추앙(推仰)을 받고 있다.

통치자는 민족과 역사의 먼 앞날을 내다볼 수 있는 '눈'과 국민의 진솔(眞率)한 소리를 들을 줄 아는 '귀'와 정의(正義)와 신념(信念)에 따라 옳은 말을 할 줄 아는 '입'과 국가와 민족의 장래에 다하여 명석(明晳)하게 사고(思考)하는 '머리'로서 통치(統治)할 수 있는 예지(叡智)를 겸비(兼備)해야 한다. 예지(叡智)란 인생에 부여(賦與)된 영원한 진리(眞理)를 아는 것이다.

대통령은 국가와 민족의 장래를 책임지는 통치자(統治者)로서 헌법을 수호(守護)할 책무(責務)를 지고 세계화시대(世界化時代)에 필요한 통치능력을 갖추고 국가라는 거대한 배를 운항(運航)하는 선장(船長)으로서 자신이 운항하는 배의 항로(航路)와 바람의 방향을 똑바로 아는 <선장의 지혜>가 필요하다. 대통령은 대한민국이라는 거대한 배를 운항해 선창(船艙)에 안착(安着)시켜야 한다.

10. 한동훈 국민의힘 비상대책위원장의 취임

한동훈 국민의힘 비상대책위원장이 26일 취임식에서 내년 총선 불출마를 선언했다. 한 위원장은 "오늘 정치를 시작하면서부터 '국민의힘 보다 국민이 우선' '선당후사(先黨後私)가 아니라 선민후사(先民後私)'를 실천 하겠다"며 "지역구에 출마하지 않겠다. 비례대표로도 출마하지 않겠다" "오직 '동료 시민'과 '나라의 미래'만 생각하면서 헌신(獻身)하겠다"고 했다. 한 위원장이 취임식에서 '동료 시민'이라는 말을 한 것과 같이 케네디 대통령이 "The New Frontier Spirit"에서 "My fellow citizens"라고 말했다.

미국의 35대 케네디(John Fitzgerald Kennedy) 대통령은 1960년의 대통령 선거에서 민주당 후보로 출마하면서 <The New Frontier Spirit >를 슬로건으로 내걸고, 미국 국민의 헌신적인 협력을 호소하여 미국 역사상 최연소 대통령이 되었다. 케네디 대통령은 -Inaugural Address- <The New Frontier Spirit>에서 "And so, my fellow Americans; ask not what your country can do for you-ask what you can do for your country. 'My fellow citizens' of the world; ask not what America will do for you, but what together we can do for the freedom of man.(그러면 국민 여러분, 나라가 여러분을 위해서 무엇을 할 수 있을 것인가를 묻지 말고, 여러분이 나라를 위해서 무엇을 할 수 있을 것인가를 자문(自問)해 봅시다. 세계의 '시민 여러분' 미국이 여러분을 위해 무엇을 베풀어 줄 것인가를 묻지 말고 우리가 합심(合心)하여 인간의 자유를 위해 무슨 일을 할 수 있을 것인가를 자문(自問)해 봅시다)" 라고 말했다.

한 위원장은 이날 오후 여의도 당사에서 비대위원장 수락 연설을 하며 "저는 승리를 위해 뭐든지 다 할 것이지만, 제가 그 승리의 과실(果實)을 가져가지는 않겠다"고 말했다. 국민의힘은 이날 전국위원회를 열고 투표를 통해 한 위원장 임명안을 가결했다. 전국 위원 재적 824명 중 650명이 참여해, 찬성 627표(96.5%), 반대 23표(3.5%)가 나왔다.

한 위원장은 "우리는 이재명 대표의 민주당과 달라야 한다"며 "우리 당은 국회의원 불체포 특권을 포기하기로 약속하시는 분들만 공천(公薦)할 것"이라고 하면서 "나중에 이 약속을 어기는 분들은 즉시 출당(黜黨) 등 강력히 조치하겠다"고 했다. 한 위원장은 또 "다양한 생각을 가진, 국민께 헌신할, 신뢰할 수 있는, 실력 있는 분들을 국민이 선택할 수 있게(공천)하겠다"고 했다.

한 위원장은 "중대 범죄가 법에 따라 처벌받는 걸 막는 게 지상 목표인 이재명 대표의 민주당이 운동권 특권세력과 개딸 전체주의(全體主義)와 결탁해 자기가 살기위해 나라를 망치는 것을 막겠다"고 했다. 대야(對野) 관계에 대해서 "386이 486, 586, 686 되도록 국민들 위에 군림(君臨)하는 운동권 정치를 청산해야한다"고 했다. 다수의석을 가지고 이 대표 방탄에만 몰두하며 정략적 입법폭주(立法暴走)를 자행(恣行)하는 민주당을 비난하는 국민의 심정과 같다.

그런 민주당을 왜 국민의힘이 압도(壓倒)하지 못하는지 반성하자고 했다. 한 동훈 비대위원장은 비대위원, 공관위원, 총선 후보감을 발탁하는 공천권 등 전권(全權)을 행사하여 국민의힘이 제대로 싸울 줄 아는 레지스탕스 전사(戰士)로 환골탈태(換骨奪胎)해야 한다. 또한 그들 중 내부 총질 꾼과 타협하거나 이들을 품으라는 기회주의 사이비(似而非) 언론을 경계해야 한다. "여우와 사귀거든 그의 간계(奸計)를 잊지 말라(If thou deal with a fox, think of his tricks.)."고 했다.

11. 한동훈 비상대책위원장의 국회개혁 공약

한동훈 국민의힘 비상대책위원장은 16일 "국민의힘은 이번 총선에서 승리해 국회의원 수를 300명에서 250명으로 줄이는 법 개정을 제일 먼저 발의(發議)하고 통과 시키겠다"고 했다. 의원 정수(定數) 축소는 과거에도 정치개혁을 추진할 때마다 거론(擧論)한 사안이다. 작년 6월 갤럽 여론조사에서도 의원정수 축소 찬성비율이 65%에 달했다. 혐오감(嫌惡感)을 자아내는 의원들이 하는 일이라곤 정쟁과 방탄, 입법 폭주와 꼼수, 가짜 뉴스 살포와 사법방해, 혈세낭비뿐이니 당연한 일이다.

의원 정수 조정보다 더 근본적인 문제는 의원들이 누리는 각종 특권과 특혜다. 한국 국회의원은 보좌진 9명을 거느리며 이들 월급은 국민세금에서 나온다. 보좌진은 의정활동을 보좌하라는 뜻이나 실제 하는 일은 선거운동원이다. 국회의원들이 매년 받는 세비와 수당은 1억5000만원이 넘는다. 감옥에 가도, 잠적해도 세비와 수당은 깎이지 않는다.

불체포 특권과 면책 특권 등 각종 혜택도 186가지에 달한다. 국회의원은 특권과 특혜를 누리며 갑(甲)질이나 하는 자리가 아니라 청렴의 의무를 가지고 국가이익을 우선하여 양심에 따라 직무를 행하며 그 지위를 남용하여 재산상의 권리·이익 또는 직위를 취득할 수 없다(헌법 제46조).

국회의원 정수를 250명으로 줄이는 법 개정 발의는 "불체포 특권 포기" "금고형 이상 확정시 세비 반납" "자당 귀책(歸責)으로 재·보궐 선거 시 무공천"에 이은 한동훈 비상대책위원장의 네 번째 정치개혁 공약(公約)으로 이 주장에 공감하는 국민이 대다수다. 더불어민주당은 2020년 총선 때 이미 국회에 10% 이상 불출석한 의원의 세비 삭감을 공약했고, 불체포 특권 포기를 제안했으나 이런 약속을 하나도 지키지 않았다. 민주당의 이런 행태는 이번 총선에서 유권자들의 신임을 얻는데 걸림돌이 될 것이다.

의원 정수 축소를 한동훈 위원장이 아무리 호소해도 이미 당선된 의원들에겐 마이동풍(馬耳東風)이다. 의원 정수를 줄인다 해도 그것을 핑계로 의원들이 담합(談合)해 자기들 밥그릇 늘리기 위해 각종 혜택을 더 늘릴 것이다. 부패한 한국의 정치개혁은 '국회의원 자리의 매력(魅力)'을 대폭 줄이는 일부터 시작해야 한다.

한동훈 위원장은 이날 인천 계양구의 한 호텔에서 열린 인천시 당 신년인사회에 참석해 "많은 국민이 우리 국회가 하는 일에 비해 숫자가 많다고 생각하는 듯하다"며 '의원 정수 축소'를 약속했다. 한동훈 위원장은 현재 47석인 비례대표부터 대폭 줄여야 한다는 구상인 것으로 알려졌다. 하지만 비례대표를 모두 없애더라도 250석이 되지 않기 때문에 현재 253개 지역구도 조정이 불가피하게 된다.

12. 대통령실 사퇴요구, 한동훈 "할 일 하겠다"

이관섭 대통령 비서실장이 21일 한동훈 국민의힘 비대위원장을 만나 사실상 사퇴를 요구했다고 여권 핵심 관계자가 전했다. 그러나 한 위원장은 이날 대통령실의 사퇴요구 보도가 나온 후 "국민 보고 나선 길, 할 일을 하겠다"는 입장을 내고 사퇴 요구설을 일축했다.

한 위원장이 입장을 밝힌 직후 대통령실 고위 관계자는 "비대위원장의 거취문제는 용산이 관여할 일이 아니다"라며 "이른바 기대와 신뢰 철회 논란과 관련해서 이 문제는 공정하고 투명한 시스템 공천에 대한 대통령의 강력한 철학을 표현한 것"이라고 했다.

대통령실이 문제 삼은 것은 김경율 비대위원 공천문제다. 한 위원장은 17일 공개석상에서 김 비대위원을 서울 마포을 지역구에 공천할 것처럼 말을 했다. 이는 당의 공천 시스템을 무너뜨리는 '사천(私薦)'으로, 부당하다는 것이 대통령실의 지적이다. 한 위원장의 위치와 비중으로 볼 때 이 정도의 문제로 윤 대통령이 한 위원장의 사퇴를 요구할 정도는 아니라는 것이 상식(常識)이다.

만약 이 문제로 한 위원장이 물러난다면 윤 대통령 취임 후 2년도 안 돼 이준석, 김기현 전 대표에 이어 세 번째로 여당 대표가 사퇴하는 초유(初有)의 사태다. 국가안보와 경제위기 속에 집권여당의 이런 모습이 국민 앞에 도리(道理)인가? 이 정도의 문제로 당정갈등이 커져 파국으로 가선 안 된다.

윤 대통령과 한 위원장의 갈등(葛藤)은 김건희 여사 명품 백 의혹이 원인이라고 한다. 이 사안은 친북(親北) 좌파(左派) 목사와 야당 성향(性向) 매체(媒體)가 짜고 김건희 여사를 곤경에 빠뜨리기 위해 치밀하게 기획(企劃)한 함정(陷穽) '몰카 공작(工作)'이 분명하다. 윤 대통령과 김 여사로서는 억울한 측면이 있으나, '몰카 공작'에 관하여 윤 대통령은 사과(謝過)할 것이 아니라, '몰카 공작'의 경위(經緯)를 소상(昭詳)하게 밝혀 국민들에게 해명(解明)하는 것이 필요하다.

윤 대통령이 이 '몰카 공작'에 대해 진솔(眞率)하게 설명한다면 국민의 의문은 상당히 풀릴 것이다. 윤 대통령은 부인 관련 업무를 전담할 제2부속실 설치와 '대통령의 배우자 및 4촌 이내 친족' 및 '대통령비서실의 수석비서관 이상의 공무원'의 비위행위에 대한 감찰을 담당하는 특별감찰관의 임명에 대해 적극적인 입장표명이 있어야 할 것이다.

임기가 3년 이상 남은 대통령이 스스로 리더십에 상처를 내 국정 차질(蹉跌)이 빚어질까 국민이 걱정이다. 아울러 선거 때마다 반복되는 가짜뉴스나 허위사실 유포로 인한 선거와 관련한 부정과 비리를 이번 기회에 일벌백계(一罰百戒)로 다스려 발본색원(拔本塞源)해야 한다.

지금 대한민국은 국가안보와 경제 위기상황이다. 모든 국민은 국정의 최고 최종 책임자인 대통령을 믿고 살아간다. 윤 대통령과 한 위원장의 갈등을 해소(解消)하고 단합(團合)과 융합(融合)의 획기적(劃期的) 계기(契機)로 삼아야 한다. 대통령은 온갖 입장의 의견을 모두 듣되, "지인지감"{知人之鑑: 사람을 알아보는 감식력(鑑識力)}이 필요하다. 목자(牧者)란 수기치인(修己治人)의 전인적(全人的) 인격(人格)을 갖춘 이를 가리킨다. 그러므로 목자는 군자(君子)인 동시에 현인(賢人)이 되어야 한다.

수신(修身) 후에 제가(齊家)하고, 제가 후에 치국(治國)함은 널리 알려진 일이다. 옛날에 명덕(明德)을 천하에 밝히고자 하는 이는 먼저 그 나라를 다스리고, 나라를 다스리고자 하는 이는 먼저 제 집안을 단속하고, 제 집안을 다스리고자 하는 이는 먼저 자신을 가다듬었다. 목민관(牧民官)은 자기 자신을 가다듬고 집안을 단속한 다음 국가를 위한 첫 활동이 시작되는 셈이다. 나와 가정이란 사(私)를 버리고 국가라는 공(公)을 위하여 그의 봉사활동(奉仕活動)의 첫발을 내디디는 것이다.

윤 대통령과 한 위원장의 갈등을 볼 때 대통령이 국정의 최고 최종 책임자로서 현명(賢明)한 결정을 할 것으로 기대한다. "대통령의 가장 어려운 임무는 올바른 일을 하는 것이 아니라, 무엇이 옳은지를 아는 것이다(A President's hardest task is not to do what is right, but to know what is right. -L. B. Johnson-)."

"여우와 사귀거든 그의 간계(奸計)를 잊지 말라(If thou deal with a fox, think of his tricks.)"고 경고했다. "뭉치면 서고, 갈라지면 넘어진다(United we stand, divided we fall.)." 국정의 최종 책임자인 대통령의 막중한 책무 수행을 위해 '무엇이 옳은지를 아는' 예지(叡智)가 필요하다.

13. 한동훈 비대위원장의 성공을 염원하는 국민

한 위원장은 '당정(黨政) 관계 정립(定立)'에 대한 질문을 받고 "대통령과 여당, 정부는 헌법과 법률의 범위 내에서 각자 국민을 위해 할 일을 하는 기관"이라며 "수직적(垂直的)이니 수평적(水平的)이니 하는 얘기가 나올게 아니다. 각자 상호 협력하는 동반자(同伴者) 관계"라고 했다. 그러면서 "(당정 간에) 누가 누구를 누르고 막고 사극(史劇)에나 나올 법한 궁중(宮中) 암투(暗鬪)가 끼어들 자리가 없다"며 "우리는 '우리가 할 일'을 하면 되는 것이고, 대통령은 '대통령이 할 일'을 하면 되는 것"이라고 했다.

한동훈 비상대책위원장이 부패한 정치권의 비리에 도전(挑戰)하여 정의(正義)와 용기(勇氣)로서 헌법수호(憲法守護)를 위해 전력투구(全力投球)하는 인물로 그의 위대한 사명을 다해 <위대한 승리자>로 후세의 역사에 기록될 것을 온 국민이 경건(敬虔)한 마음으로 기원(祈願)한다. 한동훈 비상대책위원장이 새 역사의 새 주인, 새 한국인이 되어 위대한 새 한국을 건설하고, 위대한 새 역사를 창조해야 한다. 이것이 한동훈 비대위원장의 영광된 사명(使命)이다.

용기(勇氣)와 슬기와 성실(誠實)과 헌신(獻身)은 나라를 위해, 이상(理想)을 위해 살아가는 사람에게 반드시 요구되는 '인생의 기본 덕(基本 德)'이다. "세상에 악(惡)이 무성(茂盛)하는 것은 우리가 노우(no)라고 말하는 용기를 못 갖기 때문이다(-Samuel Smiles-)." '노우'라고 해야 할 때에 '노우'라고 단언(斷言)할 양심과 용기가 부족하기 때문에 세상에 많은 악(惡)이 발생한다. 우리는 악을 부정(否定)하는 용기를 가져야 한다. 한동훈 비상대책위원장의 건투(健鬪)와 승리(勝利)를 기원하며, 새 출발하는 한동훈 비대위원장에게 <신(神)의 가호(加護)>가 있길 기원합니다.

제8장

조희대 대법원장의 책무와 사명

제8장

조희대 대법원장의 책무와 사명

조희대(曺喜大 : 1975. 6. 6.생. 경북 경주· 경북고· 서울대 법대 졸, 제23회 사법시험합격. 사법연수원 제13기) 신임 대법원장이 11일 오후 대법원에서 열린 취임식에서 "헌법과 법률에 따른 균형 있는 판단기준을 바탕으로 공정하고 신속하게 분쟁을 해결해야한다"고 했다. 조 대법원장이 신속하고 공정한 재판을 최우선 과제로 언급한 것은 이 원칙이 전임 김명수 사법부에서 사실상 다 무너졌기 때문이다.

김명수 사법부 6년은 우리 '사법의 흑(黑)역사'였다. 김 대법원장은 자신이 회장을 지낸 우리법· 인권법 출신 판사들을 요직에 앉히고 문재인 정권에 불리한 판결을 한 판사들을 한직으로 보냈다. 대법관 14명 중 7명을 우리법· 인권법· 민변 출신으로 채웠다. 그 상황에서 문재인 정권 편에선 판사들이 막무가내 식 재판 지연을 벌였다. 판사가 재판이 아니라 정치를 한 것이다.

조 대법원장은 취임사에서 "사법부는 기본권을 수호하는 최후의 보루"라면서 "모든 국민은 신속한 재판을 받을 권리를 가지는데도 법원이 이를 지키지 못하여 국민의 고통을 가중시키고 있다"고 했다. 전임 김명수 대법원장 체제에서 심각해진 재판 지연이 국민의 기본권을 침해한 것으로 진단한 것이다. 그러면서 "국민들이 지금 법원에 절실하게 바라는 목소리를 헤아려 볼 때 재판지연 문제를 해소하여 분쟁이 신속하게 해결될 수 있도록 하는 것이 시급하다"고 했다.

김명수 전 대법원장은 고법부장판사 승진제도를 폐지하고, 판사들이 법원장을 투표로 뽑는 '법원장 후보 추천제'를 도입했다. 이후 법원장들이 판사들 눈치 보느라 판사들의 인사평정 역할을 사실상 포기했고, 열심히 일해야 할 이유가 사라진 판사들 사이에선 '1주일에 3건 선고'가 불문율(不文律)로 자리 잡으면서 재판지연 현상이 심화(深化)됐다.

조국 전 법무장관과 윤미향 의원 재판은 1심 판결까지 각각 3년 2개월, 2년 5개월이 걸렸다. '울산시장 선거개입' 사건의 1심 유죄판결은 3년 10개월 만에 나왔다. 그 사이 선거공작에 가담한 송철호 전 울산시장 등은 임기를 다 채웠다. 판사가 재판이 아니라 정치를 한 것이다. 김 전 대법원장 재임기간 1심판결이 나오지 않은 장기미제사건이 민사소송은 3배로, 형사소송은 2배로 늘었다. 판사들은 편해지고 국민은 고통 받는 '사법 포퓰리즘'이었다. 이런 문제들을 바로잡는 것이 조 대법원장에게 부여된 책무(責務)다.

조 대법원장은 "재판 지연의 원인은 어느 한곳에 있다고 할 수 없다. 세심하고 다각적인 분석을 통하여 엉켜있는 문제의 실타래를 풀기 위해 노력하겠다"며 "구체적인 절차의 사소한 부분부터 재판제도와 법원인력의 확충 같은 큰 부분에 이르기까지 각종 문제점을 찾아 함께 개선해 나가야한다"고 했다. 조 대법원장은 '신속한 재판'과 함께 '공정한 재판'도 강조했다.

조 대법원장은 "공정한 재판을 통하여 법치주의를 실질적으로 뿌리내리게 하는 것이야말로 법원의 가장 중요한 사명(使命)"이라며 "헌법과 법률에 담긴 국민 전체의 뜻과 이에 따른 법관의 양심을 기준으로 판단을 내려야한다"고 했다. 또 "재판의 전 과정에 걸쳐 공평한 기회가 보장되어야 할 것"이라며 "불공정하게 처리한 사건이 평생 한 건밖에 없다는 것이 자랑거리가 아니라, 그 한 건이 사법부의 신뢰를 통째로 무너지게 할 수도 있다는 것을 반드시 명심해야 한다"고 했다. 조희대 신임 대법원장의 사법권 독립과 법치주의 확립을 위한 책무와 사명이 무엇인가?

'자유민주당 대표 : 고영주 변호사'는 2023년 12월 11일 조선일보 A35면 "조희대 신임 대법원장은 좌편향 된 김명수 사법부를 신속 재편해 법치주의를 확립하라!"는 제목 하에 다음과 같이 주장했다.

< 지금 대한민국은 이재명·문재인에 의한 좌경화와 국고탕진, 그로 인한 저 출산 심화 등 큰 위기에 처해 있다! '반 대한민국 세력'을 신속·단호하게 처단하라!

1. 수년째 재판이 지연되고 있는 이재명과 송영길, 조국(조민), 황운하, 윤미향 등 정치인 중대범죄 피고인들에 대해 '총선 전에 선고'하라! 이들은 반 대한민국·국기문란·여론조작·뇌물수수·재판거래·위증 및 위증 교사 등을 자행한 자들이다. 신속·엄정한 재판으로 총선 전에 국민들이 진상을 조속히 알게 하라!
2. 제주, 창원 등지 간첩단 사건 피고인등을 줄줄이 석방한 판사들에 대한 인사·징계 조치 및 간첩재판·처단을 신속히 하라!

3. 당선 무효 형 유죄였던 이재명의 '친형 강제입원 사건'을 무죄로 파기한 권순일 대법관의 재판거래 커넥션을 조사해 국민 앞에 밝혀라!

4. 김명수가 전임 대법원장을 사법농단으로 몰아 구속기소했던 행태에 대해 똑같은 잣대로 김명수를 조사해 응당한 조치를 취하라! 김명수는 문재인 정권 하에서 사법부를 정권의 시녀화해 좌편향 판결, 좌편향 정치 피고인 재판 지연·거짓행태 등을 일삼았다. 실상을 엄정 조사해 응당한 조치를 취하라!

5. 이재명 재판 지연 등을 자행한 좌편향 판사들을 신속하게 인사·징계 조치하고 그 실상을 국민 앞에 소상히 밝혀라! 이재명·조국·황운하·윤미향 및 간첩사건 재판지연에 주도·가담·방임한 판사들, 이재명의 중대 위증교사를 인정하고도 영장을 기각한 판사, 노무현 전 대통령에 대한 정진석 의원의 정치적 평가발언을 무리하게 유죄 선고한 좌편향 판사 등을 신속 조치하라.

6. 북한군의 서해 공무원 사살을 방치하는 등의 반 대한민국 주모자 문재인을 '총선 전 기소·심판', 좌경세력 실상을 조속히 국민 앞에 밝혀라!

7. 내년 총선에 부정 당선자들이 국민의 대표가 되는 일이 없도록 선거사범 재판을 법대로 6개월~1년 이내 신속히 완료하라!

- 조희대 대법원장은 좌경 기득권 세력에 의해 무너진 사법 정상화를 단호히 바로 세우는 것만으로도 위기의 대한민국을 구한 역대급(歷代級) 대법원장으로 평가받을 것입니다! - >

사학자(史學者) 토인비(Arnold Joseph Toynbee)는 "한 사회는 외부적 세력의 압력으로 붕괴하는 것이 아니라 내부적 자살행위(內部的 自殺行爲)때문에 망한다.”라고 갈파(喝破)했다. 지금 우리나라는 좌편향(左偏向)된 김명수 사법부의 판결과 좌편향 피고인에 의한 재판지연 등 사법방해로 무너진 사법권 독립과 법치주의를 확립할 일대 위기(危機)에 봉착(逢着)했다. 그러나 위기는 위험(危險)과 동시에 기회(機會)를 내포(內包)한다.

현명하고 용단력(勇斷力)있는 조희대 대법원장은 사법위기(司法危機)를 자력갱생(自力更生)의 창조적 계기로 전환시켜 좌편향 된 김명수 사법부를 신속히 재편(再編)해 사법 정상화(正常化)의 계기(契機)로 전환시킬 수 있다고 국민은 믿고 있다. 새로운 사법부를 만들려면 새 사람을 만들어야 하고, 새 사람을 만들려면 새 정신을 일으켜야 한다.

“나라가 망(亡)하는 것은 현인(賢人)이 없기 때문이 아니다. 쓸 줄을 모르기 때문이다(戰國策).” 진리(眞理)는 반드시 따르는 자가 있고, 정의(正義)는 반드시 이기는 날이 있다. 역사의 한 구석을 비추려면 나의 생명(生命)이 촛불처럼 연소(燃燒)해야 한다. 촛불은 스스로 타기 때문에 빛난다. 조희대 신임 대법원장이 사법부를 비추는 사법부의 수장(首長)이 되는 것이 우리들의 간절한 염원(念願)요, 사법부가 나아갈 방향이며, 조희대 대법원장의 책무(責務)요, 사명(使命)이다.

제9장

문재인 정권 부패상의 민낯

제9장

문재인 정권 부패상의 민낯

대한민국 정부수립 이래 우리나라의 공직사회는 부패하지 않은 시대가 없었다. 그중에서도 가장 부정부패가 심한 곳이 정권과 정치권(국민의 혈세 도둑 또는 기생충집단이라고 비판받는 여의도 국회)이라고 본다. 우리나라는 2013년 국제투명성기구에서 측정하는 '국가청렴도 지수(國家淸廉度指數)'에서 10점 만점에 5.5점을 받아 세계 46위를 기록했다. 2013년 우리나라의 무역규모 세계 9위, 경제규모 15위와는 큰 차이가 나는 부끄러운 기록을 수립한 것이다.

우리나라 공직사회는 어느 한 분야 할 것 없이 경쟁하듯 '부정부패(不正腐敗)의 온상(溫床)'이 아닌 곳이 없다. 온갖 불법과 탈법, 비리 의혹으로 고소, 고발, 공익신고, 감사원 감사, 검찰수사 및 기소로 재판에 회부되어 재판 중이거나 유죄판결이 확정된 전과자등이 청와대나 국회의원, 고위공직에 있으면서 자신의 혐의에 대한 한 점 부끄러움도 없는 철면피(鐵面皮), 후안무치(厚顏無恥), 파렴치한(破廉恥漢)으로 전락(轉落)한 자들이 활개를 치며 오히려 검찰개혁과 현 정부고위직의 탄핵, 해임 등을 요구하는 세상이 작금(昨今)의 세태(世態)다.

문재인 대통령은 취임사(就任辭)에서 적폐청산(積弊淸算)은 한마디도 언급하지 않고 "사람이 먼저다" "국민통합" "정의(正義)와 공정(公正)"을 외치더니 취임 직후에 내건 "100대 국정과제(國政課題) 제1호"가 적폐청산이었다. 그러나 윤석열 정부출범 후 현재까지 검찰수사로 들어난 문재인 정권 5년간의 비리로 청와대 및 장차관급 인사로 수사대상에 오른 자들이 20여 명이상이나 이것은 빙산(氷山)의 일가(一角)에 불과하다. 검찰수사로 갈수록 태산(泰山) 같은 비리와 범죄의 전모(全貌)가 만천하에 밝혀질 것이다.

'자신의 잘못을 모르는 정치지도자'는 국민에게 버림받는 다는 것이 역사의 냉엄(冷嚴)한 교훈이다. 대한민국도 예외일 수는 없다. 문재인 정권은 대한민국에 무엇을 남겨 주었는가? '내로남불'과 '도덕적(道德的) 위선(僞善)과 허위(虛僞)' '포퓰리즘(populism)'만을 남겼다. 이것은 오로지 정권 유지(維持)와 쟁탈(爭奪)의 수단일 뿐이다.

6.25 불법남침의 전범(戰犯)인 북한 공산주의의 무력(武力)은 지금도 변함없는 우리의 주적(主敵)인 공산군(共産軍)이다. 다시는 6.25 불법남침과 같은 동족상잔(同族相殘)의 비극을 허용해서는 안 된다. 그것은 민족의 죄악이며, 우리 시대의 돌이킬 수 없는 범죄로 대한민국의 국시(國是)를 위반하는 죄악이다.

문재인 정권은 김정은과의 개인적 약속을 자유세계의 영수(領袖)들 것과 동등하게 받아들이는 중 차대(重且大)한 외교정책(外交政策)의 과오를 범했다. 그 결과 국방력을 약화시키고, 공산국가(共産國家) 억제의 기회마저 상실케 하는 등 국가안보의 위기를 자초(自招)했다. 반면 윤석열 대통령은 확고한 신념으로 자유민주적 기본질서에 입각한 정치의 정도(正道)를 찾아 대한민국의 위상(位相)을 드높이고 세계평화와 안전의 유지 및 UN회원국 간의 우호관계를 발전시키는 등 국제사회에서 두각(頭角)을 나타내고 있다.

역대정권 중 가장 부정부패가 심한 것이 바로 문재인 정권 5년의 민낯 이다. 문재인 정권 5년간 거듭된 실정(失政)과 부패상(腐敗相)으로 꼽히는 경제파탄, 적폐청산을 빙자한 인권탄압(人權彈壓)과 인권유린(人權蹂躪), 국가 안보 위기자초(危機自招), 무능외교에 따른 외교고립으로 인한 국제사회에서의 냉소(冷笑)와 경멸(輕蔑)의 대상이 되어 국가 위신추락(威信墜落), 역사의 조작(造作) 및 왜곡(歪曲), 공무원 임면권 남용에 의한 '알 박기' 인사 등의 대표적 사례(事例)를 회상(回想)해보자.

1. 경제파탄

첫째, <경제파탄의 위기>를 자초했다. 국가의 예산·기금·결산·성과 관리 및 국가채무 등 재정에 관한 사항을 정함으로써 효율적이고 성과 지향적이며 투명한 재정운용과 건전재정의 기틀을 확립하고 재정운용의 공공성을 증진하는 것을 목정으로 <국가재정법>을 시행하고 있다. 정부는 재정운용의 효율화와 건전화를 위하여 매년 해당 회계연도부터 5회계연도 이상의 기간에 대한 "국가재정운용계획"을 수립하여 회계연도 개시 120일 전까지 국회에 제출하여야 한다. 정부는 예산을 편성하거나 집행할 때 첫째, "재정건전성의 확보"를 위하여 최선을 다하여야 하며, 둘째, "국민부담의 최소화"를 위하여 최선을 다하여야 한다(국가재정법 제1조, 제7조, 제16조).

문재인 정부는 소득주도정책, 최저임금인상, 국민혈세로 땜질만하는 퍼주기 식 포퓰리즘 복지정책에 따른 국민의 근로의욕 상실, 빚 탕감정책에 따른 채무자의 도덕적 해이조장(解弛助長), 반(反)시장 및 반(反) 기업정책에 의한 각종 규제와 세금폭탄 등에 따른 기업의 해외진출, 탈(脫) 원전정책에 의한 국가 기간산업(基幹産業)의 붕괴, 추가경정예산남발에 의한 혈세낭비, 배가 산으로 가는 부동산정책의 엇박자, 친(親) 노동정책의 강화에 따른 노조천국 탄생 등에 의하여 전대미문(前代未聞)의 경제파탄으로 2019년이 **<선심성 현금복지 포퓰리즘 원년>**이라는 대기록을 수립했다. 세수(稅收)는 줄어드는데 무능한 정부의 세금 퍼주기 식 복지정책에 따른 '선심정책(善心政策)'으로 국가재정이 거덜 나 그리스와 같은 "망국(亡國)의 길"로 가는 자살행위를 자행(恣行)했다.

2022년 기준 나랏빚이 사상 처음으로 1000조 원을 넘어선 것으로 나타났다. 문재인 정부가 복지예산 등 선심성 지출을 크게 늘려 재정을 방만(放漫)하게 운영한 데다, 코로나 사태로 재난지원금 등의 지출이 급증한 여파(餘波)다. 탈 원전에 의한 한국전력 등 영리공공기관 빚까지 합친 공공부문 부채는 1400조 원을 넘어서 10년 만에 두 배로 불었다. 2011년 첫 집계 이후 처음으로 1000조 원을 돌파해 GDP의 절반을 넘어섰다. 문재인 정부는 5년간 총 9차례에 걸쳐 추가경정예산을 137조2000억 원 편성했다.

윤석열 정부가 '건전 재정'을 약속했지만 올해도 나랏빚은 66조 원을 넘게 늘어날 전망이다. 지난해까지 3년 내리 연 100조 원 안팎으로 나랏빚이 늘면서 작년 말 기준 국가채무가 1067조 원에 달한다. 국회에서 확정된 올해 예산상 국가채무는 1134조 원이다. 하루 1827억 원꼴로, 1분에 1억3000

만원씩 늘고 있다. 국가채무는 문재인 정부 5년간 눈 덩이처럼 늘었다. 문재인 정부는 재정 건전성을 무시한 채 5년간 10차례나 추경을 편성해 퍼주기 국정을 한 탓이다.

나라살림에 경고등(警告燈)이 켜졌는데도 야당의 무책임한 포퓰리즘 폭주(暴走)는 계속된다. 남아도는 쌀을 사들이는데 매년 1조여 원의 세금을 쏟아 넣는 '양곡관리법' 개정안은 윤 대통령이 거부권을 행사했지만 거대 야당은 이를 재추진하겠다고 한다. 야당은 기초연금을 월 30만원에서 40만원으로 올리고 저소득 청년에게 월 10만~20만원을 지급하는 방안도 추진 중이다. 내년 총선이 가까워질수록 정상배들의 포퓰리즘 경쟁이 수위(水位)를 높이며 나라살림을 거덜 내고 있다. 여의도 혈세도둑떼의 선심성(善心性) 돈 풀기로 미래 세대에게 빚더미를 떠넘기는 정상배들을 유권자들이 선거 때 표로 냉정하게 심판해야만 한다.

문 대통령은 2017년 6월 고리1호기 영구정지선포식행사장까지 직접 가서 "원전중심 발전정책을 폐기하고 탈핵시대로 가겠다"고 선언했다. 기념사에서 "원자력" 대신 "핵(核)"이란 단어를 의도적으로 썼다. 정작 위험한 "핵"은 북한 땅에 있는데 한국에 있는 원전을 "핵 위협"으로 포장해 공포감을 심어주려는 의도인 듯했다. 탈 원전이 정치적 공방의 대상이 되면서 감사원 감사에 이어 검찰수사가 이뤄졌다. 산업통산자원부 공무원들이 무더기로 수사대상에 올랐다. 그 중 셋이 공판에 회부되었다. 현직 국장 둘과 과장 하나다. 이들의 혐의는 공용 전자기록 손상(파일삭제) 및 방실(傍室) 침입, 감사방해 등이다. 만일 이들이 탈 원전정책에 반대했을 경우 "너 죽을래"라며 한직으로 좌천당했거나 공직에서 추방됐을 것이다.

이들은 재판에서 무죄판결을 받지 못하면 공직을 떠나야 하며, 연금도 깎인다. 2년간 검찰수사로 보직도 없이 떠도는 신세로 변호사비로 억 단위 돈이 들어갔을 것이다. 본인은 물론 가족도 말 못할 고통을 겪었을 것이다. 공직자로서 자부심과 사명감을 지니고 봉사해온 이들이 문재인의 잘못된 탈 원전정책을 따라 일한 죄로 자신의 인생과 그 가정이 파탄일보직전이다.

이들의 죄명에 대한 심판은 판사가 할 것이나 "탈(脫) 원전(原電) 부역자(附逆者)"란 낙인(烙印)은 억울(抑鬱)한 것 아닌가? 문재인 정권이 추진한 탈 원전정책을 공직자가 거부할 수 없는 운명이 '가혹한 돌팔매'가 되어 날아든 것이다. 공직자를 이런 운명의 구렁텅이로 몰아넣은 자는 양산에 있는데 이들만이 희생양(犧牲羊)이 된다는 것이 안타까운 일이다.

2. 인권탄압과 인권유린

둘째, <적폐청산을 빙자(憑藉)한 인권탄압과 인권유린>이다. 문재인 대통령은 취임사에서 "사람이 먼저다"라고 역설(力說)하며 자신이 인권변호사인척 가면(假面)을 썼다. 그러나 문 대통령이 말하는 "사람"은 헌법 제1조 제2항의 "주권자인 국민"이 아니라 "문 대통령 편사람"을 의미한다. 한 네티즌이 "대한민국은 <문주공화국(文主共和國)>이다. 대한민국의 <주권(主權)>은 문재인에게 있고, 모든 권력은 문재인으로부터 나온다"라고 썼다.

문재인 대통령은 집권 후 적폐청산을 공표하면서 20여 곳에 "적폐청산 TF(task force : 기동부대, 특별수사대)"를 정부기관에 만들어 적폐대상을 선정하고 전 정권의 적폐를 청산한다고 했으나 그 과정에서 "공정(公正)과 정의(正義)"라는 가치는 완전히 실종(失踪)되어 빈사상태(瀕死狀態)에 빠졌다. 조국 사태로 인해 우리사회의 공정(公正)과 정의(正義)는 공허한 메아리가 되어 <내 편이냐? 네 편이냐?>에 따라 정의(正義)와 불의(不義)의 기준을 농락(籠絡)하는 "조폭식(組暴式)) 정의관(正義觀)"으로 우리사회를 병(病)들게 했다.

문재인 정권은 "100대 국정과제" 중에서 "제1호"로 적폐청산을 내걸어 과거 정부관계자 수백 명에게 적폐정권에 몸담아 일했다는 구실(口實)로 소환조사, 압수수색, 체포, 구속, 별건수사, 무차별 피의사실공표, 망신주기 등으로 수사대상자 4명이 자살했다.

문재인 정권은 제주 해군기지 홍보활동에 대한 수사, 이영렬 전 서울중앙지검장 돈 봉투만찬사건, 기무사 계엄문건사건(이재수 전 기무사령관 자살사건), 김태우 수사관 사건, 환경부 블랙리스트사건, 한진그룹 조양호 회장 급서사건, 박찬주 전 육군대장 뇌물사건, 탈북민 2명 강제북송사건, 탈북민 단체인 자유북한운동연합 설립허가취소, 대북전단(對北傳單)금지법 강행처리, 임성근 부장판사에 대한 탄핵소추안 가결, 사법행정권 남용사건, 특정기업(삼성물산과 제일모직 합병)에 대한 끝없는 수사와 재판, 대통령에게 신발 던진 사람이 1년간 감옥살이, 고발사주의혹(告發使嗾疑惑), 해수부공무원 '월북몰이'사건 등 천인공노(天人共怒)할 반인륜적(反人倫的) 만행(蠻行)을 저질렀다.

헌법재판소가 문재인 정부가 만든 '대북전단금지법'에 대해 2023년 9월 26일 위헌(違憲) 결정을 내렸다. 이 법은 지난 2020년 한 탈(脫)북민 단체가 대북전단 50만장을 북한 상공으로 살포한 데 대해 김여정이 "쓰레기들의 광대놀음을 저지시킬 법이라도 만들라"고 하자 문재인 정부와 민주당이 처벌조항을 신설한 것이다. 대북 전단에 '3년 이하의 징역 또는 3000만 원 이하 벌금'에 처하도록 했다. 표현의 자유는 민주주의의 근간(根幹)이자 헌법상 권한이다. 그런데도 김여정의 요구에 따라 우리 국민을 감옥에 보내는 악법을 만든 것이다. 헌재는 이에 대해 '위헌 7 대 합헌 2'의견으로 "국가형벌권의 과도한 행사"라며 "정치적 표현의 자유 제한이 매우 중대한 과잉금지원칙(過剩禁止原則)에 위배 된다"고 했다. 당연한 결정이다. 헌재는 헌법소원이 제기된 지 3년이 다 돼서야 위헌결정을 내렸다.

문재인 정권과 그에 추종(追從)하는 더불어민주당 정상배(政商輩)와 탐관오리(貪官汚吏)들이 정권의 앞잡이가 되어 부르는 문비어천가(文飛御天歌)가 온 누리에 울려 퍼지는 광기(狂氣)가득 찬 세상이, 인권변호사를 자처(自處)하는 문재인이 지배해온 한국의 "인권탄압과 인권유린"의 전모(全貌)다. 이처럼 부패한 정권의 장·차관급 인사 23여명이 현재 검찰의 수사 대상이라고 한다.

대법원이 대북전단(對北傳單)을 살포(撒布)했다는 이유로 문재인 정부가 탈(脫)북민 단체의 설립허가를 취소한 것은 부당하다고 판결했다. 대법원은 "대북전단 살포는 북한 주민에게 북한 정권의 실상(實狀)을 알리는 등 북인권문제에 대한 국내외 관심(關心)을 환기시키는 공적역할(公的役割)을 수행하는 측면이 있다"고 했다. 문재인 정권이 강행처리한 대북전단금지법에 대한 근본적 의문을 제기한 것이다.

'자유북한운동연합'은 2020년 4~6월 대북전단 50만장을 살포했다. 북한 김여정이 2020년 6월 대북전단을 "저지(沮止)시킬 법이라도 만들라"고 하명(下命)하자 문재인 정부는 4시간 만에 "법을 준비 중"이라고 했다. 이후 43일 만에 '자유북한운동연합 설립허가'를 취소하고, 그해 말 더불어민주당은 "대북전단금지법"을 강행처리했다. 하지만 대법원은 "전단 살포가 국민 생명에 심각한 위험을 발생시킨 사실이 증명됐다고 보기 어렵다"고 판단했다. 김정은 폭압체제(暴壓體制)에서 신음하는 북한 주민을 고립(孤立)과 단절(斷絶)로 내모는 대북전단금지법은 폐지돼야 한다.

　"절대권력(絶對權力)은 절대적으로 부패한다(Acton)"고 했다. 부패한 정권의 적폐청산(積弊淸算)은 정치보복(政治報復)이나 야당탄압이 아닌 국가개조(國家改造)요, 부패한 정치풍토와 공직사회를 정화(淨化)하는 진정한 혁명(革命)이다. "모든 국민은 인간(人間)으로서의 존엄(尊嚴)과 가치(價値)를 가지며, 행복(幸福)을 추구할 권리를 가진다. 국가는 개인이 가지는 불가침(不可侵)의 기본적(基本的) 인권(人權)을 확인하고 이를 보장할 의무를 진다(헌법 제10조)."

　헌법 제10조의 행복추구권(幸福追求權)은 국민이 행복을 추구하기 위하여 필요한 급부를 국가에게 적극적으로 요구할 수 있는 것을 내용으로 하는 것이 아니라, 국민이 행복을 추구하기 위한 활동을 국가권력의 간섭 없이 자유롭게 할 수 있다는 포괄적(包括的)인 의미의 자유권(自由權)으로서의 성격을 가진다(헌재결 2000.6.1. 98헌마216).

3. 국가안보 파탄

셋째, **<국가안보(國家安保)의 위기(危機)>**다. 국가안전보장(國家安全保障 : national security)이라 함은 외부로부터의 군사·비군사적 위협이나 침략을 억제 또는 배제함으로써 국가의 평화와 독립을 수호하고 안전을 보장하는 일을 말한다. 즉, 국민의 경제적 발전과 문화적 가치향상을 도모하는 일 및 국내의 치안(治安)을 유지하고 외적(外敵)으로부터 나라를 수호하는 일이다. 헌법은 "대통령은 국가의 독립·영토의 보전·국가의 계속성과 헌법을 수호할 책무를 진다(헌법 제66조 제2항)"라고 규정하고 있다. 문재인 대통령은 헌법이 규정한 막중(莫重)한 책무(責務)를 포기했다.

문재인 정권은 4.27 판문점선언을 통해 한반도 비핵화란 명목으로 주한 미군의 전술핵반입을 금지시켰다. 지상, 해상, 공중의 모든 공간에서의 대북정찰감시를 불가능하게 했으며, 한미동맹 군사훈련을 무력화시켰고, 서해평화수역설치로 NNL을 무력화 시켜 간첩들이 자유스럽게 침투할 수 있도록 했다. 국방개혁을 빙자해 육군 6개 사단을 해체하였고, 병력 11만 8천 명을 감축하고 최전방 특수정예부대를 해체시켰다. 병사들의 대체복무(代替服務)를 확장하고 휴대폰사용과 동성애(同性愛) 묵인(默認)등으로 사병들의 정신무장까지 해체시켰다. 문재인 정권은 북한의 남한에 대한 적화통일야욕(赤化統一野慾)을 은폐한 김정은의 위장평화 쇼에 속아 북한의 핵 포기를 위한 실질적 조치가 없는 상황에서 알맹이 없는 북한의 선언적(宣言的) 말잔치에 불과한 남북회담의 진행으로 북한이 핵무기와 미사일개발을 고도화(高度化)하게 하고, 위헌적 대북전단금지법을 만들어 김정은의 독재정권 유지(維持)에 합세(合勢)해왔다.

문재인 정권은 간첩수사를 모두 차단(遮斷)해 민노총 등 우리사회 곳곳에 간첩조직이 독(毒)버섯처럼 침투해 간첩천국(間諜天國)이 되어 대한민국 5천만 국민의 생명을 김정은의 수중(手中)에 넣는 대역죄(大逆罪)를 범했다. 국군의 방어체제(防禦(體制)인 전방지퍼철수 또는 파괴, 수도권상공의 비행금지구역설정, 한미군사합동훈련 및 우리군의 훈련중단 등으로 대한민국의 국가안보는 전례(前例) 없는 위기상황에 처해 있다.

문재인 정부의 이러한 대북정책은 핵을 포기할 의사가 전혀 없는 김정은의 한반도 비핵화와 종전선언이라는 위장평화 사기극에 농락당한 것이 북한의 미사일개발과 신형방사포발사 등으로 입증되었다. 문 대통령은 독일 언론과의 인터뷰에서 "한반도의 하늘, 바다, 땅에서 총성은 사라졌다. 한반도의 봄이 성큼 다가왔다"고 잠꼬대 같은 소리를 했다.

핵으로 대한민국의 안보를 위협하는 우리의 주적(主敵)인 북한(대판 1971.6.29. 71도753, 1971.9.28. 71도1333, 1971.9.28. 71도1498, 1983.3.22. 82도3036)에 대한 식량지원과 같이 막대한 국민혈세가 포함된 대북정책은 "국민적 합의"를 바탕으로 해야 하며, 우리의 안보와 경제를 기조(基調)로 하여 일방적 퍼주기 식의 시혜(施惠)가 아닌 '줄 것은 주고, 받을 것은 받는 관계'를 분명해야만 한다. 우리의 대북지원에 따라 북한도 그에 상응(相應)하는 변화를 반드시 보여주도록 하는 <상호주의(相互主義) 바탕> 위에서 대북정책이 추진되어야 한다.

북한이 ICBM 발사 이틀만인 2월 20일 초대형 방사포 2발을 동해상으로 발사했다. 북한의 대남 핵공격 공언(公言)이 반복되고 있을 뿐 아니라 구체화되고 있다. 북한의 전술핵(戰術核)은 순전히 한국을 겨냥한 것이다. 김정은은 2012년 1월 노동당 대회에서 전술핵 개발을 공개 지시했고, 김여정은 2022년 4월 전술핵을 거론하며 "남조선군 전멸(全滅)"을 협박했다. 그 직후 북한은 신형 전술핵 탄도미사일 시험발사에 성공했다. 그런데도 문재인 정부는 임기 내내 '김정은의 비핵화 의지가 있다'고 주장했다.

북한의 핵개발은 최초부터 한국을 노린 것이었다. 미국까지 날아가는 ICBM을 개발하는 것은 미군의 한국 지원을 막고 UN제재를 풀어 '핵보유국 지위'를 인정받기 위한 것이다. 북한의 핵을 실제 군사적으로 사용할 상대는 한국뿐이다. 하지만 역대(歷代) 민주당 정권은 북핵의 실상(實狀)을 외면했다. 노무현 전 대통령은 "북핵을 공격용이라고 보는 것은 상상할 수 없다'고 했고, 정세현 전 통일부 장관도 "북핵은 남(南) 공격용이 아닐 것"이라고 했다.

북한의 핵개발 초기 김대중 정부는 "북은 핵을 개발할 능력도 없다"고 했고, 노무현 정부는 "북이 반드시 핵을 포기할 것"이라고 했다. 북한에 매년 쌀과 비료 수십만 톤을 퍼주고 금강산 관광과 개성 공단을 통해 달러도 공급했다. 그래놓고도 단 한 번도 반성한 적이 없으며, 도리어 우리 탓을 해왔다. 북한은 이날 방사포탄 2발이 우리 공군 F-35 전투기가 있는 청주 기지와 주한 미군 군산 공군기지를 겨냥했음을 시사(示唆)했다.

실제 북한이 방사포 세례(洗禮)만 퍼부어도 한미 최신형(最新型) 전투기들은 떠보지도 못하고 파괴될 가능성도 있다. 현재 한미는 북한의 방사포에 대한 뚜렷한 요격수단(邀擊手段)이 없다. 역대 좌파정권이 북한의 핵과 미사일 폭주(暴走)를 변호하고 방치한 대가(代價)를 이제부터 치러야 할 것이다. 이것이 좌파정권이 국가안보를 파괴한 실상(實相)이다.

4. 외교참사

넷째, **"무능외교의 극치(極致)"**를 보여주었다. 외교(外交:diplomacy)라 함은 정치면에서 볼 때, 국가 간에 맺는 일체의 관계를 말한다. 외교는 극히 다양한 의미를 가지지만 여기서는 한 나라의 대외관계의 처리방법, 혹은 대외정책 그 자체를 가리키는 용어로 생각한다. 외교는 그것이 정책이거나 교섭이거나를 막론하고 '최소한의 희생'으로 '최대한의 국가 이익의 실현'을 목적으로 한다. 그 국가이익은 이른바 안전보장의 측면에 중점이 두어질 수도 있고, 경제적 이해의 측면에 역점을 둘 경우도 있다.

북한 김정은 정권과 문재인 전 대통령 및 트럼프 전 미국 대통령과 같이 권모술수와 속임수, 쇼로 일관 된 진실성과 성실성이 없는 '빈 깡통' 외교나 협상 또는 대화는 결코 성공할 수 없다. 외교, 협상, 대화에서도 '정직'과 '성실'이 최상책(最上策)이다. 쇼(show)는 쇼로 시작해서 쇼로 끝날 뿐이다. 얼마 전 까만해도 세계는 "3인의 양치기 소년"(김정은, 문재인, 트럼프)이 벌이고 있는 위장평화 쇼를 관람하며 박수를 쳐왔다. 그 주연에 어울리는 그 관객이었다.

문재인 청와대가 2019년 8월 22일 NSC상임위원회를 열고 한일군사정보보호협정(GSOMIA)을 파기한다고 발표했다. 문재인 정부의 지소미아 파기행위는 '조국 사태'로 인한 민심이완(民心弛緩)을 덮으려는 꼼수로 반일(反日)감정을 촉발해 국면전환(局面轉換)을 노리는 전략으로 이로 인해 한·미·일 3국의 안보 공조를 파기한 것을 국민은 잘 알고 있다. 일방적으로 지소미아 파기를 선언한 문재인 정부는 아무것도 얻은 것 없이 뽑았던 칼을 칼집에 다시 넣는 식의 백기투항(白旗投降)으로 "무능외교의 극치(極致)"를 만천하에 보여준 것이다.

대한민국의 주적(主敵)의 눈치나 보는 것은 외교가 아니라 굴종(屈從)일 뿐이다. 한국은 굳건한 한미동맹을 전제로 하지 않고서는 북한에 다가갈 수 없고, 미국과 멀어지면 중국의 변방(邊方)국가로 전락할 수밖에 없다는 냉엄한 현실을 직시해야 한다. 오늘날의 전쟁을 총력전(總力戰)이라고 하듯 외교도 총력외교(總力外交)라고 부르게 되었다. 우리나라가 강해져야만 한다. 어떤 강대국도 한국의 안보를 끝까지 지켜 줄 수는 없다.

문재인 전 대통령이 9.19 남북군사합의 4주년을 맞아 "군사적 위협을 획기적으로 낮추는 실질적 조치였다" "정부가 바뀌어도 마땅히 존중하고 이행해야 할 약속"이라고 현실과 너무나 동떨어진 인식의 망발(妄發)을 했다. 북한은 2018년 9.19 합의서명 이후 수없이 합의를 파기했다. 2020년 5월 남측 GP를 향해 총격을 가했고, 한 달 후 개성 남북연락사무소를 폭파했다.

문 대통령은 2018년 9월 평양 기자회견에서 "완전한 비핵화의 완성"을 말 했고, 북한 군중 앞에서 "남쪽 대통령"이라고 연설했다. 다음 날 김정은 위원장과 함께 백두산에 올라가 손을 잡고 사진도 찍었다. 김정은이 핵 선제공격 가능성을 명시한 법을 만들면서 "절대로 비핵화란 없으며, 그 어떤 협상도, 서로 맞바꿀 흥정 물도 없다"고 선언했다.

문재인 대통령은 2018년 유럽순방 때 프랑스 마크롱 대통령에게 "대북제재완화가 필요하다"고 했다가 "비핵화 때까지 유지해야 한다"는 정반대 면박(面駁)을 들었다. 우방국을 상대하는 정상외교에서 상상도 못할 대형사고를 친 것이다. 2019년 일본과 맺은 정보교환협정 파기결정 후 "미국도 이해했다"고 했으나 미국 정부는 "거짓말"이라고 반박했다.

문재인 전 대통령은 2018년 12월 비행일정까지 변경하며 체코에 갔는데 그 나라 정상은 해외순방 중이었다. 문재인이 받기로 돼 있던 카자흐스탄 정부 훈장수여가 취소되고, 국빈 방문한 말레이시아에서 인도네시아어로 인사말을 하고, 브뤼셀 아셈 회의장에서 단체사진촬영을 놓친 것 등은 작은 일에 속한다. 외교참사(外交慘事)는 건국 이래 문재인 정권 5년간에 벌어진 초유(初有)의 일이다. 북한의 선의(善意)에 의존(依存)하는 문재인 정권의 대북정책(對北政策)은 실패했고, 일방적 유화정책(宥和政策)은 한국의 안보(安保)를 위태롭게 했다. 북한의 선의를 믿지 말고 테러정권의 실체(實體)를 직시(直視)해야 한다.

우리의 대북정책은 자유민주적 기본질서에 입각한 평화적 통일정책의 추진을 위한 수단이며, 대북지원 자체가 목적일 수 없기 때문이다. 이러한 **"상호주의원칙(相互主義原則)에 입각한 대북정책"**으로 북한의 상응한 변화가 없는 한 우리가 지원할 수 없다는 점을 북한에 분명히 할 필요가 있는 것이다. 이러한 자세가 대북협상에서 대한민국이 유리한 입지(立志)를 확보하는 길이며, **"외교와 협상의 기본원칙"**이다. "진짜 외교참사(外交慘事)"는 북한의 핵무장에 일조(一助)한 김대중의 "햇볕 정책"과 문재인 정권의 북한의 선의에 의존해온 "대북 정책"이라고 본다.

5. 역사 조작 · 왜곡

다섯째, "**역사의 조작**(造作) **왜곡**(歪曲)"이다. 역사(歷史 : history)는 크게 나누면 두 가지 뜻이 있다. 하나는 인간이 경험한 과거 전체이며, 다른 하나는 그러한 인간의 제반행위를 탐구하고 구성하는 역사의 연구 · 서술 또는 역사학을 말한다. 역사는 과거에 있어서의 인간의 행위를 대상으로 한다. 따라서 그 대상은 직접 우리들이 지각(知覺)할 수가 없는 것이다. 그렇기 때문에 그것은 과거부터 현재까지 남아 있는 기록문서 즉 사료(史料)를 매개(媒介)로 하여 인식된다. 사료는 문헌자료뿐만 아니라 인간에 의해 만들어지고 남은 모든 것이다.

역사가(歷史家)는 사료에 의해 사실을 인식(판단)해야 하는 까닭에 역사 연구의 기술을 필요로 하게 된다. 이 역사 연구방법은 일반적으로 사료학(史料學)과 사료비판(史料批判)으로 나누어 설명된다. 사료학은 사료의 수집법 · 정리 분류법을 내용으로 한다. 사료비판은 외적 비판과 내적 비판으로 나누어진다. 역사는 인간의 자기인식(自己認識)을 목적으로 하고 있다. 역사의 가치는 인간이 무엇을 해왔는가, 그리하여 인간이란 무엇인가를 우리에게 가르쳐 주는데 있다.

교육부가 2018년 초등학교 6학년 사회교과서 내용을 문재인 정권의 입맛에 맞게 고치는 과정에서 온갖 불법행위를 저지른 사실이 검찰수사로 확인됐다. 검찰 공소장에 의하면 2017년 9월부터 2018년 1월까지 5개월간 범행이 이루어졌다. 문재인 정권은 입으로는 '교육적폐청산'을 외치며 전 정권을 공격하더니 뒤로는 더한 범죄를 자행한 것이다. 교육부의 역사 조작, 왜곡 내용은 다음과 같다.

1984년 8월 15일을 '대한민국 수립'에서 '대한민국 정부수립'으로 바꾸라는 교육부 요구를 국사교과서 편찬·집필 책임자가 "정권이 바뀔 때마다 교과서를 고칠 수 없다"며 거부하자 그를 배제하고 다른 교수에게 고치라고 강요했으나 그마저 거절하자 '참여연대' 관계자 등을 동원해 비공식기구를 구성한 후 213곳의 내용을 수정해 출판사에 전달했다. 수정을 거부한 집필책임자 교수(진주 교육대 박용조 교수)가 회의에 참석한 것으로 조작 후 그의 도장까지 몰래 찍도록 출판사에 시켰다.

당시 교육부는 '대한민국 수립'을 '대한민국 정부수립'으로 바꾸고, '북한은 여전히 한반도평화와 안보를 위협하고 있다'는 문장을 삭제하고, 박정희 '유신체제'를 '유신독재'로 고치고, 새마을운동 관련사진을 삭제했고, '대한민국이 한반도의 유일한 합법정부' '북한 세습체제' '북한주민 인권' 등의 표현을 각 삭제했다. 초등학교 교과서에는 '촛불시위 사진'을 싣는 등 역사를 조작(造作), 왜곡(歪曲)했다. 독재정권을 제외한 세계 어느 나라에서도 이런 식으로 역사를 조작, 왜곡해 미래세대를 교육하는 곳은 없다.

문재인 정권은 전 정부가 추진한 국정 역사교과서를 "교육적폐"라며 당시 실무를 담당한 공무원들의 뒤를 캐고 모욕하고 처벌했으나 자신들은 역사교과서를 그들의 입맛에 맞게 고치고자 집필책임자의 도장까지 몰래 찍는 등 '사인(私印)등의 위조, 부정사용(형법 제239조)' 범행까지 자행(恣行)했다. 이와 같이 역사를 조작, 왜곡한 내용을 담은 역사교과서는 교과서가 아니라 "**문재인 좌파집단의 정치 선전물**(政治 宣傳物)"로 휴지조각에 불과한 것이다.

2020년 3월부터 사용될 6종의 "검정(檢定) 중학교 역사교과서"가 모두 '천안함 폭침'이라는 표현을 사용하지 않고 '천안함 사건'이라는 표현을 사용한 것으로 조사됐다. 또 1983년 아웅산 테러, 1987년 KAL858기 공중폭파사건 등 북한의 도발을 다룬 교과서도 없었다. 1948년 UN이 대한민국을 '한반도 유일 합법정부'로 승인했다는 내용은 '미래엔 교과서' 단1조에 불과했고, 다른 3종의 교과서는 '한반도 유일 합법정부'를 서술하지 않았다.

현행 고교 한국사 교과서 중 천재교육은 "김정은 등장 이후 북한은 기업 활동의 자율성을 더욱 확대하고 개인의 경제활동에 대한 통제를 완화하였다"며 "이러한 분위기 속에서 대외무역 규모가 확대되고 일부 산업설비를 자체 생산할 정도로 경제가 안정세를 보였다"고 날조(捏造)했다. 특히 고교 한국사 교과서들은 노예나 다름없는 북한 주민들의 인권침해 문제를 다루지 않았다.

교과서 9종 중 6종은 북한 인권문제는 아예 언급(言及)조차하지 않았다. 현대사(現代史)의 북한 문제에서 가장 심각하고 중요한 것이 "핵(核) 폭주(暴走)"로 민족을 절멸(絶滅)시킬 수 있는 사안이다. 그런데도 교과서는 김정은의 핵 도발을 미화(美化)하거나 북한현실을 왜곡(歪曲)하고 있다.

2018년 북한이 한국, 미국을 상대로 '평화 이벤트 쇼'를 벌인 것은 기존 핵을 보유한 채 대북제재를 풀려는 전략(戰略)이었다. 그런데도 교과서가 "김정은이 남북 정상회담과 미북 정상회담을 성사시키는 등 변화를 모색하고 있다"는 식으로 날조해 학생들에게 거꾸로 된 역사, 가짜 역사를 가르치고 있다. 대부분의 한국사 교과서가 '문재인 정부 들어 남북관계가 개선됐다'며 2018년 판문점 남북 정상회담이나 두 정상의 부부동반 백두산 등정(登頂)사진을 싣고 있다.

문재인 정권홍보를 위해 날조된 역사를 학생들에게 가르치는 교과서가 아니라 '정치선동 책자(政治煽動 冊子)'다. 반만년의 역사가 아니라 불과 수년 전의 사실을 왜곡하고 날조해 역사 교과서에 싣는다는 것 자체가 상식(常識)밖의 일이다. 교과서 중 왜곡, 날조된 사실을 전부 삭제하고 학계의 정설(定說)로 확립된 역사적 사실을 올바로 교육해야 한다.

문재인 정권이 그 공과(功過)를 날조(捏造), 조작(造作)해 역사 교과서에 담은 것은 부끄러운 일로서, 인류사회의 변천과 흥망성쇠(興亡盛衰)과정과 기록인 역사를 왜곡, 조작, 날조한 문재인 정권은 후세대의 엄중한 심판을 받게 될 것이다. 올바른 역사관(歷史觀)을 바르게 이해하고 분석함으로써 우리의 역사를 바른 길로 개척해 나가기 위해 가장 중요한 과제가 **<올바른 역사관의 정립(正立)>**이다.

영국의 정치가로 <제2차 세계대전(The Second World War)으로 1953년 노벨문학상을 수상한 처칠(Churchill)의 "역사를 잊은 민족에게 미래는 없다"는 명언(名言)을 되새겨야 한다. 문 정권하에서 만연(蔓延)된 위헌적 교과서

집필진과 전교조 교사를 퇴출하기 위한 윤석열 정부의 교육개혁이 시작되고 있다.

6. '알 박기' 인사 참사

여섯째, **"공무원 임면권의 남용에 따른 '알 박기' 인사참사(人事慘事)"**다.

현행 헌법상 대통령이 행사하는 권한 중 '행정에 관한 권한'으로, 행정에 관한 최고 결정권과 최고 지휘권, 법률 집행권, 국가의 대표 및 외교에 관한 권한, 정부구성권과 공무원 임면권, 국군통수권, 재정에 관한 권한, 영전 수여권 등을 들 수 있다. "대통령은 헌법과 법률이 정하는 바에 의하여 공무원을 임면한다(헌법 제78조)." 헌법이 대통령에게 공무원 임면권을 부여한 취지는, 능력과 전문성을 갖춘 청렴한 인재(人材)를 적재적소(適材適所)에 배치하여 행정을 민주적이며 능률적으로 수행하여 국민전체에게 봉사하기 위한 것이다.

행정부 수반(首班)으로서 정부 구성권과 공무원 임명권을 가진 대통령이 능력과 전문성을 갖춘 청렴한 인재를 공직에 임명하는 것은 정부구성의 첫 단추를 바로 끼우는 것임에도 불구하고 문재인 정권에서는 인사가 만사(萬事)가 아니라 "캠코더(캠프, 코드, 더불어민주당)" 인사에 따른 '알 박기'의 내로남불 인사참사(人事慘事)가 된 사례를 너무나 많이 보아왔다.

문재인 정부는 집권하자마자 각 부처에 '적폐청산기구'를 만들고 정부 및 공공기관의 전 정부 인사를 탄압하며, 전 정부의 청와대 비서실장과 정무수석을 '문체부 블랙리스트'혐의로 기소했다. 환경부 산하기관에 청와대 몫을 정하고 기존 임원들에게 일괄사표를 받은 사건으로 환경부 장관 등이 유죄판결을 받았다.

공직자로서 특정 지위에 대한 전문성과 능력 및 봉사자세가 확립되지 아니한 시정잡배(市井雜輩)들이 권력의 단맛과 감투욕으로 공직자로 임명되면 결국 탐관오리(貪官汚吏)가 되어 불명예 퇴진을 하거나 부정부패로 영어(囹圄)의 신세로 전락한다. 산 속에 있는 중이 고기 맛을 보면 미치듯 하찮은 인간이 권력을 잡으면 미친 듯 권력을 남용하고 부패하기 쉬운 것이다.

오로지 청렴한 지조(志操)와 국민에 대한 봉사자세가 확립된 공직자만이 국민을 위해 나라살림을 절제하고, 법령을 준수하며 성실하게 직무를 수행할 수 있다. 문재인 대통령이 취임사에서 약속한 "공직배제 5대원칙"(위장전입, 부동산 투기, 논문표절, 병역면탈, 세금탈루)은 국민과의 약속인 공약(公約)이다. 행정수반인 대통령의 공무원 임명권행사의 적정여부에 공직사회의 정화 및 국가개조의 성패가 좌우된다.

문재인 정부 출범의 첫 단추인 공무원 임명권 행사가 캠코더에 의한 "알박기" 등 전리품(戰利品) 나눠 가지듯 한 낙하산 인사로 공직사회가 부패하여 문재인 정부와 더불어민주당을 향해 "약탈자" "기생충"이라고 하며, 건국 이래 최악(最惡)의 좌익(左翼) "약탈정권" "부패정권"이라고 비난받고 있다. 문재인 정부에서 공직자로 임명된 후 자진사퇴로 낙마한 공직 후보자 7명 외에 코드인사, 보은인사, 함량미달이라는 비판의 소리와 더불어 '내로남불 종합세트'라고 한다. 그 대표적 사례는 아래와 같다.

군의 비리은폐 및 방산비리 연루의혹자인 '국방부 장관', 주한미군철수, 국가보안법 철폐, 한미동맹폐기, 논문표절 의혹을 받고 있는 '교육부 장관', 통합진보당 해산결정 때 헌법재판관 9명 중 유일하게 반대의견을 낸 '헌법재판소장 후보자', 인사 청문보고서 없이 임명된 장관급 후보자 10명 <김상조 공정거래위원장(위장전입), 강경화 외교부장관(위장전입), 송영무 국방부 장관(음주운전), 이효성 방송통신위원장(위장전입), 홍종학 전 중소벤처기업부 장관(중학생 딸 상가증여), 양승동 한국방송사장(세월호 참사당일 노래방), 유은혜 사회부총리 겸 교육부장관(위장전입), 조명래 환경부 장관(위장전입), 박영선 중소벤처기업부 장관(정치자금법 위반), 김연철 통일부 장관(친북 성향) 등이다.

문재인 대통령은 2019년 8월 9일 조국 민정수석을 법무부 장관 후보자로 지명하자 서울대 학생들은 조 후보자를 "가장 부끄러운 동문투표"에서 1위를 기록했다고 보도했다(2019.8.10. 조선일보사설). 문 대통령이 조국 후보자를 법무부 장관에 임명을 강행하자 국민들은 "그 대통령에, 그 법무장관"이라고 했다. 문 대통령은 2020년 1월 2일 추미애 법무부 장관을 임명했다. 추미애 장관이 자신을 '명의(名醫)'에 비유하자 "후안무치(顔無恥)와 오만무도(傲慢無道)의 극치(極致)"라고 조롱했다.

추미애 장관의 후임자가 된 박범계 법무부 장관은 공직자 재산신고에서 자신과 아내 소유 토지를 누락했고, 2016년 사법시험 존치를 요구하며 자택 앞에서 농성을 한 고시생의 멱살을 잡고 폭언을 했다는 의혹이 제기됐다. 법치를 확립하고 엄정한 법집행자가 되어야 할 법무부 장관이 '황야의 무법자'가 되어 온갖 탈법과 위법 논란에 휩싸였다. 조국, 추미애에 이어 박범계 법무장관 후보자가 세 번째의 '연속 드라마 출연'이다.

이처럼 문재인 정부에서 임명되는 장관마다 온갖 불법과 탈법, 비리가 끊이지 않고 터져 나왔다. 공무원 임면권자인 대통령이 법무부 장관을 자신과 그 정권의 비리수사를 막아줄 방탄(防彈) 겸 방파제(防波堤)로 이용하고자 측근(側根)들만 연속해 '알 박이'로 심어온 결과물이다. 이성윤 서울중앙지검장이 대검찰청 반부강력부장으로 재직하던 2019년 안양지청 검사들의 김학의 전 법무부 차관에 대한 불법출국금지 의혹사건의 수사를 세 차례 방해한 혐의로 2021년 5월 12일 불구속 기소됐다.

요즘 문재인 정권 5년간의 적폐수사가 조용히 진행되는 가운데 문 정권 하의 장·차관급 인사 23명이 검찰수사 대상에 올랐으나 이것은 시작에 불과한 빙산(氷山)의 일각(一角)으로 그 전모(全貌)가 밝혀지면 건국 이래 최악의 '부패정권(腐敗政權)' '약탈정권(掠奪政權)'으로 기록될 것이다. 아프리카 후진국에나 있을 법한 문재인 정권 5년간의 캠코더 인사에 의한 공직과 공공기관의 요직을 싹쓸이한 탐관오리(貪官汚吏)들의 비리(非理)에 대한 적법절차(適法節次)에 따른 검찰의 수사와 감사원 감사가 순조롭게 진행되고 있다.

윤석열 정부가 출범한지 7개월이 지났지만, 공공기관 임직원의 86%가 문재인 정부의 '알 박기 인사'들로 채워진 것으로 파악됐다. 공공부문 정보공개시스템 '알리 오'에 따르면 350개 전체 공공기관의 기관장·임원 3080명 중 문재인 정부 때 임명한 인사가 2655명에 달해 350곳 중 윤석열 정부가 임명한 임원은 10%뿐으로 새 정부의 국정운영을 방해하고 있다. 문재인 정부는 임기 종료 6개월 전 친(親) 정권 인사들을 공공기관의 기관장·임원 등 59명을 무더기 임명하는 노골적인 "알 박기 인사"를 남발(濫發)했다.

앞 정권 코드에 맞춰 일했던 사람들이 새 정부 들어 180도 달라진 정책을 수행한다는 것은 어불성설(語不成說)이다. 정권이 바뀔 때마다 과거 정부에서 임명된 공공기관장의 임기문제로 소모적인 갈등이 되풀이 되지 않도록 새 정부의 국정철학을 공유하는 인사를 발탁해 제대로 일할 수 있도록 미국처럼 정치적 임명직에 해당하는 공직은 정권교체 시 함께 물러나는 제도를 도입할 필요가 있다. 여야는 대통령과 공공기관장 임기를 일치시키는 법률개정안을 조속히 처리해야 한다.

문재인 정권은 겉으로는 민주와 개혁, 공정과 정의를 앞세우고 뒤로는 부정과 부패가 만연(蔓延)해온 것이다. 이제 검찰의 수사로 문재인 정권 5년 동안 눈덩이처럼 쌓인 부정부패와 비리의 민낯이 만천하(滿天下)에 드러나고 있다. 윤석열 정부의 국정철학(國政哲學)과 맞지 않는 공공기관장들은 스스로 물러나는 것이 올바른 처신(處身)이다. 매사(每事)에는 때(時)가 있다. 나아갈 때가 있고, 물러설 때가 있다. 꽃은 만개(滿開)할 때가 되면 피어나고 달은 차면 기운다. 지시(知時)는 지혜(智慧)의 근본(根本)이다.

"나라가 망(亡)하는 것은 현인(賢人)이 없기 때문이 아니다. 쓸 줄 모르기 때문이다(戰國策)"라고 했다. 대통령은 공직사회의 부정부패와 뿌리 깊은 적폐청산을 위하여 공무원 임면권을 적정하게 행사해야 한다. 공직사회의 부정부패의 근절(根絶)을 위한 열쇠는 궁극적으로 대통령의 공무원 임면권의 적정한 행사여부에 달렸다. "탐관오리(貪官汚吏)는 망국(亡國)의 상징(象

徵)이다." 검찰의 엄정하고도 신속한 수사로 문 정권의 태산(泰山)같은 비리의 진원지(震源地)를 발본색원(拔本塞源)할 때까지 적폐를 완전히 청산해야 한다.

7. 연금개혁 외면

국민연금 기금이 2055년이면 바닥나고 그때부터 가입자들이 소득의 26.1%를 연금 보험료로 내야 한다는 정부 전망이 나왔다. 국민연금 재정추계전문위원회가 2023년 1월 27일 공개한 국민연금 재정추계(推計)에 따르면, 지금 조건대로 보험료율9%, 근로기간 평균소득 40%를 노후 지급한다면 국민연금기금 소진시점(消盡始點)은 5년 전 계산한 2057년에서 2055년으로 2년 빨라졌다. 연금지출이 수입(투자수익 포함)을 웃돌아 적자로 들어서는 시기도 기존 2042년에서 2041년으로 1년 당겨졌다. 문재인 정부 5년 동안 연금개혁에 손을 대지 않으면서 전보다 더 악화(惡化)된 상황에 직면(直面)한 것이다.

국민연금 5차 재정추계 결과, 저출산(低出産)·고령화(高齡化) 여파(餘波)로 국민연금 기금고갈(基金枯渴)속도는 한층 빨라지는 것으로 나타났다. 국민연금 가입자는 해마다 줄고, 수급자는 반대로 계속 증가한다. 남은 국민연금 기금이 점점 줄다보니 미래세대는 2060년이 되면 소득의 30%를 연금 보험료로 내야 할 판으로 갈수록 상황은 악화일로(惡化一路)로 치닫고 있다. 게다가 갈수록 경제성장이 더뎌지는 데다, 기금투자 수익률도 크게 오를 요인(要因)이 별로 없다.

27일 국민연금 재정추계위원회 발표에 따르면 50년 뒤, 100년 뒤 대한민국이 어떤 모습일지 적나라(赤裸裸)하게 그려져 있다. 저출산 고령화가 만들 암울(暗鬱)한 미래상(未來像)이다. 2055년 국민연금 기금 적립금이 바닥나면 그 이후엔 지금의 아이들이 월급의 최대 35%를 보험료로 내야 국민연금이 지탱(支撐)된다. 저출산(低(出産), 고령화(高齡化)에 따른 생산인구 감소로 세입은 줄고 노인복지, 의료비 등 정부지출은 급격히 늘어나기 때문이다. 문재인 정부 5년간 나랏빚을 400조 원 이상 늘리는 바람에 국가부채 1000조 원시대가 이미 열렸다. 특히 문재인 정부 5년간 공무원이 13만 명 급증(急增)하면서 공무원연금 적자가 미래세대에게 천문학적(天文學的) 부담이 될 것이다.

우리가 지금 당장 각 분야의 구조개혁을 통해 생산성을 높이는 수밖에 다른 방법이 없다고 한다. 규제개혁으로 경제 활성화와 노동개혁으로 생산성을 높이는 등 개혁에 박차(拍車)를 가해야만 미래세대에게 더 나은 세상이 오리라는 희망을 줄 수 있다. "생명이 지속되는 한 희망이 있다(While there's life, there's hope. -Cervantes-)." "최선의 것을 희망하되, 최악의 경우에 대비해서 준비하라(Hope for the best, but prepare for the worst.)" "정직한 수고와 진지한 노력에는 행운이 뒤 따른다(Fortune waits on honest toil and earnest endeavor.)."

8. 대통령 부인의 옷과 장신구에 든 비용이 '국가기밀'이라는 나라

가. 영부인의 옷차림이 외교이며 국격(國格)인가?

문 대통령은 취임 직후 "식비를 비롯해 치약, 칫솔 등 개인비품 구매비

전액을 월급에서 차감(差減)하겠다”고 했다. 작금(昨今)의 세태(世態)가 문재인 대통령 부인의 화려한 옷과 고급 장신구(裝身具) 이야기로 어지럽게 확산되자 청와대는 “임기 중 대통령 부인의 의류비는 전액사비(私費)로 지출했다”고 한다. 그러나 이런 해명과는 너무나 다른 정황들이 매일 쏟아져 나와 국민들의 의구심만 키우고 있다.

문재인 대통령은 2015년 “특활비를 투명하게 공개하고 감시해야 한다”고 천명(闡明)했고, 문재인 정부 출범 때도 특활비를 “공개 하겠다”고 약속했다. 그러나 요즈음 문 대통령의 부인 김정숙 여사의 의상·가방·액세서리 등 장신구 구입논란과 관련해 시민단체에서 ‘국고손실 및 업무상횡령’(특정범죄 가중처벌 등에 관한 법률 제5조) 혐의로 고발했다. 청와대 청원 게시판에는 ‘옷값을 공개해 달라’는 청원이 올라왔고, 야당도 공개를 촉구하고 있다. 네티즌들이 언론에 나타난 사진으로 지금까지 확인 한 것으로 의상만 178벌, 가방·액세서리는 207점이라고 하며, 과거 김 여사가 착용한 표범 브로치가 2억 원대 명품이라는 논쟁도 벌어졌다.

김정숙 여사의 옷값 논란에 대해 문 대통령 지지자들은 “영부인의 옷차림도 ‘외교’이며 국격”이라는 망발(妄發)과 궤변을 토로(吐露)했다. 외교(外交: diplomacy)란 정치면에서 볼 때, 국가 간에 맺는 일체의 관계로 한 나라의 대외정책 그 자체 또는 대외관계의 처리방법을 의미한다. 외교는 그것이 정책이거나 교섭이거나를 막론하고 최소한의 희생으로 최대한의 ‘국가 이익’의 실현을 이룩하는 것을 목적으로 한다. 국격(國格: 나라의 품격)은 영부인의 사치스럽고 비싼 옷이나 장신구로 높이는 것이 아니다. 옷이나 장신구는 사람의 몸에 맞는 것보다 ‘마음에 맞는 것’이 훨씬 좋다.

대통령의 부인은 자신과 그 가족에게 청렴(淸廉)과 검소(儉素), 성실하고 엄격한 삶의 자세를 견지(堅持)할 때 비로소 국민의 존경과 사랑을 받는다. 여성은 어머니로서 뿐만 아니라, 아내로서, 또 사회의 일원으로서 그 존재 이유를 갖는다. 남성이 신(神)의 아들이라면, 여성은 신의 딸인 것이다. 여성의 무거운 입, 친절한 말씨는 여성의 가장 아름다운 장식품이다. 육영수 여사는 자녀들에게 "청와대에서 쓰는 물건들은 국민의 세금으로 산 것이니 종이 한 장도 개인용도로 쓰면 안 된다"고 가르쳤다고 한다. 박근혜 전 대통령이 대학에 다닐 때도 새 옷을 사주는 대신 자신이 입던 옷을 손봐서 입혔다고 한다. 육영수 여사가 국민들로부터 존경받는 이유다.

허영에 들뜬 여인들이여, 깨끗하고 건강하며 아름다운 육체에다 소박한 옷을 걸치는 것과, 불구의 병든 몸에다가 번쩍이는 금은(金銀) 붙이를 장식하는 것과, 어느 쪽을 택하겠느냐고 질문을 받는다면, 그대는 무엇이라고 대답하려는가? 사악(邪惡)하고, 무지하고, 천한 정신밖에 갖지 못하면서도 황금으로 장식을 하고자 함은 무엇 때문인가? 그것은 참으로 어리석은 짓이라 하지 않을 수 없다. 인간의 완성(完成)의 문제는, 여성에게 있어서나 남성에게 있어서나 꼭 같은 임무다. 즉 그것은 사랑을 완성하는 것이다.

문재인 전 대통령 부인 김정숙 여사가 2018년 인도를 방문했을 때 청와대 요리사까지 대동했다는 사실이 최근 밝혀졌다. 대한민국 대통령 휘장이 붙은 전용기를 탔다. 장관급이 아닌 대통령 부인이 외국에 가면서 비용이 2500만원에서 3억4000만 원정도 더 늘었다고 한다. 국민혈세를 물 쓰듯 한 것이다. 김정숙 여사가 문재인 전 대통령과 함께 해외에 나간 건 48차례로 유독 관광지가 많았다고 한다. 윤석열 대통령은 부인의 의전을 담당하는 제2부속실도 없앴다.

나. 문 대통령 부인의 단골 디자이너의 딸의
'영리업무 및 겸직금지의무 위반' 행위

문 대통령 부인 김정숙 여사의 취임식 옷 등을 제작했던 프랑스 국적인 의상디자이너의 딸이 청와대 총무비서관실에서 부인을 보좌하는 제2부속실에 근무하면서 아버지의 패션 브랜드에서도 일을 계속하여 겸직해온 정황이 드러났다. 문재인 정권초기인 2017년부터 현재까지 청와대에서 계약직 공무원으로 일하고 있는 그 딸이 2018년 3월 프랑스 파리에서 열린 아버지 브랜드의 패션쇼를 함께 준비하고 있는 영상이 언론을 통해 공개됐다. "공무원은 공무 외에 영리를 목적으로 하는 업무에 종사하지 못하며, 소속 기관장의 허가 없이 다른 직무를 겸할 수 없다"(국가공무원법 제64조 제1항). 청와대가 계약직 공무원의 이러한 위법행위를 묵인한 것이다.

김정숙 여사의 단골 디자이너의 딸이 'VVIP' '공식순방'등의 단어를 사용해 청와대 근무사실을 암시하며 자신과 브랜드의 가치를 높이며 사업에 이용한 것이다. 김정숙 여사의 특혜를 받은 것이 아닌가? 김 여사가 첫 해외순방인 한미정상회담부터 각종 국내외행사에서 20여 차례 해당 브랜드의 옷, 스카프 등을 착용했다고 한다. 대통령의 배우자와 오랜 단골 디자이너의 딸이 청와대에 근무하면서 5년 동안 공정과 상식에 벗어나는 행위로 국가공무원법 제64조 제1항을 위반한 것이다. 문재인 대통령은 자신의 친인척 등의 비위행위에 대한 감찰을 담당하는 특별감찰관의 임명을 거부함으로써 특별감찰관법 제7조 제2항을 위반했다.

다. 올바른 삶의 태도(가치 있는 일에 몰두하는 삶)

<너 자신을 알라(그리스의 7대현인의 한 사람)>라고 했다. 소크라테스는 이 말을 애지중지(愛之重之)했다. 이 말은 인생의 지혜로운 좌우명(座右銘)이다. 인간은 먼저 자기 자신을 알아야 한다. 인생의 불행과 비극은 자기 자신을 모르는데서 시작한다. 영국의 경제학자 밀(John Stuart Mill)은 "만족(滿足)한 돼지가 되는 것보다는 불만족(不滿足)한 인간이 되는 것이 낫다. 만족한 바보가 되는 것보다는 불만족한 소크라테스가 되는 것이 낫다" "행복을 얻는 유일한 길은 행복을 인생의 목적으로 하지 않고 행복 이외의 딴 목적물을 인생의 목적으로 삼는 것이다"라고 말했다.

만족만이 인간의 가치관의 기준은 아니다. 인간의 품위(品位), 선악(善惡), 보람, 의미가 더 중요한 가치관의 기준이다. 우리는 짐승이 아니라 인간이기 때문이다. 누구나 다 행복하기를 원한다. 우리는 어떻게 하면 행복해질 수 있을까? 행복에 도달하는 지혜와 기술이 무엇이냐? 행복에 이르는 길은 무수히 많다. 인간은 수없이 많은 행복의 길 가운데 하나를 선택한다. 그 길이 올바른 길이 아니라면 가지 않는 것이 현명하다. 욕망과 질투와 시기(猜忌)에 사로잡힌 사람의 길은 험난하지만 신념을 가진 사람의 길은 평탄하다. 행복을 인생의 직접목적으로 삼지 말고 행복보다 더 높은 인생의 목적에 자기 자신을 헌신하는 것이 행복에 도달하는 확실한 길이다.

스위스의 사상가 힐티(Carl Hilty)는 "인생의 가장 행복한 시간은 일에 몰두(沒頭)하고 있을 때다"라고 말했다. 인생을 행복하게 살려면 보람 있고 가치(價値) 있는 일에 몰두할 때 우리는 생(生)과 자기 존재의 의의(意義)와 중요성을 느낀다. 비싼 옷과 장신구로 몸이나 치장(治粧)하는 허영(虛榮)과 사치

(士致)한 삶이 아니라, 나의 '정열(情熱)을 쏟을 수 있는 일'을 가지는 사람이 '가장 행복한 사람'이다. 남의 행복을 부러워하면 자기의 행복을 잊어버리기 쉽다. 그대의 발밑을 파라. 그곳에서 맑은 샘물이 솟을 것이다.

행복은 멀리 있는 것이 아니라 가까운 곳에 머물고 있다. 행복한 부자(富者)는 별로 없다. 그러나 부자가 되길 원치 않는 가난뱅이도 별로 없다. 정말 사는 재미를 맛보려면, '적당히 가난해야'한다. 적당히 가난해야 사는 재미가 있다는 사실만은 잊지 말자. 재벌(財閥)이 되면 돈에 대한 감각이 없어진다고 한다. 우리가 소유하고 있는 모든 물건의 의미도 사람마다 다르다. 한 푼을 쓰고 하찮은 것 하나를 얻어도 그지없이 즐거운 사람이 잇는가 하면, 아무런 느낌이 없는 사람도 있다.

삶의 궁극(窮極)목표로서의 행복은 인간으로서의 보람과 만족을 느낄 수 있는 '일'을 함으로서 참된 행복에 접근하도록 사는 것이 '올바른 삶의 태도'라고 할 수 있다. '재미있게 살려면' '쓰되 아까워야' 한다. '주고도 아깝지 않으면 준 게 아니다' 아쉽고 아까웠기에 주고 난 마음이 한결 좋은 것이다. 탐욕(貪慾)은 모든 악(惡)의 뿌리다. 적게 가질수록 더욱 사랑할 수 있다. 소유한다는 기쁨이 어떤 것인지를, 그리고 그게 얼마나 힘든 것인가를 어리석은 인간이나마 알게 되었으면 하는 바람에서다.

인간의 위대함은 그의 지식이나 소유에 있지 않고 오로지 맑은 혼(魂)에 있다. 인간은 내 정신을 지니고 인간답게 살아야 한다. 인간이 인간답게 산다는 것은 끝없는 자기 성찰(省察)의 길이다. 자기 자신을 이기는 사람이야말로 가장 강한 승리자다. 위대한 것은 우리들의 인간적인 양식(良識)과 품위(品位)있는 행위에 달린 것이다.

라. 영부인의 의상비가 국가안보 및 국가기밀이라는 청와대의 궤변

문재인 대통령은 대통령의 친인척 등 대통령과 특수한 관계에 있는 사람의 비위행위(예 : 공금을 횡령·유용하는 행위 등)에 대한 감찰을 담당하는 '특별감찰관'을 취임 후 현재까지 임명하지 않아 특별감찰관법 제7조 제2항을 위반했다. 한국납세자연맹이 2018년 3월 특활비 및 옷값 등 장신구에 대한 정보공개를 청구한 것은 대통령 및 김 여사의 의전비용이 특활비에서 지급됐는지 여부를 밝히려는 것이었다. 김 여사의 옷값만이 아니라 대통령의 옷값도 함께 공개하라고 한 것이 중요하다. 기획재정부의 <예산 및 기금운용계획 집행지침>에 의하면 '특활비'란 기밀유지가 요구되는 정보 및 사건수사, 기타 이에 준하는 외교안보, 경호 등 '국정수행활동에 직접 소요되는 경비'를 말한다.

한국납세자연맹의 특활비 및 옷값 등에 대한 정보공개청구에 대하여, 청와대는 "국가안전보장, 국방, 외교관계 등 민감한 사항이 포함돼 있다" "대통령 기념물로 지정될 것"이라는 이유로 공개를 거부하자 한국소비자연맹은 법원에 '제소(提訴)'하여 승소했다. 1심법원은 "국가이익을 해(害)할 우려가 없다"며 "공개하라"고 판결했다. 법원은 청와대 측 "안보 위협론"을 배척한 것이다. 그러나 청와대는 '국가안전보장' '국가기밀'이라는 궤변(詭辯)과 망발(妄發)로 1심법원의 판결에 불복해 항소했다.

대통령 부인 의상과 액세서리 등 장신구 구입에 든 비용이 과연 '국가안보' 및 '국가기밀'에 해당되는가? 소나 개가 웃을 일이다. 청와대는 "국익(國益)을 현저히 해(害)친다" "국가안보에 관한 사항"이라는 이유로 항소함으로서 논란을 증폭시켰다. 문 대통령 퇴임 후 옷과 장신구 등이 '대통령 지정기록물'이 되면 최장 15년(사생활 관련기록은 30년)간 공개되지 않는다. 문 대통령 퇴임 전에 항소심 판결이 나올 가능성이 없어 의류비 지급논란 의혹이 묻혀버리게 된다. 이 사건은 재물을 탐닉(耽溺)하는 인간의 밑바닥을 잘 보여주고 있다.

<국가안전보장(國家安全保障 : national security)>이라 함은 광의(廣義)로는 외부로부터의 군사·비군사적 위협이나 침략을 억제 또는 배제함으로써 '국가의 평화와 독립'을 수호하고 '안전을 보장'하는 것을 말하며, 협의(狹義)로는 '국가의 존립(存立)', '헌법의 기본질서유지'를 의미하는 개념이다. 국가안전보장이란 국가의 대외적 불안이나 위협, 나아가 대외적 침략으로부터 '국가의 안전'을 보장하기 위하여 채택된 정책을 말하는 것으로서 국방이나 방위의 개념보다도 포괄적이며 차원 높은 것이다.

<국가기밀(國家機密)>이라 함은 순전한 의미에서의 국가기밀에만 국한할 것은 아니고 정치, 경제, 사회, 문화 등 각 분야에 걸쳐서 대한민국의 국방정책상 북한 괴뢰집단에게 알리지 아니하거나 확인되지 아니함이 '대한민국의 이익이 되는 모든 기밀사항'이 포함되고, 이러한 기밀사항이 국내에 일반적으로 알려진 것이고 일상생활을 통해서 경험할 수 있는 것이라 할지라도 '북한괴뢰집단에게 유리한 자료'가 될 경우를 말한다(대판 1987.5.26. 87도432).

마. 인간의 탐욕(충만)과 참된 성숙(비움)

재물은 바닷물과 같아 마시면 마실수록 갈증이 심해져 인간은 무한대(無限大)의 욕망의 노예가 되기 쉽다. 마르코스 권세의 아성이 무너지던 날 세계의 눈은 필리핀으로 쏠렸다. 꿈같은 궁전은 호화와 사치의 극치였다. 부패한 권자의 종말이 무엇인가를 잘 보여주었다. 호사가(好事家)의 이야기 거리로서는 이멜다의 3천 켤레구두가 단연 압권(壓卷)이었다. 이멜다는 왜 3천 켤레나 되는 구두를 모아야 했을까? 얼마나 지지리 못났으면 고작 그런 사치에만 몰두 했을까? 측은하며 불쌍하고 참으로 불행하며 우둔(愚鈍)한 여인이 아닐 수 없다.

아무리 많이 가져도 기쁘지 아니하면 아니 갖는 것만 못하다. 하찮은 것 하나에도 애정을 갖고 소중히 간직할 때 비로소 '내 것'이 된다. 정(情)이 통하지 않는 한 그건 내 것이 아니다. 인간의 참된 성숙은 '비움'에 있다. 텅 비어 있기 때문에 오히려 가득 찼을 때보다도 더 '충만(充滿)'한 것이다. 정의(正義)의 철인 소크라테스는 <사는 것이 중요한 문제가 아니라 '바로 사는 것'이 중요한 문제다>라고 말했다. 살려는 의지도 중요하지만 '바로 살려는 의지(意志)'가 더 중요하다. 불나비는 아픔도 모르고 불속으로 날아들며, 물고기는 위험한 줄도 모르고 낚시미끼를 문다. 어리석은 인간은 불행의 그물이 쳐 있음을 알면서도 관능적(官能的)인 향락에서 벗어나지 못한다. 인간의 탐욕과 어리속음에는 한이 없다.

국가의 안전보장과 국토방위의 신성한 의무를 수행함을 사명으로 하는 국군통수권자인 대통령이 '국가안전보장' 및 '국가기밀'의 정확한 개념을 알고 있는지 의문이다. 이제 대한민국은 대통령 부인 옷값의혹과 관련하여 국가안보와 국가기밀을 핑계 삼아 공개하지 않다가 판결의 확정을 기다리는 과정에서 '대통령 기록물'로 둔갑(遁甲)시켜 15년(또는 30년)간 묻혀버리려는 꼼수를 부리는 **"한 번도 경험해 보지 못한 나라"**가 된 것이다. 영부인의 지위는 화려한 장신구와 비싼 옷이 아니라 자질과 인격과 능력을 인정받음으로써 잘 지킬 수 있는 것이다.

가득 찬 그릇은 소리를 내지 않으나 비어있는 그릇만이 요란한 소리를 내면서 울린다. 지혜로운 사람은 저절로 그 빛으로 세상을 비춘다. 지혜로운 사람의 고요한 마음은 천국과 지상을 비추는 거울이다. 지혜는 저절로 얻어지지 않는다. 보석이 수십 번의 연마(練磨)와 세공(細工)을 거치면서 본연의 광채(光彩)를 되찾는 것처럼 지혜도 오랫동안 갈고 닦아야만 빛을 발할 수 있다. 보석이 빛을 되찾으려면 스스로의 살을 깎는 인고(忍苦)의 시간이 필요하다. 지혜는 자신을 버릴 줄 아는 깨달음의 경지(境地)를 지나야 한다.

바. 인생을 아름답게 수(繡)놓는 마지막 길

문 대통령은 박근혜 전 대통령에 대해 "임기 중 의상 및 특수 활동비를 7억 원을 썼다"고 비판했으나 김 여사의 옷값에 침묵하는 것은 내로남불과 후안무치(厚顔無恥)의 전형(典型)이요, 극치(極致)다. 다산(茶山)은 "목민관(牧民官)은 마음씨가 청렴결백(淸廉潔白)하고 절용(節用)해야 한다. 청렴이란 목자(牧者)의 본무(本務)요, 갖가지 선행(善行)의 원천(源泉)이요, 모든 덕행(德行)의 근본이니, 청렴하지 않고서는 절대로 목자가 될 수는 없다"고 말했다. 사람이 청렴하지 못한 까닭은 그의 지혜가 짧기 때문이다. 수신(修身)후에 제가(齊家)하고 제가 후에 치국(治國)해야 평천하(平天下)할 수 있다.

사람은 언젠가 때가되면 "자리"에서 물러나야 한다. 그러나 인간의 탐욕으로 인해 영광스러운 퇴진은 극히 드물며 영어(囹圄)의 몸이 되기도 한다. 대통령 부인의 옷과 장신구 구입내역을 공개하라는 판결에 청와대가 불복 항소하여 법정투쟁을 불사하고 있으며, 문 대통령은 물러나는 마지막 날까지 자신에게 충성한 <내 사람 심기>에 최후의 한 자리까지 챙기려고 기를 쓰고 있다. 대통령의 공무원임명권은 "헌법과 법률이 정하는 바에 의하여" 적정하게 행사하여야 하며, 대통령의 공무원임명권의 남용은 탄핵사유가 된다.

대통령을 비롯한 모든 공무원은 법령을 준수하며 성실히 직무를 수행하여야 한다(국가공무원법 제56조). 대통령이 그 직무집행에 있어서 헌법이나 법률을 위배한 때에는 국회는 탄핵의 소추를 의결할 수 있다(헌법 제65조 제1항). 대통령은 물러날 때일수록 자신의 책무를 다하며, 깨끗이 처신하여 유종(有終)의 미(美)를 거두는 것이 <인생을 아름답게 수(繡)놓는 마지막 길>이될 것이다. 작은 집착(執着)을 버리고 큰 명예를 위해 일해야 한다. 올바른 일을 위해 사사로운 정은 과감히 버려야 한다.

마음이 모든 것을 결정한다. 행복과 불행을 조율(調律)하는 것도 인간의 마음이다. 사치스러운 인생을 누리기 위해 호화로운 물품을 소유하는 것은 탐욕(貪慾)에 불과하다. 현명한 사람은 움직이고 있을 때, 정지할 시기를 생각한다. 행복은 누릴만한 자격이 있는 사람만이 누릴 수 있다. 올바르고 참된 인격을 가진 사람만이 행복을 맞이하게 된다. 올바른 인격을 갖추지 못하면 행복은 그림 속의 궁전에 불과하다.

9. 선거만 의식한 포퓰리즘에 따른 요금인상 청구서

국제 LNG(액화천연가스)가격이 상승하면서 한국가스공사가 2021년 상반기부터 국내 가스요금 인상을 총 8차례 요청했지만 문재인 정부가 계속 묵살(黙殺)하다가 2022년 4월에야 요금인상을 승인한 것으로 드러났다. 대선에서 패배해 정권교체가 결정되고 나니 그때서야 요금인상을 승인한 것이다. 2021년 6월에 LNG 가격은 연초 대비 44% 상승했고, 10월 초에는 연초의 2.5배로 올랐다.

이에 가스공사는 2021년 3.4월부터 6차례에 걸쳐 원료비 인상을 요청했으나 받아들여지지 않았다. 그 바람에 2020년 말 2000억 원 수준이었던 가스공사의 영업 손실이 2021년 말에 1조8000억 원으로 급증했다. 2022년 들어서도 1, 2월과 3월에 각각 인상요청을 했지만 받아들여지지 않았다. 전기요금도 마찬가지다. 문재인 정권 출범당시, 탈(脫)원전을 추진하려면 2030년까지 매년 전기요금을 2.6% 올려야 한다고 산업부가 보고했지만 묵살됐다.

"탈(脫)원전에도 전기요금 인상은 없다"는 문재인 대통령의 발언 때문에 문 정부 내내 한전은 10차례 요금인상을 요청하고도 한 차례만 승인받았다. 한전 사장은 "문재인 정부에서 전기요금을 조금씩 올렸더라면 적자폭이 줄고 국제에너지 가격상승의 충격을 덜 받았을 것"이라고 했다. 그로 인해 한전은 지난해 30조 원이라는 천문학적 적자를 냈다. 문재인 정부는 선거만 의식(意識)해서 공공요금(公共料金) 인상이라는 인기 없는 정책은 무조건 피하는 '포퓰리즘(populism)정책'을 펴왔다. 그 결과 공기업 부채(負債)는 눈덩이같이 불어났고 국민에게 포퓰리즘 청구서가 한꺼번에 날아들고 있다.

2024년 4월 총선을 앞두고 거야(巨野)의 '포퓰리즘 입법(立法)'이 본격적

시동(始動)을 걸고 있다. 더불어민주당이 농민들을 타깃(target)으로 한 양곡관리법개정안을 통과시킨 후, 노인을 대상으로 한 '기초연금 인상', 청년층을 대상으로 한 '학자금 무이자대출' 등 모든 계층과 연령대를 겨냥한 '현금 살포 입법전(立法戰)'에 광분(狂奔)하고 있다. 가덕도 신공항과 한전공대 등 문재인 정부가 추진한 대형 사업에도 수십조 원이 들어간다.

문재인 정부 5년간 국가채무는 눈덩이처럼 급증(急增)해 1000조 원을 넘겼다. 올해 늘어나는 빚까지 더하면 국민 1인당 국가채무는 2200만 원대에 이른다. 나라살림에 경고등(警告燈)이 켜졌는데도 내년 총선(總選)만 의식한 정상배(政商輩)들의 "퍼주기 폭주(暴走)"는 광분(狂奔)하고 있다. 국민연금 개혁은 뒷전인 채 '표'만 노린 입법부터 하려는 정상배(政商輩)들의 상투적(常套的) 꼼수가 정치권에 깊이 뿌리내리고 있다. 국가부채(國家負債)와 재정적자(財政赤字) 비율을 일정수준 이하로 관리하는 '재정준칙(財政準則)'을 법제화(法制化)하여 '정부의 의무사항(義務事項)'으로 만들어야 한다.

윤석열 정부 출범 후 민주당 의원들이 낸 법안 중 시행 첫 5년간 1조 원 넘는 세금이 들어가는 것이 총 52건에 달한다. 국회에 따르면 여기엔 5년간 19조~71조 원의 예산이 든다고 한다. 더불어민주당은 문재인 정권 때도 노인·알바 일자리와 선심성(善心性) 복지, 퍼주기 현금지원에 천문학적 돈을 퍼부었다. 이로 인해 국가채무는 5년간 450조 원이 늘어 1000조 원을 넘어섰다. 이렇게 뿌린 돈은 국가 채무 급증(急增)으로 이어지고 결국 현 2030세대에게 청구서로 돌아올 수밖에 없다. 포퓰리즘 정책이 이 더불어퍼주기당의 기본이념(基本理念)으로 자리 잡았다. 여의도 혈세 도둑떼의 '퍼주기 정책'으로 피해를 보는 건 매년 수십조 원의 '혈세청구서'를 받게 될 납세의무자다.

2024년 4월 총선(總選)을 앞두고 여당과 거야(巨野)는 포퓰리즘 입법의 양산(量産)에 광분(狂奔)할 것이 아니라 중국과 북한의 해킹에 대비해, 선거관리위원회가 '선거와 국민투표의 공정한 관리 및 정당에 관한 사무를 처리'하고 있는지 여부 및 '선거가 국민의 자유로운 의사와 민주적인 절차에 의하여 공정히 행하여지고, 선거와 관련한 부정을 방지함으로써 민주정치의 발전에 기여'할 수 있는지 여부 등 선관위의 모든 활동을 전면적으로 감사하고 철저하게 재정비해야 할 것이다.

"정상배(政商輩: Politician)는 다음 '선거'를 생각하고, 정치가(政治家: Statesman)는 다음 '세대(世代)'를 생각한다(-Clark-)." 정상배는 다음 선거에서 집권이나 당선 밖에는 눈에 보이지 않는다. 그러나 정치가는 집권이나 당선보다도 다음 세대를 더 생각하며 역사를 멀리 보는 원대한 안목(眼目)을 갖는다. 정치가와 정상배는 엄밀히 구별해야 할 개념이다. 정치가는 훌륭한 경륜(經綸)이 있는 사람이요, 정상배는 경륜은 없고, 다만 권력욕(權力慾)만 갖고 그것을 충족시키기 위해서 권모술수(權謀術數)를 예사(例事)로 삼는 사람이다. 우리나라에는 좀스러운 정상배는 많아도 우수한 정치가는 드물다.

10. 국고보조금 5조 원 민간단체 뿌리기

문재인 정부에서 연간 약 5조 원의 국가 보조금이 민간단체에 지원된 것으로 27일 대통령실 '전수조사 결과'가 나타났다. 대통령실은 이 민간단체들이 지원된 국가 보조금이 불투명하고 방만하게 운영된 의심사례를 포착하고 전 부처에 실태점검을 지시할 계획이다. 윤석열 대통령은 이날 국무회의에서 "국민혈세가 그들만의 이권 카르텔에 쓰인다면 국민이 용납하지 않을 것"이라며 "국가보조금 관리체계를 전면 재정비해 국민세금이 제대로 투명하게 쓰이도록 하겠다"고 말했다. 윤 대통령이 최근 강조하고 있는 노동조합 회계투명성강화에 이어 2020년 '정의연(정의기억연대)사태' 같은 비영리단체의 부실회계도 손보겠다는 것이다.

대통령실 핵심 관계자는 "문재인 정부시절 중앙정부 3조 원, 지방정부 2조 원 등 연간 최소 5조 원의 국가 보조금이 민간단체에 지원 된 사실이 전수조사 결과 파악됐다"고 말했다. 중앙부처가 직접 지급한 보조금이 1조 원에 이르고, 매칭 펀드방식으로 중앙과 지방이 공동으로 지원한 보조금이 각각 2조 원에 이른다는 것이다. 이 밖에 전수조사에서 제외된 지방자치단체 자체 보조금이나 공공기관 보조금까지 포함하면 민간단체 지원금은 더 늘어날 전망이다.

윤 대통령은 "지난 몇 년간 민간단체에 대한 국가 보조금이 급격하게 늘어났지만, 정부 관리는 미흡했다"며 "그간 회계사용처를 제대로 들여다본 적이 있는지 의문"이라고 하며 "공적목표가 아닌 사적이익을 위해 국가보조금을 취하는 행태가 있다면 이는 묵과할 수 없는 행위"라며 "혈세를 쓰는 곳에 성역은 있을 수 없다"고 했다. 윤 대통령은 각 부처에 "공익목적인 보조금사업의 회계부정, 목적 외 사용 등 불법적 집행이나 낭비요소가 있는지 그 실태를 점검하길 바란다"며 "방만하고 낭비성 사업이 있다면 정비하고 보조금의 투명성을 확보할 수 있도록 관리체계 강화방안을 마련하라"고 했다.

기획재정부에 따르면 문재인 정부 5년 동안 국가보조금 교부 보조사업은 2017년 19만9743건에서 2021년 25만7095건으로 5만7352건(28.7%) 증가했다. 이 중 부정수급으로 적발된 국가보조금은 5년간 2352억 원이었다. 이와 관련, 감사원은 지난 8월부터 정부부처와 지자체로부터 보조금을 받은 시민단체 1716곳을 대상으로 특별감사를 진행하고 있다. 감사원이 시민단체 보조금 집행내역 전반을 감사하는 건 처음이다. 감사대상은 시민단체 지원업무가 많은 정부부처(6개)와 광역자치단체(1개)로부터 보조금을 받은 1716개 시민단체다.

실제로 시민단체 등에 지급된 보조금을 '눈먼 돈'처럼 목적 외로 사용한 사례는 많다. 서울시는 지난달 '윤석열 퇴진 중고생 촛불집회'를 주최하고 중.고등 학생을 상대로 친북성향 강연을 해 논란이 된 '촛불중고생시민연대(촛불연대)'의 등록을 직권말소하고 지급한 보조금 1600만원을 환수하기로 최근 결정했다. 윤 대통령은 "과거 정부에서 만들어진 직제가 우리정부 국정과제를 추진하는데 미진(未盡)하다면 각 부처가 신속한 직제개편(職制改編)을 해 달라"고 했다.

이와 관련해 대통령실은 28일 문재인 정부 5년 동안 민간단체에 지원된 국가보조금 규모와 관리 실태에 대한 전수조사결과를 발표하면서, 동시에 불법·위법 사례파악을 전 부처에 지시할 계획이다. 이는 정부보조금을 받아 당초 목적과 다르게 마음대로 쓰는 일부 시민단체 등의 행태를 뿌리 뽑겠다는 차원이다. 이번기회에 정부나 지방자치단체의 보조금을 방만하게 운영해온 혈세도둑 집단인 민간단체를 발본색원(拔本塞源)함으로서 국가 재정의 효율적이고 성과 지향적(成果 指向的)이며, 투명한 재정운용과 건전재정의 기틀을 확립하고 재정운용의 공공성을 증진하도록 해야 한다.

문재인 정부 5년간 각종 시민단체, 협회, 재단 등 민간단체에 지원 된 국고 보조금이 매년 4000억 원씩 급증한 것으로 나타났다. 거대 노조(勞組)들의 재정처럼 한 번도 제대로 사용처의 실태조사를 안 한 '눈먼 돈'이다. 대통령실이 공개한 정부보조금 부정수급, 사용례 중에는 남북협력기금을 부정 수령해 감사원에 적발된 대북지원단체가 이 사실을 숨긴 채 서울시와 행정안전부에 지원금을 신청해 3600만원을 받아낸 경우, 여성가족부 지원 대상으로 선정된 촛불중고생시민연대 소속 동아리 5곳이 '정치적 활동불가' 방침을 무시하고 반정부 집회를 주도한 경우 등이 포함됐다.

서해 공무원 피살 당시 평양여행을 홍보한 대북지원 단체, 유족지원금을 김정은 신년사 학습에 쓴 세월호 단체도 있었다. 식대, 인건비, 출장비 부풀리기, 서류조작 등 회계부정사례는 셀 수도 없을 정도다. 이번에 대통령실이 살펴본 것은 중앙정부 보조금이 지급된 사업에 국한 된 것으로 빙산(氷山)의 일각(一角)에 불과하다.

서울시의 경우 박원순 시장 재임 10년간 민간 보조금 또는 민간 위탁금으로 시민단체들에 지원한 세금이 1조 원에 육박했다. 이들이 준공무원처럼 국민혈세로 월급을 받았다. 서울시와 산하단체의 5급 이상 임원의 25%는 시민단체와 더불어민주당 출신 몫으로 돌아갔다. 세금을 제 돈처럼 나눠 먹었다. 서울뿐 아니라 전국에서 벌어진 일이다. 이와 같은 좌파 생태계(生態系), 좌파 카르텔(cartel)의 구축(構築)을 가능케 한 것이 바로 '눈먼 보조금'이었다.

새 정부 들어 이 '눈먼 돈'이 조금 끊기자 전국 각지에서 세금도국들이 벌 떼처럼 들고 일어나 '제 돈 내 놓으라'는 듯이 '국민 혈세 내 놓으라'는 시위가 확산되고 있다. 이처럼 부실한 정부와 지자체의 보조금 관리체계를 과감히 정비한다는 정부방침이 용두사미(龍頭蛇尾)가 돼서는 안 된다. 이번 기회에 전수 조사하여 발본색원((拔本塞源)해야 한다. 다시는 국민세금을 두고 "시민단체 전용ATM(automated-teller machine 현금인출기)"이라는 말이 나오지 않도록 엄담(嚴斷)해야 한다.

11. 유죄 판결 받은 조국 가족의 놀라운 죄의식 결핍

자녀 입시비리와 청와대 감찰무마 등 각종 비리혐의로 기소된 조국 전 법무장관에 대해 1심 재판부가 3일 징역 2년에 추징금 600만원을 선고했다. 이날 판결은 조 전 장관이 2019년 12월 불구속 기소된 지 무려 3년 2개월 만에 선고됐다. 법원은 "조 전 장관이 대학교수 지위를 이용해 수년간 반복 범행했고 입시제도 공정성에 대한 사회적 신뢰를 심각하게 훼손했고, 정치권 청탁에 따라 감찰을 중단시킨 죄책이 무겁다"고 했다. 다만 증거인멸과 도주우려가 없다며 법정구속을 하지는 않았다.

앞서 자녀 입시비리 혐의 등으로 징역 4년이 확정된 조 전 장관의 아내 정경심 교수는 이날 조 전 장관의 공범으로 징역 1년을 추가로 선고 받았다. 조 전 장관은 "무죄판결을 받은 부분에 대해서는 재판부에 깊은 감사를 드리고 유죄판결을 받은 부분은 항소해 무죄를 다투겠다"고 했다. 조 전 장관은 자녀 입시비리, 유재수 전 부산시 경제부시장 감찰무마, 사모펀드 관련

비리 등 13개 혐의로 기소됐다. 서울중앙지법 형사 21-1부는 그 가운데 8개 혐의를 유죄로 판단했다.

특히 2013년 6월 딸 조민씨의 서울대 의전원 입시에 허위 인턴확인서를 제출하는 등 입시비리 7개 혐의 중 6개를 유죄로 판단했다. 청와대 민정수석 재직 당시 특감반에 유재수 전 부시장 감찰중단 압력을 넣은 직권남용 혐의, 딸이 부산대 의전원 장학금을 받은 청탁금지법 위반 혐의도 유죄로 인정했다. 반면, 사모펀드 관련 차명주식 보유 등 5개 혐의에는 무죄를 선고했다.

조민씨에 대한 '부산대의 의학전문대학원 입학취소처분'은 정당하다는 법원 판결이 나왔다. 부산지법 행정1부(재판장 금덕희)는 조씨가 부산대의 의전원 입학취소처분에 불복해 낸 소송을 '기각'했다. 재판부는 "부산대는 사전통지, 청문, 입학전형 공정관리위원회 등 행정절차를 거쳐 입학취소처분을 해 절차상 하자(瑕疵)가 없다"며 "조씨의 입학원서와 자기소개서 허위경력은 조씨 모친인 정경심 전 동양대 교수가 2020년부터 지난해까지 받은 1.2.3.심 판결로 인정된 반면, 조씨가 낸 자료로는 앞선 법원 판단을 받아드리기 어렵다고 볼 특별한 사정이 없다"고 했다. 조씨는 이날 오후 곧바로 항소했다.

조국씨는 아들 입시를 위해 허위로 작성한 서울대 인턴십 활동증명서를 활용하고, 아들이 다니던 외국 대학의 온라인 시험을 대신 해줬다. 딸의 의학전문대학원 입시에 허위 인턴확인서와 동양대 표창장을 제출했다. 조씨 혐의는 법무장관에 임명되기 이전에 이미 드러나기 시작했는데 문재인 대통령은 기어이 그를 법무장관에 임명해 국가적 갈등을 자초(自招)했으나 문재인 대통령은 사과(謝過)한마디 없이 오히려 "조국에게 마음의 빚이 있다"고 했다.

자신의 자녀 입시비리 7개, 유재수 전 부산시 부시장에 대한 감찰무마, 딸 부산대 의전원 장학금 수령에 대한 청탁금지법 위반, 사모펀드 관련 차명주식보유, 위증교사 증거조작 등 자신의 불법을 한 번도 인정하지 않았던 조씨는 "검찰이 수사가 아니라 사냥을 했다"며 회고록까지 출간했다. 이번 판결은 그런 문재인 정권과 조씨에 대한 응분(應分)의 단죄(斷罪)다. 이 재판은 이렇게 오래 걸릴 사건이 아니었다.

형사소송에 관한 '판결의 선고'는 1심에서는 공소(公訴)가 제기된 날로부터 '6개월' 이내에, 항소심 및 상고심에서는 기록을 송부 받은 날부터 '4개월' 이내에 하여야 한다(소송촉진 등에 관한 특례법 제21조). 하지만 김명수 대법원장이 우리법연구회 출신인 김미리 판사에게 이 사건과 문재인 정권 최대불법 중 하나인 '청와대 울산시장 선거개입 사건'을 맡기면서 재판이 지연됐다. 울산시장 선거개입 사건도 기소된 지 3년이 넘었으나 아직도 1심 선고가 나오지 않고 있다. 그 사이에 청와대의 선거공작으로 울산시장이 된 사람은 시장 임기 4년을 다 채우고 재출마까지 했다.

김명수 식 재판지연은 그 자체가 불법이요, 사법부의 직무유기로 신속한 재판을 받을 국민의 권리를 침해하여 헌법 제27조 제3항을 위반한 것이다. "신속한 재판을 받을 권리는 주로 피고인의 이익을 보호하기 위하여 인정된 기본권이지만 동시에 실체적 진실발견, 소송경제, 재판에 대한 국민의 신뢰와 형벌목적의 달성과 같은 '공공의 이익'에도 근거가 있기 때문에 어느 면에서는 이중적인 성격을 갖고 있다고 할 수 있어, 형사사법체제 자체를 위하여서도 아주 중요한 의미를 갖는 기본권이다(헌재결 1995. 11. 30. 92 헌마44)."

조국 전 법무장관의 딸 조민(32)씨는 6일 유튜브 채널 '김어준의 겸손은 힘들다 뉴스공장'에 출연해 "저는 떳떳하고 부끄럽지 않게 살았다"며 "검찰이나 언론이나 정치권에서 제 가족을 지난 4년 동안 다룬 것들을 보면 정말 가혹했다고 생각한다"고 했다. 조국 전 장관이 조민씨와 남동생 입시비리 혐의로 1심에서 징역 2년의 실형을 선고받은데 대해 이 같은 심경을 밝혔다. 그는 "이제 조민으로 당당하게 숨지 않고 살고 싶다"고 했다. 누가 그에게 "숨어서 살라"고 했나?

조씨는 자신의 의사자격 논란에 대해서는 "표창장으로 의사가 될 수는 없다"며 "입시에 필요한 항목들에서 제 점수는 충분했다"고 말했다. 그러면 그의 부모는 왜 인턴증명서와 7가지 스펙을 위조했나? 조씨는 허위 인턴십 확인서나 표창장을 입시과정에서 제출한 사실이 어머니 정경심 전 동양대 교수의 재판에서 인정돼 부산대 의학전문대학원 입학이 지난해 4월 취소됐다. 조씨는 입학취소처분에 불복해 소송을 제기했다.

법원은 조국 전 장관이 아내 정경심 교수와 공모(共謀)해 조민씨의 서울대 공익인권법센터 인턴증명서를 위조한 혐의 등을 사실로 인정했다. 조씨가 입시에 활용한 가짜, 위조문서는 한두 개가 아니다. 2020년 정 교수 재판부는 조씨가 부산대 의전원 입시 때 제출한 '7가지 스펙'이 모두 가짜 또는 위조라고 판결했다. 이로 인해 조민씨의 부산대 의전원 입학이 취소됐다.

단국대 의과학연구소 논문 제1저자 등재도 상식 밖이었다. 고1학생이 고도의 전문성을 요하는 과학논문 제1저자가 되는 것은 불가능에 가깝다. 그런데도 조씨는 "입시에 필요한 항목들에서 제 점수는 충분했다"며 "의사자질이 충분하다는 말을 들었다"고 했다. 조씨가 입시에 활용한 가짜·위조문서로 누군가는 입시에서 고배(苦杯)를 마셨을 것이다. 그런데도 뉘우침 하나 없이 "떳떳하게 살았다"고 했다.

이처럼 철면피(鐵面皮)한 조씨의 모습은 정의와 공정을 입에 달고 살던 후안무치(厚顔無恥)한 조국 전 장관과 다르지 않다. 부전여전(父傳女傳)이다. 수많은 내로남불로 뭇 사람의 입에 오르내리며 혀를 차게 한 조 전 장관은 '잘못이 없다'는 회고록(回顧錄)까지 냈다. 가짜와 위조 공장이 된 이 가족들이 진솔(眞率)하게 사과(謝過)하고 용서(容恕)를 비는 모습은 앞으로도 볼 수 없을 것만 같다. 조국 가족의 내로남불의 <죄의식(罪意識) 결핍(缺乏)>이 참으로 놀라울 뿐이다.

문재인 전 대통령이 2월 8일 소셜 미디어에 조국 전 법무장관의 저서 '조국의 법고전 산책'을 추천하는 글을 올렸다. 조씨가 낸 책은 루소, 로크 등 법과 관련된 고전을 소개한 책이다. 문재인 전 대통령이 이 책을 소개하며 "저자의 역량을 새삼 확인하며, 안타까운 마음을 갖는다"고 했다. 그는 "갖은 어려움 속에서 꽃을 피워낸 저자의 공력이 빛난다"며 이 책에 대해 "한국사회의 법과 정의를 다시 바라보게 한다"고 했다. 초록(草綠)은 동색(同色)이다. 조씨는 "목에 칼을 찬 채 이 책을 썼다"고 했다.

조국씨는 자녀 입시비리, 유재수 감찰무마, 사모펀드 관련 비리 등 13개 혐의에 대한 자신의 불법을 한 번도 인정한 적이 없다. 재판을 받을 때도 결백을 주장하는 회고록을 내고 '출간 하루만에 10만부 판매돌파'라고 자랑하더니 유죄판결을 받은 날도 무죄부분만 언급하며 재판부에 감사하다고 했다. 사과(謝過)는커녕 반성의 기미조차 없다. 그런 조씨에게 문 전 대통령이 '안타깝다'고 한 것은 법을 지키며 사는 국민을 우롱(愚弄)하는 패악(悖惡)을 부린 것이다.

조국 전 장관의 아내 정경심씨가 옥중 수기집을 출간했다. 남편과 딸에 이어 온 가족이 책을 펴낸 것이다. 조 전 장관은 '조국의 시간' '디케의 눈물' 등으로, 딸 조민씨는 신변잡기성(身邊雜記性) 에세이로 잇따라 베스트셀러에 올랐다. 조 전 장관은 인세수입만 8억 원이 넘는다. 극성 지지층이 책을 사준 결과다. 정씨가 받은 옥중 영치금도 2억4000만원에 달한다. 이들 책에서 자신들 범죄를 인정하고 뉘우치는 대목은 찾아볼 수 없다. 온 가족이 책 판매와 돈벌이 궁리뿐이다. 이런 가족도 있나 싶다고 비판했다{2023.11.28. 조선일보 만물상(萬物相) '범죄 가족의 책 판매'}.

조씨에 대한 유죄판결은 문재인 정부와 조씨에 대한 단죄(斷罪)였고, 문 전 대통령은 조국 사태를 빚어낸 바로 그 장본인(張本人)이다. 조씨 가족의 불공정(不公正)에 상처받은 국민을 향해 조국 저서 속에서 법과 정의를 발견하라고 권하는 문 전 대통령의 궤변(詭辯)같은 의식세계(意識世界)에 할 말을 잃게 된다. 19세기 러시아 문학을 대표하는 도스토예프스키(Dostoevskii)는 <악령(惡靈)>이라는 소설에서 "인생에서 무엇보다도 어려운 것은 거짓말을 하지 않고 사는 것이다."라고 갈파했다.

체코의 종교개혁가 후스(Johannes Huss)는 "진실(眞實)을 배우며, 진실을 사랑하며, 진실을 말하며, 진실을 양보하지 않으며, 죽을 때까지 진실을 지키라"고 말했다. 조국과 그 가족이 가장 사랑한 것은 허위(虛僞)와 위선(僞善)이요, 가장 미워한 것은 진실이었다. 조국 게이트의 몸통으로 검찰의 수사 대상이 될 인물을 문재인 대통령은 법무부 장관에 임명했다. <나라가 망(亡)하는 것은 현인(賢人)이 없기 때문이 아니다. 쓸 줄을 모르기 때문이다. -戰國策-)>

어린이에 대한 교육의 기초는 인생의 의의(意義)와 사명(使命)을 명확하게 가르치는 사상적 태도다. 부모는 항상 아이들 앞에서 행동을 바르게 하고 약속한 일은 무슨 일이 있더라도 지켜야 하며 모범을 보여야 한다. 그렇지 않으면 아이들에게 허위(虛僞)를 가르치는 것이다. 사는 것이 중요한 문제가 아니라 '바로 사는 것'이 중요한 문제다. 바로 살려는 의지(意志)가 중요하다. 바로 살아야 잘 살 수 있다. 바로 사는 자가 잘 살 수 있는 사회를 건설해야 한다. 그것이 '인간다운 사회'다.

서울대 교원징계위원회는 2023년 6월 13일 조국 전 법무장관의 '교수직 파면'을 의결했다. 조 전 장관이 2019년 12월 자녀 입시비리와 감찰무마 등의 혐의로 기소 된지 3년 5개월만이다. 조 전 장관이 서울대 교수직에서 파면되면 앞으로 5년간 교수임용이 제한되고 퇴직급여의 절반이 깎인다. 서울대 교원 징계규정에 따르면 징계위는 징계 의결서를 총장에게 통고해야 하고, 총장은 15일 내에 징계처분을 하게 돼 있다.

조 전 장관은 딸의 서울대 의전원 입시에 허위 인턴확인서를 제출하고 아들의 조지워싱턴 대 온라인시험을 대리한 입시비리 혐의, 딸 장학금 명목으로 600만원을 받은 청탁금지법위반 혐의, 유재수 전 부산시 부시장 감찰무마 혐의 등으로 2019년 12월 31일 기소되어 지난 2월 징역 2년에 추징금 600만원을 선고받았다. 2020년 12월 자녀 입시비리 혐의의 공범이었던 조 전 장관의 아내 정경심 전 동양대 교수는 1심에서 징역 4년을 선고받았다.

서울대는 유독 조 전 장관의 징계만 늦춰왔다는 비판을 받았다. 징계가 지연되는 동안 조 전 장관은 1억 원 이상의 급여를 받은 것으로 전해졌다. 서울대 안팎에서는 "강의도 하지 않는 교수에게 급여를 장기간 지급하는 게 적절한 것이냐"는 비판이 제기됐다. 조 전 장관 측은 곧 교원소청심사위원회에 불복절차를 밟을 예정이라고 한다. 여기서도 징계가 유지되면 행정소송을 제기할 것으로 알려졌다.

아라비아 격언(Arabic Apothegm)에 "사람은 네 종류가 있다. "즉 무식(無識)한 사람으로서 자기가 무식하다는 것을 '모르는 사람' 그는 바보이니 그를 멀리 하라. 무식하긴 해도 자기가 무식하다는 것을 '아는 사람', 그는 단순하므로 가르치면 된다. 다음으로 유식(有識)하나 자기가 안다는 사실을 '모르는 사람'이 있다. 그는 잠들어 있는 것이니 깨워라. 마지막으로 자기가 안다는 것을 아는 '유식한 사람'이 있다. 이야말로 현명한 사람이니 그를 따르라"고 했다. 문재인 정권을 추종하는 사람들은 어느 종류에 속하는 사람들일까?

"유식한 바보는 무식한 바보보다 훨씬 바보다(A learned fool is more foolish than an ignorant. -Racine-)" "자신을 이겨낸 사람이 가장 훌륭한 정복자(征服者)

다(He is the greatest conqueror who has conquered himself.)" "부끄러움을 모르는 사람에게는 양심(良心)이 없다(He that has no shame has no conscience.)."

검찰이 2023년 8월 10일 조국 전 법무장관의 딸 조민씨를 부산대·서울대 의학전문대학원 '입시비리' 혐의로 불구속 기소했다. 이날 검찰 관계자는 "(조민씨와 공범인 정경심씨에 대해) 대법원에서 확정된 사실관계에 따르면 조민씨의 가담 정도가 가볍지 않고 단순 수혜자(受惠者)가 아니라 주도적(主導的) 역할을 했다"면서 "(조민씨가) 수사 과정에서 진술이 일관되지 않고 현재도 일부 혐의를 부인하고 있다"고 밝혔다. 법과 원칙에 따라 조민씨를 기소해 유무죄판단을 받을 필요가 있다는 것이다.

이날 서울중앙지검 공판5부(부장 김민아)는 조민씨에게 두 가지 혐의를 적용했다. 첫 혐의는 지난 2014년 6월 부산대 의전원에 위조된 동양대 총장 표창장 등을 제출해 최종 합격하면서 '입학사정평가 위원들의 업무를 방해'했다는 것이다. 조민씨는 정경심씨와 공모한 것으로 조사됐다. 다른 혐의는 지난 2013년 6월 서울대 의전원에 허위로 작성된 서울대 법대 공익인권법 센터장명의 인턴십 확인서 등을 제출해 서류전형을 통과하면서 '입학사정업무를 방해'했다는 내용이다. 이 혐의에서 조민씨는 조국 전 장관과 공범이라는 게 검찰조사 결과다. 검찰은 조 전 장관의 아들 조원(26)씨의 연세대 대학원 입시비리혐의에 대해서도 조사 중이다.

대법원 전원합의체(주심 오경미 대법관)는 18일 조국 전 장관 아들에게 허위 인턴증명서를 발급해 준 혐의로 기소된 최강욱 더불어민주당 의원의 상고심에서 '징역 8개월에 집행유예 2년'을 선고한 원심을 확정했다. 최 의원은 이 판결로 의원직을 상실했다. 최 의원이 기소된 지 3년 8개월만으로, 국회의원 임기 83%를 채운 시점에 최종 판결이 나온 것이다. 최 전 의원의 혐의는 검찰이 2019년 조국 전 장관 자녀 입시비리를 수사하는 과정에서 나왔다.

최 전 의원이 법무법인 청맥에 재직할 때인 2017년 10월 조 전 장관 아들에게 허위 인턴증명서를 만들어 줬고, 이것이 연세대·고려대 대학원 입시에 제출됐다는 것이다. 1, 2심은 최 전 의원이 해당 대학들의 입시를 방해했다는 업무방해 혐의를 인정해 의원직 상실 형에 해당하는 '징역 8개월에 집행유예 2년'을 선고했다. 이날 대법원 역시 재판관 '9대 3'의 의견으로 하드디스크 증거능력을 인정하며 유죄를 확정했다. 이 판단 하나를 하는 데 1년 3개월이 걸렸다.

이 사건 주심은 오경미(吳經美) 대법관 이다. 진보성향 판사 모임인 국제인권법연구회 출신이다. 그는 애초 대법원 1부에 배당된 이 사건 결론을 1년가량 내지 않다가 지난 6월 대법관 전원합의체로 넘겼다. 오 대법관은 지난 5월 국민의힘 의원의 회계 담당자에게 벌금 1000만원을 확정해 의원직을 잃게 만들었다. 2심 재판이 끝난 지 3개월 만이었다. 그런데 민주당 의원 사건엔 1년 3개월이 걸렸다. 이런 대법원 판결이 신속하고 공정하다고 생각할 국민이 얼마나 되겠나. "엄정(嚴正)한 법관은 사람보다도 오히려 정의(正義)를 존중한다(An upright judge has more regard to justice than to men.)."

12. 문재인이 해체하려던 이명박 정부 4대강사업이
호남일대 가뭄극복

문재인 정부가 해체(解體)하려 했던 4대강(한강·낙동강·금강·영산강) 보(洑)가 극도의 가뭄에 시달리고 있는 중남부 지역 해갈(解渴)에 큰 도움을 주고 있는 것으로 나타났다. 영산강에선 최근 광주광역시 구간에 임시 취수시설(取水施設)을 설치해 하루 3만t 정도의 수돗물 원수(原水)를 공급하고 있다.

금강에선 이달 초부터 20여㎞ 도수로(導水路)를 통해 보령댐 상류로 물을 공급해 충남 서북부의 가뭄 극복을 돕고 있다. 영산강은 승촌보·죽산보, 금강은 세종보·공주보·백제보가 있어 물을 잡아두는 역할을 하는 것이다. 4대강사업 보 설치의 목적 중 하나는 평소 물을 가득 채워 일정한 수량(水量)을 유지하다가 갈수기(渴水期)처럼 가뭄피해가 예상되거나 지속될 때 보를 개방(開放)해 모아둔 물을 흘려보내는 것이다.

호남일대는 1년 가까이 비가 내리지 않아 극도의 가뭄에 시달리고 있으나 영상강과 금강에 설치한 5개의 보(洑) 덕분(德分)에 그나마 최악의 고통은 피하고 있다. 영산강은 승촌보·죽산보, 금강은 세종보·공주보·백제보가 있어 최소 수위(水位)를 유지하고 있는 덕분이다.

지난 2021년 문재인 정부의 국가 물관리위원회가 해체결정을 했던 영산강의 광주 승촌보의 경우 현재까지 농업용수 고갈(枯渴)을 우려한 농민들의 반발(反撥)로 해체되지 않고 있다. 50년만의 가뭄이 닥친 호남 지역에서 최근 승촌보는 농업용수 공급원(供給源)으로 제 역할을 하도 있다. 이명박 정부의 4대강 사업을 뒤집은 것이다. 단 실행 시기는 지역 주민의 의견을 모아 정한다는 단서를 달았다.

보 해체(解體)는 농업용수 고갈(枯渴)을 우려하는 지역주민들 반발(反撥)로 사실상 불가능하다. 그래서 내심(內心)으로는 보 해체를 포기했으면서도 환경단체 등 지지 세력의 눈치를 보느라 해체결정을 한 듯한 모양새를 유지한 치졸(稚拙)한 꼼수였다. 그러나 4대강 사업 이후 가뭄과 홍수(洪水) 피해가 급감(急減)한 것은 부인할 수 없다.

1994년과 2015년 혹독한 가뭄을 겪었으나 4대강사업 이후엔 대형 홍수 피해를 겪지 않고 있다. 4대강 보(洑)가 가뭄 해갈(解渴)과 홍수조절(洪水調節)에 도움을 주고 있다는 것은 명백한 사실이나 문재인 정부는 막대한 세금을 투입해 건설한 보(洑)를 다시 세금을 들여 해체(解體)하자는 억지발상까지 나왔다. 4대강 보 해체시도(解體試圖)는 문재인 정부의 황당무계(荒唐無稽)한 정책폭주(政策暴走) 중 대표적 실책(失策)으로 치부(恥部)될 것이다.

13. "5년간의 성취 순식간에 무너져 허망"하다는 문재인의 적반하장의 궤변

문재인 전 대통령이 자신을 다룬 다큐멘터리 영화에서 "5년간 이룬 성취가 순식간에 무너졌다"고 말한 장면이 공개됐다. 영화 '문재인입니다'를 만든 이창재 감독과 김성우 프로듀서는 지난 14일 유튜브 방송 '김어준의 다스뵈이다'에 출연해 영화내용 일부를 공개했다. 영상에서 문 전 대통령은 "5년간 이룬 성취, 제가 이룬 성취라기보다 대한민국 국민들이 함께 이룬, 그래서 대한민국이 성취를 한 것인데"라며 "그것이 순식간에 무너지고, 과거로 되돌아가고 그런 모습들을 보면서 한편으로 허망한 생각이 든다"고 말했다. 이 말은 윤석열 정부를 비판한 것으로 풀이됐다.

문 전 대통령은 또 자신이 퇴임 후 '잊힌 삶'을 살고 싶다고 했던 것과 관련해 "자연인으로서는 잊힐 수가 없지만, 현실정치의 영역에선 '이제는 잊히고 싶다' 그런 뜻을 밝혔던 것"이라며 "끊임없이 저를 현실정치로 소환하고 있으니까 그 꿈도 허망한 일이 됐다"고 했다. 김정숙 여사는 영상에서 "그렇게 밤잠을 설쳐가며 (국정을) 했던 게 어느 순간 바닥을 치는 게 보이니까 본인은 너무 허무하고 '이렇게 가는 건가' 이런 생각을 하시는 날도 있는 것 같다"고 했다. 밤잠을 설쳐가며 국정을 수행한 결과가 고작 국가부채 1000조 원을 돌파하고 간첩천국, 마약천국, 정상배 집단의 범죄천국을 만들었나?

퇴임 1년도 안된 문재인 전 대통령이 본인 영화를 찍는 것도 주제 넘는 일이지만, "5년간 이룬 성취가 순식간에 무너졌다"고 제 자랑까지 늘어놓는 것은 겸손(謙遜)과 겸양(謙讓)의 미덕(美德)과는 너무나 거리가 먼 적반하장(賊反荷杖)의 궤변(詭辯)이다. <너 자신(自身)을 알라>이 말은 희랍의 칠대현인(七大賢人)의 한 사람의 말이다. 희랍인은 이 말을 델포이(Delphi) 신전(神殿)의 흰 벽에 조각하고 생활의 지표(指標)로 삼았다. 희랍어의 원문은 '그노티 세아우톤'(Gnothi Seauton)이다. 소크라테스는 이 말을 애지중지(愛之重之)했다고 한다.

희랍 사람들은 자기 자신을 아는 것이 '지혜(智慧)의 근본(根本)'이라고 믿었다. 인간은 먼저 자기 자신을 알아야 한다. 인생의 불행과 비극은 자기 자신을 모르는 데서 시작한다. "너 자신을 알라"는 말은 세 가지 의미로 생각해 볼 수 있다. 첫째는 자기 자신의 생명의 존귀(尊貴)함을 자각하라는 뜻이다. 둘째 자기의 분수(分數)를 알고 실력(實力)을 알고 밑천을 알고 천분(天分)을 알라는 뜻이다. 셋째 자기의 사명(使命)과 직분(職分), 책무(責務)를 자각하는 것이다. 자기의 설 자리가 어딘지, 할 일이 무엇인지를 바로 깨닫는 것이다.

"대통령은 국가의 독립·영토의 보존·국가의 계속성과 헌법을 수호할 책무(責務)를 지며, 조국의 평화적 통일을 위한 성실한 의무를 진다(헌법 제66조제2항, 제3항)" 문 전 대통령이 말하는 '5년간의 성취'가 무엇을 말하는가? 그렇게 성취(成就)가 크다면 왜 5년 만에 정권을 잃었나? 문재인 정부 5년은 국고탕진(國庫蕩盡)과 천문학적 국가부채(國家負債) 증가, 이루 헤아릴 수도 없는 위선(僞善)과 내로남불, 불공정(不公正)과 후안무치(厚顔無恥), 파렴치(破廉恥) 등으로 점철(點綴)됐다.

문재인 정권은 마차가 말을 끈다는 소득주도 성장으로 수백만 명의 자영업자와 소상공인을 벼랑 끝으로 내몰았다. 젊은이들의 좋은 일자리는 급감(急減)하고 노인·알바 자리만 늘었다. 반(反)기업·반(反)시장·친(親)노조정책으로 성장률(成長率)은 급감(急減)하고 빈부격차(貧富隔差)는 더욱 심화(深化)되었다. 세금 퍼붓기 포퓰리즘 정책으로 국가부채는 1000조 원을 돌파했다. 집값을 잡겠다며 부동산정책을 남발(濫發)했지만 집값은 폭등했다. 임대차 3법 강행으로 전세대란을 자초(自招)했다. 탈(脫)원전으로 세계 최고 경쟁력을 가진 원전산업(原電産業)을 몰락시켰다. 4대강 보(洑)를 개방해 가뭄에 물 부족사태를 증폭(增幅)시켰다.

문재인은 김정은에게 속아 김정은이 '비핵화(非核化) 의지(意志)가 있다'고 미국에 보증(保證)까지 서며 정상회담 이벤트와 위장평화 쇼에 광분(狂奔)했으나 북한의 비핵화는커녕 핵과 미사일을 개발해 문재인에 대한 아침인사로 "Good morning missile"을 연발하며 핵 어뢰(核 魚雷)까지 만들었다. 서해상에서 해양수산부 공무원이 북괴군에 사살(射殺)당하고 불태워져도 김정은 눈치만 봤다.

김여정이 문재인을 향해 '겁(怯)먹은 개처럼 짖지 말라' '맞을 짓말라' '바보는 클수록 더 큰 바보'라고 능멸(凌蔑)하며 '대북전단금지법을 만들라'고 하명(下命)하자 곧바로 대북전단금지법을 만들었다. 문재인 정권은 국정원의 간첩수사를 중단해 전국에 간첩이 활개 치는 '간첩천국'을 만들었고, 검찰의 마약수사 전담부를 해체해 '마약천국'을 만들었다. 더불어쩐당(錢黨)의 전당대회에서 돈 봉투가 살포되는 '돈 선거'로 민주정치의 근간(根幹)을 파괴하는 '범죄천국'이 됐다.

문재인 정권은 조국 일가의 온갖 비리와 범죄가 드러났는데도 비호(庇護)만 했다. 문 대통령 친구를 울산시장으로 만들기 위해 청와대·부처·경찰이 총동원(總動員)됐다. 이상직 전 의원은 문재인 전 대통령 딸의 해외이주를 도운 뒤 국회의원이 됐다. 이 모든 일이 국민들을 분노(憤怒)하게 했다. 이처럼 패악(悖惡) 스러운 문재인 정권 5년의 패륜정치(悖倫政治)에서 무슨 성취(成就)를 이뤘다는 궤변(詭辯)인가? 지지율(支持率) 관리와 편(便) 가르기에만 올인(all in)하다 5년 만에 정권교체를 당하고도 반성할 줄 모르는 후안무치(厚顏無恥)도 유분수(有分數)다.

14. '점심 줄 테니 공짜로 일해 달라'는 무급 자원봉사자 공개모집

문재인 전 대통령이 지난달 문을 연 '평산 책방'이 6일 소셜미디어에 '평산 책방 자원봉사자 모집'이란 글을 올렸다. 선착순으로 오전 4시간, 오후 4시간, 하루 8시간 자원봉사를 할 사람 총 50명을 구한다는 내용이었다. 평산 책방은 자원봉사 하는 혜택(惠澤)으로 평산 책방 굿즈와 점심식사 및 간식제공을 제시했다. 다만 '점심식사는 8시간 봉사자만 먹을 수 있다'고 했다. 하루 8시간 일해야 점심 밥 한 끼라는 조건에 '열정 페이(pay)' 논란이 터졌다.

문 전 대통령은 당 대표시절 "'열정 페이'란 이름으로 노동력(勞動力)을 착취(搾取)하는 일이 있어서는 안 된다"고 말했다. 문재인 전 대통령은 취임사에서 "사람이 먼저다" "정의(正義)와 공정(公正)"을 외치더니 취임 직후에 내건 "100대 국정과제(國政課題) 제1호"가 적폐청산이었다. 문재인 정부가 복지예산 등 선심성(善心性) 지출을 크게 늘려 재정을 방만(放漫)하게 운영해 나랏빚이 사상 처음으로 1000조 원을 넘어서 나라살림에 경고등(警告燈)이 켜졌는데도 무책임한 포퓰리즘 폭주(暴走)를 계속했다.

문 전 대통령은 소득주도 성장을 내세우며 집권초반 2년간 최저임금(最

低賃金)을 각각 16.4%, 10.9% 인상했다. 그런 문 전 대통령이 '책방 지기'로 있는 서점이 '무급(無給)으로 일하는 자원봉사자'를 공개모집한 것이다. "벼룩의 간을 내어 먹는 격"이다. 온라인에서는 "기업들 서포터스도 열성 페이라고 뭐라 하더니 왜 본인이 열정 페이를 이용하냐? 최저임금 주고 쓰라" 같은 반응도 나왔다. 자원봉사자 모집은 공지(公知) 후 24시간도 지나지 않은 7일 오후 마감됐다.

평산 책방은 이익이 남으면 지역주민을 위한 사업과 책 보내기 등 공익사업(公益事業)에 쓰겠다는 입장이다. 하지만 일각에서는 문 전 대통령이 '재단법인 평산 책방'을 통해 세금지출을 최소화(最小化)하고 인건비(人件費)를 절감(節減)해 자금조성(資金造成)이 가능하다는 지적도 나온다. 판매 물품이 책(冊)이라 부가가치세 면세(免稅), 문화예술 창달(暢達)에 공헌하는 공익법인(公益法人)이라는 이유로 '법인세(法人稅)를 안 낸다'며 세금으로 단 한 푼 안 나가고 '자신들이 목적한 곳에 돈을 쓸 수 있다'고 비난했다. 이것이 적폐청산의 대상이 아닌가?

15. 돌아온 김관진

윤석열 대통령이 김관진 전 국방부 장관을 국방개혁을 추진할 국방개혁위원회(국방개혁에 관한 법률 제6조) 부위원장으로 임명했다. '국방개혁'이라 함은 정보·과학기술을 토대로 국군조직의 능률성·경제성·미래지향성을 강화해 나가는 지속적인 과정으로서 전반적인 국방운영체계를 개선·발전시켜나가는 것을 말 한다(동법 제3조 1호). '국방운영체계'라 함은 군을 비롯하여 국방에 관련되는 모든 조직을 관리·운영하는 법적·제도적 장치를 말 한다(동조 2호).

김관진 전 국방부 장관은 평생(平生)토록 야전(野戰)의 강골(强骨) 군인으로 살았다. 박근혜 정부이어 이명박 정부 때 국방부 장관에 임명된 후 국가안보실장도 역임했다. 북한의 연평도 포격도발(砲擊挑發) 직후 이명박 전 대통령이 전역(轉役)한 그를 불러 '북에 대응(對應)하다 서울에 포탄이 떨어지면 어떡하느냐'는 대통령의 물음에 김 전 장관은 '불안을 이겨내고 확실히 응징(膺懲)하면 도발(挑發) 못 한다'고 했다. 국방부 장관이 된 그는 연평도에서 대규모 군사훈련을 실시했다.

미 국방부가 '위험하니 미루자'고 했지만 '북한 기(氣)를 꺾지 못하면 또 당(當)한다'며 연평도 훈련을 강행했다. 실제 미사일을 탑재(搭載)한 전투기도 발진(發進)시켰다. 북한군의 지뢰도발(地雷挑發) 땐 휴전선 너머로 포탄 29발을 날려 보내자 북한은 처음으로 도발을 시인(是認)하고 사과(謝過)했다. 이에 대해 워싱턴은 '김관진 효과'라고 했다.

그의 국방부 장관 지휘(指揮) 서신 1호는 이순신 장군의 '적(敵)을 무찌른다면 지금 죽어도 여한(餘恨)이 없다'였다. 그는 "북 도발 시 10배 보복(報復)하고 적(敵) 지휘부(指揮部)와 원점(原點)을 타격(打擊)하라"고 명령했다. 그는 집무실에 김정은과 북한군 수뇌부(首腦部) 사진을 걸어놓고 '매일 적장(敵將)의 생각을 읽었다'고 한다.

그는 적(敵)에게 쉬는 모습을 보여줄 수 없다며 주말에도 일했다고 한다.

적(敵) 얘기를 할 땐 눈에서 불꽃이 쏟아져 '레이저 김'이라 했다고 한다. 그를 두려워한 북한은 그에게 살해 위협을 가(加)했고, 그의 사진을 사격(射擊) 표적(標的)으로 사용하는 등 치졸(稚拙)한 야만성(野蠻性)을 표출(表出)했다.

문재인 대통령은 취임사에서 적폐청산(積弊淸算)은 한마디도 언급(言及)하지 않고 '사람이 먼저다'를 외치더니 취임 직후 내건 100대 국정과제 제1호가 적폐청산이었다. 김관진 전 국방부 장관은 문재인 정권 출범 직후 적폐청산 명목(名目)의 사이버사령부 정치댓글 사건으로 수사를 받고 구속됐다. 6년째 재판 중이다.

"대통령은 국가의 독립·영토의 보전·국가의 계속성과 헌법을 수호할 책무를 진다(헌법 제66조 제2항)." "대통령은 헌법, 국군조직법 및 그 밖의 법률에서 정하는 바에 따라 국군을 통수한다(국군조직법 제6조). 국방부 장관은 대통령의 명을 받아 군사에 관한 사항을 관장하고 합동참모의장과 각 군 참모총장을 지휘·감독한다(국군조직법 제8조).

헌법을 수호할 책무를 지며 국군 통수권자인 문재인 전 대통령이 적폐청산을 빙자(憑藉)한 보복(報復)으로 한 평생을 국가의 안전보장과 국토방위의 신성한 의무를 수행해온 야전군(野戰軍) 지휘관(指揮官)을 사이버사령부 정치 댓글 사건으로 구속한 것은 김관진 전 장관을 가장 두려워한 김정은과 북한군을 위한 이적행위(利敵行爲)다.

김관진 전 장관은 "부하들은 잘못 없다. 내가 안고 간다"고 했다. 그의 공판정(公判廷)엔 늘 옛 전우(戰友)와 부하, 친구들로 꽉 찼다. 변호사비도 1

억3000여만 원이 모였다. 그런 그가 윤석열 정부의 국방개혁(國防改革)을 추진할 '국방개혁위원회' 부위원장에 내정(內定)됐다. "김관진이 돌아왔다"는 사실만으로도 국민들은 국가의 안전보장과 국토방위에 안심(安心)하고 맡은 일에 진력(盡力)을 다할 수 있을 것이다.

김관진 전 국방부 장관은 "AI 첨단무기가 개발되고 전쟁양상(戰爭樣相)도 바뀌어 가지만 중요한 건 선명한 대적관(對敵觀), 강인(强靭)한 전투의지(戰鬪意志) 등 정신전력(精神戰力)"이라며 "싸워 이길 수 있는 군인이 되려면 끊임없이 훈련해야 한다"고 말했다. 문재인 정권 5년간 군의 실상(實相)은 '군사력 아닌 대화(對話)로 나라를 지킨다'고 선언한 국방일보가 단적으로 말해주고 있다.

북한이 훈련 중단을 요구하자 훈련을 컴퓨터 게임으로 만들었다. '북한이 우리의 적(敵)'이라는 문구는 국방백서(國防白書)에서 빠졌다. 군이 더 이상 정권에 코드 맞추고 북한 눈치 보는 일은 없어야 한다. 적(敵)이 누구인지부터 명확히 해야 한다. 대화로 나라를 지킨다는 얼빠진 생각과 해이(解弛)해진 군의 기강(紀綱)부터 바로잡아야 한다. 훈련하지 않는 군대는 군대가 아니다. 보여주기 식 훈련이 아니라 실전훈련(實戰訓鍊)을 해야 한다. 북의 도발(挑發)을 막는 것은 '평화구걸(平和求乞)'이 아니라 '정신무장(精神武裝)'과 '실전훈련(實戰訓鍊)'이다.

서울고법 형사1-2부(재판장 김우진)는 2023년 8월 18일 군(軍) 사이버 사령부에 '정치 댓글'을 달도록 지시한 혐의 등으로 기소된 김관진 전 국방부 장관의 파기환송 심에서 징역 2년을 선고했다. 다만, 재판부는 '도망 우려가 없다'며 법정 구속하지는 않았다.

앞서 대법원은 작년 10월 김 전 장관의 기소 혐의 중 2013년 국방부 조사 본부가 사이버 사령부의 정치 댓글 사건을 수사할 당시 진상을 은폐하려고 사이버 사령부 심리전단장을 불구속 송치하라고 했다는 직권남용 부분에 대해 무죄취지로 판단해 서울고법으로 돌려보냈다. 파기환송 심 재판부가 이날 대법원이 '무죄'로 본 것을 제외한 나머지 혐의를 유죄로 판단해 징역 2년을 선고한 것이다. 법조계에선 김 전 장관 사건을 두고 '무리한 수사'라 는 지적이 많았다.

이 사건은 2012년 대선과 총선을 앞두고 군 사이버가 당시 여당인 새누리당(현 국민의힘)을 위해 정치 댓글을 달았다는 의혹에서 시작됐다. 2014년 국방부 검찰단은 관련자들을 기소하면서 김 전 장관이 관여하지 않았다고 봤다. 하지만 문재인 정부가 '김 전 장관 등이 개입했다'는 의혹을 제기하면 서 검찰이 재수사에 나섰다. 김 전 장관은 이 사건 수사과정에서 2017년 11 월 구속됐다가 11일 만에 구속적부심으로 석방됐다.

김 전 장관은 대법원에 재상고할 예정인 것으로 알려졌다. 김 전 장관 변호인은 "군인에게 적용되는 군형법을 민간인인 국방부 장관에게 적용 하는 것은 위헌"이라며 재상고와 별도로 헌법소원도 청구하겠다고 했다. 군형법 제1조는 군형법의 '적용대상자'에 관하여 "이 법은 이 법에 규정된 죄를 범한 대한민국 군인에게 적용한다(제1항)." "제1항에서 '군인'이란 현 역에 복무하는 장교, 준사관, 부사관 및 병(兵)을 말한다(제2항)."고 규정하고 있다.

16. '그들만의 세상' '아빠 찬스'
선관위 사무총장·차장 사퇴

가. 선관위 고위직의 자녀특혜채용에 의한 고용세습

'자녀 특혜채용' 의혹을 받아온 중앙 선거관리위원회 박찬진 사무총장 (장관급)과 송봉섭 사무차장(차관급)이 25일 사퇴했다. 중앙선거관리위원회에 사무처를 둔다. 사무처에 사무총장 1인과 사무차장 1인을 둔다. 사무총장은 정무직(政務職)으로 하고 보수는 국무위원의 보수와 동액(同額)으로 한다. 사무차장은 정무직으로 하고 보수는 차관의 보수와 동액으로 한다(선거관리위원회법 제15조).

선관위 1.2인자의 동시 사퇴는 전례(前例) 없는 일이다. 선관위는 이날 보도 자료를 통해 "국민께 큰 실망과 걱정을 끼쳐 드린 점에 대해 책임을 깊이 통감한다"며 이같이 밝혔다. 박 사무총장의 딸은 광주 남구청에서 근무하다 작년 선관위에 채용됐고, 송 사무차장의 딸도 충남 보령시 공무원으로 일하다 2018년 선관위에 채용됐다.

선관위 측은 "어떤 특혜도 없었다"고 했지만, 자체조사를 시작한지 11일 만에 두 사람은 사퇴했다. 이를 포함해 선관위는 최소 6건의 자녀 특혜 채용 의혹을 받고 있다. 30일 선관위에 따르면, 지금까지 확인된 선관위 간부 및 직원들의 자녀 특혜채용의혹 사례는 모두 11건이다.

선거관리위원회를 대표하고 공정한 선거관리 사무를 통할(統轄)할 위원장이 선관위업무를 제대로 파악하고 지시하지 못하는 비정상적(非正常

的)구조다 보니 사무처 직원들이 전횡(專橫)을 일삼으며 '자녀 특혜채용 비리'를 범하는 등 선관위를 '고용세습 위원회'로 전락시킨 것이다.

선관위가 '고용세습 특혜위원회'가 됐다는 와중(渦中)에 선관위가 기존 김세환 전 사무총장, 박찬진 사무총장, 송봉섭 사무차장 등 알려진 6건 외에도 5급 이상 직원을 전수조사(全數調查 : complete enumeration)하는 과정에서 4.5급 직원들의 자녀채용의혹 사례가 추가로 5건 이상 확인 된 것으로 전해졌다.

나. 선관위의 감사원 감사 및 국가정보원의 보안점검 거부

선관위 고위직들의 이른바 '고용세습(雇用世襲)'은 선관위가 '헌법상 독립기구'임을 내세워 관련 의혹에 대한 감사원 감사를 거부해왔다. 선관위는 방대한 조직과 권한을 갖고 있으나 선거의 공정한 관리 사무를 관장할 능력도 정치적 중립의지도 부족했다.

선관위는 작년 대선에서 투표용지를 소쿠리 등에 담아 운반하는 '소쿠리 투표'라는 어처구니없는 사건이 발생했으나 "헌법상 독립기관인 만큼 자체적으로 해결 하겠다"며 감사원 감사를 거부했다. 이번 고용세습(雇傭世襲) 논란도 마찬가지다.

선관위는 '북한의 사이버 공격' 7건 중 6건은 인지 자체를 못 한 것으로 알려졌다. 국정원이 해킹 사실을 통보했으나 선관위는 '통보받은 적 없다'고 했다. "정치적 중립성(中立性)에 논란을 야기할 수 있다"며 국정원 보안점검도 거부했다가 '자녀 특혜채용' 의혹이 커지자 마지못해 이를 수용했다. 헌법상 독립기관이란 궤변(詭辯)으로 감사원 감사와 국정원 보안점검도 피하고, 징계와 그에 따른 불이익도 회피(回避)했다.

이러한 감시(監視) 사각지대(死角地帶)에서 자기들끼리 이익을 누리며 그들만의 철옹성(鐵甕城) 같은 '신(神)의 직장'인 아성(牙城)을 구축(構築)한 것이다. '아빠 찬스'에 대한 비판 여론이 비등(沸騰)한 상황이었는데도 아랑곳하지 않고 자녀특혜채용을 밀어붙인 것은 외부감시(外部監視)에서 벗어나 있었기 때문이다.

선관위는 독립성을 내세우며 설립 후 60여 년 동안 단 한 번도 감사원의 직무감찰을 받지 않았다고 한다. 외부에서 비리를 감시할 시스템이 없으니 내부적으로 눈감으면 그만 이었다. 직원 3000여 명의 거대 기관을 외부와 단절(斷絕)된 폐쇄적(閉鎖的) 기득권조직(旣得權組織)으로 만든 것이다.

다. '그들만의 세상'인 '고용세습 위원회'로 전락

1987년 민주화 이후 선관위의 조직과 권한이 실력 이상으로 비대해지면서 사실상 '그들만의 세상'을 형성해 선관위가 '고용세습(雇用世襲) 위원회' 전락(轉落)했다. 대법관이 '비상근(非常勤)'으로 선관위원장을 맡으면서 선관위 공무원들은 그 밑에서 '자신들만의 리그(league)'를 형성한 것이다. 선관위는 1963년 창설 때만해도 직원이 348명이었다. 그러나 지난해 기준으로 전국 17시도와 249시군구에 모두 사무실을 두고 직원을 총2961명 거느린 매머드 조직으로 변했다.

박찬진 사무총장 딸은 광주 남구청에서 일하다 작년 1월 선관위에 '경력직공무원'(국가공무원법 제2조 제2항에 의하여 신분이 보장되며 평생 동안 공무원으로 근무할 것이 예정되는 공무원)으로 채용됐다. "선거관리위원회 소속 공무원의 임용을 위한 채용시험·승진시험·기타 시험은 '국가공무원법'을 적용하여 사무총장이 실시한다(선거관리위원회법 제15조의3 제1항)." 당시 박찬진 사무총장은 딸 채용의 최종 결재권자였다.

송봉섭 차장 딸은 2018년 충남 보령시에서 선관위로 옮겼다. 당시 선관위 직원인 면접관(面接官) 3명은 모두 만점을 줬다. 김세환 전 사무총장과 지역 선관위 간부들도 전에 함께 근무했던 선관위 직원들이 면접관으로 들어가 그들의 자녀에게 대부분 만점을 줬다고 한다.

일부 자녀는 보직·출장·관사 등에서도 특혜를 받았다고 한다. 하지만 선관위는 자체 감사에서 자녀특혜채용 의혹에 면죄부(免罪符)를 줬다. 사무총장과 사무차장을 징계처분 전에 의원면직(依願免職) 처리해 공직 재임용이나 연금수령에서 불이익을 받지 않도록 조치했다.

라. 선관위의 정치적 중립성 파괴

선거와 국민투표의 공정한 관리 및 정당에 관한 사무를 처리하기 위하여 선거관리위원회를 둔다(헌법 제114조 제1항). 선거관리위원회는 법령을 성실히 준수함으로써 선거 및 국민투표의 관리와 정당에 관한 사무의 처리에 공정을 기하여야 한다(선거관리위원회법 제3조 제2항). 중앙선거관리위원회는 대통령이 임명하는 3인, 국회에서 선출하는 3인과 대법원장이 지명하는 3인의 위원으로 구성한다(동법 제4조 제1항).

선관위는 문재인 정권 내내 더불어민주당 편을 들며 스스로 정치적 중립성(中立性)을 파괴(破壞)했다. 문재인 정권은 그동안 '선관위 눈치' 보기에 급급했다. 초선 의원들이 국회에 들어오자마자 선배들에게 처음 듣는 조언(助言)이 "선관위 직원들을 적(敵)으로 돌리지 말라"는 것이라고 한다.

선관위는 '신의 직장'으로 불리며 방대한 조직과 권한을 갖고 있으나 선거관리 사무의 처리에 공정을 기할 능력도, 중립성도 부족했다. '소쿠리 투표'라는 어처구니없는 사건이 발생했으나 독립기관이라는 궤변(詭辯)으로 감사원 감사를 거부했다. 선관위가 독립성(獨立性)을 주장하기에 앞서 선거의 공정한 관리에 관한 사무를 처리할 수 있는 권한에 부응하는 책임감과 정치적 중립성(中立性)을 갖추는 것이 선결문제(先決問題)다.

마. 감사원법 제24조 제1항 1호의 규정은 헌법 제97조를 위배한 위헌 규정

감사원법 제24조 제1항 1호는 감사원은 "정부조직법 및 그 밖의 법률에 따라 설치된 행정기관의 사무와 그에 소속한 공무원의 직무"를 감찰한다."고 규정하고 있다. 감사원법 제24조 제1항 1호의 규정에 의한 '감사원의 직무감찰 대상'은 정부조직법 제26조의 규정에 의한 '행정각부 소속 공무원'으로 한정한 것이다.

헌법 제97조는 "국가의 세입·세출의 '결산', 국가 및 법률이 정한 단체의 '회계검사'와 '행정기관' 및 '공무원'의 직무에 관한 감찰을 하기 위하여 대통령 소속하에 감사원을 둔다"고 규정하고 있다. 헌법 제97조에 규정된 '공무원'은 '행정기관에 소속한 공무원'을 의미하는 것이 아니라 국가공무원법 제2조 및 지방공무원법 제2조의 규정에 의한 공무원을 포함한 것으로, '헌법 제7조에 규정된 공무원'으로 보아야 한다.

따라서 감사원법 제24조 제1항 1호의 규정은, "<공무원>의 직무에 관한 감찰을 하기 위하여 대통령 소속하에 감사원을 둔다"는 헌법 제97조를 명백히 위반한 '위헌규정(違憲規定)'으로서 보아야한다. 감사원의 직무를 규정한 헌법 제97조 제1항의 '공무원'은 '헌법 제7조에 규정된 공무원'으로 보아야 할 것이다.

헌법 제97조에 규정된 감사원의 직무인 ".....'공무원'의 직무에 관한 감찰" 업무의 적정(適正)한 수행을 위하여, 감사원법 제24조 제1항 1호의 "정부조직법 및 그 밖의 법률에 따라 설치된 행정기관의 사무와 그에 소속한 공무원의 직무"를 "헌법 제7조에 규정된 공무원의 직무"로 '개정'하는 것이 헌법 제97조의 입법취지에 부합하는 것으로 본다.

선거의 공정한 관리에 관한 사무를 관장하는 "선거관리위원회"가 자녀특혜채용 의혹 등으로 '고용세습특혜 위원회'로 전락했다. 자녀특혜 채용 의혹의 대상인 중앙 선거관리위원회가 2일 감사원 감사를 거부하기로 했다. "국가기관 간 견제와 균형으로 선관위가 직무감찰을 받지 않았던 것이 관행"이라는 궤변이다. 헌법 제97조를 거론하며 "감사원의 감사범위에 선관위가 빠져 있다"고도 했다.

"감사원법에 따른 감사를 받는 자로서 '감사를 거부'하거나 '자료제출 요구'에 따르지 아니한 자는 1년 이하의 징역 또는 1천만 원 이하의 벌금에 처한다(감사원법 제51조 제1항 1호)." 헌법 제97조의 "……'공무원'의 직무에 관한 감찰……"에 명시된 공무원은 '헌법 제7조의 공무원'으로 보아야 하므로, 선관위도 당연히 '감사원의 감찰 대상'으로 보아야 한다.

감사원법 제24조 제3항은 감사원의 직무감찰 대상인 공무원에는 '국회·법원·헌법재판소에 소속한 공무원은 제외 한다'고 명시하고 있다. 따라서 선관위는 당연히 감사원의 직무감찰 대상이다. 현재 선관위가 받고 있는 의혹은 '선거의 공정한 관리 사무'와는 무관한 자녀특혜취업과 북한 해킹에 대한 보안점검 거부 등이다.

'고용세습 특혜위원회'로 전락한 선관위의 '자녀 특혜채용' 의혹의 실체적 진실을 밝히기 위하여 중앙선관위, 특별시·광역시·도 선관위 등 모든 선관위(선거관리위원회법 제2조 제1항)에 대한 감사원의 전수조사에 의한 감사를 실시해야 할 것이다. 감사원의 감사결과 범죄혐의가 있다고 인정할 때에는 수사기관에 고발하여야 한다(감사원법 제35조).

바. 선관위가 과연 헌법상 독립기관인가

"중앙선거관리위원회는 '법령의 범위 안'에서 선거관리·국민투표관리 또는 정당 사무에 관한 규칙을 제정할 수 있으며, '법률에 저촉'되지 아니하는 범위 안에서 내부규율에 관한 규칙을 제정할 수 있다(동조 제6항)." 따라서 선관위는 헌법상 '독립기구'가 아니라 '법령의 범위' 안에서 선거의 공정한 관리에 관한 사무를 관장하는 기관이다.

대법관이 선관위원장을 돌아가면서 하는 것과 관련해 선관위가 사실상 사법부에 종속되는 구조가 될 수 있다는 우려도 있다. 이로서 선관위의 '정치적 독립성과 중립성'도 의심받고 있다. 이번에 퇴임한 박찬진 사무총장은 문재인 정권 출범 이후 거의 매년 승진해 3급에서 장관급까지 올라가는 데 약 5년이 걸렸다. 또 지난해 1월 문재인 당시 대통령은 자신의 대선캠프 출신인 조해주 당시 선관위 상임위원의 3년 임기가 끝났는데도 사의(辭意)를 반려해 논란이 됐다.

선관위에 계속 근무하게 해 민주당에 유리한 선관위를 만들려 한다는 비판이 제기되자 조해주 상임위원은 결국 사퇴했다. 이 때문에 선관위의 권한과 업무범위, 위원회 구성방식 등을 전면 재검토해야 한다는 의견도 나온다. '자녀 특혜채용' 의혹에 대해 선관위 자체조사로 국민을 납득시키기 어려운 만큼 감사원의 직무감찰 및 검찰 수사로 '자녀특혜채용 의혹' '부정선거 의혹' '북한의 사이버 공격' 등의 진상(眞相)을 밝혀야 한다. 또한 노태악 위원장도 책임을 져야 한다.

중앙선거관리위원회가 자녀특혜채용 의혹으로 사표를 낸 박찬진 사무총장과 송봉섭 사무차장을 내주 의원면직(依願免職) 처리할 예정이라고 한다. 5급 이상 간부에 대한 내부 조사가 진행되는 도중에 위 두 사람이 징계처분을 받지 않고 퇴직하도록 길을 터준 것이다.

징계처분에 의한 파면이나 해임이 아닌 '의원면직'이 되면 공직 재임용이나 공무원 연금수령에 불이익을 받지 않는다. 제 식구 봐주기 식 의원면직으로 꼬리를 자르려는 꼼수다. 더불어민주당 비리연루 의원들이 검찰 수사나 자체조사 전에 '꼼수 탈당' '꼼수 출당' '꼼수 복당'하는 비법(祕法)을 선관위가 전수(傳授)한 것이다.

헌법 제103조는 "법관은 헌법과 법률에 의하여 그 양심에 따라 '독립하여' 심판한다"고 '법관의 독립'을 규정하고 있다. 그러나 헌법 제114조 제6항은 "중앙선관위는 '법령의 범위 안에서' 선거관리 사무에 관한 규칙을 제정할 수 있으며, 법률에 저촉되지 아니하는 범위 안에서 내부규율에 관한 규칙을 제정할 수 있다(헌법 제114조 제6항)." 고 규정하고 있다.

따라서 선거관리위원회는 헌법상 '독립기관'이 아니라 '법령의 범위 안'에서 선거관리에 관한 사무를 처리하는 기관이다. 선관위는 문재인 정권 내내 더불어민주당 편을 들며 스스로 정치적 독립성과 중립성을 무너뜨리며 헌법 제114조 및 선거관리위원회법 제1조, 제3조 제2항, 제15조의3 등을 위반한 것이다.

사. 선관위의 정상화

전체 직원이 3000명이나 되는 선관위는 모든 시·군·구에 그 조직을 갖고 있다. 중앙선관위 밑에 '광역시 선관위'가 있고, 그 아래 '구 선관위'가 있는 구조다. 선관위는 재외국민 투표를 관리한다는 명목(名目)으로 해외로 직원을 파견하기도 한다. 이렇게 비대해진 조직과는 반대로 소쿠리에 투표지를 담아 옮기는 황당한 선거관리 수준을 보였다.

'자녀 특혜채용비리'로 탐관오리(貪官汚吏)의 소굴(巢窟)로 전락(轉落)한 선관위를 정상화(正常化)하려면 중앙이든 지역이든 법관이 비상근(非常勤)으로 선관위원장을 맡는 관행(慣行)을 개선해야 한다. 선관위원장을 겸임

(兼任)하는 법관은 법원에서 자기의 고유 업무인 재판을 하기에도 정신이 없어 선관위 업무를 챙길 여력이 없다고 한다.

선관위원장을 '상근직(常勤職)'으로 개선하여 선관위 업무에 전념할 수 있도록 함과 동시에 선관위 내부에 다수의 외부인사가 참여하는 감사·징계 위원회설치 등 '선거의 공정'한 관리 사무를 관장하는 선관위를 만들어야 한다. 지금 선관위의 '자녀 특혜채용' 의혹은 '선거관리'와는 상관이 없는 자녀 특혜취업과 북한 해킹에 대한 보안점검 거부 등이다.

'자녀 특혜채용' 의혹과 같은 선관위 내부의 부정비리 의혹을 받고 있는 기관이 '견제(牽制)와 균형(均衡)'을 내세우며 감사원 감사를 거부하는 것은 궤변(詭辯)일 뿐이다. 선관위는 외부인으로 구성된 '감사위원회'를 설치한다고 했지만 이를 믿을 국민은 없다. 차제(此際)에 이처럼 비대한 선거관리를 위한 상설기구(常設機構)가 과연 필요한 것인지 근본적 검토가 필요하다.

자녀 특혜채용 의혹이 커지고 있는 중앙선관위가 2일 감사원 감사를 거부하기로 했다. 감사원은 2일 '자녀 특혜채용' 의혹 감사를 거부한다는 중앙선관위 결정과 관련해 "정당한 감사활동을 거부·방해한 행위에 대해 엄중히 대처할 것"이라고 밝혔다.

감사원은 정당한 사유 없이 감사원법에 따른 감사를 거부한 공무원에 대하여 징계를 요구할 수 있으며(감사원법 제32조 제1항), 감사원은 감사결과 범죄혐의가 있다고 인정할 때에는 이를 수사기관에 고발하여야 한다(제35조). 선관위가 독립성(獨立性)을 주장하려면 권한에 걸맞은 책임감(責任感)과 사명감(使命感)을 갖추는 것이 선결문제(先決問題)다.

아. 선관위 '사무총장·차장 등 4명, 특혜채용 의혹 수사의뢰'

중앙선거관리위원회가 31일 선관위 고위직 자녀들의 특혜채용 의혹에 대해 박찬진 사무총장, 송봉섭 사무차장, 신우용 제주선관위 상임위원, 김정규 경남선관위 총무과장 등 4명을 수사 의뢰하겠다고 밝혔다. 노태악 선관위원장은 이와 같은 내용의 자체 감사결과를 발표하고 "(채용, 승진 의혹과 관련해) 외부기관 합동으로 전·현직 직원의 친족관계 전반에 대한 전수조사를 하겠다"고 밝혔다. 또 35년째 선관위 출신이 내부승진으로 맡아온 사무총장직을 외부에도 개방하기로 했다. 그러나 뒷북치는 선관위의 자체조사를 믿을 어리석은 국민은 없다.

'아빠 찬스'의혹의 핵심 당사자인 박 사무총장과 송 사무차장은 수사대상이 됐지만 선관위는 이날 두 사람에 대해 자진사퇴 형식인 '의원면직(依願免職)'을 결정했다. 선관위에 따르면 박찬진 사무총장의 딸은 작년 3월 전남선관위 8급 경력직으로 채용됐다. 박 사무총장은 당시 사무차장으로 이해충돌의 여지가 있었지만 딸 채용을 승인했다.

송봉섭 사무차장의 딸은 2018년 3월 충북선관위 8급 경력직으로 들어갔다. 감사결과, 당시 외부기관 파견 중이던 송 사무차장은 충북선관위, 단양군선관위 인사담당 직원에게 전화해 채용진행 상황을 확인하면서, 딸을 소개하고 추천한 것으로 드러났다. 작년 12월 서울선관위에 채용된 신우용 제주선관위 상임위원 아들, 작년 9월 경남선관위에 채용된 김정규 경남선관위 총무과장 딸은 면접관들이 선관위 자녀라는 사실을 알았던 것으로 조사됐다. 감사원은 이날 선관위 채용과 승진과정의 특혜여부에 대해 감사에 착수한다고 밝혔다.

중앙선관위 고위직들이 업무추진비를 현금으로 수령하고 용처에 대한 증빙서류도 작성하지 않았다가 감사원에 적발된 것으로 7일 나타났다. 국가예산으로 집행되는 업무추진비는 정부 구매카드로 사용하여야 하고 사용목적과 시간·장소 등도 증빙서류로 보관해야하는데, 선관위가 엉터리 예산을 집행해온 것이다. 감사원의 '중앙선거관리위원회 기획운영감사(2019년 9월)' 공개문에 의하면, 2016~2018년 선관위 고위직들에게 현금으로 지급된 업무추진비는 총 5660만원이었다.

지역선관위에선 난방·전기요금이나 다과비 등을 운영경비가 아닌 선거비용으로 사용한 것이 적발됐다. 서울시 등 12개 시도선관위는 행사용역대금, 영상제작비 등 6593만원을 운영경비가 아닌 선거경비로 사용했다. 선관위에서 '자녀 특혜채용 의혹' 등이 잇따라 터지자 국민 10명 중 7명은 노태악 선관위원장이 사퇴해야 한다고 생각하는 것으로 나타났다.

국민의힘 위원들은 이날 선관위를 항의 방문해 노태악 위원장을 비롯한 선관위원 전원사퇴를 주장하며 "(독립성을 이유로 선관위가 거부했던) 감사원 감사를 수용하라"고 압박했다. 한편 경기남부경찰청은 이날 자녀 특혜채용비리 의혹이 있는 박찬진 전 선관위 사무총장 등 4명에 대해 수사를 착수했다.

법령을 성실히 준수함으로써 선거관리 사무의 처리에 공정(公正)을 기하여야 할 선관위는, '자녀 특혜채용' 의혹에 따른 '고용세습(雇用世襲)'으로 선관위에 그들만의 철옹성(鐵甕城) 같은 아성(牙城)을 구축(構築)해온 탐관오리(貪官汚吏)들의 종말이 감사원 감사와 검·경의 수사대상이 된다는 사실을 타산지석(他山之石)으로 삼아야 한다.

자. 엽관주의 및 족벌주의 타파

"선거와 국민투표의 공정한 관리 및 정당에 관한 사무를 관장"하는 선거관리위원회가 '고용세습 특혜위원회'가 되어 공무원의 임면(任免)을 능력·자격·실적 등에 두지 않고 인사권자의 혈연(血緣).지연(地緣).학벌(學閥) 등 당파적(黨派的) 정실(情實)에 두는 엽관주의(獵官主義 : spoils system) 인사제도의 만행(蠻行)을 저지른 것이다. 이처럼 부패한 선관위는 '헌법상 독립기관'이라며 감사원 감사를 거부했고, 뒤늦게 외부인 참여 감사를 한다고 했으나 그런 감사를 믿을 국민은 없다.

다산(茶山) 정약용(丁若鏞)은 "맑은 정신과 청렴(淸廉)함은 수령(守令)의 본무(本務)이니 청렴결백(淸廉潔白)함이 모든 선(善)의 근원(根源)이요, 덕(德)의 바탕"이라고 했다. 수신(修身) 후에 제가(齊家)하고, 제가 후에 치국(治國)함은 널리 알려진 일이거니와 한 고을을 다스리는 데도 먼저 집안일부터 잘 단속해야 함은 의당(宜當)한 일이다. 나라를 다스리자면 '사람을 쓰기'에 달렸다.

진실로 적임자(適任者)를 얻지 못하면 자리만을 갖추어 놓았을 따름이다. 적재적소(適材適所)는 인사(人事)의 요체(要諦)임에도 불구하고 인재(人材)를 고르기란 용이(容易)한 일이 아니다. 최소한 사정(私情)이 끼지 않는 방법만은 고수(固守)되어야 한다. 모든 일은 인재(人材)를 얻고 못 얻는 데에서 흥패(興敗)가 좌우된다. 그러므로 목자(牧者)에게는 인재를 고를 줄 아는 현명(賢明)이 요구되는 것이다.

다산(茶山)은 "종족(宗族)끼리는 의당(宜當) 서로 화목(和睦)할 것이나 벼슬살이에 데리고 가서는 안 된다"고 하였다. 이런 점에서 다산(茶山)은 친척(親戚) 등을 등용(登庸)하는 이른바 네포티즘(nepotism : 親戚登庸, 族閥主義)을 배제(排除)한 '근대화(近代化)의 선각자(先覺者)'였다. 자기의 친척은 물론 자기의 심복(心腹)이 되는 <내 사람>을 쓰지 않는 목민관(牧民官)만이 청풍명월(淸風明月)처럼 맑고 깨끗한 벼슬아치가 될 수 있다. '도둑에게 도둑을 지키라'는 일이 없어야 '나라 일이 잘 되어 가리라'는 것은 너무도 자명(自明)한 이치(理致)다.

다산(茶山)은 목민관(牧民官)으로서 지켜야 할 도리(道理)를 실례를 들고 시범(示範)을 보이면서 설파(說破)하였는바, 특히 탐관오리(貪官汚吏)의 폐풍(弊風)을 일소(一掃)하려는 소견(所見)을 설득력(說得力) 있고 두드러지게 강조하였는데도 당시의 조정(朝廷)에서 철저하게 이것을 받아드리지 못한 사실이 아쉽기만 할 뿐이다. 부패한 공직사회 풍토(風土)를 정화(淨化)하기 위해 엽관주의(獵官義)와 족벌주의(族閥主義)를 타파(打破)해야 한다.

차. 선관위 직원의 '자기소개서'는 '아빠 소개서'

'아빠 찬스' 특혜채용 의혹을 받고 있는 선거관리위원회 직원이 자기소개서에 "아버지가 선거관련 공직에 계신다"면서 사실상 '아빠 소개서'를 쓴 것으로 11일 나타났다. '특혜채용 의혹'을 받고 있는 직원들은 모두 현직을 유지하고 있는 것으로 확인됐다. 여권은 "입시비리가 드러나고도 의사면허를 붙들고 있는 조국 전 법무부 장관 일가(一家)와 다를 바가 없다"고 비판했다.

'아빠 찬스' 특혜채용 의혹을 받고 있는 인천선관위 간부 딸인 정모씨는 2011년 11월 자기소개서에 "아버지가 선거관련 공직에 계셔서 선관위가 어떤 일하는지, 선거가 국회의원·대통령 선거 말고 다양하게 있다는 것도 알게 됐다"며 "선관위로 전입하게 된다면 다시 공직생활 시작한다는 마음가짐으로 저 자신을 낮출 것"이라고 썼다고 한다. 당시 면접관 3명은 정씨에게 동일한 점수(4개 항목 '상' 1개 항목 '중')를 부여했다. 정씨는 '아빠 근무지'인 인천선관위에 경력직으로 채용됐다.

이번 선관위 자체조사에서 인사담당자들이 '지원자가 누구의 자녀인가'를 사전에 알고 있었던 사례는 3건(송봉섭 전 사무차장, 신우용 제주선관위 상임위원, 김정규 경남선관위 총무과장)으로 나타났다. 자기소개서에 '부친이 선관위에 근무 한다'거나 '공직에 종사 한다'고 밝힌 특혜채용 직원들도 3명으로 집계됐다. 이 밖에 2016년 2020년 각각 충남·충북 선관위에 채용된 선관위 간부 자녀들 또한 '아빠 동료'들이 면접위원인 상황에서 면접을 봐 합격했다.

송봉섭 전 사무차장 딸은 2018년 3월 "신뢰라는 것은 한 번의 실수로도 모든 것을 잃어버릴 수 있다"며 "한 사람 부정부패로 국민전체가 피해 볼 수 있고, 어렵게 만든 국가라는 전체의 그림을 망칠 수 있는 것" "그릇도 깨끗하게 비워내야 맑은 물을 채울 수 있는 것처럼 국민 뜻이 선거에 그대로

담길 수 있어야 한다"고 했다. 이런 내용의 자기소개서가 제출될 무렵, 송봉섭 전 차장은 인사담당자에게 전화해서 자신의 딸을 직접 추천했던 것으로 드러났다.

김정규 경남선관위 총무과장 딸은 2021년 9월 자기소개서에서 "공직에 종사하는 아버지를 지켜보면서 일상 속에서 쉽게 준법정신을 배울 수 있었다"며 "이런 성장환경 덕분에 저도 공무원이 되어서 법령을 준수하여 처리하는 습관이 형성됐다"고 썼다. 자신의 좌우명인 '나를 속이지 말자'와 관련해선 "나에게 떳떳해야 남에게도 떳떳해질 수 있다"고 설명했다. 선관위 특별감사에서 김정규 과장 또한 인사담당자에게 지원자가 자신의 딸임을 사전에 알린 것으로 조사됐다. 면접관들은 5개 면접평가 항목에서 동일한 고득점을 줬다. 이렇게 채용된 후 김 과장 본인이 직접 딸의 승진심사 위원으로 참여했다.

신우용 제주선관위 상임위원 아들은 2021년 12월 서울선관위 경력직원으로 응시하면서 자기소개서에 "재난기본소득 공로로 이재명 경기도지사로부터 표창을 받았고, 이 성과를 바탕으로 2021년 근무하던 안성시에서도 '지자체를 빛낸 공무원'으로 선정되었다"고 썼다. 신씨는 자기소개서에서 "공정하고 정의로운 나라를 만들어야 한다"며 "저는 국민주권과 민주주의를 수호하는 공직자가 되고 싶다"고 적었다.

현재 경기남부청 반부패경제범죄수사대는 박찬진 전 사무총장, 송봉섭 전 사무차장, 신우용 제주선관위 상임위원, 김정규 경남선관위 총무과장에 대한 수사에 착수한 상태다. 향후 감사원 감사, 국민권익위원회 전수

조사, 국회 국정감사도 동시다발적(同時多發的)으로 이뤄질 전망이다. 현재까지 아빠찬스 특혜채용 정황이 드러난 선관위 직원들은 모두 현직을 유지하고 있는 것으로 나타났다. 충북선관위 소속인 김모씨만 이번 특혜채용 논란이 불거지기 전인 지난 1월 휴직한 것으로 알려졌다.

선관위는 '소쿠리 투표' '북한의 해킹 공격' 등 일이 터질 때마다 '헌법상 독립기관'이란 궤변(詭辯)으로 감사원 감사를 거부하는 경거망동(輕擧妄動)을 일삼았다. 선관위가 자기들끼리 '신(神)의 직장'을 만들며 쌓아온 적폐(積弊)가 서서히 무너지고 있다. 선관위는 도덕성(道德性), 중립성(中立性)은 물론 업무처리능력(業務處理能力)까지 의심받고 있다.

선거관리의 투명성(透明性)과 공정성(公正性)에 대한 유권자의 신뢰(信賴)는 민주주의를 유지하는 근본(根本)이다. 이번 기회에 선관위의 부패하고 썩은 부위를 완전히 수술(手術)하고 개혁함과 동시에 자녀 특혜채용 비리에 관련된 자들을 발본색원(拔本塞源)하여 의법조치(依法措置)해야 한다.

카. 선관위 직원 128명 무더기 청탁금지법 위반

선관위 직원 128명이 <부정청탁 및 금품 등 수수의 금지에 관한 법률>(약칭 : 청탁금지법)을 어기고 지역 선관위원에게 금품(金品)을 받아온 사실이 감사원 감사로 드러났다. 이들은 대부분 공무원이 아닌 일반인으로 구성되는 시·군·구 비상임 선관위원 9명에게 각각 지급해야 할 회의참석 수당을 '총무위원'으로 불리는 1명의 계좌에 몰아주고, 이 돈을 다시 가져다 쓴 것으로 나타났다. 100여 명이 '회식비' '명절 격려금' '전별금' 등의 명목으로 수십만 원씩 받았고, 20명은 일본·필리핀·베트남 등으로 해외여행까지 다녀왔다. 국민세금을 조직적으로 유용(流用)한 것이다.

지역 선관위원은 명목상 선관위 직원의 상급자지만, 공무원 신분이 아니라 비상근 명예직이다. 상당수가 정치권 출신으로 해당 지역 선거출마 희망자다. 출마하면 선관위 직원이 자신들의 선거운동을 감독하는 '갑(甲)'이 된다. 직원들이 자신들의 수당을 가져다써도 묵인할 수밖에 없는 구조다. 중앙선관위도 불법을 방조(幇助)했다. 중앙선관위는 '상급자인 선관위원이 직원에게 금품을 주는 것은 금액 제한 없이 가능하다'고 밝혔다고 한다. 중앙에서 지역까지 선관위의 도덕 불감증(不感症)이 얼마나 뿌리 깊은지 알 수 있다.

중앙선관위도 보수를 줄 수 없는 비상임 중앙선관위원 8명에게 법적 근거 없이 매달 수백만 원을 지급하다가 감사원에 적발됐다. 선관위는 그동안 '헌법상 독립기관'임을 내세워 어떤 견제(牽制)도 받지 않으면서 내부비리, 직무태만 등 적폐를 쌓아왔다. 감시 사각지대(死角地帶)에서 자기들끼리 이익을 공유하며 '신의 직장'을 만들었다. 그런 집단이니 본연(本然)의 임무(任務)를 제대로 수행 할리가 없다. 주요 선거가 닥치면 직원들이 무더기 휴직을 했다고 한다. 자녀특혜 채용비리로 21명이 적발됐는데 이번엔 128명이 무더기로 청탁금지법을 위반했다.

중앙선관위와 전국 선관위가 최근 7년간 채용한 경력직 공무원 384명 중 58명(15.1%)이 부정채용 됐을 가능성이 높은 것으로 드러났다. 국민권익위원회는 이를 포함해 선관위의 채용비리 의혹 353건을 적발해 검찰에 28명을 고발하고 312건을 수사의뢰했다. 중앙선관위와 전국 선관위 소속 직원 약 3000명 가운데 400명 이상이 채용비리에 연루된 것으로 추산됐다. 권익위는 지난 5월 선관위 사무총장을 비롯한 직원들의 자녀부정채용 의혹이 불거진 후 조사에 착수했다.

선거가 국민의 자유로운 의사와 민주적인 절차에 의하여 공정히 행하여지도록 하고, 선거와 관련한 부정을 방지함으로써 민주정치의 발전에 기여할 선관위는 청렴과 공정이 사라지고 국민혈세를 조직적으로 유용(流用)하는 '신의 직장'의 탐관오리(貪官汚吏)로 전락(轉落)했다.

타. 선거 해킹 위험 드러나도 경각심 대신 축소 급급한 선관위

국가정보원은 2023년 10월 10일 중앙선거관리위원회와 한국인터넷진흥원 등 세 기관이 함께 선관위 전산망의 보안점검을 한 결과, 선거인명부 및 사전투표를 비롯한 투표 시스템과 개표결과 조작(造作)이 가능한 상태라고 발표했다. 선관위 투·개표 시스템은 외부 인터넷을 통해서도 침투 가능할 정도로 보안이 취약(脆弱)했다. 그동안 선관위는 국정원의 보안관련 경고를 거듭 무시하며 "해킹 우려가 없고 개표조작도 불가능하다"는 말만 되풀이해 왔다.

국정원은 선관위 전산망에 대한 가상 해킹 방식으로 7월 17일~9월 22일 보안점검을 했다. 국정원은 "국제 해킹조직들이 통상적으로 사용하는 수법을 통해 시스템에 침투할 수 있었다"며 "북한 등 외부세력이 의도할 경우 어느 때라도 공격이 가능한 상황이었다"고 했다. 국정원은 최근 2년간 선관위에 통보한 북한 발 해킹공격이 우려되는 사안에 대한 후속조치가 이뤄지지 않은 점도 지적했다.

국정원은 이번 보안점검에서 선관위가 무자격 업체에 선관위 선거관련 장비관리 등을 맡긴 사실도 확인했다. 선관위와 계약한 용역업체 직원이 비인가 저장, 장치를 활용해 내부 자료를 유출(流出)한 사실도 확인했다고 한다. 그러나 선관위는 "이번 보안점검은 기술적 내용에 한정해 실시한 것"이라며 "선거 시스템에 대한 해킹 가능성이 곧바로 실제 부정선거 가능성으로 이어지는 건 아니다"라고 그 가능성을 축소하는 데만 급급해하고 있다.

파. '셀프 채용'부터 '지인 찬스'까지 채용비리 44건 적발

국민권익위원회가 공공기관 825곳의 '채용비리'에 관한 전수조사 결과, 454개 기관에서 채용절차 위반이 확인됐다. 공공기업과 지방공사·공단, 정부·지자체 출연·보조기관 중 절반이 넘는 곳(55%)에서 채용비리 867건을 적발해 임직원 68명을 수사·징계 의뢰했다고 한다. 한 지자체 산하기관의 사무국장(계약직)은 자신이 채용 계획을 세우고 공고를 낸 뒤 스스로 정규직 팀장 자리에 응시해 합격했다. 이 기관장은 또 오랜 친분이 있는 지인(知人)이 차장급 자리에 응시했다가 서류전형에서 탈락하자 재검토를 지시했다. 일부 심사위원의 불리한 채점결과를 배제해 지인을 최종 합격시켰다.

일부 공공기관은 응시자격이 없는 퇴직 후 3년 미만 공무원과 공공기관 직원, 학력기준 미달자들도 합격시켰다. 서류접수가 마감됐는데도 추가접수를 지시하거나 자의적(恣意的)으로 서류·면접 채점을 하면서 가점(加點)을 주고, 감독기관과 협의 없이 마음대로 신채용도 했다. 2017년에도 공공기관 전수조사에서 채용비리가 2230여건 적발됐다. 강원랜드는 신규 채용자 상당수가 청탁으로 입사했다. 2018년 서울교통공사는 전체 정규직전환 근로자의 19%가 전·현직 직원의 친·인척으로 드러나 고용세습(雇傭世襲) 논란이 일었다.

권익위는 채용비리로 억울하게 떨어진 피해자가 2019년 55명, 2020년 122명에서 지난해 48명, 올해 14명 등으로 줄어들고 있다고 밝혔다. 지난 5월엔 선거관리위원회 경력직 채용과정에서 선관위 전·현직 간부와 직원들의 친·인척이 대거 채용된 것으로 드러났다. 이럴 때마다 정부는 '공공기관 채용비리를 근절 하겠다'고 했지만 불법과 불공정은 더욱 판치고 있다. 공공기관의 채용비리에 대한 엄정한 전수조사로 근본적 수술을 해야 한다.

하. '청백리의 길' '탐관오리의 길'

다산(茶山)은 "청렴(淸廉)이란 목자(牧者)의 본무(本務)요, 갖가지 선행(善行)의 원천(源泉)이요, 모든 덕행(德行)의 근본(根本)이니, 청렴하지 않고서 목자가 될 수는 절대로 없다"고 했다. 청백(淸白)한 명성(名聲)이 사방에 퍼지고 선정(善政)하는 풍문(風聞)이 날로 드러난다면 인생의 지극한 영광(榮光)이 될 것이다.

청렴(淸廉)과 탐욕(貪慾)은 한 인간의 양면상(兩面像)이요, 갈림길이기도 한 것이다. 그가 '청렴의 길'을 택하면 청백리(淸白吏)가 되겠지만, 그가 만일 '탐욕의 길'을 택하면 탐관오리(貪官汚吏)가 될 것이다. 그 어느 길을 택하느냐는 한 인간(人間), 한 목자(牧者) 스스로의 처신(處身)에 달린 것이니 그것은 오로지 자신의 책임(責任)에 속한다.

다산(茶山)은, 목자의 책임은 "이리를 내쫓고 양을 기르는데 있다(去狼以牧羊)"고 말했다. 그것은 제폭구민(除暴救民)을 의미하는 말이다. 산중에 있는 중이 고기 맛을 보면 미치듯 하찮은 위인(爲人)이 권리(權利)를 잡으면 미친 듯 권리를 남용하기 쉬운 것이다. 백성들은 본질적으로 어느 때 어느 곳에서나 선량한 양떼 같은 존재이다.

그들은 불의(不義) 앞에서는 사자처럼 사나워지고 성난 물결처럼 날뛰기도 하지만 그들을 자애(慈愛)로서 다스리면 어린아이처럼 따르고 호수처럼 잔잔한 것이다. 목자(牧者)란 수기치인(修己治人 : 자신의 몸과 마음을 닦고 한 나라를 다스리는 사람)의 전인적(全人的) 인격(人格)을 갖춘 이를 가리킨다.

17. 국민권익(國民權益)을 침해한 전현희 국민권익 위원장

전현희 국민권익위원장이 거의 매일 지각(遲刻)하는 등 근무태도가 엉망이었다고 감사원이 감사보고서에서 공개했다. 전 위원장은 공식 외부 일정이 있거나 서울청사로 근무하는 날을 제외하고 세종청사의 권익위 사무실로 출근해야 하는 날 89일 중 83일(93.3%)을 지각했다고 한다. 2021년부터 지난해 7월까지는 하루도 제시간에 출근하지 않았다고 한다. 민간 기업이었으면 벌써 쫓겨났을 것이다. 세금으로 월급 받는 공무원의 출퇴근은 국민과의 약속이자 공직자의 기본자세 중의 기본이다.

"공무원은 국민전체에 대한 봉사자이며, 국민에 대하여 책임을 진다(헌법 제7조 제1항)." "모든 공무원은 법령을 준수하며 성실히 직무를 수행하여야 한다(국가공무원법 제56조)." "공무원은 국민전체의 봉사자로서 친절하고 공정하게 직무를 수행하여야 한다(국가공무원법 제59조)."

공무원이 '국가공무원법 및 국가공무원법에 따른 명령을 위반한 경우' '직무상의 의무를 위반하거나 직무를 태만히 한 때'에 해당하면 징계의결을 요구하여야 하고, 그 징계의결의 결과에 따라 '징계처분'을 하여야 한다(국가공무원법 제78조 제1항). '징계'는 파면·해임·강등·정직.감봉·견책으로 구분한다(동법 제79조).

전 위원장은 세종시에 있는 권익위원장 관사를 거의 사용하지 않고, 서울 자택에서 출퇴근했다고 한다. 감사원은 지각에 대해 6차례 소명(疏明)을 요구했지만 전 위원장은 응하지 않았다. 전 위원장은 "감사원의 일방적 추정(推定)일 뿐"이라면서도 감사원 발표가 뭐가 잘못됐는지 구체적으로 반박(反駁)하지 않고 있다.

감사원은 국가공무원법과 그 밖의 법령에 규정된 '징계사유에 해당'하거나 정당한 사유 없이 감사원법에 따른 '감사를 거부'하거나 '자료의 제출을 게을리' 한 공무원에 대하여 그 소속기관장 또는 임용권자에게 징계를 요구할 수 있다(감사원법 제32조 제1항). 감사원은 감사결과 '범죄 혐의'가 있다고 인정할 때에는 이를 수사기관에 고발하여야 한다(감사원법 제35조).

전 위원장은 지난 2020년 추미애 당시 법무부 장관 아들의 군 휴가 미복귀 문제가 불거졌을 때 '이해충돌방지법'을 추 장관에게 유리하게 유권 해석하는 과정에 관여한 사실도 감사결과 드러났다. 그래 놓고 직원들을 시켜 자신의 개입(介入)을 부인하는 보도 자료를 배포하게 했다. 거짓말까지 한 것이다. 당시 권익위는 추 장관 아들 의혹을 제보한 당직 사병에 대해서는 "공익신고자로 볼 수 없다"고 했다.

전 위원장은 문재인 정부의 서해 피살공무원 월북조작 사건이 터졌을 때도 '권익위가 나설 수 없다'는 입장을 밝혔다. 국민권익 대신 정권 편에 서서 노골적으로 문재인 정권의 권익(權益)을 비호(庇護)해왔다. 전 위원장은 청탁금지법시행을 총괄(總括)하는 자리에 있으면서 이법에 따른 식대 상한인 1인당 3만원이 넘는 점심을 먹고, 이를 감추기 위해 직원들이 허위 문서를 만든 사실도 드러났다.

전 위원장 수행비서는 공금 2400여만 원을 횡령한 사실도 적발됐다. 국민권익위원회는 고충·민원을 해결하고 공무원의 부정부패를 방지해 국민의 권익(權益)을 지키라고 만든 기관이다. 전현희 위원장이 지금 국민권익위원장 그 '자리'에 있는 것 자체가 국민권익(國民權益)을 침해하는 행위이다.

겸양(謙讓)은 인격완성(人格完成)을 위하여 불가피(不可避)한 덕(德)이다. 그대 자신 속에 있는 모든 권력욕(權力慾)과 지배욕(支配慾) 등 탐욕(貪慾)을 버리고 허영(虛榮)을 경계(警戒)하라. 분수(分數)에 넘치는 영예(榮譽)와 칭찬(稱讚)을 얻고자 하지 말라. 이러한 모든 것은 그대의 정신을 파멸(破滅)시킬 따름이다. 그대는 자기에 '알맞은 자리'보다 조금쯤 '낮은 곳'을 선택(選擇)하는 것이 현명(賢明)하다. 남에게서 <내려가시오>라는 말을 듣느니 보다는 <올라오시오>라는 말을 듣는 편이 훨씬 나은 것이다.

그대가 행(行)한 비행(非行)을 기억하라. 그러함으로써 다시는 그 비행을 범(犯)하지 않게 될 것이다. 전현희 국민권익 위원장 사태는, 실적주의(實績主義:merit system)와 적재적소(適材適所)라는 인사의 대원칙(大原則)을 무시하고 대통령의 공무원 임면권(任免權)을 남용하여 탐관오리(貪官汚吏)를 양산(量産)한 문재인 정권 패착(敗着)의 결과물(結果物)이다.

헌법 제7조 제2항은 "공무원의 신분과 정치적 중립성은 법률이 정하는 바에 의하여 보장된다"라고 하여 직업공무원제(職業公務員制)를 규정하고 있다. 이 조항은 엽관제(獵官制 : spoil system)나 정실인사(情實人事) 등을 배척하고 정권교체에 영향을 받지 아니하는 직업공무원제도를 확립하려는 규정이다. 민주국가에서는 직업공무원으로 하여금 집권당의 지배로부터 독립하여, 국정(國政)의 능률적인 운영을 기하기 위한 민주적이고 과학적인 직업공무원제가 확립되어야 한다.

대통령이 행정부 수반(首班)으로서의 지위에서 그 직책(職責)을 성실히 수행하는 첫째 임무는 헌법과 법률에 따라 '공무원 임면권을 적정(適正)하게 행사'하는 것이다. 헌법이 대통령에게 공무원 임면권을 부여한 취지는, 능력과 전문성을 갖춘 청렴(淸廉)한 인재(人材)를 적재적소(適材適所)에 배치해 행정을 민주적이며 능률적으로 수행하여 국민 전체에게 봉사하기 위한 것이다.

공직자로서 특정지위에 대한 전문성과 능력 또는 청렴성(淸廉性)과 국민에 대한 봉사자세(奉仕姿勢)가 확립되지 아니한 시정잡배(市井雜輩)들이 권력의 단맛과 분(分)에 넘치는 감투욕 등으로 공직에 임용되면 결국 탐관오리(貪官汚吏)가 되어 불명예퇴직(不名譽退職)을 하거나 부정부패(不正腐敗)로 영어(囹圄)의 신세가 되고 만다. 정부는 역대정권의 인사참사(人事慘事)의 비극을 타산지석(他山之石)으로 삼아야 한다.

18. 문재인 정권 산업통상자원부의 태양광 비리

문재인 정부의 신재생에너지 확대정책에 편승(便乘)해 태양광 보조금 등을 부당하게 챙긴 '태양광 복마전(伏魔殿)' 행태가 감사원 감사를 통해 수백 건 적발됐다. 지난해 10월부터 '신재생에너지 사업추진 실태' 감사를 진행해온 감사원은 관련 업무를 하는 공공기관 8곳 소속 임직원 250여 명이 본인이나 가족명의로 태양광사업을 해온 것으로 확인돼 조사하고 있다고 13일 밝혔다. 감사원은 이와 별개로 산업통상자원부 전직 공무원 등 대규모 사업 비리에 연류 된 38명을 수사의뢰했다.

문재인 정부의 탈 원전과 신재생에너지 확대정책으로 한국전력이 수십조 원의 손실을 입는 등 전 국민이 피해를 본 반면, 한전 등 관련 공공기관의 당사자들은 '태양광 보조금'을 챙기고 있었다. 특히 문재인 정부 내내 탈 원전과 태양광 확대에 앞장서며 국가 에너지정책의 근간을 망가뜨린 산업통상자원부 공무원들이 뒷돈 챙기기에 혈안이 됐다는 사실이 드러나면서 충격을 주고 있다. 산업부가 문재인 정권 코드 맞추기에 급급해 무리한 에너지정책을 추진한 결과는 에너지 공기업에 수십조 원의 적자(赤字)를 떠안겼고, 지난 1년여 사이 전기·가스 요금을 40%가량 인상시키며 국민에게 '냉·난방비 폭탄'이라는 고통을 안겨줬다.

문재인 정부 시절인 2018년 산업부 과장들과 사무관이 안면도에 최대인 300MW급 태양광사업을 추진하는 업자의 로비를 받고 태양광 부지로 쓸 수 없는 목장용 초지(草地)에 태양광이 허가될 수 있게 해준 사실이 드러났다. 로비를 들어준 산업부 과장은 2년 뒤 해당업체 대표이사로 취임했다. 산업부는 문재인 정권의 탈 원전과 태양광 확대정책에 앞장섰다. 산업부 실장 출신인 채희봉 전 청와대 비서관은 문 전 대통령 지시로 월성 1호기 영구폐로를 주도했고 그 뒤 가스공사 사장이 됐다.

백운규 전 산업부장관은 '월성 1호기를 2년 반 더 가동하는 게 바람직하다'는 과장에게 "너 죽을래"라고 윽박질러 월성 1호기 경제성평가를 조작하게 했다. 산업부 국·과장 급 공무원들은 휴일 밤중에 사무실에 몰래 들어가 증거를 인멸했다. 이런 사실이 드러나자 문재인 전 대통령은 차관이 2명이던 산업부에 제3차관을 신설해 조작공로로 선물을 줬다. 문재인 정권은 탈 원전을 밀어붙이면서 그 대신 태양광 확대정책을 폈고, 그 주도부서(主導部署)인 산업부 공무원들은 태양광 확대정책의 이면(裏面)에서 돈벌이까지 하며 주역(主役)들은 퇴직 후 영전(榮轉)했다.

감사원은 산업부 공무원들 외에도 한국전력, 에너지공단 등 관련 8개 공공기관 직원 250여명이 직접, 또는 가족명의로 태양광 사업에 뛰어들어 보조금을 챙겨온 사실을 적발했다. 인허가 업무를 담당하던 이들은 신재생에너지사업에 겸직(兼職)할 수 없다는 규정을 무시하고 내부정보를 활용해 돈을 벌었다. 탈 원전을 추진하던 산업부와 인허가를 담당하는 산하(傘下)공공기관 직원들이 문재인 정권이 판을 벌여 놓은 태양광 복마전(伏魔殿)의 이곳저곳에서 돈을 챙긴 것이다.

지난 13일 감사원의 신재생에너지에 대한 감사결과 전 국민을 가장 충격(衝擊)에 빠뜨린 것은 공무원이 권한을 남용하고 민간사업자와 결탁(結託)해 비리를 저지르고, 업자들은 눈먼 보조금을 챙기기 위해 달려드는 '태양광 복마전'이었다. 이런 비리(非理)의 원인은 문재인 정부의 '태양광 과속(過速)'에 있다. 더 큰 문제는 문재인 정부의 태양광 과속이 현 정부에서도 법령의 개정 없이는 속도조절이 불가능하다는 점이다.

　국회를 장악해 밀어붙여 만든 문재인 정부의 '신재생 대못 법'이 워낙 넓고, 깊숙하게 박힌 탓에 태양광 과속이 폭주(暴走) 수준으로 속도를 더 높여야 하는 아이러니한 상황이 발생한 것이다. 15일 정부와 업계에 따르면 문재인 정부가 임기 말 공포한 '탄소중립기본법'은 국가전반의 에너지 계획을 망가뜨리는 주범(主犯)으로 꼽힌다. 충남 태안군 안도면에서 벌어진 태양광 비리는 경악(驚愕)할 정도다. 산업부의 동기 과장들이 공모(共謀)해 업체 청탁(請託)을 들어주고 그 회사의 대표, 연관업체의 임원으로 취직했다.

　문재인 정부시절 탈 원전을 밀어붙이면서 그 보완책(補完策)으로 신재생을 무리하게 육성하려다 보니 태양광·풍력(風力)에 보조금, 융자지원금이 몰려들었다. 지난해 국무조정실 합동단속에서도 자기 돈을 넣지 않은 채 정부 지원금과 금융권 대출만으로 설비를 짓고, 거기서 나온 전기를 원자력 전기의 4배 이상 가격으로 한전에 팔아 이익을 챙기는 등의 '봉이 김선달식' 사업이 많이 적발됐다. 표본조사에서만 2000건이 넘는 위법사례가 나왔다.

19. '한 번도 경험해 보지 못한 세상'

문재인 정권 5년간은 문 전 대통령이 예고했던 바와 같이 대한민국 국민은 "한 번도 경험해보지 못한 나라"를 너무나도 많이 경험했다. 5년 전에는 감히 예측(豫測)할 수 없었던 해괴망측(駭怪罔測)한 일들이 수없이 벌어졌다. 문재인 정권 5년간의 "정권의, 정권에 의한, 정권을 위한" 국가경영에 따른 총체적 국정파탄(國政破綻)에서 벗어날 길을 찾아야 했다. 문재인 정권 하의 대한민국 국민이 경험한 "한 번도 경험해보지 못한 사례(事例)"가 과연 무엇인가?

최저임금인상에 따른 소득주도정책, 탈 원전정책, 반(反) 시장 및 반(反)기업정책으로 인한 개인과 기업의 도산(倒産)으로 인한 기업의 해외진출, 세금 퍼주기식 복지정책(福祉政策)에 따른 눈먼 돈 살포(撒布)에 의한 경제파탄(經濟破綻), 민족공조라는 미명하(美名下)의 9.19남북군사합의 등에 의한 국가안보파괴(國家安保破壞), 무능한 외교정책에 따른 국제사회에서의 고립무원(孤立無援) 자초(自招), 역사교과서의 조작(造作)·왜곡(歪曲), 종북굴종(從北屈從) 등 온갖 실정(失政)으로 건국(建國) 이래 총체적(總體的) 국정파탄(國政破綻)으로 "한 번도 경험해 보지 못한" 나라에서 국민은 불안과 절망 속에서 허덕여 왔다.

이런 상황에서 경제는 이미 파탄(破綻)의 길로 접어들었으나 문재인 전대통령은 "경제가 좋아지고 있다" "경제가 건실(健實)하다"고 했다. 국가안보(國家安保)는 북한의 "한반도 비핵화" "종전선언(終戰宣言)"이라는 북한의 대남 적화통일(赤化統一)을 위한 사기극(詐欺劇)의 환상(幻想)에 놀아났다. 문재인 정권의 거듭된 실정(失政)으로 자유민주적 기본질서에 입각한 헌정질서(憲政秩序)는 파탄의 길로 가고 있으나 문 정권은 주권자(主權者)인 국민에 대하여 "내 편이냐" "네 편이냐"로 구분하여 국론분열(國論分裂)에 박차(拍車)를 가해왔다.

문재인 정권 5년간 민주주의 파괴 행태(行態)는 헤아리기 어려울 정도다. 출발부터 드루킹을 동원한 대규모 여론조작, 선거법을 강제로 바꾸는 폭거(暴擧), 위장 탈당, 회기 쪼개기 등 반민주적 입법 폭주(暴走)를 자행(恣行)했다. 문재인 전 대통령의 30년 친구를 울산시장에 당선시키기 위해 청와대 8개 조직이 야당 후보를 억지 수사했다. 대통령 비판 대자보를 붙였다고 청년들을 압수수색하고 주거침입으로 기소했다. 5.18에 대해 정부발표와 다른 주장을 하면 투옥(投獄)시키는 악법도 만들었다.

UN의 북한 인권결의안 공동제안을 4년 연속 외면하고, 귀순을 희망한 북한어민들을 포승에 묶어 강제 북송했다. 김여정 말 한마디에 국제사회가 모두 반대한 대북전단금지법을 밀어붙였다. 입으로만 도덕성(道德性)을 강조하던 사람들이 조국, 윤미향 사태로 공정과 정의를 파탄(破綻)냈다. 운동권 출신 시장, 도지사들이 성범죄로 물러났다.

억대 연봉을 받는 공공기관에 낙하산으로 무더기 취업시키고, 탈 원전을 틈타 태양광 사업으로 돈벌이를 했다. 각종 시민단체, 조합, 기업을 만들어 수조 원대 국민세금을 타갔다. 운동권이 국민 혈세를 빼먹는 '운동권 생태계'가 탄생했다. 민주당은 그 생태계를 확대하는 사회적 경제기본법 통과를 밀어붙이고 있다. 운동권은 반민주, 반인권을 일삼는 무소불위(無所不

爲)의 권력집단으로 전락(轉落)했다. 민주화(民主化)는 운동권의 전유물(專有物)이 아니다. 이 낡은 운동권 집단의 시대는 종지부(終止符)를 찍어야 한다.

이렇듯 문재인 정권 5년은 온 세상이 해괴망측(駭怪罔測)하게 돌아가는 "한 번도 경험해 보지 못한 세상"을 보여줬다. 세상이 미쳐 돌아가고 있다고 한다. 부패한 권력과 그에 추종(追從)하는 정상배(政商輩)와 탐관오리(貪官汚吏)들이 권력의 앞잡이가 되어 '문비어천가(文飛御天歌)'가 울려 퍼지는 광기(狂氣) 가득 찬 세상이야 말로 지구상에서 유례(類例)를 찾기 어려운 "한 번도 경험해 보지 못한 세상"이었다.

20. '사드 전자파 무해(無害)' 알고도 숨긴
문재인 정부의 안보 자해극

문재인 정부 시절 군(軍)이 경북 성주 사드기지에서 나오는 전자파(電磁波)를 수십 차례 측정해 인체에 무해(無害)하다는 것을 확인하고도 이를 공개하지 않았다고 한다. 국방부 자료에 따르면 공군이 2018년 3월부터 지난 1월까지 사드기지 주변 4개 지점에서 34차례 전자파를 측정해보니 평균값은 인체 보호기준의 0.004%, 최고치는 0.025%였다. 측정할 때마다 무해성(無害性)이 입증됐는데도 제대로 알리지 않았다. 초반 2차례만 공개하고 그 뒤로는 침묵(沈默)했다.

군의 전자파 측정은 문재인 정부 시절 27차례 이뤄졌다. 문재인 정부의 은폐(隱蔽)는 중국이 사드배치에 반발하고 더불어민주당과 좌파단체들이

"사드 전자파에 내 몸이 튀겨 진다"며 유해성(有害性)을 주장한 때문이다. 사드 전자파의 무해성(無害性)이 입증되면 이들의 사드 반대 선동(煽動)이 힘이 빠지는 것을 우려한 것이다. 그런 식으로 문재인 정권 5년 내내 사드의 정식 배치를 미뤘다.

이 때문에 기지 내 한미 장병 수백 명은 제대로 된 숙소·화장실도 없이 컨테이너 같은 임시시설에서 열악(劣惡)하게 생활했고, 발사대는 시멘트 타설을 하지 못해 골프장 그린 위에 금속 패드를 깔고 임시로 전개했다. 우리 목숨을 지키기 위해 배치된 방어체계(防禦體系)를 문재인 정부가 이렇게 만들었다. 문재인 정부는 북한이 2019년 하노이 핵협상이 깨진 뒤 위장평화 공세를 접고 대남 타격용(打擊用) 신무기들을 잇 따라 선보이며 위협의 강도를 끌어올렸는데도 사드 정식배치를 위한 절차들을 계속 뭉갰다.

문재인 정권 임기 말까지 중국의 눈치를 보고 김정은과의 위장평화 이벤트에 매달리는 데 사드는 방해가 된 것이다. 안보 최후의 보루(堡壘)인 군(軍)마저 전자파 측정결과를 감추고 환경영향평가를 미루며 사드 정상화(正常化)를 가로막았다. 이것은 문재인 정부 5년간 벌어진 안보(安保) 자해(自害) 극(劇)의 일부에 불과한 사례이다. 이제는 선동(煽動)이 통하지 않고 과학과 상식(常識)이 통하는 성숙(成熟)한 사회를 건설해야 한다.

21. 문재인 정권의 대한민국 파괴, 국정파탄 범죄행위

자유민주당 대표 고영주 변호사는 2023년 7월 10일 조선일보 A31면에

"문재인은 국가를 무장해제(武裝解除)하고 국고(國庫)를 약탈(掠奪)한 대한민국 파괴사범(破壞事犯)입니다!" '국민 여러분, 반국가세력(反國家勢力) 척결(剔抉)에 함께 나서 자유 대한민국을 지켜야 합니다!'라는 제목으로 아래와 같이 주장하고 있다.

- 문재인의 대한민국 파괴 · 국정파탄 범죄 -

1. 대한민국 헌법정신인 '자유통일'과 '자유 대한민국'을 부정한 평양 연설(2018. 9. 19.)

2. 남북분계선 군사훈련 중지, 항공방어 포기, 휴전선 감시초소 일방 축소 등 국가를 무장해제한 9.19 남북군사합의(2018)

3. 통혁당 간첩 신영복과 공산주의자 김원봉을 공개 숭배(崇拜), 찬양(讚揚)(2018. 2. 9. 2019. 6. 6.) 및 간첩조직 민노총 수사방해

4. UN총회 연설에서 UN사 해체 및 미군철수를 초래할 '한반도 종전선언' 제안(2020. 9. 22.)

5. 북한 김정은 대변인(代辯人)을 자처(自處), 국가안보실장 정의용을 통해 미 대통령 트럼프에게 "김정은 비핵화 의지 있다"는 허위사실 전달(2018. 3. 9.)

6. 대중(對中) 굴욕적(屈辱的) '사드 3불(不) 합의'(2017. 10.)와 대일(對日) '지소미아 파기'(2019. 8. 22.) 등 안보(安保) 포기행위

7. 소득주도성장(所得主導成長)이란 정체불명(正體不明) 정책으로 국가경제파탄

8. 좌파(左派) 시민단체 카르텔(cartel) 세력(勢力)에게 수십조 원의 국고지원 등으로 국가부채(國家負債) 600조 원 늘려 국고탕진(國庫蕩盡)

9. 종북 좌파(從北 左派) 인사들에게 국정원 메인서버 공개 등 국가기밀

누설(國家機密漏泄) 및 국정원 대공(對共) 수사권(捜査權) 박탈(2020. 12.)

10. 2017년 드루킹 대선(大選) 여론조작 주범(主犯) 내지 공동정범(共同正犯) 이자 임기 중 공영언론(公營言論) 장악 및 여론조작

11. 문재인 정권 추종(追從), 부역자(附逆者)들에 대한 검찰수사 저지목적(沮止目的)의 범죄인(犯罪人) 만세법(萬歲法)인 '검수완박' 폭거(暴擧) 강행(强行)(2022. 4. 30.)

이러고도 반국가세력(反國家勢力)이 아니라고 할 수 있습니까?

- 문재인에게 묻는다! -

1. 반국가세력 척결이 냉전적(冷戰的) 사고(思考)라 했는가(7.3. 폐북)? 냉전 주범은 북한정권이다. 절대 핵 포기 없다고 법령공포(2022. 9. 8.)까지 한 북한 공산독재정권이 지금 냉전의 주범이 아닌가?

2. 6.25 전쟁이 미·중 강대국의 대리전(代理戰)이라 했는가? 김일성의 거듭된 남침요청을 거부 끝에 승인한 내용의 소련 외교문서까지 왜곡선동(歪曲煽動)하는가? 1994년 공개된 '옛 소련 비밀외교문서'에서 김일성이 남침요청을 수차례나 거부하는 스탈린에게 결국은 승인을 받아내는 과정이 밝혀졌다. 대리전이란 무슨 허황된 소리인가?

3. 평화가 남북대화(南北對話)와 종전선언(終戰宣言)으로 달성된다고 했는가? 세계 역사적으로 평화협정은 오히려 침공(侵攻)의 예고편(豫告篇)이었다! 특히 공산, 전제 국가와의 평화란 협정으로 이뤄지지 않음은 2차 세계대전 당시의 독일과 이탈리아, 이후 소련(러시아), 베트남, 아프가니스탄 등의 평화협정 체결 후 침공사례(侵攻事例)에서도 명백하지 않은가?

문재인 정권 5년은 최저임금인상에 따른 소득주도정책, 탈(脫)원전정책, 세금 퍼주기 식(式) 복지정책, 반(反)시장 및 반(反)기업정책, 효과 없는 남북회담, 지소미아 파기, 국군의 기강해이(紀綱解弛), 국가안보의 파괴 및 해체, 외교정책의 무능에 의한 국제사회에서의 고립무원(孤立無援), 인권유린(人權蹂躪) 및 인권침해(人權侵害), 교육정책의 실패 등으로 전대미문(前代未聞)의 총체적(總體的) 국정파탄(國政破綻)을 자초(自招)한 "반역정권(反逆政權)에 의한 반역(反逆)의 세월(歲月)"로서 북한 김정은 정권을 도와주며 대한민국의 헌정질서를 파괴한 암흑세계(暗黑世界)였다.

이러한 반국가세력(反國家勢力), 반역자(叛逆者), 헌정질서(憲政秩序) 파괴사범(破壞事犯)을 선거에서 대통령으로 뽑은 국민들도 책임을 저야 할 것이다. 선거(選擧 : election)는 '선출된 자의 뜻'이 '선출한 자의 뜻'으로서 타당하다는 이른바 '동일성(同一性)의 원리(原理)'에 입각(立脚)하고 있다. 따라서 '선출된 자'가 '선출한 자'의 뜻을 충실히 실현할 수 있는 조건이 충족된다면 이상적(理想的)인 방법이지만, 만일 그렇지 못하다면 선거는 전혀 허위의 픽션(fiction)에 지나지 않는다. 이러한 선거는 선출된 자의 지배(支配)를 합리화(合理化)시키는 조작도구(造作道具)로 전락(轉落)한다.

자유민주당(대표 고영주), 공권력감시센터(센터장 문정수 변호사), 신문명정책연구원(원장 장기표), 바른 사회 시민회의(공동대표 박인환 변호사), 행동하는 자유시민(대표 박소영 국가교육위원회 위원) 등 5개 시민단체·정당은 2024년 1월 5일 문재인 자택지 소관 경상남도 경찰청에 문재인을 국가보안법 위반 행위자로 고발장을 제출하고 엄정수사를 요구했다.

5개 시민단체·정당은 고발장에서 "피고발인 문재인은 2018년 4월 27일 판문점 도보다리에서 반국가단체인 북한의 수괴 김정은에게 USB를 전달했고, 이에 제기된 해당 USB의 내용에 대한 정보공개청구 행정소송에서 통일부(피고)는 '판문점 USB 내용이 공개될 경우 남북한 관계발전에 현저한 불이익이 초래되고, 국가안전보장이라는 이익도 침해 된다'고 밝힌 것으로 알려졌다(2023.10.3. 자유일보)"고 명기했다.

22. 중국 방문을 위해 군사 주권을 중국에 내준 문재인 정권의 매국행위

문재인 정권이 중국을 의식(意識)해 사드의 '정식배치'를 미뤘다는 의혹이 사실로 확인됐다. 사드는 북핵(北核)을 요격(邀擊)하는 체계다. 그런데도 문재인 정부 5년간 사드는 '임시배치' 상태였다. 문 정부가 6개월이면 끝나는 '환경평가' 대신 1년 이상 걸리는 '일반평가'를 받도록 방침을 바꾸고, 그 첫 단계인 평가협의회 구성을 끝까지 미룬 것이다. 겉으론 '주민들이 반대한다'는 이유를 댔으나 실상은 '중국 눈치 보기'였다. 이번에 공개된 국방부 문건(文件)들에 나오는 내용이다.

이 문건을 보면 국방부, 외교부, 환경부 관리들은 2019년 12월 3일 청와대 국가안보실 주재(主宰) 회의에서 "중국은 환경영향평가(環境影響評價) 절차진행을 사드 정식배치로 간주하며 강하게 반발할 것" "12월 계획된 고위급 교류(대통령 방중)에 영향이 불가피하다"며 "연내 평가협의회 구성 착수는 곤란하다"고 결론지었다. 문재인 전 대통령의 방중(訪中) 3주전 열린 회의였다. 방중에 악영향(惡影響)을 줄까봐 사드 정식배치절차를 미룬 것이다. 결국 문 정부 5년 내내 평가협의회는 구성되지 못했다.

중국 외교부가 한국 사드배치와 관련해 "한국정부가 대외적으로 '3불 (不)'과 '1한(限)' 정책을 선시(宣示: 널리 선포하여 알림)했다"고 주장했다. "3불 (不)"은 '사드 추가배치' '미국 미사일방어체계(MD)참여' '한·미·일 군사동 맹' 불가 등을 약속했다는 것이며, "1한(限)"은 '사드 레이더에 중국방향 차 단막을 설치하는 등 사드운용에 제한을 둔다'는 것이다. '3불'은 향후 추가 적 조치를 하지 않겠다는 의미지만 '1한'은 이미 배치한 사드의 운용까지 중국 눈치를 보며 우리 마음대로 하지 못한다는 점에서 더 심각한 국가안 보 주권포기로서 세계에서 자국의 군사장비사용에 다른 나라의 간섭을 허 용한 전무후무(前無後無)한 내정간섭(內政干涉)이다.

강경화 당시 외교부 장관은 "중국이 '1한'을 추가로 요구한 사실이 없고, 사드운용을 제한할 생각이 없다"고 했으나 이번에 중국정부가 공식적으 로 '1한'을 들고 나오면서 문재인 정부가 중국에 이면합의(裏面合意)를 해주 고 국민에게 거짓말을 해온 것 아니냐는 의문이 제기된 것이다. 2017년 당 시 문재인 대통령은 중국의 사드반발을 무마하고 방중(訪中)하기 위해 몸 이 달아있었고, 실제로 문재인 정부는 임기 5년 내내 사드정식배치를 미뤘 다. 좌파단체들의 시위와 방해로 오랜 기간 물자반입이 제대로 이뤄지지 않아 병사들이 컨테이너 생활을 하고 기지운영도 차질을 빚었다. 문재인 정부 당시 대한민국의 안보주권을 포기하는 이면합의나 약속이 있었는지 철저히 밝혀야 한다.

특히 국방부는 이 문건에서 '사드 3불(不)'에 대해 '한중 간 기존약속'이라고 적시(摘示)했다. '3불(不)'은 ① 사드 추가배치를 않고, ② 미국 미사일 방어체계(MD)에 참여하지 않으며, ③ 한·미·일 군사동맹을 하지 않겠다는 것이다. 3불(不)이 우리 정부의 입장표명일 뿐 국가 간 합의나 약속이 아니라던 문재인 정부의 주장과 다르다. 2020년 7월 31일 국방부 장관에게 보고된 문건엔 "중국은 양국이 합의한 '3불(不) 1한(限)'이 유지돼야 한다는 입장" 이란 구절도 등장한다. '1한(限)'은 '사드 운용에 제한을 둔다'는 뜻이다. 문재인 정부는 '1한'에 대해 "분명히 사실이 아니다"라고 했는데 이 또한 거짓이었다.

사드 추가배치, 미국 MD 참여 등은 하든 말든 대한민국의 군사 주권사항으로서 누구도 개입(介入)할 수 없다. 그런데 문재인 정권은 '중국 방문'을 위해 이 군사주권을 중국에 내줬다. '1한(限)'은 이미 배치한 '사드의 운용에서도 중국 눈치를 보고 제한(制限)하겠다'는 것이다. 군사장비 운용에 외국의 간섭을 허용하도록 '나라를 팔아먹었다'는 것이다. 이러한 매국행위(賣國行爲)에 나라 주권(主權)을 지키라고 존재하는 군인과 외교관들이 가담한 천인공노(天人共怒)할 만행(蠻行)을 저지른 것이다.

23. 문재인 뻐꾸기

아침을 열다가, 뻐꾸기 울음소리를 듣는다. 집 뒤 감나무 쪽에서 들린다. 저것이 어디 개개비냐. 굴뚝새 같은 여린 새둥지를 노리나 보다. 매화가 피면서부터 작은 새들이 쌍(雙)을 이루면서 분주하게 나는 것을 보았다. 뻐꾸기만큼 문학적인 새도 없다. 짝이 그리워 피를 토하면서 운다는 새다.

미당(徐廷柱)은 시(詩) '귀촉도(歸蜀道)'에서 자기 피에 취해 '귀촉도' '귀촉도' 운다고 하였다. 님을 찾아 촉(蜀)나라로 돌아가는 길이 그렇게도 멀었는가 싶다. 그러나 현실의 뻐꾸기는 남의 둥지에 자기 알을 낳아 탁란(托卵 : 어떤 새가 다른 새집에 알을 낳아 그 새로 하여금 알을 품고 까서 기르게 하는 일)을 하는 위험한 새다.

즉, 자기 새끼의 양육(養育)을 다른 새에게 맡긴다는 새. 생각해 보면 이렇게 잔인(殘忍)한 새도 없다. 더 잔인 한 것은 새끼 뻐꾸기다. 새둥지 안의 다른 새보다 더 일찍 부화(孵化)하여 하는 짓이라는 게, 둥지 밖으로 다른 새 알을 밀어내는 짓이다. 눈도 뜨지 않은 새기 뻐꾸기가 양 어깨로 다른 알을 밀어내는 장면은 보는 이로 하여금 치 떨리는 분노를 일으키게 한다.

그 뻐꾸기의 탁란(托卵)이 지금 대한민국의 현실이다. 북한은 대한민국의 둥지 안에 자기 새끼를 낳아 기르는 중이다. 주사파라는 새끼 뻐꾸기가 바로 그들이다. 대한민국은 부지런히 일하여 벌고 먹이면서 북한을 추종(追從)하는 주사파 새끼 뻐꾸기를 기르고 있다.

그들은 대한민국의 수고로움과 부(富)와 풍요(豐饒)로 무럭무럭 자라서 어느새 우리사회를 호령(號令)하는 존재로 성장하고 말았다. 자유우파라는 대한민국의 새끼들을 둥지 밖으로 밀어내고, 남의 둥지를...... 무려 5년 동안 차지하고 있었다. 문재인 정권 5년이 그렇게 흘러갔다. 뒤늦게나마 둥지의 주인 새가 그걸 알았지만, 새끼 뻐꾸기를 쫓아낼 방법이 험난(險難)하다.

문재인 뻐꾸기는 새로운 주인에게 둥지를 물려주어야 한다. 그러니 청와대로 들어 오라한다. 아주 호의적(好意的)이다. 그러나 문재인 뻐꾸기들이 그 둥지에 무슨 짓을 마련하였기에 들어오라 하는지 아직은 모른다. 주사파 임종석이가 청와대 입주(入住)를 말하고, 탁현민이가 말하고, 민주당이 아예 성질까지 부리면서 청와대 입주를 말하고 있다.

미국이 준 정보(情報)에 의하면 이미 청와대는 뻐꾸기의 에미인 북한의 통제하(統制下)에 있는 것으로 파악되고 있다. 온갖 도청(盜聽), 감청(監聽)부터 근무하는 직원까지 믿을 수 없다. 탈북해온 북한 통전부 간부의 증언도 이에 대한 위험성을 말하고 있다. 멋모르고 들어간다면, 한마디로 북한이 덫을 친 뻐꾸기의 둥지로 들어가는 것이다.

따라서 북한의 도청과 감청, 새끼 뻐꾸기들의 감시(監視)에서 벗어나고자 한다면, 그리하여 우리가 주사파 뻐꾸기들로부터 자유로워지려면 아예 둥지를 바꾸는 수밖에 없다고 본다. 따라서 용산으로의 천도(遷都)는 그런 배경을 지닌다. 그리고 정권 비협조와 발목잡기를 공공연히 말하는 172마리 새끼뻐꾸기는 박멸(撲滅)해야 한다.

민주당이 172석을 얻게 된, 지난 총선에서의 불법과 부정선거의혹을 밝혀 민주당의 존립자체를 무너뜨려야 한다. 웃기는 것은 민주당이 아직도 이재명을 끌어안고 있다는 점이다. 소위 십부지자, 즉, 애비가 10명인 자를 내치지 않는 그 어리석음이 가소롭다.

대장동부터 법인카드, 도박과 성매매 등 가족이 온갖 범죄에 물든 자의 죄상(罪狀)이 밝혀질 때마다, 민주당은 발목잡기는커녕 당 존립(存立)을 고민해야 할 것이다. 지금, 왜 뻐꾸기가 우는 줄 아는가? 북한이 왜 대선기간 내내 미사일을 쏘고 대선 패배 후에도 ICBM을 쏘는지 아는 가를 묻는다.

뻐꾸기는 가끔씩 탁란을 맡긴 다른 새둥지가 보이는 곳에 날아와 운다. 이유는 단 하나. 새끼 뻐꾸기에게 부모의 존재를 알리기 위해서다. "아가야, 에미 여기 있으니 무럭무럭 크거라. 뻐꾹 뻐꾹 뻐뻐꾹!" 북한 도 미사일을 쏘아 올리면서 남한 주사파에게 이렇게 말하고 있는 것이다.

> "우리 새끼들아, 나, 여기 있으니 염려 말고 싸우거라. 발목도 잡고 탄핵(彈劾)도 하고 민노총 폭력시위로 남한을 혼돈(混沌)으로 몰아 넣거라. 뻐꾹 뻐꾹 뻐뻐꾹!"

> ― 김홍신 작가가 혜안(慧眼)으로 쓴 재미있는 글

24. 새만금 잼버리 '남 탓'하며 정쟁에 뛰어든 문재인의 후안무치한 적반하장

윤석열 대통령은 2023년 8월 14일 '2023 새만금 세계 스카우트 잼버리 대회'와 관련, "무난(無難)하게 마무리됐다"고 평가하면서 행사 지원에 힘쓴 각계에 감사 인사를 전했다. 윤 대통령은 "잼버리를 무난하게 마무리함으로써, 국가 브랜드 이미지를 지키는데 큰 역할을 해준 종교계, 기업, 대학 및 여러 지방자치단체에 감사 한다" "잼버리 대원들을 반갑게 응대(應待)해준 우리 국민께도 감사한다"며 각종행사에서 안전을 위해 애쓴 군, 경찰,

소방을 비롯한 공무원들의 수고를 치하(致賀)했다.

감사원이 조만간 새만금 세계 스카우트 잼버리 대회를 유치(誘致)한 전라북도나 대회준비를 실질적으로 총괄(總括)해온 여성가족부 등을 상대로 감사에 착수해 공무원의 직무를 감찰할 것이다. 감사원은 감사결과 범죄혐의가 있다고 인정할 때에는 이를 수사기관에 고발하여야 한다(감사원법 제35조). 감사원법에 따른 감사를 받는 자로서 감사를 거부하거나 자료제출 요구에 따르지 아니한 자, 감사를 방해한 자는 1년 이하의 징역 또는 1천만원 이하의 벌금에 처한다(동법 제51조).

문재인 전 대통령은 새만금 잼버리 대회의 부실운영과 관련해 "사람의 준비가 부족하니 하늘도 돕지 않았다"며 전날 페이스 북에서 "새만금 잼버리 대회로 우리는 많은 것을 잃었다"며 "국격(國格)을 잃었고, 긍지(矜持)를 잃었다. 부끄러움은 국민의 몫이 됐다"고 궤변(詭辯)을 늘어놓았다. 자신의 임기 내내 준비가 부족했는데 그 책임은 철저히 외면(外面)했다.

문재인 대통령은 2018년 9월 평양 기자회견에서 "완전한 비핵화의 완성"을 말했고, 북한 군중 앞에서 "남쪽 대통령"이라고 연설했다. 2018년 유럽순방 때 프랑스 마크롱 대통령에게 "대북제재 완화가 필요하다"고 했다가 "비핵화 때까지 유지해야 한다"는 면박(面駁)을 당하는 등 외교참사로 국제적 망신을 자초(自招)했다.

무능외교의 극치(極致)를 보여준 문재인 전 대통령이 윤석열 정부를 탓하며 이번 행사를 실패로 단정(斷定)하고 국격 실추(失墜)라고 비난했다. 후안무치(厚顔無恥)하고 배은망덕(背恩忘德)한 파렴치한(破廉恥漢)의 적반하장 (賊反荷杖)도 유분수(有分數)다. 주객전도(主客顚倒)의 망발(妄發)이요, 패악(悖惡)을 부리는 문재인 전 대통령의 비열(卑劣)한 작태(作態)가 날로 점입가경 (漸入佳境)이다.

이번 대회 초반(初盤) 폭염·해충 대비나 화장실·샤워장 문제 등 부실 준비와 운영은 전라북도 책임이 크다. 또한 대회 유치결정이 이뤄진 것은 문재인 정부 때였고 대회준비도 문재인 정부 5년간 이뤄졌다. 나무 한 그루 없이 물이 흥건해 부적격지(不適格地)로 판명 난 매립지(埋立地)를 대회장소로 결정한 것도 문재인 정부다. 대회관련 예산 상당액이 문재인 정부에서 집행됐으나 배수·전기설비를 비롯한 기반시설(基盤施設) 공정률(工程率)은 고작 37% 수준에 머물렀다. 그런데 자기책임은 하나도 없고 모든 게 윤석열 정부의 준비부족 때문이라는 망발(妄發)이다.

문 전 대통령은 퇴임 때 "잊힌 삶을 살겠다" "정치를 떠나겠다"고 했으나 퇴임하자마자 소셜 미디어에 수시로 일상(日常)을 올리고 야권 정치인들을 만나 정치적 메시지를 날리고 정치적 발언을 쏟아내고 있다. 최근 호남지역에서 열린 '수해극복 생명 위령제'에 참석해 "생명, 안전이 먼저인 세상을 만들 수 있을 것"이라고 했다. 이처럼 후안무치(厚顔無恥)하고 파렴치(破廉恥)한 적반하장(賊反荷杖)도 유분수(有分數)다.

문재인 정부는 2019년 11월 7일 탈북하기 위해 생명의 위협을 무릅쓰고 험난한 과정을 거쳐 귀순한 탈 북민 2명을 본인도 몰래 포승으로 묶어 북한으로 강제 추방한 반인도적(反人道的) 만행(蠻行)을 저지른 것이다. 이런 자가 '생명과 안전이 먼저인 세상'을 만든다고 한다. 광견(狂犬)이 웃을 소리다.

이달 말에는 청와대에서 함께 일했던 친문 의원들과 만찬을 하며 수도권 민심대책을 논의할 것이라고 한다. 정치를 떠나겠다고 한 퇴임 대통령이 정치를 재개(再開)하겠다는 것인가? 나라를 통째로 말아먹고서도 더 큰 갈등(葛藤)과 혼란(混亂)을 자초(自招)할 경거망동(輕擧妄動)을 삼가고 은인자중(隱忍自重)하길 바란다. 어리석은 인간에게도 자신의 어리석음을 알 수 있는 지혜(智慧)가 있다. 그러나 자신이 '지혜로운 인간'이라고 생각하는 사람은, 결코 '지혜로운 사람'이 아니다. 그야말로 어리석은 자이다.

새만금 세계 잼버리 대회의 파행(跛行)은 G7의 8번째 회원국이 되겠다고 나선 한국의 후진국형(後進國形) 행정파탄(行政破綻)이 빚어진 국가 시스템의 총체적 부실(不實)에 의한 국제적 망신(亡身)을 초래한 재난(災難)이다. 파국(破局)의 근본원인은 잘못된 부지선정(敷地選定)과 기반시설(基盤施設) 미흡(未洽)이다. 무려 5명이 공동 조직위원장을 맡아 혼선(混線)을 자초(自招)했고, 주무부처인 여가부장관은 "차질(蹉跌) 없이 준비되고 있다"고 실상과 동떨어진 궤변(詭辯)을 토로했다.

중앙·지자체의 관료들은 무사안일(無事安逸)의 극치(極致)를 보였다. 잼버리를 구실삼은 탐관오리(貪官汚吏)들은 99차례 외유성 해외연수 등 세금 낭비 사례가 드러났다. 용역·공사입찰의 69%가 수의계약(隨意契約)으로 이뤄지는 등 유착비리(癒着非理) 의혹도 불거졌다. 감사원이 '2023 세계 스카우트 잼버리' 파행(跛行)의 책임소재를 가리기 위한 감사에 16일 착수했다.

감사원은 "대회유치부터 준비과정, 대회운영, 폐영(廢營)까지의 대회전 반에 대해 감사를 진행할 것"이라며, "관련된 중앙부처와 지방자치단체 등 모든 유관기관과 문제점을 대상으로 철저하게 감사할 예정"이라고 했다. 감사원의 엄정하고 철저한 감사로 잼버리 파행의 진상을 규명하고 국가 시 스템 전반에 관한 '실패(失敗) 백서(白書)'를 남겨 반면교사(反面教師)로 삼아 야 한다.

25. 문재인 정권 최대 불법혐의인 '울산시장 선거공작' 재판지연으로 사라진 정의

문재인 정권 최대 불법혐의 중 하나인 '울산시장 선거공작' 사건에 대한 1심 재판이 검찰 기소 후 3년 8개월만인 지난 9월 11일 종결됐다. 문재인 청 와대 '울산시장 선거개입' 사건의 주요 피고인의 범죄혐의와 검찰 구형은 다음과 같다.

송철호 전 울산시장의 황운하 전 울산경찰청장에게 '김기현 전 울산시 장 수사' 청탁 혐의에 대해 검찰이 6년을 구형했다. 송병기 전 울산시 부시 장의 '김기현 비위 첩보'를 문해주 행정관에게 제공한 혐의에 3년 6개월, 장 환석 전 균형발전비서관실 행정관의 송철호 전 시장 부탁으로 공공병원 공 약협조혐의에 대해 1년, 황운하 전 울산지방경찰청장의 '김기현 수사'로 선 거에 영향을 미친 혐의에 5년, 한병도 전 정무수석의 임동호 전 민주당 최 고위원에게 출마포기권유(후보자 매수)에 대해 1년 6개월, 문해주 전 민정비 서관실 행정관의 송병기 전 부시장에게 '김기현 첩보'받고 첩보서 작성에 대해 1년, 백원우 전 민정비서관의 박형철 전 비서관 통해 '김기현 비위 첩보서' 경찰에 이첩에 대해 3년, 박형철 전 반부패비서관의 '김기현 비위첩보서' 경찰청 하달에 1년 6개월, 이진석 전 국정상황실장의 송철호 전 시장 부탁으로 공공병원 공약협조에 1년 6개월을 각각 구형했다.

이들이 공판에 회부된 지 3년 8개월 만에 1심 재판이 끝난 것이다. 그사이 문 전 대통령의 '30년 친구'인 송철호 전 울산시장은 시장에 당선돼 임기를 다 채운 뒤 퇴임했고, 당시 울산지방경찰청장으로 국민의힘 후보를 수사했던 황운하 의원은 국회의원이 됐다. 재판 진행으로 볼 때 황 의원은 내년 5월까지 임기를 다 채울 것이다.

공직선거법 제270조는 "선거범과 그 공범에 관한 재판은 다른 재판에 우선하여 신속히 하여야 하며, 그 판결의 선고는 제1심에서는 공소가 제기된 날부터 '6월' 이내에, 제2심 및 제3심에서는 전심의 판결의 선고가 있은 날부터 각각 '3월' 이내에 반드시 하여야 한다"라고 '강행규정(强行規定)'을 하고 있다. 이러한 재판지연은 법원이 저지른 심각한 직무유기다.

이 사건은 문재인 정권 최대 불법혐의 중 하나다. 문재인 전 대통령은 송철호 시장의 당선이 '소원'이라고 했다. 그러자 청와대 비서실 8개 조직이 그를 당선시키고자 하명 수사, 후보 매수, 공약 지원 등 선거범죄를 저질렀다. 송 후보 측이 넘겨준 야당 후보 관련 첩보로 경찰에 수사를 지시했고, 경찰은 야당 후보가 공천장을 받던 날 그의 사무실을 덮쳤다.

야당 후보는 나중에 검찰에서 무혐의 처분을 받았으나 선거에서 낙선한 뒤였다. 청와대 핵심 실세들은 송 후보의 당내 경쟁자에게 총영사 등 공직을 제안하며 후보 매수를 시도했고, 청와대 행정관들은 송 후보의 공약을 사실상 만들어줬다. 검찰은 이 사건에 대해 "유례를 찾기 어려운 반민주적 선거"라고 했다.

문재인 정권은 이런 총체적 선거부정을 덮으려고 또 총력전(總力戰)을 폈다. 문 전 대통령 대학 후배로 친문 검사인 이성윤 서울중앙지검장은 선거부정 관련자들을 기소하자는 수사팀 의견을 뭉갰고, 추미애 법무장관은 수사팀을 검찰인사를 통해 공중분해(空中分解)시켰다. 수사를 지휘하던 윤석열 검찰총장을 몰아내려 징계도 청구했다.

이 사건이 기소되자 김명수 대법원장은 우리법연구회 출신 김미리 부장판사에게 재판장을 맡겨 재판을 지연시켰다. 김미리 판사는 1년 3개월 동안 공판준비 기일만 여섯 차례 진행하면서 정식 공판은 단 한 차례도 열지 않았고, 다른 판사들이 공판 날짜를 지정하자 2021년 4월 돌연 질병을 이유로 휴직을 신청하자 김명수 대법원장이 휴직을 허가했다. 조직범죄 집단의 직무유기다. 이런 최악의 재판지연 꼼수로 이제야 1심 재판이 끝난 것이다.

사법부가 "선거범의 재판기간에 관한 강행규정"인 공직선거법 제270조를 위반한 최악의 재판 지연으로 3년 8개월 만에 1심 재판이 끝난 것이다. 문재인 정권의 최대 불법을 그 수족(手足) 노릇을 한 검찰 간부와 법원이 덮고 뭉갠 것이다. 사상 유례를 찾기 어려운 문재인 정권 최대 불법 혐의 중 하나인 "최악의 반(反)민주 부정선거"의 진상을 만천하(滿天下)에 밝혀야 한다.

‘문재인 정부 청와대의 울산시장 선거개입 사건’의 1심 재판에서 송철호 전 울산시장과 황운하 전 울산지방경찰청장(현 민주당 의원), 송병기 전 울산시 부시장이 각각 징역 3년을 선고받았다. 백원우 전 민정비서관은 징역 2년, 박형철 전 반부패비서관은 징역 1년 집행유예 2년, 문해주 전 민정비서관실 행정관은 징역 10개월 집행유예 2년을 선고받았다. 한병도 전 정무수석, 이진석 전 국정상황실장은 각각 무죄판결을 받았다. 이들이 기소된 지 3년 10개월 만이다.

　서울형사지법 형사21-3부(재판장 김미경)는 29일 "(피고인들은) 국민 전체에 봉사해야 할 경찰 조직과 대통령 비서실을 자신들의 정치적 이익을 위해 사적으로 이용해 국민의 투표권 행사에 영향을 미치려했다"며 "엄중한 처벌로 다시는 선거개입 행위가 일어나지 않도록 해야 할 필요가 크다"고 했다. 이 사건은 문재인 청와대가 지난 2018년 송철호씨가 출마한 울산시장 선거에 개입했다는 것이다. 문 전 대통령은 송씨 당선이 "소원"이라고 했다. 그러자 청와대 비서실 조직이 총동원됐다.

　문재인 대통령은 그 후 선거공작에 대한 검찰 수사가 진행되자 인사권을 발동해 검찰 수사팀을 공중분해 시키고 검찰총장도 몰아냈다. 이 사건 재판을 맡은 우리법연구회 출신 판사는 15개월 동안 공판을 한 번도 열지 않았다. 문 정권의 불법을 그 수족(手足)이 된 일부 검찰간부와 판사가 덮고 뭉갠 것이다. 그 사이 송철호씨는 시장 임기를 다 채웠고, 황운하씨는 민주당 국회의원이 됐다. 이제 1심이 끝났으니 그는 내년 5월까지 임기도 다 채울 것이다. 수사중단과 재판 뭉개기는 명백한 직무유기로 반드시 그 진상을 밝혀야 한다.

문재인 청와대의 '울산시장 선거개입' 사건의 실체적 진실이 아직 다 밝혀지지 않았다. 이런 조직적 선거부정 사건을 비서관 혼자 벌일 수는 없다. 윗선이 따로 있고, 그게 누군지 삼척동자(三尺童子)라도 일 수 있다. 그런데도 문재인 정권 검찰은 임종석 전 청와대 비서실장과 조국 전 민정수석, 이광철 전 민정비서관에 대해 "범행에 가담했다는 강한 의심이 든다"면서도 기소하지 않았다. 소와 개가 웃을 노릇이다. 이 범죄의 정점(頂點)에는 문재인 전 대통령이 있다는 것은 상식이다. 모든 책임은 문재인 전 대통령에게 있다.

민주정치의 실현에 결정적인 역할을 하는 선거제도를 확립하여 선거가 국민의 자유로운 의사와 민주적인 절차에 의하여 공정히 행하여지고, 선거와 관련한 부정을 방지함으로써 민주정치의 발전에 기여하기 위하여 검찰은 '울산시장 선거범죄'에 대한 전면 재수사로 선거범죄의 실체적 진실을 밝혀 관련 선거사범(選擧事犯)을 일벌백계(一罰百戒)로 다스려 발본색원(拔本塞源)해야 한다.

26. 전무후무할 '통계조작 정권'과 '진짜 공직자'

문재인 정부가 정책실패를 감추려 부동산 가격, 소득·분배·고용에 관한 정부 통계를 광범위하게 조작해온 사실이 감사원 감사에서 드러났다. 감사원은 통계조작을 주도한 혐의로 장하성.김수현.김상조.이호승 전 청와대 정책실장과 홍장표 전 경제수석, 황덕순 전 일자리수석, 김현미 전 국토부장관, 강신욱 전 통계청장 등 22명을 통계법 위반과 직권남용 등 혐의로 검찰에 수사 요청했다.

국가 통계는 정부정책의 수립·평가 또는 경제·사회현상의 연구·분석 등에 활용할 목적으로 물가·인구·주택·문화·환경 등 특정의 집단이나 대상 등에 관하여 직접 또는 다른 기관에 위임·위탁하여 작성하는 수량적 정보로서 국가의 현 상태를 보여주고 국민과 미래 세대를 위한 정책을 세우는 기초자료다. 통계는 각종 의사결정을 합리적으로 수행하기 위한 공공자원(公共資源)으로서 사회발전에 기여할 수 있도록 작성·보급 및 이용되어야 하며, 정확성·시의성·일관성 및 중립성을 확보할 수 있도록 과학적인 방법에 따라 작성되어야 한다.

문재인 정부가 집값 통계를 조작했다는 감사원 감사결과가 15일 나온 가운데, 당시 업무에 직접 관여했거나 이를 곁에서 지켜본 실무자들 사이에선 청와대가 자신들이 원하는 부동산 수치(數値)가 나오도록 국토교통부나 한국부동산원 고위급은 물론, 실무자까지 고강도 압박을 했다는 증언이 쏟아졌다. 문재인 정부 청와대의 과도한 간섭과 무리한 요구로 인해 국토부 내에서 주택정책 관련부서는 기피부서(忌避部署)로 전락했다.

문 정부 통계조작이 가장 심했던 분야는 부동산이었다. 집값정책이 효과를 내는 것처럼 보이려고 한국부동산원이 매주 발표하는 '주간 아파트 가격동향' 통계를 5년간 최소 94차례 조작했다. 청와대는 최종수치가 예측치보다 높게 나오면 한국부동산원에 "이유를 대라"는 식으로 압박해 통계조작을 유도했다. 국토부는 "협조하지 않으면 조직과 예산을 날려버리겠다"고 압박했고, 한국부동산원은 표본 아파트 가격을 낮춰 입력하는 등 통계를 '창작(創作)'하는 지경에 이르렀다.

서울 아파트 매매가격 예측치가 0.67% 오른 것으로 보고되자, 청와대가 한국부동산원에 '확정치를 낮추라'고 지시했고 부동산원은 확정치를 예측치보다 0.22%포인트 내린 0.45%로 조작해 발표했다. 부동산 대책이 먹히지 않자 청와대는 "서울 집값 변동률을 지난주보다 낮게 하라"고 국토부에 주문했다. 국토부는 "윗분들이 대책 효과를 기대하고 있다. 분위기가 좋지 않다"면서 부동산원을 압박했다.

문 정부 집권 4년차에 KB국민은행 통계로는 집값이 두 배 가까이 폭등했는데도 국토부장관은 "14%로 올랐다"고 우기고, 문 대통령이 "집값이 안정되고 있다"고 황당한 발언을 한 것은 이런 통계조작에 근거한 것이었다. 소득주도성장이라는 엉터리 정책의 실패를 감추기 위해 소득.분배.고용 통계를 광범위하게 조작했다.

문재인 정부는 통계청 실무자의 '통계 사전보고는 불법'이라는 호소(呼訴)를 무시한 채 통계를 미리 빼내고, 조작을 강요했다. 그래도 불안한 통계가 계속 나오자 청와대는 잘못된 정책을 고치지 않고 통계청장을 교체했다. 새 통계청장은 표본 수, 응답기간, 조사기법 등을 모조리 바꿔 과거 소득지표와 비교를 아예 불가능하게 만들어 버렸다. 전무후무(前無後無)할 '통계조작 정권의 사령탑(司令塔)'은 문재인 청와대였다.

기업의 분식회계는 기업만 망하게 할 뿐이지만, 정부의 통계조작은 나라를 망친다. 그리스는 재정적자 통계를 조작했다가 국가부도(國家不渡) 위기에 몰렸다. 앞으로 어떤 정부가 들어서더라도 통계조작은 꿈도 꿀 수 없을 정도로 관련자들을 일벌백계(一罰百戒)로 다스려 발본색원(拔本塞源)하고 통계관리 시스템도 강화해야 한다.

문재인 정부 때인 2019년 7월 초, 한국부동산원 주택통계부의 직원 A씨는 청와대와 국토교통부의 부동산 정책담당자들에게 지난 한 주간 '전국의 아파트 가격이 어떻게 변했는지'를 조사한 통계보고서 파일을 이메일로 보냈다. 이 보고서에는 서울지역 아파트 가격이 전주에 비해 '평균 0.02% 올랐다'는 내용이 담겨 있었다.

그러나 A씨는 메일 '본문'에는 다른 이야기를 적어 보냈다. 그는 '실제 시장 상황은 0.1% 이상으로 보인다'고 썼다. 서울 지역의 실제 아파트 가격 상승률은 '부동산원 통계상 상승률의 5배가 넘는다'는 이야기였다. A씨는 자기가 직접 만든 통계보고서를 보내면서 '이 통계는 사실이 아니다'라는 내용의 글을 청와대와 국토부 등에 지속적으로 보낸 것으로 드러났다. 하지만 이들의 내부 양심의 목소리는 문재인 정권 내내 철저히 무시됐고, 정권이 교체된 뒤에야 진실이 드러났다.

지난 9월 감사원이 발표한 문재인 정부의 국가 통계조작 의혹에 관한 감사 중간결과에 따르면, 2017년 6월 장하성 당시 청와대 정책실장은 부동산원이 주 1회 실시하던 '주간 아파트 가격동향' 조사 중간 집계값을 만들어 가져오게 했다. 이 조사는 원래 부동산원 조사원들이 전국의 표본 아파트들을 현장 조사해, 7일전에 비해 가격의 등락(騰落)을 파악하는 것이다. 그러나 장 실장 요구에 따라, 부동산원은 지난주 조사시점으로부터 3일만 지난 시점에서 아파트 가격 등락을 '중간조사'해야 했고, 이 중간조사 결과는 청와대와 국토부에 '중간치'라는 이름으로 보고됐다.

청와대와 국토부는 부동산원 간부들에게는 '통계조작에 협조하지 않으면 부동산원 조직과 예산을 날려버린다'고 압박했다. 감사원은 A씨 등이 메일본문에서 자기들이 조작한 통계가 사실이 아니라고 고발하는 내용을 함께 적어 보낸 경우가 다수 있다는 것을 확인했다. A씨는 감사원 조사에서 "정책 담당자들에게 실제 시장상황을 정확히 알게 해주고 싶었다"고 진술한 것으로 전해졌다.

A씨는 문재인 정부가 손댄 '집값통계 조작'이 "실제와 다르다" "사실이 아니다"라고 청와대를 상대로 문제를 지적한 '진짜 공직자'이다. 권력이 내부 '양심의 목소리'에 분노하지 않고 스스로를 뒤돌아보면 국민의지지(支持)를 얻을 수 있으나 반대로 무시하고 은폐(隱蔽)하면 몰락한다. 문재인 정권의 결말(結末)이 이를 보여줬다.

27. 9.19 남북군사합의를 폐기하라

북한이 2018년 9.19. 남북군사합의 협상에서 청와대, 국방부, 주한 미군 기지 등 서울과 수도권이 포함되는 군사분계선(MDL) 이남 60㎞까지 '전투기 비행금지구역을 설정하라'고 요구한 것으로 18일 확인됐다. 기본적 대북정찰비행이 제한될 뿐 아니라 수도 방위체계도 무너뜨릴 부당한 요구였지만 당시 청와대·국방부·통일부 인사로 구성된 협상단은 이를 바로 거부하지도 않고 그대로 군(軍)에 들고 와 검토를 지시했다.

문재인 대통령의 방북, 김정은과 벌일 남북정상회담을 성사시키려고 9.19 군사합의 협상이 졸속(拙速)으로 진행된 것이다. 한국 대표단은 당시 협상에서 북측 제시안(提示案)에 고개만 끄덕일 뿐 별다른 반대의견을 내지 않았다고 한다. 한국 대표단은 협상을 마치고 북한 안(案)을 합참에 그대로 가져와 검토를 맡겼다.

우리 대표단이 2018년 북한과 벌인 협상에서 우리 군의 정찰능력(偵察能力)을 크게 제한하는 불리한 안(案)에 대해 합참관계자는 "당시 군 내부에서는 한국 대표단이 왜 아무 소리도 못하고 북한 제안을 그대로 가져왔는지 이해하기 어렵다는 말이 나왔다"나왔다며 "일부 합참 실무자가 직(職)을 거는 마음으로 이안(案)을 받아선 안 된다고 청와대와 협상대표단에 보고를 올렸다"고 말 했다.

문재인 정부는 합참 작전.전략 실무자들의 거듭된 반대 의견에도 협상을 강행했다. 9.19 남북 군사합의 당시 한국 측 수석대표를 맡았던 예비역 육군 중장 김도균 전 수도방위사령관은 최근 더불어민주당에 입당하고 내년 총선출마 준비를 하고 있다. 9.19 남북 군사합의는 북한에 절대적으로 유리한 합의였다. 우리 군(軍)에만 무거운 족쇄(足鎖)를 채운 합의였는데 지난 5년간 북한은 끊임없이 9.19 합의를 어겨왔으나 문재인 전 정부는 북한의 위반을 못 본 척했다.

문재인 전 대통령을 비롯한 전 정부 인사들이 오는 '9.19 합의 기념회'를 연다고 한다. 9.19 합의는 기념할 것이 아니라 당장 폐기(廢棄)해야 한다. 북한은 우리를 겨냥해 핵 공격을 공언하고 있으며, 실제 그런 공격수단을 갖춰가고 있다. 이는 9.19 남북군사합의에 대한 전면 위반이나. 한쪽만이 합의를 지키고 다른 쪽은 마음대로 어기는 것은 합의(合意)가 아니다. 우리가 당장 결행(決行)할 것은 문재인 정부가 김정은 입맛에 맞게 만든 '9.19 군사합의의 폐기(廢棄)'다.

9.19 군사합의는 비행금지구역설정으로 북한의 도발정보(挑發情報)를 탐지(探知) 못하게 하는 이적행위(利敵行爲)다(형법 제99조). 전쟁의 승패(勝敗)는 정보전(情報戰)이 좌우한다. 북한은 무인기(無人機)의 대한민국 영공침범을 통해 9.19군사합의를 위반하고 있다. 김정은을 미소(微笑) 짓게 한 9.19 군사합의 문서는 쓰레기통에 버리고 미국과 연대해 확고한 선제타격(先制打擊) 태세(態勢)를 갖출 때 우리가 누리는 자유와 평화를 지킬 수 있다.

"전쟁의 최종 목적은 승리이지, 질질 끄는 우유부단(優柔不斷)이 아니다. 전쟁에는 승리에 대신할 만한 것은 있을 수 없는 것이다(War's very object is victory-not prolonged indecision. In war, indeed, there can be no substitute for victory.)." "전쟁에서 이기느냐 지느냐, 사느냐 죽느냐, 그것은 단지 속눈썹 하나의 차이일 뿐이다(You win or lose, live or die-and the difference is just an eyelash. -Douglas MacArthur-)."

제10장

북한군에 의해 피살된 해양수산부 공무원을
'월북몰이'로 매도한 사건의 진상규명과 관련자 처벌

제10장

북한군에 의해 피살된 해양수산부 공무원을 '월북몰이'로 매도한 사건의 진상규명과 관련자 처벌

정부는 2020년 9월 서해상에서 북한군의 총격으로 사망한 해양수산부 공무원 이대준 사건과 관련해 "월북했다고 단정할 근거를 찾지 못했다"고 2022년 6월 16일 밝혔다. "월북으로 추정된다"던 문재인 정부의 판단을 2년 만에 번복한 것이다. 월북의사를 밝힌 민간인에 대해 북한군이 왜 총살 지시를 내렸는지 의문이 제기됐다.

<서해 공무원 사건>은 2020년 9월 22일 서해 연평도 해상에서 해양수산부 소속 어업지도원 이대준(당시 47세)씨가 실종된 후 북한군에게 사살된 후 불태워진 충격적인 사건이다. 2019년 11월 한국에 귀순의사를 밝힌 북한 주민 2명을 북한 요구대로 강제 북송한 사건과 함께 문재인 정부가 남북 관계에 집착한 나머지 개인이 가지는 불가침의 기본적 인권을 보장할 책무 (헌법 제10조 후단, 제66조 제2항, 제69조 등)를 포기한 대표적 사례로 꼽힌다.

1. 문재인 정부의 월북 몰이

서해 공무원 피살 후 1년8개월 동안 문재인 정부는 사건을 은폐, 왜곡을 했다. 북한군이 이씨의 신병을 확보했음을 인지하고도 사살까지 여섯 시간을 흘려보냈고, 사건이 알려진 직후 "월북"이란 말이 정부 측에서 흘러나왔으며, 수사도 월북으로 몰고 가는 듯 했다. 피살 네 시간 뒤 문재인 대통령은 유엔총회 화상연설에서 한반도 종전선언에 대한 지지를 호소하며 "남과 북은 생명공동체"라고 했다.

이틀 뒤 김정은이 이씨 피살에 대해 "미안하게 생각한다"는 통지문을 보냈다고 하며, 여권은 김정은을 "계몽군주"(유시민)라고 칭송까지 했다. 문 대통령은 국가안전보장회의에 불참하고 아카펠라 공연을 보더니 "북한 사과는 이례적"이라고 했다. 그 다음 날 해경의 "월북 판단" 발표가 나왔다. 해경과 국방부가 서해에서 북한군에 사살·소각된 해양수산부 소속 공무원에 대해 "월북의도를 인정할 만한 증거를 발견하지 못했다"는 수사결과를 2022년 6월 16일 발표했다. 2년 전 "도박 빚 등에 몰려 월북한 것으로 판단된다"고 했던 문재인 정부의 발표를 뒤집은 것이다. 해경은 "유족에게 위로의 말씀" 국방부는 "국민께 혼선을 드렸다"고 사과했다.

당시 해경은 동료선원들이 "월북 가능성 없다"고 일치된 진술을 했는데도 월북으로 몰았다. 동료선원은 "밀물로 (조류가) 동쪽으로 흘러가고 있었다"고 했다. 실종된 지점 인근 어민은 "당시 물살이 매우 빠르고 추워서 물에 들어가면 (오래 버티기) 힘든 상황이었다"고 했다. 공무원이 수영을 잘하지 못했고, 평소 북한에 대해 말한 적도 없다는 가족과 동료의 진술도 있었으나 해경은 공무원의 통장을 뒤지고 가족관계와 사생활을 집중적으로 캤다.

사고 당시 실종된 바다의 조류와 공무원을 잘 아는 사람들이 "월북"을 부인했는데도 채무내용과 도박정황 등을 범죄일람표처럼 공개하며 "월북 판단"이라고 못을 박았다. 당시 국방부는 "북이 우리국민에게 총격하고 시신을 불태우는 만행을 저질렀다"고 했다. 그런데 다음날 북한이 시신 소각을 부인하자 "소각은 추정"이라고 말을 바꿨다. 2년 전 군의 감청기록이 "월북증거"라고 해놓고 이번엔 "월북을 입증할 수 없다"고 뒤집었다.

문재인 정부는 유족의 정보공개 요청을 거부하더니 법원이 공개하라고 판결하자 이에 불복해 항소했다. 유족은 미국 대통령과 유엔에 <진실을 밝혀 달라>는 탄원서를 보냈다. 이씨는 북한군에 억류된 후 6시간 동안 살아 있었다. 문재인 대통령에게 서면보고 된 이후에도 3시간 생존했다. 생명이 꺼져가는 국민을 구하기 위해 문 대통령에게 무슨 보고와 지시가 오갔고 국군 통수권자인 문 대통령은 왜 잠을 잤는지 전모를 밝히고 "월북 판단"을 서두른 이유도 규명해야 한다.

북한군에 피살된 공무원을 "월북 몰이"로 매도한 진상을 철저히 규명하고, 관련자들을 처벌함으로써 문재인 정권이 은폐한 <서해 공무원 피살사건>의 전모(全貌)를 만천하에 밝혀야 한다. 서해 공무원 피살사건, 탈북민 강제북송사건은 인간의 존엄성과 불가침의 기본적 인권에 관한 문제다.

2. 진상규명 거부

문재인 전 대통령은 인권변호사를 자처((自處)하며 '인권'을 전면에 내세웠다. 해수부 공무원 피살사건의 진상규명을 위해 대통령 기념물을 열람

해야한다는 요구에 대해 더불어민주당 우상호의원은 "협조할 생각이 없다" "민생이 굉장히 심각한데 지금 그런 걸 할 때냐, 이게 왜 현안이냐"라고 말하며 진상규명을 거부했다. 북한군에 살해된 우리 공무원 피살사건에 대한 진상규명이 민생에 방해가 된다는 궤변이다.

문재인 정부와 민주당이 5년 동안 민생을 위한 무슨 정치를 해왔는가? 유족의 상처를 치유하고 재발방지를 위해 우리국민이 북한군에 살해되는 과정에서 발생한 국가의 직무유기와 사건을 은폐·왜곡·조작한 모든 관련자에 철저한 진상규명과 처벌이 필요하며, 민주당은 억지변명을 접고 기록물공개에 적극 협조해야 한다.

서해에서 북한군에 피살, 소각 된 해양수산부 공무원 이대준씨의 아들 이모군이 2022년 6월 20일 '신(新) 색깔론' 발언을 한 우상호 더불어민주당 비상대책위원장에게 "대한민국 국회의원이지, 조선민주주의인민공화국(북한) 소속이 아님을 기억하라"는 자필편지를 보냈다. 이군은 "월북여부가 뭐가 중요 하냐"고 한 우 위원장에게 "그것이 중요하지 않다면 왜 그때 그렇게 월북이라고 주장하며 사건을 무마시키려 했던 것이냐"고 물었다. 이군은 "김정은의 사과를 받고 굴복시켰으니 된 것 아니냐"는 우 위원장 발언에 대해 "누가 누구한테 사과했다는 건가요? 김정은이 제 가족에게 사과했나요? 그리고 제가 용서했나요?"라고 반문했다.

문재인 정권은 이 사건을 "월북"으로 몰아가려 했는데 이제 와서 민주당이 "월북여부가 뭐가 중요 하냐"고 했다. 우 위원장은 "민생이 굉장히 심각한데 그런 걸 할 때냐"고 했고, 설훈 의원은 "아무것도 아닌 일"이라고까지 했다. 문재인 정권의 부담을 덜겠다는 계산으로 이대준씨에게 월북 프레임을 뒤집어씌운 것이다.

우상호 의원과 민주당 의원은 "가족을 잃은 처참한 심정을 아느냐"라는 이씨 아들의 울부짖음에 응답해야 한다. 문재인 정권과 민주당은 "이대준씨가 북한군에 발견되고 이를 우리 국군이 알게 된 시점부터 사살되고 불태워질 때까지 정부가 무엇을 했는지, 그 후에 '월북'이라고 단정하게 된 과정과 이유를 밝혀 달라"는 유족의 물음에 진솔하게 답해야 한다.

3. 더불어민주당의 유가족 회유(2차 가해행위)

서해에서 북한군에 피살·소각된 이대준시의 형 이래진씨는 6월 29일 "민주당이 사건발생 당시 '월북을 인정하면 보상해주겠다'고 '회유(懷柔)'했다"고 했다. 당시 국회 국방위간사였던 황희 의원 등이 이씨에게 "같은 호남이니 같은 편 아니냐"며 이같이 제안했다는 것이다. 황 의원이 "기금을 조성해서 주겠다" "어린 조카들을 생각해서 월북을 인정하라"고 했다며 구체적인 정황도 제시했다.

이씨는 "저는 단호히 거절했다. 동생은 월북 안했고, 그런 돈 필요 없고, 동생의 명예를 찾을 것이고, 진상을 규명하겠다. 그런 돈 없어도 내가 충분히 벌어서 조카들 먹여 살릴 수 있다"고 말하며 온갖 위협과 회유에도 굴복하지 않았다. 이씨 주장이 사실이라면 당시 청와대와 민주당 등 여권 전체가 '월북 몰이'에 나선 것으로 '월북 인정하면 돈 주겠다'는 시도는 유족을

매수하려한 "2차 가해행위(加害行為)"다. 이러한 민주당의 유족 매수시도의
진위를 반드시 밝혀야 한다.

4. 감사원의 감사

감사원이 해양수사부 공무원 이대준씨 피살사건과 관련, 당시 문재인
정부가 이씨의 추락·표류 정황을 다수 확인했음에도 이씨의 월북이 추정
된다고 발표하는 등 사실상의 '월북몰이'를 했다고 결론 내린 것으로 12일
알려졌다. 감사원은 올 6월부터 청와대 국가안보실, 국방부, 국정원, 해양
경찰청 등 9개 기관을 상대로 이 사건감사를 벌여왔다.

감사원은 우리 군이 2020년 9월 22일 이씨가 생존한 상태로 북한 해역
에서 발견됐다는 걸 특수정보(SI)를 통해 처음 인지한 시점부터, 24일 국방
부가 "피살된 이씨가 월북을 시도한 것으로 추정된다"고 발표한 시점까지
를 집중 감사를 했다고 한다. 정부관계자는 "감사원은 당시 우정부가 이씨
구조 활동도 제대로 하지 않았다고 보고 있다"고 했다.

5. 월북조작과 증거 왜곡자료 삭제
(국민 두 번 죽인 조직적 범죄)

해양수산부 공무원 고(故) 이대준씨가 2020년 9월 소연평도 인근 해상에
서 실종 된 뒤 서해에서 북한군에게 피살된 사건과 관련해 문재인 정부가

이씨를 '월북자'로 몰기 위해 관련 증거를 짜 맞추거나 왜곡한 뒤 불리한 자료를 은폐·왜곡·삭제·폐기한 것으로 드러났다. 당시 문 대통령과 국가안보실은 이씨가 북한군에 발견됐다는 보고를 받고도 아무 조치를 취하지 않았다.

3시간 후 이씨는 북한군에 사살당한 뒤 불태워졌다. 이후 청와대에서 열린 관계 장관회의에서 이씨가 월북한 것으로 방향을 정하고 군과 국정원이 관련 첩보보고서 106건을 삭제했다고 한다. 문재인 정부가 관련 자료를 대통령 기록물로 지정해 15년간 비공개로 만들고 감사원의 관련 감사에 반발한 것은 이와 같은 증거의 삭제, 왜곡이 드러날까 두려워한 것이다.

서훈 전 청와대 국가안보실장이 이 자리에서 전달한 이씨의 '자진 월북 근거'는 크게 네 가지였다고 한다. 첫째는 이씨가 근무 중이던 어업 지도선에서 혼자만 구명조끼를 착용하고 있었다는 것(의도적으로 월북을 준비했다는 뜻)이다. 그러나 해경의 조사결과 어업 지도선의 구명조끼 수량은 변함이 없었다고 한다. 이씨가 착용하고 있었던 한자(漢字) 적힌 구명조끼도 국내에선 유통되지 않는 것이라는 걸 국방부와 해경은 이미 알고 있었다.

둘째는 선박 CCTV 사각지대에서 이씨의 슬리퍼가 발견됐다는 것(이씨가 수영에 방해가 되는 슬리퍼를 벗어 놓고 월북을 시도했다는 취지)이었다. 배에 남은 슬리퍼가 이씨의 것인 양 발표하고 월북이 도박자금 때문이라는 식으로 몰아갔다. 그러나 이 슬리퍼가 이씨의 소유라는 어떤 증거도 나오지 않았다. 셋째는 이씨가 북한군에 의해 발견될 때 타고 있었던 부유물이 실종선박 안의 물건이었다는 것이었으나 실제 선박 안에서 부유물로 쓰일만한 물건이 없어진 것은 없었다고 한다.

넷째는 이씨가 북한에 월북의사를 밝혔다는 것이나, 감사원 확인 결과 이씨는 처음엔 북한에 들어온 이유를 말하지 않다가 북한군의 추궁이 계속되자 월북의사를 밝혔다고 한다. 당시 문재인 대통령은 2020년9월22일 오후6시 36분 이 사건 관련 서면보고를 받고도 아무 지시도 내리지 않았고, 서훈 전 국가안보실장은 곧바로 정시 퇴근했다. 이씨가 사살당한 후 뒤 늦게 관계 장관회의가 열렸으나 문 대통령은 참석하지도 않았다.

해경은 '해상 추락'으로 보고했으나 회의에서 '월북'으로 바뀌었다. 서훈 국가안보실장은 '자진 월북으로 일관되게(one-voice) 대응하라'고 지침을 내렸다. 그 직후 서욱 국방장관과 박지원 국정원장은 관련문건을 무더기로 폐기했다고 한다. 청와대 지침에 따라 관계 부처 모두가 한통속이 되어 이씨를 '월북자'로 몰고 증거를 조작·왜곡·인멸한 합작품이다.

그런데도 더불어민주당은 "월북이 아니라는 증거를 대라"고 하며, "정치 감사"라며 감사원에 대한 검찰 고발과 국정조사 및 '감사 완박(감사원의 감사권 완전박탈)'하겠다고 한다. 일부 의원은 이씨의 유족들에게 "월북을 인정하면 보상해 주겠다"고 회유(懷柔)했다. 군의 관련 자료 삭제에 대해선 "첩보 유통망 정비"라고 궤변을 토로했다.

문재인 대통령은 유족들에게 "진실을 밝혀내도록 직접 챙기겠다"고 했으나 관련 정보공개를 막고 봉인까지 해 대통령 기록물로 지정했고, 감사원의 서면조사에 대해 "무례한 짓"이라고 반발했다. 그 당시 문재인 정권은 김정은과 '남북 이벤트'를 되살리고자 혈안(血眼)이 돼 있었다. 해양수산부 공무원 문제로 김정은을 화나게 할까 봐 그의 죽음을 방치하고, 그를 월북자로 몰기위해 관련 자료를 삭제·왜곡·인멸·폐기한 것으로 '국민을 두번 죽인 독재정권의 조직적 범죄행위'다.

6. 월북을 조작한 국방부 장관과 해양경찰청장 구속

'서해 공무원 피살진상 은폐' 의혹과 관련, 서욱 전 국방부 장관과 김홍희 전 해양경찰청장이 직권남용 등 혐의로 구속됐다. 서울중앙지법 김상우 영장전담 부장판사는 두 사람에 대해 "증거인멸과 도망우려가 있다"며 구속영장을 발부했다. 이들은 정권차원의 '월북 조작'시나리오에 맞춰 감청정보 등 군사기밀을 삭제하고 증거에 반해 자진월북을 단정 짓는 수사결과를 발표한 혐의다. 사건발생 2년이 지나서야 월북조작의 실행자 일부가 사법심판을 받게 됐다. 물론 월북조작을 결정하고 지시한 최종 책임자는 따로 있다.

사건 직후 노영민 당시 대통령 비서실장, 서훈 국가안보실장, 박지원 국정원장 등이 참석한 심야대책회의가 열려 처리방향을 정했다고 한다. 해경은 '해상 추락'으로 보고했지만 회의에서 '월북'으로 바뀌었다. 서훈 실장은 "자진 월북으로 일관되게 대응하라"는 지침을 내렸다. 그 직후 군과 국정원은 관련 첩보보고서 106건을 삭제했다. 해양경찰청장은 수사팀의 반대에도 "월북이 맞는다"고 밀어붙였고 월북이 아니라는 증거가 나오자 "난 안 본 거로 하겠다"고 했다. 월북 이유를 지어내려 빚까지 부풀렸다.

공무원의 북한 해역 표류사실은 피살 3시간 전 문재인 대통령에게 보고
됐다. 정부는 북한과 통신이 가능했으나 아무 조치도 하지 않았고, 문 대통
령은 심야대책회의에도 불참했다. 정권수뇌부가 월북을 논의하고 있을 때
TV엔 사전 녹화된 문 대통령의 '한반도 종전선언' 유엔 연설이 방송되고
있었다. 공무원 피살사실이 대통령에게 보고된 건 다음 날 아침이 이었다
고 한다. 대통령이 잠만 잤다는 얘기다. 문 대통령은 피해자 유족에게 "진
실을 밝혀내도록 직접 챙기겠다"고 했으나 유족의 정보공개 요청도 거부
했다.

법원의 판결에 불복해 항소하고 관련 자료를 대통령 기록물로 지정해
15년간 봉인했다. 문 대통령은 감사원의 서면조사요구에 대해선 "무례하
다"고 반발했다. 수족 노릇을 하던 국방부 장관과 해양경찰청장의 구속에
대해선 침묵하고 있다. 서해 공무원 피살사건의 최종 책임자는 문재인 전
대통령이다. 문 대통령은 언제까지 피해갈 수만은 없을 것이다. 문 대통령
은 "국민의 자유와 행복의 증진에 노력하여 대통령으로서의 직책을 성실
히 수행할 것을 국민 앞에 엄숙히 선서"한 취지를 포기한 것이다.

7. 서해 공무원 피살사건 '월북몰이' 진상규명을
'안보무력화'라는 문재인의 궤변

문재인 전 대통령이 2022년 12월 1일 서해공무원 피살사건의 검찰수사
에 대해 "정권이 바뀌자 대통령에게 보고된 부처의 판단이 번복됐다"며 안
보 쟁점화, 안보체계 무력화"라고 했다. 우리국민이 북한군에게 사살되고

시신(屍身)이 소각됐는데도 문재인 정부가 도리어 '월북몰이'를 했다는 사건의 실체적 진실을 밝히는 것이 '안보 무력화(無力化)'라는 궤변이다. 서해 공무원 피살사건에 대한 검찰수사가 문재인 주변으로 좁혀오자 검찰과 법원에 영향을 미쳐보려는 꼼수에 불과하다.

대한민국의 국가안보를 무력화시킨 것은, 서해공무원 피살사건을 수사하는 윤석열 정부의 검찰이 아니라 문재인 정권이다. 문재인 정권은 4.27 판문점선언으로 주한미군의 전술핵반입을 금지시켰고, 지상·해상·공중의 모든 공간에서의 대북정찰감시를 불가능하게 했으며, 한·미동맹 군사훈련 및 NNL을 무력화시켰고, 국방개혁을 빙자해 육군 6개 사단을 해체했고, 병력 11만8천명을 감축하는 등 국가안보를 무력화(無力化)시킨 장본인(張本人)이다.

문 전 대통령은 서해 공무원 피살 3시간 전 북한 해역표류를 보고받고도 아무 조치도 취하지 않았다. '남북 간 군사통신선이 막혀있었다'고 했으나 국제상선통신망은 열려있었다. 그는 서해 공무원 피살 후 대책회의마저 불참했다. 그 당시 TV엔 사전 녹화된 문재인의 '한반도 종전선언'이라는 UN연설이 방송되고 있었다. '우리국민이 북한군에 사살(射殺), 소각(燒却)되는데 문 대통령은 뭘 했느냐'고 유족들이 물어도 침묵하더니, 관련 자료를 '대통령 기록물'로 지정해 15년간 보지 못하게 만들었다.

문재인 전 대통령은 이 사건에 대한 감사원의 서면조사 요구에 '무례(無禮)하다'고 거절했다. 그래놓고 이제와 '안보무력화'라는 궤변이다. 무례한 것은 감사원이 아니라 문재인 자신이다. '안보 무력화'라는 문재인의 망발

(妄發)은 '대통령은 국민의 자유와 행복의 증진에 노력하여 대통령으로서의 직책을 성실히 수행할 채무'를 규정한 헌법 제69조의 명백한 위반이다.

북한 김정은의 '비핵화 의지'를 오판해 북한의 핵개발과 미사일 고도화에 기여한 문재인 전 대통령이 '안보무력화'란 말을 할 자격이 있나. 문재인은 '안보부처는 정보와 정황을 분석해 사실을 추정했고, 나는 특수정보까지 살펴본 후 그 판단을 수용했다'했다고 했다. 적반하장(賊反荷杖)도 유분수다. 당시 해경은 애초 서해 공무원의 '해상 추락(墜落)'으로 판단했으나 비서실장, 안보실장, 국정원장이 '월북 추정'으로 바꾼 것이다. 직후 국정원은 관련 첩보보고서 106건을 삭제했다. 떳떳하다면 왜 삭제했나? 문 대통령의 지시에 따른 것이 아닐까?

해경청장은 월북이 아니라는 증거가 나오자 '난 안 본거로 하겠다'고 했다. 이것은 명백한 증거조작이며, 증거인멸이다. 유족들은 이날 '문 정권이 무슨 짓을 했는지 검찰과 법원이 밝혀 달라'고 했다. 문재인은 지금이라도 유족들의 물음에 진솔(眞率)하게 답하고, 검찰 수사에 성실하게 협조해야 한다. '권력은 정의(正義)에 따라야 하며, 정의를 앞질러서는 안 된다(Power should follow justice, not precede it.)' '어느 누구라도, 법 위에 있는 자(者)는 없다 (No one is above the law.)'

8. 서훈 전 국정원장 이어 김연철 전 통일부장관의 출국에 대한 인터폴 수배와 여권 무효조치

서훈 전 국정원장은 2019년 11월 귀순어민 2명이 강제북송 되기에 앞서 이들에 대한 합동조사를 조기(早期)에 강제 종료하라고 지시한 혐의로 고발되었고, 정의용 전 실장도 '어민 강제북송'과 관련된 혐의로 시민단체로부터 고발당했다. 서울중앙지검이 '귀순어민 강제북송' 사건으로 정의용 전 청와대 국가안보실장을 출국금지하고, 서훈 전 국정원장에 대해 입국 시 통보조처를 했다고 한다.

김연철 전 장관은 2019년 11월 북한어민 강제북송 당시 통일부 장관으로서 귀순어민들을 강제북송 조치한 뒤 그 이유를 설명하면서 "귀순에 대한 진술과 행동에 일관성이 없다는 점에서 이들의 '귀순의사에 진정성이 없었다'고 판단했다"고 밝혔다. 유엔과 미국 및 영국 의회, 국제인권단체들까지 문재인 정부의 반인도적 강제북송을 규탄하고 있다.

그런 상황에서 핵심 당사자인 서훈 전 국정원장과 김연철 통일부 장관은 미국으로 출국해 버렸고, 문재인 전 대통령은 계속 침묵 중이다. 김연철 전 장관은 이번 사건과 관련해 직권남용 및 직무유기 등 혐의로 시민단체에 의해 고발당한 상태여서 검.경의 수사망을 피하려는 것 아니냐는 의혹이 제기된다. 현재 검찰은 당시 합동조사단이 사건조사를 사흘 만에 종료하고 귀순어부들을 강제 북송하는 과정에서 위법이 있었는지를 수사하고 있다.

검찰은 합동조사에서 북송어민들이 '귀순의사'를 수차례 밝히고, '귀순하겠다'는 자필진술서도 작성한 사실을 파악한 것으로 알려졌다. 당시 합동조사단 내부에서 '귀순어민들에 대한 추가 조사가 필요하다'는 의견이 나왔지만 윗선의 개입으로 묵살된 정황도 확인 한 것으로 전해졌다. 이 과정에서 김 전 장관과 서훈 전 국정원 원장, 정의용 전 청와대 국가안보실장 사이에서 어떤 논의가 있었고, 문재인 전 대통령이 어떤 보고를 받고 어떤 지시를 내렸는지가 수사의 핵심이다.

하지만 미국에 체류 중인 서훈 전 국정원 원장에 이어 김연철 전 통일부 장관까지 출국하면서 검찰수사도 난항(難航)을 겪을 수 있다는 우려가 나온다. 이들에 대한 신속한 '인터폴 수배'와 '여권 무효조치'를 취해야 할 것이다. 박지원 전 국정원장은 2020년 9월 서해에서 북한군의 총격으로 사망한 해수부 공무원 이대준씨가 북한군에게 '대한민국 공무원이다. 구조해 달라'는 취지로 말한 감청내용을 첩보보고서에서 무단 삭제하도록 지시한 혐의로 지난 6일 고발당했다. 서울중앙지검이 '서해 공무원 피살진상 은폐' 의혹과 관련하여 박지원 전 국정원장을 출국금지한 것으로 7월 15일 전해졌다.

9. 서훈 전 국가안보실장 구속

문재인 정부의 안보라인 최고 책임자였던 서훈 전 청와대 국가안보실장이 '서해 공무원 피살진상 은폐' 혐의로 구속됐다. 서울중앙지법 김정민 영장전담 부장판사는 서 전 실장의 구속영장을 발부하면서 "범죄의 중대성, 피의자의 지위와 관련자들과의 관계에 비춰 증거인멸의 염려가 있다"고 했다. 문재인 전 대통령은 "서 전 실장은 김대중·노무현·문재인 정부의 모든 대북협상에 참여한 최고의 북한전문가, 전략가, 협상가"라며, "그런 자산을 꺾어버리다니 너무나 안타까운 일"이라고 궤변을 토로했다.

문재인 전 대통령은 왜 이씨를 구조하지 않은 채 방치하고 월북으로 몰고 갔는지, 모든 사실을 그토록 숨기려 했는지 스스로 밝혀야 한다. 안보실장, 국방장관, 해경청장 등이 줄줄이 구속되는 상황에서 더 이상 숨을 곳도 도망 갈 곳도 없다. 그것이 국민에 대한 문 전 대통령의 최소한의 도리다.

'서해 공무원 피살 진상은폐' 사건을 수사하는 서울중앙지검 공공수사1부(부장 이희동)가 문재인 정부 안보라인 최고 책임자였던 서훈 전 청와대 국가안보실장을 직권남용, 허위공문서작성 등 혐의로 구속기소했다. 서훈 전 실장은 2020년 9월 22일 해양수산부 공무원 고(故) 이대준씨가 북한군 총격으로 숨진 뒤 시신이 소각된 사실을 알면서도 군 합동참모본부 관계자들과 김홍희 전 해경청장에게 이씨의 피살과 시신소각을 숨기라고 지시한 혐의를 받고 있다.

서훈 전 실장은 또 2020년 9~10월 '월북 조작'을 위해 국방부와 해경에 허위보고서와 발표 자료를 작성·배부하도록 지시한 허위공문서작성 혐의가 있다. 서훈 전 실장의 지시를 받고 군에 첩보 삭제를 지시한 혐의가 있는 '서욱' 전 국방부 장관은 기소되지 않았다. 검찰은 국정원에 첩보 삭제를 지시한 혐의가 있는 '박지원' 전 국정원장을 소환조사한 뒤 세 사람을 함께 기소할 방침인 것으로 전해졌다.

10. 문재인은 답하라

문재인 전 대통령은 지난 1일 해양수산부 공무원이 북한군에 의해 서해에서 피격 사망한 사건은 국방부·해경·국정원 등의 보고를 듣고 최종 승인했다. 사실을 명확하게 규명하는 것이 불가능한 상황에서 획득가능한 모든 정보와 정황을 분석해 사실을 추정했고, 특수정보까지 직접 살펴본 후 그 판단을 수용했다고 밝혔다. 월북몰이를 사실상 자백(自白)한 것이다. 이어 4일 자신이 중용(重用)한 서훈 전 국가안보실장이 서해사건은폐 혐의로 구속 기소되자 '최고의 안보자산을 꺾어버렸다'고 했다.

문재인은 해수부 공무원의 사망은폐에 이어 '월북'이라며 확인되지도 않은 사실을 발표해 우리 국민을 두 번 죽였다. 그 책임에 대해 답해야 한다. 문재인 정권의 대북 '평화 쇼'가 대 국민 사기극임은 만천하에 판명 났으나 우리국민의 구조를 팽개치고 '가짜 평화연설'을 강행하는 게 정상적인 대통령인가?

검찰은 12월 14일 박지원 전 국정원장을 피고발인 신분으로 소환 조사했다. 박 전 원장은 2020년 9월 서해에서 북한군의 총격으로 사망한 해수부 공무원 이대준씨가 북한군에게 "대한민국 공무원이다. 구조해 달라"는 취지로 말한 감청내용을 첩보 보고서에서 무단 삭제하도록 지시한 혐의(직권남용)로 지난 7월 국정원에 의해 고발됐다. 이씨의 유족이 문재인 전 대통령을 이날 직무유기와 직권남용, 허위공문서작성 혐의 등으로 고소하면서 문 전 대통령에 대한 조사가 이뤄질 가능성도 열렸다.

서훈 전 실장은 해수부 공무원이 북한군에 의해 피격 소각된 사실을 파악한 뒤 9월 3일 새벽 1시경 관계 장관회의를 열고 사건은폐를 지시했다. 이것은 대통령의 지시여하를 떠나 중대한 국기문란(國紀紊亂)이며, 문 대통령까지 포함한 국정농단(國政壟斷)이다. 최고의 국가안보는 국민의 보호인바 서 전 실장이 과연 '최고의 안보자산'인가? 문재인은 답하라!

11. UN총회에서 북한 인권결의안 채택

UN총회는 2022년 12월 15일(현지 시각) 미국 뉴욕 UN본부에서 본회의를 열고 북한 인권결의안을 표결 없이 컨센선스(consensus : 표결 없는 합의)로 통과시켰다. 컨센서스라는 합의방식은 표결이 아니어서 반대표도 있을 수 없기 때문에, 북한과 중국, 러시아 등은 이의를 제기하지 못했다.

이로써 북한 인권결의안은 2005년 이후 매년 UN총회에서 채택(採擇)되었으며, 특히 반대표가 1표도 없는 컨센서스로 채택된 것은 올해가 9번째다. 북한인권문제에 대한 국제사회 여론이 나쁘다는 뜻의 반영이다. 한국은 2018년까지 공동제안 국에 참여했다가 문재인 정부였던 2019~2021년 남북관계 발전에 지장을 준다는 이유로 불참했으나, 이번에 4년 만에 복귀(復歸)했다.

UN총회의 올해 결의안은 예년 결의안에 '서해공무원 피살사건'과 '탈북어민 강제북송사건' 등 최근 국제적으로 논란이 된 사건들에 대한 언급(言及)을 새로 추가했다. 이 결의안은 "외국인에 대한 고문, 즉결처형, 자의적 구금, 납치 등을 우려 한다"는 기존 조항에 "유족들과 관계기관에 모든 관련정보를 공개할 것을 북한에 촉구한다"는 내용을 넣었다. 이것은 북한군에 피살된 해수부 공무원 이대준씨 유족을 가리킨 것으로 해석된다.

또 "북한으로 송환되는 북한주민들이 강제실종, 자의적 처형, 고문, 부당한 대우의 대상이 돼선 안 된다"는 문구는 2019년 탈북어민 강제북송을 언급한 것으로 전해졌다. 한편 이날 UN총회는 러시아가 우크라이나로부터 강제 병합한 크림반도 내 인권침해를 규탄하는 결의안도 찬성 82국, 반대 14국, 기권 80국으로 채택했다.

12. 서해 공무원 피살 감사결과 드러난 문재인 정부의 '월북 몰이'

문재인 정부 때인 2020년 9월, 해양수산부 공무원 이대준씨가 북한 해역으로 표류(漂流)했다가 북한군에 붙잡혀 총살당한 후 대북 첩보부대에는 '이씨가 자진 월북(越北)했다'는 보고서를 만들라는 지시가 떨어졌다. 하지만 실무자들은 '자진 월북'을 뒷받침할 근거가 없어 관련 내용을 담지 않았다. 그러자 '정부 방침에 맞게 보고서를 만들라'는 지시가 거듭 내려왔고, 결국 이들은 근거 없는 내용까지 넣어 이씨를 자진 월북자로 몰아가는 최종 보고서를 만든 것으로 감사원 감사에서 드러났다.

문재인 정부의 실책(失策)을 감추기 위한 사실 왜곡시도(歪曲試圖)가, 객관적인 내용만을 담아야 하는 첩보보고서(諜報報告書)까지 오염(汚染)시킨 것이다. 감사원은 7일 '서해공무원 피살사건 관련 점검 주요 감사결과'라는 보도 자료를 배포했다. 이 사건에 대한 감사 보고서는 지난 10월 확정됐으나 원문은 국가안보를 이유로 비공개됐고, 그 요지만 발표됐다.

보도 자료에 의하면, 문재인 정부 청와대 국가안보실과 통일부, 국방부, 해영경찰청 등 관계부처들은 이씨가 2020년 9월 21일 새벽 2시쯤 남측해역에서 실종된 뒤 22일 오후 3시 30분경 북측해역에서 북한 선박에 발견됐다는 것을 알았지만, 아무 조치 없이 사태를 방관했다. 합동참모본부는 이씨 발견 사실을 안보실에 보고한 뒤에는 '통일부가 주관해야 하는 상황이고 군이 대응할 것이 없다'며 가만히 있었다.

안보실은 오후 5시 18분 합참에서 보고를 받았으면서도 우리 국민이 북한에 억류된 경우 대응을 주관해야 하는 통일부에 이씨가 북측에 있다는 사실을 알리지도 않았다. 통일부의 담당 국장은 이씨가 북측해역에 있다는 소식을 안보실이 아니라 국가정보원을 통해 오후 6시 뒤늦게 전달받았다. 이씨는 그날 오후 9시 40분쯤 총살됐고 북한군은 10시 50분쯤까지 시신(屍身)을 불태웠다. 합참은 이씨가 북측에서 발견된 뒤 피살된 상황과 관련한 군 첩보 보고서를 전산망에서 무단으로 삭제했고, 국방부는 언론에 이씨가 '실종' 상태인 것처럼 거짓말을 했다.

23일 오전 10시 관계 장관회의 때부터 문재인 정부는 이씨를 '자진 월북자'로 몰아가기 시작했다. 안보실과 국방부는 이씨가 자진 월북했을 가능성이 높다는 결론을 정해놓고, 합참과 정보기관 등이 이 결론에 맞게 '분석 보고서'를 만들어 내게 했다. 합참은 24일 이씨가 처음 실종된 배에서 홀로 구명조끼를 입고 있다가 신발을 벗어두고 바다로 뛰어내렸다는 취지의 보고서를 만들어 올렸고, 이 내용이 언론에 발표됐으나 이후 이씨의 '자진 월북' 정황은 사실이 아닌 것으로 드러났다.

이씨의 자진 월북을 뒷받침하는 보고서를 작성하라는 지시는 9월 25일 대북 감청 및 신호정보수집 부대인 777사령부에도 하달됐다. 그럼에도 이 사령부 실무자들은 첩보를 통해 확인된 내용만을 적은 보고서를 만들어 올렸다. 이씨를 '자진 월북자로 만들라'는 지시를 사실상 따르지 않은 것이다. 그러자 사령부 고위 관계자가 "첩보로 확인되지 않은 내용까지 보고서에 넣어라" "이씨가 자진 월북했다는 '판단'도 포함시켜라"라며 보고서를 다시 쓰게 했다고 한다. 결국 합참 보고서와 마찬가지로 "이씨가 자진 월북했을 가능성이 있는 것으로 평가 된다"는 보고서가 10월 16일 만들어졌다.

감사원은 지난해 10월 이 사건 관계자 20명에 대해 직무유기 및 직권남용 등 혐의로 검찰에 수사를 요청했고, 검찰은 서훈 전 안보실장, 박지원 전 국정원장, 서욱 전 국방장관, 김홍희 전 해경청장 등 4명을 기소해 현재 재판이 진행 중이다. 이하 실무자들에 대한 수사도 계속되고 있다. 감사원은 이와 별도로 13명에 대해 현직 공무원인 경우엔 징계·주의를 요구하고, 퇴직한 경우에는 공직 재취업 시 불이익을 받도록 자료를 남기게 했다.

제11장

귀순의사를 밝힌 탈북어민을 강제북송한
문재인의 반(反)인도적 만행

제11장

귀순의사를 밝힌 탈북어민을 강제북송한 문재인의 반(反)인도적 만행

1. 귀순의사를 표시한 탈북어민은 북한이탈주민법(약칭)의 적용대상

2019년 탈북 했다 문재인 정권에 의해 강제 북송된 북한어민들이 '자필의향서'에 정식 '귀순의사(歸順意思)'를 밝혔던 것으로 확인됐다. 통일부는 "북 주민들이 '귀순 의향서 양식'에 자필로 인적사항과 귀순희망 등을 작성했다"고 밝혔으나 당시 문재인 정부는 "귀순의사에 '진정성'이 없다"고 했다. 그리고 북한 어민 2명이 동료들을 죽인 살인범이라는 이유로 안대를 씌우고 포승으로 묶어 강제로 북한으로 넘겼다. 당시 한.아세안 회의에 김정은을 초청하는 친서와 함께 한 것으로, 남북정상회담 쇼를 위해 귀순한 북한 어부들을 강제북송한 후 국민들에게 거짓말을 한 것이다.

탈북민이 정부합동조사에서 공식 '귀순 의향서(歸順 意向書)'를 쓰면 대한민국 국민으로 인정받는다. <북한이탈주민의 보호 및 정착지원에 관한 법률>(이하에서 "북한이탈주민법"으로 약칭함) 제3조는 동법의 <적용범위>에 관하여 "이 법은 '대한민국의 보호를 받으려는 의사(귀순의사)'를 표시한 북한

이탈주민('북한이탈주민'이라 함은 군사분계선 이북지역에 주소, 직계가족, 배우자, 직장 등을 두고 있는 사람으로서 북한을 벗어난 후 외국국적을 취득하지 아니한 사람을 말한다)에 대하여 적용한다"라고 규정하고 있다. 탈북어민들도 이러한 절차를 다 밟았다.

대한민국은 보호대상자('보호대상자'란 북한이탈주민법에 따라 보호 및 지원을 받는 북한이탈주민을 말한다)를 인도주의(人道主義)에 입각하여 특별히 보호하며(동법 제4조 제1항), 통일부장관은 북한이탈주민에 대한 보호 및 지원 등을 위하여 북한이탈주민의 실태를 파악하고, 그 결과를 정책에 반영하여야 한다(동조 제4항). 국가는 보호대상자의 성공적인 정착을 위하여 보호대상자의 보호·교육·취업·주거·의료 및 생활보호 등의 지원을 지속적으로 추진하고 이에 필요한 재원을 안정적으로 확보하기 위하여 노력하여야 한다(동법 제4조의2 제1항). 문재인 정권은 이러한 규정을 전부 위반했다.

2. 귀순어민 강제북송은 헌법과 국제법위반의 반(反)인도적 만행

귀순어민이 동료를 살해한 혐의를 받는다 해도 북한으로 강제 추방한 것은 헌법{헌법 제3조<영토>, 제10조<인간의 존엄성과 기본인권보장>, 제11조<평등권>, 제12조<신체의 자유>, 제27조 제1항<재판을 받을 권리> 및 4항<형사피고인의 무죄추정의 원칙>, 제34조 제1항<인간다운 생활을 할 권리>, 제37조<국민의 자유와 권리의 존중>, 제66조 제2항<대통령의 책무>, 제69조<대통령의 취임선서> 등} 및 북한인권법 제2조(북한 인권증진의 기본원칙 및 국가의 책무), 북한이탈주민법 제4조(기본원칙), 제4조의2(국가의 책무), 제4조의3(기본계획 및 시행계획) 등에 각 위배된다. 귀순어민은 자유를 찾아 북한을 탈출한 무고(無辜)한 사람들이다.

귀순어민 강제 북송사건은 보편적 인권가치뿐 아니라 국제법상 '강제송환금지원칙' 및 '유엔고문방지협약'등을 무시한 반(反)인권적 행위로서 자유세계의 비판을 받고 있다. 귀순어민 강제북송은 '고문을 받을 위험이 있다고 믿을 만한 상당한 근거가 있는 나라'로의 송환을 금지한 '유엔고문방지협약'(1987년 발효)에도 위배된다. 동 협약 제3조는 '고문 받을 위험이 있다고 믿을만한 상당한 근거가 있거나 극악한 대규모의 인권침해 사례가 꾸준히 존재하던 국가'로의 추방·송환·인도를 금지하고 있다. 한국은 1995년 이 협약에 가입했다.

강제북송 현장인 판문점을 관할하는 유엔군사령부도 북송당시 우리정부 측의 송환협조 요청을 5~6차례 거부하고 "판문점 내에서 포승, 안대 등을 절대 사용할 수 없다"는 경고까지 한 것으로 7월 14일 알려졌다. 인권단체인 국제앰네스티는 이날 "이들(귀순어민들)을 북한으로 돌려보내기로 한 결정은 '농르풀망(Non-Refoulement)' 원칙위반"이라며 "한국 정부가 재발방지를 보장해야 한다"고 했다. '농르풀망'은 고문 등 잔혹하고 비인도적 박해를 받을 위험이 있는 국가로 개인을 추방·송환·인도해선 안 된다는 국제법상 원칙을 말한다.

국제인권단체인 휴먼라이츠워치의 필로버트슨 아시아 담당 부국장도 13일 조선일보에 보낸 입장문에서 "박해·고문 또는 더 나쁜 상황에 직면

하게 될 수 있는 국가로 사람을 강제송환 하는 것은 국제인권법에서 금지
돼있다"며 "특히 북한이 탈북 했다가 송환된 사람들을 고문하는 것은 매우
분명하기 때문에, 이번사건은 한국이 국제인권법을 위반한 '교과서적인
사례'라고 할 수 있다"고 혹평(酷評)했다.

그는 "한국은 한반도에 거주하는 모든 한국인을 한국시민으로 간주하
고 있기 때문에 이 두 사람도 시민으로 고려했어야 했다"며 "이 사람들을
(북한에 강제로) 돌려보낸 것이 (국제법 뿐만 아니라) 한국법을 위반했는지 조사
해야한다"고 했다. 미국 인권단체인 북한인권위원회(HRNK)의 그레그 스칼
라튜 사무총장은 "(강제 북송은)비열하고 용납될 수 없는 행위였다"며 "우리
는 한국에서 법의 심판이 이뤄지기를 기다린다"고 했다.

3. 속지주의와 속인주의 · 보호주의

속지주의(屬地主義)라 함은 자국의 영역(領域) 내에서 발생한 모든 범죄에
대하여 범죄자의 국적(國籍)에 관계없이 자국형법을 적용한다는 원칙을 말
하며, 속인주의(屬人主義)란 자국민(自國民)의 범죄에 대하여는 범죄지 여하
를 불문하고 자국형법을 적용해야 한다는 원칙을 말한다. 보호주의(保護主
義)란 자국 또는 자국민의 이익을 해치는 범행인 한 누구에 의하여 어느 곳
에서 행하여졌는가에 관계없이 자국의 형법을 적용한다는 원칙을 말한다.

우리 형법은 속지주의를 원칙으로 하면서(형법 제2조 · 제4조) 속인주의(형
법 제3조)와 보호주의(형법 제5조 · 제6조)를 가미하고 있다. 대한민국의 보호를

받으려는 의사(귀순의사)를 표시한 북한 어민 2명은, 북한주민을 우리국민으로 보는 헌법 제3조 및 북한이탈주민법 제3조 및 형법 제2조(국내범), 제3조(내국인의 국외범)의 규정에 따라 대한민국 법원에서 헌법과 법률이 정한 법관에 의하여 법률에 의한 재판을 받을 권리가 보장되는 우리국민이다. 또한 북한어민 2명이 살인혐의를 받는다 해도 형사피고인은 유죄의 판결이 확정될 때까지는 '무죄로 추정'된다.

4. 귀순어민을 김정은에게 제물로 바친 문재인 정권
(문재인 정부의 북한어민 2명의 귀순의사 은폐·조작 사례)

당시 국가정보원(이하 "국정원"이라함) 원장은 수주일 걸리는 귀순자 조사를 단 3일 만에 종료시켰으나 실제로 조사를 한 날은 하루뿐이라고 한다. 합동조사팀은 어민과 선박에 대한 혈흔·유전자 감식을 계획했고, 거짓말 탐지기조사도 하려 했으나 청와대 대책회의에서 서둘러 북송결정을 하자 조사는 중단됐다. 국가안보실은 이들의 의사를 묻지도 않은 채 북송을 결정했다. 탈북어민을 나포(拿捕)하기도 전에 이처럼 북송준비를 한 것은 미리 북한의 요구를 받고 이에 따른 것이 아닌가? 의문이다.

이러한 공작은 당시 안보실 1차장이 판문점 공동경비구역(JSA) 대대장으로부터 받은 비밀 메시지가 언론에 포착되면서 공개됐다. 당시 통일부 장관은 국회에서 "북한어민들이 '죽더라도 돌아가겠다'는 진술을 분명히 했다"고 큰소리쳤으나 허무맹랑(虛無孟浪)한 거짓말이었다. 그는 최근에야 "귀순 의향서 제출을 나중에 전해 들었다"고 발뺌을 했다. 귀순 어민의 생명을 김정은과의 정상회담 및 위장평화 쇼를 위한 제물(祭物)로 바치기 위해 거짓말을 한 것이다. 문재인 정권 5년은 "김정은 정권의, 김정은 정권에 의한, 김정은 정권을 위한" 정부였다는 것이 입증된 것이다.

2019년 탈북 해 귀순의사를 밝힌 북한어민 2명이 판문점을 거쳐 강제북송 당하는 '현장사진'이 공개됐다. 통일부는 2022년 7월 12일 문재인 정부 시절 발생한 '귀순어민 강제북송' 당시의 사진 10장을 공개했다. 귀순어민 2명이 판문점에 도착해서 북한군에 넘겨질 때까지의 과정을 연속 촬영한 것이다. 귀순어민 2명은 포승에 묶이고 두 눈이 안대로 가려진 채 2019년 11월 7일 오후 3시 판문점에 도착했다.

검은색 옷차림의 북한어민은 호송요원들이 안대를 벗기자 두 손으로 얼굴을 감싸 쥐며 괴로워했다. 눈앞에 군사분계선과 북한군을 발견하는 순간 풀썩 주저앉자 사복차림의 경찰특공대원들이 일으켜 세웠다. 이 어민은 비명을 지르며 자해(自害)했다. 귀순 어민 2명을 포승으로 묶고 두 눈을 안대로 가린 채 판문점으로 끌고 간 행위는 "체포·구속할 때에는 적법한 절차에 따라 법관이 발부한 영장을 제시해야한다"는 영장주의(令狀主義: 헌법 제12조 제3항)에 반하는 것이다. 영장주의는 부당한 인권침해와 신체의 자유의 침해를 막도록 하는 데 그 의의가 있다.

문재인 정부는 나포 사흘만인 11월 5일 북측에 '어민들을 추방하고, 선박까지 넘겨주겠다'고 했다. 당시 통일부 직원이 촬영한 사진엔 포승에 묶인 탈북어민들이 판문점 군사분계선으로 끌려가다가 선을 넘지 않으려고 안간힘을 쓰는 처참한 모습이 담겼다. 한 어민은 군사분계선을 보자 낙담한 채 상체를 숙이고 얼굴을 감싸고 북쪽으로 넘어가지 않으려고 저항하다 쓰러지자 우리정부 관계자들이 강제로 일으켜 세워 질질 끌고 갔다. 한 어민은 군사분계선 시멘트 바닥을 밟은 상태에서도 끝까지 버텼지만 끝내 북한군에 인계됐다.

이처럼 극악무도(極惡無道)한 반인도적 만행이 인권변호사를 자처(自處)하는 문재인 정권에 의해 저질러진 '서해 공무원 피격'과 '북한어민 강제북송' 사건으로 '국민의 나라'를 앞세워 집권한 문재인 정부의 이중성(二重性)이 만천하(滿天下)에 드러났다. 판문점 마지막 12분의 강제북송의 생생한 현장장면이 담긴 10장의 사진이 북한어민의 '귀순 진정성'을 온 누리에 공개한 것이다. 통일부는 7월 18일 '귀순어민 강제북송'사건 당시 현장인 판문점의 2019년 11월 7일 영상을 공개했다. 눈앞의 북한군을 본 어민은 그 자리에 주저앉아 바닥에 머리를 수차례 찧었다. 북한에서 고통스럽게 처형당할 것이라는 공포감에 자해를 시도한 으로 본다.

탈북의사를 밝힌 북한주민을 강제북송한 건 정부수립 이후 이 사건이 최초다. 이번에 공개된 동영상에는 귀순어민을 북송하려는 문재인 정부의 용의주도(用意周到)한 계획이 담겼다. 이들의 눈은 여전히 안대로 가린 상태였다. 자신들이 어디로 끌려왔고, 어디로 향하는지 전혀 모르게 하려는 의도로 보였다. 통일부는 "국회에서 동영상 자료를 요구했기 때문에 제출하지 않을 수 없었다"고 했다. 윤석열 대통령은 이날 기자들과 만나 이번 사건에 대해 "모든 국가의 사무는 헌법과 법률에 따라서 진행돼야 한다는 원칙론 외에는 따로 드릴 말씀이 없다"고 했다.

문재인 정부 청와대가 귀순어민의 배를 나포하기 하루 전인 2019년 11월 1일 국가정보원에 "문재인 대통령이 (3일) 순방을 떠나기 전에 조사·보고해야한다"는 지침을 전달한 것으로 7월 21일 알려졌다. 당시 청와대가 귀순어민들을 붙잡기도 전에 '흉악범 강제북송'이란 각본을 마련한 것이라는 의혹이 제기되는 것이다. 합동조사를 주도하는 국정원에 "대통령 출국 전에 귀순자 북송계획을 제출하라"며 사실상 '귀순어민 처리 가이드라인'을 제시한 셈이다.

　　귀순어민들은 우리해군의 '경고사격'을 '조준사격'으로 오인해 피하면서 2박 3일간 NLL 주변을 맴돌며 남하(南下) 시도를 멈추지 않은 것은 '귀순 의도'가 분명했다는 정황이다. 문재인 정부는 11월 5일 오후 4시 서호 통일부 차관명의의 전통문을 북한에 보내 "어민들을 북송 하겠다"고 했고, 오후 6시엔 김정은을 부산 한.아세안 특별정상회의(11월 26일)에 초청하는 문 대통령의 친서를 전달했다. '김정은과 정상회담'을 위한 제물로 귀순어민을 강제 북송한 것이 아닌가?

　　문재인 정부가 우리국민을 김정은 정권에 피살되도록 조력하거나 방치한 두 사건으로 국내외 여론이 들끓고 있다. 하나는 2019년 11월 '귀순의사를 밝힌 탈북어민 2명'을 강제 북송해 처형당하게 한 사건이며, 다른 하나는 2020년 9월 북한해역에서 표류 중인 '해수부 공무원'을 아무런 구조노력도 없이 방치해 사살 당하게 한 사건이다. 우리 국민의 생명에 대한 이러한 반인도적 만행이 문 정권하에서 범해진 직권남용과 직무유기다.

　　더욱 가관인 것은 이러한 만행의 실체가 많은 증언과 증거로 밝혀지고 유엔, 외국정부, 국제인권단체 등의 비판이 고조되는 와중에서도 문재인 정권의 사건 관련자들은 속죄하거나 반성하기는커녕 '흉악범' '귀순의사 부재' '남북관계' '통치행위'라는 등의 궤변과 망발로 사건을 은폐·조작하고 정당화하려는 일색(一色)이다.

5. '조국반역죄'로 처형당한 강제북송 어민

북한당국은 문재인 정부가 돌려보낸 어민 2명을 '조국반역죄'로 처형했다고 정통한 대북소식통이 전했다. 문재인 정부가 없다고 한 "귀순 의사"를 북한당국은 있다고 본 것이다. 강제북송 된 북한어민 2명이 살인범이 아니라 귀순의사를 밝힌 이들을 강제북송한 문재인 정권이 살인마(殺人魔)가 된 것이다.

북한 형법 제63조는 '조국반역죄'에 대해 <공민이 조국을 배반하고 다른 나라로 도망쳤거나 투항·변절했거나 비밀을 넘겨준 조국반역행위를 한 경우에는 5년 이상의 노동 교화형 또는 사형 및 재산 몰수형에 처한다>고 규정하고 있다. 문재인이 귀순의사를 밝힌 북한어민 2명이 강제북송당하는 현장사진을 보았다면 무슨 생각을 했을까? 문재인은 북한어민에 대한 살인의 교사범(敎唆犯)이나 방조범(幇助犯)이 아닌가?

북한이 탈북어민의 인도(引渡) 요청을 하지도 않았는데도 확증(確證)도 없는 살인 용의자라는 이유만으로 안대를 씌우고 포승(捕繩)으로 묶어 김정은 정권에 잘 보이려고 수사와 재판도 없이 사형장으로 보낸 사람이 인권변호사를 자처(自處)하는 문재인 전 대통령의 반인도적 만행(蠻行)이다. 귀순 의향서를 썼는데도 문재인 정부는 "귀순의사가 없다"고 거짓말까지 했다.

6. "대한민국에서 살고 싶다"는 북한어민들의 보호신청서와 자기소개서

문재인 정부가 동해상에서 나포(拿捕)한 북한어민 2명을 강제 북송한 사건을 수사 중인 서울중앙지검은 귀순어민들의 북송당시 문재인정부 고위 인사들이 '귀순진정성이 없었다'고 주장했던 것과는 달리, 이들이 나포직후부터 시종일관 '대한민국에서 살고 싶다'는 귀순의사를 밝힌 자료와 진술을 확보한 것으로 전해졌다.

서울 중앙지검 공공수사 3부는 귀순어민 2명이 '귀순의사'를 자필로 써서 정부 합동조사단과 통일부에 낸 '보호신청서'와 '자기소개서'를 확보했다고 한다. '보호신청서'에는 귀순어민들이 '대한민국에서 살고 싶다'고 쓴 내용이 담긴 겄고, '자기소개서'에는 귀순어민들이 자신의 출생지, 가족관계, 출신학교, 사회경력과 '남한에서 살고 싶다'는 문구가 포함된 것으로 전해졌다.

김연철 전 통일부 장관은 2019년 11월 8일 국회증언에서 이들이 "죽더라도 돌아가겠다"고 했으며, 정의용 전 국가안보실장은 2021년 2월 5일 국회증언에서 "희대의 엽기(獵奇) 살인마(殺人魔)" "애당초 귀순 의사 없었다"며

"북한 범죄에 대해 우리 법원이 재판관할권을 행사한 전례가 없다"고 했다.

헌법상 북한은 우리 영토이며(제3조), 귀순어부들은 우리 형법 제2조 및 제3조에 따라 당연히 우리나라 법원에 재판관할권이 있다. 검찰은 귀순어민들이 나포직후부터 우리 해군에게 귀순의사를 밝힌 정황도 확보했고, 또 이들은 강제북송 될 때까지 '귀순의사를 번복한 적이 없었다'는 점도 확인했다고 한다. 귀순어민의 강제북송사건에 관련된 문재인 정권인사들은 귀순어민에 대해 '살인마' 또는 '귀순 진정성이 없다'는 등의 거짓해명과 정치공세를 멈추고 검찰수사에 성실히 협조해야 할 것이다.

귀순어민이 살인마가 아니라 귀순의사를 밝힌 북한이탈주민을 포승으로 묶고 안대를 씌워 강제 북송하여 처형 받게 한 문재인 정권인사들이 살인마가 아닌가? 이들은 자신들의 반인도적 범행에 대한 석고대죄(席藁待罪)는커녕 정치보복이라고 적반하장(賊反荷杖)이다. 해수부 공무원 월북조작 및 귀순어민 강제추방 사건은 심각한 국기문란(國紀紊亂)의 반인륜적(反人倫的), 반 국가사범(反 國家事犯)으로 엄벌해야 한다.

7. 귀순어민의 강제북송에 반대하며
사표까지 낸 국정원 직원

2019년 11월 귀순어민 2명의 강제북송 직후 국정원의 북한관련 부서 직원이 북송조치에 반대하며 사표를 낸 사실이 14일 알려졌다. 전직 국정원 직원 A씨는 이날 조선일보 기자와 만나 "당시 (강제북송은) 문제라고 생각했고 지금도 그렇게 생각 한다"며 "검찰수사가 진행 중인 만큼 무슨 일이 있었는지 다 밝혀질 것"이라고 했다. 대북부서에 근무하던 A씨는 강제북송 이듬해 사표를 내고 국정원을 떠났다.

그는 당시 강제북송에 관한 '윗선' 지시에 반발했던 것으로 알려졌다. A씨는 "과거 정부들에서 국정원이 정치적 일에 휘말리는 걸 봤고 여러 가지를 생각해 퇴사한 것"이라며 "그 결정에 후회는 없다"고 했다. A씨는 "그(국정원) 안에 있는 많은 직원은 국가를 위해 정말 열심히 일하고 있다"며 "이런 일만 국민에게 알려지는 게 너무 안타깝다. 앞으로는 정보기관이 정치에 휘둘리지 않았으면 좋겠다"고도 했다. 현재 검찰은 탈북어민들의 귀순의사를 무시하고 강제북송을 지시한 '윗선'을 규명하는데 수사력을 집중하고 있다.

국정원은 국외정보 및 국내 보안정보<대공(對空), 대정부전복(對政府顚覆), 방첩, 대테러 및 국제범죄조직>의 수집·작성 및 배포 등의 직무를 수행한다. 국가안보를 위해 위와 같은 막중한 직무를 수행하는 국정원이 문재인 정권하에서 일부 공직자가 정권의 주구(走狗)가 되어 귀순어민 2명의 강제북송 조치에 관여하자 이에 반대하며 사표를 낸 A씨의 용기는 정권의 주구(走狗)로서 자리나 지키는 탐관오리들의 귀감(龜鑑)이 될 것이다. 공무원은 정권을 위한 봉사자가 아니라 '국민전체에 대한 봉사자'로서 '법령을 준수하며 성실히 직무를 수행'하여야 한다. 그것이 공직자의 책무(責務)다.

8. 3월 8일 북방한계선을 넘어온 북한선박을 대선 당일 돌려보낸 문재인 정권

문재인 정부가 지난 3월 서해북방한계선(NLL)을 넘어 내려온 북한선박을 합동신문도 없이 하루 만에 돌려보낸 것으로 2022년 7월 19일 알려졌다. 이 선박에는 북한군인 6명 등 7명이 타고 있었고, 우리해군이 이 선박을 뒤따라온 북한 경비정에 경고사격까지 했는데도 제대로 된 조사 없이 바로 북송한 것이다. 이 선박은 20대 대통령 선거 하루 전인 3월 8일 NLL을 넘어왔고, 대선 당일인 3월 9일 송환됐다. 군 관계자는 "북한 군인들이 탄 배를 경고사격까지 해서 나포해놓고 사실상 그냥 돌려보낸 건 창군 이래 처음일 것"이라고 했다.

우리군은 지난 3월 8일 서해 백령도 근해에서 NLL을 넘은 북한선박 1척을 나포했다. 이 과정에서 선박을 뒤따라온 북한 경비정도 NLL을 침범했고, 우리해군 고속정이 40mm함포 3발로 경고사격을 했다. 월선 한 북한선박에는 군복차림의 6명과 사복차림 1명이 타고 있었다고 한다. 군 관계자는 "이런 경우 군과 국정원 등이 모두 참여하는 중앙합동신문을 하는 것이 정상"이라고 했다. 그런데도 문재인 정부는 대공 용의점 등을 면밀히 살펴보지 않은 채 "군인의 이삿짐을 옮기는 배"라는 선박탑승 군인들의 일방적 진술만 듣고 돌려보냈다는 것이다.

유엔군사령부 당시 '조사에 참석 하겠다'고 우리 군에 통보했지만, 조사 인원이 도착하기도 전에 일사천리(一瀉千里)로 북송이 이뤄진 것으로 알려졌다. 국정원이 포함된 중앙합동신문은 국방부 대북정책과의 일방적 지시로 불발됐다. 한 의원은 "충분히 조사가 이뤄지지 않은 상황에서 월선 한 군인들을 무리하게 돌려보낸 건 아닌지 의심 된다"고 했다.

문재인 청와대가 2019년11월 귀순어민 강제북송 당시 국가정보원 등 이 보고한 '귀순자 확인자료'라는 문건의 제목을 '선원송환 보고서'로 바꾸고, 어민들의 귀순진술이 담긴 별도보고서를 무단 삭제한 것으로 7월20일 알려졌다. 당시 청와대가 북한 어민들의 귀순의사를 왜곡하기 위해 조직적으로 움직인 정황이 있다는 것이다. 정부핵심관계자는 "당초 '귀순 보고서'였던 문건이름을 '선원송환 보고서'로 바꾼 이유가 뭐였겠느냐"며 "처음부터 이들의 귀순을 받아줄 생각이 없었다는 얘기"라고 말했다.

당시 문재인 대통령의 최대 관심사는 부산 한.아세안 특별정상회의(11월26일)에 김정은을 초대하는 것이었다. 2019년11월 '귀순어민 강제북송' 당시 문재인 정부가 북송 3시간 전에 법무부에 법률검토를 요청했고, 법무부는 '강제출국 조치할 법적 근거가 없다'고 보고했으나 문재인 정부는 이를 묵살하고 북송을 강행했다. 애초에 북한이 원하는 대로 강제북송하려는 계획을 세우고 밀어붙인 것이다. 법무부가 청와대로부터 법리검토 요청을 받은 지 3시간 만에 귀순어민 2명은 눈이 안대로 가려지고 포승에 묶인 채 판문점에 도착했다.

9. 천벌(天罰)은 늦으나 반드시 온다.

문재인 정권은 당시 한·아시안 정상회의에 초대하는 친서를 함께 보내며 남북정상회담 이벤트를 위해 귀순어민의 소중한 생명을 김정은에게 제물(祭物)로 바쳤다. 문재인 대통령은 취임사에서 "사람이 먼저다"를 외쳤다. 인권변호사를 자처(自處)하며 인권과 민주를 외치면서 자신의 정치적 야망과 이익을 위해선 어떠한 반인도적 만행도 자행(恣行)하는 것이 적폐청산을 빙자한 문재인 정권의 인권탄압과 인권유린의 전모(全貌)요, 그 실상(實狀)이다.

문재인 정권은 전 세계인의 비난의 대상이 된 천인공노(天人共怒)할 반인도적(反人道的) 만행(蠻行)으로 북한어민 2명을 입에 자갈물리고 포승으로 묶어 강제로 김정은에게 '제물(祭物)'로 바친 사건 및 북한군에 의해 피살, 소각된 해양수산부 공무원의 '월북몰이'사건 관련자들에 대한 신속한 출국금지조치 및 검찰의 엄정(嚴正)한 수사로 사건의 실체적 진실을 밝혀 엄벌해야 한다.

2019년 11월 문재인 정권의 탈북어민 강제북송 이후 국내 입국 탈북자 수가 2019년 1047명에서 강제북송 직후인 2020년에 229명으로 줄더니 2021년엔 63명으로 급감했다. 당시 한국으로 오기위해 해외 대기 중이던 북한 간부출신 탈북자들은 "우리도 한국에 가면 안대를 씌우고 포승에 묶어 북으로 보내는 것이 아닌지 걱정했다"고 했다. 문재인 정권의 귀순어민 강제북송으로 한국이 북한 주민들에게는 '못 믿을 나라', 국제적으로는 '반인권 국가'로 전락했다.

문재인 대통령은 "헌법과 법률이 정하는 바에 의하여 공무원을 임면한다"는 헌법 제78조의 '공무원임면권을 남용'하여, 능력과 전문성을 갖춘 인재(人材)를 적재적소(適材適所)에 배치하여 행정을 민주적이며 능률적으로 수행하여 국민전체에 봉사한 것이 아니라, 캠코더(캠프, 코드, 더불어민주당) 및 낙하산 인사 강행에 의한 요소(要所) 요소에 '알 박기'로 국민을 약탈하는 흡혈귀(吸血鬼)정권이 되어 "기생충 정권" 또는 "약탈정권"으로 비난받는 부패정권의 표상(表象)이 됐다. 또한 '한반도 비핵화' '종전선언' '남북경협' 등을 구실로 북한에 돈을 바치는 등 반역((反逆)과 이적행위(利敵行爲)로 "반역정권"이라고 비난받고 있다.

문재인 정권 5년 동안의 온갖 적폐를 윤석열 정부 임기동안 검찰의 엄정하고도 신속한 수사로 완전히 청산하고 종결함으로서 법 앞의 평등과 사법정의 및 법치주의를 확립해야 한다. 이것은 결코 정치보복이 아닌 부패한 정권의 고질적 병폐인 적폐청산(積弊淸算)이요, 국가개조(國家改造)요, 부패한 정치풍토의 정화작업(淨化作業)이다.

<하늘의 그물은 넓고 성깃성깃하지만 빠져 나아갈 수 없다(天網恢恢 疏而 不漏 -老子-)> <천벌(天罰)은 늦으나 반드시 온다<Heaven's vengeance is slow but sure.)>고 했다. 악(惡)한 일을 한 사람은 반드시 천벌(天罰)을 받는다는 뜻이다. 인간은 하늘의 그물을 빠져 나아갈 수 없다. '잘 보낸 하루'가 행복한 잠을 가져오듯이 '잘 산 인생'은 행복한 죽음을 가져온다(As a well spent day brings happy sleep, so life well used brings happy death. -Leonard da Vinci-).고 했다. 탈북어민의 귀순의사를 무시하고 도살장으로 소 끌고 가듯 강제북송을 지시한 것으로 의심받는 인권변호사 탈을 쓴 문재인의 두 얼굴은 과연 행복한 죽음을 맞이할 수 있을까? 하늘은 그 답을 알고 있다.

10. 행복추구권

행복추구권(幸福追求權)이라 함은 '넓은 의미'로는 모든 기본적 인권을 포괄하는 포괄적 기본권을 말하는 바, 이는 생명·자유·생존 등을 포괄적으로 내포하는 개념이다. 이에 비해 '좁은 의미'로는 인격적 생존에 불가결한 인격권을 말하는 바, 이에는 인격의 형성·유지·표현의 전제가 되는 알 권리, 읽을 권리, 들을 권리, 자기 자신에 관한 정보를 조종할 수 있는 권리, 인간다운 생활을 할 권리 등이 포함된다.

행복추구권은 국민이 인간으로서의 행복을 추구할 수 있는 권리를 말한다. 일반적으로 행동자유권과 인격의 자유발현권 및 생존권 등을 뜻한다. 따라서 먹고 싶을 때 먹고, 놀고 싶을 때 놀며, 자기 멋에 살고, 멋대로 옷을 입어 몸을 단장하는 등의 자유가 포함되며, 자기설계에 따라 인생을 살아가고, 자기가 추구하는 행복의 개념에 따라 생활함을 말한다. 또한 환경권과 인간다운 주거공간에서 살 권리도 포함된다. 행복추구권의 향유자(享有者)는 내국인과 외국인을 포함하는 자연인(自然人)에 한정된다.

우리헌법은 <모든 국민은 인간으로서의 존엄과 가치를 가지며, 행복을 추구할 권리를 가진다. 국가는 개인이 가지는 불가침의 기본적 인권을 확인하고 이를 보장할 의무를 진다(제10조)>고 하여, 개인의 가치를 무시하고 국가의 도구로 취급하는 전체주의(全體主義)를 배격하였다. 이 규정은 <인간의 존엄과 가치·행복추구권>을 천부인권(天賦人權), 즉 전(前) 국가적 자연권(自然權)을 선언한 국가의 기본질서이며, 법해석의 최고기준인 근본규범(根本規範)이다. 그러므로 이 규정은 헌법 개정의 방법으로써 전면 개폐할

수 없으며, 단순한 프로그램 적 규정이 아니라 국가가 이를 보장할 의무를
지고 있다.

따라서 모든 국가기관은 물론, 어떠한 개인도 타인의 행복추구권을 침
해하지 못한다. 다만 국민의 모든 자유와 권리는 국가안전보장·질서유지
또는 공공복리를 위하여 필요한 경우에 한하여 법률로써 제한할 수 있으
며, 제한하는 경우에도 자유와 권리의 본질적인 내용을 침해할 수 없다(헌
법 제37조 제2항). 1776년의 미국독립선언도 타인에게 양도할 수 없는 인간의
권리의 하나로 <행복추구권>을 들고 있다.

귀순어민이 설사(設使) 동료를 살해한 혐의를 받는다 해도 이들을 북한
으로 강제 추방한 것은 "모든 국민은 인간으로서의 존엄과 가치를 가지며,
행복을 추구할 권리를 가진다. 국가는 개인이 가지는 불가침의 기본적 인
권을 확인하고 이를 보장할 의무를 진다(헌법 제10조)" "형사피고인은 유조
의 판결이 확정될 때까지는 무죄로 추정된다(헌법 제27조 제4항)"는 헌법 위반
으로 귀순어민의 인간으로서의 존엄과 가치, 인격권 및 자기결정권을 침
해한 것이며, 국제법상 "강제송환금지원칙" 및 "UN고문방지협약"등을 무
시한 반인권적 만행이다.

우리 헌법질서가 예정하는 인간상은 "자신이 스스로 선택한 인생관·
사회관을 바탕으로 사회공동체 안에서 각자의 생활을 자신의 책임아래 스
스로 결정하고 형성하는 성숙한 민주시민"인바, 이는 사회와 고립된 주관
적 개인이나 공동체의 단순한 구성분자가 아니라, 공동체에 관련되고 공
동체에 구속되어 있기는 하지만 그로 인하여 자신의 고유 가치를 훼손당하

지 아니하고 개인과 공동체의 상호연관 속에서 균형을 잡고 있는 인격체라 할 것이다(헌재결 2003.10.30. 2002헌마518).

헌법 제10조의 행복추구권은 국민이 행복을 추구하기 위하여 필요한 급부를 국가에게 적극적으로 요구할 수 있는 것을 내용으로 하는 것이 아니라, 국민이 행복을 추구하기 위한 활동을 국가권력의 간섭 없이 자유롭게 할 수 있다는 포괄적인 의미의 자유권으로서의 성격을 가진다(헌재결 2000.6.1. 98헌마216).

제12장

공수처는 검찰과 법원을 장악하기 위한 정권친위대

제12장
공수처는 검찰과 법원을 장악하기 위한 정권친위대

1. 고위공직자범죄수사처(공수처)는 문재인 정권의 친위대

문재인 정권과 더불어민주당이 검찰개혁을 빙자(憑藉)하여 나치(Nazi)의 게슈타포(Gestapo)와 같은 친정부 수사기관인 <고위공직자범죄수사처(공수처)>를 만들었다. 공수처는 부패한 정권의 비리를 은폐하기 위한 정권친위대(政權親衛隊)로서 검찰이 문재인 정권의 사찰기구(查察器具)로 전락해 독재정권의 진지(陣地)를 구축하려는 음모라고 한다. 또한 윤석열 검찰총장 몰아내기에 실패할 경우에 대비해 헌법 위에 군림하는 무소불위(無所不爲)의 정권호위기관(政權護衛機關)을 만들어 정권교체 후의 안전장치를 위한 꼼수라고도 한다.

무소불위의 권한을 가진 공수처는 입법·사법·행정의 어느 기관에도 속하지 않는 독립적 권한을 행사하면서 법적책임을 지지 않는 반면 헌법기관에만 규정된 '규칙제정권'까지 갖게 되었다(헌법 제108조, 제113조 제2항, 제114조 제6항, 공수처법 제45조). 이러한 공수처는 법치주의와 권력분립의 원리를 위반하여 오로지 문 대통령에게 충성하는 출장소가 될 것이다.

이러한 위헌기관은 존치시킬 헌법적 근거와 가치가 없으므로 폐지하는 것이 마땅하다. 영원한 권력은 없으며 "절대권력(絶對權力)은 절대적(絶對的)으로 부패(腐敗)한다"는 역사적 사실을 기억해야 한다. 공수처는 진정한 검찰개혁을 방해하는 위헌기관으로서 독재자의 주구(走狗)로 전락(轉落)할 것이다.

2. 진정한 검찰개혁의 방향

문재인 정권이 진정으로 국민의 자유와 권리의 보장을 위한 '검찰개혁'을 원한다면 정권을 위한 수퍼(super) 권력기관인 공수처를 신설할 것이 아니라, 검사가 국민전체에 대한 봉사자로서 신분과 정치적 중립성 및 독립성을 보장하기 위하여 검찰권을 정치권력으로부터 완전히 독립시켜야 한다. 검찰이 공익의 대표자로서 범죄수사 및 공소의 제기, 유지에 있어 인권존중의 정신에 따라 공정하고 형평성 있는 검찰권을 행사함으로서 헌법수호와 법치주의를 확립할 수 있는 검찰제도를 확립하는 것만이 "진정한 검찰개혁"이다.

지금까지 검찰이 국민의 불신(不信)과 지탄(指彈)을 받아온 근본원인은 검찰 권력의 비대화(肥大化)라기 보다는 독재정권이 검찰을 "정치권력의 시녀(侍女)로" 악용(惡用)한데 있다. 추미애 법무장관이 윤석열 검찰총장을 쫓아내기 위해 온갖 불법을 자행(恣行)한 이유는 윤석열 검찰이 월성1호기 조기폐쇄, 옵티머스·라임펀드 사기사건, 울산시장 선거공작 사건, 조국 게이트 등에 대한 수사를 계기(契機)로 현 정권의 충견(忠犬)이기를 거부하자 이에 대한 보복으로 문재인 정권과 여당이 위헌기관인 공수처를 신설한 것이다.

대통령 친·인척 등 특수한 관계에 있는 자 및 고위 공직자의 부정부패와 비리척결 문제는 현재의 검찰조직이나 상설특검 또는 특별검사제도의 적정한 운영에 의하여 충분히 해결할 수 있으며, 그것이 '정당한 법의절차(due process of law)'로서 검찰개혁의 정도(正道)라고 본다. <진정한 검찰개혁>은 검사가 그 직무를 수행함에 있어서 국민전체에 대한 봉사자로서 정치권력으로부터 완전히 벗어나 정치적 중립성과 독립성을 보장받는 것이다.

부패한 공직사회의 정화를 위한 국가개조를 위하여 필요한 검찰개혁은 "살아 있는 권력"의 비리와 부정부패를 척결하는 것이다. 공수처법은 살아 있는 권력의 비리를 비호(庇護)하고 정적(政敵)과 야당을 탄압하는 정권 친위대를 만들어 대통령에게 제왕적(帝王的) 독재권(獨裁權)을 부여하는 독재자의 안식처(安息處)인 옥상가옥(屋上架屋)으로서 헌정질서(憲政秩序)를 파괴하는 괴물법안(怪物法案)이다.

공수처는 '고위공직자 범죄수사처'가 아니라 '고위공직자 비리은폐처(非理隱蔽處)'로서 사실상 <판·검사 수사처>가 될 것이다. 공수처법은 헌정질서를 파괴하고 국민의 기본권을 침해하며, 독재정권의 범죄와 비리를 은폐하고 비호하는 악법으로 지구상에서 암흑시대(暗黑時代)를 알리는 '가장 사악(邪惡)한 법'이 될 것이다.

3. 공수처의 중립성과 독립성의 문제

<고위공직자범죄수사처 설치 및 운영에 관한 법률(2020년 1월 14일 법률 제16863호. 약칭 : '공수처법')> 제3조 제1항은 '고위공직자범죄 등에 관하여 다음 각 호에 필요한 직무를 수행하기 위하여 고위공직자범죄수사처(공수처)를 둔다'고 규정하고 있다.

(1) 고위공직자범죄 등에 관한 수사(공수처법 제3조 제1항 1호)

이 법에서 "고위공직자"란 다음 각 목의 어느 하나의 직(職)에 재직 중인 사람 또는 그 직에서 퇴직한 사람을 말한다(공수처법 제2조 1호).

가. 대통령

나. 국회의장 및 국회의원

다. 대법원장 및 대법관

라. 헌법재판소장 및 헌법재판관.....(이하 생략)

카. 검찰총장.....(이하 생략)

파. 판사 및 검사

하. 경무관 이상 경찰공무원.....(이하 생략)

(2) 제2조 제1호 중 대법원장 및 대법관, 검찰총장, 판사 및 검사, 경무관 이상 경찰공무원에 해당하는 고위공직자로 재직 중에 본인 또는 본인의 가족이 범한 고위공직자범죄 및 관련범죄의 공소제기와 그 유지(공수처법 제3조 제1항 2호).

공위공직자범죄수사처(공수처)의 신설은 문재인 전 대통령이 내세웠던 공약이다. 공수처법 제3조 제1항은 동법 제2조 1호에 예시된 '고위공직자'{동법 제2조 1호의 가~더(17목)에 해당하는 공무원} 중 "대법원장 및 대법관, 검찰총장, 판사 및 검사, 경무관 이상 경찰공무원"에 해당하는 고위공직자 본인 또는 본인의 가족이 범한 범죄 및 관련범죄의 공소제기와 그 유지에 필요한 직무를 수행하기 위하여 공수처를 둔다'고 규정하고 있다.

공수처는 헌법상 근거 없는 정체불명(正體不明)의 위헌기관으로서 '범죄수사, 공소의 제기 및 그 유지'에 관한 필요한 사항의 직무를 수행하는 검찰(검찰청법 제4조 제1항 1호)과 헌법에 따라 '사법권을 행사'하는 법원(헌법 제101조 제1항, 법원조직법 제2조 제1항)을 문재인 정권의 친위대(親衛隊)로 전락(轉落)시킬 것이다.

공수처법은 '공수처의 범죄수사와 중복되는 다른 수사기관의 범죄수사에 대하여 공수처장이 수사의 진행정도 및 공정성 논란 등에 비추어 공수처에서 수사하는 것이 적절하다고 판단하여 "이첩(移牒)"을 요청하는 경우 해당 수사기관은 이에 응하여야 한다'라고 **<강제이첩조항>**을 규정하고 있다(공수처법 제24조 제1항).

이 강제 이첩권(移牒權)에 따라 공수처가 자신의 입맛에 맞게 과잉수사(過剩搜査)를 하거나 수사 자체를 뭉갤 수 있다. 또한 공수처장과 검사의 임명의 독립성과 중립성을 보장하는 장치가 미비해 공수처 수사의 중립성과 독립성도 우려된다. 공수처장이 범죄정보 이첩권을 남용할 경우 검찰은 공수처장을 직권남용으로 고발해야 할 것이다.

4. 대통령의 친인척 등의 비위행위 감찰을 위한 "특별감찰관법"

공수처법 제24조의 '강제이첩조항'은 대통령과 같은 고위공직자로 재직 중에 본인 또는 본인의 가족이 공수처법 제2조 3 '가~아' 각목의 어느 하나에 해당하는 죄를 범한 경우, "특별감찰관법"에 의하여 대통령의 친인척 등 대통령과 특수한 관계에 있는 사람의 비위행위에 대한 감찰을 담당하는 특별감찰관이 감찰결과 감찰대상자의 행위가 '범죄혐의가 명백하여 형사처벌이 필요하다고 인정 한 때' 또는 '범죄행위에 해당한다고 믿을 만한 상당한 이유가 있고 도주 또는 증거인멸 등을 방지하거나 증거확보를 위하여 필요하다고 인정한 때'에는 검찰총장에게 '고발' 또는 '수사의뢰'하여야 한다(특별감찰관법 제19조)하여 검찰에 의한 수사를 규정한 "특별감찰관법"의 입법취지에 명백히 저촉된다.

대통령의 친인척 등 대통령과 특수한 관계에 있는 사람의 비위행위에 대한 감찰을 담당하는 특별감찰관의 임명과 직무 등에 관하여 필요한 사항을 규정한 <특별관찰법(2014년 3월 18일 법률 제12422호)>이 2014년 7월 19일부터 시행되고 있다. 특별감찰관은 감찰결과 감찰대상자(대통령의 배우자 및 4촌 이내의 친족 등)의 행위가 특별감찰관법 제19조에 해당(범죄혐의가 명백하고 도주 또는 증거인멸등을 방지하기 위하여 필요하다고 인정한 때)하는 경우에는 검찰총장에게 '고발' 또는 '수사의뢰' 조치를 하여야 한다(동법 제19조).

특별감찰관이 검찰총장에게 고발 또는 수사의뢰 조치한 사건은, 대통령의 친인척 등의 비위행위에 대한 감찰을 목적으로 한 것이므로 정치적 중립과 수사의 독립이 보장된 상태에서 검찰의 직접 수사가 필요한 사항이다. 그러나 문재인 대통령은 특별감찰관법 제7조 제2항을 위반하여 취임 후 특별감찰관을 임명하지 않았다. 대통령의 친인척 등 대통령과 특수한 관계에 있는 사람의 비위행위에 대한 감찰을 스스로 은폐하기 위하여 특별감찰관법 제7조 제2항의 규정을 위반하여 문재인 대통령이 특별감찰관을 임명하지도 아니하는 이러한 정권이 대통령 등 고위공직자범죄를 예방한다는 구실(口實)로 공수처를 만든 것이다.

그뿐만이 아니라 공수처법 제2조 제1호의 규정은 <고위공직자>의 정의에 '대통령' '국회의장 및 국회의원' 등을 포함시켰으나, 동법 제3조 제1항 제2호의 규정은 고위공직자 중 **"공소제기 대상"**으로 <**대법원장 및 대법관, 검찰총장, 판사 및 검사, 경무관 이상 경찰공무원**>에 해당하는 고위공직자의 범죄로 한정하고, '대통령과 국회의원 등'에 대한 공소제기를 제외시킴으로서, 결국 공수처는 <**판사 및 검사의 수사처**>가 되어 '검찰과 경찰 및 법원'을 장악하기 위한 '정권의 친위대'에 불과(不過)한 기관으로 전락(轉落)했다.

법률격언에 '물은 그 성질대로 흐르고 또 흘러야 한다(Water runs and ought to run as it was wont to run.).' '법은 이성(理性)의 명령이다(Law is the dictate of reason.).' '공평(公平)하고 선량(善良)한 것은 법 중의 법이다(That which is equal and good is the law of laws.).' '정치는 법률에 적용되어야 하지만 법률은 정치에 적용되어서는 아니 된다(Politics are to be adapted to the laws, and not the laws to politics.).'

'권력은 정의(正義)를 따라야 하며, 정의를 앞질러서는 안 된다(Power

should follow justice, not precede it.)' '법은 강자가 무한(無限)의 위력(威力)을 남용하지 못하도록 제정된 것이다(Law were made lest the stronger should have unlimited power).'라고 했다. 법은 강자(強者)를 억압하고, 약자(弱者)를 보호하기 위하여 제정된 것이다.

법의 정의와 공평을 측정하는 근본사상은 여기에 있다. 강자가 무한한 권력을 남용하는 것을 제어(制御)하는 것이 법의 목적이다. '입법자는 위법자(違法者)가 되어서는 안 된다(Law makers should not be law breakers.)'고 했으나 더불어민주당은 다수의석의 횡포로 공수처법과 같은 사악(邪惡)한 법을 만든 위법자가 되었다.

5. 김진욱 공수처장의 자리 버티기

2022년 3월 9일 20대 대통령 선거를 앞두고 윤석열 후보자를 집중 수사해 "윤 수처"라는 비난을 받은 공수처의 더 심각한 문제는 수뇌부의 무능과 '전화 뒷조사'에 의한 민간 사찰기구로 전락해 존폐 위기에 봉착한 언론사찰 기구가 된 것이다. 그러나 김진욱 공수처장이 자진 사퇴할 의사가 없음을 밝혔다.

김 처장은 3월 16일 공수처 직원들에게 e메일을 보내 "우리 처가 온전히 뿌리 내릴 수 있도록 끝까지 제 소임을 다하면서 여러분과 함께할 생각이다" "저 역시 지난해를 되돌아볼 때, 수사기관의 장으로서 그 무게감에 맞게 말하고 행동했는지 반성이 된다"고 했다. 앞으로 1년 10개월 남은 임기를 채우겠다는 의사표시다.

헌정질서를 위배한 위헌기관으로서 문재인 정권의 비리 은폐처로서 독재자의 안식처가 된 오합지졸 집단의 김오수 초대 처장은 '황제 피의자(이성윤 서울중앙지검장)모시기' 논란과 통신조회로 인한 '언론사찰' '고발사주' 수사와 관련한 체포 및 구속영장청구의 세 차례 기각을 당하는 수모 등으로 무능의 극치를 보여준 것이 그의 '소임(所任)을 다하는 것'인지 의문이다.

겸양(謙讓)은 인격완성을 위하여 불가피한 덕(德)이라고 했다. 인간은 자신 속에 있는 모든 지배욕(支配慾)을 없애 버리고 허영(虛榮)을 경계해야 한다. 영예(榮譽)와 칭찬을 얻고자 하지 말라. 이러한 모든 것은 그대의 정신을 파멸(破滅)시킬 따름이다. 인간은 자기에게 알맞은 자리보다 조금쯤 '낮은 곳'을 택하라고 했다. 남에게서 <내려가시오>라는 말을 듣느니 보다는 <올라오시오>라는 말을 듣는 편이 훨씬 나은 것이다.

인간이 자기 자신의 힘, 자기 자신의 인식(認識)에 의하여 얻은 지식만이 유일하고도 의심 없는 지식이다. 그것이 가장 중요한 것이다. 사람이 "자기란 무엇인가"하고 자연을 향하여 물어 보더라도 대답을 얻을 수는 없다. 그것은 그 사람 자신이 그 질문에 대한 해답(解答)이기 때문이다. 인간은 '자기 자신'을 알지 않으면 아니 된다. 그대 자신을 알라. 자기 자신을 아는 것이 '지혜(智慧)의 근본(根本)'이다.

인생의 불행과 비극은 자기 자신을 모르는데서 시작한다. 그대의 눈으로 세상을 직시(直視)하라. 지혜는 그대의 영혼에서 새롭게 태어난다. 지혜는 자신을 버릴 줄 아는 '깨달음의 경지(境地)'를 지나야 한다. 퍼낼수록 더 맑고 가득히 고여 오는 샘물과 같은 지혜는 바로 그런 것이다. 인간은 생각 함으로써가 아니라, 행(行)함으로써 자기 자신을 알게 된다. 할일을 하려고 노력함으로써만, 인간은 자기 자신을 알게 되는 것이다. 과실(果實)이 차차 커지기 시작하면 꽃잎은 떨어진다. 사과를 얻으려면 사계절(四季節)이 필요 한 법이다.

자기 자신을 알고 있는 자는 신(神)을 알고 있는 자이다. 어리석은 인간 에게도 자신의 어리석음을 알 수 있는 지혜(智慧)가 있다. 그러나 자신이 지 혜로운 인간이라고 생각하는 사람은, 결코 지혜로운 사람이 아니다. 도리 어 그야말로 어리석은 자이다. 지혜는 어둠의 세상을 밝히는 빛으로 인생 의 깊이를 재는 척도가 된다. 지혜를 '인생의 설계자(設計者)'로 삼아야 한다. 나를 아는 지혜를 익혀야 한다. 자신의 눈으로 세상을 직시(直視)하면 지혜 는 그대의 영혼에서 새롭게 태어난다. 사물(事物)의 겉모습만 볼 수 있는 눈 이 아닐라 본질(本質)까지 바라볼 수 있는 마음의 눈을 떠야 한다.

어리석은 자는 지혜로운 사람의 곁에 살면서도 조금도 진리(眞理)를 이 해하지 못하는 것이다. 지혜는 무겁지만 무지(無知)는 가볍다. 어리석은 자 는 화려한 광채에 눈이 멀어서 유리를 줍지만 지혜로운 자는 홀로 빛나는 다이아몬드를 얻는다. 정권의 호위병(護衛兵)이 된 오합지졸 집단인 공수처 에 한 해 혈세 200억을 탕진하면서 헛발질만 해오자 김오수 처장이 적임자 가 아니라는 것이 만천하에 드러났다. 이제 그는 자리에서 <내려오시오> 라는 말을 사방(四方)에서 듣고 있다.

6. 한 해 200억 원의 혈세를 낭비하는
공수처는 문을 닫아야

공수처 출범(出帆) 당시 임용됐던 검사 두 명이 또 사표를 냈다고 한다. 이로써 2년 전 출범 때 임용된 검사 13명 중 8명이 공수처를 떠나게 됐다. 공수처가 위헌기관이나 기관으로서의 존재감(存在感)이 완전히 상실됐기 때문이다. 공수처 신설의 명분은 "검찰 견제"였지만 실제는 "정권 친위대"처럼 수사했다.

공수처는 지난 대선 당시 야당인 국민의힘 윤석열 후보 관련사건은 무리(無理)하게 수사하고, 문재인 정권 불법을 뭉갠 친(親)정권 검사는 '황제 조사'로 모셨다. 문재인 정권에 비판적인 언론, 학자 등은 '전화 뒷조사'를 했다. '살아 있는 권력'을 수사하라고 만든 공수처가 그 반대로 수사를 했다. 공수처의 2년간의 수사실적도 거의 없다. 공수처가 처리한 사건은 대부분 정치권이나 시민단체가 고소·고발한 것이다.

자체적으로 범죄혐의를 인지(認知)한 사건은 물론 체포·구속 실적도 없다. 공수처 출범 후 '1호 기소' 사건인 전직 부장 검사의 뇌물의혹 사건은 1심에서 무죄가 선고됐다. 한 해 200억 원 가까운 예산을 쓰면서 검사 20여명, 수사관 40여명이 수사한 결과가 고작 그 것이다. 고위공직자 범죄수사처라는 기관이 국민이 납득할 만한 수사실적을 내지 못하며 월급만 축내는 정권 친위대로 전락했다고 비난의 대상이 되고 있다. 공수처가 전면적 쇄신(刷新)으로 탈바꿈하지 못 할 바엔 차라리 문을 닫아야 할 것이다.

7. 예산 280억 쓰고도 기소는 2년간 3건,
황당한 공수처 성적표

문재인 정부가 '검찰 견제(牽制)'를 내걸고 2021년 출범시킨 공수처가 그 동안 280억 원이 넘는 예산을 사용하고도 기소(起訴)한 사건은 단 3건에 그 친 것으로 나타났다. 전체 접수사건의 51%는 직접처리하지 않고 다른 수 사기관으로 넘겼다. 그중 첫 기소 사건인 전직 부장검사의 뇌물수수 혐의 사건은 1심에서 무죄가 선고됐다. 고소·고발 사건 외에 공수처가 자체적 으로 범죄혐의를 포착(捕捉)한 인지(認知)사건은 한건도 없고, 체포·구속 실 적도 전혀 없다. 2년간 283억 원의 예산을 쓰면서 검사 20여명, 수사관 40여 명이 수사한 결과로는 처참(悽慘)한 성적표(成績表)다.

문재인 정부가 2021년 출범(出帆)시킨 공수처의 첫 수장인 김진욱 처장 이 19일 퇴임하면서 3년 임기를 마무리한다. 공수처는 지난 3년간 수사 성 과가 거의 없었다는 평가를 받고 있다. 지난 3년간 600억 원이 넘는 예산을 받고도 직접 수사해 기소한 사건이 3건에 불과한데 이 중 2건은 항소심에 서 무죄가 선고됐고, 나머지 1건은 1심 재판을 받고 있다. 공수처는 지난 3 년간 다섯 차례 구속영장을 청구했으나 법원에서 '퇴짜'를 맞아 모두 기각 당했다. 구속수사도 한 건도 하지 못했다.

이와 함께 지난 정부 시절 친문(親文) 검사로 꼽히던 이성윤 검사장에 대 한 '황제 조사' 등 논란도 일으켰다. 공수처 출범 초기에 임용한 검사 13명 중 2명만 지금 남아 있을 정도로 '인력 이탈'도 발생했다. 이런 상황에서도 공수처는 3년간 연평균 200억원 수준의 예산을 받았다. 공수처가 출범 이

후 존재 의미를 증명하지도 못하면서 국민의 세금만 축낸 것이다. 이에 대해 김 처장은 "비판에 대해서 겸허하게 받아드리겠다"면서도 "구구하게 말하기는 그렇지만 오해가 많았고 나중에 역사의 평가를 받을 것"이라고 했다. 김 처장의 퇴임식은 오는 19일 오전 10시 30분 공수처 회의실에서 직원들만 참석한 가운데 열릴 예정이다. 기관장 퇴임식을 비공개로 하는 일은 흔치않다.

제13장

'검수완박' 법안은 헌정질서와 법치주의 근간을
파괴하는 의회 쿠데타

제13장

'검수완박' 법안은 헌정질서와 법치주의 근간을 파괴하는 의회 쿠데타

1. 문재인 정권의 비리은폐를 위한 '셀프 방탄법'

형사소송법 제195조(검사의 수사)는 <검사는 범죄의 혐의가 있다고 사료(思料)하는 때에는 범인, 범죄사실과 증거를 수사하여야 한다>고 하여 검사가 수사의 주체이며, 검사에게 일체(一切) 범죄에 대한 수사 의무를 규정하고 있다. 그러나 더불어민주당이 소수 야당과 정치적 야합(野合)으로 공수처법(2020. 1. 14. 법률 제16863호)의 강행처리 이후 검찰청법 개정(2020. 2. 4. 법률 제16908호)으로 검사가 수사를 개시할 수 있는 범죄의 범위를 규정한 제4조 제1항 1호의 <1. 범죄수사, 공소의 제기 및 그 유지에 필요한 사항. 다만, 검사가 수사를 개시할 수 있는 범죄의 범위는 다음과 같다.>는 규정 중 '가목'을 개정하면서 <가. 부패범죄, 경제범죄, 공직자범죄, 선거범죄, 방위산업범죄, 대형참사 등 대통령령으로 정하는 중요범죄)>로 대폭 축소되었다(검찰청법 제4조 제1항 1호 가목).

그 후 이것도 모자라 다시 검찰청법 제4조 제1항 1호 '가목'의 개정으로 위 6대 범죄 중 <공직자범죄, 선거범죄, 방위산업범죄, 대형참사>를 삭제하고, '가목'을 <가. 부패범죄, 경제범죄 '등' '대통령령으로 정하는 중요범죄'>로 대폭 축소하여 개정했다. 즉, 검사가 수사를 개시할 수 있는 범죄의 범위를 < 가. 부패범죄, 경제범죄 "등" 대통령령으로 정하는 중요범죄>라고 규정하면서 "부패범죄, 경제범죄 '등'"으로 표시하여 "열거(列擧)"가 아닌 "예시(例示)"로 개정하는 허점(虛點)을 보였다. 따라서 검찰청법의 하위 법령인 "검사의 수사개시범죄범위에 관한 규정(2020년 10월 7일 대통령령 제 31090호)"의 개정으로 검찰청법 제4조제1항 제1호 가목에서 '부패범죄, 경제범죄 등 대통령령으로 정하는 중요 범죄'란 다음 각 호의 범죄를 말 한다 (동 규정 제2조).

1. 부패범죄 (가~다 목에 해당하는 죄)
2. 경제범죄 : 경제의 각 분야에서 경제 질서를 해치는 불법, 부당한 방법으로 자기 또는 제3자의 경제적 이익이나 손해를 도모하는 범죄로서 별표2(생략)에 규정된 죄
3. 다음 각 목의 어느 하나에 해당하는 죄(가~나 목에 해당하는 죄)

헌법을 위반한 이러한 꼼수입법이야 말로 검찰수사권을 완전히 박탈하려는 거대여당의 폭거(暴擧)인 의회 쿠데타이나 '대통령령의 개정'으로 검사가 수사를 개시할 수 있는 범죄를 '추가'할 수 있도록 한 허점을 보인 것이 검찰청법 '개정 법률안'이다. 입법권을 가진 거대야당이 "열거(列擧)"와 "예시(例示)"의 개념조차 구분하지 못하는 무지(無知)와 무식(無識)의 소치(所致)로 헌법을 위반한 이율반적(二律背反的)인 논리의 악법을 개정하는 우(愚)를 범한 것이다. 이것이 대한민국 국회 제1야당(더불어민주당)의 입법(立法) 수준(水準)이요, 자질(資質)로서 오늘날 한국 거대 야당의 현주소다.

정부수립부터 74년간 유지해온 형사법체계의 골간(骨幹)을 송두리째 파괴하는 <검수완박(檢搜完剝 : **검찰수사권 완전박탈**)> **법안**(검찰청법 제4조 및 형사소송법 제195조~제197조의4의 개정)은 검찰수사권을 경찰에 넘겨 검찰을 허수아비로 만들어 문재인 정권과 이재명 및 더불어민주당 정상배들의 비리와 범죄에 대한 검찰수사를 막아 이들에게 '치외법권'을 창설하려는 것으로 헌법이 보장한 평등권을 침해하는 위헌법률이다. 문재인 정권이 장기집권을 믿고 온갖 비리를 자행해 왔으나 지난 대선으로 정권이 교체되자 검찰개혁을 빙자해 자신과 그 집단의 범죄은폐를 목적으로 꼼수 당을 앞세워 '검수완박'의 폭거를 자행(恣行)한 것이다.

입법기관인 국회에서 의결된 법률안이라도 그 내용이나 입법과정에 적법절차를 무시하여 헌법이나 법률을 위반한 것이라면 국정의 최고책임자로서 '헌법을 수호할 책무'를 진 대통령(헌법 제66조 제2항, 제69조)은 당연히 "거부권(拒否權)"을 행사할 권리와 의무가 있다. 그러나 문재인 대통령은 자신과 그 정권이 저질러온 온갖 비리와 불법에 대한 검찰수사를 막는 위헌법률인 <방탄법(防彈法)>을 위헌적 절차로 즉시 공포함으로써 '검수완박'이라는 악법의 수괴(首魁)가 되었다. 최근 여론조사에서 '문 정권임기 내 방탄법처리에 반대 한다'는 응답이 60%를 넘었다.

이제 윤석열 정부와 국민의힘은 문재인 정권 5년간의 위헌 · 위법 · 독재 · 인권탄압 등 누적된 "진짜 적폐"를 발본색원(拔本塞源)하여 법치주의를 확립해야 한다. 그것이 윤석열 정부의 사명(使命)이요, 책무(責務)다. '검수완박' 법안의 공포로 청와대의 울산시장 선거공작사건, 월성원전 경제성 조작사건, 산업통상자원부 블랙리스트사건, 문 대통령 가족과 연관된 이상직 비리 등 문 대통령과 관련된 범죄와 이재명의 대장동 게이트(대장동 50억 뇌물클럽, 권순일 전 대법관 사후수뢰의혹, 성남FC수백억 후원기업 특혜제공의혹 등) 및 잠재적 피의자, 현재 검·경의 수사 중인 피의자나 공판에 회부된 피고인, 전과자 등 공직자 및 정치인들의 비리와 범죄는 검찰수사로터 해방될 탈출구를 마련했다.

그러나 검찰청법 개정 당시 동법 제4조 제1항 가목을 **"부패범죄, 경제범죄 등 '대통령령으로 정하는 중요 범죄'"**로 규정하였으므로, 앞으로 "검사의 수사개시범죄 범위에 관한 규정(2020년 10월 7일 대통령령 제31090호)"에 따라 "검사가 수사를 개시할 수 있는 범죄의 범위"를 추가할 수 있게 된 것이다.

'진정한 검찰개혁'은, 검사가 직무를 수행함에 있어 국민전체에 대한 봉사자로서 헌법과 법률에 따라 국민의 인권을 보호하고 적법절차를 준수하며, 정치적 중립성과 수사의 독립성이 보장되도록 <**검찰을 정치권력으로부터 완전히 독립**>시키는 것이 선결문제다. 지금까지 검찰이 국민의 불신과 지탄을 받아온 근본원인은 검찰권의 비대화(肥大化)라기보다는 독재정권이 <**검찰을 권력의 시녀(侍女)로 악용(惡用)**>한데 있다. 문재인 정권은 검찰을 정권의 주구(走狗)로 이용해 그 동안 얼마나 많은 범죄와 인권유린을 자행(恣行)해 왔나를 반성하고 속죄(贖罪)해야 한다.

지금까지 많은 검사들이 살아 있는 권력과 정치인 및 조직적이고 지능적인 대형범죄에 맞서 법치주의 확립 및 범죄예방을 위해 밤낮으로 헌신하고 있다는 사실을 우리는 기억해야 한다. 앞으로 검찰개혁의 방향은 부패한 정권과 정치인을 보호하기 위한 방탄입법인 '검수완박'이 아니라 검찰의 정치적 중립과 수사의 독립성을 보장함으로써 국민이 인간으로서의 존엄과 가치를 가지며, 행복을 추구할 권리를 보장한다는 '범죄예방의 차원'에서 검토되어야 한다.

<검수완박(檢搜完剝)법)">은 헌정질서와 형사법체계의 근간을 파괴하며 한국 사회를 부패한 정권과 정상배들의 범죄천국(犯罪天國)으로 전락(轉落)시킬 것이다. '검수완박' 법은 '검찰 수사권 완전박탈 법'으로 범죄수사, 공소의 제기 및 그 유지에 관한 직무를 수행하는 검사를 죽이는 반면, 문재인 정권의 범죄와 비리를 은폐하여 문재인을 살리는 <셀프 방탄입법>으로 헌법기관인 검찰의 존재자체를 부정하는 "악법 중의 악법"으로 74년간 유지돼온 한국 형사법체계의 근간을 파괴했다.

법률격언에 "대장장이로 하여금 대장장이의 일을 시키라(Let smiths perform the work of smiths.)"고 했다. 참새가 황새의 흉내를 내기 때문에 실패를 초래하는 것이다. 법은 강자(强者)가 무한의 위력을 남용하지 못하도록 제정되는 것이며, 강자가 무한(無限)한 권력을 휘 두루는 것을 제어(制御)하는 것이 법의 목적이다.

2. '검수완박' 법안은 헌법의 영장주의에 위배되는 위헌법률

헌법은 <체포·구속·압수 또는 수색을 할 때에는 적법한 절차에 따라

'검사의 신청'에 의하여 법관이 발부한 영장을 제시하여야 한다(헌법 제12조 제3항 전단)> < 주거에 대한 압수나 수색을 할 때에는 '검사의 신청'에 의하여 법관이 발부한 영장을 제시하여야 한다(헌법 제16조 후단)>고 규정하고 있다. 이와 같이 헌법이 검사에게 영장신청 권한을 부여한 것은 검사가 '수사의 주체'임을 천명(闡明)한 것이며, 강제처분에 있어서의 '영장주의'를 선언한 것이다.

'영장주의(令狀主義)'라 함은 강제처분을 함에는 원칙적으로 '정당한 이유'가 있는 경우에 검사의 신청에 따라 법관의 '사전영장(事前令狀)'을 필요로 한다는 주의(主義)를 말한다. 검사의 법관에 대한 영장청구는 "검사의 수사권"을 전제로 한 것이며, 이에 따라 형사소송법 제196조는 "검사는 범죄의 혐의가 있다고 사료하는 때에는 범인, 범죄사실과 증거를 수사하여야 한다"라고 하여 검사가 수사의 주체임과 동시에 검사에게 수사의무를 천명하고 있다. 그러나 2020년 2월 4일 형사소송법개정으로 '.....수사하여야한다'를 '.....수사 한다'로 꼼수를 부렸다.

헌법기관인 검사의 수사권을 완전히 박탈하는 '검수완박' 법안은 헌법 제12조 제3항, 제16조, 제89조 제16호 및 형사소송법 제196조 등에 명백히 위배되는 위헌법률이다. '공직자범죄' '선거범죄'에 관한 검사의 수사권을 박탈하면 그 수혜자는 문재인 대통령과 이재명 전 경기도지사 뿐만이 아니라 국회의원으로 이들의 권력형범죄는 완전범죄로 둔갑(遁甲)하여 범죄가 활개를 치는 세상이 될 것이다. '죄를 진자'와 '죄를 질자'간의 정치적 야합에 의한 범죄로부터의 탈주극(脫走劇)이 시작 된 것이다.

3. 피의자, 피고인, 전과자 등이
'검수완박' 법안을 발의한 부끄러운 나라

'검수완박' 법안을 대표 발의한 더불어민주당 황운하 의원은 검사가 수사를 개시할 수 있는 6대 범죄에 대해 "불요불급(不要不急)한 수사가 많기 때문에 최소화되는 방향으로 축소해야 한다"고 했다. 문재인 정권 들어 검찰이 직접 수사를 개시한 사건은 청와대 울산시장 선거공작사건, 월성원전 경제성 조작사건, 조국 전 장관 가족비리사건, 김학의씨 불법출국금지사건, 이상직 의원 횡령·배임사건, 윤미향 의원 후원금 의혹사건 등이다. 이런 사건에 대한 수사가 불요불급하다는 궤변(詭辯)이요, 망발(妄發)이다. 검찰수사로 자신의 범행이 드러나는 것이 두렵기 때문이다.

황운하 의원은 청와대 울산시장 선거공작사건으로 불구속 기소되어 재판을 받고 있는 피고인이다. 이런 인물이 '검수완박' 법안을 발의하여 검찰의 6대 범죄수사권마저 박탈하는 괴물법안을 대표 발의한 것은 자가당착(自家撞着)이요, 후안무치(厚顏無恥)로 철면피(鐵面皮)의 극치(極致)다. 이 법안의 공동발의자 중에는 조국 전 장관 아들에게 허위 인턴활동확인서를 발급한 혐의로 1심법원에서 유죄판결을 받은 최강욱 의원도 포함돼 있다. '검수완박' 법안의 폭주(暴走)에 나선 더불어민주당 강경파 의원 다수가 잠재적 피의자 또는 현재 검·경의 수사를 받고 있는 피의자 및 공판에 회부된 피고인, 전과자들로 구성된 정상배(政商輩)집단이다.

'검수완박' 법안은 도둑이 포졸(捕卒)잡는 법으로 현 정권과 그 추종세력 및 국회의원들의 범죄를 은폐하기 위한 방탄법으로 범죄수사와 기소를 분리하여 '검찰을 개혁 한다'는 명분으로 국민을 기만(欺瞞)하는 의회 쿠데타다. 이 법안은 온갖 특권을 누리며 갑(甲)질 행위를 일삼는 국회의원을 범죄로부터 보호하는 '국회의원 독재국가'를 탄생시키기 위한 거대여당의 쿠데타로 법치주의에 대한 사형선고이자 헌정질서를 파괴하여 한국 민주주의에 조종(弔鐘)을 울리는 내란(內亂)으로 우리 헌정사(憲政史)에 오점(汚點)을 남기게 될 것이다.

4. 형사법체계의 근간을 파괴하는 여당의 쿠데타

"입법자는 위법자가 되어서는 안 된다(Law makers should not be law breakers.)"고 했다. 더불어민주당의 황운하·최강욱 의원 등이 주도하고 국회 172석을 무기삼아 밀어붙이는 '검수완박' 법안의 강행처리는 <의회 쿠데타>로서 권력형 범죄를 은폐하는 위인설법(爲人設法)이다. '검수완박' 법안의 최대 수혜자는 문 대통령과 여의도 정상배들이며, 최대 피해자는 오로지 국민이다.

헌법수호의 책무를 진 문 대통령이 '검수완박' 법률안에 대한 거부권행사로 이를 막아야 하나 문 대통령은 3일 임기 중 마지막 국무회의를 열어 '검수완박' 법안을 즉시 공포함으로써 국민의 지도자가 아니라 자신을 지지하는 진영의 보스(boss)로 남은 대통령이 되어 헌정질서를 파괴하는 악법의 수괴(首魁)가 되었다. 그러나 문재인 정권과 여당 정상배들의 누적된 적폐가 '검수완박'법으로 결(決)코 가려질 일이 아니다. 천망회회소이불루(天網恢恢疏而不漏: 하늘의 그물은 굉장히 넓어서 눈이 성기지만 선한 자에게 선을 주고 악한 자에게 악을 주는 일은 조금도 빠뜨리지 않는다는 말. - 老子 -)라고 했다.

헌법기관인 검찰을 끝까지 죽이려는 부패한 정권과 정상배들의 치졸한 꼼수를 포기하지 않는다면 하늘과 주권자인 국민의 준엄한 심판을 받게 될 것이다. 부패한 정권과 더불어민주당 정상배들은 이제 자신들의 치부(恥部)를 은폐하려는 '검수완박' 법안으로 하늘을 가리려는 패악(悖惡)을 멈추고 자신들이 범한 온갖 비리와 범죄가 언젠가는 만천하에 드러난다는 사실을 깨닫고 스스로 법의 심판을 받는 것이 정도(正道)다. 정권 방탄법이 시행되어도 문재인 정권의 비리와 불법은 반드시 단죄(斷罪)하고 응징(膺懲)함으로써 법치주의와 사법정의를 확립해야 한다.

5. '검수완박' 법안에 대한 여야 합의는 정상배들의 야합

'검수완박'법 중 형사소송법 개정안에 의하면 경찰이 무혐의 처분한 사건(형소법 제245조의5 제2호)은 '동일성(同一性)'을 해하지 않는 범위에서만 검찰이 보완수사를 할 수 있다. 또한 기존 형소법에 의하면 사법경찰관으로부터 무혐의처분통지를 받은 고소인·고발인·피해자 등은 사법경찰관 소속 관서의 장에게 '이의신청'을 할 수 있으나(형소법 제245조의7 제1항) 동법의 개정으로 고소인 등의 이의신청권이 없어진다. '개정 검찰청법'은 검찰의 특수사건의 수사권을 제한하는 것이며, '개정 형소법'은 경찰의 일반사건에 대한 검찰의 보완수사권을 제한하는 것이다.

공직자범죄와 선거범죄의 수사대상은 바로 정권 고위층과 국회의원이므로 이들이 자신의 범죄를 은폐하기 위하여 검사의 수사권을 박탈한 것은 천인공노(天人共怒)할 만행(蠻行)으로 선량한 국민은 억울한 피해를 입게 되고 권력과 그 주변의 정상배들은 범죄로부터 해방되어 우리사회는 범죄소굴로 전락해 공직자와 정상배들의 무법천지가 될 것이다. 그 모든 피해는 고스란히 사회적 약자인 국민에게 돌아간다.

'공직자범죄'와 '선거범죄'에 대한 검찰의 직접수사를 경찰소관으로 넘긴 것은 명백한 헌법위반으로 법치주의와 형사법체계의 근간을 파괴하는 여야 정상배들의 야합으로 경찰의 수사는 정권과 정상배들이 권력으로 뭉개려는 치졸(稚拙)한 꼼수다. 이로 인해 17~18세기에 있어서의 유럽 절대전제(絕對專制) 군주국가(君主國家)의 별칭인 "경찰국가(警察國家)"의 탄생을 우려하고 있다. 그러나 준사법적 기관인 검찰사무와 달리 경찰권 발동에는 한계가 있는바, 경찰권이 발동될 수 있는 범위와 한도를 <**경찰권의 한계(限界)**>라고 한다.

경찰권의 발동에는 반드시 법규의 근거가 있어야 하고, 또 일정한 조리상(條理上)의 한계가 있다, 즉 <소극의 원칙>(경찰권은 질서유지를 위한 소극적 목적을 위해서만 발동할 수 있다), <공공의 원칙>(경찰권은 공공의 질서유지를 위해서만 발동할 수 있다), <비례의 원칙>(경찰권은 질서유지를 위해 장애발생의 위험을 제거하기 위하여 필요한 한도 내에서만 발동할 수 있다), <평등의 원칙>(경찰권은 모든 국민에 대하여 차별적 자유제한을 하지 못한다), <책임의 원칙>(경찰권은 질서유지위반의 행위에 대하여서만 발동할 수 있고, 그 밖의 제3자에 대하여는 발동할 수 없다)등이 있다.

'검수완박' 법안에 대한 여야 합의문은 오만(傲慢)과 독선(獨善)과 꼼수의 전문가인 더불어민주당과 야합(野合)의 전문가인 국민의힘 권성동 간의 졸작(拙作)으로 이 법안이 국회를 통과하면 1년 이내에 중수청을 발족시켜 이 때부터 검찰의 수사권은 완전히 박탈된다. 국민의힘 권성동 의원이 윤석열 당선인과 사전합의 없이 일방적으로 합의문에 서명했다면 윤석열 당선인은 당장 권 의원을 축출하는 등 읍참마속(泣斬馬謖)해야 한다. 윤 당선인이 이러한 오해를 받지 않으려면 대통령 취임과 동시에 이 법안에 대한 찬반여부를 묻는 '국민투표'를 즉시 실시해야 할 것이다.

더불어민주당은 검수완박 법안을 광적(狂的)으로 밀어붙이며 "검수완박을 안하면 문재인과 청와대 20명이 감옥 간다"는 말까지 해 자신들의 범죄를 사실상 자백했다. 이들은 감옥가기 두려워 입법의 형식으로 '검수완박'이라는 누더기 법안을 만들어 이것을 만천하에 공개한 법치파괴의 대역죄인(大逆罪人)으로 역사의 심판을 받게 될 것이다. 헌정질서와 법치주의 확립을 위해 검수완박 법안의 합의문에 서명한 정상배 3인을 사법정의(司法正義)의 이름으로 응징(膺懲)하고 엄중 문책(問責)해야 한다. 한동훈 법무부장관은 대한민국 헌법을 부정하고 체제를 전복하려는 반역(叛逆)행위와 이적(利敵)행위, 권력남용과 인권유린, 부정부패를 발본색원(拔本塞源)하여 엄단하고 단죄(斷罪)하여 법치주의를 확립해야 하도록 해야 할 것이다. 이것은 사법정의구현으로 정치보복이 아니라 적폐청산을 위한 국가적 과제이다.

6. '검찰수사권' 완전박탈이 아니라 '국회의원 특권' 완전박탈이 선결문제이다.

헌법 제40조는 "입법권은 국회에 속 한다"고 하여 국회의 입법권을 규정하고 있다. 그러나 국회의 입법권에는 한계가 있으니, 헌법이 실질적 의미의 입법권을 다른 기관에 부여한 것(예: 대통령의 긴급명령, 긴급재정·경제명령, 대법원의 규칙제정권 등)등이 그것이며, 이 외에도 <법률의 적헌성(適憲性)의 원칙>이 있다. 또한 우리헌법은 입법권의 한계를 실효적으로 확보하기 위하여 대통령의 '법률안거부권'과 법원에 법률이 헌법에 위반되는 여부를 헌법재판소에 제청할 수 있는 '위헌제청권' 및 헌법재판소에 법률의 '위헌여부심판권'을 각각 부여하고 있다.

국회의 입법권에는 내재적(內在的) 한계가 있으므로 국회가 만들어서는 안 되는 법률이 있다. '검수완박' 중재안은 형사법체계의 근간(根幹)을 무너뜨리는 입법권 남용을 넘어 헌정질서와 법치주의 파괴 및 법률의 적헌성(適憲性)의 원칙에 반하는 의회 쿠데타다. 이 중재안은 문재인 정권과 이재명 전 경기도지사의 대장동 비리 등 누적된 정권의 비리와 범죄 등 적폐청산에 대한 방탄입법으로 '정상배'와 고위직 '탐관오리(貪官汚吏)'들이 법망(法網)을 빠져나가는 길을 터준 **<범죄집단 천국법>**으로 이들이 온 세상을 완전히 판치는 **<부패완판(腐敗完版) 법>**이 될 것이다.

'검수완박' 법안의 선봉장(先鋒將)인 윤호중 더불어민주당 비상대책위원장은 검찰과 언론을 향해 "마지막으로 남아 있는 특권영역"이라며 "이 특권을 해체하는 일에 민주당이 나섰다"고 파렴치한 궤변(詭辯)과 망발(妄發)을 토로(吐露)했다. 그러나 한국에서 가장 많은 특권을 누리는 집단은 검찰과 언론이 아니라 바로 부패한 국회의원인 정상배집단이다. 우리나라의 공직자 중에서 '가장 부패가 심한 곳'이 바로 '정상배들의 소굴'이 된 여의도 국회라고 한다.

한국사회에서 가장 부패한 정상배들은 막말, 갑(甲)질 행위, 극한 대립과 투쟁, 청문회 발목잡기, 특권과 이권추구, 탈세, 예산 나눠 먹기(세금도둑질), 부동산 투기, 재판개입, 판결불복, 정부보조금 유용, 성추행, 입법뇌물수수, 자녀취업청탁, 비서관 등의 월급갈취, 유령보좌관 등록에 의한 월급 가로채기, 쪽지예산에 의한 국고손실, 출판기념회를 빙자한 뇌물모금, 발목잡기, 법안 끼워 넣기, 비리에 따른 검찰소환불응 등 이들의 탐욕과 타락은 시작도 끝도 없다.

반면, 국회의원은 현행범인 경우를 제외하고는 회기 중 국회의 동의 없이 체포 또는 구금되지 아니하는 "불체포특권"(헌법 제44조 제1항)과 국회에서 직무상 행한 발언과 표결에 관하여 국회 외에서 책임을 지지 아니하는 "발언·표결의 면책특권"이 있다(헌법 제45조). 또한 국회의원 본인을 포함해 한해 인건비 5억여 원, 45평 사무실, 비행기 비즈니스 석, 철도 최상급좌석, 공항출입국시 귀빈실 등 이용, 차량 유지 및 유류비 지원 등 한국의 국회의원은 국민의 혈세로 "온갖 혜택"을 누리며 "갑(甲)질 행위"를 일삼는 특수계급집단이나 선거 때만 되면 언제나 "특권을 포기하고 세비를 삭감 한다"고 유권자를 속여 온 후안무치(厚顔無恥)요, 파렴치한(破廉恥漢)이요, 내로남불의 극치를 보여주고 있다. 이들이 세계최대의 특권을 누리는 한국 국회의원의 자질(資質)이요, 수준(水準)이다.

국가의 안전보장이나 경제발전 또는 민생법안 하나를 제대로 발의(發議)하거나 입안(立案)할 실력과 능력 없이 오로지 정쟁과 국정감사, 인사청문회에서 호통치기 및 발목잡기, 갑(甲)질 행위에만 능숙한 정상배와 이들을 돕는 8~10여명의 보좌진들에게 국민혈세로 지구상에서 유례가 없는 혜택과 특혜를 베풀고 있다. 국회의원의 불체포특권 및 발언·표결의 면책특권을 폐지해야 한다. 국회의원에 대한 이러한 특권은 헌법에 보장된 '평등권'의 침해는 물론 '사회적 특수계급제도'를 부인하는 헌법위반이다. 이처럼 부패한 정상배와 정치철새들이 세금도둑질을 일삼고 있으니 국민들은 국회를 <국해(國害)>라고 하며, 국회를 <해산하라>고 한다.

민주당 강경파와 일부 지지층을 제외하면 전국의 검찰과 법원 및 대한변협, 전국 교수단체, 시민단체 등을 비롯한 국민 대다수가 '검수완박' 법안에 결사반대(決死反對)하고 있다. 문재인 대통령과 이재명 및 정상배들의 수호법인 <검수완박> 법안의 강행처리로 한국 헌정사(憲政史)에 오점을 남길 것이 아니라, <**국특완박**(國特完剝 : **국회의원 특권 완전박탈**)> 법안의 입법으로 한국에 누적된 정치판의 적폐를 발본색원(拔本塞源)하는 계기(契機)를 만들어야 할 것이다.

7. 헌법을 수호할 책무를 진 대통령이
헌법을 위반한 사례

대통령은 국가의 독립·영토의 보전·국가의 계속성과 헌법을 수호할 책무를 진다(헌법 제66조 제2항). 대통령은 "나는 헌법을 준수하고 국가를 보위하며 조국의 평화적 통일과 국민의 자유와 복리의 증진 및 민족문화의 창달에 노력하여 대통령으로서의 직책을 성실히 수행할 것을 국민 앞에 엄숙히 선서 합니다"라고 취임선서를 한다(헌법 제69조). 헌법을 준수하고, 헌법을 수호할 책무를 진 문재인 대통령의 임기5년 동안 국가통치체제의 근본법인 헌법을 정권과 정상배들에게 빼앗겨 그들이 멋대로 농락(籠絡)하고 유린(蹂躪)하게 방치해왔다. 이러한 문재인 정권 5년 동안의 대표적인 헌법 위반 사례를 일부를 살펴보면 다음과 같다.

첫째, 대한민국을 민주공화국이 아닌 운동권과 좌파집단의 문주(文主) 공화국으로 만들어 "헌법 제1조(國號, 政體, 國體)"를 위반했고, 청와대는 물론 사법부, 헌법재판소, 중앙 선거관리위원회까지 좌편향 심복들을 심는 등 공무원임면권 남용에 따른 엽관제(獵官制 : spoils system)로 인하여 "헌법 제78조"를 위반했다. 둘째, 헌법 제3조는 "대한민국의 영토는 한반도와 그 부속도서로 한다"고 규정하고 있어 이 지역에서 대한민국의 주권과 부딪치는 어떠한 국가단체도 인정할 수 없는 것이나 문재인 대통령은 북한 김정은을 '국무 위원장'으로, 자신을 '남쪽 대통령'이라 호칭하여 "헌법 제3조"를 위반했다.

셋째, 탈북민이 북한주민들에게 인도적으로 필요한 물자와 진실을 알리는 대북전단을 "안보위해행위"라고 하며 북한 김여정의 협박에 굴종한 대북전단금지법으로 이를 금지시켰고, 한국으로 '귀순의사'를 자필로 밝힌 북한 어민 2명을 안대로 눈을 가리고 포승으로 묶어 그들의 의사에 반해 판문점으로 강제추방하고, 북한군에 피살된 해수부공무원의 진상규명을 막는 등 국민의 인간으로서의 존엄성과 기본인권 및 신체의 자유를 침해하여 "헌법 제10조"를 위반했다. 넷째, 청와대 울산시장 선거공작사건, 월성1호기 경제성조작사건, 산업통상자원부 블랙리스트사건, 이상직 비리 등 문 대통령과 그 가족에 연관된 비리에 대한 검찰수사권을 박탈하여 자신과 그 가족에게 치외법권과 사회적 특수계급을 창설함으로써 "헌법 제11조"

의 평등권 등을 위반했다.

다섯째, 문재인 정권은 4.27 판문점선언을 통해 '한반도비핵화'란 명목으로 주한미군의 전술핵반입을 금지시켰고, 지상·해상·공중의 대북정찰감시를 불가능하게 했으며, 서해평화수역설치로 NNL을 무력화시켜 간첩침투를 용이하게 하는 등으로 "헌법 제66조 제2항"을 위반했다. 여섯째, 소득주도정책, 최저임금인상, 주52시간근무제, 탈 원전정책, 퍼주기식 복지정책, 반(反) 시장 및 반 기업정책으로 개인과 기업의 경제상의 자유와 창의(創意)를 짓밟아 경제 질서의 기본을 침해하는 등 "헌법 제119조"를 위반했다. 헌법을 수호할 책무를 진 문재인 대통령의 헌법위반사례 일부를 살펴보았다. 헌법수호의 책무를 진 문 대통령이 자신의 퇴임 후 안전보장을 위한 방패(防牌)막이로 '검수완박' 법률을 공포함으로서 '헌법 파괴자 대통령'이 탄생(誕生)했다.

헌법 제84조는 "대통령은 내란 또는 외환의 죄를 범한 경우를 제외하고는 재직 중 형사상의 소추를 받지 아니한다"고 규정하고 있다. 대통령의 불소추특권에 관한 헌법 제84조 규정의 취지는, 일반국민과는 달리 대통령 개인에게 특권을 부여한 것으로 볼 것이 아니라 단지 대통령이라는 특수한 직책의 원활한 수행을 보장하고, 그 권위를 확보하여 국가의 체면과 권위를 유지하여야 할 실제상의 필요 때문에 대통령으로 '재직 중인 동안만 형사상특권을 부여'하고 있음에 지나지 않는 것으로 보아야 할 것이며, 헌법 제84조에 의하여 대통령 '재직 중에는 공소시효의 진행이 당연히 정지'되는 것으로 보아야 한다(헌재결 1995.1.20. 94헌마246). 모든 국민은 법 앞에 평등하다.

8. 법무부와 검찰의 헌법재판소에 권한쟁의심판청구 및 가처분신청

'검수완박'법률에 대해 법무부와 검찰이 "헌법으로 보장된 검사의 수사와 공소기능을 침해 한다"며 헌법재판소에 '권한쟁의심판'을 청구했다. 법무부는 2022년 6월 27일 한동훈 법무부 장관과 검사 4명 명의로 국회를 상대로 한 권한쟁의심판을 청구했다고 밝혔다. 법무부는 권한쟁의심판사건에 대해 헌법재판소가 종국결정의 선고 시까지 심판대상이 된 법안의 효력을 정지해 달라는 '가처분(헌법재판소법 제65조)' 신청도 했다.

이 법은 더불어민주당이 강행처리하고 문재인 대통령이 마지막 국무회의에서 의결된 법안을 공포했다. 더불어민주당은 입법과정에서 국회법에 90일로 명시된 안건조정위 회의를 17분 만에 끝냈고, 법사위 전체회의는 8분 걸렸다. 본회의에선 당일 국회 회기가 끝나도록 만들어 야당의 필리버스터 기회를 빼앗는 등 적법절차를 무시했다(절차상의 위헌성). 체포·구속·압수 또는 수색을 할 때에는 적법한 절차에 따라 '검사의 신청'에 의하여 법관이 발부한 영장을 제시하여야 한다(헌법 제12조 제3항).

헌법 제12조 제3항의 규정에 의한 '검사의 영장신청'은 검사가 '수사의 주체'임을 천명한 것이다. 이법은 검사의 범죄수사 및 공소제기의 직무와 권한을 명시한 검찰청법 제4조 제1항 및 형사소송법 제215조 등을 위반하여 검사의 수사권을 박탈하였고, 또한 고발인의 '이의 신청권(형사소송법 제245조의7)'을 박탈하여 앞으로 경찰수사가 미진해도 고발자는 더 이상 형사절차를 진행 할 수 없게 되어 권력수사의 축소가 우려된다(내용상의 위헌성).

검사는 수사의 주체 또는 소송당사자로서 피의자·피고인에 대하여 공격적·대립적 지위에 있으나 한편으로는 공익의 대표자이므로 피고인·피의자의 정당한 이익을 보호해야 할 공익적 입장에 있다.

국가기관 상호간, 국가기관과 지방자치단체 간 및 지방자치단체 상호간에 권한의 유무 또는 범위에 관하여 다툼이 있을 때에는 해당 국가기관 또는 지방자치단체는 헌법재판소에 권한쟁의심판을 청구할 수 있다(동법 제61조 제1항). 권한쟁의심판 청구는 헌법과 법률에 의하여 권한을 부여받은 자가 그 권한의 침해를 다투는 헌법소송이다. 지난 4월 국민의힘도 '검수완박' 법률통과 직후 권한쟁의심판을 청구한 상태여서 병합처리 될 수 있다. 법 시행일이 9월 10일로 얼마 남지 않았기 때문에 헌법재판소는 조속히 결론을 내야 한다.

권한쟁의심판청구를 위한 처분은 입법행위와 같은 법률의 제정과 관련된 권한의 존부 및 행사상의 다툼, 행정처분은 물론 행정입법과 같은 모든 행정작용 그리고 법원의 재판 및 사법행정작용 등을 포함하는 넓은 의미의 공권력 처분을 의미하는 것으로 보아야 할 것이므로, 법률에 대한 권한쟁의심판도 허용된다고 봄이 일반적이나 다만, '법률 그 자체'가 아니라 '법률 제정행위'를 그 심판대상으로 하여야 할 것이다(헌재결 2006.5.25. 2005헌라4).

한동훈 법무장관은 이날 정부 관천청사에서 기자들과 만나 "국회의 입법자율권도 헌법과 법률의 한계 내에서 행사돼야 하는데 명백히 헌법과 법률의 한계를 넘어 청구에 이른 것"이라고 설명하면서 "사법시스템은 국민을 범죄로부터 보호하기 위한 도구인데, 그 도구가 잘못된 절차를 통해 잘못된 동기, 내용으로 망가지게 되면 국민이 범죄로부터 덜 보호받게 된다"며 "그걸 막기 위해 (권한쟁의심판을) 청구한 것이고, 필요하다면 제가 (법정에) 나갈 수도 있다"고 강조했다. 다수당의 적법절차를 무시한 '검수완박' 강행으로 파괴된 헌정질서를 헌법재판소 재판관이 '헌법과 법률에 의하여 양심에 따라 독립하여 심판(헌법재판소법 제4조)'함으로써 확립할 때다.

9. 헌정질서회복을 위한 국민의 저항권 행사

헌법의 실효성을 보장하기 위한 기관을 '헌법의 수호자'라고 한다. 공권력의 담당자인 공무원이 헌법을 준수할 제1차적 책무(責務)를 진다. 공무원의 헌법 수호의무는 선서제도(헌법 제69조, 국가공무원법 제55조)와 결부된다. 그러나 권력자체는 부패하기 쉬운 것이며, 공무원도 절대적인 신임을 할 수 없기 때문에 헌법보장을 제도나 그것을 움직이는 공권력 주체인 대통령이나 공무원에게서도 충분한 헌법보장의 기능을 기대할 수 없다. 이렇게 볼 때 국민은 "헌법의 수호자의 수호자"라고 할 수 있다.

헌법보장의 문제는 궁극적으로 "국민주권의 원리"와 밀접한 관계가 있다. 최종적인 헌법의 수호자인 국민의 손에는 헌법질서의 방위 내지 수호를 위한 최후의 수단으로 남겨진 저항권(抵抗權 : right of resistance)이라는 무기가 있다. 저항권은 국가권력에 의하여 헌법의 기본원리에 대한 중대한 침해가 행하여지고 그 침해가 헌법의 존재 자체를 부인하는 것으로서 다른 합법적인 구제수단으로는 목적을 달성할 수 없을 때에 국민이 자기의 권리·자유를 지키기 위하여 실력으로 저항하는 권리이다. 저항권의 대상자는 합법을 가장한 독재자인 국가기관이 원칙이다.

우리 헌법전문(前文)의 기본정신은 민족·민주·인권·복지의 실현·세계평화·평화적 통일의 지향 및 압제에 대한 저항정신에 있다. 헌법전문은 헌법본문과 마찬가지로 법규범으로서의 가치를 갖는다. 불의(不義)에 항거(抗拒)한 4.19혁명이 적법화(適法化)될 수 있었던 것은 폭정과 악법 및 헌법 파괴자에 대한 저항이라는 의미가 있었기 때문이다. 우리헌법 전문에서 <불의에 항거한 4.19민주이념을 계승 한다>고 한 것이 바로 이 저항권을 간접적으로 확인한 것이다.

헌법을 수호할 1차적 책무를 진 문재인 대통령(헌법 제66조 제2항, 제69조)의 위와 같은 헌법위반에 대하여 헌법수호자의 수호자인 국민은 '헌정질서의 방위 내지 회복'을 위한 최후의 수단으로 '저항권(抵抗權)'을 행사해야 한다. 헌정질서와 법치주의의 근간을 파괴하는 '검수완박'이라는 악법에 대한 저항권행사에는 헌법의 수호자의 수호자인 국민의 '헌법수호의지'와 '인권의식'이 절실히 요구된다. '검수완박' 법안은 '유권무죄(有權無罪)' '무권유죄(無權有罪)'라는 헌정질서와 법치주의의 근간을 파괴하는 악법 중의 악법이므로 이 법안에 야합한 더불어민주당과 국민의힘 정상배들과 이를 공포한 문재인 대통령을 끝까지 응징(膺懲)하고 문책해야 한다.

'죽은 권력'과 민주당 정상배들의 비리에 대한 수사를 막는 방탄법인 '검수완박' 법안은 정권 및 정치인과 이해충돌관계가 있다. 따라서 문 대통령 자신과 정권의 비리에 대한 검찰수사를 막기 위한 '검수완박' 법안을 공포한 문 대통령은 가장 비열(卑劣)한 대통령으로 헌정사에 오점을 남겼다.

이로써 문재인 정권은 자신을 지지해준 국민을 배신했다. 국가의 형사사법제도는 부패한 정권과 정상배들의 실험대상이 될 수 없기 때문이다. 그러나 문재인 대통령이 퇴임 후 자신의 안전보장을 위해 '검수완박' 법안을 공포함으로써 대한민국 의회주의와 법치주의에 조종(弔鐘)을 고했다.

이제 주권자(主權者)인 국민이 이러한 입법독재에 맞서 헌정질서회복을 위한 최후의 수단으로 <검수완박(檢搜完剝)> 법안의 저지(沮止) 및 <국특완박(國特完剝 : 국회의원특권 완전박탈)> 법안발의를 위한 총궐기로 저항권을 행사해야 할 **"한 번도 경험해 보지 못한 세상"**이 도래했다. 부패하고 무능한 독재정권에 지친 국민들은 이제 힘으로 다스리는 폭군과 같은 '지배자(支配者)'가 아니라 국민에게 꿈과 희망을 안겨주는 <**이성(理性)의 통치자(統治者)**>와 '다음 선거'만을 생각하는 정상배(政商輩 : Politician)가 아니라 청렴의 의무와 국익(國益)을 우선하여 양심에 따라 '다음 세대(世代)'를 생각하며 국회의원의 직무를 수행하는 <**정치가(政治家 : Statesman)**>를 갈망하고 있다.

10. '검수완박' 악법 시행 전에 위헌여부 결론을 내야할 헌법재판소의 책무

헌법재판소가 더불어민주당의 검수완박 법률의 입법강행의 위헌여부를 심사하는 위헌법률심판사건의 첫 공개변론을 2022년 7월 12일 열었다. 더불어민주당이 문재인 정권의 말기에 위 법안을 강행처리한 것은 문재인 정권이 그동안 저지른 온갖 불법과 비리를 검찰이 수사하지 못하게 하기 위한 <정권 방탄법>을 입법하기 위한 의회쿠데타이다. 더불어민주당 내에서 "(이 법안이) 처리 안 되면 문재인 청와대 20명이 감옥갈 수 있다"는 말이 나올 정도로 청와대가 범죄와 비리의 소굴이었다는 것을 스스로 자인했다.

문재인 정권의 범죄를 은폐하기 위한 초유의 정권방탄 법을 날치기로 법사위를 통과시키기 위해 더불어민주당이 민형배 의원을 위장 탈당시켜 안건조정위에 넣는 등 온갖 편법과 꼼수를 동원하자 더불어민주당의 중진 의원도 "치사한 꼼수로 국회법과 민주주의를 유린했다"고 했다. 위 법안의 통과절차만이 아니라 내용자체가 기본권 침해소지를 다분히 내포하고 있다. 즉, 사법경찰관이 고소·고발 사건을 수사한 결과 그 사건을 "검사에게 송치하지 아니하는 취지와 이유를 통지"한 경우, 그 통지를 받은 고소인·고발인·피해자 등이 해당 사법경찰관 소속관서의 장에게 이의를 신청 할 수 있는 이의 신청권(형사소송법 제245조의7)을 박탈했다.

'검수완박'이라는 괴물악법이 시행(시행일 : 2022년 9월 10일)된 후에 헌재의 위헌심판결정이 되면 혼선이 야기될 수 있으므로, 헌재는 가급적 법 시행 이전에 위헌법률 심판사건의 본안 심판을 해야 할 것이며, 그렇지 못할 경우 법무부가 신청한 효력정지가처분사건의 결정이라도 내려야 할 것이다. 현재 헌법재판관 9명 중 8명은 문재인 정권에서 임명되었고, 그 중 5명은 민변, 우리법연구회 출신이다. 그러나 헌법재판소 재판관은 "헌법과 법률에 의하여 양심에 따라 독립하여 심판(헌법재판소법 제4조)"하는 헌법수호의 최후의 보루다. 따라서 헌법재판소 재판관은 이념과 정파를 초월하여 오로지 헌법과 법률에 의하여 양심에 따라 독립하여 심판할 막중한 책무(責務)가 있다.

11. '경찰국 신설'에 반대하는 경찰간부의 집단행동

행정안전부 내 '경찰국 신설'에 반발하는 경찰간부들이 2022년 7월 23일 충남 아산 경찰인재개발원에서 전국 경찰서장회의를 열었다. 이날 회의장에는 50여 명, 온라인으로 140여 명이 참석했다고 한다. 이 회의를 제안하고 주도한 류삼영 총경은 '경찰국 신설을 강행하면 법적, 제도적 조치로 대응할 것'이라고 했다. 경찰 지휘부는 "모임 자제를 촉구하고 해산을 지시했음에도 불구하고 강행했다"며 류 총경을 대기발령하며, "복무규정 위반여부를 검토해 다른 참석자들에 대해서도 엄정한 조치를 내리겠다"고 했다.

윤석열 정부가 대통령실 산하 민정수석을 폐지한 결과 막강한 경찰을 통제하고 조정할 새로운 체제가 필요하므로 경찰청이 법률상 소속되어 있는 행정안전부 내에 '경찰국'을 신설하기로 한 것이다. 그럼에도 불구하고 경찰 간부들은 '권력으로부터의 독립'을 명분(名分)삼아 '경찰국' 신설에 반대하고 있다. 이들은 대통령의 수족이든 '민정수석'의 지휘를 받던 문재인 정권하에선 어떤 경찰도 '경찰의 독립 훼손'을 주장한바 없었다.

경찰청이 문재인 청와대 민정수석실의 통제를 받을 땐 '독립'이 지켜졌고, 행안부 통제를 받게 되면 '독립'이 훼손된다는 궤변이다. 무력을 행사하는 경찰집단의 경찰청장 해산명령을 거부한 것은 쿠데타에 준하는 것으로 엄벌해야 한다. 경찰권의 남용을 방지하기 위해 억제와 견제(牽制)가 필요하다. 문재인 정권에서의 경찰이 대통령실의 의중(意中)을 떠받들기 위해 자행(恣行)해온 낯 뜨거운 일들을 일일이 거론할 수 없을 정도다.

대선여론을 조작하기 위한 '드루킹 사건' 때 문재인 대통령 측근이 개입한 증거가 나오자 경찰은 수사를 뭉개며 증거인멸을 왔고, 대통령의 30년 친구를 울산시장에 당선시키려는 청와대 민정수석실지시에 따라 경찰은 야당후보에 대한 '하청수사'를 했다. 초대 공수처장으로 거론됐던 민변출신 친정권 인사에게 폭행을 당한 택시 기사에게 '거짓증언을 유도'한 것도 경찰이었다.

행정안전부 내에 경찰국 신설에 반대하는 취지의 옳고 그름을 떠나 위와 같이 정권의 주구(走狗) 노릇을 해온 경찰이 자신들 집단의 이익관찰을 위해 집단행동에 나선 데 대한 우려가 심각하다. 국민의 생명·신체 및 재산의 보호, 범죄의 예방·진압 및 수사, 경비·주요 인사 경호 및 대간첩·대테러 작전수행, 공공안녕에 대한 위험의 예방과 대응을 위한 정보의 수집·작성 및 배포, 그 밖에 공공의 안녕과 질서유지 등의 직무를 수행하는 경찰이 숫자의 힘에 의존하는 행태를 보이면 다른 집단들의 불법집회나 시위를 어떻게 막을 수 있나.

자신들의 비리와 범죄를 덮기 위해 '검수 완박'에 앞장섰던 더불어민주당 의원들이 수사의 독립을 외치며 경찰을 거들고 나서는 자태(姿態)도 가관(可觀)이다. 청와대 울산시장 선거공작에 앞장선 공로로 당시 집권당 공천을 받아 국회의원에 당선 된 경찰 출신 황 모 의원은 "후배들을 응원 한다"고 독려(督勵)했다. 이처럼 '없는 죄'를 뒤집어씌우고, '있는 죄'를 덮던 경찰들이 어떻게 "수사의 독립성"을 운운하며 법적, 제도적 조치로 대응한다고 집단행동을 할 수 있나? 경찰의 이러한 집단행동은 용납 될 수 없는 국가의 근본을 파괴하는 치안과 안보의 위협행위다.

국군의 사명은 국가의 안전보장과 국토방위이며, 경찰은 국민의 생명·신체 및 재산의 보호 기타 공공의 안녕과 질서유지 등을 직무로 하고 있다. 국군과 경찰의 '정치적 중립성'은 보장되나(헌법 제5조 제2항 및 경찰공무원법 제23조) 국가의 안전보장과 국토방위 및 치안은 국가의 평화와 독립을 수호하고 안전을 보장하는 일이므로 국군과 경찰은 국가권력으로부터 '독립적' 존재가 될 수는 없다.

치안(治安)과 범죄예방은 경찰의 기본책무이므로 이를 위해 경찰에 합법적 무장(武裝)을 허용한 것으로 엄격한 복무규정의 준수가 요구된다. 경찰이 정부정책에 불만이 있다고 숫자의 위력을 과시하며 노조(勞組)처럼 집단시위를 벌이면 다른 집단들의 불법 집회나 시위를 어떻게 진압할 수 있나? 경찰이 자신의 조직에 대한 그릇된 충성을 위해 치안과 범죄예방이라는 책무를 포기한 치안책임자들의 집단행동은 경찰의 본분(本分)을 망각한 것으로 국가의 기강(紀綱)을 확립하기 위해 어떤 명분으로도 용납될 수 없다.

국가의 기본은 국방, 안보, 치안이며, 대통령은 국군통수권(헌법 제74조)과 치안통수권(경찰공무원법 제7조 제1항)도 가지므로 군경이 대통령의 명령에 항명하는 집단행동은 용납될 수 없다. 따라서 국민의 생명과 재산을 보호할 책무를 수행하며 필요한 한도에서 무기를 사용(경찰관직무집행법 제10조의4)할 수 있는 경찰의 집단행동은 절대로 용납할 수 없으며, 이를 모의·주도한 자들은 국가의 안위를 위협한 자로서 쿠데타에 버금가는 항명(抗命)으로 엄벌하거나 해임조치 해야 할 것이다.

경찰은 범죄의 예방, 진압 및 수사와 함께 국민의 생명, 신체 및 재산의 보호 기타 공공의 안녕과 질서유지를 직무로 하고 있고, 직무의 원활한 수행을 위하여 경찰관직무집행법, 형사소송법 등 관계법령에 의하여 여러 가지 권한이 부여되어 있으므로, 구체적인 직무를 수행하는 경찰관으로서는 제반 상황에 대응하여 자신에게 부여된 여러 가지 권한을 적절하게 행사하여 필요한 조치를 할 수 있고, 그러한 권한은 일반적으로 경찰관의 전문적 판단에 기한 합리적인 재량에 위임되어 있으나, 경찰관에게 권한을 부여한 취지와 목적에 비추어 볼 때 구체적인 사정에 따라 경찰관이 권한을 행사하여 필요한 조치를 하지 아니하는 것이 현저하게 불합리하다고 인정되는 경우에는 권한의 불행사는 직무상 의무를 위반하는 것이 되어 위법하게 된다(대판 2016.4.15. 2013다20427).

12. '간첩천국' '마약천국'에 대응할 수사력 강화

적화통일(赤化統一) 야욕(野慾)을 버리지 않는 북한과 대치(對峙)하는 상황에서 '위장평화 쇼'에 집착해온 문재인 정부는 국가정보원을 '남북 대화 창구'로 전락(轉落)시켜 대공수사를 사실상 봉쇄하여 북한간첩의 활동공간을 제공했다. 문재인 정부는 아예 국가정보원의 대공(對共) 수사권을 폐지하는 '국가정보원법 개정안'을 더불어민주당 단독으로 통과시켰다(2020년 12월 15일 국가정보원법 전부개정법률 제17646호). 이에 따라 1년 후엔 간첩수사 경험도 없고, 해외 방첩망(防諜網)도 없는 경찰이 대공수사권을 독점하게 되었다.

문재인 정권과 같이 간첩이 자유롭게 활개 치도록 방임(放任)하는 나라는 세계어디에도 없다. 대한민국이 간첩이 활개 치는 '간첩천국(間諜天國)'이 되기 전에 내년 총선 이후 국가정보원의 대공수사권을 복원(復元)하여 원 위치(元 位置)로 환원(還元)하기 위한 국가정보원법을 재개정함으로서 간첩천국으로부터 나라를 지키고 자유민주적 기본질서에 입각한 헌법을 수호해야 한다.

문재인 정부는 국정원의 대공 수사권을 박탈하고 기무사마저 해체했다. 최근 간첩혐의로 구속된 민노총 간부들과 제주.창원 지역의 간첩혐의자들이 북한 공작원(工作員)들에게 포섭(包攝)된 것이 대부분 문재인 정부시절이었다. 방첩당국은 북한을 추종추앙(追從推仰)하며 간첩행위를 하는 자들의 간첩행위의 전 과정을 파악해 발본색원(拔本塞源)하는 대책을 수립해야 한다.

'서울 대치동 학원가 마약음료 사건' 당시 학생들에게 마약음료를 건넨 일당이 인근 여중· 고등학교에서도 마약을 유표했다는 증언이 6일 나왔다. 이들은 지난 3일 학생들이 많이 몰리는 오후에 대치동 학원가에서 마약을 살포(撒布)했다. 같은 날 오전엔 등굣길에 나선 학생들을 노렸다. 학생들이 가장 많은 시간대만 노려 마약음료를 무차별적으로 살포(撒布)한 것이다. 이들은 학생들에게 "이름과 전화번호를 적으면 추첨을 통해 백화점 상품권을 나눠 주겠다"고 유혹(誘惑)했다. 이번 사건의 피의자로 알려진 4명 중 20대 여성 A씨는 이날 경찰에 자수했다.

기업인, 연예인의 마약 사건도 끊임없고, 지난달엔 14세 여중생이 필로

폰을 투약한 뒤 실신(失神)한 사건도 있었다. 검경 단속을 비웃듯 지금도 텔레그램 등 소셜 미디어에는 마약판매광고가 버젓이 올라 있다. 스마트폰에 익숙한 20·30대는 물론 10대 청소년 마약사범도 급격히 늘고 있다. 지난해 경찰에 적발된 10대 마약사범은 294명으로 4년 전보다 3배가량 늘었다. 수사역량은 마약 온라인화를 따라가지 못하고 있다. 국가적 비상상황이라고 해도 과언(過言)이 아니다.

현재 마약밀수와 대규모 유통범죄는 검찰이, 투약사범과 소규모 유통범죄는 경찰이, 국내로 밀반입되는 마약은 관세청이, 해상(海上) 마약사범 단속은 해경이 수사한다. 컨트롤타워(control tower)가 없다보니 정보공유는 물론이고 신종 마약범죄에 기민하게 대응하기도 어려워 이제는 마약수사 컨트롤타워 역할을 할 '마약 수사청' 설립을 검토할 때가 됐다고 한다 (2023.4.7. 조선일보사설). 미국 마약청(DEA)이 모델이 될 수 있다. 미국 DEA는 법무부 직할로 마약범죄 단속의 모범으로 꼽히고 있다. 이 방안은 문재인 정권 때도 제안됐지만 검찰수사권 분산(分散)에 밀려 무산(霧散)됐다.

한동훈 법무부 장관은 작년 10월 "마약과의 전쟁"을 선포했다. 작년 9월 '검수원복(검찰수사권 원상복구)' 시행령개정(2022. 9. 8. 대통령령 제32902호 '검사의 수사개시범죄 범위에 관한 규정')으로 검찰이 마약범죄 대부분을 직접 수사할 수 있게 됐지만 고도화하고 있는 마약범죄 대응에는 역부족(力不足)이란 얘기가 나왔다.

대검에선 이날 오전 윤석열 대통령의 마약범죄 대책마련 지시에 따라 이원석 검찰총장 주재로 회의가 열렸다. 이원석 총장은 전국검찰청에 "미래세대를 포함하여 사회기반이 붕괴될 수 있는 엄중한 상황"이라며 "'마약 범죄 특별수사팀'은 수사를 지속적으로 진행하고, 일선 모든 마약범죄 전담부서는 투약과 국내유통에 주로 대응하는 경찰과도 적극적이고 긴밀히 협력하라"고 지시했다. 대검은 올해 2월 서울중앙지검, 인천지검, 부산지검, 광주지검 등에 마약범죄 특별수사팀을 출범시켰다. 정부와 국회가 '마약수사청 설립'을 적극 검토할 때다.

제14장

입법자에서 위법자로 전락한
더불어민주당의 폭거(暴擧)

- 대한민국 국회의원의 자화상 -

제14장

입법자에서 위법자로 전락한 더불어민주당의 폭거(暴擧)

- 대한민국 국회의원의 자화상 -

1. "한일 위안부 합의" 알고도 숨긴 윤미향의 위선

2015년 한일 위안부 합의당시 한국정신대문제대책협의회(정대협) 상임 대표였던 무소속 윤미향 의원이 외교부 당국자와 면담을 하면서 일본 정부의 10억 엔 출연 등 합의의 주요 내용에 대해 미리 알고 있었던 것으로 추정되는 외교부문건이 공개됐다. 하지만 윤미향 의원실 관계자는 "최종합의 내용은 알지 못했다"는 입장을 고수했다.

한반도 인권과 통일을 위한 변호사 모임(한변)이 정보공개청구소송으로 받아낸 4건의 외교문건에 의하면, 외교부는 위안부 합의발표 9개월 전부터 최소 네 번에 걸쳐 윤 의원에게 협상내용을 알려줬다. 특히 발표전날에는 '대외보안'을 전제로 일본정부의 책임통감, 총리 직접사죄·반성표명, 10억 엔 수준의 일본 정부예산출연 등을 설명했다. 그런데 위안부 피해자인 이용수 할머니는 "윤미향이 합의내용을 우리에게 알려주지 않았다"고 했다. "10억 엔이 일본에서 들어오는 걸 윤미향만 알고 있었다"고 했다.

윤미향 의원이 외교부의 사전설명을 듣고도 위안부 피해자들에게 알려주지 않았다는 것이다. 그러나 외교부 문건에는 "10억 엔 출연"을 알렸다고 명시돼 있다. 당시 합의의 핵심은 일본 정부예산으로 10억 엔을 출연해 일본의 책임을 분명히 하는 것이었다. 윤미향 의원이 위안부 합의의 핵심내용을 감추고 거짓말까지 한 것이다. 윤미향 정의연 대표는 위안부 합의발표를 강하게 비난했다. 그 '공적'을 인정받아 민주당 비례대표의원도 됐다.

윤 의원은 위안부 할머니들에게 써야 할 돈 1억 원을 개인용도로 사용한 혐의로 재판에 회부됐다. 그는 후원금으로 갈비도 사 먹고 마사지도 받고 과속 과태료도 냈다. 윤미향 의원은 위안부 할머니 이름을 팔아 모은 돈으로 자신의 배를 불린 사실이 드러났을 때에도 문재인 정권은 침묵했다. 윤미향 의원은 아직도 국회의원직을 유지하고 있고, 그의 제명안은 국회 윤리위에서 잠자고 있다. 윤 의원은 이러한 파렴치 비리를 비호하는 문재인 정권과 민주당은 공범이 아닌가? 이처럼 파렴치한 사건인데도 기소된지 13개월만에야 재판이 열렸다.

위안부 피해자 길원옥 할머니가 치매상태임을 이용해 길 할머니가 국민성금으로 받은 1억 원 중 7920만원을 정의기억연대(정의연)에 기부·증여하게 만든 준사기(準詐欺) 혐의 등으로 기소된 무소속 윤미향 의원에게 검찰이 '징역 5년'을 구형했다. 서울서부지법 형사11부(재판장 문병찬)는 2023년 1월 6일 오후 준사기와 사기, 기부금품법 위반, 업무상횡령 등 8가지 혐의로 기소된 윤 의원에 대한 결심공판을 열었다. 2020년 9월 기소된 지 2년 4개월 만이다. 판결 선고는 다음 달 10일이다. 법조계에선 "임기를 다 채웠는데 판결이 나오면 무슨 의미가 있느냐"는 비판이다.

무소속 윤미향 의원이 2023년 9월 1일 도쿄에서 조총련 등이 주최한 관동대지진 100주기행사에 참석했다. 행사명부터가 '간토대진재조선인학살 100년 도쿄 동포 추모모임'으로 북한식 표현이었다. 북한에서 노력 영웅 칭호와 국기훈장 1급을 받은 허종만 의장, 수시로 평양을 드나드는 박구호 제1부의장 등 조총련 지도부도 참석했다. 추도사를 낭독한 조총련 간부는 한국 정부를 "남조선 괴뢰도당"으로 불렀다.

윤 의원은 이 행사 직전 한국 정부와 민단이 주최한 '제100주년 관동대진재 한국인 순난자(殉難者) 추념식'에는 불참했다. 윤 의원 측은 국회사무처를 통해 외교부에 공문을 보내 일본입국 협조를 요청했다고 한다. 이에 따라 주일 한국 대사관은 공항에 직원을 보내 윤 의원의 입국수속을 도왔고 숙소까지 차량을 제공했다. 개인 일정이 아니라 국회의원의 공무임을 내세워놓고 정부 공식 추도식은 외면한 채 조총련 행사장에만 갔다. 정부를 농락한 것이다.

"인생에서 무엇보다도 어려운 것은 거짓말을 하지 않고 사는 것이다 (Dostoevskii)" 인생에서 가장 어려운 일은 거짓말을 하지 않고 사는 것이다. 거짓말을 하지 않고 살아가는 것은 인간의 양심(良心)의 요구다. 불완전(不完全)한 인간이요, 불완전한 인간들이 만든 사회이기 때문에 악(惡)인줄 알면서도 거짓말을 한다.

거짓말을 하지 않고 사는 것은 인생에서 가장 어려운 일이다. 그러나 우리는 이 어려운 일을 해내도록 힘써야 한다. 한문에 무괴어심(無愧於心 : 언행이 발라서 마음에 부끄러울 것이 없음)이란 말이 있다. 내 마음에 많은 부끄러움을 느끼면서 살아가는 것이 우리의 숨김없는 현실이다.

일본군 위안부 피해자 후원금 횡령 등 혐의로 기소된 윤미향(무소속)의원이 2023년 9월 20일 항소심 재판에서 의원직 상실 형(刑)에 해당하는 징역 1년 6개월에 집행유예 3년을 선고받았다. 1심에서는 벌금1500만원이 선고됐었다. 1심이 1700만원으로 본 횡령액은 항소심에서 8000만원으로 늘었다. 또 무죄였던 기부금법과 보조금법 위반 혐의 중 일부도 유죄로 바뀌었다.

서울고법 형사1-3부(재판장 마용주)는 이날 윤 의원에게 항소심 판결을 선고하며 "시민 후원금이나 국가 지원금을 철저히 관리하고 목적에 맞게 사용해야 함을 잘 알고 있었음에도 기대를 저버리고 횡령 범행을 저질렀다"고 밝혔다. 윤 의원은 2심 선고 직후 "수많은 사람이 헌신하고 연대해 만들어 온 30년 일본군 위안부 문제해결 운동이 더 이상 폄훼되지 않도록 끝까지 싸울 것"이라고 했다. 위안부 할머니들을 위한 돈을 횡령한 사람의 입에서 나올 말인가. 파렴치(破廉恥)하고 후안무치(厚顔無恥)한 인간의 궤변(詭辯)이다.

2. 민주당 선거용 추경 기습처리(돈 뿌리기 매표공작)

더불어민주당이 2022년2월19일 새벽 2시경 단독으로 국회 예결위를 열고 자영업자 320만 명에게 300만원씩 지급하는 14조 원 규모 정부 추경안을 기습 통과시켰다. 국민의힘 소속 예결위원장이 정회(停會)를 선언한 사이 민주당 간사가 직무대행자격으로 국민의힘 의원들 없이 회의를 열어 4분만에 14조 원 추경안을 통과시켰다. 여당은 "야당 위원장이 책무(責務)를 기피해 국회법에 따라 처리한 것"이라고 했으나 야당은 "날치기, 불법 처리로 무효"라고 반발했다.

더불어민주당은 여기에 3조5000억 원을 더 얹은 17조5000억 원 규모 추경안의 본회의의결을 강행할 예정이다. 대선 전에 돈을 뿌려 매표(買票)행위를 하려는 것이 아닌가? 이번 추경은 이재명 더불어민주당 대선후보가 첫 단추를 꿴 "선거용" 추경으로, 이 후보가 "설 이전 30조 원 추경"을 주장하자 문재인 대통령이 곧바로 "소상공인 지원여력을 갖게 됐다"고 화답했다고 한다. 대통령의 주문에 14조 원대 추경안을 마련한 정부는 더불어민주당의 증액요구에 난색을 표하다 슬금슬금 후퇴해 '2조 원+알파'의 증액이 가능하다고 말을 바꿨다고 한다.

이번 추경이 꼬인 건 출발부터 정치적 목적이 앞섰기 때문이라고 한다. 새해출발 한 달도 안 돼 나온 '1월 추경'이란 점에서 전례부터 찾기 힘들다고 한다. 추경안이 본회의를 통과할 경우 이르면 이달 말이나 3월초에 지급될 예정이다. 대선 사전투표일인 다음 달 4~5일이나 본 투표일인 3월9일 이전에 지급될 가능성이 크다. 대선을 코앞에 두고 자영업자들에게 현금을 지급한다는 것은 선거용 돈 뿌리기에 의한 매표행위(買票行爲)나 다름없다. 더불어민주당은 2020년 21대 총선 직전에도 전 국민 재난지원금지급으로 180석을 얻는 압승을 거둔 선거용 추경 돈 뿌리기 경험이 있다.

더불어민주당의 선거용 추경 기습처리에는 문재인 대통령도 가세했다.

문 대통령은 2022년 2월 18일 참모회의에서 "국회는 한시라도 빨리 추경안을 처리해 민생의 어려움을 해소하는 데 적극 협조해 달라"며 국회의 신속한 처리를 주문했다. 그러나 2월 20일 기획재정부는 코로나사태 여파로 정부가 2년간 100조 원 이상의 통합재정수지적자를 냈다고 밝혔다.

중앙정부의 국가채무는 지난해 939조 1000억 원으로 증가해 코로나 이전보다 240조 원가량 늘어날 것으로 추산됐다. 이러한 나라살림형편을 고려해 면밀한 검토를 거쳐야 할 추경안을 대선을 코앞에 두고 번갯불에 콩 볶듯 추진한 것은 600만 자영업자의 표를 향한 선거용 돈 뿌리기에 의한 매표행위로 볼 수박에 없다.

여당의 이러한 추경 기습처리 논란은 앞으로 국민에게 돌아올 '빚잔치 청구서'의 예고편이다. 국가재정은 아랑곳없이 오로지 선거용 돈 뿌리기로 매표(買票)할 생각뿐이다. 독재정권 시절 '고무신 선거'를 연상시키는 **<21세기형 금권선거>**라고 한다. 대선이 코앞에 있다고 해 여당은 추경안 심야 기습처리로 매표공작(買票工作)만 할 것이 아니라 재정여건에 대한 냉정한 판단과 효율적인 자영업자·소상공인 지원방안을 논의해야 할 것이며, 정부는 예신을 편성하거나 집행할 때 '재정건전선의 확보'와 '국민부담의 최소화'를 위하여 최선을 다하여야 한다.

국회의원은 '국가이익을 우선으로 하여 국회의원의 직무를 양심에 따라 성실히 수행하여야 한다(국회법 제24조)' 요즘 국회 의원회관을 돌아보면 10개 의원실 중 8개는 "오늘 의원님 안 오세요"라고 표시되어 있다고 한다. 국회가 45일째 아무 역할도 안 하니 의원들이 국회에 출석할 이유가 없기 때문이다. 국회에 국회의원이 없다. 고액의 세비와 온갖 특권을 누리며 갑(甲)질 행위나 일삼으며 놀고먹는 것이 국회의원이다. 국회가 놀고 있는 건 "검수완박" 때문이라고 한다.

국민의 힘이 민주당이 검수완박 법안의 강행처리로 국회법을 유린했다며 헌법재판소에 권한쟁의심판청구를 하자 더불어민주당은 헌재의 제소를 취하하고, 사개특위에 참여하지 않으면 원구성에 합의할 수 없다고 했다. 국민의힘이 이 조건을 거부하면서 국회는 멈췄고, 국회의원은 놀면서 세비만 타먹으며 경제위기로 고통 받는 국민과 눈덩이 같이 불어나는 국가부채는 안중에도 없다. 세상에 이런 직장이 다 있다. 일하지 않는 국회의원의 세비와 특권을 완전히 박탈("국특 완박"<국회의원 특권 완전박탈>)하거나 아니면 이처럼 부패한 국회를 차라리 없애는 것이 어떤가?

3월9일 대선이 국민의 자유로운 의사와 민주적인 절차에 의하여 공정히 행하여지고, 선거와 관련한 부정부패를 방지함으로써 우리나라의 민주정치의 발전과 자유민주적 기본질서에 입각한 헌법을 수호하는 선거혁명이 되어야 한다. 이를 위해 유권자는 슬기롭고 지혜로운 판단으로 투표함으로써 <투표용지는 총알보다도 강하다(The ballot is stronger than the bullet.)>는 것을 보여주어야 한다. 또한 선거관리위원회는 현대선거제도의 근본원칙인 보통·평등·직접·비밀·자유선거의 공정한 관리로서 선거혁명을 완수하도록 진력(盡力)해야 할 것이다.

3. 놀며 싸움만하며 연봉 1억5426만 원과 의원실 운영비로 국민혈세 7억5000여만 원이 투입되는 여의도 정치판

국회의원은 청렴의 의무가 있으며, 국가이익을 우선하여 양심에 따라 직무를 행한다(헌법 제46조 제1~2항). 국회의원은 임기 초에 "나는 헌법을 준수하고 국민의 자유와 복리의 증진 및 조국의 평화적 통일을 위하여 노력하며, 국가이익을 우선으로 하여 국회의원의 직무를 양심에 따라 성실히 수행할 것을 국민 앞에 엄숙히 선서 합니다"라고 선서를 한다(국회법 제24조). 의원은 따로 법률에서 정하는 바에 따라 수당과 여비를 받는다(국회법 제30조).

2022년 들어 여야 의원들이 50여 일간 국회가 멈춰 있었는데도 세비 1285만원을 수령했다고 한다. 이들이 과연 정무직 공무원으로서 성실의무(국가공무원법 제2조 제3항 1호 및 제56조)를 다하며, 청렴하게 국가이익을 우선하여 양심에 따라 직무를 수행하였는지 묻고 싶다. 2022년의 국회의원 공식 연봉은 1억5426만원이다. 이 액수는 한국고용정보원이 발표하는 직업별 평균소득 최상위권이다. 이와 별도로 업무추진비, 차량 유지비, 사무실 소모품비 등 각종명목으로 각 의원에게 책정된 1인당 지원금 평균액수가 1억153만원이다. 의원실 마다 8명씩 두는 보좌진 인건비로 5억여 원이 소요된다. 이들 모두를 합치면 의원실 하나를 운영하기 위해 국민혈세 7억5000여만 원이 투입된다고 보도됐다.

해외시찰 명목의 해외여행도 국민세금으로 간다. 국정(國政)에 관한 감사나 청문회에서 유치하고 저질(低質)한 내용의 질문 등으로 무식을 탄로내며 갑(甲)질 행위를 자행(恣行)한다. 이러한 정상배들은 민생을 위한 법률안 하나 제대로 내지 못하며 오로지 외유성 출장이나 다니고 불체포 특권과 면책특권 뒤에 숨어 검찰의 수사를 방해하며 처벌을 피하거나 개인과 기업의 경제상의 자유와 창의(創意)를 가로막는 악법을 양산(量産)한다. 이러한 정상배(政商輩)들에게 국민들은 수천억 원의 혈세를 안겨주고 있다. 한국 의원들의 국민소득 대비 연봉은 3.36배로 미국(2.48배), 일본(2.11배), 영국(2.23배), 프랑스(2.10배) 등 선진국 의원보다 높다고 한다.

우리나라 국회의원은 하이에나처럼 물고 뜯고 싸우다가도 수당, 여비 등을 자기들 마음대로 올릴 수 있기 때문에, 연말이면 언제나 다정하게 여야가 한통속이 되어 국민 몰래 "세비 인상안"을 통과시키는 치졸한 꼼수를 상습적으로 반복해온 집단이다. 또한 이들은 선거 때만 되면 '세비와 특수활동비를 삭감 한다'면서 국민을 속여 왔다. 일본 의회는 코로나 고통을 분담한다며 지난 2년간 세비 20%를 자진 삭감했으나 우리나라 국회는 2018년부터 올해까지 계속 세비를 인상했다.

대통령제(大統領制)인 우리나라 보다 의원내각제(議員內閣制)로 운영되는 유럽 의원들의 위상과 역할은 더 높고 크나 이런 나라들 의원은 국가로부터 꼭 필요한 수준의 지원만을 받는다. 유럽의 의원들은 직접 자동차를 운전하거나 자전거로 출퇴근한다. 이들은 작은 사무실에서 수시로 야근을 하며, 의원 2명이 비서 1명을 공동으로 쓰면서 의정활동준비는 거의 전부를 직접 한다고 한다.

'민주화운동'을 빙자한 386세대 운동권 일부는 사실상 종북세력(從北勢力) 으로 자유민주주의를 부정하며 주체사상을 교리(敎理)로 신봉하며 온갖 궤변(詭辯)으로 자신들의 행동을 합리화한다. 이들은 자신들이 주창해온 교리와 달리 기업을 협박하고 혈세나 빼먹는 기생충으로 온갖 부정부패와 축재(蓄財)를 위한 범죄를 자행(恣行)하는 범죄 집단에 다름없다는 사실이 윤미향과 조국을 통해 만천하에 드러났다.

4. 제1야당인 민주당의
윤석열 대통령 부인에 대한 악의적 스토킹

더불어민주당 장경태 최고위원은 김건희 여사의 캄보디아 순방 중 심장병 어린이 방문을 향해 "빈곤 포르노 촬영"이라고 비난하더니 "절대 사과할 의사가 없다"고 했다. 만일 문재인 대통령 부인 김정숙 여사가 심장병 어린이를 방문했다면 그가 이러한 악의적 헐뜯기를 했을까? 장경태 의원은 이 발언으로 국회 윤리위원회에 제소되자 "국가 서열 1위 김 여사를 비판한 대가"라고 주장했다. 대통령 부인이 '국가 서열 1위'인가? 장 의원의 이 말은 '국가이익을 우선하여 양심에 따라 직무'를 수행하는 의원으로서의 자격마저 의심케 한다. 장 의원 자신도 소외계층 봉사활동을 했는데 그것도 '빈곤 포르노'란 말인가?

장 의원은 김건희 여사가 외국의 정상부인들 과의 행사대신에 심장병 어린이를 만난 것은 '외교결례(外交缺禮)'라며 '캄보디아에 사과하라'는 망발(妄發)을 했다. 민주당의원들은 김건희 여사가 심장병 어린이를 안고 있는 모습이 '배우와 비슷하다'고 조롱(嘲弄)했다. 장 의원의 이처럼 사사건건 트집만 잡는 무례한 헐뜯기가 도를 넘치고 있다. 만일 김건희 여사가, 김정숙 여사와 같이 다른 정상 부인들과 함께 '관광지'에 갔다고 하면 그것도 비난 했을가?

더불어민주당 인사들도 "빈곤 포르노는 '가난을 자극적으로 묘사해 후원을 유도하는 영상을 뜻하는 용어'인데 뭐가 문제냐"라고 감쌌고, 김건희 여사가 병원 방문 때 캄보디아 정부 방침에 따라 '마스크를 벗은 것'까지도 문제 삼았다. 그 최고위원에 그 수준인 당원들의 이글어진 모습이다. 이것은 정도(正道)를 벗어난 정상배 집단의 유유상종(類類相從)하는 모습을 잘 반영한 것으로 오로지 김 여사를 표적(標的)삼아 무조건 헐뜯고 트집을 잡는 시정잡배(市井雜輩)와도 같은 치졸(稚拙)한 소행(所行)이다.

민주당은 김건희 여사가 바이든 미국 대통령의 팔짱을 낀 것마저 비난 했는데, 외교현장에선 자주 있는 일이고, 김정숙 여사도 마크롱 프랑스 대통령과 팔짱을 낀 적이 있다. 지난 9월 영국 엘리자베스 여왕 장례식 때도 "김 여사가 왜 동행했느냐"고 했다. 또 김 여사가 망사 모자를 쓴 것을 흠(欠)잡아 "왕족(王族)만이 하는 것"이라고 상식에도 벗어난 비판을 했다. 그러나 상당수 정상 부인들이 망사 모자를 썼다.

이들 정상배는 이재명 대표에 대한 검찰 수사가 급(急) 물살을 타자 느닷없이 '김건희 특검'을 밀어붙였다. 문재인 정권의 주구(走狗)가 된 검찰이 1년 넘게 수사하고도 혐의를 찾지 못한 '주가 조작사건'과 일반인 신분이었던 김 여사의 허위경력과 논문표절까지 수사하자고 했다. 인간이 하는 모든 일에는 정도(程度)가 있고, 또 인간은 사람이 가야 할 정도(正道)를 가야 한다. 다수의석으로 여의도 국회를 장악한 한국 제1야당인 더불어민주당의 주요 의정활동(議政活動)이 고작 대통령 부인 스토킹인 것이 우리나라 '의회정치(議會政治)의 전모(全貌)다.

5. 김정은의 핵 선제공격 법제화를 규탄하는 결의안도 막는 더불어민주당

북한은 최근 일주일새 미사일을 다섯 차례나 발사하는 등 한반도를 전쟁의 공포로 몰아가고 있다. 이는 북한이 윤석열 정부를 길들이고 나아가 미국과 국제사회에 핵보유국 지위를 인정받으려는 계책(計策)이므로 한국 정부는 유엔의 결의대로 "북한의 완전하고 검증가능하며 불가역적인 비핵화(CVID)"를 전제로 대화에 임해야 할 것이며, 문재인 정부처럼 비굴한 자세로 대화와 협상을 구걸(求乞)해서는 안 된다.

북한이 지난 보름사이 인민군 전술핵 운용부대들의 군사훈련을 7차례 실시했고, 모두 김정은이 현지지도를 했다고 노동당 창당 77주년인 10월 10일 발표했다. 우리 군은 북이 핵과 미사일 위협을 가할 때마다 '3축 체계' 강화를 강조하지만 이것이 우리 안보를 지켜줄 수 있을지 의문이다. 김정은이 직접 지휘한 대남 핵공격훈련은 지난달 북이 법제화한 '핵 선제타격' 위협이 빈말이 아님을 보여주겠다는 의도다. 당시 김정은은 "절대로 핵을 포기할 수 없다"고 했다.

하지만 역대 더불어민주당 정권은 20여 년간 진실에 눈을 감았다. 북한의 핵개발 초기 김대중 정부는 "북은 핵을 개발한 적도 없고 능력도 없다"

며 현실을 부정했고, 노무현 정부는 "북이 반드시 핵을 포기할 것"이라며 국민을 속이며 북한이 핵과 미사일 폭주(暴走)를 계속하는데도 해마다 쌀과 비료 수십만 톤을 퍼주며 금강산관광과 개성공단을 통해 달러를 공급해주는 등 북한의 핵개발을 우회 지원한 것이다. 문재인 정부는 대북제재에 허덕이던 북이 돌연 핵폭주를 멈추는 척하며 위장(僞裝) 평화공세를 펴자 "김정은의 비핵화 의지가 분명하다"며 전 세계를 속이고 트럼프에겐 보증까지 섰다.

김정은의 비핵화 사기극에 놀아난 더불어민주당은 지난달 '핵 선제타격' 법제화 소식이 전해지자 침묵하더니 정부가 북의 연쇄도발에 맞서 미.일과의 군사협력을 강화하자 연일 "국방 참사" "친일 국방"이라고 비판한다. 북의 '핵 포기'란 허상을 만들어 '남북 쇼'만 궁리하다 사태를 이 지경으로 만든 더불어민주당이 반성은커녕 북핵 대응에 나선 정부를 헐뜯기에만 골몰(汨沒)하고 있다.

정당(政黨 : political party)은 국가이익(國家利益)을 위하여 책임 있는 정치적 주장이나 정책을 추진하고 공직선거(公職選擧)의 후보자를 추천 또는 지지함으로써 국민의 정치적 의사형성(意思形成)에 참여함을 목적으로 하는 자발적 조직을 말한다. 정당은 그 목적·조직과 활동이 민주적이어야 하며, 국민의 정치적 의사형성에 참여하는데 필요한 조직을 가져야 한다(헌법 제8조 제2항). 그러나 더불어민주당의 위와 같은 행위는 헌법 제8조 제4항의 "정당의 목적이나 활동이 민주적 기본질서에 위배될 때"라는 '정당해산사유'를 완전히 갖춘 것으로 정부는 헌법재판소에 그 해산을 제소(提訴)할 수 있고, 정당은 헌법재판소의 심판에 의하여 해산된다(헌법 제8조 제4항).

김정은은 최근 "절대로 핵을 포기할 수 없다"며 '핵 선제타격'을 북한 법에 명시했다. 핵보유를 헌법에 명시하더니 이제 한국에 먼저 핵을 발사 할 수 있다는 법까지 만든 것이다. 이런 상황에서 국회 국민의힘 소속 의원들이 9월22일 북한의 핵 선제공격 법제화를 규탄하는 결의안을 발의한 것은 너무나 당연한 일이다. 그런데 이 결의안이 발의된 지 보름이 지나도록 아무런 진척(進陟)을 보지 못하고 표류(漂流)중인 것으로 나타났다. 여야가 서로 상대방을 탓하며 처리가 지연되고 있다.

북한이 무력도발을 하고 핵실험까지 하려는 상황에서 우리 국회만 상황을 방관(傍觀)하고 있다. 그러는 와중에 북한은 각종 탄도미사일을 이틀에 한번 꼴로 발사하고 있다. 민주당은 국민의힘이 발의만 해놓고 소위 심사 등 후속조치에 소극적이라고 하나 국민의힘이 결의안처리에 소극적일 이유가 없다. 결국 민주당이 이 결의안 처리를 막고 있다고 볼 수밖에 없다. 더불어민주당은 윤석열 대통령이 하지도 않았다는 '바이든 발언' 등을 트집 잡아 영국 미국·캐나다 순방 전체를 '외교 참사'라고 하더니 관계도 없는 박진 외교부 장관에 대한 해임건의안을 일방 처리했다.

윤 대통령은 이번 순방(巡訪) 중 짧은 시간이지만 바이든 대통령과 3차례 만났고 한일 정상 간에는 30분 만나 현안을 논의했다. 지금 한일관계가 좋지 않은 것은 박진 외교장관이 아니라 문재인 정부의 책임이다. 문재인 정부가 한일 간 합의를 파기하고 죽창가만 부른 결과다. 문재인 정부의 마지막 주일대사는 1년이 넘도록 일본 외교장관도 만나지 못했다. 이것이 "외교 참사"다. 지금 민주당은 북한의 핵위협보다 정부 흠집 내기에 골몰(汨沒)하고 있다.

북핵의 1차적 피해 당사자인 한국이 국회차원의 규탄결의안 하나 내지 못하는 상황에서 유엔 안보리 등 국제사회의 공조(共助)를 요청할 수 있나? 국회는 더 이상 북 핵무력 법제화 규탄결의안 처리에 미적대지 말아야 한다. 북한의 도발이 잇따르는데 민주당은 수수방관(袖手傍觀)하고 있다. 더불어민주당은 이번 정기국회에서 법 시행을 책임질 정부와 여당이 반대하는 법안(쌀수매법, 노조의 손해배상책임을 면제해주는 노란봉투법 등)을 무더기로 처리하겠다고 한다. 법을 실제로 집행하지도 않을 야당이 국정과 직결된 법을 다수의석으로 통과시키는 것은 횡포(橫暴)다.

6. '입법자'에서 '위법자'로 전락해 새 정부의 발목만 잡는 더불어민주당

윤석열 정부출범 후 6개월 동안 정부가 국회에 제출한 법안 77건 중 한 건도 국회본회의를 통과하지 못했다. 새 정부 출범 후 정부가 국회에 제출하는 법률안은 대통령이 선거공약으로 국정과제를 실현하기 위하여 국민에게 공약한 법률안인 것이 많다. 과거 야당은 새로 출범한 정부가 제출한 법률안의 국회통과에 되도록 협조해 새 대통령에게 국정철학을 수행할 수 있는 기회를 주곤 했다. 이것이 바로 협치(協治)다.

13일 국회에 따르면, 윤석열 대통령이 취임한 5월 10일부터 11월 9일까지 정부가 국회에 제출한 법률안 77건 중 본회의를 통과한 법률안은 0건이다. 국회를 장악한 더불어민주당이 윤석열 정부가 국회에 제출한 법률안 처리를 전면 거부하고 있기 때문이다. 더불어민주당은 윤석열 정부가 제출한 법률안 중 조세관련 법률안에 대해서 반대하고 있다.

　정부는 종부세법개정 법률안, 법인세법개정 법률안을 국회에 제출했으나 더불어민주당은 '부자 감세'라며 받아드릴 수 없다는 입장이다. 더불어민주당은 국회 예산결산특별위원회 소위원회에서 법무부·검찰청 예산의 대폭 삭감을 밀어붙이고 있다. 윤석열 정부가 추진하는 정책예산은 물론 법무부와 검찰의 수사, 인건비까지 삭감하고 있다. 더불어민주당이 2023년도 예산심사에서 '윤석열 정부 정책 저지'기조(基調)를 선명하게 드러내고 있다.

　'대통령실 이전' '행정안전부 경찰국 설치' '법무부 인사정보관리단 설치예산'은 물론 '기업 세금부담완화' '완전산업 복원' '반도체 산업육성'등 민생 및 경제와 관련된 법률개정과 정부예산까지 '막거나 삭감'하고 있다. 반면 문재인 정부가 대대적으로 추진했던 사업예산과 관련해선 윤삭열 정부의 부분축소를 무효화하고, 정권교체 이전 수준으로 돌리기가 시도(試圖)되고 있다.

　태양광 등 '신재생 에너지'발전시설을 설치하는 기업에 융자를 해주는 사업예산은 올해 5722억 원이었던 것을 윤석열 정부가 내년에 4173억 원으로 줄이려 했으나, 민주당은 오히려 2417억 원 증액을 추진하고 있다. 더불어민주당은 "행정부에 대한 견제(牽制)"라고 하지만, 국민의힘은 "새 정부가 아무 일도 못하게 한다"며 반발하고 있다.

　국민의힘 주호영 원내대표는 25일 "민주당이 새 정부의 국정과제 수행에 필수적인 예산을 모두 삭감하고 날치기하고 있다”며 “새 정부가 일을 못하게 하려는 '정부완박(정부 권한 완전박탈)' 횡포”라고 비판했다. 더불어민주당은 국민의 일반의사(一般意思)를 입법하는 것이 아니라 오로지 당리당략(黨利黨略)의 입법과 새 정부의 정책에 발목 잡기에만 급급하기 때문에 국민의 불신이 높아지고 있다.

예산(豫算 : budget)은 국가의 세입(歲入)과 세출(歲出)의 견적표(見積表) 내지 예정계획표이다. 예산은 1회계년도(會計年度)에 있어서 국가의 세입·세출의 예정준칙(豫定準則)을 내용으로 하고, 국회의 의결에 의하여 성립하는 국법의 한 형식을 말한다. 예산은 국회의 의결로 성립하고 국회의 의결은 정부의 재정행위를 구속하지만 정부의 수입·지출의 권한과 의무는 예산 자체에 의하는 것이 아니고 별도로 법률로 규정한다.

예산안을 편성하는 것은 행정부에만 전속된 권한이다. 예산안은 행정부에서 편성되어 국회에 제출되어 국회의 심의를 받아 확정한다. 정부는 회계연도마다 예산안을 편성하여 회계연도 개시 90일 전까지 국회에 제출하고, 국회는 회계연도 개시 30일 전까지 이를 의결하여야 한다(법 제53조 제1항 제2항).

더불어민주당은 윤석열 정부가 경제 활성화차원에서 추진하는 세법개정안도 반대하고 있다. 법인세 최고 세율인하, 중소·중견기업 법인세 부담 완화, 기업의 상속세·증여세 부담을 덜어주기 위한 가업상속공제확대는 국회 기재위 조세소위원회에서 심사가 보류됐다. 개인납세자들과 관련되어 종합부동산세 인하, 금융투자소득세 도입유예도 논의가 보류됐다. 모두 "부자 감세에 해당한다"는 더불어민주당 반대에 부딪혔다.

　　더불어민주당은 '검수완박'으로 수사권이 줄어드는 만큼 예산안도 삭감되어야 한다고 주장했지만, 여권에서는 문재인 정권 5년간의 적폐와 이재명 대표를 향한 검찰수사에 대한 보복차원에서 예산권을 남용한다는 말도 나왔다. 이러한 더불어민주당의 입법봉쇄 탓에 감세(減稅)혜택을 기대했던 기업과 가계가 '희망고문'을 당하고 향후 세금납부액도 예측하지 못해 혼란에 빠져있다.

　　더불어민주당은 윤석열 정부가 제출한 내년 예산안 심사마저 비토권을 행사하고 있다. 새 정부의 공약 등 주요정책 추진사항과 관련한 예산을 원칙과 기준도 없이 대폭 또는 전액 삭감하고 있다. 이러한 더불어민주당의 '입법 봉쇄와 독주(獨走)'는 오로지 "표 계산"에 따른 꼼수다. 이와 반대로 "포퓰리즘 법률안"은 무더기로 밀어붙이고 있다. 거대 야당의 오만불손(傲慢不遜)한 입법폭거(立法暴擧)와 폭주(暴走)가 상승화 된 것이 오늘날 한국 제1야당의 현주소이며, 헌정사(憲政史)에 처음 있는 일로서 국회의 수치(羞恥)요, 내부적 자살행위다.

　　더불어민주당이 내년도 예산심사에서 윤석열 정부의 국정과제 예산은 대폭 삭감하면서 전임 문재인 정부 때의 정책예산들을 수백억 원에서 수조 원까지 되살리고 있다. 문재인 정부의 대표적 정책실패는 '탈 원전 신재생 에너지 폭주'였다. 문재인 정부가 탈 원전을 추진하면서 태양광·풍력 등 신재생 에너지 보급에 매달렸다. 2017년도 4000억 원도 안 되던 신재생 부문예산을 올해 1조2580억 원으로 책정, 3배 이상으로 늘렸다. 각종 비리를 불러온 태양광융자 등 금융지원 예산은 5년간 880억 원에서 6538억 원이 돼 7배로 늘렸다. 그래놓고 우리 경제회복에 시급한 에너지 효율화는 등한시해 관련예산을 대폭 삭감했다.

문재인 정권의 이런 정책실패를 바로잡겠다고 윤석열 정부가 태양광 등 신재생 발전시설을 설치하는 기업에 융자하는 예산을 올해 5722억 원에서 내년 4173억 원으로 1000억 원 이상 줄이려는데 민주당은 오히려 2000억 원 넘게 증액을 추진한다. 민주당은 윤석열 정부가 삭감한 공공임대주택 예산을 단독으로 6조 원 증액하고, 공공분양주택 예산은 1조 원 넘게 깎았다. 이 역시 문재인 정부의 대표적 실패정책인 부동산정책의 '묻지 마 부활' 꼼수다.

민주당 정권 5년간 망쳐놓은 막무가내 식 국정을 바로잡아 경제 활성화를 이룩하라고 우리국민은 지난 3월 대선에서 새로운 윤석열 정권을 선택한 것이다. 그럼에도 불구하고 민주당은 2년 전 총선 때 얻은 169석 의석으로 윤석열 정부의 새해 예산안 대신 문재인 정부의 대표적 정책시패인 태양광·풍력 등 신재생 에너지 보급예산을 편성하겠다는 것이다. 이것은 대선불복이며, 국민심판에 대한 불복으로 헌정질서를 파괴하는 제1야당의 폭거(暴擧)다.

더불어민주당은 "입법자가 아닌 위법자(違法者)"로 전락해, 이로 인해 국회의원이 "국가이익을 우선하여 직무를 양심에 따라 성실히 수행하는 것"이 우리나라 국회에선 요원(遙遠)한 과제(課題)로 남게 되었다. 의회의 다수 의석으로 국회를 장악하고 입법폭거(立法暴擧)를 자행(恣行)하고 있는 더불어민주당의 위와 같은 입법권 남용을 방지하기 위하여 법이 제정된 것이다.

"입법자는 위법자가 되어서는 안 된다(Law makers should not be law breakers.)." 고 했다. 입법쿠데타를 무기로 악법양산(惡法量産)에 골몰하는 더불어민주당은 "투표용지는 총알보다도 강하다(The ballot is stronger than the bullet.)."는 말을 명심해야 할 것이다. 다음 총선에서 현명한 국민의 심판을 받게 될 것이다.

7. 정부의 세법개정안에 대한 더불어민주당의 반대

대한민국의 경제질서는 개인과 기업의 경제상의 자유와 창의(創意) 존중함을 기본으로 한다. 국가는 균형 있는 국민경제의 성장 및 안정과 소득의 분배를 유지하고, 시장의 지배와 경제력의 남용을 방지하며, 경제주체 간의 조화를 통한 경제의 민주화를 위하여 경제에 관한 규제와 조정을 할 수 있다(헌법 제119조). 국회의원은 청렴의 의무가 있으며, 국가이익을 우선하여 양심에 따라 직무를 행한다. 국회의원은 지위를 남용하여 재산상의 권리나 이익을 취득할 수 없다(헌법 제46조).

민주당은 다수의석에 의한 힘의 정치가 아닌 합리성에 근거한 설득과 협치(協治)에 바탕을 둔 의정활동으로 당리당략(黨利黨略)만을 꾀할 것이 아니라 오로지 국가이익을 우선하여 직무를 수행하는 제1야당이 되어야 한다. 민주당은 '검수완박' '감사완박'이라는 괴물법안이나 '공공기관 매각완박(매각결정권 완전박탈)법' 또는 기업의 자유와 창의(創意)를 파괴하는 '노랑

봉투 법' 등을 날치기로 통과시키는 '수(數)의 정치'에 의한 의회쿠데타를 이제는 접어야 한다.

정부가 추진하는 법인세, 소득세, 상속세, 종합부동산세 등 '55조 원 이상 감세'를 위한 세제개편안에 대해 더불어민주당이 "부자(富者) 감세(減稅)"라며 반대하는 상황에서 22일 기획재정부가 이례적으로 반박자료를 연이어 배포하고 있다. 정부가 추진하는 이러한 세제개편안에 대해 더불어민주당이 <부자 감세>라며 반대하는 것은 포퓰리즘(populism)이다. 이것은 "대한민국의 경제질서(經濟秩序)는 기업의 경제상의 자유와 창의(創意)를 존중함을 기본으로 하는 헌법상의 '경제질서의 기본(基本)' 이념"에 반하는 것이다. 그러기에 내 광에 남아도는 것이 이 있으면 남에게 주어도 좋지만 공금(公金)을 축내어 사정을 돌보아 주는 것은 도리가 아니라고 했다.

다수의석으로 국회를 점령한 제1야당인 더불어민주당은 검수완박법 등 위헌적인 입법으로 입법독재라고 비난 받고 있다. 제1야당은 여당과의 협치(協治)로 국정의 동반자가 되는 것이 아니라 오로지 정권재창출을 목적으로 국민을 선동하며 분열시키는 등 사회혼란을 조장하고 있다. 반대와 극열 투쟁으로 새로 출범한 윤석열 정부의 정책 수립이나 집행에 반대하거나 발목만을 잡는 애물단지로 전락했다.

더불어민주당 이재명 대표는 대장동 비리 수사가 '정치탄압'이라고 주장하며 '국정조사'와 '특검'이 필요하다고 하며 윤석열 대통령의 '사과(謝過)'를 요구했다. 더불어민주당과 이재명 대표는 < 국민 여러분, 나라가 여러분을 위해서 무엇을 할 수 있을 것인가를 묻지 말고 여러분이 나라를 위

해서 무엇을 할 수 있을 것인가를 자문(自問)해 봅시다(My fellow Americans; ask not what your country can do for you - ask what you can do for your country. -John F. Kennedy "The New Frontier" -Inaugural Address-)>라는 명연설을 기억하길 바란다.

기획재정부는 이날 법인세와 상속·증여세 개편 필요성에 대한 자료를 공개하고 "높은 세율로 민간·기업의 역동성 및 효율성이 저하(低下)됐다"며 "(감세로) 기업의 투자·고용여력(餘力)을 높이고 경제 활력을 뒷받침해야 한다"고 했다. 기획재정부는 "세계 각국이 기업 경쟁력을 높이기 위해 법인세를 낮추고 있는데 한국만 역행해 지난 2018년 22%에서 25%로 최고 세율을 높였다"고 했다. 정부는 22%로 환원을 추진하고 있다. 상속·증여세에 대해서는 "우리나라의 최고세율(50%)은 경제협력개발기구(OECD) 38개국 중 일본(55%) 다음으로 높은데 일본이 과세표준을 시가로 적용하지 않아 세 부담이 세계 최고 수준"이라고 했다.

정부가 발의한 법인세법·상속세법 개정안을 두고 거대 야당인 더불어민주당이 "부자 감세"라며 저지(沮止)하자, "정면 돌파 하겠다"며 직접 나선 것이다. 기획재정부는 가업(家業)상속을 통해 '장수기업'이 늘어나야 '고용도 늘어난다'는 점도 강조했다. 한국의 상속세·증여세 부담이 세계 최고 수준이라는 점도 기획재정부는 강조했다. 우리나라 상속·증여세 최고 세율은 50%로 OECD회원국 중 일본(55%)에 이어 둘째다.

중소기업중앙회 등 13개 경제단체가 기업 상속 때 상속세 감면혜택을 확대하는 세법개정안의 국회통과를 호소하는 기자회견을 열었다. 상속세 감면대상을 넓히고 공제세액도 늘리는 세법개정안에 대해 국회를 장악한 더불어민주당이 "부자 감세"라며 반대하자 여론에 호소하고 나선 것이다. 한국의 상속세 최고세율은 50%로 OECD 평균 15%보다 3배 이상 높다. 스웨덴·노르웨이처럼 상속세가 아예 없는 OECD회원국도 15국에 이른다. 우리나라는 최대 주주에 대해 세금을 20% 할증(割增)까지 하고 있어 실질 부담세율은 최대 60%까지 올라간다.

독일·일본 등은 후세 기업인이 상속 후 그 사업을 5~7년만 유지하면 상속세를 전액면제·유예해주고, 업종변경 제한도 두지 않아 활발한 기업승계가 이뤄지고 있다. 우리정부는 상속세 부담을 낮춰달라는 기업계호소를 수용해 가업승계 공제적용 대상을 연 매출 4000억 원 미만에서 1조 원 미만 기업으로 확대하고, 최대 공제한도도 500억 원에서 1000억 원으로 늘리는 상속세법 개정안을 마련했다.

이렇게 상속세법을 개정해도 외국의 경쟁국보다 불리한데도 더불어민주당은 이것마저 국회통과를 거부하고 있다. 이것은 기업의 경제상의 자유와 창의를 파괴하는 다수당의 폭거(暴擧)로 의회쿠데타다. '세금폭탄'의 상속세 제도를 개혁함으로서 장수기업이 늘어나고, 세대 간 기술과 자본의 이전을 촉진함으로서 경제성장의 지속과 발전을 기해야 한다. 이로서 기업이 일자리를 창출하여 고용확대 등 경제성장을 이룩할 수 있다. 더불어민주당이 "부자 감세"라며 반대하는 세계 최악의 "기업 상속세"는 누구를 위한 것인가?

8. 유권자를 무시하는 '복지 포퓰리즘'을 투표로 심판해야

그리스가 국가부도 위기에 처해지기까지30년 걸렸다. 1981년 집권한 사회당이 '복지'와 '분배'를 국정의 최우선순위로 삼으면서이다. 당시 사회당 정부의 기본 모토는 "국민이 원하는 건 다 해줘라"는 것이었다. 그리스 국민은 앞 다퉈 복지를 요구하기 시작했다. 그리스는 당시 유럽 경제의 우등생이었지만 복지수준은 유럽 평균이 한참 못 미쳤다. '삶의 질을 개선하자'는 사회당 주장이 국민에게 먹혀들었다. 복지를 주장하는 문재인 정권과 이를 추종하는 더불어민주당과 공짜를 좋아하는 일부 거지근성이 이를 환호하는 상황이 진행 중인 우리현실이 그렇다.

하지만 그리스 정치권이 간과한 건 '복지의 늪'이다. 한번 복지에 맛을 들이면 거기서 헤어나기가 참으로 어렵다. 국민은 더 많은 복지를 요구했고, 정치권은 부화뇌동(附和雷同)했다. 복지의 늪은 다른 나라도 대부분 겪었다. 여기서 잉태(孕胎)되는 게 '세대 간의 갈등'이다. 기성세대는 복지혜택이라도 누렸지만 젊은 세대와 앞으로 태어날 미래세대는 그렇지 못하다. 유럽의 젊은이들이 거리로 뛰쳐나오는 이유다. 우리나라도 장차 똑같은 고민을 하게 될 것이다. 무상(無償) 시리즈는 이제 시작됐다.

박원순 서울시장은 임하자마자 무상급식을 본격화했고, 재정지원을 통한 반값 등록금 실험도 시작했다. 문재인 정권도 포퓰리즘 정책을 본격화했다. 이로서 재정적자와 국가부채는 산더미 같이 늘어났다. 이것은 젊은 세대와 미래세대의 부담 급증으로 이어질 것이다. '나 잘살자'고 후손에게 빚더미만 잔뜩 안겨주는 못난 기성세대가 될 순 없는 일 아닌가. 이제라도 제발 '과잉 복지'에 제동을 걸어야 한다.

정치권은 그리스를 반면교사(反面敎師)로 삼아야 한다. 과잉복지는 '나라를 망치는 길'이므로 정부는 효율적인 복지 시스템을 설계해야 한다. 청년과 미래세대의 고통을 이해한다면 무상시리즈를 약속하는 정치집단에 절대로 현혹돼선 안 된다. 세상에 공짜는 없다. 반값과 무상은 언젠가는 자신들의 부담으로 되돌아온다는 걸 명심해야 한다.

복지 포퓰리즘은 두 가지 면에서 '유권자를 우롱(愚弄)'하는 처사가 아닐 수 없다. 하나는 부담을 누가하고 나라가 어찌되든 상관없이 '선거에서 이기기만하면 된다'는 정치권의 뻔뻔스럽고 천박한 이기주의(利己主義)와 꼼수다. 둘째는, 우리나라의 유권자들이 그런 얄팍한 포퓰리즘에 넘어가고 말 것이라는 오만(傲慢)하고 방자(放恣)한 편견(偏見)이다.

일부 여론조사에서 20대의 여당 지지율이 10%대로 급락(急落)하자 여야가 '1000원 아침밥' 포퓰리즘 경쟁에 나섰다. 고물가로 힘든 대학생들의 식비부담을 덜어주고 남아도는 쌀 소비를 촉진한다는 명분을 내걸었다. 현재 '1000원 아침밥사업'에 참여한 곳은 전국 대학 336곳 중 41곳이다. 그러자 민주당 이재명 대표가 나서서 이 정책의 원조(元祖)가 민주당이라고 하면서 경쟁이 붙기 시작했다.

정부·여당이 지원 대상을 희망하는 모든 대학으로 확대한다고 발표하자 민주당은 뒤질세라 "일반대학만이 아니라 전문대 200곳으로 늘리자"

"학기 중이 아닌 방학에도 적용하자" "하루 한 끼 아닌 두 끼로 하자"고 나섰다. 이러다 '대학생 무상급식' 주장이 나올 판이다. 국가부채가 사상처음으로 1000조 원을 돌파한 상황에서 여야 할 것 없이 나라살림에 대한 고민은 하나 없이 무조건 돈 풀고, 뿌리고, 퍼주는 포퓰리즘 경쟁에 광분(狂奔)하고 있다.

나랏빚이 1분당 1억2700만원씩 불어날 만큼 급속하게 재정이 악화되고 있으나 여야는 선심성(善心性)퍼주기 경쟁을 멈추지 않고 있다. 문재인 정부 5년간 국가부채를 450조 원이나 늘려 놓은 더불어민주당은 야당이 되어서도 국회를 장악한 채 포퓰리즘 폭주(暴走)를 이어가고 있다. 여기에 제동(制動)을 걸어야 할 여당도 포퓰리즘 경쟁에는 뒤지지 않는다. 코로나보상금, 노인기초연금 등 현금 뿌리는데 앞장섰고, 대학생 '1000원 아침밥' 확대를 주도(主導)하고 있다. 부패한 정치가 나라를 망치는 방법 중 가장 확실한 것이 포퓰리즘이다.

유권자의 소중한 한 표를 '돈'이나 '선심공약' 또는 '1000원 아침밥'으로 살 수 있다는 정상배(政商輩)들의 시대착오적(時代錯誤的)인 얄팍한 발상(發想)으로 우리나라 유권자들의 수준을 철저하게 무시(無視)하고 우롱(愚弄)하는 것이다. 정치권의 이기심(利己心)과 오만(傲慢)에서 비롯된 복지 포퓰리즘을 다음 총선에서 냉정하게 심판해야 한다. "투표용지는 총알보다도 강하다(The ballot is stronger than the bullet.)"고 했다. 유권자의 현명한 판단에 국가의 운명이 좌우된다.

9. "청담동 술집의혹"은 정쟁과 선동정치에 몰두한 제1야당의 현주소

더불어민주당이 공개적으로 제기한 이른바 '청담동 술자리 의혹'이 한 달여 만에 허위로 드러났다. 최초 제보자인 첼리스트가 경찰조사에서 "전 남자 친구를 속이려 거짓말했다"고 진술했다. 휴대폰 위치조사에서도 이 여성은 그 시각 청담동 술집에 없었다. 이 의혹을 띄우는데 동참했던 더불어민주당, 국민권익위원회, 친야(親野) 성향 유튜브 매체는 24일에도 당사자들에게 사과하지 않았다. '윤석열 대통령과 한동훈 법무부 장관의 심야 청담동 술자리' 의혹은 지난 달 24일 법무부 국정감사에서 더불어민주당 김의겸 의원이 맨 먼저 공론장으로 끌어올렸다.

김의겸 의원은 지난달 25일 국회에서 "7월 20일 새벽 서울 청담동의 고급 바에서 윤 대통령과 한 장관이 김앤장 변호사 30여명과 술자리를 했다"고 주장했다. 친야 유튜브가 입수했다는 녹취파일도 틀었다. 한 장관이 강력히 부인하고 대통령 실도 아니라고 했지만 더불어민주당 지도부까지 나서서 의혹을 부추겼다. 이들은 "제2의 국정농단사태"라며, "전담팀 구성과 특검수사"도 요구했다. 문재인 정권에 의한 '알 박기' 인사논란이 있는 국민권익위원회는 이 의혹 제보자를 '공익 신고자'로 인정하려고 했다.

윤석열 대통령과 한동훈 법무부 장관이 등장하는 이른바 '청담동 심야 (深夜) 술자리 의혹'에 대해 수사 중인 경찰은 조만간 김의겸 더불어민주당 의원과 유튜브 채널 '더탐사' 측을 조사할 방침인 것으로 24일 알려졌다. 김의원은 지난달 국회 법제사법위원회 국정감사에서 "7월 19일 청담동의 한 술집에 윤 대통령, 한 장관, 김앤장 변호사 30여명과 이세창 전 자유총연맹 총재 권한대행 등이 자정 넘은 시각까지 술을 마셨다"고 주장하면서, 그 자리에 있었다는 여성 첼리스트 A씨와 전 남자 친구 간 통화내용을 공개했다. 더탐사도 그날 음성파일을 공개했다. 그러나 A씨는 지난 23일 경찰에서 "전 남자 친구를 속이려고 거짓말을 한 것"이라고 진술했다.

더불어민주당 김의겸 의원은 24일 자신이 제기한 '청담동 술자리 의혹'이 거짓으로 드러나자 이에 대해 '유감'을 표한다고 했다. 하지만 "국정과 관련한 중대한 제보를 받고, 국정감사에서 이를 확인하는 것은 국회의원으로서 당연히 해야 할 일"이라는 면피성(免避性) 궤변(詭辯)에 불과한 변명(辨明)이다. 자신의 폭로가 사실이 아님이 만천하에 드러났음에도 뉘우치기는커녕 구구하게 변명(變名)만을 늘어놓는다. 정상배들의 국정감사를 빙자(憑藉)한 상투적(常套的)인 거짓말은 국회의원으로서의 당연히 해야 할 일이 아니라 심각한 국정농단(國政壟斷)으로 엄단(嚴斷)해야 한다.

김 의원이 청담동 술자리 의혹 참석 당사자로 거론한 한동훈 장관은 "법적 책임을 묻겠다"고 했다. 김 의원은 자신이 제기한 의혹이 거짓으로 판명났음에도 불구하고 '당연한 일'을 했다는 경거망동(輕擧妄動)이다. 제1야당 대변인의 '아니면 말고'식 주장과 추태(醜態)가 정점(頂點)에 이른 것으로 의법조처(依法措處)해야 한다. 그러나 더불어민주당은 사실 확인노력이나 합리적 판단보다 정략적 이익만을 우선시하며 거짓말 유포에 혈안이 되어 광분(狂奔)하고 있다.

한동훈 법무장관은 지난 2일 김의겸 민주당 의원과 더탐사 관계자를

'허위사실유포' 혐의로 고소했다. 한 장관은 30여장 분량의 고소장을 제출했다. 김 의원이 사전에 더탐사 측과 공모했다는 내용이다. 한 장관은 이와 함께 서울중앙지법에 김 의원과 더탐사 관계자 등을 상대로 10억 원의 '손해배상청구소송'을 제기했다. 김의겸 의원은 이에 대해 "형사처벌은 물론이고 돈으로 입을 틀어막겠다는 것"이라고 항변(抗辯)했다. 근거도 없는 가짜뉴스를 유포한 자가 민형사상의 법적책임을 지는 것이 법치주의와 사법정의를 확립하는 정도(正道)다.

더불어민주당은 광우병 괴담으로 정치적 이익을 본 이후 정략(政略)이 완전히 달라졌다. 천안함 폭침 때 '미 군함 충돌설' '군 조작설' 등 괴담을 퍼뜨렸고, 세월호 사고 때 김어준 등과 함께 '미 잠수함 충돌설' 등 황당한 괴담까지 만들어냈다. 문재인 전 대통령은 "일본 후쿠시마 원전사고로 1368명이 사망했다"는 등 허무맹랑(虛無孟浪)한 원전 괴담(怪談)을 퍼뜨렸고, 더불어민주당은 월성 원전에서 삼중수소가 유출됐다며 "월성원전 폐쇄가 불가피했음이 확인됐다"고 주장했다. 하지만 삼중수소 유출은 없는 것으로 확인됐다.

북한의 핵폐기물 폐수는 예성강을 거쳐 서해로 흘러가 우리 생태계를 위협할 우려가 있다. 문재인 정부는 2019년 10월 한강 및 서해 샘플조사 결과 특이사항이 없다며 평산 공장은 방사선오염 우려가 없다고 주장했다. 하지만 서균렬 서울대 원자력공학과 교수는 북한 공장 같은 노후시설에서 우라늄을 정련(精鍊)할 때 발생하는 질산우라늄 화합물은 방사선폐기물보다 위험한 독극물로 하천 방류 시 심각한 문제를 일으킬 수 있다고 지적했다.

국내 친북좌파는 일본이 후쿠시마 원전오염수를 태평양으로 방류한다고 발표했을 때 방사능 오염 수산물이 국민건강에 악영향을 미칠 것이라고 주장하면서도 북 핵시설 방출방사능의혹에 대해선 한마디도 하지 않았다. 후쿠시마는 일본열도 반대편 1250㎞ 떨어져 있고 정수단계를 거쳐 태평양으로 방류된다. 반면 예성강은 평산에서 한강 하구까지 약 50㎞로 서울의 턱밑이다. 방사능마저 일본 것은 위험하고 북한 것은 괜찮다는 의식조가 어이없다. 탈(脫)원전을 위한 정상배들의 '광대놀음'이다.

이재명 대표는 대선에서 대장동 사건을 "윤석열 게이트"라고 황당(荒唐)한 주장을 했고, 이태원 참사가 나자 '대통령실 용산 이전 때문'이라고 했다. 압도적 의석으로 국회를 장악하고 있는 더불어민주당은 '국민의 정치적 의사형성에 참여하는데 필요한 조직'을 갖춘 정당이 아니라, 사실과 합리를 버리고 오로지 괴담유포(怪談流布)에만 광분(狂奔)하여 정쟁(政爭)과 선동정치(煽動政治)로 사회혼란과 국가적 위험만을 자초하는 정상배 집단으로 전락했다. 이것이 다수 의석으로 국회를 장악하고 의회 쿠데타와 입법 쿠데타 만행(蠻行)을 저지르는 제1야당인 더불어민주당의 의정(議政) 활동의 현주소다.

10. 국회의 오석준 대법관 후보자 임명동의안 지연

오석준 대법관 후보자에 대한 임명동의안이 지난 24일 국회를 통과했다. 김명수 대법원장이 임명제청한지 119일만으로 대법관 임명동안 지연으로는 역대 최장기록이라고 한다. 오석준 대법관 후보자와 관련해선 특별한 결격사유가 나온 것도 아니었다. 그런데도 더불어민주당이 그동안 부적격 입장을 고수한 것은 모든 분야에서 새 정부의 발목을 잡는 일환이 었다고 보도됐다.

더불어민주당은 오석준 후보자가 윤석열 대통령과 친분이 있다는 점, 800원을 횡령한 버스기사를 해고한 회사의 조치가 타당하다고 판결한 것 등을 문제 삼았다. 그러나 "바늘 도둑이 소도둑 된다"고 했다. 대통령과 친 분이 있으면 다른 결격사유가 없어도 대법관이 될 수 없다는 것이다. '800 원 판결'은 작은 도둑이 차차 큰 도둑이 되는 것을 예방할 수 있는 것으로 법 리상 문제가 있을 수 없다고 본다.

지난 정권에선 위장전입 피고인에게 징역형을 선고하고도 정작 자신은 세 차례 위장전입을 했던 판사도 대법관이 되었고, 김명수 대법원장과 성 향이 같은 특정판사 모임 출신판사들이 줄줄이 대법관이 됐다. 그때는 한 마디도 하지 않던 더불어민주당이 문제 삼은 오석준 후보자의 결격사유는 반대를 위한 꼬투리잡기에 불과한 것이었다.

실제 무기명투표로 이뤄진 임명동안 표결에서 재적의원 276명 중 찬성 220명, 반대 51명, 기권 5명이었다. 국민의힘 의원이 115명이니 더불어민주 당 의원 상당수가 찬성표를 던진 것이다. 이런 식의 정치적 의도로 대법관 임명 동의안 인준을 지연시키는 것은 국회의 임명동의권 남용으로 다수당 의 폭거(暴擧)다. 제1야당의 정상 궤도를 이탈한 이러한 폭주(暴走)가 어디까 지 갈지 의문이다. 공자(孔子)는 "정(政)은 정(正)이다"라고 갈파(喝破)했다.

11. 더불어민주당은 "국가이익을 우선하여 일하는 선량(選良)"이 되라

윤석열 정부 출범(出帆) 후 6개월 동안 정부가 국회에 제출한 법안 77건 중 한 건도 국회 본회의를 통과하지 못한 것으로 나타났다. 새 정부가 출범 후 정부가 제출하는 법률안은 대통령이 선거에서 국민들에게 약속한 공약(公約)으로 국정과제를 실현하기 위한 법률안인 경우가 많다. 과거 야당은 새로 출범한 정부가 제출한 법률안의 국회통과에 되도록 협조해 새 대통령에게 국정철학을 수행할 수 있도록 기회를 주곤 했다.

그러나 13일 국회에 따르면, 윤석열 대통령이 취임한 5월 10일부터 11월 9일까지 정부가 국회에 제출한 법률안 77건 중 본회의를 통과한 법률안은 0건이다. 국회를 장악한 제1야당인 더불어민주당이 윤석열 정부가 국회에 제출한 법률안 처리를 전면거부하고 있기 때문이다. 민주당은 윤 정부가 제출한 법률안 중 조세관련 법안에 대해선 대부분 반대하고 있다. 정부는 종부세법개정 법률안, 법인세법개정 법률안을 제출했으나 더불어민주당은 '부자감세'라며 받아들일 수 없다는 입장이다. 이러한 민주당의 입법봉쇄 탓에 감세(減稅)혜택을 기대했던 기업과 가계가 '희망고문'을 당하고 향후 세금납부액도 예측 못해 혼란에 빠져있다.

민주당은 윤석열 정부가 제출한 내년 예산안 심의마저 비토권을 행사하고 있다. 새 정부의 공약 등 주요정책 추진사항과 관련한 예산을 원칙과 기준도 없이 대폭 또는 전액 삭감하고 있다. 이러한 민주당의 "입법 봉쇄와 독주(獨走)"가 원칙과 기준에 의한 것이 아니라 오로지 "표 계산"에 따른 것이다. 이와 반대로 "포퓰리즘 법률안"은 무더기로 밀어붙이고 있다.

국채(國債)의 이자부담이 올해 19조 원에서 2026년엔 30조 원으로 늘어날 전망이나 민주당의 독주는 국가재정을 아끼는 것이 아니라 파탄키고 있다. 거대 야당의 입법폭거(暴擧)와 폭주(暴走)가 상습화되고 있다. 국회의원이 "국가이익을 우선으로 하여 직무를 양심에 따라 성실히 수행"하는 것이 우리나라에선 요원(遙遠)한 과제(課題)가 된 것이다.

입법(立法 ; legislation)이라 함은 법을 제정하는 일, 즉 국가의 법정립 작용(法定立 作用)을 말한다. 입법은 실질적 의미화 형식적 의미의 두 가지로 이해 할 수 있다. '실질적 의미'의 입법은 국가기관에 의한 일반적·추상적 법규범의 정립(定立)을 의미하고, '형식적 의미'의 입법은 의회가 입법절차에 따라 법률의 형식을 갖춘 법제정 작용을 말한다. 형식적 의미의 입법, 즉 법률제정은 의회만이 할 수 있지만, 실질적 의미의 입법은 의회만이 아니라 행정부나 법원과 같은 그 밖의 국가기관도 이를 할 수 있다.

입법권(立法權)이라 함은, 형식적 의미에서는 국회가 가지는 법률제정권을 말하나, 실질적 의미에서는 법을 제정하는 국가기능을 말한다. 우리 헌법 제40조는 '입법권은 국회에 속한다'라고 하여 국회의 입법권을 규정하고 있다. 이 규정은 제66조(대통령의 지위·책무·행정권), 제101조(사법권과 법원. 법관)의 규정과 함께 헌법이 권력분립의 원리를 채택하고 있음을 의미함과 동시에 입법기관으로서의 국회의 권한을 나타낸 것이다.

입법정책(立法政策 : legislative policy)이라 함은 일정한 법의 이념(理念)이나

가치를 실정법(實定法)으로 구체화 시키는 목적의식적(目的意識的) 행동과 시책을 말한다. 그러므로 법의 본질이나 이상·가치 등을 연구하여 실정법이 나아가야 할 원리를 제공하는 법철학(法哲學)은 입법정책과 불가결의 관계에 있다. 이처럼 입법정책은 법철학에 의하여 연구된 법의 이상적 기준을 현행 실정법의 개정이나 법의 제정을 통하여 구체화시키는 것이다. 이를 위해서는 실정법에 관한 입법 정신적·비교법적·사회적인 지식이 필요함은 물론 현실의 사회·경제적 여건의 파악도 중요하다.

입법기술(立法技術 : technique of legislation)이라 함은 성문법(成文法)을 제정함에 있어서 그 표현이 정확·간결하고 객관적으로 이해하기 쉽게 하는 입법 기술상의 문제를 말 한다. 넓은 의미로는 입법정책의 분야에서 정립된 법이상(法理想)을 사상적(思想的)으로 정리하여 일정한 법령의 표현형식에 맞도록 입안(立案)하는 것을 말한다.

법률격언에 "사회가 있는 곳에 법이 있다(Where here is society, there is a law.)" "법은 이성(理性)의 명령(命令)이다(Law is the dictate of reason.)" "공평하고 선량(善良)한 것은 법 중의법이다(That which is equal and good is the law of laws.)" "법은 악인(惡人)을 위하여 제정되는 것이다(Laws were made for rogues.)" "법은 선인(善人)을 위해서 제정된 것은 아니다(Laws are not made for the good.)" "법은 강자(强者)가 무한(無限)의 위력(威力)을 남용하지 못하도록 제정된 것이다(Laws were made lest the stronger should have unlimited power.)"

"입법자(立法者)는 위법자(違法者)가 되어서는 안 된다(Law makers should not be law breakers.)"라고 했다. 입법기관인 국회를 구성하는 특수경력직 국가공무원(정무직공무원)으로서 국회의 다수의석을 차지한 제1야당인 더불어민주당 국회의원은 "이성(理性)의 명령이요, 공평하고 선량한 법을 입안(立案)하는 입법기술자로서 민생을 위한 입법기술자"가 되어야 한다.

새로 출범하는 윤석열 정부의 대통령이 선거공약으로 국민 앞에 약속한 국정과제와 정책을 실현하기 위한 법률안의 국회통과에 더불어민주당이 적극 협조하는 것은 "국가이익을 우선하여 양심에 따라 직무를 성실히 수행하는 것"으로서 헌법과 법률에 규정된 국회의원의 책무를 수행하는 것이다(헌법 제46조 제2항, 국회법 제24조, 국가공무원법 제56조 등).

국회 다수의석의 제1야당인 더불어민주당 국회의원이 불체포 특권 및 발언·표결의 면책특권을 무기와 방패삼아, 새로 출범한 윤석열 정부가 국회에 제출한 법률안에 대해 무조건 반대만 하거나 문재인 정권의 경제파탄(세금 퍼주기식 포퓰리즘 정책, 탈 원전정책 등)과 인권유린(귀순의사를 밝힌 탈북어민 강제북송, 북한군에 피살된 공무원의 '월북몰이' 등) 사건 및 대장동 게이트와 관련(대장동 비리, 쌍방울그룹 대북송금의혹 등)한 사건의 검찰수사를 막기 위한 방탕의 주역(主役)이 되어 '입법자가 아닌 위법자'로 전락할 것이 아니라 입법기술자로서 민생법률안을 제출하는 등 <**국가이익을 우선하여 일하는 선량**(選良)>이 되어야 한다.

12. 부패한 국회를 개혁할 최후의 방책

국민의 삶을 위한 입법기관으로서 민생과 국가이익을 우선하여 양심에 따라 직무를 수행하는 것이 아니라 오로지 정부정책의 발목을 잡고 놀면서 싸움질과 갑(甲)질 행위를 일삼으며 200여 가지의 특권과 특혜를 누리며 부정부패의 진원지(震源地)가 된 기관(특히 169석의 거대 야당인 더불어민주당)이 우리나라의 국회의 민낯이다.

우리나라의 국회의원은, 1억5천만원(매월 약 1,250원만원)의 세비에다 7명의 보좌관을 두며, 연간 특별활동비 564만원, 간식비 600만원, 해외 시찰비 약 2000만원, 차량관련 지원 1740만원, 택시비 1000만원, 야간 특근비 770만원, 문자 발송료 700만원, 명절 휴가비 820만원 등 1인당 1년간 7억700만원이 든다고 한다. 1억5,000만원의 후원금도 문제지만, 선거가 있는 해에는 3억 원까지 후원금을 받을 수 있는데, 선거비용은 국고(國庫)에서 환급(還給)된다. 이러한 특권과 특혜가 국회의원의 부정선거와 부패를 조장(助長)하는 요인(要因)이다. 이러한 온갖 특권과 특혜를 "염라대왕(閻羅大王)도 부러워 한다"고 한다.

이런 염치(廉恥)없는 특권과 특혜를 받는 국회의원이, 국민 통합(統合)이 아니라 국민을 분열(分裂)시키는 패거리정치, 국민을 편안(便安)하게 하는 정치가 아니라 국민을 불안(不安)하게 하는 입법쿠데타로 나라의 기강(紀綱)을 무너뜨리고 있다. 이런 특권과 특혜를 누리는 정상배(政商輩)들이 국정감사나 청문회에선 무식을 탄로 내며 치졸(稚拙)한 갑(甲)질행위로 망신을 자초(自招)하는 것이 우리국회의 민낯이다. 이러한 고질적(痼疾的) 병폐(病弊)인 우리나라 국회의 부정부패를 척결(剔抉)하기 위하여 아래와 같은 "국회 개혁안"을 제안한다.

첫째, 국회의원의 '정수300명(공직선거법 제21조: 지역구 국회의원 253명, 비례대표국회의원 47명)을 대폭 축소'하고, '비례대표제를 폐지'함이 타당하다. 비례대표제는 소수나 다수를 불문하고 선거결과 나타난 실제득표수에 비례하여 대표자를 선출하는 제도이나 다음과 같은 문제가 있다. 즉, 다수정당의 난립, 군소정당의 출현을 초래할 위험이 있고, 절차가 번잡하여 개표에서 당선인 결정까지 불안정이 계속되며, 선거의 '직접성(直接性)의 원칙(原則)'에 모순되고, 정당간부의 횡포를 가져오기 쉽다.

둘째, 불체포특권(헌법 제44조)을 폐지해야 한다. 국회의원은 현행범인 경우를 제외하고는 회기 중 국회의 동의 없이 체포 또는 구금되지 아니하며, 회기 전에 체포 또는 구금된 때에는 현행범이 아닌 한 국회의 요구가 있으면 회기 중 석방된다. 국회의원이 불체포특권을 빙자해 자신의 범죄나 비리혐의에 대한 검찰수사를 방해하거나 증거인멸 등으로 범죄자를 보호하며, 법 위에 군림하여 법 앞의 평등을 침해하는 특권을 폐지함으로서 평등권을 보장해야 한다.

셋째, 발언·표결의 면책특권을 폐지해야 한다. '국회의원은 국회에서 직무상 행한 발언과 표결에 관하여 국회 외에서 책임을 지지 아니 한다'(헌법 제45조). 이때의 '발언(發言)'은 국회의원의 직무상 행하는 모든 의사표시를 의미하고 여기에는 토론·연설·질문·사실의 진술 등이 포함되며, '표결(表決)'이라 함은 의제에 관하여 찬부의 의사를 표시하는 것을 말한다. 그러나 면책특권의 대상이 되는 직무상 발언이 아니라, 직무와 무관하며 사실에 기초하지 아니하는 허위사실 등에 관련된 진술 등 갑(甲)질 행위로 상대방을 비난하거나 모욕을 주어 제압하기 위한 방편으로 남용되는 사례가 많아 이를 폐지할 필요가 있다.

    넷째, 국회의원의 수당과 여비를 대폭 삭감하거나 조정해야 한다. '국회의원은 따로 법률에서 정하는 바에 따라 수당과 여비를 받는다(국회법 제30조)' 우리나라 국회의원들은 막말, 갑(甲)질 행위, 극한 대립과 투쟁, 특권과 이익추구, 탈세, 성추행, 뇌물 수수, 자녀 취업청탁, 비서관 등 월급갈취, 쪽지예산에 의한 국고손실, 출판 기념회(뇌물모금 회), 법안 끼워 넣기, 검찰 수사나 소환거부, 부정과 비리 등 탐욕과 타락은 끝이 없다. 이로 인해 우리나라의 국회는 입법기관이 아닌 위법기관으로 전락해 적폐청산의 첫째 대상이라고 비난받고 있다.

    국회는 2020년 5월 20일 마지막 본회의에서 억대 연봉을 받는 '교섭단체 정책연구위원'의 정원을 늘리는 <국회교섭단체 정책연구위원 임용규칙개정안>을 통과시켜 정책연구위원을 현재 67명에서 77명으로 10명을 증원했다. 10명 증원에 5년간 70억 3,500만원의 예산이 들어간다. 더불어민주당 의원들은 윤석열 대통령의 국회 시정연설(施政演說)에서 전원 퇴장했다. 하이에나 같이 사사건건 날선 공방(攻防)으로 다퉈온 여야가 자신들의 '밥그릇 키우기'란 공동이익(共同利益) 앞에선 손발을 맞춰 일사천리(一瀉千里)로 짬짜미한 '제 식구 챙기기' 규칙 개정안을 졸속처리(拙速處理)해 "이(利)의 노예집단(奴隷集團)"으로 전락(轉落)했다. 온갖 특권과 특혜를 누리는 국회의원의 수당과 여비를 대폭 삭감, 조정하거나 특권과 특혜를 폐지해야 할 이유다.

    여의도 정상배들이 꼼수로 세비와 활동비 등을 인상해도 아무도 통제하지 못한다. 국회의원이 보좌진을 선거운동에 투입하는 것을 당연시 했으므로 자기 세비로 보좌진을 고용했던 시절이 있었다. 1984년부터 보좌진은 국민 세금으로 월급을 받는 국회소속 공무원이 되었다. 외국은 대부분 보좌진의 업무를 '입법(立法) 활동' 지원에 한정하며, 그 숫자도 우리보다 훨씬 적다. 영국, 독일, 프랑스 등은 의원 당 보좌진이 2~5명에 불과하다. 일본도 3명이며 더 쓰려면 자비로 고용해야 한다. 스웨덴은 의원 4명당 보좌관 1명 정도를 두는데, 국민 세금이 아니라 소속 정당에서 월급을 주고 고용한다.

미국도 보좌관의 '선거운동'을 엄격히 금지한다. 일본은 코로나 때 의원 세비를 20% 자진 삭감했고, 독일 의회는 의원 정수(定數)를 줄였다. 그러나 우리는 해마다 의원과 보좌관 월급을 올렸다. 보좌진 숫자는 많지만 입법의 질(質)은 형편없다. 국민소득대비 의원세비는 OECD국가 중 셋째로 높지만 의회 효과성(效果性) 평가는 북유럽은 최고인데 우리는 꼴찌에서 둘째다. 우리 의원들은 연간 세비와 수당만 1억5000만원이 넘는다.

불법을 저질러 감옥에 가도, 국회 회의시간에 수백차례 코인거래를 하다 잠적(潛跡)해도 한 푼도 깎이지 않는다. 온갖 비리와 범죄를 저질러도 불체포 특권을 누리고 거짓말을 해도 면책특권을 받는다. 이러니 서로 국회의원이 되기 위해 선거 때마다 죽기 살기로 싸운다. 의원 세비를 도시 근로자 평균임금(월378만원) 수준으로 내리고, 각종 특권과 특혜를 없애면 의원이 되려고 서로 치고받을 일도 없을 것이니 정치가 정상화(正常化)될 것이다.

더불어민주당 한 의원은 12월 국회가 끝나자마자 보좌진 9명 전원을 지역구에 내려 보냈다고 한다. 작년 9월부터 보좌진 7명을 지역구에 내려 보낸 국민의힘 의원도 있다. 보좌진 1~2명만 남기고 모두 지역구에가 의원회관이 텅 비었다고 한다. 국회의원들이 보좌진을 선거운동원으로 동원하는 악습(惡習)이 이번 총선을 앞두고 되풀이되고 있다.

한국 정치의 정상화를 위한 정치혁명(政治革命)과 국가개조(國家改造)로 국회의원이 "청렴의 의무를 지니고 오로지 국가이익을 우선하여 양심에 따라 직무를 수행"하도록 법률제도를 정비하여 국회의원을 '매력(魅力) 없는 자리'로 만들면 정상배들의 '의원배지 쟁탈전'은 자연히 감소할 것이다. 이것만이 부정부패(不正腐敗)의 온상(溫床)이요, 진원지(震源地)인 국회를 개혁하는 '최후의 방책(方策)'이 될 것이다. 선거 때만 되면 "특권을 폐지한다"고 국민을 속이는 공약(空約)을 믿을 것이 아니라 주권자(主權者)인 국민이 들고 일어나 '국회의원 특권폐지 운동'에 동참(同參)해야 한다. 이를 위해 국민들의 의식(意識)이 깨어나야 한다.

13. 여의도 개사육장(故 金東吉 교수님의 글)

한강 옆 여의도의 쓸모없는 모서리에는 나라에서 관리하는 커다란 "개사육장(국회의사당)"이 하나 있다. 썩을 대로 썩고 악취 나는 똥개들 사육장엔 수캐가 251마리, 암캐가 49마리 도합 300마리인데, 진돗개는 너 댓 마리고 대다수가 광견병(狂犬病)에 걸려 보신탕집 개장수한테 팔고 싶어도 사간다는 데가 없다. 인애(仁愛)하신 주인께서 맛있는 사료와 최적(最適)의 사육환경(飼育環境)을 제공해 주었건만 그 은혜(恩惠)를 망각(忘却)하고 주인을 할 퀴고 물고 주인을 공격한다.

　사료도 최고급품으로 한 마리당 월 2000만원으로 사료 값이 만만치 않
다. 거기다가 7~8마리의 새끼 개까지 데리고 다니니 완전 개판세상이다.
똥개 주제에 인력거(人力車)도 최고급, 해외여행도 년 2회씩, 공짜로 시켜달
란다. 우리 같은 수천만 주민들이 똥개 사육하기에 허리가 휜다. 그중에 제
일 늙은 개 8살짜리 한 마리, 7살짜리 한 마리, 6섯 살짜리 대여섯 마리 그 나
머진 제 나이도, 제 이름도 모르는 지능지수(知能指數) 낮은 똥개들이 밤낮
없이 짖어대니 이거 원 시끄러워 단잠을 못자겠다.

> 언제 날 잡아 개 귀신 불러다가 똥개들 아가리에 고압전류(高壓電流) 먹게
> 해서 도살(屠殺)을 해야 할 텐데, 썩고 악취(惡臭) 심한 개고기는 아무도 안
> 드시겠다니 이걸 어쩌나? 모두 한강물에 수장(水葬)할까? 그럼 수질오염
> (水質汚染)으로 바닷고기도 죽을 텐데....개잡는 날 다들 모두 구경 오세요.
> - 개주인
>
> <출처> 여의도 개 사육장(飼育場)

14. 정부 예산안 놓고 치고받는 여야, 제 밥그릇 챙기기엔
대동단결하는 "광견들의 잔치판"

　여야가 7000억 원이 넘는 2023년도 "국회운영예산"에 대해 모처럼 '합
의'로 증액을 추진하고 있는 것으로 27일 나타났다. 여야는 윤석열 정부 정
책예산과 '이재명 예산' 등을 놓고는 수캐 251마리와 암캐 49마리가 이전투

구(泥田鬪狗)로 전쟁판(개싸움 판)을 벌려 왔으나, 막상 자신들을 위한 살림, 출장, 홍보예산 등 개사육장 보수공사를 위한 예산을 늘리는 데는 한 마음 한 뜻이 되어 수백억 원 증액에 '협치'하여 지금까지 대립해온 소이(小異)를 버리고 대동단결(大同團結)하는 꼼수를 보인 것이 참으로 점입가경(漸入佳境)이다.

민생은 포기한 채 오로지 '혈세(血稅) 도둑질'에만 혈안(血眼)이 된 여의도 개사육장의 수캐와 암캐들이 윤석열 정부의 새해 예산안을 놓고는 마치 광견병에라도 걸린 듯 이전투구(泥田鬪狗)로 물어뜯고 싸움질만 하더니, 올해의 개사육장 예산 6998억 원을 내년에 7167억 원으로 약 168억 원을 증액하는 내용의 예산안을 국회에 제출했다. 이 예산안은 정부가 국회사무처 등과 협의해 작성한 것이지만, 여야는 국회운영위원회의 예산안 예비심사에서 수백억 원대의 '추가증액'을 추진하고 있다. 이것이 우리나라 '개판국회'가 '일하는 모습의 전모(全貌)'다.

여야가 가장 큰 폭으로 증액하려는 예산은 각 국회의원에게 딸린 보좌관, 선임비서관, 비서관, 인턴 등 보좌직원들에게 지급하는 '인건비예산'이다. 여야는 6급 이하 비서관에 대해 보수지급의 기준이 되는 '호봉'을 일괄적으로 '3단계'씩 올려주기로 야합(野合)하고, 관련 예산을 42억7200만원이나 증액하기로 했다. "비서관의 정책 전문성을 향상하고 책임성을 강화하기 위해서"라는 사유를 들었다. 여의도 개사육장의 수캐와 암캐 및 그 새끼들의 '개밥그릇 키우기'에만 혈안이 되어 광견(狂犬)들만 살찌우는 '여의도 개사육장의 잔치판'이다.

또 의원차량 운전업무를 겸하는 보좌직원에게 지급하는 수당을 월5만원에서 20만원으로 올리는데 5억4000만원, 행정서무 업무를 담당하는 보좌직원을 위한 수당도 월5만원으로 신설하는데 1억8000만원을 지급하기로 야합했다. 의원들의 해외출장 관련예산인 '의원 외교활동' 예산은 정부원안에서부터 올해 대비 27억3200만원이 증액돼 올라왔다. 올해에는 95억1700만원이었으나, 내년에는 122억4900만원을 쓰겠다는 것이다. 특히 외국의회 의원들을 한국으로 초청하는 행사예산이 20억 원 이상 증액됐다. "국제정세의 불확실성, 복잡성강화로 의회 외교의 중요성이 높아졌다" "'위드 코로나' 속에서 점진적으로 외교활동 여건이 개선되고 있다"는 궤변이다.

여야는 각종 법안과 예산을 놓고 마치 원수처럼 싸우고 있다. 민주당은 윤석열 정부가 추진하는 공공주택 분양확대, 청와대 개방, 혁신형 소형 모듈 원자로(SMR)개발, 행안부 경찰국설치 예산은 깎고, 지역화폐와 임대주택 등 '이재명 표 예산'은 대폭 증액했다. 윤석열 정부 동의 없이 새 항목을 만들거나 증액할 수 없는데도 밀어붙였다. 경제는 위기고 민생안정은 위급한데 정치타산에만 골몰(汨沒)하고 있다. 그런데 국회의원 '밥그릇'과 관련 된 예산에는 여야가 손발을 맞춰 '한 몸처럼' 움직였다. 일본 의회는 코로나 때 고통분담 차원에서 2년간 세비를 20% 자진 삭감했지만, 우리 국회는 계속 세비를 인상했다.

여야는 하이에나처럼 싸우다가도 **"제 밥그릇 챙기는 일"**엔 놀랍게도 의기투합(意氣投合)하고 대동단결(大同團結)하는 기염(氣焰)을 토했다. 국회의 예산정국 때마다 상투적(常套的)으로 반복되는 '기적(奇蹟)'이다. 국회 운영위는 2024년도 국회예산을 올해보다 364억 원 늘어난 7881억 원에 합의했다. '정책전문성 강화'라는 명목으로 6급 이하 국회의원 보좌진 인건비를 43억4300만 원 올리겠다고 한다. 정쟁과 방탄, 입법폭주와 꼼수, 가짜뉴스 살포와 포퓰리즘 혈세 낭비만 하는 반면 186가지에 달하는 각종 혜택을 누리는 국회의원의 올해 연봉이 작년보다 1.7% 오른 1억5700만 원으로 확정돼 지난 20일 1300여만 원이 의원들에게 지급됐다.

'전당대회 돈봉투 살포' 사건으로 1심에서 징역 2년을 선고받은 윤관석 의원은 작년 8월 구속됐으나 지금까지 봉급을 받고 있다. 범죄혐의로 구속된 의원들도 수당, 상여 등을 그대로 받는다. 회의시간에 수백 차례 코인거래를 한 김남국 의원도 마찬가지다. 여의도 개사육장의 '밥그릇 챙기기 개판놀음'이다. 혈세 도둑다운 "광견(狂犬)들의 잔치판"이 갈수록 점입가경(漸入佳境)이다.

15. '노란봉투법'을 '합법파업보장법'으로 부르자는 이재명 대표

더불어민주당 이재명 대표가 노조의 불법파업으로 발생한 손해에 대해서도 기업이 손해배상청구를 제대로 할 수 없도록 하는 이른바 '노란봉투법'을 '합법파업보장법'으로 법명을 바꾸자고 제안했다. 불법파업 조장법을 '합법파업 보장법'이라고 둔갑(遁甲)한 이름을 붙인 괴물법이다. 이 대표가 이런 제안을 한 것은 '노란봉투법'에 대한 부정적 여론 때문이라고 한다. 그는 "노란봉투법이 불법파업을 보호하는 것으로 알려진 탓에 반대여론이 적지 않다"고 했다. 현행 노동관계법령은 합법파업 및 합법쟁의는 보호하고 있다.

그러나 민주당이 추진하는 위 법안은 불법파업이라도 직접적인 폭력·파괴가 없으면 영업손실 등에 대해 손해배상을 청구할 수 없다. 노조차원에서 계획한 것이면 노조원 개인은 소송에서 그 책임이 면제된다. 노조존립이 불가능할 정도면 소송을 할 수 없다는 단서까지 붙어있다. 이런 법안이 국회를 통과하면 노조는 불법폭력 파괴에 대해서도 손해배상책임을 지지 않게 된다. 법치국가에서는 불법행위로 타인에게 손해를 입힌 사람은 이를 배상할 책임을 진다. 노조의 불법파업을 제어(制御)할 마지막 장치까지 사라져 우리나라는 불법노조의 천국으로 전락하게 될 것이다.

법치국가에서는 불법행위로 타인에게 손해를 입힌 사람은 그 손해를 배상할 책임을 진다. 이것은 공동체의 질서유지를 위한 기본원칙이다. 민법 제750조는 "고의 또는 과실로 인한 위법행위로 타인에게 손해를 가한 자는 그 손해를 배상할 책임이 있다"라고 규정하고 있으며, 제759조는 "동물의 점유자는 그 동물이 타인에게 가한 손해를 배상할 책임이 있다"고 규정하여 동물이 타인에게 가한 손해까지도 동물 점유자에게 그 손해배상책임을 인정하고 있다.

위와 같이 민주사회의 근간과 사법질서를 파괴하는 '합법파업보장법' 이하는 노동악법을 발의한 제1야당으로 '이재명 방탄정당'이라는 오명(汚名)을 가진 더불어민주당과 그 대표인 이재명 의원은, 입법기관으로서의 자질(資質)과 자격이 있는지도 의문이다. 국회 169석을 차지한 거대 야당이 이재명 대표의 부정과 비리사건(대장동 게이트)에 스스로 명(命)줄을 내건 것이 이해할 수 없다.

명색(名色)이 제1야당 대표라는 그가 오늘날 대한민국 정치판에 '어떤 기여'를 했고, 앞으로 '어떤 역할'을 할 것인지 가늠조차 할 수 없다. 대한민국의 제1야당에 그렇게 인물이 없으며, 고작 그런 수준의 정당밖에 안 되는가? 더불어민주당은 이제 '이재명 방탄정당'이라는 오명을 벗고 명망(名望)을 누리는 정당으로 다시 태어나야 할 것이다. 그래야 윤석열 정권이 실패라도 할 경우 나라를 구할 대안세력(對案勢力)으로서의 존재감이라도 회복할 수 있을 것이나 그런 희망마저 보이지 않는다.

이런 수준의 국회의원이 과연 "국가이익을 우선하여 직무를 수행"할 수 있는지 심히 우려될 뿐이다. 이들이 발의한 '합법파업보장법'은 "대한민국의 경제 질서는 개인과 기업의 경제상의 자유와 창의(創意)를 존중함을 기본으로 한다"는 헌법의 "경제 질서의 기본이념"에 정면으로 위배되는 위헌법률이다. 제1야당으로서 의회 169석을 차지한 더불어민주당은 이제 다수당의 독주와 폭거를 멈추고 싸우면서도 대화하고, 주장하면서도 타협하고, 원칙을 끝까지 견지고수(堅持固守))하며 오로지 "국가이익을 우선으로 하여 직무를 양심에 따라 성실히 수행"하는 국회의원이 되어야 할 것이다.

더불어민주당과 정의당은 2월 17일 불법파업을 조장하는 위헌적 망국법(亡國法)인 '노란봉투법'을 국회 상임위 강행통과에 이어 곧 본회의 상정을 강행할 방침이다. 이 법안은 자기회사도 아닌 하청기업(下請企業)의 노조가 실질적 지배권을 가진 원청(原請) 사업주(事業主)를 대상으로 단체교섭·단체행동을 할 수 있도록 했다. '노란봉투법'은 자기회사도 아닌 하청기업 노조의 쟁의행위까지 책임지게 하고 불법파업에 대한 노조를 상대로 손해배상청구소송을 사실상 금지한 위헌적 망국법이다. 대부분 하청기업은 독립적 경영판단과 수익분배권을 갖고 운영한다. 이런 하청기업의 노조에 원청기업주를 상대로 한 노동쟁의를 하게 하면 부작용이 발생할 수밖에 없다.

원청(原請)기업이 하청(下請)기업 근로자의 임금·근로조건에 대해 법적 책임을 지지 않는 지금도 대우조선해양 하청기업 노조가 51일간의 작업장 불법점거로 대우조선해양 측에 8000억 원의 생산차질(生産蹉跌)을 빚었다. 앞으로 이런 일이 더 빈번(頻煩)해질 것이다. 수많은 하청기업을 거느린 대기업이 하청기업 노조들과 일일이 교섭한다는 것도 극히 비현실적이다. '노란봉투법'의 국회 상임위 강행통과가 또 하나의 '헛발질'이 되어 쓰러지게 될 것이다.

16. 세금으로 운동권 카르텔 지원하는 '사회적 경제 3법'은 반사회적 악법

더불어민주당이 문재인 정부 때부터 추진해온 '사회적 경제 3법'을 국회에 상정하지 않으면 내년 예산세법 개정안 심사를 안 하겠다며 입법횡포를 반복하고 있다. '사회적 경제 3법'이란 정부·지자체가 구매하는 재화·서비스의 10%를 사회적 기업과 각종 조합에서 구매하고, 국유재산을 무상 대여 하거나 교육·훈련지원 등에 자금을 지원하는 내용을 담고 있다. 사회적 기업이나 각종 조합은 시민단체들이 설립한 곳이 많아 결국 국민 혈세로 시민단체를 지원하는 '시민단체 특혜 3법'과 같다.

문재인 정권 시절 많은 사회적 기업이 좌파시민단체나 운동권출신들이 국민 혈세를 뜯어먹는 매체로 이용됐다. 박원순 전 서울시장 10년간 시민단체들은 온갖 사업영역에 진출해 보조금을 따먹었다. 서울시가 1조7000억 원을 투입하겠다고 했던 태양광사업도 운동권출신의 먹잇감이 됐다. 마을공동체사업에선 지원금 절반이 인건비로 지출되기도 했다. 혈세를 '눈먼 돈'처럼 나눠 먹은 것이다. 시민단체 출신들이 서울시 사업업체 선정위원이 되어 일감을 몰아줬다. 이 단체들이 또 다른 시민단체에 용역을 재 하청하는 등 '세금 따먹기 먹이사슬'을 구축했다.

더불어민주당은 시민단체 먹이사슬에 지속적으로 국민 혈세를 공급하는 시스템을 아예 법으로 제도화하겠다고 하는 것이다. 기업은 자신의 기술과 능력으로 이익을 내고 일자리를 창출할 수 있어야 기업으로서의 존재가치가 있다. 이익을 낼 능력이나 기술 없어 국가와 사회에 부담만 지우는 부실기업이 '사회적 가치' 운운하면서 국민 혈세를 따먹으려는 기생충 같은 발상 자체가 반사회적 병폐. 사회적 가치실현을 빙자한 반사회적 암덩어리만 육성시킨 것이다. '사회적 경제 3법'은 국민 혈세로 운동권이익 카르텔을 먹여 살리겠다는 "반사회적 악법"이다.

'촛불중고생시민연대(촛불연대)'라는 단체가 서울시에서 지원받은 돈으로 중, 고교학생들을 상대로 '친북성향 강연'을 수시로 연 것으로 확인됐다. 촛불연대는 2021년 3~4월 서울시장 보궐선거 직전 '청년 프로젝트 · 시민학습 프로그램 지원사업' 명목으로 5500만 원의 서울시 보조금을 받았다.

이 돈으로 중·고교생과 대학생들을 대상으로 친북성향 강연을 7차례 이상 열었다. 일부 전교조 교사는 학생들에게 집회참여를 종용(慫慂)했다. '촛불' '청소년'이라는 간판을 걸고 국민혈세를 지원받은 뒤 친북과 정치활동에 쓴다는 것은 촛불, 청소년, 납세자인 국민을 속이는 것으로 이들에게 지원한 혈세 전액을 반드시 환수하여 세금도둑을 발본색원(拔本塞源)해야 한다.

17. "어게인 세월호, 광우병"은 망국좌파의 몽상

대선에서 패배한 쪽은 승자(勝者)의 성공을 바라는 것이 정치도의(政治道義)다. 대선에서 승리한 정권이 순항(順航)해야 치국평천하(治國平天下)할 수 있다. 그러나 지난 대선 날 밤 승패(勝敗)가 판명되는 순간 민주당 의원들은 "5년 금방(今方)간다"고 했다. 윤석열 대통령의 임기 5년을 없는 셈치고 버틴다는 심산(心算)이다. 윤석열 정권 출범(出帆)두 달 만에 민주당 의원은 '탄핵(彈劾)'을 주장했고, 대통령 부인에 대한 '특검법'을 발의했다.

더불어꼼수당 머릿속에 촛불이 켜지면서 '광우병' '세월호' 파동의 회상(回想)에 잠겨 이명박 정부 때처럼 윤석열 정부출범 첫해에 뇌사상태(腦死狀態)로 몰아넣는 청사진(靑寫眞)이 그려졌다. 2008년 봄 촛불의 주역(主役)들이 작전(作戰)을 계획하고, 문재인 정부에서 성장한 민노총은 거리의 결사대(決死隊)로 나설 채비를 갖추는 등 촛불 쿠데타에 대한 더불어꼼수당의 기대(期待)가 한(限)껏 부풀어갈 무렵 이태원 참사가 터졌다.

민주연구원 부원장이란 사람은 "이태원 참사는 청와대 이전(移轉) 때문에 벌어진 인재(人災)"라고 페이스북에 썼고, "용산 대통령실로 집중된 경호인력(警護人力) 탓"이라고 했다. 이태원 참사를 윤석열 정부에 대한 공격 소재로 활용(活用)한 것이다. 꼼수당 싱크탱크의 두뇌회로(頭腦回路)는 그렇게 작동했다. 김어준의 뉴스공장에 출연한 꼼수당 의원은 이태원 참사 원인으로 '마약과의 전쟁'을 지목(指目)했다. 한동훈 법무장관이 치안 에너지를 마약퇴치(痲藥退治)쪽으로 돌리는 바람에 질서유지(秩序維持)가 소홀(疏忽)해졌다는 주장이다.

꼼수당에선 이태원 참사가 '세월호에 비견(比肩)될 파장(波長)' '최소한 2년 갈 이슈(issue)'라는 말도 나왔다. 그렇게 되길 바라는 속내를 드러낸 것으로 이태원 희생자들에게도 "미안하다" "고맙다"는 심정이었을 것이다. 그러나 상황은 그들의 희망대로 흘러가지는 않았다. 이태원 희생자 명단을 공개하자는 꼼수당 주장은 반대여론에 부딪쳐 무산(霧散)됐고, 이태원 추모공간을 윤석열 정부를 겨누는 비수(匕首)로 삼으려던 구상(構想)마저 허물어졌다. 윤석열 정부를 길들이려던 정치파업도 계획과 동떨어진 모양새로 전개(展開)됐다.

화물연대, 지하철 노조, 철도 노조, 건설 노조가 릴레이 파업에 시동(始動)을 걸 때만해도 노조 승리, 정부 굴복으로 결론이 날 것 같았으나 선봉(先鋒)에 섰던 화물연대가 보름 만에 백기투항(白旗投降)하고 파업을 접었다. 윤석열 정부의 법과 원칙에 따른 엄정대응(嚴正對應)과 싸늘한 국민여론(國民輿論)때문이다. 자신들의 철 밥통을 끌어안은 민노총의 기득권(旣得權) 때문에 바늘구멍이 된 취업문(就業門) 앞에서 신음(呻吟)하는 젊은 세대도 등을 돌렸다.

파업손실 책임을 노조에게 추궁할 수 없는 '노란봉투법'으로 안전망(安全網)을 깔아주겠다는 야당에 대한 시선(視線)도 싸늘했다. 진보(進步)깃발을 흔드는 우리나라 야당은 오로지 정권탈취(政權奪取)가 목표로 세월호 비극, 광우병 사태와 같은 국가적 혼란마저 정권쟁탈수단으로 삼는 망국세력(亡國勢力)이다. 이제 국민들도 그들의 정체(正體)를 눈치 챘다. 더불어꼼수당의 "어게인(again) 세월호, 광우병" 몸부림은 망국좌파몽상(亡國左派夢想)으로 끝나가고 있다.

18. 자기정치를 위해 닥터카를 콜택시로 쓴 더불어민주당 신현영 의원

전 명지병원 의사였던 더불어민주당 신현영 의원이 20일 이태원 참사 국정조사특위 위원직을 사퇴했다. 이태원 참사 당일 의료진의 긴급이동수단인 '닥터카'를 콜택시처럼 이용하고, 이 때문에 의료진의 참사현장 도착을 20~30분정도 지연시켰다는 의혹이 제기된 지 하루만이다. 신 의원은 전날까지만 해도 "국회의원 자격이 아닌 응급의료팀 일원으로 함께 움직이는 게 도움이 된다고 판단했다"며 갑(甲)질을 부인했지만 치과의사인 남편의 닥터카 동승사실이 드러나며 여론이 악화되자 태도가 돌변(突變)했다.

고양시의 명지병원 재난의료지원팀은 이태원 참사 당시 구급요청을 받고 사고현장으로 향하던 중 서울 마포구의 신 의원자택 부근에 들러 신 의원을 구급차에 태웠다. 이로 인해 출동요청에서 현장 도착까지 54분이 걸려 20~30분 늦었다고 한다. 신 의원은 닥터카에 치과의사인 남편까지 태웠다. 이에 대해 신 의원은 "참사현장에 의료진이 한 명이라도 더 있으면 도움이 될 것이라 생각했다"고 변명(辨明)했지만 치과의사의 도움이 될 현장이 아니었다. 신 의원이 참사현장에 15분밖에 머무르지 않았다는 사실이 알려지자 국민의힘은 "사상최악의 갑(甲)질이자 직권남용"이라고 비판했다.

신 의원은 이후 복지부장관 차를 타고 국립중앙의료원으로 이동한 것으로 알려졌다. 몇 시간 뒤 신 의원은 자신의 SNS에 "긴박했던 현장상황을 기록으로 남긴다. 재난의료지원팀 원으로서 현장에 나갔다"며 사진 5장과 동영상 1편을 게시했다. 15분 동안 구조 활동을 했다는 궤변(詭辯)이다. '자기 정치'를 위해 닥터카를 사적으로 이용하고, 남편을 사진 찍는 사람으로 데려간 것 아닌가? 참사현장에 다녀온 뒤 신 의원은 더불어민주당 주도(主導)로 출범(出帆)한 '이태원 참사 국정조사특위' 위원으로 발탁(拔擢)됐다.

국민의힘 권성동 의원은 "소위 자신의 정치적 그림을 따기 위해 재난을 무대소품으로 활용한 것이 아닌가. 참으로 개탄(慨歎)스러운 일"이라고 했다. 논란이 일자 신 의원은 이날 오전 "본질이 흐려지고 정쟁의 명분이 되어서는 안 된다고 판단했다"며 이태원 참사 국정조사 특별위원회 위원자리를 사퇴하겠다고 밝혔다. 하지만 국민의힘은 국조위원직 사퇴뿐 아니라 형사처벌까지 해야 한다고 했다.

시민단체 서민민생 대책위원회는 직권남용, 공무집행방해, 응급의료법 위반 등 혐의로 신 의원을 경찰에 고발했다. 여당 비판에 대해 더불어민주당 오영환 원내대변인은 "신 의원에 대해 저열한 정치공세가 펼쳐지고 있다"고 했고, 국조특위 간사인 김교흥 의원은 "정치가 비정해도 너무 비정하다"고 신 의원을 엄호(掩護)했다. 신 의원이 직권을 남용해 응급의료법을 위반했는지, 신 의원에 대한 저열한 정치공세가 비정(非情)한지는 국민이 판단할 문제다.

19. 시대착오적 국회의원의 불체포특권, 발언·표결의 면책특권을 폐지하라

뇌물 6000만원 수수혐의를 받는 더불어민주당 노웅래 의원의 체포동의안이 지난주 국회 본회의에 보고됐다. 노 의원은 동료의원들에게 보낸 편지에서 자신에 대한 수사를 '검찰 농단' '야당 탄압'이라 주장하며 부결해 줄 것을 호소했다. 이런 호소를 하는 노 의원의 비열(卑劣)한 작태(作態)가 '검찰 농단'이 아닌가? 이 체포동의안은 오는 28일 국회 본회의에 상정돼 표결될 전망이다. 21대 국회에서 지금까지 3명의 국회의원 체포동의안이 모두 가결됐지만 노 의원 건은 부결될 가능성이 크다고 한다.

더불어민주당이 성남FC 후원금 의혹, 대장동·백현동 의혹 등 이재명 대표에 대한 검찰수사를 야당탄압으로 규정하고 단일대오(單一隊伍)를 강조하는 상황에서 노 의원 사안만 달리 대응해선 안 된다는 기류가 강하기 때문이다. 이번 체포동의안건을 언제 날아올지 모르는 이재명 대표 체포동의안 표결의 '예행연습(豫行演習)'으로 여긴다는 것이다.

헌법은 "국회의원은 현행범인 경우를 제외하고는 회기 중 국회의 동의 없이 체포 또는 구금되지 안한다(제44조 제1항)."고 규정하고 있다. 이 규정은 과거 군사정권이 국회 위에 군림하며 억압하던 시절, 국회의원들의 의정활동을 보호하려는 취지였다. 불 체포특권은 행정부의 억압으로부터 국회의 자율적인 활동을 보장하기 위하여 인정된 것으로, 의원의 범죄행위에 대한 책임면제가 아니라 행정부에 의한 부당한 체포, 구금으로부터 자유로운 국회기능을 보장하는 것이 그 목적이다.

이 불 체포특권은 의원의 신체의 자유를 보장하여 의원으로서의 기능발휘의 토대를 보장하여 자유로운 국회기능을 보장하려는 일종의 특권이나 부패한 의원들이 뇌물 수수나 횡령 같은 파렴치한 범죄를 범한 후 "체포하지 말라"고 법망을 피해가는 "면죄부(免罪符)" 및 "탈출구(脫出口)"로 전락(轉落)했다. 이러한 자신들의 부패상을 의원들 스스로 인정하고 '선거 때'만 되면 '불 체포특권을 포기 한다'는 공약(公約)을 한 후 당선되면 그 공약(公約)이 "공약(空約)"으로 변한다. 의원 대부분이 '잠재적(潛在的) 피의자' 또는 '전과자(前科者)'들 이기 때문이다.

그런 관점에서 개인 비리혐의자인 노웅래 의원을 감싸고도는 더불어민주당의 작태(作態)는 시대착오적(時代錯誤的) 부패정치의 표상(表象)이다. 여의도 개사육장의 국민혈세 도둑떼로 비난받는 일부 국회의원의 범죄와 비리에 대한 방탄용, 방패용으로 전락한 구시대적 "불체포특권" 및 정부에 대한 정책통제기관으로서의 기능과 국회의원의 자유로운 직무수행의 보장을 빙자한 가짜뉴스와 조작, 왜곡된 여론을 양산(量産)하는 "발언.표결의 면책특권"을 폐지하는 것만이 진정한 '정치개혁'이자 '국회개혁'이요, '국가개조'다.

시민단체 '특권폐지국민운동본부'가 국회의원 300명 전원에게 '각종 특권·특혜 폐지에 대한 찬반'을 묻는 문서를 보냈다. 그런데 찬성 의견을 밝힌 의원은 국민의힘 6명과 무소속 1명 등 7명뿐이었다고 한다. 여야 지도부를 포함해 293명은 응답하지 않았다. 일부 의원은 '함께 답변하지 말자'는 사발통문(沙鉢通文)을 돌렸다. "우리가 무슨 특권을 누리고 있다고 그러느냐"고 반발한 중진 의원도 있었다고 한다. 이런 정상배들이 선거 때마다 '불체포특권과 면책특권 등을 내려놓겠다'고 유권자를 기만(欺瞞)해왔다. 이재명 민주당 대표는 대선공약으로 내세웠다.

국민의힘 의원 50여 명은 '불체포특권을 포기 하겠다'는 대국민 서약 회견까지 했다. 세비를 깎겠다는 공약도 한두 번이 아니었다. 겉으로는 '각종 특권과 특혜를 내려놓겠다'고 하더니 뒤에선 '포기할 수 없다'는 것이다. 혈세 도둑으로 비난받는 여의도 정상배들이 누리는 혜택은 186가지나 된다고 한다. 반면 이들이 하는 일이라곤 오로지 정쟁(政爭)과 방탄(防彈), 입법폭주와 꼼수, 정부 정책의 발목잡기, 청문에서의 저질(低質)과 유치(幼稚)한 갑(甲)질 행위, 혈세낭비나 도둑질뿐이다.

여야가 원수가 되어 하이에나(hyena)처럼 이전투구(泥田鬪狗)하다가도 '자기 밥그릇' 늘리고 '선심예산' 처리할 땐 의기투합(意氣投合)하여 기염(氣焰)을 토하는 정상배들이다. 이러한 여야 정상배(政商輩)들의 가장 큰 관심은 오로지 온갖 혜택을 누리기 위해 다음 선거에서 다시 공천(公薦)받아 당선되는 것뿐이다. 이러니 권력 줄 세우기와 극단적 대결정치(對決政治)가 판칠 수밖에 없다. 이런 정상배들은 입법(立法)과 의정(議政) 및 민생(民生)의 개념조차 모르는 시정잡배(市井雜輩) 수준의 집단이다.

31일 국회 앞에서 시민 3000명과 함께 특권폐지 촉구집회를 가진 특권폐지국민운동본부는 다음 총선에서 모든 출마자에게 '특권폐지 찬반'을 물어 '국민에게 공개 하겠다'고 했다. 제대로 일을 할 의지(意志)나 능력(能力)과 실력(實力)도 없이 오로지 혈세만을 낭비하며 구태정치(舊態政治)만을 일삼는 정상배들이 혜택은 과도하게 누리지 않는지를 국민이 직접 투표로 심판해야 한다. 다음 총선에서 유권자는 정상배들에게 "투표용지는 총알보다도 강하다(The ballot is stronger than the bullet.)."는 것을 반드시 보여줘야 한다.

20. 뇌물혐의 노웅래 의원 체포동의안 부결

더불어민주당이 6000만원의 뇌물 및 불법정치자금 수수혐의로 구속영장이 청구된 노웅래 의원에 대한 체포동의안을 다수의석으로 부결했다. 21대 국회 들어 현역의원 체포동의안이 부결된 건 처음이다. 정치권에서는 이재명 대표의 '사법 리스크'가 본격화한 상황에서 민주당이 '방탄 국회' 논란을 자초(自招)했다는 지적이 나온다. 28일 국회 본회의에서 노 의원 체포동의안은 여야의원 271명이 투표에 참여해 찬성 101표, 반대 161표, 기권 9표로 부결됐다. 현재 169석을 가진 민주당 의원 대부분이 반대표를 던진 결과다. 정의당 의원 6명 전원은 찬성입장을 미리 밝혔다.

노웅래 의원은 용인 물류단지개발 등 청탁대가로 6000만원의 노물 및 불법청치자금을 혐의로 사안 자체가 명백한 개인비리 범죄다. 노 의원이 떳떳하다면 법원의 영장실질심사에 출석해 구속의 당부를 다퉜어야 한다. 이날 법무장관은 국회에서 노 의원이 뇌물을 받으며 '고맙다'고 한 말까지 녹음돼 있다고 했다. 그동안 많은 부패사건 수사에서 '이렇게 명확한 증거는 처음 본다'고도 했다. 그래도 더불어민주당 의원들은 체포동의안에 반대했다.

이런 현상이 "의원의 불체포특권" 폐지를 주장하는 근본요인이나 도리어 파렴치범죄를 저지른 후안무치(厚顔無恥) 의원들이 법망을 피해가는 탈출구(脫出口)로 악용되고 있어 여야 모두가 불체포특권 폐지를 공언(公言)해 왔다. 이재명 대표도 지난 대선 때 "폐지에 100% 찬성한다"고 했다. 민주당은 21대 국회 들어 민주당 출신을 포함해 의원 3명에 대한 체포동의안을 모두 가결시켰다. 그러나 돌연 노 의원에 대한 체포동의안을 부결시킨 것은 이재명 대표 때문이라는 말이 나온다.

이 대표 체포동의안이 곧 국회에 상정될 가능성이 있는데, 노 의원 체포동의안을 부결시켜야 이 대표 건도 반대할 명분이 선다는 치졸한 꼼수다. 이재명 대표는 28일 성남FC 사건관련 검찰 소환조사를 거부하고 개선장군(凱旋將軍)인양 광주로 달려가 '검찰 규탄 연설회'를 열었다. 이 대표는 "민주주의가 무너지고 있다"며 "우리 이웃과 가족을 지키기 위해 함께 싸우자"고 했다. 이 대표의 개인비리 의혹과 민주주의, 이웃, 가족이 무슨 상관인가. 민주당은 이날 검찰 규탄 결의문까지 냈다. 비리의 온상이 된 여의도 혈세 도둑떼들의 적반하장(賊反荷杖)도 유분수다.

제1야당인 더불어민주당이 올해 들어 한 일이란 고작 문재인 정권 5년간의 적폐수사와 건국 이래 최대 부동산 투기사건인 이재명 대장동 게이트 수사에 대한 "방탄(防彈)조끼" 역할 말고 한 일이 무엇인지 국민들은 묻지 않을 수 없다. "국가이익을 우선하여 양심에 따라 성실히 직무를 수행 한다 (헌법 제46조 제2항, 국회법 제24조)"는 더불어민주당 의원들이 경제위기를 극복할 투자활성화법안은 모조리 반대하고 나라장래를 위한 노동, 교육, 연금 개혁은 '나 몰라'라 하면서 오로지 '대장동 돈 잔치' 수사를 막는데 혈안이 되고 있다.

군사정권시절의 유물(遺物)인 불체포특권으로 여의도 정상배들의 범죄와 비리은폐를 위한 방탄조끼 노릇이나 자행(恣行)하는 더불어민주당은 '공당(公黨)'인가? '사당(私黨)'인가? 민노총의 '하부조직'인가? 이재명 대표 개인비리를 비호하는 '더불어방탄당'인가? 더불어민주당은 다음 총선에서 그에 상응(相應)하는 엄중한 심판을 선물로 받을 날이 머지않았다.

21. 민주당의 법안편법처리 꼼수입법에 범죄혐의 윤미향을 동원한 후안무치

더불어민주당은 2023년 1월 8일 임시국회가 종료된 직후 곧바로 새 임시국회소집을 요구할 것으로 알려졌다. 노웅래 의원에 대한 체포동의안부결에 이어 이재명 대표에 대한 구속영장청구에 대비해 '방탄 국회'를 열려는 꼼수라는 지적이 나온다. 민주당은 민생법안처리와 '이태원 참사조사' 등을 소집명분으로 내세우고 있다. 그러나 윤석열 정부가 국회에 제출한 민생법안 대부분을 막아놓고 '1월 국회'를 열려는 것은 '이재명 방탄'을 위한 꼼수라는 관측이다.

민주당이 국회 농림축산식품해양수산위에서 쌀 초과 생산분을 정부가 의무 매입하도록 하는 내용의 '양곡관리법개정안'을 본회의에 곧바로 상정하는 안을 강행처리했다. 국민의힘이 위원장을 맡은 법사위에서 제동이 걸리자 아예 '법사위 심사'를 없애버린 것이다. 그런데 본회의 직접회부에 필요한 '상임위 재적 5분의3' 요건을 채우기 위해 '무소속 윤미향 의원'을 동원한 꼼수를 부렸다. 두 달 전 농해수위에서 이 법안을 단독처리 할 때도 안건조정위에 윤 의원을 꼼수로 집어넣었다. 윤 의원의 사용용도는 고작 꼼수입법용일 뿐이다.

윤미향 의원이 위안부 할머니를 위한 돈 1억 원을 개인용도로 사용한 혐의로 기소되자 그를 '출당(黜黨)'시키더니 법안 편법처리 꼼수시마다 일방처리의 '도우미'로 악용하고 있는 후안무치(厚顏無恥)를 반복하고 있다. 윤석열 정부는 양곡관리법이 쌀 과잉생산을 부추긴다고 반대했고, 문재인 정부도 반대했으나 '농민 표'를 의식한 민주당 정상배들은 지난 10월 이 법안을 단독 처리했다. 그때 국민의힘 대신 소수당 몫 안건조정위원으로 들어가 법안에 찬성한 게 '꼼수의 상징'인 정상배 윤미향 의원이다. <정상배(政商輩 : Politician)는 '다음 선거'만 생각하고, 정치가(政治家 : Statesman)는 '다음 세대(世代)'를 생각한다>고 했다.

윤미향 의원은 위안부 할머니 이름으로 모은 돈을 사적으로 쓴 혐의로 재판을 받고 있다. 그는 민주당에서 제명됐으나 탈당(脫黨)이 아니라 의원직을 유지했다. 징계를 빙자(憑藉)해 국민을 속인 것이다. 그의 재판은 기소된 지 13개월 만에 열렸으나 아직 1심판결이 선고되지 않았다. 4년 임기를 다 채울 수도 있다. 위장 출당시킨 뒤 '꼼수 입법'의 편법처리 도구로 전락한 윤미향 의원은 이에 보답이라도 하듯 적극 응하고 있다. 파렴치한 비리와 범죄의 극치(極致)를 보여준 정상배라면 최소한 자숙(自肅)하는 시늉이라도 해야 할 것이나 지지층만을 바라보면서 무슨 꼼수든 할 수 있다는 윤 의원의 후안무치(厚顔無恥)도 유분수(有分數)다.

22. 민주주의를 파괴한 집단이 "민주주의 후퇴"를 막겠다는 후안무치

문재인 전 대통령과 이재명 더불어민주당 대표가 2일 만나 "어렵게 이룬 민주주의가 후퇴하지 않도록 지켜야 한다"고 말했다. 한국의 민주주의와 법치를 파괴한 장본인(張本人)들의 후안무치(厚顔無恥)한 궤변이다. 문재인 정권 5년간 민주주의 파괴행태는 헤아리기가 힘들 정도다. 공정한 선거와 언론은 민주주의의 근본이나 문재인 정권은 출발시점부터 드루킹 여론조작으로 시작됐다.

2020년 총선을 앞두고 야당의 반대를 무릅쓰고 선거법을 제멋대로 뜯어고쳤고, 회기 쪼개기 등 온갖 꼼수를 동원했다. 문 대통령은 '30년 친구'를 울산시장에 당선시키기 위해 청와대 8개 조직이 나서서 야당 후보를 억지 수사하게 하고 다른 후보를 매수하는 한편 선거공약을 만들어주며 선거공작을 벌였다. 더불어민주당은 징벌적 손해배상을 통해 비판언론에 재갈을 물리는 '언론중재법'을 밀어붙였다. 김여정이 하명(下命)하자 국제사회가 인권침해라고 반대한 '대북전단금지법'을 강행했다.

5.18에 대해 문재인 정부발표와 다른 주장을 하면 감옥 보내는 악법도 시행했다. 문 대통령 비판 대자보를 붙인 청년을 압수수색하고 주거침입으로 재판에 회부했다. 문 대통령과 그 정권의 비리와 범죄를 수사한다고 검찰수사팀을 공중 분해시키는 등 세계 민주국가 어디에도 없는 폭거를 자행했다. '검수완박법'이라는 악법을 강행처리했다. 이들의 입에서 "민주주의가 후퇴하지 않도록 지켜야 한다"는 것은 망발(妄發)이요, 궤변(詭辯)이다.

문재인 정권에선 대법원장까지 정권의 하수인(下手人)역할을 해왔다. 김명수 대법원장의 지시를 받는 사법부는 문재인 정권 비리관련 사건을 정권과 코드가 맞는 판사에게 맡겨 재판을 수년간 질질 끌며 직무를 유기했다. 그래도 김명수 대법원장은 "사법부에 새로운 제도와 문화가 견고히 뿌리를 내리고 있다"고 자화자찬(自畵自讚)을 늘어놓았다. 한국의 민주주의를 파괴한 무리들의 후안무치(厚顔無恥)도 유분수(有分數)다.

23. 북한 무인기 맞대응(對應)이 '정전협정 위반'이라는 민주당의 궤변

윤석열 대통령이 지난달 26일 북한의 무인기 침범에 대응(對應)해 우리 무인기를 보내라고 지시한 것에 대해 더불어민주당 박성준 대변인은 8일 "즉흥적이고 어설픈 대응"이라며 "정전협정 위반"이라고 했다. 먼저 군사분계선을 넘은 북한 도발에 대해 '비례성 원칙'에 따라 대응하려는 것인데 '정전협정 위반'이라고 우리 정부를 향해 화살을 쏜 것이다. 더불어민주당은 남북 어느 쪽의 이익을 추구하는 정당인가? "정당의 목적이나 활동이 민주적 기본질서에 위배될 때"에는 정부는 헌법재판소에 그 해산을 제소할 수 있고, 정당은 헌법재판소의 심판에 의하여 해산된다(헌법 제8조 제4항)."

북한의 도발에 비례대응(比例對應)하는 것은 '자위권' 행사다. 자위권(自衛權 : right of self-defence)이라 함은 외국으로부터의 침해에 대해 자국의 권리와 이익을 방위하기 위하여 필요하다고 인정되는 조치를 취할 수 있는 권리를 말한다. 긴급한 경우나 불가피한 경우에는 다른 나라의 권리를 침해하더라도 국제법상 적법한 것으로 인정되고 있다. UN헌장 제51조도 자위권을 국가의 <고유의 권리>로 인정하고 있다.

우리가 맞대응으로 침투시킨 무인기를 북한은 전혀 탐지하지 못했다. 그래서 북한군 서열 1위인 박정천이 해임됐다는 말이 나오고 있다. 윤석열 대통령의 맞대응 지시는 매우 효과적인 대응책이다. 북한은 무인기 다섯 대를 서울 상공까지 침투시켰지만 우리 군은 무인기 두 대를 휴전선 넘어 5km까지 보냈을 뿐이다. 정상적인 나라의 '야당'이라면 우리 군이 '왜 북한의 무인기 침투에 대응 강도를 낮췄느냐'고 질책(叱責)하는 게 상식이다.

그런데 더불어민주당은 북한의 무인기 침투에 자위권 행사로 맞대응한 것이 '정전협정 위반'이라며 북한이 해야 할 억지주장을 대변하고 있다. 북한은 1995년과 2013년 등 정전협정을 수차례 일방적으로 파기를 선언했고, 문재인 정부와 체결한 9.19합의 위반도 다반사(茶飯事)다. 그런데도 더불어민주당은 북한이 먼저 우리 영토를 침범해도, 미사일로 공격해도 그냥 바라만 보고 있으라는 것인가? 제1야당인 더불어민주당의 "목적이나 활동이 민주적 기본질서에 위배 되는 것"을 보고 북한 김정은은 무슨 생각을 할까? 야당은 대답하라!

24. '방탄 정당'된 민주당의 '방탄 출두' 및 '방탄 국회' 개원(開院)꼼수

이재명 더불어민주당 대표가 1월 10일 '성남FC 불법 후원금 사건' 피의자로 성남지청에 출석하기 위해 본관 건물 앞 포토라인에서 준비한 입장문을 읽으려할 때 한 시민이 "목소리가 작습니다. 쫄았습니까?"라고 말하자 이 대표는 그를 향해 검지를 입에 갖다 대며 '쉿'이라고 했다. 이 대표는 "소환조사는 정치검찰이 파놓은 함정"이라며 준비한 원고를 9분간 읽었다. 이 대표가 10일 오전 10시 48분쯤 성남지청에 출석해 12시간 가까이 조사를 받았다.

이 대표는 성남 시장이던 2014~2018년 관내 6개 기업으로부터 부지 용도변경, 용적률 상향, 건축허가 등 청탁을 받고 그 대가로 성남시와는 별개인 영리법인 성남FC에게 총 182억 원의 후원금을 내게 했다는 혐의를 받고 있다. 검찰은 이 가운데 두산건설, 네이버, 차병원 등 3개 기업후원금이 '제3자 뇌물'에 해당한다고 판단한 것으로 전해졌다. 이날 이 대표 소환조사를 마친 검찰은 제3자 뇌물혐의로 이 대표를 기소하는 쪽으로 결론을 내렸고, 구속영장 청구여부는 추후 결정할 것으로 전해졌다.

민주당 박홍근 원내대표 등 40여명이 동행했고, 이 대표 지지자 400여명이 모이고 대형 스피커 차량까지 등장해 정치행사를 방불케 했다. 반대편에는 보수단체 회원 300여명이 "이재명 구속"을 외쳤다. 일대가 아수라장(阿修羅場)이 되면서 부상자가 발생해 119까지 출동했다고 한다. 이 대표는 "현직 야당 대표소환은 헌정 사상 초유의 일"이라고 했다.

"모든 국민은 법 앞에 평등하다(헌법 제11조 제1항)" "어느 누구라도, 법 위에 있는 자는 없다(No one is above the law.)" 사람은 모두 법에 따라야 하고, 법을 지켜야 하며, 법의 위에 있을 수는 없다. 이 대표는 치외법권자가 아니다. 그는 검찰이 무슨 혐의로 자신을 왜 소환했나를 먼저 생각해야 한다. 전과 4범에 10개가 넘는 비리와 범죄 혐의를 받는 사람이 야당의 대표가 된 것이 초유의 일이고, 야당 대표가 개인 비리와 범죄 혐의로 검찰에 출두하는데 그 당의 원내대표와 국회의원 40명이 동행한 것도 초유의 일이다.

그 40명 중에는 검찰을 소관기관으로 하는 법사위 의원도 여럿 있었다고 한다. 이를 두고 '방탄 정당'의 '방탄 출두'라고 한다. 이 대표가 먼저 '방탄 정당'의 '방탄 출두'를 거절했어야 하는 것이 정도(正道)다. 검찰은 이번 사건의 혐의입증을 자신하고 있는 반면, 이 대표는 불법후원금이 아니라 성남FC가 해당 기업들과 적법한 광고계약을 하고 받은 광고비라고 주장하나 결국 법정에서 가려질 것이다. 방탄 정당의 방탄 출두로 인해 '있는 죄'가 없어지고, '없는 죄'가 있게 될 수 있나. 한심(寒心)하기 짝이 없는 경거망동(輕擧妄動)이다.

이 대표에 관한 범죄혐의는 이 대표 개인의 문제로 더불어민주당과 관련 있는 것은 하나도 없다. 더불어민주당 박홍근 원내대표는 연이틀 김진표 국회의장에게 "본회의를 열어 안보와 경제위기 등에 관해 긴급현안질문 실시여부를 묻는 표결절차를 밟아 달라"고 했다. 검찰이 이 대표에 대해 구속영장을 청구할까 봐 국회 문을 열어두려는 꼼수다. 지난 10일 이 대표의 검찰출두 현장엔 민주당 지도부를 포함해 현역 의원 43명이 동행해 '방탄 출두'라는 말도 나왔다. 이 대표는 성남 FC 불법 후원금 사건 외에도 대장동, 백현동 개발특혜 의혹, 변호사비 대납 의혹 등 10여개 의혹으로 검찰 수사를 받고 있다.

3.1절부터 임시국회를 열어 놓은 '더불어방탄당' 의원들 30여명이 방탄 국회가 열리자마자 외유(外遊)를 나갔다. '민생법안 처리가 시급하다'며 임 시국회를 열어놓고 같은 계파(系派)끼리 친목도모를 위한 외유를 나갔다. 방탄당 지도부가 3.1절부터 임시국회를 연 것은 이 대표 방탄에 단 하루의 빈틈도 주지 않기 위한 꼼수였다. 국회를 닫으면 민생이 파탄날 것처럼 호 들갑을 떨더니 방탄 국회가 열리자마자 무더기로 외유를 나갔다. '방탄 당' 의 '방탄 국회'라는 지적을 들어도 부끄러움도 못 느끼며 '민생을 위해서'라 는 거짓말까지 한 것이다. 입법기관인 더불어방탄당의 법치를 파괴하는 비 열(卑劣)한 작태(作態)가 오늘날 한국 의회주의의 부패한 자화상(自畵像)이다.

25. 이 대표 개인의 범죄에 대해 '장외투쟁'을 선언한 169석의 민주당

이재명 더불어민주당 대표는 1월 30일 '대장동 사건' 관련 검찰의 추가 소환조사 요구에 대해 "모욕적이고 부당하지만 (대선) 패배자로서 오라고 하니 또 가겠다"고 말했다. 이 대표는 이날 오전 예정에 없던 기자간담회를 열어 "참으로 옳지 않은 일이지만 결국 제가 부족해서 대선에서 패배했기 때문에 그 대가를 치르는 것이라 생각한다"고 해 검찰의 이번 수사가 대선 패배에 따른 정치보복이라는 적반하장(賊反荷杖)의 궤변(詭辯)을 토로(吐露) 했다.

더불어민주당은 이 대표의 두 번째 검찰 소환조사 다음 날 심야(深夜) 최고위원회의를 열고 '장외 투쟁'을 선언했다. 이날 심야회의에는 이재명 대표도 참석했다. 여야가 일을 해야 한다며 임시국회 일정에 합의한 상황에서 민주당이 장외투쟁을 확정하자, 이재명 대표를 보호하기 위한 '이중전략(二重戰略)'이라는 비판이 커지고 있다. 국회에서 169석의 압도적 다수당으로 국회를 장악하고 법안과 예산을 마음대로 주무르며 무소불위(無所不爲)의 권력을 휘두르는 정당이 소수당으로 둔갑(遁甲)해 거리로 나가 장외투쟁을 한다는 것 자체가 어불성설(語不成說)이다.

더불어민주당은 국회에선 이 대표 '체포동의안'을 부결시키고, 거리로 나가선 '장외투쟁'으로 이 대표 방탄용 여론전(與論戰)을 벌이겠다는 꼼수다. 장외 투쟁을 할 꼼수였다면 1월 임시국회를 소집하지 말았어야 했다. 국민의힘은 "'이재명 방탄국회'를 열어 놓고 국회 일은 내팽개쳤다"고 했다. 민주당은 이상민 행정안전부 장관에 대한 탄핵, 김건희 여사를 수사하는 특검도입도 추진하겠다고 했다. 이재명 대표는 형식상 검찰의 소환조사에 응하고 있으나 실질적으로는 검찰수사를 거부하고 있다. 이 대표는 검사의 질문에 답하고 싶은 것만 답하며 중요한 물음엔 묵비권을 행사하는 등 보통 피의자로선 상상도 못할 특권을 누리고 있다.

근본적인 문제는 이 대표가 검찰의 소환조사를 받고 있는 대장동, 백현동, 개발특혜의혹, 성남FC 불법후원금 사건, 변호사비 대납의혹 등 10개가 넘는 태산(泰山) 같은 비리와 범죄 혐의는 전부 다 더불어민주당과는 아무 상관(相關)이 없는 사실이다. 이 대표 개인의 비리와 범죄 혐의에 대해 이 대표 자신이 스스로 해명하고, 책임져야 할 사항에 대해 민주당 전체 문제로 둔갑(遁甲)해 민주당이 이 대표의 '방탄정당'으로 전락(轉落)했다.

더불어민주당 박범계 의원은 이재명 대표에 대한 검찰의 구속영장청구에 대해 "검찰독재이며 대하소설 같다"고 맹비난(猛非難)했다. 검찰의 이 대표에 대한 구속영장청구가 '검찰 독재'나 '대하소설(大河小說)'이 아니라 범죄방탄 당으로 전락한 야당이 검찰수사를 방해하는 '입법 독재' '의회 쿠데타'로 '신소설(新小說)을 쓰고 있는 것으로, 대하소설의 주인공(主人公) 역(役)을 맡은 이재명 대표에게 그 모든 책임이 있는 것이다. 건국 이래 최대의 부동산 개발 토착비리인 대장동 게이트에 대한 범죄혐의자에 대해 만일 검찰이 구속영장을 청구하지 않는다면 그것은 검찰이 직무와 권한을 포기하는 것이다.

더불어민주당은 이재명 한 개인의 비리와 범죄 혐의를 은폐, 방탄하기 위한 '사당(私黨)'이 아니라, 그 목적·조직과 활동이 민주적이어야 하며, 국민의 정치적 의사형성(意思形成)에 참여하는데 필요한 조직체로서 "국가이익(國家利益)을 우선하여 양심에 따라 직무를 행할 의무"를 수행하는 '공당(公黨)'이 되어야 한다. 더불어민주당이 "헌법을 준수하고 국민의 자유와 복리의 증진 및 조국의 평화적 통일을 위하여 노력하며, 국가이익을 우선으로 하여 국회의원의 직무를 양심에 따라 성실히 수행"하는 것(헌법 제8조, 제46조 제2항, 국회법 제24조)이 공당(公黨)으로서 국민에 대한 사명(使命)과 책무(責務)를 다하는 길이다.

더불어민주당은 "국가이익을 우선하여 양심에 따라 직무를 수행"하는 것(헌법 제46조 제2항)이 아니라, 이재명 대표 개인의 비리와 범죄 혐의를 방탄하기 위한 '방탄 당'으로 전락(轉落)한 것이다. 더불어민주당이 공익의 대표자로서 범죄수사 직무를 수행하는 검찰을 비난하며 수사를 방해하는 것은 우리 헌법이 보장하는 정당이 아니라 범죄 집단으로 전락하여 그 정당의 "목적이나 활동이 민주적 기본질서에 위배될 때"에 해당되어 정부는 헌법재판소에 그 해산을 제소할 수 있다(헌법 제8조 제4항).

더불어민주당 지도부와 소속 의원 다수가 3월 임시국회 중 해외 출장과 워크숍을 떠난 것으로 2일 나타났다. 더불어민주당 의원들의 이러한 집단 외유(外遊)는 임시국회가 '이재명 방탄용'임을 자인(自認)한 것이다. 더불어민주당 내 최대 의원 모임인 '더 좋은 미래' 소속 의원 20여명도 임시국회 소집 하루만인 2일 베트남으로 출국했다.

더불어민주당은 '민생이 시급하다'며 '3.1절부터 국회를 열자'고 우기더니 '이재명 방탄 임무'를 완수하자마자 지도부를 포함한 의원들까지 줄줄이 외유를 떠났다. 입법기관인 국회가 아니라 오로지 이재명 대표 한 사람의 비리와 범죄 혐의에 대한 방탄만을 위해 소집된 임시국회라는 사실이 한국 의정사(議政史)에 새로운 오점(汚點)을 남겼다.

26. 내편은 '방탄' 네 편은 '체포'라는
거야(巨野)의 적반하장의 내로남불

정치자금법위반 등 혐의를 받고 있는 국민의힘 하영제 의원에 대한 체포동의안이 30일 국회 본회의에서 가결됐다. 앞서 더불어민주당은 이재명 대표의 제3자 뇌물, 배임혐의와 노웅래 의원의 뇌물, 알선수뢰, 정치자금 법위반 혐의에 대한 체포동의안은 부결시켰다. 지난 대선 때 불체포특권 포기를 공약한 이 대표가 자신에게 구속영장이 청구되자 공약을 뒤집은 것이다.

169석의 거대야당으로 체포동의안 처리의 키(key)를 쥔 민주당이 자당 (自黨)의원들에 대한 체포동의안은 부결시키고, 여당의원에 대한 체포동의안에 찬성표를 던진 철면피(鐵面皮)한 내로남불식 방탄 국회임을 만천하에 고(告)한 것이다. 이재명 대표와 노웅래 의원, 하영제 의원 혐의는 뇌물 또는 불법정치자금 등 같은 '개인 비리'라도 민주당은 이 대표와 노 의원에 대한 수사는 '야당탄압' '정치탄압'이고, 하 의원은 '잡범(雜犯)' '비리'라며, 자기편이면 불체포특권 뒤에 숨겨주고, 상대편이면 구속하라는 파렴치한(破廉恥漢)이다.

민주당은 말로만 '정의' '민주' '인권'을 외치면서 행동으로는 편법과 반칙을 반복하며 '내로남불' '적반하장(賊反荷杖)'을 일삼아 왔다. '더불어 방탄 당'은 '적폐수사'라면서 200여 명을 구속하고, 자신들은 검찰수사를 받지 않겠다며 검수완박이라는 악법을 통과시켰고, 대통령의 대법원장 임명권을 제한하는 내용의 법원조직법 개정안을 제출했다.

국민의힘은 "대선 불복이자 위헌적 법안"이라며 반발했고, 주호영 국민의힘 원내대표는 "대통령의 헌법상 대법원장 임명권을 민주당이 빼앗아서 좌파가 주요 법원요직을 영원히 장악하겠다는 것"이라고 했다. 허영 경희대 법학전문대학원 석좌교수는 "헌법에 '대법원장은 국회의 동의를 얻어 대통령이 임명한다'고 되어있고, 이는 법률로 제한 할 수 없는 대통령의 고유한 권한이기 때문에 법안은 위헌"이라며, "사법부 장을 임명하는데 사법부가 관여하는 것은 삼권분립 원칙에 위배된다"고 했다.

27. 포퓰리즘 법안으로 헌법을 파괴하는
더불어민주당의 입법폭주

더불어민주당이 대통령의 공무원임면권(헌법 제78조), 사면권(헌법 제79조), 외교권(헌법 제66조 제1항, 제73조)등 헌법이 보장한 고유 권한을 제한하는 포퓰리즘 법안을 무더기로 양산(量産)하고 있다. 다수 의석으로 국회를 장악하고 온갖 꼼수를 쓰며 입법 폭주(暴走)를 자행(恣行)해온 더불어민주당이 헌법이 보장한 대통령의 권한까지 침해하려 한다. 이것은 입법권 남용과 의회쿠데타로 대선불복(大選不服)이며, 헌정질서(憲政秩序) 파괴행위破壞行爲)다.

더불어민주당의원 44명은 최근 대통령의 공무원 임면권·외교권·사면권 등을 제한하는 법안을 발의해 위헌논란이 제기되고 있다. 건국 이래 최대 최악의 토착비리로 태산 같은 범죄 혐의를 받고 검찰수사와 공판에 회부된 이재명 대표의 방탄정당으로 전락한 더불어방탄당은 "정부와 대통령의 권력을 견제해야 한다"며 "인사 바로세우기법"이라는 궤변(詭辯)이다. '인사 바로세우기 법안'이라면 왜 문재인 정권 땐 손 놓고 방치하다가 정권을 잃고서야 위헌적 법률안을 무더기로 발의(發議)하는 저의(底意)가 무엇인가?

민주당 최기상 의원은 지난 3월 27일 대통령의 '대법원장 임명권'을 제한하는 '법원조직법 개정안'을 발의했다. 이 법안은 헌법상 대통령이 국회동의를 얻어 대법원장을 임명하도록 된 것(헌법 제104조 제1항)을, 임기가 오는 9월로 끝나는 김명수 대법원장이 대법원에 대법원장 '후보자추천위원회'를 구성해 대법원장 후보자를 대통령에게 추천하도록 했다. 이것은 사법부가 자신들의 수장(首長) 임명에 관여하는 것으로 삼권분립(三權分立)의 원칙에 위배된다.

이 법안이 9월 이전에 처리될 경우 김명수 대법원장이 자기 후임 대법원장을 추천하는 구조가 되어 '김명수'가 '김명수2'를 추천하는 꼴이 되어 헌법과 삼권분립의 원칙에 정면으로 위배되는 것으로 대통령의 "대법원장 임명권을 무력화"하려는 전략(戰略)이다. 민주당이 대법원장 인사를 이용해 사법부를 장악(掌握)하려는 치졸(稚拙)한 꼼수다. 일부 의원은 헌법재판소장 임명도 이같이 제안하는 법안을 추진하겠다고 했으나 이 발상도 대통령의 권한을 침해하는 명백한 위헌 법률안이다.

민주당 진성준 의원은 지난 1월 27일 대통령의 '국가인권위원 지명권'을 제한하는 '국가인권위원회법 개정안'을 발의했다. 현행법상 국가인권위원회는 국회가 선출하는 4명, 대통령이 지명하는 4명, 대법원장이 지명하는 3명 등 11명으로 구성되는바 별도의 추천위원회를 신설하여 여기에서 추천한 인사를 대통령이 임명하도록 하는 내용이다. 이 법안 역시 대통령의 인권위원 지명권을 제한하려는 발상이다.

민주당 최강욱 의원은 지난 2월 9일 '검찰의 압수수색 범위'를 제한하는

'형사소송법 개정안'을 발의했다. 최 의원은 "최근 검찰이 증거확보를 목적으로 변호사와 의뢰인 사이의 이메일, 메신저, 문자 등을 압수수색하는 경우가 다수 발생 한다"며 의뢰인과 주고받은 의사교환의 내용을 담고 있는 물건은 변호사가 검찰의 압수수색에 대해 거부권을 행사할 수 있도록 하는 내용이다. 이 법안은 각종 범죄혐의로 검찰수사를 받고 기소된 민주당 기동민, 황운하 의원과 민주당 출신 윤미향 의원 등 피의자나 피고인들이 법안 발의에 동참(同參)한 꼼수법안으로 문재인 정권의 적폐수사 당시엔 이런 법안을 발의하지도 않았다.

민주당 출신 무소속 민형배 의원은 지난 2월 21일 감사원의 '감사결과를 대통령에게 보고'하는 것을 폐지하는 '감사원법 개정안'을 발의했다. 민 의원은 감사원이 중요 감사결과를 대통령에게 보고하지 못하도록 하는 내용의 감사원법 개정안을 발의했다. 민주당은 감사원이 '회계감사, 행정기관 및 공무원의 직무를 감찰하여 행정 운영의 개선과 향상'을 기하는 것을 바라는 것이 아니라 감사원의 감사업무를 견제(牽制)하는 법안들을 수차 발의해 공직사회를 범죄와 비리의 소굴로 만들려고 하는 것이 아닌지 묻고 싶다.

민주당 설훈 의원은 지난 2월 1일 정부의 '외교 협상 권한'을 제한하는 '조약체결 절차법안'을 발의했다. 설 의원은 우리나라가 해외국가와 맺는 조약문안을 해당 국가와 교섭 전에 예고하고 공청회를 개최하도록 하며, 협상의 주요 진행상황을 사전에 국회에 보고하도록 하는 법안을 발의했다. 헌법상 대통령은 조약을 '체결·비준'하며(헌법 제73조), 국회는 조약의 체결·비준에 관한 '동의권'을 가지므로(헌법 제60조 제1항), 거기에 더해 하위 법률로 정부의 외교 협상권한을 통제(統制)하는 것은 명백한 헌법 위반이다.

민주당 김승원 의원은 지난 3월 30일 '대통령 친족의 특별사면'을 제한하는 '사면법 개정안'을 발의했다. 김 의원은 김건희 여사를 특정해 "'대통령의 배우자 및 4촌 이내 친족'은 대통령의 특별사면 대상에서 제외 된다"는 법안을 발의했다. 김 의원은 "특별사면의 경우 정치적 고려에 따라 자의적으로 이뤄져 국민 법 감정에 배치된다"고 했다. 이 법안은 윤석열 대통령 가족들을 겨냥한 것으로 특정인을 겨냥한 입법이야 말로 '국민의 법 감정'에 위배되는 것이다.

더불어민주당이 27일 국회 본회의에서 간호법, 방송법 직회부 안건, '대장동 50억클럽 특검'과 '김건희 특검' 법안의 패스트트랙 지정안건을 강행처리했다. 간호법은 의사·간호사·간호조무사 등의 역할과 업무를 함께 규정한 기존 의료법에서 간호사만 분리하는 법이다. 방송법은 대통령이 공영방송 이사 구성에 영향력을 행사하지 못하게 하는 법으로 민주당이 공영방송을 계속 장악하려는 꼼수다. 50억 클럽과 김건희 여사 사건은 모두 검찰수사가 진행 중이다.

민주당은 헌정사상 초유(初有)의 선거법 단독처리를 시작으로 공수처 설치, 검수완박법, 임대차 3법까지 무수한 입법폭주를 자행(恣行)했다. 그 과정에서 '위성정당', '위장탈당', '안건조정위 무력화' 등 의회정치와 법치주의를 훼손하는 온갖 꼼수와 편법을 동원했다. '임대차 3법'으로 전세 사기 피해자를 양산했고, '노란 봉투법'으로 불법파업을 조장했다.

헌법에 명시된 대통령의 공무원 임면권(헌법 제78조), 사면권(헌법 제79조), 외교권(헌법 제73조)을 정당한 사유 없이 제한하고 부당하게 간섭하는 것은 명백한 헌법위반이요, 헌법파괴 행위다. 국회의 다수의석을 앞세워 위헌적 법률개정을 밀어붙이는 것은 민생(民生)을 위한 입법과는 거리가 먼 정상배(政商輩)집단의 헌정질서(憲政秩序) 파괴행위로, 대통령이 법률안에 거부권(拒否權)을 행사하도록 유도(誘導)해 정치적 부담을 떠안기려는 치졸(稚拙)하고 저열(低劣)한 꼼수다.

"입법권(立法權)은 국회에 속한다(헌법 제40조)"는 입법권에는 일정한 한계(限界)가 있다. 헌법이 실질적 의미의 입법권{국민의 권리와 의무에 관한 규정, 즉 법규를 정립(定立)하는 국가의 작용}을 다른 기관에 부여한 것이 있는바, 예 컨데 대통령의 위임명령, 집행명령(헌법 제75조), 긴급명령, 긴급재정, 경제명령(헌법 제76조), 대법원의 규칙제정권(헌법 제108조)등이 그것이며, 이 외에도 **<법률의 적헌성(適憲性)의 원칙(原則)>**이 있다.

또 우리 헌법은 '입법권(立法權)의 한계(限界)'를 실효적(實效的)으로 확보하기 위하여 대통령의 법률안거부권(헌법 제53조 제2항)과 법원에 법률이 헌법에 위반되는 여부를 헌법재판소에 제청할 수 있는 위헌제청권(違憲提請權)을 부여(헌법 제107조 제1항)하고, 헌법재판소에 법률의 위헌심사결정권(違憲審査決定權)을 부여(헌법 제111조 제1항 1호)하고 있다.

더불어민주당 의원이 발의한 대통령의 대법원장 임명권을 제한한 '법원조직법 개정안', 국가인권위원 지명권을 제한하는 '국가인권위원회법 개정안', 검찰의 압수수색 범위를 제한하는 '형사소송법 개정안', 감사원의 감사결과를 대통령에게 보고하는 것을 폐지하는 '감사원법 개정안', 정부의 외교 협상권을 제한하는 '조약체결 절차법안'등에 대한 비난과 격렬(激烈)한 위헌논쟁(違憲論爭)을 벌이고 있다.

법률 격언(格言)에 "공평(公平)하고 선량(善良)한 것은 법중의 법이다(That which is equal and good is the law of laws.)." "법률이 많을수록 공정(公正)은 줄어든다(The more laws the less justice.)." "입법자(立法者)는 위법자(違法者)가 되어서는 안 된다(Law makers should not be law breakers.)." "정치는 법률에 적용되어야 하지만 법률은 정치에 적용되어서는 아니 된다(Politics are to be adapted to the laws, and not the laws to politics.)."고 했다.

입법자(立法者)로서 국민의 권리와 의무에 관한 규정, 즉 민생(民生)을 위한 법규(法規)를 정립(定立)하는 것이 아니라, 입법권(立法權)의 개념조차 모르는 문외한(門外漢)들이 위법자(違法者)로 전락(轉落)하여, "법률의 적헌성(適憲性)의 원칙"을 위반한 위헌법률을 무더기로 발의(發議)하며, 헌법파괴(憲法破壞)에 광분(狂奔)하는 작태(作態)가 작금(昨今)의 거야(巨野)인 더불어방탄당의 민낯이다.

28. 더불어꼼수당의 몰염치한 입법폭주에 국민이 거부권을 행사해 권력 상호간의 억제와 균형을 실현해야

윤석열 대통령은 4일 더불어민주당이 강행처리한 '양곡관리법 개정안'에 대해 재의(再議)를 요구하며 취임 후 처음으로 '법률안거부권'을 행사했다. 더불어민주당은 여당이던 문재인 정부시절엔 양곡관리법에 대해 "정부의 과도한 개입"이라며 반대했으나 정권이 바뀌자 이를 강행처리했다. 윤 대통령이 이 법안에 대해 '거부권'을 행사한 것은 이 법안이 궁극적으로 농민들에게 도움이 되지 않는 '포퓰리즘 법안'이라는 비판 때문이다. 또한 야당이 이 법안을 강행처리하면서 국회에서 제대로 된 논의도 없이 강행처리한 점도 재의요구의 큰 이유다. 이 법안은 내용과 처리절차 모두가 큰 문제를 안고 있다.

민주당은 문제의 법안을 통과시키기 위해 위안부 재단관리 비리로 출당된 무소속 윤미향 의원을 상임위 안건조정위에 넣는 꼼수를 부렸다. 국회 법사위에서 제동이 걸리자 다시 윤 의원을 이용해 본회의에 직접 회부했다. 이 법안은 여야간 정상적인 토론도 없었고, 법안 내용 자체가 불합리하고 반(反) 시장적이다. 입법자인 윤미향 의원의 용도가 고작 꼼수법안 처리에 놀아나는 것이 그의 의정활동(議政活動)의 전부다. 양곡관리법이 시행되면 쌀 매입에 매년 1조 원 이상의 국민혈세를 퍼부어야 한다. 이 법안은 국가재정에 과도한 부담을 주고 쌀 과잉생산을 부추겨 쌀값이 떨어질 거란 우려에 40여개 농민단체도 반대했다.

문재인 정부도 이 법안에 반대했고, 더불어꼼수당은 그때도 압도적 의석을 보유했지만 이 법안을 추진할 생각조차 하지 않았다. 더불어꼼수당이 집권했을 때는 "안 된다"고 하다가, 정권이 바뀌자 "해야 한다"고 돌변(突變)한 법안이 부지기수(不知其數)로 많다. 공영방송 이사와 사장을 쉽게 바꾸지 못하게 하는 '방송법', 불법파업을 조장한다는 지적을 받는 '노란봉투법' 등 정부의 발목을 잡고 자신들 득표(得票)만 노리는 꼼수법안 들이다.

국회 다수당의 이처럼 무책임(無責任)하고 몰염치(沒廉恥)한 법안처리 작태(作態)는 우리 헌정사에 없던 초유(初有)의 일이다. 법률안 제출권이 있는 윤석열 정부(헌법 제52조)는 이참에 '법률안거부권 행사기준'을 명확히 마련하여 자유민주주의와 시장경제질서를 파괴하는 법안과 국가의 미래는 생각하지 않고 눈앞의 득표(得票)만을 생각하는 정상배(政商輩)들의 포퓰리즘 법안을 원천봉쇄(源泉封鎖)해야 한다.

더불어꼼수당이 강행하는 이 법안의 수혜자(受惠者)는 확실히 내편으로 만들 수 있는 반면 반대자들은 법안에 직접 이해관계가 없어 덜 민감(敏感)할 사안이다. 내년 총선을 앞두고 정부와 여당이 이를 저지(沮止)하면 꼼수당이 표심(票心)을 얻을 수 있다는 치졸(稚拙)한 꼼수다. 이를 위해 더불어꼼수당은 이 과정에서 삭발식(削髮式)과 장외투쟁(場外鬪爭)을 벌이는 등 여론몰이에 광분(狂奔)할 것이다. 꼼수당은 양곡관리법 개정안의 강행처리로 '농민을 위한 일'이라고 생색(生色)을 내고, 반대로 법률안거부권을 행사한 윤석열 대통령에겐 '정치적 부담'을 씌우려는 몰염치(沒廉恥)한 작태(作態)다. 윤 대통령의 초유(初有)의 법률안거부권 행사는, 꼼수법안에 대한 '대통령의 거부권' 행사라기보다는 유권자인 '국민의 준엄(峻嚴)한 거부권행사'로 받아드려야 할 것이다.

법률안거부권(veto power)이라 함은 국회에서 의결되어 정부에 이송되어 온 법률안에 대하여 대통령이 이의(異議)가 있을 때 이의서(異議書)를 붙여 국회의 재의(再議)에 붙이는 제도를 말한다. 이 제도는 원래 미국의 대통령제(大統領制)에서 유래한 것으로서, 법률의 제정에 정부가 관여(關與)하지 못하므로 국회가 부당한 입법을 자행(恣行)할 경우 또는 정부가 집행할 수 없는 법률의 제정을 저지·억제하기 위함이었다. 그러나 오늘날에 있어서는 이 권한이 권력분립(權力分立)의 원칙에 입각한 권력 상호간의 '억제(抑制)와 균형(均衡)'을 실현하는 장치로서 정부의 실효성(實效性) 있는 "국회에 대한 투쟁"의 수단이 되고 있다. 따라서 대통령은 이 거부권을 통하여 국회의 부당한 입법권 남용을 견제(牽制)할 수 있게 된다.

대통령이 어떠한 경우에 법률안거부권을 행사해야 할 것인가에 대해서는 명문의 규정이 없다. 따라서 대통령이 자유재량(自由裁量)에 의하여 법률안거부권을 행사할 수 있다는 학설도 있으나, 대통령의 법률안거부권은 일정한 이유와 필요성이 있어야 한다. 그 '정당한 이유'로는 법률안이, ① 집행 불가능하거나, ② 국가이익에 반하는 것이거나, ③ 정부에 대하여 부당한 정치적 압력을 그 내용으로 하는 경우, ④ 법률안이 헌법과 상위법(上位法)에 위반된다고 생각하는 경우를 들 수 있다. 대통령의 법률안거부권 행사의 남용을 막기 위하여 우리 헌법은 국회의 재의제도(再議制度)와 국회의장의 법률공포권(法律公布權)을 인정하고 있다(헌법 제53조 제4항, 제6항).

29. 대한민국 전복을 시도한 세력의
국회 재진입 길을 터준 문 정권과 민주당

4월 5일 실시한 전북 전주을 국회의원 재선거에서 국민의힘이 패배하고, 통합진보당 출신인 강성희 진보당 후보가 39% 득표로 당선됐다. 진보당의 뿌리는 2014년 헌법재판소가 '북한식 사회주의 실현을 목적으로 한 위헌정당'으로 판단해 강제해산한 통합진보당(통진당)이다. 통진당은 유사시(有事時) 국가 기간시설(基幹施設) 타격(打擊)을 모의(謀議)한 반(反) 국가 단체로 통진당 출신들이 당(黨) 해산 후 진보당을 만들었다. 강성희 당선인은 내란선동(內亂煽動) 혐의로 복역한 이석기의 대학 후배이자 통진당 출신이다.

대한민국 전복(顚覆)을 시도(試圖)했던 세력이 국회에 재진입(再進入)한 것이다. 이 길을 터준 게 문재인 정권과 더불어민주당이다. '전주을 재선거'는 더불어민주당 이상직 전 의원이 자기회사인 이스타 항공과 중소벤처기업진흥공단 공금을 이용해 선거구민에게 선물을 돌리다 적발돼 의원직 상실 형(刑)을 받아 치른 선거다. 그 때문에 더불어민주당이 후보를 내지 않았다.

이상직 전 의원은 이스타항공과 계열사에서 555억 원을 빼돌린 혐의, 자기소유 태국 항공사에 문재인 전 대통령 사위 서모씨를 '특혜채용'했다는 의혹을 받고 있다. 문 전 대통령은 그런 이상직 전 의원에게 대통령 직속 일자리위원회 위원장, 중소벤처기업진흥공단 이사장을 시켰고, 지난 총선에선 더불어민주당 공천으로 국회의원까지 만들어줬다. 문 전 대통령은 통진당 해산심판에서 유일하게 반대의견을 냈던 김이수 전 재판관을 헌법재판소 소장에 지명하기도 했다.

문재인 전 대통령은 이석기 석방을 주장한 사람을 청와대 비서관에 임명하고 형기(刑期)를 다 채우지 않은 이석기를 가석방했다. 그러나 진보당은 "사면(赦免)이 아니라 가석방(假釋放)이란 점에 분노한다"고 오히려 화를 냈다. 최근 적발된 제주 간첩단 총책(總責) 강모씨도 통진당 출신 진보당원이다. 문재인 정부 시절이던 2017년 캄보디아에서 북한 공작원과 접선한 후 지난해까지 북한 지령을 13건 수령하고 대북 보고문 14건을 작성했다. 서울시로부터 지원받은 돈으로 친북강연을 연 '촛불중고생시민연대' 대표도 통진당 출신이다.

강성희 당선인은 이번 재선거에서 더불어민주당과 한 몸처럼 행동했다. 더불어민주당이 불공천(不公薦)결정을 내리자 '고맙습니다 민주당'이라고 적은 현수막을 내걸고 이재명 대표 체포동의안 반대시위를 벌였다. 더불어민주당은 2012년 총선당시 선거연대를 통해 통진당에 13석을 몰아줘 '종북(從北) 숙주(宿主)'란 말을 들었다. 내년 총선에서도 그런 일이 반복(反復)될 것이다. 국민의힘 후보는 전주에서 윤석열 대통령 대선 당시 득표율(15%)의 절반밖에 못 얻으며 5위에 그쳤다. 국회를 장악한 야당은 '종북세력 부활'에 길을 터주고, 이를 막아야 할 여당은 '존재감(存在感)'도 없는 것이 "한국 정치의 현실"이다.

진보당 강성희 의원이 국회 '국방위원회'에 배치(配置)될 가능성이 크다고 한다. 통상 재선거로 원내에 진입하면 결원(缺員)이 있는 상임위에 우선 배정(配定)되는 것이 원칙이고, 현재 그런 상임위가 국방위이기 때문이다. 문제는 진보당의 뿌리가 통합진보당이라는 데 있다. 통진당은 애국가를 거부하고 유사시 국가 기간시설 타격을 모의한 반(反) 대한민국 집단이었다. 통진당의 구심점(求心點)이던 이석기 전 의원은 내란선동 혐의 등으로 징역9년을 선고받았고, 헌법재판소는 통진당을 "폭력혁명으로 북한식 사회주의실현을 목적으로 한 위헌정당"이라며 강제해산시켰다.

진보당은 통진당 출신들이 만든 정당이며, 강 의원 역시 통진당 출신으로, 이석기씨의 대학 후배다. 이런 사람이 국방위원이 된다면 한미연합훈련의 구체적 일정, 우리군의 첨단무기체계와 전략배치, 작전계획 등 군사기밀을 알 수 있다. 이런 어처구니없는 일이 벌어진 것은 통진당 해산이후 후속(後續) 사법처리가 전혀 이뤄지지 않았기 때문이다.

북한은 진보당에 활동가들을 침투시키는 방식으로 지하조직을 결성(結成)해 온 정황(情況)이 최근 국가정보원과 경찰 수사로 드러났다. 검찰이 지난 5일 간첩단 혐의로 기소한 제주 지하조직 총책(總責)이 통진당 출신의 진보당 당원이라고 한다. 그런데도 진보당은 "(진보당이) 통합진보당 후신(後身)이라는 보도는 사실과 다르다"고 주장했다. 손바닥으로 하늘을 가리고 있다. 진보당은 '간첩 당원'들에 대한 입장(立場)부터 밝혀야 한다.

통합진보당의 주축(主軸)이었던 '경기동부연합' 출신들이 진보당 강성희 의원 보좌관으로 국회에 진입(進入)했다고 한다. 경기동부연합은 강성 주사파 운동권 그룹으로 핵심멤버들은 과거 이석기, 이정희, 김재연 전 의원의 보좌관을 지냈다. 통진당은 폭력혁명으로 북한체제 실현을 목적으로 했던 위헌정당으로 애국가를 거부하고 유사시(有事時) 국가기간시설 타격을 모의한 반국가단체였다.

강성희 의원은 국회 '국방위'에 들어갈 수 있다고 했다. 국방위는 국가안보와 직결된 군사기밀정보를 다룬다. 여기에 국가전복을 기도(企圖)했던 세력이 들어갈 수 있다는 것이다. 첨단무기체계와 작전계획 등 기밀(機密)이 누설(漏泄)될 수 있으나 더불어민주당은 "문제될게 없다"고 했다. 국민의힘이 소속의원을 국방위로 보내 강성희 의원의 국방위 진입을 막겠다고 밝힌 것은 다행이다. 내년 총선에서도 진보당이 더불어민주당과 연대(連帶)를 추진할지 모를 일이다. '제2의 통진당' 출현은 막아야 한다.

통진당의 이음 매인 진보당 세력들이 민주노총 건설노조 등을 숙주(宿主)삼아 어떻게 세력을 확장하고 횡포(橫暴)를 부렸는지 알 수 있는 한 단면(斷面)이 드러났다. 진보당 장지화 공동대표는 지난 11개월간 한 아파트 공사장에서 민노총 건설노조 소속 '현장 팀장'으로 이름을 올려놓고 노임 3700여만 원을 받아갔다. 그가 해당 기간에 집회·시위에 나가거나 외국에 출국한 날에도 현장에 출근해 일을 한 것처럼 처리해 건설사에서 일당(日當)을 타 갔다고 한다. 이런 일이 가능한 것은 통진당을 장악했던 경기동부연합이 건설노조를 주도(主導)하고 있기 때문이다. 경기동부연합은 강성 주체사상파 운동권 그룹이다.

장지화 대표 외에도 통진당 출신 인사들이 민노총 건설노조를 통해 대거 건설현장에 취직했는데, 상당수는 '정부규탄 대회' 같은 집회·시위에 참석하느라 일을 하지 않은 날에도 일당을 받은 것으로 나타났다. 사실상 이름만 걸어 놓고 정치활동을 하면서 일당을 꼬박꼬박 챙긴 것이다. 진보당은 '일하는 사람이 주인' '민중 주권시대' 등의 그럴듯한 명분(名分)을 걸고 있다. 그래놓고 진짜 일하는 사람들이 받아야 할 몫을 가로채온 파렴치한(破廉恥漢)들이다. 진보당을 만든 핵심 인사는 통진당 멤버였다. 이런 세력들이 건설, 택배, 마트, 비정규직 노조에 스며들어 돈을 챙겼다. 진보당은 지금도 '간첩 당원'에 대한 입장을 밝히지 않고 있다.

"투표용지는 총알보다도 강하다(The ballot is stronger than the bullet. - Abraham Lincoln -)"고 했다. 이 말은 평민 대통령인 링컨의 명언(名言)이다. 의회(議會)는 국민의 공선(公選)에 의한 의원(議員)을 그 본질적 요소로 하는 합의체(合議體)이다. 의회주의(議會主義)는 민주적으로 선거된 합의기관에 의하여 다수결원리로써 국가의 중요정책을 결정하고 입법하는 제도를 말한다.

오늘날의 대표적 민주정치는 필연적으로 의회주의를 채택하고 있다. 의회는 국민의 대표기관으로서 인정되고 있으며, 국민주권주의(國民主權主義)에서는 주권(主權)의 행사기관으로서 인정되고 있다. 정치가들이 유권자(有權者)의 투표용지를 무서워하게 될 때 부정부패가 없어지고 국민에게 봉사하는 의회정치(議會政治)가 실현된다.

투표용지는 종이가 아니라 용기(勇氣)와 정의(正義)의 산물(産物)이요, 투쟁의 성과로 자유정신과 민주혼(民主魂)이 깃들인 소중한 주권행사(主權行使)다. 투표권(投票權) 행사에는 오직 주권자(主權者)의 명예(名譽)와 양심(良心)과 소신(所信)과 용기가 필요하다. 이로서 공명선거(公明選擧)의 빛나는 전통을 수립하는 것이 역사의 당위명령(當爲命令)이다. 이를 위해 유권자의 냉철(冷徹)한 판단력과 뛰어난 자질(資質)이 요구된다.

국회는 한 당(黨)의 당리당략(黨利黨略)을 논하는 사리(私利)의 장소가 아니라 국사(國事)를 논하고 국리민복(國利民福)을 구상(構想)하는 공의(公義)의 광장이다. 국회를 구성하는 의원(議員)으로서, 오늘만 생각하며 다음 선거에서 당선만을 꿈꾸는 정상배(政商輩:Politician)가 아니라, 내일을 바라보며 다음 세대를 염려하고 민족의 내일을 걱정하며 조국의 장래를 구상(構想)하고 앞으로 태어날 후손을 생각하는 정치가(政治家:Statesman)로서 청렴(淸廉)의 의무를 가지고 오로지 국가이익(國家利益)을 우선하여 양심에 따라 직무를 수행할 선량(選良)을 유권자가 투표로 선택해야 한다. 선량(選良)다운 자격과 품위와 양식(良識)과 이성(理性)을 가진 의원을 선택하려면 유권자의 뛰어난 자질(資質) 및 높은 수준(水準)과 현명한 판단력(判斷力)이 요구된다.

30. 2021년 5월 더불어민주당 '전당대회' 비리수사

2021년 5월 더불어민주당 전당대회에서 '돈 봉투'가 살포(撒布)됐다는 의혹을 수사 중인 검찰이 당시 송영길 당대표 후보캠프 관계자 9명이 현금 9400만원을 현역의원과 당내 인사 40여명에게 전달했다는 정황을 포착(捕捉)해 수사 중인 것으로 13일 전해졌다. 이런 내용은 지난 12일 검찰이 윤관석 의원, 이성만 의원과 강래구 한국수자원공사 상임감사위원 등의 정치자금법위반 및 정당법위반 혐의에 대해 집행한 압수수색영장에 적시(摘示)됐다고 한다. 당시 돈 봉투를 받았다는 민주당 의원 중 일부의 실명(實名)도 확인한 것으로 알려졌다.

검찰이 더불어민주당 전당대회에서 당대표를 선출하는 과정에 '돈 봉투'가 살포됐다는 의혹에 대해 본격수사에 착수했다. 서울중앙지검 반부패수사2부(부장 김영철)는 12일 정치자금법위반 및 정당법위반 혐의로 2021년 송영길 후보 캠프에서 활동했던 민주당 윤관석 의원(인천 동남을)과 이성만 의원(인천 부평갑), 송영길 전 대표 보좌관 박모씨 등 10여명의 자택과 사무실 20여 곳을 압수수색했다. 압수수색 영장에는 윤관석·이성만 의원이 피의자로 적시돼 있다고 한다.

윤관석 의원은 당대표 경선투표 시작 나흘 전인 2021년 4월 24일 국회의원들의 지지세를 유지하기 위해 강래구씨에게 '의원들에게 돈을 뿌릴 필요가 있다'는 취지로 지시·권유했다는 것이다. 수사팀은 이런 정황이 담긴 녹음파일도 확보했다고 한다. 압수수색영장에 따르면, 당시 강래구씨는 두 차례에 걸쳐 3000만원씩 합계 6000만원을 지인을 통해 마련했다고 한다. 검찰은 윤 의원이 6000만원을 인천과 수도권 소속 현역의원들에게 건넸다는 정황을 포착한 것으로 전해졌다.

검찰은 2021년 민주당 전당대회를 앞두고 윤관석 의원 등이 이정근 전 민주당 사무부총장을 통해 강래구 한국수자원공사 상임감사위원에게 6000만원을 전달받아 민주당 현역의원 10명에게 건넨 혐의를 포착한 것으로 전해졌다. 당시 의원 1인당 300만원이 든 돈 봉투를 두 차례 전달한 정황을 확보했다고 한다. 검찰은 이와 별개로 강래구 협회장이 여러 경로로 대의원 등 전당대회 관계자들에게 수십만 원이 든 돈 봉투를 줬고 그 금액이 3000만원에 이른다는 정황도 잡은 것으로 전해졌다.

검찰은 이 사건을 정당 내 금권선거와 관련한 심각한 사안으로 보고 반부패수사2부에 검사 6명을 추가로 투입, 자금의 최종 사용처를 확인할 방침인 것으로 전해졌다. 인천이 지역구인 윤관석 의원, 이성만 의원과 이정근씨 모두 당시 송영길 당대표 후보 캠프에서 선거운동을 도왔다. 당시 전당대회에서 송영길 의원이 당대표로 선출됐고, 이후 윤 의원은 사무총장에 임명돼 당의 조직과 자금관리역할을 했다. 이번 사건은 이정근씨의 휴대전화에서 비롯됐다. 이씨의 휴대전화에서 3만개가 넘는 녹음파일이 나왔다고 한다. 이 중 일부는 이 사건 외에 다른 민주당 인사에 대한 수사로 이어졌다. 지난달 불구속 기소된 노웅래 의원의 6000만원 뇌물수수 및 정치자금법위반 사건이 그중 하나다.

이번 의혹은 검찰이 지난해 이정근씨의 10억 원 규모 불법정치자금의혹을 수사하는 과정에서 포착됐다. 검찰은 이씨의 휴대전화 여러 대를 포렌식하는 과정에서 강래구 협회장이 이씨에게 "봉투 10개가 준비됐으니 윤 의원에게 전해 달라"고 말한 통화녹음 파일을 확보한 것으로 전해졌다. 검찰은 윤 의원에게 6000만원이 전달 된 날, 이씨가 송영길 전 대표 보좌관 박모씨에게 "전달했다"는 메시지를 보낸 것도 확인했다. 검찰에서는 "수사가 송영길 전 대표로 확대될 가능성이 있다"는 전망이 나왔다. 이씨의 휴대전화에선 3만개가 넘는 녹음파일이 나왔던 것으로 전해졌다.

이날 이정근씨는 사업가 박모씨에게 10억 원의 금품을 받은 혐의로 징역 4년 6개월을 선고받았다. 서울중앙지법 형사합의27부(재판장 김옥곤)는 이씨의 정치자금법위반 혐의에 대해 징역 1년 6개월을, 특가법상 알선수재 등 나머지 혐의에 대해 징역 3년을 선고하고 9억8000여만 원을 추징했다. 검찰은 이씨에게 징역 3년을 구형했는데, 재판부가 이보다 높은 형을 선고한 것이다. 재판부는 "이씨가 집권 여당이자 다수당인 더불어민주당 고위 당직자의 지위를 이용해 10억 원에 이르는 금품을 수수했고, 일부는 이씨가 적극적으로 요구했다"면서 "더구나 수사과정에서 증거인멸을 기도했고, 공판과정에서도 객관적 증거에 반하는 주장을 하면서 범행을 부인했다"고 양형이유를 설명했다.

검찰은 2021년 더불어민주당 전당대회 과정에서 송영길 후보를 도운 윤관석·이성만 의원의 자택·사무실 등에 대한 압수수색도 실시했다. 두 사람은 의혹을 부인하고 있지만 검찰이 이정근 전 부총장 휴대전화 포렌식을 통해 확보한 녹취록에는 "봉투 10개가 준비됐으니 윤 의원에게 전달해 달라" "전달했다" 등의 내용이 나온다고 한다. 송 대표 당선 후 윤 의원은 핵심 당직인 사무총장, 이씨는 사무부총장이 됐다.

전당대회 돈 봉투는 1960년대부터 이어진 악습(惡習)이다. 2000년대 들어서는 여야 공히 30억 원을 쓰면 당선(當選)되고, 20억 원을 쓰면 낙선(落選)한다는 '30억 당(當), 20억 낙(落)'이라는 말이 나왔다. 더불어민주당 전당대회는 "전당(錢黨) 대회" "더불어 돈 먹기 대회"로 전락했다. 1인당 국민소득 3만 달러가 넘는 나라의 집권당 대표를 뽑는데 전당대회에 돈을 뿌리고 표를 사는 악습이 21세기에도 지속(持續)하는 나라가 됐다. 당시 압도적 의석을 차지한 집권당인 민주당 전당대회의 눈 뜨고 볼 수 없는 참상(慘狀)이 드러났다.

더불어민주당은 이번 사태에 대해 "정치보복" "야당탄압"이라고 주장한다. 프랑스 파리에 체류 중인 송영길 대표는 이정근 전 사무부총장의 "개인 일탈(逸脫)"이라고 치부(恥部)하면서 "나는 모르는 일"이라며 "정치적 수사"라고 비판했다. 민주당 의원들은 사석(私席)에서 "수천, 수억도 아니고 '고작 300만원'을 갖고 그러나" "검찰이 곶감 빼먹기 식 수사를 하고 있다"며 별것 아니라는 반응을 보이기도 한다. 내로남불의 극치(極致)를 보여주고 있다. 하지만 돈 봉투 의혹에는 현역 의원, 대의원 등 40여명이 연루(連累)돼 있다.

검찰의 이번 수사는 사업가로부터 10억 원대 뒷돈을 받은 혐의로 1심에서 유죄판결을 받은 이정근 전 민주당 사무부총장의 휴대전화 포렌식 과정에서 발견된 녹취록이 발단(發端)이 된 것으로 검찰이 처음부터 전당대회 돈 봉투사건을 노리고 수사를 시작한 게 아니다. 녹취록에 나오는 돈 전달 정황도 구체적이다. '봉투 10개 준비됐으니 윤 의원에게 전해 달라' '형님, 기왕 하는 김에 우리도 주세요' '전달했다' 등이다.

돈 전달경로와 관련해 '송(영길) 있을 때 같이 얘기했다'는 내용도 들어 있다고 한다. 그런데도 민주당에선 "300만원 갖고 그러겠느냐" "녹취록도 조작일 수 있다"는 말까지 나온다고 한다. 민주당은 '300만원'이 적은 돈이라고 하나 "바늘 도둑이 소 도둑 될" 장본인(張本人)임을 명심해야 한다. 민주당이 집단적으로 '부패(腐敗) 불감증(不感症)'에 걸린 것 같다. 정상적인 정당이라면 돈 선거 의혹이 터지면 검찰수사와 별개로 '자체 진상조사'를 하는 것이 정도(正道)다.

2008년 한나라당은 전당대회 돈 봉투 사건이 불거지자마자 곧바로 검찰에 수사를 의뢰했다. 그러나 민주당은 아무 조치도 없고 비리의혹이 사실인지여부에 관심조차 없다. 이런 민주당은 자신들의 비리의혹이 터지면 덮어놓고 '정치보복' '야당탄압'이라는 파렴치(破廉恥)한 궤변(詭辯)만 늘어놓는다. 적반하장(賊反荷杖)과 후안무치(厚顔無恥)도 유분수(有分數)다.

이재명 더불어민주당 대표가 17일 '2021년 전당대회 돈 봉투 의혹'과 관련해 "국민께 심려 끼쳐드린 점 깊이 사과한다"고 했다. 더불어쩐당(錢黨)은 이번 돈 봉투사건에 대해서도 '통화 녹취록'이라는 증거물이 나오지 않았다면 지금도 '정치보복' '야당탄압'이라고 생떼를 쓰고 있을 것이다. 이재명 대표는 전당대회 돈 봉투보다 훨씬 심각한 자신의 의혹에 대해선 사과한 적이 없다. 더불어쩐당(錢黨)이 진정으로 국민 앞에 미안하다면 돈 봉투 사건에 대한 검찰 수사를 '정치보복' '야당탄압'이라고 국민을 속이려 했던 것부터 진솔하게 사과해야 한다.

"돈 선거"는 민주정치의 근간(根幹)을 파괴하는 악습(惡習)이다. 민주당이 '부패(腐敗) 불감증당(不感症黨)'으로 전락(轉落)할 것이 아니라 스스로 검찰수사에 협조해야 한다. 송영길 전 대표도 전당대회 '돈 봉투' 의혹의 실체적 진실을 규명하고, 이재명 대표도 불체포 특권 뒤에 숨을 것이 아니라 '대장동 게이트'와 관련한 검찰수사에 성실히 임해야 한다.

현직 야당 최고위원이 방송에 나와 '밥값도 안 되는 돈'이라고 말할 수 있다는 게 놀랍다. 선거 때마다 금품과 뇌물이 오가는 게 다반사(茶飯事)인데 검찰수사를 이해할 수 없다는 말이다. 국회의원에겐 한 달 밥값도 안 되는 '푼 돈(50만원, 300만원이)'이지만 선거기간 중 금품 요구나 알선, 제공은 공직선거법 제230조 위반의 범죄다. 위법행위를 범죄로 생각 못하는 사람들이 국회의원이다. "천망회회소이불루(天網恢恢疎而不漏 -老子)"라고 했다. 범죄의 소굴(巢窟), 범죄의 진원지(震源地)가 헌법기관인 국회다.

31. "편 갈라야 표(票)" 싸움만 부추겨 갈등을 먹고 사는 이전투구의 한국 정치판

다수의석으로 국회를 장악한 더불어민주당의 입법권 우선순위는 오로지 다음 총선에서 표(票)를 얻기 위한 '선심성(善心性) 퍼주기'가 아니면 정쟁(政爭)을 유발(誘發)해 지지층(支持層)을 결집(結集)하는 '편(便)가르기 법안'이다. 더불어민주당이 '전세사기 대책법'을 이런 식으로 밀어붙였으면 세 사람의 생명을 구할 수 있었을지도 모른다. 진짜 국민의 생존(生存)이 걸린 민생(民生) 입법(立法)은 뒷전으로 빠지고 오직 다음 총선을 위한 '혈세 퍼주기'나 '편(便)가르기' 법안은 "필수 입법사안"이라는 궤변(詭辯)이다. 더불어꼼수당의 편 가르기를 위한 '꼼수 법안'을 예시(例示)하면 아래와 같다.

감사원의 감사결과를 대통령에게 보고하는 것을 폐지하는 '감사원법개정안', 정부의 외교협상권을 제한하는 '조약체결절차법안', 대통령 친족의 특별사면을 제한하는 '사면법개정안', 대통령의 대법원장 임명권을 제한하는 '법원조직법개정안', 검찰의 압수수색 범위를 제한하는 '형사소송법개정안', 1조 원 이상 세금을 들여 남는 쌀을 사주는 '양곡관리법개정안', 공영방송 경영진을 쉽게 바꾸지 못하게 하는 '방송법', 불법파업을 조장하는 '노란봉투법', '대장동·김건희 특검법', 의사와 간호사를 이간(離間)질 시키는 '간호사법' 등이다.

거대 야당이 단독 처리한 '간호법' 제정을 놓고 보건의료계의 내부 갈등이 눈 덩이처럼 커지고 있다. 처음엔 의사와 간호사가 충돌했으나 지금은 간호사와 간호조무사들이 "간호법 반대"를 외치고 있다. 간호조무사 자격만 '고졸'로 제한한 것은 간호사는 '위', 간호조무사는 '아래'라는 위계(位階: 지위의 등급)를 굳히는 조항인 만큼 '고졸 이상'으로 바꿔야한다고 주장한다. 그러자 간호조무사를 양성하는 특성화고와 간호학원 등은 '고졸이상'으로 개정하면 특성화고와 학원이 고사위기(枯死危機)에 빠질 수 있다며 '고졸' 유지(維持)를 요구하고 나섰다. 간호조무사계 내부갈등(內部葛藤)도 벌어진 것이다.

간호사 외에 간호법에 찬성하는 직역(職域)도 등장했다. 한의사협회는 "간호법 찬성"이라며 파업을 예고한 의사협회를 겨냥했다. 간호사가 기존 의료법에서 분리된 간호법을 원하는 것처럼 한의사도 별도의 '한의사법'을 요구하고 있다. 의사와 한의사 간 갈등의 골이 깊은 상황에서 한의사협회는 "의사들이 파업에 돌입한다면 한의사들은 최선을 다해 의료공백(醫療空白)에 대처(對處)하겠다"고 했다. 해묵은 의사·한의사 간 싸움도 벌어지게 한 것이다. 보건의료계 관련 법률은 일자리와 수입 등이 걸린 문제이기 때문에 어느 지역도 물러서지 않겠다는 입장이다.

더불어민주당이 갈라치기 입법으로 사회적 갈등(葛藤)을 조장하고 있다. 사회적 갈등이 예상되는 법안일수록 여야가 사전에 충분한 논의(論議)와 조율(調律)과정이 필요하나 한쪽 편만 들거나 이해관계의 조율 없이 "편 갈라야 표(票) 이득"이란 싸움만을 부추겨 갈등을 먹고 사는 이전투구(泥田鬪狗)의 험한 정치판이 한국정치의 일상(日常)이다.

더불어민주당이 무리(無理)한 간호법을 단독 처리한 것은 내년 4월 총선을 앞두고 '편 갈라야 표 이득'이란 선거 승리만을 위한 꼼수를 쓴 결과이다.

이번 사태가 직역별(職域別) 파업으로 번지면서 그 피해자는 고스란히 국민이다. 간호법을 일방 처리한 거대 야당의 꼼수정치가 쏘아 올린 '갈등(葛藤) 도미노(domino)'에 국민 생명과 직결된 보건의료계 전체가 혼돈(混沌)에 빠지는 양상(樣相)이다.

정치가 사회 갈등(葛藤)의 조정(調停)과 중재(仲裁)는커녕 기존 갈등에 기름을 부은 것이다. 특성화고 간호과 교사들은 국회 앞에서 '1인 릴레이 시위(示威)'를 했으며, 보건복지부 앞에서 밤샘 농성도 벌였다. 부패한 정치가 보건의료계의 갈등을 촉발(觸發)한 '갈등(葛藤)의 도미노(domino)' 현상이다. 11만5000명 의사(醫師) 표보다는 40만 명의 간호사(看護師) 표를 의식한 꼼수다. 거대 야당이 간호법 제정을 밀어붙인 것도 '갈등 조정' 보다는 '표 계산'을 먼저 한 결과다.

32. 6.25 동란 때 한국을 도와 참전한 UN 16개국의 야당이 더불어민주당 같았다면 지금의 대한민국은 없을 것

윤석열 대통령이 외신 인터뷰에서 우크라이나에 대한 무기지원 가능성을 시사(示唆)한 것을 두고 더불어민주당이 "외교 자살골" "무모하고 무지한 대통령"이라며 한국의 무기지원을 기정사실화하며 대통령과 정부비판에 화력을 집중했다. 이재명 대표는 "대통령 말 몇 마디로 대한민국 국민들이 수천 냥 빚을 진 날"이라고 했고, 이낙연 전 대표도 페이스 북에서 "윤석열 정부는 한국의 지정학적(地政學的) 숙명(宿命)을 모르고 있다"고 했다.

윤 대통령은 전날 보도된 로이터통신 인터뷰에서 '러시아에 의한 민간인 대규모 공격·학살, 중대한 전쟁법 위반 등 국제사회가 묵과(默過)할 수 없는 상황'을 전제로 "우크라이나에 대한 인도적, 재정적 지원만 고집하기 어려울 수도 있다"고 했다. 대통령실 관계자는 이날 "국제사회가 심각하게 여기는 살상(殺傷)같은 상황에서 '한국이 어떻게 지켜볼 수만 있겠느냐 하는 상식적이고 원론적인 답변이었다"며 "현재 우크라이나 지원내용에 변화가 없다. 앞으로 어떻게 될지는 러시아 행동에 달려있다"고 했다.

윤 대통령의 발언은 당장 무기지원을 한다는 것이 아니라 우크라이나 민간인 대량학살 등 특정조건에서 검토할 수 있다는 내용이다. 러시아는 UN 안보리 상임이사국이며, 우크라이나 전쟁 뒤에도 관계를 계속해야 하는 나라다. 특히 북한 문제를 안고 있는 우리는 러시아와 맺은 관계에 신중할 필요가 있다. 그러나 다른 나라는 몰라도 대한민국은 우크라이나 사태를 이런 이익(利益) 관점에서만 봐서는 안 된다.

6.25동란(動亂 : Korean Conflict) 때 우리를 구원(救援)하기 위해 한국전쟁에 참전(參戰)한 미국, 영국, 호주, 네덜란드, 뉴질랜드, 캐나다, 프랑스, 튀르키예(터키), 필리핀, 태국, 남아공, 그리스, 벨기에, 룩셈부르크, 에티오피아, 콜롬비아 등 16개국의 청년들이 피를 흘렸다. 한국이 어딘지도 모르는 참전국 청년 15만 명이 침략자들에게 맞서 싸웠고 3만8000명이 전사했다. 10만 3000명이 부상을 입었다. 이들의 고귀한 희생이 없었다면 대한민국은 73년 전 세계지도에서 사라졌을 것이다. 만약 그때 참전한 16개국의 야당들이 우리나라 더불어민주당처럼 들고일어나 '그런 알지도 못하는 나라를 왜 돕느냐'고 반대했으면 지금의 대한민국은 지구상에 없을 것이다.

우크라이나 전쟁은 명백한 러시아의 영토 침략전쟁이다. 이 침략전쟁으로 무고한 우크라이나 국민이 지금 이 순간에도 죽고 다치고 있다. 6.25 동란에 국제사회 16개국의 지원과 희생위에 나라를 지킨 대한민국이 같은 처지가 된 가련(可憐)한 나라와 그 국민을 위해 어떤 희생(犧牲)도 하지 않으려 하면서 주판알만 튕기는 것은 부끄러운 일이다. 직접 무기지원을 않더라도 '자살골'이니 '철회하라'는 등의 야박(野薄)하고 매몰찬 말이라도 삼가야 한다.

1950년 6월 25일 북한 공산군의 도발(挑發)로 야기(惹起)된 한국전란(韓國戰亂)은 한국 역사상 가장 비참한 동족상쟁(同族相爭)의 비극이었으며, 양대 세력의 세계적 전쟁이었다. 이 전쟁이 남겨준 역사적 교훈은 한국을 위시(爲始)한 모든 자유애호(自由愛好) 국가들로 하여금 정의(正義)에 도전(挑戰)하는 침략자에 대하여 과감한 반격(反擊)과 철저한 응징(膺懲)을 가할 결의(決意)를 갖게 한 것이다.

우리는 역사(歷史)에서 도피(逃避)할 수는 없다(Abraham Lincoln). '역사는 도전(挑戰)과 응전(應戰)의 긴장된 역학(力學)'이라고 토인비는 말했다. 역사는 우리가 해결해야 할 과제(課題)를 내어 준다. 역사는 우리가 풀지 아니할 수 없는 과제다. 그 과제를 이 세대(世代)가 못 풀면 다음 세대가 풀어야 한다. 우리는 역사에서 도피할 수는 없다. 어느 시대나 그 민족이 해결해야 할 역사적 과제가 있다. 우리는 역사에서 도피하려는 비겁(卑怯)한 민족이 되어서는 안 된다. 우리는 역사의 과제를 잘 푸는 민족이 되기 위해서 투철한 주체적(主體的) 자세(姿勢)를 가져야 한다.

33. '꼼수 탈당'한 민형배 의원,
더불어꼼수당으로 '꼼수 복당'

2022년 4월 더불어민주당을 위장탈당(僞裝脫黨)해 '검수완박(검찰수사권 완전 박탈)법'의 강행처리를 도운 무소속 민형배 의원이 26일 최고위원회의 의결이라는 꼼수로 더불어꼼수당에 복당(復黨)했다. 민 의원의 탈당은 국회선진화법을 무력화하기 위한 꼼수였다. 더불어민주당 내에서도 "민주주의 능멸(凌蔑)"이란 비판과 우려가 쏟아졌다.

헌법재판소는 지난달 검수완박 법안에 대한 '권한쟁의심판'에서 민형배 의원이 무소속 몫 안건조정위원으로 참여해 법안을 통과시킨 과정은 국회의원의 심의·표결권을 침해한 것이라고 판단했다. 이와 같이 위장탈당을 통한 입법과정이 위법하다는 헌법재판소의 심판이 나왔는데도, 이를 무시한 채 1년 만에 꼼수로 복당결정을 한 것이다.

이후 민형배 의원은 작년 지방선거 기간 더불어민주당 공천장 수여식에 참석하고, 그 당의 광주시장 후보 상임선대위원장도 맡았다. 그러면서 무소속 자격을 이용해 더불어꼼수당의 꼼수법안 처리를 도왔다. 최근 꼼수당이 강행처리한 '대학생학자금 무이자 대출법'도 그중 하나다. 헌법재판소가 이런 꼼수를 위법이라고 심판했는데도 아랑곳하지 않았다.

윤석열 대통령의 미국 국빈방문(國賓訪問)으로 정치권의 눈이 외부로 쏠린 순간을 택한 것으로 보인다. 더불어꼼수당이 민형배 의원의 위장탈당을 자인(自認)했다는 비판이 나왔다. 문재인 정권과 이재명 대표의 각종 비리의혹에 대한 방탄(防彈) 목적이었을 것이다. 이때 민형배 의원이 위장탈당 해 무소속 자격으로 안건조정위에 들어가는 꼼수로 이를 무력화(無力化)시켰다. 다수당 폭주(暴走)를 견제(牽制)하기 위해 도입된 제도를 무용지물(無用之物)로 만든 꼼수다.

박홍근 원내대표는 "헌법재판소 지적은 아프게 새기면서 민 의원을 복당시키는 게 책임지는 자세"라는 궤변(詭辯)을 토로(吐露)했다. 민 의원의 복당도 '특별복당' 형식을 취해 내년 총선 공천심사 과정에서 불이익을 받지 않도록 꼼수를 부렸다. 앞으로 더불어꼼수당에서 제2, 제3의 꼼수 민형배가 계속 출몰(出沒)할 것이다. 꼼수당의 꼼수의 극치(極致)다.

꼼수당은 수십억 원대 부동산 재산신고를 누락했다는 의혹이 불거져 당에서 제명(除名)당한 김홍걸 의원도 복당시킨다고 한다. 김 의원은 재산신고 누락혐의로 기소된 재판에서 벌금 80만원을 선고받았다. 그런데도 꼼수당 대변인은 "특별한 하자(瑕疵)가 없어서 복당을 허용 한다"고 했다. 꼼수당의 꼼수 당원들에겐 국민이 바보로만 보일 것이다.

더불어쩐(錢)당의 전당대회 '돈 봉투' '대리 투표' 사건으로 혼란스러운 상황에서 위기의식(危機意識)은커녕 제 식구 감싸기에 매몰(埋沒)됐다. 민형배 의원, 김홍걸 의원에 이어 이러한 의혹의 정점(頂點)에 이른 송영길 전 대표까지 슬그머니 복당하면 꼼수당의 의석수는 169석에서 172석으로 늘어날 것이다. 꼼수당 당원들의 꼼수의 극치(極致)가 갈수록 점입가경(漸入佳境)이다.

34. '묻지 마 지지층'이 한국정치를
양심의 파산으로 몰고 간다

더불어민주당이 '검수완박법' 처리를 위해 위장 탈당한 민형배 의원을 복당(復黨)시킨 것은 예사(例事)일이 아니다. 민 의원이 가짜로 탈당해 국회와 국회법을 능멸(凌蔑)하는 꼼수를 부린 후 그 일이 끝나자마자 아무 일 없었던 듯 복당한 것은 그 의원과 그 정당(政黨)의 정치생명에 중대한 타격(打擊)이 되는 사안이다. 하지만 꼼수정치가 매일 저지르는 거짓과 불법, 편법, 파렴치, 적반하장에 익숙해진 우리 사회에선 이 조차 또 한 번의 추태(醜態) 정도로 넘어가고 있다.

민형배 의원의 위장 탈당사건은 국회와 국민을 상대로 사기(詐欺)를 친 것과 다를 것이 없다. 친(親) 민주당으로 구성된 헌법재판소조차 그의 위장 탈당 꼼수를 위법으로 심판했으나 더불어민주당과 민 의원은 이를 보란 듯이 무시했다. 최근 한국정치의 양극화(兩極化)가 극심해지고 양쪽 지지층(支持層)이 자기편에게 맹목적(盲目的)으로 지지(支持)를 보내며 이로 인해 정치권(政治圈)이 외부눈치를 볼 필요가 없어지고 있다.

대장동 사건을 '윤석열 게이트'라고 믿는 사람이 40% 가까이 된다는 조사가 나오는 실정이다. 김의겸 의원의 대통령과 법무부장관 '청담동 술자리' 주장은 완전한 가짜 뉴스로 드러났지만, 오히려 후원금이 크게 늘어나는 기현상(奇現象)이 일어났고, 이 가짜 뉴스를 퍼뜨린 유튜버는 돈을 벌었다. 더불어민주당 전당대회 '돈 봉투' 사건의 핵심인 송영길 전 민주당 대표가 귀국한 인천공항에는 강성 지지자들이 모여 "송영길 파이팅" "송영길은 청렴(淸廉)하다"를 외쳤다.

이제 민주당은 무슨 일을 벌여도 '묻지 마 지지층'이 떠나지 않는다는 확신을 갖게 된 것 같다. 이런 확신이 민주당을 더 대담한 꼼수당으로 만들고 있다. 민주당 장경태 최고위원은 김건희 여사가 심장병 어린이와 함께 찍은 사진과 관련해 가짜 뉴스를 퍼뜨린 혐의로 검찰에 기소됐으나 아랑곳하지 않고 가짜 뉴스를 계속 언급하고 있다. 윤석열 대통령이 워싱턴 공항에 나온 화동(花童)에게 고맙다는 의미로 볼에 입을 맞춘 것을 두고 장경태 의원이 '성적학대(性的虐待)'라고 공격했다.

정상인(正常人)이라면 혀를 찰 일이나 이들은 자신들을 맹목적으로 지지하며 추종하는 열성지지층(熱性支持層)만을 바라보면서 스토킹{stalking: 몰래 접근하기, 뒤를 밟기, 추적(追跡)}과 같은 정치행위를 계속한다. '묻지 마 지지층'이 상존(常存)하는 한 부패한 한국정치의 자정기능(自淨機能)은 마비(痲痺)될 것이다. 앞으로 민형배 의원 복당과 같은 꼼수는 다반사(茶飯事)로 반복(反復)될 것이다. 이처럼 부패한 한국정치는 양심(良心)의 파산(破産) 직전(直前)에 처했다. 우리 모두의 책임이라고 할 수 밖에 없다.

35. 민주당의 이재명 방탄 소급입법은 법치파괴 행위

민주당의 친(親) 이재명 계 의원들이 공직선거법위반으로 기소된 이재명 대표의 처벌을 막는 법안을 발의했다. 이 대표가 대선 당시 '부하간부를 모른다'고 발언하는 등 '허위사실을 공표'한 혐의로 기소되기 2주일 전, 장경태·김남국·김의겸 의원 등 11명이 기소의 근거가 되는 법조항을 삭제하는 '공직선거법 개정안'을 발의한 것이다. 개정 법률안의 부칙에 이미 기소된 피의자에 대해서도 '소급 적용한다'는 조항을 신설했다. 오로지 이재명 한 사람을 위한 법조항이다.

현행 공직선거법은 "당선되거나 되게 할 목적으로 연설·방송·신문······ 기타의 방법으로 후보자에게 유리하도록 후보자·후보자의 배우자등의······ 직업·경력·재산·행위 등에 관하여 허위의 사실을 공표하거나 공표하게 한 자는 5년 이하의 징역 또는 3천만 원 이하의 벌금에 처한다(공직선거법 제250조 제1항)."고 규정하고 있다. 그런데 민주당의 공직선거법 개정안은 동법 제250조 제1항의 허위사실공표 '행위'를 삭제해 처벌 대상에서 제외시킨 꼼수를 부렸다. 이 대표가 자기 '행위'에 대해 허위의 사실을 공표했어도 처벌을 면할 수 있도록 한 것이다.

공직선거법 제250조 제1항에서 '허위의 사실'은 진실에 부합하지 않은 사항으로써, 선거인으로 하여금 후보자에 대한 정확한 판단을 그르치게 할 수 있을 정도로 구체성을 가지면 충분하다. 하지만, 공표된 사실의 내용 전체의 취지를 살펴볼 때 중요한 부분이 객관적 사실과 합치되는 경우에는 세부에 있어서 진실과 약간 차이가 나거나 다소 과장된 표현이 있다고 하더라도 이를 허위의 사실이라고 볼 수는 없다(대판 2009.3.12. 2009도26).

헌법재판소는 공직선거법상 '행위'에 대한 처벌은 헌법에 어긋나지 않는다고 심판했다. 중앙선관위와 국회 사무처도 공직선거법 개정안에 반대 의견을 냈다. 이 개정안은 법의 규범성(規範性)에 위반하는 엉터리 법안인데도 이 대표 방탄을 위해 추진한 것이다. 법률 격언에 "사람이 죄를 범한 경우에는 처벌하라(Let a man be punished where he commits the offence.)"고 했다. 범죄가 있을 때 반드시 형벌이 과해지지 않으면 질서가 유지되지 않는다. "유죄자(有罪者)를 보고도 눈감아 주는 자는 무죄자(無罪者)를 벌 한다(He who spares the guilty, punishes the innocent.)."고 했다.

더불어민주당의 범죄은폐를 위한 방탄용 입법행태는 헤아릴 수조차 없다. 작년 말엔 형법에 '법 왜곡 죄'를 신설해 법 적용을 부당하게 한 판,검사를 처벌하겠다고 했다. 이재명 대표에 대한 수사와 재판을 하는 검사와 판사를 공개적으로 협박한 괴물법안이다. 또 이 대표 관련 수사를 하는 검사 16명의 명단과 사진 파일을 당원과 지지자들에게 배포하고 이를 제도화하겠다고 했다.

더불어방탄당은 자기들 범죄와 비리에 대한 검찰 수사를 막기 위해 위장탈당까지 해가며 '검수완박'법을 강행처리했고, 감사원의 전 정권 비리감사를 막으려고 '감사완박'법도 추진했다. 앞으로 법원의 재판을 막기 위한 '재판완박'법도 만들 것 인가? 헌정질서와 법치주의를 파괴하는 이런 악법을 발의하는 더불어민주당은 '더불어방탄당'이 아니라 '더불어 범죄은폐당'으로 전락한 것이 아닌가?

더불어방탄당은 이재명 대표 취임 후 지금까지 8개월 넘게 하루도 빼지 않고 '방탄 국회'를 열고 있다. "시급한 민생 때문"에 국회를 열었으나 의원들은 무더기 외유(外遊)를 떠났다. 노웅래 의원에 이어 이재명 대표 체포동의안을 연달아 부결시키면서 "체포동의안에 찬성하면 역사의 죄인"이라고 했다. 이 대표 검찰 출두 땐 야당 의원 40명이 병풍처럼 둘러섰다. 방탄에 도움이 되면 무조건 밀어붙이고, 시급한 투자 활성화나 노동·교육·연금개혁은 나 몰라라 다. 국회 다수의석으로 하는 일이라곤 오로지 방탄(防彈)과 입법폭주(立法暴走)뿐이다. 이들이 역사의 죄인이다.

법(法:law)은 사회규범(社會規範) 가운데 국가적인 강제(强制)로 실현되는 규범이다. 법은 규범으로서 법칙(法則)과 구별된다. 법칙은 어떠한 사실적 존재(事實的 存在)를 말하는데 비하여, 규범은 마땅히 있어야 할 당위(當爲)를 말한다. 인간은 다른 동물과 달라 사회질서를 유지하기 위하여 여러 가지 규범을 만들었다. 그와 같은 사회규범에는 종교규범·도덕규범·관습 등이 있다. 인류는 종교규범과 도덕규범을 지켜왔는데, 이 두 규범은 무의식 중에 관습이 되어서 사회질서를 유지해왔다.

종교규범은 신앙심이 약해짐에 따라 무력해지고, 도덕규범은 양심의 마비로 무력해지자 관습도 무너지게 됐다. 이와 같은 경우에 그 사회규범을 강제(强制)를 써서라도 지키게 하는 것이 법이다. 이와 같이 어떠한 사회규범이 국가적 강제에 의하여 지켜지게 되는 경우에 그 사회규범을 법이라고 한다. 국가와 국민의 중요한 규범은 모두 법률로 만드는 것이 원칙인바, 이것은 국민의 대표들이 직접 법을 만든다는 주권재민(主權在民)의 민주주의 원칙에 의한 것이다.

'법의 지배'(法의 支配 : rule of law)라 함은 누구든지 법원이 적용하는 법 이외에는 지배받지 않는다는 법지상주의(法至上主義)의 원칙을 말한다. 법의 지배는 법치주의(法治主義)와 같은 의미로 쓰이기도 한다. 그것은 법의 지배하고 할 경우의 법은 국회의 제정법(制定法)을 의미하기 때문이다. '법의 타당성(妥當性)'이라 함은 법이 현실적인 실효성(實效性)이 있느냐의 여부와는 달리, 법 그 자체가 실현되어야 한다는 당위성(當爲性)의 요구로서 법이 구속력(拘束力)을 가질 수 있는 '법의 가치(價値)'를 말한다. 법의 타당성은 규범 의미내용의 정당성(正當性)에서 규범 그 자체의 당위적(當爲的)인 구속성(拘束性)을 요구할 수 있게 되며, 이 점이 법의 규범적 효력근거가 된다.

법이 추구하는 이념(理念) 및 가치(價値)를 '법이념(法理念 : idea of law)'이라고 한다. 법이념에 관해 라드브르흐는 정의(正義), 합목적성(合目的性), 법적안정성(法的安定性)을 들고 있다. 법은 공동의 질서이기 때문에 각 개인 의견의 다양성에 맞출 수는 없고, 모든 사람 위에 위치하는 하나의 질서(秩序)로 되지 않으면 안 된다. 이것이 바로 법의 실정성(實定性)으로 현실화되는 법적안정성이다. 이와 같이 법가치(法價値)의 세 이념사이에는 상호모순·긴장관계가 존재하면서도 서로 모든 면에서 공동으로 법현실(法現實)을 지배하고 있다.

국회 다수의석으로 법이념과 법치주의 및 헌정질서를 파괴하며 전과4범에 범죄혐의 10개가 넘는 피의자 이재명 대표 한 사람을 위한 방탄(防彈)국회를 열고 입법폭주(立法暴走)를 자행(恣行)하며 범죄 방탄당으로 전락(轉落)한 더불어민주당은 "입법자는 위법자가 되어서는 안 된다(Law makers should not be law breakers.)."라는 말을 명심해야 할 것이다.

검찰이 2023년 9월 18일 이재명 대표에 대해 '쌍방울 불법 대북송금' '백현동 아파트 개발특혜' '검사 사칭 관련위증교사' 등 세 사건으로 구속영장을 청구했다. 이에 따라 이 대표의 혐의는 배임 5095억 원(대장동 4895억 원+백현동 200억 원), 제3자 뇌물 239억 원(성남 FC 133억 원+대북송금 106억 원) 등으로 확대됐다. 서울중앙지검은 이날 이 대표가 2019~2020년 김성태 전 쌍방울 회장에게 '독점적 대북사업 기회제공 및 기금지원' '동행 방북' 등 청탁을 받고 북한에 총 800만 달러를 대신 지급하게 한 혐의(제3자 뇌물 및 외국환거래법 위반)가 있다고 밝혔다.

검찰관계자는 "불법 대북송금은 정경유착(政經癒着), 백현동은 권력형 토착비리(土着非理)로 지방자치 권한을 사익추구(私益追求)의 도구로 남용한 것"이라고 말했다. 이 대표는 여의도 성모병원에서 응급조치를 받은 뒤 서울 중랑구 녹색병원으로 이송됐다. 민주당은 이 대표가 기소돼도 당 대표직을 유지하고, 1, 2심에서 유죄판결을 받아도 총선에 출마할 수 있도록 당헌을 고쳤다. 이 대표의 허위사실공표 혐의를 없애는 소급입법, 이 대표 사건 검사와 판사를 '법 왜곡 죄'로 처벌할 수 있는 악법까지 추진하는 등 방탄국회 비난을 피하기 위해 입법폭주를 했다. 탄핵과 해임안을 남발하던 민주당은 이 대표가 병원에 실려 가기 직전 내각 총사퇴까지 요구했다. 이 대표는 이미 불체포특권을 포기하고 당당히 영장심사를 받겠다고 수차례 밝혔다. 이 대표 한 사람의 개인 불법혐의 때문에 국정왜곡(國政歪曲)과 마비(痲痺)가 있어서는 안 된다.

한동훈 법무장관은 이날 국회에서 기자들과 만나 "수사 받는 피의자가 단식해서 자해(自害)한다고 해서 사법 시스템이 정지되는 선례가 만들어지면 안 된다고 생각 한다"면서 "앞으로 잡범들도 다 그렇게 하지 않겠느냐"고 했다. 그는 또 "(민주당이) 다수당 권력을 이용해 (이 대표) 개인비리를 결사

옹호(決死擁護)하는 것은 최악의 권력남용이라고 국민이 생각할 것"이라고
했다.

36. 60억 코인 감추고 "돈 없다"는 호소로
후원금 1위를 차지한 김남국 의원의 적반하장

김남국 더불어민주당 의원의 60억 원대 가상화폐 거래에 대해 검찰이
수사 중인 것으로 전해졌다. 서울남부지검 형사6부(부장 이준동)는 작년 초
김 의원의 위믹스 코인 거래를 '이상 거래'로 판단한 금융정보분석원(FIU)
자료를 넘겨받아 수사를 시작했다고 한다. 김 의원은 작년 1~2월 A 가상화
폐 거래소에 등록된 전자지갑에 위믹스 코인 80여 만 개(최대 60억 원)를 보유
했다가 같은 해 2월 말~3월 초 전량 인출한 것으로 알려졌다. A 거래소가
이 거래 상황이 비정상적이라고 FIU에 보고했고, FIU는 '이상 거래'로 검
찰에 통보했다고 한다. 이후 검찰은 김 의원에 대한 계좌추적 영장을 청구
했으나 서울남부지법은 이를 기각한 것으로 알려졌다.

김 의원은 국회의원 당선 직후 재산이 8억3000만원이라고 했고, 이후
해마다 늘어 올해 15억3000만원을 신고했다. 하지만 수십억 원대 코인은
내역에서 빠져있다. 김 의원은 그간 각종 방송, 유트브 채널에 출연해 '가난
한 청년 정치인' 이미지를 내세우며 "매일 라면만 먹는다" "3만7000원 주
고 산 운동화에 구멍이 났다" "돈이 없어 호텔 대신 모텔생활을 한다. 방 두
개 안 빌리고 보좌진이랑 셋이서 잤다"며 '가난한 청년 정치인' 이미지를
연출해 정치 후원금을 호소하며 거지 꼴 행각(行脚)을 일삼으며 코인을 팔

아 보유한 현금성 잔고가 2021년 말 기준 100억 원에 육박했다.

그런데도 끝까지 결백(潔白)을 주장하다 당 징계와 코인거래내역 공개 (公開)가 목전(目前)에 닥치자 민주당에 탈당계(脫黨屆)를 제출했다. 그때 한 말이 "부당한 정치공세에 끝까지 맞서겠다"였다. 김 의원은 국회윤리위가 제명안 표결을 시도하자 30분 전 총선 불출마를 선언해 윤리위의 제명안을 부결시켰다. 현직 국회의원 11명이 21대 국회 임기 중에 가상자산을 1256 억 원어치 거래했으며, 이 가운데 무소속 김남국 의원 혼자 1118억 원을 거 래한 것으로 확인됐다. 전체 거래금액의 89%로, 나머지 10명의 평균 거래 액(13억8000만원)의 81배에 달했다.

김 의원은 조국 수호 집회를 주도한 '개싸움 국민운동본부' 변호사 경력 으로 민주당 공천을 받았다. 그때도 인터넷 방송에 출연해 여성비하, 성희 롱 논란이 일자 "두 차례 정도 게스트로 나간 것뿐"이라고 했지만 23차례 이상 출연한 것으로 밝혀졌다. 더구나 김 의원은 가상자산(假想資産)에 대한 과세를 유예하고 소득공제 범위를 확대하는 법안을 발의했던 것으로 나타 났다. 법안 발의자가 수혜자가 되는 '이해충돌(利害衝突)' 사례에 해당할 수 있으나 김 의원은 코인 투자원금을 조성한 시점과 규모, 경로 등을 밝히지 않고 있다.

대신 "개인의 민감한 금융정보와 수사정보를 언론에 흘린 것은 '한동훈 검찰' 작품"이라며 "윤석열 실정(失政)을 덮으려는 얄팍한 술수(術數)"라고 했다. 김 의원의 코인투자와 윤석열 정부가 무슨 상관이 있나? 개인 비리의 혹이 제기되면 무조건 정권과 검찰 탓을 하는 것이 이제 더불어방탄당 체질(體質)로 굳어진 듯하다. 김 의원이 무슨 돈으로 코인을 샀는지, 또 이를 처분했다면 그 돈은 어디로 갔는지 철저히 밝혀야 한다.

김남국 의원의 가상화폐사건은 '돈 버는 게임(Play to Earn.P2F)' 업체가 김 의원에게 합법화 로비하는 과정에서 불거졌을 가능성이 크다는 관측이 나오고 있다. 김 의원 사건을 통해서 알려진 위믹스 코인은 위메이드라는 회사가 2019년 게임을 위해 만든 가상화폐다. 공시보다 30% 더 유통되면서 게임업계에서 문제가 있다는 지적이 나왔지만 국회에서 P2E 게임에 대한 규제완화 기류가 감지될 때마다 가격이 급등(急騰)했다고 한다.

특히 주목되는 것은 민주당 대선후보였던 이재명 대표가 지난 대선 때 P2E 허용을 공약한 과정에 김 의원이 개입했다는 의혹이다. 위믹스 코인을 비롯한 P2E는 사행성(射倖性)이 커서 규제완화(規制緩和)에 대해 반대여론이 많았다. 그럼에도 이 대표는 2021년 12월 "P2E가 세계적인 흐름인 만큼 나쁘게 볼 필요는 없다. 해외에선 이미 활발한 산업으로 무조건 금지하면 쇄국정책(鎖國政策)"이라고 했다. 김 의원은 이 대표가 P2E 합법화를 언급하던 시기에 위믹스 코인을 보유한 채 이재명 캠프의 온라인 소통단장으로 활동했다.

김 의원 코인 사태의 가장 큰 의문은 김 의원이 88억 원에 달했던 코인을 최초에 어떻게 보유하게 됐느냐는 것이다. 김 의원이 게임 업체로부터 코인을 받은 것 아니냐는 것이다. 김 의원의 가상화폐 의혹과 관련해 작년에 검찰이 청구한 계좌추적 영장이 두 차례모두 기각됐다. 이 영장을 기각한 판사는 '라임펀드 사태'의 주범(主犯) 김봉현 전 스타모빌리티 회장의 2차

구속영장을 기각했다고 한다. 김 의원 코인에 대한 수사는 계좌추적 영장 없이는 힘들다. 검찰과 법원이 국민적 관심이 큰 이번 사건의 실체적 진실을 밝혀야 한다.

공직자 재산신고 대상에 코인을 포함시키고, 코인 투자과정에서 공시의무 위반, 미공개 정보이용 및 시세조종 등 불공정행위(不公正行爲)를 명문화(明文化)하여 처벌하는 입법을 마련함으로서 '코인 규제법'이 없어 법 미꾸라지와 사기행각이 횡행(橫行)하는 것을 엄벌해야 한다. 김 의원과 같이 입법자(立法者)가 위법자(違法者)로 둔갑(遁甲)해 법망(法網)을 빠져나가는 것을 원천봉쇄(源泉封鎖)해야 한다. 김 의원은 "천망회회소이불루(天網恢恢疎而不漏)"라는 노자(老子)의 말을 명심해야 한다.

김 의원은 위믹스 코인 보유 직전 '돈 버는 게임(Play to Earn.P2E)'을 합법화하는 법안을 발의해 관련업계가 입법로비를 위해 김 의원에게 코인을 그냥 준 것이 아니냐는 의혹도 불거진 상태다. 이것이 사실이라면 이해충돌(利害衝突)을 넘어 뇌물(賂物)사건이다. 더불어민주당이 자체 진상조사를 벌이고 이재명 대표가 윤리감찰을 지시했으나 그 결과는 아무도 믿지 않는다. 검찰이 계좌 추적을 통해 코인거래 의혹을 철저히 밝혀야 한다.

국회의원은 국가이익을 우선하여 양심에 따라 직무를 행한다. 국회의원은 그 지위를 남용하여.....재산상의 이익을 취득할 수 없다(헌법 제46조)"는 규정 및 "의원은 의원으로서의 품위를 유지하여야 한다(국회법 제25조)"는 헌법과 국회법을 각각 위반하였으므로 이미 국회의원 자격상실 사유에 해당한다.

37. 김남국 의원의 파렴치한 '방탄 탈당' 쇼

거액의 코인 투기의혹으로 논란을 일으킨 더불어민주당 김남국 의원이 14일 탈당(脫黨)했다. 결백(潔白)을 주장하던 김 의원이 더불어민주당 진상조사와 긴급 윤리감찰이 본격화하기 직전에 탈당하자 코인 거래내역 공개와 당 징계를 동시에 피하려는 '꼼수 탈당' '방탕 탈당' 쇼(show)라는 비판이 쏟아졌다. 당 차원의 조사와 감찰은 사실상 물거품이 되어 버렸다. 당 안에서도 "당 지도부와 김 의원이 짜고 다 뭉갠 것"이라는 지적이 나왔다. 코인 논란의 꼬리자르기를 위한 당 지도부와 김 의원의 파렴치((破廉恥)한 꼼수다. 꼼수당의 비열(卑劣)한 꼼수 작태(作態)가 갈수록 점입가경(漸入佳境)이다.

김 의원은 이날 오전 페이스 북을 통해 "오늘 사랑하는 민주당을 잠시 떠난다"고 했다. 그는 '잠시'라는 표현을 두 번이나 강조했다. 코인 투기의혹 사태가 잠잠해지면 다시 복당(復黨)하려는 꼼수다. 그러면서 "당원 동지 여러분께 너무나 송구하다"고 했으나 국민을 향한 사과는 없었다. 김 의원은 코인 투기의혹에 대한 자금 출처와 투자 경로, 특혜의혹 등은 제대로 해명하지도 않고 "앞으로 무소속 의원으로 '부당한 정치공세'에 끝까지 맞서 진실을 밝히겠다"고 적반하장(賊反荷杖)의 궤변(詭辯)을 토로(吐露)했다. 꼼수당은 6시간의 의총 뒤 "탈당으로 책임을 회피하지 않고, 엄정한 조사 후 징계하는 원칙을 확립하겠다"고 실효성 없는 구호에 불과한 쇼를 재연(再演)했다.

김 의원의 코인의혹은 눈 덩이처럼 커져 60억 원대 위믹스 코인 보유에 이어 28억 원어치가 더 드러났다. 이름조차 생소한 '잡 코인' 3종을 43억 원어치 보유했고, 마케팅 목적의 공짜 코인도 받았다고 한다. 김 의원은 국회 상임위와 본회의 중에도 수시로 코인 거래를 했다. "매일 라면만 먹는다"며 가난한 거지 정치인 행세(行世)로 후원금을 구걸(求乞)하는 짓으로 작년 전체 국회의원 중 1위인 3억3000만원을 모금한 '앵 벌이'다. 그는 '돈 버는 게임(P2F)'을 합법화하는 법안을 발의하고 토론회에도 참석했다. 이재명 대표가 지난 대선 때 P2E 규제완화 공약을 내걸 때도 관여했을 가능성이 높다. 관련 업계의 입법 로비(lobby)를 받고 무상(無償)으로 코인을 받은 것 아니냐는 의혹이 짙다.

일부 친명계와 강성 지지층은 "김 의원을 응원한다" "법적소명(法的疏明)이 끝나면 돌아올 것"이라고 비호(庇護)하는 모습도 점입가경(漸入佳境)이다. 범죄와 비리를 은폐하기 위한 꼼수당의 꼬리 자르기 상습화(常習化)는 이미 자리를 잡았다. 문제가 터지면 '탈당(脫黨)' '출당(黜黨)'시킨 후 슬그머니 '복당(復黨)'시키기를 반복하는 꼼수당의 쇼가 재연(再演)되고 있다. 2021년 의원 12명의 부동산 투기의혹이 터지자 '탈당 하라'고 요구했다. 김남국과 같이 앵벌이 짓으로 후원금을 받아 코인 투기행각(投機行脚)이나 일삼는 정상배는 정치권(政治圈)에서 영구퇴출(永久退出)시켜야 한다.

2020년 9월 비례대표인 김홍걸 의원의 부동산 축소신고, 투기논란으로 출당 후 현재 복당절차를 진행 중이다. 같은 시기 이상직 전 의원은 이스타항공 비리혐의로 당 윤리감찰단 조사대상에 오르자 탈당했다. 2021년 6월 비례대표 윤미향, 양이원영 2명은 부동산 투기의혹을 받았으나 의원직 유지를 위해 탈당 대신 '강제출당(强制黜黨)' 조치란 꼼수를 썼고, 양 의원은 넉 달 뒤 복당했다.

최근 '돈 봉투 살포'와 관련해 송영길 전 대표, 윤관석.이성만 의원이 탈당했으나 역시 '무늬만 탈당'이란 지적이 나왔다. 2022년 4월 '검수완박' 법 강행처리를 위해 '꼼수탈당'한 민형배 의원은 헌법재판소의 '악법' 심판에도 1년 만에 복당했다. 현재까지 꼼수 탈당의원이 9명이다. 김남국 의원이 그 뒤를 따를 것이다. 더불어꼼수당의 '꼼수 탈당' '꼼수 출당' '꼼수 복당'의 쇼가 한국 거대야당의 진면목(眞面目)임을 만천하(滿天下)에 드러냈다.

더불어민주당이 야당(野黨)이 된 후 지난 1년간 '국민의 기억(記憶)에 남는 일'은 이재명 대표 방탄(防彈), 무도(無道)한 입법폭주(立法暴走), 가짜 뉴스 괴담유포(怪談流布), 돈 봉투, 코인 의혹 등이다. 당 대표부터 초선 의원에 이르기까지 "청렴의 의무(헌법 제46조 제1항)" 및 "국가이익을 우선하여 양심에 따라 직무를 행할 의무(헌법 제46조 제2항)"는 뒷전으로 미루고, 오로지 제 이익(利益) 챙기기에 급급(汲汲)하고 국민 편(便) 가르기를 위한 정쟁(政爭)에만 몰두(沒頭)했다. 나라 장래(將來)를 위해 필요한 노동 개혁, 공공 개혁, 구조 개혁은 하지 않고 오히려 퇴보(退步)시켰다.

'국가이익(國家利益)을 우선 한다'는 대의(大義)는 완전히 실종(失踪)된 상태다. 더불어민주당이 주장(主張)하는 모두가 사리(事理)에 맞지 않는 궤변(詭辯)을 늘어놓을 뿐이다. 돈 봉투 사건, 국회 회의 중 코인 거래 등 도덕적으로 문제가 될 만한 일이 터지면 의원을 '탈당(脫黨)'시켜 꼬리를 자르거나 '출당(黜黨)'시킨 후 시간이 지나면 슬그머니 '복당(復黨)'시키는 꼼수만 부린다. 이런 꼼수정당이 국회를 장악하고 있으니 더불어꼼수당의 몰락(沒落)은 이미 예견(豫見)된 사태로 필연(必然)이다.

38. 국회의원의 국민혈세 해외여행을 금지해야

"국회의원은 청렴의 의무가 있다." "국회의원은 국가이익을 우선하여 양심에 따라 직무를 행한다(헌법 제46조 제1~2항)." 국회의원은 임기 초에 국회에서 다음의 선서를 한다. "나는 헌법을 준수하고 국민의 자유와 복리의 증진 및 조국의 평화적 통일을 위하여 국회의원의 직무를 양심에 따라 성실히 수행할 것을 국민 앞에 엄숙히 선서합니다(국회법 제24조)." "모든 공무원은 법령을 준수하며 성실히 직무를 수행하여야 한다(국가공무원법 제56조)."라고 헌법과 법률은 국회의원의 '성실의무(誠實義務)'를 규정하고 있다.

국가의 예산·기금·결산·성과관리 및 국가채무 등 재정에 관한 사항을 정함으로써 효율적이고 성과 지향적이며 투명한 재정운용과 건전재정의 기틀을 확립하고 재정운용의 공공성을 증진하는 것을 목적으로 <국가재정법>이 시행되고 있다. "정부는 예산을 편성하거나 집행할 때 '재정건전성의 확보' '국민부담의 최소화'를 위하여 최선을 다하는 원칙을 준수하여야 한다(국가재정법 제16조)." "정부는 건전재정을 유지하고 국가채권을 효율적으로 관리하며 국가채무를 적정수준으로 유지하도록 노력하여야 한다(동법 제86조)."

국회 기획재정위원회 위원장과 간사 등 기획재정위원회 소속 여야 의원 5명이 지난 4월 '재정준칙(財政準則)' 제도시찰을 이유로 스페인, 프랑스, 독일에 열흘간 출장을 다녀오는데 세금 9000만원을 썼다고 한다. 비즈니스 석(席) 항공료 5500만원, 연회비·선물비 402만원, 일비·식비 366만 원 등이 들었지만 외국 인사를 만난 일정은 5건에 불과했다고 한다.

이들이 낸 '출장 보고서'에 따르면 스페인에선 '오히려 한국에서 배우고 싶다'는 말을 들었다고 한다. 스페인은 GDP 대비 국가채무 비율이 114%여서 한국(50%)이나 EU의 재정준칙 기준(60%)보다 훨씬 높다. 이들이 면담한 스페인 하원 재정·공공기능 위원장은 "우리는 EU준칙을 지키지 못하고 정부가 원하는 대로 돈을 썼다"며 한국 얘기를 듣고 싶다고 말했다고 한다. 애초 재정이 부실한 나라를 배우러 간다고 한 것부터 잘못이었다.

유럽 중앙은행총재 면담 때는 의원 4명이 불참했고, 프랑스·독일에서는 그 나라 정부 인사는 못 만나고 우리 공관·기업관계자들과의 간담회·식사 일정이 대부분이었다고 한다. 재정건전화 방안을 찾겠다면서 국민혈세를 낭비하고 현지 주재원들만 귀찮게 한 것이다. 그렇게 8박 10일간 출장을 다녀와서도 기획재정위원회 회의에서 '재정준칙' 안건은 맨 끝 순번에 배치하더니 결국 논의조차 않고 끝냈다고 한다.

청렴의 의무로 국가이익을 우선하여 양심에 따라 직무를 성실히 수행하는 것이 아니라 여야가 의기투합(意氣投合)하여 혈세를 낭비하며 관광여행을 다녀와서는 '언제 그랬느냐'는 듯 다시 이전투구(泥田鬪狗)를 벌리는 모습이 점입가경(漸入佳境)의 경지(境地)로 들어가고 있다. 더불어방탄당 의원들은 이재명 대표를 위한 방탄 국회를 하루도 거르지 않고 열면서 해외출장도 빠짐없이 나가는 중이라고 한다. "민생법안 처리가 시급하다"며 3.1절 임시국회를 열더니 의원 30여명이 스페인, 베트남, 일본 등으로 여행을 떠났다. 혈세도둑이 따로 없다.

국회가 입법기관으로서 전체로서의 국민의사의 대표기관이 아니라 행정부에 대한 감독기능도 제대로 발휘하지 못하는 반면 거야(巨野)의 다수결에 의한 소수의견을 묵살하는 '다수의 횡포'가 자행(恣行)되어 의회정치 위기를 자초(自招)함으로써 과연 의회가 국민의 의사를 대표하느냐의 여부가 문제되고 있다.

우리나라의 공직자 중에서 가장 부패가 심한 곳을, 국민들은 오로지 다음 선거만을 생각하는 정상배(政商輩)들의 소굴(巢窟)인 여의도 국회라고 한다. 우리나라 국회는 입법기관이 아니라 부정부패의 온상(溫床)으로 적폐청산의 첫째 대상기관이 되었다. 국가의 건전재정의 기틀을 확립하기 위하여 의원들의 해외여행은 국민혈세가 아닌 '자기 돈'으로 가도록 해야 할 것이다.

39. '이재명의' '이재명에 의한' '이재명을 위한' 민주당의 현주소

이재명 더불어민주당 대표가 지난 5일 혁신위원장에 임명한 이래경 사단법인 다른 백년 명예이사장이 하루도 안 돼 사퇴했으나 민주당 내 갈등은 커졌다. 비명계는 이 대표에게 모든 책임이 있다며 사퇴를 요구했다. 비명계 제압을 노린 이재명이 확실한 자기사람을 찾다가 무리수(無理數)를 둔 것은 이재명 대표 체제의 근본적 문제를 보여준다. 당 쇄신(刷新) 보다 자기 안위(安危)라는 사적이익(私的利益)을 앞세우다 벌어진 일이다.

더불어민주당이 혁신위를 띄운 것은 이재명 대표 사법 리스크와 돈 봉투사건, 코인 논란, 강성 팬덤의 폐해 등을 해결하기 위한 꼼수였다. 3주간 비밀리에 진행된 인선(人選) 결과는 이름도 생소하고 과격한 막말에 비상식적 음모론(陰謀論)에 빠진 편향적 인사(偏向的人事)였다. 극소수의 친명 인사들만 알았다. 문제의 발언 등이 보고됐으나 묵살됐고, 공론화(公論化) 과정도 검증(檢證)도 없이 이 대표가 밀어붙인 것이다. 이 대표는 그가 보호막(保護幕)이 돼 '이재명 당(黨)'을 지켜줄 것으로 기대했을 것이다. 이 대표가 오직 자기 정치생명만을 고려에 둔 인선(人選)을 한 것이다.

더불어민주당 의원들은 이재명 대표를 위한 방탄(防彈)과 입법폭주(立法暴走)에 동원됐다. 총선 공천권(公薦權) 때문일 것이다. 이로 인해 더불어민주당은 부정비리와 입법폭주, 포퓰리즘, 내로남불, 적반하장(賊反荷杖), 홀리건 정당으로 전락(轉落)했다. 사당화(私黨化)의 늪에 빠져 스스로 쇄신(刷新)조차 하지 못한다. 이래경 혁신위원장 사퇴 사태는 '이재명의' '이재명에 의한' '이재명을 위한' 사당(私黨)으로 전락(轉落)한 '민주당의 현주소'를 그대로 보여주고 있다.

40. 중국 55기원전 삼중수소량 50배를 방출하는 중국과 손잡고 후쿠시마 방류수 반대하는 이 대표의 꼴불견

이재명 민주당 대표가 8일 중국 대사관저를 찾아가 중국 대사와 면담을 갖고 후쿠시마 원전 방류수(放流水) 문제를 거론했다. 최근 이 대표는 3주 연속 후쿠시마 오염수(汚染水) 장외 규탄집회에 참석하고 있다. 지난 3일 부산에선 "오염수는 사실상 핵 폐기물(廢棄物)이다. 핵 방사성 물질이 바다에 섞여 있다면 누가 해운대를 찾고 멍게를 찾겠는가" "안전할 것 같으면 왜 바다에 버리나. 식수로 쓰든지 공업용수, 농업용수로 재활용하면 되지 않겠나"라고 했다.

중국의 55기 원전은 대부분 중국 동쪽연안에 몰려있어 우리 서해와 맞닿아 있다. 중국 동쪽 연안에서 배출되는 삼중수소량은 후쿠시마 배출량의 50배에 달한다. 후쿠시마 방류수가 태평양을 한 바퀴 돌아 4~5년 뒤 한국 해역에 도착할 때쯤 되면 삼중수소 농도(濃度)는 기존 바닷물의 17만분의 1로 희석(稀釋)될 거라는 연구가 나왔다고 한다. 중국 방류량은 수심(水深)이 얕은 서해로 곧 바로 쏟아져 들어온다. 원전 방류수가 문제라면 일본보다 중국 쪽에 먼저 철저한 정화처리(淨化處理)를 촉구해야 한다. 야당이 원전 방류수 반대를 위해 중국 측과 손잡으려는 것은 난센스(nonsense)다.

민주당 집권시기인 2020년 10월 정부 태스크포스는 "일본 오염수는 확산(擴散), 희석(稀釋)으로 우리 해역에 유의미(有意味)한 영향은 없을 것"이라는 보고서를 냈다. 그런데도 이재명 대표와 민주당이 지금 와서 후쿠시마 방류수 때문에 우리바다 물고기들이 오염(汚染)될 것처럼 과장하고 있다. 이 대표는 지난 3일 부산 집회에서 '우리 어민 다 죽는다'는 피켓을 들고 있었다.

오염수(汚染水) 논란 이후 최근 생선 도매가격이 kg당 1만4000원에서 8000원으로 떨어졌다. 어민들을 궁지(窮地)로 몰아넣고 있는 것은 민주당이다. 민주당은 전당대회 돈 봉투 사건과 김남국 의원 코인 의혹 등으로부터 국민 시선을 돌리려는 꼼수라고 한다. 후쿠시마 방류수가 가장 먼저 도달하는 곳이 알래스카이고 그 다음이 미국 서해안이다. 문제가 있다면 미국이 가만있겠나.

이재명 민주당 대표가 8일 중국 대사관저에서 싱하이밍 대사와 앉은 사진은 참으로 꼴사나왔다. 두 손을 모으고 앉은 이 대표 옆에 중국 대사는 정중(鄭重)하지 않은 자세로 있었다. 싱 대사는 이재명 대표를 앉혀 놓고 "일각에서 미국이 승리할 것이고, 중국이 패배할 것이라고 베팅하고 있는데 이는 분명히 잘못된 것"이라며 "단언(斷言)할 수 있는 것은 나중에 반드시 후회할 것"이라고 했다. 중국이 한국에 보복(報復)하겠다는 것이다. 이처럼 오만방자(傲慢放恣)하고 적반하장(賊反荷杖)의 궤변(詭辯)을 토로(吐露)한 싱 대사의 행태(行態)에 이재명 대표가 들러리가 됐다.

싱 대사는 그 자리를 빌려 "중국 국민은 일치단결해서 시진핑 주석의 지도하에 위대한 중국몽(中國夢)을 진행한다는 결심을 (한국인들은) 잘 모르는 것 같다" "시 주석 지도하에 중국몽이란 위대한 꿈을 한결같이 이루려는 확고한 의지를 모르면 그저 탁상공론(卓上空論)일 뿐"이라는 발언까지 했다. 제 나라 독재자에 대한 저급(低級)하고 유치(幼稚)한 아첨(阿諂)을 다른 나라 사람들 앞에서 태연히 떠는 중국 대사도 놀랍지만, 그 아첨을 그냥 듣고 있는 이재명 대표의 들러리가 갈수록 점입가경(漸入佳境)이다.

이 대표는 중국 대사가 '우리 편 안 들면 재미없다'는 협박을 들으면서도 '후쿠시마 오염수 문제로 한중이 협력하자'는 말을 주로 했다고 한다. 이 대표는 우리 정부를 공격하는데 보탬이 된다면 우리 국격(國格)이 손상(損傷)

되고 중국 국장급 관리에게 훈계(訓戒)를 듣고 협박을 당해도 감수하는 저자세(低姿勢)다. 이 대표는 "중국은 높은 산봉우리"라면서 "한국도 작은 나라지만 (중국의) 그 꿈에 함께할 것"이라던 문재인 전 대통령과 뜻을 같이하기 때문인 것 같다. 이재명 대표와 싱하이밍 대사의 만남은 참으로 꼴불견(不見)이다.

이달 들어 이마트, 롯데마트 등에서 천일염(天日鹽) 판매가 50~90% 급증(急增)하고 있다고 한다. 내달로 예상되는 일본 후쿠시마 오염 처리수 방류(放流)로 한반도 주변 바닷물이 방사능 물질에 오염될 것이라는 우려에 미리 소금을 사두려는 사재기 현상이 벌어지고 있다. 후쿠시마 방류수(放流水)는 태평양을 한 바퀴 돌아 4~5년 뒤에야 한국에 도착한다. 그때쯤 되면 한국 바닷물의 삼중수소 농도는 기존 농도에서 17만분의 1 정도 추가될 뿐이라는 것이 전문가들의 설명이다.

만일 바닷물이 방류수로 인해 의미 있는 수준으로 오염된다면 후쿠시마를 거친 해류(海流)가 한국보다 먼저 도달하는 캐나다, 미국, 멕시코 등이 먼저 반대하고 나서야 한다. 그러나 그 나라들에서 방류(放流)를 문제 삼는다는 얘기는 없다고 한다. 프랑스 재처리설비 한 곳에서만 후쿠시마 연간 방류 예정량의 500배 삼중수소를 방류하고 있어도 유럽 국가들이 항의한다는 얘기도 없다. 과학적 사실은 이런데도 '천일염 사재기' 현상이 벌어지고 수산물 소비량이 감소되는 이유는, 더불어민주당과 일부 TV방송이 오염수 방류가 '국민 건강에 위협이 된다'고 괴담(怪談)을 퍼뜨리기 때문이다.

더불어민주당은 17일에도 인천에서 '오염수 방류 규탄대회'를 연다고 한다. 이재명 대표는 오염 처리수 방류를 "우물에 독극물(毒劇物) 풀어 넣기"라고 했다. 다수당과 TV가 이런 일을 벌이니 국민 다수가 이에 홀리는 현상이 벌어져 과학과 상식이 농락(籠絡)당하고 있다. 더불어민주당은 괴담으로 대국민 공포증을 증폭(增幅)시켜 놓고는 '어민피해지원 특별법'을 만든다고 나섰다. 이 법안은 어민을 위한 것이 아니라 어민들을 구렁텅이로 밀어넣고 있다. 이런 괴물법안 발의가 국민들의 공포심(恐怖心)을 증폭시키고 있다. 이 법률안에 대해 윤 대통령이 거부권을 행사한다고 선전해 또 정치적 이득을 챙기려는 꼼수다. 대장동 사건을 '윤석열 게이트'라고 믿는 어리석은 국민이 40%에 이르는 나라에서 벌지는 희대(稀代)의 비극(悲劇)이다.

41. 돈 봉투 사건의 체포동의안을 4연속 부결시킨 '방탄 정당'

'전당대회 돈 봉투사건'으로 구속영장이 청구된 더불어민주당 출신 윤관석, 이성만 의원의 체포동의안이 12일 국회 본회의에서 부결됐다. 이로써 국회 167석을 가진 야당은 윤석열 정부 출범 이후 더불어민주당 의원에 대한 체포동의안을 전부 부결시켰다. 국회의원의 불체포 특권포기는 '민주당 대선공약(大選公約)'이었다. 실현할 의지도 없는 거짓 공약을 내걸어 국민을 기만(欺瞞)한 것이다. 체포동의안 부결로 민주당 스스로 '방탄 정당' '꼼수 정당'임을 입증했다.

윤관석 의원은 전당대회 때 300만원씩 넣은 돈 봉투 20개를 직접 다른 민주당 의원들에게 하나씩 나눠준 혐의로 구속영장이 청구됐다. 이성만 의원은 선거자금으로 쓰라며 1100만원을 제공하고, 스스로 윤 의원으로부터 300만원 돈 봉투를 받은 혐의다. 윤석열 정부 들어 노웅래, 이재명, 하영제, 윤관석, 이성만 의원(시간 순) 등 현역 의원 5명에게 구속영장이 청구됐는데, 이 중 체포 동의안이 가결된 것은 국민의힘 출신인 하영제 의원뿐이다.

민주당은 부결 직후 "검찰수사가 과도하고 무리한 영장청구였다는 의견이 많았다"고 했다. 하지만 이번 수사는 이정근 전 사무부총장의 휴대폰 통화녹음파일이 나오면서 시작됐다. 녹음파일에는 윤관석 의원 등이 '돈을 달라'고 요구하고 전달한 정황이 적나라(赤裸裸)하게 담겨있어 범죄혐의가 명백한데 검찰 수사가 과도하고 무리하다는 궤변(詭辯)이다. 돈 봉투를 받은 것으로 알려진 20명의 민주당 의원들도 자기비리를 숨기기 위해 '방탄 특권'에 동참했을 것이다.

민주당 의원 일부는 한동훈 법무장관 탓까지 했다. 한 장관이 자신들을 자극해 실제보다 부결표가 늘어났다는 궤변(詭辯)이다. 한동훈 장관은 이날 체포동의 요청사유를 설명하면서 "돈 봉투를 받은 것으로 지목되는 약 20명의 국회의원이 여기 계시고 표결에도 참여하게 된다"며 "약 20명의 표는 표결의 결과를 좌우하는 캐스팅보트가 될 것"이라고 말했다. 그러면서 "'돈 봉투 돌린 혐의'를 받는 사람들의 체포여부를 '돈 봉투 받은 혐의'를 받는 사람들이 결정하는 건 공정(公正)하지 않다"고 했다. 민주당의 혁신(革新)은 요원(遙遠)하다.

지난 대선에서 패한 후 더불어민주당이 한 일이라곤 오로지 '이재명 대표 방탄'과 이를 위한 '입법폭주(立法暴走)'였다. 이 대표는 자기방탄을 위해

의원직을 달고 당 대표에 올랐다. 온갖 범죄혐의로 기소돼도 당 대표직을 유지하도록 당헌을 고치고, 1, 2심 재판에서 유죄판결을 선고받아도 공천을 받을 수 있도록 했다. 검찰수사를 막으려고 '검수완박'이라는 괴물 악법을 강행하고, 선거법상 허위사실공표 혐의에 면죄부(免罪符)를 주는 소급법안과 관련사건 판사·검사를 '법 왜곡죄(歪曲罪)'로 처벌할 수 있게 하는 기상천외(奇想天外)한 법안을 밀어붙였다.

이 대표는 대선(大選) 땐 '불체포 특권 폐지'를 공약(公約)으로 내걸더니 자신은 그 뒤에 숨어버렸다. 돈 봉투 사건이 터지자 이재명 대표는 '국민에게 사과(謝過)한다'고 해놓고 체포동의안을 부결시켰으니 국민을 농락(籠絡)한 것이다. 자신만이 불체포 특권 뒤에 숨고, 동료의원들의 등을 떠밀기 힘들었기 때문이었을 것이다. '이재명 방탄'이 더불어민주당을 불법과 비리에 대한 최소한의 양심(良心)과 부끄러움조차 모르는 '철면피당(鐵面皮黨)'으로 전락(轉落)시켰다.

더불어민주당이 2023년 7월 18일 의원총회에서 '정당한 체포영장 청구'에 한해 불체포 특권을 포기하기로 결의했다. '정당한 영장' 청구인지 여부는 피의자가 아니라 법원이 결정하는 것이다. 그런데 더불어방탄당은 '국민 눈높이'라면서 사실상 잠재적 피의자들인 자신들이 '정당한 영장' 여부를 결정하겠다는 것은 적반하장(賊反荷杖)의 언어도단(言語道斷)이다. 더불어방탄당은 '국민의 눈높이'에 미치지도 못하는 잠재적 피의자들인 정상배 집단이다. 불체포 특권 포기를 한 것처럼 치졸(稚拙)한 꼼수를 부리는 행위에 동참한 모습이 점입가경(漸入佳境)이다. 이들의 상습적인 '불체포 특권' 포기라는 허언(虛言)이 마지막이 아닐 것이다.

42. 피의자 송영길에게 '검찰 비판'의 판을 깔아준 KBS

KBS가 더불어민주당 전당대회 돈 봉투 사건으로 검찰 수사를 받는 송영길 전 대표를 전직 민주당 대표 신분으로 출연시켜 검찰과 윤석열 정부를 30분간 비판하게 판을 깔아줘 공영방송으로서 최소한의 방송윤리조차 지키지 않았다는 비판이 제기됐다. 검찰 수사의 핵심 피의자인 송 전 대표가 "검찰 독재정권"이라고 윤석열 정부를 비판하는 발언을 그대로 생중계했다.

KBS 2TV '더 라이브'는 15일 밤 '현 정국에 대한 훈수(訓手)를 듣는다'는 취지로 송 전 대표와 이준석 전 국민의힘 대표를 생방송에 30분 넘게 출연시켰다. 방송에서 송 전 대표는 "민주당의 위기가 뭐냐"는 질문에 "국민을 대신해 싸우고 있지 않다는 것"이라며 "이 검찰 독재정권의 무지막지(無知莫知)한 국정독단(國政獨斷)에 대해 싸워야 할 것 아니냐"는 등 정치적 주장을 쏟아 냈다.

그는 돈 봉투가 전달된 것은 사실이고 그로인해 득(得)을 본 사람은 송 전 대표인데 무작정 '결백(潔白)'하다고 한다. KBS가 이런 사람에게 30분 가까이 수사하는 검찰을 비난할 판을 깔아 준 것이다. 공영방송이 수사를 받는 피의자에게 이런 식으로 장기간 일방적 주장을 하게 해 준 것은 '방송의 공적책임(公的責任)'과 '방송의 공정성(公正性)과 공익성(公益性)'을 훼손한 것이다. 방송은 시청자의 권익보호와 민주적 여론형성 및 국민문화의 향상을 도모해야 한다.

KBS의 이런 행태(行態)는 더 심해질 가능성이 있다. 정부가 수신료 강제 징수를 폐지하려 하자 노조가 '전쟁'을 선포할 지경이라고 했다. KBS직원 절반이 억대 연봉을 받고 이중 30% 이상인 1500명이 무보직(無補職)인 회사 가 편파방송, 허위나 가짜 상송을 하면서 수신료 강제징수를 폐지한다고 하자 편파방송의 도(度)를 더 높이고 있는 것이다.

방송은 인간의 존엄과 가치 및 민주적 기본질서를 존중하여야 하며, 국 민의 화합과 조화로운 국가의 발전 및 민주적 여론형성에 이바지하여야 하 며, 지역간· 세대간· 계층간· 성별간의 갈등을 조장하여서는 아니 된다. 방 송은 타인의 명예를 훼손하거나 권리를 침해하여서는 아니 되며, 방송은 범죄 및 부도덕한 행위나 사행심을 조장하여서는 아니 된다(방송법 제5조).

방송에 의한 보도는 공정하고 객관적이어야 한다. 방송은 국민의 윤리 적· 정서적 감정을 존중하여야 하며, 국민의 기본권 옹호 및 국제친선의 증 진에 이바지하여야 한다. 방송은 국민의 알권리와 표현의 자유를 보호· 신 장하여야 한다. 방송은 정부 또는 특정집단의 정책 등을 공표하는 경우 의 견이 다른 집단에 균등한 기회가 제공되도록 노력하여야 하고, 또한 각 정 치적 이해당사자에 관한 방송 프로그램을 편성하는 경우에도 균형성이 유 지되도록 하여야 한다(방송법 제6조).

송 전 대표는 방송에서 윤석열 대통령을 '이분'이라고 칭하며 "이분이 아직 대통령이 아니고 검사 마인드를 가지고 있는 것"이라며 "(이재명 대표 를) 피의자로 완전히 취급하고 배제하는 거 아니냐. 검사가 수사대상을 바 라보는 식으로 야당 대표를 인정하지 않는 자세는 큰 문제"라고 했다. 그는 이날 정부의 일본 후쿠시마 오염수 처리에 관해 "한일회담 밀약(密約)을 맺은 것 같다"고 했고, 이재명 대표를 만난 싱하이밍 주한 중국 대사가 "중국 패배 베팅은 잘못"이라는 부적절한 발언을 한 것에 대한 논란에는 "여권이 이 대표가 보기 싫으니까 이 기회에 이 대표와 야당을 공격하는 수단으로 한중관계를 과도하게 이용했다"고 하는 등 정치현안 전반에 대한 개인 소신을 제약 없이 생방송에서 쏟아냈다.

국회 과학기술정보방송통신위 여당 간사인 국민의힘 박성중 의원은 "이러니 국민 96% 이상이 시청료 분리징수에 찬성할 뿐 아니라 '시청료 폐지' 목소리까지 나오는 것"이라며 "KBS 수신료 분리징수가 기정사실로 되자 대놓고 좌파본색을 드러내는 것"이라고 했다. 정부는 KBS TV 수신료를 전기요금과 통합해 징수할 수 없도록 하는 방송법 시행령을 연내 시행한다는 계획이다.

43. 괴담 정당으로 전락한 더불어민주당

2016년 8월 3일 경북 성주에서 열린 '사드(THAAD : 고고도 미사일 방어체계) 반대 촛불집회'에 참석한 당시 더불어민주당 박주민. 소병훈·김한정·손혜원·표창원·김현권·의원 등은 무대에 올라 "외로운 밤이면 밤마다 사드의 정자파는 싫어. 강력한 전자파 밑에서 내 몸이 튀겨질 거 같아 싫어"로 개사(改詞)한 노래 '밤이면 밤마다'를 따라 불렀다. 빨간 가발을 쓴 표창원 의원과 검은 가발을 쓴 손혜원 의원은 탬버린을 흔들며 관중 앞에서 트위스트를 추기도 했다. 그러나 2023년 6월 21일 약 6년 만에 나온 사드 환경영향평가의 결론은 '인체보호기준의 0.2%' 즉 괴담(怪談)으로 결론 났다.

6년에 걸친 환경영향평가 결과 사드 전자파는 인체보건기준 530분의 1에 불과한 것으로 밝혀졌으나 사드 전자파에 사람이 튀겨진다는 괴담(怪談)을 주장해온 더불어민주당은 사과(謝過)하지 않았다. 그 대신 22일부터 이틀간 이재명 대표를 비롯한 지도부가 동해안에서 '후쿠시마 괴담' 여론몰이에 나섰다. 태평양으로 방류(放流)되는 일본 오염수(汚染水)는 한국에 의미 있는 영향을 미칠 수 없다는 많은 전문가들의 의견을 무시하고 또다시 '괴담(怪談) 마케팅'에 나선 것이다.

더불어민주당 괴담의 시작은 2008년 "미국산 소고기 먹으면 광우병 걸린다"는 가짜 뉴스에 올라타면서였다. "한국인 유전자 구조가 취약해 95%가 광우병에 걸릴 수 있다"는 식의 괴담을 유포하며 국민의 불안감을 자극했다. '뇌송송 구멍탁'이라는 황당한 슬로건을 내건 광우병 집회를 전국에서 주도하다시피 했다. 모두가 희극 같은 엉터리 주장이지만 당시엔 국민정서(國民情緒)를 흔들어 큰 정치적 효과를 보았다. 더불어민주당은 아직도 이 추억에서 벗어나지 못하고 있다.

2010년 천안함 폭침 사건 때는 좌초설(坐礁說), 기뢰설(機雷說) 등 갖은 괴담을 만들어냈다. 얼마 전 이재명 대표가 지명했다가 사퇴한 혁신위원장은 '천안함은 자폭'이라고 주장했던 인물이었다. 세월호 참사 때 더불어민주당이 제기한 박근혜 대통령 '7시간' 의혹은 차마 지면으로 옮길 수 없을 정도로 저속(低俗)한 괴담(怪談)들이었다.

세월호 '구조 실패' 혐의로 기소된 김석균 전 해양경찰청장 등 해경간부들이 대법원에서 무죄 확정판결을 받았다. 검찰이 기소한지 3년 9개월 만이고, 사고발생 9년 만이다. 우리사회에서 이 사건을 두고 괴담(怪談)이 난무(亂舞)했다. 잠수함 충돌, 고의 침몰 등 괴담은 허무맹랑(虛無孟浪)했다.

문재인 전 대통령은 전직 대통령이 탄핵되던 날 세월호 현장을 찾아 방명록에 "고맙다"고 썼다. 대선기간 중엔 "세월호 진실규명을 위해 압도적 정권교체가 필요하다"고 했다. 문재인 전 대통령과 민주당은 세월호를 선거에 이용하려고 '조사를 위한 조사' '수사를 위한 수사'를 반복했다. 참사가 정치적으로 악용되면서 운동권들의 호구지책(糊口之策)으로 전락했다. 그런 민주당이 이번엔 '헬러원 참사 특별법'을 추진한다고 한다. 2016년 최순실 사건 때는 "박정희 통치자금이 300조 원, 최순실 일가 은닉재산이 조(兆) 단위"라는 괴담도 민주당 중진의원을 통해서 퍼져나갔다.

더불어민주당이 그동안 퍼뜨려온 괴담이설(怪談異說)들은 사실이 아닌 줄 뻔히 알만한 내용이지만 오직 상대에게 타격(打擊)을 주기 위해 사실인 듯이 주장한 것으로 혹세무민(惑世誣民)이다. 더불어꼼수당은 그때그때 국민들의 불안심리(不安心理), 특히 먹을거리나 건강관련 심리를 자극해 괴담의 효과를 극대화(極大化)했다. 더불어민주당이 다음 달 서울을 시작으로 전국을 돌며 '후쿠시마 오염수 방류 규탄' 집회에 나서겠다고 밝혔다. 개별적으로 방류반대 단식(斷食)에 들어가거나 도보순례에 나선 의원도 있다.

이재명 대표는 부산, 인천, 강릉을 찾아 "최선을 다해 방류를 막겠다"고 했다. 민주당은 의원 전원 이름으로 18개 태평양 도서 국가들에 해양법재판소 제소 등 국제연대를 하자는 서한을 발송했다. 세계에서 한국 같은 일이 벌어지는 나라가 없다. 후쿠시마 방류수가 제일 먼저 가서 닿게 될 캐나다. 미국 등은 방류수 문제가 거의 주목(注目)을 받지 못하고 있다.

한국은 이미 후쿠시마의 10배쯤 되는 삼중수소를 방류하고 있고, 중국 방류량은 50배에 달한다. 그런데도 이재명 대표는 후쿠시마 방류가 "우물에 독극물 풀기"라며 중국 대사를 찾아가 공동보조(共同步調)를 논의했다. 민주당의 '공포 마케팅'이 정작 우리 어민들을 피해자로 몰아가고 있다. 민주당은 바다가 있는 연안도시들을 일부러 찾아다니면서 "방사능 테러" 운운하며 공포를 증폭(增幅)시키고 있다. 그래 놓고 '어민과 수산업자들 피해를 구제 하겠다'며 특별법을 발의했다.

이재명과 민주당은 후쿠시마 처리수를 '핵(核) 폐수(廢水)'라고 했다. 악의적(惡意的) 괴담에 의한 국가안보와 관련분야의 막대한 피해는 반드시 책임을 물어야 한다. 허위사실임을 알면서 괴담(怪談)으로 혹세무민(惑世誣民)하는 괴담선동자(怪談煽動者)들을 반국가(反國家)·이적행위(利敵行爲)로 처단(處斷)해야 한다. 국제원자력기구(International Atomic Energy Agency)가 일본의 후쿠시마 원전 오염수(汚染水) 방류계획이 '과학적으로 안전하다'는 최종 보고서를 발표했다. 일본은 IAEA 보고서를 근거로 국내 반대여론과 주변국 설득 절차를 거쳐 이번 여름 방류(放流)에 나서겠다는 방침이다.

IAEA는 알프스로 처리한 오염수를 한국·미국·스위스·프랑스 등에 보내 검증한 결과 '모두 방사성물질 기준치를 넘지 않아 안전하다는 결론을 얻었다'고 밝혔다. 우리 정부는 이미 국내 수산물뿐 아니라 국내와 공해의 해수를 채취(採取)해 방사능 농도를 분석하는 등 후쿠시마 원전사고의 영향을 다각도로 모니터링 해 왔다. 무엇보다도 후쿠시마 오염수 해양 방류에 대한 국민 불안을 잠재우는 게 중요하다.

IAEA는 2011년 후쿠시마 원전사고 이후 지속적으로 후쿠시마의 상황을 모니터링 해왔고, 2021년 일본 정부의 의뢰를 받아 후쿠시마 원전 오염수 방류 계획에 대한 안전성 검토를 시작했다. 우리 정부는 3일 "IAEA 보고서 내용과 관련 없이 국민이 안심할 때까지 10년이든 100년이든 후쿠시마 수산물 수입을 금지할 것"이라고 밝혔다. 이는 국민 불안해소를 위해 불가피한 조치다.

더불어민주당은 광우병 사태를 유발한 세력에 대한 작금(昨今)의 국민 평가 세태를 냉정하게 인식하고 국제규범(國際規範)에 맞는 행동을 해야 한다. 자신들의 비열한 괴담 선동이 우리나라 수산업계에 어떤 피해를 유발하고 있는지 현실을 직시(直視)해야 한다. 더불어민주당의 비열(卑劣)한 괴담 마케팅 작태(作態)는 단순한 정쟁(政爭)이 아니라 인간의 양심(良心)의 문제다.

양심(良心)이란, 이 세상의 모든 의의(意義)에 대한 인식(認識)이다. 양심이야 말로 선(善)과 악(惡)에 대한 확실한 판단자이다. 인간을 동물보다 우월(優越)하게 하는 것은 양심 이외에는 존재하지 않는다. 양심(良心)에 가책(呵責)되는 일을 하지 말라. 양심의 명령은 신(神)의 명령이다. 그 명령에 곧 복종(服從)하지 않으면 안 된다. 모든 사람이 범죄적(犯罪的) 성질을 가지고 있다. 그 차이는 다만 죄를 범한 다음에 '양심(良心)'이 얼마나 가책(呵責)을 받는 가' 하는 정도에 달려있다.

44. 중국 정권의 앵무새로 이용된 더불어민주당 의원들

달라이 라마{Dalai-Lama 1642년 이후 티베트의 원수(元首)가 된 역대(歷代)의 전생활불(轉生活佛)에 대한 속칭}가 이끄는 티베트(Tibet) 망명정부가 더불어민주당 의원들이 최근 중국 당국의 티베트 현지 관제(官製) 박람회에 참석한 데 대해 "중국 정권의 앵무새로 이용됐다"고 비판했다. 티베트 망명정부는 지난 26일 공식 홈페이지에 올린 '한국 민주당 의원들의 티베트 언급에 대한 유감(遺憾)' 논평에서 "한국 지도자들(민주당 訪中團)은 티베트인과 티베트 지지자, 전 세계 불자(佛者)들의 마음에 깊은 상처를 주는 발언을 했다"고 했다.

중국 정부가 민주당 방중단 여비를 부담한 데 대해서도 티베트 망명정부는 "슬프고 대단히 개탄(慨歎)스러운 일"이라고 했다. 티베트 망명정부는 논평에서 "자유세계 지도자들이 중국의 선전을 앵무새처럼 되풀이하고, 중국 정권의 인권탄압과 억압적 통치를 정당화하는데 이용됐다"고 했다. 방중(訪中) 단장이었던 도종환 의원이 서방 제재 인물인 티베트 당서기 왕쥔정(王君正) 등에게 허리를 굽혀 인사한 것을 겨냥한 것으로 보인다.

망명정부는 도종환 의원이 민주당의 티베트 방문에 대한 국내 비판여론에 대해 "잘 모른다"고 답한 데 대해서도 "티베트에서 무슨 일이 벌어졌는지 설명 하겠다"고도 했다. 그러면서 1950년 중국 공산당 침공, 1959년 달라이 라마의 탈출 등 역사적 사실을 언급한 뒤 "중국은 120만 명 이상의 사람을 죽였고 6000개 이상의 사원(寺院)을 파고했다"고 했다.

망명정부는 티베트 인권탄압(人權彈壓)에 대해 "70년 전 일을 얘기하는 게 국익(國益)인가"라고 했던 민병덕 의원에 대해서도 "대단히 유감(遺憾)스럽고 무책임(無責任)하다. 티베트인들은 여전히 중국 공산당 정권하에서 고통 받고 있다"고 했다. 망명정부는 중국의 패권주의(覇權主義)를 거론하며 "어제는 티베트, 오늘은 우크라이나, 내일은 한국이 될지도 모른다"고도 했다.

45. IAEA 대표를 당혹스럽게 만든 괴담정치로 국제적 망신을 자초한 민주당

일본 후쿠시마 원자력발전소에 축적된 오염수(汚染水) 처리·방류의 안전성 보고서를 설명하기 위한 라파엘 그로시 IAEA(국제원자력기구) 사무총장의 한국 방문과 체류과정은 낯부끄러운 장면(場面)의 연속이었다. 시위대가 그로시가 나갈 공항 귀빈실 문 앞을 지키며 "그로시 고 홈" "100만 유로 받았냐"라고 외쳐댔기 때문이다. 그로시 일행은 귀빈실 말고 공항 2층을 통해 나가려다가 그곳에서도 시위대에 막혔다. 결국 시위대 눈을 피해 몰래 빠져나갔다고 한다. 그로시가 머무는 호텔 밖에서도, 그가 박진 외교부 장관을 만났던 외교부 공관 앞에서도 시위가 벌어졌다.

아르헨티나 외교관 출신인 그로시는 나토(NATO)주재 대사, 핵공급 그룹(NSG) 의장 등으로 활동한 '핵 비확산 분야'의 전문가이다. 북한 핵 시설을 한 차례 방문하기도 했다. 그는 "그 어떤 검증도 받지 않는 '북한의 핵 개발 시설'이야말로 국제사회엔 매우 큰 위협"이라며, "한국인들은 북핵이라는 '나쁜 현실'에 익숙해져 큰 공포를 느끼지 않을 수 있지만 나는 우리가 모두 여기(한반도)에서 일어나는 일에 훨씬 많은 관심을 기울이고 후쿠시마보다는 '북핵 문제를 더 걱정해야 한다'고 생각 한다"고 말했다. 그로시 사무총장은 "불신(不信)은 모호(模糊)함에서 비롯한다고 생각 한다"고 했다.

그로시는 지난 7일 입국해 박진 외교부 장관, 유국희 원자력안전위원장 등을 만났고 9일 오후 출국했다. 9일 오전엔 그로시가 더불어민주당 초청으로 국회를 방문했다가 민주당 지도부로부터 "중립성을 상실한 일본 편향(偏向) 검증" "일본 맞춤형 부실(不實) 조사"라는 무례(無禮)하고 거친 말을 들어야 했다. 그로시는 면담 초기엔 메모도 하고 고개도 끄덕였지만, 시간이 지나면서 당혹(當惑)한 표정으로 변했고, 의자에 등을 기대고 한숨을 내뱉었다고 한다. 국제기구 대표가 이렇게 면박(面駁)을 당한 무례한 전례(前例)가 없을 것이다.

IAEA는 후쿠시마 오염 처리수 방류의 안전성을 검토하면서 한국 전문가를 분석에 참여시켰다. 한국은 IAEA가 채취시료(採取試料)를 직접 검증해보라는 취지로 보내준 4국 중 하나였다. 우리 전문가도 참여한 평가보고서를 놓고 '중립성·객관성이 없다'고 따질 때는 어떤 근거가 있어야 한다. 광우병 때도 미국 쇠고기 수입국 중 유독 한국에서만 요란한 반대 시위가 벌어졌다.

이번에도 IAEA 평가결과를 인정하지 않는 것은 북한, 중국, 그리고 한국의 더불어민주당 정도다. 그 외에 방류수(放流水)를 우리보다 앞서 만나게 될 캐나다·미국·뉴질랜드·호주 등의 정부 기관들은 모두 "위험수준

(危險水準)에 훨씬 못 미친다" "오염(汚染)의 증거가 없다"라고 하고 있다. 그런데도 더불어민주당은 의원 11명이 다시 10일 일본을 방문한다고 한다. 한 나라가 '정상(正常)의 길'을 가려면 '이성(理性)과 상식(常識), 과학이 통하는 사회'가 돼야 한다.

국제기구가 2년 검증(檢證) 끝에 확인한 내용을 더불어민주당이 폄하(貶下)하면서 국민의 감정적 반응을 부추기고 있는 추태(醜態)와 비열(卑劣)한 작태(作態)를 부리는 것이 현재 상황이다. 광우병, 세월호, 천안함, 사드 전자파, 청담동 술자리 등 '괴담(怪談) 정치'가 반복되면서 국민 다수가 이젠 피로(疲勞)와 환멸(幻滅)의 비애(悲哀)를 느끼고 있다.

IAEA 대표를 대하는 더불어민주당의 상식(常識) 밖의 작태(作態)가 국제적 망신(亡身)을 자초(自招)했다. '망신살(亡身煞)이 무지갯살 뻗치듯 한다.'고 했다. 더불어민주당은 그로시 사무총장의 "후쿠시마 오염수보다 북 핵을 더 걱정해야 한다"는 엄중한 경고를 겸허히 받아 드리고 북한의 핵위협에 대한 대한민국의 안보상황의 현실을 직시(直視)해야 한다.

46. "우리 바다는 깨끗한데 정치인들의 말이 오염됐다"

한국연안어업중앙연합회 소속 어민 1300명이 10일 오전 부산역 광장 집회에서 "오염 처리수 문제를 제발 정치적으로 이용하지 말라"고 호소했다. 이들은 "정치인들은 괴담(怪談)이나 선동(煽動)을 중단하고 객관적, 과학적 사실에 근거해 수산물 안전을 검증해 달라"고 했다.

더불어민주당과 일부 시민단체들이 후쿠시마 방류를 "독극물(毒劇物)" "방사능 테러"라고 몰아가면서 우리 어업인(漁業人)들은 생계를 위협받는 수준의 타격을 받고 있다. 국회를 장악한 더불어민주당과 TV 방송들이 '수산물 먹으면 방사능에 오염된다'는 주장을 매일하니 수산업계가 타격(打擊)을 받지 않을 수 없다. 문재인 전 대통령은 후쿠시마 원전 방류수에 대해 "정부대응이 아주 잘못됐다. 방류에 반대 한다"고 했다. 하지만 자신의 재임 때는 "국제원자력기구의 결론에 따르겠다'고 했고, 장관들도 "반대하지 않는다"고 했다. 참으로 파렴치(破廉恥)한 후안무치(厚顔無恥)도 유분수(有分數)다.

과학자들은 후쿠시마 방류로 국민들이 섭취하는 수산물들이 방사능에 오염된다는 주장은 과장(誇張) 정도가 아니라 '날조(捏造)와 다름없다'고 설명한다. 후쿠시마 인근 바닷 물고기를 계속 섭취할 경우 늘어나는 피폭량(被爆量)은 아파트 1층에서 살다가 10m 높은 4층으로 이사 갈 때 늘어나는 피폭량의 28만분의 1에 불과하다고 한다. 위해성(危害性)을 따진다는 자체가 의미 없는 수준이다.

어업연합회 대표는 조선일보 인터뷰에서 "정치나 과학은 몰라도 바다 속과 고기는 우리가 누구보다 잘 안다"면서 "고기는 수온과 산소에 따라 움직인다. 남해에서 45년 고기 잡으면서 동해 고기도 못 잡았는데 어떻게 일본 고기가 온다는 건가"라고 했다. 그러면서 "우리 바다는 깨끗한데 정치인(政治人)들의 말이 오염(汚染)됐다"고 했다. 정상배(政商輩)들이 '선거 때 표를 얻겠다'는 얄팍한 계산으로 무책임하게 외치는 괴담(怪談) 때문에 관련 업종에 종사하는 힘없는 국민들만 희생되고 농락(籠絡) 당하고 있다.

어업인들은 지난 28일에도 국회를 찾아가 "수산인을 볼모로 잡은 인질극(人質劇)을 더는 벌이지 말라"고 했다. 일본 사람들은 아무 문제없이 자신들 수산물을 먹고 있는데 후쿠시마 바다 반대쪽에 있는 한국에선 괴담이설(怪談異說)이 횡행(横行)한다. 일본에 괴담이 없고, 한국엔 괴담이 판을 치고 있기 때문이다. 이 일로 수산업이 피해를 보는 것은 사실상 세계에서 선거 때마다 정상배들이 날뛰는 한국밖에 없을 것이다.

47. 이재명과 친명계, 비리혐의 의원들 간의 '방탄 공동체' 빼고 모두 동의한 불체포특권 포기

더불어민주당 비(非) 이재명 계(系) 의원 31명이 불체포특권 포기를 선언했다. 이들은 "체포동의안이 제출 될 경우 구명활동을 하지 않을 것이고, 본회의 신상발언에서도 불체포특권 포기의사를 분명히 밝히겠다"고 했다. 민주당 내 '86그룹' 의원들이 주축인 '더좋은미래'도 불체포특권 포기를 결의하자는 성명서를 냈다. 국민의힘은 이미 112명 중 100명 이상이 불체포특권 포기에 서약(誓約)했다. 정의당도 당론으로 포기를 선언했다. 민주당 내 친(親) 이재명 계(系) 등 일부 의원을 제외하면 사실상 모두가 불체포특권 포기에 동의한 것이다.

더불어민주당은 지난 대선에서 불체포특권 포기를 공약(公約)했다. 그런데 이재명 대표의 대장동 비리의혹에 대한 수사가 시작되자 하루도 빠짐없이 방탄국회를 열었다. 친(親) 이재명 계 의원들은 "체포동의안 찬성의원은 역사의 죄인으로 낙인(烙印) 찍힐 것"이라고 했고, 이재명 대표는 구속영장이 청구되자 특권 뒤에 숨었다. 뇌물과 돈 봉투비리로 수사 받던 노웅래, 윤석관, 이성만 의원 체포동의안도 줄줄이 부결시켰다. 이재명 대표와 친명 계, 비리혐의 의원들 간에 '방탄(防彈) 공동체(共同體)'가 형성된 것이다.

국회의원 불체포특권(privileges)은 의원의 신체의 자유를 보장하여 의원으로서의 기능발휘의 토대를 보장하는 것이다. 국회의원의 불체포특권은 의원 자신의 범죄행위에 대한 책임면제(責任免除)가 아니고 회기 중에 한해서 행정부의 체포, 구금으로부터 벗어나 자유로운 국회기능을 보장하려는 일종의 특권이다. 그러나 거야(巨野)는 국무총리 또는 국무위원 해임건의권, 탄핵소추권을 국정마비(國政痲痹)와 협박 도구로 삼고, 불체포특권은 이재명 대표의 범죄보호용 방패로 사용하여 제도 본래의 취지는 사라졌다.

제도(制度) 자체는 잘못이 없다. 문제는 그 제도를 악용하는 인간들(국회의원)의 수준이 이상한 도구로 변질(變質)시켜 놓았을 뿐이다. 국회의원은 청렴의 의무가 있으며, 국가이익을 우선하여 양심에 따라 직무를 수행해야 한다(헌법 제46조). 그러나 더불어민주당은 사회의 갈등(葛藤)을 조장하며, 국가의 미래를 걱정하는 것이 아니라 제 발등불만을 밝히는 정상배 집단으로 전락(轉落)해 온 나라를 칠흑(漆黑)같은 밤으로 만들었다. 국민들은 내년 4월 총선에서 이들부터 최우선적으로 심판해야 한다.

48. 국회 회의 중 코인거래 200회 넘게 한 김남국, 당장 사퇴하라

김남국 의원이 국회 상임위 회의 중 200차례가 넘는 코인거래를 한 것으로 국회 윤리심사자문위원회 조사결과 확인됐다. 국회 윤리특별위원회 윤리심사자문위원회는 20일 거액의 가상 자산논란으로 더불어민주당을 탈당한 김남국 의원에 대해 최고 수준의 징계인 제명(除名)을 권고(勸告)했다. 김 의원이 코인을 팔아 보유한 현금성 잔고도 2021년 말 기준 99억 원에 이른 것으로 전해졌다. 김 의원은 지난해 5월 친야 방송인 김어준씨의 유튜브에 출연해 상임위 코인 거래에 대해 "생각도 안 날 정도로 조금" "몇 천원 수준"이라고 밝힌바 있다.

청렴의 의무로 국가이익을 우선하여 양심에 따라 직무를 행할 국회의원이 국민혈세를 받고 국정(國政)을 논하는 시간에 전업 투자자가 되어 코인에 광분(狂奔)했다. 이것만으로 코인 투자자는 스스로 의원직을 사퇴해야 마땅하다. 국민의힘과 정의당은 사건 초기부터 김 의원 제명을 주장해 왔다. 더불어민주당이 이번에도 코인 투자자를 감싸고 제명을 막는다면 김 의원 탈당이 '쇼'에 불과했다는 것과 함께 '더불어방탄당'임을 만천하(滿天下)에 공표(公表)하는 꼴이 될 것이다.

김 의원은 "매일 라면만 먹는다" "운동화에 구멍이 났다"며 '가난한 청년 정치인' 이미지를 연출해 후원금을 모으고, 뒤로는 100억 원대 코인거래를 한 후안무치(厚顔無恥)한 정상배(政商輩)다. 이를 둘러싸고 온갖 의혹이 제기됐지만 그 진상(眞相)은 아직 밝혀지지 않았다. 이런 수준의 의원이라면

'라면'이나 '구멍 난 운동화'마저 과분하고 아까울 것이다.

차라리 시청 앞이나 광화문 네거리에서 '앵 벌이'하며 특기를 살려 돈벌이에 전념하는 것이 의원직 보다 더 잘 어울릴 것이다. 신생 코인투자 과정에서 미공개 정보이용, 가상자산 과세를 유예하고 소득공제를 확대하는 입법과정에서의 이해충돌(利害衝突) 등 규명해야 할 의혹이 남아있다. 모든 의혹의 실체적 진실을 밝히기 위해 검찰의 신속하고 엄정한 수사가 필요하다.

49. 거야(巨野)의 습관성 탄핵 중독과 헌법재판소의 기각결정

헌법재판소는 25일 핼러윈 참사 책임으로 탄핵 소추된 이상민 행정안전부 장관에 대해 재판관 9인 전원 일치로 기각결정을 내렸다. 헌법재판관 9명은 모두 "이 장관이 재해예방을 위해 노력해야할 국가의 의무를 규정한 헌법 제34조 제6항, 이를 구체화한 재난 및 안전관리기본법, 재난안전통신망법 등을 위배했다고 볼 수 없다"며 "국회가 청구한 탄핵심판을 기각 한다"고 했다. 이날 선고와 동시에 이 장관은 직무에 복귀했다.

이 장관은 경찰수사에서 직무상 위법이 드러나지 않았다. 특별수사본부는 이 장관에 대해 '무혐의처분'을 내렸다. 그런데도 거야(巨野)는 다수의 석을 내세워 탄핵을 밀어붙였다. 정부를 흠(欠)집 내기 위한 정치공세(政治攻勢)였다. 더불어민주당이 무리한 탄핵소추를 감행한 시점은 대장동과 성남FC, 쌍방울 대북송금사건 등 '이재명 대표에 대한 검찰수사'가 진행되던 때였다. 이에 대한 맞불 놓기로 이 장관 해임건의안에 이어 탄핵소추까지 감행(敢行)했다. 거야(巨野)의 국회 권력남용은 국민안전 및 행정 공백으로 이어졌다.

민주당의 무리한 탄핵소추로 5개월 넘게 안전 컨트롤 타워가 부재한 상황을 초래해 폭우로 대규모 피해가 발생했으나 담당 부처 장관이 없는 황당한 사태가 벌어졌다. 그런데도 민주당 등 야3당은 '억지 탄핵'에 대한 사과(謝過)나 유감(遺憾) 한마디 없이 "탄핵이 기각됐다고 윤석열 정부와 이 장관이 면죄부(免罪符)를 받은 건 아니다"라며 "끝까지 책임을 묻겠다"고 했다. 이미 경찰수사에서 원인규명과 책임자처벌이 이뤄지고 탄핵심판도 기각됐는데 무얼 더 조사하고 책임지우겠다는 것인가. 적반하장(賊反荷杖)도 유분수(有分數)다.

우리사회에서 큰 사고만 나면 합리적 원인규명과 재발방지책은 뒷전이고 오로지 음모론(陰謀論)과 한풀이 정치판이 활개 치는 파렴치(破廉恥)한 행태(行態)는 멈춰야 한다. 세월호 사고 이후 해난사고(海難事故)가 오히려 더 늘어났다. 사고원인이 다 밝혀졌는데도 없는 원인을 찾는다고 정치판만 벌이다가 정작 중요한 안전은 사라진 것이다. 거야(巨野)는 사고 재발방지책엔 관심 없고, 오로지 탄핵을 앞세운 정치공세에만 골몰(汨沒)하니 배가 산으로 간다. 거야의 '습관성 탄핵 중독' 폭주(暴走)는 제발 여기서 멈춰야 한다.

더불어민주당이 9일 이재명 대표와 관련된 '쌍방울 대북송금' 의혹의 수사를 지휘하고 있는 이정섭 수원지검 2차장 검사에 대해 청탁금지법 위반의혹 등을 이유로 탄핵소추안을 발의했다. 또 지난 대선과정에서 불거진 '고발사주'의혹에 관련된 손준성 대구고검 차장 검사와 '언론장악'을 이유로 취임 석 달에 불과한 이동관 방송통신위원회 위원장에 대한 탄핵소추안도 발의(發議)했다. 앞서 민주당은 지난 9월 '서울시 공무원 간첩사건'을 수사한 검사에 대한 탄핵소추안을 의결했다. 검사를 겁주기 위해 9년 전 사건을 들췄다. 탄핵소추 대상이 된 검사가 3명 째다. 민주당과 이재명 대표는 '방탄 국회' '방탄 단식' 폭거(暴擧)에 이어 수사 검사에 대한 '방탄 탄핵' 남발의 폭주(暴走)를 자행(恣行)하고 있다.

탄핵사유(彈劾事由)는 "공무원이 그 직무집행에 있어서 헌법이나 법률을 위배한 때"에 한한다(헌법 제65조 제1항). 하지만 민주당은 이동관 위원장의 헌법이나 법률 위반 사실이 무엇인지 제대로 제시하지 못하고 '언론 자유를 침해했다'는 추상적 이유만 댈 뿐이다. 탄핵소추의 효과는 탄핵소추의 의결을 받은 사람은 헌법재판소의 심판이 있을 때까지 그 권한 행사가 정지된다(헌법재판소법 제50조). 이 위원장이 탄핵 소추되면 헌재의 심판결과가 나올 때까지 6개월 가까이 직무가 정지된다. 민주당은 내년 총선 때까지 방통위를 마비(痲痹)시켜 자신들에게 유리한 방송환경을 지키려는 치졸(稚拙)한 꼼수다.

민주당의 수원지검 이정섭 2차장 검사, 손준성 대구고검 차장 검사에 대한 탄핵소추안 발의의 진짜 이유는 이들 검사가 이재명 대표 사건에 대한 수사 책임자라는 데 대한 보복조치인 사법방해(司法妨害)로 볼 수 있다. 탄핵안이 통과되면 이들 검사의 직무도 정지 된다. 이원석 검찰총장은 이날 오후 대검찰청을 나서면서 "검사들을 탄핵하지 말고 당 대표 수사와 기소를 책임진 검찰총장을 탄핵하라"고 했다.

민주당의 이들 검사에 대한 탄핵소추 발의는 "검사가 공익의 대표자로서 범죄수사, 공소의 제기 및 그 유지에 필요한 직무와 권한(검찰청법 제4조 제1항)" 등 검사의 직무를 침해하는 명백한 위법행위로 검찰의 수사를 방해하려는 정치적 의도로 "탄핵소추권 남용"이자 "헌법 파괴행위"이다. 탄핵소추의 대상은 "습관성 탄핵중독자"인 더불어민주당 의원들이다.

우리나라 제7차 개정헌법은 제59조 제1항에서 '대통령의 국회해산권(國會解散權)'을 규정하였고, 제8차 개정헌법도 제57조에서 "대통령은 국가의 안정 또는 국민전체의 이익을 위하여 필요하다고 판단할 상당한 이유가 있을 때에는 국회의장의 자문 및 국무회의의 심의를 거친 후 그 사유를 명시하여 국회를 해산할 수 있다"고 규정하고 있었다. 그러나 제6공화국 헌법에서는 대통령의 국회해산권 조항을 두고 있지 않다. 이재명 대표 방탄을 위한 더불어방탄당의 억지 탄핵과 다수의석에 의한 입법 폭주 등 입법 쿠데타 예방을 위해 헌법을 개정하여 '대통령의 국회 해산권'을 '헌법에 명문화(明文化)'할 필요가 있다.

50. 민주당 중진(重鎭) 의원 보좌관 유출혐의 군사정보 700건

군사기밀(軍事機密)을 유출(流出)한 혐의로 국가정보원 내사(內査)를 받고 있는 더불어민주당 중진(重鎭) 의원(설훈 의원)의 친북 성향 전직 보좌관 A씨

(김혜민)가 국방부에서 '김정은 참수(斬首)부대' 정보를 받아간 것으로 확인됐다. A씨가 3년간 국방부에 요구한 군사기밀도 700여건에 달해, 국방부가 전수조사(全數調査 : complete enumeration)에 들어간 것으로 파악됐다.

A씨는 이렇게 수집한 자료들을 정작 의원에게 보고하지 않고 어디론가 유출(流出)한 것으로 의심돼 해고(解雇)됐다. A씨는 국정원 내사(內査) 사실이 알려져 지난 3월 소속 의원실에서 해고(解雇)된 뒤, 최근 국회 정보위 소속 다른 민주당 의원실에서 채용면접을 면접을 봤다고 한다.

A보좌관이 국방부에 요구한 기밀자료는 ① '김정은 참수부대' 장비 현황 ② 현무 미사일 지휘통제실 교신자료 ③ 북파 공작부대 운용예산 ④ 대면보고만 받는 2급 기밀 다수라고 한다. A씨는 참수부대 장비현황을 의원에게 보고하지 않았고, 국방위 질의 자료로 사용하지 않았다. 의원실에서는 이런 자료를 보고받은 사실을 몰랐다고 한다.

운동권 출신으로 대학 총학생회장으로 민노당 활동을 했던 A씨는 국회에 오기 전 친북성향 인터넷 매체에서 기자로 일하며 북한 체제와 김정은을 찬양하는 글을 다수 썼다. A씨의 남편은 내란선동으로 강제해산 된 통진당과 그 후신인 민중당에서 활동했고, 2021년엔 국가보안법위반 혐의로 기소됐다. 이런 사람이 2018년 국회에 들어와 더불어민주당 중진(重鎭) 의원 보좌관으로 5년간 활동했다. 민감한 정부 기밀을 접할 수 있는 국회의원 보좌진을 채용하는 국회의 채용시스템의 정비가 문제다. 보좌진의 수준에 걸맞은 엄격한 신원검증이 반드시 필요하다.

51. 온갖 특권을 누리며 부정부패와
비리의 진원지가 된 국회

2023년 4월 16일 서울 광화문에서 <특권폐지국민운동본부> 출범식이 있었다. '특권폐지국민운동본부'는 타락(墮落)과 퇴보(退步)의 극치(極致)로 치 닫고 있는 지금 "대한민국의 '정상배(政商輩) 정치'를 끝내고 디지털시대에 부응할 '신문명(新文明) 정치'를 연다"는 목표로 결성(結成)되었다. 국회의원들의 특권을 폐지하고, 고위공직자들의 부정부패를 척결(剔抉)함으로써 국민을 위한 정치와 사법정의 및 국민을 위한 행정을 이뤄내겠다는 비장(悲壯)한 결의(決意)다.

지금 대한민국은 나라 곳곳이 찢어지고 썩어가며 위기(危機)를 맞고 있다. 이런 위기가 국회의원과 사법부등 고위공직자의 비리(非理)와 내로남불의 망동(妄動)으로 더욱 고조(高調)되어 심각한 수준에까지 이르렀다. 대한민국의 국회는 온갖 거짓말, 막말, 꼼수, 선동질(煽動質)로 민주주의는 땅에 묻히고 입법독재(立法獨裁)와 입법폭주(立法暴走)를 자행(恣行)하고 있다. 그러면서 황당무계(荒唐無稽)한 명분으로 나랏돈을 개인주머니 돈 쓰듯이 써대며 나라를 부채(負債) 덩어리로 거덜 내고 있다. 현재 180여 가지의 수많은 특권(特權)과 특혜(特惠)를 만끽하고 있는 국회의원들의 비열(卑劣)하고 추잡(醜雜)한 작태(作態)가 **"오늘날 대한민국 국회의원의 자화상(自畵像)"** 이다.

한국의 의원 세비는 연간 1억5426만원으로, OECD 국가 3위 수준이다. 세비(歲費)와 5000만원의 입법·특별활동비 외에 정책개발비와 자료발간,

홍보, 출장비등을 받는다. 유류비(월 110만원), 차량유지비(35만원), 명절휴가비(연 820만원), 야근식대(770만원), 업무용택시비(100만원)도 나온다. 후원금은 연 1억5000만원(선거 때는 3억 원)을 거둬 쓸 수 있다. 세금으로 월급 주는 보좌진은 9명이나 채용할 수 있다. 항공기 비즈니스 석(席)과 공항 귀빈실을 쓰고 KTX도 무료다. 출입국절차 특혜를 받고 해외에선 공관장 영접과 식사대접을 받는다.

여의도 정상배들처럼 온갖 특권과 특혜를 누리는 나라는 지구상에 없을 것이다. 이들은 범죄를 저질러도 불체포특권(헌법 제44조)을 누리며, 거짓말을 해도 발언·표결의 면책특권(헌법 제45조)을 받는다. 일하지 않아도, 죄를 지고 구속돼도 세비를 받고 온갖 혜택을 누린다. "도둑놈에게 열쇠 맡긴셈"이며, "도둑고양이 더러 제물(祭物) 지켜 달라"는 격이다. "도둑 한 놈에지키는 사람 열이 못 당한다"고 했다.

스웨덴 등 북유럽 국가들의 의원은 작은 사무실 하나를 의원 2명이 나눠 쓰며, 비서도 의원 2명당 1명이다. 고급 승용차가 아닌 자전거나 대중교통으로 출퇴근한다. 일본 의회는 코로나 때 2년간 세비를 20% 자진 삭감했다. 그러나 우리나라 의원들은 선거 때마다 내건 단골메뉴인 불체포특권 등 특권포기와 세비 삭감을 공약(公約)하고도 손바닥 뒤집듯 뒤집었다. 우리나라는 국민소득 대비 세비는 OECD 국가 중 셋째로 높으나 의회 효과성(效果性) 평가에서 북유럽은 최고인 반면 우리는 꼴찌에서 둘째라고 한다.

우리나라의 공직자 중에서 가장 부패하고 썩은 곳은 정상배(政商輩)들의 소굴(巢窟)이요, 온갖 비리와 범죄의 진원지(震源地)인 국회라고 국민들은 생각하고 있다. 여의도 '개사육장'으로 비판받는 이러한 정상배 집단은 막말, 온갖 갑(甲)질 행위, 극한 대립과 이전투구(泥田鬪狗), 특권과 이권추구(利權追求), 탈세, 성추행, 입법뇌물수수, 자녀 취업청탁, 비서관 및 보좌관의 월급갈취(喝取), 유령보좌관 등록에 의한 월급가로채기, 쪽지예산에 의한 국고손실, 뇌물모금회가 된 출판기념회, 정부정책 발목잡기, 법안 끼워 넣기 꼼수, 검찰 소환거부 등 부정부패와 탐욕(貪慾)과 타락(墮落)은 끝이 없는 '부패의 바벨탑(塔: Tower of Babel)'이다.

지난 4월 5일 실시한 전북 전주을 국회의원 재선거(再選擧)에서 국민의 힘이 패배하고 통합진보당 출신인 강성희 진보당 후보가 39% 득표로 당선 됐다. 진보당의 뿌리는 2014년 헌법재판소가 북한식 사회주의실현을 목적 으로 한 '위헌정당'으로 판단해 강제해산한 통합진보당(통진당)이다. 통진 당은 유사시(有事時) 국가기간시설(國家基幹施設) 타격(打擊)을 모의(謀議)한 반국가단체(反國家團體)로 통진당 출신들이 당 해산 후 진보당을 창당(創黨) 했다. 이 길을 터준 게 문재인 정권과 더불어민주당이다. 강성희 당선인은 더불어민주당이 이번 재선거에서 불 공천(不 公薦) 결정을 내리자 '고맙습 니다 민주당'이라고 적은 현수막을 내걸고 이재명 대표 체포동의안 반대 시위를 벌였다.

서울중앙지검 반부패수사2부(부장 김영철)는 2021년 더불어민주당 전당 대회에서 '돈 봉투'가 살포된 의혹에 대해 본격수사에 착수했다. 검찰은 2021년 민주당 전당대회를 앞두고 윤관석 의원 등이 이정근 전 민주당 사 무부총장을 통해 강래구 한국수자원공사 상임감사위원에게 6000만원을 전달받아 민주당 현역의원 10명에게 건넨 혐의다. 인천이 지역구인 윤관석 의원, 이성만 의원과 이정근씨 모두 당시 송영길 당 대표 후보캠프에서 선거운동을 도왔다. 이번 의혹은 검찰이 지난해 이정근씨의 10억 원 규모 불법정치자금 의혹을 수사하는 과정에서 포착(捕捉)됐다. 이정근씨는 사업가 박모씨에게 10억 원의 금품을 받은 혐의로 징역 4년6개월을 선고받았다.

전당대회 돈 봉투는 1960년대부터 이어진 악습(惡習)으로 더불어민주당 전당대회는 "쩐당(錢黨)대회" "더불어 돈 먹기 대회"로 전락(轉落)했다. 더불어민주당은 이 사태에 대해 "정치보복" "야당탄압"이라고 주장했고, 프랑스 파리에 체류 중인 송영길 대표는 이정근 전 사무부총장의 "개인일탈(個人逸脫)"이라고 치부(恥部)하면서 "나는 모르는 일"이라며 "정치적 수사"라고 비판했다.

"돈 선거"는 민주정치의 근간(根幹)을 파괴하는 악습으로 더불어민주당이 '부패 불감증당(不感症黨)'으로 전락했다. "정당의 목적이나 활동이 민주적(民主的) 기본질서(基本秩序)에 위배될 때에는 정부는 헌법재판소에 그 해산을 제소(提訴)할 수 있고, 정당은 헌법재판소의 심판에 의하여 해산된다(헌법 제8조 제4항)." 더불어민주당은 위헌정당으로 해산되어야 할 정당이다. 더불어민주당은 입법기관이 아니라 부정부패와 비리의 온상(溫床)이요, 진원지(震源地)로 적폐청산(積弊淸算)의 첫째 대상기관으로 전락(轉落)했다.

이러한 정상배 집단이 186가지에 달하는 각종 특권과 특혜를 누리는 것은 "모든 국민은 법 앞에 평등하다. 누구든지....정치적·경제적·사회적·문화적 생활의 모든 영역에 있어서 차별을 받지 아니한다. 사회적 특수계급의 제도는 인정되지 아니하며, 어떠한 형태로도 이를 창설(創設)할 수 없다(헌법 제11조)”는 <**법 앞의 평등**(equality before the law)>이라는 헌법상의 원칙에 정면(正面)으로 위배(違背)되는 것이다.

근대 헌법상의 “평등(平等)의 원칙(原則)”은 봉건적인 불평등한 신분제도(身分制度)를 타파하기 위하여 1789년 프랑스의 <인권선언(人權宣言)>에서 처음으로 선언되었다. 그 뒤 미국헌법이 이를 본받아 규정하였고, 모든 근대 입헌국가(立憲國家)들이 헌법에 규정하게 되었다. 우리나라에 있어서는 ‘입법(立法)’에 있어서의 불평등은 위헌법률심사의 대상이 되며, ‘행정(行政)’에 있어서의 불평등한 처분은 행정소송의 대상이 되고, ‘사법(司法)’에 있어서의 불평등은 상소(上訴)와 재심(再審)의 이유가 된다.

국회의원이 누리는 186가지에 달하는 온갖 특권과 특혜는 헌법에 보장된 평등권의 침해뿐만이 아니라 “국회의원은 청렴(淸廉)의 의무가 있다. 국회의원은 국가이익(國家利益)을 우선하여 양심(良心)에 따라 직무를 행한다(헌법 제46조 제1항, 제2항)”는 규정과 “나는 헌법을 준수하고 국민의 자유와 복리의 증진 및 조국의 평화적 통일을 위하여 노력하며 국가이익을 우선으로 하여 국회의원의 직무를 양심에 따라 성실히 수행할 것을 국민 앞에 엄숙히 선서합니다(국회법 제24조)”라는 헌법과 국회법의 명백한 위반이다.

더불어민주당이 대통령의 공무원임면권(헌법 제78조), 사면권(헌법 제79조), 외교권(헌법 제66조 제1항, 제73조) 등 헌법이 보장한 대통령의 고유권한을 제한하는 포퓰리즘 법안을 무더기로 양산(量産)하고 있다. 이것은 헌법 파괴행위로 대통령이 법률안에 거부권(拒否權)을 행사하도록 유도(誘導)해 정치적 부담을 떠안기려는 치졸(稚拙)한 꼼수다. 더불어민주당은 입법자(立法

者)로서 민생(民生)을 위한 법률을 입법하는 것이 아니라 "법률의 적헌성(適憲性)의 원칙"을 위반한 위헌법률을 무더기로 발의(發議)하며 헌법 파괴행위에 광분(狂奔)하고 있다.

여의도 정상배들은 온갖 특권과 특혜를 누리면서 하는 일은 오로지 정쟁(政爭)과 방탄(防彈), 돈 뿌리기, 엉터리 입법과 꼼수, 혈세낭비, 갑(甲)질 행위뿐이다. 경제·민생·개혁입법은 외면한 채 '검수완박'법이나 총선(總選) 때 혈세뿌리기, 포퓰리즘 법안과 정부 발목잡기법안 등을 온갖 술수(術數)를 동원(動員)해 통과시킨다. 이와 같이 위장탈당(僞裝脫黨)등 편법(便法)을 쓰는 데는 천재적(天才的) 재능(才能)을 발휘한다. "입법자(立法者)는 위법자(違法者)가 되어서는 안 된다(Law makers should not be law breakers.)."

여야(與野)는 원수(怨讐)가 되어 하이에나(hyena)나 맹견(猛犬)처럼 싸우다가도 '자기 밥그릇' 늘리고 총선(總選) 때 '선심성(善心性) 예산안'을 처리함에는 의기투합(意氣投合)하여 기염(氣焰)을 토(吐)한다. 이들 정상배 집단은 선거 때가 되면 언제나 "특권을 포기하고, 세비를 삭감(削減)한다"는 공약(公約)으로 국민을 상습적으로 속여 왔다. 당선된 후 예산안 심의과정에서 자신들의 '세비(歲費)'를 대폭 인상하고 하는 일이라곤 정쟁(政爭)과 방탄(防彈), 입법폭주(立法暴走)와 꼼수, 혈세낭비뿐이니 비판여론이 높은 것은 당연하다. 특권포기나 세비삭감도 의원들이 스스로 나서지 않으면 폐지하거나 삭감할 방법도 없다.

더불어민주당 전당대회 '돈 봉투살포' 의혹의 핵심 인물인 송영길 전 대표가 24일 프랑스 파리에서 귀국했다. 인천공항에는 이른바 '개딸(개혁의 딸'이라 불리는 이재명 대표 강성 지지자 150여명이 모여 '믿는 다 송영길' '선당후사 송영길' '힘내라 송영길' '송영길 파이팅' 등의 손 피켓을 들고 '송 영길은 청렴(淸廉)하다'고 외쳤다. 이것이 개 딸들의 양심이다. 마치 개선장 군(凱旋將軍)의 금의환향(錦衣還鄕)과도 같았다. 한 86그룹 의원은 "누가 송 영길에게 돌을 던지겠나"라며 '돈 봉투'까지 옹호(擁護)했다. 민주당 상징 색인 파란 모자, 티셔츠 등을 착용한 이들은 "김건희 특검하라"며 고함을 지르기도 했다.

돈 봉투 사건은 관련자의 음성이 담긴 녹취(錄取)가 이미 공개됐다. 그런 데도 송영길 전 대표는 무조건 "모르는 일"이라고 오리발을 내밀고, 강성 지지자들은 "파이팅"을 외쳤다. 이날 아침 더불어민주당 최고위원회의에 서 한 위원이 "국민의힘 전 의원이 공천대가로 돈 봉투를 받았다는 보도가 있다"고 했다. 이재명 대표도 회의 후 더불어민주당 돈 봉투관련 질문을 받 자 이 얘기만 하면서 동문서답(東問西答)했다.

국민소득 3만 달러가 넘는 세계 10위권 국가의 다수당인 제1야당이 보 여준 파렴치(破廉恥)한 행태(行態)가 갈수록 점입가경(漸入佳境)이다. 이러한 더불어민주당 정치는 코미디(comedy)며, 이에 맞서 싸울 의지도 능력도 없 어 침묵하며 오로지 다음 총선에서 공천(公薦)에 목을 매고 줄서기에만 분 주한 국민의힘도 코미디에 불과하다. 우리는 이처럼 병든 정치풍토를 시 정(是正)해야 한다. 권력 위에 엄연(儼然)히 법이 있고, 정치는 반드시 정의(正 義)의 지배하(支配下)에 있어야 한다. 이러한 정치기강(政治紀綱)을 확립해야 한다.

'특권폐지국민운동본부'는 특권폐지에 반대하는 국회의원 명단을 공개하는 등 시민운동을 벌이겠다고 한다. 특권폐지운동을 펼치는 시민단체가 국회의원 전원에게 '특권폐지에 대한 의견'을 물었지만 찬성의견을 밝힌 의원은 고작7명뿐이었다. 아무리 비판을 받아도 기득권을 놓을 수 없다는 후안무치(厚顔無恥)한 정상배들이다. 이들을 유권자가 내년 총선에서 엄정(嚴正)하게 심판하여 여의도에서 완전히 추방해야 한다.

부정부패의 온상(溫床)이요, 진원지(震源地)가 된 국회가 스스로 특권과 특혜를 내려놓지 않으면 더 큰 국민적 저항(抵抗)에 직면할 것이다. 특권축소 여론이 어느 때보다 높다. 지금이 과다한 특권을 국민 눈높이에 맞게 정비할 호기(好機)다. 이 문제에 전향적(轉向的) 성과를 내는 정당이 내년 총선에서 유리할 것은 자명(自明)한 이치(理致)다.

국회는 한 당(黨)의 당리당략(黨利黨略)이나 정상배(政商輩)들의 사리(私利)의 장소가 아니라 국사(國事)를 논하고, 국리민복(國利民福)을 구상(構想)하는 공의(公義)의 광장이다. 그러나 우리나라의 국회는 의회정치(議會政治)를 실현하기 위한 입법기관이 아니라 부정부패와 비리의 진원지(震源地)가 되어 적폐청산(積弊淸算)의 첫째 대상기관으로 전락(轉落)했다.

이러한 국회를 개혁할 수 있는 유일한 묘수(妙手)는 국회의원이 누리는 온갖 특권과 특혜를 일체 폐지하고, 세비(歲費)를 대폭 인하(引下)하고, 국회의원의 수(數)를 과감히 축소하는 등 국회의원의 자리가 <인기 (人氣)없는 자리>로서 오로지 국가이익을 우선하여 국회의원의 직무를 양심에 따라 성실히 수행하게 함으로서 "일하는 국회" "알뜰한 국회"로 만드는 과감(果

敢)한 입법조치(立法措置)를 완성하는 길이라고 본다.

국회를 구성하는 의원(議員)으로서, 다음 선거에서 당선만을 꿈꾸는 정상배(政商輩 : Politician)가 아니라 내일을 바라보며 다음 세대(世代)를 염려하고 조국의 장래를 구상(構想)하는 정치가(政治家 : Statesman)를 유권자가 투표로 선택해야 한다. 선량(選良)다운 자격과 품위(品位)와 양식(良識)과 이성(理性)을 겸비(兼備)한 의원을 선택하려면 유권자(有權者)의 뛰어난 자질(資質)과 현명하고 냉철(冷徹)한 판단력(判斷力)이 요구된다. "투표용지는 총알보다도 강하다(The ballot is stronger than the bullet.-Abraham Lincoln-)."고 했다. 민주주의는 투표의 심판(審判)이요, 여론의 심판이요, 유권자의 심판이요, 역사의 심판이다.

52. '돈 봉투' 만들고 전달한 사람 모두 인정하는데 받아간 의원들만 부인하는 후안무치

'민주당 전당대회 돈 봉투 살포' 사건 재판에서 송영길 전 대표의 보좌관 박모씨가 윤관석 의원에게 현금 6000만원을 전달한 혐의를 법정에서 인정했다. 앞서 송 전 대표와 가까운 강래구 전 수자원공사 상임감사와 사업가 김모씨는 윤 의원에게 전달된 자금을 자신들이 조성했다고 시인(是認)했다. 민주당 전당대회 돈 봉투를 '만들고 전달한 사람'이 모두 인정하는데 이를 '받아간 윤 의원'만 혐의를 부인하고 있다.

윤관석 의원은 돈 봉투 사건이 터지자 "정치 검찰의 야당 탄압" "총선용

기획 수사"라고 했다. 하지만 이번 수사는 검찰이 시작한 것이 아니라 민주당 이정근 전 사무부총장의 휴대전화 녹취록이 언론에 보도되면서 문제가 된 것이다. 녹취록에는 윤 의원 등이 '돈을 달라'고 요구하고 전달한 정황이 적나라(赤裸裸)하게 담겨 있다. '봉투 10개 준비됐으니 윤 의원에게 전달해 달라' '형님, 하는 김에 우리도 주세요' 등 지어냈다고 볼 수 없는 내용들이다. 이 녹취록은 수사와 재판을 통해 대부분 사실로 확인되고 있다.

윤관석 의원이 버티는 덕분(德分)에 송영길 전 대표는 "나는 몰랐다"고 하고 있다. 송 전 대표는 검찰이 부르지도 않았는데 검찰로 가서 '수사하라'고 하는 시위도 했다. 돈 봉투를 받은 것으로 지목된 의원 20명도 한결같이 "그런 사실이 없다" "여론 재판용 낙인찍기'라고 했다. 민주당은 윤 의원이 탈당한 후에도 그에 대한 체포동의안이 올라오자 부결시켰다. 돈 봉투를 받은 의원들이 '돈 봉투를 준 사람' 방탄에 나선 격(格)이다.

이재명 대표 역시 자신과 관련 된 수많은 혐의가 다 "정치 보복"이라고 한다. 자신이 결재(決裁)하고 '수고했다'고 한 일도 '모르는 일'이라고 하는 정도다. 전당 대회 돈 봉투도 '녹취록'이 나오지 않았다면 민주당은 지금도 "정치 보복"이라고 할 것이다. 이 모습을 보면서 대장동.백현동 비리와 쌍방울 불법대북 송금 등 10여 가지 혐의를 모두 부인하면서 "정치 보복"이라고 가짜 단식까지 하는 이재명 대표도 피장파장이다. 대북 송금은 관련자 대부분이 혐의를 시인하는데 혼자 '아니라'고 한다.

돈 봉투 사건으로 구속된 윤관석 의원이 법정에서 뒤늦게 자신의 혐의를 인정했다. 그는 모든 범행을 부인하며 "검찰의 조작"이라고 주장해왔다. 하지만 공범들의 자백(自白)이 이어지자 변호인을 통해 "사실관계 대부분을 인정하며 범행에 가담한 점을 깊이 반성 한다"고 했다. 민주당 인사들도 "검찰에 의해 만들어진 것" "국면 전환용"이라고 했다. 송 전 대표의 전 보좌관들과 돈을 제공한 스폰서, 중간 전달책 등이 줄줄이 돈 봉투 수수 사실을 자백했는데도 민주당 의원들은 "녹취록이 조작됐을 수 있다"는 상식 밖의 주장까지 했다.

윤관석 의원이 1심 재판(서울중앙지법 형사21-2주 재판장 김정곤)에서 징역 2년을 선고 받았다. 함께 재판받은 강래구(전 한국수자원공사 상임감사위원)씨에게는 징역 1년8개월과 벌금 600만 원, 추징금 300만 원이 선고됐다. 재판부는 윤 의원과 강씨에게 실형을 선고하면서 "계획적, 조직적으로 다수 의원들에게(돈봉투를) 제공하려 했고, 정당 민주주의를 훼손했다" "경선에 참여한 당원과 국민의 의사가 왜곡돼 공정성과 투명성을 저해하고 정당 민주주의를 위협했다는 점에서 죄질이 매우 불량하다"고 했다. 재판부는 특히 윤 의원에 대해 "준법선거를 수호할 책임이 있는데도 이를 저버리고 범행을 주도했다"며 "반성하는 모습도 보이지 않는다"고 했다.

53. 대통령이 지명한 이균용 대법원장 후보 35년 만에 인준 부결

이균용 대법원장 후보자 임명동의안이 2023년 10월 6일 국회에서 부결(否決)됐다. 임명 동의안은 국회 본회의에서 재석의원 295명 중 찬성 118표, 반대 175표, 기권 2표로 부결됐다. 168석을 가진 더불어민주당이 반대를 주도한 결과다. 더불어민주당은 이날 본회의 직전 의원총회를 열고 당론(黨論)으로 이 대법원장 후보자에 대해 반대투표하기로 했다. 표결에 앞서 더불어민주당은 이 후보자의 재산신고 누락, 자녀 증여세 탈루의혹 등을 이유로 부결을 당론(黨論)으로 정했다.

대통령이 지명한 대법원장 후보자가 국회 인준(認准) 과정에서 낙마(落馬)한 것은 1988년 정기승 후보자 부결이후 처음이다. 후보자 개인의 신상(身上) 문제로 대법원장 후보가 낙마한 것은 초유(初有)의 일이다. 그간 대법원장 후보에 대해선 야당 입장에서 거부사유가 있어도 대부분 인준(認准)해 줬다. 법원의 안정적 운영과 사법권 독립을 위해서였다. 인준이 부결되면서 사법부 수장 공백사태로 인한 대법원의 운영이 파행(跛行)으로 치닫게 되었다. 사실상 국가기능 마비(痲痹)가 우려되는 지경이다.

더불어민주당이 당론으로까지 정해 이 후보자 인준부결을 밀어붙인 데는 다른 이유가 있는 것 아니냐는 의구심(疑懼心)이 든다. 더불어민주당 이재명 대표는 대장동 사건, 쌍방울 불법 대북송금 사건 등 총 7가지 사건의 10가지 혐의로 수사와 재판을 동시에 받고 있다. 이 중 한 사건에서만 징역형이 확정돼도 다음 대선에 출마할 수 없다. 최대한 재판을 지연시키고 대법원 구성까지 신경 써야할 처지다. 이균용 후보자는 김명수 사법부의 재판 지연과 판사들의 특정성향 편향(偏向)을 줄곧 비판해왔다. 결국 더불어민주당이 이균용 후보자를 낙마시킨 것은 이재명 대표 방탄을 위해 자신들의 입맛에 맞는 후보가 나올 때까지 시간을 끌려는 것이 아니냐는 추측이 나오는 이유다.

더불어민주당이 내년 초 법관인사까지 염두(念頭)에 둔 것 아니냐는 관측도 있다. 내년 초까지 대법원장 공석상태가 장기화되면 민변출신인 김선수 대법관이 선임 대법관으로 대법원장 권한대행을 맡게 된다. 김선수 권한 대행과 함께 김명수 대법원의 편향 인사에 관여했던 김상환 법원행정처장(대법관)이 내년 2월 법관인사에 주요 재판부에 친야(親野) 성향(性向) 판사들을 포진(布陣)시켜 이재명 대표에게 유리한 지형(地形)을 만들려고 할 수 있다는 것이다.

한동훈 법무장관은 이날 "부결의 진짜 이유는 사법부 길들이기나 범죄혐의자에 대한 방탄 같은 민주당의 정치 역학적(力學的) 이유"라며 "그런 명분 없는 이해타산(利害打算) 때문에 사법부가 혼란을 갖고 국민이 피해를 보는 게 안타깝다"고 했다. 대법원장 공백(空白) 사태가 장기화하면 후임 대법관 임명제청을 할 수 없게 돼 상고심 재판 전체에 차질(蹉跌)이 빚어질 수밖에 없다. 그 피해는 결국 국민이 입는다.

대통령실은 이번 부결에 대해 "국민 권리를 인질(人質)로 잡고 정치투쟁을 하는 것"이라고 했다. 민생은 뒷전으로 밀리고 극한 정쟁(政爭)에만 몰두하는 이재명 방탄 의혹이 갈수록 점입가경(漸入佳境)의 경지로 들어간다. 대법원장 임명 부결사태는 여소야대 상황의 대결정치(對決政治), 보복정치(報復政治)의 결과물이다. 윤석열 정부가 추진하는 핵심 국정과제(國政課題)는 번번이 국회의 벽을 넘지 못하고 있다. 사법권 독립과 자존(自存)을 위해서라도 이런 사태는 다시는 빚어져서는 안 된다.

54. 더불어민주당의 검사 탄핵소추 재(再)발의는 초유의 사법방해

더불어민주당이 10일 이재명 대표의 "쌍방울 대북송금 의혹" 등을 수사하고 있는 이정섭 수원지검 2차장검사의 탄핵안을 철회하고 오는 30일에 다시 발의하기로 했다. 탄핵소추안은 본회의에 보고된 때부터 72시간 이내에 탄핵소추여부를 표결하지 아니하면 폐기된 것으로 본다(국회법 제130조 제2항). 국민의힘의 반대와 국회의장 해외출장으로 72시간 내 본회의 개최가 어려워지자, 탄핵소추안을 낸지 하루 만에 없던 일로 만들고 나중에 재발의(再發議)하겠다는 것이다. "사상 초유(初有)의 사법방해(司法妨害)이자, 극한(極限)의 꼼수 정치"다.

미국에서는 리처드 닉슨·빌 클린턴 대통령 사례처럼 "사법방해(obstruction of justice)"는 대통령 탄핵사유가 될 정도로 중대하게 다루고 있다. 도널드 트럼프 전 대통령도 사법방해 혐의로 재판을 받고 있다. 미국에서는 사법방해 죄는 간첩죄보다 형량이 높다. 국민의힘은 이날 "이재명 방탄 5종 세트"라며 "방탄출마, 방탄 당대표 당선, 방탄 국회, 방탄 단식, 방탄 탄핵"이라고 했다.

국회를 장악한 다수의석으로 '탄핵 정치'를 일삼는 더불어민주당이 탄핵으로 국정(國政)을 마비시키는 등 입법권 남용 쿠데타로 헌정질서(憲政秩序)를 파괴하고 있으나 현행 헌법상 '국회의원을 탄핵 소추할 방법'이 없으므로(헌법 제65조 제1항 참조) 현재 할 수 있는 유일무이(唯一無二)한 방법은 "선거를 통한 유권자의 현명한 탄핵"뿐이다.

민주당은 이재명 대표의 "쌍방울 대북송금의혹" 등을 수하하고 있는 이정섭 수원지검 2차장검사와 송준성 검사와 이동관 방송통신위원장에 대한 탄핵 소추안 철회서를 국회사무처에 제출했다. 당론으로 소속 의원 168명 전원이 공동 발의한 탄핵안을 하루 만에 철회한 것이다. 본회의가 연달아 잡혀있는 오는 30일 국회 본회의에 탄핵소추안을 발의한 뒤 다음 달 1일에 의결하겠다는 치졸(稚拙)한 꼼수다.

장관과 판사 등 공직자 탄핵 소추안을 남발하던 더불어민주당이 이재명 대표 사건 수사 검사의 탄핵 소추안까지 발의하자, 법조계에서는 "정작 범죄로 기소된 국회의원들은 3심까지 버티며 임기가 끝날 때까지 온갖 특권을 누린다"는 비판이 쇄도(殺到)하고 있다. 이재명 대표 방탄을 위해 사법 행위를 방해하는 사법방해가 바로 입법권 남용이다. 위장 전입을 했다고 검사를 탄핵한다면 민주당 의원 대부분이 탄핵당할 것이다.

더불어민주당이 이달 말 국회 본회의에서 이동관 방송통신위원장에 대한 탄핵소추안 재 발의를 했다. 탄핵으로 총선까지 방송을 장악하고 방통위를 마비시키려는 거대 야당의 폭주와 가짜 뉴스를 방치하면 그게 바로 탄핵 소추의 대상이다. 총선까지 방통위를 마비시키려는 더불어민주당의 적반하장(賊反荷杖)도 유분수(有分數)다.

이원석 검찰총장은 탄핵 소추안이 발의 된 지난 9일 "뇌물을 받은 의원, 불법 정치자금을 받은 의원, 보좌관을 추행한 의원, 위안부 피해자 할머니의 보조금을 빼돌린 의원, 국회에서 부동산 투기를 한 의원, 가상자산을 국회에서 투기한 의원 등 이들에 대한 탄핵이나 제명은 우리 현실상 불가능하다"고 했다. 정말 탄핵되어야 할 대상은 범죄혐의가 드러난 다수의 더불어민주당 의원이다. 그러나 우리 헌법과 법률에 국회의원에 대한 탄핵소추 규정은 없다. 수사 또는 재판을 받고 있는 21대 현역 의원은 최소 37명에 이른다. 이들이 657조 원의 정부 예산을 주무르고 악법을 만드는 의회주의 파괴자들이다.

민주당에서 제명된 윤미향 무소속 의원은 위안부 피해자 후원금 횡령으로 3심 재판중이며, 민주당 김경협 의원은 불법 땅 투기로 2심 재판 중이며, 민주당 노웅래 의원은 뇌물 및 불법 정치자금 수수로 1심 재판 중이다. 국민의힘 출신 하영제 의원은 불법 정치자금 수수로 1심 재판 중이며, 민주당에서 탈당해 무소속이 된 박완주 의원은 보좌관 강제추행 혐의로 1심 재판 중이며, 무소속 김남국 의원은 최소 60억 원어치의 가상화폐 위믹스 코인 보유와 관련해 정치자금법 위반, 조세포탈, 범죄수익 은닉 등 혐의로 검찰 수사 중이다. 민주당 윤건영 의원은 국회의원실에 허위인턴을 채용해 세금을 빼돌린 혐의로 1심 패판 중이다.

민주당 임종성, 허종식 의원과 무소속 윤관석, 이성만 의원도 "민주당 전당 대회 돈 봉투 살포" 사건으로 검찰 수사나 법원 재판을 받고 있다. 검찰이 돈 봉투를 받은 정황이 있다고 보는 민주당 현역 의원은 최소 19명이다. 민주당 기동민, 이수진(비례대표) 의원도 2016년 "라임펀드 사건" 핵심인물인 김봉현 전 스타모빌리티 회장에게서 각각 1억여 원과 500만 원을 받은 혐의로 지난 2월 불구속 기소됐다.

민주당 의원들이 당내 분위기를 공산당에 비유하고 "질식(窒息)할 지경"

이라고 호소하지만 이재명 대표는 말리는 척하며 시늉만 할 뿐이다. 민주당의 이런 상황은 국회로 그대로 이어지고 있다. 압도적 의석으로 못 할 일이 없는 다수당이기 때문이다. 자신들이 정권을 잡았을 땐 차마 처리하지 못했던 문제 법안들을 마구 통과시키고 있다. 어차피 대통령이 거부권을 행사할 수밖에 없다는 사실을 알고 정치적 이득만 취하려는 꼼수다. 피의자가 수사 검사를 탄핵 소추하는 천하에 무도(無道)한 작태(作態)야말로 국회가 질식(窒息)할 요지경(瑤池鏡) 속이다.

더불어민주당이 이재명 대표를 수사하는 검사들에 대한 탄핵에 이어 그 후임 검사를 '비위검사'로 몰아 '비위의혹'을 뒤집어씌우는 공세(攻勢)를 시작했다. 이 대표 수사를 지휘하던 이정섭 전 수원지검 2차장검사를 탄핵하고 고발한데 이어, 이 차장검사가 대전고검으로 발령 난 뒤 배치된 후임 검사에 대해서도 비위의혹을 제기한 것이다. 가정(假定)에 가정을 거듭한 의혹이다. 의혹의 근거도 뉴스타파의 2019년 보도다. 보도 당시에도 "사기 전과자의 말을 믿을 수 있느냐"는 비판이 나왔던 것을 민주당이 4년 만에 다시 꺼낸 것이다. 이 대표에 대한 온갖 혐의를 덮을 길이 없으니 수사라인 박멸(撲滅)로 사전차단에 나선 꼼수라고 의심할 수밖에 없다.

이동관 방송통신위원장이 2월 1일 민주당의 탄핵표결 강행을 앞두고 사퇴했다. 이로 인해 방통위원 5명 중 1명만 남게 돼 운영이 불가능해졌다. 이 탄핵안은 헌재에서 기각될 것이란 사실은 민주당도 잘 아는 것으로 헌재 심판이 내년 총선까지 나오기 힘든 만큼 그때까지 방통위 운영을 마비시켜 현재의 유리한 방송구도를 지키려는 치졸한 꼼수다. 더불어방탄당은 이날 이재명 대표를 수사한 검사까지 탄핵했다. 더불어방탄당이 총선용 전략인 탄핵에 중독되어 헌정질서를 마비시키는 등 헌정사에 오점을 남겼다.

55. 송영길, 법무장관에 "건방진 놈" "어린놈"이라고 천박한 언사 남발

송영길 전 더불어민주당 대표가 한동훈 법무부 장관의 탄핵을 주장하며 "이런 건방진 놈이 어디 있나, 어린놈이 국회에 와 가지고(국회의원) 300명, 자기보다 인생선배인 사람들을 조롱하고 능멸하고, 이런 놈을 그냥 놔둬야 되겠냐"고 했다. 이어 "물병이 있으면 머리에 던져버리고 싶다"고도 했다. 지난 9일 자신의 출판기념회에 찾아온 수많은 내빈(來賓) 앞에서 한 말이다. 5선 의원이자 여당 대표까지 지낸 인사의 품격(品格)을 떨어뜨리는 천박(淺薄)하고도 오만불손(傲慢不遜)한 언사(言辭)를 남발(濫發)했다.

연세대 총학생회장 출신인 송 전 대표는 30대에 국회의원, 40대에 인천광역시장, 50대에 총선에서 180석을 차지한 제1당 대표를 지냈다. 그는 2012년 당대표 출마 선언문에서 "꼰대정치를 극복해야한다"고 했다. 송 전 대표는 당대표 선거 때의 "돈 봉투 사건"이 불거져 민주당을 탈당한 생태로 총선불출마 의사도 밝혔다. 하지만 당 안팎에선 여건만 조성되면 내년도 출마를 강행할 것이라 예측한다. "나 아니면 안 된다"는 특유의 86세대 중심적 사고(思考)가 여전하다는 것이다.

한동훈 장관은 11일 입장문을 내고 "어릴 때 운동권 했다는 것 하나로 사회에 생산적 기여도 별로 없이 자그만치 수십 년간 자기 손으로 돈 벌고 열심히 사는 시민들 위에 도덕적으로 군림했다"며 "고압적이고 시대착오적(時代錯誤的)인 생각으로 대한민국 정치를 수십 년간 후지게 만들었다"고 했다. 그는 86세대의 특권의식을 '운동권 전관예우(前官禮遇)'라고 했다.

송 전 대표의 거친 언사는 돈 봉투 살포는 정치권에서 관행적으로 이뤄지는 일인데 자신 주변에 대해서만 수사가 이뤄지는 게 억울하고 못마땅하다는 취지로 적반하장(賊反荷杖)도 유분수(有分數)다. 자신들은 언제나 정의롭다는 86 운동권 특유의 도덕적 우월주의(優越主義)다. 그런 사고방식이 나이 관념에도 녹아들었다. 자신들 보다 어리면 무시하고, 늙으면 비하(卑下)했다. 자신들이 세상의 중심이고 정의(正義)의 원천(源泉)이란 인식이다.

인간은 말을 함으로써 동물보다 훌륭한 것이다. 그러나 만약 그 말에 이익(利益)이 되는 점이 없다면, 동물보다 못한 것이다. 때(時)는 흘러가고 만다. 그러나 한번 입에 담은 말은 뒤에 남아서 사라지지 않는다. 말은 마음의 열쇠요, 사상의 표현이요, 행위 그것이다. 무거운 입, 친절한 말씨는 인간의 가장 아름다운 장식품이다. 선(善)한 언행은 모든 것을 극복하며, 무엇에나 패배(敗北)당하는 일이 없다. 욕설(辱說)에 대하여 좋은 말로 대답하는 것이 이 세상의 악(惡)을 소멸시키는 오직 하나밖에 없는 방법이다.

56. 입법 권력을 사유화해 폭주하는 민주당의 후진 정치

더불어민주당 민형배(62) 의원은 13일 한동훈 법무부 장관을 향해 "어이없는 ××"라며 "정치를 후지게 한 건 한동훈 같은 ××들"이라고 했다. 앞서 송영길 전 민주당 대표가 출판 기념회에서 한 장관에게 "어린놈" "건방진 놈"이라고 하며 시작된 86 운동권 출신 정치인들의 한 장관 비난 및 막말 대열에 가세한 것이다. 민 의원이 "정치를 후지게"라고 한 것은 참으로 어이없는 일이다.

민 의원은 한 장관에게 "가장 큰 건 시민 기본권 침해와 민주주의 절차 훼손, 국가권력 사유화 같은 문제"라고 비판했다. 민 의원은 전남대 운동권 출신으로 노무현 정부 청와대에서 행정관·비서관으로 근무한 뒤 광주 광산구청장을 거쳐 국회에 입성했다. 검수완박법 강행처리를 위해 작년 4월 위장탈당 했다가 1년 만에 민주당에 복당해 비판받기도 했다. 헌법재판소도 그의 위장탈당을 위법으로 판단했지만, 민주당과 민 의원은 이를 무시했다.

민 의원은 국민과 국회를 상대로 사기행각(詐欺行脚)을 벌인 것이다. 민 의원은 국가권력 사유화(私有化)를 비판했지만, 압도적 의석으로 입법권을 사유화해 온 게 민주당이다. 선거법조차 여야합의 없이 단독처리하고, 1년간 방탄 국회를 열었다. 노란봉투법, 방송법 등 자신들 집권 때는 반대하던 법안을 정권이 바뀌자 언제 그랬냐는 듯 밀어붙였다.

이제는 취임 석 달도 안 된 방통위원장과 이재명 대표를 수사하는 검사 탄핵소추안을 발의했다. 우리 헌정사(憲政史)에 이렇게 입법권을 사유화해 휘두르고 폭주(暴走)한 사례는 없다. 스스로 "개딸"이라고 부르는 이재명 대표 강성 지지자들은 국회에서 경찰관에게 흉기를 휘둘러 중상을 입히고, 이 대표에게 협조하지 않는다는 이유로 같은 당 의원 사무실을 찾아가 난동을 부린다. 이보다 더 정치를 "후지게" 만들 수 있는지, 그런 정치에 가장 앞장서는 민형배 의원이 '후진정치(後進政治)'를 말할 자격이 있는지 묻게 된다.

57. 난장판 선거를 막을 책임자인 더불어민주당이 야바위 선거법 개정에 왜 미적거리나

더불어민주당 의원 30명이 15일 기자회견을 열고 "민주당은 위성정당(衛星政黨) 방지법을 즉각 추진해야한다"고 주장했다. 현행 선거법을 고치지 못하면 지난 총선 때처럼 위성정당(衛星政黨)이 난립(亂立)하는 것을 우려(憂慮)한 것이다. 민주당 의원들이 위성정당 난립을 막기 위해 자기 당 지도부를 향해 "속도를 내라"고 주문한 것이다.

현행 선거법은 21대 총선을 4개월 앞둔 2019년 12월 더불어민주당이 국민의힘을 배제한 채 군소정당들과 함께 강행처리한 것이다. 공수처법 통과와 선거법 처리를 군소 정당들과 맞바꾸기 위해 게임의 룰인 선거법을 일방적으로 바꿔 누더기가 된 야바위 선거법이라고 불렸다. 그 핵심은 "준연동형 비례대표제"로 위성정당 난립을 부채질 했다. 국민의힘은 정당 득표율에 따라 비례의석을 단순 배분하는 원래 제도로 되돌아가자는 입장이 나왔으나 더불어민주당의 입장은 불분명하다.

더불어민주당의 어정쩡한 태도로 선거법 개정논의가 표류(漂流)하는 사이 정치권에서 각종 신당 창당, 선거 연합 움직임들이 가시화(可視化)하고 있다. 특히 야권(野圈)에선 조국 전 법무부 장관과 송영길 전 민주당 대표 등이 비례용 정당을 만들어 국회의원이 되려고 할 것이란 전망이 나온다. 우리 국민의 국회 불신의 결정적 원인 중의 하나가 바로 위성정당(衛星政黨) 난립(亂立)이다. 야바위 선거법을 못 고치면 다음 총선에도 거대 양당의 위성정당이 우후죽순(雨後竹筍)으로 생겨날 것이다.

4년 전 총선에서도 야바위 선거법으로 국회의원이 될 수 없는 정상배들이 국회의원이 됐고, 위성정당 기호를 앞당기기 위한 "의원 꿔주기" 꼼수가 횡행(橫行)했다. 이런 난장(亂場)판 선거를 막을 책임은 더불어민주당에 있다. 이런 선거제도를 만든 책임도, 168개 의석으로 야바위 선거법을 강행 처리한 더불어민주당에 있다. 더불어민주당 지도부가 이런 엉터리 선거제도를 개혁하려는데 미적거리고만 있다.

58. 정당해산 심판

더불어민주당이 이재명 대표의 '쌍방울 대북송금 의혹'을 수사하고 있는 이정섭 수원지검 2차장 검사의 탄핵안을 철회하고 오는 30일에 다시 발의하기로 했다. 피의자가 자신의 범죄를 수사하는 검사를 탄핵 소추하는 초유(初有)의 반(反)민주적 반(反)헌법적 비열(卑劣)한 작태(作態)야말로 적반하장(賊反荷杖)이며, 주객전도(主客顚倒)다. 온갖 범죄로 수사와 재판을 받는 21대 현역 의원은 37명이다. 검찰이 돈 봉투를 받은 정황이 있다고 보는 더불어민주당 현역의원은 최소 19명이다.

168개 의석의 제1야당의 대표가 피의자로 수사 검사를 탄핵 소추하는 천하에 무도(無道)한 작태로 인해 국회가 질식(窒息)할 지경이다. 우리나라 국회의원은 청렴의 의무로 국가이익을 우선하여 양심에 따라 직무를 행하는 것(헌법 제46조)이 아니라 이재명 대표의 수사와 재판을 지연시키는 사법방해로 '방탄 국회' '방탄 탄핵'으로 전락한 범죄 집단화하고 있다.

정당의 목적이나 활동이 민주적 기본질서에 위배될 때에는 정부는 헌법재판소에 그 해산을 제소(提訴)할 수 있고, 정당은 헌법재판소의 심판에 의하여 해산된다(헌법 제8조 제4항). 정당의 목적이나 활동이 민주적 기본질서에 위배될 때에는 정부는 국무회의의 심의를 거쳐 헌법재판소에 정당해산심판을 청구할 수 있으며(헌법재판소법 제55조), 정당의 해산을 명하는 헌법재판소의 결정이 선고된 때에는 그 정단은 해산된다(동법 제59조). 정당의 해산을 명하는 헌법재판소의 결정은 중앙선거관리위원회가 <정당법>에 따라 집행한다(동법 제60조).

헌법상 정당해산규정(헌법 제111조 제1항 3호)은 민주적 기본질서와 국가의 긍정과 같은 정당의 의무에 관한 규정인 동시에, 정당의 특권에 관한 규정을 의미하고 있다. 정당의 설립은 자유이다. 헌법 제8조 제1항 전단의 '정당 설립의 자유'는 정당설립의 자유만이 아니라 누구나 국가의 간섭을 받지 아니하고 자유롭게 정당에 가입하고 정당으로부터 탈퇴할 수 있는 자유를 보장한다. 그러나 정당 설립의 자유라는 것은 정당의 '무한정(無限定)한 행동의 자유'를 인정하는 것은 아니다.

민주주의 자체를 부인하는 정당은 이미 민주주의적 정당으로서 존재할 가치가 없으며, 따라서 정당이 그 '국가를 긍정(肯定)'하고 '민주적 기본질서를 존중'하지 않으면 안 된다는 것은 민주주의의 상대성(相對性)에서 볼 때 당연한 것이다. 정당은 '민주적 기본질서'의 근거 위에 서 있을 때에만 정치적으로 의의(意義)가 있는 것이다. 따라서 "정당의 목적이나 활동이 민주적 기본질서에 위배될 때"에는 헌법을 수호할 책무(責務)를 진 대통령(헌법 제66조 제2항)은 헌법재판소에 그 해산을 제소해야 할 것이다.

59. "부동산 개발 당(黨)"으로 전락한
한국 의회정치의 현 주소

내년 4.10 총선을 앞둔 여야(與野)가 전국 규모 부동산 개발공약을 마구 쏟아내고 있다. 수도권 표심(票心)을 겨냥한 국민의힘이 경기 김포의 서울 편입 논의를 시작하자 더불어민주당은 1기 신도시(분당·일산·평촌·산본·중동) 재정비 특별법을 연내 처리하겠다고 했다. 여당은 아예 당론으로 추진하겠다고 응수했다.

야당은 서울 목동·상계동까지 개발범주에 넣었고, 여당은 이에 질세라 하남·구리·광명 등의 추가 서울 편입론을 제시했다. 정부가 오산·용인·구리에 신규택지를 개발하겠다고 밝힌 지난 15일, 민주당은 옛 지방 도심 개발에 각종 특혜를 주는 도시재정비촉진법을 제안했고, 서울 지하철 5.9호선 연장을 비롯해 경인선 등 도시철도 지하화 공약도 꺼내 들었다.

대다수 정책은 정부·여당이 기존에 추진하던 내용이다. 이에 민주당 내에서조차 "우리가 국민의힘과 다를 게 뭐가 있느냐" "더불어부동산당인가, 정체성(停滯性)에 혼란이 온다"같은 반응이 나온다. 민주당 이인영 의원은 최근 지하철 1호선 등 수도권 도심 지상(地上) 철도를 지하화(地下化)하는 특별법을 대표발의 했다. 수도권 전체가 공사판이 될 만큼 파급력(波及力)이 큰 정책이다.

민주당 원내대표가 대구에서 국민의힘 소속 대구시장에게 '달빛고속철도 건설을 위한 특별법안'을 오는 12월 국회에서 통과시키겠다고 약속했다. 대구시장은 "여야가 합의하고 국회가 결정하면 기획재정부는 따라오게 돼있다"고 했다. 대구(달구벌)와 광주(빛고을)를 잇는다고 해서 '달빛고속철도'라고 하는 이 고속철은 올 초 대구와 광주가 2038년 아시안게임을 공동 유치하겠다면서 추진해온 사업이다. 대구~광주 간 철도건설은 20년 넘게 검토됐지만 경제성이 낮아 그동안 추진되지 않았다. 15년 뒤 아시안게임을 공동 유치하는 데 11조 원 고속철도가 필요한 것도 아니다.

그동안 국회는 국가 미래에 꼭 필요한 법안들은 뭉개고 검토조차하지 않고 방기(放棄)하더니 이 포퓰리즘 누더기 법안은 발의 석 달도 안 돼 상임위에서 법안심사에 착수했다. 영호남 표심(票心)을 얻겠다고 여야가 국민 혈세 11조 원이 드는 포퓰리즘 사업에 의기투합(意氣投合)하여 기염(氣焰)을 토하니 견제(牽制)하거나 막을 장치가 하나도 없이 무방비(無防備)로 폭주(暴走)하고 있다.

포퓰리즘 법안의 사업비용이 막대한 데 비해 효용(效用)이 낮다는 이유로 역대 정부에서 현실화하지 못했다. 수십조 원 재원(財源)을 마련할 대책도 없이 무책임하다는 비판이 선거 때마다 뒤따랐다. 정치권에선 "15년 넘은 떡밥 공약(空約)을 남발 한다"고 했다. 도시재정비촉진법은 '수도권만 대한민국이냐' '우리지역 집값도 올려야한다' 등 지역민원을 반영한 결과물(結果物)이다. 선거에서 표(票)만 나온다면 당이 추구하는 가치(價値)따위는 헌신짝처럼 내버리는 후진성(後進性) "한국 의회정치의 현주소"다.

60. 더불어민주당의 노인·청년·여성 3종 비하 발언 파문

더불어민주당이 노인·청년·여성 '3종 비하(卑下) 발언(發言)' 파문(波紋)에 휩싸였다. 민주당 김은경 전 혁신위원장은 지난 7월 30일 청년 좌담회에서 "(아들 발언을 소개하며) 우리의 미래가 훨씬 긴데, 왜 미래가 짧은 분들이 똑같이 1대 1 표결을 하느냐"는 발언으로 노인 비하논란을 일으켰다. 송영길 전 대표는 11월 9일 "한동훈을 반드시 탄핵해야.....이런 '건방진 놈' '어린 놈'이 국회에 와서 선배를 조롱하고 능멸하고"라고 했고, 민주당은 청년층을 대상으로 '정치는 모르겠고 나는 잘 살고 싶어'라는 현수막을 내걸려다가 청년 비하 파동을 야기했다.

친명 강경파 초선 모임 '처럼회' 출신 최강욱(55) 전 의원이 윤석열 정부를 비난하며 11월 19일 민형배 의원 출판 기념회에서 "'동물농장'에도 암컷들이 나와서 설치는 건 없어....'설치는 암컷'을 암컷이라 부를 뿐"이라며 여성 비하 발언을 했다. '암컷'은 김건희 여사를 지칭한 것으로 보인다. 김건희 여사와 그의 모친(母親)을 언급하며 "짐승들"이라고도 했다. 최 전 의원은 자신의 부모나 배우자 및 그 자녀를 향해 '수컷' '암컷'이라고 하지는 않았을까? 처럼회 소속 민형배, 김용민 의원은 암컷발언에 함께 웃었다. 민주당 조승현 국민소통위원회 수석상임부위원장은 21일 조선일보와 통화에서 "암컷 발언은 제가 봤을 때 김건희 여사를 뜻한 것"이라며 "부적절한 발언"이라고 했다. 그러나 민주당 여성 의원들은 '암컷' 발언에 침묵했다. 자신들이 암컷임을 인정한 것이 아닌가?

최강욱 전 의원은 여성 보좌진이 있는 자리에서 이른바 '짤짤이' 거짓말을 해 당원권(黨員權) 정지 6개월 징계처분을 받았고, 조국 전 장관 아들에게 허위 인턴증명서를 발급해준 혐의가 인정돼 의원직을 상실했다. 이런 자가 문재인 정권의 청와대 공직기강비서관으로 근무했다. 이런 사람이 자중(自重)은커녕 경거망동(輕擧妄動)으로 여성 혐오(嫌惡) 망발(妄發)을 쏟아냈는데도 민주당 인사들은 박장대소(拍掌大笑)를 했다고 한다. '인권'과 '젠더(gender) 감수성'을 입버릇처럼 강조하지만 자기편의 허물엔 눈을 감는 집단이다.

국민의힘 여성 의원 전원은 이날 최강욱 전 의원의 정계퇴출, 암컷 발언 동조자(同調者) 전원 출당을 요구했다. 한국여성단체협의회는 "여성들은 모두 암컷으로밖에 보이지 않는가. 우리 여성은 남성과 똑같은 존엄한 인간"이라고 했다. 이 단체는 최 전 의원이 사과와 재발방지 약속을 하지 않으면 명예훼손으로 고발하겠다고 밝혔다. 여성계까지 반발하자 이재명 대표는 이날 저녁 "부적절한 언행에 대해서는 엄정하게 대처 하겠다"는 입장을 냈다. 그러나 경고 대상을 명확히 밝히지 않았고, 부적절한 발언에 대한 사과도 없이 경고하는 시늉만 하자 이 대표의 "속임수 쇼"에 '개가 웃고 있다'고 조롱한다. 최 전 의원은 이로 인해 당원권 정지 6개월의 징계를 받았다.

'암컷' 발언은 대통령 탄핵주장으로 이어졌다. 김용민 의원이 "반윤 연대를 형성할 수 있는 행동을 민주당이 먼저 보여야 한다. 그 행동이 윤석열 탄핵 발의"라고 하자 민형배 의원이 "굉장히 설득력 있는 얘기"라고 응수(應酬)했다. 최강욱 전 의원도 "반(反) 윤석열, 반(反) 검찰 전선을 확보해야한다"며 거들었다. 민형배 의원은 '위장 탈당'이라는 희대의 꼼수로 민주주의

절차를 훼손하고 국회를 농락한 장본인(張本人)이다. 이런 사람이 쓴 <탈당의 정치>란 책 출판을 기념하는 자리에서 '암컷' '탄핵' 얘기가 난무(亂舞)했다. 초록(草綠)은 동색(同色)이요, 유유상종(類類相從)이다.

송영길 전 대표도 어제 라디오에 나와 "200석을 만들어 윤 대통령을 탄핵할 수 있는 의석을 확보해야한다"고 했다. 민주당은 이미 국무위원의 3분의 1 가까운 사람들에게 탄핵을 위협했고, 실제 한 사람을 억지 탄핵 소추까지 했다. 취임 석 달도 안 된 방통위원장, 이재명 대표의 태산 같은 범죄혐의를 수사하는 검사도 탄핵한다는 적반하장(賊反荷杖)이다. 탄핵 사유에 해당되어 탄핵 소추하는 것이 아니라 총선 때까지 이들이 일을 못하도록 직무수행을 방해하려는 꼼수다.

민주당 정청래 최고위원은 윤석열 정부를 12.12 쿠데타로 집권한 신군부에 빗대 "군복 대신 검사의 옷을 입고 총칼 대신 합법의 탈을 썼다"며 "군부독재와 지금의 검찰 독재는 모습만 바뀌었을 뿐"이라고 했다. 군사 쿠데타로 집권한 세력과 국민이 선거로 뽑은 정부가 같다는 것이다. 같은 당 김용민 의원은 "내년 총선에서 여당이 승리하면 윤석열 대통령이 계엄을 선포할 것"이라며 "민주당은 '계엄 저지선'을 확보해야한다"고 했다.

"대통령은 전시·사변 또는 이에 준하는 국가비상사태에 있어서 병력으로써 군사상의 필요에 응하거나 공공의 안녕질서를 유지할 필요가 있을 때에는 법률이 정하는 바에 의하여 계엄을 선포할 수 있다(헌법 제77조 제1항)." 계엄선포가 불가능하다는 것을 잘 알면서 괴담(怪談)을 한 것이다. 더불어민주당 의원들의 막말과 괴담이설(怪談異說)은 그들만의 일상(日常)과 상식적(常識的)인 이야기가 된 것이다.

  이재명 대표는 "(현 정부가) 선거상황이 나빠지면 혹시 과거 '북풍'처럼 휴전선에 군사도발을 유도하거나 충돌을 방치하는 상황이 오지 않을까 걱정 한다"고 했다. 북풍(北風)은 남과 북이 짜고 북한의 도발을 유도하는 것인데, 지금 남북관계에서 불가능한 것이다. 이런 사실을 이 대표가 잘 알 것이다. 최강욱 전 의원은 "암컷이 설친다"는 발언을 하고도 사과 한마디 없다. 그 말을 듣고 같이 웃었던 민형배 의원은 윤 대통령 탄핵을 거론하며 "'발목때기'를 분질러 놔야한다"고 했다. 이들의 치졸(稚拙)한 막말과 괴담, 가짜 뉴스를 퍼뜨리는 극악무도(極惡無道)한 경거망동(輕擧妄動)이 점입가경(漸入佳境)의 경지(境地)로 들어가고 있다.

  "법률이 정한 공무원이 그 직무집행에 있어서 헌법이나 법률을 위배한 때"에는 국회는 탄핵의 소추를 할 수 있다(헌법 제65조 제1항). 탄핵사유(彈劾事由)는 법률이 정한 공무원이 '직무집행에 있어서 헌법이나 법률을 위배한 때'에 한한다. 그러나 '헌법과 법률의 위배행위'가 아닌 단순한 정치적 실책 · 부당행위 등은 탄핵소추의 대상이 되지 못하는 바, 이 점 해임건의(解任建議)와 다르다.

  헌법과 법률을 위반해 탄핵 소추권을 남발하여 국민 전체의 봉사자인 공무원의 정당한 직무수행과 국가기능을 저해(沮害)하거나 마비(痲痹)시키는 더불어민주당 의원이 탄핵 소추의 대상자(對象者)요, 장본인(張本人)들이나 헌법상 국회의원을 탄핵 소추할 수는 없으므로 국민이 이들을 내년 4월 10일 총선에서 투표로서 탄핵해야 한다.

61. 피의자·피고인·전과자 마다 방탄 출마를 선언하는
후안무치들의 세상

범죄혐의로 기소(起訴)되면 일단 자리에서 물러난다는 것이 과거 정치권의 불문율(不文律)이었다. 혹시라도 권력으로 법망(法網)을 빠져나가려 한다는 오해를 피하려는 것이었다. 이제는 범죄 혐의를 받는 상황이 되면 국회의원 출마로 방탄채비부터 갖추려는 정반대 현상이 벌어지고 있다. 더불어민주당 이재명 대표가 그 '선구자(先驅者)'로서 선례(先例)를 남겼다.

'전당대회 돈 봉투살포' 사건으로 검찰 소환을 앞둔 송영길 전 더불어민주당 대표가 '윤석열 퇴진당'이란 비례정당을 만들겠다고 밝혔다. 송 전 대표는 "민주당이 윤석열 퇴진당은 민주당의 우당이라고 선언해주면 된다"며 "(대통령) 탄핵소추를 비롯해 강력하게 민주당을 견인(牽引)할 수 있는 당이 만들어져 시너지 효과가 날 것"이라고 했다. 송 전 대표는 "검찰이 구속영장을 청구하면 기각시킬 자신이 있다"고 했다. 윤석열 퇴진당 대표로서 달게 될 금배지를 영장판사에 대한 압박에 활용하겠다는 뜻이다.

각종 비리로 1심에서 징역 2년 유죄를 선고받은 조국 전 법무장관도 최근 "비법률적 방식의 명예회복 길을 찾아 나서겠다"며 내년 총선출마를 기정사실화했다. 2심에서 무죄판결을 받기 어렵다고 판단한 것으로 보인다. 국회의원이 되어 정치적 면죄부를 받겠다는 생각을 굳혔을 것이다.

청와대 울산시장 선거개입 사건의 핵심 피의자인 황운하 의원은 지난주 1심 재판에서 징역 3년 형을 선고받았다. 판결이 선고된 뒤 그는 페이스

북에 "가시 면류관을 쓰고 채찍을 맞아가며 십자가를 메고 가시밭길을 걷는 것"이라고 썼다. 본인을 예수에 비유한 황 의원도 아마 내년 총선에 다시 출마할 것이다. 피의자, 피고인·전과자 마다 '방탄 출마' 선언에 여념(餘念)이 없는 후안무치(厚顔無恥)와 적반하장(賊反荷杖)의 세상이 도래(到來)했다.

62. 피의자와 피고인이 총선 후보자로 적격이라는 더불어민주당

더불어민주당 공직선거후보자 검증위 심사결과를 놓고 당 안팎에서 반발이 이어지고 있다. 수사나 재판을 받고 있는 인사들이 줄줄이 적격판정을 받으면서다. 지난 11일 발표된 검증위 적격명단에는 이재명 대표를 비롯해 최근 '울산시장 선거개입' 사건으로 1심에서 징역 3년 실형을 받은 황운하 의원, 2020년 사업가 박모씨로부터 경기 용인시 물류단지개발, 태양광 사업 등 청탁과 함께 6000만원을 받은 혐의로 기소돼 1심 재판 중인 노웅래 의원 등이 이름을 올렸다.

대법원 확정판결이 나오지는 않았으나 뇌물과 선거범죄는 선출직 공직자가 저지를 수 있는 최악의 범죄다. 1심 판결에서 징역 3년이 선고된 사람은 대법원 판결이 나올 때 까지 공직을 맡지 않는 것이 바람직하다. 이런 자들이 "청렴의 의무를 가지고 국가이익을 우선하여 양심에 따라 국회의원의 직무"를 행할 수 있을까?

이를 두고 당내에선 "이 대표가 재판을 받고 있어서 재판 중인 의원을 내치기 어렵다" "재판받는 의원들은 이 대표와 한 묶음"이라는 말이 나오고 있다. 한 비명계 인사는 "이재명 대표가 모든 것의 기준이 돼버렸다"며 "사당화(私黨化)를 반복적으로 확인시켜주고 있다"고 했다. 다른 인사도 "시스템의 완벽한 붕괴"라며 "비명·반명에게만 엄격한 고무줄 잣대"라고 했다.

더불어민주당도 이런 사람들을 총선후보자 공천적격으로 발표하면 여론의 비판을 받는다는 것을 모를 리 없다. 그런데도 적격이라고 판정을 한 것은 이재명 대표 때문일 것이다. 이 대표는 대장동 비리, 공직선거법위반, 쌍방울 불법 대북송금 등 7개 사건에 뇌물·배임 등 10개 중대 범죄혐의로 수사 혹은 재판을 받고 있다.

만약 더불어민주당이 황운하.노웅래 의원 등을 총선 후보자 부적격으로 판정하면 이재명 대표도 부적격이라고 하지 않을 수 없다. 이에 대비해 이 대표는 대선패배 직후 기소돼도 대표직을 유지할 수 있도록 당헌(黨憲)을 고쳤다. 실제 기소되자 1.2심 재판에서 유죄판결을 받아도 공천을 받는 데 지장이 없도록 다시 당규(黨規)를 고쳤다. 이 당규가 이번 공직선거후보자 검증위 심사에 적용돼 이 대표뿐 아니라 많은 범죄 혐의자의 총선출마 길을 열었다. 이 대표 한 사람 때문에 '당의 도덕성(道德性)이 하향 평준화됐다'는 민주당 탈당파의 지적이 틀리지 않는다.

이 대표는 12일 자택에서 민주당 공천관리위원회 첫 회의에서 "공정하고 독립적이며 투명한 공천관리로 최고의 인재를 국민께 선보여 드리자"며 "미래의 희망을 선사하는 민주당을 만들자"고 메시지를 보냈다. 뇌물과 돈봉투, 울산시장 선거개입 범죄혐의자, 가짜 뉴스 유포자가 국회의원 후보자로 최고의 인재로서 총선후보자 적격이라는 더불어민주당이 국민에게 미래의 무슨 희망을 줄 수 있는지를 "하늘이 알고 땅이 알고, 후보자와 유권자가 알고 있다."

63. 이재명 대표의 "우리 북한 김정일, 김일성의 노력"이란 발언 논란

이재명 더불어민주당 대표는 19일 최근 남북 간 긴장이 고조되는 상황에서 북한 김정은을 향해 "적대적 행위를 중단하고 한반도의 긴장을 완화할 지혜를 발휘해야한다"면서 "(김정은의) 선대들, '우리 북한의 김정일, 김일성 주석의 노력'들이 훼손되지 않도록 애써야 할 것"이라고 망발(妄發)을 했다. 이 대표는 '김정일과 김일성의 노력'이 무엇인지는 따로 언급하지 않았다.

이재명 대표는 윤석열 대통령에게는 "긴장을 낮출 방안을 모색해야 한다. 강대강으로는 평화와 번영을 이룰 수 없다"면서 "옆집에서 돌멩이를 던진다고 같이 더 큰 돌을 던져서 큰 상처를 낸다 한들 우리한테 무슨 도움이 되겠느냐"고 말했다. 연말부터 이어진 북한의 미사일 발사 등 핵공격 위협은 '돌멩이'에, 이에 대한 우리 정부의 대응은 '더 큰 돌'에 비유한 것이다. 이 대표는 "싸워서 이기는 것은 기본적으로 필요하지만 싸우지 않아야 한다. 평화를 유지하는 것이 진짜 실력이고 평화 유지가 국가와 국민을 위한 책무임을 직시해야한다"고 말했다.

6.25 침략전쟁을 계획·준비·수행하고, 공동모의(共同謀議)한 전쟁범죄인(戰爭犯罪人: war criminal) 김일성은 6.25 남침으로 한민족 300만 명을 죽이고 전 국토를 초토화(焦土化)시켰으며, 죽을 때까지 적화통일(赤化統一)을 외치며 무력 도발과 테라를 자행(恣行)했다. 청와대 습격, 울진·삼척 무장공비 침투, 판문점 도끼 만행, 아웅산 테러, 김포공항 테러, KAL기 폭파테러, 천안함 폭침 등이 모두 전범(戰犯) 김일성과 그 후예(後裔) 김정일이 저지른 짓이다. 민족을 공멸(共滅)시킬 핵무기를 만든 것도 이들이다. 그 와중(渦中)에 북한 주민 수백만이 굶어죽었고 지금도 2000만 북한 주민 전체를 노예로 짓밟고 있다. 한국 드라마를 봤다고 16세 소년에게 12년형의 노동교화형을 선고했다.

이재명 대표는 "이러다가 전쟁 나는 것 아니냐는 국민의 걱정이 커진다"며 "북한에 본때를 보인다면서 평화의 안전핀을 뽑는 우를 범해서는 안 된다"고 했다. 핵으로 '서울을 불바다로 만든다'고 위협을 하는 것은 김정은인데 방어에 급급한 우리에게 책임이 있는 듯 궤변(詭辯)과 망발(妄發)을 토로하고 있다. 북한이 도발을 해도 손 놓고 있으라는 것인가? "공격(攻擊)은 최선의 방어(防禦)이다." 방어에만 급급하지 말고, 주적의 약점을 먼저 찾아내 공격해야 한다. 총선을 앞두고 전쟁불안감을 고조(高調)시키면서 천안함 폭침 때처럼 득표(得票)에 도움이 될 것으로 계산하는 꼼수다.

"무기는 평화를 만들지 않는다. 사람이 평화를 만드는 것이다. 평화는 힘만으로써 이룩되는 것이 아니라 지혜와 인내와 자제로서 이루어지는 것이다(Weapons do not make peace. Men make peace. peace comes not through strength alone, but through wisdom and patience and restraint. -L.B. Johnson-)." "자유"와 "평화"는 단

지 말에 그치는 것이 아니며, 또 말이나 약속만으로 성취되는 것도 아니다. 이들은 실제의 사태를 가리키는 것이다("Freedom" and "Peace" are not merely words-nor can they be achieved by words or promises alone. They are representative of a state of affairs. -John F. Kennedy-).

64. 민주당의 '5대 혐오범죄' 공천기준, 이재명 대표에겐 내로남불

민주당의 임혁배 공천관리위원장이 '성범죄' '음주운전' '직장 갑질' '학교 폭력' '증오 발언'을 "5대 혐오 범죄"로 규정하며 공천심사 때 이와 관련된 도덕성을 집중 검증하겠다고 밝혔다. 임 위원장은 "(5대) 혐오 범죄를 저지른 인사는 국민의 대표가 돼서는 안 된다는 공감대가 확산 중"이라며 "공관위 도덕성검증소위가 컷오프 대상으로 판단하면 내가 책임지고 컷 오프 시킬 것"이라고 했다.

공직선거법은 선거가 국민의 자유로운 의사와 민주적인 절차에 의하여 공정히 행하여지도록 하고, 선거와 관련한 부정을 방지함으로써 민주정치의 발전에 기여함을 목적으로 한다. 정당은 선거에 있어서 선거구별로 선거할 정수 범위 안에서 그 소속당원을 후보자로 추천할 수 있다. 정당이 후보자를 추천하는 때에는 민주적인 절차에 따라야 한다.

그런데 민주당의 '5대 혐오 범죄' 공천 기준이 다른 사람도 아닌 이재명 대표에게 적합하냐는 의문이다. 이 대표는 2004년 성남시에서 '음주운전'

을 하다가 적발돼 구금된 후 벌금 150만원을 선고받은 전력(前歷)이 있다. 당시 혈중 알코올 농도가 0.158%로 면허취소 수준이었다. 이 대표는 2021년 관훈 토론회에서 "음주운전 경력자보다 초보 운전자가 더 위험하다"고 말했다.

이 대표가 경기도 지사시절에 도청 공무원을 자신과 배우자의 개인 심부름에 동원했다는 폭로도 나왔다. 당시 도청 7급 공무원은 매일 아침 이 지사가 벗어 놓은 속옷, 양말을 세탁기에 돌리고 와이셔츠는 세탁소에 맡기는 등 사적인 일에 동원됐다. 이 지사가 즐겨 쓰는 일제 샴푸가 떨어지면 서울 청담동에 가서 사오기도 했다. 전형적 '직장 갑질'이다.

이 대표는 여성에게 차마 입에 담지 못할 욕설을 형수에게 반복해서 했다. '증오 발언'이다. 성남시장 시절 인터넷에 "이 멘션(언급) 보고 기분 나쁜 님들, 그대들이 곧 강아지니라"와 같은 글을 남기기도 했다. 이런 이 대표의 전력(前歷)에 대해 임혁백 위원장은 자신이 밝힌 5대 혐오 범죄 공천기준을 적용할 수 있는지 궁금하다.

임 위원장은 전당대회 돈 봉투 사건 등 비리와 관련된 후보자에 대해 "대법원의 유죄판결을 받기 전까진 무죄추정 원칙에 따라 처리 하겠다"고 밝혔다. 임 위원장이 이 기준을 밝힌 것은 이 대표를 의식한 것으로 보인다. 7개 사건에서 10가지 혐의로 재판받는 이 대표와 뇌물수수 혐의 등으로 체포동의안이 청구됐던 노웅래 의원 등 현재 재판 중인 민주당 의원 10여 명이 공천을 받을 수 있게 됐다.

"투표용지는 총알보다도 강하다(The ballot is stronger than the bullet.-Abraham Lincoln-)고 했다. 국회의원이 유권자의 투표용지를 무서워하게 될 때 부정부패가 없어지고 국민에게 봉사하며 청렴의 의무를 가지고 국가이익을 우선하여 양심에 따라 직무를 수행하는 정치가 실현 될 수 있다. 투표용지는 종이가 아니라 정의와 용기의 산물이요, 민주혼(民主魂)이 깃들인 소중한 주권행사의 표다. 선거에 권력과 금력(金力)이 작용해서는 안 되며, 오직 양심(良心)과 소신(所信)이 작용해야 한다. 한국인의 명예와 양심과 용기로서 공명선거의 빛나는 전통을 수립해야 한다. 이것이 역사의 당위명령(當爲命令)이며, 선거혁명이다.

민주당의 '5대 혐오범죄' 공천기준은 이들에겐 내로남불이다. 자기혁명(自己革命)이야 말로 참된 혁명이다. 선거혁명은 후보자 자신에서부터 시작되어야 한다. 부정부패의 사회암(社會癌)을 용감하게 제거하는 대수술을 해내느냐에 따라서 다음 총선심판의 승패가 결정 될 것이다. 민주정치의 건설을 정치의 근본 지표(指標)로 삼고 공정(公正)과 봉사(奉仕)의 풍토를 건설해야 한다. 국회는 국사(國事)를 논하고 국리민복(國利民福)을 구상하는 공의(公議)의 광장이 되어야 한다.

인간은 자기와의 싸움에서 이기는 승리자가 되어야 한다. 내가 나의 적(敵)이다. 내가 나하고 싸우는 싸움은 내가 참된 인간이 되기 위한 '정신적 싸움'이다. 인생의 가장 위대한 승리는 '자기를 이기는 것'이다. 선거가 민주적인 절차에 의하여 공정히 행하여지기 위하여 정당이 후보자를 추천하는 때에는 민주적인 절차에 따라 공천기준이 모든 후보자에게 공평무사(公平無私)하고 엄격하게 적용되어야 한다.

제15장

'이태원 압사사고'를 정치적으로 악용하려고
혈안이 된 사람과 정치집단

제15장

'이태원 압사사고'를 정치적으로 악용하려고 혈안이 된 사람과 정치집단

1. 이태원 압사사고에 대한 전 세계인과 언론의 관심

2022년 10월 29일 발생한 '이태원 압사(壓死) 사고'로 156명이 숨진 비극으로 온 국민이 충격에 빠져 희생자와 그 가족들에게 깊은 애도와 위로의 마음을 보내는 와중(渦中)에 이런 비극을 정치적으로 악용(惡用)하려고 혈안(血眼)이 된 사람과 정치집단 및 사이비 언론 등 불순세력이 활개를 치며 애도(哀悼)의 뜻을 표하기보다 현 '정권 책임론'과 '정권 퇴진'을 주장하기에 혈안이 되고 있다.

우리헌법의 최고이념이 가지는 규범적 효력은 국민주권주의와 자유민주주의에 입각한 입헌민주헌법의 본질적 기본원리에 기초하고 있다. 이는 헌법전을 비롯한 모든 법령해석의 기준이 되고, 입법 형성권행사의 한계와 정책결정의 방향을 제시하며, 나아가 모든 국가기관과 국민이 존중하고 지켜가야 하는 '최고의 가치규범(價値規範)'이다.

이러한 헌법이념에 입각한 한국 현대사의 발전은 조국의 민주개혁과 자유민주적 기본질서에 입각한 평화적 통일정책의 수립과 추진 및 인간의 존엄성과 기본권보장, 개인과 기업의 경제상의 자유와 창의를 존중함을 기본으로 하는 경제질서와 균형 있는 국민경제의 성장 및 안정과 적정한 소득의 분배를 유지하고, 시장의 지배와 경제력의 남용을 방지하며, 경제주체간의 조화를 통한 경제민주화를 위한 경제에 관한 규제와 조정에 있다.

그러나 한국의 정치현실은 대통령 선거가 끝나고 이에 따른 새 정부가 출범(出帆)하기만 하면 곧 바로 정권퇴진 운동과 탄핵, 해임 등의 주장으로 사회혼란과 새 정부의 정책의 수립 및 집행의 혼선을 자초(自招)하는 정치세력이 상존(常存)하고 있다. 또한 이들 정치집단은 대형 사고나 참사로 국민이 비애(悲哀)에 잠길 때면 활화산(活火山)과도 같이 타올라 <정권타도> 운동으로 변질되어 정국(政局)을 덮치는 쓰나미(tsunami)가 된다.

불의의 대형 사고나 참사가 발생하면 정부와 지방자치단체는 사고예방과 대책을 수립하는 등 위기를 관리할 책임과 혼란수습에 전력투구(全力投球)해야 한다. 따라서 안전사고를 수습하고 위기를 관리할 정권이 퇴진한다면 사고수습과 예방대책은 누가 세울 것인가? 대형 사고나 참사를 정치적으로 악용하는 정치집단의 "정치의 재난화(災難化)"는 오로지 대중적 비애와 분노를 자극해 권력을 되찾으려는 "정치적 선동(煽動)"일 뿐이다. 이러한 정치집단은 미래에 대한 비전이나 건설적 대안(對案) 없이 권력투쟁과 정권탈환의 꼼수에만 혈안이 되어 국가발전을 가로막는 암초(暗礁)로서 적폐(積弊)의 대상이다.

2. 이태원 압사사고를 정치적으로 악용하는
정치의 재난화(災難化)

이태원 압사사고에 대한 애도(哀悼)의 분위기와는 달리 더불어민주당 일각에서는 윤석열 정권 책임론을 제기하는 주장이 나왔다. 남영희 민주연구원 부원장이 30일 페이스북에 "백번 양보해도 이 모든 원인은 용산 국방부 대통령실로 집중된 경호 인력 탓"이라며 "청와대 이전 때문에 일어난 인재(人災)"라고 했다.

그는 "(이번 사고는) 졸속으로 결정해서 강행한 청와대 이전이 야기한 대참사"라며 "여전히 서초동 아크로비스타에서 출퇴근하는 희귀한 대통령 윤석열 때문"이라고 했다. 그는 '윤석열 대통령은 이 모든 책임을 지고 물러나고, 이상민 행정안전부 장관과 오세훈 서울 시장도 사퇴하라'고 했다. 용산 대통령실 경호 탓에 엄청난 인파를 예상하고도 제대로 안전요원을 배치하지 못했다는 주장이다.

이에 대해 국민의힘은 "논평할 가치가 없다"고 했고, 정치권에서는 "참사(慘事)를 정치에 이용한다"는 비판이 쏟아지는 등 논란이 일자 남 부원장은 이 글을 30분 만에 삭제했다. 다수의 야당인사는 이번 사건을 '세월호 참사'에 빗대며 진상규명을 언급했다. 정청래 더불어민주당 최고위원은 "세월호 이후 최대 참사"라고 했고, 이해식 의원도 "제2의 세월호 참사를 보는 것 같은 먹먹한 마음"이라고 했다. 조승래 의원은 "자발적인 축제라고 하지만 공공의 안전이 이렇게 무방비 상태가 된 이유에 대해서도 향후 철저한 조사가 필요하다"고 했다.

‘조국 백서’ 저자 등이 이끄는 ‘촛불행동’이 이번 주말(5일)에 이태원 압사 사고 애도를 내건 도심 집회를 연다고 했다. 이 단체는 대선 직후인 2022년 4월 출범해 지속적으로 윤석열 대통령의 퇴진 등을 요구해온 단체로 ‘조국 백서’를 집필한 김민웅 전 경희대 미래문명원 교수 등이 상임대표를 맡고 있다. 이 단체는 최근 주말 마다 윤석열 대통령 퇴진, 김건희 여사 특검을 요구하며 도심 집회를 벌여왔는데 갑자기 구호를 “추모(追慕)”로 바꾸어 대규모 집회를 이어가겠다고 한다. 이 단체는 이태원 압사 사고가 발생한 지난달 29일 오후 5시부터 청계광장 부근에서 수만 명이 참가한 대규모 ‘반정부 집회’를 주도해 경찰력을 분산시킨 책임도 있는 집단이다.

방송인 김어준씨는 라디오 방송에서 “이 사고를 ‘정치적으로 이용하지 말라’고 하는데, 아니다. 이건 정치문제가 맞다”고 주장했다. 김씨는 “2017년인가 2018년인가 (이태원 핼러윈 축제 때) 분명히 일방통행 이었다”고 했으나, 경찰과 용산구청은 지금까지 그런 적이 없다고 반박했다. 세월호 참사 음모론을 영화를 만들어 한몫 챙긴 인터넷 언론인 김어준은 지금도 매일 아침 교통방송 마이크를 잡고 있다. 재난과 참사, 대형사고 등을 정치적으로 악용하는 “재난의 정치화”를 넘어 정치 그 자체가 재난이 되는 **“정치의 재난화(災難化)”**가 벌어지는 것이 아닌가(2022년 11월 2일 조선칼럼 노정태의 <핼러윈은 잘못이 없다>)라고 논평했다.

3. 헌정질서를 위태롭게 하는 세력의 정치적 망령행위

우리사회의 가장 심각한 문제는 재난과 대형사고 및 참사에 대해 부패한 정치인, 사이비 언론, 불순세력 등이 개입해 이러한 비극을 정치적으로 악용하려고 혈안(血眼)이 되고 있다는 사실이다. 우리사회의 분열과 갈등을 조장하고 더 나아가 안정과 질서를 파괴하는 이와 같이 부패한 정치인 집단과 사이비 언론, 선동세력 등이 "헌정질서(憲政秩序)"를 위태롭게 하고 있다. 이러한 선동집단의 만행(蠻行)을 규탄(糾彈)해야 한다.

우리사회가 이태원 압사 사고와 같은 비극을 겪는 원인은, 핼러윈 사고를 두고 '서양 귀신' 운운하는 '서양 귀신'탓에 있는 것이 아니라 참사와 비극, 대형 사고를 정치적으로 악용하려고 혈안이 된 부패한 정치집단과 사이비 언론 등 불순세력에 의한 <**정치적 망령**(妄靈)> 때문이 아닌가? 그러나 현명한 국민들은 이들 불순세력들이 어떤 속성과 목적을 갖고 있는지 그 의도(意圖)를 간파(看破)하고 있다. 국민을 선동하려는 이러한 불순세력의 시도(試圖)는 결코 성공하지 못할 것이다. 국민은 어리석은듯하면서도 가장 현명하다.

세월호 참사나 이태원 참사와 같은 사회적 비극에 기생(寄生)하는 정치판 기생충들이 대형사고가 발생할 때마다 현장에 진(陣)을 치고 무당이 되어 굿판을 벌린다. 이들 무리는 사망한 이의 영매(靈媒)를 자처(自處)하며 '정치무당'의 굿판을 벌이면서 뒤로는 자신들의 이득을 취하며, 굿을 해주고 복채(卜債)까지 받는 정치판 무당이 된다. 대형 사고나 참사 현장을 찾아다니는 정치무당들에게 이태원 참사는 세월호에 연(連)이은 또 하나의 초대형 잔치판이 되었다. 이들 정치판 무당들은 유가족 대다수가 동의하지 않는데도 사망자 명단과 영정을 공개하며 풍악을 울리는 등 굿판을 벌리고 광대놀음에 만취돼있다. 이들에겐 죽음의 잔치판을 벌려야 정치적 영향력이 생기고, 이득까지 취할 수 있는 절호(絕好)의 기회가 되기 때문이다.

4. 사전적 의미의 '사고' '희생' 및 '사망자' '희생자'

우리사회에는 확인되지도 않은 온갖 허위정보를 퍼뜨려 '제2의 세월호'를 조작하려는 불순세력 집단이 상존(常存)하고 있다. 비극적인 참사와 사고마저 정쟁(政爭)의 도구로 일삼는 부패한 정치집단과 사이비 언론 및 선동세력의 이러한 작태(作態)는 공동체의 일원으로서 용납될 수 없는 사회의 암적 존재로서 국가개조 차원에서 적폐청산(積弊淸算)의 대상(對象)이다. 이태원 압사사고로 인해 소중한 가족을 잃은 유족들의 슬픔을 생각한다면 부패한 정치집단 등 불순세력의 선동은 있을 수 없는 사회 악(惡)으로 발본색원(拔本塞源)해야 할 암적(癌的) 존재다.

사전적 의미로 <사고(事故)>는 '평시에 있지 아니하는 뜻밖의 사건'이며, <희생(犧牲)>은 '어떠한 목적을 이루기 위하여 자기 몸을 바치는 것'을 의미한다. 이태원 압사 사고로 사망한 분들을 '사망자'라고 할 것이 아니라 '희생자'라고 해야 한다는 일부 주장이 있다. 사전적 의미로 <사망자(死亡者)>는 '사망한 사람(사망인)'을 뜻하며, <희생자(犧牲者)>는 '어떤 일로 희생(犧牲: 다른 사람을 위해 자기 목숨을 바침)을 당한 사람'을 의미한다. 따라서 이태원 압사 사고로 사망한 사람은, '뜻밖의 사건'으로 '목숨을 잃은 것'으로, '다른 사람을 위해 자기 목숨을 바친 것'이 아니므로 '희생자'라기 보다는 '사망자'라고 표현하는 것이 사전적 의미에 부합한다.

우리는 MBC의 광우병 사태와 세월호 참사를 기억해야만 한다. 지금 우리가 할 일은 <**정치의 재난화**(災難化)>가 아니라 사고를 수습하며 이태원 압사사고로 인한 유족을 위로하고 사고원인의 정확한 규명과 재발방지 대책수립에 만전을 기하는 것이다. 희생자들의 명복을 빌고 그 가족에 대한 위로에 온 국민이 한 마음 한 뜻을 모아야 한다. 경거망동과 언행에 주의하며 사고의 재발방지 대책을 논의함에 중지(衆智)를 모을 때다.

5. 선박에서 발생한 '사람의 사망'에 관한 책임자(선박소유자)

세월호 참사원인은 이미 밝혀질 만큼 다 밝혀졌다. 세월호 참사원인은 무리한 선박의 증. 개축, 허술한 화물의 적재(積載), 승조원의 조작미숙 등이다. 이에 관한 모든 책임은 세월호 선박소유자에게 있다(상법 제769조 1호). <선박소유자(shipowner)>라 함은 선박소유권을 가지고 이것을 상행위(商行爲) 기타의 영리행위(營利行爲)를 위하여 항해에 이용하는 자를 말한다. 해상법(海商法)에서 선박소유자라 함은 이용선주(利用船主)를 가리킨다.

선박소유자는 "선박에서 또는 선박의 운항에 직접 관련하여 발생한 '사람의 사망'으로 인하여 생긴 손해에 관한 책임"을 진다(상법 제769조 1호). 선장은 선박소유자가 선임 또는 해임한다(상법 제745조). 선장은 항해 중에 해임 또는 임기가 만료된 경우에도 다른 선장이 그 업무를 처리할 수 있는 때 또는 그 선박이 선적항에 도착할 때까지 그 직무를 집행할 책임이 있다(상법 제747조). 2014년 세월호 참사로 304명이 희생되었다.

'선장(船長 : master, shipmaster)'은 상선이나 어선에서 모든 승조원을 지휘통솔하고, 선박과 선적화물을 관리하며 여객의 안전항해를 도모하는 최고 책임자이다. 또한 선장은 선박 소유자·선박 임차인 또는 선박 운항자 등

해상 기업인의 대리인으로서 공법상·사법상의 직무와 권한을 가진다. 선장은 선박운행의 최고 책임자로서 해원(海員)을 지휘 감독하며 선내에 있는 여객 기타의 자에 대하여 자기의 직무를 수행함에 필요한 명령을 할 수 있다. 선장은 자기가 지휘하는 선박에 급박한 위험이 있을 때에는 인명·선박 및 적화물의 구조에 필요한 수단을 다하여야 한다.

6. 세월호 참사를 정치적으로 악용한 결과

우리 사회에선 대형 사고나 참사 등이 발생하면 사고의 진상규명과 사후대책을 수립하는 것이 아니라 부패한 정치인, 사이비언론, 불순세력 등이 발호(跋扈)하여 오로지 정부와 상대방 진영을 헐뜯고 괴담이설(怪談異說)을 유포시키는 등 사회분열과 증오를 증폭시키는 일에 혈안이 되어 광분(狂奔)하고 있다. MBC의 광우병 사태가 이를 잘 증명하고 있다.

세월호 참사 후 정부는 해마다 해양사고 예방에 700억~800억 원의 예산을 썼다고 한다. 세월호 참사의 사고원인 규명을 위한 수사, 감사, 조사가 무려 아홉 번 되풀이 됐으나 해상조난사고는 오히려 매년 증가하고 있다. 2014년엔 조난선박 1418척, 조난인원만 1만1180명이었으나 2021년엔 3882척에 2만174명으로 늘었다. 이것은 세월호 참사에서 교훈을 얻거나 사고예방을 위한 제도와 시스템의 개선 등을 이끌어내지 못하고 상대방을 탓하기 만하는 풍조(風潮)를 반증(反證)하는 것이다.

그뿐 아니라 불필요한 아홉 번의 수사·조사는 모두가 '한풀이용'에 불과했고, 마지막의 '사회적 참사특별위원회'는 무려 4년 가까이 547억 원의 혈세를 낭비하고, 2022년 9월에야 그 활동을 마무리했다. 위원회의 조사보고서는 전부가 허망한 내용이었다고 한다. 조사위원들은 8일간 유럽을 출장 갔다 온 후 한글로 70자 분량의 보고서를 제출했다고 한다. 위원들은 조사가 아닌 '유람(遊覽)'을 다니면서 자신들의 호구지책(糊口之策)으로 삼은 것이라고 비난받고 있다. 위원회의 국민혈세 낭비여부를 감사원의 감찰과 검찰의 엄정한 수사로 위법사항이 있을 경우 의법조처(依法措處) 함으로서 예산과 세금낭비를 예방해야 한다.

문재인 전 대통령이 세월호 방명록(芳名錄)에 쓴 "미안하다. 고맙다"는 말이 무슨 뜻인지 이해하지 못한다. '이태원 참사 특별법'을 제정하자며 밀어붙이는 더불어민주당을 바라보는 민심(民心)은 싸늘하게 외면(外面)하고 있다. 뉴욕은 9.11 테러를 기억하며 미래를 기약(期約)한다. 반면 우리는 참사의 기억을 정쟁도구(政爭道具)로 삼으려는 비열(卑劣)한 태도가 정치권에서 통용되는 나라에 살고 있다. 이것은 애도(哀悼)가 아니다. 우리는 죽음과 문명(文明)을 고민해야 한다.

이태원 압사사고와 같은 대형 참사가 다시는 재발하지 않도록 사후대책 등 시스템을 재정비하는 계기로 삼아야 한다. 야권과 사이비 언론, 불순세력 등이 이태원 압사사고를 '제2 세월호'로 조작하여 정치적으로 악용하려 한다면 '세월호 이후 해난사고 증가'가 계속 반복·되풀이 될 것이고, 만일 이것을 사고예방을 위한 시스템 개선의 계기로 삼는다면 '대형사고의 재발방지'가 이뤄질 것이다.

7. 이태원 참사로 쓰러진 청년 희망주고 떠나(장기기증)

이태원 참사로 중상을 입고 열흘 넘게 사투(死鬪)를 벌이다 뇌사(腦死)판정을 받은 국군장병 A씨의 부모가 10일 아들의 장기를 기증하기로 했다. 장병 A씨는 지난달 29일 이태원을 찾았다가 참사현장에서 크게 다치면서 서울 양천구 이대목동병원으로 후송돼 치료를 받아 왔다. A씨는 의식이 없는 상태였지만, 회복 가능성은 남아 있었다. 하지만 열흘이 넘도록 호전(好轉)되지 않았고, 결국 참사발생 11일 만인 지난 9일 주치의(主治醫)는 A씨에 대해 뇌사판정을 내렸다.

뇌사판정 당일 밤 A씨 가족은 그의 평소 뜻을 존중해 장기를 기증하기로 결정한 것으로 알려졌다. A씨의 아버지와 어머니는 10일 이대목동병원 장기이식센터를 방문해 장기기증절차를 진행했다. 이태원 참사로 사망한 다른 고인(故人) 중에서도 당사자가 생전에 장기기증에 동의했거나 유가족이 장기기증을 결정한 경우가 있었던 것으로 알려졌다. A씨의 가족들은 10일 이대목동병원 장기이식센터 관계자에게 장기기증절차에 대한 설명을 들으며 눈물을 보였다고 한다.

윤석열 대통령 부인 김건희 여사는 지난 2일 이대목동병원에 들러 의식이 없는 A씨의 가족을 만나 "꼭 완쾌(完快)할 것이고, 건강하게 돌아 왔을 때 다시 찾아 뵙겠다"고 약속했다고 한다. 하지만 A씨가 뇌사판정 소견을 받고 장기를 기증할 예정이라는 소식이 전해지자, 김 여사가 병원을 재차 방문해 A씨 가족을 만나 위로하며 '국가가 지켜주지 못해 죄송하다'고 머리를 숙였다고 대통령실이 전했다.

8. 이태원 참사 희생자 지원 명분으로 '재난의 정치화'를 재연시키는 불순 세력 집단의 정략과 패륜

야권(野圈)에서 이태원 참사 희생자 영정(影幀)·명단 공개요구와 유족접 촉 등을 통해 윤석열 정부를 비판하려는 움직임을 본격화하고 있다고 보도 됐다. 더불어민주당 지도부는 희생자 전체 명단과 사진을 밝혀 추모(追慕) 공간을 만들어야 한다고 주장했고, 민주당 출신 변호사들은 유족들을 상 대로 국가배상청구소송 모집에 나섰다. 민변(민주사회를 위한 변호사 모임), 참 여연대, 민주노총 등 친야(親野) 성향단체들도 이태원 참사에 대한 윤석열 정부책임을 묻겠다며 대규모 시위와 법적 대응을 예고했다.

이재명 더불어민주당 대표도 "이태원 참사 희생자 이름과 얼굴을 공개 하라"고 요구했다. "다시 촛불을 들고 해야겠느냐"고도 했다. 정부에 대한 제1야당 대표의 협박으로 정부가 이태원 희생자들 명단공개를 반대하고 있다는 궤변이(詭辯)이다. 이재명 대표에 대한 '대장동 게이트'에 대한 수사 에 맞불을 놓을 필요 때문에 더 도(度)를 넘고 있다. 이태원 참사 이후 희생 자를 모욕(侮辱)하는 글과 영상이 퍼지는 상황에서 희생자 명단공개는 '2차 가해'로 이어질 수 있다.

이태원 참사 희생자 유족들 상당수는 희생자의 신상공개를 원하지 않 는 것으로 전해졌다. 정부에 법적 책임을 묻겠다는 움직임은 친(親)민주당 성향 인사들을 중심으로 확산하고 있다. 민변, 참여연대는 지난 8일 합동기 자회견을 열고 "정부당국은 이번 참사를 충분히 예견할 수 있었음에도 적 절하게 조치하지 않았다"며 "희생자 유족이 국가에 배상책임을 물을 수 있다"고 하며 "10.29 참사 대응 TF"를 꾸린 상태다. 민노총은 12일 "10만 명이 참가하는 노동자 집회"를 연 뒤 바로 "이태원 참사책임 윤석열 정권규탄 촛불집회"를 열겠다고 했다.

이에 대해 일각(一角)에선 이런 움직임이 희생자들을 통해 추모 정국(政局)으로 몰아가는 것으로 '세월호 참사' 때처럼 <재난(災難)의 정치화(政治化)>가 재연(再演)되는 것 아니냐는 우려(憂慮)의 목소리가 높아지고 있다. 정치권((政治圈) 안팎에서 이태원 참사를 "10.29 참사"라고 규정해야 한다는 주장도 제기되고 있다. 이런 목소리는 주로 민주당, MBC, 민변, 참여연대 등에서 나오고 있다. 현재 정부는 경찰 수사결과를 보고 '참사' '희생자' 등 법률적 용어를 정리한다는 입장이다.

"재난의 정치화"를 재연(再演)시키는 민주당, MBC, 민변, 참여연대 등은 이성(理性)을 회복하여 대형 사고나 참사를 정략적(政略的)으로 이용하려는 우리사회의 고질적(痼疾的) 병폐(病弊)인 정쟁(政爭)을 접어야 할 때다. 이제 MBC 광우병사태, 세월호 참사 등을 격은 우리국민은 어리석은듯하면서도 가장 현명하다. 우리 국민은 이젠 국가와 사회의 불안을 조성하는 불순세력에 의한 "재난의 정치화" 움직임에 더 이상 속지는 안 는다.

9. 인터넷 매체의 유가족 동의 없는 희생자 명단공개는 범죄

친야(親野) 성향(性向)의 한 인터넷 매체(媒體)가 14일 이태원 참사 희생자 명단을 유가족 동의 없이 멋대로 공개했다. 그것도 희생자를 위해서가 아니라 자신들의 '정쟁(政爭)'에 필요한 도구'로 쓰기 위해서였다. '민들레'라는 매체는 이날 "시민언론 '더 탐사'와 협업(協業)했다"며 155명의 명단을 게재했다. 천주교 정의구현사제단은 이날 집회에서 이들의 이름을 일일이 호명(呼名)했다. '더 탐사'는 '한동훈 청담동 술자리 의혹'을 제기한 매체이고, '민들레'는 유시민 전 노무현 재단이사장 등이 참여해 최근 출범한 단체다.

희생자 이름과 얼굴공개는 더불어민주당 이재명 대표가 공개를 요구해 왔다. 이재명 대표는 14일 국회에서 이태원 참사유족들과 면담했다. 이것은 이태원 참사를 오로지 정치에 이용하기 위한 것으로 상식과 정도(正道)를 벗어난 '재난의 정략화(政略化)'로 역효과만을 초래할 것이다. 이재명 대표는 희생자이름과 얼굴공개를 요구하기 이전에 대장동 게이트에 관련된 검찰수사에 협조하는 것이 정도(正道)다.

명단공개 직후 인터넷과 정치권에선 "도대체 무엇을 위한 공개냐" "유가족의 슬픔을 정치적으로 악용하려는 패륜행위(悖倫行爲)"라는 비난이 쏟아졌다. 이 같은 논란에도 불구하고 천주교 정의구현사제단은 이날 저녁 서울 광화문에서 열린 추모미사에서 김영식 대표신부가 희생자들 이름을 일일이 호명했다.

경찰이 유족동의 없이 이태원 참사희생자 명단을 공개한 친야 성향매체 '민들레'와 '더탐사'에 대한 수사에 착수했다. 서울경찰청은 16일 '민들레'와 '더탐사'에 대한 고발사건을 반부패·공공범죄수사대에 배당했다고 밝혔다. 이 사건은 '언론의 자유'와는 무관한 것이다. 희생자 명단공개는 공공의 이익에 관련된 것이 아니라 이태원 참사를 정치에 이용하려는 정략적 이익과 관계가 있을 뿐이다. 정치권에서 희생자 명단공개를 주장한 것은 이재명 대표와 더불어민주당이 유일하다.

유족들은 "누가 우리 애 이름 불러달라고 했나" "입이 안 떨어져 아직 주위에 알리지도 못했는데, 이렇게 맘대로 하는 게 말이 되느냐"고 했다. 일부 주한 외국대사관도 외교부에 항의했다. 외국인 사망자 26명 중 1명을 제외한 모든 유가족도 이름공개를 원치 않는다고 한다. 희생자명단을 유출한 사람은 공무상비밀누설죄로 처벌할 수 있다. 희생자 신상은 개인정보로 유족의 동의 없이 공개하는 것은 불법이다.

10. 이재명 대표의 경기지사 재직시 대북 밀가루 지원비 15억 원 가운데 8억 원의 행방묘연

이재명 더불어민주당 대표가 경기지사 재직 때인 2019년 경기도가 대북교류단체인 '아태평화교류협회(아태협)'에 지원한 15억 원 가운데 8억 원의 행방이 묘연(杳然)한 것으로 전해졌다. 당시 경기도는 북한 어린이 급식용 밀가루 지원 사업비 10억 원, 미세먼지 저감용(低減用) 묘목지원 사업비 5억 원 등 총 15억 원을 지급했다고 한다.

수원지검 형사6부(부장 김영남)는 밀가루 지원비 10억 원 가운데 8억 원이 비는 정황을 확보했으며, 그 돈이 달러나 위안화로 환전(換錢)돼 북한 고위급인사들에게 전달됐을 가능성을 수사 중인 것으로 알려졌다. 경기도는

2019년 3월 북한의 통일전선부 산하 조선아시아태평양평화위원회(조선아 태위)에서 '평안남도 일대 밀가루 및 묘목 등 지원이 필요하다'는 요청을 받 았다고 한다.

한 달 뒤인 2019년 4월 경기도는 아태협을 통해 10억 원 상당 어린이 급 식용 밀가루, 5억 원 상당 미세먼지 저감용 묘목을 북한에 지원한다고 발표 했다. 아태협은 실제 2019년 6월 밀가루 300t을 2억 원에 사 북한에 전달했 다. 이어 같은 해12월 나머지 밀가루 1300t도 구입해 북한에 전달했다고 경 기도에 신고한 것으로 전해졌다.

그러나 검찰수사 과정에서 아태협이 2019년 12월 구입한 밀가루는 1300t이 아닌 219t이었다는 정황이 확인됐다고 한다. 당시 아태협은 밀가 루 219t을 북한에 보내며 '300t을 보냈다'고 허위보고 했고, 이후 화물차에 실은 모습을 담은 사진 등을 경기도에 보내며 "나머지 밀가루 1000t도 곧 전달할 예정"이라고 보고했지만 밀가루를 산 흔적이 없었던 것으로 전해 졌다. 그런데 아태협은 북한 조선아태위 측에서 밀가루 1600t에 대한 '인수 증'을 받아 경기도에 제출한 것으로 전해졌다.

검찰은 그 돈이 북한 고위급 인사들과 한 '돈 거래'와 관련이 있다고 의 심하는 것으로 전해졌다. 검찰은 "안부수 회장이 김영철 전 북한 통일전선 부장에게 7만 달러를, 송명철 조선아태위 부실장에게 중국 돈 180만 위안 (약 3억 3000만 원)을 각각 줬다"는 쌍방울 내부진술을 확보해 진위를 확인하고 있다고 한다. 아태협 안부수 회장은 쌍방울과 함께 2019년 1월 중국으로 50 만 달러와 150만 달러를 각각 밀반출한 혐의도 받고 있다.

안부수 회장은 2018년 8월과 12월 조선아태위 초청으로 방북하고 2019년 1월 이화영(구속) 전 경기도 평화부지사, 김성태 쌍방울 회장과 함께 중국에서 조선아태위 측을 접촉한 바 있다. 아태협이 경기도 보조금으로 구매한 묘목도 북한에 전달된 적이 없는 것으로 전해졌다. 검찰은 이 묘목이 지금껏 북한에 전달되지 않고 중국에 남아 있다는 사실도 확인 한 것으로 전해졌다.

11. 이태원 참사를 정치싸움판의 도구로 악용하는 더불어민주당과 헌법 수호를 위한 국민의 저항권 행사

이태원 참사(慘事) 국가애도(國家哀悼) 기간이 2022년 11월 5일 종료되면서 더불어민주당은 윤석열 대통령의 공식사과와 한덕수 국무총리의 경질 요구, 내각 총사퇴를 거론하며 대대적 공세(攻勢)에 나섰고, 이태원 참사 국정조사(國政調査)도 몰아붙이고 있다. 반면 국민의힘은 "재난의 정치화는 모두에게 또 다른 재난이 될 뿐"이라며 "제1야당으로서 민주당의 책임 있는 태도를 강력히 촉구 한다"고 했다.

더불어민주당이 '정쟁(政爭)을 중단하고 사고수습에 협력 하겠다'더니 다시 이태원 참사를 '정치 싸움'의 도구로 활용하고 나선 것으로 이들은 이태원 참사의 재발방지 대책엔 관심도 없다. 더불어민주당은 국무총리와 행정안전부 장관, 경찰청장, 서울경찰청장을 경질. 파면하고, 서울시장은 자진사퇴하라고 했다. 그러나 문재인 대통령이 알 박기 한 이태원 참사의 초기단계의 책임자인 용산 경찰서장의 '늑장보고'에 대해선 침묵하고 있다.

이태원 참사 사고수습과 진상조사를 해야 할 책임자들을 무조건 다 물러나라는 이들의 과도한 주장과 불법시위가 사고원인의 수사는 물론 대응책마저 가로막은 원인이 되며, 여야 간의 싸움질마저 부채질 하고 있다. 경찰 특별수사본부가 사고원인 조사에 이미 착수했으므로 수사결과를 지켜본 뒤 납득하기 힘들 때 검찰이 보완수사를 하고 국회가 그 시비(是非)를 가리면 될 것이다.

윤석열 정권퇴진 촛불집회를 벌려온 친야 성향단체는 이태원 참사를 추모(追慕)한다는 집회를 열고 "윤석열을 끌어내리자" "퇴진이 추모다"라고 외쳤다. 이들이 외치는 추모는 오로지 명목(名目)일뿐 윤석열 정부를 향한 대정부 투쟁으로 <정권퇴진 선동(煽動)>이 주목적으로, 문재인 정권 5년간의 비리와 범죄 및 대장동 게이트의 정점으로 의혹의 대상인 이재명의 태산 같은 범죄혐의에 대한 검찰수사의 방탄(防彈)을 목적으로 하는 것이 아니냐는 합리적 의심을 낳게 하고 있다.

이 단체의 집회에는 더불어민주당 의원과 이재명 대표 측 인사들이 가입한 '이심 민심(李心 民心)'이란 단체 조직원들이 버스까지 대절해 대거 참가했다. 단체조직 소개엔 '민주당 대의원, 당원 5만명 보유' '이재명과 함께'라는 문구가 있다고 한다. 촛불집회 배후에 '더불어민주당이 있는 것이 아니냐는 합리적 의심이 들 수밖에 없다. 민주노총도 오는 12일 서울에서 10만명 노동자 집회를 예고하면서 참사추모 촛불집회를 열겠다고 했다. 이들은 추모를 빙자(憑藉)해 '대정부 투쟁'을 하겠다는 불순세력 집단으로 무정부주의자가 아닌가?

무정부주의(無政府主義:anarchism)란 모든 정치조직·권력·사회적 권위를 부정하는 사상 및 그 운동을 말한다. 권력 또는 정부나 통치의 부재(不在)를 뜻하는 희랍어의 <anarchy>에서 유래하며, 근대에 와서 처음으로 국가가 없는 사회란 뜻으로 <anarchy>란 용어를 사용한 것은 루이 아르망 드 라 옹탕 이었다. 무정부주의는 국가와 법 또는 감옥·사제(司祭)·재산 등이 없는 사회를 지칭한 것인데, 요사이는 일상적으로 혼란·무질서 등을 의미하는 말로 사용되기도 한다.

무정부주의는 다음 '다섯 가지의 특징'으로 규정해 볼 수 있다. 1) 인간은 본래 선(善)의 능력을 가진 착한 존재인데, 관습·제도·권력 따위가 타락하게 만든다. 2) 인간은 사회적 존재로서 자발적으로 서로 협력할 때 가장 인간 다와 진다. 3) 사회의 여러 제도 가운데에서 특히 사유재산과 국가는 인위적인 것으로는 으뜸인데, 이것들은 사람들을 타락시키고 착취하게끔 하는 것이다. 4) 모든 사회변화는 자생적이고 직접적이며, 대중적인 기반을 둔 것이라야 하며, 이와 반대되는 모든 조직화된 운동은 권위의 조작에 의한 산물에 불과하다. 5) 산업문명은 생산수단의 소유형태가 어떻든 간에 인간의 정신을 파괴한다. 기계는 인간을 지배하므로 어떤 사회든 산업문명 위에 서는 것은 인간의 내적인 힘을 누르는 것이다.

이 와중(渦中)에 주말마다 열리는 윤석열 대통령 퇴진촉구 촛불집회에 더불어민주당 조직이 전국적으로 집회참가자를 동원해왔다는 의혹이 제기됐다. 대선 때 이재명 선대위의 시민소통본부 상임본부장을 맡은 임모 씨가 운영하는 텔레그램 단체 방에서 촛불집회 참여를 위한 버스지원을 공지(共知)했다는 것이다. 1000명이 넘게 있는 이 단체 방엔 송영길 전 대표와 박홍근 원내대표 등 더불어민주당 현역의원이 10명 넘게 있었다.

국민의힘은 "국민의 슬픔과 비극마저 정쟁과 정권퇴진집회에 이용 한다"고 비판했다. 더불어민주당은 이태원 참사 국가애도를 빙자(憑藉)해 대통령의 공식사과, 국무총리의 경질(更迭), 내각 총사퇴, 국정조사(國政調査)를 거론하며 대대적 '대정부 투쟁'을 일삼으며, 우리사회의 고질적(痼疾的) 병폐인 '정치판 싸움'의 도구로 악용(惡用)하려고 나섰다.

이제 한국의 제1야당인 더불어민주당은 "정당의 목적이나 활동이 민주적 기본질서에 부합(헌법 제8조 제4항)하며, 민주당 소속의원은 "국민 전체에 대한 봉사자로서 국민에 대하여 책임(헌법 제7조 제1항)"을 지는 정무직 공무원인 국회의원으로서 "헌법을 준수하고 국민의 자유와 복리의 증진 및 조국의 평화적 통일을 위하여 노력하며, 국가이익을 우선으로 하여 국회의원의 직무를 성실히 수행(국회법 제24조)"하고 있는지, 아니면 촛불집회를 빙자한 종북좌파 집단인 불순세력과 야합하여 '대정부 투쟁'을 일삼는 범죄조직으로 전락한 집단이 아닌지 자성(自省) 할 때다.

더불어민주당 조직과 이재명 선대위 시민소통본부, 단체 텔레그램 방, 민주노총 등 친야(親野) 성향단체로서 주말마다 열리는 윤석열 대통령 퇴진촉구 촛불집회에 동원 되어 이태원 참사의 슬픔과 비극마저 대정부 투쟁 집회에 악용하여 법치주의와 헌정질서(憲政秩序)를 파괴는 등 사회분열과 혼란을 부추기는 불순선동세력에 대한 검찰의 엄정한 수사로 의법조처(依法措處)함으로서 사법정의(司法正義)를 확립하고, 헌법을 수호해야 한다. 이러한 불순선동집단의 불법적 대정부 투쟁 내지 그로 인한 국민의 기본권

침해에 대하여 헌법질서의 방위(防衛) 내지 최후의 수단으로 국민이 저항하는 저항권(抵抗權 : right of resistance)을 행사해야 할 것이다.

12. 세월호 지원원금을 '김정은 신년사' 학습에 쓴
시민단체(혈세 도둑고양이 발본색원)

정부와 경기도가 세월호 희생자 추모와 유족지원 등을 위해 지급한 '세월호 피해 지원비(총액 110억 원)' 일부가 지난 6년간 북한 '김정은 신년사' 학습세미나, 일부 시민단체의 외유성 출장, 각종 동네모임 활동비 등 본래의 목적과 무관(無關)하게 사용된 것으로 확인 되었고, 지원비의 횡령정황도 포착됐다. 김정은 신년사 학습이 세월호 아픔치유와 어떤 관련성(關聯性)이 있나? 세월호 지원금을 이런 식으로 유용(流用)한 것은 감사원의 감찰 및 검찰의 수사로 의법조처(依法措處)해야 한다. 세월호 예산을 본래의 목적에서 벗어나 유용하는 것은 천벌(天罰)을 받을 사람들이다. "천벌은 느리나 반드시 온다(Heaven's vengeance is slow but sure.)"고 경고했다.

안산시가 국회에 제출한 자료에 의하면, 안산시는 세월호 특별법에 따라 정부와 경기도로부터 2017년부터 올해까지 6년간 매년 10억 원~20억 원씩 총 110억 원의 세월호 피해지원 사업비를 받아 '지역공동체 회복 프로그램' 명목으로 각종 단체에 지급했다. 세월호 지원금을 2018년 6.13 지방자치단체의 장 선거직전에 100만~500만원씩 아파트 부녀회 등 동네모임에 집중적으로 지급된 것으로 13일 파악됐다(2022.11.14. 조선일보). 이러한 행위는 공직선거법 제230조 제1항 2호 위반의 '선거범죄(選擧犯罪)'다. 당시 안산시장은 더불어민주당 소속 제종길 전 시장이었다.

세월호 지원금을 지방선거 득표에 이용했다면 공직선거법 위반의 범죄행위다. 많은 단체들이 '시민단체'라는 간판을 내걸고 민간보조금 명분으로 국민의 혈세(血洗)를 지원받아 낭비(浪費)하고 있다. 우리사회에서 정치권력에 기생(寄生)하는 일부 좌파단체들이 대형 사고나 참사가 발생하면 절호(絶好)의 기회를 만난 듯 사고나 참사의 아픔을 정치적으로 악용(惡用)하고, 이를 빙자(憑藉)해 금전적 이득까지 얻으려고 시도하는 것이 어제오늘의 일이 아니다. 이것은 한국사회의 고질적 병폐로 청산되어야 할 적폐(積弊) 중의 적폐인 "혈세 도둑고양이" 집단이다.

세월호 사업비의 주목적(主目的)은 '세월호 피해자 지원을 통해 희생 피해자 지역의 공동체 회복을 도모하는 것'이다. 안산시는 이 사업비를 '지역공동체 회복 프로그램' 명목으로 각종 시민단체에 지급해 관련활동을 맡겼다. 하지만 경기도·안산시의 사업비정산보고서를 보면, '안산청년회'라는 시민단체는 2018년 다른 단체들과 공동으로 사업비 2500만원을 지급받고 '미래세대 치유회복 사업'이란 명목으로 '김정은 신년사' 등이 주제인 세미나를 연 것으로 나타났다.

이 단체는 '대학생 통일열차 서포터즈 커리큘럼'이라는 교육 강의를 열고 '항일독립운동의 역사와 김일성 부대' '김일성 항일투쟁의 진실' 같은 제목의 영상을 상영하고 '평양 갈래?' 문구 등을 담은 현수막을 안산 시내 곳곳에 설치했다. 이 강의는 '식량난을 겪고 있는 북한의 식량지급률은 90%' '(문재인 정부 시기) 남북관계 파탄의 원인은 미국의 내정간섭과 한미 워킹그룹 때문' '한국정부가 미군 위안부를 관리·운영' 등과 같은 내용이었던 것으로 파악됐다. 이 단체는 소속 청년들에게 북한을 '조선민주주의 인민공화국'으로 부르라고 한 것으로 알려졌다.

이 세미나 커리큘럼에는 '자본주의 사회가 내부모순으로 붕괴하고 공산·사회주의 사회로 발전 한다'는 마르크스 역사발전 5단계론 등도 포함돼 있었다. '광우병 쇠고기 수입반대' '4대강 삽질반대' 등 이 단체의 그간 활동내역을 참석자들에게 소개하는 차례도 있었다. 이 단체는 전체 사업비 중 약 390만원으로 제주도로 2박 3일 외유성 출장을 간 것으로 드러났다. 안산청년회는 이와 별도로 안산시에서 500만원도 받았는데, 역시 세월호 피해 지원관련 활동은 거의하지 않았다.

지역 대학생이나 시민이 대상인 이 강좌의 참고서적은 '수령국가' '사상강국, 북한의 성군사상' '세습은 없다. 주체의 후계자론과의 대화' 등이었다. 이 단체는 '평양 갈래?'라는 문구 등이 표기된 현수막 25개를 안산 시내 곳곳에 설치했다는 내용을 관련 사진과 함께 사업비 지출내역 보고서로 제출하기도 했다. 세월호 참사로 정신적 피해를 입은 이들을 위해 써야 할 세금을 친북단체 정신교육, 선전활동 등에 사용한 이적단체(利敵團體)가 아닌가?

2020년도 경기도·안산시 자료를 보면, A 예술단체는 '비밀 언덕 찾기'라는 사업명목으로 1140여만원을 교부받아 5명이 전주 한옥마을, 신암 염전·박물관, 제부도, 제주도에 '현장 체험'을 하는데 대부분 지출했다. '어린이와 어른이 함께하는 행복한 벚꽃 사이 마을 만들기'란 사업명목으로

1000만원을 타내 여름철 성수기에 대부도의 수영장 딸린 펜션에서 자녀들과 1박 2일 여행을 한 시민단체 관계자도 있었다.

이들은 세월호 유족이 아닌 것으로 파악됐다. B단체는 '청년들을 위한 마음치유 워크숍'이라는 사업명목으로 1580여만원을 안산시로부터 받았지만, 1000만원에 대한 지출 내역만 제출하고 나머지 500만원은 누락하고 반납도 하지 않았다. 안산시 관계자는 "횡령 등 범죄소지가 있어 조사 중"이라고 했다.

서범수 의원은 "6년 치 세월호 피해자 지원금 지출내역을 분석해본 결과, 전체 110억 원 가운데 30~40%는 세월호와 무관한 곳에 쓰인 것으로 파악됐다"면서 "정부와 경기도는 세월호 특별법에 따라 30억 원 가량의 세월호 지원비를 안산시에 내년부터 3년간 추가로 지원할 예정"이라면서 "철저한 수사와 감사를 통해 더는 국민의 혈세가 낭비되지 않고 희생자 추모와 유족을 위해 바로 쓰이도록 해야 한다"고 했다.

이번 기회에 감사원 감찰이나 검찰 수사를 통해 대형 사고나 참사의 애도(哀悼)나 추모(追慕) 행사 등을 빙자해 잇속(利-)을 차리는 파렴치한 일부 좌파단체의 행태(行態)에 철퇴(鐵槌)를 가함으로서 국민 혈세를 낭비하거나 횡령하는 <**혈세 도둑고양이**>를 발본색원(拔本塞源)>해야 한다.

13. 핼러윈 참사 때 "尹 퇴진이 추모다"란 구호는 북한이 민노총에 하달한 지령문

국가정보원과 경찰이 국가보안법위반 혐의를 받는 민노총 간부들의 사무실·자택·차량 등을 압수수색하는 과정에서 "한미일 군사동맹 해체"와 "주한미군 철수투쟁" 등 반미시위를 선동하는 내용의 북한 '지령문(指令文)'을 대거(大擧) 확보한 것으로 확인 됐다. 윤석열 정부 퇴진시위를 선동하는 내용의 지령문도 있었다. 작년 10월 핼러윈 참사 때 '국민이 죽어간다' '퇴진이 추모다' 등 반정부 시위에 동원된 구체적 투쟁 구호(口號)까지 하달(下達)했다고 한다.

방첩당국이 확보한 압수물에는 국가보안법위반 혐의를 받는 민노총관계자들이 작성한 대북 충성 '맹세문(盟誓文)'도 다수 확보했다고 한다. '조국통일 위업의 실현을 위해 투쟁 하겠다' '김정은 원수님을 혁명의 수령으로 높이 받들 겠다' '김일성, 김정일 주의를 따르겠다'는 등의 내용으로 전해졌다. 북한은 한국 방첩당국의 수사를 '공안탄압'으로 몰아 대중적 분노를 유발하라는 지침도 내렸다고 한다.

북한은 지령문에서 북한 공작원과 접촉한 인사들과 이들이 포섭대상으로 삼은 사람들을 '통일 애국세력'이라고 불렀다. 이들에 대한 수사는 애국세력에 대한 탄압이라는 것이다. 이들 집단은 통일 애국세력이 아니라 '민족반역집단(民族反逆集團)'으로 '민족의 반역자(反逆者)'들이다. 이들의 민족반역행위(民族反易行爲)가 현재 진행 중이다. 국가정보원과 경찰의 엄정(嚴正)하고 신속한 수사로 반역자를 발본색원(拔本塞源)해야 한다.

"국가보안법에서 '반국가단체(反國家團體)의 지령(指令)을 받은 자'라 함은 반국가단체로부터 직접 지령을 받은 자뿐 아니라 위 지령을 받은 자로부터 다시 지령을 받은 자도 포함 한다(대판 1972. 5. 23. 72도687)." 현재 방첩당국은 이들이 활동한 지역을 중심으로 '창원 간첩단' '제주 간첩단' '민주노총 전·현직 간부' 사건 등 세 갈래로 나눠 수사를 진행하고 있다. 국정원과 경찰의 수사가 '공안 탄압'인지, '북한과 민노총 관계'의 민족반역행위의 진실을 적발(摘發)한 것인지는 곧 만천하(滿天下)에 드러날 것이다.

제16장

대장동 게이트와 불법 대북송금사건의 실체

제16장

대장동 게이트와 불법 대북송금사건의 실체

1. 김만배 로비 표적된 조재연 대법관
사상 초유의 기자회견

조재연 대법관이 2022년 2월 23일 서울 서초구 대법원에서 기자회견을 열고 화천대유 대주주 김만배씨로 부터 판교 타운하우스(빌라)를 뇌물로 받은 인물이 자신이라는 의혹이 제기되는 녹취록에 등장하는 이른바 '그분'으로 자신이 지목된 것에 대해 '전혀 사실무근(事實無根)'이라고 의혹을 전면 부인했다. 녹취록 내용을 반박할 증빙자료를 검찰과 언론에 제출하겠다고 약속했다고 보도됐다.

조 대법관은 기자회견에서 '김만배씨와 공적으로나 사적으로나 단 한 번도 만난 일이 없고 일면식(一面識)도, 단 한 번도 통화를 한 적도 없다'며 의혹을 전면 부인했다. 그는 김씨가 자신의 딸에게 '주거지를 제공했다'는 정영학 회계사 녹취록 내용에 대해서도 "첫째 딸은 2016년 분가해서 서울에서 살고 있다. 둘째 딸은 작년에 분가해서 (경기 용인시) 죽전에 살고 있다. 막내딸은 계속 함께 살고 있다"며 관련의혹을 부인했다.

조 대법관은 이 후보를 겨냥해 "전 국민에게 생중계되는 방송토론에서 한 후보자가 직접 현직 대법관 성명을 거론했다"며 "일찍이 유례가 없었던 사상초유(史上初有)의 일"이라며 "타인의 명예를 중대하게 훼손하는 행위에 대해서는 엄정하게 법의 심판을 받아야 한다는 것이 정의의 원칙에 부합한다고 생각 한다"고 했다. 녹취록에서 대장동 특혜·비리의 핵심인 김만배씨는 조 대법관의 이름을 말한 뒤 자신이 소유하고 있는 수원 아파트를 거론하며 '그분 따님이 살아'라고 했다.

이에 대해 조 대법관은 '김씨를 단 한 번도 만난 일이 없고 통화한 적도 없다'면서 '딸이 수원 아파트에 거주한 적이 없다'고 했다. 하지만 이 문제에 대해 대법원은 자체 조사도 하지 않았고, 검찰도 수사결과를 밝히지 않고 있다. 대법원이 대장동 일당의 로비대상이 된 것은 명백하다. 김만배씨는 이재명 더불어민주당 대선후보와 그에 이어 성남시장이 된 은수미 시장이 대법원에서 판결을 받는데 모두 영향을 끼쳤다는 의혹을 받고 있다.

'이재명 후보'와 '은수미 시장'에 대한 대법원 재판은 그 과정과 결과가 모두 기이하다. 김만배씨는 이 후보가 재판을 받는 동안 오랜 친분이 있다는 권순일 당시 대법관을 8차례나 사무실로 찾아갔다. 권순일 대법관은 최고선임 대법관으로 이 후보가 무죄판결을 받는데 주요 역할을 했다고 한다. 권 대법관은 그 재판 2개월 뒤 퇴임해 김만배씨가 세운 화천대유 고문으로 취업해 월 1500만원씩 받았다고 한다. 은수미 시장 재판은 김만배씨가 예고한 대로 선고됐다.

김만배씨는 주심 대법관이 결정된 지 1주일 만에 '(은수미 시장의) 임기는 채워줄 거야'라고 했고, 실제로 대법원이 일부 무죄로 판결했으며, 은 시장은 시장 직을 지켰다. 그러나 그 무죄이유가 본안(本案)문제가 아니라 '검사가 항소이유를 제대로 쓰지 않았다'는 것이다. 이에 대해 법조계에서는 "이례적 판결" "거의 보지 못한 일"이라고 비판했다. 형사소송법 제383조 제1호는 "판결에 영향을 미친 헌법·법률·명령 또는 규칙의 위반이 있는 때"에는 원심판결에 대한 상고이유로 할 수 있다고 규정하고 있다.

검찰과 경찰은 이러한 대법원 의혹(재판거래의혹)을 '폭탄 돌리기'하며 뭉개고 있다. 검찰은 권순일 전 대법관 사건을 3개월 넘게 뭉개다 경찰에 넘겼다. 검찰의 수사대상인지 여부를 가리는데 3개월이나 걸렸다. 이런 상황은 검찰의 한심한 수사지연 탓이라고 한다. 녹취록이 증거능력을 인정받으려면 철저한 수사로 발언내용의 진위여부를 입증해야 하나 검찰의 수사의지가 문제며, 검찰의 직무유기다. 녹취록에 담긴 발언내용에 따라 대장동 수사와 대선 재판과 나라 전체가 광대 춤을 추는 볼썽사나운 모습에 국민은 혼란스러울 뿐이다.

검찰과 경찰의 수사가 대선 때까지 시간만 질질 끌려는 것이라고 한다. 3월9일 대선에서 정권이 교체되면 대장동 <그분>의 정체는 만천하(滿天下)에 드러날 것이다. 3월9일 대선에서는, 오로지 '다음 선거에서 당선'만을 생각하는 전과자로서 상습적 거짓말쟁이가 된 정상배(政商輩 : Politician)와 '다음 세대'를 염려하고 민족의 내일을 걱정하고 조국의 장래와 태어날 후손들을 걱정'하는 정치가(政治家 : Statesman)를 심판하는 선거혁명이 되어야 한다. 거짓말은 대장동 게이트와 같은 도둑놈 될 장본(張本)이다.

2. 백현동 3대 특혜의 배후 규명

감사원이 경기도 성남시 '백현동 아파트 개발특혜' 의혹에 대해 "민간 개발사에 수천억 원 이익을 몰아주었다"는 감사결과를 내놓았다. 그동안 이 사건에 대해 의혹만 무성했는데 감사원이 '납득할 수 없는 특혜가 실제 있었다'고 인정한 것이다. 백현동의혹의 핵심은 백현동 식품연구원 부지를 개발하는 과정에서 성남시가 부지용도를 '자연녹지'에서 '준주거지역'으로 4단계 상향해주는 특혜를 민간업체에 준 것이다. 업계에선 "토지용도가 1단계만 올라가도 개발사는 큰 이익을 볼 수 있는데 4단계 수직상승은 전례 없는 특혜"라고 했다. 당시 성남시는 이 사업에 성남도시개발공사가 참여하는 조건으로 용도상향을 해주었다.

당시 이재명 성남시장의 최측근인 유동규 성남도시개발공사 기획본부장은 실무자들에게 "성남도개공은 백현동 개발 사업에서 손을 떼라"고 지시한 것으로 이번 감사에서 드러났다. 사업을 민관합동이 아닌 민간개발로 추진하면서 3000억 원이 넘는 개발이익이 모두 민간업체에 돌아갔다. 민관합동개발은 이재명 의원이 대장동개발에서 마치 자신만의 '브랜드'인 것처럼 내세운 것이다. 게다가 성남시는 백현동 아파트 1223가구를 100% 민간임대로 공급한다는 기존계획을 바꿔 123가구(10%)만 임대아파트로 하고, 나머지 1100가구는 일반분양을 할 수 있게 했다.

감사원은 "성남시의 부당한 사업계획변경으로 민간개발사는 256~641억 원의 추가개발 이익까지 올렸다"고 했다. 감사원은 또 백현동 개발로 들어선 아파트 바로 옆에 세워진 최대 높이 50m옹벽 안전성 문제도 지적했다. 개발과정마다 이해하기 어려운 온갖 특혜를 준 것이다. 누가 어떤 과정을 거쳐 이런 특혜, 봐주기 식 결정을 했는지 반드시 밝혀야 한다.

이재명 의원은 백현동 의혹에 대해 "용도상향은 당시 국토교통부 요청에 의한 것"이라고 해명해 왔으나 감사원은 "당시 정부는 성남시에 협조를 구했을 뿐, 특정변경을 요구하거나 강제성 있는 요청을 한 것이 아니다"라고 반박했다. 현재 경찰이 이 사건을 수사 중이나 백현동 3대 특혜배후에 누가 있는지, 무슨 이유로 이러한 특혜가 민간업자에게 갔는지, 어떤 로비가 있었는지, 막대한 개발이득이 어디로 흘러갔는지를 명확하게 밝혀야 한다.

3. 권력형 부정, 비리의혹에 대한 수사를 '국기문란'이라는 궤변

더불어민주당 당대표 후보로 나선 이재명 의원이 자신을 들러 싼 검경수사(대장동, 백현동, 성남FC, 변호사비 대납, 법인카드 유용 등 6건)에 대해 "대놓고 정치에 개입하겠다는 것"이라며 "검찰과 경찰이 특정 정치세력의 이익에 복무하는 나라는 없다. 이것은 심각한 국기문란(國紀紊亂)"이라고 했다. 위 6건은 대부분 이재명이 경기지사·성남시장 재직시절 권력형 부정비리의혹으로 지난 정부 때 터진 사건이며, 수사도 전 정권시절에 시작된 것이 대부분이다.

위 사건에 대한 철저한 진상규명이 필요하다는 여론에도 불구하고 이

의원이 대통령 선거와 국회의원 보궐선거에 잇따라 출마하면서 수사가 제대로 되지 안 다가 이제 검경이 수사에 착수하려니 이재명 의원은 또다시 야당대표선거에 출마했다. 이에 대해 모든 언론과 야당정치인 일부까지 "방탄 출마"라고 했다. 그런 사람이 자신에 대형비리의혹 수사를 국기문란이라는 궤변이다. 심지어 이 의원은 자신의 책임인 대장동 사건을 "국민의힘 게이트"라며 "몸통은 이재명이 아니라 윤석열"이라고 황당한 주장을 해왔다.

이재명 의원사건과 관련해 극단적 선택을 한 사람이 5명에 이른다. '유한기' 전 성남도시개발공사 개발사업본부장은 2021년 12월 검찰수사를 받던 중 아파트에서 떨어져 숨진 채 발견됐다. 그 직후 대장동 개발의 핵심 실무자였던 '김문기' 전 성남도개공 개발사업1처장도 극단적 선택을 했다. 작년 1월에는 이 대표의 과거 선거법위반사건 관련 변호사비 대납의혹을 제기했던 '이모씨'도 모텔에서 숨진 채 발견됐다. 작년 7월에는 이 대표의 아내 김혜경씨의 '경기도 법인카드 유용의혹'에 연루된 '배모씨'의 지인인 40대 남성도 자택에서 숨진 채 발견됐다. 이재명 의원은 그때마다 연관성을 부인했으나 자신과 관련 있는 사람이 4명이나 극단적 선택을 한 이 사실을 아무것도 아닌 것인 양 부인만하고 있다.

이 대표의 경기도지사 재임 당시 초대 비서실장을 지냈던 '전모씨'가 숨진 채 발견됐다. 전씨는 이 대표가 성남시장 시절 비서실장을 지냈고, 이 대표가 2018년 경기도지사에 당선된 이후 당선인 비서실장과 초대 도지사 비서실장 등을 지냈다. 2019년 7월에는 경기주택도시공사 경영기획부장을 맡았고, 시장 직무대행을 지내기도 했다. 이 대표 측 관계자는 "당장 공식

입장을 내기는 어렵다"면서 "검찰수사로 많이 힘들었을 것"이라고 했다. 이 대표 관련 인물 중에 숨진 사례는 전씨를 포함해 지금까지 5명에 이른다.

지난 대선기간 중 경기도 주택도시공사가 이재명 의원의 경기 분당 자택 바로 옆집을 전세로 빌렸다는 사실이 드러났다. 이재명 의원이 이집을 선거사무실로 사용한 것이 아니냐는 의혹이 제기됐다. 그렇다면 공직선거법위반으로 경기도 산하 공공기관을 동원한 조직적 세금횡령에 해당한다. 직원합숙소 명목으로 빌린 아파트는 61평으로 전세보증금은 9억5000만원이다. 이에 대해 이 의원 측은 그 동안 "옆집을 사용한 적이 없고, 임차에 관여한 적도 없고, 주택공사 소유란 사실도 몰랐다"고 해 왔다.

그런데 최근 경찰이 이 의원 아내 김혜경씨의 최측근 배모씨가 집주인을 대신해 부동산 중개업소에 이 아파트를 전세로 내놓은 정황을 파악했다고 한다. 최측근이 옆집 임대차과정에 주도적 역할을 했다는 것인데 어떻게 이 원이 이 사실을 모를 수 있나? 그는 옆집문제가 불거지자 "합숙소가 이 후보 옆집이라는 걸 언론을 보고 알았다"고 했다. 합숙소 총괄책임자는 이 후보 비서실장 출신인데도 "이 후보 자택을 몰랐다"고 했다. 경기도 법인카드로 주문해 이 의원자택으로 배달된 대량의 음식(초밥 10인분, 샌드위치 30인분)이 사실은 옆집의 불법선거운동원들을 위한 음식이라는 의혹도 있었다. 그러나 이 의원 측은 "몰랐다. 관계가 없다"는 말만 반복해 왔다. 모두가 거짓말이라고 볼 수밖에 없다.

이 의원 측은 아내 김혜경씨의 경기도 법인카드 유용문제가 제기됐을 때도 "가짜 뉴스"라고 했으나 곧 사실로 확인됐다. 세상에는 비밀이 없다.

이재명 의원은 궤변과 남 탓, 방탄 출마로 계속 국민을 우롱(愚弄)할 것이 아니라 본인 자신이 죄가 없다면 스스로 검찰에 출석하여 모든 의혹의 실체적 진실이 밝혀지도록 수사에 협조하면 될 일이다. 이 대표는 이제 자신의 죄과(罪過)를 인정하고 정계은퇴(政界隱退)를 선언한 후 속죄(贖罪)하며 처벌을 받는 것이 그가 가야할 정도(正道)다.

"하늘을 좇는 자는 살고, 하늘을 거스르는 자는 망한다(順天者存, 逆天者亡)."고 했다. 맹자(孟子)의 천고(千古)의 명언(名言)이다. 하늘에 순응(順應)하는 자는 존립(存立)하고, 하늘에 거역(拒逆)하는 자는 망(亡)한다. 맹자가 말한 '하늘'이란 도리(道理)요, 사리(事理)요, 순리(順理)요, 진리(眞理)다. 노자(老子)는 "천망회회소이불루{天網恢恢疎而不漏-老子-: 하늘의 그물은 굉장히 넓어서 눈이 성기지만 선(善)한 자에게는 선을 주고 악(惡)한 자에게는 악을 주는 일을 조금도 빠뜨리자 않는다는 말}"라고 했다.

4. 이재명 의원의 "7만8000원 사건"

이재명 더불어민주당 의원은 아내 김혜경씨가 경기도 법인카드 불법사용의혹으로 경찰조사를 받은 것에 대해 "'7만8000원사건' 등 조사를 위해 출석했다"고 말했다. 김혜경씨의 다른 여러 혐의는 다 뺀 채 법인카드로 더불어민주당 인사 3명에게 점심 값 7만8000원을 내준 사건(선거법위반)만을 부각한 것이다. 김씨는 측근을 통해 도지사 업무용카드 등으로 한우, 초밥, 복, 샌드위치 등 음식 값을 지속적으로 결제하고 배달시킨 혐의를 받고 있다.

드러난 것만 16건 180만원에 이른다. 또 공무원을 음식배달과 자택 냉장고·옷장정리, 아들 퇴원수속, 약 대리처방 등 사적인 일처리에 동원했다는 의혹에 대해서도 조사를 받았다. 그런데 '7만8000원 사건'이라 표현함으로써 국민들에게 '고작 몇 만원 갖고 이러느냐'는 인상을 주려고 한 것이다. 도지사 아내는 사적으로 법인카드를 사용할 수 없으므로 사용처와 시간, 한도 등을 속이기 위해 '카드 바꿔치기'와 '쪼개기' 등 각종 편법이 동원됐다. 측근들의 업무 대부분은 김씨와 관련한 자질구레한 심부름으로 모두가 불법이다.

이재명 의원 부부는 처음 법인카드 불법사용의혹이 제기됐을 때 "가짜뉴스"라고 주장했으나 관련증거가 나오자 김씨가 뒤늦게 사과했다. 국민을 속이려 했던 것이다. 자신은 법인카드 사용을 몰랐고 상시 조력을 받은 건 아니라고 했다. '김씨가 지시했다'는 텔레그램 대화내용이 나왔지만 '측근들의 과잉충성'으로 몰았다. 경찰조사에서도 김씨는 "측근이 사비로 낸 줄 알았다. 법인카드사용을 몰랐다"고 주장했다. 자신에게 불리한 것은 모두가 모르쇠다.

한우와 과일, 초밥 10인분, 샌드위치 30인분 등이 계속 집으로 배달되었는데도 무엇으로 결제했는지 몰랐다는 것이다. 이 사건 수사과정에서 극단적 선택을 한 참고인은 김씨를 수행해 운전을 했고 경기도 산하기관 임원도 지낸 사람이었으나 이재명 의원은 "나와 무슨 상관이냐"고 했다. '7만8000원 사건'이란 표현도 같은 차원일 것이다.

이재명 대표는 이제라도 검찰에 자진 출두해 자신과 관련된 모든 의혹에 대해 진솔(眞率)하게 조사받음으로써 자신도 살고 가족도 살고 나라도 사는 길을 택해야 할 것이다. 죄진 자가 형벌을 받는 것이 살 길이다. 어제 한 말을 오늘 뒤엎고 눈썹하나 까딱하지 않고 청산유수(靑山流水)같은 말솜씨로 거짓말을 쏟아내는 소리를 들으면 당신은 공인(公人)으로서 용납될 수 없는 존재라고 본다.

이제라도 이 대표는 어떻게 사는 것이 '인간의 존엄(尊嚴)과 가치(價値)'를 지키며 '사람답게 사는 것'인가라는 문제에 관심을 가져야 할 것이다. 단군 이래 최대 업적이라고 자랑하다가 태산(泰山)같은 범죄와 비리였음이 만천하에 드러난 대장동 게이트로 조사받는 과정에서 4명이나 죽어갔는데도 자신은 '관련이 없다' '나는 모르는 사람이다'는 그 언행(言行)을 믿을 사람이 과연 있기나 할까? 하늘이 알고 땅이 알고, 이 대표 자신이 일고 하늘나라에 간 사람은 알고 있다. 이재명 대표의 타고난 거짓 언변(言辯)으로 자신과 그 가족과 더불어민주당과 나라가 함께 망하는 길이 될 수도 있다.

<후한(後漢)의 양진(楊震)이 형주자사(荊州刺史)로 부임했을 때, 왕밀(王密)이 밤중에 찾아와서 '당신과 나밖에는 아무도 알 사람이 없다'하며 금(金) 열 근을 바쳤을 때, '하늘이 알고 땅이 알고 내가 알고 자네가 안다' 하며, 양진이 받지 않았다는 고사(故事)에서> '두 사람만의 비밀이라도 어느 때고 남에게 알려 진다'는 말이 있다. 이것을 이른바 "사지(四知)"라고 한다. 이재명 의원은 <사지(四知)의 교훈>과 <수신제가치국평천하(修身齊家治國平天下)>를 되새겨 보아야 할 것이다.

5. 쌍방울 그룹의 '대북송금의혹', 더불어민주당 이재명 대표는 몰랐나

'쌍방울그룹 비리의혹'을 수사 중인 검찰은 쌍방울이 이화영 전 의원을 통해 대북사업권을 따내려 했을 뿐 아니라, 이화영 전 의원이 대표로 있던 경기도 산하 공공기관 킨텍스가 추진하던 태양광, 호텔사업 등에도 참여하려한 정황을 포착한 것으로 18일 전해졌다. 이화영 전 의원은 쌍방울로부터 뇌물과 정치자금 3억2000만원을 받은 혐의로 구속 기소됐는데, 검찰은 이 중 1억5100여만 원이 킨텍스 사업 참여시도와 관련 있는 것으로 보고 있다.

이화영 전 의원은 이재명 더불어민주당 대표가 경기도지사로 있던 2018년7월부터 2020년1월까지 평화부지사로 경기도의 대북관련 업무를 총괄했고, 2020년9월 킨텍스 대표로 임명돼 최근까지 근무했다. 검찰은 쌍방울이 킨텍스 사업 참여를 노리고 이화영 전 의원에게 금품을 제공했다고 보는 것으로 전해졌다. 검찰은 쌍방울 대북사업에 이화영 전 의원과 함께 도움을 준 것으로 알려진 아태평양교류협회 안모 회장이 2018년12월 평양을 방문해 대남사업 기관인 조선아시아태평양평화위원회 관계자에게 7만달러를 줬다는 문건을 확보해 수사 중인 것으로 알려졌다.

쌍방울 그룹이 2019년5월 중국 단둥에서 북한의 지하자원 개발, 물류·유통 등 6개 분야의 우선적 사업권을 얻는 내용의 합의서를 북한 민족경제협력연합회와 체결했다고 한다. 여기에 쌍방울이 그 대가를 북측에 추후 지급한다는 내용도 포함된 것으로 알려졌다. 쌍방울은 그 합의서 체결을 전후해 임직원 60여 명을 동원해 수십억 원을 중국으로 밀반출한 혐의로 검찰 수사를 받고 있다. 쌍방울 직원들이 수천만~수억 원에 달하는 달러나 위안화를 개인 소지품에 숨겨 밀반출 했다는 것이다. 대북사업 대가일 가능성이 크다.

쌍방울의 대북사업엔 당시 경기도 평화부지사였던 이화영 전 의원이 깊게 관여돼 있다. 쌍방울 실소유주인 김성태 전 회장이 2019년 북측과 합의서를 체결 할 때 이화영 부지사와 민간단인 아태평화교류협회(아태협) 안부수 회장도 함께 있었다고 한다. 이화영 전 의원은 쌍방울 사외이사를 지내다 더불어민주당 이재명 대표가 경기지사 이던 시절 부지사로 발탁돼 대북사업을 추진했다. 2018년 11월과 2019년 7월 두 차례에 걸쳐 경기도가 주최한 남북교류행사를 총괄 한 것도 그였다.

당시 쌍방울은 북한 고위관료들이 참석한 이 행사에 수억 원의 자금을 지원했고, 경기도는 이 행사를 이재명 지사의 치적으로 홍보했다. 이를 부지사가 이재명 지사에게 보고하지 않고 추진했다고 보기 어렵다. 아태협은 2018년과 이듬해 경기도와 남북교류행사를 공동개최했고, 쌍방울은 이 단체에 후원금을 줬다. 아태협 안부수 회장은 쌍방울 계열사 이사로 영입됐고, 이재명 대선후보 불법선거운동혐의로 수사를 받고 있다. 이런데도 이재명 지사가 쌍방울의 대북송금을 몰랐느냐는 의문이 들 수밖에 없다.

쌍방울 그룹과 함께 '대북사업'을 하며 북한에 돈을 건넸다는 의혹을 받는 아태 평화교류협회 안부수 회장이 외국환거래법 위반 등 혐의로 11일 구속됐다. 김경록 수원지법 영장전담 판사는 이날 밤 구속영장을 발부하며 "증거인멸 및 도주의 우려가 있다"고 했다. 이날 오전 영장실질심사에서 검찰은 쌍방울 그룹이 2018년부터 2년에 걸쳐 중국으로 밀반출한 외화가 최대 640만 달러에 이른다고 밝힌 것으로 전해졌다.

검찰은 안씨가 이 가운데 일부를 평양으로 가져가 북한 최고위급인 김영철 전 통일전선부장에게 7만 달러를, 송명철 조선아태위 부실장에게 중국 돈 180만 위안(약 3억 3000만원)을 각각 줬다는 쌍방울 내부 진술을 받아 수사 중이다. 검찰은 또 안싸가 2019년 1월 중국에서 만난 북한인사에게 50만 달러를 건넨 정황, 쌍방울 그룹이 4차례에 걸쳐 150만 달러를 북한 측에 전달한 정황을 포착한 상태다.

검찰은 안씨가 경기도에서 북한 밀가루·묘목지원 사업명목으로 15억원의 보조금을 받은 뒤 그 가운데 일부로 쌍방울 계열사 나노스(현 SBW 생명과학) 주식을 산 사실을 확인해 영장에 담았다고 한다. 보조금 지급 당시 경기도지사는 이재명 현 더불어민주당 대표였다. 검찰은 안씨가 북한 광물관련 사업으로 나노스의 주가가 상승할 것을 예측하고 사전 투자해 부당한 수익을 얻은 것으로 보고 있다. 나노스는 북한 측으로부터 광물채굴 사업권을 약속받은바 있다. 안씨는 2019년 1월 나노스 사내이사로 영입되기도 했다.

김성태 쌍방울 전 회장은 쌍방울 경영권을 인수하면서 주가조작에 가담한 전력이 있다. 조폭 출신이 개미투자자 돈을 진공청소기처럼 빨아들이며 그룹회장으로 초고속 신분 상승하는데 3~4년도 안 걸렸다고 한다. 조폭과 사기꾼이 쉽게 돈을 벌고 성공하는 사회에서는 개인과 기업의 경제상의 자유와 창의(創意)를 존중함을 기본으로 하는 경제질서(經濟秩序)의 확립은 불가능하다. 검사출신 대통령, 법무부 장관, 금융감독원장이 무너진 경제질서를 바로잡아 "경제의 민주화"를 이룩해야 한다.

쌍방울 그룹의 대북송금에 관여한 혐의 등으로 기소된 안부수 아태평화교류협회 회장이 1심에서 징역 3년6개월 형을 선고받았다. 법원은 그가 2019년 1월 중국에서 북한 조선아태평화위 송명철 부실장을 만나 14만 달러와 180만 위안을 건넨 혐의를 인정했다. 이 돈은 쌍방울 김성태 전 회장이 2019년 경기도가 추진한 북한 스마트팜 사업비용과 당시 경기지사이던 민주당 이재명 대표 방북비용 명목으로 북측에 대납했다고 밝힌 800만 달러 중 일부다. 이재명 대표는 그동안 이 의혹을 "검찰의 신작소설"이라고 했지만, 법원이 그 실체(實體)를 인정한 것이다.

안부수 회장도 애초 혐의를 부인하다 "이젠 한계에 달했다"며 관련사실을 인정했다. 그런데도 이재명 대표 측근으로 이 과정에 관여한 혐의를 받는 이화영 전 경기도 평화부지사와 이재명 대표만 "일절 모른다" "소설"이라고 해왔다. 사건의 실체적 진실을 밝혀 의법조치(依法措置)해야 한다. 이 대표의 말장난과 막무가내기 버티기가 갈수록 점입가경(漸入佳境)이다.

이재명 대표는 대장동 사건 수사과정에서 극단선택을 한 김문기 전 처장에 대해서 "모르는 사람"이라고 했지만 김씨와 함께 해외출장을 가 골프를 하고 식당에서 식사하는 사진이 공개됐다. 쌍방울 의혹과 관련해서도 "나와 쌍방울 인연은 내복 하나 사 입은 것밖에 없다"고 했지만 김성태 전 회장과 통화하고, 서로 측근을 보내 모친상 조문을 했다는 증언도 나왔다.

친형의 정신병원 강제입원에 관여하지 않았다는 허위발언도 했다.

검찰이 최근 국정원을 압수수색해 확보한 문건엔 "이화영 전 경기부지사의 지원 약속은 김정은에게도 보고됐는데, 약속을 안 지키자 북측이 '200만~300만 달러라도 먼저 지원해달라'고 했다"는 안부수 회장 진술도 담겨있다고 한다. 검찰은 23일 이화영 전 부지사 재판에서 이 문건을 추가증거로 신청하겠다고 밝혔다. 이 문건이 사실이라면 문재인 정권이 이재명 대표 측의 대북송금을 다 알고도 묵인했을 가능성이 있다. 쌍방울 대북송금은 그 자체로 실정법 위반이며, UN대북제재 위반이다. 문재인 정권이 이를 알고도 묵인 했다면 공범(共犯)이다.

6. "이재명에 쌍방울의 방북비용 대납 사전보고"
(이화영 전 경기도 평화부지사 검찰 진술)

'쌍방울 불법 대북송금' 사건으로 기소된 이화영 전 경기도 평화부지사가 최근 검찰에서 "상방울이 이재명 경기지사(현 민주당 대표)의 방북비용을 대납(代納)하기로 한 것을 당시 이재명 지사에게 사전에 보고했고, 이후 대북송금이 진행됐다"는 취지의 진술을 한 것으로 2023년 7월 18일 전해졌다. 이 사건은 지난 2019년 김성태 전 쌍방울 회장이 경기도를 위해 총 800만 달러를 북한에 불법송금 했다는 것이다. 2019년 1월과 4월 송금된 500만 달러는 이재명 당시 경기지사가 추진했던 '북한 스마트팜 개선' 사업비를 대납한 것이고, 같은 해 11~12월 송금된 300만 달러는 이재명 대표의 방북비용을 대납했다는 게 수원지검의 수사결과였다.

이재명 대표가 경기지사로 재직할 당시 핵심측근이던 이화영 전 부지사는 그동안 본인의 혐의는 물론, 이재명 대표의 관련성도 부인(否認)해 왔으나 대북송금 중 '300만 달러'에 대해선 이재명 대표에게 '사전 보고를 했다'는 진술을 한 것으로 전해졌다. 검찰은 나머지 500만 달러에 대해서도 이재명 대표보고 여부를 수사 중이다. 앞서 이재명 대표는 쌍방울이 자신의 방북비용으로 300만 달러를 대납했다는 의혹에 대해 "헛웃음이 나올 정도의 사실무근(事實無根)"이라고 했다. 하지만 이화영 부지사가 이재명 대표 관련성을 인정하는 진술을 하면서 이 사건이 새로운 국면을 맞게 됐다.

김성태 전 쌍방울 회장은 그동안 검찰조사에서 "2019년 11~12월 북한 측에 300만 달러를 보냈는데 이 돈은 이재명 당시 경기지사의 방북을 위한 비용이었다"고 진술했다. 2019년 7월 경기도와 대북교류단체인 아태평화교류협회가 필리핀 마닐라에서 '아시아.패평양의 평화.번영을 위한 국제대회'에서 김성태 전 회장은 북한 대남공작기관인 국가안전보위부 소속 공작원 리호남을 만났다. 이때 김성태 전 회장이 "이재명 지사가 다음 대선을 위해 방북을 원하니 협조 해 달라"는 취지로 말하자, 리호남은 "방북하려면 벤츠도 필요하고 헬리콥터도 띄워야 한다"고 대답했다고 한다. 이에 김성태 전 회장은 "그 정도 현금을 준비하기는 어려우니 300만 달러로 하자"고 했고, 리호남도 동의했다는 것이다.

이화영 전 부지사의 변호인은 이날 재판에서 "그동안 이화영 전 부지사는 이재명 당시 경기지사 방북비용 대납요청 여부에 대해 '전혀 모르는 일이고 관여하지 않았다'는 입장이었으나 (최근 검찰조사에서) '쌍방울에 방북을 한번 추진해 달라'는 말을 했다고 진술했다"고 밝혔다. 모든 혐의를 부인해왔던 기존 입장을 번복했다. 김성태 전 회장은 "(북한에) 500만 달러를 주는 건 이화영 당시) 평화부지사의 입장이 어려운 것도 있지만, 이재명(당시 경기지사)과 경기도에 잘 보이고 싶은 마음도 있었기 때문이었다"고 증언하면서 "쌍방울도 북한에서 사업을 해 보고 싶었다. 저희 뒤에 경기도가 있고 경기도 뒤에는 강력한 대권주자(大權走者)가 있었기 때문이었다"고 했다. 검찰은 이화영 전 부지사가 '500만 달러 지원'도 이재명 대표에게 보고했는지도 조사하고 있다.

'쌍방울 대북송금' 사건 관련자 거의 전원이 혐의를 시인했지만 이화영 전 경기도 평화부지사와 이재명 대표만 "일절(一切) 모른다" "검찰의 창작소설"이라며 혐의를 부인해왔다. 그런데 이 대표 측근인 이화영 전 부지사까지 혐의를 시인(是認)해 이젠 이재명 대표 혼자서만 '아니라'고 하는 상황이다. 이 사건은 2019년 김성태 전 쌍방울 회장이 경기도가 추진한 북한 스마트팜 사업비용(500만 달러)과 이 대표 방북비용(300만 달러)을 북한에 송금했다는 것이다.

검찰은 이재명 대표에게 제3자 뇌물혐의 적용을 검토하고 있다. 관련 증거와 진술은 이미 상당부분 나와 있다. 외화 밀반출(密搬出)에 관여한 쌍방울 임직원(任職員)들이 사실을 인정했고, 김성태 전 회장은 돈을 건네고 북측 인사에게 받았다는 '령수증(영수증)'까지 검찰에 제출했다. 이 과정에 관여한 대북단체 대표도 애초 혐의를 부인하다가 "이젠 한계에 달했다"며 관련사실을 시인했다. 법원도 지난 5월 이 사람에게 징역형을 선고하면서 대북송금의 실체를 인정했다. 이를 지켜보면서 이화영 전 부지사도 더는 버티기 어렵다고 판단했을 것이다.

이재명 대표는 이화영 전 부지사의 진술내용이 알려지자 "검찰이 자꾸 정치를 하고 있는 것 같다"고 했고, 더불어민주당도 "검찰이 이 전 부지사에게 허위진술을 회유(懷柔)·압박(壓迫)하고 있다"고 했다. '창작 소설'이라더니 이젠 '조작(造作)'으로 몰고 있다. 하지만 이 전 부지사는 이재명 대표가 부지사로 발탁(拔擢)해 대북사업을 맡긴 측근 인사다. 대표적인 '이해찬 계(系) 정치인'으로 이 대표와 이해찬 전 민주당 대표의 연결고리 역할도 했다. 그런 사람이 사실이 아닌데도 이 대표와 민주당에 '불리한 진술'을 지어낼 수 있나.

이재명 대표는 2018년 남북정상회담 수행단(隨行團)에서 자신이 제외되자 '경기도 차원의 방북'을 추진했다. 이듬해 북한 김영철에게 자신을 '북으로 초대해 달라'는 문건도 보냈다. 그러자 북이 '방북(訪北) 대가(代價)'를 요구했고, 쌍방울 김성태 전 회장은 이 대표 방북비용으로 300만 달러를 대납했다고 진술한 것이다.

이화영 전 부지사는 최근 검찰조사에서 "2019년 당시 이재명 경기지사의 방북비용 300만 달러를 쌍방울이 대납하기로 했다고 이 지사에게 사전에 보고했다"는 취지로 말하면서, "정진상 당시 경기도 정책실장의 요청으로 이 지사 방북을 추진했다"는 진술도 한 것으로 전해졌다. 이재명 경기지사의 '방북비용 300만 달러를 쌍방울이 대납하기로 했다'고 이 지사에게 '사전(事前)에 보고(報告)했다'는 이화영의 진술은 이재명에게는 치명적(致命的)인 타격(打擊)이다. 정씨는 이 전 부지사와 함께 이재명 대표의 또 다른 핵심측근이다.

과거 김대중 정권이 남북정상회담을 위해 4억5000만 달러를 북측에 불법 송금했다가 관련자 모두 유죄가 확정됐다. 북한을 이용해 정치하려고 뒷돈을 준 것도 심각(深刻)한 일이고, 그 돈을 조폭출신 기업인에게 대납시켰다는 것도 심각한 일이다. '쌍방울대북송금' 사건의 실체적 진실을 밝혀 관련자들을 의법조치(依法措置)해야 한다.

7. 이재명 대표 '분신'도 대장동 일당에게 수뢰혐의로 체포

이재명 더불어민주당 대표의 최측근 김용(56) 민주연구원 부원장이 '대장동 일당'에게 '불법 정치자금' 8억 원을 받은 혐의로 2022년 10월 19일 체포됐다. 유동규 전 성남도시개발공사 기획본부장, 천하동인 4호 소유주인 남욱 변호사 등 '대장동 일당'에게 불법 정치자금을 받은 혐의라고 한다. 서울중앙지검 반부패수사3부(부장 강백신)는 이날 김용 부원장을 정치자금법 위반혐의로 체포하고 그의 자택 등을 압수수색했다. 검찰은 서울 여의도 민주당사 내 민주연구원도 압수수색하려 했으나 더불어민주당 측이 막아 이날 밤까지 대치하다가 철수했다.

대장동 사업은 인허가권자가 당시 이재명 성남 시장이었다. 이재명 대표는 대장동사업을 "단군 이래 최대 공익환수사업"이라고 했지만 김만배·남욱·유동규 등 일당은 이 사업으로 1조원 가까운 이익을 챙겼다. 이 수익금 중 일부가 이재명 대표 최측근들에게 흘러 들어간 혐의가 계속 나오고 있다. 김용 부원장은 이날 체포된 후 입장문을 내고 "전혀 사실이 아니다"

라고 했다. 하지만 체포영장이 발부된 것을 보면 혐의내용이 근거 없다고 보기 어렵다. 검찰은 김용 부원장이 대장동 일당에게 받은 돈이 이재명 대표 캠프에 흘러간 '불법 대선자금'일 가능성을 확인 중인 것으로 전해졌다. 김용 부원장 체포영장에 '대선 경선용' 등 표현이 있다고 한다.

김용 부원장이 돈을 받았다는 시기는 이재명 대표가 지난 대선을 앞두고 민주당 후보로 선출된 기간과 겹친다. 이재명 대표는 그해 6월 민주당 예비후보로 등록했고, 7월 1일 대선출마를 선언했고, 9월 4일 민주당 대선 후보경선이 시작 됐다. 김용 부원장은 이재명 대표가 성남시장일 때 성남 시의원을, 경기지사일 때 대변인을 지냈다. 작년 7월 이재명 대표의 대선캠프가 출범하자 총괄본부장을 맡았다. 이재명 대표가 당대표가 된 후에는 민주당 싱크탱크인 민주연구원 부원장이 됐다. 검찰이 이 돈이 이재명 대표의 대선자금으로 쓰였을 가능성을 들여다보는 것은 돈을 건넨 시점 때문이라고 한다. 김용 부원장이 돈을 받았다는 시점은 작년 4~8월로 민주당 대선후보 경선이 시작되기 직전이다.

김용 부원장은 이재명 대표가 직접 자기 '측근'이라고 밝힌 사람 중 한 명이다. 이재명 대표는 김용 부원장에 대해 "제 분신(分身)과 같은 사람"이라고 했다. 이재명 대표는 그동안 대장동 일당의 불법수익과 자신의 관련성을 부인해왔고, 주변 사람이 수사 받고 구속돼도, 심지어 극단적 선택을 해도 모르는 일이라고 했다. 대장동 사건을 '윤석열 게이트'라고 주장을 했다.

이런 이재명 대표는 이날 김용 부원장 체포에 대해서도 한마디 하지 않았다. 이재명 대표가 이 모든 일을 하나도 몰랐다고 하는데 많은 국민은 의구심을 갖고 있다. 이제는 이재명 대표 스스로 최측근, 분신이라고 했던 사람들까지 대장동에서 흘러나온 돈을 받은 혐의가 드러났다. 이 문제는 문재인 정권 당시 불거져 그때부터 수사가 진행된 사건이나 이를 '정치 탄압'이라는 주장이다.

8. 대장동 비리 수사가 '정치탄압'이라는 궤변

대장동 비리의 핵심인 유동규 전 성남도시개발공사 본부장이 언론 인터뷰에서 "내가 지은 죗값은 내가 받고, 이재명(민주당 대표) 명령으로 한 것은 이재명이 받아야 한다"고 말 했다. 유씨는 작년 대선국면에서 8억여 원을 이 대표의 최측근인 김용 민주정책연구원 부원장에게 전달한 것을 "(이 대표가) 모를 리 있겠느냐"고 했다. 이 대표가 "불법자금은 1원도 쓴 일이 없다"고 한 것에 대해서도 "내가 검찰에서 다 얘기할 것" "가릴 수 없으니 두려울 것"이라고 했다. "돈을 요구해 실컷 받아쓸 땐 언제고 만난 적도 없다고 하느냐"고 했다. 그는 검찰의 압수수색 직전 이 대표 측근들이 '휴대폰을 버리라'고 해서 버렸다고도 했다.

유씨는 이 대표의 성남시장 시절 측근으로 김만배·남욱 등 대장동 일당들이 수천억 원대 특혜를 받도록 사업설계를 해준 핵심인물인 그가 대장동 사업에서 이 대표의 명령에 따라 이뤄진 부분이 있고, 그 책임은 이 대표가 져야 한다고 밝힌 것이다. 그는 이 대표 측근의 요구에 따라 대선자금이 오간 것을 이 대표도 알고 있었다고 했다. 이 대표 측 지시로 증거인멸까지 했다고 폭로했다. 김용 부원장은 유씨에게 돈 받은 혐의를 부인했지만 법원은 구속영장을 발부했다. 대장동 비리의혹과 불법대선자금 수수혐의가 사실로 드러나고 있다.

이재명 대표는 "검찰과 유동규의 이해관계가 맞아떨어져 나를 엮어 넣으려 한다"고 주장했으나 유씨가 자신에게 불리하게 작용할 대선자금 수수혐의를 일부러 조작해 만들어낼 이유가 있나. 이 대표는 의혹이 나올 때마다 유씨와 검찰, 여당 등에 책임을 돌리며 '정치탄압' '조작'이라고 주장하고 있다. 이 대표는 작년 대장동 의혹이 처음 터졌을 때는 "내가 다 설계했다"고 했다가 "구체적 내용은 몰랐다"고 말을 바꿨고, 대면보고를 받고 여행까지 함께 간 김문기 전 처장에 대해선 "모르는 사람"이라고 했다. 그런 거짓말 혐의로 기소까지 됐다. 대장동 비리 수사는 정치탄압이 아닌 '적폐청산'이다.

이재명 대표는 윤석열 대통령까지 포함한 특검을 하자면서 "국민의힘이 범인"이라고 주장했고, 민주당 지도부는 자기들 뜻대로 특검법을 처리하겠다면서 강경투쟁을 예고했으나 당 내부에서도 "이 대표는 무대에서 내려오라"는 지적이 나오고 있다. 이 대표와 민주당은 현실성도 설득력도 없는 특검을 주장하며 수사를 피할 것이 아니라 솔직히 인정하고 검찰 수사를 받는 게 정도다. 이 대표 방탄을 위한 극한투쟁은 민주당의 미래도 없는 자멸(自滅)을 초래하는 길이 될 것이다.

전과 4범으로 잠재적 범죄혐의 10개가 넘는 범죄전문가 이재명은 지난 1월 10일 성남지청에 출석하면서 "자신은 무혐의 처리됐다" "검찰이 없는 죄를 만들었다"고 했다. 사실은, 무혐의 처리가 아니라 지난 대선 때 경선 상대였던 이낙연 후보 측의 내부고발로 문재인 정권 검찰에서 수사에 착수해 경찰이 불 송치한 것을 현 검찰이 재수사 중이다. 이재명의 입에서 나왔다하면 자신의 죄를 덮기 위한 거짓말 퍼레이드다. 검찰조사에서 두산과 성남시 간의 거래 공문을 제시하자 "(자신의 최측근) 정진상이 그랬습니까"라고 반문했다고 한다. 자신의 최측근까지 손절한 뒤 자신마저 부정해 종국에는 '나는 이재명이 아니다' '나는 이재명이 누군지 모른다"라고 할 인간이다.

9. 대장동 게이트 수사 맞불 놓는다고 이태원 참사 '국정조사 국민서명운동'을 시작한 더불어민주당

더불어민주당 이재명 대표는 2022년 11월 11일 이태원 참사 진상규명을 위한 국정조사 추진과 관련해 "국민께 직접 요청하고 도움을 받기 위해 범국민 서명운동에 나서겠다"고 밝혔다. 더불어민주당은 이날 발대식을 열고 서명운동에 돌입했다. '세월호 참사' 때처럼 재난의 정치화를 재현하려는 것이라는 지적도 나온다. 이재명 대표는 "경찰 수사결과를 기다릴 때가 아니다"라고 했다.

이 대표는 추모를 위해 "참사희생자의 이름과 얼굴을 공개하라"고 했다. 이 대표는 희생자 명단·영정공개 주장에 대한 비판여론을 향해 "유족이 원하는 방식으로 애도하는 것이 패륜이냐, 고인의 영정 앞에 그의 이름을 불러드리는 것이 패륜이냐"고 했다. 이태원 참사 희생자의 장례절차가 마무리되고 공식 추모기간도 끝났는데 이제 왜 영정사진이 필요한가? 이태원 참사를 <재난의 정치화>로 재현하려는 경거망동(輕擧妄動)이 패륜이다. 대장동·위례 신도시에 대한 검찰의 수사가 이재명 대표를 직접 겨냥하자 이태원 참사까지 방탄에 이용하려고 의도적으로 강경투쟁을 조성하는 것이다.

이재명 대표는 이날 최고위원회 회의에서 "진실을 찾아내기 위한 '국정조사'와 성역 없는 수사를 위한 '특검'이 반드시 필요하다"고 하며, "(윤석열) 대통령을 포함한 정부 책임자들의 진지한 사과를 요구 한다" "사법책임에 앞서 국민의 안전을 지키지 못한데 대해 내각전면 쇄신, 총리사퇴, 관계 장관과 주요책임자들의 파면을 포함한 책임을 요구 한다"고 했다. 국정조사와 특검은 검·경의 수사결과가 미진할 때하는 것이 원칙이다. 이재명 대표는 국정조사와 특검을 주장할 것이 아니라, 대장동·위례신도시 등 태산 같은 토착비리에 대한 진실을 찾아내기 위한 검찰수사에 적극 협조하는 것이 자신의 '사법책임을 다하는 길'요, 그가 '살 마지막 길'이다.

경찰 특별수사본부가 현재 대대적 압수수색을 하는 등 전면수사에 착수하고 있는 상황에서 국정조사와 특검을 요구하는 것은, 이태원 참사를 이용해 대장동 게이트에 대한 수사에서 벗어나려는 치졸(稚拙)한 꼼수에 불과하다. 더불어민주당은 이재명 대표에 대한 검찰수사를 막기 위해 '검수완박'이라는 위헌법률안을 강행처리 했고, 기소 후에도 이 대표의 대표직 유지를 위해 당헌까지 개정하는 등 방탄벽을 첩첩이 쌓아 헌정질서와 법치주의를 파괴하는 사실상의 범죄집단이 된 것이 아닌가? "입법자는 위법자가 되어서는 안 된다(Law makers should not be law breakers.)."고 했다.

10. 정진상 구속한 검찰, 이재명 배임혐의 본격수사

　더불어민주당 이재명 대표의 최측근인 정진상 실장은 19일 새벽 '대장동 일당'으로부터 1억4000만원의 뇌물을 수수한 혐의를 포함해 네 가지 혐의로 구속됐다. 서울중앙지법 김세용 영장전담 부장판사는 "증거인멸과 도망의 우려가 있다"며 정 실장에 대한 영장을 발부했다. 그는 청탁명목으로 유동규 전 성남도시개발공사 본부장으로부터 돈을 받고, 대장동 개발에 특혜를 주는 대가로 대장동 투기세력이 얻은 개발이익을 나눠 갖기로 한 혐의를 받고 있다.

　정 실장은 이재명 대표의 최측근일 뿐만 아니라 대장동 개발당시 이재명 당시 성남시장과 함께 성남시의 정식 결재라인에 있던 정책결정권자였다. 그는 대장동사업에서 사업출자 승인, 개발계획 수립, 개발실시계획인가 등 대장동 개발을 위한 7건의 인허가 중요문건을 결재했다. 추가이익 환수조항 배제, 대장동과 제1공단 분리개발 등 대장동 배임의혹의 핵심문서들이다.

　검찰은 이런 특혜를 대장동 일당에게 주는 대가로 정 실장이 금품을 받거나 지분을 약속받았다고 보고 있다. 이들 문서의 최종 결재자는 이재명 대표였다. 이 결정으로 인해 대장동 투기세력이 택지와 아파트 분양으로 얻은 이익은 7170억 원에 달한다. 성남시의 이익은 1822억 원에 그쳤다. 검찰에 따르면 정 실장은 이 대가로 투기세력이 보유한 482억 원 상당의 지분을 나눠 갖기로 했다고 한다.

이재명 대표는 검찰이 정 실장에 대해 구속영장을 청구하자 "검찰의 창작 완성도가 낮다. 훌륭한 소설가가 되기는 쉽지 않겠다"고 했다. 구속영장이 발부되자 "조작의 칼날을 아무리 휘둘러도 진실은 침몰하지 않음을 믿는다"며 "민주당과 민주세력에 대한 검찰독재 칼춤을 막아 내겠다"고 했다. 이 대표의 방탄역할을 자임(自任)한 민주당은 장외투쟁을 시작했다. 이 대표는 왜 대장동 일당에게 천문학적 개발이익을 안겨주는 문서들에 결재 사인을 했는지 설명해야 한다.

정 실장과 김용 민주연구원 부원장 등 이 대표 핵심측근들을 구속한 검찰은 이제 이 대표의 성남시장 재직당시 배임혐의 수사를 본격화할 것으로 전해졌다. 피의자는 누구나 성실하게 검찰수사를 받는 것이 '법 앞의 평등'이다(헌법 제11조 제1항 전단). 어느 누구라도, 법 위에 있는 자는 없다(No one is above the law.). 사람은 모두 법에 따라야 하고 법을 지켜야 하며, 법의 위에 있을 수는 없다.

11. 문재인 정권 검찰의 꼬리 자르기 '대장동 수사'

대장동 사건과 관련하여 문재인 정부 당시인 2021년 11월 서울중앙지검 수사팀이 남욱(천화동인 4호 소유자) 변호사 등 복수의 관계자로부터 '2014~2015년 이재명 성남시장의 지방선거자금 및 대장동 로비용도로 42억 5000만원을 조성해 상당액을 김만배(화천대유 대주주)씨에게 전달했다'는 취지의 진술을 확보하고도 제대로 수사하지 않았던 것으로 전해졌다.

문재인 정권 검찰이 대장동 수사 초반부터 '실무진 몇 명 선에서 꼬리자르기를 한다'는 결론부터 내려놓고 수사를 했다는 것이다. 문재인 정부 검찰은 대장동 수사에서 유동규 전 성남 도개공 기획본부장이 독자적으로 김만배씨 등 민간사업자들과 손잡고 초대형 배임죄를 저질렀다고 결론을 내리면서 '축소조사'라는 지적을 받았다. 당시 수사라인은 김오수 검찰총장, 이정수 서울중앙지검장, 김태훈 4차장검사 등 '친문재인 정권' 성향으로 알려진 검사들로 이뤄졌다.

그런데 윤석열 정부 출범 후인 지난 7월 새로 개편된 검찰 수사팀은 남욱씨 등의 진술과 동일한 내용의 문건을 최근 확보한 것으로 알려졌다. 이후 검찰은 실제로 성남시 산하기관 본부장에 불과한 유동규씨가 민간업자들과 함께 수천억 원의 특혜와 수백억 원의 뇌물을 주고받았다는 결론을 내렸다. 문재인 정권의 검찰은 범죄수사를 한 것이 아니라 범죄사실을 은폐하기 위한 꼬리 자르기식 코미디였다. 범죄수사 및 증거의 수집, 공소의 제기, 유지 등의 직무를 수행하는 준 사법적 기능 또는 준 사법적 기관인 검찰의 직무유기다.

극단적 선택을 한 유한기 전 성남도시개발공사 개발사업본부장은 "억울하다"는 말을 여러 번 했다고 한다. 실무진 책임으로 몰아간 문재인 정권 검찰수사가 그의 죽음을 초래했을 가능성을 배제할 수 없다. 당시 대장동 최고 결정권자는 이재명 성남시장 이었다. 그런데도 문재인 정권 검찰은 정진상씨를 형식적으로 조사했고, 김용씨는 아예 소환조차 하지 않았다. '이재명 민주당 대선후보'가 확정되자 그에게 흠이 될 수 있는 대장동 수사를 하지 않은 것으로 직무유기다.

윤석열 정부 검찰 팀은 대장동 아파트 분양업자가 2014년 남욱씨에게 42억5000만원을 건넨 내용이 담긴 문서와 진술을 확보했다고 한다. 이 분양업자는 "남씨가 '성남시장 선거자금과 대장동 사업인허가를 풀기 위해 현금이 필요하다'고 해서 돈을 건넸고, 당시 이재명 시장 최측근에게 현금이 건네진다는 얘기를 들었다"는 진술을 했다고 한다. 분양업자는 이후 대장동 일당이 사업권을 주기로 해놓고 소식이 없자 이 같은 내용을 담은 내용증명을 남씨 측에게 보냈다는 것이다.

윤석열 정부 새 검찰 수사팀은 정씨와 김씨 등이 대장동 일당으로부터 받기로 한 428억 원이 '이재명 시장 측' 지분이라는 진술도 받아냈다. 대장동 분양대행업자가 성남시장 선거자금과 인허가 로비자금으로 42억5000만 원을 대장동 사건 피고인 남욱씨에게 전달했다는 내용증명이 공개됐다. 당시 검찰은 남욱씨의 변호인에게 '대장동 실무진 4명만 구속 하겠다'는 취지로 말했다고 한다. '꼬리 자르기' 수사를 하려던 것이다. 당시 검찰이 남씨 변호인에게 한 말과 달리 '남씨를 구속한 이유'도 남씨의 '입을 막기 위한 것'일 가능성이 있다. 검찰은 대장동 수사와 함께 문재인 정권 검찰의 대장동 관련 범죄혐의 은폐전모를 엄정하게 다스려 법적책임을 물어야 한다.

이재명 더불어민주당 대표가 벼랑 끝에 섰다. 이 대표는 대장동 사태를 검찰의 '정치공작(政治工作)'이라고 강변(強辯)하나 각종 인적, 물적 증거는 그 정점이 이재명 대표라는 것을 가리키고 있다. 투자금 대비 1000배 이상의 이익을 본 화천대유, 천화동인을 최대 수혜자로 여기는 건 대장동 사태의 실체(實體)를 가린다. '이재명 대통령 만들기'를 위한 '정치비자금 저수지(貯水池)'가 대장동 비리의 본질이라는 의혹이 수사와 재판에서 밝혀진다면 대장동 비리는 건국 이래 '최악의 도둑정치'로 비화(飛火)한다. 도둑정치인과의 동행(同行)은 국민에 대한 모독(冒瀆)이다. '한국판 도둑정치'를 추방해야만 국민이 살고, 나라가 산다.

12. 이재명과 김성태는 "모른다"는데 김성태 비서실장은 "가까운 관계(아는 사이)"라고 증언

국외 도피 8개월 만에 태국에서 붙잡힌 김성태 전 쌍방울그룹회장이 17일 오전 인천국제공항을 통해 귀국했다. 김성태 전 회장은 이날 취재진이 '이재명 대표와 연락한 적 없느냐. 전혀 모르는 사이냐'고 묻자 "전혀 모른다"고 했다. 도피처였던 태국에서 압송되기 직전 언론과의 인터뷰에서도 "이 대표와 만나거나 전화한 적도 없다"고 했다. '쌍방울 전환사채 중에 (이재명 대표) 변호사비로 흘러간 것이 있느냐'는 질문에도 김 전 회장은 "전혀 없다"고 답했다.

앞서 이재명 대표도 지난 13일 유튜브 채널 '이재명'을 통해 "도대체 저는 김성태라는 분 얼굴도 본 적이 없다"면서 "그분이 왜 제 변호사비를 내며, (쌍방울과) 인연이라면 내의(內衣)를 사 입은 것밖에 없다"고 했다. 하지만 이날 오후 수원지방법원 형사11부(재판장 신진우) 심리로 열린 이화영 전 경기도 평화부지사 재판에서 이와 상반되는 증언이 나왔다.

검찰이 증인으로 출석한 김성태 전 회장의 비서실장 출신 A씨에게 그의 검찰 진술조서를 제시하며 "김성태 회장, 방용철 (쌍방울) 부회장, 이재명 경기지사, 이화영 부지사가 가까운 관계였던 것이 맞느냐는 검찰 질문에 '네'라고 답변한 것이 맞느냐"고 묻자, A씨가 "그렇다"고 한 것이다. A씨는 이어 "(검찰 진술은) 사실대로 말한 것"이라고 다시 말했다. 그는 "이재명 지사가 김성태 회장과 친하다는 얘기가 회사 내에서 많이 나오기는 했다"고 하며 이 대표와 김 전 회장이 "가까운 관계였다"고 증언했다.

김성태 전 회장은 2019년 당시 이화영 경기도 평화부지사, 대북단체인 아태평화교류협회(아태협) 회장과 함께 중국에서 북한 인사를 만나 광물개발 사업권을 받고 그 대가로 북측에 최소 200만 달러 이상을 준 혐의를 받고 있다. 쌍방울은 임직원 60여명을 동원해 이 돈을 중국으로 밀반출했다. 김 전 회장도 인정한 내용이다. 쌍방울은 대북사업을 염두에 두고 이재명 대표가 경기지사였던 2018년과 이듬해 경기도와 아태협이 공동개최한 남북 교류행사비용 수억 원을 지원했다.

당시 이재명 지사는 북한 고위관료들이 참석한 이 행사를 자신의 치적(治績)으로 홍보했고, 그 행사를 총괄한 사람이 이 대표 측근인 이화영 부지사였다. 이재명 대표 주변인물 상당수가 쌍방울과 연관돼있다. 이 대표가 경기지사 시절 공직선거법위반으로 수사를 받을 때 변호인이었던 사람은 2019년 쌍방울 계열사 사외이사로 선임됐고, 이 대표의 지난 대선캠프에도 참여했다.

그 사건의 다른 변호사도 쌍방울 계열사 사외이사 출신이다. 쌍방울의 이 대표 변호사비 대납의혹은 그래서 불거진 것이었다. 이렇게 얽힌 관계인데 "모른다"는 것이다. 이재명 대표는 지난 대선 때 '대장동 사건'으로 수사를 받다가 극단적 선택을 한 김문기 전 성남도시개발공사 개발1처장에 대해 "성남시장 시절엔 몰랐던 사람"이라고 했다.

하지만 이 대표는 성남시장 시절 그와 함께 해외출장을 가 골프를 치고, 대장동 사업과 관련한 대면보고를 여러 차례 받은 사실이 검찰 수사에서 드러나 거짓말을 한 혐의로 기소까지 됐다. 이 대표가 쌍방울과 무관하다면 국민 앞에 진솔(眞率)하게 입증해야 하고, 검찰도 정확한 증거로 실체적 진실을 밝혀야 한다.

13. 이재명 대표, "대장동 지분 받기로 승인" 했다는 검찰 공소장

이재명 더불어민주당 대표가 성남시장 시절 대장동 사건 핵심인물인 김만배씨에게 '내 지분 절반을 제공 하겠다'는 제안을 받고 이를 승인했다는 검찰 수사결과가 공개됐다. 검찰이 김씨 등 대장동 일당을 추가 기소하면서 공소장에 포함한 내용이다. 이 대표가 최측근인 정진상 당시 성남시 정책비서관에게 김만배씨의 그런 제안을 직접 보고받은 뒤 승인했다는 것이다. 대장동 사건에서 이재명 대표가 '뇌물약속'을 받았다는 내용이 나온 것은 처음이다. 이재명 대표가 배임 등의 혐의로 수사를 받고 있지만 '뇌물약속'은 차원이 다른 문제다.

공소장에 따르면 김만배씨는 이재명 대표가 성남시장 재선에 성공한 뒤인 2014년 6월과 김만배씨가 대장동 사업자로 선정된 직후인 2015년 4

월 두 차례에 걸쳐 유동규 전 성남도개공 기획본부장에게 자신의 지분 절반가량을 이재명 대표 측에 주겠다는 제안을 했다. 유동규씨는 정진상씨를 통해 이재명 대표에게 보고한 후 승인을 받았고, 김만배씨가 나중에 이재명 대표 측에 주기로 한 금액을 428억 원으로 확정했다는 것이다. 이것이 사실이라면 '부정처사 후 수뢰(사후수뢰죄)'에 해당한다.

가. 사후수뢰죄

"사후수뢰죄(事後收賂罪)"는 '공무원이 그 직무상 부정한 행위를 한 후 뇌물을 수수(收受), 요구 또는 약속하거나 제3자에게 이를 공여(供與)하게 하거나 공여를 요구 또는 약속'함으로써 성립한다(형법 제131조 제2항). 부정행위가 선행(先行)하는 수뢰죄(收賂罪)이므로 형이 가중되는 범죄다. 수뢰후부정처사죄(收賂後不正處事罪)에서 말하는 '부정한 행위'라 함은 직무에 위배되는 일체의 행위를 말하는 것으로 직무행위 자체는 물론 그것과 객관적으로 관련 있는 행위까지 포함한다(대판 2003. 6. 13. 2003도1060).

"특정범죄 가중처벌 등에 관한 법률"은 "형법 제129조(수뢰, 사전수뢰), 제130조(제3자 뇌물제공) 또는 제132조(알선수뢰)에 규정된 죄를 범한 사람은 그 수수(收受), 요구 또는 약속한 뇌물의 가액(價額)이 '1억 원 이상인 경우에는 무기 또는 10년 이상의 징역'에 처한다(동법 제2조 제1항 1호)."고 규정하여 가중 처벌한다.

김만배씨는 이 사건 수사 초반 다른 대장동 일당에게 자기지분의 "절반은 그분 것"이라고 말했다는 사실이 알려져 논란이 됐다. 문재인 정권의 검찰은 이 지분 수익을 유동규씨가 혼자 받기로 했다는 납득하기 어려운 결론을 내리며 덮었다. 하지만 정권 교체 후 새 수사팀은 유동규씨 등의 진술을 근거로 이재명 대표 최측근인 정진상·김용씨도 지분 소유자라고 밝혔다. 정진상씨는 이미 '부정처사 후 수뢰'혐의로 기소됐다.

검찰이 이렇게 판단한 배경에는 유동규·남욱씨 등의 진술이 근거가 된 것으로 보인다. 이재명 대표 측은 "사실무근"이라고 혐의를 전면 부인했다. 이 재명 대표는 사실이 아니라는 자신의 입장이 맞는다면 모든 것을 국민 앞에 진솔하게 밝히고 정확히 소명해야 한다.

나. 뇌물의 몰수·추징 및 공무원의 직무상 범죄에 대한 형의 가중

범인 또는 정(情)을 아는 제3자가 받은 뇌물 또는 뇌물에 공(供)할 금품은 몰수(沒收)한다. 그를 몰수하기 불능(不能)한 때에는 그 가액을 추징(追徵)한다(형법 제134조). 공무원이 직권을 이용하여 형법 제7장(공무원의 직무에 관한 죄) 이외의 죄를 범한 때에는 그 죄에 정한 형(刑)의 2분의 1까지 가중한다(형법 제135조). 유기징역 또는 유기금고에 대하여 형을 가중하는 때에는 50년까지로 한다(형법 제42조 단서). 형을 가중·감경할 사유가 경합(競合)된 때에는(1) 각칙본조에 의한 가중 (2) 제34조제2항의 가중 (3) 누범가중 (4) 법률상감경 (5) 경합범가중 (6) 작량감경(酌量減輕)의 순서에 의한다(형법 제56조).

14. '사법정의' 외쳤던 이재명 대표의 사법정의를 파괴하는 적반하장

더불어민주당이 이재명 대표의 검찰 소환조사 다음 날인 29일 "조만간 서울에서 윤석열 정권의 민생파탄, 국정무능에 대한 국민보고대회를 열겠다"며 장외투쟁방침을 밝혔다. 이 대표는 28일 '대장동·위례신도시개발특혜비리' 사건 피의자로 서울중앙지검에 출석해 12시간 넘게 조사를 받고 나오면서 "검찰이 진실규명을 위한 조사가 아니라 '기소를 위한 조작'을 하고 있다"고 말했다.

이 대표는 이날 미리 작성한 33장 진술서를 검찰에 제출하고는 12시간 넘게 진행된 조사과정에서 묵비권(黙秘權 : right of silence)을 행사했다고 한다. 지난 10일 성남FC 후원금 의혹 관련 첫 번째 조사 때도 마찬가지였다. 이 대표는 진술서 33장을 검찰에 제출하며 언론공개로 여론전에 나섰다. 이 대표는 28일 검찰조사가 시작되자 "진술서 내용으로 갈음한다"는 동문서답(東問西答) 답변을 반복하며 불리한 자료엔 답변 않고 묵묵부답(黙黙不答)으로 일관(一貫)했다. 형사사건에서 검찰이 장기간 수사한 뒤 피의자를 소환조사할 경우 반대 자료를 제시하고 적극 해명하는 것이 일반적이다.

이 대표 측은 검찰 측에 "같은 자료를 반복해서 제시하거나 자료를 읽는 등 조사를 고의로 지연 한다"고 항의했으나 검찰은 "조사를 지연한 사실이 전혀 없고 최종 결재권자에게 보고되고 결재된 자료를 토대로 상세히 조사를 진행한 것"이라고 반박입장을 내놨다. 이 대표 측은 검찰이 기소할 것을 예상해 공판정(公判廷)에서 승부를 보려는 의도라고 비난했다. 검사는 공익의 대표자로서 '범죄수사' '공소의 제기 및 그 유지'에 관한 직무를 수행하는 것은 검찰의 책무요, 사명이다.

검찰도 이재명 대표의 이러한 꼼수를 예상하고 수사검사는 이 대표의 동문서답(東問西答)의 '33장 진술서'에 맞대응(對應)하는 '100장 질문지'를 들고 하나하나 질문했고, 이를 이 대표 조서에 담았다. 이 대표가 오는 31일 또는 내달 1일 출두하지 않을 경우, 이번 주 후반쯤 대장동사건과 성남지청의 '성남FC사건'을 묶어 구속영장을 청구한다는 방침이라고 한다.

첫 조사 때 민주당 의원 40여 명을 몰고 출석했던 이 대표는 두 번째 조사에는 '변호사만 대동 하겠다'고 예고했으나 이번 에도 민주당 의원 20여 명이 검찰청사에 나와 이 대표를 응원했다. 조사를 마친 이 대표는 민주당 의원들과 일일이 악수하며 당직자가 건네준 안개꽃을 받아들고 흔들자 지지자들은 "이재명"을 외치며 환호했다. 전과 4범에 10개가 넘는 범죄혐의에 대해 검찰수사를 받는 피의자가 아니라 선거에 출마한 '후보' 또는 전쟁터에서 이기고 돌아온 '개선장군(凱旋將軍)'인양 점입가경(漸入佳境)의 경지(境地)로 들어가고 있다.

주말 혹한(酷寒) 속에서도 서울 도심(都心)에서 두 동간 난 민심이 맞부딪쳤다. 이 대표가 출석한 서울중앙지검 앞에서 지지(支持)단체와 규탄(糾彈)단체가 맞불집회를 열었고, 광화문 일대에서도 양측이 대치(對峙)했다. 이 대표 지지자(支持者)들은 "이재명은 국민이 지킨다"는 팻말을 들고 행진했고, 반대진영(反對陣營)은 질세라 "이재명 구속"을 외쳤다. 민주당은 검찰이 야당대표를 두 차례나 소환 한 것은 전례가 없다면 야당탄압이라고 주장한다. 전과 4범에 잠재적 전과 10범이 될 '범죄 백화점'에 대한 검찰수사가 야당탄압이라는 궤변(詭辯)이요, 적반하장(賊反荷杖)으로 '헌정질서(憲政秩序)'를 파괴하는 쿠데타'다.

이재명 더불어민주당 대표는 법 위에 군림(君臨)하는 존재인가. "어느 누구라도, 법 위에 있는 자는 없다(No one is above the law.)." 사람은 모두 법에 따라야 하고 법을 지켜야 하며 법의 위에 있을 수는 없다. "법은 이성(理性)의 명령이다(Law is the dictate of reason.)." 수사 대상에 오른 이 대표의 각종 비리와 범죄혐의는 모두 문재인 정권 때 불거진 것으로 당시 검찰이 집권당 대선후보의 비위를 뭉개고 덮어뒀다가 뒤늦게 검찰수사가 다시 시작된 것이다.

검찰이 범죄와 비리의 백화점 같은 혐의를 받고 있는 피의자를 수차례 소환하는 것이 전례(前例) 없는 검찰독재가 아니라 공익의 대표자인 검사의 범죄수사와 공소의 제기를 위한 정당한 직무집행이다. 전과 4범에 10개가 넘는 범죄혐의의 피의자가 제1야당의 대표로 선출된 것이 '초유(初有)의 일'일뿐이다. 박근혜 전 대통령 탄핵국면에서 "대통령도 죄가 있으면 감옥에 가야한다"고 가장 먼저, 가장 큰 목소리로 외쳤던 '잠재적 전과 14범'이 감방(監房)신세를 면하려는 '물 귀신작전(鬼神作戰)'에 더불어민주당과 국민을 끌어 들이고자 최후의 발악(發惡)을 하는 사람이 바로 제1야당의 이재명 대표다.

이재명 대표는 형식상 검찰 소환조사에 응하고 있으나 실질적으로는 검찰수사를 인정하지 않겠다는 후안무치한(厚顔無恥漢)의 적반하장(賊反荷杖)이다. 검찰의 수사결과가 어떻게 나오든 자신이 대표를 맡은 정당의 국회 절대다수의석과 강성 지지자들의 장외투쟁을 무기삼아 버티겠다는 철면피(鐵面皮)로 법치주의(法治主義)와 사법정의(司法正義) 및 헌정질서(憲政秩序)를 파괴하는 '의회 쿠데타'다.

15. "이재명 방북위해 북한에 300만 달러 보냈다"

김성태 전 쌍방울 그룹 회장이 2019년 북한 측에 총 800만 달러를 전달했다고 검찰에서 진술한 것으로 30일 전해졌다. 김 전 회장은 이 가운데 500만 달러는 이재명 당시 경기도지사가 추진한 '북한 스마트팜 개선사업' 비용을 대납한 것이며, 나머지 300만 달러는 '이재명 대표 방북(訪北)추진과 관련해 북측이 요구한 돈을 줬다'는 취지로 진술했다고 한다. 북한 입장에서 볼 때 한국은 돈 주머니나 돈 줄 또는 저수지(貯水池)나 호구로 보일 뿐이다.

수원지검 수사팀은 김성태 전 회장이 북한 스마트팜 사업비용으로 2019년 500만 달러를 중국으로 밀반출해 북한 측에 건네기로 하고 같은 해 1월 200만 달러, 11~12월 300만 달러를 실제로 북한 측에 전달했다고 파악한 것으로 알려졌다. 하지만 최근 검찰은 같은 해 4월에도 300만 달러가 북한 측에 건너간 정황을 포착했다고 한다. 이에 대해 김 전 회장은 "2019년 1월 200만 달러, 4월 300만 달러가 스마트팜 사업비용이고 같은 해 11~12월 보낸 300만 달러는 다른 돈"이라는 취지로 진술했다고 한다.

김성태 전 회장은 2019년 11~12월 북한 측에 추가로 보낸 300만 달러에 대해 "이재명 대표의 방북을 위한 비용 이었다"는 취지로 진술하며 당시 상황을 설명한 것으로 전해졌다. 김 전 회장은 2019년 7월 필리핀 마닐라에서 경기도와 대북교류 단체인 아태평화교류협회(아태협)가 공동주최한 '아시아, 평양의 평화·번영을 위한 국제대회'에서 북한 대남공작기관인 국가안전보위부(현 국가보위성) 소속 리호남을 만났다고 한다.

이 자리에서 김 전 회장이 "이재명 경기지사가 다음 대선(大選)을 위해 방북을 원하니 협조해 달라"는 취지로 말했다는 것이다. 그러자 리호남이 "방북하려면 벤츠도 필요하고, 헬리콥터도 띄워야 한다"며 "500만 달러를 달라"고 했다고 한다. 이에 김 전 회장은 "그 정도 현금을 준비하기는 어려우니 300만 달러로 하자"고 했고, 리호남도 이에 동의했다는 것이다. 이에 대해 이재명 대표 측은 "헛웃음이 나올 정도의 사실무근(事實無根)"이라고 했고, 이 대표는 "검찰의 신작소설(新作小說)"이라고 했다.

김성태 전 쌍방울 회장은 "이재명 민주당 대표와 2019년 1월 통화한 적이 있다"는 진술도 한 것으로 전해졌다. 2019년 1월 16~19일 김 전 회장은 북한 광물사업권 등을 따내려 당시 이화영 경기도 평화부지사, 안부수 아태협 회장 등과 함께 중국에 머물며 북한 측 인사를 만났다. 김 전 회장 등은 같은 달 17일 중국 현지에서 북한 측 인사들이 참석하는 '한국 기업 간담회'에도 참석했다. 이 자리에서 이화영 전 부지사가 이재명 대표와 통화하면서 김 전 회장에게 전화를 바꿔줬다는 것이다.

그동안 이재명 대표와 김성태 전 회장은 서로 '모르는 사이'라고 주장해 왔다. 이 대표는 지난 13일 유튜브 채널 '이재명'에서 "도대체 저는 김성태라는 분 얼굴도 본 적이 없다"고 했다. 김 전 회장도 지난 17일 태국 방콕에서 귀국 비행기를 타기 직전 취재진에게 "이재명씨와 전화나 뭐 이거 한 적 없다"고 했다. 그런데 이후 이재명 대표의 말이 달라졌다. 이 대표는 지난 18일 KBS 9시 뉴스에 출연해 "누군가가 술을 먹다가 (김 전 회장과) 전화를 바꿔줬다는 얘기가 있는데 기억이 나진 않는다"고 말했다.

그에 앞서 검찰은 쌍방울 그룹 관계자에게 "이재명 대표와 김성태 전 회장이 서로 통화했던 것으로 안다"는 취지의 진술을 이미 확보했던 것으로 전해졌다. 김 전 회장도 태국에서 체포돼 국내로 호송된 뒤 검찰조사에서 이 대표와 통화한 사실을 시인했다고 한다. 검찰은 김성태 전 회장이 2019년 총 800만 달러를 북한에 송금했던 것이 '이재명 대표 방북 등 정치적 목적을 위한 것'이라고 보고 수사를 진행 중인 것으로 전해졌다. 특히 이재명 대표가 이화영 전 부지사를 통해 당시 '북한 측에 자금이 건너간 상황 등을 보고받았다'고 의심하는 것으로 알려졌다.

김영철은 2010년 천안함 폭침과 연평도 포격 등을 지휘한 정찰총국장 출신이다. 그로부터 두 달 뒤 김 전 회장이 필리핀 마닐라에서 리호남을 만나 '이재명 대표 방북에 협조해 달라'며 300만 달러 제공을 약속하고 이후 그 돈을 북측에 보냈다는 것이다. 검찰은 2018년 후반기부터 경기도가 대북사업을 적극 추진한 배경에 주목(注目)하는 것으로 전해졌다. 아태협 안부수 회장도 당시 북한 측 인사들과 접촉하는 등 '이재명 경기도'의 대북 교류사업 추진에 깊숙이 관여한 것으로 드러났다. 그런데도 이재명 대표는 이 모든 게 신작소설이라는 망발(妄發)이다.

리호남은 1990년 김일성종합대학 경제학부를 졸업한 뒤 우리의 국가정보원에 해당하는 북한 국가안전보위부에서 근무하면서 1998년 '공화국영웅' 칭호를 받았다는 인물이다. 리호남은 2007년 남북 정상회담을 앞두고 노무현 당시 대통령의 최측근인 안희정 전 충남도지사가 2006년 10월 중국 베이징에서 비밀리에 접촉했다는 인물이기도 하다. 2011년 농협, 국정원 등의 전산망 해킹을 시도했던 일당 5명의 배후에도 리호남이 있었던 것으로 조사됐다. 과거 안기부가 1997년 대선에 영향을 미치기 위해 벌였다는 '총풍' '북풍' 사건에도 리호남이 등장했다(2023. 1. 31. 조선일보 A1.A3 면).

김대중 정권이 남북정상회담을 위해 4억5000만 달러를 북한에 불법 송금했다가 관련자 모두 유죄가 확정된바 있다. 또다시 북한을 이용해 정치하려고 뒷돈을 줬다면 개탄(慨歎)할 일이다. 이미 쌍방울의 자금 밀반출은 상당부분 입증됐다. 김성태 전 회장은 이 대표와 통화한 사실도 인정했고, 김 전 회장은 당시 이재명 대표가 "고맙다"고 했다고 진술했다고 한다. 이제는 UN대북제재 위반문제도 걸려 있다.

김성태 전 쌍방울 그룹 회장이 이재명 당시 경기도지사가 추진한 "북한 스마트팜 개선사업" 비용으로 500만 달러를 대납한 것과 2019년 11월~12월 이재명 대표 "방북 추진"과 관련해 북측이 요한 돈 300만 달러 등 총 800만 달러를 준 것은 국가의 안전과 국민의 생존 및 자유를 위태롭게 하는 반국가활동이 될 여지(餘地)가 있다. 북한괴뢰집단은 우리 헌법상 반국가적인 불법단체로서 국가로 볼 수 없으나 간첩죄의 적용에 있어서는 이를 적국(敵國)에 준하여 취급하여야 한다(대판 1971.6. 29. 71도753, 1983. 3. 22. 82도3036).

'6.25 전쟁범죄집단'으로 우리의 적국(敵國)인 북한과 '경제협력' 또는 '개선사업'이나 '방북 추진' 등의 명목을 빙자해 거액의 달러를 밀반출한 행위는 국가의 안전을 위태롭게 하는 반국가활동으로서 이적행위(利敵行爲)나 반역(反逆) 또는 여적죄로서 용납할 수 없는 중대범죄로 결코 정당화 될 수 없다.

'여적죄(與敵罪)'라 함은 적국(敵國)과 합세(合勢)하여 대한민국에 항적(抗敵)함으로써 성립하는 범죄(형법 제93조)를 말한다. 대한민국에 적대(敵對)하는 외국 또는 외국인의 단체도 적국으로 간주된다(형법 제102조). '항적(抗敵)'이란 대한민국에 대하여 적대행위(敵對行爲)를 하는 것을 말한다.

적대행위란 적(敵)에 대한 가해행위(加害行爲)로 전투행위, 즉 현실적인 가해행위 이외의 그 직접적인 준비행위를 포괄하는 개념이다. 적대행위가 현실로 행해졌을 때에 기수(旣遂)로 되며, 이에 이르지 아니한 때에 본죄의 미수(未遂)로 된다. 본죄는 절대적(絕對的) 법정형(法定刑)으로 사형(死刑)만을 규정한 유일한 례(例)이다.

따라서 김성태 전 쌍방울 그룹 회장의 대북자금 밀반출사건의 관련자 전원에 대해 국가정보원과 검찰은 "여적(형법 제93조)" "일반이적(형법 제99조 一般利敵)" 또는 "국가보안법"등의 위반여부를 철저히 수사하여 관련자들을 발본색원(拔本塞源)하여 의법조처(依法措處)함으로써 국가의 안전과 국민의 생존 및 자유를 확보해야 한다.

북한이 UN에 동시에 가입하였고 남.북한 총리들이 남북 사이의 화해, 불가침 및 교류협력에 관한 합의서에 서명하였다는 등의 사유가 있었다고 하더라도 북한이 국가보안법상 '반국가단체'가 아니라고는 할 수 없다(대판 1998. 7. 28. 98도1395). 반국가단체나 그 구성원 또는 그 지령(指令)을 받은 자를 지원할 목적으로 자진하여 국가보안법 제4조 제1항 각호에 규정된 행위를 한 자는 제4조 제1항의 예에 의하여 처벌된다(국가보안법 제5조 제1항).

16. 말은 지성(知性)의 덕(德)
<이재명 대표의 황당한 말장난>

변호사비 대납의혹(代納疑惑)에다 김성태 전 雙方울 회장이 2019년 당시 경기지사이던 이재명 대표 방북(訪北)을 위해 300만 달러를 북측에 보냈다는 의혹이 심각한 국면으로 가고 있으나 이 대표는 "검찰의 신작소설"이라는 황당한 말로 어물쩍 넘기려고 한다. 그러나 검찰의 소설이라고 둘러대기엔 정황이 구체적이며, 입증(立證)되고 있다. 소설을 쓰는 사람은 검찰이 아니라 이 대표가 아닌가? 거짓말은 소설가에게 맡겨라. 거짓말은 소설가의 몫이다.

쌍방울은 2018년과 이듬해 경기도가 주최한 '남북교류 행사'에 수억 원을 지원했고, 그 행사를 총괄(總括)한 사람이 이재명 대표 측근(側近)인 이화영 전 경기도 평화부지사로 대북접촉을 돕는 대가로 雙方울에서 수억 원을 받은 혐의로 구속됐다. 쌍방울이 2019년 북한에 보내려고 자금을 중국으로 밀반출(秘搬出)한 것도 쌍방울 임직원들 진술로 입증됐다.

이재명 대표는 그동안 雙方울 관련의혹에 대해 해명한 적이 없고, 작년 9월 "나와 雙方울 인연(因緣)은 내복하나 사 입은 것밖에 없다"고 한 게 전부였다. 그러다 해외로 도피했던 김성태 전 회장이 국내로 압송(押送)되자 "누군가 술 먹다가 (김 전 회장) 전화를 바꿔줬다고 하는데 기억이 나지 않는다"고 했다. 나중에 통화 사실이 드러날 경우에 대비해 빠져나갈 구멍을 둔 꼼수발언이었다. 그러나 검찰은 김 전 회장이 2019년 1월에 이어 12월에도 이 대표와 통화했다는 진술을 확보했다.

이재명 대표는 대장동 사건수사 때 극단적 선택을 한 김문기 전 성남도시개발1처장에 대해 "몰랐던 사람"이라고 말을 둘러대다가 그와 함께 해외출장에서 골프를 한 사실이 드러나자 "기억이 나지 않는다"고 했다. 그는 대장동 사건이 "윤석열 게이트"라는 황당무계(荒唐無稽)한 주장도 했다. 김성태 쌍방울 전 회장과 이재명 대표가 모친상을 당했을 때 서로 측근을 보내 조문(弔問)했다는 증언도 나왔다.

'말'은 사람의 사상(思想)과 감정(感情)을 나타내는 음성적(音聲的) 부호(符號)다. 참된 말은 조심성 있게 삼가서 발언(發言)된다. 지혜(智慧)의 말은 우리의 삶을 밝게 하며, 진실(眞實)의 말은 우리를 감동(感動)케 한다. 참된 말은 깊은 주의(注意)와 깊은 생각 후에 발언되기 때문이다. 무슨 말을 할 때면, 그 말은 침묵(沈默)보다 더 가치(價値)가 있는 것이어야 한다. 산다는 것은 '말'하는 것(生則言)이요, '대화'하는 것(生則對話)이다.

말하고자 하는 것이 있거든 말하기 전에 다시 한 번 생각해보라. 말로 인하여 죄를 범하는 일이 없도록 조심하라. 먼저 생각하라. 그 다음에 말하라. 사람들이 싫증내기 전에 그치라. 말로 인하여 범(犯)하여지는 죄악(罪惡)을 두려워하라. 세상에 말처럼 무서운 것이 없다. 말 한마디가 천국(天國)으로 만들기도 하고 지옥(地獄)으로 만들기도 한다. 거짓말 뒤엔 빗자루가 따라온다. 거짓말에 대한 엄마의 빗자루는 맵고도 가혹하다. 거짓말은 거짓말을 낳는다.

즐거운 말 한마디가 하루를 빛나게 하고, 은혜로운 말 한마디가 길을 평탄하게 한다. 때에 맞는 말 한마디가 긴장을 풀어주고, 사랑의 말 한 마디가 축복을 준다. 부주의(不注意)한 말 한마디가 싸움의 불씨가 되고, 잔인(殘忍)한 말 한마가 삶을 파괴한다. 쓰디쓴 말 한마디가 증오(憎惡)의 씨를 뿌리게 하고, 무례(無禮)한 말 한마디가 마음을 상(傷)하게 한다. 되 돌이킬 수 없는 '4가지'- 해 버린 말, 쏘아버린 화살, 지나간 인생, 무시해버린 기회다.

인간은 말을 함으로써 동물보다 훌륭한 것이다. 그러나 그 말에 이익(利益)이 되는 점이 없다면, 동물보다 못한 것이다. "하나의 거짓말을 한 사람은 이것을 유지하기 위해서 20개의 거짓말을 다시 생각해내지 않으면 안 된다(-Thomas Jefferson-)"라는 말은 인생의 진리다. 스페인의 격언(格言)에 "거짓말쟁이는 좋은 기억력(記憶力)을 가져야한다"는 말이 있다. 전에 한 거짓말이 탄로되지 않기 위해서 그것을 늘 마음속에 기억해야 하므로 거짓말쟁이는 잠시도 마음이 편할 수가 없어 불안의 안개 속에 싸여 있을 수밖에 없다.

말이 많은 자는 실천(實踐)이 적다. 말로 떠벌리지 말고 실천을 하라. 혀로서 말하지 말고 행동으로서 말하라. 말은 행위(行爲) 그것이다. 사람의 말은 반드시 믿을 수 있어야 하고, 사람의 행동은 반드시 훌륭한 결과를 맺어야 한다(言必信 行必果 -孔子-). 타인의 말을 믿지 말고 행위를 믿으라. 현자(賢者)는 항상 그 말에 실천이 따르지 않을까 하여 걱정한다. 그 행동이 그 말과 일치되지 않음을 두려워하기 때문에, 현자는 헛된 말을 절대로 하지 않는다. 말로서 하는 천 번의 참회(懺悔)는, 침묵 속에 하는 한 번의 참회만 못하다.

지성인(知性人)은 생각하는 사람인 동시에 자기 생각대로 행동하는 사람이다. "사색인(思索人)으로서 행동하고, 행동인(行動人)으로써 사색(思索)하라"는 프랑스의 철학자 베르그송(Henri Bergson)의 말은 지성인을 향한 천고(千古)천하(天下)의 명언(名言)이요, 위대한 계명(誡命)이다. 지성(知性)과 덕성(德性)이 결합할 때 위대한 행동이 나올 수 있다. 때(時)는 흘러가고 만다. 그러나 한번 입에 담은 말은 영원히 남아서 사라지지 않는다.

노자(老子)는 <천망회회소이불루(天網恢恢疎而不漏)>라고 말 했다. 하늘의 그물(天網)은 성깃성깃(恢恢)해서 모두 다 빠져나갈 것 같지만 빠져나갈 수 없다는 것이다. 거짓말을 하고도 통할 것 같지만 결코 통하지 않는다는 것이다. 링컨(Abraham Lincoln)은 "얼마만큼의 사람을 늘 속일수도 있다. 또 모든 사람을 잠시 동안 속일 수도 있다. 그러나 모든 사람을 늘 속일 수는 없는 일이다"라고 말했다. 평범한 이 말은 인생의 진리를 갈파(喝破)한 것이다.

"천벌(天罰)은 늦으나 반드시 온다(Heaven's vengeance is slow but sure.)."는 말을 이재명은 깊이 명심(銘心)해야 한다. 거짓말쟁이가 받는 최대의 형벌(刑罰)은 '옳은 말'을 할 때에도 믿어주지 않는 것이다. 사회적 공신력(公信力)을 상실한 다음에는 콩으로 메주를 쑨다 하여도 곧이듣지 않는다. 거짓말로 인한 공신력의 상실은 도덕적 자살(自殺)이요, 인생의 가장 중요한 자본과 신용과 명예를 잃어버리는 것이다. "'돈'을 잃는 것은 아무것도 잃는 것이 아니다. '용기(勇氣)'를 잃는 것은 많은 것을 잃는 것이다. 그러나 '명예(名譽)'를 잃는 것은 모든 것을 잃는 것이다" 명예를 잃어버리는 것은 인생의 모든 것을 잃어버리는 것이다.

페르시아의 시인 사디(Sadi Shirazi)는 "말해야 할 때 침묵(沈默)하고, 침묵해야 할 때에 말하는 것은 지성(知性)의 두 개의 수치(羞恥)다"라고 했다. 말해야 할 때 말하고, 침묵해야 할 때 침묵하는 것이 **"지성(知性)의 덕(德)"**이다. 인간은 말해야 할 때에는 말하고, 침묵해야 할 때에는 침묵해야 한다. 모든 일은 '옳은 때'를 얻어야만 생명력(生命力)을 지닌다. 정직(正直)은 최선의 방책(方策)이다(Honesty is the best policy.).

17. 검찰수사를 받는 이재명 대표가 '검수완박 2' 법안을 직접지시

더불어민주당이 이재명 대표의 지시로 검찰권한을 대폭 축소하는 법안을 무더기로 추진 중인 것으로 5일 확인 됐다. 수사 중인 검사를 교체해달라는 '기피신청(忌避申請)'을 할 수 있게 하고, 검사의 이름과 연락처를 법으로 공개하게 하며, 구속 전 피의자심문(영장실질심사)때 피고인과 변호인이 검찰 측 증거를 사전에 열람할 수 있게 하고, 피의사실공표가 의심될 경우 법원에 이를 막아달라고 신청할 수 있게 하는 법안 등을 검토 중이다.

"기피(忌避 <독> Ablehnung)"라 함은 당사자의 신청에 의하여 법관·법원직원 등을 그 직무집행으로부터 탈퇴케 하는 것을 말한다. 형사소송법상 법관이 제척사유(제17조.除斥事由)가 있음에도 불구하고 재판에 관여하거나 기타 '불공평한 재판'을 할 염려가 있는 때에는 검사 또는 피고인은 기피를 신청할 수 있다(제18조, 제25조). 현행법상 기피신청은 '법관의 재판'에 적용되며, '검사의 수사'에는 '검사동일의 원칙'에 의해 적용되지 않는다.

검사(檢事)는 각자 국가를 대표하여 검찰권을 행사하는 권한을 가진 독립행정관청(獨立行政官廳)이지만, 법관(法官)과는 달라서 검찰총장을 정점(頂點)으로 하여 전국적으로 상명하복(上命下服)의 관계에 서서 일체불가분(一體不可分)의 피라밋(pyramid)적인 유기적(有機的) 조직체(組織體)로서 자유자재(自由自在)활동한다. 이를 <**검사동일체(檢事同一體)의 원칙**>이라고 한다.

이 원칙은 범죄의 수사, 공소권의 행사, 재판의 집행 등 검찰사무 처리에 있어 기동성·신속성에 대처하고, 통일성·공정성을 기하려는데 그 존재이유가 있다. 그리하여, 범죄의 수사 또는 공판관여 등 일체의 검찰사무의 취급도중에 다른 검사와 '교체(交替)' 되어도 소송법상의 효과에는 변함이 없고 공판절차의 갱신(更新)을 필요로 하지 아니 한다. 따라서 더불어민주당이 수사 중인 검사를 교체해 달라는 '기피신청' 법안 검토는 어불성설(語不成說)로 무식(無識)의극치(極致)를 보여주고 있다.

검사가 공익의 대표자로서 범죄수사의 직무와 권한을 행사하는 것을 법으로 막으려는 '검사기피신청' 법안은 적반하장(賊反荷杖)의 대표적 법안이다. 이와 같은 법안은 이재명 대표가 작년 말 당내 검찰독재정치탄압대책위에 직접추진을 지시한 것으로 알려졌다. 이 법이 시행되면 구속영장 청구 가능성이 거론되는 이 대표가 가장 큰 수혜자(受惠者)가 될 내용들이다. 사실상 "이재명 방탄용" 입법으로 "검수완박(檢搜完剝) 시즌2"가 될 것이다. 이 법안은 검찰 수사권을 완전히 박탈하거나 제한하고, 수사 중인 검사를 압박하는 희대(稀代)의 '범죄방탄 악법(惡法)'으로 기록 될 것이다.

더불어민주당은 그동안 이재명 대표를 수사 중인 서울중앙지검과 수원지검의 검사장과 차장·부장검사들이 모두 '윤석열 사단'이라서 수사가 불공정하다고 주장해 왔고, 이 대표를 수사하는 검사들의 이름과 담당업무, 연락처 등을 법으로 공개하게 하는 '검사정보공개법'도 추진 중이다. 민주당은 작년 12월 이재명 대표를 수사하는 검사들의 실명과 소속, 얼굴사진 등을 담은 자료를 만들어 당원과 지지자들에게 배포했다. 정보가 공개된 검사들을 향해 온라인상에서 비난과 조롱이 쏟아졌다. 검사들에게 '좌표(座標)'를 찍어 압박한다는 지적이 나오자 민주당은 적반하장(賊反荷杖)으로 "검찰신상공개를 제도화하는 법안"을 검토 중이다.

민주당이 추진하는 법안들은 당장 이재명 대표 방탄에 가장 필요한 것들로서 앞으로 예상되는 이 대표 영장실질심사에 대비한 "방탄용(防彈用)"이다. 하지만 민주당이 이 대표 방탄법안을 발의 하더라도 관련 법안 대부분이 국회 법제사법위 소관이며 국민의힘 김도읍 의원이 법사위원장을 맡고 있어 법안 통과는 쉽지 않다. 그럼에도 민주당이 무리하게 관련법 개정을 추진하는 건 이 대표 수사에 대응하려는 정치적 의도로 해석된다. 검찰이 김성태 전 쌍방울그룹 회장이 2019년 800만 달러를 국외로 밀반출해 북한 측에 전달한 혐의에 대해 외국환거래법위반으로 기소한데 이어 이재명 당시 경기지사 관련 뇌물혐의로 추가기소하는 방안을 검토 중인 것으로 5일 전해졌다.

민주당은 지난 4일 서울 도심에서 국회의원 100여명과 당원·지지자 등을 동원해 대규모 이재명 대표 '방탄'을 위한 장외투쟁집회를 열었다. 집회현장에선 "이재명 지켜" "윤석열 구속" 같은 구호가 이어졌고, 당 최고위원은 "이 대표와 문재인 전 대통령을 구하자"고 했다. 그 옆에선 보수단체들이 "이재명 구속" "감방 가자"를 외치며 맞불집회를 열었다. 169석의 국회 압도적 다수당인 민주당은 법안과 예산을 변칙으로 주무르며 무소불위(無所不爲)의 권력을 행사해온 야당이 갑자기 장외투쟁으로 나간 행태(行態)는 "조국 사태"의 재현(再現)이다.

범죄수사 중인 피의자 조국이 법무부 장관에 임명된 것처럼 각종 비리와 범죄의 백화점이 된 이재명 대표도 대통령 후보가 되고 제1야당 대표로 기소되어도 대표직을 유지하려는 당헌개정으로 '방탄막(防彈幕)'을 치고 이젠 '거리투쟁 보호막'까지 휘둘렀다. 민주당과는 아무 상관도 없이 오로지 이재명 한 사람의 비리와 범죄방탄을 위한 치졸(稚拙)한 장외투쟁에 지친 국민들은 넌더리를 내고 있다.

대장동 게이트와 관련해 태산 같은 비리와 범죄 혐의에 대한 진실(眞實)을 감추려는 이재명 대표의 황당무계(荒唐無稽)한 말장난과 법망(法網)을 빠져나가기 위한 꼼수발언과 더불어민주당이 추진하는 '검수완박 시즌2'가 될 '이재명 방탄용 법안'은 허위(虛僞)를 표시하는 공범(共犯)에 불과하다. 법은 악인(惡人)을 위하여 제정(制定)되는 것이며, 선인(善人)을 위해서 제정되는 것이 아니다.

법은 강자(强者)가 무한(無限)의 위력(威力)을 남용(濫用)하지 못하도록 제정된 것이다. 법의 정의(正義)와 공평(公平)을 측정(測定)하는 근본사상(根本思想)은 여기에 있다. 정치(政治)는 법률에 적용되어야 하지만 법률은 정치에 적용되어서는 아니 된다. 권력(權力)은 정의(正義)를 추종(追從)해야 하며, 정의를 앞질러서는 안 된다. 법률은 정의(正義)를 집행(執行)한 것을 태만히 해서는 아니 된다.

18. 고소 왕, 욕설 왕, 결석 왕, 특권 왕

인터넷 백과사전 '나무위키'에는 이재명 대표의 별명(別名)만 모아놓은 페이지가 있다. 워낙 많아 '긍정적' '부정적'으로 나눠놨다. '긍정적'인 것으로는 신(神)을 뜻하는 '갓(God)' '갓재명' '천재명' '사이다' 등이 있다. 일 잘하고 머리가 좋고 언행이 시원하다는 뜻이다. '부정적' 리스트에는 '고소 왕(王)' '욕설 왕, 결석 왕, 특권 왕' 등이 나온다고 한다(2023. 2. 15. 조선일보 황대진 논설위원의 <태평로>).

이 대표가 고소한 사람은 정치인뿐 아니라 자신의 친인척, 언론인 등 다양하다. 고소를 즐기다가 무고죄로 유죄판결을 받은 적도 있다고 한다. 지난해 국회의원 보궐선거에서 맞붙었던 국민의힘 후보도 고발했다. 고발당한 그 후보는 "이분이 성남 시장하면서 1080명 이상을 고소·고발했더라"며 "<고소 왕>이 이번엔 저를 선택했다"고 했다.

<욕설 왕>은 이 대표가 성남 시장 때 본인의 형수, 형과 통화하면서 지나치게 심한 욕설을 했다고 붙여진 별명이다. 이 대표는 국회의원이 되고 <결석 왕>이 리스트에 추가됐다. 참여연대가 의원들의 상임위 출석률을 조사했는데, 국방위에 속한 이 대표가 41%로 꼴찌였다. 이 대표를 제외한 다른 국방위원 15명의 평균 출석률은 95%였다.

이 대표는 대장동 수사 후엔 <**특권 왕**>이 추가 될 것 같다고 했다. 이 대표는 검찰에 나갈지 말지, 나간다면 언제 갈지를 본인이 결정한다. 검찰은 이 대표에게 서면질의서를 먼저 보내고 그 회신을 요청했으나 이 대표는 이를 무시했다. 그러자 검찰이 소환을 통보하자 그제야 5줄짜리 답변서를 검찰에 보내며 "이제 소환사유가 소멸했다"고 주장했다. 이어 성남FC사건으로 1차례, 대장동 사건으로 2차례 검찰에 직접 나갔다. 하지만 한 번도 검찰에서 오라고 한 날짜와 시간에 맞춰 출석한 적이 없다.

이 대표는 성남FC사건으로 소환통보를 받았을 때는 검찰을 향해 "무례(無禮)하다"고 했다. '소환에 응할 것이냐'는 기자 질문에는 "대통령 가족은 언제 소환조사에 응할지 물어보라"고 동문서답(東問西答)하는 등 경거망동(輕擧妄動)을 일삼고 있다. 대장동 사건 때는 출석시간을 검찰과 협의하지 않고 당 대변인을 시켜 일방적으로 공지(公知)했고, 조사방법도 본인이 정한다. 일방적 자기주장만을 담은 진술서를 검찰에 제출하고, 검사 질문엔 답하고 싶은 것만 한다. 밤 9시 이후 조사도 거부한다. 형식상 조사에 응하지만, 실질적으론 거부하는 것이다.

이 대표 외에 검찰을 이렇게 쥐락펴락 농락(籠絡)할 수 있는 사람이 과연 몇이나 될까. 그러고도 "권력이 없어 없는 죄를 뒤집어쓰고 있다"는 허무맹랑(虛無孟浪)한 궤변(詭辯)을 일삼는다. 이 대표는 불체포특권(헌법 제44조)과 면책특권(헌법 제45조)도 가지고 있다. 그가 당 대표가 된 후 국회는 단 하루도 문을 닫은 적이 없다. 이것이 국회의원이 "국가이익을 우선하여 양심에 따라 직무를 행"하는 것(헌법 제46조 제2항, 국회법 제24조)인가? 이제 '불체포특권' 폐지여부를 결정할 순간이 임박했다.

여의도 정상배(政商輩)들은 대선 때만 되면 "불체포특권 포기"를 공약한다고 유권자를 기만(欺瞞)해 왔다. 정치 지도자가 특혜를 누리고 특권을 이용하는 것은 <나는 헌법을 준수하고......국가이익을 우선으로 하여 국회의원의 직무를 양심에 따라 성실히 수행할 것을 국민 앞에 엄숙히 선서 합니다(국회법 제24조)>라는 선서를 위반한 것으로 헌법과 국회법을 농락하는 것이다.

이제 주권자(主權者)인 국민은 다음 총선에서 "투표용지는 총알보다도 강하다(The ballot is stronger than the bullet.)"는 것을 보여주어야 한다. 정치인들이 유권자의 투표용지를 무서워하게 될 때 여의도의 부정부패가 사라지고 '국민에게 봉사하는 의회정치'가 실현될 수 있다. 다음 총선에서 한국인의 명예와 양심과 용기로서 '공명선거(公明選擧)의 빛나는 전통'을 수립하는 것이 역사의 당위명령(當爲命令)이다.

19. "천문학적 개발이익 챙겨준 토착비리"
(제1 야당대표 헌정사상 초유의 구속영장청구)

이재명 더불어민주당 대표를 둘러싼 각종 의혹을 수사해온 검찰이 16일 이 대표에 대해 '4895억 원 배임(대장동 사건)' '133억 원 제3자 뇌물(성남FC불법후원금 사건)' 등 혐의로 구속영장을 청구했다. 제1 야당대표에 대해 구속영장이 청구된 것은 헌정사상 초유(初有)의 일이다. 이 대표에 대한 구속영장청구서는 170여 장에 이른다. 이에 대해 이 대표는 "윤석열 검사 독재정권이 검찰권 사유화(私有化)를 선포한 날"이라며 반발했다.

이재명 대표에 대한 구속영장의 주요혐의는 다음과 같다. '대장동 개발비리'와 관련해 적정이익 6725억 원을 확보해야 했는데 성남도시개발공사가 1830억 원만 배당받아 4895억 원 손해발생에 따른 <배임> 및 김만배씨 등에게 비밀을 흘리고 민간을 사업자로 선정해 7886억 원 이익을 제공한 <이해충돌방지법 위반>, '위례신도시 개발비리'와 관련해 남욱 변호사 등에게 비밀을 흘리고 민간사업자로 선정해 211억 원 이익 제공에 따른 <부패방지법 위반>, '성남FC 불법 후원금'과 관련해 네이버, 두산건설, 차병원 등 인허가청탁을 들어주는 대가로 성남FC에 후원금 133억5000억 원 내게 한 <제3자 뇌물> 등 혐의다.

이 대표는 이날 긴급 최고위를 열고 "부정한 돈을 한 푼 취한바 없다"며 "희대(稀代)의 사건으로 역사에 기록될 것"이라고 했고, 더불어민주당은 "제1 야당대표 구속은 헌정사상 유례가 없는 일"이라며 "체포동의안을 단호하게 부결시키고 싸울 것"이라고 했다. 그러나 이 대표에 대한 구속영장 청구는 누구나 예견할 수 있는 일이었다. 대장동 사건은 문재인 정부 검찰이 수사를 시작했다. 민주당 대선후보가 '피의자'인데도 수사를 하지 않을 수 없을 정도로 심각한 사건으로 지난 대선에서 가장 큰 이슈로 부각(浮刻)됐다. 이 대표는 자신의 혐의에 대한 국민적 의혹을 불식(拂拭)시키지 못해 대선에서 패(敗)했다.

그런 만큼 새로운 검찰이 대장동 개발비리, 위례신도시 개발비리, 성남FC 불법 후원금 의혹에 대해 제대로 수사를 하게 될 것이란 사실은 누구나 예측(豫測)할 수 있었다. 정상적이라면 이 대표는 대장동 개발비리 등에 대해 진솔(眞率)하게 해명하고, 더불어민주당은 대장동 의혹으로부터 떨어져

제1 야당으로서 본래의 역할을 했어야만 했다. 그러나 이 대표는 대선패배 3개월 만에 보궐선거를 통해 금배지를 다는 초유(初有)의 선택을 했다.

대장동 개발비리 등에 대한 검찰 수사에 대처(對處)하는데 '의원직을 갖는 것'이 유리했기 때문이다. 이렇게 '불체포특권'을 확보한 뒤 다시 2개월 만에 당 대표까지 출마했다. 이런 '방탄 올인'이 없었다면 야당대표에게 구속영장이 청구되는 초유의 일 자체가 없었을 것이다. 이 모든 것이 이 대표 방탄(防彈)을 위한 꼼수가 자초한 헌정사(憲政史) 초유의 일이다.

대장동 및 위례신도시 개발비리, 성남FC 불법후원금 등 각종 불법혐의는 더불어민주당과는 아무 상관없는 일이었고, 제1 야당 누구도 그런 일이 자행(恣行)되고 있는지 몰랐다. 그런데도 더불어민주당은 자신의 당(黨)을 '이재명의 민주당' '범죄방탄 당'으로 만들어 검찰수사를 막는 방탄에만 전력(專力)하는 지경(地境)에 이르렀다. 방탄에 도움만 되면 무슨 일이든 수단(手段)과 방법을 가리지 않았다. 이러한 비정상적(非正常的)이고 비열(卑劣)한 작태(作態)는 이 대표가 내년 총선 '공천권(公薦權)'을 쥐고 있기 때문이라고 한다. 그렇다고 해고 도(度)를 넘어도 너무 넘었다.

"천문학적(天文學的) 개발이익(開發利益)을 챙겨준 토착비리(土着非理)"에 관련된 이 대표 개인의 불법혐의로 얼마나 더 많은 국가적 갈등(葛藤)과 낭비(浪費)를 초래할 것인가. 이 대표 스스로 성실히 검찰 수사에 임하거나 법원의 영장실질심사를 받으면 체포동의안은 표결할 필요가 없다. 이 대표의 주장대로 죄가 없다면 영장이 기각될 것이고, 이 대표의 정치적 입지(立地)는 확실히 굳힐 것이다. 그게 아니라면 비리에 합당한 법적책임을 지는 것이 정도(正道)다. 헌정사상 초유인 제1 야당대표에 대한 구속영장청구는 이 대표와 더불어민주당의 유례((類例)가 없는 방탄꼼수가 자초(自招)한 것이다.

20. 이 대표의 용도변경허가에 대한 "인허가 장사"로 인한 "뇌물천국"

'성남FC 불법후원금' 사건을 수사 중인 검찰이 성남FC에 후원금을 낸 기업들도 입건해 기소할 방침이다. 이 사건은 이재명 대표가 성남시장 시절 네이버, 두산건설, 차병원 등 기업의 인허가청탁을 들어주는 대가로 성남FC에 불법후원금 133억 원을 내게 했다는 것이다. 이 사건의 1차적 책임은 지자체 인허가권을 이용해 기업들에게 돈을 내게 한 이 대표에게 있다. 이에 편승(便乘)해 막대한 이득을 챙기려한 기업도 책임이 있다.

이 대표 구속영장청구서에 따르면 이 대표는 신사옥 부지와 관련한 건축인허가 및 용적률 상향(上向) 등 청탁을 받고 네이버에 40억 원을 성남FC에 내라고 했다고 한다. 이후 네이버는 청탁이 하나씩 성사될 때마다 10억 원씩 네 차례에 걸쳐 성남FC에 돈을 냈다. 자신들의 요구사항이행을 담보하기 위해 돈을 분납한 것이다. 그 돈도 먼저 이 대표 측근이 운영하는 사단법인에 기부금을 내는 것처럼 한 뒤, 그 단체가 성남FC에 후원금을 내는 방식의 안전장치를 마련한 것이다.

성남시는 2015년 두산그룹의 정자동 병원 부지를 업무시설로 '용도변경'해주면서 용적률을 250%에서 670%로 상향해준 대가로 두산건설은 55억 원을 냈다. 차병원 회장도 이 대표와 두 차례만나 병원부지 용도변경 등을 요청했고, 그 대가로 33억 원을 후원했다고 한다. 이들 업체는 이재명 대표의 요구에 따라 후원했고, 그 대가로 현안(懸案)을 해결했다는 취지로 검찰에서 진술했다고 한다. 그래서 검찰은 이 사건을 이 대표의 "인허가 장사"로 규정했다. 대기업이 이런 불법적 방식으로 인허가를 받으려고 한 것도 범죄다.

이재명 대표는 이 사건에 대해 "무상으로 받은 후원금이 아닌 광고대가로 받은 광고비였다"며 "적법한 행정"이라고 했다. 이런 일이 적법한 행정이라면 지자체들은 각종 인허가 명목으로 기업을 쥐어짜고 그에 편승한 기업들은 적은 돈으로 땅을 사서 막대한 수익을 얻는 "뇌물천국(賂物天國)"이 될 것이다. 이와 같이 공무원이 직무와 관련한 대가로 돈을 받으면 수뢰죄(형법 제129조 收賂罪)가 성립한다. 이 사건이 전국 지자체장들의 '인허가 장사'와 기업의 '불법가담 고리'를 끊는 일대계기(一大契機)가 되어야 한다.

21. 이 대표는 불체포특권을 내려놓고 법원 영장실질심사를 받으라.

이재명 대표는 23일 국회 기자회견에서 윤석열 정부와 검찰을 '강도' '깡패' '오랑캐'에 빗대며, 검찰수사를 "강도와 깡패들이 날뛰는 무법천지" "법치의 탈을 쓴 사법사냥"이라고 주장하며 "오랑캐가 침략을 계속하면 열심히 싸워서 격퇴해야한다"고 했다. 이 대표의 상투적(常套的) 수법(手法)

인 극악무도(極惡無道)하고 오만무례(傲慢無禮)한 망발(妄發)의 극치(極致)를 보여주는 궤변(詭辯)을 늘어놓았다.

이 대표는 66분에 걸쳐 대장동 개발사업과 관련한 배임혐의, 초과이익 환수조항 삭제의혹, 성남FC 불법 후원금의혹 등 검찰이 제기한 혐의들을 반박하면서 "대선에서 제가 부족해서 패배했고, 제가 역사의 죄인"이라고 단말마(斷末魔)의 비명(悲鳴)을 질렀다. 말은 적을수록 좋고, 말이 많으면 쓸 말이 적다고 했다. 말이 말을 만든다. 양심(良心)이 '발언(發言)을 요구할 때' 침묵(沈默)하는 자는 양심이 '침묵을 요구할 때'도 발언하는 것을 그치지 않는 자이다.

이 대표는 지난 대선에서 '국회의원 불체포특권 폐지 추진'을 공약으로 내걸었던 인물이다. 그랬던 그가 국회의원 불체포특권이 필요해 대선 패배 3개월 만에 국회의원 선거에 출마해 당 대표가 되는 초유(初有)의 꼼수를 부렸다. '잘못을 하고도 고치지 않는다'는 뜻을 지닌 과이불개(過而不改)는 교수신문이 선정한 '2022년 올해의 사자성어'로 결정됐다. 공자는 '과이불개 시위과의(過而不改 是謂過矣: 잘못하고도 고치지 않는 것, 이것을 잘못이라 한다)'라고 했다.

미국 제3대 대통령 제퍼슨은 "하나의 거짓말을 한 사람은 이것을 유지하기 위해서 20개의 거짓말을 다시 생각해 내지 않으면 안 된다(-Thomas Jefferson-)"고 말했다. 거짓말 장이는 잠시도 마음이 편할 수가 없다. 늘 불안의 안개 속에 싸여 있을 수밖에 없다. 거짓말 장이가 받는 최대의 형벌(刑罰)은 그가 옳은 소리를 할 때 믿어주지 않는 것이다.

미국 제16대 대통령 링컨은 "얼마만큼의 사람을 늘 속일수도 있다. 또 모든 사람을 잠시 동안 속일 수도 있다. 그러나 모든 사람을 늘 속일 수는 없는 일이다(-Abraham Lincoln-)"라고 말했다. 이 평범한 말은 인생의 진리에 속하는 명언이다. 노자(老子)는 천망회회소이불루(天網恢恢疏而不漏: 하늘의 그물은 얼핏 보기에는 성깃성깃해서 모두 다 빠져나갈 것 같지만 빠져나갈 수 없다)라고 말했다. 덮으려고 하면 더욱 드러난다(욕개미창<慾蓋彌彰>). 진실(眞實)을 감추려는 것은 허위(虛僞)를 표시하는 것이다. 진실(眞實)은 속일 수 없다.

이 대표가 선거에서 지는 바람에 억울하게 정치적 탄압을 받는다는 것은 적반하장(賊反荷杖)의 망발(妄發)이다. 이 대표 주장대로 자신의 혐의 내용 모두가 거짓이라면 불체포특권을 내려놓고 스스로 검찰수사를 받거나 법원에 나가 떳떳하게 영장실질심사를 받으면 된다. 검사의 공소제기 후에는 공판정에서 피고인으로서 진술하거나 무죄를 입증하는 것이 정도(正道)다. 거대 야당의 '방탄 국회' 뒤에 숨어 TV출연, 기자회견, 거리정치로 궤변이나 망발(妄發)로 검찰수사를 방해하는 비열(卑劣)한 작태(作態)는 공무집행방해(형법 제136조)나 업무방해(형법 제314조)가 될 수 있다.

형법 제136조 제1항 소정의 공무집행방해죄에 있어서 '**직무를 집행하는**'이라 함은 공무원이 직무수행에 직접 필요한 행위를 현실적으로 행하고 있는 때만을 가리키는 것이 아니라 공무원이 직무수행을 위하여 근무 중인 상태에 있는 때를 포괄한다 할 것이고, 직무의 성질에 따라서는 그 직무수행의 과정을 개별적으로 분리하여 부분적으로 각각의 개시와 종료를 논하는 것이 부적절하고, 여러 종류의 행위를 포괄하여 '일련(一連)의 직무수행'으로 파악함이 상당한 경우가 있다(대판 1999. 9. 21. 99도383).

다음 총선에서의 공천을 위해 더불어민주당 의원들은 하루도 쉬지 않고 방탄 국회를 열어 이 대표에게 충성을 다하고 있으며, 지금은 3월 임시국회를 국경일인 3.1절부터 열자는 주장을 하고 있다. 막말, 갑(甲)질 행위, 극한 대립과 투쟁, 특권과 이권추구, 입법뇌물 수수, 비서관 등의 월급 갈취, 쪽지예산에 의한 국고손실, 발목잡기, 법안 끼워 넣기 등 입법기관이 아니라 부정부패의 소굴로 전락(轉落)해 적폐청산의 첫째 대상기관이 되었다.

이처럼 놀고먹으며 국민 혈세(血洗)만 축(縮)내는 더불어민주당 의원들이 이 대표라는 '썩은 동아줄'을 잡고 그의 방탄에 매몰(埋沒)되어 하루가 멀다고 임시국회를 열자는 점입가경(漸入佳境)의 경지(境地)로 들어가고 있다. 이 대표의 범죄 혐의는 '성남시장 시절' 대장동 민간업자에게 7800억 원대 특혜를 몰아주고 성남시에 4800억 원대 손해를 입힌 혐의와 기업들로부터 성남FC 후원금 133억 원을 받는 대가로 토지용도 변경, 용적률 상향 등 막대한 이익을 제공해 '인허가 장사'를 했다는 것이다. 모든 혐의가 민주당과는 아무 상관없는 이 대표 '개인의 범죄' 혐의다.

이러한 상관관계(相關關係)를 아는지 모르는지 더불어민주당 의원들이 내년 총선 공천에서 탈락될까봐 잠재적 전과 14범이 될 수 있는 이 대표 방탄에 목숨을 걸고 광란(狂亂)의 질주(疾走)를 하는 모습이 개탄(慨歎)스러울 뿐이다. 무소속 양양자 의원은 이재명 대표는 '민주당의 계륵(鷄肋: 먹을거리도 안 되고 그렇다고 내버리기는 아깝다는 뜻)에 불과한 사람'이라고 평가했다.

민주당 당헌(黨憲) 제80조는 "사무총장은 부정부패 관련혐의로 기소(起訴)된 당직자의 직무를 기소와 동시에 정지(停止)할 수 있다"고 규정하고 있다. 그런데 막상 이 조항이 적용될 사건이 발생하자 민주당 조정식 사무총장은 26일 "(이재명 대표 수사는) 정적(政敵) 제거를 위한 야당탄압, 정치탄압"이라며 "당헌 80조에 해당하지 않는다"고 했다. 당헌 80조는 문재인 전 대통령이 당 대표 시절에 만든 '반부패 혁신안'의 대표적 내용이었으나 이재명 당 대표가 이 조항에 해당되자 무시하고 있다. 민주당이 선거를 앞두고 개혁적이고 깨끗한 척 보여주기 위한 '이벤트용 당헌'으로 애초(初)에 지킬 생각 없이 내세운 속임수였다.

우리는 어떤 마음으로 인생을 살아갈 것인가? 정직(正直)한 마음을 인생의 근본신조(根本信條)로 삼아야 한다. 인간의 사회생활의 기본질서는 신의(信義)요, 신용(信用)이다. '신의'는 믿음성과 의리(義理 : 사람으로서 지켜야 할 바른 길)를 뜻하며, '신용'은 믿고 의심하지 않음을 뜻한다. 속담(俗談)에 "정직(正直)은 최선의 방책(方策)이다(Honesty is the best policy.)"라고 했다.

모든 사람은 사회공동생활의 일원(一員)으로서 상대방의 신의에 반(反)하지 않도록 성실(誠實)을 본지(本旨)로 행동하여야 한다는 사법상(私法上)의 원칙을 "신의성실(信義誠實)의 원칙"이라고 한다. 민법은 이 원칙을 채택하여 권리의 행사와 의무의 이행은 이 원칙에 따르도록 규정하고 있으며(민법 제2조 제1항), 민사소송법은 당사자와 소송관계인은 이 원칙을 따르도록 규정하고 있다(민사소송법 제1조 제2항). 법과 도덕을 조화시키기 위한 원리다.

<정상배(政商輩)는 '다음 선거'를 생각하고, 정치가(政治家)는 '다음 세대(世代)'를 생각한다(-Clark-)>고 했다. 입법기관이 아니라 오로지 이 대표 방탄을 위해 수단, 방법을 가리지 않고 극한 대립과 투쟁으로 헌정질서를 파

괴하여 무법천지로 만들고 민생을 외면(外面)한 채 정부정책의 발목만 잡는 정상배들을 보면, 국가이익을 우선하여 양심에 따라 직무를 수행하는 국회의원의 모습은 요원(遙遠)하다. 이런 현상이 한국 의정(議政)의 비참한 현 주소다. 의회정치(議會政治)에 대한 국민의 신뢰를 회복하는 길은 태산 같은 범죄혐의를 받는 이 대표가 정직하고 겸허한 자세로 법의 심판을 받는 것이다.

이 대표 체포 동의안이 27일 국회에서 부결됐다. 민주당 의원 169명 중 최소 31명이 체포에 찬성, 기권, 무효표를 던진 것으로 "이 대표에 대한 정치적 불신임(不信任)"을 보인 것이다. 체포 동의안 부결로 구속영장은 자동으로 기각됐으나 앞으로 백현동, 쌍방울 사건 등으로 추가 구속영장이 청구될 가능성이 높다. 체포 동의안을 전부 부결한다고 해도 결국 법정에 나가 재판을 받아야 한다. 태산 같은 범죄혐의로 재판을 받으며 당무를 수행할 수 있겠느냐는 소리도 적지 않지만 이 대표는 당의 방탄 없이는 버틸 수가 없어 당 대표직을 끝까지 고수(固守)한다고 한다.

민주당은 이날 체포 동의안이 부결되자 의원총회를 열고 '김건희 여사 특검'을 추진키로 했다. 문재인 정권 당시 검사들이 샅샅이 파헤치고도 증거를 찾지 못한 사건에 대한 특검은 이 대표에 대한 '방탄용 맞불 놓기 꼼수'에 불과하다. 169석의 거대 야당이 한 개인의 방탄을 위한 사당(私黨)으로 전락해 한국 헌정사(憲政史)에 오점(汚點)을 남겼다.

22. 다섯 번째 비극, "이제 정치를 내려놓으라"는 유언

　이재명 대표는 10일 자신의 사법 리스크(risk)와 관련한 주변 인물들의 잇단 극단적 선택에 대해 "검찰이 없는 사실을 조작하니 억울해서 그런 것 아니겠냐"면서 "이게 이재명 때문이냐, 수사당하는 것이 제 잘못입니까"라고 했다. 본인 잘못이나 책임은 없고 '검찰 탓'이라고만 강조했다. 이 대표의 성남시장 당시 비서실장을 지낸 전형수씨가 극단적 선택을 했다. 그가 남긴 유서(遺書)엔 "이 대표님, 이제 정치를 내려놓으십시오" "더 이상 희생자는 없어야 지요"라는 내용이 포함됐다고 한다.

　직업공무원 출신인 전씨는 2013년 성남시장 비서실장으로 발탁돼 이 대표와 인연(因緣)을 맺었고 2018년 이 대표가 경기도지사에 당선됐을 때 초대 비서실장을 지냈다. 주변에서 행정은 "전형수"라고 할 만큼 이 대표의 신임을 받았다고 한다. 전씨는 성남시 행정기획국장 시절 네이버 관계자를 만나 40억 원을 성남FC에 지원하도록 했다는 혐의를 받았다. 대북 불법송금혐의를 받는 김성태 전 쌍방울 회장이 모친상을 당했을 때 이 대표의 비서실장으로서 조문(弔問)도 했다. 이 대표 사건과 관련해 다섯 사람이 극단적 선택을 했다. 한 사람의 사건과 관련해서 이렇게 많은 사람이 연쇄적 비극을 맞은 유례가 없는 영화 같은 일이 현실에서 벌어지고 있다.

　이 대표 사건관련 숨진 사람은, 2021년12월 10일 유한기 전 성남도시개발공사 개발사업 본부장(이 대표의 반응은 "어쨌든 명복을 빈다"), 2021년 12월 21일 김문기 전 성남도시개발공사 개발사업1처장(이 대표의 반응은 "성남시장 재직 중에 몰랐다"), 2022년 1월 11일 변호사비 대납의혹 최초 제보자 이병철씨

(이 대표의 반응은 안타깝게 생각하고 명복을 빈다), 2022년 7월 26일 이 대표 아내 '법인카드 불법유용 의혹' 사건 참고인 A씨(이 대표의 반응은 "나와 무슨 상관이 있는가. 참 어처구니없다"), 2023년 3월 9일 전형수 전 경기도지사 비서실장(이 대표의 반응은 "검찰의 압박 수사 때문이지, 이재명 때문인가") 등이다.

이 대표는 대선 낙선에도 불구하고 국회의원이 되고 당 대표가 된 것도 자신의 방탄을 위한 것으로 민주당을 동원해 검찰의 체포동의안을 부결시키는 '방탄 국회'를 열고 있다. 그러는 사이 그와의 인연 탓에 그를 도운 다섯 사람이 비극을 맞고 있다. 이 대표는 "이제 내려놓으시라"는 전형수씨의 유언을 무거운 마음으로 새기고, 다섯 번째 '간접살인(間接殺人)'을 책임져야 할 것이다.

이 대표가 11일 시민단체들과 공동주최한 '강제동원 정부해법 규탄대회'에 참석해 "윤석열 정부의 굴욕외교를 심판하자"며 궤변(詭辯)을 쏟아냈다. 그는 집회 맨 앞줄에서 피켓을 들고 "윤 정부 규탄"을 외치며 "자위대의 군홧발이 다시 한반도를 더럽힐 수 있다"고 하며 구한말 역사까지 들먹이며 "제2의 가쓰라-태프트 밀약"까지 언급했다. 이 대표 수사와 관련해 지금까지 5명이 숨졌지만 그는 "검찰의 과도한 압박수사 때문에 생긴 일이지 이재명 때문이냐"고 했다. 최소한의 인간적 도의나 자신의 책임을 인정한 적이 없는 후안무치(厚顏無恥)한 인간으로 측근 장례날도 정치선동구호를 외치며 자신의 정치생명 챙기기에 혈안(血眼)이 되어 광분(狂奔)하고 있다.

23. 이재명의 천인공노(天人共怒)할 만행(蠻行)을
규탄(糾彈)한다

더불어민주당 이재명 대표는 자신을 들러 싼 검찰 수사(대장동, 백현동, 위례신도시 개발특혜비리, 성남FC 후원금, 변호사비 대납, 법인카드 유용 등)에 대해 "대놓고 정치에 개입하겠다는 것"이라며 "검찰과 경찰이 특정 정치세력의 이익에 복무하는 나라는 없다. 이것은 심각한 국기문란(國紀紊亂)"이라고 했다. 이 대표는 의혹이 나올 때마다 유동규씨와 검찰, 여당에 책임을 전가(轉嫁)하며 '정치탄압(政治彈壓)' '조작(造作)'이라고 주장하고 있다.

이 대표는 천문학적(天文學的) 개발이익(開發利益)을 챙겨준 토착비리(土着非理)의혹을 수사해온 검찰이 16일 이 대표에 대해 '4895억 원 배임(대장동사건)' '133억 원 뇌물(성남FC 불법후원금사건)' 등 혐의로 구속영장을 청구하자 "윤석열 검사 독재정권이 검찰권 사유화(私有化)를 선포한 날"이라며 반발했다. 이 대표는 긴급 최고위를 열고 "부정한 돈을 한 푼 취한바 없다"며 "희대(稀代)의 사건으로 역사에 기록될 것'이라고 했다.

이 대표가 이태원 참사 진상규명을 위한 '국정조사'와 '특검'을 요구하는 것은, 이태원 참사를 이용해 대장동 게이트에 대한 검찰 수사에서 벗어나려는 꼼수라고 한다. '성남FC 불법후원금'사건은 이 대표가 성남시장 시절 네이버, 두산건설, 차병원 등 기업의 인허가 청탁을 들어주는 대가로 성남FC에 불법후원금 133억 원을 내게 한 것으로 이 사건의 1차적 책임은 지자체 인허가권(認許可權)을 이용해 기업들에게 돈을 내게 한 이 대표에게 있다. 이 대표는 23일 국회 기자회견에서 윤석열 정부와 검찰을 향해 '강도'

'깡패' '오랑캐'에 빗대며, 검찰수사를 "강도와 깡패들이 날뛰는 무법천지(無法天地)" "법치(法治)의 탈을 쓴 사법(司法)사냥"이라고 주장하며 "오랑캐가 침략을 계속하면 열심히 싸워서 격퇴해야한다"고 했다.

<캐나다 애국동포회>는 2023년 3월 17일 조선일보 A35면에 **<이재명 변호사와 더불어 불량선인(不良選人)들 쌍방을 규탄 합니다!>**라는 광고문에서 다음과 같이 주장하고 있다.

> <이재명 변호사는 이제 그 '미친 혀질'을 멈추십시오. 그렇게 검찰을 비난하는 당신은 실상은 검찰을 사칭(詐稱)하다 전과자(前科者)가 되었습니다. 시도지사가 인허가권을 장난치면 그게 '모리배(謀利輩)'입니다. 북한 애들에게 머리 숙이고 돈 몰래 건네면 그게 '오랑캐'입니다. 솔선수범(率先垂範)없이 아랫사람들에게 다 시키면 그게 '양아치'입니다.>

> <거짓말을 넘어 대장동의 몸통이 윤모씨라는 당신의 뒤집어씌우기 스킬(skill)에서 마치 6.25가 북침(北侵)이고, 우크라이나가 먼저 러시아를 침공(侵攻)했다는 공산당의 생떼가 오버랩(over-lap)됩니다.>

> <당신 때문에 억울하게 유명(幽明)을 달리한 주위의 선한 사람들, 인생이 초토화(焦土化)중인 많은 사람들이 있음에도 당신은 일말(一抹)의 가책(呵責)도 없이 관성적(慣性的) 악행(惡行)으로 국민들을 우롱(愚弄)하고 있습니다. 입에서 나오는 건 오직 거짓과 이산화탄소뿐인 당신은 '어쩌다 나쁜 자'가 아니라 '늘 나쁜 자'입니다. 어렸을 때 훔친 사탕을 다른데 숨겨놓고 선생님의 주머니 검사에 태연히 응하던 문제아(問題兒)가 생각납니다.>

> <'늘 나쁜 자'들은 늘상 훗날의 발각(發覺)에 민감하므로, 절대로 사탕을 자기주머니 속에 보관하지 않습니다. 계좌에 돈이 없다고 죄가 없다고요?

국민들을 바보로 아십니까? 당신의 그 뻔뻔함과 거짓말에서 국민들은 '성악설(性惡說)'을 상기(想起)합니다. 오늘날 맹자(孟子)가 환생(還生)하여 당신을 본다면 다시는 성선설(性善說)을 주장 못할 것입니다.>

<'더불어 불량선인(不良選人)들에게 고함' : 이미 청문회 등에서 그 무식과 무능을 과시한 몇몇 외에, 당신들 개개인 각자의원들이 이변(이辯)보다 못한 게 도대체 뭐가 있습니까?.....이辯보다 의원경력이, 인성이, 기억력이 심지어 내복이 딸립니까? 이 辯보다 전과가, 범죄혐의들이, 거짓말과 쌍욕실력이, 찢는 재주가 넘쳐납니까?.....그리고 시대착오적인 친일 팔이 메뉴는 이제 거두십시오. 역사상 우리나라 최초의 일본과의 연합은 663년 백제 부흥군이 일본과 연합하여 나당연합군(羅唐聯合軍)과 맞붙은 백강전투입니다. 그리고 일본 지배층의 다수는 백제에서 건너간 백제인들입니다. 저급(低級)한 반일선동가 시각으로는 호남이 원조친일(元祖親日)인 것이고, 거기서 몰표(票)를 구걸하는 당신들은 더불어 친일인 것입니다. 그런데 누구를 친일로 매도합니까? 국민들은 자위대의 군홧발보다 이辯의 오리발이, 개 딸들의 설레발이, 더불어의 망발(妄發)이, 주사파의 운동홧발이 훨씬 더 가증(可憎)스러울 뿐입니다.>

<'정상적인 다수의 국민들께 고함' : 좌파들이 자기들에게 표를 안주는 올드 세대들을 젊은 층과 갈라치기 위해 폄하(貶下)하며 칭하는 용어 꼰대, 소위 그 꼰대들이 인구의 다수였던 20세기엔 적어도 이辯과 같은 인간의 자격에 미달하는 자는 정치판에 없었습니다. 그런데 공정 상식 정의를 부르짖는 젊은 층들이 인구의 다수인 작금(昨今) 어떻게 이辯과 같은 변이인간(變異人間)들이 정치판에 나대는 건지 실로 의아(疑訝)할 따름입니다. 이제 이 땅에 그 이름마저 상스러운 개딸 등같이 인간의 탈을 쓴 개의 족속(族屬)이 아닌, 인간의 틀을 갖춘 '사람의 아들'들이 정치판에서 국민을 대리하기를 염원(念願)할 뿐입니다......또한 법원의 유죄판결이 나와도 이辯은 결코 자인(自認)하지 않을 것입니다. 이미 유죄판결을 받은 한모씨나

조모씨 일가처럼 말입니다. 그리하여 국민들께 제안을 드리는 바입니다. 거짓말, 위선, 뻔뻔함 등 이들의 그 경이(驚異)롭고 괴이(怪異)한 DNA를 보전하여 국민들에게 반면교사(反面敎師)의 교훈으로 남기기 위해, 이재(李辯)과 조모씨 양가를 사돈(査頓)의 연(緣)으로 맺어주는 것은 어떨까합니다.>

<대한민국 법무부장관에게 청함 : 이재(李辯)의 징역형이 확정되면 이재(李辯)에게 교도소에서 정치인들만 따로 방을 배정해주는 배방(配房)의 특혜를 제공하지 마십시오. 이미 검찰조사 시부터 상상조차 못할 특혜를 자기 멋대로 누려온 이재(李辯)을 그가 입만 열면 그렇게 사랑하는 서민과 약자의 감방에 배정(配定)해 주십시오. 사회에서처럼 늘 우기고 거짓을 일삼다 법보다 주먹이 앞서는 그곳에서 구타당할 수 있음을 체험케 하시어 이런 류(類)에겐 반지성(反知性)이 특효약임을 깨닫게 해주시길 청원하는 바입니다. "험한 세상에 모진 자를 만나 억울하게 유명(幽明)을 달리한 선량한 분들과 그 가족 분들에게 바칩니다.">

— 캐나다 애국동포회

24. 이재명 대표의 교활한 "대국민 사기극"

대장동 사건에서 뇌물수수혐의 등으로 기소된 정진상(전 더불어민주당 대표실 정무조정실장)씨에 대한 29일 첫 재판에서 검찰이 '성남시청 CCTV'가 '가짜'라는 수사결과를 제시했다. 정진상씨 변호인이 '정씨가 근무했던 성남시청 사무실은 돈을 받을 환경이 아니었다'고 주장한데 대한 반박(反駁)이었다.

이날 서울중앙지법 형사합의23부 심리로 열린 재판에서 정진상씨의 변호인은 "성남시청 사무실은 뇌물제공 자체가 불가능한 구조"라며 "이재명 당시 성남시장(현 더불어민주당 대표)은 뇌물을 가져오는 것을 막기 위해(성남시청 사무실에) 소리까지 녹음되는 CCTV를 설치했다"고 주장했다. 그 CCTV는 이재명 대표가 성남시장일 때 사진까지 공개하며 "돈 봉투를 가져오거나 인사 청탁하는 사람이 많아 설치했다"며 언론에 홍보(弘報)했던 것이다. 하지만 정씨에게 뇌물을 건넸다는 유동규 전 성남도시개발공사 기획본부장은 이 CCTV가 "대국민(對國民) 사기극(詐欺劇) 중 하나"라고 했다.

정진상씨는 성남시 정책비서관이던 2013년~2014년 성남시청 2층 사무실에서 유동규(전 성남도시개발공사 기획본부장)씨로부터 3000만원을 수수했다는 혐의를 받고 있다. 하지만 검찰은 "(정씨 사무실에 설치됐던) CCTV는 가짜"라고 했다. 검찰은 "성남시청에 확인한 결과, 그 CCTV는 회로(回路)가 연결되지 않아 촬영기능이 없는 모형(模型)이었다"면서 "성남시청 내 CCTV에는 관리연번(管理連番)이 부여되는데, 정씨 사무실 CCTV는 연번(連番) 자체가 없었다. 모두 확인된 사실들"이라고 했다. 검찰은 "다른 직원들도 이를 알고 민원인들이 항의방문을 하러 왔을 때도 휴대전화 카메라로 동영상을 촬영했다"고도 했다.

이재명 대표가 '뇌물(賂物) 방지용(防止用)'이라고 언론에 홍보했던 CCTV는 아예 촬영기능이 없는 모형(模型)이었고, 그 사실을 성남시 직원들까지 알고 있었다면 이것이야 말로 교활(狡猾)하고 치졸(稚拙)한 "대국민(對國民) 사기극(詐欺劇)"의 극치(極致)다. 검찰조사를 통해 '비서실 CCTV'는 보여주기 식 선전광고 용임이 확인됐지만 검찰이 직접 관련이 없어 '시장실 CCTV'도 그런 것인지는 확인하지 않았다고 한다. 이것도 홍보용으로 설치한 가짜일 가능성이 다분(多分)하다.

이제 이재명 대표와 그 측근 인사들의 말은 이미 신뢰(信賴)를 상실(喪失)했다. 이 대표는 극단적 선택을 한 김문기씨를 "모르는 사람"이라고 했으나 김씨와 함께 해외출장을 가 골프를 치고, 호주 식당에서 김씨와 마주앉아 식사하는 사진까지 공개됐다. 대장동 일당에게 8억 원을 받은 혐의로 기소된 이 대표 측근 김용씨도 돈 전달 시기와 장소, 액수를 기재한 메모가 나왔는데도 "검찰의 창작 소설"이라고 했다.

이 대표를 위한 쌍방울의 대북송금에 관여한 이화영 전 경기도 평화부지사도 쌍방울측이 다 인정했는데도 "일절 모르는 일"이라고 발뺌했다. '백현동 아파트 개발특혜'의 로비스트로 알려진 김인섭씨가 2014년 성남시장 선거 때 이재명 대표의 선거사무소 임차료를 대납한 사실이 김씨의 공소장에 적시했다고 한다. 이 대표는 작년 2월 대선 TV토론에서 김씨가 "연락도 잘 안 되는 사람"이라고 했었다.

대장동 게이트와 관련된 사건의 모든 비리(非理)와 범죄(犯罪)의 진실은 언젠가 밝혀질 것이다. "거짓말은 도둑놈 될 장본(張本)"이라고 했다. 거짓말을 하는 버릇이 '도둑질의 시초(始初)'라는 말이다. '혀로서 말하지 말고 행동(行動)으로서 말하라'라고 했다. "혀의 마력(魔力)은 모든 마력(魔力) 가운데서도 가장 위험스럽다(The magic of the tongue is the most dangerous of all spells.)."고 했다. "말의 노예(奴隸)가 되지 말라(Be not the slave of words)."고 경고(警告)했다.

인간의 덕성(德性)은 그의 말(言語)에 대한 관계(關係) 속에서 볼 수 있다. 말로 하는 천(千)번의 참회(懺悔)는, 침묵(沈默) 속에 하는 한 번의 참회(懺悔) 만 못하다. "침묵(沈默)은 어떠한 노래보다도 음악적(音樂的)이다(Silence more musical than any song. -C · Rossetti-)." "침묵은 영원(永遠)처럼 깊고, 말은 시간처럼 천박하다(Silence is deep as eternity, speech is shallow as time. -T.Carlyle-)."고 했다.

거짓말과 대국민 사기극을 일삼는 자들이 자신의 잘못을 깊이 뉘우치고 참회(懺悔)의 눈물을 흘릴 날이 언제쯤일까? 인간의 말은 그의 사상(思想)과 행위(行爲) 그 자체(自體)다. 때(時)는 흘러가고 만다. 그러나 한번 입에 담은 말(言語)은 뒤에 남아서 사라지지 않는다. 말은 사상(思想)의 표현이므로 말은 그 표현(表現)과 조화(調和)되지 않으면 아니 된다.

페르시아의 시인 사디(Sadi)는 "말해야 할 때 침묵(沈默)하고, 침묵해야 할 때 말하는 것은 지성(知性)의 두 개의 수치(羞恥)다"라고 말했다. 우리는 말해야 할 때 말하고, 침묵해야 할 때 침묵해야 한다. 그것이 지성(知性)의 덕(德)이다. 세상의 모든 비밀도 '하늘이 알고 땅이 알고, 내가 알고 네가 안다'라는 이른바 "사지(四知)의 교훈"을 이재명과 그 측근들은 깊이 명심(銘心)하고 행동의 좌우명(座右銘)으로 삼아야 할 것이다.

25. 이재명이 고른 혁신위원장, 9시간 만에 자진사퇴

더불어민주당 이재명 대표가 5일 혁신위원장으로 임명한 이래경(69) 사단법인 다른 백년 명예이사장이 '천안함 자폭(自爆)' 등 막말 논란이 불거지자 9시간여 만에 자진사퇴(自進辭退)했다. 이 이사장은 북한의 천안함 폭침 도발(爆沈挑發)을 두고 "자폭(自爆)된 천안함 사건 조작"이라고 했다. 천안함 장병들이 스스로 폭탄을 터뜨려 배를 침몰시켰다는 망발(妄發)이다.

그의 황당한 주장은 이뿐이 아니다. 중국 발 코로나에 대해선 "코로나 진원지(震源地)는 미국"이라고 주장했다. 우크라이나 전쟁은 "우크라이나 젤렌스키 정권의 도발로 시작된 측면이 있다"고 했다. 미국을 향해선 "패악질(悖惡質) 깡패 짓을 한다"고 비판하면서 중국에 대해선 "코로나 과학 방역" "발전하는 현대 중국"이라고 했다. 한미 연합 훈련도 '당장 중단해야한다'고 했다.

그는 윤석열 대통령을 '윤가'라고 부르고 '좀비' '무뇌아(無腦兒)' '조폭 무리' '범죄 집단'이라고 하면서 이재명 대표에 대해선 '보면 볼수록 든든하고 박식(博識)하고 깨끗한 사람'이라고 했다. 이런 사람이 더불어민주당을 쇄신(刷新)하면 그때 당이 어떤 모습일지는 명약관화(明若觀火)하다. 이러니 더불어민주당 내부에서도 "과격(過激)한 언행(言行)과 음모론(陰謀論)에 경도(傾倒)된 인물"이라며 임명철회 요구가 나왔던 것이다.

이 과정에서 비명계가 강력 반발하는 등 당내 갈등(葛藤)이 폭발하면서 이재명 대표체제가 최대의 정치적 위기를 맞았다. 이런 사람에게 혁신위원장을 맡겼으니 쇄신은 허울일 뿐이고 실제로는 이재명 대표 호위용(護衛兵)이다. 자진사퇴로 끝났지만 내로남불, 부정비리, 입법폭주, 포퓰리즘은 바뀌지 않을 것이다. 이 이사장의 사퇴에도 불구하고 당내 갈등은 증폭될 것이다.

26. 대장동 게이트에 관련된 법조인들의 윤리의식 실종

대장동 민간업자인 김만배씨가 최근 검찰에서 "박영수 전 특검측이 대장동 사업을 돕는 대가로 200억 원 상당의 땅과 상가건물 등을 요구했다"는 진술을 했다고 한다. 대장동 일당인 남욱씨, 정영학 회계사도 비슷한 취지의 진술을 했다고 한다. 박영수 전 특검은 혐의를 부인했지만 대장동 사업자들의 진술은 일치하고 있다.

박영수 전 특검은 우리은행 이사회 의장이었다. 우리은행은 대장동 업자 측에 1500억 원 규모의 대출의향서를 발급해줬다. 대장동 업자측은 이를 발판으로 '자금 조달' 항목에서 만점에 가까운 점수를 받았다. 나중에 우리은행 내부반대로 우리은행의 컨소시엄 참여가 이뤄지지 않아 박영수 전 특검이 받기로 한 금액이 50억 원으로 줄었다고 검찰은 보고 있다.

박 전 특검은 대검 중앙수사부장 등 검찰 고위직을 지낸 뒤 2016년 11월 '최순실 국정농단 사건' 특검이 돼 박근혜 전 대통령을 탄핵으로 몰아넣은 사람이다. 그는 2015년 초부터 특검에 임명되기 직전까지 대장동 업자 측 고문으로 일하며 연간 2억 원의 고문료(顧問料)를 받았다. 그의 딸은 대장동 업자 측에 고용돼 대장동 아파트 한 채를 시세의 절반가격에 분양받기도 했다.

대장동 '50억 클럽' 의혹으로 검찰 수사를 받고 있는 박영수 전 특검은 올해 초 정치권에서 '특검이 불가피하다'는 말이 나오자 자신의 휴대전화를 망치로 부쉈다고 한다. 대검 중앙수사부장과 박근혜 대통령을 탄핵으로 몰아넣은 특검까지 지낸 사람이 잡범(雜犯)들이나 하는 증거인멸(證據湮滅)을 한 파렴치(破廉恥)한 행태(行態)에 혀를 차게 된다.

대장동 민간사업자들과 얽혔던 박영수 전 특별검사가 지난 3일 밤 구속됐다. 그의 혐의는 김만배.남욱씨 등에게 19억 원을 받고 200억 원 상당의 부동산 등을 약속받았다는 것이다. 여느 부패사범과 비교해도 죄질은 파렴치한 것이다. 박 전 특검은 검찰의 부정부패 컨트롤 타워인 대검 중수부장 출신의 특별검사로서 박근혜 전 대통령 등의 사법처리로 이어진 '최서원 국정농단 사건' 수사를 지휘했다. 이런 이력(履歷)을 가진 자가 법적·도덕적으로 용인(容認)될 수 없는 비리혐의로 구속된 것이다. "정의로운 검사를 자처(自處)하며 남들을 단죄(斷罪)했던 박영수의 몰락(沒落)"이다.

그 외에도 대장동 사건에선 권순일 전 대법관이 이재명 더불어민주당 대표의 선거법위반 사건에서 대법원의 무죄판결(2020.7.16. 선고 2019도13328 전원합의체 판결)을 주도하고 퇴직 후 화천대유 고문(顧問)으로 가면서 '재판거래'의혹이 불거졌다. 고위직 법조인(法曹人)으로서 대장동 사건을 통해 법조인들의 윤리의식(倫理意識)이 실종(失踪)되고 있다는 사실을 만천하(滿天下)에 고(告)한 것이다.

대장동 사건과 관련해 검찰 수사 대상에 올라있는 권순일 전 대법관이 최근 변호사 활동을 시작했다. 개인 사무실을 열고 어느 기업의 대법원 상고심 사건을 수임했다고 한다. 그는 이재명 더불어민주당 대표의 공직선거법위반 사건에서 대법원의 무죄판결을 주도하고 퇴직 후 화천대유 고문으로 가면서 '재판 거래' 의혹이 해소되기도 전에 변호사 등록을 하고 대법원 사건을 수임해 돈을 벌겠다는 파렴치한(破廉恥漢)이다. 그는 작년 말 변호사 등록과정에서도 대한변협의 자진철회 요구를 받아들이지 않았다.

권순일 전 대법관은 당시 화천대유에서 언론사 인수(引受)건에 대한 경영자문을 했을 뿐 대장동 개발사업과는 무관하다고 주장했다. 하지만 고문료로 받은 돈이 총 1억5000만원이다. 이재명 대표의 공직선거법위반 사건의 대법원 무죄판결이나 대장동 사건과 무관하다는 궤변이다. 일반법관 출신도 이런 상황에 처하면 변호사 활동을 자제한다. 그것이 정상적인 법조인의 자세(姿勢)다. 그런데 대법관을 지낸 사람으로서 자신의 '재판 거래' 의혹이 해소되기도 전에 대법원 사건을 수임해 돈벌이 하겠다는 것이다. 후안무치(厚顔無恥)도 유분수(有分數)다.

대장동 '50억 클럽' 의혹을 수사하고 있는 검찰은 지난 3일 구속한 박영수 전 특검을 추가 조사한 뒤 권순일 전 대법관 등에 대한 의혹을 본격 수사할 것으로 4일 전해졌다. 권 전 대법관은 대법관 재임 중인 2020년 7월 16일 이재명 대표의 공직선거법 위반 재판에서 무죄취지 파기환송판결을 전후해 대장동 사건의 핵심인 김만배씨가 권순일 전 대법관 실을 8차례 찾아갔다는 대법원 청사출입기록이 공개되기도 했다. 이후 권 전 대법관은 뇌물수수, 변호사법 위반, 공직자윤리법 위반 등 혐의로 한 시민단체에 고발당했다.

사람을 심판(審判)하는 자는 명백한 명예(名譽)를 가지며, 허물이 없는 자라야 한다. 사람을 심판하는 자는 스스로 불명예(不名譽) 스러운 일을 하거나 죄를 범하지 말아야 한다. 상당한 명예를 가지고 허물이 없는 자가 아니면 사람을 심판할 자격이 없다. 훌륭한 법관은 자기의 자의에 의하여 또는 사욕(私慾)에 의하여 일을 처리하지 않고 오직 법과 정의(正義)에 따라서 심판해야 한다.

엄정(嚴正)한 법관은 사람보다도 오히려 정의(正義)를 존중(尊重)한다. "돈 때문에 재판을 파는 법관은 재판관수뢰죄(裁判官收賂罪)로 문책(問責)된다(He is guilty of barratry who for money sells justice.)"

27. 이재명 대표와 관련된 사건에서 끊이지 않는 '사법 방해'

이화영 전 경기도 평화부사가 '쌍방울 대북송금 사건'에 이재명 더불어민주당 대표가 개입됐다고 검찰에 진술한 후 더불어민주당의 '사법 방해'가 도(度)를 넘고 있다. 이화영 전 부지사는 2019년 쌍방울이 당시 경기도지사였던 이재명 대표의 방북대가를 포함한 800만 달러를 북한에 불법 송금하는데 관여한 혐의로 재판을 받고 있다. 그가 최근 대북 송금 건을 '이재명 대표에게 보고했다'고 진술했다. 그렇다면 이 대표는 중형(重刑)이 구형되는 '제3자 뇌물' 혐의가 적용된다.

그러자 법무부 장관 출신의 박범계 의원 등이 "검찰은 압박과 회유(懷柔)를 중단하라"며 수원지검을 찾아 연좌시위를 벌였다. 이화영 전 부지사에 대한 특별면회도 신청했다. 영치금과 편지를 보내서 그의 진술을 바꾸도록 하자는 운동도 벌이고 있다. 이 전 부지사 아내가 공판정에서 남편에게

"정신 차리라"고 소리치는 이례적인 장면도 나왔다. 모두가 이 전 부지사를 심리적으로 압박하려는 것이다.

이재명 대표와 관련한 사건에서 '사법 방해'는 이뿐이 아니다. 이 대표의 측근인 김용 전 민주연구원 부원장은 지난 대선 때 성남 대장동 일당에게 불법 경선 자금 8억 원을 받은 혐의로 기소됐다. 그는 불법자금을 받지 않았다며 2021년 5월 자신의 행적(行蹟)을 조작한 알리바이를 제시했다가 검찰의 차량조회로 거짓말한 사실이 드러났다. 이에 앞서 재판부가 그가 신청한 증인에게 알리바이 확인을 위해 휴대전화 제출을 요구했으나 "휴대전화가 갑자기 사라졌다"며 제출하지 않았다. 이러한 증거조작과 인멸은 대표적인 '사법 방해'다.

'사법 방해'는 법치주의와 사법정의를 파괴하며, 재판을 농락(籠絡)하는 심각한 문제다. 일반인들은 감히 '사법 방해'를 꿈도 꿀 수 없다. 유독(惟獨) 대선 후보를 지낸 이재명 대표와 관련한 사건에서 이런 '사법 방해'가 끊이지 않는 것은 무슨 이유인가? 후진국에서나 볼 수 있는 적반하장(賊反荷杖)의 해괴망측(駭怪罔測)한 일들이 잇달아 생기고 있다. 검찰의 수사로 '사법 방해'의 실체를 밝혀야 할 것이다.

이재명 대표의 대장동·위례 등 사건 첫 재판이 6일 1시간 20분 만에 끝났다. 지난 3월 기소 후 공판준비 기일만 진행하다 7개월 만에 열린 첫 정식재판이었는데, 이 대표 측이 "(단식으로) 근육이 많이 소실돼 앉아 있기도 힘든 상황"이라며 조기 종료를 요청했고 재판부가 수용했다. 그 후 이 대표는 병원에 들렀다 국회로 가 '고(故) 채상병 사건' 특검 패스트트랙 표결에 참여했다. 이재명 대표는 재판을 받기 위해 공판정(公判廷)에 출석할 땐 병이 발생하고, 국회 표결에 참석할 땐 병이 발생하지 않는가 보다. 재판지연을 위한 사법방해 꼼수로 볼 수밖에 없다.

이날 재판부는 이 대표 사건을 일주일에 한두 차례씩 열 되 국회일정 등을 고려하겠다고 했다. 야당 대표라는 점 때문에 법원이 너무 질질 끌려 다닌다는 말이다. 이 대표의 공직선거법 위반혐의 재판은 기소 후 1년이 넘도록 1심판결조차 나오지 않았다. 공직선거법 제270조는 "선거범과 그 공범에 관한 재판은 다른 재판에 우선하여 신속히 하여야 하며, 그 판결의 선고는 제1심에서는 공소가 제기된 날부터 6월 이내에, 제2심 및 제3심에서는 전심의 판결의 선고가 있은 날부터 각각 3월 이내에 반드시 하여야한다"고 선거범의 재판기간에 관한 "강행규정(强行規定)"을 하고 있다. '강행규정' 또는 '강행법규'라 함은 당사자의 의사(意思) 여하에 불구하고 강제적으로 적용되는 규범을 말한다.

그런데 재판부는 2주일에 1번 재판을 열면서 1년 넘게 끌고 있다. 재판부가 야당 눈치를 보기 때문 아니냐는 의심을 지울 수 없다. 법원이 "선거범의 재판기간에 관한 강행규정"을 위반하여 직무유기(형법 제122조)를 하고 있다. "형법 제122조 후단 소정의 '공무원이 정당한 이유 없이 직무를 유기한 때'라 함은 직무에 관한 의식적인 방임(放任) 내지 포기 등 '정당한 사유 없이 직무를 수행하지 아니한 경우'를 의미하는 것이다(대판 1997.8.29. 97도675)."

법관징계법에 의하면 '법관이 직무상 의무를 위반하거나 직무를 게을리 한 경우' 법관에 대한 징계사유가 된다(제2조 1호). 법관에 대한 징계사건을 심의·결정하기 위하여 대법원에 법관징계위원회를 둔다(제4조 제1항). 위원회는 심의를 종료한 경우 '징계사유가 있고 이에 대하여 징계처분을 하는 것이 타당하다고 인정되는 경우 징계결정을 한다(제24조 1호). 대법원장은 위원회의 결정에 따라 징계 등 처분을 하고, 이를 집행한다. 대법원장은 징계 등 처분을 하였을 때에는 이를 관보에 게재한다(제26조).

이재명 대표가 13일 열린 자신의 공직선거법위반사건 재판에 나오지 않았다. 이 때문에 지난 8월 25일 이후 49일 만에 열린 재판이 5분 만에 끝났다. 이 대표는 '국정감사 때문에 불출석한다'는 의견서를 재판부에 냈다. 그런데 정작 이날 오전에 열린 상임위원회 국정감사에는 참석하지 않았다. 재판부를 농락(籠絡)한 것이다. 이 대표 측은 국정감사 불참은 '단식으로 인한 건강 문제'때문이라고 했지만 믿기 어렵다.

이재명 대표는 이날 재판이 끝난 뒤 오후에 국회로 가 '고(故) 채상병 사건' 특검 패스트트랙 표결에 참여했다. 이 대표의 재판 불출석은 재판지연 의도로 법원을 우습게 보는 사법방해다. 재판부는 선거범의 재판기간에 관한 강행규정(공직선거법 제270조)을 위반하여 '직무유기(형법 제122조)'를 하며, 피고인은'사법방해'를 자행(恣行)하고 있다. 이런 현상이 한국 사법부의 현 주소다.

28. '쌍방울 불법 대북송금 사건'을 직접 결재 뒤 "수고했다"고 격려하고 '부지사가 몰래했다'는 파렴치한

이재명 대표가 12일 '쌍방울 불법대북 송금송금' 사건의 피의자로 수원지검에 두 번째 출석해 조사받았다. 검찰은 이번 주에 이 사건과 '백현동 아파트 개발특혜 사건'을 하나로 묶어 이 대표에 대한 구속영장을 청구할 방침인 것으로 전해졌다. 이 대표는 경기지사이던 2019년 김성태 전 쌍방울 그룹회장에게 '대북사업을 도와 달라'는 청탁을 받고, 경기도가 부담해야 할 북한 스마트팜 조성비용 500만 달러와 이 대표 본인의 방북 비용 300만 달러 등 총 800만 달러를 쌍방울이 대납하게 했다는 혐의를 받고 있다.

이 대표는 이날 두 번째 조사에서 진술한 내용이 담긴 조서에만 서명·날인하고 지난 9일 작성된 조서에는 역시 서명·날인을 하지 않았다. 이재명 대표가 검찰의 '쌍방울 불법 대북송금 사건' 조사에서 "이화영 전 경기도 평화부지사가 나 몰래 독단적으로 대북 사업을 추진했다"고 진술했다고 한다. 또 북한에 쌀 10만t을 추가 지원하는 경기도 공문에 결재해 놓고 "이화영 전 부지사가 나모르게 도지사 직인이 찍힌 서류를 만든 것"이라며 "서류를 가져오니 결재한 것일 뿐"이라고 답변했다고 한다.

경기도는 '대북 사업'과 같이 중대한 사업을 부지사가 몰래 독단적으로 추진하며, 도지사 모르게 부지사가 서류에 도지사 직인을 마음대로 사용하고 도지사는 부지사가 임의로 만든 서류를 가져오면 무조건 결재만 하는 허수아비라는 궤변(詭辯)이다. 이재명 자신이 추진했던 '불법 대북사업'이 드러나자 그 책임을 측근에게 떠넘기고 스스로 결재한 서류조차 '잘 모른다'고 하는 파렴치한(破廉恥漢)의 사법방해 공작(工作)이다.

이 대표는 이해찬 전 대표의 핵심 측근인 이화영 전 평화부지사를 대북사업의 책임자로 직접 영입(迎入)했다. 2018년 9월 평양에서 열린 남북 정상회담 수행에서 이재명 대표가 배제되자 '독자 방북을 추진했다'고 이화영 전 부지사는 밝혔다. 당시 정진상 경기도 정책실장의 요청도 있었다고 했다. 이화영 전 부지사는 그해 10월 두 차례 방북해 대북 사업과 이재명 대표 방북을 논의했다. 이 대표와 사전 협의 없이는 불가능한 일이다. 이 전 부지사는 대북사업 합의 성과를 발표하면서 이재명 대표 방북일정도 북과 논의한다고 했다. 이 대표는 관련기사를 공유하면서 "이 부지사님 수고하셨습니다. 경기도가 함께 합니다"라고 했다.

경기도는 2019년 5월 북한 김영철에게 대북사업을 함께하자는 내용의 이재명 대표의 공문을 보냈다. 이 대표가 "육로로 평양에 가겠다"고 하자 북측은 "그러면 시간이 너무 걸리니 다른 경로를 찾자"고 했다. 이후 북측은 김성태 쌍방울 회장에게 이 대표 방북대가를 요구했고, 김 회장은 300만 달러를 불법송금 했다. 김성태 회장과 쌍방울 임직원들은 모두 불법 대북송금을 인정했고 북에서 받은 영수증까지 제출했다.

이에 관여한 대북단체 대표도 혐의를 시인했고, 법원의 유죄판결도 나왔다. 버티던 이화영 전 부지사도 "이 대표에게 쌍방울의 대북송금을 보고했다"고 진술했다. 그런데도 이재명 대표는 '몰랐다'며 부인하다가 이제는 '이화영이 나 몰래 했다'는 말까지 한다. 이 대표가 이럴 수 있는 것은 이화영씨가 혼자 뒤집어쓰기로 했다고 확신했기 때문일 것이다.

이화영씨 부인이 법정에서 남편에게 "정신 차리라"고 소리치고, 변호인이 돌연 교체되고, 재판부 기피신천까지 하는 해괴한 일들은 모두 이 과정에서 벌어졌다. 결국 이화영 전 부지사는 자기 진술을 다시 번복했다. 이재명 대표를 비롯한 법 꾸라지들의 법치(法治)를 파괴하는 사법방해 농간(弄奸)에 모두가 놀아나고 있는 것이 갈수록 점입가경(漸入佳境)이다. 무너진 법치를 바로 세워야 대한민국이 산다. 그래야 대한민국이 선진국(先進國) 대열(隊列)에 들어설 수 있다.

민주당이 이재명 대표의 '쌍방울 불법 대북송금' 사건수사를 새로 맡은 이정섭 수원지검 2차장검사를 위장전입 등의 혐의로 대검에 고발했다. 이 검사가 딸의 학교 입학을 위해 위장전입을 했고, 처남 운영 골프장 예약을 했으며, 다른 사람들 범죄 경력조회를 도와줬다는 것이다. 이 검사는 위장전입 사실만 인정했다. 사실여부와 상관없이 이 정도 내용들은 국회 인사청문회가 아니면 문제가 되지 않는 수준이다. 그런 문제를 유독 이 검사에게만 제기하는 것은 그가 이재명 대표를 수사하는 검사라는 사실과 관련이 있을 것으로 검사를 위협해 위축시키려는 꼼수다.

민주당은 이 검사에 대한 탄핵을 검토할 수 있다고 했다. 민주당이 탄핵소추안을 통과시켜 헌법재판소에서 심판이 나올 때까지 이 검사의 직무를 정지시킬 수 있다. 지난 문재인 정권 때는 위장전입 사실이 드러난 대법관과 헌법재판관 후보자도 다 임명했고, 그 사람들은 지금도 현직에 근무하고 있다. 민주당이 이들에 대해선 침묵하다가 이 검사에 대해 탄핵까지 언급하는 이유가 무엇인가? 그동안 민주당은 대북송금 사건 수사 검사들을 지속적으로 압박해 왔다. 이정섭 검사가 새로 수사를 총괄하게 되자 고발하고 탄핵하겠다고 한다. 범죄혐의자 측이 수사 검사를 직접적으로 공격하는 것은 적반하장(賊反荷杖)으로 이 대표 방탄을 위한 것이다.

"모든 국민은 법 앞에 평등하다(헌법 제11조 제1항 전단)." "헌법 11조 1항의 규범적 의미는 이와 같은 '법 적용의 평등'에서 끝나지 않고, 더 나아가 입법자에 대해서도 그가 입법을 통해서 권리와 의무를 분배함에 있어서 적용할 가치평가의 기준을 정당화할 것을 요구하는 '법 제정의 평등'을 포함한다. 따라서 평등원칙은 입법자가 법률을 제정함에 있어서 법적 효과를 달리 부여하기 위하여 선택한 차별의 기준이 객관적으로 정당화될 수 없을 때에는 그 기준을 법적 차별의 근거로 삼는 것을 금지한다. 이때에 입법자가 헌법 11조 1항의 평등원칙에 어느 정도로 구속되는 가는 그 규율대상과 차별기준의 특성을 고려하여 구체적으로 결정된다(헌재결 2000.8.31. 97헌가12).

29. '불체포특권 포기' 약속 깬 이재명의 방탄용 단식

이재명 민주당 대표가 20일 자신의 체포동의안 표결과 관련해 부결시켜야 한다고 주장했다. 이 대표는 지난 6월 교섭단체 대표연설에서 재차 '불체포특권 포기'를 약속했지만 석 달 만에 뒤집은 것이다. 불과 열흘 전만 해도 "당당하게 영장심사를 받겠다"고 했다. 그런데 막상 표결을 하루 앞두고 표변(豹變)했다.

'병상 단식'을 하는 이 대표는 페이스북에 '검찰 독재의 폭주 기관차를 멈춰주십시오'라는 제목의 글을 올렸다. 이 대표는 "명백히 불법 부당한 이번 체포동의안의 가결은 정치 검찰의 공작수사에 날개를 달아줄 것"이라며 "검찰의 영장청구가 정당하지 않다면 삼권분립의 헌법질서를 지키기 위한 국회의 결단이 필요하다" "검찰은 지금 수사가 아니라 정치를 하고 있다. 가결하면 당 분열, 부결하면 방탄 프레임에 빠트리겠다는 꼼수"라며 "올가미가 잘못된 것이라면 피할 게 아니라 부숴야한다"고 썼다. 헌정질서(憲政秩序)를 파괴한 자의 궤변(詭辯)이 갈수록 점입가경(漸入佳境)이다.

이 대표에 대한 검찰의 구속영장 청구서는 총 142쪽으로 '구속을 필요로 하는 사유'가 전체의 3분의1이 넘는 51쪽 분량이다. '범죄혐의 소명' '범죄의 중대성' '증거인멸 염려' 등이 구속사유로 제시됐다. 검찰은 이 대표에게 적용된 제3자 뇌물, 배임, 위증교사 등 혐의는 '최소 11년 이상 36년 6개월 이하 징역, 최대 무기징역'이 선고될 수 있는 중범죄라고 판단했다. 검찰은 영장청구서에서 "이 대표는 범죄가 심히 중대함에도 개전(改悛)의 정을 보이기는커녕 정치의 영역으로 끌어들여 처벌을 피하려고 시도하고 있다"고 밝혔다.

이 대표의 지난 대선 이후 정치활동은 전부 자신의 불법혐의를 방어하고 구속을 막는 것이었다. 대선에 패배하고 석 달 만에 국회의원에 출마한 일, 의원이 된 두 달 후 당대표에 출마한 일, 단 하루도 빠짐없이 방탄 국회를 연 일, 체포동의안이 올라오자 불체포특권 포기공약을 깨고 특권 뒤에 숨은 일, 이를 위해 뇌물·돈 봉투 연루 의원 체포동의안까지 부결시킨 일 등이다. 비판이 커지자 이 대표는 또다시 '불체포특권 포기'를 선언했다. 그러나 검찰이 출석을 요구하자 갑자기 단식을 시작했다.

구속영장이 청구된 날 병원에 실려 갔고, 포기했다던 불체포특권을 또다시 행사하겠다고 한다. 단식도 구속을 피하려는 꼼수였음을 자인(自認)한 것이다. 이 대표의 어떤 말을 믿어야 할지, 믿을 말이 있기는 한지 국민들이 새삼 혀를 차게 만든다. 이재명 사건에서 새삼 확인한 바는 "한국이 부끄러움을 잃어버린 사회"라는 것이다. 이재명은 자신으로 인해 5명의 사망자가 발생했고, 관련자 25명이 법정 구속되었으나 거리낌 없이 방탄을 위한 야당 대표로 변신(變身)했다. 이 대표는 대오각성(大悟覺醒)하여 새사람이 되어야 한다.

30. 헌정 사상 첫 야당 대표 체포동의안 국회 본회의 통과와 '배신자' 색출 및 '영장 판사' 겁박

이재명 더불어민주당 대표에 대한 체포동의안이 21일 국회 본회의에서 통과됐다. 제1야당 대표에 대한 체포 동의안이 통과된 것은 헌정사상(憲政史上) 처음이다. 이 대표는 영장심사를 통해 구속여부가 결정되지만 체포동의안 가결만으로 이 대표의 지도력과 정치생명에 치명상(致命傷)을 입었다. 이 대표 체포동의안은 국회 본회의에서 재적의원 295명 중 가결 149표, 부결 136표, 기권 6표, 무효 4표로 통과됐다. 민주당 등 야권에서 반란표가 최소 29표 나온 것으로 해석된다. 이 반란표는 의원이 의회주의(議會主義:parliamentarism) 확립을 위해 헌정질서(憲政秩序:헌법 제46조)에 부합하는 정당한 표결방법(국회법 제112조)을 행사한 것으로 보아야 한다.

이 대표는 스스로 몇 번이나 '불체포특권을 포기 한다'고 한 대국민 약속까지 파기(破棄)하며 '방탄(防彈)'을 요청했다. 그러나 극성 지지층에 기대는 '팬덤 정치'는 총선을 앞두고 민심을 살펴야 하는 야당 의원들의 반란표 앞에 역풍(逆風)을 맞았다. 구속 기로(岐路)에 선 이 대표의 리더십 타격(打擊)은 불가피하며 당내 갈등(葛藤)도 격화(激化)하고 있다. 체포동의안 가결의 결정적 이유로 이 대표의 전날 '부결 요청'이 꼽힌다. '단식 목적이 결국 방탄이었나' '정치인의 기본신뢰(基本信賴)를 저버렸다' 같은 반응이었다.

"가결 의원들을 색출, 정치생명을 아예 끊어버릴 것"이라고 협박했던 극성 지지층과 이를 방조(幇助)하면서 사실상 이용했던 이재명 지도부에 대한 피로와 반감이 분출(噴出)했다. 비명계는 공개석상에선 침묵했지만 비밀 투표소에서 본심(本心)을 드러냈다. 끝없는 방탄과 입법 폭주(暴走)로 멍들었던 민주당이 내분(內紛)에 빠질 가능성이 크다. 이 대표가 최소한의 책임감이라도 느낀다면 대표직을 사퇴하고 성실하게 검찰수사와 재판에 임하는 것이 정도(正道)다. 이 대표가 결자해지(結者解之)해야 한다.

이날 국회는 법무부에 체포동의안이 가결됐다고 회신했다. 이에 따라 서울중앙지법은 이 대표에 대한 구속영장 실질심사 일정을 22일 결정할 것으로 전해졌다. 앞서 검찰은 지난 18일 이 대표에 대한 구속영장을 청구하면서 '범죄의 중대성'과 '증거인멸 우려'를 구속사유로 제시했다. '쌍방울 불법 대북송금' '백현동 아파트 특혜개발' '위증 교사(敎唆)' 등 극악무도(極惡無道)한 만행(蠻行)을 저지른 혐의가 '최하 징역 11년, 최고 무기징역'을 받을 수 있는 중범죄라는 게 검찰의 판단이다. 검찰은 이 대표가 범죄를 부인하는 등 증거인멸 동기가 분명하고 사안(事案)의 성격상 조직적, 계획적 증거인멸 가능성이 있다고 했다.

이 대표 체포동의안 가결 이후 민주당에서 찬성표를 던진 의원들에 대한 색출광풍(索出狂風)이 벌어지고 있다. 민주당 지도부는 연일 "당대표를 팔아먹은 해당(害黨) 행위자에 대해 상응조치(相應措置)를 취(取)하겠다"며 몰아붙이고 있다. 이 대표도 "당원들이 질책(質責)하고 고쳐 달라"고 했다.

민주당은 '국회의원은 직무상 행한 표결(表決)에 관하여 국회 외에서 책임을 지지 아니한다(헌법 제45조).'는 헌법과 '의원은 국민의 대표자로서 소속 정당의 의사(意思)에 기속(羈束)되지 아니하고 양심에 따라 투표한다(국회법 제114조의2).'는 국회법을 각각 위반한 위헌정당(違憲政黨)으로 공산독재 국가에서나 있을 일이다.

'정당은 그 목적·조직과 활동이 민주적이어야 하며, 국민의 정치적 의사형성에 참여하는데 필요한 조직을 가져야 한다(헌법 제8조 제2항).' '정당의 목적이나 활동이 민주적 기본질서에 위배될 때에는 정부는 헌법재판소에 그 해산을 제소(提訴)할 수 있고, 정당은 헌법재판소의 심판에 의하여 해산된다(헌법 제8조 제4항).'

국민들은 이 대표 체포안 통과를 계기(契機)로 민주당이 자성(自省)하고 쇄신(刷新)하기를 기대했으나 헌법(헌법 제8조, 제45조, 제46조)과 국회법(국회법 제114조의2)에 도전(挑戰)하며 헌법과 법률을 파괴하는 반민주·전체주의 정당으로 전락해 폭주(暴走)하고 있다. 26일 이 대표의 구속영장 실질심사를 앞두고 민주당이 담당 판사에 대한 조직적 압박(壓迫)에 나서고 있다.

민주당 지도부는 소속의원 168명 전원에게 구속영장 기각을 요구하는

'탄원서(歎願書)' 제출을 요구했다. 집단적인 탄원서 공세를 통해 영장 담당 판사를 겁주고 압박해 사법적 판단에 영향을 미치겠다는 꼼수다. 야당 대표에 대한 구속여부 결정은 법관이 큰 부담을 느낄 수밖에 없다. 민주당의 파렴치(破廉恥)한 판사 겁박행태(劫迫行態)는 사법방해(司法妨害)라는 비판을 피할 수 없을 것이다.

31. 이재명 구속영장 기각과 대통령 사과 및 법무부 장관 파면 요구

이재명 대표에 대한 구속영장이 27일 기각되면서 여야의 대치정국(對峙政局)은 더욱 격화(激化)됐다. 서울중앙지법 유창훈 영장전담 부장판사는 "증거인멸 염려의 정도 등을 종합하면 불구속 수사의 원칙을 배제할 정도로 구속의 사유와 필요성이 있다고 보기는 어렵다"며 구속영장을 기각했다. 이에 대해 이 대표는 "사법부에 감사 한다"며 "상대를 죽여 없애는 전쟁이 아니라, 국민을 위한 정치로 되돌아가야한다"고 했다. 민주당은 즉각 '윤석열 대통령 사과'와 '한동훈 법무부 장관 파면'을 요구하며 총공세(總攻勢)에 나섰다.

법원은 피고인이 죄를 범하였다고 의심할 만한 상당한 이유가 있고, 피고인이 ① 일정한 주거(住居)가 없는 때 ② 증거를 인멸할 염려가 있는 때 ③ 도망하거나 도망할 염려가 있는 때에 해당하는 사유가 있는 경우에는 피고인을 구속할 수 있다(형사소송법 제70조 제1항). 구속사유가 문제될 수 있는 것은 그 판단의 주체(主體)다. 구속사유는 구체적 사실을 기초로 인정되어야 하며, 법관의 주관적 추측이나 염려로 판단할 사항이 아니다. 영장주의(令狀主義)의 본질은 신체의 자유를 침해하는 강제처분을 함에 있어서는 '중립적(中立的)인 법관'이 구체적 판단을 거쳐 발부한 영장에 의하여야만 한다는 데에 있다{헌재결 1997.3.27. 96헌바28.31.32(병합)}.

강제처분(强制處分)을 함에는 원칙적으로 "정당한 이유"가 있는 경우에 검사의 신청에 따라 법관의 사전영장(事前令狀)을 필요로 한다는 것이 영장주의(令狀主義)다. 여기서 '정당한 이유'란 주거에 대한 압수나 수색이 객관적으로 필요한 것으로 인정될 만한 충분한 사유를 말한다. 영장(令狀)의 종류에는 소환장, 구속영장과 압수·수색영장의 3종이 있다. 체포·구속·압수 또는 수색에 있어서의 영장주의는 헌법적 요청이다(헌법 제12조 제3항).

이번 구속영장 기각엔 납득하기 힘든 점이 허다(許多)하다. 유창훈 영장전담 부장판사는 27일 새벽 이재명 대표의 구속영장을 기각하면서 총 892자의 기각사유를 제시했다. 기각사유를 요약하면, "위증교사(僞證敎唆)" 혐의만 소명됐다고 봤고, "야당 대표는 '공적감시와 비판의 대상'이라서 증거인멸의 염려가 있다고 단정하기 어렵다"고 판단했다. 결국 정치적인 부담의 차이 때문에 송영길 전직 대표는 구속하고, 이재명 현직 대표 영장은 기각한 것으로 판사가 법리(法理)가 아니라 정치적 판단을 한 것이다.

이를 두고 법원 내부에서도 "정치적 고려(考慮)가 있었다는 걸 자인(自認)하는 내용"이라는 지적이 제기됐다. 검찰관계자는 "단지 정당 대표신분 때문에 증거인멸의 염려가 없다고 적시한 건 사법에 정치적 고려가 있는 것은 아닌지 우려(憂慮)된다"고 비판했다. 이재명 대표는 자신과 관련한 수사가 "정치보복'이라며 단식까지 했다. 더불어방탄당은 잘못이 드러나면 거짓주장을 일삼으며 검찰에 역공(逆攻)을 퍼붓는 게 일상(日常)이 됐다.

첫째, '위증교사 혐의'다. 이 대표의 '위증교사 혐의'에 대해 유 판사는 "혐의가 소명(疏明)되는 것으로 보인다"고 했다. 이 대표는 2018년 경기지사 선거 방송토론회에서 과거 자신이 '검사 사칭(詐稱)'으로 형사처벌을 받은 사안에 대해 "누명(陋名)을 썼다"고 주장했다. 하지만 이 대표는 허위사실공표(공직선거법 위반)혐의로 기소됐고, 이후 증인에게 거짓증언을 교사(敎唆)해 무죄판결을 받았다. 이 혐의와 관련해 검찰은 이 대표가 증인에게 위증을 교사한 녹취록을 확보했다.

둘째, '백현동 특혜제공 혐의'다. 이 대표의 '백현동' 관련혐의에 대해 유 판사는 "이 대표의 (당시 성남시장)지위, 관련 결재문건, 관련자들의 진술 등을 종합할 때 이 대표의 관여가 있었다고 볼 만한 상당한 의심이 든다"고 했다. 그러면서도 "직접증거가 부족해 이 대표의 방어권이 배척될 정도에 이른다고 단정하기 어렵다고 보인다"고 했다. 이에 대해 검찰 관계자는 "이 대표가 용도변경 등 관련서류에 직접 결재하고, 이 대표의 지시가 있었다는 담당 공무원 진술과 법정증언이 있었는데도 이 대표가 관여한 증거가 없다고 하는 법원판단은 납득하기 어렵다"고 했다. 결재권자인 이 대표의 지시 없이 특혜를 줄 수 없다는 것은 상식이다.

셋째, '쌍방울 대북송금 관여 혐의'다. 유 판사는 "쌍방울 불법 대북송금" 관련 혐의에 대해선 "핵심 관련자인 이화영(전 경기도 부지사)의 진술을 비롯해 현재까지 관련 자료에 의할 때 이 대표의 인식이나 공모여부, 관여정도 등에 관하여 다툼의 여지가 있다고 보인다"고 했다. 이에 대해 검찰은 이화영씨의 "300만 달러 방북비 대납보고" 진술, 이 대표가 경기지사로서 결재했던 대북사업 관련서류, 김성태 전 쌍방울 회장과 이 대표의 통화 등의 관련 증거가 있다는 입장이다. 유 판사도 이화영의 '방북비 보고' 진술의 '임의성'은 인정했다. 그 진술을 할 때 검찰의 회유·압박은 없었다는 것이다.

넷째, '증거인멸 우려'다. 이 대표에 대한 영장실질심사의 핵심 쟁점(爭點)은 '증거인멸(證據湮滅)'이었다. 유 판사는 모두 이 대표에게 유리한 방향으로 판단했다. '위증교사'와 '백현동 특혜제공' 혐의에 대해 그는 "현재까지 확보된 인적·물적 자료에 비추어 증거인멸 염려가 있다고 보기 어렵다"고 했다. 이 말은 '더 이상 인멸할 증거가 없을 것이라는 의미'다. 검찰은 당시 구치소 대화가 녹음된 파일을 실질심사에서 재생했으나 유 판사는 "이 대표가 직접적으로 개입했다고 단정할 만한 자료는 부족하다"고 했다. 검찰 관계자는 "칼을 꼭 쥐여 주고 살인을 지시해야 살인 지시인가"라며 "이화영씨의 진술을 회유(懷柔)해서 가장 이득을 얻은 건 이 대표 본인"이라고 했다.

이 대표에 대한 유 판사의 영장기각 사유 중 "위증교사(僞證敎唆) 혐의가 소명(疏明)되는 것으로 보인다" "야당 대표는 '공적감시 대상'이라서 증거인멸의 염려가 있다고 단정히기 어렵다"는 것은 상호모순(相互矛盾)되며, 이율배반적(二律背反的) 논리로 궤변(詭辯)과 요설(饒舌)에 불과하다. 그렇다면 '공적감시 대상'이 아닌 '일반 국민'만이 구속의 대상이라는 궤변이다. 전과 4범에 10개가 넘는 범죄혐의자가 구속을 피하고자 사법방해(司法妨害)를 자행(恣行)하는 "야당 대표이기 때문에 증거인멸의 염려가 있는 것"으로 보아야 한다. 유 판사는 재판관이 '재판과정'에서 밝혀야 할 "유무죄 여부"를 "구속의 사유" 해당여부를 심사하는 단계에서 이를 판단한 과오(過誤)를 범한 것으로서 재판관이 아니라 '법률 기술자' 또는 '피의자의 변호인'으로 전락한 것이다.

이 대표는 영장전담 판사에게 "딱 하나만 부탁하는데 방어만 할 수 있게 해 달라"며 "제가 조그만 방에 혼자 있으면서 검사 수십 명이 덤비는데 어떻게 방어를 하겠나"라고 말했다고 한다. 유 판사는 구속을 피하기 위한 피의자의 치졸(稚拙)한 간청(懇請)을 과감(果敢)히 물리쳤어야 했다. 수원지법이 '쌍방울 불법 대북송금' 사건으로 기소된 이화영 전 경기도 부지사의 구속기간을 연장했다. 재판부는 "증거인멸과 도주 우려가 있다"고 판단했다. 문제는 이 판단이 이재명 대표 구속영장을 기각한 서울중앙지법 유창훈 영장전담 판사의 판단과 너무 다르다는 점이다.

유 판사는 이 대표의 위증교사 혐의를 인정하면서도 "확보된 자료에 비춰 증거인멸 염려가 있다고 보기 어렵다"고 했다. 이 전 부지사는 이 대표가 대북사업을 위해 영입한 사람이다. 그런데 유 판사는 "이 대표 공모여부에 다툼여지가 있다"고 했다. "이 전 부지사가 독단적으로 대북사업을 추진한 것"이라는 이 대표 주장에 무게를 둔 것이다. 부지사가 지사 몰래 대북사업을 한다는 게 상식적으로 말이 되나. 이 대표는 대장동 사건을 비롯해 총 7가지 사건 10가지 혐의로 수사와 재판을 받고 있다. 관련사건으로 구속된 사람만 21명인데, 이 대표를 빼면 이들의 범죄 사실은 성립하지 않는 구조다. 범죄의 손발역할을 한 사람들은 무더기로 구속됐는데 그 정점(頂點)에 있는 이 대표 구속영장은 기각됐다. 이것이 공정하냐는 질문에 유창훈 판사는 대답해야 한다.

이 대표의 구속영장을 기각한 유창훈 판사는 '법관은 헌법과 법률에 의하여 그 양심에 따라 독립하여 심판한다(헌법 제103조).'는 헌법과 '구속의 사유'를 규정한 형사소송법 제70조 및 '모든 공무원은 법령을 준수하며 성실히 직무를 수행하여야 한다(국가공무원법 제56조)'는 법률을 각각 위반한 것으로 보아야 한다. "법관이 그 직무집행에 있어서 헌법이나 법률을 위배한 때에는 국회는 탄핵의 소추를 의결할 수 있다(헌법 제65조 제1항)." "법관이 직무상 의무를 위반하거나 직무를 게을리 한 경우 법관에 대한 징계사유가 된다(법관징계법 제2조 1호)." 법관에 대한 징계사건을 심의·결정하기 위하여 대법원에 법관징계위원회를 둔다(동법 제4조 제1항). 대법원장은 위원회의 결정에 따라 징계처분을 하고 이를 집행한다(동법 제26조 제1항).

재판관은 법관이지 정치인(政治人)이나 사상가(思想家)가 아니다. 헌법 제103조의 "법관으로서의 양심(良心)"은 선하고 옳은 것에 대한 도덕적 가치인식(價値認識)이 법관 개인이 주관적(主觀的)으로 갖는 가치인식이 아니라 그 사회 전반에서 보편타당(普遍妥當)한 것으로 받아들려 지고 있는 도덕적 가치인식을 말한다. 법관이 재판에서 준거(準據)하는 가치기준(價値基準)은 공정과 보편타당성(普遍妥當性)이며, 어느 한편에 좌표(座標)를 정한 정치적 이념이나 사상(思想)은 보편타당성을 방해하는 인자(因子)일 뿐이다. 이러한 정치적 이념이나 사상에 영향을 받은 재판은 보편타당성이 훼손된 것으로 볼 수밖에 없다. 법관은 자신이 가지고 있는 인간으로서의 양심, 주관적인 가치인식(價値認識)인 양심이 아니라 그 사회에서 받아들려 지고 있는 '보편타당한 가치인식인 양심'에 따라 재판해야 한다(이회창 회고록: 1 나의 삶

나의 신념 · p189~191).

"정치는 법률에 적용되어야 하지만 법률은 정치에 적용되어서는 아니 된다(Politics are to be adapted to the laws, and not the laws to politics.)." "정의(正義)로부터 일탈(逸脫)하는 자는 스스로 죄를 범한 자이다(He who flies from justice acknowledge himself a criminal.)"

32. 이재명, 뉴스타파 가짜 뉴스 20대 대선 전날 475만 명에 뿌렸다

지난해 20대 대선에서 이재명 당시 더불어민주당 후보(현 대표)가 인터넷 매체 뉴스타파의 '윤석열 커피' 가짜 뉴스를 공식 선거운동 문자메시지로 유포(流布)한 것으로 2023년 10월 4일 드러났다. 중앙 선거관리위원회가 국민의힘 박성중 의원실에 제출한 자료에 따르면 이 후보는 지난해 3월 8일 오전 9시 뉴스타파의 기사를 "이재명 억울한 진실"이라는 제목과 함께 선거운동 문자로 475만1051건 발송했다. 20대 대선의 본 투표 하루 전날이었다.

해당 기사는 뉴스타파가 3.9 대선 사흘 전 대장동 사건 주역(主役)인 김만배씨와 신학림 전 언론노조위원장의 인터뷰를 편집해 '윤석열 후보가 2011년 부산저축은행사건 수사 때 브로커 조모씨에게 커피를 타줬다'며 봐주기 수사의혹을 보도한 것이다. 그러나 지난달 뉴스타파가 공개한 녹취록 전문에 따르면 '윤석열이 커피를 타줬다' 등은 짜깁기 된 허위 내용이었다. 김만배씨가 인터뷰 직후 신씨에게 '책값' 명목으로 1억6500만원을 지급한 사실도 밝혀졌다.

선거운동 문자메시지는 건당 단문(45자) 약 10원, 장문(1000자) 약 30원으로 최소 약 4800만원이 뉴스타파 기사 살포(撒布)에 쓰인 것으로 추산된다. 선관위에 따르면 이 후보는 대선 공식선거운동이 시작된 2월 15일부터 본투표 전날인 3월 8일까지 총 5회에 걸쳐 문자메시지를 7억2000만원어치(2277만759건) 발송했다. 뉴스타파 기사가 담긴 문자는 이 중 4번째로, 투표참여를 호소하려고 3월 8일 오전 10시에 마지막으로 발송된 문자(467만4827건)보다도 양이 많았다. 대선에서 47.83%를 득표한 이 후보는 '윤석열 커피' 문자 발송비를 포함해 선거비 전액을 보전 받았다.

인터넷 매체 뉴스타파는 대선 사흘 전인 작년 3월 6일 오후 9시 40분 '[김만배 음성파일] 박영수-윤석열 통해 부산저축은행 사건 해결'이란 제목의 기사를 올렸다. 대장동 게이트가 윤석열 당시 국민의힘 대선후보 때문에 벌어진 일이란 취지의 기사로, 김씨의 인터뷰는 6개월간 음성파일로 남아 있다가 대선 직전에 기사로 나왔다. 이 후보는 이 기사가 올라온 직후 자신의 페이스 북에 링크를 공유하며 "널리 알려 주십시오. 적반하장 후안무치의 이 생생한 현실을"이라고 썼다. 이 후 1~2시간이 지나 경향신문·한겨레·오마이뉴스 등 친 민주당 언론사들이 잇따라 인용보도를 했고, 밤사이 온라인 커뮤니티를 통해 뉴스가 급속히 확산됐다.

팩트체크넷에 참여한 뉴스타파는 작년 대선 사흘 전 "윤석열 국민의힘 대선후보가 2011년 부산저축은행 사건 수사 때 대장동 대출 브로커 조모

씨를 만나 커피를 타주고 대장동 사건을 무마했다"는 신학림 전 전국언론
노조위원장의 허위 인터뷰를 그대로 보도했다. 터무니없는 가짜 뉴스였다.
당시 KBS와 MBC, YTN, JTBC, 한겨레신문 등은 이 내용을 그대로 받아 크
게 보도했다. 이를 계기로 이재명 대표와 더불어민주당은 "대장동은 윤석
열 게이트"라고 주장했다. 이 일로 KBS등은 방통위에서 중징계를 받았다.

이런 가짜 뉴스를 만들고 퍼뜨리는데 앞장섰던 매체의 인사들이 국민
세금으로 가짜 뉴스를 잡는다는 팩트체크 조직을 운영했다는 것이다. 이
들은 건당 5만~15만원씩의 사례비도 받았다. 팩트체크넷 인사 중엔 김만
배에게 수억 원을 받은 사람도 있었다. 팩트체크넷은 그동안 자신들이 했
던 팩트체크 내용조차 확인할 수 없도록 만들었다.

뉴스타파의 기사는 비(非) 당사자의 전언(前言)말고는 물증(物證)이 전혀
없는 기사였지만 친야 성향 매체들은 제목에 상대(윤석열 후보) 측 반론(反論)
없이 보도했다. 날이 밝자 이 후보는 페이스 북에 해당 뉴스타파 기사를 재
차 공유하며 "거짓은 참을 이길 수 없다. 대장동 사건의 진실도 함께 드러
나고 있다"고 썼고, 이튿날엔 약 475만 명에게 보내는 문자메시지로 다시
기사링크를 퍼뜨렸다. 해당 페이스 북 글들은 현재 삭제됐다. 대검찰청에
따르면 지난 20대 대선 때 허위사실공표 등을 저지른 여론조작 사범은 431
명으로 전체 기소된 선거범의 절반이 넘는 약 59%를 차지했다.

"인생에서 무엇보다도 어려운 것은 거짓말을 하지 않고 사는 것이다
(F.M Dostoevskii)." 도스토예프스키는 인생에서 가장 어려운 것은 거짓말을
하지 않고 사는 것이라고 말했다. 거짓말을 하지 않고 살아가는 것은 인간

의 양심(良心)의 요구다. 내 속에 있는 생명이란 양심을 말한다. 양심(良心)이 내 속에 있는 동안, 나는 살아 있는 것이다. 나는 양심이 어디서 오는 것인지 알지 못한다. 그러나 그것이 내 속에 있을 때, 나는 그것을 알고 있다. 양심의 소리는 이해(利害)를 초월한 미묘(微妙)하고 아름다우며 우리의 노력에 의해서만 얻을 수 있다. 양심이란, 이 세상의 모든 의의(意義)에 대한 인식이다. 양심이야 말로 선(善과) 악(惡)에 대한 확실한 판결자(判決者)이다.

"사는 것이 중요한 문제가 아니라 바로 사는 것이 중요한 문제다 (Socrates)." 사는 것이 중요한 문제가 아니라 '어떻게 사느냐'가 중요한 문제다. 참되게 살고 아름답게 살고 의(義)롭게 살아야 한다. 잘 살려는 의지(意志)도 중요하지만 '바로 살려는 의지(意志)'가 더 중요하다. 소크라테스는 정의(正義)의 철인(哲人)이었다. 우리는 그에게서 추상(秋霜)과 같은 정의(正義)의 정신을 배워야 한다.

33. '경기도 법인카드 불법유용 의혹'을 공익 신고한 전직 공무원의 국회 기자회견

작년 1월 더불어민주당 이재명 대표 아내 김혜경씨의 '경기도 법인카드 불법유용 의혹'을 공익 신고했던 전직 경기도 공무원 조명현씨가 18일 오전 국회에서 기자회견을 했다. 지난 2년간 언론에 노출(露出)된 그의 이름은 'A씨'였고, 얼굴은 모자이크 처리됐었다. 그는 자신의 얼굴을 드러낸 이유에 대해 "잘못한 이 대표는 당당한데 나는 왜 숨어 지내면서 신용불량자까지 돼야 하나"라며 "이게 정당한 일인가"라고 했다.

조씨는 이날 기자회견에서 "이 대표와 김씨가 해온 일들은 명백한 범죄 행위"라고 했다. 조씨는 19일 국민권익위원회 국정감사에 참고인으로 출석할 예정이었다. 야당이 이를 뒤늦게 알고 취소시키자 이날 오전 국회 기자회견장에 나온 것이다. 조씨는 기자회견 후 조선일보 인터뷰에서 "숨어 살다가 '국정감사에 나가겠다'고 어렵게 낸 용기를 거두고 싶지 않았다"고 했다. 그는 "나의 신고를 두고 '돈 때문에 그런다' 따위의 음해성(陰害性)말을 들었다"며 "돈 때문이었다면 신고 대신 이 대표를 찾아갔을 것"이라고 했다.

그는 공익 신고 후 결혼을 했지만, 작년 한 해는 몸도 마음도 엉망이라 일을 하지 못했다고 한다. 올 1월 말에야 야간 택배기사로 일을 시작했지만, 40㎏짜리 덤벨 등 무거운 물건을 배달하다 다쳐 이마저도 6개월 만에 그만둬야 했다. 조씨는 결국 신용불량자 상태가 됐다. 그는 "이번 국정감사 때 생계가 곤란한 공익신고자의 경제적 지원, 취업훈련제도가 필요하다고 말하고 싶었지만, 민주당의 채택 취소로 기회를 잃었다"고 했다.

조씨는 몸도 아프고 수입도 끊겼지만, 경기도 비서실 공무원으로 일하며 '샴푸' '초밥' 심부름을 했던 일 등을 최근 몇 달간 글로 썼고, 이를 조만간 책으로 낼 예정이다. 제목은 미정(未定)이지만, 부제(副題)는 '이재명의 신박한 법카 놀이' 등을 생각하고 있다. 그는 "죄인처럼 숨어 지내야 했던 나 자신의 명예를 회복하기 위함"이라고 했다. 그는 "나는 사실만 얘기했고, 증거도 많다"며 "이 대표가 법인카드가 자신과 아내를 위해 사적으로 쓰였다는 걸 몰랐을 리 없다"고 했다. 조씨는 "잘못을 해도 야당 대표라는 이유로 불구속된 이 대표는 여전히 살아있는 권력이다. 나는 바위에 먼지를 던지는 수준"이라며 "그럼에도 누군가는 잘못된 일을 바로잡게 용기를 내야한다"고 했다.

"공익신고"란 공익침해행위('공익침해행위'란 국민의 건강과 안전, 환경·소비자의 이익, 공정한 경쟁 및 이에 준하는 공공의 이익을 침해하는 행위를 말한다)가 발생하였거나 발생할 우려가 있다는 사실을 신고·진정·제보·고소·고발하거나 공익침해행위에 대한 수사의 단서를 제공하는 것을 말한다(공익신고자 보호법 제2조 2호). "국가 또는 지방자치단체는 공익침해행위의 예방과 확산방지 및 공익신고자 등의 보호·지원을 위하여 노력하여야 한다(제3조 제1항).

"누구든 공익침해행위가 발생하였거나 발생할 우려가 있다고 인정하는 경우에는 수사기관·국민권익위원회 등에게 공익신고를 할 수 있다(제6조)." "'부패방지 및 국민권익위원회의 설치와 운영에 관한 법률' 제2조제3호에 따른 공직자는 그 직무를 하면서 공익침해행위를 알게 된 때에는 이를 조사기관, 수사기관 또는 국민권익위원회에 신고하여야 한다(제7조)." "누구든지 공익신고자 등에게 공익신고 등을 이유로 불이익조치를 하여서는 아니 된다. 누구든지 공익신고 등을 하지 못하도록 방해하거나 공익신고자 등에게 공익신고 등을 취소하도록 강요하여서는 아니 된다(제15조)."

"국민권익위원회는 공익신고 등으로 인하여 현저히 국가 및 지방자치단체에 재산상 이익을 가져오거나 손실을 방지한 경우 또는 공익의 증진을 가져온 경우에는 포상금을 지급하거나 '상훈법'등의 규정에 따라 포상을 추천할 수 있다(제26조의2 제1항)." 더불어민주당 이재명 대표의 아내 김혜경 씨의 '경기도 법인카드 불법유용 의혹'을 신고했던 전직 경기도 공무원 조명현씨가 "기자회견이 끝나고 국회 건물 밖에 있는데 (이재명 대표 측근) 정진 상씨 밑에서 일했던 사람이 나를 무서운 눈빛으로 한참 쳐다봤어요. 여전히 두려워요"라고 했다.

공공(公共)의 이익을 침해하는 부패한 공직사회와 탐관오리(貪官汚吏)의 정화(淨化) 차원(次元)에서 공익신고 제도의 원활한 운영과 적극적 활용을 위하여 정의감과 용기로서 이재명 대표 아내 김혜경씨의 '경기도 법인카드 불법유용 의혹'을 공익신고 한 조명현씨는 국가 또는 지방자치단체는 물론 온 국민이 보호하고 지원함에 함께 노력해야 할 것이다.

34. 이화영의 법관 기피신청 등 이재명 사건 재판 요지경

'쌍방울 불법 대북송금' 사건의 핵심인물인 이화영 전 경기도 평화부지사가 23일 자신의 1심 재판을 맡고 있는 법관에 대한 기피(忌避)신청을 했다. 두 달 전 민변 변호사가 갑자기 법정에서 법관 기피신청을 했을 때는 이화영씨가 "내 뜻이 아니다"라며 신청을 철회했다. 재판에 불만이 없다는 뜻이었다. 그러나 재판부가 이화영씨의 구속기간을 연장하자 법관 기피신청을 한 것으로 명백한 재판지연 꼼수다.

변호인은 재판장이 쌍방울 김성태 전 회장에 대한 검찰의 유도신문을 막지 않은 것을 주된 기피사유로 꼽았으나 재판지연을 위한 억지다. 이화영씨가 "대북송금을 당시 경기지사이던 이재명 민주당 대표에게 보고했다"고 검찰에서 진술한 이후 해괴한 일들이 연이어 벌어지는 요지경(瑤池

鏡)이다. 운동권 출신인 이 전 부지사 아내가 법정에서 남편에게 "정신 차리라"고 소리치고, 민주당은 검찰청사에서 연좌시위를 벌이고 수사검사들의 조직도를 만들어 공개했다.

결국 이화영은 진술을 번복했고 민주당이 이 사건 수사를 새로 맡은 검사를 고발했다. 이 모든 일은 이 대표 방탄을 위한 민주당의 사법방해다. 법관 기피신청에 의해 재판은 중단된다. 최근 간첩단 사건 피고인들이 이런 수법으로 재판을 지연시키고 있다. "기피신청이 소송의 지연을 목적으로 함이 명백한 때에는 신청을 받은 법원 또는 법관은 결정으로 이를 기각한다(형사소송법 제20조 제1항)." 이번 기피신청이 바로 그 경우에 해당한다.

'쌍방울 불법대북송금' 사건으로 기소된 이화영 전 경기도 평화부지사의 법관기피신청을 수원지법이 '기각(棄却)'했다. "불공평(不公平)한 재판이 우려된다는 주장은 모두 이유가 없다"는 것이다. 기피신청 9일만의 신속한 기각은 재판지연을 막겠다는 뜻이다. 피고인 이화영은 작년 10월 기소돼 1년 넘게 재판을 받아오며 재판 진행에 불만을 피력(披瀝)한 적이 없었다. 그런데 재판부가 그의 구속기간을 연장하자 기피신청을 한 것은 명백한 재판지연 의도로 사법방해다.

재판지연을 위한 법관 기피신청을 법원이 기각한 것은 당연한 조치이나 피고인 측은 항고하겠고 했다. 항고·재항고를 통해 3심까지 재판을 끌려는 꼼수가 유행(流行)이다. 특히 간첩혐의로 기소된 피고인들이 법관 기피신청을 통해 재판을 지연시키며 풀려나는 것이 유행이다. 재판지연을 위한 꼼수인 사법방해 수법의 기피신청은 법원이 바로 기각함으로써 사법정의를 확립해야 한다.

민주주의가 제대로 뿌리 내리기 위해서는 독립성을 지키는 사법부가 건재(健在)해야 한다. 사법부의 독립성은 그 나라의 민주주의 성숙도(成熟度)를 재는 척도(尺度)다. 사법권 독립의 핵심(核心)인 재판의 독립은 건전한 가치판단(價值判斷)과 자질(資質)을 갖춘 법관의 양심과 정의감 및 용기에 달려있다. 재판관은 법관이지 정치인이나 사상가가 아니다. 사법권 독립은 법관 스스로 직업적 양심에 따라 지키는 것으로 법관에게 부여된 임무(任務)요, 사명(使命)이다.

35. 이재명의 "위증 교사 사건, 대장동과 분리 재판" 당연한 결정

이재명 민주당 대표의 대장동·백현동·성남FC불법 후원금 사건 재판을 맡고 있는 서울중앙지법 형사33부이 이 대표의 '위증 교사'사건 재판은 별도로 진행하기로 했다. 재판부는 13일 "피고인 이재명, 김진성씨의 위증 사건을 기존 이재명 피고인 사건에 병합하지 않고 따로 진행하기로 했다"고 밝혔다. 위증교사 사건을 이 대표의 다른 사건에 병합해서 재판해달라는 이 대표 측 요구를 배척한 것이다.

위증교사 사건은 2018년 경기지사 선거방송 토론에서 허위사실을 공표한 혐의(공직선거법 위반)로 기소됐던 이재명 대표가 그 사건 재판 중인 김진성씨에게 위증을 시켰다는 것이다. 이날 이 대표 측은 "방어권 보장 차원에서 위증교사 사건을 다른 사건과 병합해야 한다"고 주장한 반면, 검찰은 "위증교사는 대장동 등과 서로 성격이 달라 병합하면 안 된다"고 맞섰다. 이에 대해 재판부는 "김씨는 대장동 사건과 관련 없고 쟁점도 다르다. 사건분량에 비춰볼 때 따로 분리해서 심리해도 된다"며 검찰 주장을 받아드렸다.

법원의 분리 재판은 당연한 결정이다. 정치권에서는 이날 '분리 재판' 결정이 향후 총선과 대선에 변수(變數)를 만들었다는 분석이 제기됐다. 위증교사 사건은 쟁점이 간단한 만큼 내년 4월 총선 전에 1심 선고가 될 가능성이 크다는 게 법조계 중론(衆論)이다. 이재명 대표의 대장동·백현동 비리 사건 재판은 이제 시작 단계로 수사 기록만 수백 권에 달해 언제 1심 선고가 날지 가늠하기조차 어렵다. 그런 상황에서 위증교사 사건을 대장동 사건 등에 병합해달라는 이 대표의 요구는 재판을 최대한 지연시키려는 꼼수로 사법방해다.

"모든 국민은 신속한 재판을 받을 권리가 있다"(헌법 제27조 제3항). 법관은 누구의 눈치도 보지 말고 "헌법과 법률에 의하여 그 양심에 따라 독립하여 심판"해야 한다(헌법 제103조). "선거범과 그 공범에 관한 재판은 다른 재판에 우선하여 신속히 하여야 하며, 그 판결의 선고는 1심에서는 공소가 제기된 날부터 6월 이내에, 제2심 및 제3심에서는 전심의 판결의 선고가 있은 날부터 각각 3월 이내에 반드시 하여야 한다(공직선거법 제270조)"라고 '선거사범의 재판기간에 관한 강행규정'을 두고 있다. 그러나 법원이 헌법과 공직선거법을 위반해 위법을 저지르고 있는 것이다.

제7장

김명수 사법부의 현주소

1. 대통령 풍자 대자보에 건조물 침입으로 벌금 50만 원을 선고 받은 20대 청년(항소심의 무죄판결 확정)

문재인 대통령 대자보를 대학건물 내에 붙였다가 1심에서 벌금 50만원 형을 선고받은 20대 청년 A씨에 대해 2022년 6월 22일 항소심(대전지법 제5형사부 부장판사 이경희)은 "형사처벌 대상으로 보기 어렵다"며 무죄를 선고 했고, 이후 검찰이 상고하지 않아 무죄가 확정됐다. 항소심 재판부는 "피고인이 일정 시간대 이후 시정된 곳을 들어가 대자보를 붙이긴 했는데 이 과정에서 평화를 해치는 방법으로 침입하지 않았기에 무죄를 선고 한다"라고 판단했다.

A씨는 이날 중앙일보 인터뷰에서 "경찰이 무죄추정 원칙을 어기며 수사했다. 대학경내에 들어간 사실만으로 '허가 없이 들어갔으니 불법'이라고 했다"고 주장했다. 조사받는 과정에서 "내가 차를 몰고 단국대에 들어가는 모습과 학생회관에 들어가는 모습이 찍힌 CCTV를 보여주면서 '인정하느냐'고 묻더라. 내가 '이게 왜 불법이냐'고 물으니까 '허가 없이 (단국대에)들어간 것 아니냐'고 하더라. 어이가 없어서 '바(차단기)가 열려있어 주차했

고, 건물 문이 열려 있어 들어갔지, 대학에 무슨 허가를 받고 들어가느냐 항변했지만 경찰은 다 무시해버리고 '어쨌든 불법행위'라고 했다."고 말했다는 것이다.

왜 기소되었느냐는 물음에 대해 "대중 굴종외교를 비판하는 취지로 시진핑 주석 앞에 문 대통령이 무릎 꿇은 모습을 합성사진으로 만들어 대자보에 실었다." "문 정부의 다른 인사들을 비판 할 때는(경찰이) 그렇게 사건을 공론화시키지 않았는데, 문 전 대통령을 직접 비판하니 기소했다는 느낌이 든다."고 말했다. 경찰은 대자보 내용을 문제 삼기 어려워지자 대통령을 비난했다고 '괘씸죄'를 적용해 건조물 침입이라는 혐의로 표적수사를 한 것이다. 이 대학건물은 외부인에게 개방돼 있었는데 그곳에 들어간 것이 무단침입이라는 것은 경찰의 궤변이다.

정권의 주구(走狗)가 된 경찰은 관련자들을 압수수색까지 하며 수사하고, 검찰은 이를 기소하고, 1심법원은 유죄판결을 했다. 검찰은 범죄를 수사하여 기소하고, 법원은 모든 법률상의 쟁송(爭訟)을 심판하라고 국민의 세금으로 운영하는 국가기관이다. 이들 기관은 정권의 비위를 맞추고 권력자에게 아부나 하는 수사를 하고 또 재판하라는 것이 아니다. 권력의 주구가 된 경찰·검찰·법원은 이 청년에게 사죄하고, 이들에게 직권남용 등의 책임을 물어야 할 것이다.

"표현의 자유"는 마음속으로 생각한 바를 외부에 발표할 수 있는 국민의 자유권적 기본권으로 "사상발표의 자유"라고도 한다. "사상의 자유"는 내심(內心)의 자유의 일종으로 국민이 어떤 사상(思想)을 가질 것을 강제당하지 않고, 또 그가 가지는 사상을 발표할 것을 강제당하지 아니하는 자유를 말 한다. 우리 헌법에서는 사상의 자유를 보장한 특별규정이 없으며, 양심(良心)의 자유만을 규정하고 있는 것은 이를 일체(一體)로 본 것이다(헌법 제19조). "양심의 자유"는 개인의 권리일 뿐 아니라 동시에 헌법의 가장 중요한 가치 결단적 원칙규범이다. 따라서 양심의 자유는— 형사절차를 통한 형벌의 부과를 포함한— 모든 국가 활동의 가치기준을 설정하며, 국가 활동에 있어서 존중되어야 한다.

2. 재판연구관에 민노총활동 전과자 채용

법원조직법 제24조는 <대법원에 재판연구관을 둔다(제1항). 재판연구관은 대법원장의 명을 받아 대법원에서 사건의 심리 및 재판에 관한 조사·연구업무를 담당한다(제2항). 재판연구관은 판사로 보하거나 3년 이내의 기간을 정하여 판사가 아닌 사람 중에서 임명할 수 있다(제3항). 판사가 아닌 재판연구관은 2급 또는 3급상당의 별정직공무원이나 국가공무원법 제26조의5에 따른 임기제공무원으로 하고, 그 직제(職制) 및 자격 등에 관하여는 대법원규칙으로 정한다(제4항). 대법원장은 다른 국가기관, 공공단체, 교육기관, 연구기관, 그 밖에 필요한 기관에 대하여 소속 공무원 및 직원을 재판연구관으로 근무하게하기 위하여 파견근무를 요청할 수 있다(제5항). 제5항에 따라 파견된 재판연구관에게는 대법원규칙으로 정하는 수당을 지급할 수 있다(제6항)>고 규정하고 있다.

최근 김명수 대법원장이 2022년 1월10일 판사가 아닌 사람(외부경력직 재판연구관) 중에서 민주노총출신으로 활동하면서 집회 때 경찰관을 폭행한 벌금 전과자인 김 모 변호사(45. 연수원 37기)를 재판연구관으로 채용한 것으로 16일 전해졌다. 해당 변호사는 대법원이 종심(終審)으로 심판하는 사건(법원조직법 제14조) 중에서 노동관련 사건의 조사·연구업무를 담당할 예정이라고 한다. 법원 안팎에서는 "대법원 재판연구관 구성의 다양성이 필요하겠지만 정치편향성이 우려되는 전과자 출신까지 채용해야 하느냐"는 지적이 나왔다고 보도됐다(2022.2.17. 조선일보 A10면).

재판연구관(裁判研究官)은 대법원장의 명을 받아 대법원에서 종심으로 심리 및 재판하는 사건에 관한 조사·연구업무에 종사하는 자를 말한다. 재판연구관은 판사 또는 판사가 아닌 사람 중에서 대법원장이 임명한다(법원조직법 제24조 제3항). 헌법재판소에서는 헌법연구관을 두며, 헌법연구관은 헌법재판소장의 명을 받아 사건의 심리 및 심판에 관한 조사·연구에 종사한다(헌법재판소법 제제19조).

재판연구관은 대법원이 종심으로 심판하는 사건의 핵심 쟁점 및 판례 등을 조사·연구해 대법관에게 제공하는 업무를 담당한다. 법조계에서는 김 변호사를 두고 "활동이력을 봤을 때 노동계와 여권에 치우쳐있다"는 말이 나온다고 한다. 김 변호사는 2008년부터 민주노총에 소속돼 민주노총 산하 금속노조에서 법률원장으로 활동하기도 했다. 2018년 7월에는 한 인터넷 언론사에 "대법관이 노동문제를 전혀 모르거나 관심이 없거나 혹은 적대적으로 보는 이들로 구성됐다"며 노동관련 대법원 판결을 비판하는 글을 실었다(위 신문).

그는 '양승태 대법원'의 사법행정권 남용의혹이 제기된 2018년 대법원 앞에서 '대법원 사법농단 규탄법률가 기자회견'을 열고 "양승태 등 핵심관련자들에 대한 구속수사 등 강제수사가 즉각 이뤄져야 한다"고 주장하기도 했다. 2013년 쌍용차 사태관련 집회에 참석했던 김 변호사는 민변변호사 3명과 함께 당시 질서유지 선을 치려던 남대문 경찰서 경비과장의 팔을 붙들고 20m가량 끌고가 전치 2주의 상처를 입힌 혐의로 기소되어 2020년 대법원은 벌금 150만원을 확정했다. 법조인들은 "누가 봐도 정치적 편향성이 우려되고 전과까지 있는 사람을 재판연구관으로 임용하는 것은 납득이 되지 않는다"고 했다.

박시환 전 대법관은 "한 번에 수십 건씩 올라오는 기록을 (대법관이) 자세하게 살펴볼 여유가 없다"면서 "재판연구관이 보고한 의견과 같게 (사건을) 처리하는 비율이 90%가 넘는다"고 했다. 대법원이 '대법관 재판'이 아닌 '연구관 재판'을 한다는 말까지 있다. 그러니 실력이 빼어난 판사들이 주로 재판연구관에 발탁된다. 재판연구관은 사명감과 자부심으로 산다. 재판연구관 출신 판사는 "마지막 재판인 대법원에서 하급심의 잘못된 판단을 바로잡거나 새로운 법리를 고안해 공정하게 처리했을 때 큰 보람을 느낀다"고 했다.

그러나 김명수 대법원에서는 재판연구관이 줄줄이 법원을 떠나고 있다. 올 들어 법관정기인사 때도 재판연구관 5명이 한꺼번에 사표를 냈다고 한다. "대법원장이 특정성향의 자기사람만 챙기는 것을 보고 '희망이 없다'고 느낀 것"이라는 말이 나왔다. 김명수 대법원장이 정권 편들기 재판관 코드인사로 법원을 망치더니 재판연구관까지 한쪽으로 기울어진 사람으로 채우고 있다고 했다(2022.2.18. 조선일보 A34면 萬物相. 금원섭 논설위원).

재판연구관은 대법원장의 명을 받아 대법원에서 종심으로 심판하는 사건의 심리 및 재판에 관한 조사·연구업무를 담당하므로 대법원의 재판결과를 좌우할 수 있다고 본다. 따라서 재판연구관은 정치권이나 행정부의 입김에 흔들리지 않는 법관으로서 공정하고 편향되지 않은 판단을 할 직업적 양심 내지 법적확신을 가진 사람 중에서 선별하여 적재적소(適材適所)에 임명하는 것이 필요하다. 대법원장의 법관 및 재판연구관 '임명권의 적정한 행사여부'(법원조직법 제41조 제3항, 제24조 제3항)에 사법권 독립의 핵심인 법관의 독립, 즉 '재판의 독립'이 좌우된다고 본다.

3. 사법권 독립과 대법원장의 권한 및 책무

사법권의 독립은 법관이 구체적인 사건을 재판함에 있어서, 절대적으로 독립하여 누구의 지휘나 명령에도 구속되지 않는 것을 말한다. 사법권의 독립은 곧 재판(심판) 독립의 원칙 내지 판결의 자유를 목표로 하는 것이다. 사법권의 독립은 권력분립의 원리를 실현하기 위한 것일 뿐 아니라, 민주적 법치국가에 있어서 법질서의 안정적 유지와 국민의 자유 및 권리의 보장을 완벽한 것이 되게 하기 위하여 공정한 재판을 확보하기 위한 제도이다. 사법권의 독립은 그 자체가 목적이 아니라 공평한 재판에 의한 인권의 보장, 특히 소수자 보호와 헌법보장(憲法保障)이라는 임무를 완수하기 위한 불가결의 헌법원리(憲法原理)의 하나이다.

재판독립의 원칙 내지 판결의 자유는 입법부나 행정부로부터의 '법원의 독립'과 그 자율성 및 재판에 있어서 어떠한 내외적 간섭도 받지 아니하는 법관의 '직무상 독립'과 '신분상 독립'에 의하여 실현된다. 우리 헌법에 있어서 사법권의 독립은 법원의 자치를 위한 '법원의 독립'(헌법 제101조 제1항, 제2항, 제108조)과 재판의 독립을 위한 '법관의 독립'(헌법 제103조, 제105조, 제106조)을 그 내용으로 한다.

사법권 독립의 핵심인 법관의 독립, 즉 재판의 독립은 '건전한 가치판단'과 '자질'을 갖춘 법관에게 달려있다. 여기서 "건전한 가치판단"이란 공정하고 보편타당성 있는 가치판단을 뜻하며, "자질"은 법관으로서의 전문성 외에 높은 도덕성과 품격을 말한다. 법관은 그 사회, 그 공동체에서 받아들여지고 있는 보편타당한 가치인식인 양심에 따라 재판해야 한다. '법원의 독립'은 법원의 구성이나 조직운영에서 행정부와 입법부의 영향을 받지 않고 독자적 권한을 행사하는 것을 말하며 사법권 독립의 기초가 된다.

법원의 독립을 지키는데 가장 중요한 역할을 할 사람은 대법원장이다. 대법원장이 사법부의 수장(首長)으로서 사법권 독립의 방파제(防波堤)로서 사법권 독립을 수호하는 것은 헌법이 부여한 "대법원장의 권한이자 책무(責務)"이다. 대법원장이 자기의 자리를 오욕(汚辱)의 자리로 만드느냐, 아니면 명예와 존경의 자리로 만드느냐는 바로 대법원장 자신에게 달려있는 것이다. 사법권 독립은 대법원장을 비롯한 법관이 스스로 지키는 것이다.

민주주의가 뿌리 내리기 위해서는 독립성을 지키는 사법부가 제자리에 굳건히 자리 잡고 있어야 한다. 사법부가 대통령이나 행정부 또는 국회의 요구에 영합(迎合)하면 민주주의는 뿌리내릴 수 없다. 사법권의 독립은 그 나라 민주주의 성숙도를 측정하는 잣대이다. 우리나라의 사법사(司法史)는 사법권 독립을 위한 투쟁의 역사라고 할 수 있다. 사법권의 독립은 법관 스스로가 지키는 것이다. 김명수 사법부가 뿌려놓은 악(惡)의 씨라는 잡초를 사법부가 스스로 제거함으로써 사법권의 독립을 쟁취해야 한다.

4. '대법원장이 징계 감'

최근 법원을 떠난 신광렬(申光烈 : 1965.2.12.생 경북 봉화. 제29회 사시합격, 서울대 법대 졸업, 사법연수원 제19기) 전 서울고등법원 부장판사가 법원 내부 망에 올린 '사직인사'에 200명이 넘는 법관이 응원 댓글을 달아 법원 안팎에서 화제가 되고 있다. 신광렬 전 부장판사는 이른바 <양승태 대법원의 사법행정권 남용사건>에 관련되어 공무상비밀누설로 기소됐다가 대법원에서 2021. 11. 25. 무죄가 확정된 후 사직했다. 김명수 대법원은 무죄가 확정된 그에게 <감봉 6개월>의 징계를 내려 법관들의 빈축(嚬蹙)을 사기도 했다.

대법원은 위 판결{2012.11.25. 2021도2486 공무상비밀누설 : 대법관 민유숙(재판장) 조재연 이동원 천대엽(주심)}에서 <형법 제127조는 공무원 또는 공무원이었던 자가 법령에 의한 직무상 비밀을 누설하는 것을 구성요건으로 하고 있는데, 여기서 '법령에 의한 직무상 비밀'이란 반드시 법령에 의하여 비밀로 규정되었거나 비밀로 분류 명시된 사항에 한하지 아니하고, 정치, 군사, 외교, 경제, 사회적 필요에 따라 비밀로 된 사항은 물론 정부나 공무소 또는 국민이 객관적, 일반적인 입장에서 외부에 알려지지 않는 것

에 상당한 이익이 있는 사항도 포함되나, 실질적으로 그것을 비밀로서 보호할 가치가 있다고 인정할 수 있는 것이어야 한다. 그리고 '누설'이란 비밀을 아직 모르는 다른 사람에게 임의로 알려주는 행위를 의미한다.>라고 판결했다.

<한편 공무상비밀누설죄는 공무상 비밀 그 자체를 보호하는 것이 아니라 공무원의 비밀엄수의무의 침해에 의하여 위험하게 되는 이익, 즉 비밀누설에 의하여 위협받는 국가의 기능을 보호하기 위한 것이다. 그러므로 공무원이 직무상 알게 된 비밀을 그 직무와의 관련성 혹은 필요성에 기하여 해당 직무의 집행과 관련 있는 다른 공무원에게 직무집행의 일환으로 전달한 경우에는, 관련 각 공무원의 지위 및 관계, 직무집행의 목적과 경위, 비밀의 내용과 전달 경위 등 제반사정에 비추어 비밀을 전달받은 공무원이 이를 그 직무집행과 무관하게 제3자에게 누설할 것으로 예상되는 등 국가기능에 위험이 발생하리라고 볼 만한 특별한 사정이 인정되지 않는 한, 위와 같은 행위가 비밀의 누설에 해당한다고 볼 수 없다>고 했다.

신광렬 전 부장판사는 2022년2월15일 법원 내부 망 코트넷에 '사직인사'라는 제목의 글을 올렸다. 그는 "1993년 초임판사로 임관한지 벌써 30년이 흘렀다. 이제는 때가 된 것 같아 정든 법원을 떠나고자한다"고 했다. 그러자 지난 21일 오전까지 판사와 법원직원 212명이 댓글을 달아 신 전 부장판사를 응원했다. A 고법 부장판사는 "신 부장님이 그 누구보다 치열하게 고민하고 열정적으로 일했던 사실은 하늘이 알고 땅도 알고 있을 것이다"라며 "지난 시절 힘들었던 마음 이제 내려놓으시고 제2의 인생에서 펼쳐질 행복한 여정만 생각하시면 좋겠다"고 했다.

B 지법 부장판사는 "어려운 시간 고생하셨다. 힘을 보태주지 못해 미안하다"고 했다. 평판사인 C 판사는 신 전 부장판사가 서울중앙지법 형사수석으로 재직할 때를 언급하며 "수석부장님! 든든하게 지원해주셨던 덕분에 2016년 형사부에서 더 큰 보람을 느끼며 일할 수 있었습니다"라고 했다. 법원 관계자는 "댓글의 행간에서 신 전 부장판사에 대한 안타까움을 읽을 수 있었다"면서, "김명수 대법원장의 '사법 적폐몰이'에 대한 비판도 깔린 것 같다"고 했다.

신 전 부장판사는 2016년 서울중앙지법 형사 수석부장판사로 재직하면서 '정운호 게이트'에 연루된 판사들의 수사정보를 법원행정처에 넘겨준 혐의(공무상 비밀누설)로 기소됐으나 2021년 11월 25일 대법원에서 무죄가 확정됐다. 그럼에도 대법원은 징계청구 2년 7개월 만인 지난 달 무죄판결이 확정된 신 전 부장판사에게 '감봉 6개월'의 징계처분을 하자 법원 내부에서는 "징계를 받을 사람은 자기 가족, 자기편만 챙긴 김명수 대법원장"이란 비판이 나왔다. 신 전 부장판사는 징계에 불복해 소송을 제기한 상태라고 보도됐다.

5. 신속한 재판을 받을 권리를 뭉개는 사법부의 재판지연

모든 국민은 '신속한 재판'을 받을 권리를 가진다(헌법 제27조 제3항). '권리보호의 지연은 권리보호의 거절과 같은 것'이고, '지연되는 정의는 정의가 아니다(Justice delayed is justice denied.)'라는 법언(法諺)이 있다. 권리의 실현이 늦어지면 권리를 부정하는 것이나 다름없다. 한 나라의 소송제도를 어디에 중점을 두고 마련할 것인가는 그 나라의 모든 실정을 참작하여 그 구심점 (求心點)을 찾을 필요가 있다.

우리 민사소송법은 '민사소송의 이상(理想)'으로 "법원은 소송절차가 공정하고 '신속'하며 경제적으로 진행되도록 노력하여야 한다(제1조 제1항)"라고 규정하여, 적정(適正), 공평(公平)의 이상보다 신속(迅速), 경제(經濟)의 이상에 중점을 두고 있는 것으로 본다. 민사소송에 관한 판결은 소가 제기된 날로부터 '5월 이내'에 선고한다. 다만, 항소심 및 상고심에서는 기록을 받은 날부터 '5월 이내'에 선고한다(민사소송법 제199조).

'신속한 재판을 받을 권리'에 대응하여 법원은 '소송촉진 의무'를 지게 된다. 소송의 지연을 방지하고, 국민의 권리.의무의 신속한 실현과 분쟁처리의 촉진을 도모함을 목적으로 <소송촉진 등에 관한 특례법>이 시행되고 있다. 즉, 형사소송의 판결 선고기간은 "제1심에서는 공소가 제기된 날로부터 '6개월' 이내에, 항소심 및 상고심에서는 기록을 송부 받은 날로부터 '4개월' 이내에 하여야 한다(소송촉진 등에 관한 특례법 제21조)."고 판결 선고기간을 규정하고 있다.

공직선거법 제270조는 "선거범과 그 공범에 관한 재판은 다른 재판에 우선하여 신속히 하여야 하며, 그 판결의 선고는 제1심에서는 공소가 제기된 날부터 '6월' 이내에, 제2심 및 제3심에서는 전심(前審)의 판결의 선고가 있은 날부터 각각 '3월' 이내에 반드시 하여야한다"라고 '선거범의 재판기간에 관한 강행규정'을 마련하여 헌법이 보장한 '신속한 재판을 받을 권리' (헌법 제27조 제3항)를 입법화한 것이다. 신속한 재판을 받을 권리는 우리 헌법

제27조 제3항이 보장하고 있는 국민의 기본권의 하나이다. 국민의 '신속한 재판을 받을 권리'는 판사의 재량이 아니라 책무(責務)다.

적정하고 충실한 재판도 중요하지만 뚜렷한 이유 없이 재판을 미루는 것은 직무유기(형법 제122조)다. 형법 제122조 후단 소정의 공무원이 '정당한 이유 없이 직무를 유기한 때'라 함은, 직무에 관한 의식적인 방임(放任) 내지 포기(抛棄) 등 정당한 사유 없이 직무를 수행하지 아니하는 경우를 의미하는 것이다(대판 1997.8.29. 97도675). 민사소송법은 "법원은 소송절차가 공정하고 신속하며 경제적으로 진행되도록 노력하여야 한다(제1조 제1항)"라고 **<민사소송의 이상(理想)>**을 선언하고 있다.

전국 법원에서 2년 내에 1심판결이 선고되지 않은 "장기미제" 사건이 김명수 대법원장 재임 5년간 민사소송은 약 3배로, 형사소송은 약 2배로 증가한 것으로 나타났다고 보도됐다(2022.7.28. 조선일보 1면). 특히 전국 최대법원인 서울중앙지방법원에서 5년 넘게 판결을 선고하지 않은 '초장기 미제' 사건은 5배 가까이로 폭증했다. 이와 같이 유례를 찾기 힘든 '재판 지연'은 김명수 대법원장 취임 이후 5년간 갈수록 심해지고 있다.

"전국 배석판사들이 '일주일에 판결문 3건만 쓰겠다'며 암묵적(暗黙的) 합의를 했다"는 말까지 법원에서 나온다고 보도됐다. 수도권 지방법원의 한 판사는 "과거에는 판사들이 고법부장이 될 수 있다는 생각으로 서울중앙지법 형사합의부처럼 일이 많고 힘든 자리에서 묵묵히 일했는데 지금 인사제로는 그런 동기부여가 안 된다"고 했다. 고법부장 출신인 한 변호사는 "대법원장에게 잘 보이거나 후배 판사들에게 인기를 얻으면 법원장도 될 수 있는데 어떤 판사가 배석판사들에게 욕먹어가며 열심히 재판하려고 하겠느냐"고 했다.

법원의 재판지연은 김명수 대법원장 취임(2017년 9월) 후 '**고등법원 부장판사 승진제도 폐지**' '**법원장 후보추천제 도입**' 등으로 판사들이 열심히 일해야 할 이유가 크게 줄어든 것이 원인으로 꼽힌다. 판사들이 말하는 재판지연 이유는 "대법원장 측근들이 사법부 요직을 차지하고 승진하므로 열심히 일해서 뭐하나 싫어져지고....과거보다 복잡한 사건이 늘어난 것도 재판지연의 원인이 된다"고 했다. 법원의 재판 지연으로 국민들의 고통은 더 늘어나고 있다.

조국 전 법무부 장관은 기소 후 3년가량 됐으나 아직도 1심 재판이 진행 중이다. 문재인 청와대의 울산시장 선거개입 사건도 기소된 지 2년 10개월 지났으나 1심 판결이 선고되지 않았다. 울산 시장선거공작으로 시장이 된 사람은 4년 임기를 채우고 재출마까지 했다. 위안부 할머니를 위한 후원금 등 1억 여원을 개인용도로 사용한 혐의로 기소된 윤미향 의원도 기소된 지 2년 2개월 됐으나 아직 1심 판결이 선고되지 않았다. 기소 후 11개월 만에 첫 공판이 열렸다. 우리법연구회 출신 판사가 노골적으로 재판을 지연시키기도 했다고 한다.

이렇게 유독(惟獨) 지난 정권관련 사건의 재판을 지연시킨 것은 사법부 스스로 재판을 뭉갠 것으로, 사법정의(司法正義)를 구현할 책무를 포기한 직무유기로 신속한 재판을 받을 권리를 침해한 것이다. '신속한 재판을 받을 권리'는 주로 피고인의 이익을 보호하기 위하여 인정된 기본권이지만 동시에 실체적 진실발견, 소송경제, 재판에 대한 국민의 신뢰와 형벌목적의 달성과 같은 공공의 이익에도 근거가 있기 때문에 어느 면에서는 이중적인 성격을 가지고 있다고 할 수 있어, 형사사법 체제자체를 위하여서도 아주 중요한 의미를 갖는 기본권이다(헌재 결 1995.11.30. 92헌마44).

대법원장은 '법관이 헌법과 법률에 의하여 그 양심에 따라 독립하여 심판'할 수 있도록 "사법권 독립"의 방파제가 되고, 법관은 모든 국민의 신속한 재판을 받을 권리가 보장 될 수 있도록 그 직무를 성실히 수행하여야 한다. 이러한 사법부를 만드는 것이 사법부 수장인 대법원장과 법관의 사명(使命)이요, 책무(責務)다. 그러나 김명수 대법원장 체제(2017년 9월) 출범(出帆) 이후 '민사 1심'의 경우 '재판 지체' 비율이 최저 32.9%(2014년)와 최고 41.6%(2012년) 사이를 오르내렸다. 그런데 2019년에는 51.9%, 2020년 52.6%, 2012년 52.5%로 3년 연속 50%선을 넘겼다.

'민사 2심'의 경우 5개월 안에 판결이 선고되지 않은 비율이 2012~2017년에는 최저 78.4%사이를 오르내리다가 2019년 85.7%가 2021년엔 92.4%에 달했다. 특히 1심에서 패소한 당사자의 상당수는 연 12%의 지연이자를 감수하고 2.3심 판결을 받아야 한다. 국가로부터 부당이득반환청구소송을 당한 대기업 2곳은 2020년 대법원 패소판결 확정까지 6년이 걸리는 바람에 원금 16억1200만원에 지연이자(법정이자 : 소송촉진 등에 관한 법률 제3조) 7억 8300만원을 내야 했다.

판사들이 판결문쓰기 싫은 사건들은 정기인사까지 미루다 떠나는 게 일상화(日常化)됐다고 한다. 직무유기에 가까운 재판 지체 심화현상은 승진

제폐지로 '근무평가제도'가 사실상 유명무실(有名無實)해졌기 때문에 판결 선고기간의 법정(法定)은 아무도 신경 쓰지 않는다. 일반 당사자가 법정기간을 하루라도 지나 소장을 제출하면 재판기일 지정도 하지 않고 소송을 각하한다. 법원이 이처럼 국민에게는 법을 엄격히 적용하면서 법정기간을 어긴 자신들에겐 너그러우니 사법부에 대한 신뢰는 날로 추락한다. 이런 현상이 김명수 대법원장이 취임사에서 말한 "좋은 재판"이다.

법관 전체 숫자는 2017년 2955명에서 2021년 3101명으로 늘어난 반면 같은 기간 전국 법원에 접수된 사건은 1883만 여건에서 1788만 여건으로 줄었다. 면죄부를 받은 '재판 지체'는 김명수 대법원장 취임 후 더욱 심해졌다. 민사 1심은 5개월을 넘긴 사건이 3년 연속 50%를 넘어섰다고 한다. 판결 선고는커녕 첫 재판조차 열리지 않는 사례도 많다. 이에 대해 대한변협 출신 한 변호사는 "재판을 제때 처리하는 판사들을 우대하는 인센티브 제도가 필요하다"고 했다. 또 민사소송법 제199조의 '5월 이내 판결 선고' 의무규정을 어기는 경우에는 판사가 판결문에 '선고기간을 넘긴 이유'를 명시하게 해야 한다는 주장까지 나오고 있다.

미국 뉴욕 주에서는 2016년 재닛 디피오레 대법원장이 취임하면서 사건별 처리기간을 정하고 이를 직접 챙겼다. 같은 해 퀸스 카운티에서 2년 이상 미제인 형사 중범죄 재판을 42%나 줄였다고 한다. 선진국에서는 대법원장이 재판 지체 해결을 최우선 순위로 두고 있다. 그러나 김명수 대법원장은 "'고법부장 승진제도 폐지'로 재판을 열심히 할 동기를 없앴다"면서 " 판사 투표를 통한 '지방법원장 추천제'를 도입해 후배가 사건을 쌓아놓고 낮잠을 자도 법원장이 되려면 잘 보여야 하는 시스템을 만들어 놨다"

고 지적했다.

　지난 2019년 배석판사들은 '1주에 3건 이상 선고하지 않는다'며 암묵적(暗默的) 기준을 만들었다고 한다. 부장판사들도 "배석들이 못하겠다고 한다"면서 이런 분위기에 합류(合流)하고 있다고 한다. 판사들이 업무 부담이 큰 형사합의부에 배치 받는 것을 피하기 위해 정기인사를 앞두고 휴직(休職)하는 사례도 적지 않다고 한다.

　사법부 스스로 헌법(제27조 제3항, 제103조)과 법률(민사소송법 제1조 제1항 및 제199조, 소송촉진 등에 관한 법률 제21조, 공직선거법 제270조 등)을 위반하여 재판을 지체하고 있으며, 판사가 판결을 하지 아니하고 재판을 질질 끄는 사이 국민의 피해는 날로 커져 사법부에 대한 국민의 신뢰(信賴)는 이미 상실되었다. 이런 현상이 김명수 대법원장이 취임사에서 "좋은 재판 실현을 최우선 가치로 삼겠다"고한 "사법부의 자화상(自畵像)"이다.

　사법부의 수장(首長)으로서 정의(正義)의 보루(堡壘)라는 대법원장의 책임감과 도덕적 수준을 보면 허탈감(虛脫感)을 느낀다고 한다. '염치(廉恥)' 없고 '눈치'도 없고, '수치심(羞恥心)'도 없이 오로지 자리 지키기에만 연연(戀戀)는 모습이 안타깝다고 했다. 지위(地位)가 사람을 고귀(高貴)하게 하는 것이 아니라, 사람이 지위를 고귀하게 한다. "사람은 자기에게 알맞은 자리(地位)보다 조금쯤 낮은 곳을 택(擇)하라. 남에게서 <내려가시오>라는 말을 듣느니보다는 <올라오시오>라는 말을 듣는 편이 훨씬 나은 것이다(Talmud)."

6. 법과의 독립과 합리성이 보장되는 법관인사

사법권의 독립은 법관의 독립 위에서만 기약된다. 나아가 사법부 내부로부터의 독립 또한 보장되지 않으면 안 된다. 법관의 신분보장 없이 재판의 독립과 판결의 자유는 지켜질 수 없다. 법관의 신분보장은 임기와 징계 등 합법성의 보장만으로 충족되는 것은 아니다. 합리성(合理性)의 보장까지 충족되어야 한다. 그 합리성은 '법관의 인사'에서 발휘되어야 한다. 불합리(不合理)는 예견(豫見)을 불가능케 한다. 합리성은 언제나 예견을 가능케 한다. 그것을 우리는 양식(良識)이라고 한다.

양식에 따른 예견가능성이 통하지 않는 법관인사는 비양식과 불합리성의 반증(反證)이라고 볼 수 있다. 바로 그 양식과 예견가능성 있는 법관인사가 되어야 한다. 법관인사는 일정한 예견가능성과 생활적 안정성을 지녀야 한다. 따라서 인사 대상도 안 된 법관을 유배지로 추방하는 식의 부당한 인사가 되어서는 안 된다. 사법부의 인사에 문제가 있다는 소리가 일기 시작한 것은 어제 오늘의 일이 아니다.

사법부의 인사권도 합리적으로 행사되어야 한다. 그것은 법원의 권위와 신뢰를 두텁게 하는 사법부의 독립과 이어지는 길이며, 그 길이야 말로 사법권 독립의 기초인 것이다. 합리성과 예견가능성에 역행(逆行)하는 법관인사는 되풀이 되지 말아야 한다. 사법부의 인사권자인 김명수 대법원장은 사법권의 독립이 훼손되는 자상행위(自傷行爲)와 같은 인사를 되풀이해서는 안 될 것이다. 합리성과 예견가능성을 배제한 법관인사에 대해 사법부의 뼈저린 자성(自省)으로 이어져야하며 새로운 결단의 계기로 삼아야 한다.

    김명수 사법부 6년은 '사법의 흑 역사(黑 歷史)'라고 한다. 김 대법원장은 자신이 회장을 지낸 진보 성향 판사 모임인 우리법·인권법 출신 편시들을 요직(要職)에 앉혔다. 대법원도 대법관 14명 중 7명을 우리법·인권법, 민변 출신으로 채웠다. 특정 성향 출신이 사법부를 이처럼 장악(掌握)한 것은 전례(前例)가 없는 일이라고 한다.

    대법원장은 사법부의 수장(首長)으로서 정치권력의 시녀(侍女)가 되어서는 안 되며, 법이 지배하는 신뢰 사회를 만들어야 한다. 이러한 결의를 법복을 걸고라도 정치권력의 압력과 싸워야 한다는 결연(決然)한 용기가 필요하다. 사법부 수장이 마음을 비운다면 사법권의 독립을 위한 현실적 처방을 마련할 수 있을 것이다. 우리는 그러한 현실적 처방을 결연히 밝히는 사법부의 목소리를 듣고 싶을 뿐이다.

7. 김명수 대법원장의 거짓말

    김명수 대법원장은 취임사에서 "법관의 독립을 침해하려는 어떠한 시도(試圖)도 온몸으로 막아 내겠다" "좋은 재판 실현을 최우선 가치로 삼겠다"고 했다. 그는 자신의 대법원장 취임은 "그 자체로 사법부 변화와 개혁을 상징하는 것"이라고 했다. 그러나 취임 후 그의 행동은 취임사와는 정반대였다. 문재인 정권 때 법관에 대한 탄핵을 추진한 여당에 잘 보이려고 여당이 탄핵대상으로 지명한 후배 판사의 사표 수리를 거부했으나 2021년2

월 대법원 명의로 "그런 적 없다"는 거짓 답변서를 냈다. 대법원장이 국민을 상대로 위증(僞證)을 하고도 아직까지 버티고 있다.

김명수 대법원장이 회장을 지낸 '우리법연구회'와 '국제인권법연구회'와 민변이 장악한 대법원 전원합의체는 2020년 7월 16일 2심에서 당선무효형을 선고받은 이재명 경기지사의 공직선거법상 허위사실공표죄사건의 상고심(2020. 7. 16. 2019도13328 전원합의체판결, 직권남용·권리행사방해·공직선거법위반)에서 '선거 TV토론에서 한 발언은 공직선거법 제250조 제1항에서 정한 허위사실의 공표에 해당한다고 볼 수 없다'고 원심을 파기하고 무죄취지로 수원고법으로 환송했다. 이 파기환송판결로 이재명 지사는 현직을 유지함과 동시에 피선거권 박탈을 모면했다.

또 대법원은 검찰이 항소장을 부실 기재하였다는 지엽적인 이유로 불법정치자금을 받은 은수미 성남시장에게 면죄부(免罪符)를 줬다. 청와대 울산시장 선거개입사건의 1심 재판을 맡은 우리법연구회 출신 판사는 15개월간 본안심리를 하지 않았다. 문재인 대통령 비판 대자보를 대학구내에 붙인 20대 청년에게 1심 판사(대전지법 천안지원)는 벌금 50만원을 선고했다. 이런 재판이 과연 **"좋은 재판"**인가? 김명수 대법원장 재임 5년간 전국법원에서 2년 내에 1심판결이 선고되지 않은 장기미제사건이 민사소송은 3배, 형사소송은 2재로 증가한 것은 그가 고법 부장판사 승진제도를 폐지하고, 법원장 후보추천제를 도입하면서 판사들이 열심히 일할 이유가 사라진 탓이라고도 했다.

신속하고 공정한 재판(헌법 제27조 제3항, 민사소송법 제1조 제1항 및 제199조, 형사소송법 제318조의4 및 소송촉진 등에 관한 특례법 제21조, 공직선거법 제270조)은 국민의 권리이며, 동시에 소송의 이상(理想)이며 법관의 책무(責務)다. 그는 자신의 대법원장 취임은 "그 자체로 사법부의 변화와 개혁을 상징하는 것"이라고 했으나 자신과 이념적 성향이 같은 우리법연구회와 국제인권법연구회 출신판사들을 요직에 배치하고, 권력형 비리와 범죄에 관련한 재판에서 양심에 따라 독립하여 심판한 판사들을 한직(閑職)으로 좌천시켰다. 그의 측근 판사들은 법복을 벗자마자 청와대 비서관이 됐고, 실체도 없는 전임 사법부의 "사법 농단"을 고발한 판사는 당시 여당의 공천을 받아 국회의원이 됐다. 이것은 사법부의 변화나 개혁이 아니라 개악(改惡)으로 사법부의 퇴행(退行)이다.

"법관은 헌법과 법률에 의하여 그 양심에 따라 독립하여 심판 한다(헌법 제103조)"는 <법관의 독립>의 방파제가 되어야 할 사법부의 수장(首長)인 김명수 대법원장의 5년간의 '거짓말'이 대한민국 사법사(司法史)에 오점(汚點)을 남겼다. 그가 임기 6년을 마치게 될 퇴임사에서 "법관의 독립을 침해하려는 어떠한 시도에 대해 어떻게 온 몸으로 막아냈다"고 자신의 치적(治績)을 치하(致賀)할지 궁금할 뿐이다. '말은 사상(思想)의 표현'이며, '말은 마음의 열쇠(-老子-)'라고 했다. 인간은 말을 함으로써 동물보다 훌륭한 것이나 그 말에 진실함이 없다면 동물보다 못한 것이다. 한번 입에 담은 말은 뒤에 남아서 사라지지 않는다.

'혀로서 말하지 말고, 행동으로서 말하라'고 했다. "인생에서 무엇보다도 어려운 것은 '거짓말'을 하지 않고 사는 것이다(-Dostoevskii-)." 우리가 거짓말을 하지 않고 살아가는 것은 인간의 양심(良心)의 요구다. 거짓말을 하지 않고 사는 것은 인생에서 가장 어려운 일이나 우리는 이 어려운 일을 해내도록 힘써야 한다. 하나의 선행(善行)은 그 뒤에 또 다른 선행을 이끌어오며, 하나의 죄악(罪惡)은 또 다른 죄악을 낳는다. 덕행(德行)의 보수는 덕행이요, 죄악에 대한 보수는 오직 벌(罰)이다.

8. 거짓말로 수사 받으며 부끄러움도 모르는 김명수 대법원장

김명수 대법원장이 문재인 정부 시절 더불어민주당의 탄핵소추 추진을 이유로 임성근 당시 고법 부장판사의 사표를 수리하지 않아 '직무유기'로 고발된 사건에 대해 검찰이 1년 2개월 만에 수사를 재개한 것으로 2022년 9월 14일 알려졌다. 서울중앙지검 형사1부(부장 박혁수)는 지난달 7일 임성근 전 부장판사를 참고인 신분으로 소환조사했다. 검찰은 임 전 부장판사를 상대로 과거 김명수 대법원장을 찾아가 사표를 제출한 경위, 당시 대법원장과 주고받은 대화 등 전반적인 내용에 대해 조사한 것으로 전해졌다.

김명수 대법원장은 2020년 5월 임성근 부장판사가 담낭 절제 등 건강상 이유로 사표를 내려고 하자 "지금 (더불어민주당이) 탄핵하고자 저렇게 설치고 있는데 내가 사표를 수리하면 국회에서 무슨 얘기를 듣겠느냐"며 거부했다. 김 대법원장은 이런 말을 한 적이 없다며 공개적으로 부인했으나 임 전 부장판사가 녹취록을 공개하면서 김 대법원장의 거짓말이 만천하에 드러났다. 이후 시민단체 법치주의바로세우기연대가 김 대법원장의 사표수리 거부행위가 '직무유기'에 해당한다며 그를 검찰에 고발했다. 그는 자신이 한 말을 부인하는 취지의 문서를 국회에 보내 '허위공문서작성' 혐의로도 고발됐다.

그러나 검찰은 작년 6월 김인겸 당시 법원행정처 차장과 임 전 부장판사를 서면조사했으나 이후 1년 2개월 동안 수사를 진행하지 않았다. 검찰도 뒤늦은 수사(직무유기)를 부끄러워해야 하지만 무엇보다도 김명수 대법원장이 '거짓말로 수사를 받는다'는 것은 있을 수 없는 사법사의 치욕(恥辱)으로 기록될 것이다. 김명수 대법원장은 거짓말 이외에도 공관 리모델링 과정에서 4억7000만원을 다른 예산에서 무단으로 전용(轉用)한 게 감사원 감사에서 적발돼 '업무상 횡령' 혐의로 고발돼 있다. 또 모 기업사건이 법원에 계류 중인 상황에서 그 기업의 변호사인 김 대법원장의 며느리가 그 회사동료를 대법원장 공관으로 초청해 만찬을 했다는 문제와 관련해서도 고발돼 있다.

위와 같은 사건 중 어느 한 사건이라도 기소된다면 사법부의 수장(首長)인 현직 대법원장이 후배 판사 앞에서 재판을 받는 사법사상 초유의 상황이 발생하게 된다. 이것은 해외토픽에 나올만한 일이며, 기네스북에 등재될만한 사건이 아닌가? 재판(위증죄 등)에서 거짓말을 가려내는 판사가 자신이 스스로 거짓말을 했다고 재판을 받게 된다면, 그것도 일반 판사가 아닌 사법부의 수장(首長)인 대법원장이 거짓말을 했다고 재판을 받게 된다면 그 상황은 견딜 수 없는 치욕(恥辱)인 것이 정상이다.

그럼에도 불구하고 김명수 대법원장은 거짓말을 하고도 철면피하게 사법부 수장의 자리를 고수(固守)하며 버티고 있다. 그 용기가 참으로 점입가경(漸入佳境)이다. 김명수 대법원장에 대한 '직무유기' '허위공문서작성' '업무상 횡령' 등 혐의에 대한 검찰의 엄정한 수사와 기소 및 법원의 신속한 재판으로 사법부가 정상화될 수 있도록 해야 할 것이다. 형사소송사건의 판결의 선고는 제1심에서는 공소가 제기된 날로부터 '6개월' 이내에, 항소심 및 상고심에서는 기록을 송부 받은 날부터 '4개월' 이내에 하여야 한다(소송촉진 등에 관한 특례법 제21조).

법원은 소송절차가 공정하고 '신속'하며 경제적으로 진행되도록 노력하여야 한다(민사소송법 제1조 제1항). "선거사범과 그 공범에 관한 재판은 다른 재판에 우선하여 신속히 하여야 하며, 그 '판결의 선고'는 제1심에서는 공소가 제기된 날부터 '6월' 이내에, 제2심 및 제3심에서는 전심의 판결의 선고가 있은 날로부터 각각 '3월' 이내에 반드시 하여야 한다(공직선거법 제270조)"라고 선거범의 재판기간에 관한 "강행규정"을 규정하고 있다.

모든 국민은 신속한 재판을 받을 권리를 가진다(헌법 제27조 제3항 전단). 신속한 재판을 받을 권리는 주로 피고인의 이익을 보호하기 위하여 인정된 기본권이지만 동시에 실체적 진실발견, 소송경제, 재판에 대한 국민의 신뢰와 형벌목적의 달성과 같은 공공의 이익에도 근거가 있기 때문에 어느 면에서는 이중적인 성격을 가지고 있다고 할 수 있어, 형사사법 체제자체를 위하여서도 아주 중요한 의미를 갖는 기본권이다(헌재결 1995.11.30.92헌마44).

하늘이 무너지는 한이 있더라도 정의(正義)만은 반드시 실현시키지 않으면 안 된다. "힘없는 정의는 무력(無力)하고, 정의 없는 힘은 압제(壓制)다. 힘없는 정의는 반항(反抗)을 초래하고, 정의 없는 힘은 탄핵(彈劾)을 받는다

(Blaise Pascal)." 우리는 힘에게 정의를 부여하고, 정의에게 힘을 부여하는 노력을 해야 한다. 정의가 있는 힘이 되어야 하는 동시에 정의는 힘이 있는 정의가 되어야 한다. 그래서 힘과 정의가 다 같이 서게 해야 한다. 희랍신화(神話)에 나오는 '정의의 여신'이 한 손에 '칼'을 쥐고 있는 것은 우연한 발상이 아니라, 정의가 정의로서 늠름하게 서기 위해서는 '칼의 힘'이 필요하다는 것을 상징하고 있다. 그러나 지연된 정의는 정의가 아니다.

거짓말 명수인 김명수 대법원장은 지난 9월13일 '법원의 날' 기념식에서 "사법부에 '새로운 제도와 문화'가 조금씩 제 모습을 드러내고 견고히 뿌리를 내려가고 있다"고 했다. 그러나 김명수 대법원장의 재임 5년간 우리법연구회·국제인권법연구회 등 특정성향 판사들이 사법부의 요직(要職)을 차지했고, 청와대 울산시장 선거개입 사건 등 문재인 정권의 온갖 비리와 범죄에 관련 된 재판은 줄줄이 연기(직무유기)됐으며, '대장동 사건'(2020.7.16. 선고 2019도13228 전원합의체판결, 직권남용 권리행사방해·공직선거법위반)에선 대법관의 '재판거래' 의혹까지 제기됐다.

대법원과 전국 법원을 이런 상황으로 만들어 놓고도 '법원이 발전했다' '사법부에 새로운 제도와 문화가 견고히 뿌리를 내리고 있다'고 자화자찬(自畫自讚)하는 후안무치(厚顔無恥)하고 파렴치(破廉恥)한 <**거짓말의 명수**(名手)>가 자리를 굳건히 버티고 있다. 현직 법관을 탄핵하려는 더불어범죄당의 꼭두각시노릇을 한 김명수 대법원장은 이로서 대법원장의 자격을 이미 상실한 것이다. 김명수 대법원장 재임 5년간의 사법부는 새로운 제도와 문화가 아닌 <**거짓말 문화**>가 견고히 뿌리내려왔다.

9. 김명수 거짓말 의혹수사 '키맨(key man)' 김인겸, 검찰 소환불응

　김명수 대법원장이 문재인 정부 당시 임성근 전 부장판사의 사표를 수리하지 않아 직권남용 등으로 고발된 사건과 관련해, 검찰이 당시 법원행정처 차장으로 전후 상황을 잘 아는 것으로 알려진 김인겸 서울가정법원장을 소환하려 했으나 김 법원장이 불응한 것으로 2022년10월11일 전해졌다. 서울중앙지검 형사1부(부장 박혁수)는 최근 김 법원장을 참고인 신분으로 조사하기 위해 수차례 소환통보를 요청했지만 김 법원장은 출석하지 않은 것으로 알려졌다.

　김명수 대법원장은 2020년5월 임성근 부장판사가 건강상 이유로 사표를 내자 "지금(민주당이) 탄핵하자고 저렇게 설치고 있는데 내가 사표수리를 했다고 하면 국회에서 무슨 이야기를 듣겠냐 말이야"라며 거부했다. 이 사실이 언론을 통해 알려지자 김 대법원장은 이를 부인하는 답변서를 국회에 보냈지만 임성근 전 부장판사가 대화녹취록을 공개하면서 거짓말로 드러났다. 이후 국민의힘은 2021년2월 민주당이 임성근 부장판사를 탄핵할 수 있도록 사표수리를 미뤄 '직권을 남용'하고 국회에 보내는 '허위공문서를 작성한 혐의' 등으로 김명수 대법원장을 고발했다.

　2020년 법원행정처 차장으로 재직했던 김인겸 법원장은 이 고발사건의 핵심인물로 꼽힌다. 임 전 부장판사는 김 대법원장과 만나기 한 달 전쯤 2020년4월 당시 김인겸 법원행정처 차장에게 사표를 제출하며 김 대법원장에게 면담을 청했던 것으로 일려졌다. 임 전 부장판사는 그해 12월에도 김인겸 당시 차장을 통해 "정기인사 때 나가고 싶다"며 사의를 밝혔지만 김 대법원장은 김인겸 당시 차장을 통해 "정기인사가 아니라 내년 2월 28일(법관) 임기만료로 나가라"고 했다고 한다.

임성근 부장판사 탄핵소추안은 2021년 2월 4일 민주당 주도로 국회를 통과했고 임 전 부장판사는 그달 28일 임기만료로 퇴임했다. 이후 작년 10월 28일 헌법재판소는 "임 전 부장판사가 이미 퇴직해 국회 탄핵소추에 따른 '심판의 이익'이 없다"며 각하 결정을 내렸다. 법조계에선 "김인겸 법원장에 대한 검찰의 참고인 조사시도는 김명수 대법원장에 대한 조사를 염두에 둔 것"이란 말이 나왔다. 하지만 문재인 정부 당시인 작년 6월 서울중앙지검은 김 전 차장과 임 전 부장판사를 서면조사만 하고 수사를 진척시키지 않았다.

그러나 윤석열 정부 출범 이후 검찰인사로 교체된 새 수사팀은 지난 8월 임 전 부장판사를 참고인 신분으로 소환조사하며 수사를 재개했다. 김인겸 법원장에 대한 소환통보도 그 연장선상에서 이뤄진 것으로 전해졌다. 김인겸 법원장은 "작년 6월 서면조사에서 제가 기억하는 범위 안에서 충실하게 답변했다"며 "만약 추가로 확인할 부분이 있으면 서면조사에 응하겠다고 했지만, 검찰이 계속 출석하라고 하고 있다. 현 상황에선 검찰에 추가로 할 얘기가 없다"고 말했다.

10. 김명수 대법원장의 사법 포퓰리즘과 '알 박기'

김명수 대법원장이 이른바 '법원장 후보추천제'를 내년부터 전국 20개 지방법원으로 확대 실시하기로 하면서 법원 내부에서 반대여론이 나오고 있는 것으로 알려졌다. '법원장 후보추천제'는 각 지방법원 소속 판사들이 법원장 후보를 복수로 추천하면 대법원장이 이 가운데 한 명을 법원장으로 임명하는 제도다. 김 대법원장은 2017년 9월 취임 이후 '고등법원 부장판사 승진제도 폐지'와 함께 '법원장 후보 추천제'를 도입했으나, 이는 모두 "재판 지연"의 주요 원인으로 지적받고 있다.

전국법관대표회의 산하 '법관인사제도분과위원회' 위원장인 이영훈 서울서부지법 부장판사는 지난 23일 법원내부 게시판에 '법관인사제도분과위원회에서 법원행정처에 설명 요청한 사항 공유'라는 제목의 글을 올렸다. 이 글에서 법관인사제도분과위원회는 "법원장후보추천제가 '인기투표 식'이고, '사법 포퓰리즘'을 확대하는 원인이라는 지적, 임기를 얼마 남겨두지 않은 대법원장의 무리한 '알 박기'라는 비판이 있는 상황"이라고 했다. 이어 "내년 확대실시를 결정하기 전에 법원행정처와 대법원이 현 제도의 성과와 장단점, 구성원들의 의견 수렴 등을 했는지 등을 밝히라"고 했다.

법관인사제도분과위원회는 또 "대법원장이 임명하고 있는 수석부장 중 상당수가 법원장 후보로 추천돼 임명되고 있다"면서 "서울중앙지방법원과 같은 경우 대법원장이 특정법관을 법원장 후보로 염두(念頭)에 두고 추천제를 밀어붙이려는 것 아니냐는 지적까지 있는 상황"이라고 했다. 그러면서 "법원 구성원 총의(總意)를 반영한다는 취지가 몰각(沒却)되고 전보다 더 대법원장이 강한 영향력을 행사하고 있다는 비난이 제기되고 있다"고 했다. 법원장 후보추천제에 대한 비판은 일선판사들 사이에 확산되고 있는 것으로 전해졌다. 김 대법원장은 2019년부터 법원상후보추천제를 실시했는데, 이에 대해 '법원을 선거판으로 만든다'는 지적이 법원 내외에서 나오고 있다.

사법권의 독립은 그 나라 민주주의 성숙도를 측정하는 중요한 잣대이며 척도(尺度)다. 우리나라의 사법사(司法史)를 보면 '사법권 독립을 위한 투쟁의 역사'(이회창 회고록 1권 173면)이며, '재판관은 법관이지 정치인이나 사상가가 아니다(전게서 190면)' '청렴성 못지않게 중요한 법관의 덕목(德目)은 정의관과 정의실현의 용기(전게서 200면)'라고 했다.

'사법 포퓰리즘' 비판에도 불구하고 '법원장 후보추천제'를 통한 추천절차가 일선법원에서 진행 중인 가운데, 김명수 대법원장과 가까운 서울중앙지법 송경근 민사1 수석부장판사가 서울중앙지법 뿐 아니라 청주지법원장 후보에도 '겹치기 입후보'한 것으로 전해지면서 사법부가 내홍(內訌)에 빠졌다. 김 대법원장이 자초(自招)한 '사법부 인사 대혼란'이다. 송 수석부장은 국제인권법연구회 출신으로 김 대법원장의 '측근'으로 알려졌다. 법원 내에서는 "두 군데 법원장 후보로 입후보한 경우는 처음이다. 내년 9월 퇴임하는 김 대법원장의 '측근 알 박기' 인사가 도를 넘은 것"이라는 비판이 제기됐다.

송 판사는 문재인 정권 때 김 대법원장 편에 서서 전임 사법부에 대한 검찰수사를 주장했다. 김 대법원장은 13개 법원에 도입한 '법원장 후보추천제'를 내년에 20곳으로 확대하기로 했다. 판사들 사이에선 '코드인사로 변질된 이 제도를 폐지해야한다'는 비판이 제기됐다. 이런 비판에 귀를 막고 임기 끝까지 '코드 인사'를 하겠다고 한다. 사법부를 망친 대법원장이란 오명(汚名)을 벗을 수 없을 것이다.

11. 사법권의 독립은 왜 필요한가?

법관(法官 : judge)이라 함은 헌법과 법원조직법이 정하는 바에 따라 임명되어 법원을 구성하고 대법원 또는 각급 법원에서 법률상의 쟁송(爭訟)을 심판하는 사무를 담당하는 특정직공무원을 말한다. 법관은 국가공무원법상 경력직공무원 가운데 '특정직(特定職)공무원'으로서, 그 종류는 대법관과 판사의 2종류가 있다. 대법원장인 법관은 대법관이며, 기타 고등법원·지방법원·가정법원 또는 지원(支院)의 법관들은 모두 판사이다.

대법원장은 국회의 동의를 얻어 대통령이 임명한다. 대법관은 대법원장의 제청으로 국회의 동의를 얻어 대통령이 임명한다. 대법원장과 대법관이 아닌 법관은 인사위원회의 심의를 거치고(법원조직법 제41조 제3항), 대법관회의의 동의를 얻어 대법원장이 임명한다(헌법 제104조). 대법원장의 임기는 6년으로 하며, 중임(重任)할 수 없다. 대법관의 임기는 6년으로 하며, 법률이 정하는 바에 의하여 연임(連任)할 수 있다. 대법원장과 대법관이 아닌 법관의 임기는 10년으로 하며, 법률이 정하는 바에 의하여 연임할 수 있다. 법관의 정년은 법률로 정한다(헌법 제105조). 대법원장과 대법관의 정년은 각각 70세, 판사의 정년은 65세로 한다(법원조직법 제45조 제4항).

법원은 헌법에 특별한 규정이 있는 경우를 제외한 모든 법률상의 쟁송(爭訟)을 심판하고, 법원조직법과 다른 법률에 따라 법원에 속하는 권한을 가진다(법원조직법 제2조 제1항). 법원은 등기, 가족관계등록, 공탁, 집행관, 법무사에 관한 사무를 관장하거나 감독한다(동조 제3항).

법관은 탄핵 또는 금고(禁錮) 이상의 형의 선고에 의하지 아니하고는 파면되지 아니하며, 징계처분에 의하지 아니하고는 정직(停職)·감봉·기타 불리한 처분을 받지 아니한다(헌법 제106조 제1항). 다른 공무원들은 징계처분에 의해서도 파면되지만 법관만은 그러하지 아니하다. 법관은 소송법상 '단독'으로 또는 3인 이상으로 구성되는 '합의부'로써 법원을 구성하며, 헌법과 법률에 의하여 그 양심에 따라 독립하여 심판하며(헌법 제103조), 어느 누구의 지시도 받지 아니하는 독립성을 가진다.

형(刑)을 정할 때 국민의 건전한 상식을 반영하고 국민이 신뢰할 수 있는 공정하고 객관적인 양형(量刑)을 실현하기 위하여 대법원에 양형위원회를 둔다. 양형위원회는 양형기준을 설정·변경하고, 이와 관련된 양형정책을 연구·심의할 수 있으며, 그 권한에 속하는 업무를 독립하여 수행한다(법원조직법 제81조의2). 형사재판에서 법관의 양형결정이 법률에 기속되는 것은 법률에 따라 심판한다는 헌법 제103조에 의한 것으로 법치국가 원리의 당연한 귀결(歸結)이다(헌재결 2005.3.31. 2004헌가27, 2005헌바8<병합>).

<사법권의 독립은 왜 필요한가? 민주주의가 제대로 뿌리 내리기 위해서는 독립성을 가지는 사법부가 제자리에 굳건히 자리 잡고 있어야 함을, 그리고 사법권의 독립은 지금은 굳건해 보여도 언제든지 흔들릴 수 있음

을, 사법부가 대통령이나 행정부의 입김에 좌우되고 그 눈치를 본다면, 또 국회나 국회의원들의 위세에 눌려 그들의 요구에 영합(迎合)하려고 좌고우 면(左顧右眄)하면 민주주의는 제대로 뿌리 내릴 수 없다.>

<인간의 존엄과 가치가 무시되고 개인의 자유와 권리가 짓밟힐 때, 정 치권력이 법이 정한 권력의 한계와 책임을 일탈(逸脫)해 독선과 독재로 흐 를 때, 이를 바로 잡고 정의를 세우는 일은 '사법부의 몫'이다. 사법부가 제 자리에서 굳건하게 독립을 지키지 못하고 흔들린다면 다수라는 무기를 가 지고 법의 탈을 쓴 권력이 전횡(專橫)을 부리는 중우정치(衆愚政治), 독재정 치가 판을 치고 민주주의는 설 땅을 잃게 된다. 그래서 사법권의 독립은 어 느 나라에서도 그 나라 민주주의의 성숙도(成熟度), 즉 민주화의 정도를 측 정하는 중요한 잣대이다.> (이회창 전 대법관님 회고록 1권 P168~160)

<사법권 독립의 핵심인 법관의 독립, 즉 재판의 독립은 건전한 가치판 단과 자질(資質)을 갖춘 법관에게 달려있다. 여기서 '건전한 가치판단(價値 判斷)'이란 공정하고 보편타당성 있는 가치판단을 뜻하며, '자질'은 법관으 로서의 전문성 외에 높은 도덕성과 품격(品格)을 말한다. 공정하고 보편타 당성 있는 가치판단이란 사회전반에서 보편타당한 것으로 받아 들려진 것 이라고 스스로 판단하는 것을 말한다.>

<법관의 개인적·주관적 잣대, 즉 자신의 출신이나 성장배경 또는 정치 적 이념이나 사상에 대한 개인적 신념, 소속계층의 의식경향 등에 영향을 받은 도덕적 가치관이나 편견에 의해 좌우되는 가치판단은 보편타당성을 결여(缺如)한다. 법관이 개인의 정치적 이념이나 사상의 영향으로 좌편향

(左便向)되거나 우편향(右便向)된 시각으로 재판한다면 이 또한 보편타당성 있는 가치판단이라고 보기 어렵다. 재판관은 법관이지 정치인이나 사상가가 아니다.>

<요컨대, 법관은 자신이 가지고 있는 인간으로서의 양심, 주관적인 가치인식(價値認識)인 양심이 아니라 그 사회, 그 공동체에서 받아들여지고 있는 보편타당한 가치인식인 양심에 따라 재판해야 한다. 법관의 보편타당한 가치판단이 중요시되는 또 하나의 이유는 국민대표기관인 의회가 만든 법률에 대해 사법부에 위헌여부(違憲與否)의 심사권을 부여한 경우에 사법부에 이런 심사권을 부여하는 주요한 이유는 바로 법관의 보편타당한 가치판단을 믿기 때문이다.>

<법관으로서 양심을 지킨다는 것은 법관의 기본적 조건, 최소한의 조건이라고 할 수 있다. 법관은 더 나아가 좋은 법관이 되어야 한다. '좋은 법관'이란 실력 있고 청렴(淸廉)하고 정의(正義)로운 법관을 말한다. 법관이 갖추어야 할 통찰력(洞察力)과 지혜(智慧)는 실력 가운데 포함되며 청렴은 공정성의 징표가 되고 정의는 법관의 천명(天命)이자 목표다.> (위 회고록 p189~194)

12. 김명수 대법원장의 지휘·감독을 받는 사법부의 현주소

대법원장은 대법원의 일반사무를 관장하며, 대법원의 직원과 각급 법원 및 그 소속 기관의 사법행정사무에 관하여 직원을 지휘·감독한다(법원

조직법 제13조 제2항). 대통령이 헌법재판소 재판관 및 중앙선거관리위원회 위원을 임명함에 있어서 각각 3인을 대법원장이 지명한다(헌법 제111조 제3항, 제114조 제2항). 대법원장은 대법관회의의 의장이 된다(법원조직법 제16조 제1항). 이러한 권한을 가진 김명수 대법원장 취임 후 사법부는 어떻게 운영되고 있는가?

문재인 전 대통령 대자보를 대학건물 내에 붙였다가 1심에서 벌금 50만원 형을 선고 받은 20대 청년 A씨에 대해 2022년 6월 22일 항소심(대전지법 제5형사부 부장판사 이경희)은 무죄를 선고했고, 검찰이 상고하지 않아 무죄가 확정됐다. 대법원장의 명을 받아 대법원에서 사건의 심리 및 재판에 관한 조사·연구업무를 담당하는 재판연구관이 줄줄이 법원을 떠나고 있다. 올 들어 재판연구관 5명이 사표를 냈다. "대법원장이 특정성향의 자기사람만 챙기는 것을 보고 '희망이 없다' 느낀 것"이라는 말이 나왔다.

신광렬 전 서울고등법원 부장판사는 2016년 서울중앙지법 형사 수석 부장판사로 재직하면서 '정운호 게이트'에 연루된 판사들의 수사정보를 법원행정처에 넘겨준 혐의(공무상 비밀누설)로 기소됐으나 2021년 11월 25일 대법원에서 무죄가 확정됐다. 그럼에도 대법원은 징계청구 2년 7개월만인 지난 달 신 전 부장판사에게 '감봉 6개월'의 징계처분을 하자 법원 내부에서는 "징계를 받을 사람은 자기가족, 자기편만 챙긴 김명수 대법원장"이란 비판이 나왔다.

전국 법원에서 2년 내에 1심판결이 선고되지 않은 "장기 미제사건"이 최근 5년간 민사소송은 약 3배로, 형사소송은 약 2배로 증가한 것으로 보도됐다. 특히 전국 최대법원인 서울중앙지법에서 5년 넘게 판결을 선고하지 않은 "초장기 미제사건"은 5배 가까이 폭증했다. 이러한 재판지연은 김명수 대법원장 취임 이후 5년간 갈수록 심해지고 있다. 판사들이 말하는 재판지연 이유는 "대법원장 측근들이 사법부 요직을 차지하고 승진하므로 열심히 일해서 뭐하나 싶어지고....."라고 했다.

조국 전 법무부 장관은 기소 후 3년이 됐으나 아직도 1심 재판이 진행 중이다. 문재인 청와대의 울산시장 선거개입사건도 기소 된지 2년 10개월 지났으나 1심판결이 선고되지 않았다. 위안부 할머니 후원금 등 1억여원을 사용한 혐의의 윤미향 의원도 기소된 후 2년 2개월이 됐으나 아직 1심판결이 선고되지 않았다. 우리법연구회 출신판사가 노골적으로 재판을 지연시키고 있다고 한다. 이렇게 전 정권관련사건의 재판을 지연시킨 것은 김명수 사법부 스스로 사법정의를 구현할 책무를 포기한 직무유기다.

김명수 대법원장이 회장을 지낸 '우리법연구회' 및 '국제인권법연구회'와 민변이 장악한 대법원 전원합의체는 2020년 7월 16일 2심에서 당선무효 형을 선고받은 이재명 경기지사의 공직선거법상 허위사실공표죄사건의 상고심에서 원심을 파기하고 무죄취지로 수원고법으로 환송했다. 김명수 대법원장은 취임사에서 "좋은 재판 실현을 최우선 가치로 삼겠다"고 했다. 이런 재판이 과연 "좋은 재판"인가?

김명수 대법원장은 2020년 5월 임성근 부장판사가 담낭절제 등 건강상 이유로 사표를 내려고 하자 "지금 (더불어민주당이) 탄핵하고자 저렇게 설치고 있는데 내가 사표를 수리하면 국회에서 무슨 얘기를 듣겠느냐"며 거부했다. 그 후 김 대법원장은 이런 말을 한 적이 없다며 공개적으로 부인했으나 임 전 부장판사가 녹취록을 공개하면서 김 대법원장의 거짓말이 만천하에 드러났다. 이후 법치주의바로세우기연대가 김 대법원장을 '직무유기'로 검찰에 고발했고, 자신이 한 말을 부인하는 취지의 문서를 국회에 보내 '허위공문서작성' 혐의로도 고발됐다.

김명수 대법원장은 공관 리모델링 과정에서 4억7000만원을 다른 예산에서 무단 전용한 게 감사원 감사에서 적발돼 '업무상 횡령' 혐의로 고발 됐다. 또 모 기업사건이 법원에 계류 중인 상황에서 그 기업의 변호사인 김 대법원장의 며느리가 그 회사동료를 '대법원장 공관으로 초청해 만찬을 했다'는 문제와 관련해서도 고발돼 있다. 위와 같은 사건 중 어느 한 사건이라도 기소된다면 사법부의 수장(首長)인 현직 대법원장이 후배 판사 앞에서 재판받는 사법사상 초유의 상황이 발생하게 된다.

거짓말의 명수인 김명수 대법원장은 지난 9월 13일 '법원의 날' 기념식에서 "사법부에 새로운 제도와 문화가 조금씩 제 모습을 드러내고 견고히 뿌리를 내려가고 있다"고 했다. 사법사상 최초로 사법부를 이런 상황으로 만들어 놓고 "법원이 발전했다" "사법부에 새로운 제도와 문화가 견고히 뿌리를 내리고 있다"라고 자화자찬하는 파렴치한 <거짓말의 명수>가 자리를 굳건히 버티고 있다. 거짓말의 명수 재임 5년간의 사법부의 '거짓말 문화'가 <**사법부의 현주소**>다.

13. 김명수 대법원장의 지법원장 '알 박기' 실패

최근 서울중앙지법원장과 청주지법원장에 '겹치기 입후보'하면서 논란이 된 송경근 서울중앙지법 민사 1수석부장판사가 12일 서울중앙지법원장 후보에서 자진사퇴한데 이어 청주지법원장 최종 후보에는 득표율이 저조해 탈락된 것으로 전해졌다. 서울중앙 및 청주 두 법원 모두에서 법원장이 될 수 없게 된 것이다.

법조계에서는 송경근 부장판사가 김명수 대법원장이 회장을 지낸 국제인권법연구회 출신이라는 점에서 "대법원장이 무리하게 측근을 '알 박기' 하려는 것 아니냐"는 지적이 나온 바 있다. 송 부장판사는 이날 오전 서울중앙지법 소속 판사들에게 보낸 이메일에서 "오늘 아침 후보 사퇴서를 제출했다"고 밝혔다. 이어 "(청주지법원장으로 먼저 천거된 뒤) 서울중앙지법에서 (추가) 천거해 주신 분들의 뜻을 차마 무시할 수 없어 마감직전 일단 동의서를 제출하기는 했었다"면서 "사퇴할 생각을 여러 번 했지만 저의 우유부단(優柔不斷)으로 시기를 놓치고 말았다"고 했다.

이날 오후 청주지법은 임병열 부장판사와 김양희 부장판사를 대법원에 최종 후보로 추천하기로 했다고 밝혔다. 송 부장판사는 지난 5~6일 청주지법원장 후보 추천투표에서 득표율이 10% 미만에 그치면서 최종 후보에 들지 못한 것으로 알려졌다. 대법원 예규에 따르면, 법원장 후보추천 투표에서 10% 이상 득표한 후보만 최종추천을 받을 수 있다. '법원장 겹치기 입후보'에서 송경근 부장판사는 서울중앙지법에선 '자진사퇴'로, 청주지법에선 '탈락'으로, 두 곳 다 놓쳐버리게 되었다.

사법부의 수장(首長)으로서 사법권 독립의 방파제가 되어야 할 김명수 대법원장은 "법원을 정치투쟁의 장(場)으로 끌어들였다"는 비판을 안팎으로 받고 있다. 공정성과 정치적 중립성의 최후 보루(堡壘)인 사법부가 지난 5년간 무너져버렸다. 소송 당사자들조차 변호사에게 "(담당) 판사가 우리법이냐, 인권법이냐"라고 질문부터 한다고 했다. 판사의 정치성향에 따라 판결 결과가 달라진다는 믿음이 일상화(日常化)된 것이다.

요즘 일선판사들은 "대법원 판결이 이상하다"는 말을 대놓고 한다고 한다. 사법권 독립의 방파제가 될 사법부의 수장인 김명수 대법원장이 사법부의 위상(位相)을 추락(墜落)시키는 현상이 지난 5년간 비일비재(非一非再)했다. 윤석열 대통령은 '김명수 사법부 체제'의 작품인 '사법부 비정상(非正常)'을 정상화(正常化)하고, 사법부의 '탈정치화(脫政治化)'를 회복하는 '사법부 주류교체(主流交替)'를 준비해야 한다.

14. 검찰의 '김만배 로비' 의혹 수사 지지부진(遲遲不進)

서울중앙지검이 2021년 10월 남욱 변호사(천화동인 4호 소유주)에게서 "김만배(화천대유 대주주)씨가 '내가 이재명 더불어민주당 대표의 선거법위반사건, 성남 제1공단 공원화 무효소송 등 두 건을 대법원에서 뒤집었다'고 말했다"는 취지의 진술을 확보했던 것으로 12일 전해졌다.

이재명 대표의 '선거법위반' 사건(2020. 7. 16. 선고 2019도13328 전원합의체 판결. 직권남용권리행사방해 · 공직선거법위반)은 2018년 경기지사 선거에서 이 대표가

'친형 정신병원 강제입원'논란 등에 대해 허위사실을 공표했다는 혐의로 기소된 사건으로 2020년 7월 16일 대법원 전원합의체판결에서 **다수의견<김명수(재판장), 권순일, 김재형, 박정화, 민유숙, 노정희(주심), 김상환>**은 ".....피고인의 발언들을 적극적으로 허위의 반대사실을 공표한 것과 마찬가지라고 평가하는 것은 형벌법규에 따른 책임의 명확성, 예측가능성을 저해할 우려가 있는 점......등을 고려할 때 위 발언도 허위의 반대사실을 적극적·일방적으로 공표한 것으로 보기 어려운 점 등을 종합하면, 피고인의 발언은 공직선거법 제250조 제1항에서 정한 허위사실의 공표에 해당한다고 볼 수 없다"는 이유로 원심판결 중 유죄부분을 파기하고, 원심법원에 환송했다.

또 '성남 1공단 공원화 무효소송'은 성남 시장이던 이 대표가 1공단을 공원화하겠다며 관련 인허가를 중단시키자 당초 1공단 부지를 개발하려던 시행사가 2011년 성남시장을 상대로 한 행정소송이다. '공직선거법위반' 사건에서 2심판결(벌금 300만원 선고)이 확정됐으면 이 대표는 경기지사에서 물러나야 했고, 행정소송이 2심대로 성남시 패소가 확정됐다면 대장동 사업은 차질을 피할 수 없었다. 두 사건 모두 대법원에서 결론이 달라져 이 대표에게 유리한 결과가 나왔고 그 결과를 김만배씨가 '자신이 해결했다'고 말했다는 것이다. 이 판결에 대해 법조계에선 "이례적 판결"이라는 말이 나왔다.

남욱씨는 당시 검찰에서 "김씨가 '이 대표의 선거법 위반사건을 권순일(당시 대법관)에게 부탁해 대법원에서 뒤집힐 수 있도록 역할을 했다'고 말했다"고 진술했다고 한다. 남씨는 또 김씨가 어떤 부탁을 했다는 것인지를 검사가 묻자 " '이재명 선거법위반사건'을 대법원에서 권순일에게 부탁해 2

심을 뒤집었다고 했다. 구체적인 이야기는 안 했고 권순일에게 부탁해서 뒤집었다고 했다"고 답한 것으로 전해졌다. 남씨는 이후 조사에서는 "(김씨가) 2018년부터 권순일 이야기를 조금씩 하기 시작했는데, 2019년 이후부터 '권순일에게 50억 원을 줘야 한다'는 말을 하기 시작했다"고 진술한 것으로 알려졌다.

남욱씨의 진술이 나온 2021년 10월은 친(親) 문재인 정부성향의 검찰간부들이 대장동 수사를 담당하고 있었다. 당시는 권순일 전 대법관 등 법조인 이름이 거명된 이른바 '50억 클럽' 의혹이 확산하던 상황이었으나 수사팀은 2021년 11월과 12월 권 전 대법관을 두 차례 소환조사한 뒤, 압수수색 등을 하지 않고 사실상 수사를 멈춘 것으로 전해졌다.

김만배씨는 2019년 7월~2020년 8월 '권순일 대법관실'이라고 출입명부에 기록하고 대법원을 8차례 방문했는데, 여기에 이 대표 사건이 대법원에 회부되기 일주일 전(2020년 6월 9일), 회부된 다음 날(6월 16일), 파기환송선고 다음 날(7월 17일)도 포함됐다. 이후 권 전 대법관은 퇴임 뒤인 2020년 11월 김만배씨가 대주주인 화천대유의 고문으로 취업해 총 1억5000만원을 고문료로 받다가 '대장동 의혹'이 터지자 그만뒀다. 권 전 대법관은 관련의혹에 대해 "전혀 사실무근"이라는 입장이다.

2021년 7월 재편된 대장동 수사팀은 전면 재수사에 착수했지만 '김만배 대법원 로비'의혹에 대한 수사는 여전히 지지부진(遲遲不進)한 상황이다. 검사는 공익의 대표자로서 "범죄수사, 공소의 제기 및 그 유지에 필요한 사항"의 직무와 권한이 있다(검찰청법 제4조 제1항 1호). 검찰의 직무유기 아닌가?

15. 검찰은 대법원 '재판거래' 의혹의
실체적 진실을 밝혀야한다

대장동 비리의 핵심 인물인 김만배씨가 '권순일 당시 대법관에게 부탁해 이재명 대표의 공직선거법위반사건과 성남 제1공단 공원화 무효소송 등 2건의 판결을 대법원에서 뒤집었다고 말했다'는 취지의 진술을 검찰이 확보한 것으로 전해졌다. 두 사건 모두 대법원에서 결론이 뒤집혀 이재명 대표에게 유리한 판결이 나왔다. 김씨와 함께 대장동 사건 주범으로 기소된 남욱 변호사가 김씨로부터 그런 말을 들었다고 2021년 10월 검찰에서 진술했다.

김씨의 진술이 사실이라면 대법관이 자신이 심판하는 사건에 관련되어 돈을 받고 원심판결을 뒤집어 무죄판결을 한 것으로 '재판관 수뢰죄(barratry)'로 문책되어야 한다. 법률격언에 "돈 때문에 재판을 파는 법관은 재판관수뢰죄(裁判官收賂罪)로 문책(問責)다(He is guilty of barratry who for money sells justice.)." "재판은 허망(虛妄)한 것이어서는 안 된다. 그것은 적당한 효과를 발휘해야 하는 것이다(A judgment ought not to be illusory, it ought to have its proper effect.)."라고 했다.

두 사건 판결이 대법원에서 뒤집히면서 이 대표는 지난 대선에 출마할 수 있게 됐고, 대장동 사업의 걸림돌도 제거됐다. 그것이 사실이라면 사법권의 독립을 파괴한 심각한 국기문란(國紀紊亂)이다. 우리 헌법에 있어서 사법권의 독립은 법원의 자치를 위한 '법원의 독립'과 재판의 독립을 위한 '법관의 독립'을 그 내용으로 한다. 헌법 제103조에서는 <법관은 헌법과 법률

에 의하여 그 양심에 따라 독립하여 심판한다>고 하여, 구체적 사건을 재판함에 있어서 법관의 '직무상의 독립'을 규정하였다.

법원은 헌법에 특별한 규정이 있는 경우를 제외한 모든 법률상의 쟁송(爭訟)을 심판하고, 법원조직법과 다른 법률에 따라 법원에 속하는 권한을 가진다(법원조직법 제2조 제1항). 대법원의 심판권은 대법관 전원의 3분의2 이상의 합의체에서 행사하며, 대법원장이 재판장이 된다(동법 제7조 제1항 전단). 대법원 재판서(裁判書)에는 합의에 관여한 모든 대법관의 의견을 표시하여야 한다(동법 제15조).

유권해석(有權解釋)의 한 형태인 '사법해석(司法解釋)'을 '재판해석'이라고도 하며, 구체적 소송사건에 법을 적용함에 있어서 법원에 의하여 행해지는 법의 해석을 말한다. 즉 법관이 재판을 할 때에 법을 적용함에 있어서 그 적용될 법의 의의(意義)를 재판서에 밝히는 것을 말한다. 영미법 국가에서는 법적 구속력을 가지며, 대륙법 국가에서도 '상급법원의 판결은 최종적인 구속력'을 지닌다. 법해석의 통일을 기하기 위하여 <상급법원 재판에서의 판단은 해당 사건에 관하여 '하급심(下級審)을 기속(羈束)'한다(동법 제8조)>.

이재명 대표에 관한 공직선거법위반 사건(2020. 7. 16. 선고 2019도13328 전원합의체 판결)은 이 대표의 정치생명과 직결된 것이었다. 이 대표는 경기지사 선거토론에서 '친형의 정신병원 강제입원에 관여하지 않았다'는 취지의 발언을 해 허위사실공표로 항소심에서 당선무효 형을 선고받았다. 하지만 대법원에서 2020년 7월 16일 이 사건에 대한 피고인의 발언은 <허위의 반

대사실을 적극적·일방적으로 공표한 것으로 보기 어려운 점 등을 종합하면, 피고인의 발언은 공직선거법 제250조 제1항에서 정한 허위사실의 공표에 해당한다고 볼 수 없다>는 이유로 파기 환송함으로써 'TV토론에선 거짓말을 해도 된다'는 선례(先例)를 만든 판결로, 법원조직법 제8조(상급심 재판의 기속력)의 입법취지에 반하는 판결을 한 것이다.

당시 대법관 13명 중 12명이 참여한 전원합의체 판단은 '다수의견'{대법원장 김명수(재판장), 대법관 권순일·김재형·박정화·민유숙·노정희(주심)·김상환}과 '소수의견'(박상옥.이기택.안철상.이동원.노태악)이 7대5로 팽팽히 갈렸다. "허위사실공표여부"에 대한 쟁점에 관해 <다수의견>은 '방송토론회의 즉흥성(即興性)을 고려할 때 후보자가 부분적으로 잘못되거나 일부 허위의 표현을 하더라도 토론과정에서 검증되는 것이 민주적이다' '질문·의혹에 대한 답변·해명은 적극적 반대사실 공표로 보기 어려움'이라고 해석했다.

반면에 <소수의견>은 이 지사의 MBC토론회 발언에 주목해 '그것은 상대후보의 질문에 답변하는 것이 아니라 이전 토론회 발언에 대해 이 지사가 먼저 발언한 것으로, 토론의 즉흥성을 고려할 대상이 아니다' '진실에 반하는 사실을 공표한 경우에 해당 한다' '허위사실공표의 범위를 제한한 해석(다수의견)은 선거의 공정성과 정치적 표현의 자유 사이의 균형을 심각하게 훼손할 수 있다'고 해석해 유죄라고 판단했다.

'대장동 돈 잔치'의 복마전(伏魔殿)이 된 화천대유에 권순일 전 대법관, 박영수 전 특별검사, 김수남 전 검찰총장, 강진우 전 수원지검장, 이경재 변호사 등이 고문이나 자문을 맡아 고액의 고문료 등을 받은 사실이 확인됐다. 산(山) 속에 있는 중이 고기 맛을 보면 미치듯 하찮은 인간이 권리를 잡으면 미친 듯 권리를 남용한다. 공직자의 청렴(淸廉)과 탐욕(貪慾)은 한 인간의 갈림길이기도 한 것이다.

그가 청렴의 길을 택하면 '청백리(淸白吏)'가 되나 탐욕의 길을 택하면 '탐관오리(貪官汚吏)'가 된다. 인간으로서 '어떻게 사느냐'하는 문제보다도 '어떻게 죽느냐'하는 것이 더 중요할지 모른다. '관 뚜껑을 덮을 때에 비로소 그 사람됨을 알게 된다'는 것은 이를 두고 이른 말이다. 다수의견에 참가한 대법관들은 화천대유 돈 잔치로부터 과연 자유로울 수 있는가? 검찰의 엄정한 수사로 '재판 거래' 의혹을 발본색원(拔本塞源)함으로써 사법권의 독립(법원의 독립과 법관의 독립)을 확립해야 한다.

당시 대법관 중 가장 선임인 권순일 대법관은 유무죄 의견이 5대5로 갈린 상황에서 무죄의견을 내 파기환송 판결에 결정적 영향을 미쳤다. 이후 김만배씨가 남욱 변호사에게 "권순일에게 부탁해 2심판결을 뒤집었다"고 말했다는 것이다. 김씨는 권 대법관 재임시절 1년여 동안 8차례 대법원을 찾아가 방문지에 '권순일 대법관실'로 적었다. 특히 김씨는 이 사건이 대법원 전원합의체로 넘겨진 바로 다음 날과 무죄취지 판결이 나온 다음 날에도 권순일 대법관을 찾아갔다.

권 대법관은 퇴임 후 김씨가 소유한 화천대유 고문으로 영입돼 대장동 의혹이 불거질 때까지 11개월 동안 매월 1350만원을 받았다. 두 사람은 부인하지만 '재판거래 의혹'은 합리적 의심이다. 당시 정계(政界)에서는 이재명이 대선에서 승리하여 대통령이 되면 권순일 대법관이 대법원장이 된다는 '권순일 대법원장 밀약설'이 나왔다.

대법원은 2016년 시행사 손을 들어준 항소심 판결을 2020년 7월 16일 뒤집으면서 '상급심 재판의 기속력'을 규정한 법원조직법 제8조의 입법취지에 반하는 선례를 남겼다. 앞으로 하급심의 '공직선거법위반' 사건의 재판에서 피고인의 발언이 허위의 반대사실을 <적극적·일반적으로 공표한 것>이 아닌 한 공직선거법 제250조 제1항에서 정한 '허위사실의 공표에 해당한다고 볼 수 없다'는 이유로 원심판결 중 유죄부분은 파기되어야 한다고 판결했다.

2020.7.16. 선고 2019도13328 전원합의체 판결(직권남용·공직선거법위반)의 다수의견{대법원장 김명수(재판장).대법관 권순일.김재형.박정화.민유숙.노정희(주심).김상환}은 헌법(제101조 제1항, 제103조)과 법률(법원조직법 제8조, 국가공무원법 제56조 및 제63조 등)을 위반한 것으로 본다. "법관이 그 직무집행에 있어서 헌법이나 법률을 위배한 때에는 국회는 탄핵의 소추를 의결할 수 있다(헌법 제65조 제1항). 검찰은 합리적 의심을 받는 위 전원합의체판결 다수의견에 대한 '재판거래 의혹'의 실체적 진실을 밝힘으로서 사법권 독립과 사법정의 및 법치주의를 확립해야 한다.

남씨는 "당시 김씨가 대법관에게 부탁했다고 했는데 그 이름이 기억이 안 난다"고 진술했다. 하지만 문재인 정권 검찰은 남씨의 진술 이후 권순일 전 대법관을 비공개로 소환조사한 게 전부다. 정권교체 후에도 검찰은 "대장동 개발 본류(本流) 수사가 먼저"라며 이 수사를 미루고 있다. 그사이 권

전 대법관은 변호사 등록까지 했다. 사법권 독립을 파괴한 심각한 국기문란인 '김만배의 재판거래' 의혹 본류(本流)에 대한 검찰의 신속하고도 엄정한 수사로 실체적 진실을 밝히는 것이 "검찰의 직무와 권한의 정당한 행사"이며, "검찰의 책무(責務)이며, 사명(使命)"이다.

16. 대법관 후보 제청권을 교묘하게 남용한 대법원장의 이중성

김명수 대법원장이 2020년 자신이 선호(選好)하는 판사가 대법관 후보에 포함될 수 있도록 법원행정처 인사총괄심의관을 통해 대법관 후보추천위원회에 영향을 미쳤다는 의혹이 2월 8일 현직 부장판사에게서 제기됐다. 송승용 서울동부지법 부장판사가 법원 게시판에 제기한 의혹이다. 대법관은 대법원장의 제청(提請)으로 국회의 동의를 얻어 대통령이 임명한다(헌법 제104조 제2항).

김 대법원장은 취임 후 대법관 후보추천에 관여하지 않겠다며 2018년 5월 관련규정을 개정해 대법원장의 대법관 '후보 제시권(提示權)'을 삭제했다. 그래 놓고 뒤로는 자신이 원하는 판사를 후보로 제시했고, 그 판사가 대법관이 됐다. 대법원장 측근인 인사총괄심의관이 후보추천위원장에게 김 대법원장의 '의중(意中)'이 담긴 특정인을 거론(擧論)했다는 것이다. 당시 거론된 인사(人士)는 '이흥구' 현 대법관이라고 한다.

부산고법 부장판사이던 이흥구 대법관은 최종후보 3명에 들어간 뒤 김 대법원 제청(提請)으로 대법관에 임명됐다. 이흥구 대법관은 '국가보안법 위반' 전력(前歷)을 가진 최초의 대법관으로 화제(話題)거리가 됐다. 송승용 서울동부지법 부장판사는 이날 법원 게시판에 이런 내용이 담긴 글을 올렸다. 송 부장판사는 2020년 7월 대법관 추천위원장과 만났던 상황을 구체적으로 밝혔다.

2018년 후보추천위원을 지낸 송 부장판사는 당시 호보추천위원이던 다른 현직 판사와 추천위원장 사무실에서 도시락으로 점심을 먹었다고 한다. 이 자리에서 추천위원장이 "인사총괄심의관이 신문칼럼을 뽑아 와서 피천거(被薦擧)후보 중 특정한 이모 후보에 대해서 '이분을 눈여겨보실 만합니다'라는 취지의 말을 하고 가더라"고 이야기했다는 것이다. 그 칼럼에는 "김 대법원장이 사석(私席)에서 '내가 아는 판사 중 최고'라고 극찬했다는 우리법연구회 출신 법관"이라는 표현이 나온다.

송 부장판사는 인사총괄심의관이 언급한 후보가 이흥구 현 대법관이라고 밝혔다. 김명수 대법원장과 이흥구 대법관은 모두 우리법연구회 출신이다. 인사총괄심의관은 2020년 2월부터 지금까지 안희길 부장판사가 맡고 있다. 송 부장판사는 "인사총괄심의관의 행동에 대한 대법원장 의중(意中)이 반영된 것이라면, 대법원장은 스스로 공언(公言)한 (대법관후보) 제시권(提示權) 폐지를 뒤집고 보다 교묘(巧妙)한 방식으로 제시권을 행사한 것"이라며 "대법관 제청권(提請權)을 무분별하게 남용한 것"이라고 했다. 김명수 대법원장의 겉 다르고 속 다른 이중성(二重星)을 보여준 것이다.

김 대법원장은 그동안 이런 이중성을 숱하게 보였다. "법관의 독립 침해

시도를 온몸으로 막아 내겠다"고 해놓고 문재인 정권 때 법관탄핵을 추진하는 여당에 잘 보이려고 탄핵 대상으로 지목된 임성근 부장판사의 사표수리를 거부했다. 그래 놓고 그런 일 없다고 거짓말까지 했다가 결국 들통이 났다. 자신을 대법원장으로 임명한 문재인 정권의 이중성을 빼닮았다.

송 부장판사는 김명수 대법원장을 향해 "인사총괄심의관의 행위가 개인적 일탈(逸脫)에 불과하다면 즉시 징계절차를 진행해 줄 것을 촉구한다"면서 "인사총괄심의관의 일탈에 대해 대법원장은 어떤 입장인지 밝혀 주기 바란다"고 했다. 송 부장판사는 자신이 글을 쓴 이유에 대해 "김 대법원장이 현재 진행 중인 이석태·이선애 헌법재판관의 후임선정 과정에서 자의적(恣意的)으로 지명권을 행사할 우려가 있어서"라고 밝혔다.

안희길 인사총괄심의관은 이날 법원 게시판에 올린 글에서 "2020년 7월 10일 무렵 추천위원장 사무실을 방문했다"며 당시 만남을 인정했다. 그는 이어 "일간지 칼럼에 언급된 심사대상자들에 대한 질문에도 답변을 한 것으로 기억한다"면서 "오해를 야기할 수 있다는 부분까지 고려하지 못해 송구하다"고 했다(2022.2. 9. 조선일보 A10면).

17. 자신을 보호하기 위한 '셀프 방탄' 추진

우리 헌법은 행정규칙과는 달리 행정권과는 독립성을 가진 헌법기관인 대법원에 자율적(自律的)인 '규칙제정권'을 부여하고 있다. "대법원은 법률에 저촉되지 아니하는 범위 안에서 소송에 관한 절차, 법원의 내부규율과 사무처리에 관한 규칙을 제정할 수 있다(헌법 제108조)"고 하여 '법원의 독립'을 뒷받침하고 있으며, "법관은 헌법과 법률에 의하여 그 양심에 따라 독립하여 심판한다(헌법 제103조)"고 하여, 구체적 사건을 재판함에 있어서 법관의 '직무상의 독립(법관의 독립)'을 규정하였다.

우리 헌법에 있어서 <사법권의 독립>은 법원의 자치를 위한 '법원의 독립'(헌법 제108조)과 재판의 독립을 위한 '법관의 독립(헌법 제103조)'을 그 내용으로 한다. 대법원은 지난 3일 '압수수색 영장 사전 심문제' 도입을 위한 '형사소송규칙 개정안'을 입법예고했다. 또 검찰이 휴대전화나 PC의 전자정보에 대한 영장을 청구할 때 '검색어를 미리 법원에 구체적으로 제시'하도록 했다. 대법원은 검찰과 상의 없이 독단적으로 이러한 입법예고를 했다.

이 개정안은 기존 형사소송규칙(제60조)에 '법원은 필요하다고 인정한 때에는 압수수색 영장을 발부하기 전에 심문기일을 정해 압수수색 요건 심사에 필요한 정보를 알고 있는 사람을 심문할 수 있다'는 조항을 추가하려는 것이다. 이에 대해 검찰은 압수수색이 '기밀유지와 신속이 생명'인데 판사가 압수수색 영장심리 때 피(被)압수 자와 변호인의 의견을 들으면 '압수수색을 제대로 진행할 수 없다'고 반론(反論)을 제기했다.

대한변협은 17일 '피의자가 장차 발부될 압수수색 영장의 집행에 미리 대비하게 함으로써 수사의 밀행성(密行性 : 비밀이 유지된 상태에서 수사가 진행되어야 한다는 원칙)을 해 친다' '법원이 명확한 기준 없이 정치인이나 고위층 사건에만 심문기일을 지정해 압수수색 영장의 집행에 대비할 수 있게 한다는 오해를 불러일으킬 수 있다'는 내용의 검토의견서를 대법원에 보냈다고 한다. 힘 있는 사람들이 범죄수사 단계에서 '법망(法網)을 빠져나가는 통로'가 될 우려가 있다는 것이다.

이 제도의 실제적 이익은 권력자와 전관 변호사, 대형 로펌 등에 돌아갈 것이라는 반론도 있다. 부작용이 예상되는 이런 제도를 김명수 대법원장 퇴임직전에 무리하면서 밀어붙이는 의도가 과연 무엇인가? '허위공문서 작성' 및 '직권남용' 혐의로 고발당한 김명수 대법원장이 오는 9월 퇴임 후 자신을 보호하기 위한 "셀프 방탄(防彈)"이란 얘기까지 나오고 있다. 김명수 대법원장의 그간에 남긴 행적(行蹟)을 보면 억측(臆測)이라고만 할 수 없다. 지금 당장 사법부가 시급히 해결해야 할 과제는 김명수 사법부에서 일상(日常)이 된 "재판지연(裁判遲延)"이다. 사법부의 재판 지연으로 인한 소송 당사자들이 겪는 고통은 이루 말할 수 없다.

반면 청와대 울산시장 선거공작, 조국 일가 비리, 윤미향에 대한 횡령 혐의 등 권력형 범죄사건의 피고인들은 법원의 재판지연으로 기존의 특권을 만끽(滿喫)하고 있다. 한국 사법부의 헌법(제27조 제3항: 신속한 재판을 받을 권리)과 법률(소송촉진 등에 관한 특례법 제21조 : 판결 선고기간)위반에 따른 이보다 심각한 국민의 기본권 침해, 사법 불공정(不公正)에 의한 법치(法治)파괴 문제는 없다. 이런 상황에서 김명수 대법원장은 이 문제엔 침묵한 채 퇴임 후 자신을 보호하기 위한 셀프 방탕으로 '법망(法網)을 빠져나갈 대책(對策)'만을 강화(强化)하고 있다.

영국의 시인 센스톤은 <법망(法網)>을 이렇게 정의(定義)했다(Laws are generally found to be nets of such a texture, as the little creep through, the great break through, and the middle-sized alone are entangled in. -Shenstone-)."

18. 문재인 정권 부패, 비리를 언론에 알렸다고
공무상 비밀누설죄로 유죄 판결 한 대법원

문재인 청와대 특별감찰반원으로 조국 당시 민정수석의 감찰무마 의혹 등을 제기했던 김태우 서울 강서구청장이 18일 대법원 1부{주심 박정화(朴貞桃)}에서 공무상 비밀의 누설(형법 제127조)로 '징역 1년에 집행유예 2년'을 선고한 원심판결을 확정했다. 공익신고를 했던 김 구청장은 이날 대법원 판결로 구청장직을 상실하게 됐다.

청와대 내부비리를 언론에 알린 것이 구청장직을 상실할 만큼 심각한 공무상비밀누설죄라는 것인데 일반인의 상식과 국민의 법 감정으로는 납득하기 어려운 이율배반적(二律背反的)인 논리의 판결이 아닌가? 이날 원심 판결을 확정한 박정화 대법관은 문재인 전 대통령이 임명했고, 진보성향 판사 모임인 우리법연구회 출신이다. 하지만 김 구청장이 폭로했던 문재인 정부 '권력형 비리' 혐의자들에 대한 재판은 아직 2심에 머물고 있다. 1심 재판에서 징역형이 선고됐으나 법정구속도 되지 않았다.

청와대 특별감찰반원 출신인 김 구청장은 2018년 12월부터 2019년 2월까지 청와대 감찰무마 의혹 등 내부비리를 언론 등에 폭로한 혐의로 문재인 청와대로부터 고발당했다. 검찰은 이중 5건과 관련해 김 구청장을 기소했다. 이후 김 구청장은 문재인 전 대통령이 임명한 김명수 대법원장 체제 아래 1심과 2심 재판에서 모두 징역 1년에 집행유예 2년을 선고받았다. 그의 폭로에 대한 보복 성격이 짙었다. 김 구청장은 문재인 정부 시절인 2019년 2월 국회에서 기자회견을 열고 유재수 당시 부산시 경제부시장의 각종 비위혐의에 대한 감찰을 청와대 민정수석실이 무마했다는 의혹 등을 폭로했다.

　김 구청장이 폭로한 내용 중 '환경부 블랙리스트 사건', '유재수 전 부산시 감찰무마 사건' 등은 사실로 인정돼 하급심에서 유죄판결이 선고됐다. 그의 폭로가 없었다면 이런 비리는 영원히 묻혔을 것이다. 그런데도 문재인 정권 검찰은 '특감반 첩보 보고서' 등 5건을 '공무상 비밀누설'로 기소했고, 법원이 이 중 4건을 유죄로 판결했다. 법원이 유죄로 판단한 근거 중 하나는 김 구청장이 이 4건을 2019년 1월 국민권익위에 부패행위 신고를 하기 한 달 전쯤 언론에 누설했다는 것이다. 따라서 공익신고자에게 부여되는 정당행위로 볼 수 없어 '공무상비밀'에 해당한다는 형식적 논리다.

　권력형 비리는 대부분 내부고발로 드러나지만 고발자 입장에선 권력의 보복을 우려할 수밖에 없다. 이 때문에 고발자는 대부분 자신을 보호하려고 비리를 언론을 통해 함께 폭로한다. 이번 대법원 판결은 이런 현실을 무시한 것이다. 이런 식이라면 어느 공직자가 권력형 비리를 폭로하거나 공익신고를 할 수 있겠나? 공무상 비밀의 누설시 처벌하는 '공무상 비밀'이란 그것이 알려질 경우 관련 정책수행에 어려움이 있거나 국가안보(國家安保)에 저해(沮害)가 되는 사항이란 것이 상식이다.

　공직자나 정권의 부정부패(不正腐敗)나 비리(非理)가 '공무상 비밀'이어서 국민이 알면 안 된다는 궤변(詭辯)을 누가 납득하겠나? 김 구청장이 폭로한 것은 국가정책이나 국가안보에 관련된 공무상 비밀이 아니라 국민이 당연히 알아야 할 공직자들의 부정비리였다. 더구나 그가 폭로한 내용의 대부분이 사실로 판명되어 관련자들 상당수가 유죄판결을 받았다.

공익(公益)을 침해하는 행위를 신고한 사람을 보호하고 지원함으로써 국민생활의 안정과 투명하고 깨끗한 사회풍토의 확립에 이바지함을 목적으로 <공익신고자 보호법(2011년 3월 29일 법률 제10472호)>이 시행되고 있다. 국가 또는 지방자치단체는 공익침해행위의 예방과 확산방지 및 공익신고자의 보호·지원을 위하여 노력하여야 한다(동법 제3조 제1항). 누구든지 공익침해행위가 발생하였거나 발생할 우려가 있다고 인정하는 경우에는 수사기관, 위원회 등에게 공익신고를 할 수 있다(제6조).

공직자는 그 직무를 수행하면서 공익침해행위를 알게 된 때에는 이를 조사기관, 수사기관 또는 위원회에 신고하여야 한다(제7조). 공직자는 직무 수행에서 공익침해행위를 알게 된 때에는 수사기관 등에 신고해야 할 의무가 있다. 모든 공무원은 법령을 준수하며 성실히 직무를 수행하여야한다(국가공무원법 제56조). 따라서 김 구청장이 청와대 감찰무마 의혹 등 내부비리를 언론에 폭로한 것은 "법령에 의한 행위 또는 업무로 인한 행위 기타 사회상규(社會常規)에 위배되지 아니하는 정당행위(正當行爲 : 형법 제20조)"로 보아야 한다.

대법원의 이번 판결은 "공익을 침해하는 행위를 신고한 사람을 보호하고 지원함으로써 국민생활의 안정과 투명하고 깨끗한 사회풍토의 확립에 이바지함을 목적"으로 한 <공익신고자 보호법>을 위반한 것으로서, 공익신고 제도를 후퇴시키고 잠재적 공익신고자의 싹을 자르는 등 <공익신고자보호법>을 사문화(死文化)시킨 것이다. 문재인 청와대 특별감찰반원 출신인 김태우 강서 구청장은 '공무상 비밀'을 누설(漏泄 : 형법 제127조)한 것이 아니라, 청와대 근무 당시 내부비리를 알게 되어 이를 언론에 알린 것으로 공익신고자 보호법 제7조의 '공직자의 공익신고 의무'를 이행한 것으로서 국가공무원의 '성실의 의무(국가공무원법 제56조)'를 수행한 것이다.

'공무상 비밀의 누설죄(형법 제127조)'는 공무원 또는 공무원이었던 자가 법령에 의한 직무상 비밀을 누설하는 것을 구성요건으로 하고 있는바, 여기서 '법령에 의한 직무상 비밀'이란 반드시 법령에 의하여 비밀로 규정되었거나 비밀로 분류 명시된 사항에 한하지 아니하고, 정치, 군사, 외교, 경제, 사회적 필요에 따라 비밀로 된 사항은 물론 정부나 공무소 또는 국민이 객관적, 일반적인 입장에서 외부에 알려지지 않는 것에 상당한 이익이 있는 사항도 포함되나, 실질적으로 그것을 '비밀로서 보호할 가치'가 있다고 인정할 수 있는 것이어야 하고, 한편, 공무상비밀누설죄는 기밀 그 자체를 보호하는 것이 아니라 공무원의 비밀엄수의무의 침해에 의하여 위험하게 되는 이익, 즉 '비밀의 누설에 의하여 위협받는 국가의 기능'을 보호하기 위한 것이다(대판 2007. 6. 14. 2004도5561).

19. 사건에 따라 속전속결, 백년하청하는
대법원의 정치재판

"모든 국민은 신속한 재판을 받을 권리를 가진다(헌법 제27조 제3항)." "판결의 선고는 제1심에서는 공소(公訴)가 제기된 날부터 '6개월' 이내에, 항소심 및 상고심에서는 기록을 송부 받은 날부터 '4개월' 이내에 하여야 한다

(소송촉진 등에 관한 특례법 제21조)." "선거범과 그 공범에 관한 재판은 다른 재판에 우선하여 신속히 하여야 하며, 그 판결의 선고는 제1심에서는 공소가 제기된 날로부터 6월 이내에, 제2심 및 제3심에서는 전심(前審)의 판결의 신고가 있은 날부터 각각 3월 이내에 '반드시' 하여야 한다(공직선거법 제270조)"라고 선거범의 재판기간에 관한 '강행규정'을 하고 있다.

대법원은 지난 18일 국민의힘 김선교 의원의 선거사무소 회계 담당자에게 정치자금법 위반 혐의로 벌금 1000만원을 확정했다. 이 판결로 김 의원은 의원직을 잃었다. 공직선거법상 회계책임자가 벌금 300만 원 이상을 선고받으면 당선무효다. 공직선거법 위반엔 책임을 져야 한다. 문제는 형평성(衡平性)이다. 이 판결은 2심이 끝난 지 석 달 만에 속전속결(速戰速決)로 선고됐다.

그런데 이 판결을 선고한 대법원 1부는 더불어민주당 비례대표의원인 최강욱 의원 사건도 맡고 있다. 최 의원이 변호사 시절 조국 전 법무부 장관 아들의 대학원 입시를 위해 가짜 인턴증명서를 써준 혐의로 기소된 사건이다. 그 사건에 대해 작년 5월 2심 재판에서 의원직 상실 형(刑)이 선고됐으나 무슨 이유에선지 대법원은 1년째 판결 선고를 미루는 등 백년하청(百年河淸)으로 직무유기를 하고 있다.

법원이 사건에 따라 속전속결(速戰速決)이나 백년하청(百年河淸)하는 정치재판을 하는 기관으로 전락(轉落)해 재판지연을 위한 사법방해의 주범(主犯)이 되어 재판의 독립과 법치주의 및 사법정의를 파괴하고 있다. 이것은 재판이 아니라 정치를 하는 "법관에 의한 사법 쿠데타"이다. 헌법과 법률의 구체적 해석 및 적용을 담당하고 있는 독립의 부(府)인 사법부의 최고기관으로서 종심(終審) 법원인 대법원이 거짓말의 명수 김명수가 수장(首長)인 "대법원에 의한 사법 쿠데타"의 현 주소이다.

사법부의 최고기관인 대법원이 신속한 재판을 받을 권리를 보장한 '헌법 제27조 제3항', 민사소송의 이상(理想)을 규정한 '민사소송법 제1조 제1항', 소송의 지연을 방지하고 국민의 권리·의무의 신속한 실현과 분쟁처리의 촉진을 도모하기 위한 '소송촉진 등에 관한 특례법 제21조', 선거범의 재판기간에 관한 강행규정인 '공직선거법 제270조' 등을 위반하여 직무유기를 한 것이다.

최고법원인 대법원이 소송의 지연을 방지할 각종 법률을 위반하고 있으니 하급심 법원을 지휘·감독할 의지와 능력이 있나? "상급법원 재판에서의 판단은 해당 사건에 관하여 하급심을 기속한다(법원조직법 제8조)"라고 하여 '상급심 재판의 기속력'을 규정하고 있다. 그러나 대법원 스스로 재판이 아닌 정치를 하며, 사법권 독립과 사법정의(司法正義) 및 법치주의(法治主義)를 파괴하는 위헌기관으로 전락(轉落)한 것이다.

최강욱 의원 사건은 최 의원이 속했던 법무법인에서 조국 전 장관 아들이 인턴으로 일한 것이 사실인지 여부만을 가리면 되는 간단명료(簡單明瞭)한 사안이다. 이런 사건의 재판이 기소에서 1심 판결까지 11개월, 2심 판결까지 1년 4개월을 끌었다. 판결 결과는 1.2심 모두 징역 8개월, 집행유예 2년으로 같았다. 이 사건이 대법원 1부에서 1년을 넘도록 판결을 하지 않고 백년하청(百年河清)이다.

대법원에서 판결을 더 지연시키면 최 의원은 임기 4년을 다 채울 수 있다. 주심인 오경미(吳經美) 대법관은 문재인 전 대통령이 임명했고, 진보성향 판사 모임인 국제인권법연구회 출신이다. 그는 재판이 아닌 정치를 하며, 소송촉진에 관한 특례법 제21조 및 공직선거법 제270조를 위반하는 등 악질적인 직무유기를 하고 있다.

더불어민주당 출신의 무소속 윤미향 의원이 일본군 위안부 피해 할머니들의 후원금을 빼돌린 혐의 등으로 기소된 사건의 경우 면죄부성(免罪符性) 1심 판결이 선고되기까지 무려 2년 5개월이 걸렸다. 이런 재판지연으로 판결 결과와 무관하게 윤 의원은 내년 총선 때까지 의원직 유지가 확실시된다.

조국 전 장관에게 징역 2년의 실형을 선고한 1심 판결은 3년 2개월 걸렸다. 문재인 청와대가 야당 후보 표적(標的) 수사, 여당 내 경쟁후보 매수(買收) 등을 했다는 혐의를 받는 '울산시장 선거개입 사건'은 2020년 1월 기소됐지만 아직도 1심 재판이 진행 중이다. 우리나라의 재판제도가 거짓말의 명수인 김명수 사법부에 의해 농락(籠絡)을 당하고 있다.

최근 민변 변호사들이 변호를 맡은 국가보안법위반 사건 6건이 각종 시간 끌기 작전으로 공판이 지연되면서 간첩혐의 피고인들이 구속기간만료로 줄줄이 풀려나고 있다. 사건 담당 변호사 40여 명 중 30여 명이 민변소속으로 공판연기신청과 증거채택거부, 국민참여재판 신청, 위헌법률 심판제청 등 각종 수단을 총 동원해 재판을 지연시킨다고 한다. 법관 기피신청이 기각되자 항고·재항고까지 하며 시간을 끌었다.

간첩사건은 구속기한인 6개월 내에 1심 재판을 마무리해야 간첩이 풀려나 다른 간첩과 접촉하거나 증거를 인멸하는 것을 막을 수 있다. 변호인들이 재판을 고의적으로 재판을 지연시켜 간첩혐의자를 풀려나게 하는 것은 증거를 인멸하고 간첩활동을 재개하는 길을 열어 주는 공범이다. 민변은 과거 북한 식당 종업원들의 집단탈북을 국정원의 기획이라며 '조사'에 나섰다. 재 월북을 회유(懷柔)했다는 의혹(疑惑)도 제기됐다. 고의적으로 재판을 지연시키는 '사법방해'와 재판장의 '소송지휘권'을 농락하는 민변 변호사들을 수사해야 한다.

'재판장'의 소송지휘권의 중요한 내용으로, 공판기일의 지정(형사소송법 제267조, 제270조), 증인신문 순서의 변경(동법 제161조의2 제3항), 불필요한 변론의 제한(동법 제299조), 석명권(형사소송규칙 제141조), 변론시간의 제한(동 규칙 제145조)등이 있다. '법원'의 소송지휘권으로, 증거신청에 대한 결정(동법 제295조), 변론의 분리와 병합(동법 제300조), 변론의 재개(동법 제305조) 등이 있다. 공판기일의 소송지휘는 재판장이 한다(형사소송법 제279조). 당사자 등 소송관계인은 재판장의 소송지휘권에 대하여 복종할 의무가 있다.

검찰은 구속된 피고인들이 국민참여재판신청, 법관기피신청, 위헌심판신청 등 절차적인 문제로 재판을 지연시키는 경우 이를 구속기간에서 제외하는 방안을 검토하고 있다고 한다. '구속기간은 2개월로 하며, 특히 구속을 계속할 필요가 있는 경우에는 심급마다 2개월 단위로 2차에 한하여 결정으로 갱신할 수 있다(형사소송법 제92조)'

현행법은 6개월인 구속기간 내에 재판을 마치지 못하면 구속 피고인을 풀어주게 돼 있다. 이를 악용해 최근 간첩사건 피고인들이 온갖 시간 끌기 꼼수작전으로 재판을 지연시키거나 구속기간 만료로 줄줄이 풀려나게 되자 검찰이 대책마련에 나선 것이다. 현재 간첩사건 재판은 법제도를 악용해 사법시스템을 농락(籠絡)하고 무력화(無力化)하는 지경에 이르렀다. 이에 대한 시급한 대책을 입법화해야 한다.

문제는 신속한 재판을 해야 할 법원이 이들의 재판지연 전략(戰略)에 속수무책(束手無策)으로 끌려 다니고 있다는 점이다. 검찰은 피고인이나 변호인 신청으로 '공판절차가 정지된 기간'은 구속기간에 포함하지 않는 대안(對案)을 검토하고 있다고 한다. 검찰의 시의적절(時宜適切)한 조치다. 법무부가 나서 입법을 추진하고, 여야도 국가안보를 위해 적극 협조해야 한다.

지연(遲延)된 정의(正義)는 정의가 아니라고 한다. 우리나라의 최고법원으로 종심(終審)으로 재판하는 대법원과 하급법원이 헌법과 법률을 위반하여 사법정의와 법치주의를 파괴하는 위헌기관으로 전락(篆烙)했다. 정의(正義)로부터 일탈(一脫)하는 자는 스스로 죄를 범한 자이다. 훌륭한 법관은 자기의 자의(恣意)에 의하여 또는 사욕(私慾)의 명령에 의하여 일을 처리하지 않고 오직 법과 정의(正義)에 따라 재판의 선고를 하여야 한다.

법률 격언에 "엄정(嚴正)한 법관은 사람보다도 오히려 정의(正義)를 존중(尊重)한다(An upright judge has more regard to justice than to men.)"고 했다. 모든 정의(正義)에 따른 행위(行爲)는 씨앗과 같다. 그것은 오래도록 땅 속에 가만히 묻혀 있다. 그러나 한번 온도(溫度)와 습기(濕氣)를 얻기만 하면, 자체(自體) 속에 새롭고 건전(健全)한 즙액(汁液)을 양성(養成)하고, 신선(新鮮)한 힘을 얻어서 성장(成長)하기 시작한다. 그런 다음에 이윽고 꽃을 피우고 열매를 맺는다. 그러나 폭력(暴力)과 부정(不正)에 의하여 뿌리어진 씨앗은, 썩고 시들어 자취도 없이 사라지고 만다.

20. 판례로 '노란봉투법'을 만든 대법원

불법파업으로 피해를 본 기업이 노조원들에게 손해배상을 받으려면 '노조원 각자의 가담정도에 따라 개별책임을 물어야 한다'는 이율배반적 (二律背反的)인 논리(論理)의 대법원 첫 판단이 나왔다. 이는 더불어민주당과 노조가 추진 중인 '노란봉투법'의 핵심조항과 같은 취지의 판례다. 상급법 원의 재판에서의 판단은 해당 사건에 관하여 하급심(下級審)을 기속(羈束)한 다(법원조직법 제8조). 따라서 앞으로 기업들이 소송을 통해 불법파업에 대한 손해배상을 받는데 제약 될 것이라는 우려가 나온다.

대법원 3부(주심 노정희 대법관)는 15일 현대자동차가 전국금속노조 현대 차 비정규직회 노조원 4명을 상대로 제기한 손해배상청구소송에서 원고 승소판결을 내린 항소심을 파기하고 사건을 부산고법으로 돌려보냈다. 이 사건은 현대차 비정규직노조가 2010년 11~12월 울산공장 1,2라인을 점거 하면서 278시간 동안 생산이 중단되자 현대차가 노조원을 상대로 손해배 상청구소송을 제기한 것이다.

1심과 2심은 노조원들이 파업으로 인한 전체 손해액(271억 원) 중 50%를 배상할 책임이 있다고 보면서 현대차가 청구한 20억 원을 노조들이 지급해야 한다고 판결했다. 그러나 대법원은 불법파업에 따른 손해배상에 대해 노조원 전원에 대한 '연대 책임'을 져야 하는지, 각자 가담정도에 따라 '개별 책임'을 지는지가 쟁점(爭點)이 됐다.

기존 판례는 불법파업(공동불법행위자의 책임)의 경우 노조원(가해자)들 '전원의 행위'를 '전체적으로 함께 평가'하여 손해배상책임의 범위를 정하여야 하며(대판 2005. 11. 10. 2003다66066), 공동불법행위는 객관적으로 그 공동행위가 '관련공동'되어 있으면 족하며, 그 관련공동성 있는 행위에 의하여 손해가 발생함으로써 성립한다(대판 2003. 1. 10. 2002다35850)는 것이었다.

그러나 대법원은 "노조와 개별조합원의 손해배상책임의 범위를 동일하게 보면 헌법상 근로자에게 보장된 단체행동권을 위축시킬 우려가 있고 손해의 공평, 타당한 분담이라는 이념에도 어긋난다"면서 "개별조합원에 대해서는 노조에서의 지위와 역할, 쟁의행위 참여경위 및 정도, 손해발생에 대한 기여정도 등을 종합적으로 고려해 책임을 판단해야 한다"고 판결했다.

법조계에서는 이번 대법원 판결이 사실상 노란봉투법 입법과 같은 결과를 가져올 것이라는 분석이다. 대법원은 현대차가 2013년 7월 불법파업에 참여한 노조원들을 상대로 한 손해배상청구소송에서도 노조원들의 손을 들어줬다. 현재 더불어민주당은 불법파업에 따른 손해배상청구 때 각각의 노조원 참여 정도를 따지도록 한 '노란봉투법'을 추진 중인데 대법원의 이번 판례가 이를 뒷받침한 것이다. 그동안 기업은 '총 손해액'을 산정해 파업근로자 전체나 노조를 상대로 손해배상을 청구해왔다. 노조원 '개인별 책임'을 따져 소송을 하는 것이 현실적으로 불가능하기 때문이다.

하지만 위 대법원 판례에 의하면 이제는 회사가 수많은 조합원들의 불법행위 가담정도를 일일이 '개별적으로 파악해 입증'해야 한다. 이것은 사실상 불가능한 일로 기업의 부담만 가중되고 손해배상 범위는 축소될 수밖에 없다. 사실상 대법원이 노조의 불법파업에 대한 기업의 손해배상청구를 어렵게 만든 것으로 노조의 편을 든 것이다.

이번 대법원 판례는 '공동불법행위에 대해선 참가자들이 연대책임을 진다'는 민법의 대원칙을 명백히 위반한 것이다. '공동불법행위자의 책임'을 규정한 민법 제760조는 "수인이 공동의 불법행위로 타인에게 손해를 가한 때에는 '연대하여' 그 손해를 배상할 책임이 있다(제1항)." "공동이 아닌 수인의 행위 중 어느 자의 행위가 그 손해를 가(加)한 것인지를 알 수 없는 때에도 전항과 같다(제2항)." "교사자(敎唆者)나 방조자(幇助者)는 공동행위자로 본다(제3항)."고 규정하고 있다.

대법원은 "수인이 공동하여 타인에게 손해를 가하는 민법 제760조의 공동불법행위에 있어서 행위자 상호간의 '공모'는 물론 '공동의 인식'을 필요로 하지 아니하고, 다만 객관적으로 그 공동행위가 '관련공동'되어 있으면 족하고 그 '관련공동성' 있는 행위에 의하여 손해가 발생함으로써 그에 대한 배상책임을 지는 '공동불법행위'가 성립한다(대판 2009. 9. 10. 2008다37414)." "공동불법행위는 행위자 상호간의 '공모'는 물론 '공동의 인식'을 필요로 하지 아니하고 객관적으로 그 공동행위가 '관련공동'되어 있으면 족하며, 그 '관련공동성' 있는 행위에 의하여 손해가 발생함으로써 성립한다

(대판 2003. 1. 10. 2002다35850)."고 판시하였다.

더불어민주당이 노란봉투법을 추진한 것도 민법 제760조의 "공동불법행위자의 책임"의 대원칙을 피하기 위한 꼼수다. 노란봉투법은 피해자(被害者)인 기업보다 불법파업을 자행(恣行)하는 가해자(加害者)인 노조원을 보호하는 '파업 조장법(罷業 助長法)'으로서 개인과 기업의 경제상의 자유와 창의(創意)를 존중함을 기본으로 하는 경제질서의 기본을 선언한 헌법 제119조 및 공동불법행위자의 책임을 규정한 민법 제760조에 반하는 위헌법률이다.

더불어민주당은 오로지 다음 총선에서 노조의 표를 얻고 윤석열 정권에 정치적 부담을 지우겠다는 계산이다. 이번 대법원 판결로 대법원이 정치를 한 것이라는 비난을 피할 수 없을 것이다. 이 사건의 주심인 노정희 대법관은 진보성향 법관 모임인 우리법연구회 출신이다. 인권법 출신인 오경미 대법관은 조국 전 법무부 장관 아들에게 허위 인턴증명서를 발급해준 혐의로 2심에서 의원직 상실 형이 선고된 최강욱 더불어민주당 의원 사건을 1년 넘게 끌다가 최근 대법원 전원합의체로 넘겼다.

조국 전 법무부 장관은 기소 후 3년이 지났으나 아직도 1심 재판이 진행 중이며, 울산시장 선거개입 사건도 기소 후 2년 10개월이 지났으나 1심 판결이 선고되지 않았다. 위안부 할머니 후원금을 개인용도로 사용한 혐의로 기소된 윤미향 의원도 기소 된지 2년 2개월이 됐으나 1심판결이 선고되지 않았다. 법원이 문재인 정권 관련사건의 재판을 지연시키는 것은 사법정의(司法正義) 구현(具現)이란 책무(責務)를 스스로 포기한 직무유기이다.

우리나라의 최고법원으로 종심(終審)으로 재판하는 대법원이 재판지연으로 신속한 재판을 받을 권리를 규정한 '헌법 제27조 제3항', 형사소송의 판결 선고기간을 규정한 '소송촉진 등에 관한 특례법 제21조', 선거범의 재판기간에 관한 강행규정을 규정한 '공직선거법 제270조', 공동불법행위자의 책임을 규정한 '민법 제760조', 민사소송의 이상을 규정한 '민사소송법 제1조 제1항' 등 헌법과 법률을 위반하여 판결이 아닌 정치를 하고 있는 것이 우리나라 사법부의 현실이다.

우리나라의 대법원이 최고 법원으로서 최종심으로 헌법과 의하여 그 양심에 따라 독립하여 심판하는 것이 아니라 정치를 하는 대법원으로 전락(轉落)한 것이다. 이러한 사법부를 정상화(正常化) 시키지 않으면 사법부에 의한 정치재판이라는 이율배반적(二律背反的) 논리의 해괴망측(駭怪罔測)한 일들이 계속 반복될 것이다.

21. 하급심이 뒤집는 '김명수 대법원 판결'의 권위 추락

대법원은 헌법과 법률의 구체적 해석 및 적용을 담당하고 있는 독립의 부(府)인 사법부의 최고 기관으로 종심(終審)으로 ① 고등법원 또는 항소법원·특허법원의 판결에 대한 상고사건, ② 항고법원·고등법원 또는 항소법원·특허법원의 결정. 명령에 대한 재항고사건 ③ 법률에 따라 대법원의 권한에 속하는 사건을 재판한다(법원조직법 재14조).

대법원 재판서(裁判書)에는 합의에 관여한 모든 대법관의 의견을 표시하여야 한다(동법 제15조). 상급법원 재판에서의 판단은 해당 사건에 관하여 하급심(下級審)을 기속(羈束)한다(동법 제8조). 최고법원인 대법원의 판결례(判決例)는 향후 하급심의 유사사건 재판에 있어서 절대적 영향을 끼친다.

'김명수 대법원'이 선고한 판결을 뒤집는 하급심 판결이 잇따라 나오고 있다. 일제 강점기(日帝 强占期)에 강제동원 되어 군수사업체인 일본제철 주식회사에 강제노동에 종사한 甲 등이 위 회사가 해산된 후 새로 설립된 신일철주금 주식회사를 상대로 위자료지급을 청구한 사건, 주식회사 예산교통(피고)의 운전기사로 근무하던 乙 이 정기상여금을 통상임금에 포함하여 산정한 추가 퇴직금의 지급을 청구한 사건, 대법원이 '군형법'에 따라 재판해야 할 사건에서 일반 '형법'을을 잘못 적용한 사건 등이 있다. 이에 대해 법조계에선 "김명수 대법원장 체제에서 대법원 권위(權威)가 땅에 추락(墜落)한 것"이라는 지적이 나온다.

일제강점기에 강제 동원되어 군수사업체인 일본제철 ㈜에서 강제노동에 종사한 甲 등(원고, 피상고인)이 위 회사가 해산된 후 새로이 설립된 신일철주금 주식회사(피고, 상고인)를 상대로 손해배상을 청구한 사안에서 甲 등이 주장하는 신일철주금 ㈜에 대한 손해배상청구권은 < 대한민국과 일본국 간의 재산 및 청구권에 관한 문제의 해결과 경제협력에 관한 협정(1965. 12. 18. 조약 제172호)>의 적용대상에 포함되지 않는다고 "상고를 모두 기각한다"고 판결했다(2018. 10. 30. 선고 2013다61381 전원합의체판결 손해배상 : 김명수(재판장)·김소영(주심)·조희대·권순일·박상옥·이기택·김재형·조재연·박정화·민유숙·김선수·이동원·노정희).

대법원 전원합의체가 2018년 10월 30일 일제 강제징용 피해자들에 대한 손해배상을 인정한 판결을 하자 이를 뒤집는 하급심 판결이 나왔다. 이 소송은 강제징용 피해자 4명이 일본 기업을 상대로 한 것으로, 대법원은 "일제 불법지배로 인한 손해배상청구권은 한·일 청구권협정(1965년 12월18일 조약 제172호)의 적용대상에 포함되지 않는다"라고 판결했다.

대법원 전원합의체판결의 '다수의견'은, 한·일 청구권협정(조약 제172호)의 ".....양 체약국 및 그 국민간의 청구권에 관한 문제가 '완전히 그리고 최종적'으로 해결된 것이 된다는 것을 확인한다(제2조 제1항)." "....그 국민에 대한 모든 청구권으로서 동일자 이전에 발생한 사유에 기인하는 것에 관하여는, '어떠한 주장'도 할 수 없는 것으로 한다(제2항)." "본 협정의 해석 및 실시에 관한 양국 간의 분쟁은 우선 '외교상의 경로'를 통하여 해결한다(제3조 제1항)" "유효한 모든 조약은 그 '당사국을 구속'하며 또한 '당사국에 의하여 성실하게 이행'되어야 한다(비엔나협약 제26조)."라는 국제법 규정에 명백히 위배된다고 본다.

2021년 6월 서울중앙지방법원 민사34부(재판장 김양호)가 강제징용 피해자와 유족 85명이 일본 기업을 상대로 한 손해배상청구소송을 각하했다. "대한민국 국민이 일본이나 일본 국민에 대해 보유한 개인 청구권은 1965년 12월18일 한·일 청구권협정에 의해 소멸되거나 포기됐다고 볼 수 없지만, 소송으로 이를 행사하는 것은 제한된다"는 판단이었다(위 판결에 대하여는 2019. 8. 1. 법률신문 법조광장 <통치행위의 사법적 통제> '대법원의 강제징용 배상판결을 중심으로' - 법무사 최돈호 - 참조).

대법원은 이재명 전 시장이 자신의 친형에 대하여 정신보건법에 따른 강제입원절차를 진행하도록 지시하였음에도 불구하고 KBS 초청 공직선거 후보자 토론회와 선거방송토론위원회 주관 MBC 공직선거 후보자 토론회에서 상대후보자 乙이 '강제입원절차 관여여부'에 대하여 한 질문에 이를 부인하면서 '甲을 정신병원에 입원시키려고 한 적이 없다'는 취지로 답변을 함으로써 허위사실을 공표하였다고 하여 공직선거법위반으로 기소된 사안이다.

　　대법원은 위 답변이 허위의 반대사실을 '적극적·일방적으로 공표한 것'으로 보기 어려운 점 등을 종합하면, 피고인의 발언은 공직선거법 제250조 제1항에서 정한 '허위사실의 공표에 해당한다고 볼 수 없다'는 이유로, 공소사실을 유죄로 인정한 원심판단에 공직선거법 제250조 제1항에서 정한 '허위사실의 공표'에 관한 '법리오해의 잘못이 있다'고 했다. 대법원 전원합의체판결은 7대5 의견으로 무죄판단을 내린 뒤 사건을 원심으로 파기환송해 이재명 지사는 기사회생(起死回生)할 수 있었다.

　　권순일 전 대법관은 대법관으로 재직할 당시 이재명 전 경기지사의 공직선거법위반 사건에 대한 위 전원합의체판결에서 주심도 아니면서 '무죄취지 파기환송의견'의 '캐스팅보트' 이상의 역할을 한 것으로 전해졌다. 위 판결은 "선거가 국민의 자유로운 의사와 민주적인 절차에 의하여 공정히 행하여지도록 하고, 선거와 관련한 부정을 예방함으로써 민주정치의 발정에 기여함을 목적으로 하는 '공직선거법의 입법취지'에 명백히 위반하는 이율배반적(二律背反的) 논리의 판결이다. 다수의견에 참가한 대법관들은 화천대유 '돈 잔치'로부터 과연 자유로울 수 있는가?

대법원은 주식회사 예산교통의 운전기사로 근무하던 乙이 정기상여금을 통상임금에 포함하여 산정한 추가 퇴직금의 지급을 구하는 것이 신의성실의 원칙에 위배되는지 문제 된 사안에서, 제반 사정에 비추어 정기상여금을 통상임금에 포함시킴으로써 추가 퇴직금 등을 지급한다고 하여 甲회사에 중대한 경영상의 어려움을 초래하거나 기업의 존립을 위태롭게 한다고 단정할 수 없으므로, 乙의 추가 퇴직금청구가 신의성실의 원칙에 위배된다고 볼 수 없다(2019. 4. 23. 2014다27807)고 판결했다{대법관 박정화(재판장) 권순일(주심) 이기택 김선수}. 이 판결로 돈을 지급할 여력(餘力)이 없는 택시회사들은 폐업하게 됐다고 한다.

위 대법원 판결과 반대인 결론을 내리는 하급심 판결이 최근 잇따라 나오고 있다. 부산지방법원은 지난 1월 "노사 간 근로시간 단축합의가 최저임금 규정을 피하기 위한 탈법행위라고 인정할 수 없다"며 택시회사 손을 들어줬다. 같은 달 서울고등법원, 춘천지방법원도 "택시운수업의 특징을 고려할 때 노사 간 근로시간 합의는 원칙적으로 유효하다"며 기사들에게 패소판결을 했다. 작년 11월 창원지방법원과 의정부지방법원, 작년 10월 수원지방법원에서도 비슷한 판결이 나왔다고 한다.

2019년 5월 대법원 2부는 육군 장교가 영내(營內)에서 부사관을 폭행한 혐의를 받는 사건에서, '폭행죄는 피해자의 명시한 의사(意思)에 반하여 공소를 제기할 수 없다(형법 제260조 제3항)'는 형법을 근거로 사건을 고등군사법원으로 돌려보냈다. 하지만 군사법원은 군부대 안에서 군인이 다른 군인을 폭행하면 피해자가 처벌을 원하지 않더라도 가해자를 처벌해야 한다는 군형법 제60조의6에 따라 피고인에게 벌금형을 선고했다.

대법원이 '군형법'에 따라 재판할 사건에서 일반 '형법'을 잘못 적용한 것이다. 이 사건이 다시 대법원에 올라오자 대법원도 종전 대법원의 판단에 문제가 있었다고 인정해 군사법원 판결대로 확정했다고 한다. 위 사건에 대한 첫 대법원 판결의 주심은 우리법연구회 출신인 노정희 대법관이라고 한다.

"사람을 심판하는 자는 명백한 명예(名譽)를 가지며, 허물이 없는 자라야 한다(Let him who accuses be of clear fame, and not criminal.)." "엄정(嚴正)한 법관은 사람보다도 오히려 정의(正義)를 준중(尊重)한다(An upright judge has more regard to justice than to men.)." "법관의 무지(無知)는 무고(無辜)한자를 불행(不幸)게 한다(The ignorance of the judge is the misfortune of the innocent.)."

22. 법원의 현실성 없는 집회허용은 시민의 이동권(移動權) 방해 행위

보건의료노조를 비롯한 민주노총 소속 노조원들은 14일 오후 서울 세종로 일대에서 3건의 집회를 열었다. 이틀째 총파업을 이어간 민주노총 보건의료노조 서울집회, 민주노총 건설노조집회, 민주노총 총파업결의대회가 세 차례 이어진 것이다. 이 때문에 시민들은 폭우(暴雨) 속에서 극심한 불편을 겪었다. 평일에 비까지 내리면서 세종대로 양방향 모두 시속 1㎞대를 기록하는 극심한 정체(停滯)가 시작되었다.

이날 건설노조집회와 민주노총 촛불문화제는 경찰이 불허했지만, 법원이 노조 손을 들어줬다. 서울행정법원은 "집회를 할 기회를 상실함으로써 회복하기 어려운 손해를 입을 우려가 있다"며 건설노조집회를 허가하면서 "평일 퇴근 시간대 개최된 집회로 인해 집회 인근장소에 막대한 교통 소통 장애를 초래한다고 볼 만한 객관적인 수치자료가 제출된 바도 없다"고 했다.

노조의 일상화된 불법집회로 인하여 '노조가 회복할 수 없는 어떠한 손해를 입을 우려'가 있는 것이지 법원이 응답해야 한다. 법원은 다만 건설노조집회와 민주노총 촛불문화제 시간이 겹쳐 도심일대가 혼잡해 질것이라며 1개 차로에서만 집회를 허용했으나 건설노조집회는 차로 4개를 점거했다. 이날 밤 열린 민주노총 촛불문화제도 서울행정법원과 서울고등법원의 결정으로 허용됐다.

두 법원은 경찰이 교통량 조사자료, 차량속도 보고서 등을 제시했으나 받아들이지 않았다. 법원은 "퇴근시간대에 집회장소로 도로를 점거할 경우 그 일대에 상당한 교통정체가 발생하고 도심부로 출퇴근하는 시민들에게 불편을 초래할 것으로 보인다"면서도 집회를 허용했다. 그러면서 "집회가 교통장애를 초래할 것으로 단정할 수 없으며, 경찰이 교통 분산조치를 취할 수 있을 것"이라는 이율배반적(二律背反的) 논리를 폈다.

경찰집계에 의하면 올해 1월~6월까지 광화문광장은 190건, 시청역 일대는 182건, 광화문역 2번 출구에서는 173건, 숭례문로터리도 82건, 세종대로 44건 등의 집회행진신고가 있었다. 이 일대에서만 하루 평균 3건의 집회가 열린 셈이다. 주최자는 민노총이 80건으로 가장 많았다. 민주노총이 광화문 일대를 자기 앞마당처럼 점거, 사용하며 시민들에게 막심한 피해와 고통을 주고 있다.

경찰은 이날 시민들이 겪는 피해를 고려해 3개 집회 중 민주노총과 건설노조집회에 대해 금지 또는 제한 결정을 내렸으나 아무 소용이 없었다. 주최 측이 '집행정지신청'을 하자 법원이 또다시 집회를 모두 허용했기 때문이다. 근래 법원은 시민불편은 무시하고 집회·시위의 자유만 허용하고 있다. 법원이 노조의 일상적(日常的) 불법집회를 조장하고 있는 상황이다.

헌법 제21조(언론·출판·집회·결사의 자유 등) 제1항 및 제4항의 취지는, 일반 국민들이 행사할 수 있는 언론·출판·집회·결사의 자유를 보장하되, 이러한 유형의 자유가 '절대적인 자유'가 아니고 타인의 명예나 권리 또는 공중도덕이나 사회윤리를 침해할 수 없는 '자체적인 한계'가 있다는 점을 헌법적 차원에서 분명히 한 것으로서, 언론·출판·집회·결사의 자유가 '절대적인 기본권'이 아닌 이상 개인이 하고자 하는 표현행위가 아무런 제한 없이 허용되는 것이 아니고, 헌법 제37조 제2항에 근거한 '법률적 제한'을 받을 수 있다(대판 2006.5.26. 2004다62597).

민주화 투쟁을 거치며 우리사회와 법원에는 집회·시위의 자유를 우선하는 분위기가 생겼으나 지금은 상황이 완전히 달라졌다. 노조는 우리사회의 권력층 또는 특권층이 됐다. '갑(甲)'이 된 노조들이 집회·시위의 자유를 누리면서 다른 사람의 일상(日常)을 현저하게 해친다면 그것은 집회·시위의 자유가 아니다. "국민의 모든 자유와 권리는 국가안전보장·질서유지 또는 공공복리를 위하여 필요한 경우에 한하여 법률로 제한할 수 있으며,

제한하는 경우에도 자유와 권리의 본질적인 내용을 침해할 수 없다"(헌법 제37조 제2항).

법원이 퇴근길 도로점거 집회를 허용하면서 표현의 자유보호에만 치중하고, 시민의 이동권(移動權)은 경시(輕視)하는 풍조(風潮)는 심각한 문제다. 표현의 자유는 존중돼야 하지만 '절대적인 자유'가 아니라는 것을 법원이 고려해야 한다. 다양(多樣)한 미디어 등 다른 방법으로도 얼마든지 적법하게 의사표현을 할 수 있는 시대다.

하지만 민노총은 근로자의 권익을 위한 것이 아니라 체제전복을 기도하는 정치파업으로 노조의 탈을 쓰고 이득을 챙기고 세력을 확장한 조폭집단으로 국가안전보장(國家安全保障)을 위태롭게 하는 범죄단체로 전락(轉落)했다. 노조는 최대 기득권세력이 되어 사회를 무법천지를 만든 불법노조로 일부 민노총 간부는 간첩단 활동으로 방첩당국이 수사 중이다. 김명수가 수장(首長)인 사법부는 이러한 노조의 정체(正體)를 정확이 인식하고, 한 번만이라도 대로(大路)를 막고 벌어지는 불법시위(不法示威) 현장에 나와 어떤 일이 벌어지는지 직시(直視)하기 바란다.

23. 성 매수 판사, 사법연수원에서 '성(性) 인지(人智) 교육' 수강

지난 6월 서울 강남 한 호텔에서 평일 업무시간에 성 매수(性買收)를 하다가 검찰에 송치된 현직 판사 A씨는 지난 6월 19~22 일경기도 고양시 사법연수원에서 열린 법관연수에 참석했다. 당시 연수는 5~6년차 법관들을 대상으로 진행됐는데 A판사는 나흘간 강의를 모두 수강했다고 한다.

특히 연수 이틀째인 6월 20일 A판사가 수강한 과목 중에 "법관의 균형 잡힌 성인지(性人智)를 위하여"라는 강의가 포함돼있었다. 이 강의는 양성 평등(兩性平等)에 대한 올바른 인식을 높이는 내용으로 해당 연수에서 필수 과목이었다. A씨는 울산지방법원의 형사재판 담당 판사로, 당시 법관연수를 위해 출장 중이었다고 한다.

해당 판사는 사법연수원의 법관연수를 받으러 와서 성매매 하다가 적발됐고, 이후에도 한 달 가까이 보직에서 배제되지 않은 채 재판업무를 맡았다고 한다. 울산지법은 해당 판사에 대해 징계를 청구하고 8월부터 재판을 맡기지 않기로 했다고 밝혔다. 그러나 울산지법이 지난 17일 경찰에서 수사개시 통보를 받고도 A판사에게 형사재판을 맡겼던 것으로 드러나 논란이 되고 있다.

A판사는 법관연수 마지막 날인 지난 6월 22일 연수를 마친 뒤 서울 강남에서 성 매수(性 買收)를 했다는 혐의로 경찰에 적발됐다. '조건 만남' 채팅앱으로 만난 30대 중반 여성에게 15만원을 주고 강남 테헤란로의 한 호텔에 함께 들어간 것으로 조사됐다고 한다. 경찰은 이날 A판사 소속 법원에 수사개시를 통보했지만, 그는 바로 재판업무에서 배제되지 않았다.

법원행정처는 이날 "울산지방법원장이 A판사에 대한 징계를 청구했다"며 "A판사는 8월부터 형사재판 업무에서 배제돼 민사신청업무를 담당할 예정"이라고 밝혔다. 이에 따라 A판사는 성매매 혐의로 경찰에 적발 된 지 40여일 만에야 재판업무에서 배제되게 됐다. A판사는 지난 20일까지도 재판을 했던 것으로 알려졌다. A판사에 대한 징계는 대법원 법관징계위원회를 거쳐 확정될 예정이다.

24. 법조인의 자세
(권순일 전 대법관의 변호사등록은 '사법정의'와 '사법권 독립'의 농단)

대한변협 등록심사위원회(변호사법 제10조)가 화천대유 고문을 지낸 권순일 전 대법관의 변호사 등록신청을 의결했다. 지난 9월 변협은 권 전 대법관에게 두 차례 변호사 등록신청의 자진철회를 요구했으나 철회하지 않자 외부인사로 구성된 심사위원화를 연 끝에 변호사법 제8조에 규정한 '등록 거부사유'에 해당하지 않는다고 판단해 등록신청을 의결했다고 한다.

화천대유는 대장동 사건의 핵심 김만배씨가 소유한 부동산 투기회사다. 분양특혜를 통해 5000여억 원의 이익을 얻었고, 그 상당액이 인허가를 위한 불법로비자금으로 사용됐다는 의심을 받는다. 김만배씨와 특별한 인연이 아니라면 대법관 출신이 들어갈 만한 회사가 아니다. 권 전 대법관은 대법관 퇴임 직후 김만배씨에 의해 화천대유에 영입돼 대장동 의혹이 알려질 때까지 11개월 동안 월 1350만 원을 받고 고문으로 일했다.

권 전 대법관은 변협 의견서에서 화천대유 재직 당시 언론사 인수 건에 대해 경영자문을 받았다고 한다. 자신은 위법적인 대장동 개발사업과 관런이 없고 법률자문이 아니었기 때문에 변호사법을 위반하지 않았다는 것이다. 그가 대장동 개발회사에 들어가 대장동관련 일을 하지 않으면서 고액의 고문료를 받았다는 주장을 믿을 사람이 있겠나. 하늘이 알고 땅이 알고 김만배가 알고 권 전 대법관은 알고 있을 것이다. 김만배씨는 권 대법관 재임시절 1년여 동안 8차례 대법원을 찾아가 방문지에 '권순일 대법관실'로 기재했다.

이 시기에 대법원이 이재명 당시 경기지사의 '공직선거법위반' 사건 판결을 유죄에서 무죄로 파기 환송했다. 권 전 대법관은 선임 대법관으로 이 판결에 큰 영향을 끼쳤다는 의심을 받고 있다. 이 때문에 권 전 대법관은 뇌물수수, 변호사법 및 공직자윤리법 위반으로 수사를 받는 중이다. 이러한 의혹이 해소될 때까지 스스로 변호사 등록신청을 미루는 것이 "법조인의 양식(良識) 있는 자세"다.

김만배씨가 권 전 대법관에게 이재명 지사 '무죄 청탁'을 했다는 남욱씨의 증언이 작년 10월 공판정에 나왔지만 문재인 정권 당시 검경은 제대로 수사를 하지 않았다. 대법원의 장벽 안에서 방치된 것이다. 권 전 대법관의 변호사 등록의결은 한국의 '사법정의' 농단으로 역사에 기록될 일이다.

대한변호사협회(변협)가 '대장동 사건'과 관련한 의혹이 해소되지 않은 권순일 전 대법관의 변호사 등록신청을 승인한 것에 대해 법조계에서 논란이 계속되고 있다. 대장동 사건과 관련한 의혹에 대한 수사가 진행되는 상황에서 권 전 대법관이 변호사 등록을 신청하고 이에 대한 변협의 승인에 문제가 있다는 것이다. 변협은 22일 판사·검사·변호사·법학 교수 등 9명으로 구성된 등록심사위원회(심사위)(변호사법 제10조)를 열어 권순일 전 대법관의 변호사 등록신청을 의결했다(동법 제12조 제1항).

변협은 변호사 등록을 신청한 자가 "공무원 재직 중 위법행위로 인하여 형사소추 또는 징계처분을 받거나 그 위법행위와 관련하여 퇴직한 자로서 변호사 직무를 수행하는 것이 현저히 부당하다고 인정되는 자"에 해당하면 변호사법 제9조에 따른 등록심사위원회의 의결을 거쳐 등록을 거부할 수 있다(동법 제8조 4호). 심사위 과반수는 권순일 전 대법관과 관련된 논란이 법정결격사유(동법 제8조 제1항)에는 해당하지 않는다고 보아 등록신청에 찬성한 것은 '등록심사위원회의 자격'이 없는 것으로 본다.

권순일 전 대법관은 2020년 7월 16일 이재명 당시 경기지사의 '공직선거법위반' 사건 재판에서 무죄취지로 파기환송 했을 때 당시 판결을 주도했다는 의혹을 받았다. 그 판결(2020.7.16. 선고 2019도13328 전원합의체 판결. 직권남용권리행사방해·공직선거법위반)요지는 다음과 같다.

<지방자치단체장 선거의 후보자인 피고인이, 사실은 시장(市長)으로 재직할 당시 수회에 걸쳐 관할 보건소장 등에게 자신의 친형 甲에 대하여 정신보건법에 따른 강제입원 절차를 진행하도록 지시하였음에도 KBS 초청 공직선거 후보자 토론회와 선거방송토론위원회 주관 MBC 공직선거 후보자 토론회에서 상대 후보자 乙이 위 강제입원절차 관여여부에 대하여 한 질문에 이를 부인하면서 甲을 정신병원에 입원시키려고 한 적이 없다는 취지로 발언(답변)을 함으로써 허위사실을 공표하였다고 하여 '공직선거법' 위반으로 기소된 사안에서, 김명수(재판장), 권순일, 김재형, 박정화, 민유숙,

노정희(주심), 김상환 의 **"다수의견"**은..... 위 발언도 허위의 반대사실을 적극적·일반적으로 공표한 것으로 보기 어려운 점 등을 종합하면, 피고인의 발언은 공직선거법 제250조 제1항에서 정한 허위사실의 공표에 해당한다고 볼 수 없다는 이유로, 이와 달리 보아 공소사실을 유죄로 인정한 원심판단에 공직선거법 제250조 제1항에서 정한 허위사실의 공표에 관한 법리오래의 잘못이 있다며..... 피고인의 나머지 상고이유에 대한 판단을 생략한 채, 원판결 중 유죄 부분(이유무죄 부분 포함)을 파기하고, 이 부분 사건을 다시 심리·판단하도록 원심법원에 환송하며, 검사의 나머지 상고를 기각하기로 하여, 주문과 같이 판결한다.>고 이율배반적(二律背反的)인 논리의 판단을 했다.

<대법관 박상옥, 이기택, 안상철, 이동원, 노태악의 **"반대의견"**은.....피고인의 발언은 단순한 묵비(默祕)나 부작위(不作爲)가 아니라 적극적(積極的)으로 구체적 사실을 들어 '거짓 해명(解明)'을 한 것일 뿐만 아니라, 피고인이 부하 직원들에게 甲에 대한 정신병원 입원절차를 지시하고 독촉한 사실을 숨기거나 은폐함으로써 전체적으로 보아 선거인의 정확한 판단을 그르칠 정도로 '의도적(意圖的)으로 사실을 왜곡(歪曲)'한 것으로서 "허위사실의 공표에 해당 한다"며, 원심이 같은 취지에서 이 사건 공소사실 중 공소 외 3에 대한 강제입원절차 관련 허위사실 공표에 의한 공직선거법 위반의 점을 유죄로 판단한 것은 정당하고, 거기에 이 사건 조항에서 정한 '허위사실의 공표에 관한 법리를 오해'한 잘못이 없다>고 공정(公正)하고 보편타당성(普遍妥當性)있는 건전한 가치판단(價値判斷)으로 심판한 것이다.

'공정하고 보편타당성 있는 가치판단'이란 사회전반에서 보편타당한

것으로 받아들여진 것이라고 법관이 직업적 양심으로 스스로 판단하는 것이다. 법관이 자신의 정치적 이념이나 사상에 대한 개인적 신념 등에 영향을 받은 가치관(價値觀)이나 편견(偏見)에 의해 좌우되는 가치판단은 보편타당성(普遍妥當性)을 결여(缺如)한다.

권순일 전 대법관은 그해 9월 퇴임하고 11월부터 '화천대유' 고문으로 취업해 총 1억5000만원을 고문료로 받았다. '정영학 녹취록'에서 김만배씨가 '50억 클럽'으로 거론한 6명에 포함되기도 했다. 현재 권순일 전 대법관과 관련된 사건은 검찰과 경찰에서 각각 수사 중이다. 이 때문에 그가 변호사 등록을 신청하자 변협은 두 차례에 걸쳐 등록을 자진 철회할 것을 권고했지만 권 전 대법관이 신청을 고수하면서 변협은 그를 심사위에 회부했다. 변협은 23일 "변호사직을 수행하기에 적절하지 않은 경우 등에도 등록을 거부할 수 있도록 '권순일 방지법'을 발의를 제안할 예정"이라고 밝혔다. 한국법조인협회도 이날 "변호사로서의 활동을 자제할 것을 촉구한다"는 성명을 발표했다.

법률 격언(格言)에 "사람을 심판하는 자는 명백한 명예(名譽)를 가지며 허물이 없는 자라야 한다(Let him who accuses be of clear fame, and not criminal.)." "훌륭한 법관은 정의(正義)와 공평(公平)에 따라 판결을 하며, 가혹(苛酷)보다도 형평(衡平)을 선택한다(A good judge decides according to justice and right, and prefers equity to strict law.)." "훌륭한 법관은 자기의 자의(恣意)에 의하여 또는 사욕(私慾)의 명령에 의하여 일을 처리하지 않고 오직 법과 정의(正義)에 따라서 재판의 선고를 하여야 한다(A good judge should do nothing from his own arbitrary will, or from the dictates of his private wishes; but he should pronounce according to law and justice.)."

"엄정(嚴正)한 법관은 사람보다도 오히려 정의(正義)를 존중한다(An upright judge has more regard to justice than to men.)." "법관의 직무(職務)는 매매(賣買)할 수 없다(The offices of magistrates ought not to be sold.)." "돈 때문에 재판을 파는 법관은 재판관 수뢰죄(受賂罪)로 문책(問責)된다(He is guilty of barratry who for money sells justice.)."고 했다.

이재명 당시 경기지사의 공직선거법 위반사건에 대하여 무죄취지로 파기환송 판결을 선고한 '다수의견 대법관'들이 오직 법과 정의(正義)를 존중한 공평한 재판을 한 것인지 아니면 '돈 때문에 재판을 판 것'인지는 후세의 역사가 심판할 것이며, 검찰수사로 '재판거래' 의혹의 실체적 진실도 밝혀질 것이다. 자유재량(自由裁量)은 법을 통하여 '정의(正義)란 무엇인가'를 아는 것이며, 법률상 '정의는 어떤 것인가'를 확인하는데 있다.

"법관으로서의 양심(良心)을 지킨다"는 것은 법관의 기본조건이다. 법관이 갖추어야 할 통찰력(洞察力)과 지혜(智慧)는 실력으로 드러나며, 청렴(淸廉)은 공정성(共正性)의 징표(徵標)가 되고, 정의(正義)는 법관의 천명(天命)이자 목표(目標)이다. 법관은 타고난 선천적(先天的)인 자질(資質)보다는 각고(刻苦)의 노력으로 닦아지고 다듬어지는 것이다. 법관은 실력 있고, 청렴하고, 정의로운 법관이 되어야 한다.

25. 대법원은 "소극적 거짓말도 무죄", 헌법재판소는 "적법절차를 어긴 검수완박법도 유효"라는 이율배반적 논리의 심판

　대법원은 우리나라 최고법원으로(법원조직법 제11조), ① 고등법원 또는 항소법원·특허법원의 판결에 대한 상고사건 ② 항고법원·고등법원 또는 항소법원·특허법원의 결정·명령에 대한 재항고사건 ③ 다른 법률에 따라 대법원의 권한에 속하는 사건을 종심(終審)으로 심판한다(법원조직법 제14조). 대법원 재판서(裁判書)에는 합의에 관여한 모든 대법관의 의견을 표시하여야 한다(법원조직법 제15조). 법관은 헌법과 법률에 의하여 그 양심에 따라 독립하여 심판한다(헌법 제103조).

　헌법재판소는 법령의 합헌성(合憲性) 그 자체를 대상으로 하여 일정한 소송절차에 의하여 심판하는 특별재판소이다. 헌법재판소는, ① 법원의 제청에 의한 법률의 위헌(違憲)여부 심판 ② 탄핵의 심판 및 정당의 해산심판 ③ 국가기관 상호간, 국가기관과 지방자치단체간 및 지방자치단체 상호간의 권한쟁의(權限爭議)에 관한 심판 ④ 법률이 정하는 헌법소원(憲法訴願)에 관한 심판사항을 관장(管掌)한다(헌법 제111조 제1항, 헌법재판소법 제2조). 헌법재판소는 법관의 자격을 가진 9인의 재판관으로 구성하며, 재판관은 대통령이 임명한다(헌법 제111조 제2항). 재판관은 헌법과 법률에 의하여 양심에 따라 독립하여 심판한다(헌법재판소법 제4조).

　대법원은 2020년 7월 16일 <지방자치단체장 선거(경기지사 선거) 후보자인 피고인(이재명)이, 시장으로 재직할 당시 수회에 걸쳐 관할 보건소장 등

에게 자신의 친형에 대하여 정신보건법에 따른 강제입원절차를 진행하도록 지시하였음에도 방송사 초청 '공직선거 후보자 토론회'에서 상대 후보자가 위 강제입원 절차관여 여부에 대한 질문에서 이를 부인하면서 친형을 '정신병원에 입원시키려고 한 적이 없다'는 취지로 발언(답변)함으로써 '허위사실을 공표하였다'고 하여 공직선거법위반으로 기소된 사안에서, 피고인의 발언이 일방적으로 허위의 사실을 드러내어 알리려는 의도에서 "적극적(積極的)"으로 허위사실을 표명한 것이라는 '특별한 사정'이 없는 한 공직선거법 제250조 제1항에 의하여 허위사실공표죄로 처벌할 수 없다는 이유로, 공소사실을 유죄로 인정한 원심판단에 '허위사실의 공표에 관한 법리오해의 잘못이 있다'고 무죄취지로 파기환송> 함으로써 피고인이 대선에 출마할 길을 열어준 이율배반적(二律背反的) 논리(論理)의 판결을 했다 (2020. 7. 16. 선고 2019도13328 전원합의체 판결. 직권남용권리행사방해·공직선거법위반).

　　대법원의 위 전원합의체판결은 앞으로 공직선거 후보자 토론회에서 후보자가 상대방 후보자의 질문에 대해 '소극적(消極的)'으로 답변하면서 사실과 다른 어떠한 허위사실을 발언해도 그것은 '적극적(積極的)'으로 허위사실을 표명한 '특별한 사정'이 없는 한 허위사실의 공표행위로 평가해서는 안 된다는 이율배반적(二律背反的)인 논리로 공직선거법 제250조제1항의 "허위사실 공표죄"에 면죄부(免罪符)를 준 황당무계(荒唐無稽)하고 해괴망측(駭怪罔測)한 심판으로 '공직선거법 제250조를 사문화(死文化)'시킨 '정치성(政治性)을 띤 오판(誤判)'이다.

　　헌법재판소는 2023년 3월 23일 더불어민주당이 작년에 통과시켰던 '검수완박법'에 대해 < '위장 탈당'을 통한 법사위 '심사과정은 위법'했지만 '법

자체는 유효'하다 >는 판단을 했다. 국회가 입법 절차에서 헌법과 국회법을 위반했더라도 입법 결과는 무효로 할 수 없다는 이율배반적(二律背反的)인 결정을 했다. 헌법재판소가 국회의 적법절차(due process of law)를 위배한 헌법 파괴행위에 면죄부(免罪符)를 준 결정으로, 자기모순(自己矛盾)과 자가당착(自家撞着)의 논리(論理)를 펼친 위헌적(違憲的) 결정이다.

"정당(正當)한 법(法)의 절차(節次)(due process of law)"라 함은 국가권력의 행사는 '법률로 정하여진 정의(正義)에 합치하는 절차에 따라야 한다'는 영미법상의 원칙을 말한다. 마그나 카르타{Magna Carta : 1215년 영국 왕 존이 귀족들의 강압에 따라 승인한 칙허장(勅許狀)으로 대헌장(大憲章)으로 번역되어 영국의 헌정뿐만 아니라 국민의 자유를 옹호하는 근대 헌법의 토대가 되었 다} 제39조에 그 근원(根源)을 두고 있다. 이 규정은 미국에서도 채택되어 미합중국 헌법 수정 5조에 의하여 연방정부에, 동 수정 14조에 의하여 주(州)에 대하여, 이 <정당한 법의 절차>에 의하지 아니하고는 국민의 생명·재산·자유를 박탈하지 못하도록 하였다.

헌법재판소는 국민의힘 측이 국회 법사위원장과 국회의장을 상대로 한 '권한쟁의심판청구'사건에서 위와 같은 결정을 내렸다. 이날 헌재는 국회 법사위와 본회의 심사과정, 두 절차를 통한 검수완박법 가결이 각각 무효인지를 판단하면서 법사위 심사과정만 위법하다고 판단했다. "헌법 또는 국회법상의 국회의원 표결권 침해"라는 것이다. "절차가 잘못됐다면서 그런 절차로 만든 법은 유효하다"는 이율배반적(二律背反的) 논리(論理)의 결정이다.

한편, 헌법재판소는 이날 한동훈 법무장관과 검사 6명이 "검수완박법이 헌법에 보장된 검사의 수사·소추권을 침해했다"며 국회를 상대로 제기한 "권한쟁의심판청구(權限爭議審判請求)"에 대해선 재판관 5대4의 의견으로 각하했다. 유남석 소장과 이석태.김기영.문형배.이미선 재판관은 "수사·소추권을 직접행사하지 않는 법무부장관은 '청구인 자격'이 없고, 수사·소추권을 국가기관 사이에서 조정·배분한 것이어서 검사들의 권한침해 가능성이 없다"는 궤변(詭辯)이다.

검수완박법은 수사·소추권을 '국가기관 사이에서 조정·배분'한 것이 아니라 거대 야당이 '정당한 법의 절차(due process of law)'를 무시하고 공익의 대표자로서 범죄수사·공소의 제기 및 그 유지에 필요한 사항의 직무와 권한이 있는 검찰사무의 본질적 내용을 침해한 위헌법률이다.

법무부장관은 검찰사무의 최고 감독자로서 일반적으로 검사를 지휘·감독하고, 구체적 사건에 대하여는 검찰총장만을 지휘·감독한다(검찰청법 제8조). 법무부장관은 '검찰사무의 최고 감독자'로서 '일반적으로 검사를 지휘·감독하는 지위'에 있으므로 수사·소추권을 '직접' 행사하지 않는다는 이유로 법무부장관의 권한쟁의심판의 '청구인 자격이 없다'는 이유로 각하한 결정도 명백한 오판(誤判)이다.

체포·구속·압수 또는 수색을 할 때에는 적법한 절차에 따라 '검사의 신청'에 의하여 법관이 발부한 영장을 제시하여야 한다(헌법 제12조 제3항 전단). ....검사는 관할 지방법원 판사에게 청구하여 체포영장을 발부받아 피의자를 체포할 수 있고, 사법경찰관은 검사에게 신청하여 검사의 청구로 관할

지방법원 판사의 체포영장을 발부받아 피의자를 체포할 수 있다(형사소송법 제200조의2 제1항). 검사는 공익의 대표자로서 '범죄수사, 공소의 제기 및 그 유지에 필요한 사항' '범죄수사에 관한 특별사법경찰관리를 지휘·감독'할 직무와 권한이 있다(검찰청법 제4조 제1항 1호, 2호).

형사소송법은 "공소(公訴)는 검사가 제기하여 수행한다(제246조)"고 규정하여 공소제기의 권한을 검사에게 전담하게 하는 국가소추주의(國家訴追主義)를 일관(一貫)하고 있는 점에 특색이 있다. '검사의 임명자격(검찰청법 제29조)'은 '판사의 임용자격'(법원조직법 제42조 제2항)과 동일하게 규정하고 있다. "검사와 사법경찰관은 수사, 공소제기 및 공소유지에 관하여 서로 '협력'하여야 한다"(개정 형사소송법 제195조 제1항).라는 규정은, 판사의 임용자격과 동일한 검사를 사법경찰관과 대등한 지위에서 서로 '협력'하는 기관으로 전락시켰다.

사법경찰관은 검사와 달리 법관에 대한 '영장 청구권(헌법 제12조 제3항, 형사소송법 제200조의2) 및 '공소 제기권(검찰청법 제4조 제1항 1호)'이 없으며, 범죄수사에 관한 검사의 지휘·감독(동법 제4조 제1항 2호)을 받으며, 검사의 보완수사요구를 이행할 할 책임이 있다(형사소송법 제197조의2). 따라서 개정 형사소송법 제195조 제1항은 판사의 임용자격과 동일한 검사를 사법경찰관과 대등(對等)한 지위에서 "서로 협력"하여야 한다고 규정함으로써 검사의 지위(地位)와 직무(職務) 권한을 실추(失墜)시킨 이율배반적(二律背反的) 논리의 부당한 규정이다.

형사소송법 제195조 제1항은 헌법(제12조 제3항)과 형사소송법(제200조의2

제1항) 및 검찰청법(제4조 제1항)등을 위반한 무효의 규정으로 보아야 한다. 형사소송법 제195조 제1항의 규정은 전통적(傳統的)인 검사의 수사권(형사소송법 제196조, 검찰청법 제4조 제1항 1호)을 박탈하여 경찰에게 넘겨주기 위한 위헌적(違憲的) 검수완박법을 만들기 위한 명백한 위헌위법(違憲違法) 규정이다.

이선애, 이은애, 이종석, 이영진 재판관은 법무장관과 검사들의 청구인 자격을 인정하며 "검수완박법이 검사들의 수사·소추권과 법무장관이 관장하는 검찰사무의 본질적 내용을 침해한다"면서 "검수완박 입법은 취소되어야 한다"고 했다. 이번 헌재 결정에선 헌법재판관들의 정파성(政派性)이 노골적으로 드러났다. 헌재 재판관 9명 중 8명은 문재인 정권이 임명했다. 이 중 5명이 진보 성향이라는 민변과 우리법연구회, 국제인권법연구회 출신이다. 나머지 재판관 4명은 법사위원장의 가결선포 행위는 무효라고 했지만 진보성향 재판관들이 유효라고 하면서 기각 결정이 나왔다.

대법원은 이재명 더불어민주당 대표의 공직선거법 위반 사건에서 "TV 토론에선 거짓말을 해도 무죄"라며 공소사실을 유죄로 인정한 원심판단에 허위사실의 공표에 관한 법리오해의 잘못이 있다고 무죄취지로 파기 환송한 이율배반적(二律背反的) 논리의 판결을 했고, 헌법재판소는 "정당한 법의 절차(due process of law)를 어긴 검수완박법도 유효"라는 이율배반적(二律背反的) 논리로 정치적 판단을 했다. 이러한 심판을 한 헌법재판소의 재판관들이 과연 법령의 합헌성 자체를 대상으로 한 권한쟁의(權限爭議)에 관한 심판을 할 자격이 있는지 의문이다.

이렇듯 대법원은 "법관은 헌법과 법률에 의하여 그 양심에 따라 독립하여 심판한다"는 헌법 제103조를 위반하였고, 헌법재판소는 "헌법재판소 재판관은 정당에 가입하거나 정치에 관여할 수 없다"는 정치관여금지(政治關與禁止 : 헌법 제112조 제2항)를 위반하여 정치적 판단을 함과 동시에 "재판관은 헌법과 법률에 의하여 양심에 따라 독립하여 심판한다(헌법재판소법 제4조)"는 규정을 각각 위반한 것이다. 우리나라의 최고 종심(終審)법원인 대법원과 법령의 합헌성(合憲性) 자체를 심판하는 헌법재판소가 헌법과 법률을 위반하는 심판을 했다.

사법권의 독립은 권력분립(權力分立)의 원리(原理)를 실현하기 위한 것일 뿐 아니라, 민주적 법치국가에 있어서 법질서(法秩序)의 안정적 유지와 국민의 자유 및 권리의 보장을 완벽하게 하기 위하여 공정한 재판을 확보하기 위한 제도이다. 사법권의 독립은 그 자체가 목적이 아니라 공정한 재판에 의한 인권의 보장, 특히 소수자(少數者) 보호와 헌법보장(憲法保障)이라는 임무를 완수하기 위한 불가결(不可缺)의 헌법원리(憲法原理)의 하나이다.

헌법재판소는, 법원이 구체적 소송에 적용할 법령의 합헌성(合憲性)을 판단하는 것과는 달리, 법령의 합헌성(合憲性) 그 자체를 대상으로 하여 일종의 소송절차로써 판정하기 위하여 설치한 특별재판소로서 헌법보장기관이며, 최종심판기관이며, 기본권보장기관이다.

대법원의 "토론회에 참여한 후보자가 다른 후보자의 질문에 답변할 때 '적극적'으로 허위사실을 표명한 것이라는 특별한 사정이 없는 한 허위사실공표죄로 처벌할 수 없다고 하여 거짓말도 무죄"라는 판결과, 헌법재판소의 "위장 탈당을 통한 법사위 심사과정은 위법했지만 법 자체는 유효하다"는 심판은 '술은 마셨지만 음주운전은 아니다' '간통은 했지만 부정한 행위는 아니다'라는 이율배반적(二律背反的) 논리의 궤변(詭辯)들이다.

위와 같은 대법원 전원합의체의 공직선거법위반사건의 무죄취지 파기환송판결과 헌법재판소의 권한쟁의심판청구사건에 대한 결정은 우리나라 최고 사법기관의 불명예(不名譽)로 사법사(司法史)에 오욕(汚辱)과 치욕(恥辱)으로 영원히 기록될 것이다. 한국의 최고 사법기관인 대법원과 헌법재판소가 사법에 대한 국민의 신뢰(信賴)를 스스로 저버린 위헌기관으로 전락(轉落)했다.

26. 법원의 권위와 신뢰를 상실한 면죄부성 윤미향·곽상도 판결

정의기억연대(정의연) 기부금 1억 원을 횡령한 혐의 등으로 기소된 무소속 윤미향 의원에 대해 10일 서울서부지법 형사11부(재판장 문병찬)는 벌금 1500만원을 선고했다. 2020년 9월 기소 후 2년 5개월을 끌어오다가 이날 1심 결과가 나왔다. 재판부는 6가지 주요 혐의 중 5가지에 대해 무죄를 선고하고, 업무상 횡령 1억35만원 중 1700만원 횡령에 대해 일부 면죄부성(免罪符性) 유죄판결을 했다. 법조계는 "정의연이 비영리법인이란 점을 간과(看過)해 납득하기 어려운 판결로 엄격한 기준을 적용해 법률적 책임을 물어야 했다"고 지적했다.

윤 의원의 위안부 후원금 횡령 의혹 수사는 문재인 정권 검찰이 4달 동안 지지부진(遲遲不進)하다가 최소한의 혐의만 기소했다는 비판을 받았다. 그후 검찰은 업무상횡령, 준(準)사기, 보조금법위반, 업무상배임, 공중위생법위반, 기부금법위반 등 '6개 혐의'에 대해 징역 5년을 구형(求刑)했다. 6개 혐의 중 5개 혐의에 대해 무죄를 선고하고, 유죄가 선고된 것은 업무상횡령 중 일부로 정의연 법인계좌와 윤 의원 개인계좌로 모금된 기부금 1억 35만원 중 1700만원을 임의로 사용했다는 것이다. 이 판결이 확정되면 윤 의원은 의원직을 유지할 수 있다. 나머지 횡령혐의에 대해 재판부는 "검찰이 엄격한 증거로 증명해야 한다"는 취지로 무죄라고 판단했다.

윤 의원의 6가지 혐의에 대한 법원 판단은 다음과 같다. 첫째, 개인·법인 계좌로 모금한 자금 중 1억 35만원을 횡령한 '업무상횡령' 중 1700만원 횡령에 대해 일부 유죄, 둘째, 치매진단 받은 길원옥 할머니를 속여 7920만원을 기부하게 한 '준(準)사기'는 무죄, 셋째, 위법하게 정부·지자체 등에서 총 3억 6750만원 보조금을 타낸 '보조금법위반'도 무죄, 넷째, '안성 쉼터'를 비싸게 매입해 4억 3000만원 손실에 대한 '업무상배임'도 무죄, 다섯째, '안성 쉼터'를 숙박업으로 불법 운영한 '공중위생법위반'도 무죄, 여섯째, 관할 기관에 미등록한 계좌 등으로 기부금 약 42억 원을 모금한 '기부금법위반'도 각각 무죄로 판단했다.

이 사건은 일본군 위안부 피해자인 이용수 할머니가 2020년 5월 윤 의원의 기부금횡령 의혹을 제기하면서 시작했다. 당시 이용수 할머니는 "(윤 의원이 이사장을 지낸) 정의기억연대가 위안부 피해자 집회의 성금, 기금을 위안부 피해자들에게 쓴 적이 없다"고 폭로했다. 검찰은 의혹 제기 4개월만인 2020년 9월 윤 의원을 기소했으나 법원의 재판 지연으로 2년 5개월 만인 2023년 2월 10일 1심 판결이 선고됐다. 하지만 법원은 업무상횡령 일부만 '유죄'로 인정했을 뿐 나머지 5개(준사기, 보조금법위반, 업무상배임, 공중위생법위반, 기부금법위반) 혐의는 다 '무죄'로 판단했다. 솜방망이 같은 이 면죄부성(免罪符性) 판결로 "마녀(魔女)가 성녀(聖女)로 둔갑(遁甲)했다"고 한다.

이런 재판의 지연으로 윤 의원은 국회의원직을 유지했고, 결국 재판부는 벌금형을 선고했다. "지연된 정의는 정의가 아니다" 재판의 지체는 재판의 거부와 마찬가지로 결국 재판을 받을 권리를 박탈하는 것과 같다. "형사소송사건에 관한 판결의 선고는 제1심에서는 공소(公訴)가 제기된 날부터 '6개월' 이내, 항소심(抗訴審) 및 상고심(上告審)에서는 기록을 송부 받은 날부터 '4개월' 이내에 하여야 한다(소송촉진 등에 관한 특례법 제21조)." 법원의 지나친 재판지연으로 사법부가 헌법 제27조 제3항(신속한 재판을 받을 권리) 및 소송촉진 등에 관한 특례법을 각각 위반했다.

'신속한 재판을 받을 권리'는 주로 피고인의 이익을 보호하기 위하여 인정된 기본권 이지만 동시에 '실체적 진실발견' '소송경제' 재판에 대한 '국민의 신뢰'와 '형벌목적의 달성'과 같은 '공공의 이익'에도 근거가 있기 때문에 어느 면에서는 이중적인 성격을 가지고 있다고 할 수 있어, 형사법체계자체를 위하여서도 아주 중요한 의미를 갖는 기본권이다(1995.11.30. 92헌마44). 김명수 대법원장 체제 아래서 윤 의원에 대한 '솜방망이 처벌'은 예상하고 혹시(或是)나 하고 기다렸으나 적중(的中)했다.

지금도 윤 의원의 임기가 1년 3개월 남아 이 재판이 항소심을 거쳐 대법원까지 간다면 상당한 시간이 소요될 전망이다. 윤 의원을 기소한 것은 문재인 정권의 검찰이다. 당시 검찰이 제대로 수사를 안 한 것인지, 법원의 판단에 문제가 있는지는 알 수 없다. 항소심에서는 훌륭한 법관이 자기의 자의(恣意)에 의하여 또는 사욕(私慾)의 명령에 따르지 않고 오직 법과 정의(正義)와 공평(公平)에 따라 판결하길 바랄뿐이다. 이날 항소할 뜻을 밝힌 윤 의원은 일부 유죄가 나온 업무상횡령 혐의에 대해서도 무죄를 주장했다.

더불어민주당 이재명 대표는 윤 의원에게 "의심해서 미안하다"며 사과했다. 이 대표는 페이스북에 "윤 의원을 악마로 만든 검찰"이라는 제목의 글을 올리고 "8개 혐의 징역 5년 구형, 2년 반 재판 후 7개 무죄 1개 벌금"이라고 썼다. 1심 법원의 판결에 대해 이 대표는 "인생을 통째로 부정당하고 악마가 된 그는 얼마나 억울했을까"라며 "검찰과 가짜뉴스에 똑같이 당하는 저조차 의심했으니 미안합니다. 잘못했습니다. 다시 정신 바짝 차리겠습니다"라고 적었다.

진짜 억울한 사람은 윤 의원이 아니라 위안부 피해 할머니들이다. 윤 의원은 위안부 피해 할머니들을 위해 써달라는 국민 기부금으로 갈비를 사먹고, 발 마사지 숍에 가고 삼계탕 식당, 과자점, 커피숍 등에서 사적으로 썼다. 법원은 이를 다 유죄로 인정했다. 나머지 횡령 혐의 대부분은 윤 의원이 정의연 활동과 관련해 자금을 썼을 가능성을 배제할 수 없다는 이유로 무죄가 선고됐으나 결백하다는 것이 아니라 검찰이 제대로 입증을 못했다는 것이다.

윤 의원에 대한 검찰의 기소를 비판하며 자신에 대한 검찰수사도 문제가 있다는 이 대표의 후안무치(厚顏無恥)와 적반하장(賊反荷杖)도 유분수(有分數)다. 파렴치한(破廉恥漢)들의 비열(卑劣)한 작태(作態)를 보면 '초록(草綠)은 동색(同色)'이란 말이 하나도 틀린 게 없다. 검찰과 가짜 뉴스에 함께 당한 것은 윤 의원과 이 대표가 아니라 검찰수사를 방해하며 거짓말로 가짜 뉴스로 소설을 쓰는 윤 의원과 이 대표 두 사람의 동병상련(同病相憐)하는 내로남불이 점입가경(漸入佳境)이다. 그러나 만사(萬事)는 반드시 정리(正理)로 돌아간다(事必歸正).

곽상도 전 의원이 1심 법원에서 무죄판결을 받은 것에 대해 국민의 분노가 이어지고 있다. 앞으로 누군가의 자식에게 어떤 거액(巨額)을 줘도 그 자식이 '따로 살 경우'엔 '무죄'라고 심판한다면 그 재판이 과연 법관이 "헌법과 법률에 의하여 양심에 따라 독립하여 심판한 것(헌법 제103조)"으로 볼 수 있는가? 곽상도 전 의원 사건을 포함한 '대장동 비리' 수사는 문재인 정권 당시 친문 검사로 알려진 이정수 서울중앙지검장과 김태훈 4차장 주도로 진행됐다.

대장동 일당이 전문성 없는 31세의 곽 의원 아들을 채용하고 6년간 근무 대가로 퇴직금, 성과금 50억 원을 준 것이 무죄라면 그 판결을 누가 납득하겠나. '헌법 제103조가 규정한 양심'은 헌법 제19조가 규정한 법관 개인의 '인간으로서의 주관적 양심'이 아니라 법관으로서 공정하고 편향(偏向)되지 않은 판단을 할 '직업적 양심 내지 법적 확신'을 말한다. 한동훈 법무장관은 두 사건에 대해 "새로운 검찰이 끝까지 제대로 수사해서 밝혀내야 한다"고 했다. 검찰은 두 사건에 대한 엄정한 재수사로 증거를 보강해 실체적 진실을 밝혀야 한다.

대장동 사건을 수사하는 검찰이 11일 이른바 '50억 클럽' 의혹을 받고 있는 곽상도 전 의원과 아들의 뇌물수수 및 범죄수익은닉 혐의를 보강하기 위한 압수수색에 나섰다. 이날 서울중앙지검 반부패수사 3부(부장 강백신)는 호반건설, 부국증권 등을 압수수색했다. 지난 2월 1심법원은 곽 전 의원이 김만배씨로부터 아들의 화천대유 퇴직금 명목으로 50억 원(세후 25억 원)을 받았다는 혐의에 대해 무죄를 선고했다. 이에 이원석 검찰총장은 "반드시 진실을 찾아 정의를 바로 세우기 바란다"고 했고, 검찰은 보강수사를 통해 곽 전 의원의 아들을 뇌물혐의 공범으로 입건했다.

법률 격언(格言)에 "법률은 정의(正義)의 규범(規範)이다. 따라서 이 정의의 규범에 위반하는 것은 모두 해악(害惡)이다(The law is the rule of right; and whatever is contrary to the rule of right is an injury.)." "법관은 말하는 법률이다(The judge is the speaking law.)." "하늘이 무너지는 한이 있더라도 정의(正義)만은 반드시 실현시키지 않으면 안 된다(Let justice be done, thought the heaven should fall.)."고 했다.

27. 정치 편향 드러낸 판사의 사법부 요직 독차지

노무현 전 대통령 명예훼손 혐의로 약식기소(略式起訴)된 국민의힘 정진석 의원에게 징역 6개월의 '중형'을 선고한 박병곤(38) 서울중앙지법 판사가 판사 임용 후에도 페이스 북에 썼던 '정치(政治) 성향(性向)'글이 추가로 공개되면서 파장이 커지고 있다.

서울중앙지법 형사5단독 박병곤 판사는 고교, 대학시절 뿐 아니라 법관 임용 후에도 친야(親野) 성향(性向)을 강하게 드러내는 글들을 페이스 북에 다수 올렸던 것으로 나타났다. 박 판사는 '정진석 사건'의 첫 재판이 열리기 두 달 전쯤 페이스 북 글을 삭제했으나 그 내용을 캡처한 파일이 지난 14일 공개됐다. 박 판사는 지난 4월 중순 법조인(法曹人)들의 프로필을 관리하는 '한국법조인대관(韓國法曹人大觀)' 운영사 측에 자신의 등재 정보를 삭제해 달라고 청했다고 한다.

박 판사는 지난 2월 수원지법에서 서울중앙지법 형사5단독에 배치된 직후 이 페북 글들을 삭제했던 것으로 전해졌다. 채널A는 14일 그 내용을 보도했다. 이에 대해 서울중앙지법은 "과거 박 판사가 썼다가 지운 글이 맞는다"고 밝혔다. 법조계에서는 "판사 재임 때 박 판사의 글들이 '법관윤리 강령 (제7조)' 위반이 문제될 수 있다"는 지적이 나온다.

박 판사는 고3 때인 지난 2003년 10월 한 인터넷 사이트에 "한나라당(현 국민의힘)이 (노무현) 대통령의 탄핵을 주장하고 싶으면 불법자금으로 국회 의원을 해 처먹은 대다수의 의원들이 먼저 의원직을 사퇴하는 것이 옳다"는 글을 올렸다. 박 판사는 또 모 대학 신문사에서 활동하던 2004년 3월 광화문 촛불집회에 참석하고 난 뒤 "전.의경들이 무슨 잘못이 있겠나. 천대 만대 국회의원 해먹기 위해서 대통령을 탄핵시킨 새천년민주당(현 더불어민주당), 한나라당 녀석들 때문"이라는 글을 썼다.

또한 2004년 초 박 판사는 자신의 블로그에 "한겨레신문에 기고해 좌파의 존재를 알리고, 우리 사회에 가장 큰 영향력을 행사하는 집단인 '법조계의 적화(赤化)를 꾀하라'는 지하당의 명령을 받아서 00대학교 법과대학에 침투해 예비 법조인들의 좌경화(左傾化)를 선동하고 있다"고 자신을 소개하는 글을 올렸다. 2004년 2월 다른 블로그에서 "민주노동당(통합진보당의 전신)에서는 나를 '(수원) 영통 지역 최연소 당원'이라 부른다"고 했다.

박 판사는 이재명 대표가 대선에서 패배하고 6일 뒤인 2022년 3월 15일 페이스북에 "이틀 정도 소주 한잔하고 울분을 터뜨리고 절망도 하고 슬퍼도 했다가 사흘째부터는 일어나야한다"고 썼다. 민주당 박영선 후보가 서울시장 보궐선거에서 지고 이틀 뒤인 2021년 4월 9일에는 '승패는 언제나 있을 수 있다. 피를 흘릴지언정 눈물은 흘리지 않는다'는 내용의 중국 드라마 장면을 캡처한 사진을 올렸다. 박 판사는 조국 전 법무장관의 자녀 입시 비리 의혹이 불거지자 2019년 10월 10일에도 "권력 측 발표 그대로 사실화" "약자에게만 강한 건 깡패" 등의 내용을 담아 조 전 장관에게 부정적인 보도를 한 언론을 비판하는 글을 올렸다.

김명수 대법원장 취임을 전후해 일부 판사는 정치 성향을 더 노골적(露骨的)으로 드러냈다. 진보성향 모임인 국제인권법연구회 소속 판사는 '재판이 곧 정치'라고 했고, 다른 판사는 문재인 대통령 당선 다음 날 '지난 6~7개월은 역사에 기록될 자랑스러운 시간들'이라고 했다. 그런데 대법원은 문제 삼지 않았고, 특정 모임 출신들이 사법부 요직(要職)을 독차지했다. 이렇게 노골적으로 정치 성향을 드러내는 사회의 암적(癌的) 존재인 정치 판사 집단의 판결을 누가 납득(納得)하겠나.

'사법권의 독립'은 그 나라 민주주의의 성숙도(成熟度)를 측정하는 중요한 척도(尺度)다. 법관이 자기의 자리를 회한(悔恨)과 오욕(汚辱)의 자리로 만드느냐, 아니면 명예(名譽)와 존경(尊敬)의 자리로 만드느냐는 바로 법관 자신에게 달려있는 것이다. 우리 헌법 제103조는 "법관은 헌법과 법률에 의하여 그 양심에 따라 독립하여 심판한다"고 규정했다.

헌법 제103조가 규정한 '양심(良心)'은 헌법 제19조(양심의 자유)가 규정한 법관 개인의 '인간으로서의 주관적(主觀的) 양심'이 아니라 법관으로서 공정하고 편향(偏向)되지 않은 판단을 할 '직업적 양심' 내지 '법적 확신'을 말하며, 인간으로서의 양심과 법관으로서의 직업적 양심이 일치하지 않을 때는 '법관으로서의 양심'을 앞세워야 한다(이회창 회고록 1 나의 삶 나의 신념 187면).

28. 대한민국 사법사상 최악의 김명수 대법원의 흑(黑)역사

김명수 대법원장이 오는 24일 퇴임을 앞두고 가진 기자 간담회에서 법관인사(法官人事)에 대해 "나름의 공정을 유지했다고 생각 한다"고 말했다. 그가 취임 초부터 우리법·인권법 출신 판사들을 요직(要職)에 앉히고, 문재인 정권에 불리한 판결을 한 판사들을 한직(閑職)으로 좌천(左遷)시킨 것은 다 알려진 사실이다. 대법관 14명 중 7명을 우리법·인권법·민변 출신으로 채웠다. 자신의 말이 거짓말이란 사실은 본인이 잘 알 것이다.

그는 국회에서 거짓말을 한 최초의 대법원장이다. "법관독립 침해시도를 온몸으로 막겠다"고 해놓고 문재인 정권 때 법관탄핵을 추진한 더불어민주당에 잘 보이려고 탄핵대상으로 지목된 판사의 사표수리를 거부했다. 그는 더불어민주당이 탄핵을 추진한다는 이유로 임성근 고법 부장판사 사표

수리를 거부했으면서 국회에 이를 부인하는 거짓 답변서를 보낸 혐의로 자신이 고발된 사건에 대해 "(퇴임 후) 수사가 정당한 절차에 의해 진행되면 성실히 임하겠다"며 "여러 불찰로 많은 분께 심려를 끼쳐 죄송하다"고 했다. 국회에서 문제가 되자 '아니라'고 거짓말을 했다가 녹취가 나와 들통이 났다.

김명수 대법원장 체제에서 문재인 정권 판사들은 재판이 아니라 '정치'를 했다. 김명수 대법원은 "TV 토론에서 다른 후보자의 질문에 대해 즉석에서 답변하거나 비판하여야 하는 입장에 있으므로 다른 후보자의 발언을 의도적으로 왜곡하지 않는 한 부분적으로 잘못되거나 일부 허위의 표현을 하더라도 '적극적'으로 허위사실을 표명한 것이라는 특별한 사정이 없는 한 공직선거법 제250조 제1항에 의하여 허위사실공표로 처벌할 수 없다고 보아야 한다"는 황당무계(荒唐無稽)한 판결을 내려 이재명 대표가 대선에 출마할 길을 열어줬다. 이 판결을 놓고 대장동 업자와 대법관의 '재판거래 의혹'까지 불거졌다. 이것이 김명수 대법원의 실체(實體)다.

김 대법원장은 사법 민주화라면서 법원장을 판사 투표로 뽑는 제도를 도입했으나 문재인 정권 편 판결을 한 판사를 최다 득표자가 아닌데도 법원장에 임명했다. 이 제도시행 후 법원장들이 판사들 눈치 보느라 판사 인사평정 역할을 사실상 포기 했다. 그런데도 그는 이 제도가 잘 운영되고 있다고 자화자찬(自畵自讚)을 늘어놓았다. 그의 재임 기간 중 2년 내에 1심 판결이 나오지 않은 장기미제사건이 민사소송은 3배로, 형사소송은 2배로 늘었다. 판사는 늘고 사건은 줄었으나 재판이 지연된 것은 김 대법원장의 '사법 포퓰리즘' 탓이다. "모든 국민은 신속한 재판을 받을 권리를 가진다(헌법 제27조 제3항)"는 헌법을 사법부가 스스로 위반한 것이다.

김 대법원장은 취임 초부터 정치 '쇼'를 했다. 대법원장 지명을 받은 날 춘천에서 일부러 시외버스와 지하철을 타고 서울 대법원에 왔다. 공식 업무가 아니어서 관용차를 탈 수 없다는 궤변(詭辯)이요, 망언(妄言)이다. 그런데 대법원장이 되자마자 '재판 충실화 예산' 수억 원을 자신의 공관 개축비용으로 전용했고, 아들 부부를 1년 3개월 동안 그 공관에 들어와 공짜로 살게 했다. 그는 취임사에서 자신의 취임 자체가 "사법부 변화와 개혁의 상징"이라고 했으나 그의 재임 6년은 한국 사법사상(司法史上) 최악의 흑(黑)역사로 기록될 것이다.

김명수 대법원장의 퇴임식이 22일 오전 10시 대법원 청사 2층 중앙 홀에서 열렸다. 그는 퇴임사에서 "제 불민(不敏)함과 한계(限界)로 인해 국민 여러분의 기대에 미치지 못했다는 점을 겸허히 받아들인다"며 "모든 허물은 저의 탓으로 돌려 꾸짖어 달라"고 했다. 퇴임식에는 대법관 13명과 각급 법원장 등 200여 명이 참석했다. 김 대법원장은 기념 촬영을 마친 후 참석자들과 악수하고 나서 "여러분을 믿고 떠난다. 그간 감사했다"고 마지막 인사를 했다. 전임 대법원장들이 청사 밖에 길게 늘어선 직원들과 인사하고 떠난 것과는 달랐다.

김 대법원장은 춘천지방법원장이었던 6년 전 문재인 당시 대통령이 대법원장 후보자로 지명했다. 49년 만에 대법관을 거치지 않은 유일한 사법부 수장(首長)이었다. 그는 2017년 8월 대법원장 후보자 지명 다음 날 춘천에서 관용차 대신 시외버스와 지하철을 이용해 걸어서 대법원 청사에 오는 쇼(show)를 부렸다. 그리고는 "31년 5개월 동안 재판만 해 온 사람이 어떤 수준인지 보여 드리겠다"고 했다. 그러나 법조계에선 "김 대법원장 6년은 '사법부 흑(黑) 역사'"라는 평가가 나온다. 처음에 '쇼'를 했던 김 대법원장의 초라한 퇴장이다.

　김 대법원장은 퇴임사에서 취임할 때 강조했던 '좋은 재판'을 11차례나 언급하면서 "사법행정의 재판에 대한 우위(優位) 현상은 사법부 어디에서도 찾아볼 수 없게 됐고 법관의 내부적 독립도 한층 공고(鞏固)해졌다"고 자평했다. 사법행정 기능을 방치해 '재판 지연'을 초래해 놓고 '지연된 정의'를 언급한 게 앞뒤가 안 맞는 궤변으로 '좋은 재판'이 뭔지를 묻고 싶다.

　겸양(謙讓)은 인격완성을 위하여 불가피한 덕(德)이다. 단순한 인간들은 지상(地上)의 영예(榮譽)를 쫓기 때문에 위험 속에 떨어지게 된다. 그대 자신 속에 있는 모든 지배욕(支配慾)을 없애 버리고 허영(虛榮)을 경계하라. 영예와 칭찬을 얻고자 하지 말라. 이러한 모든 것은 그대의 정신을 멸망시킬 따름이다. 그대는 자기에게 알맞은 자리보다 조금쯤 낮은 곳을 택하라. 남에게서 <내려가시오>라는 말을 듣느니 보다는 <올라오시오>라는 말을 듣는 편이 훨씬 나은 것이다. 그대가 행한 비행(非行)을 기억하라. 그러함으로써 다시는 비행을 범하지 않게 될 것이다.

29. 이화영의 '법관기피' 신청에 대한 판단을 미루는 대법원의 사법정의 파괴

　이화영 전 경기도 부지사가 신청한 법관기피에 대한 대법원 결정이 사건을 접수한지 14일이 지났는데도 아직 판단을 미루고 있다. 그의 신청에 대해 1심은 9일, 2심은 8일 만에 기각 결정을 했으나 최종심인 대법원이 판단을 미루고 있다. '쌍방울 불법 대북송금' 사건으로 기소된 이 전 부지사는 자기 재판을 맡고 있는 법관이 "불공평한 재판을 한다"며 법관기피를 신청했다. 작년 10월 기소된 후 1년 넘게 재판을 받아오다 갑자기 기피신청을 한 것은 재판지연을 위한 명백한 사법방해로 현 재판부의 판결 선고를 못 하게 하려는 꼼수다.

검사 또는 피고인은 "법관이 불공평한 재판을 할 염려가 있는 때"에는 법관의 기피를 신청할 수 있다(형사소송법 제18조 제1항 2호). 기피원인에 관한 형사소송법 제18조 제1항 제2호 소정의 "불공평한 재판을 할 염려가 있는 때"라 함은, 당사자가 불공평한 재판이 될지도 모른다고 추측할 만한 주관적인 사정이 있는 때를 말하는 것이 아니라, 통상인의 판단으로써 법관과 사건과의 관계상 불공평한 재판을 할 것이라는 의혹을 갖는 것이 합리적이라고 인정할 만한 '객관적인 사정이 있는 때'를 말한다(대결 1995.4.3. 95모10).

현 재판부의 판결 선고를 못 하게 하려는 꼼수 기피신청에 대한 대법원 결정을 하는 데 시간이 걸릴 이유가 있나. 대법원이 기피신청에 대한 재판(결정)을 미루는 것이 불의(不義)이며, 사법정의(司法正義)를 파괴하는 것이다. 최고법원인 대법원이 재항고사건을 종심(終審)으로 심판하는 것을 지연시키는 것은 사법권 독립과 법치주의를 파괴하는 것이다. 조희대 대법원장은 좌편향 된 김명수 사법부를 신속히 재편해 사법방해에 동조(同調)하여 부화뇌동(附和雷同)한 무리를 의법조치(依法措置)해야 한다.

30. 김명수 사법부 판사들의 무책임한 재판지연 전략

더불어민주당 이재명 대표의 공직선거법 위반사건 1심 재판을 16개월 간 맡다가 판결 선고도 하지 않고 최근 사표를 낸 서울중앙지법 강규태(姜圭泰. 1971.11.26. 전남 해남. 서강대 법학과. 제40회 사시합격. 사법연수원 제30기) 부장판사의 처신(處身)이 논란(論難)의 대상이 되고 있다.

"선거범과 그 공범에 관한 재판은 다른 재판에 우선하여 신속히 하여야 하며, 그 판결의 선고는 제1심에서는 공소가 제기된 날부터 6월 이내에, 제2심 및 제3심에서는 전심의 판결의 선고가 있은 날부터 각각 3월 이내에 반드시 하여야 한다(공직선거법 제270조)."라고 선거범의 재판기간에 관한 '강행규정(强行規定)'을 하고 있다.

'강행규정(强行規定)' 또는 '강행법규(强行法規)'라 함은 당사자의 의사(意思)와는 관계없이 언제나 적용되는 것으로서 법령(法令) 중의 선량한 풍속 기타 사회질서에 관계있는 규정을 말한다. 강행규정은 당사자의 의사 여하에 불구하고 강제적으로 적용되는 규범이다. 일반적으로 공법(公法)에 속하는 규정은 거의 강행법규이고, 임의법규(任意法規)는 사적자치(私的自治)를 원칙으로 하는 사법(私法)에 속하는 규정이 많다.

미국 뉴욕주 브루클린 지방법원 형사수석부장인 한국계 대니 전(62) 판사는 9일 조선일보 인터뷰에서 "판사가 특별한 사유도 없이 맡은 재판이 끝나지도 않았는데 사표를 내고 나가는 것은 미국 사회에서는 용납할 수 없는 일입니다" "미국에서는 그런 일이 벌어지지도 않고 사례도 찾기 어렵다"고 말했다. 전 판사는 한국계 최초로 뉴욕 맨해튼 지방검찰청 검사(1987년), 뉴욕시 판사(1999년), 뉴욕주 판사(2003년)가 됐다.

전 판사는 "미국도 한국과 마찬가지로 재판 도중 판사가 바뀌면 새로 맡은 판사가 처음부터 다시 시작해야한다"며 "재판이 오로지 판사 한 명 때문에 하염없이 늦어지게 되는데 판사로서 양심이 있다면 그럴 수 없다"고 했다. 전 판사는 미국도 한국처럼 재판지연 문제가 상당하다면서도 "법원이 되도록 재판지연을 줄이려는 각고의 노력을 한다"고 설명했다. 전 판사는 법관의 정기인사 제도로 인한 선고 지연에 대해서도 "(미국에서는) 그런 경우가 없다"고 했다.

이재명 민주당 대표의 선거법위반 사건 1심 재판을 16개월 끌다 선고를 하지 않고 돌연 사표를 낸 강규태 부장판사가 대학 동기단체 대화방에 "내가 조선시대 사또도 아니고 증인이 50명 이상인 사건을 어떻게 하라는 것인지"라는 해명 글을 올렸다. 재판을 의도적으로 지연한 게 아니라 증인이 많아 시간이 걸렸다는 것이다. 증인 신청이 많으면 필요한 증인만 채택하면 되며 재판회수를 늘리면 된다. 하지만 그는 '2주에 1회'씩 재판기일을 정하는 등 애초부터 판결을 선고할 의지가 없었다고 볼 수밖에 없다. 이런 사람이 서울중앙지법 형사합의 부장판사라는 중요 직책을 맡고 직무유기를 한 것이다.

지금 형사재판 지체 주요 사례는 아래와 같다. 첫째, 문재인 정부 청와대의 울산시장 선거개입 사건은 3년 10개월 만에 1심판결이 선고됐다. 서울고검은 18일 '문재인 정부 청와대의 울산시장 선거개입 사건'에서 불기소

(不起訴)됐던 임종석 전 대통령 비서실장, 조국 전 민정수석과 이광철 전 민정비서관 등에 대한 '재수사 결정'을 서울중앙지검에 내렸다고 밝혔다. 이전 수사가 미흡(未洽)하니 다시 수사하라는 것이다. 이날 서울고검은 "기존 수사기록, 공판기록 및 최근 1심 판결 등을 면밀히 검토한 결과 '하명수사'와 '후보매수' 혐의부분에 관해 추가 수사가 필요하다고 판단했다"고 밝혔다.

이 사건은 문재인 정권 최대 불법혐의 중 하나로 문 전 대통령이 송철호 씨 당선이 "소원"이라고 한 뒤 청와대 비서실 조직이 총동원돼 후보매수, 하명수사 등의 범죄를 저질렀다. 검찰은 재수사 대상을 임종석 전 실장과 조국 전 수석 등 5명으로 한정했으나 이 사건의 핵심 책임자는 문재인 전 대통령일 수밖에 없다. 이 사건 수사를 막기 위해 문 전 대통령은 검찰 수사팀을 공중 분해시키고 검찰총장도 몰아냈다.

둘째, 조국 전 장관 자녀 입시비리 등 사건은 3년 2개월 만에 1심판결이 선고됐다. 셋째, 윤미향 의원 위안부 후원금 횡령 등 사건은 2년 5개월 만에 1심판결이 선고됐다. 넷째, 이재명 민주당 대표 선거법위반 사건은 1년 4개월 째 1심 진행 중이며, 대장동 사건은 10개월째 1심 진행 중에 있다.

이것은 판사의 재판이 아니라 장난이며, 재판지연을 위한 피고인의 사법방해에 동조(同調)하거나 편승(便乘)해 직무유기(형법 제122조)를 한 것이다. 형법 제122조 후단 소정의 공무원이 정당한 이유 없이 '직무를 유기한 때'라 함은 직무에 관한 의식적인 방임(放任) 내지 포기(抛棄) 등 정당한 사유 없이 직무를 수행하지 아니한 경우를 의미한다.

판사들의 정치적 편향(偏向)도 심각하다. 서울중앙지법 박병곤 판사는 작년 8월 노무현 전 대통령 부부 명예를 훼손한 혐의로 기소된 국민의힘 정진석 의원에게 징역 6개월을 선고했다. 박 판사는 정치적 편견을 여러 차례 인터넷에 올렸던 사람이었다. 판결을 정치 무기로 활용하는 자들이 지금도 재판을 하고 있다.

판결을 정치무기로 사용하는 무능, 불성실, 무책임, 재판지연, 정치편향 판사들의 문제가 도를 넘고 있다. 이러한 재판을 하는 판사들은 신속한 재판을 받을 권리(헌법 제27조 제3항), 법관의 독립(헌법 제103조), 선거범의 재판기간에 관한 강행규정(공직선거법 제270조), 판결 선고기간(소송촉진 등에 관한 특례법 제21조) 등을 위반하여 직무에 관한 의식적인 방임 내지 포기 등 정당한 사유 없이 직무를 수행하지 아니한 것이다.

법관이 그 직무집행에 있어서 헌법이나 법률을 위배한 때에는 국회는 탄핵의 소추를 의결할 수 있다(헌법 제65조 제1항). 공직자가 직무수행에 있어서 헌법에 위반한 경우 그에 대한 법적책임을 추궁함으로써, 헌법의 규범력(規範力)을 확보하고 자하는 것이 탄핵심판절차의 목적과 기능인 것이다. '법관이 직무상 의무를 위반하거나 직무를 게을리 한 경우' 법관에 대한 징계사유가 된다(법관징계법 제2조 1호).

조희대 대법원장은 직무를 유기한 법관들의 사표를 수리할 것이 아니라 이들을 탄핵소추나 직무유기 또는 징계처분 등으로 의법조처 함으로써 변호사의 직무를 수행할 수 없도록 해야 한다. 이런 자들이 변호사의 사명을 가지고 "기본적 인권을 옹호하고 사회정의를 실현"하는 것이 아니라, 법률기술자로 전락(轉落)해 법관기피 신청의 남용 등 재판지연에 의한 사법방해의 주범이 되는 것을 예방하기 위함이다.

31. '사법행정권 남용' 사건의 47개 혐의 모두 무죄선고

이른바 '사법행정권 남용' 사건으로 기소된 양승태 전 대법원장의 47개 모든 혐의에 대해 서울중앙지법 형사35-1부(재판장 이종민)는 무죄를 선고했다. 함께 기소된 박병대 전 대법관과 고영한 전 대법관에도 무죄가 선고됐다. 세 사람에게는 '재판 개입' '판사 블랙리스트' '법관 비위 은폐' 등 47개 혐의가 적용됐는데 모든 혐의가 무죄로 판정됐다. 2019년 2월 검찰이 기소한지 4년 11개월 만이다. 양 전 대법원장은 이 사건이 "한 편의 소설"이라고 했는데 그 말 그대로 됐다.

이 사건은 애초 법원의 세 차례 자체 조사에서 "직권남용 등 범죄가 인정되지 않는다"고 결론 내려진 것이었다. 그런데 2018년 9월 당시 문재인 대통령이 '사법부 70주년' 기념행사에서 "사법농단 의혹은 반드시 규명돼야 한다"고 하자, 김명수 대법원장이 "수사에 적극 협조 하겠다"고 호응(呼應) 하면서 검찰의 수사가 분격화(本格化) 됐다. 그 결과 양 전 대법원장을 포함해 고위 법관 총 14명이 기소됐다. 양 전 대법원장은 대법원장 출신으로는 헌정사상 처음으로 구속됐다. 이 두 사람이 아니었으면 '사법농단' 몰이는 애초에 시작되지도 않았다.

대통령이 사법부에 지침(指針)을 내리고 사법부 수장이 화답(和答)하는 일은 군사정권에서도 보기 힘든 일이었다. 이후 김명수 사법부는 법원 내부 자료를 검찰에 통째로 넘겼고, 검찰은 검사 50여 명을 동원해 5개월 동안 이 잡듯 털었다. 그 대소란(大騷亂)의 끝이 47개 혐의 전체 무죄라는 판단이 이제야 나온 것이다. 이 사건은 애초부터 말이 되지 않았다. 양승태 사법부가 청와대를 설득하기 위해 만들었다는 문건에 나온 판결의 상당수는 상고법원 추진방침이 거론되기 전에 이미 판결이 끝난 사안(事案)이었다.

그런데도 문재인 정권과 김명수 대법원장은 사법개혁을 명분(名分)으로 이 의혹을 확대재생산(擴大再生産)했다. 진짜 목적은 문재인 정권의 법원 장악(掌握)이었다. 실제 엘리트 법관들이 사법농단(司法壟斷)에 연루(連累)됐다고 배제되고 아무도 대법관감으로 여기지 않는 이들이 우리법·인권법 출신이란 이유로 그 자리에 갔다. 그들이 장악한 대법원은 종전 판례를 뒤집고 전교조를 합법화(合法化)했고, '선거TV토론 거짓말은 허위사실공표가 아니다'라는 황당무계(荒唐無稽)한 판결로 이재명 지사가 대선(大選)에 나갈 수 있는 길을 열어줬다.

김명수 대법원장 측근 판사들은 법복(法服)을 벗자마자 문재인 대통령 비서가 됐고, 사법농단의 내부 고발자를 자처(自處)하던 판사들은 더불어민주당 국회의원이 됐다. 겉으론 사법개혁(司法改革)을 내세우면서 속으로는 사법부 독립을 파괴한 자들이다. 이들로 인해 무고(無辜)한 사람들이 너무나 큰 고통을 당했다. 그 책임자인 문재인과 김명수는 아무 책임도지지 않고 있다. 거짓 선동으로 법원을 만신창이(滿身瘡痍)로 만들고 무고한 사람들을 괴롭힌 이 엄청난 무법자들을 일벌백계(一罰百戒)로 다스려 정의(正義)를 확립해야 한다.

우리 헌법에 있어서 "사법권의 독립"은 법원의 자치(自治)를 위한 '법원의 독립'(헌법 제101조 제1항)과 재판의 독립을 위한 '법관의 독립'(헌법 제103조)을 그 내용으로 한다. 사법권의 독립은 법관 스스로가 정의와 용기로서 쟁취(爭取)하는 것이다. 사람을 심판(審判)하는 자는 명백한 명예(名譽)를 가지며, 허물이 없는 자(者)라야 한다. "엄정한 법관은 사람보다도 오히려 정의(正義)를 존중(尊重)한다(An upright judge has more regard to justice than to men.)."

제18장

인생의 지혜

제18장

인생의 지혜

1. 이 세상에서 가장 중요한 일

사람이 이 세상에서 살아가는 생활 또는 사람이 이 세상에 살아 있는 동안의 일생이나 그 생애(生涯)를 '인생(人生)'이라 한다. 인생의 본질·목적·의의(意義)·가치(價値) 및 그것이 갖는 의미를 이해·해석·평가하는 전체적 사고방식을 '인생관(人生觀 : view of life)' 이라고 한다. 인간의 살아 있는 동안을 전도(前途 : 앞으로 나아갈 길)를 예측할 수 없는 나그네 길로 비유해 '인생행로(人生行路)'라고 한다.

인간이란 어디서 와서, 어떻게 살다가, 어디로 가는 것인가? 우리의 인생은 하늘에 떠 있는 구름이 흘러가듯 어디서 왔다가 어디로 가는지 알지도 못하는 방랑자(放浪者)다. 인간이란 강물과 같이 흐르고 있는 존재로 끊임없이 변화하면서 제각각의 길을 간다. 그리하여 우리의 인생은 '여행(traveling)'이요, 인간은 '나그네(traveler)'라고 한다. 우리의 인생이 여행이요, 우리의 삶이 방랑자라고 해도 우리는 정처(定處 : 정한 곳, 일정한 곳)없이 이곳 저곳을 떠돌아다니는 집시(gipsy)가 될 수는 없다.

우리는 어떤 인생관을 가지고 어떤 나그네의 길을 가야 하는가? 우리의 인생길에는 미로(迷路 : 한 번 들어가면 빠져 나오기 힘든 길)가 있고, 험로(險路 : 험난한 길)가 있고, 막다른 길도 있다. 우리의 인생길에는 두 갈래 세 갈래의 갈림길도 있다. 나는 '어느 길'로 갈 것인가? 물어볼 사람도 가르쳐 줄 사람도 없다. 인간은 자신의 삶을 명확히 정의(定義)하고, 올바른 인생관을 확립하고, 자신의 인생행로(人生行路)는 자신이 선택하되, 사람이 가야할 "옳은 길" "바른 길"을 가야 한다.

"옳은 길" "바른 길"을 가려면 우리는 어떠한 마음가짐이 필요할까? 나는 내 인생의 길을 내 발로 서서 나의 의지(意志)로 정도(正道 : 올바른 길)를 가야 한다. 우리는 어떤 길을 가야 하는가? "참은 하늘의 길이요, 참을 행하는 것은 사람의 길"이라고 했다. 우리는 <참된 사람의 길>을 가야 한다. 우리의 인생길에는 왕도(王道 : 어떤 어려운 일을 처리하기 위한 쉬운 방법)가 따로 없고, 정도(正道 : 올바른 길)가 있을 뿐이다. "착오(錯誤)로 인도하는 길은 몇 천 갈래 있다. 그러나 진리(眞理)로 인도하는 길은 단 하나 밖에 없다(Jean Jacques Rousseau)."

우리는 '인간 본연(本然 : 본디 생긴 자연 그대로의 모습)의 자세(姿勢)'를 발견하고 '인간본연의 길'을 가야 한다. 그 힘은 나 자신 속에 있으며, 나 자신이 그 열쇠를 지니고 있다. 우리는 어떤 인생길을 가야 하는가? 나는 어디로 갈 것인가? 우리는 자신이 가려는 바람의 방향(方向)을 똑똑히 아는 '인생항로(人生航路)의 현명한 뱃사공'이 되어야 한다. 이 세상에서 가장 위대한 것은 우리가 '어디에 서있는가'라기보다는 '어느 곳으로 향(向)하고 있는가'라는 방향(方向)을 바로 아는 것이다. 그것이 "인생의 지혜(智慧)"요, "지혜의 근본

(根本)"이다.

이 세상에서 가장 중요한 일이 무엇일까. 저마다 대답이 다를 것이다. 피타고라스(Pythagoras)는 "이 세상에서 가장 중요한 일이 무엇이냐? 그것은 인생을 어떻게 살아야 되느냐를 우리에게 가르쳐 주는 일이다"라고 말했다. 인생을 사는 지혜(智慧)와 방법(方法)을 가르쳐주는 것이 가장 중요하다고 갈파(喝破)했다. 우리는 지혜를 배워야 한다. 지혜란 인생의 올바른 방향감각(方向感覺)이다. 고대 로마의 철학자 세네카(Seneca)는 "산다는 것은 생애(生涯)에 걸쳐서 배워야 할 일이다"라고 말했다.

우리는 어떻게 살아야 하느냐, 그것은 우리가 일생동안 진지(眞摯)하게 배우고 연구해야 할 인생의 난문제(難問題)다. 이러한 난문제를 해결하기 위한 노력을 인생학(人生學)이라고 한다. 우리는 인생학을 열심히 공부하는 학도(學徒)가 되어야 한다. '인생학(人生學)' 얼마나 뜻깊고, 매력적인 학문(學問)인가. 우리는 왜 인생을 배워야 하는가. 우리는 하나밖에 없는 생명을 갖고 한번뿐인 인생을 살기 때문이다. 일생일사(一生一死)는 생명의 철칙(鐵則)이다. 인간은 유일성(唯一性)의 생명을 가지고 일회성(一回性)의 생애(生涯)를 산다.

인생은 일회전(一回戰)으로 끝나는 엄숙한 시합(試合)이다. 한 번 지나간 세월은 다시 되돌릴 수 없다. 인생에는 연습(練習)이 없다. 연습이 아닌 실전(實戰)의 인생을 살라. 최고의 성적은 항상 실전에서 거두어야 한다. 귀중한 시간을 잘 활용하면 두 배의 인생을 살아갈 수 있다. 우리는 천상천하(天上天下)에 오직 하나뿐인 목숨을 가지고 오직 하나뿐인 인생을 산다. 남이 나의 인생을 살아줄 수 없고, 내가 남의 인생을 살아줄 수도 없다. 아무도 대신(代身)해 살아줄 수 없는 것이 인생이다.

나의 판단, 나의 계획, 나의 선택, 나의 결단, 나의 의지로 내 인생을 살고 그 결과에 대하여 내가 스스로 책임을 져야 한다. 인생에는 연습이 불가능하다. 매일 매일이 시합(試合)이요, 매일 매일이 결승전(決勝戰)이다. 인생은 흥겨운 놀이터가 아니다. 인생은 엄숙(嚴肅)하고 진지(眞摯)하다. 인생은 유흥(遊興)이나 도박(賭博)이 아니다. 인생은 실(實) 없는 장난이 아니다. 인생은 여행이요, 인간은 나그네다. 우리는 인생의 여행길을 떠나기 전에 먼저 자기 자신을 이해(理解)해야 한다.

<나> 자신에 대하여 무지(無知)하거나 나의 전체를 알지 못하면, 나에게는 사고(思考)와 애정(愛情)과 행동의 기반(基盤)이 결여(缺如)되고 있는 것이다.

나는 무엇으로 기억(記憶)될 것인가? 라는 삶의 물음이 미래(未來)의 세계로 향한 길을 뚫는다. 그 물음은 끊임없이 지나온 나의 삶의 길을 성찰(省察)하게 만들며, 스스로 '진정(眞正)으로 기억(記憶)되고 싶은 모습'이 되기 위해 나에게 주어진 오늘에 최선(最善)을 다하고 새로운 내일(來日)로 나아가게 하는 힘이 된다.

"인생 찬가"를 쓴 미국의 시인 롱펠로(Henry Wordsworth Longfellow)는 이렇게 노래했다.

인생(人生) 찬가(讚歌)

슬픈 곡조(曲調)로 나에게 말하지 말라.
인생은 한낱 헛된 꿈이라고!
인생은 진지(眞摯)한 것, 인생은 성실(誠實)한 것.
무덤이 인생의 목표가 아니다.
너는 티 끝이니, 티끌로 돌아가리라.
이것은 영혼(靈魂)에는 해당하지 않는다.
세계상의 넓은 싸움터에서,
인생이라는 야영장(野營場)에서
말 못하고 쫓기는 짐승이 되지 말고,
싸움에서 이기는 영웅(英雄)이 되라.
....
어떠한 운명에 대해서나 늠름한 마음으로,
일어나서 일하자. 더욱 성취(成就)하고
더욱 추구(追求)하면서 일한 다음에는
기다리는 것을 배워라.

Tell me not, in mournful numbers,
"Life is but an empty dream!"
For the soul is dead that slumbers,
And things are not what they seem.

Life is real! Life is earnest!
And the grave is not its goal;
"Dust thou art, to dust return,"
Was not spoken of the soul.

In the world's broad field of battle,

In the bivouac of life,

Be not like dumb, driven cattle-

Be a hero in the strife!

......

Let us, then, be up and doing,

With a heart for any fate;

Still achieving, still pursuing,

Learn to labour and to wait.

_ 롱펠로(Henry Wordsworth Longfellow)

2. 인생을 보람 있게 사는 지혜

지혜(智慧)는 진리(眞理)속에서만 발견된다(Wisdom is only found in truth. -Goethe-) 지혜의 값은 보석(寶石)보다 더 비싸다(The price of wisdom is above rubies. -Holy Bible-). 라파엘(Raphael)은 지혜를 그렸다. 헨델(Handel)은 지혜를 노래했고, 피디아스(Phidias)는 지혜를 조각(彫刻)했고, 셰익스피어(William Shakespeare)는 지혜를 썼고, 렌(Wren)은 지혜를 세웠고, 콜럼부스(Columbus)는 지혜를 항해(航海)했고, 루터(Luther)는 지혜를 설파(說破)했고, 워싱턴(Washington)은 지혜를 무장(武裝)했으며, 왓트(Watt)는 지혜를 기계화(機械化)했다.

오늘보다 나은 내일을 위해 행동하라. 우리의 앞을 가로막는 모든 고난(苦難)과 투쟁(鬪爭)하는 용사(勇士)가 되라. 그리고 생명이 끝나는 날, 시간의 모래 위에 영원한 발자국을 남겨라. "인생을 보람 있게 사는 지혜"는 무엇일까, 우리는 어떻게 살아야 행복(幸福)에 도달할 수 있을까. 그대의 행복을 다른 사람의 손에 맡기지 마라. 행복은 오직 그대만이 손을 내밀어 잡을 수 있는 것이다. 결코 남이 그대의 행복을 만들 수는 없다.

행복은 오직 그대 자신만의 것이어야 한다. 진실(眞實)하고 지속적(持續的)인 행복은 오직 그대의 마음을 통해서만 얻을 수 있다. 진정(眞情)한 행복은 '탐욕(貪慾)이 없는 마음'에서 비롯된다. 인간은 마음을 가꾸기 위해 노력해야 한다. 꽃에는 향기(香氣)가 따르고 진실한 인격(人格)에는 행복이 따른다. 바람직한 인생관(人生觀)과 가치관(價値觀)의 근본은 무엇일까.

첫째, 스스로 돕는 '자조(自助)'의 정신이다. '하늘은 스스로 돕는 자를 돕는다(Heaven helps those who help themselves.)'고 했다. 내가 내 발로 서서 내 힘으로 살아가야 한다. 자력(自力)의 인생관(人生觀)을 가지고 나의 땀과 노력(努力)과 의지(意志)로 나의 운명(運命)을 스스로 개척(開拓)해 나가는 것이다.

둘째, 우리는 서로 '도울 줄' 알아야 한다. 서로 돕고 믿고 협동(協同)할 때 번영과 행복에 도달할 수 있다. 협동과 상부상조(相扶相助)하는 미풍(美風)으로 살아야 한다. 서로 '돕는다'는 것은 나도 살고 너도 살고 우리가 다 같이 사는 길이다. 우리는 모래알과 같은 고립적(孤立的) 인간이 되어서는 안 된다. 협동은 동고동락(同苦同樂)과 공존공영(共存共榮)의 길이다.

셋째, 우리는 새로운 것을 부단히 추구(追究)하는 '창조(創造)'의 정신으로 살아야 한다. 인간에게 가장 중요한 것은 창조적 정신이다. 한 민족(民族)의 위대성(偉大性)의 척도(尺度)는 그 민족의 문화(文化) 창조력(創造力)에 있다. 위대한 예술가(藝術家)는 위대한 창조적 정신의 소유자다. 산다는 것은 낡은 것을 버리고 새 것을 찾는 노력의 과정이다. 우리는 문화의 꽃을 피워야 한다. 일일신(日日新)의 철학이 필요하다. 우리는 나날이 새로워져야 한다.

우리의 마음이 새롭고, 행동이 새롭고, 인격이 새롭고, 사고(思考)가 새로워야 한다. 고인 물은 썩기 쉽다. 구슬도 닦아야 빛난다. '스스로 생각하고 스스로 탐구(探究)하고 자기 발로 서라' 창조(創造)는 인간의 행동 중에서 가장 위대한 행동이다. 위대한 생(生)은 위대한 창조(創造)를 하는 것이다. 그것이 인간답게 사는 것이다.

넷째, 바르고 '공정(公正)'하게 살아야 한다. 사는 것이 중요한 문제가 아니라 '바로 사는 것'이 중요한 문제다. 세상에 바로 사는 것처럼 중요한 것이 없다. '바로 산다는 것'은 사리(事理)에 맞고, 정의(正義)에 부합하며 진실(眞實)하고 정도(正道)에 따라 행동하는 것이다. 세상의 모든 비리(非理)와 부패(腐敗)는 정도(正道)를 밟지 않는데서 생긴다. 모두가 공정(公正)과 정도(正道)로 가야 한다. 스스로 돕고, 서로 돕고, 새로 창조하고, 바로 살아가는 것이 보람 있게 사는 지혜다.

인생은 항해(航海)와 같다. 우리의 인생은 조그만 배를 타고 망망대해(茫茫大海)를 헤쳐 나가야 한다. 한 치 앞을 내다 볼 수 없는 것이 인생이다. 나의 판단과 나의 계획과 나의 책임 하에 나의 배를 저어 나아가야 한다. 내가 내 인생의 뱃사공이다. 인간의 인생을, 전도(前途)를 예측(豫測)할 수 없는 나그네 길로 비유해 인생행로(人生行路)라고 한다. 인간이란 어디서 와서, 어떻게 살다가, 어디로 가는 것인가? 가는 것이 중요한 일이 아니다. '어디를 향해서 가느냐(方向)가' 중요한 일이다. 우리는 옳은 길을 가야 한다. 우리는 정도(正道)를 밟아야 한다.

내 마음은

내 마음은 호수(湖水)요,
그대 노(櫓) 저어 오오.
나는 그대의 흰 그림자를 안고, 옥(玉)같이
그대의 뱃전에 부서지리다.

내 마음은 촛불이요,
그대 저 문(門)을 닫아 주오,
나는 그대의 비단 옷자락에 떨며, 고요히
최후(最後)의 한 방울도 남김없이 타오리다.

내 마음은 나그네요,
그대 피리를 불러주오
나는 달 아래에 귀를 기울이며, 호젓이
나의 밤을 새이오리다.

내 마음은 낙엽(落葉)이오,
잠간 그대의 뜰에 머무르게 하오.
이제 바람이 일면 나는 또 나그네 같이, 외로히
그대를 떠나오리다.

　　　　　　　　　　　　　　　　　　— 김동명(金東鳴)

3. 때(時)를 아는 지혜

모든 것에는 때(時)가 있다. 우리는 때를 알아야 한다. 밭을 갈 때가 있고, 곡식(穀食)을 추수(秋收)할 때가 있다. 일할 때가 있고, 쉴 때가 있다. 나아갈 때가 있고, 물러설 때가 있다. 사랑할 때가 있고, 헤어져야 할 때가 있다. 혼자 남겨지기 전에 떠날 줄 알아야 한다. 꽃은 만개(滿開)할 시기가 되면 피어나고 달은 차면 기운다. 융성(隆盛)한 기운이 있으면 몰락(沒落)도 있기 마련이다. 현명한 사람은 움직이고 있을 때, 정지(停止)할 시기를 생각한다. 순간(瞬間)의 기회(機會)를 소중(所重)하게 여겨라. 남들의 존경을 받는 유능한 인재(人材)가 되려면 그대에게 주어진 기회를 잘 활용할 수 있어야 한다.

지혜(智慧)를 인생의 초석(礎石)으로 삼아야 한다. 지혜는 어둠의 세상을 밝히는 빛이요, 인생의 깊이를 재는 척도(尺度)가 된다. 지혜만이 오직 세상을 보는 인생의 지침(指針)이 될 수 있다. 지혜의 성(城)은 토대를 단단하게 굳히고 이성(理性)을 발판으로 삼아서 만드는 것이다. 인생의 길도 여행과 같은 것이다. 지적(知的)인 자극을 받아들이고 지혜를 쌓지 않으면 언젠가는 넘어지게 된다. 지혜의 빛 속에서 살고 철학의 세계를 탐구(探究)하는 것은 가장 고귀한 재산이다. 어둠이 깊을수록 별은 더욱 빛난다. 세상이 혼탁(混濁)할수록 지혜의 가치는 더욱 빛난다.

지혜(智慧)를 인생의 설계자(設計者)로 삼아라. 지시(知時)는 지혜(智慧)의 근본이다. 지혜란 때(時)를 아는 것이다. 기회(機會)를 잡아라. 기회는 소중하다. 기회는 대부분의 사람에게 공평하게 분산(分散)되어 있지만 그 기회를 가지고 무엇을 하는가에 대한 것은 전적으로 개인에게 달린 문제다. 어떤 사람은 발전을 가져오는 기회를 눈앞에 두고도 놓쳐버리고 그대로 지나간다. 어떤 사람은 아주 작은 기회를 도약(跳躍)의 발판으로 삼아 멋지게 성공한다. 선택은 그대가 하는 것이다.

'돌이킬 수 없는 4가지'는 해버린 말, 쏘아버린 화살, 지나간 인생, 무시(無視)해버린 기회(機會)다. 한 번 쏘아버린 '화살'은 되돌릴 수 없으며, 한 번 내뱉은 '말'은 주워 담을 수 없다. 말은 마치 전령(傳令) 비둘기와도 같아서 처음 떠났던 둥지로 반드시 돌아오게 마련이다. 예리한 칼에 의해 생긴 상처는 의사의 치료를 받을 수 있지만 말에 의해 생긴 상처는 치유(治癒)할 수 없다.

현명한 사람의 입은 향기로운 장미꽃을 만들고 어리석은 사람의 입은 날카로운 가시를 만든다. '말'을 아껴라. 말의 참된 사용은 그대가 필요로 하는 것을 표현하는 일에 있기보다는 그것을 숨기는 과정에 있다. 그대의 마음을 숨기면 저절로 원하는 것이 따라오게 된다. 물고기가 입으로 낚싯바늘을 물어 잡히듯 인간도 또한 언제나 그 입이 문제다. 사람에게 '하나의 입'과 '두 개의 귀'가 있는 것은 말하기보다 듣기를 두 배로 하라는 뜻이다.

순풍(順風)이 불어올 때 폭풍우(暴風雨)를 대비하라. 불운(不運)에 대비하기 위한 가장 좋은 시기(時機)는 바로 모든 일이 순조롭게 진행되는 때라고 할 수 있다. 겨울잠을 자는 곰은 먹을 것이 풍부한 가을에 동면(冬眠)에 필요한 영양분(營養分)을 비축(備蓄)한다. 개미나 다람쥐도 추운 겨울에 일용(日用)할 양식(糧食)을 가을에 부지런히 비축(備蓄)한다.

시간(時間)을 사랑하는 것은 생명(生命)을 사랑하는 것이다. 시간을 사랑하는 것이 인생을 사랑하는 것이다. 현명한 사람은 움직이고 있을 때, 정지(停止)할 시기를 생각한다. 적당한 시기(時期)를 기다려라. 그리고 때가 되면 매처럼 날카로운 발톱으로 잡아채는 것이다. 덧없는 세상을 살아가는 우리는 언젠가 자신의 일몰(日沒) 앞에 설 때가 반드시 온다. 그러므로 자신이 살아온 자취를 미리 넘어다볼 줄 알아야 한다. 지금 이 순간 '깨어있는 삶'으로 밝게 살아야 한다. 깨어 있는 삶이 곧 수행(修行)이다.

혹독(酷毒)한 고통과 참기 어려운 절망(絶望)도 시간이 흐르고 나면 지혜의 등불을 밝히는 원천(源泉)이 된다. 아쉬움이 있기에 이별(離別)은 더욱 향기롭다. 은은한 달빛이 구름에 잠기면 언제 다시 나올까 달이 기다려진다. 사람들이 등을 돌릴 때까지 남아있지 말라. 이별(離別)의 기술(技術)을 익혀라. 만나는 것보다 이별하는 것이 더욱 중요하고 어렵다. 헤어질 때는 모든 관계를 깨끗하게 처리해야 한다. 앞을 내다볼 수 있는 사람은 초연(超然)하게 떠난다.

구름 짱처럼 나는 쓸쓸히 헤매 이었네

골짜기와 산(山) 위에 둥실둥실 떠있는
구름 짱처럼 나는 쓸쓸히 헤매 이었네.
그러자 갑자기 나는 보았네,
한 무리 금(金)빛 수선화(水仙花)를,
호수(湖水)가 나무들 밑에서,
미풍(微風)에 간들간들 춤추는 것을.

....

I wandered lonely as a cloud

That floats on high o'er vales and hills,

When all at once I saw a crowd,

A host of golden daffodils;

Beside the lake, beneath the trees,

Fluttering and dancing in the breeze.

_ *William wordswort*

4. 시간은 생명이다

시간(時間)은 곧 생명(生命)이다. 시간은 인간의 가장 중요한 자원(資源)이다. 인생의 문제란 시간의 길이에 있기보다는 그 내용의 풍부(豊富)함에 달렸다. 정력(精力)은 우리의 삶의 알맹인데 그 귀한 것들을 매일같이 낭비(浪費)하고 있는 것이 우리들의 삶의 현실이다. 인생의 의미(意味)는 낭비하지 않는 시간 속에 있다. 시간을 낭비한다는 것은 너무나 큰 불행이다. 일촌광음 불가경(一寸光陰 不可輕 : 짧은 시간이라도 헛되게 보내지 말라는 말)이라고 했다.

전성기(全盛期)는 만인(萬人)에게 찾아온다. 그 시기(時機)를 놓칠 수는 없다. 전성기에 더욱 번창하기 위한 준비를 게을리 하지 마라. 나무는 한여름에 더욱 푸르다. 조락(凋落)을 맞이하는 가을과 동면(冬眠)의 겨울을 대비하기 위해 힘을 비축(備蓄)하는 것이다. 전성기를 맞이하면 모든 힘을 끌어 모아서 그 운(運)을 더욱 번창하게 가꿀 수 있어야 한다. 인식(安息)의 계절에 평온한 시간을 보낼 수 있으려면.

시간을 창조적으로 활용하느냐에 따라 인생의 성패(成敗)가 결정된다. 사람은 오로지 그 행위(行爲)에 의해서 '천(淺)한 사람'도 되고 '귀(貴)한 사람'도 되는 것이다. 당신이 실제로 살아 있는 유일(唯一)한 순간(瞬間)은 바로 현재(現在)다. 그러므로 이 현재의 순간을 최대한도로 이용하라. "이 날은 결코 다시 밝지 않음을 생각하라(Consider that this day never dawns again. - Dante -)."

시간(時間)은 가는 것이지 오는 것이 아니다. 강물처럼 흘러가 버리면 다시 되돌아오지 않는다. 돈이나 물건보다도 시간을 아껴야 한다. 어리석은 사람은 시간을 '낭비(浪費)'하는 데에 마음을 쓰나 지혜로운 사람은 시간을 '선용(善用)'하는 데에 마음을 쓴다. 시간은 인간이 쓸 수 있는 가장 가치(價値) 있는 것이다.

오늘

자- 오늘도 또 한 번
파-란 날이 새었다,
생각하라, 네 어찌 이날을
쓸데없이 노쳐 보내랴?

영원(永遠)에서부터
이 새 '날'은 탄생(誕生)되어
영원(永遠) 속으로
밤에는 돌아가라.

이 날을 일각(一刻)이라도
미리 본 눈이 없으나,
어느 틈에 영원히
모든 눈에서 살아지도다.

So here hath been dawning
Another blue Day ;
Think, wilt thou let it
Slip useless away ?

Out of Eternity
This new Day is born
Into Eternity,
At night, will return.

Behold it afore-time
No eyes ever did:
So soon it forever
From all eyes is hid.
＿ *Thomas Carlyle*

톨스토이는 "세 개의 의문"이란 글에서 우리에게 세 가지 질문을 던졌다. 이 세상에서 '가장 중요한 시간'은 언제인가? 이 세상에서 '가장 필요한 사람'은 누구인가? 이 세상에서 '가장 중요한 일'은 무엇인가? 그는 이 질문에 대해 이렇게 대답했다. 이 세상에서 가장 중요한 시간은 '지금'이다. 이 세상에서 가장 필요한 사람은 지금 내가 '만나고 있는 사람'이다. 이 세상에서 가장 중요한 일은 지금 내 옆에 있는 사람에게 '선(善)'을 행하는 일이다.

스위스의 사상가(思想家)로 <행복론> <잠 못 이루는 밤을 위하여>라는 명저(名著)를 쓴 힐티(Carl Hilty)는 "시간은 강물과 같이 흐르는 것이다. 강가에 게으르게 서 있는 사람은 항상 시간이 모자라지만 강물보다도 더 빨리 걸어가는 사람은 언제나 시간의 여유를 가지고 더 많을 일을 하게 된다"고 말했다. 우리가 어떤 목적을 설정할 때 먼 방향은 있으되 그 방향과 최후의 목적에 도달할 '중간 목적'이 뚜렷해야 한다.

강(江)이 풀리면

강이 풀리면 배가 오겠지
배가 오면은 님도 탔겠지
님은 안타도 편지야 탔겠지
오늘도 강가서 기다리다 가노라.

님이 오시면 이 설움도 풀리지
동지섣달에 얼었던 강물도

제멋에 녹는데 왜 아니 풀릴까
오늘도 강가서 기다리다 가노라.

__ 김동환(金東煥)

5. 첫 단추를 잘못 끼우면

"첫 단추를 잘못 끼우면 마지막 단추는 끼울 구멍이 없어진다"고 괴테 (Goethe)는 말했다. 마지막 단추를 바로 끼우기 위해서는 첫 단추부터 잘 끼워야 한다. 우리는 지혜로운 출발(出發), 올바른 시작(始作)을 해야 한다. '시작이 반(半)'이라는 말이 있다. 무슨 일이든지 시작하기가 어렵지 일단 시작하면 일을 끝마치기는 그리 어렵지 않다는 말이다.

인생에서 시작처럼 중요한 것이 없다. 올바른 출발은 올바른 결과(結果)에 도달(到達)하고 그릇된 출발은 그릇된 결과에 도달한다. 올바른 시작은 행복의 문에 도달하고, 그릇된 시작은 불행의 벼랑으로 떨어진다. 이 세상의 모든 일은 처음이 중요하고, 시작이 중요하다.

보람 있는 생활을 창조하기 위해서는 '올바른 시작'과 노력(努力)의 땀을 흘려야 한다. 무슨 일에나 '시작(始作)'을 하면 반드시 훌륭한 '결과(結果)'를 맺어야 한다. 시종일관(始終一貫)해야 한다. '시작(始作)'도 중요하며, '끝'도 중요하다. 셰익스피어(Shakespeare)는 "마지막이 좋아야 모든 것이 좋다"고 말했다. 끝과 마지막의 중요성을 역설(力說)한 말이다. 시작도 중요(重要)하고 마지막도 중요하다.

우리는 인생(人生)의 '첫 단추'부터 잘 끼워야 '유종(有終)의 미(美)'를 거둘 수 있다. 마지막에 웃는 사람이 정말 웃는 사람이다. 열매를 맺지 못하는 꽃은 의미가 없다. "혹독(酷毒)한 추위를 견뎌낸 장미만이 아름다운 꽃을 피울 수 있다(Andre Gide)." 열매는 생명의 성숙(成熟)이다. 우리는 성장(成長)하고 성숙해 아름다운 열매를 맺어야 한다. 하늘은 연약한 푸른 날개를 가진 나비와 같다. 행복에 찬 대지(大地)는 하늘을 향해 노래 부른다.

나는 나의 '인생의 밭(田)'에 무엇을 심고 무슨 열매를 거둘 것이냐? 산다는 것은 생명의 '밭(田)'을 가는 것이요, 정신의 '씨앗'을 뿌리는 것이요, 가치 있는 '꽃'을 피우는 것이요, 생명의 '열매'를 거두는 것이다. 열매를 거두지 못한 인생은 의미가 없다. 결실(結實)이 인생의 의미(意味)와 가치(價値)를 부여한다. 나는 나의 인생의 '어떤 열매'를 거둘 것이냐. 우리는 결실을 생각하면서 언제나 희망을 가지고 성실(誠實)한 인생을 살아야 한다. 인생은 처음도 아름답고 마지막도 빛나야 한다. 그것이 '보람 있는 인생'이다.

진달래꽃

나 보기가 역겨워
가실 때에는
말없이 고이 보내 드리오리다.

영변(寧邊)에 약산(藥山)
진달래꽃
아름 따다 가실 길에 뿌리오리다.

가시는 걸음걸음
놓인 그 꽃을
사뿐히 즈려 밟고 가시옵소서.

나 보기가 역겨워
가실 때에는
죽어도 아니 눈물 흘리오리다.

＿ 김소월(金素月)

6. 희망을 가진 삶

우리의 마음속에는 희망(希望)의 태양(太陽)을 가져야 한다. 스페인이 낳은 최대의 소설가 세르반테스(Cervantes)는 "생명이 지속(持續)되는 한 희망이 있다(While there's life there's hope.)"고 말했다. 희망은 미래(未來)의 가능성(可能性)에 대한 뜨거운 정열(情熱)이자 어둠을 밝히는 횃불이다. 빛은 어둠을 쫓고 광명(光明)을 불러들인다.

희망이란 깨어있는 사람의 꿈인 것이다(What is hope? The dream of a waking man. - Diogenes Laertius-). 최선(最善)의 것을 희망하되, 최악(最惡)의 경우에 대비(對備)해서 준비하라(Hope for the best, but prepare for the worst.). 스피노자(Spinoza)는 "내일 지상(地上)에 종말(終末)이 올지라도 나는 '오늘' 한 그루의 사과나무를 심으리라"라고 말했다.

우리는 희망을 가지고 힘차게 살아야 한다. 우리는 오늘도 바다에 도전(挑戰)한다. 모든 사람들은 그의 영혼의 '선장(船長)'이다. 동시에 모든 사람은 그 자신의 '선원(船員)'이다. 그러나 '항해사(航海士)'는 미지(未知)의 바다를 알고 있으며 그는 우리를 거기로 데려갈 것이다. 봄이 와서 꽃이 피는 게 아니라 꽃이 피면 곧 봄이다.

"절대고독(絕對孤獨)의 한가운데 우뚝 선 자, 그가 곧 수도자(修道者)다. 언제나 꽃처럼 새롭게 피어나는 자, 그 꽃향기로써 넘치는 자, 그가 곧 수도자(修道者)다" 수행자(修行者)는 언제 어디서나 자주적(自主的)인 인간이 되어야 그가 선 자리마다 하늘나라(法界)가 될 수 있다. 희망은 인간의 마음에서 영원히 솟아날 것이다.

우리의 가슴 속에 희망의 태양이 빛날 때 우리의 생활에는 광명(光明)이 비치고 우리의 얼굴에는 기쁨이 샘솟는다. 우리는 인생에 대해서, 또 자기 자신에 대해서 절망(絶望)해서는 안 된다. 그대가 모든 것이 절망적(絶望的)이라고 생각될 때 가느다란 한 줄기 빛이 어딘가로 부터 온다. 최선의 것을 희망하되, 최악의 경우에 대비해서 준비하라(Hope for the best, but prepare for the worst.).

어두운 밤이 지나면 반드시 밝은 아침이 온다. 추운 겨울이 지나면 따스한 봄이 다시 찾아온다(If Winter comes, can Spring be far behind ?) 추위를 이겨낸 장미는 아름답다. 어른의 이성(理性) 아래 어린아이의 감성(感性)을 가질 수 있는 사람은 행복하다. 항상 자기 자신의 인생을 즐기며 살아야 한다.

등산가(登山家)는 내려올 수는 없고 오직 올라갈 수만 있는 그러한 곳이 그 자신을 올려놓아야 '진짜 등산가'라는 것이다. 오로지 올라가는 도리밖에 없을 때 우리는 더 잘 올라가는 것이다. 어떤 일을 하려고 '노력하다가 실패한 사람'이 '아무런 노력도 하지 않고 성공한 사람'보다는 훨씬 더 나은 것이다. 성공(成功)의 비결(祕訣)은 목표(目標)에 대한 불변(不變)이다(The secret of success is constancy to purpose. -Beacons Field-).

인생을 사랑하고 항상 생(生)에 대해 감사하라. 그리고 생(生)의 도전(挑戰)으로부터 피(避)하지 말고 생(生)을 달갑게 맞이하라. 항상 그대의 능력(能力)을 조금 더 능가(凌駕)하는 삶을 살도록 노력하라. 그러면 결코 성공하지 않을 수 없을 것이라는 것을 알게 될 것이다.

"절망(絕望)은 어리석은 자의 결론이다(Benjamin Disraeli)" 우리는 언제나 희망을 가지고 살아야 한다. 우리의 가슴속에 희망의 태양이 비칠 때 우리는 고난(苦難)과 역경(逆境) 속에서도 의욕(意欲)과 용기(勇氣)를 가지고 살아갈 수 있다. 산다는 것은 희망을 갖는 것이다. 우리는 언제나 마음속에 '희망의 등불'을 켜야 한다.

동방(東方)의 등촉(燈燭)

일찍이 아시아의 황금시기에,
빛나던 등촉(燈燭)의 하나인 코리아,
그 등불 한 번 다시 켜지는 날에,
너는 동방(東方)의 밝은 빛이 되리라.
마음엔 두려움이 없고,
머리는 높이 쳐들린 곳.
지식은 자유스럽고
좁다란 담 벽으로 세계가 조각조각 갈라지지 않은 곳.
진실의 깊은 속에서 말씀이 솟아나는 곳.
끊임없는 노력이 완성을 향해 팔을 벌리는 곳.
지성의 맑은 흐름이
굳어진 습관의 모래벌판에 길 잃지 않은 곳.
무한히 퍼져 나가는 생각과 행동으로 우리들의 마음이 인도 되는 곳.
그러한 자유의 천당(天堂)으로
나의 마음의 조국(祖國) 코리아여 깨어나소서.

— 인도의 세계적인 시인 타고르(R. Tagore)
<주요한 옮김. 1929. 4. 2. 동아일보>

우리는 언제나 '희망(希望)의 태양(太陽)'을 가지고 살아야 한다. 희망은 생명에 이르는 빛이요, 절망(絶望)은 죽음에 이르는 병이다. 산다는 것은 희망을 갖는 것이다. 우리가 희망의 태양을 마음에 간직하고 살아야 고난(苦難)을 이겨내고 시련(試鍊)을 극복하면서 열심히 살아갈 수 있다. 실패(失敗)가 없는 인생은 존재하지 않는다. 인생은 끝없는 고난(苦難)의 연속이다. 실패는 인생의 한 부분이다.

실패(失敗)는 절망(絶望)을 만든다. 하지만 절망은 인생의 희망(希望)을 꺾는 것이 아니라 다만 '성공(成功)이 쉽지 않다'는 사실을 의미한다. 실패를 거울로 삼아 성공의 길로 나아가라. 실패는 성공의 길로 가는 하나의 과정(過程)이다. 세상을 재는 척도(尺度)는 바로 그대의 신념(信念)이다. 인생에 대한 어떤 확신(確信)이 필요하다. 신념은 우리가 이 세상에 홀로 설 수 있도록 만든다. 위대한 희망은 위대한 인물(人物)을 만든다.

세상만사(世上萬事)에는 왕도(王道)가 없다. 대시(待時)는 지혜의 대본(大本)이다. 우리는 희망을 갖고 살아가는 지혜를 배워야 한다. 역경(逆境)의 시간 뒤에는 반드시 희망이 있다. 수정(水晶)같은 맑은 빗방울은 검은 구름이 있은 후에야 떨어지기 때문이다. 검은 구름의 저편에는 찬란한 태양이 언제나 빛나고 있다. 태양이 세상을 밝게 만들 듯이 그대의 마음속에도 빛의 씨앗이 깃들어 있다. 빛을 뿌리는 것은 바로 그대 자신이다. 우리는 별을 쳐다보면서 희망을 가지고 살아야 한다.

7. 겸허한 마음으로 배우기

인생은 학교에 비유(比喻)된다. '산다는 것'은 '배우는 것'이다. 우리는 죽는 날까지 성실(誠實)을 다해 배워야 한다. 배움의 길은 멀고 세월은 쏜살같이 흘러간다(Art is long, and time is fleeting. -Longfellow-). 오늘은 또 다시 밝아오지 않는다는 사실을 명심(銘心)하라(Consider that this day never dawns again.). 시간은 인간이 쓸 수 있는 가장 가치(價値) 있는 것이다(Time was the most valuable thing that a man could spend.).

철학자 칸트(Immanuel Kant)는 "인간은 교육(敎育)을 필요로 하는 유일(唯一)한 피조물(被造物)"이라고 말했다. 인간은 교육의 산물(産物)이다. 이 세상에서 '가장 현명(賢明)한 사람'은 모든 사람한테서 배우는 사람이다. 우리는 겸손(謙遜)한 마음으로 모든 사람과 모든 사물(事物)에서 모든 것을 배워야 한다. 내가 만나는 모든 사람들은 어떤 면에서 다 나보다 우수(優秀)하다. 그러므로 나는 그들로부터 무언가를 배우게 되는 것이다.

겸손(謙遜)은 '남을 높이고 자기를 낮추는 태도가 있음'을 의미하며, 겸허(謙虛)는 '잘난 체하지 않고 겸손한 태도가 있음'을 의미한다. 우리가 세상을 이기는 가장 무서운 힘이 겸손이다. 세상을 이기는 겸손은 위선적(僞善的) 겸손도 아니고, 처세(處世)에 능한 겸손도 아닌 자기의 자세를 낮추고 무릎을 꿇는 몸에 익힌 스스로의 '진솔(眞率)한 겸손(謙遜)'이다.

자세를 낮추고 무릎을 꿇으면 보이지 않던 것이 보인다. '세상을 이기는 최고의 지혜'가 바로 '겸손한 삶'이다. "등고자비"(登高自卑: 높은 곳에 올라가려면 낮은 곳에서부터 오른다는 말로, 일을 하는 데는 반드시 차례를 밟아야 한다는 뜻이다. 지위가 높아질수록 스스로를 낮춘다는 말이다)라는 옛 성인(聖人)의 말씀을 되새기게 된다. 높은 곳에 오를수록 겸손히 자기를 낮춘다면 세상의 모든 사람이 존경하는 마음으로 우러러 볼 것이다.

배우는 자는 현명(賢明)한 자요, 배우지 않는 자는 우둔(愚鈍)한 자다. 당신의 인생은 당신의 마음에 달렸다. 당신의 '마음의 금광(金鑛)'을 개발(開發)하라. 현재의 나 자신은 과거의 나 자신과는 또 다른 모습으로 달라져야 한다. 그래야 날마다 '새로운 날' 일 수 있다. 배운 것을 복습(復習)하는 것은 외우기 위함이 아니다. 몇 번이고 복습하면 '새로운 발견(發見)'이 있기 때문이다.

마하트마 간디(Mahatma Gandhi)는 그의 자서전 <진리실험(眞理實驗)에 대한 이야기>에서 "진리(眞理)를 찾아가는 사람은 티끌보다도 더 겸손(謙遜)해야 한다. 세상은 티끌을 그 발밑에 밟지만 진리를 찾는 사람은 티끌한테조차 짓밟힐 수 있을 만큼 겸손해야한다"고 말했다. 진리는 굳을 때는 '금강석(金剛石 : 보석의 하나)' 같다가도 부드러울 때는 '꽃' 같은 것이기도 하다.

헌법 제31조는 교육을 받을 권리와 의무, 평생교육(平生敎育) 진흥(振興)을 역설했다. 교육은 미래(未來)에 대비하는 힘이다. 교육은 어떠한 변화에도 능동적(能動的)으로 대처(對處)할 수 있어야 한다. 세상에 질서(秩序)를 가져오는 교육은 신성(神聖)한 것이다. 진정한 교육은 후손(後孫)들에게 억지로 전수(傳授)하는 것이 아니라 '스스로 깨닫도록 도움을 주는 일'이다. 뛰어난 양치기는 직접 풀을 베어서 양들에게 먹이지 않고 신선한 풀밭으로 양을 인도(引導)한다.

우리의 자원(資源)은 인적자원(人的資源)이다. 우리는 평생교육의 자세로 배우고 훈련하여 국민의 수준(水準)을 세계 1등 국민으로 끌어올리고 민족을 인류최고의 단계(段階)로 향상(向上)시켜야 한다. 이것이 우리의 간절한 염원(念願)이요, 높은 이상(理想)이다. 뜻이 있는 곳에 길이 있고, 길이 있는 곳에 빛이 있고, 빛이 있는 곳에 행복이 있다.

인생에서 가장 중요한 것은 먼저 뜻을 세우는 것(立志)이다. 우리는 뜻을 세우되 큰 뜻, 높은 뜻을 세워야 한다. 입지(立志)처럼 중요한 것이 없다. 입지는 인생의 목표(目標)를 세우는 것이요, 방향(方向)을 정하는 것이다. 뜻이 있는 곳에 반드시 길이 있다. 의지(意志)가 굳은 사람은 혼자서 세계를 이룩한다(He who is firm in will molds the world to himself. -Goethe-).

배우는 것처럼 보람 있는 일이 없으며, 배우는 것처럼 생산적인 것이 없다. 배우는 것처럼 창조적(創造的)인 것이 없다. 배움은 우리를 슬기롭게 하며 겸손(謙遜)하게 한다. 배움처럼 위대(偉大)한 것이 없다. 우리는 인생이라는 학교에서 겸허하게 많은 것을 배워야 한다. 우리는 매일 새로운 것을 배워야 한다.

유대인의 격언(格言)에 "몸의 무게는 잴 수가 있어도 지성(知性)의 무게는 잴 수가 없다. 왜냐하면 체중에는 한계가 있지만 지성에는 한계가 없기 때문이다"라는 말이 있다. 재물(財物)은 곧 잃어버릴 수도 있지만, 지식(知識)은 언제나 몸 따라 함께 다닌다. 그러므로 사람은 태어나서 죽을 때까지 배워야 한다. 학교교육이 끝났다고 해서 사람의 배움이 끝난 것은 아니기 때문에 평생교육(平生敎育) 또는 생애교육(生涯敎育)을 강조한다.

사람이 삶을 영위(營爲)함에 있어 꼭 필요한 것은 누구에게서나 부단히 배우고자 하는 겸손(謙遜)한 자세(姿勢)이다. 그래서 불치하문(不恥下問 : 아랫 사람에게 묻는 것을 부끄러워하지 않음)이라고 했다. 배우려는 의지(意志)를 가질 때 나의 스승이 아닌 것은 없다. 겸손한 자세로 배우려한다면 천하만물(天下萬物)이 다 나를 가르치는 교사요, 교실이요, 교훈인 것이다.

인생을 젊게 사는 비결(祕訣)은 항상 배우고 공부하는 삶의 자세다. 우리 의 인생은 자아완성(自我完成)의 기나긴 여행이다. 겸손(謙遜)은 그대를 더욱 크게 보이도록 만든다. 현명한 사람은 학문(學問)의 깊이가 깊을수록 자신 을 낮춘다. 자기 자신을 파악(把握)하라. 그리고 항상 부족(不足)한 점을 깨달 아라.

"참으로 아는 이는 말하지 않으며, 말하는 사람은 참으로 알지 못하는 것이다(Those who know do not talk and talkers do not know. - Laotzse -)" "나에게 있어 서 내가 아는 것은 '내가 아무것도 모른다'는 사실뿐이다(As for me, all I know is that I know nothing. - Socrates -)"

자신을 과대평가(過大評價)하는 것은 병(瓶) 속에 담아 놓은 포도주보다 더 많은 양(量)의 포도주(葡萄酒)를 억지로 꺼내려고 하는 것과 같다. 자신의 능력(能力)에 대한 겸손한 태도를 갖추는 것이 성장(成長)의 출발점(出發點)이 다. 나의 인격은 저절로 완성되는 것이 아니다. 한 닢의 동전(銅錢)이 들어있 는 항아리는 요란스런 소리를 내지만, 동전이 가득 찬 항아리는 조용하다.

남의 행복을 부러워하면 자기의 행복을 잊어버리기 쉽다. 그대의 발밑을 파라. 그곳에서 맑은 '샘물'이 솟을 것이다. 행복은 멀리 있는 것이 아니다. 가까운 거리에 행복이 머물고 있다는 사실을 알고 있다면 이미 행복하다. 구슬도 닦아야 빛이 난다. 사람은 배워야만 진리(眞理)를 알고 지혜(智慧)를 터득할 수 있다.

> 산중에 사는 스님이
> 달빛이 너무 좋아
> 물병 속에 함께 길어 담았네
> 방에 들어와 뒤미처 생각하고
> 병을 기울이니
> 달은 어디로 사라져 버렸네
>
> __ 고려시대 이규보(李奎報)의 시(詩)

일생동안 학생의 마음, 학생의 정신, 학생의 자세, 학생의 태도로 살아야 한다. 동물(動物)의 세계는 학교가 없고, 책이 없고, 선생이 없다. 동물은 배우고 교육할 필요가 없다. 동물은 본능(本能)의 지혜로 살아간다. 인간은 만물(萬物) 중에서 본능적으로는 가장 무능무력(無能無力)한 존재다. 그러나 신(神)은 인간에게 놀라운 학습능력(學習能力)을 주었다. 지성(知性)은 학습능력이다. 인간의 특기는 학습(學習)에 있다. 사람은 '겸허(謙虛)'한 마음으로 배워야 한다.

8. 물(水)은 자연의 위대한 철학자

자연(自然)은 만권(萬卷)은 책(冊)보다도 우리에게 더 많은 것을 가르친다. 물은 높은 곳에서 낮은 곳으로 쉴 새 없이 흘러간다. 물은 깊을수록 소리가 없이 흘러간다. 우리는 겸손(謙遜)한 마음으로 '물(水)의 덕(德)'을 배워야 인생의 높은 경지(境地)에 도달할 수 있다. 물은 자연(自然)의 위대한 철학자(哲學者)다.

모든 상황에 적응(適應)하는 지혜가 놀랍고, 자신을 다채(多彩)로이 표현하는 창조적 변화의 능력이 놀랍고, 오염(汚染)과 혼탁(混濁)을 정화(淨化)하는 덕(德)이 놀랍다. 자연은 스스로를 조절(調節)할 뿐 파괴(破壞)하지 않는다. 자연은 우리에게 아득한 옛적부터 많은 선물(膳物)을 무상(無償)으로 베풀어오고 있으나 일상(日常)에 찌든 사람들은 그런 자연의 아름다운 선물을 받아들일 줄 모르고 얼마나 많이 물을 더럽히고 있는가.

"자연과 조화(調和)된 생활을 하라. 그 때에 그대는 결코 불평을 느끼지 않게 될 것이다. 세상 사람들의 사고방식(思考方式)만을 따라서 산다면, 그대는 결코 참된 부(富)를 얻지는 못하리라(L. A. Seneca)." 우리가 자연을 보살필 때 자연도 우리를 보살필 것이다. 자연은 인간에게 있어서 원천적(源泉的)인 삶의 터전으로 유일한 휴식공간(休息空間)이다.

자연에는 그 나름의 뚜렷한 질서(秩序)가 있다. 봄, 여름, 가을, 겨울 등 계절(季節)의 질서(秩序)가 있고, 뿌려서 가꾼 대로 거두는 수확(收穫)의 질서가 있다. 자연의 소리는 사람의 소리에 견줄 때 얼마나 맑고 신선(新鮮)한가. 우리는 자연의 소리를 배워야 한다.

나무의 그늘에 비할 때 사람의 그늘은 얼마나 빈약(貧弱)한가. 사람의 그늘은 덕(德)이나 눈앞의 이해타산(利害打算)에 걸려 덕의 그늘을 펼칠 줄을 모른다. 자연(自然)의 질서에 인간은 순응(順應)할 줄 알아야 한다. 자연은 커다란 생명체(生命體)이며 시들지 않는 영원한 어머니의 따뜻한 품속이다. 아름다움을 찾고 가꾸려는 우리들의 눈과 생각이 없기 때문이다. 그 눈과 생각이 흐려 있기 때문에 바로 눈앞에 두고도 보지 못하는 것이다. 우리 옛 시조(時調)에 이런 글이 있다.

> 매화(梅花) 한 가지에 새달이 돋아오니
> 달에게 묻는 말이 매화의 흥(興)을 네 아느냐
> 차라리 내가 네 몸 되면 가지가지 돋으리라

노자(老子)는 "상선(上善)은 물과 같다"고 하였다. 물은 상선(上善)에 속하는 자연의 놀라운 철학자(哲學者)다. 작은 시냇물은 물거품을 일으키면서 요란하게 흐르나 많은 생명을 품고 바다로 흐르는 강물의 흐름은 깊고 조용하다. 물소리는 세월이 흘러가는 소리이고 '우리가 갈 곳이 어디인가'를 소리 없는 소리로 깨우쳐준다. 우리는 자연의 위대한 철학자 물의 덕(德)을 통해 '겸손(謙遜)과 겸허(謙虛)'를 배워야 한다.

인생(人生)은 물과 같이 흘러간다. 시냇물처럼 나도 흘러간다. 흐르다가 바위에 부딪히면 비켜서 흐르고 조약돌을 만나면 밀려도 가고 언덕을 만나면 쉬었다 가리. 마른 땅을 만나면 적셔주고 가고, 목마른 자를 만나면 먹여

주고 가리. 물은 갈 길이 급하다고 서둘지 않으며, 놀기가 좋다고 머물지 않는다. 흐르는 저 물처럼 앞섰다고 교만(驕慢)하지 않고, 처졌다고 절망(絕望)하지 않으리. 저 건너 나무들이 유혹(誘惑)해도 '나에게 주어진 길'을 따라 노래 부르며 내 길을 가리라.

오우가(五友歌)

내 벗이 몇인가 하니
수석(水石)과 송죽(松竹)이라,
동산(東山)의 달(月) 오르니 그 더욱 반갑구나
두어라 이 다섯밖에 더하여 무엇 하리

자근 거시 높이 떠서
만물(萬物)을 다 비취니,
밤중의 광명(光明)이 너만 함이 또 있느냐,
보고도 말 아니하니 내 벗인가 하노라.

— 고산(孤山) 윤선도(尹善道:1587~1671)

그대가 알고 있는 지식(知識)은 지극(至極)히 작고 미미(微微)하다. 그대의 지식은 거대(巨大)한 바다에 떨어진 한 방울의 빗방울과 같은 것이다. 이 사실을 명심(銘心)하고 항상 겸손(謙遜)하게 대하라. 자신보다 현명(賢明)한 사람 앞에서는 침묵(沈默)하라. 만나는 모든 사람에게 무엇인가를 배울 수 있는 사람이 세상에서 '가장 현명(賢明)한 사람'이다.

물이 샘솟는 근원(根源)이 없으면 아무리 넓은 '강물'이라고 해도 마르기 마련이다. 미덕(美德 : 아름답고 갸륵한 덕행)은 행복의 중심이고 겸양(謙讓)을 따르는 선행(善行)의 근원(根源)이다. 미덕(美德)은 행복의 샘이자 지혜를 따르는 빛이다. 배우는 것이 으뜸가는 일이다. 우리는 어떻게 배워야 하는가? 배우고자 하는 마음을 가지면 만인(萬人)이 다 '나의 스승'이 될 수 있다.

강(江)이 풀리면

강이 풀리면 배가 오겠지
배가 오며는 님도 탔겠지

님은 안타도 편지야 탔겠지
오늘도 강가서 기다리다 가노라

님이 오시면 이 설움도 풀리지
동지섣달에 얼었던 강물도

제멋에 녹는데 왜 아니 풀릴까
오늘도 강가서 기다리다 가노라

         ― 김동환(金東煥)

  역사(歷史)는 위대한 교과서요, 사회(社會)는 훌륭한 학교요, 자연(自然)은 뛰어난 스승이다. 세상의 모든 사물(事物)이 다 나를 가르친다. 나에게 배우고자 하는 겸허(謙虛)한 의지(意志)가 있느냐 없느냐, 그것이 문제다. 우리는 평생교육(平生教育)의 정신을 가지고 죽는 날까지 '학생(學生)의 마음'으로 배워야 한다. 위대(偉大)함의 첫째 조건은 겸손(謙遜)이다. 겸손을 아는 자만이 진정으로 '위대(偉大)한 삶'을 살아간다.

겸손한 마음으로 성장(成長)하기 위해 노력할 때 자신은 더욱 크게 성장할 수 있다. 자연 속에 일어나는 가장 큰 변화는 아무도 모르게 진행되는 법이다. 그것은 끊임없이 서서히 성장하는 것이다. 정신생활에 있어서도 이와 마찬가지이다. 인생은 끊임없는 기적(奇蹟)이다. 만물의 성장이란 어떠한 것인가를 알게 됨으로서, 우리는 자연의 비밀 속에서 가장 깊은 비밀을 알게 된다. 참으로 위대한 것은 서서히 눈에 보이지 않는 성장 속에서 성취(成就)된다.

9. 지혜는 인생의 등불

인생을 행복하게 사는 비결이 무엇일까? 인생을 어떻게 살아야 하는가. 그대의 눈으로 세상을 직시(直視)하라. 지혜(智慧)는 그대의 영혼(靈魂)에서 새롭게 태어난다. 꺼지지 않는 불길처럼, 마르지 않는 샘물처럼, 시들지 않는 상록수(常綠樹)처럼, 재생(再生)하는 불사조(不死鳥)처럼, 인생의 옳고 높은 이념(理念)과 목표(目標)를 향해 성실(誠實)하게 살아가는 비결(祕訣)이 무엇일까? 그것을 아는 것이 '인생의 지혜'다.

위대(偉大)한 지혜는 아무리 흉내를 내어도 모방(模倣)할 수 없다. 오직 자기 자신의 인내력(忍耐力)과 노력에 의해 익혀가야만 한다. 지혜(智慧)로운 사람은,

첫째, "때(時)"를 잘 아는 사람이다. 내가 나설 때인지 물러설 때인지, 말할 때인지 침묵(沈默)할 때인지, 떠날 때인지 머무를 때인지를 바로 아는

것이 지혜다. 기회(機會)를 잡아라. 기회는 소중하다.

둘째, 자기의 '분수(分數)'를 아는 사람이다. 분수는 사물을 분별(分別)하는 슬기 또는 자기 처지(處地)에 맞는 한도(限度)다. 지혜는 분수의 감각이요, 분수의 자각(自覺)이다. 자기의 분수를 알고(知分) 분수를 지키고(守分) 분수에 만족(安分)하는 것이 지혜다. 사람은 저마다 자기 몫이 있다. 자신의 그릇만큼 채우며 그릇에 차면 넘친다. 자신의 처지(處地)와 분수를 알고 만족할 줄 알아야 한다(守分知足).

셋째, 머무를 줄 아는 사람이요, 족(足)할 줄 아는 사람이다. 무슨 일이나 지나치지 않아야 한다. 지나치면 반드시 실수(失手)를 하고 과오(過誤)를 범한다. 적절(適切)한 선(線)에서 멈추고 성과(成果)에 대해 만족(滿足)할 줄 알아야 한다. 탐욕(貪慾)을 버려라. 사소(些少)한 것에 대한 지나친 집착(執着)은 자신을 깊은 수렁에 빠뜨린다. 사소한 부분에 대해 초연(超然)할 수 있는 통찰력(洞察力)을 길러야 한다.

현명(賢明)한 사람은 열정(熱情)의 주인(主人)이 될 수 있지만 어리석은 사람은 그 노예(奴隸)가 되어버린다. 열정을 지배하는 방법을 익히는 사람은 삶을 더욱 풍요(豐饒)롭게 만들 것이다. 인간의 마음은 밝은 거울과 같아야 한다. 밝은 거울이 사물을 밝게 비춘다. 옛사람은 명경지수(明鏡止水)를 강조했다. 인간의 마음은 밝은 거울과 같고 조용한 물과 같아야 한다. 그래야만 사물(事物)을 밝게 비출 수 있다.

명경지수(明鏡止水)와 같은 마음을 가져야 지혜(智慧)를 깨달을 수 있고, 진리(眞理)를 볼 수 있다. 먼저 마음을 비워야만 지혜를 담을 수 있다. 우리는 먼저 마음을 비우는 공부(工夫)부터 해야 한다. 마음이 모든 것을 결정한다. 행복과 불행을 조율(調律)하는 것도 우리의 마음이다. 지혜를 담는 그릇을 지기(智器)라고 한다. 나 자신을 지기로 만들어야 한다. 지혜라는 작은 그릇에 세상을 담을 수 있게 되는 것이다.

진리를 발견하기 위해서는 모든 주의(主義), 주장(主張)으로부터 자유롭지 않으면 안 된다. 지혜의 빛을 따라 걸어가면 행복의 길이 보인다. 어둠이 깊을수록 별은 더욱 빛난다. 세상이 혼탁(混濁)할수록 지혜의 가치는 더욱 고귀(高貴)하다. "나를 아는 지혜"는 인생의 길안내로 삼기에 조금도 부족함이 없다. 지혜는 인생의 깊이를 재는 척도(尺度)가 된다. 오직 세상을 보는 지혜만이 인생의 지침(指針)이 될 수 있다. '지혜는 인생의 등(燈) 불'이다.

> "어리석은 인간에게도 자신의 어리석음을 알 수 있는 지혜가 있다. 그러나 자신이 지혜로운 인간이라고 생각하는 사람은, 결코 지혜로운 사람이 아니다. 도리어 그야말로 어리석은 자이다. 어리석은 자는 지혜로운 사람의 곁에 살면서도 조금도 진리를 이해하지 못하는 것이다. 그것은 마치 숟가락이 산해진미{山海珍味 : 산과 바다의 산물(産物)을 다 갖추어 썩 잘 차린 진귀한 음식}의 맛을 모르는 것과도 같다(L. N. Tolstoi)."

10. 지혜의 그릇

지혜(智慧)는 모든 가능성(可能性)을 담아두는 큰 '그릇'이다. 퍼낼수록 더 맑고 가득히 고여 오는 샘물, 지혜는 바로 그런 것이다. 사람에게는 저마다 '자기(自己) 그릇'이 있다. 그릇이 차면 넘치게 마련이다. 이것은 우주질서

(宇宙秩序)다. 사람은 자기 분수(分數)인 '그릇'을 알아야 한다. 지혜(智慧)로운 사람은 본 것을 이야기하고 어리석은 사람은 들은 것을 이야기한다. "지혜의 값은 보석(寶石)보다 더 비싸다(The price of wisdom is above rubies. - Holy Bible -)."

삶이 그대에게 주는 지혜를 통해 항상 세상을 내려다 볼 수 있다면 반드시 행복을 찾게 될 것이다. 이 세상에 그 자체로서 완전한 행복 혹은 불행, 행운(幸運) 혹은 불운(不運)은 없다. 다만 지혜와 어리석음이 있을 뿐이다. 마음을 열어라. 마음속에는 천국(天國)과 지옥(地獄)이 있다. 우리가 살고 있는 세상은 그 중간(中間)에 위치해 있다.

우리의 마음이 천국으로 가는지 혹은 지옥으로 가는지에 따라 세상의 모습이 달리 보이는 것이다. 행복한 인생을 만드는데 필요한 것은 모두 당신의 마음속에 있으며 당신의 사고방식(思考方式) 속에 있다. 법정(法頂) 스님은 "빈 방에 홀로 앉아 있으면 모든 것이 넉넉하고 충만(充滿)하다. 텅 비어 있기 때문에 오히려 가득 찼을 때보다도 더 충만한 것이다"라고 말씀하셨다. 부(富)하게 죽는 것보다는 부하게 사는 게 더 좋다(It is better to live rich than to die rich.).

> "밝은 달은 촛불이요 벗이어라. 흰 구름은 자리가 되고 또한 병풍(屛風)일레라. 대숲소리 솔바람소리 모두 시원스러워 내 청한(淸寒)한 마음을 일깨워주네, 흰 구름 밝은 달을 손님으로 맞으면 도인(道人)의 앉은 자리 이보다 나을까"
>
> ── 초의스님의 <동다송> 다시(茶詩)

휴정(休靜) 선사(先師)가 죽은 스님을 두고 읊은 글에 이런 것이 있다.

올 때는 흰 구름 더불어 왔고
갈 때는 밝은 달 따라서 갔네
오고 가는 그 주인은
마침내 어느 곳에 있는고

우리의 삶은 천국(天國)에 대한 동경(憧憬)과 지옥(地獄)에 대한 공포(恐怖)에 의해 이루어진다. 점차 성장하면서 우리는 인생의 길을 걸어간다. 인생이란 우리가 바라는 대로 움직이는 것이 아니다. 그러나 우리의 인생을 최대한 활용(活用)하는 것은 행복할 수 있는 유일(唯一)한 지름길이다. 공연히 행복을 찾아다니기 위해 인생을 피곤(疲困)하게 살아갈 필요는 없다.

지혜(智慧)를 인생의 초석(礎石)으로 삼아라. 지혜는 어둠의 세상을 밝히는 빛이다. 지혜의 빛 속에서 살고 철학의 세계를 탐구(探究)하는 것은 나에게 주어진 가장 고귀(高貴)한 재산(財産)이다. 혹독(酷毒)한 고통(苦痛)과 참기 어려운 절망(絶望)도 지나면 지혜의 등불을 밝히는 원천(源泉)이 된다. 심사숙고(深思熟考)하는 것은 '지혜의 길'로 가는 첫걸음이다.

지혜는 저절로 얻어지지 않는다. 두뇌(頭腦)는 아무리 사용해도 닳지 않는다. 오히려 사용하면 사용할수록 잘 연마(研磨)되어 더욱 커다란 성과를 거두게 된다. 세상에서 결정적인 영향을 미친 위대한 도구(道具)가 바로 두뇌인 것이다. 보석(寶石)이 수십 번의 연마(研磨)와 세공(細工)을 거치면서 본연(本然)의 광채(光彩)를 되찾게 되는 것처럼 지혜도 오랫동안 갈고 닦아야 빛을 발할 수 있다.

지혜도 역시 자신을 버릴 줄 아는 '깨달음의 경지(境地: 경험한 결과 도달한 상태)'를 지나야 한다. 지혜의 금맥(金脈: 금줄)을 찾아라. 지혜는 오직 그대의 노력으로 인해 얻어야 한다. 지혜를 캐내는 금맥은 그대의 주위에서 손쉽게 발견할 수 있다. 가장 귀중한 지혜는 금괴(金塊)처럼 그대의 손으로 직접 파내지 않으면 손에 넣을 수 없다.

"현인(賢人)이란 어떤 사람인가. 모든 것에서 배우는 사람이다. 강자(强者)란 어떤 사람인가. 자기를 이기는 사람이다. 부자(富者)란 어떤 사람인가. 자기의 운명(運命)에 만족하고 있는 사람이다(猶太經典)." 인생의 지혜를 갈파(喝破)한 천고(千古)의 명언(名言)이다.

'현명(賢明)한 사람'이란 어떤 사람이냐? 모든 사람한테서 또 모든 일에서 늘 배우는 사람이다. 만인(萬人)이 다 우리의 스승이요, 선생이다. 배우고자 하는 의지(意志)만 있다면 인생만사(人生萬事)가 다 진리(眞理)의 교과서다. 늘 배우고자 하는 겸허(謙虛)한 정신의 소유자가 '슬기로운 현인(賢人)'이다.

'강자(强者)'란 어떤 사람이냐? 자기 자신을 이기는 사람이다. 인생을 극기자제(克己自制)하는 인간이 인생의 강자다. 인생의 승리(勝利) 중에서 내가 나를 이기는 것보다 더 큰 승리는 없다. 참으로 용기 있는 사람은 자기 자신을 억제하고 지배하는 사람이다. 자기 욕망(慾望)의 노예, 감정의 노예가 되는 사람은 인생의 진정한 강자가 아니다.

'부자(富者)'란 어떤 사람이냐? 자기 분수(分數)를 알고 자기 운명(運命)에 만족하는 사람이다. 수분지족(守分知足)하는 사람, 만족할 줄 아는 사람이 인생의 부자다. 아무리 천만금(千萬金)을 가져도 욕구불만(欲求不滿)이 심하면 부유(富裕)한 자가 아니다.

"사람이 '자기란 무엇인가'하고 자연을 향하여 물어보더라도, 대답을 얻을 수는 없을 것이다. 그것은 그 사람 자신이 그 질문에 대한 해답이기 때문이다. 그는 자기 자신을 알지 않으면 아니 된다. 그대 자신을 알라(류시 마로리)." 오직 자기 자신 속에서만, 사람은 세상에 있어서의 참된 사명(使命)을 다할 수 있는 힘을 발견하는 것이다.

11. 성실한 삶

우리는 어떤 자세로 인생을 살아갈 것인가? 우리는 모든 일에 열의(熱意)와 성의(誠意)와 정성(精誠)과 창의(創意)를 다해야 한다. '열의(熱意)'란 열렬(熱烈)한 마음과 뜨거운 정신으로 무슨 일이나 정열(情熱)을 가지고 최선(最善)을 다하는 것이다. 정열과 노력은 평범(平凡)한 사람을 비범(非凡)하게 만든다. 노력(努力)은 수단(手段)이 아니라, 그 자체가 목적이다. 노력 그 속에 보람이 있는 것이다.

'성의(誠意)'란 정성스러운 마음이다. 참되고 거짓 없는 마음이다. 거짓은 한 발로 서고 진실(眞實)은 두 발로 선다. 한 발로 서면 위태롭기 때문에 언제라도 넘어질 수 있지만 두 발로 버티고 서면 좀처럼 흔들리지 않는다. 고난(苦難)과 좌절(挫折)에도 흔들리지 않도록 삶의 뿌리를 깊이 내려야 한다. 고난을 시녀(侍女)로 삼아라. 자아(自我)를 돌아보면서 고난을 이길 때,

그대는 자신의 참모습을 발견할 수 있다.

가장 위대(偉大)한 사람의 인생은 한 번도 실패(失敗)하지 않고 살아가는 것이 아니라 실패할 때마다 조용히, 그러나 힘차게 일어서는 것이다(The greatest glory in my life is not never falling but rising again every time we fall. -Oliver Goldsmith-). 정상(頂上)에 올라설 기회(機會)를 노려라. 가장 높은 정상의 자리는 눈부신 곳이다. 그 자리는 오직 땀 흘리면서 노력을 거듭할 때 찾아온다. 정상에 올라가서 주위를 둘러보면 세상만사(世上萬事)가 한눈에 보인다.

나의 지혜(智慧)와 정성(精誠)을 다해서 열심히 하는 것이 '성실(誠實)의 근본(根本)'이다. 나의 최선(最善)을 다하는 것이 성실이다. 집중력(集中力)은 항해(航海)의 돛(sail)이다. 집중력은 마치 바람을 끌어안는 돛과도 같다. 집중력이 부족한 사람은 아무리 성공하길 원해도 실패로 끝날 것이다. "사람이 지혜가 부족해서 일에 실패하는 일은 적다. 사람에게 늘 부족한 것은 성실이다(Benjamin Disraeli)." 인내심(忍耐心) 있는 사람은 모든 일을 성취(成就) 할 수 있다.

무슨 일에나 나의 정성을 다하고 나의 지혜와 능력을 다해야 한다. 불성무물(不誠無物)이라고 했다. 성실은 성공(成功)의 원동력(原動力)이며, 위대한 창조(創造)의 근원(根源)이다. "나는 오늘 성실(誠實)하게 살았는가"하고 자문자답(自問自答)해야 한다. 자기 인생에 대해서 불성실(不誠實)하다는 것은 인간으로서 부끄러운 일이다. 어떠한 고난이든 끝이 나게 마련이다. 폭풍(暴風)은 그 자체가 원래 일시적(一時的)인 것이다.

독일의 시인 니체(Nietzsche)는 "인생을 사랑하지 않는 것이 현대인의 가장 큰 죄"라고 말했다. 인생을 사랑한다는 것은 인생에 대해서 성실하다는 것이요, 인생을 사랑하지 않는다는 것은 인생에 대해서 성실하지 않다는 것이다. 인생에서 가장 중요한 공부는 '성실(誠實)의 공부(工夫)'다. "참은 하늘의 길이요, 참을 행하는 것은 사람의 길이다(中庸)" 성실은 하늘의 길인 동시에 인간의 길이다. 천지만물(天地萬物)이 성실의 원리로 되어 있다.

목표(目標)는 높은 곳에 실천(實踐)은 착실하게 생각은 깊게 마음은 밝게 행동은 바르게 살아야 한다. 우리는 매일 매일을 내 인생의 '최초의 날'이자 '최후의 날'인 것처럼 성실과 정열을 다해 살아야 한다. 그리고 하루에 한번쯤은 엄숙(嚴肅)한 마음으로 거짓 없는 반성(反省)과 진지(眞摯)한 자기성찰(自己省察)의 시간을 갖자. 성찰(省察 : 자기의 마음을 반성하고 살핌)없는 생활은 살 가치가 없다. 들판에 익어가는 곡식(穀食)은 익을수록 고개를 숙이고, 사람은 덕(德)이 높을수록 겸손(謙遜)하고 온유(溫柔)해진다.

공자(孔子)는 무신불립(無信不立)이라고 했다. 성실성(誠實性)이 없으면 제대로 되는 일이 없다는 뜻이다. 성실을 인생의 근간(根幹)으로 삼고, 사회의 뿌리로 삼고 살아야 한다. 이것이 우리의 인생관(人生觀)의 근본(根本)이다. 성실을 근본으로 한 인생, 그것이 인생의 '참된 길'이요, 진정한 '행복의 길'이다. 성실은 인간의 근본(根本)이요, 만법귀일(萬法歸一)의 원리(原理)다.

확고(確固)한 신념(信念)은 인생을 더욱 돋보이게 만든다. 인격(人格)의 완성은 흔들리지 않는 의연(依然)한 태도에서 비롯된다. 마음은 부드러워야 하고, 의지(意志)는 굽혀지지 않아야 한다. 인간은 성실(誠實)을 "인생의 좌우명(座右銘)"으로 삼고 살아야 한다. 성공의 비결(祕訣)은 다급하게 서두르는 것이 아니다. 단숨에 산을 허물기 위해 애쓰는 것은 어리석은 일이다. 산을 허물고 옥토(沃土)를 만드는 것은 바로 조금씩 멈추지 않고 일하는 농부의 손길이다. 사과열매를 얻으려면 사계절(四季節)이 필요하다.

모란이 피기까지는

모란이 피기까지는
나는 아직 나의 봄을 기다리고 있을 테요
모란이 뚝뚝 떨어져버린 날
나는 비로소 봄을 여읜 설움에 잠길 테요

오월(五月) 어느 날 그 하루 무덥던 날
떨어져 누운 꽃잎마저 시들어 버리고는
천지에 모란은 자취도 없어지고
뻗쳐오르던 내 보람 서운케 무너졌느니

모란이 지고 말면 그뿐 내 한 해는 다 가고 말아
삼백(三百) 예순 날 마냥 섭섭해 우옵네다.
모란이 피기까지는
나는 아직 기다리고 있을 테요 찬란한 슬픔의 봄을

___ 김영랑(金永郎)

12. 환경의 창조자

창조(創造)는 인간의 행동 중에서 가장 위대한 행동이다. 우리는 창조적 지성(創造的 知性)을 연마(研磨)해야 한다. 무엇인가를 새롭게 만드는 일은 어렵고 이미 만들어진 것을 그럴듯하게 모방(模倣)하는 일은 쉽다. 모방을 통해 명사(名士)가 된 자는 아무도 없다. 깊은 우물은 아무리 가뭄이 심해도 바닥을 드러내지 않는다. 작은 웅덩이는 호수에 담긴 물을 채울 만한 능력이 없다.

창조(創造)란 창의(創意)로서 전에 없던 새로운 업적, 가치 따위를 처음으로 만듦을 의미한다. '창의(創意)'란 무슨 일에 대해서나 새로운 연구, 새로운 정신으로 대하는 것이다. 인간은 창의심(創意心)을 가지고 창의력(創意力)을 발휘(發揮)해야 한다. 새로운 것을 부단(不斷)히 연구하고 개발(開發)하고 발명(發明)하고 창조(創造)해야 한다.

인간을 환경(環境)의 산물이 아니라 '환경의 창조자(創造者)'가 되어야 한다. 세상을 움직이는 것은 계획(計劃)을 세우는 사람이 아니라 실천(實踐)으로 운명(運命)을 가꾸는 사람이다. 모든 인간은 스스로의 운명의 개척자(開拓者)이다(Every man is the architect of his own fortune. -Sallust-).

생(生)에의 열정(熱情)은 우리를 자극(刺戟)하여 어려움이나 곤경(困境)에도 불구하고 더욱 뜻깊은 인생으로 증가시키고 성장(成長)시킨다. "최선(最善)을 다하라. 그리고 기다려라." 인간의 대업(大業)은 모두 정열(情熱)의 소산(所産)이다. 정열은 가슴속에서 맹렬(猛烈)히 일어나는 적극적(積極的)인 감정(感情)이다.

영국의 역사가 토인비(A. J. Toynbee)의 책 <도전(挑戰)과 응전(應戰)>에서 "자연 조건이 좋은 환경에서는 인류문명이 태어나지 않았고 거의 다 거친 환경, 가혹한 환경에서 이루어 졌음"을 밝혀주고 있다. 고대문명의 발생지는 모두 광야(曠野)와 같은 척박(瘠薄)하고 여건이 안 좋은 땅이었다. 이집트(Egypt) 문명, 수메르(Sumer : 바빌로니아 남부<지금의 이라크 지방>에 위치하며 세계 최고의 문명이 발생한 지역)문명, 인도(India) 문명, 긴데스 문명, 중국 문명이 그렇다.

반복되는 자연재해(自然災害)를 극복하고 거친 환경과 싸우는 과정에서 황하문명이 발달하게 되었다. 거친 환경이 찬란한 문화를 창조해 낸 것이다. 민족도 마찬가지다. 중국 문명도 마찬가지이다. 중국에 양자강과 황하가 있다. 양자강(揚子江) 유역은 기후가 온화하고 강(江)도 범람하지 않아 살기 좋고 편안했다. 그러나 황하(黃河)는 겨울이면 혹독한 추위로 얼어붙어서 배가 다닐 수 없었고, 해마다 범람하여 수많은 인명을 빼앗아가 반복되는 자연재해를 극복하며 거친 환경과 싸우다 보니 황하문명이 발달하게 되었다.

세계에서 가장 거친 환경에서 살아온 민족은 유대인이다. 유대인(Jews)은 BC2000년경 메소포타미아에서 팔레스티나로 이주한 셈 어족의 헤브라이어를 말하는 사람들과 그 자손으로 보통 헤브라이인, 이스라엘인이라고 불린다. 서기 70년 7월 9일에 나라를 빼앗기고 1948년 5월 14일 독립할 때까지 1900년 동안 이곳저곳 쫓겨다니며 나라 없는 고통을 당해야 했다. 유대인을 반기는 곳은 지구상에는 아무 곳도 없었다. 가장 가혹한 환경 속에서 살았다.

온 세계가 유대인을 박해 할 때 유대인을 품어준 나라가 미국이었다. 2차 대전 후 몰려드는 유대인들에게 미국은 허드슨(Hudson R) 강변을 내주었다. 유대인들은 옹벽을 쌓아 허드슨 강이 범람하는 것을 막았다. 그리고 금융업을 시작하여 지금 온 세계의 금융의 중심지가 된 월스트리트(Wall Street)다. 세계문명을 꽃피운 민족이 유대인이 되었다. 우리 인간도 어려운 환경을 헤쳐 나온 사람이 보다 알찬 삶을 살아 갈 수 있다. 거친 파도가 유능한 뱃사공을 만든다.

위대한 업적(業績)은 하루아침에 이루어지지 않는다. '우리의 정신(精神)이 우리의 머리칼보다 먼저 희어진다' '정열(情熱)을 잃은 사람만큼 늙은 사람은 없다'고 했다. 우리의 이마 위에 언젠가 주름살이 지어진다 하더라도 그 주름살이 우리의 가슴에만은 새겨지지 않도록 하라. 정신이 늙어서는 안 되기 때문이다. 이 세상의 역사에 있어서 가장 위대하고 지배적인 승리(勝利)는 '정열적(情熱的)인 사람'이다.

당신은 인생을 행복하게 만들 수 있는 모든 것을 가지고 있다. 행복할 때는 행복에 매달리지 말고, 불행할 때는 이를 피(避)하려고 하지 말고 그냥 받아들이라. 그러면서 자신의 삶을 맑은 정신으로 지켜보라. 하루하루를 사랑하라. 하루하루가 모든 것들 중 가장 귀한 것이다. 그 하루가 일 년 중 가장 귀한 날임을 마음에 새겨라. 하루는 너무 짧으며 그 하루의 양(量)은 너무 적다. 동이 트는 한 우리는 깨어나야 한다. 깨는 기술이란 무한한 가능성(可能性)을 가지고 인생의 기적(奇蹟)에 대해 각성(覺醒)하는 법을 배우는 기술이다.

한 방울 한 방울의 땀이 모여서 그 결실(結實)을 맺는다. 작은 집착(執着)

을 버리고 큰 명예(名譽)를 위해서 일하라. 개인적인 욕심(慾心)에 이끌리면 대의(大義)를 볼 수가 없다. 이 세상의 모든 가치(價値) 있는 일은 모두 필사적(必死的)인 노력(努力)의 성과(成果)다. 노력은 우리의 삶을 빛으로 인도(引導)하며, 나태(懶怠)는 어둠으로 이끈다.

노력(努力)이라는 대가(對價)를 지불하지 않고는 이 세상에서 아무것도 얻을 수 없다. 인내심(忍耐心)은 지혜를 얻을 수 있는 좋은 방법이다. 인내심이 없는 사람은 파도치는 바다를 항해(航海)하기 어렵다. 하지만 지혜는 험난(險難)한 바다 저편에 있다. 순풍(順風)이 불어올 때 폭풍우(暴風雨)를 대비(對備)하라. 약자(弱者)의 길에 있어 방해물(妨害物)이 강자(强者)의 길에서는 디딤돌이 된다.

우리의 생활에는 새로운 것을 부단히 추구(追求)하는 '창조(創造)의 정신(精神)'이 있어야 한다. 내일은 새로운 날이다. 당신의 하루는 아름답고 멋진 날이다. 걱정과 슬픔을 훌훌 벗어버리고 무거운 짐과 근심걱정을 내려놓아라. 그러나 투쟁(鬪爭)을 피하지 말고 과감히 대항(對抗)하라.

우리는 나날이 새로워 져야 하고, 우리의 마음도 새로워야 한다. 아침의 맑은 이슬처럼 새 정신으로 살아야 한다. 우리는 살기 위하여 또 성숙(成熟)하고 발전(發展)하기 위하여 창조(創造)의 정신으로 다른 나라 사람들보다 두 배(倍)이상 일해야 일류국가(一流國家)를 건설할 수 있다.

13. 고난은 행복으로 향하는 동기

인생에서 많은 고난(苦難)은 주위환경(周圍環境)이나 다른 사람들에 의해서가 아니라 우리 자신에 의해 만들어지는 것이므로 역경(逆境)을 만들지 않도록 우리 마음을 조절(調節)하는 것이 현명(賢明)하다. 인생의 시련(試鍊)들은 우리를 만들어 나가는 것이지 파괴(破壞)하는 것이 아니다. 두 사람이 감방(監房) 안에서 철창사이로 밖을 내다보았다. 한 사람은 흙탕물을, 다른 사람은 창공(蒼空)의 별들을.

고난에 대처(對處)하는 방법은 일에 몰두(沒頭)하는 것이다. 위대한 사람이란 남보다 더 많은 결단력(決斷力)을 가진 평범(平凡)한 사람에 지나지 않는다. 고난(苦難)이 미래(未來)의 문(門)을 연다. 사람을 사람답게 만들고 지혜를 얻도록 만드는 것은 바로 고난(苦難)과 시련(試鍊)이다. 인간은 시련을 통해 '진정(眞正)한 자아(自我)'를 알게 된다. '자아(自我)'란 사유(思惟 : 생각함)하며 경험(經驗)하여 모든 책임(責任)을 질 수 있는 자기(自己)를 의미한다.

고난(苦難)은 인간을 강(强)하게 만든다. 인생의 모든 고난들은 '인생의 필수품(必需品)'이다. 고통(苦痛)은 인생을 가르치고 치유(治癒)의 길로 인도(引導)한다. 유익(有益)하지 않은 고통은 이 세상에 존재하지 않는다는 사실을 명심(銘心)하라. 어려움과 고난은 그 자체의 가치(價値)를 지닌다.

참나무가 더 단단한 뿌리를 갖도록 하는 것은 바로 폭풍(暴風)인 것이다. 커다란 참나무가 바람 속에서 저항(抵抗)할 때 나뭇가지는 새로운 아름다움을 포용(包容)하고 있으며, 줄기는 바람이부는 쪽에 더 깊은 뿌리를 내리는 것이다. 보석(寶石)이 마찰(摩擦) 없이 윤(潤)이 날 수 없듯이 인간도 시련(試鍊) 없이는 완성(完成)될 수 없다.

참 나 무	The oak
일생을 살되,	Live thy life,
젊은이 늙은이여,	Young and old,
저 참나무 같이,	Like yon oak,
봄엔 찬란히	Bright in spring,
산 금(金)으로,	Living gold ;
여름답게 풍성히	Summer-rich
그담엔, 그리고 그다음엔	Then ; and then
가을답게 변하여,	Autumn-changed,
은근한 빛을 가진	Soberer-hued
금(金)으로 다시,	Gold again.
모든 그의 잎은	All his leaves
끝내 떨어졌다,	Fall'n at length,
보라, 우뚝 섰다,	Look, he stands,
줄기와 가지뿐,	Trunk and bough,
적나나(赤裸裸)한 힘.	Naked strength.

_ *Alfred, Lord Tennyson*

완전히 어두울 때라야 별을 보게 되는 것이다. 인간의 성격을 가장 잘 알 수 있는 실험(實驗)은 그가 성공(成功)한 후 어떻게 행동하느냐가 아니라 그가 '실패(失敗)를 어떻게 참고 견디느냐 하는 것이다. 고난(苦難)에 대처(對處)하는 우리의 태도가 큰 것이라면 그 큰 고난은 우리의 인생을 더 크고 위대하게 만든다.

'고통(苦痛)'은 영혼의 정화제(淨化劑)가 되며 우리를 성스럽고 고귀(高貴)하게 하려는 신성(神聖)한 하늘의 섭리(攝理)이며 "행복으로 향하는 신비(神祕)한 동기(動機)"가 된다. 고통은 기쁨의 시초(始初)다. 폭풍우(暴風雨)를 헤쳐나간 사람들만이 평화로운 항구(港口)로 들어갈 수 있다. 고난에 복종(服從)해서는 안 된다. "겨울이 오면, 봄인들 멀지는 않으리 로다(If Winter comes, can Spring be far behind.)"

14. 사랑과 헌신

인간 생활의 모든 모순(矛盾)을 해결하고, 인간의 가장 큰 행복을 가져오는 감정을 모든 인간은 알고 있다. 이 감정은 사랑이다. 남에게서 사랑을 받고자 애쓰지 말라. 다만 사랑하라. 그때 그대는 사랑을 얻으리라. 사랑한다 함은 사랑하는 사람의 생활 속에 자기가 사는 것을 의미한다. 우리가 깊이 사랑하면 사랑할수록 남들도 더욱 우리를 사랑하게 된다. 사랑은 무한한 것이다.

독일의 시인 괴테(Goethe)는 "하늘에 '별'이 있고 땅 위에 '꽃'이 있고 우리 가슴 속에 '사랑'이 있는 한 인간은 행복할 수 있다"고 말했다. 사랑은 인간의 가장 위대한 덕(德)이요, 가장 신비(神祕)스러운 향기요, 가장 찬란(燦爛)한 빛이요, 가장 창조적(創造的)인 힘이다. 사랑과 감사 열정과 용기, 정직과 성실, 용서와 화해는 우리의 마음을 풍성하게 하고 건강을 지켜준다. 우리의 삶이 사랑과 감사가 가득한 희망찬 하루가 되어야 한다.

사랑한다는 것은 동정(同情)하는 것이요, 기쁨과 고통(苦痛)을 함께 나누는 것이요, 용서(容恕)하는 것이요, 친절(親切)을 베푸는 것이요, 봉사(奉仕)하는 것이다. '사랑의 고통은 모든 다른 쾌락의 달콤한 것보다도 더 향기롭다(Pains of love be sweeter far than all other pleasure are. -J. Dryden-).'

우리의 인생은 사랑에서 시작하여 사랑으로 일관(一貫)되고 사랑으로 끝나야 한다. 당신의 인생을 사랑으로 채워라. 사랑의 빛을 퍼뜨려라. 자기 자신(自身)을 잊고 남을 생각하라. 남이 당신에게 해주기를 바라는 대로 하라. 이것이 '행복에의 길'이다. 사랑은 행복의 원천(源泉)이다. 우리는 사랑하고 사랑받을 때 행복하다.

인간은 밥만 먹고 사는 동물이 아니라 사랑을 먹고사는 존재(存在)다. 사랑은 인간의 가장 귀중한 정신의 양식(糧食)이다. 밥이 육체(肉體)의 양식이라면 사랑은 정신(精神)의 양식이다. 인생에서 무엇을 하든지 사랑을 가지고 하라. 참된 사랑에는 끝이 없다. 한 알의 씨에서 피어나는 두 송이 꽃처럼 사랑은 항상 하나로서 피어나기 때문이다.

고대 그리스의 3대 비극시인의 한 사람인 소포클레스(Sophocles)는 "참다운 사랑의 힘은 태산(太山)보다도 강하다. 그러므로 그 힘은 어떠한 힘을 가지고 있는 황금(黃金)일지라도 무너뜨리지 못 한다"고 말했다. 러시아의 소설가 체호프(Anton Pavlovich Chekhov)는 "사랑할 수 있다는 것은 모든 일을 할 수 있다는 것이다"라고 말했다.

독일의 소설가 토마스 만(Thomas Mann)은 "죽음보다 더 강한 것은 이성 (理性)이 아니라 사랑이다"라고 말했다. 사랑은 자기 목숨까지도 희생하는 힘이 있다. 미국의 정신분석학자 에리히 프롬(Erich Fromm)은 "사랑은 관심 (關心)을 가지는 것이며, 존경(尊敬)하고, 이해(理解)하며, 책임(責任)을 지고, 주는 것이라"고 했다. 마음은 천의 눈을 갖지만 심장(心臟)은 하나의 눈을 갖는다. 사랑이 끝났을 때 전 인생의 불빛이 꺼진다.

사랑한다는 것은 진심(眞心)으로 누군가에게 관심(關心)을 갖는 것이며 그에게 주의(注意)를 기울이는 것이다. 사랑한다는 것은 증오(憎惡)하지 않는 것이며, 상대방을 있는 모습 그대로 받아드리는 것이다. 사랑은 그 어떤 힘보다도 강력(强力)한 힘이 있다. 가난도 수치(羞恥)도, 창피(猖披)함도, 수모(受侮)도 그 사랑의 용광로(鎔鑛爐)에 들어가면 다 녹아버린다.

행 복

- 사랑하는 것은
사랑받느니보다 행복하나니라
오늘도 나는
에메랄드빛 하늘이 환히 내다뵈는
우체국 창문 앞에 와서 너에게 편지를 쓴다.

행 길을 향한 문으로 숱한 사람들이
제각기 한 가지씩 생각에 족한 얼굴로 와선
총총히 우표를 사고 전보 지(電報 紙)를 받고
먼 고향으로 또는 그리운 사람께로
슬프고 즐겁고 다정(多情)한 사연(事緣)들을 보내나니.

세상의 고달픈 바람결에 시달리고 나부끼어
더욱더 의지(依支)삼고 피어 헝클어진 인정(人情)의 꽃밭에서
너와 나의 애틋한 연분(緣分)도
한 방울 연연(戀戀)한 진홍빛 양귀비꽃인지도 모른다.

- 사랑하는 것은
사랑받느니 보다 행복하나니라.
오늘도 나는 너에게 편지를 쓰나니
- 그리운 이여, 그러면 안녕!

설령 이것이 이 세상 마지막 인사가 될지라도
사랑하였으므로 나는 진정 행복하였네라.

　　　　　　　　　　　　　　　 __ 유치환(柳致環)

　인간이 사랑하기를 배워야 하는 첫 번째 사람은 바로 그 자신이다. 만약 당신이 당신 자신을 사랑하지 않는다면 그리고 당신 자신을 존경(尊敬)하고 높이 평가(評價)하지 않는다면 당신은 다른 누구도 사랑할 수가 없을 것이다. 우리는 누구를 사랑하는 동시에 누구로부터 사랑을 받아야 한다. 우리는 사랑할 때 곧 사랑받는다. 사랑하고 사랑받는 것은 동전(銅錢)의 서로 다른 면을 나타내는 것이다.

　독일의 시인 실러(Friedrich von Schiller)는 "사랑의 빛이 없는 인생은 무가치(無價値)하다"고 말했다. 사랑의 실천(實踐)에는 용기와 노력과 훈련과 희생이 필요하다. 산다는 것은 사랑하는 것이다. 우리는 사랑하는 사람을 위하여 모든 것을 기꺼이 바치고, 일체를 아낌없이 준다, 이것이 사랑의 헌신(獻身)의 원리(原理)다. 사랑은 따뜻한 관심(關心)과 강한 책임감(責任感)과 정

성스런 헌신(獻身)의 속성(屬性)을 지닌다.

초혼(招魂)

산산히 부서진 이름이여!
허공(虛空) 중에 헤어진 이름이어!
불러도 주인(主人) 없는 이름이어!
부르다가 내가 죽을 이름이어!

심중(心中)에 남아 있는 말 한 마디는
끝끝내 마저 하지 못 하였구나
사랑하던 그 사람이어!
사랑하던 그 사람이어!

붉은 해는 서산(西山) 마루에 걸리었다.
사슴의 무리도 슬피 운다.
떨어져 나가 앉은 산(山) 위에서
나는 그대의 이름을 부르노라.

설움에 겹도록 부르노라.
설움에 겹도록 부르노라
부르는 소리는 비껴가지만
하늘과 땅 사이가 너무 넓구나

선 채로 이 자리에 돌이 되어도
부르다가 내가 죽을 이름이여!
사랑하던 그 사람이어!
사랑하던 그 사람이어!

                __ 김소월(金素月)

인간의 사랑 중에서 가장 강하고 고귀(高貴)한 것은 '어머니의 사랑'이다. 어머니의 사랑은 주는 사랑의 표본(標本)이요, 바치는 사랑의 본보기다. 그것은 무조건적(無條件的) 애정(愛情)이다. 인간이 가지는 낱말 중에서 '어머니'라는 말처럼 위대(偉大)한 말이 없다. 어머니의 사랑 때문이다. 우리는 이제 어머니를 볼 수는 없다. 하지만 어머니는 여전히 우리와 함께 있다. 우리들의 어머니처럼 어머니란 우리가 회상(回想)하는 이상(理想)의 존재다. 어머니는 영원(永遠)히 살아 있는 존재다. 어머니의 사랑은 결코 변하는 법이 없다(A mother's love changes never.).

사랑은 위대성(偉大性)의 척도(尺度)다. 작은 사랑이 작은 인물을 만들고, 큰 사랑이 큰 인물을 만든다. 커다란 사랑의 인간이 되어야 한다. 고귀(高貴)한 사랑은 위대(偉大)하다. 그것은 자신의 아픔을 딛고 선 까닭이다. 우리는 서로 사랑하기에 정성을 다해야 한다. 언제나 우리의 '입'에서 사랑의 따뜻한 말이 나오고, 우리의 '가슴'에서 사랑의 맑은 샘물이 샘솟게 하고, 우리의 '얼굴'에 사랑의 훈훈한 표정이 빛나게 하자.

애너벨 리

....

달이 비치면
어여쁜 애너벨 리-의 생각
별이 뜨면
어여쁜 애너벨 리-의 빤짝이는 눈
그래서 한 밤을 누어봅니다
내 사랑 나의 숨결 아스님 곁에
거기 바닷가 그의 무덤 속

물결치는 바닷가 그의 무덤 곁.

Annabel Lee

....

For the moon never beams, without

bringing me dreams

Of the beautiful Annabel Lee ;

And so, all the night-tide, I lie down by the side,

Of my darling-my darling-my life and my bride,

In her sepulchre there by the sea,

In her tomb by the sounding sea.

_ *Edgar Allan Poe*

    우리는 서로 '사랑하기 공부'를 하자. 인간은 사랑을 먹고사는 동물이다. 사랑은 인간의 가장 귀중한 정신의 양식(糧食)이다. 우리의 생명에 기쁨을 주고 향기를 주고 삶의 의미와 가치를 부여하는 것은 사랑이다. '사랑은 창조(創造)의 힘이다'(Love is the force of creation. -D. H. Lawrence-). 인간에게서 사랑을 제거하면 인생의 빛을 잃는다. 사랑은 인간의 위대한 힘이요, 빛이요, 덕(德)이요, 향기다. "살아 있는 땅과 죽어 있는 땅을 연결(連結)시켜주는 다리는 바로 사랑이다. 사랑이야말로 유일(唯一)한 생존(生存)이며 의미(意味)인 것이다"

    사랑은 인간을 인간답게 하고, 인간을 크게 만들고 깊게 만드는 놀라운 힘이요, 위대한 빛이다. '세계를 굴리고 있는 것은 사랑이다'(It is love that makes the world go round.). 우리는 저마다 '사랑의 태양'이 되어 이 힘과 빛과 덕

(德)과 향기를 발(發)해야 한다. 그것이 인생의 의미요, 목적이다. 사랑은 용서(容恕)하고 잊어버리는 것이다. 우리의 인생은 사랑에서 시작하여 사랑으로 일관(一貫)되고 사랑으로 끝나야 한다. 인생을 사랑하라. 또 사랑하면서 살아가라. 사랑은 모든 문제의 해답(解答)이다.

임께서 부르시면

가을날 노랗게 물들인 은행잎이
바람에 흔들려 휘날리듯이
그렇게 가오리다
임께서 부르시면...

호수에 안개 끼어 자욱한 밤에
말없이 재 넘는 초승달처럼
그렇게 가오리다
임께서 부르시면...

포근히 풀린 봄 하늘 아래
굽이굽이 하늘가에 흐르는 물처럼
그렇게 가오리다
임께서 부르시면

파아란 하늘에 백로가 노래하고
이른 봄 잔디밭에 스며드는 햇빛처럼
그렇게 가오리다
임께서 부르시면.....

— 辛夕汀

"장래의 사랑이란 있을 수 없다. 사랑은 현재에 있어서의 행위(行爲)일 따름이다. 현재의 사랑을 실천(實踐)하지 않는 자는 사랑을 가지지 않는 자이다. 가장 중요한 일은 사람들과 사랑하며 화합(和合)하는 일이다. 왜냐하면 모든 사람은 서로 사랑하기 위해서, 이 세상에 태어난 것이기 때문이다 (Tolstoi)."

15. 인생과 일

산다는 것은 "일"하는 것이다. 일이 없는 곳에는 만족도 있을 수 없다. 인간의 역사(歷史)는 '일의 역사'라고 할 수 있다. 인간은 일에서 인생의 보람을 느끼며, 일을 통해서 자기의 자아(自我)를 실현한다. 자기의 일을 사랑하지 않고 자기가 하는 일에 최선을 다하지 않는 사람은 가장 불행한 사람이다. 할 일이 없는 인생은 지옥(地獄)과 같다. 인생에서 '일'처럼 중요한 것이 없다. 일은 강제로 할 수 없이 하는 일이 아니라 '스스로 하고 싶어서 하는 일'이 되어야 한다.

일은 우리에게 '의무(義務)'로서만 주어지는 것이 아니라 '권리(權利)'로서 주어지는 것이다. 일은 인간에게 있어서 의무이자 동시에 권리다. 독일의 종교 개혁자 루터(Martin Luther)는 "새는 날기 위해서 태어났고, 인간은 일하기 위해서 태어났다"고 말했다. 자본주의사회에서 일과 근면(勤勉)은 무엇보다도 중요한 덕목(德目)이다. 스페인이 낳은 최대의 소설가 세르반테스(Cervantes)는 "근면(勤勉)은 행운(幸運)의 어머니이다(Diligence is the mother of good fortune)."라고 말했다.

스위스의 사상가(思想家) 힐티(Carl Hilty)는 "인생의 가장 행복한 시간은 '일'에 몰두(沒頭)하고 있을 때다" "인간의 행복의 최대의 부분은 부단히 계속하는 '일'로 구성 된다"고 말 했다. 우리의 인생을 행복하게 살려면 '보람 있는 일'을 가져야 한다. 가치 있는 일에 몰두할 때 우리는 생(生)의 의의(意義)와 보람을 느낀다. 나의 정열(情熱)을 쏟을 수 있는 '일'을 가지는 사람은 행복한 사람이다. 미국의 시인 롱펠로우(Henry Wordsworth Longfellow)는 <인생 찬미가(人生 讚美歌 : Psalm of Life)>에서 "일하고 기다리는 것을 배우자(Learn to labour and to wait)"라는 말로 끝맺었다. 우리는 생(生)의 목표를 부단히 추구(追求)하면서 꾸준히 일하며 동시에 기다릴 줄 알아야 한다.

런던의 켄더베리 교회에 니콜라이라는 집사(執事)가 있었다. 열일곱 살에 교회를 관리하는 사찰집사(寺刹執事)가 되어 평생을 교회청소와 심부름을 했다. 그는 교회를 자기 몸처럼 사랑하고 맡은 일에 헌신하였다. 그가 하는 일은 시간에 맞춰 교회종탑의 종(鐘)을 치는 일이었다. 그는 교회 종을 얼마나 정확하게 쳤던지 런던 시민들은 도리어 자기 시계를 니콜라이 집사의 종소리에 맞추었다고 한다.

그가 그렇게 교회에 열심히 일 하면서 키운 두 아들은 캠브리지와 옥스퍼드 대학 교수가 되었다. 어느 날! 그 두 아들이 아버지 니콜라이에게 말하였다. "아버지, 이제 일 그만하세요." 그러나 니콜라이는 단호히 말했다. "아니야, 나는 끝까지 이 일을 해야 해." 그는 76살까지 종을 치며 교회를 사랑하고 관리하였다. 그가 노환(老患)으로 세상을 떠나게 되었을 때 가족들이 그의 임종(臨終)을 보려고 모였다.

그런데 종을 칠 시간이 되자 일어나 옷을 챙겨 입더니 비틀거리며 밖으로 나가 종을 쳤다. 얼마간 종을 치다 종탑 아래서 그는 세상을 떠나고 말았다. 이 이야기를 들은 엘리자베스 여왕은 감동을 받고 영국 황실(皇室)의 묘지(墓地)를 그에게 내주었으며, 그의 가족들을 귀족(貴族)으로 대우해 주었다. 모든 상가와 시민들은 그날 하루 일을 하지 않고 그의 죽음을 애도(哀悼)했다.

심지어 유흥주점도 문을 열지 않자 자연히 그가 세상 떠난 날이 '런던의 공휴일(公休日)'로 되었다. 열일곱 살 때부터 부지런하고 성실하게 사람들에게 종을 쳤던 그가 죽은 날이 공휴일이 된 것이다. 엘리자베스 여왕시대에 수많은 성직자(聖職者)들이 죽었으나, 황실의 묘지에 묻히지 못하였다. 그러나 단지 하찮게 보이는 예배당 종치기가 황실의 묘지에 묻히는 영광과 자기가 죽은 날이 공휴일이 되는 명예(名譽)도 함께 얻었다.

우리가 하는 일에 하찮은 일은 없다. 어떠한 일이든 진심으로 헌신하고 노력한다면 그 일은 '세상에서 가장 고귀한 일'이 될 수 있다. 주어진 일에 사명감(使命感)을 가지고 생(生)의 마지막 순간까지 최선을 다하면 사람들은 물론 하늘도 감동시킨다. "행복의 비밀"은 자신이 '좋아하는 일'을 하는 것이 아니라 자신이 '하는 일'을 '좋아하는 것'이다. 끈기 있게 일하는 습관을 젊었을 때부터 가꾸어 간다면 많은 일을 할 수 있는 동시에 젊음을 낭비함이 없이 알찬 인생을 살아갈 수 있다.

온갖 정력(精力)과 시간을 낭비함이 없이 가장 값있는 일에 모든 정열(情熱)을 쏟도록 노력해야 한다. 남보다 배(倍)의 노력을 하는 사람이 배의 열매를 거두며, 배의 노력을 하는 사람이 배의 결과를 가져오게 된다. 인생을 '적당히 즐기면 된다'는 식의 잘못된 생각을 버려야 한다. 젊음을 낭비하지 않는 삶이 인생을 낭비하지 않는 '알찬 삶'을 누리게 된다. 인간은 젊어서 자란 그대로 인간성(人間性)이 굳어지고 형성되는 것이다.

　"철학자(哲學者)처럼 사색(思索)하고 농부(農夫)처럼 일하여라. 그것이 이상적 인간상(理想的 人間像)"이라고 루소(Jean-Jacques Rousseau)는 말했다. 당신의 힘에 미치는 일을 찾으려 하지 말고 당신의 일에 상응(相應)하는 힘을 가지기를 구하라. 독일 통일의 역사적 대업(大業)을 달성한 위대한 정치가 비스마르크(Furst von Bismarck)는 "내가 독일 청년에게 하고 싶은 말은 다음 세 마디뿐이다. 즉 일하라·일하라·일하라"라는 명언(名言)을 했다.

　근면(勤勉)은 만 가지 선(善)의 원천(源泉)이요, 태만(怠慢)은 만 가지 악(惡)의 원천이다. 모든 일은 뿌려진 씨와 같다. 그것은 자라서 퍼지고 또 그 자신 새로 심는다. 모든 일을 밀어붙이지 말라. 서두르지 말고 걸음을 늦추어라. 튼튼하게 자라는 참나무를 바라보고 그것이 천천히 그리고 여유(餘裕) 있게 잘 자랐기 때문에 크고 강한 나무가 되었음을 깨달아야 한다. 신(神)은 동물에게 네발을 주었으나 인간에게만은 두 발과 두 손을 주었다. 그것은 열심히 일하기 위해서다. 바쁜 벌은 슬퍼할 시간이 없다(The busy bee has no time for sorrow. -W. Blake-).

　우리는 근면(勤勉)을 생활의 신조(信條)로 삼고 살아야 한다. 일은 인간의 천직(天職)이요, 사명(使命)이다. 천직은 하늘이 나에게 맡긴 직분(職分)이다. 손은 창조(創造)의 도구(道具)다. 동물은 손이 없으나 인간만이 손을 갖는다.

인간이 만물(萬物)의 영장(靈長)이 된 것은 '자유로운 손'을 가졌기 때문이다. 손이 인간을 위대하게 만든다. 인생은 가치(價値)를 창조(創造)하고 목표(目標)를 성취하고 보람을 찾는 '창조의 일터'다.

인생을 행복하게 사는 비결(秘決)은 창조와 성취(成就)에 있다. 내 인생을 아름다운 작품(作品)으로 만들어야 한다. 인생은 계산(計算)을 하는 산술(算術)이 아니라 그림을 그리는 예술(藝術)이다. 프랑스의 시인 보들레르 (Baudelaire)는 "젊음은 그 자체가 하나의 성직(聖職: 거룩한 職分)"이라고 말했다. 우리는 모두가 젊음을 아껴 자라며, 자신의 책임과 사명에 전심전력(全心全力)을 기울려 영광된 인생을 쟁취(爭取)하도록 해야 한다.

젊은이는 우리 안에선 우리의 심장(心臟)이요, 우리 밖에선 장래(將來)이기 때문이다. 학생은 배우는 사람이다. 어느 시대에나 부조리(不條理)는 팽배 (澎湃)해 왔으나 많이 배워 깨달은 사람들이 개혁(改革)의 새벽을 열고 역사의 전진(前進)에 큰 힘으로 이바지해왔다. '배우는 사람'이 '배운 사람'으로 옮겨 가는 과정의 충실성(充實性) 여하에 한 나라 한 시대의 성패가 달려있다.

업(職)이 없는 생(生)은 고목(枯木)처럼 고갈(枯渴)된 생이다. 인간이 살려 면 경제적 수입(收入)이 필요하다. 직업(職業)은 물질적 수입의 원천(源泉)이 요, 경제적 독립(獨立)의 수단(手段)이다. 인간은 내 발로 서서 내 힘으로 살 아가야 한다. 이것은 인간의 첫째 의무(義務)다. "일하지 않는 자는 먹지를 말라"고 했다. 열심히 일한 다음에는 기다릴 줄을 알아야 한다. 기다리는 것을 배우는 것이 지혜(智慧)의 핵심(核心)이다. 로마는 일조일석(一朝一夕)에 이루어진 것이 아니다. 만리장성(萬里長城)을 하룻밤에 쌓을 수는 없다.

16. 인재양성

　중국 춘추시대 제(齊)나라의 명재상(名宰相) 관중(管仲)은 "1년의 계획은 '곡식(穀食)'을 심는 것이 제일이요, 10년의 계획은 '나무'를 심는 것이 제일이요, 종신(終身)의 계획은 '사람'을 심는 것(자식농사)이 제일이다"라고 말 했다. 인재(人材)를 양성(養成)하는 일이 얼마나 중요한가를 갈파(喝破)한 말이다. 인재(人材)란 학식(學識)과 능력(能力)이 뛰어난 사람이다. 국가와 민족의 백년대계(百年大計)를 계획한다면 인재를 양성해야 한다. 인재(人材)를 기르는 일이 인간의 가장 중요한 대업(大業)이다.

　우리의 인생은 농사(農事)와 같다. 논농사, 밭농사도 중요하지만 인재를 양성하는 '자식농사(子息農事)'를 잘 지어야 한다. 우리가 근면(勤勉), 정직(正直), 인내(忍耐)라는 농심(農心)으로 자식농사를 잘 지어야 보람된 인생의 아름다운 열매를 거둘 수 있으며, 밝고 명랑하고 아름다운 나라를 건설할 수 있다. 그 나라의 젊은이를 보면 그 나라의 장래를 알 수 있다. 그래서 철학자 아리스토텔레스(Aristotle)는 "한 나라의 운명(運命)은 그 나라의 청년교육(靑年敎育) 여하(如何)에 달려있다"고 말했다.

　가정(家庭)은 부부(夫婦)를 중심으로 하는 가족의 공동생활체이다. 부부라는 남녀가 모여서 상부상조(相扶相助)하고, 인간의 가능성(可能性)을 최대로 발휘하는 조직체인 <가정(家庭)>이 완성되는 것은 오히려 지금부터의 일이라 할 것이다. 그렇게 됨으로써 비로소 사회를 구성하는 최소단위(最小單位)가 '개인(個人)'이 아니라 '가정(家庭)'이라는 것이 확인 될 것이다.

스위스의 교육가로 초등교육의 개척자인 페스탈로치(Johann Heinrich Pestalozzi)는 "가정은 도덕(道德)의 학교다"라고 말했다. 가정은 우리에게 인간의 도덕을 가르치는 학교다. 학교교육이나 사회교육보다도 가정교육이 인간의 성격형성에 결정적 영향을 준다. 가정은 사회의 모델(model)이다. 우리는 가정에서 인생의 진리와 교훈을 배운다. 인간의 사회생활에 필요한 기본도덕을 우리는 가정이라는 학교에서 배운다. 그러므로 '바른 사회건설의 기초'는 '바른 가정교육'에서부터 시작해야 한다. 가정의 붕괴(崩壞)는 곧 사회의 붕괴다. 사회정화(社會淨化)는 먼저 가정정화(家庭淨化)에서부터 시작해야 한다.

유유아(乳幼兒)가 최초로 접하는 사회 환경은 가정이며, 여기서 받는 영향은 그 후의 인격형성(人格形成)을 크게 좌우한다. 따라서 가정은 어린이를 현실사회의 압력으로부터 보호·육성하는 한편, 사회적응(社會化)을 준비시키는 곳이다. 부모는 이 두 측면을 애정(哀情)을 가지고 조화(調和)시켜야 한다. 가정교육의 과제에는, 1) 올바른 정서(情緖)의 발달과 인격형성, 2) 기본적 인간관계(人間關係)와 생활관습(生活慣習)의 터득, 3) 언어·도덕적(道德的) 가치(價値)등 기초적 문화의 습득 등이다. 교육의 기초(基礎)는 인생의 의의(意義)와 사명(使命)을 명확하게 가르치는 것이다.

부모는 일상생활 가운데서 자녀들에게 행동의 모범(모델)을 보이고, 반복된 교정(矯正)을 통하여 바람직한 가치방향(價値方向)으로 이끌어 주어야 한다. 부모는 항상 행동을 바르게 하라. 특히 아이들 앞에서 바르게 행동하라. 아이들에게 약속한 일은 무슨 일이 있더라도 지켜야 한다. 그렇지 않으면 결국 아이들에게 허위(虛僞)를 가르치는 결과 밖에 아니 된다. "교육은 모르는 것을 알게 하는 것이 아니라 행(行)하게 하는 것이다(John Luskin)." "인간은 생각함으로써가 아니라 행(行)함으로써 자기 자신을 알게 된다. 할 일을 하려고 노력함으로써만, 인간은 자기 자신을 알게 되는 것이다(Goethe)."

가정은 사회의 모델(model)이며, 인간의 기본도덕(基本道德)은 가정에서 배운다. 가정은 '어린이의 근본(根本)'이 마들어지는 인생의 교실이며, 부모는 그 스승이므로 부모는 언제나 자녀들에게 '바른 본보기'를 보여주어야 한다. 그러므로 <부모의 언행(言行)은 자녀의 운명(運命)을 좌우 한다>고 했다. "문제 '아동'이 있는 것이 아니라 문제 '가정'이 있다"는 말과 같이, 어린이의 성격형성에 결정적 영향을 주는 것은 바로 가정이다.

'참된 가정교육' 은 '참된 부모의 마음'에서 비롯되며, 교육만이 '진정한 재산'이다. 물질적 재산은 결코 만족을 줄 수 없다. 재산이 늘어감에 따라 욕심은 더욱 커지는 법이다. 만족의 정도는 재산이 늘어감에 따라 더욱 감소(減少)되는 법이다. 도둑이 훔칠 수도 없고, 폭군이 침노(侵擄)할 수도 없으며, 그대의 죽은 뒤에는 남아 있어서, 결코 썩을 줄 모르는 그러한 재산을 얻도록 노력하라.

17. 인간의 세 가지 싸움

산다는 것은 싸우는 것이다. 프랑스의 문호(文豪) 빅톨 위고(Victor Marie Hugo)는 "오늘의 문제는 싸우는 것이요, 내일의 문제는 이기는 것이요, 모든 날의 문제는 죽는 것이다" "인간(人間)에는 세 가지 싸움이 있다. 첫째는 인간과 자연(自然)과의 싸움이요, 둘째는 인간과 인간과의 싸움이요, 셋째는 자기와 자기와의 싸움이다"라고 말했다. 산다는 것은 싸우는 것이다.

인간이 산다는 것은 '자연과의 싸움'이다. 더위와 추위와 질병과 싸워야 한다. 또 인간의 싸움은 인간과 '인간과의 싸움'이다. 우리는 치열(熾烈)한 생존경쟁(生存競爭)속에서 살아간다. 이 싸움에서 강(强)한 자는 이기고 흥(興)하며, 약(弱)한 자는 패(敗)하고 쇠퇴(衰退)한다. 우리는 싸우면 이겨야 하며, 패배(敗北)하여 신음(呻吟)하는 약자가 되지 않아야 한다. 인생의 마지막 싸움은 '나와의 싸움'이다. 이 싸움은 '가장 어려운 싸움'이다.

인간의 싸움 중에서 가장 어려운 싸움은 내가 '나를 이기는 싸움'이다. '나다운 나'와 '나답지 않은 나'가 나의 마음속에서 항상 싸움을 벌인다. 그래서 플라톤(Platon)은 "인간 최대의 승리는 내가 '나를 이기는 것'이다"라고 말 했다. 내가 나를 이기는 것을 극기(克己)라고 한다. 남을 이기는 사람은 다소 힘이 있을 뿐이나 자기를 이기는 사람은 참으로 강하고 용감한 사람이다.

있는 그대로의 자기를 아는 것(自己認識), 자기혁명(自己革命)이야 말로 참된 혁명이라고 할 수 있다. 혁명은 신념이나 이데올로기에서 출발하는 것이 아니라, 나 자신에서부터 시작되어야 한다. 우리는 자기와의 싸움에서 이기는 승리자가 되어야 한다. 내가 나의 적(敵)이다. 남을 이기기는 쉽다. 그러나 나 자신을 이기기는 어렵다. 내가 나하고 싸우는 싸움은 남을 해치기 위한 악한 싸움이 아니라 내가 '참된 인간'이 되기 위한 '정신적 싸움'이다.

우리는 인생의 승리자가 되기 위하여 부단히 힘을 기르고 힘을 저축해야 한다. 힘의 저축, 이것이 '싸움의 철학(哲學)'이다. 위대한 사람이란 남보다 더 많은 결단력(決斷力)을 가진 평범(平凡)한 사람에 지나지 않는다. 성공하는 대부분의 사람들은 포기(抛棄)하는 법을 알지 못하는 사람들인 것이다. 인생의 가장 어려운 싸움은 '자기와의 싸움'이요, 인생의 가장 위대한 승리(勝利)는 '자기'를 이기는 것이다. 정신력(精神力)이 강한 사람은 모든 고난과 시련을 극복하고 반드시 성공한다.

마음의 평화는 우리의 행복하고 건강한 삶을 위해 가장 위대한 재산(財産)이다. 우리가 살아가는데 있어 모든 문제들에 대한 해결책(解決策)은 우리 자신 속에 있다. 승리(勝利)와 패배(敗北)는 우리 자신의 마음속에 있는 것이다. 자신이 할수 있다고 생각하는 사람은 무엇이든 할수 있을 것이다. 육체(肉體)가 여전히 살아있는데 정신(精神)이 쓰러진다는 것은 부끄러운 일이다. 옳은 일을 보고도 행(行)하지 못하는 것은 용기(勇氣)가 없는 것이다. 정상(頂上)에 올라 세상을 바라보는 그 느낌을 되새기며 다시 정상에 도전(挑戰)하라. 상대방이 아니라 자기 자신을 이기는 자가 '진정한 승리자(勝利者)'다.

18. 생각하는 갈대

산다는 것은 생각하는 것이다. 인간은 사고(思考)하는 존재다. 사고(思考)란 어떤 문제에서 결론에 이르기까지 작용하는 개념(概念), 판단(判斷), 추리(推理)의 관념적(觀念的) 과정(過程)이다. 생각하고 궁리(窮理)하는 힘을 '사고력(思考力)'이라 하며, 어떤 문제를 생각하고 판단하는 방식이나 태도를 '사고방식(思考方式)'이라고 한다. 인간은 부단히 생각하면서 실고 살면서 생각해야 한다.

사고성(思考性)이야 말로 인간의 위대성(偉大性)이다. 사고(思考)가 인간의 특권(特權)이요, 영광(榮光)이요, 긍지(矜持)요, 본질(本質)이요, 진면목(眞面目)이요, 본연적(本然的) 가치(價値)다. 우리는 깊이 생각하고 진지(眞摯)하게 사고해야 한다. 사고의 포기는 정신적(精神的) 자살(自殺)이다.

생각하되 바로 생각하고 성실(誠實)하게 생각해야 한다. 사고(思考)가 인간을 위대하게 만든다. 사고는 인간의 존엄(尊嚴)의 원천(源泉)이다. 인간은 갈대처럼 약하지만 생각할 때 위대해진다. 사고에서 인간의 위대성을 찾은 파스칼의 인간관(人間觀)은 인간의 핵심(核心)을 찌른 견해(見解)다. 생각한다는 것은 문제(問題)를 '해결하는 능력'이다. 인간은 '문제의 도전(挑戰)' 속에서 살아간다.

사고(思考)에는 기본적 좌표(座標)가 있다. 첫째, "자주적(自主的) 사고(思考)"다. 자기의 머리로 생각하고, 자기의 머리로 판단하는 것이다. 독일의 철학자 칸트(Immanuel Kant)는 "스스로 생각하고 스스로 탐구(探究)하고 자기 발로 서라"고 말했다. 이 말은 자주적(自主的) 사고의 핵심을 찌른 명언(名言)이다.

둘째, "과학적(科學的) 사고"다. 편견(偏見)과 미신(迷信)과 독단(獨斷)에 사로잡힌 편협(偏狹)한 사고를 버리고 명철(明哲)하게 이론적으로, 비판적으로 냉철(冷徹)하게 생각하는 과학적 사고의 훈련과 습관을 익혀야 한다. 끝으로 "창조적(創造的) 사고"다. 사고의 목적은 창조(創造)에 있다. 창조는 전에 없던 것을 처음으로 만드는 것으로 새로운 업적이나 가치 따위를 이룩하는 것이다.

우리는 자주적, 과학적, 창조적 사고를 하는 인간이 되어야 한다. 자신의 숨겨진 재능(才能)을 발견하는 것은 성공으로 가는 첫걸음이다. 어느 누구라도 놀라운 재능을 가지고 있다. 단지 그 재능을 찾아내지 못하고 있을 뿐이다. 인간은 사고(思考)하는 존재다. 손도 없고 발도 없는 인간을 생각할수도 있다. 그러나 생각하지 않는 사람을 생각할 수는 없다.

프랑스의 철학자 파스칼(Blaise Pascal)은 "사람은 한 개의 갈대에 불과하다. 자연 가운데서 가장 약한 것이다. 그러나 사람은 '생각하는 갈대'다(Man is but a reed, the weakest in nature, but he is a thinking reed.)."라고 말했다. '생각하는 갈대'란 사람은 자연 중에서 가장 약(弱)하여 마치 갈대와도 같으나, 사고(思考)하는 점이 존귀(尊貴)하고 위대하다는 뜻이다. 법정 스님은 "나는 누구인가? 스스로 물으라. 건성으로 묻지 말고, 간절하게 물어야 한다. 해답은 그 물음 속에 있다"고 했다.

인간의 존엄(尊嚴)은 오로지 생각하는데 있다. 우리는 생각함으로써 스스로를 높이지 않으면 아니 된다. 사고성(思考性)이야 말로 인간의 위대성(偉大性)의 척도(尺度)이다. 파스칼은 "팔과 다리가 없는 인간은 상상할 수 있어도 머리 없는 사람은 생각할 수 없다"고 했다. 그는 인생에 있어서 사색(思索)의 비중을 무겁게 본 것이다.

사고(思考)의 방법에 대하여 프랑스의 철학자 베르그송(Bergson)은 "행동인(行動人)처럼 사색하고, 사색인(思索人)처럼 행동하라"고 말했다. 루소(Jean Jacques Rousseau)는 "철학자처럼 사색하고 시인(詩人)처럼 느끼고 농부(農夫)처럼 일하라"고 말했다. 철학자는 냉철(冷徹)한 '머리'로 깊이 생각하며, 시인은 뜨거운 '가슴'으로 풍성하게 느끼고, 농부는 부지런한 '손'으로 열심히 일한다.

생각이란 무엇이냐. 마음에 느끼는 의견이요, 바라는 마음이요, 관념(觀念)이요, 깨달음이요, 의도(意圖)다. 생각이란 우리의 마음(心)의 밭(田)에 자라는 푸른 싹이요, 아름다운 꽃이요, 싱싱한 나무다. 우리의 '마음의 밭'에는 풍성(豊盛)한 생각과 다양(多樣)한 사상(思想)의 꽃이 아름답게 피어나야 한다.

우리는 부단히 마음의 밭을 갈아야 한다. 세상에 심전경작(心田耕作)처럼 중요한 것이 없다. 인간이 만물의 영장(靈長)이 된 것을 사고(思考)하는 능력 때문이다. 우리는 생각하지 않는 인간을 상상할 수가 없다. 가장 중요한 것은 무엇을, 어떻게 생각하느냐 하는 것이다. 그것은 올바른 사고(思考)요, 창조적(創造的) 사고(思考)다.

우리는 올바로 생각하며, 창조적으로 사고해야 한다. 슈바이처(Schwetizer)는 "사람은 누구든지 자기 자신이 사색(思索)하는 세계관(世界觀)에 의하여 성실한 인격이 될 사명(使命)을 갖는다" "사색(思索)을 포기하는 것은 정신적 파산(破産)의 선고와 같다"고 말 했다. 생활의 본질(本質)은 육체(肉體) 속에 있는 것이 아니라 정신(精神) 속에 있다.

우리는 저마다 자기 인생에 확고한 방향(方向)과 가치(價値)의 의의(意義)를 부여하는 뚜렷한 세계관(世界觀)을 가지고 살아야 한다. 성실한 사색을 통해 나를 바로 알고 나의 자아(自我)를 바로 일으켜 세우고, 본래의 나 자신이 되자. '나 아닌 나'의 생활을 버리고 '나다운 나'의 생활로 돌아가자. 그것이 가을에 어울리는 '명상(瞑想)'의 자세'다.

사고(思考)는 인간의 특권이요, 긍지(矜持)다. 인간이 만물(萬物)의 영장(靈長)이 되는 것은 사고하는 능력 때문이다. 생각하는 것이 중요한 것이 아니라 '무엇을 어떻게 생각하느냐'가 중요하다. 우리는 어떻게 살아야 하느냐, 그것은 우리가 일생동안 진지(眞摯)하게 배우고 연구해야 할 인생의 난문난제(難問難題)다.

인생에 향기(香氣)를 곁들이는 것은 관용(寬容)과 사고력(思考力) 그리고 이해심(理解心)이다. 나는 어디에 서 있는가. 나는 무엇을 할 것인가. 나는 어디서 와서 어디로 가는 것인가. 자기 자신의 위치(位置)와 사명(使命)과 천분(天分)을 바로 알자. 우리가 살아가는 삶의 길목에서 깊은 사색(思索)만 할 수 있다면 우리는 도처(到處)에 깔린 유혹(誘惑)을 물리칠 수 있다.

나 자신을 알고 '본래의 나' 자신이 되어야 한다. 사랑하는 젊음이 들이여, 큰 "꿈"을 가지고 높이 올라 멀리보라. 눈물이 나도록 부럽게 사색하는 젊음이가 되라. 높은 이상(理想)과 탐구심(探究心), 모험심(冒險心)을 가지고 진리를 탐구하며 미래를 예비(豫備)하라. 젊음을 낭비하지 않는 자에게만 힘찬 미래는 약속된다. 인생은 짧고 돌이킬 시간은 없다. 우리는 바로 생각하고 창조적으로 생각해야 한다. 이것이 '사색인(思索人)의 올바른 자세'다.

19. 책(인간 최대의 유산)

"인생(人生)은 한 권(卷)의 책(冊)이다. 우리는 이 세상에 태어나서 죽을 때까지 매일 한 페이지 한 페이지를 창작(創作)하고 있다(-Maeterlinck-)"고 했다. 인생은 한 권의 책과 같다. 우리에게는 저 마다의 삶이 있듯이 우리는 저 마다 매일 한 페이지씩 인생의 책을 써 나아간다. '인생의 책'이 '세상의 책'과 다른 점은 두 번 다시 쓸 수 없다는 점이다. '세상의 책'은 잘 못쓰면 다시 쓸 수 있으나 '인생의 책'은 다시 쓸 수 없다. 또 인생의 책은 남이 써줄 수도 없다. 나의 판단과 책임과 노력으로 써야 한다.

우리는 나의 "인생(人生)의 책(冊)"을 정성(精誠)을 다하여 써나가야 한다. 우리는 저마다 "인생의 명저(名著)"를 쓰기에 심혈(心血)을 기울려야 한다. 한 권(券)의 명저(名著)가 한 인간의 운명(運命)을 변화시킨다. "사람은 책(冊)을 만들고, 책은 사람을 만든다."고 했다. 위대한 책과의 만남은 인생의 가장 큰 축복(祝福) 중의 축복이다.

우리는 생명(生命)의 양식(糧食)이 되는 책을 찾아 읽어야 한다. 책의 선택(選擇)은 '삶의 선택'이라고 할 수 있다. 좋은 책을 지혜(智慧)롭게 선별(選別)하여 읽어야 한다. 가장 중요한 것은 무엇보다도 '책 읽는 습관(習慣)'을 기르는 것이다. 선행(善行)의 습관과 독서(讀書)의 습관을 기르는 것만큼 인생을 아름답게 하는 것은 없다. 산다는 것은 책을 읽는 것이다. 책에는 '길'이 있다.

인격형성(人格形成)의 길에 도움이 되지 않는 책은 사람에게 해(害)를 끼친다. 모든 풀이 약초(藥草)가 아니듯이 모든 책이 마음의 양식(糧食)이 될 수는 없다. 양서(良書)만이 우리의 마음의 싹을 가꾸어주는 영양소(營養素)가 되고, 진리(眞理)로 인도(引導)하는 길이 될 수 있다. 양서(良書)를 읽으면 '눈'이 열리고 '귀'가 트이며, 양서(良書)의 내용이 나 자신의 삶으로 이어진다.

우리는 좋은 책 속에서 훌륭한 사상가(思想家)를 만나고 뛰어난 예술가 (藝術家)를 만날 수 있다. 프랑스의 철학자(哲學者) 데카르트((Rene' Descartes)는 "좋은 책을 읽는다는 것은 가장 위대(偉大)한 인물(人物)과 대화(對話)를 나누 는 것과 같다"고 말했다. 우리의 정신(精神)은 책을 읽지 않으면 녹(綠)이 슬 고 잠이 든다. 양서(良書)로 우리의 '마음의 밭(田)'을 기름지게 하고 생활(生 活)의 기초(基礎)를 튼튼히 해야 한다. 구슬도 갈고 닦아야 빛이 난다.

좋은 책을 지혜(智慧)롭게 골라서 읽어야 한다. 책을 읽는 습관(習慣)을 길러야 한다. 인생에서 습관처럼 중요한 것이 없다. 습관은 '제2의 천성(天 性)'이다. 올바른 습관(習慣)은 어린 시절부터 기르는 것이 좋다. 인생의 성 패(成敗)는 바로 여기에 달려있다. 습관이 인생(人生)을 결정(決定)한다. 날마 다 태양(太陽)이 떠오른다. 태양을 보면서 달을 생각하고 과거(過去)를 반추 (反芻)해 보면서 미래(未來)를 예상(豫想)할 수 있어야 한다.

"책은 여러 가지가 있다. 어떤 책은 겉만 보게 되고, 어떤 책은 삼켜버리 게 된다. 그러나 씹어서 소화(消化)되는 책은 극히 드물다(Some books are to be tasted, other to be swallowed, and some few to be chewed and digested. -Bacon-)."고 했다. 그 러므로 책을 가려서 읽어야 한다. 두 번 다시 읽을 가치가 없는 책은 한 번 읽을 가치도 없다. 책을 골라 읽으면 삶의 가치(價値)와 지혜(智慧)와 진리(眞 理)를 터득(攄得)하게 될 것이다. 좋은 책은 세월(歲月)이 평가(評價)한다.

"어릴 때부터 책을 읽으면 젊어서 유익(有益)하다. 젊어서 책을 읽으면 늙어서 쇠(衰)하지 않는다. 늙어서 책을 읽으면 죽어서 썩지 않는다(옛글)." 고 했다. 잠든 내 영혼(靈魂)을 불러일으켜 삶의 의미와 기쁨을 안겨주는 책은 수명(壽命)이 장구(長久)하다. 책을 통해 자기 자신을 읽을 수 있을 때 열린 세상도 함께 읽을 수 있다. 책에는 분명히 '지혜(智慧)의 길'이 있다.

우리는 생명(生命)의 양식(糧食)이 되며 영감(靈感)을 주는 양서(良書)를 선별(選別)하여 읽어야 한다. 책의 선택(選擇)은 인생의 중요한 선택에 속한다. 명저(名著)는 영원(永遠)히 남는다. 양서(良書)는 장구(長久)한 생명을 지닌 책으로 잠든 영혼(靈魂)을 불러 깨우는 말씀이다. 미국의 사상가 에머슨(Emerson)은 "책(冊)은 오직 영감(靈感)을 주기 위한 것"이라고 말했다.

양서(良書)는 독자(讀者)에게 삶의 기쁨과 생기(生氣)를 불러일으키며 안으로 여물게 한다. 양서(良書)로 마음의 밭을 갈아라. 독서(讀書)란 훌륭한 사람과의 만남이요, 대화(對話)이다. 좋은 책을 골라 읽으면 삶의 가치(價値)와 지혜(智慧)와 온갖 진리(眞理)를 터득(攄得)하게 될 것이다. 세상에 책은 돌과 자갈처럼 흔하다. 그 흔한 돌과 자갈 속에서 보석(寶石)같은 책을 찾아서 읽어야 한다. 책은 우리에게 영감(靈感)을 주기위해서 존재하는 것이다. 책은 독자에게 영감(靈感)과 생활의 지혜(智慧)를 주어야 한다.

한 권의 책이 한 인간의 운명(運命)을 변화(變化)시키며, 일생에 결정적(決定的)인 영향(影響)을 미친다. 불후(不朽)의 명작(名作)은 시대를 초월(超越)하며 강렬(强烈)한 감동(感動)을 불러일으킨다. 인류(人類)의 정신문화(精神文化)의 유산(遺産)인 양서(良書)를 통해 세상을 보는 눈이 열리고 인생의 균형(均衡)을 유지(維持)할 수 있다. 위대(偉大)한 책과의 만남은 인생의 가장 큰 축복(祝福)의 하나다. 한 권의 책이 사람을 변화(變化)시키며 한 편의 시(詩)가 사람을 변화시킬 수 있다.

야만(野蠻)인 나라를 제(除)하고 알려진 모든 나라들은 책(册)에 의해 다스려진다(All the known world, excepting only savage nations, is governed by books. -Voltaire-). 유능(有能)한 사람은 언제나 배우는 사람이라는 것을 잊지 말자. 영원(永遠)히 남는 것은 "책(册)"이다. 인간이 남길 수 있는 최대(最大)의 유산(遺産), 최고(最高)의 생명(生命), 최고의 기념비(記念碑)는 책이다. 책만이 '영원(永遠)한 생명(生命)'을 지닌다. 책은 공기(空氣)와 마찬가지로 인간의 삶에 없어서는 안 될 귀중한 요소(要素)다.

20. 독서(훌륭한 사람과의 만남이요, 대화)

영국의 철학자 베이컨(Francis Bacon)은 "독서(讀書)는 완전(完全)한 사람을 만들고, 협의(協議)는 준비성(準備性) 있는 사람을 만들며, 저술(著述)은 정확(正確)한 사람을 만든다(Reading makes a full man, conference a ready man, and writing an exact man. - Francis Bacon-)."고 말했다. 삶의 모든 기분전환(氣分轉換) 중에도 유익(有益)하고 재미있는 작품(作品)을 읽는 것처럼 삶의 공백(空白)을 채우는 데 적당한 것은 없다.

독서(讀書)는 인생(人生)에서 가장 중요한 기능(機能)과 의미(意味)를 갖는다. 의미 있는 삶을 위해 독서를 해야 한다. 사색(思索)이 없는 독서는 의미(意味)와 가치(價値)가 적다. 생각하면서 책을 읽고, 읽으면서 생각해야 한다. 진리(眞理)를 밝히는 책을 벗으로 삼아라. 골고루 독서를 하면서 지혜(智慧)의 바다를 항해(航海)하도록 하라. 책다운 책을 읽어 '마음의 밭(田)'을 꾸준히 갈아야 한다. "인간의 허영(虛榮)의 비옥(肥沃)한 토지(土地)를 경작(耕作)하라(Tilling the fertile soil of man's vanity. -E. Glasgow-)."

우리시대의 진실(眞實)과 진리(眞理)를 공유(共有)할 수 있는 좋은 책을 읽어야 한다. '어떤 책(冊)을 읽을 것이냐'는 '어떤 인생(人生)을 살 것이냐'하는 물음에 연결된다. 우리는 마음의 싹을 알뜰하게 가꾸어 자아실현(自我實現)으로 접근하기 위해서는 좋은 책을 선별(選別)하여 읽어야 한다. 양서(良書)로 마음의 밭을 기름지게 하고 생활(生活)의 기초(基礎)를 튼튼히 해야 한다. 독서로 마음의 밭(田)을 갈고 닦아라. 독서는 우리의 마음의 눈을 뜨게 하고 우리를 거듭나게 한다.

송(宋)나라의 주자(朱子)는 독서훈(讀書訓)에서 세 가지를 강조했다.

첫째는 구도(口到)다. 구도는 '입'으로 잘 읽는 것이다. 잡담(雜談)하면서 독서(讀書)하지 않는 것이다.

둘째는 안도(眼到)다. 안도는 '눈'으로 잘 보는 것이다. 한눈을 팔지 말고 열심히 책을 읽는 것이다. 눈을 떠라. 사물(事物)의 겉모습만 볼 수 있는 눈이 아니라 본질(本質)까지도 바라볼 수 있는 '마음의 눈'을 떠라. 눈은 마음의 창(窓)이다. 눈빛은 항상 진정한 속마음을 비추기 마련이다. 눈에 비치는 마음을 해독(解讀)하라.

셋째는 심도(心到)다. 심도는 '마음'으로 열심히 읽는 것이다. 잡념(雜念)과 공상(空想)을 버리고 일의전심(一意專心)으로 읽는 것이다. 우리는 일심불란(一心不亂)의 자세로 독서에 심취(心醉)하고, 몰두(沒頭)하고, 전념(專念)해야 한다. 이것이 '독서삼매경(讀書三昧境)'이다.

위대(偉大)한 의인(義人) 안중근(安重根) 열사(烈士)가 1910년 3월 여순 감옥에서 사형(死刑)당하기 며칠 전에 一日不讀書 口中生荊棘(하루라도 글을 읽지 않으면 입안에 가시가 돋친다)이라고 쓰셨고, 또 처형(處刑) 전에 黃金百萬兩

不如一教子(황금 백만 량도 자식하나 가르치는 것만 못하다)라고 쓰셨다.

　우리는 부지런히 심전경작(心田耕作)을 하면서 인생을 살아야 한다. 독서(讀書)가 없는 인생(人生)은 꽃이 없는 화원(花園)과 같고 나무가 없는 산(山)과 같고, 물이 마른 샘과 같고 빛이 없는 태양(太陽)과 같다. 사람에게 탐구(探究)하는 노력(努力)이 없다면 속물(俗物)이 되고 우리의 삶에 녹(綠)이 슨다.

　진리탐구(眞理探究)에 진력(盡力)하는 각고(刻苦)의 노력을 통해 우리의 삶의 질(質)을 높이고 새롭게 태어날 수 있다. 오늘도 밤을 지새우며 책(冊)의 바다와 이치(理致)의 하늘에서 눈을 새롭게 뜨는 사람들이 있다. 그들이 이 나라 언덕에 아름답고 향기로운 꽃을 피울 사람들이다. 사랑하는 젊음이들이여, 큰 꿈을 가지고 높이 올라 멀리보라.

낙 화(落 花)

꽃이 지기로소니
바람을 탓하랴
주렴 밖에 섬긴 별이
하나 둘 스러지고
귀촉도 울음 뒤에
머 언 산이 다가서다.

촛불을 꺼야 하리
꽃이 지는데
꽃 지는 그림자

뜰에 어리어
하이 얀 미닫이가
우련 붉어라

묻혀서 사는 이의
고운 마음을
아는 이 있을까

저 허 하노니
꽃이 지는 아침은
울고 싶어라

　　　　　　　　　　　　　　__ 조지훈(趙芝薰)

사람이 인생(人生)의 황혼기(黃昏期)에 접어들면 자기 자신을 위해 세월(歲月)을 활용(活用)할 줄 알아야 한다. 어차피 인간사(人間事)란 언젠가는 홀로 떠나게 마련이다. 이 세상에 올 때도 홀로 왔듯이 언젠가는 홀로 먼 길을 떠나지 않을 수 없다. 이것이 엄연(儼然)한 삶의 길이요, 덧없는 인생행로(人生行路)다. 그러므로 사람은 나이가 들수록 성숙(成熟)해져야 한다.

독서(讀書)는 인생(人生)의 깊은 만남이요, 위대(偉大)한 인물(人物)과의 만남이요, 정신(精神)의 행복(幸福)한 대화(對話)요, 창조적(創造的) 만남이다. 독서하는 습관은 우리에게 풍성(豊盛)한 생활(生活)의 원동력(原動力)이 된다. 독서로 우리의 마음을 살찌게 하고 내적결실(內的結實)을 풍성하게 하자. 인생(人生)은 독서(讀書)다. 배움처럼 위대(偉大)한 것은 없다. 인간은 일생(一生) 동안 학생(學生)의 마음으로 '독서(讀書)하는 삶'을 견지(堅持)해야 한다.

21. 인생의 광산

우리에겐 인생이라는 광산(鑛山)이 주어졌다. 이 광산에서 금(金)을 캐는 사람, 은(銀)을 캐는 사람, 동(銅)을 캐는 사람, 철(鐵)을 캐는 사람, 돌을 캐는 사람이 있다. 우리는 인생의 광산에서 무엇을 캘 것이냐? 그것은 나의 선택(選擇), 나의 의지(意志), 나의 노력(努力), 나의 결단(決斷), 나의 재능(才能)에 달렸다. 우리는 '진리(眞理)'라는 금강석(金剛石)을 캐려고 노력해야 한다.

지혜(智慧)는 무겁지만 무지(無知)는 가볍다. 어리석은 자는 화려(華麗)한 광채(光彩)에 눈이 멀어서 유리를 줍지만 지혜로운 자는 홀로 빛나는 다이 아몬드(diamond)를 얻는다. 진실(眞實)의 가치(價値)는 드러나는 것이 아니다. 우리는 '지혜(智慧)'라는 황금(黃金)을 찾으려고 노력해야 한다. 그것이 인간의 사명(使命)이요, 지혜(智慧)다.

꽃은 묵묵(默默)히 피고 묵묵히 진다. 다시 가지로 돌아가지 않는다. 그때 그곳에다 모든 것을 내맡긴다. 그것은 한 송이 꽃의 소리요 한 가지 꽃의 모습, 영원히 시들지 않는 생명의 기쁨이 후회(後悔) 없이 거기서 빛나고 있다. 바람소리와 새소리에 귀를 기울려보고, 꽃의 아름다움과 그 향기(香氣)도 맡아보고, 시냇물 소리에 귀를 모을 수 있어야 한다.

산유화(山有花)

산에는 꽃 피네.
꽃이 피네.
갈 봄 여름 없이
꽃이 피네.

산에
산에
피는 꽃은
저만치 혼자서 피어 있네.

산에서 우는 작은 새여
꽃이 좋아
산에서
사노라네.

산에는 꽃이 지네.
꽃이 지네.
갈 봄 여름 없이
꽃이 지네.

__ 김소월(金素月)

흘러가는 구름에 마음을 실어 보내기도 하고, 밤하늘의 별이나 달빛에 흐려진 눈을 씻기도 해야 한다. 가뭄 끝에 내리는 빗소리, 그것은 감미(甘味)로운 음악(音樂)이다. 밖에는 휘영청 밝은 달이 외등처럼 걸려있다. 잠든 숲에 시냇물소만 깨어 있다. 그것은 쉬지 않고 흐르는 세월(歲月)의 소리다.

하루해가 할 일을 다 하고 서산(西山)을 넘듯 우리도 언젠가는 이 지상(地
上)에서 사라질 것이다. 남은 날이라도 인간답게 살면서, 나의 저녁노을을
장엄(莊嚴)하게 물들이자. 사람이 살 때에 빛이 나야 하듯, 죽을 때에도 그
빛을 잃어서는 안 된다.

날마다 새 날을 창조(創造)하라. 온갖 소유(所有)의 얽힘에서 벗어나 내
본래(本來)의 모습을 드러내자. '닫혀 진 나'를 '활짝 열린 나'로 눈뜰 수 있게
하라. 마음이 열려야 사람 속에서 인간(人間)을 캐낼 수 있다. 그것이 우리를
'사람의 길'로 이끌어간다.

22. 이름에 손색이 없는 사람, 제 자리를 빛내는 사람

이 세상의 모든 존재(存在)는 저마다 이름이 있다. 이름이 없는 존재는 없
다. 이름이 있으면 반드시 그 이름에 해당하는 실(實)이 있어야 한다. 이름
에 부끄럽지 않은 자격(資格)과 실질(實質)과 알맹이를 가져야 한다. 이름이
있으나 그 이름에 해당하는 알맹이를 갖추지 못할 때, 유명무실(有名無實)하
다고 한다.

우리는 그 "이름에 손색(遜色)이 없는 사람"이 되어야 한다. 저마다 제
'이름 값'을 하고 제 '이름 구실(口實)'을 해야 한다. 우리사회에는 이름에 손
색(遜色)이 없는 인물(人物)로서 '한 구석을 비추는 사람'이 아쉽다. 인간이

온 구석을 다 비출 수는 없다. 태양(太陽)처럼 온 누리를 다 비춘다는 것은 대성인(大聖人)이나 대천재(大天才)만이 할 수 있는 일이다.

우리가 한 구석만이라도 제대로 비춘다면 그것으로 족(足)하다. 저마다 자신의 얼굴과 이름을 비추고 제가 '선 곳'과 '사는 곳'을 밝게 비춰야 한다. 겸양(謙讓)은 인격완성(人格完成)을 위하여 불가피(不可避)한 덕(德)이다. 자기 자신에 대해서는 엄격(嚴格)하지만, 타인에 대해서는 관대(寬待)해야 한다.

성현(聖賢)은 스스로의 상태(狀態)에 만족(滿足)하는 법이 없다. 그리고 결코 자기 운명(運命)으로 인해서 하늘을 원망(怨望)하거나 타인을 비난(非難)하지 않는다. 그러므로 불행(不幸)한 운명(運命)에 처해있을지라도, 그 운명에 대해서 공손(恭遜)한 태도(態度)를 가질 따름이다. 이 세상의 모든 존재(存在)는 다 '제 자리'가 있다. 우리는 저마다 제 자리를 알고, 제 자리를 지키고 그 자리에 없어서는 아니 될 사람이 되어야 한다.

그대는 자기에게 알맞은 자리보다 조금쯤 '낮은 곳'을 택(擇)하라. 남에게서 "내려가시오"라는 말을 듣느니 보다는 "올라오시오"라는 말을 듣는 편이 훨씬 나은 것이다. 지위(地位)는 능력(能力)을 인정(認定)받아야만 지킬 수 있다. 지위(地位)는 따스한 마음이나 다정한 태도보다 자질(資質)과 능력(能力)을 인정받음으로써 잘 지킬 수 있는 것이다.

낙엽(落葉)이지는 산골짜기에 혼자가보라. 거기엔 욕심(欲心)없는 당신이 기다리고 있을게다. 낙엽이지는 산골짜기는 혼자라야 한다. 높은 바위 끝에 홀로 앉은 당신의 모습을 상상(想像)해보라. 얼마나 멋스럽고 여유작작(餘裕綽綽)한가. 인간의 '참된 성숙(成熟)'은 혼자 있을 때라야 익어간다. 당신을 산골짜기의 호젓한 고독(孤獨)에로 초대(招待)합니다.

링컨(Abraham Lincoln)의 절친(切親)한 친구 한 사람이 링컨이 대통령에 취임하자, 새로운 각료(閣僚)로 기용(起用)해 보라고 어떤 사람을 천거(薦擧)했다. 링컨은 친구가 소개해 보낸 사람을 만났지만 그를 기용하지 않았다. 며칠 후 친구가 링컨을 찾아와 자기가 소개한 사람의 어디가 마음에 들지 않아 거절한 거냐고 묻자 링컨의 말 "얼굴이 마음에 들지 않아서 라네" "여보게, 얼굴이야 부모가 만들어준 것인데 그의 책임은 아니지 않은가" 친구의 항의를 듣고 링컨은 이렇게 말한다. "어릴 적에는 부모가 만들어준 얼굴로 통하지만, 인간이 마흔을 넘어서면 자기 얼굴에 대해서 자기 자신이 책임을 지지 않으면 안 된다네" 우리는 우리의 얼굴을 만들 책임(責任)이 있다.

사람은 세 종류(種類)로 나누워진다. 한 구석을 '더럽히는 자' '한 구석을 비추는 자' '한 구석을 더럽히지도 않고 비추지도 않는 사람'이다. 저마다 한 구석을 비추는 사람이 되어야 한다. 모든 국민이 이러한 인생관(人生觀)과 생활철학(生活哲學)을 갖고 살아간다면 그 사회(社會)는 반드시 행복(幸福)해질 것이요, 번영(繁榮)할 것이다.

역사(歷史)의 한 구석을 비추려면 나의 생명(生命)이 촛불처럼 연소(燃燒)해야 한다. 촛불은 스스로 타기 때문에 빛난다. 한 구석을 비추려면 무슨 일에나 정성(精誠)을 쏟고, 성실(誠實)해야 한다. 저마다 자신의 '이름값'을 다하고, 자신이 선 곳과 사는 곳을 '비추는 사람'이 되어야 한다. 이 세상은 자신의 얼굴과 이름을 비춰볼 수 있는 거울이다. 모든 사람들에게 그 자신의 얼굴을 비춰보게 해준다.

우리는 저마다 자신의 이름 석 자(字)를 가지고 살아간다. '이름'이란 자신의 평판(評判)이요, 명성(名聲)이다. 제 이름 값을 다하고 제 이름 구실(口實)을 다하는 "이름에 손색(遜色)이 없는 사람"이 되어야 한다. 이 세상에서 제일 중요한 것은 어떻게 하면 내가 정말 '나다와 질 수 있는 가'를 아는 것이다. 명예(名譽)를 생명(生命)처럼 소중(所重)하게 여겨라. 사람이 태어날 때 자기 얼굴은 이미 결정(決定)되어 있지만 태어난 다음부터는 내가 내 얼굴과 내 이름을 아름답게 만들어가는 조각가(彫刻家)가 되어야 한다.

23. 선택의 지혜(방향감각)

인생(人生)은 부단한 선택(選擇)이다. 우리는 강(强)한 삶의 길을 선택해야 한다. 사랑의 길을, 희망(希望)의 길을, 내일에 대한 신념(信念)의 길을, 선(善)의 길을 선택해야 한다. 우리는 어떤 인생의 길을 가야하나? 나는 어디로 갈 것인가? 우리는 바람의 방향(方向)을 똑똑히 알고 안전한 인생항로(人生航路)를 선택하는 '현명(賢明)한 뱃사공'이 되어야 한다.

우리는 '참된 사람의 길'을 선택해야 한다. 우리는 인간본연(人間本然)의 자세(姿勢)를 발견하고, '인간본연의 길'을 가야 한다. 선택은 나 자신이 하는 것이다. 산다는 것은 곧 선택하는 것이다. 선택은 바로 그대 자신이 하는 것이다. 인생에는 수많은 갈림길이 있고, 그대의 선택에 따라 운명(運命)이 결정(決定)된다.

인생의 행복(幸福)과 불행(不幸)도 선택에 달렸다. 현명(賢明)한 선택은 행복을 가져오고, 그릇된 선택은 불행을 가져온다. 도덕적(道德的)으로 그릇된 행동을 선택하는 사람은 잘못된 삶을 사는 것이며 반드시 치명적(致命的)인 결과를 낳게 된다. '인간은 저절로 죽지는 않는다. 인간은 자신이 스스로를 죽이는 것이다'

행복(幸福)은 누릴만한 자격(資格)이 있는 사람만이 누릴 수 있다. 행복을 추구(追求)하는 것도 좋지만 그 행복을 누릴 수 있는 자격(資格)을 갖춘 사람이 되는 것이 더욱 중요한 일이다. 올바르고 참된 인격(人格)을 갖춘 사람만이 행복을 맞이하게 된다. 이 세상에 그 자체로서 완전한 행복(幸福) 혹은 불행(不幸), 행운(幸運) 혹은 불운(不運)은 없다.

행운(幸運)을 믿지 마라. 행운의 도움이 없더라도 당당하게 살아갈 수 있어야 한다. 절대로 행운에 매달리지 마라. 행운은 자신에게 거만(倨慢)한 자를 사모(思慕)한다. 현명(賢明)한 선택에는 지혜(智慧)와 양식(良識)이 필요하다. 지혜란 인생의 올바른 선택능력(選擇能力)이다. 우리는 인생의 슬기로운 선택자(選擇者)가 되기 위하여 무엇보다도 지혜(智慧)를 가져야 한다.

수차례 큰 폭풍(暴風)이 있은 후면 부러져 나간 많은 '참나무' 가지들이 땅에 널려 있는 것을 볼 수 있다. 그러나 '전나무'로부터 떨어진 가지는 결코 찾아볼 수 없었을 것이다. '참나무'는 크고 강(强)하긴 하지만 반면 뻣뻣하고 곧바르므로 바람이 불면 부러진다. 그러나 '전나무'는 폭풍(暴風)에 흔들리면 가지를 굽힌다.

만약 숲의 왕(王)이 되기를 원한다면 바람에 굽히지 않을 정도로 교만(驕慢)해서는 안 된다. 내 인생은 나를 부러뜨리고 포기(抛棄)하도록 만들려고 애쓰는 수많은 폭풍우(暴風雨)로 가득 차 있다. 그러한 바람에 견디어내는 능력(能力)을 발전시켜야 한다. 지혜(智慧)는 인생(人生)의 으뜸가는 덕(德)의 하나다.

플라톤은 인간의 네 가지 기본적 덕(忠·孝·仁·義)의 첫째로 지혜(智慧)를 들었다. 지혜를 바다에 비유(比喻)하거나 등불이나 거울에 비유(比喻)했다. 그래서 지혜의 빛, 지혜의 등불이라고 했다. 등불은 어둠을 밝게 비쳐준다. 거울은 우리 스스로를 비춰준다. 지혜는 만물을 비춰주는 거울의 역할을 한다. 지혜는 인생의 올바르고 총명(聰明)한 방향감각(方向感覺)이요, 사리판단력(事理判斷力)이요, 뛰어난 통찰력(洞察力)이요, 균형감각(均衡感覺)이다.

인생을 바로 살고 행복(幸福)하게 살려면 지혜(智慧)가 필요하다. 슬기로운 지혜의 소유자(所有者)만이 인생의 총명(聰明)한 선택자(選擇者)가 될 수 있다. 세상을 통찰(洞察)하는 지혜와 흔들리지 않는 명성(名聲)을 겸비(兼備)하라. 그 명성과 지혜가 그대의 존재(存在)를 더욱 빛나게 만든다. 인생의 목적(目的)을 정하고 그 길을 따라 깊이 정진(精進)하면 성공(成功)의 환한 빛이 비친다.

삶의 중심(中心)이 있는 곳은 바로 그대의 가슴이다. 아무런 목적도 없이 방황(彷徨)하는 것은 그대의 길이 아니다. 그대의 삶은 그대가 직접 계획(計劃)하고 결정(決定)하는 것이다. 세상의 주인(主人)이 되어 그대의 정신력(精神力)으로 세상을 움직이는 것이다. 삶의 중심(中心)에 정박(碇泊)할 수 있어야 한다. 위대한 시(詩)들이 복잡한 거리에서 쓰여지는 일은 없으며 아름다운 노래가 시끄러운 군중들 속에서 불러지는 법도 없다.

우리의 통찰력(洞察力)은 우리가 멈추었을 때 나타나는 것이다. 우리는 지식(知識)보다 지혜(智慧)를 존중(尊重)하고 지혜를 배워야 한다. 이 세상에서 가장 위대(偉大)한 것은 우리가 '어디에 서 있는가'라기보다는 '어느 곳으로 향하고 있는가'라는 그 '방향(方向)'을 바로 아는 것이다. 그것이 "인생(人生)의 지혜(智慧)"요, "지혜(智慧)의 근본(根本)"이다. 지금까지 쓴 글들이 녹(綠)슨 삶을 살아가는 우리의 영혼(靈魂)에 맑은 바람을 불어넣길 기원(祈願)한다.

24. 행복은 능력의 나무에 피는 향기로운 꽃

고대 그리스 최대의 철학자 아리스토텔레스(Aristotle)는 "삶의 궁극(窮極)의 목적은 행복(幸福)"이라고 언명(言明)하면서 "다른 모든 것은 만인(萬人)이 추구(追求)하는 바가 될 수 없어도 행복만은 어디서나 누구든지 갈망(渴望)하는 가장 귀(貴)한 인생(人生)의 목적(目的)"이라고 말했다. 프랑스의 낭만파 시인·소설가·극작가 위고는 "인생의 최고의 행복은 서로 사랑하고 있다는 확신이다(The supreme happiness of life is the conviction that we are loved. -Victor Hugo-)."라고 말했다.

'아내'는 남자의 짝이 되어 사는 여자라고 정의(定義)한다. '행복한 아내가 행복한 인생을 이룬다'고 했다. 아내가 행복해야 인생이 행복하다는 뜻이다. 아내가 행복해야 삶이 행복하고 남편과 가족이 편한 것이다. 칸트는 '남편 된 사람은 아내의 행복이 자신의 전부라는 것을 보여주어야 한다'고 말했다. 베이컨은 '아내는 젊은이에게는 연인(戀人)이고, 중년 남자에게는 반려자(伴侶者)이고, 늙은이에게는 간호사(看護師)라고 말했다.

아내를 칭송(稱頌)하는 아름다운 말들이 있다. "좋은 아내를 갖는 것은 제2의 어머니를 갖는 것과 같다" "좋은 아내는 남편이 탄 배의 돛이 되어 그 남편을 항해(航海)시킨다"라고 했다. 별들이 밤하늘에 나란히 빛나듯 이 땅 위에 나란히 곁에서 나이를 먹어가는 사람이 있다. 내가 살아가는 모든 것이 말없이 곁에서 지켜주는 아내 덕분(德分)이다. 아름다운 인생의 동반자(同伴者)가 되기 위해서는 "당신이 옆에 있어주어 정말 행복하다"라는 말을 해야 합니다. 세상에서 가장 아름다운 것은 부부의 사랑입니다.

임께서 부르시면

가을날 노랗게 물들인 은행잎이
바람에 흔들려 휘날리듯이
그렇게 가오리다.
임께서 부르시면......

호수에 안개 끼어 자욱한 밤에
말없이 재 넘는 초승달처럼
그렇게 가오리다.
임께서 부르시면......

포근히 풀린 봄 하늘 아래

굽이굽이 하늘가에 흐르는 물처럼

그렇게 가오리다.

임께서 부르시면......

파아란 하늘에 백로(白鷺)가 노래하고

이른 봄 잔디밭에 스며드는 햇볕처럼

그렇게 가오리다.

임께서 부르시면.....

               — 신석정(辛夕汀)

    벨기에의 시인 메테르링크(Maurice Maeterlinck)의 동시극(童詩劇) <파랑새(L'Oiseau blue)>는 어린 오누이가 행복의 상징(象徵)인 파랑새를 구하려고 온 갖 곳을 찾아다녔으나 헛걸음만하고 집으로 돌아와 보니, 저희들 집 머리 맡에 놓인 새장 속에 바로 그 파랑새가 있음을 깨닫게 된다는 줄거리로 되 어 있다.

    행복(幸福)이란 산 넘고 바다 건너 먼 곳에 있는 것이 아니라 바로 나의 신변(身邊) 가까이 있다는 것을 노래한 것이다. 행복은 오직 그대만이 손을 내밀어서 잡을 수 있는 것이다. 결코 남이 그대의 행복을 만들 수는 없다. 누군가에 이끌리는 행복은 진정(眞正)한 행복이 아니다. 행복은 오직 그대 자신만의 것이어야 한다. 인생길을 같이 걸어줄 누군가가 있다는 것, 그것 만큼 우리의 삶에 행복한 것은 없다. 소중한 사람은 언제나 나의 마음속에 있다.

    행복(幸福)이란 인간의 욕구(慾求)가 충족(充足)되어 충분(充分)한 만족(滿

足)과 기쁨을 느끼는 정신상태(精神狀態)를 뜻한다. 행복이란 삶 전체에 대해서 한 인격(人格)이 느끼는 깊은 만족(滿足)이라고 할 수 있다. 참다운 행복의 근원(根源)은 '인간의 마음속'에 있다. 그것을 다른 곳에서 찾으려함은 어리석은 일이다. 그것은 마치 등 뒤에 있는 양(羊)을 산에서 찾아다니는 것이나 다름없다.

자기(自己)만을 생각하며, 모든 일에 있어서 자기의 이익(利益)만을 꾀하는 사람은 행복(幸福)할 수가 없다. 자기를 위하려한다면, 먼저 남을 위한 생활(生活)을 하라. 인간으로서 남의 행복을 위하여 자기의 이욕(利慾)을 버리려고 노력하는 것만큼 큰 행복은 없다. 그것은 '영원(永遠)한 행복(幸福)에 가는 길'이다. 탐욕(貪慾)의 세상에서 탐욕을 모르고 산다는 것은 참으로 행복한 일이다.

가난한 자는 가진 것이 없는 사람이 아니라 더 많은 것을 갈구(渴求)하는 사람이다(It is not the man who has too little, but the man who craves more, that is poor. -Seneca-). 진정(眞正)한 행복(幸福)은 탐욕(貪慾)이 없는 마음에서 비롯된다. 인간은 탐욕이 없는 마음을 가꾸기 위해 노력(努力)해야 한다. 마음이 모든 것을 결정(決定)한다. 가장 행복한 사람은 특별한 이유 없이도 삶을 즐길 줄 아는 사람이다.

행복(幸福)과 불행(不幸)을 조율(調律)하는 것도 그대의 마음이다. 그대가 마음의 자세(姿勢)를 어떻게 취(取)하는가에 따라 행복과 불행을 느끼게 되는 것이다. 올바르고 참된 인격(人格)을 가진 사람만이 행복을 맞이하게 된다. 올바른 인격을 갖추지 못하면 행복은 '그림 속의 궁전(宮殿)'에 불과하다. 그림 속의 궁전이 아무리 화려(華麗)하다고 해도 현실의 원두막(園頭幕)보다 못한 법이다.

"행복(幸福)이란 우리의 화롯가에서 생기는 것이지 남의 정원(庭園)에서 따오는 것은 아니다(Happiness grows at our own firesides, and is not to be picked in strangers' gardens. -Douglas Jerrold-)." 참된 행복(幸福)은 언제나 우리들의 수중(手中)에 있다. 그것은 그림자처럼 선량(善良)한 모든 생활의 뒤를 따르는 것이다.

"불행(不幸)은 우리들이 근시(近視)이기 때문에 볼 수 없는 행복(幸福)에 자나지 않는다(-Blaise Pascal-)."고 했다. 행복한 정신상태(精神狀態)에는 두 가지가 있다. 그 하나는 정신(精神)의 평화(平和), 또는 만족(滿足)이다. 다른 하나는 언제나 즐겁게 산다는 그것이다. 진정한 행복에 이르는 길은 단번(單番)에 행복해질 수 있는 방법을 찾으려말고 사소(些少)한 인생의 즐거움들을 소중(所重)히 여기고 삶을 긍정(肯定)하는 힘을 기르는 것이다.

통일 독일에 큰 공(功)을 세운 몰트케-(Moltke-)는 "행복(幸福)은 유능(有能)한 사람만이 오래 지닐 수 있는 재산(財産)이다"라고 말했다. 행복은 누구나 쉽게 누릴 수 있는 것이 아니다. 행복은 '유능한 사람'만이 오래 지닐 수 있는 재산이다. 사람은 행복하려면 능력(能力)이 있어야 한다. 인생(人生)의 고난(苦難)과 시련(試鍊)을 극복(克服)하려면 여러 가지 능력(能力)이 있어야 한다. 능력이 없는 사람은 행복을 오래 지닐 수 없다. **"행복(幸福)은 능력(能力)의 나무에 피는 향기로운 꽃"**이다.

25. 인생은 여행, 인간은 나그네

산다는 것은 길을 가는 것이다. 인생(人生)은 여행(旅行)이요, 인간(人間)은 나그네다. 하늘과 땅은 우리가 잠시 머무르는 곳이요, 우리는 하늘과 땅에 잠깐 쉬었다가는 과객(過客)에 지나지 않는다. 어디서 와서 어디로 가는가? 우리에게 묻는 삶의 본질(本質)과 이어지는 준엄(峻嚴)한 물음이다.

사람이 '남의 길'을 가지 않고 '자신(自身)의 길'을 가는 사람만이 무위진인(無位眞人)이라 부를 수 있다. 나그네의 눈으로 그대의 모습을 돌아보도록 하라. 드넓은 세상(世上)을 두루 여행(旅行)하는 나그네의 눈으로 자신의 인생(人生)을 바라볼 수 있도록 시야(視野)를 더욱 넓힐 수 있어야 한다.

한 척(隻)의 배는 동쪽으로 달리고 또 한 척(隻)의 배는 서쪽으로 달린다. 그 자체 변함없이 부는 바람과 함께 달린다. 우리가 가는 길을 좌우(左右)하는 것은 폭풍(暴風)이 아니라 한 벌의 돛이다. 인간이란 어디서 와서, 어떻게 살다가, 어디로 가는 것인가? 우리의 인생은 하늘에 떠 있는 구름과 같은 방랑자(放浪者)이다.

인생은 시냇물처럼 흘러간다. 흐르다가 바위에 부딪히면 비켜서 흐르고, 조약돌을 만나면 밀려도 간다. 흐르는 물처럼 앞섰다고 교만(驕慢)하지 않고 처졌다고 절망(絶望)하지 않는다. 저 건너 나무들이 유혹(誘惑)하더라도 나에게 주어진 길을 따라서 노래를 부르며 나의 길을 간다.

골짜기와 산 위에 둥실둥실 떠 있는 구름 짱처럼 나는 쓸쓸히 헤매 이었네. 그러자 갑자기 나는 보았네. 한 무리 금(金)빛 수선화(水仙花), 호숫가 나무들 밑에서 미풍(微風)에 간들간들 춤추는 것을.(I wandered lonely as a cloud that floats on high over vale and hills, when all at once I saw a crowd, a host of golden daffodils beside the lake beneath the trees, fluttering and dancing in the breeze. -Wordsworth-).

나 그 네

강나루 건너서
밀밭 길을

구름에 달 가듯이
가는 나그네,
길은 외줄기
남도(南道) 삼 백리(三百里)

술 익는 마을마다
타는 저녁놀

구름에 달 가듯이
가는 나그네

___ 박목월(朴木月)

운명(運命)의 여로(旅路)는 바닷바람과 같다. 그들은 인생(人生)을 따라 항해(航海)하는 것이다. 그 목표(目標)를 결정(決定)하는 것은 정적(政敵)이나 투쟁(鬪爭)이 아니라 영혼(靈魂)의 의지(意志)다. 우리들의 인생이 어디론가 가고 있는 노정(路程)이라면, 뚜렷한 방향(方向)이 설정(設定)되어야 한다. 그것이 인간으로서의 세워야 할 뚜렷한 삶의 표적(標的)이다. 인간(人間)은 스스로의 운명(運命)의 개척자(開拓者)이다(Every man is the architect of his own fortune.).

우리의 삶의 종점(終點)이 되면 자신이 지녔던 것을 모두 다 놓아두고 가게 마련이다. 우리는 '빈손으로 왔다'가 '빈손으로 가'는 나그네이기 때문이다. 좋은 항아리를 가지고 있다면, 오늘 사용(使用)하라. 내일이면 깨져

버릴지도 모른다. 살아 있는 모든 것은 때가 되면 그 생(生)을 마감한다. 이 것은 생명(生命)의 질서(秩序)이며 삶의 신비(神祕)다. 삶에 죽음이 없다면 삶은 의미(意味)를 잃게 될 것이다. 죽음이 삶을 받쳐주기 때문에 그 삶이 빛날 수 있다.

떠나가는 배

나 두야 간 다
나의 이 젊은 나이를
눈물로야 보낼 거나
나 두야 가련다.

아늑한 이 항군들 손쉽게 버릴 거나
안개같이 물 어린 눈에도 비춰나니
골짜기마다 발에 익은 뫼부리 모양
주름살도 눈에 익은 아 사랑하는 사람들

버리고 가는 이도 못 잊는 마음
쫓겨 가는 마음인들 무어 다를 거나
돌아다보는 구름에는 바람이 헤살 짓 는다
앞대일 언덕인들 마련이나 있을 거나

나 두야 가련 다
나의 이 젊은 나이를
눈물로야 보낼 거나
나 두야 간다.

— 박용철(朴龍喆)

영국의 극작가 쇼(George Bernard Shaw)의 묘비명(墓碑銘)에는 "우물쭈물하다가 내 이럴 줄 알았다"라고 새겨져 있다. 자신의 묘비명에 남기고 싶은 말들이 많았을 것인데 그는 덧없는 인간사(人間事)를 이렇듯 솔직하게 새겨놓았다. 하루하루, 순간순간을 '우물쭈물'하면서 헛되이 보내는 우리들의 삶에 경종(警鐘)을 울려주는 묘비명이다.

권력(權力)과 황금(黃金)에 눈이 어두워 세월(歲月)을 헛되이 보내며 방황(彷徨)하는 나그네의 삶에 대하여 경종(警鐘)을 울려주는 교훈(敎訓)이다. 세월은 유수(流水)와 같이 흘러가나 인간은 영원(永遠)히 살 것처럼 생활하다가 임종(臨終)이 다가와서야 비로소 자신의 삶을 후회(後悔)하게 된다. 우리가 할 일은 위와 같은 조언(助言)을 통해 똑같은 후회를 반복(反復)하지 않도록 '죽음을 준비하는 삶의 자세(姿勢)'로 살아가는 것이다.

서 시(序 詩)

죽는 날까지 하늘을 우러러
한 점 부끄럼이 없기를,
잎 새에 이는 바람에도
나는 괴로워했다.
별을 노래하는 마음으로
모든 죽어가는 것을 사랑해야지
그리고 나한테 주어진 길을
걸어가야겠다.

오늘밤에도 별이 바람에 스치운다.

— 윤동주(尹東柱)

이 세상의 모든 사물(事物)에는 다 '길' 있다. 모든 존재(存在)는 다 길이 있다. 길을 간다는 것은 쉬운 일이 아니다. 인생(人生)은 탄탄대로(坦坦大路)의 순조(順調)로운 길이 아니다. 인생도처(人生到處)에 환난(患難)이 있고, 역경(逆境)이 있고, 유혹(誘惑)이 있고, 좌절(挫折)이 있다. 그러나 참으라! 인생(人生)의 심(甚)한 고통(苦痛)은 대지(大地)로부터 치솟는 것이 아니라 자주 하늘이 내려주는 축복(祝福)이다. 그것은 단지 어두운 변장(變裝)을 하는 것이다.

인생(人生)의 기로(岐路)에는 이정표(里程標)도 없고, 방향표시(方向標示)도 없다. 우리는 어떤 길을 가야 하는가? 질러가는 길이 있고, 멀리 돌아가는 길이 있다. 그 선택(選擇)은 오로지 그대에게 달려있다. 인생행로(人生行路)는 참으로 어렵다. '참(眞)'은 하늘의 길이요, 참을 행하는 것이 사람의 길이다. 우리의 말이 참되고 생각이 참되고 행동(行動)이 참되고 생활이 참되고 인격(人格)이 참되어야 한다. 우리는 인생의 옳은 길(正道)을 가야 한다. 우리는 어떻게 살아야 하는가? 이것이 인생학(人生學)의 근본문제(根本問題)다. 우리는 인생(人生)을 어떻게 살아야 하는가?

인간이 육체적(肉體的) 존재에 불과하다면, 죽음은 그 종말(終末)을 의미할 것이다. 인간이 정신적(精神的) 존재이며, 육체는 오직 그 외피(外皮)나 다름없는 것이라 한다면, 죽음은 하나의 변화에 불과할 것이다. "잘 사는 방법을 아는 사람만이 훌륭한 죽음을 맞을 수 있다(데오돌 바르켈)."고 했다. 죽을 때, 인간은 혼자이다. 고독(孤獨)할 때, 인간은 참다운 자기 자신을 느낀다. 생활의 모든 내면적(內面的)인 것을 느낀다.

모든 인간에게는 깊은 내면적 생활이 있다. 그리고 그 본질(本質)은 남에게 전할 수 없는 것이다. 그 내면적 생활의 본질이 바라는 것은, 신(神)과의 교섭(交涉)이다. 이 교섭을 완성하라. 그리고 그대와 신(神)과의 은근(慇懃)한 교섭을 파괴하지 말라.

26. 인생의 지혜

바람에 따라 구름이 흐르고, 높고 낮음에 따라 물이 흐르니, 꽃이 피고 지며 온갖 생물이 나고 살다 죽어가는 와중(渦中)에 유독(惟獨) 인간만이 '삶의 뜻'을 찾고자 애를 쓴다. 인간이란 어디서 와서, 어떻게 살다 어디로 가는 것이며, 기쁨과 노여움, 사랑과 미움의 모든 감정은 무엇 때문에 일고, 또 사라지는가?

끝내는 나서 초로(草露 : 풀잎에 맺힌 이슬)와 같이 허무하게 살다 한 줌의 흙으로 돌아가련만, 그래도 인간이 생활함에 있어 생애(生涯)를 무엇 때문에 영위(營爲)해야 하며, 만유(萬有) 가운데서의 인간의 위치는? 인간이므로 해서 무엇을 어떻게 이해(理解)해야 하는가? 이러한 문제에 대한 절실(切實)하고 절박(切迫)한 의문(疑問)을 간직하고 살아간다. 우리들은 누구나 다 이윽고는 흙으로 돌아가고 말 인간임을 명심(銘心)하고 서로 화목(和睦)하게 살아야 한다.

우리들에게 이러한 인생의 난로(難路)를 열어주는 데 올바른 지침(指針)이 되고, 혼미(昏迷)한 현실을 정화(淨化)하는 양식(良識)이 인생(人生)의 지혜(智慧)다. 진리(眞理)는 서로 떠들며 토론하는데서 얻어지는 것이 아니다. 오직 성찰(省察)에 의해서만 얻어질 수 있는 것이다. 진리(眞理)를 사색(思索) 속에서 찾으라. 곰팡이 핀 책 속에서 찾으려 하지 말라. 달을 보고 싶거든 연못을 보지 말고 하늘을 보라.

우리의 삶은 순간(瞬間)순간이 아름다운 마무리이며 또한 새로운 시작(始作)이어야 한다. 아름다운 마무리는 지나간 순간들과 기꺼이 작별(作別)하고, 아직 오지 않은 순간들에 대해서는 미지(未知) 그대로 열어 둔 채 지금 이 순간을 받아들이는 일이다. "죽음은 다만 사람의 명성(名聲)을 완결(完決)할 뿐 아니라 그 명성이 좋은 것인가 나쁜 것인가를 결정(決定)한다.(Death only closes a man's reputation, and determines it as good or bad. - J. Addison -)"

살아 있는 모든 것은 때가 되면 그 생(生)을 마감한다. 이것은 생명(生命)의 질서(秩序)이며, 삶의 신비(神祕)다. 죽음이 삶을 받쳐주기 때문에 그 삶이 빛날 수 있다. 우리가 삶을 배우듯이 죽음도 미리 배워야 할 것이며, 행복(幸福)한 삶(well-being)을 배우듯 행복(幸福)한 죽음(well-dying)을 배우고 이에 대한 관심(關心)을 가져야 할 것이다.

"지상(地上)의 유일(唯一)한 평등(平等)은 죽음이다(-J. Bailey-)"라고 했다. 셰익스피어(-William Shakespeare-)는 "비겁(卑怯)한 자는 죽기 전에 여러 번 죽지만, 용감(勇敢)한 자는 결코 한번 밖에는 죽지 않는다(Cowards die many times before their death; the valiant never taste of death but once.)"라고 말했다. 로마의 정치가 시세로는 "인생을 진실로 이해하지 못하는 사람들은 죽음을 겁(怯)내지 않을 수 없다(M.T. Cicero)."고 말했다.

낙 화(落花)

가야할 때가 언제인가를
분명히 알고 가는 이의
뒷모습은 얼마나 아름다운가.

봄 한철
격정(激情)을 인내(忍耐)한
나의 사랑은 지고 있다.

분분한 낙화.....

결별(訣別)이 이룩하는 축복(祝福)에 싸여
지금은 가야 할 때

무성(茂盛)한 녹음(綠陰)과 그리고
머지않아 열매 맺는
가을을 향하여
나의 청춘(靑春)은 꽃답게 죽는다.

헤어지자
섬세(纖細)한 손길을 흔들며
하롱하롱 꽃잎이 지는 어느 날

나의 사랑, 나의 결별(訣別)
샘터에 물고이듯 성숙(成熟)하는
내 영혼(靈魂)의 슬픈 눈.

       __ 이형기(李炯基)

우리 모두를 기다리고 있는 죽음만큼 확실한 것은 없다. 그럼에도 불구하고 우리는 누구나 마치 '죽음'같은 것은 존재(存在)하지 않는 듯이 생활하고 있다. 모든 것이 지나가며 신천(山川)도 지나가는 것이다. 올리브 열매가 익어서 그 가지에 축복(祝福)을 주며 떨어질 때 생명(生命)을 준 그 나무에 감사하듯이 인간은 '여행(旅行)의 마지막 길'을 조용히 맞이할 수 있어야 한다.

낙화(落花)

꽃이 지기로소니
바람을 탓하랴

주렴 밖에 성긴 별이
하나 둘 스러지고

귀촉도(歸蜀道:두견이) 울음 뒤에
머언 산이 다가서다.

촛불을 꺼야 하리
꽃이 지는데

꽃 지는 그림자
뜰에 어리어

하이얀 미닫이가
우련 붉어라.

묻혀서 사는 이의
고운 마음을

아는 이 있을까
저허 하노니
꽃이지는 아침은
울고 싶어라.

— 조지훈(趙芝薰))

아름다운 마무리는 자유로워지는 것이다. 진정한 자유인(自由人)에 이르는 것이야말로 아름다운 마무리다. 르네상스시대의 이탈리아를 대표하는 천재적(天才的) 미술가(美術家) 레오나르도 다빈치(Leonard da Vinci)는

"잘 보낸 하루가 행복(幸福)한 잠을 가져오듯이 잘 산 인생(人生)은 행복(幸福)한 죽음을 가져 온다(As a well spent day brings happy sleep, so life well used brings happy death.)"고 말했다.

스위스의 철학자(哲學者)·사상가(思想家)로 <행복 론(3권)> <잠 못 이루는 밤을 위하여> 등 세계적 명저(名著)를 낸 힐티(Carl Hilty)는 "인간생애(人間生涯)의 최대(最大)의 날은 자기의 역사적(歷史的) 사명(使命) 즉 신(神)이 지상(地上)에서 자기를 '어떤 목적'에 쓰려고 하는지를 자각(自覺)하는 날이다"라고 말했다. 그는 내 생애(生涯)의 최대(最大)의 날은 '자기(自己)의 사명(使命)'을 '깨달은 날'이라고 했다.

우리를 위대(偉大)하게 만드는 것은 자기(自己)의 사명(使命)의 자각(自覺)이다. 인간(人間)은 저마다 자기의 사명(使命)을 가지고 그것을 자각(自覺)하고 살아가야 인생(人生)을 보람 있게 살아갈 수 있다. 나의 생애(生涯)에 있어 사명(使命)을 자각(自覺)하고 사명(使命)을 위해서 살고, 사명(使命)에서 보람을 느끼고, 사명(使命)을 위해서 죽을 수 있는 존재(存在)가 되어야 한다. 인생(人生)에서 가장 중요한 것은 자기의 사명(使命)을 깨닫는 것이다.

<인생(人生)의 지혜(智慧)는 무엇인가> 자기의 '사명(使命)'을 깨닫는 것이다. 자기의 사명(使命)을 자각(自覺)하는 것이 인생(人生)의 지혜(智慧)다. 나는 나에게 주어진 사명(使命)을 다하기 위하여 이 세상에 태어난 것이다. 인간(人間)의 진정(眞正)한 힘의 원천(源泉)은 사명감(使命感)이다. 우리의 생활(生活)이 사명감(使命感)에 사로잡힐 때 우리의 인생(人生)은 알찬 의미(意味)를 갖게 된다. 사명감(使命感)은 인생(人生)의 활력소(活力素)다. 인생(人生)을

보람 있게 사는 비결(祕訣)은 확고부동(確固不動)한 사명감(使命感)을 갖는 것
이다.

　　인간의 삶이 끝날 때 후회(後悔)나 미련(未練)이 적을수록 인생을 잘 살았
다고 할 수 있다. 그러려면 하루하루를 소중(所重)하게 여기며 최선(最善)을
다해 살아야하고, 나이가 들수록 그 동안 살아온 삶을 반추(反芻)해 보며 어
떤 잔고(殘高)가 얼마나 남았는지 돌아보는 과정이 필요하다. 인생의 잔고
중에는 남길수록 좋은 것이 있는가 하면 떠나기 전에 깨끗이 비워야하는
것도 있다. 그 중에 '남겨야할 3가지'와 반드시 '비워야할 3가지'를 합해 <인
생의 6대 잔고(殘高)>라고 말한다.

　　"남겨야할 3가지 잔고(殘高)"는 첫째, 가족에게는 그리움을 남겨야 한다.
그리움은 곧, 보고 싶은 마음을 말하므로 생전에 가족을 위해 최선(最善)을
다했을 때 자연스럽게 우러나오는 감정이다. 즉, 나에 대한 그리움이 클수
록 잘 살았다는 반증(反證)이 될 것이다. 둘째, 친구에게는 웃음을 남겨야 한
다. 나를 기억하는 친구들이 나를 떠올릴 때 항상 즐거울 수 있다면 나는 죽
어서도 그들의 마음속에 살아 있는 존재가 되기 때문이다. 셋째, 세상에는
감동(感動)을 남겨야 한다. 죽어서도 세상의 손가락질을 받는 사람이 많은
데 만약 죽은 후에 자신이 그걸 본다면 그만큼 비참한 일도 없을 것이다. 수
많은 사람들의 도움으로 살았던 세상살이를 마치면서 감동 하나쯤 남기고
떠나는 것은 세상에 대한 최소한(最小限)의 예의(禮儀)라 할 수 있다.

　　"비워야 할 3가지 잔고(殘高)"는 첫째, 마음의 빚이다. 나로 인해 눈물을
흘린 사람이 있다면 반드시 용서(容恕)를 구해 마음의 빚을 깨끗이 비우고 떠

나야 한다. 그래야만 가벼운 마음으로 떠날 수 있다. 둘째, 마음의 응어리다. 내게 상처(傷處)를 준 사람들 중에는 죽을 때 까지 용서(容恕)할 수 없는 사람도 있을 것이다. 하지만 저 세상까지 그 응어리를 가져간다면 가는 길이 편(便)할리 없다. 갈 때는 마음에 쌓아둔 응어리의 잔고를 모두 비우고 마음을 가볍게 해야 여정(旅程)이 즐거운 법이다. 셋째, 정(情)이다. 친구에게는 우정(友情)의 잔고, 반(半)쪽에겐 애정(愛情)의 잔고를 남김없이 주고 세상에겐 인정(人情)의 잔고를 바닥까지 긁어 아낌없이 나눠줘야 죽을 때 미련 없이 떠날 수 있다. 나보다는 남을 배려(配慮)하는 자세가 잔고를 남기는 것이다.

우리의 인생(人生)은 빈손으로 왔다 빈손으로 가는(空手來空手去) 허망(虛妄)한 과정(過程)이 아니다. 가치(價值)를 창조(創造)하고 위대(偉大)한 유산(遺産)과 업적(業績)을 남기는 것이다. 우리는 내 존재(存在)의 빛과 향기(香氣)와 보람을 남기고 가야한다. 법정 스님은 "나 자신의 인간 가치(價值)를 결정짓는 것은 내가 얼마나 높은 사회적 지위나 명예 또는 얼마나 많은 재산을 갖고 있는가가 아니라, 나 자신의 영혼과 얼마나 일치되어 있는가이다" "우리의 삶은 순간(瞬間) 순간이 아름다운 마무리이자 새로운 시작(始作)이어야 한다."고 했다. 그것이 인생(人生)의 지혜(智慧)로운 삶이다.

무엇

'희망(希望)'이란 무엇? 어린애들이 비를 맞으며
따라가는 미소하는 무지개,
여기 안 있고, 또 저기, 저기
어떤 장난꾸러기도 아직 못 찾았네.

'생명(生命)'이란 무엇? 해 쨍쨍 나는
바다위에 녹아나는 얼음 짱.
기분 좋게 항해(航海)해도, 밑에서 녹으면,
우리는 그만 텀벙, 안 보이네.

'사람'이란 무엇? 부질없이 싸우고
다투고, 골내는 어리석은 어린애.
모든 것을 요구하나, 해당하는 것은 하나도 없이.
얻는 것은 조그마한 무덤 하나뿐.

_ 토마스 칼라일

CUI BONO

What is Hope? A smiling rainbow
Children follow through the wet;
It is not here, still yonder, yonder:
Never urchin found it yet.

What is life? A thawing ice-board
On a sea with sunny shore;
Gay we sail; it melts beneath us;
We are sunk, and seen no more.

What is Man? A foolish baby,
Vainly strives, and fights, and frets;
Demanding all, deserving nothing,
One small grave is what he gets.

_ *Thomas Carlyle*

잠드는 날

내가 잠드는 날 사랑하는 이여
나를 위해 서글픈 노래랑 부르지 마오.
내 마리 맡엔 향기(香氣)로운 장미도
그늘진 사희엽도 심지마시고
이슬 방울방울 반짝이는
비 젖은 풀만이 내 위에 푸르러라
그대는 나를 외워 두시려거든 외워 두시고
잊으시려거든 잊으시고.

나는 그림자도 못 볼 것이오.
내려치는 비도 느끼지 못할 것이오.
시름인양 울어대는 밤 꾀꼬리의 노래도
이제는 못들을 게요
그리고 뜨지도 가지도 않는
황혼(黃昏)속에서 꿈꾸며
혹시나 당신을 나도 기억(記憶)할는지
잊어버리고 말는지.

When I Am Dead

When I am dead, my dearest,
Sing no sad songs for me;
Plant thou no roses at my head,
Nor shady cypress tree;
Be the green grass above me

With showers and dewdrops wet;

And if thou wilt, remember,

And if thou wilt, forget.

I shall not see shadows,

I shall not feel the rain;

I shall not hear the nightingale

Sing on, as if in pain;

And dreaming through the twilight

That doth not rise nor set,

Haply I may remember

And haply may forget.

___ 크리스티나 로제티(Christinia Georgina Rossetti)

"인생은 한 권(卷)의 책이다. 우리는 이 세상에 태어나서 죽을 때까지 매일 한 페이지 한 페이지를 창작(創作)하고 있다 (-Maeterlinck-)"고 했다. 우리는 매일 한 페이지씩 인생의 책을 써 나아간다. '인생의 책'이 '세상의 책'과 다른 점은 두 번 다시 쓸 수 없다는 점이다. '세상의 책'은 잘못 쓰면 다시 쓸 수 있으나 '인생의 책'은 다시 쓸 수 없다. 인생의 책은 남이 써줄 수도 없다. 나의 판단과 책임과 노력으로 써야 한다. 인간이 남길 수 있는 최대의 유산(遺産), 최고의 생명, 최고의 기념비(記念碑)는 책이다.

우리는 나의 '인생의 책'을 정성을 다하여 써 나가야 한다. 우리는 저마다 '인생의 명저(名著)'를 쓰기에 심혈(心血)을 기울려야 한다. "사람은 책을 만들고, 책은 사람을 만든다"고 했다. 위대한 책과의 만남은 인생의 가장 큰 축복 중의 축복이다. 프랑스의 철학자 데카르트(Rene' Descartes)는 "좋은 책을 읽는다는 것은 가장 위대한 인물과 대화를 나누는 것과 같다."고 말했다. 우리의 정신은 책을 읽지 않으면 녹(綠)이 슬고 잠이 든다. 책은 독자에게 영감(靈感)과 힘을 주어야 한다.

― 저자 최돈호의 저술 ―